W0319491

Werner Herkner

Lehrbuch Sozialpsychologie

Zweite, unveränderte Auflage

Verlag Hans Huber
Bern · Göttingen · Toronto · Seattle

für Amy und Elisabeth

Umschlagbild: «Bauerntanz» von Pieter Bruegel (GG 1059)
Die Reproduktion erfolgt mit freundlicher Erlaubnis
des Kunsthistorischen Museums, Wien.

Die Deutsche Bibliothek – CIP-Einheitsaufnahme

Herkner, Werner:
Lehrbuch Sozialpsychologie / Werner Herkner. – 2., unveränd. Aufl. –
Bern ; Göttingen ; Toronto ; Seattle : Huber, 2001
(Aus dem Programm Huber : Psychologie-Lehrbuch)
ISBN 3-456-83571-X

2. Nachdruck 2004
1. Nachdruck 2003
2., unveränderte Auflage 2001
© 1991/2001/2003/2004 by Verlag Hans Huber, Bern
Gesamtherstellung: Kösel, Kempten
Printed in Germany

Vorwort zur zweiten Auflage des «Lehrbuchs Sozialpsychologie»

Das *Lehrbuch Sozialpsychologie* ist aus einer kürzeren «Einführung in die Sozialpsychologie» entstanden. Diese ist erstmals 1975 erschienen; sie wurde mehrmals gründlich überarbeitet und schließlich, als fünfte Auflage der «Einführung» und gleichzeitig erste Auflage des «Lehrbuchs», nochmals stark überarbeitet und um wesentliche Aspekte erweitert. Diese Fassung erscheint nun, als zweite Auflage des Lehrbuchs, nochmals in unveränderter Form.

Autor und Verlag freuen sich darüber, daß sich das Buch ganz offensichtlich in der Lehre bewährt hat. Gewiß müßten einige Passagen den neuesten Entwicklungen angepaßt werden. Dies ist, für künftige Auflagen, auch vorgesehen. Autor und Verlag halten allerdings diese Anpassungen für nicht so dringend: Der vorliegende Lehrbuch-Text vermittelt nach wie vor die wesentlichen Aspekte dessen, was heute in der Sozialpsychologie gelehrt wird.

Im Dezember 2000 Der Verlag

Aus dem Vorwort zur 2. Auflage der «Einführung in die Sozialpsychologie»

Die rasche Entwicklung der Sozialpsychologie hat es notwendig gemacht, fünf Jahre nach Erscheinen der ersten Auflage eine überarbeitete und wesentlich erweiterte zweite Auflage zu verfassen. Es wurden zahlreiche neue Kapitel und Abschnitte hinzugefügt (z. B. über Freiheit, Reaktanz, gelernte Hilflosigkeit, generative Semantik, die Attributionstheorie von Kelley, Gerechtigkeit, Einfluß von Minoritäten usw.) und ein Großteil der bereits vorhandenen Abschnitte wurde durch neuere Hypothesen und Ergebnisse ergänzt (z.B. die Abschnitte über Lernen und Beobachtung, Einstellungen und Verhalten, Sympathie, Selbstwahrnehmung usw.).

Das vorliegende Buch hat zwar gegenüber der ersten Auflage an Umfang stark zugenommen, seine Grundhaltung ist jedoch dieselbe geblieben. Es handelt sich nach wie vor um eine Einführung in die *theoretische* und *experimentelle* Sozialpsychologie, d.h. es werden ausschließlich solche Theorien und Hypothesen dargestellt, die einer experimentellen Prüfung zugänglich sind, und es werden Experimente und Ergebnisse referiert, deren Ziel die Prüfung von Hypothesen und Theorien ist. (Eine ausführliche Darstellung meiner wissenschaftstheoretischen Position und eine Begründung meiner Bevorzugung des Experiments gegenüber anderen Methoden findet der Leser in den Einleitungsabschnitten 1.2 und 1.3.)

Gleich geblieben ist auch meine Absicht, so klar und einfach wie möglich zu schreiben, ohne der Darstellung komplexer Probleme aus dem Weg zu gehen.

Wie bei der ersten Auflage war es auch jetzt mein wichtigstes Anliegen, dem Leser einen möglichst vielfältigen Überblick zu vermitteln. Da Vollständigkeit nicht möglich ist, sollten wenigstens die meisten der wichtigeren sozialpsychologischen Theorien und Hypothesen dargestellt und jeweils durch eine Auswahl einschlägiger Experimente verdeutlicht werden. Besonderer Wert wurde darauf gelegt, nach Möglichkeit jede Detailhypothese und jede spezielle Fragestellung vom Standpunkt wenigstens einer der drei großen Theoriengruppen – Lerntheorien, Konsistenztheorien und Attributionstheorien – zu betrachten.

Noch stärker als in der ersten Auflage werden in der Neuauflage die Verbindungen zwischen Sozialpsychologie und allgemeiner Psychologie betont. Vor allem lern- und sprachpsychologische, aber auch (u. a.) gedächtnis- und wahrnehmungspsychologische Erkenntnisse wurden in noch größerem Ausmaß als bisher berücksichtigt. Wichtige Teilgebiete der Sozialpsychologie kann nur derjenige verstehen, der solide Kenntnisse aus anderen psychologischen Fächern besitzt. Die Themen Sozialisierung und soziales Lernen beispielsweise können nur bei weitgehender Berücksichtigung lernpsychologischer Befunde adäquat dargestellt werden. Ferner ist eine intensive Beschäftigung mit Sprachpsychologie notwendig, weil ein Großteil des sozialen Verhaltens sprachliches Verhalten ist usw. Das vorliegende Buch will dem Leser von einer allzu engen Spezialisierung abraten. Die ebenso häufige wie beliebte Behauptung, daß wir in einer Zeit der Spezialisten leben, und daß ein sehr enges Spezialistentum notwendig und unvermeidlich ist, halte ich für eine gefährliche Erfindung Unkundiger und für eine willkommene Ausrede der Faulen.

Wien, Oktober 1980 Werner Herkner

Aus dem Vorwort zur 5. Auflage der «Einführung in die Sozialpsychologie», zugleich 1. Auflage des «Lehrbuchs Sozialpsychologie»

Was ich im Vorwort zur 2. Auflage geschrieben habe, gilt sinngemäß auch für die vorliegende Auflage. Wieder war es wegen der schnellen Fortschritte der Sozialpsychologie nach einigen Jahren notwendig, eine überarbeitete und stark erweiterte Neuauflage zu schreiben. Die Vergrößerung des Umfangs entstand einerseits durch zahlreiche neue Abschnitte (u. a. über Prototypen, Schemata, soziale Informationsverarbeitung, Schönheit, Liebe, die Wirkung von Gefühlen, Selbstwert, soziale Fallen, Beziehungen, Vorurteile und Stereotype), und andererseits durch Erweiterung und Aktualisierung vieler schon vorhandener Abschnitte (u. a. über Selbstkontrolle, Hilflosigkeit, Einstellungen und Verhalten, Einstellungsänderung, Dissonanztheorie, Gefühlstheorien, Selbstwahrnehmung, Aggression, Altruismus, Einfluß von Minoritäten, Deindividuierungen). Im Zuge dieser Erweiterungen stieg auch die Zahl der Abbildungen und Tabellen beträchtlich.

Gleich geblieben ist nach wie vor die Grundhaltung des Buches. Das Buch ist eine möglichst unkomplizierte Darstellung der theoretischen und experimentellen Sozialpsychologie, wobei gegenüber früheren Auflagen der theoretische Aspekt noch stärker betont wurde – was sich in etlichen neuen und erweiterten Abschnitten über Theorien zeigt (u. a. Theorien über Hilflosigkeit, Einstellungsänderung, Beziehungen zwischen Einstellungen und Verhalten, verschiedene Selbstaspekte, Aggression, Altruismus usw.).

Während ich in den früheren Auflagen bestrebt war, einen Großteil der sozialpsychologischen Themen unter drei theoretischen Perspektiven zu erörtern (Lerntheorien, Konsistenztheorien und Attributionstheorien), kommt jetzt eine vierte Theoriengruppe hinzu – die Theorien und Hypothesen zur (sozialen) Informationsverarbeitung. Durch die Einbeziehung dieses Ansatzes , der in den letzten Jahren in der Sozialpsychologie immer mehr Einfluß gewann, wurde ein weiteres Ziel meines Buches gefördert: Die Verbindungen zwischen Sozialpsychologie und allgemeiner Psychologie – der Grundlage der gesamten Psychologie – sind damit noch stärker geworden.

Wien, November 1990 Werner Herkner

Inhaltsverzeichnis

1. Kapitel:
Einleitung: Gegenstand, Theorien und Methoden der Sozialpsychologie 15

1.1 Definition 17

1.2 Methoden der Sozialpsychologie 18

1.3 Theorien der Sozialpsychologie 21
1.31 Was ist eine Theorie? 21
1.32 Unterschiede zwischen behavioristischen und kognitiven Theorien 22
1.33 Skinners Lerntheorie 23
1.331 Grundbegriffe 23
1.332 Lernen und Extinktion 23
1.333 Verwendung (Brauchbarkeit) in der Sozialpsychologie 25
1.334 Generalisation und Diskrimination 27
1.335 Verstärkerpläne und das Gesetz des relativen Effekts 28
1.34 Festingers Dissonanztheorie 33
1.341 Grundbegriffe 33
1.342 Dissonanzstärke und Dissonanzreduktion 34
1.343 Verwendung (Brauchbarkeit) in der Sozialpsychologie 36

2. Kapitel:
Sozialisierung und soziales Lernen 39

2.1 Internalisierung 41
2.11 Sozialisierung und Lernpsychologie 41
2.12 Internalisierung und Extinktionsresistenz 41
2.13 Extinktionsresistenz und Verstärkerpläne 41
2.14 Extinktionsresistenz und Dissonanz 42
2.15 Extinktionsresistenz und Attribution 44
2.16 Selbstverstärkung 48

2.2 Reflexe und Gefühle 48
2.21 Operanten, Reflexe, Gefühle 48
2.22 Klassisches Konditionieren 49
2.23 Angst und Vermeidung 51
2.24 Kognitive Faktoren 52

2.3 Motivation 53
2.31 Kritik des Begriffs Motiv 53
2.32 Motivation als Anreiz 54
2.321 Primäre und sekundäre Verstärker 54
2.322 Bestrafung 57
2.323 Sättigung, Deprivation und Erfolgswahrscheinlichkeit 59

2.33 Motivation als Antrieb 61
2.331 Trieb und Aktivierung 61
2.332 Verhaltenshierarchien, Rigidität und Kreativität 63
2.34 Regelkreise 63

2.4 Imitation und Beobachtung 65
2.41 Imitation 65
2.42 Kognitive Lerntheorien 66
2.43 Informationsverarbeitung und -speicherung 70
2.44 Lernen durch Beobachtung 72
2.441 Die Theorie von Bandura 72
2.442 Lernen aus den Erfahrungen anderer: Stellvertretende Verstärkung und Bestrafung 76
2.443 Effizienzerwartungen 77
2.444 Einfühlung und die Beobachtung klassischen Konditionierens 79
2.445 Gewissen I: Selbstverstärkung und Selbstbestrafung 79
2.446 Gewissen II: Selbstkontrolle 80
2.447 Identifizierung 84

2.5 Entscheidung, Freiheit und Kontrolle 85
2.51 Definition und Klassifizierung von Konflikten 85
2.52 Appetenzkonflikte 86
2.521 Konfliktstärke 86
2.522 Die Nachentscheidungsphase 88
2.53 Appetenz-Aversionskonflikte 91
2.54 Freiheit und Kontrolle 95
2.541 Einige Ursachen subjektiver Freiheit 95
2.542 Freiheitseinschränkung, Reaktanz und Frustration 97
2.543 Unkontrollierbarkeit und Hilflosigkeit 101
2.544 Hilflosigkeit, Reaktanz und Attributionen 104
2.545 Die revidierte Theorie der gelernten Hilflosigkeit 108
2.546 Kritik der Hilflosigkeitstheorie I: Kontingenzwahrnehmung 113
2.547 Kritik der Hilflosigkeitstheorie II: Spontanattributionen, Beziehungen zwischen den Variablen 116
2.548 Kritik der Hilflosigkeitstheorie III: Lageorientierung 117
2.549 Kontrolle und Kontrollillusion 120

2.6 Entwicklung und Persönlichkeit 124
2.61 Entwicklung 124
2.62 Persönlichkeit 125
2.621 Konstante Persönlichkeitsmerkmale oder situationsangepaßtes Verhalten? 125
2.622 Kognitive Stile 127

3. Kapitel:
Sprache und Wissen 129

3.1 Semiotische und linguistische Grundbegriffe 131

3.2 Syntax 134
3.21 Die Wahrscheinlichkeitsstruktur der Sprache 134

3.22 Erzeugungsregeln und Konstituentenstruktur 135
3.23 Transformationsregeln und Tiefenstruktur 137

3.3 Semantik 140
3.31 Wortbedeutung 140
3.311 Bedeutung als Bezeichnung 140
3.312 Bedeutung als Assoziation 142
3.313 Bedeutung als Vorstellung 143
3.314 Bedeutung als Begriff (Bedeutungskomponenten) 144
3.315 Natürliche Kategorien und Prototypen 146
3.316 Exkurs: Persönlichkeitsmerkmale 149
3.317 Bedeutung als Bewertung, Aktivierung und Kontrolle (konnotative Bedeutung) . 151
3.318 Variabilität der Wortbedeutung 154
3.32 Satzbedeutung, Textbedeutung und Wissen 154
3.321 Syntax und Satzbedeutung 154
3.322 Generative Semantik und Propositionen 156
3.323 Kasusgrammatik und semantische Netzwerke 160
3.324 Semantische Netzwerke, Aktivierungsausbreitung und Gefühle 164
3.325 Schemata 168

3.4 Pragmatik 171
3.41 Kommunikationsmodelle 171
3.42 Beziehungen zwischen Syntax, Semantik und Pragmatik 174

3.5 Sprache und Lernpsychologie 175

4. Kapitel:
Einstellungen 179

4.1 Einstellungen und Meinungen 181
4.11 Ein Einstellungsmodell 181
4.12 Die Messung von Einstellungen 185
4.13 Entstehung und Änderung von Einstellungen 189
4.131 Entstehung und Änderung 189
4.132 Ansatz zu einer Theorie der Einstellungsfluktuation 189
4.133 Klassisches Konditionieren 191
4.134 Operantes Konditionieren 192
4.135 Beobachtung und Kommunikation 193
4.136 Generalisation 194
4.137 Kognitive Prozesse I: Deduktion und Induktion 194
4.138 Kognitive Prozesse II: Urteilsheuristiken 200
4.139 Kognitive Prozesse III: Beziehungen zwischen Meinungen 203

4.2 Die Wirkungen von Einstellungen 205
4.21 Wahrnehmung 205
4.22 Informationssuche und Informationsvermeidung 208
4.23 Lernen und Gedächtnis 209
4.24 Verhalten 211
4.241 Ist Verhalten von Einstellungen abhängig? 211
4.242 Einstellungen zu Verhaltensweisen versus Einstellungen zu Begriffen 212

4.243 Die Theorien von Fishbein und Ajzen . . . 215
4.244 Allgemeine versus spezifische Einstellungsobjekte . . . 221
4.245 Singuläre versus multiple Verhaltenskriterien . . . 223
4.246 Einstellungen zu Alternativen und weitere Faktoren . . . 224
4.247 Moderatorvariablen und die Theorie von Fazio . . . 226

4.3 Die Änderung von Einstellungen durch Kommunikation . . . 229
4.31 Die Situation . . . 229
4.32 Der Sender . . . 230
4.321 Bewertung des Senders . . . 230
4.322 Langzeitwirkungen . . . 231
4.33 Die Mitteilung . . . 234
4.331 Einseitige versus zweiseitige Mitteilungen . . . 234
4.332 Anfangs- versus Endeffekte . . . 235
4.333 Ausmaß der beabsichtigten Einstellungsänderung . . . 236
4.334 Reaktanz und Bumerangeffekte . . . 237
4.335 Angstauslösende Mitteilungen . . . 238
4.34 Der Empfänger . . . 239
4.341 Der Prozeß der Einstellungsänderung . . . 239
4.342 Gründliche und oberflächliche Informationsverarbeitung . . . 240
4.343 Einstellungstypen und die Beziehungen zwischen Einstellung und Verhalten . . . 244
4.344 Beeinflußbarkeit . . . 248
4.345 Stabilisierung von Einstellungen . . . 249

4.4 Konsistenztheorien und Einstellungssysteme . . . 251
4.41 Allgemeines . . . 251
4.42 Heiders Balancetheorie . . . 252
4.43 Die Verallgemeinerung der Balancetheorie durch Cartwright und Harary . . . 255
4.44 Positivität, Ökonomie und Polarisation . . . 257
4.45 Die Kongruitätstheorie von Osgood und Tannenbaum . . . 260
4.451 Die Theorie . . . 260
4.452 Stabilisierung von Einstellungen . . . 264
4.46 Dissonanztheorie . . . 265
4.461 Einstellungsänderung durch einstellungsdiskrepantes Verhalten . . . 265
4.462 Notwendige Bedingungen für Dissonanz . . . 268
4.463 Dissonanz und Handlungskontrolle . . . 270
4.47 Ist Inkonsistenz immer unangenehm? . . . 272

5. Kapitel:
Personenwahrnehmung . . . 275

5.1 Selektion und Inferenz . . . 277

5.2 Meinungsbildung . . . 278
5.21 Nichtverbale Kommunikation . . . 278
5.22 Meinungsbildung aufgrund von Handlungen . . . 281
5.221 Die Theorie von Jones und Davis . . . 281
5.222 Die Theorie von Trope . . . 282
5.223 Können und Wollen . . . 284
5.23 Attribution: Die Theorie von Kelley . . . 285
5.231 Das Kovariationsprinzip . . . 285

5.232 Kausale Schemata . . . 288
5.233 Abschwächungs- und Vergrößerungsprinzip . . . 289
5.234 Kritik und Ergänzungen I: Konsensusinformation, Attributionen für Handlungen . 290
5.235 Kritik und Ergänzungen II: Gedankenlosigkeit und Auffälligkeit . . . 292
5.236 Motivationseinflüsse und Attributionsverzerrungen . . . 295
5.24 Implizite Persönlichkeitstheorien . . . 298
5.25 Verarbeitung sozialer Information . . . 301
5.251 Kontrollierte und automatische Informationsverarbeitung . . . 301
5.252 Personengedächtnis . . . 304
5.253 Zugänglichkeit . . . 309
5.26 Genauigkeit der Personenwahrnehmung . . . 311

5.3 Bewertung . . . 313
5.31 Die Ursachen von Sympathie und Ablehnung . . . 313
5.311 Lerntheoretische Hypothesen . . . 313
5.312 Balancetheoretische Hypothesen . . . 313
5.313 Schönheit . . . 317
5.314 Dissonanztheoretische Hypothesen . . . 318
5.32 Kombination von Bewertungen . . . 319
5.321 Summen- und Durchschnittsmodell . . . 319
5.322 Negativitätstendenz . . . 321
5.323 Positions- und Kontexteffekte . . . 324
5.324 Bewertung aufgrund von Kategorisierung . . . 327
5.33 Die Wirkungen von Sympathie und Ablehnung . . . 329
5.34 Liebe . . . 331

5.4 Selbstbild und Selbstwert . . . 336
5.41 Dissonanztheorie: Die Wahrnehmung von Triebzuständen . . . 336
5.42 Gefühlstheorien . . . 337
5.421 Die Gefühlstheorie von Schachter . . . 337
5.422 Attribution der Aktivierung . . . 339
5.423 Wahrnehmung des Aktivierungsgrades . . . 341
5.424 Erweiterung der Theorie von Schachter . . . 342
5.425 Die Theorie der Erregungsübertragung von Zillman . . . 344
5.426 Die Theorie von Weiner . . . 345
5.427 Andere theoretische Standpunkte . . . 347
5.428 Die Wirkungen von Gefühlen . . . 349
5.43 Die Selbstwahrnehmungstheorie von Bem . . . 350
5.431 Die Theorie . . . 350
5.432 Selbstwahrnehmung und Zugänglichkeit . . . 352
5.433 Eine Alternative zur Dissonanztheorie? . . . 353
5.434 Intrinsische Motivation . . . 357
5.44 Unterschiede zwischen Fremd- und Selbstwahrnehmung . . . 360
5.45 Das Selbstbild . . . 361
5.46 Selbstwert . . . 363
5.461 Allgemeine Ursachen positiver und negativer Selbstbewertung . . . 363
5.462 Die Theorie der objektiven Selbstaufmerksamkeit . . . 365
5.463 Die Selbstdiskrepanztheorie von Higgins . . . 367
5.464 Die Selbstwerterhaltungstheorie von Tesser . . . 370
5.465 Selbstbestätigung: Der Ansatz von Steele . . . 371
5.466 Die Theorie der symbolischen Selbstergänzung von Wicklund und Gollwitzer . . 373

5.467 Selbstdarstellung . . . 374
5.468 Selbstziele: Der Ansatz von Greenwald . . . 377
5.469 Einige Wirkungen positiver und negativer Selbstbewertung . . . 378

6. Kapitel:
Interaktion in Gruppen . . . 383

6.1 Interaktion in Dyaden . . . 385
6.11 Interaktionsformen . . . 385
6.111 Kleingruppen und Dyaden . . . 385
6.112 Typen von Interaktionssequenzen . . . 385
6.113 Interaktion als soziale Fertigkeit . . . 387
6.114 Selbstdarstellung in sozialen Interaktionen . . . 389
6.115 Von sozialer Wahrnehmung zu sozialer Realität . . . 392
6.12 Theorien sozialer Tauschprozesse . . . 396
6.121 Grundbegriffe . . . 396
6.122 Einstellungsähnlichkeit, Interessenkonflikte und Normen . . . 399
6.123 Macht und Einfluß . . . 400
6.124 Synchrone und alternierende Interaktionssequenzen . . . 401
6.125 Das Gefangenendilemma . . . 404
6.126 Ursachen der Kooperation I: Einstellungen und Partnerverhalten . . . 406
6.127 Ursachen der Koperation II: Möglicher Gewinn und Machtverhältnisse . . . 411
6.128 Soziale Fallen . . . 414
6.13 Aggression, Altruismus und Gerechtigkeit . . . 416
6.131 Aggression . . . 416
6.132 Negative Gefühle und Aggression . . . 423
6.133 Altruismus . . . 425
6.134 Theorien altruistischen Verhaltens . . . 428
6.135 Reaktionen von Hilfeempfängern . . . 434
6.136 Gerechtigkeit . . . 435
6.137 Beziehungen . . . 439

6.2 Gruppenstruktur . . . 442
6.21 Feststellung und Beschreibung von Gruppenstrukturen . . . 442
6.211 Soziometrie . . . 442
6.212 Weitere Methoden und Ergebnisse . . . 443
6.22 Objektive und subjektive Gruppenstruktur . . . 446
6.23 Gruppenführung . . . 447
6.231 Der Begriff Führer . . . 447
6.232 Führertheorien . . . 448
6.233 Die Wirksamkeit verschiedener Führungsstile . . . 450

6.3 Gruppenprozesse . . . 453
6.31 Konformität und soziale Vergleichsprozesse . . . 453
6.311 Festingers Theorie der sozialen Vergleichsprozesse . . . 453
6.312 Weitere Erklärungsprinzipien . . . 456
6.313 Konflikt zwischen physischer und sozialer Realität . . . 458
6.314 Einfluß von Minoritäten . . . 463
6.315 Das Geselligkeitsbedürfnis (Affiliationsbedürfnis) . . . 468
6.316 Konformität und Kommunikation . . . 471

6.317 Eine allgemeine Einflußtheorie 472
6.32 Gruppenleistungen 474
6.321 Leistungsänderung durch Anwesenheit anderer Personen 474
6.322 Die Leistungsfähigkeit von Gruppen 479
6.323 Kommunikationsstruktur und Gruppenleistungen 481
6.33 Die Risikobereitschaft von Gruppen 483
6.34 Deindividuierung 486
6.35 Beziehungen zwischen Gruppen 490
6.351 Die Theorie der sozialen Identität von Tajfel 490
6.352 Vorurteile und Stereotype 493

Literaturverzeichnis 497

Personenregister 539

Sachregister 553

1. Kapitel
Einleitung: Gegenstand, Theorien und Methoden der Sozialpsychologie

1.1 Definition

Sozialpsychologie ist die Wissenschaft von den *Interaktionen zwischen Individuen*. Mit dieser Definition ist die Sozialpsychologie gegen die Soziologie einerseits und gegen viele psychologische Teildisziplinen andererseits abgegrenzt. Die meisten psychologischen Disziplinen betrachten Verhalten und Erleben des Einzelnen als ihren Forschungsgegenstand, die Sozialpsychologie dagegen beschäftigt sich mit zwischenmenschlichen Interaktionen, also nicht mit isolierten Individuen. Sie versucht zu erklären, wie das Erleben (Meinungen, Gefühle, Absichten usw.) und Verhalten von Personen durch andere Personen beeinflußt wird. Damit unterscheidet sie sich aber auch von der Soziologie, die sich nicht auf Individuen konzentriert, sondern auf größere Einheiten wie zum Beispiel Institutionen und soziale Schichten.

Es lassen sich, etwas idealisiert, zwei Extremtypen der Interaktion unterscheiden: die symmetrische (zweiseitige) und die asymmetrische (einseitige) Interaktion. In jedem Fall ist das Verhalten der einen Person ein Reiz für die andere Person, der in irgendeiner Weise auf diese einwirkt (zumindest wahrgenommen wird).

Bei der symmetrischen Interaktion wird das Verhalten der Person A nicht nur von Person B wahrgenommen, sondern auch durch Verhalten seitens der Person B beantwortet. Dieses Verhalten von B ist gleichzeitig ein Reiz für A, auf den nun A wiederum mit Verhalten reagiert usw. Solche wechselseitig beeinflußte Verhaltenssequenzen liegen etwa bei einem flüssig ablaufenden Gespräch vor.

Bei einer völlig asymmetrischen Interaktion ist keine wechselweise, sondern nur eine einseitige Wirkung vorhanden. Das Verhalten von A beeinflußt B. B reagiert nicht sichtbar (z. B. nur in Gedanken) oder nicht wirksam (das Verhalten von B ist A gleichgültig). Eine vollkommen einseitige Interaktion wäre zum Beispiel im Fall eines Vortragenden gegeben, dessen Auditorium sich völlig passiv verhält oder der einfach nicht auf die Reaktionen seiner Hörer achtet (vielleicht weil er schlecht vorbereitet und «nervös» ist).

Das letzte Beispiel zeigt bereits, daß eine völlig asymmetrische Interaktion kaum vorkommen wird[1]. Denn selbst sehr passive Zuhörer werden zumindest gelangweilte, uninteressierte oder verständnislose Gesichter machen. Der Vortragende wird das in den meisten Fällen bemerken und darauf reagieren (z. B. langsamer sprechen oder etwas wiederholen). Statt einfach von einseitiger und zweiseitiger Interaktion zu sprechen, sollte man sich also eher ein Kontinuum (eine Dimension) von möglichen Interaktionsformen vorstellen. Interaktionen können mehr oder weniger symmetrisch bzw. asymmetrisch sein.

Die eingangs gegebene Definition der Sozialpsychologie bedarf noch einer wesentlichen Ergänzung. Die Sozialpsychologie begnügt sich nicht etwa mit einer Beschreibung und Katalogisierung von Interaktionen. Sie wird erst dadurch zu einer Wissenschaft, daß sie Erklärungen der beobachteten Phänomene anbietet. Die Erklärung erfolgt mit Hilfe von Hypothesen und Theorien (davon wird im nächsten Abschnitt die Rede sein).

Außerdem sind nicht nur die Interaktionen selbst Gegenstand der Sozialpsychologie, sondern auch deren Ursachen und Wirkungen. Zentrale Fragen sind die folgenden: Welche Bedingungen beeinflussen Art und Häufigkeit von Interaktionen? (Wann sucht man überhaupt die Gesellschaft anderer Menschen auf? Wann wird besonders viel gesprochen? Wovon hängt die Häufigkeit bestimmter Gesprächsthemen ab? Wann kommt es zu Überredungsversuchen? usw.) Welche Wirkungen haben bestimmte Arten der Interaktion? (Durch welche Interaktionsformen kommen Einstellungsänderungen zustande? Wie werden dauerhafte Verhaltensänderungen – z. B. Verminderung der Aggressivität – bewirkt? Wie werden Gefühle beeinflußt, z. B. Angst beseitigt?)

Am Ende dieses Abschnitts wird daher folgende Definition vorgeschlagen: Die Sozialpsychologie *beschreibt* und *erklärt* die *Interaktionen zwischen Individuen* sowie die *Ursachen* und *Wirkungen* dieser Interaktionen.

---

[1] Völlig asymmetrische Interaktionen treten bei räumlicher Trennung der Interaktionspartner auf und sind somit typisch für Massenmedien. Die Rede eines Politikers, die im Rundfunk wiedergegeben oder in einer Zeitung abgedruckt wird, kann den Hörer bzw. den Leser beeinflussen. Eine Wirkung in umgekehrter Richtung ist unmittelbar (sofort) nicht möglich.

1.2 Methoden der Sozialpsychologie

In der älteren Sozialpsychologie bestanden viele verschiedene Methoden nebeneinander: Beobachtung (Feldstudien), Befragung (Interview und Fragebogen), Experiment usw. In den letzten Jahren sind alle anderen Methoden zugunsten des Experiments stark in den Hintergrund getreten. Der Grund dafür ist, daß nur das Experiment eindeutig *Kausalbeziehungen* zwischen Variablen aufdecken kann, alle anderen Methoden zeigen nur Zusammenhänge (Korrelationen) zwischen Variablen auf. Deshalb werden alle nichtexperimentellen Methoden auch unter dem Namen Korrelationsmethoden zusammengefaßt.

Ein Beispiel möge das erläutern. Newcomb (1961) untersuchte den Zusammenhang zwischen folgenden beiden Variablen: Ähnlichkeit der Meinungen (und Einstellungen) zweier Personen und gegenseitige Attraktivität (Wertschätzung, Freundschaft). Zu diesem Zweck wurden zahlreiche Studenten (die im selben Gebäudekomplex wohnten) nach ihren Einstellungen zu bestimmten Themen und zu ihren Kollegen befragt. Es stellte sich ein starker positiver Zusammenhang zwischen Einstellungsähnlichkeit und Bewertung heraus (je ähnlicher die Einstellungen eines anderen Menschen den eigenen Einstellungen sind, desto mehr schätzt man ihn.)

Dieses wichtige Ergebnis von Newcomb sagt zwar aus, daß ein Zusammenhang zwischen den genannten Variablen besteht; es sagt auch, von welcher Art dieser Zusammenhang ist; es sagt aber nichts über Kausalbeziehungen. Hier – wie fast immer bei Ergebnissen, die durch Korrelationsmethoden gewonnen wurden – gibt es vier Möglichkeiten der Beziehung zwischen Ursache und Wirkung. Welche davon zutrifft, kann aufgrund von Korrelationsdaten allein nicht entschieden werden.

(1) EÄ → W. Die Einstellungsähnlichkeit ist die Ursache der Wertschätzung. Weil die Einstellungen eines anderen Menschen den eigenen ähnlich sind, schätzt man ihn und wählt ihn als Freund. Der Grad der Einstellungsähnlichkeit bewirkt das Ausmaß der Sympathie.

(2) W → EÄ. Die Wertschätzung ist die Ursache der Einstellungsähnlichkeit. Je mehr man jemand schätzt, desto eher übernimmt man dessen Einstellungen. Je mehr zwei Personen einander mögen, desto mehr passen sie ihre Einstellungen einander an.

(3) EÄ → W und W → EÄ. Es kann eine wechselseitige Beeinflussung stattfinden. Die beiden genannten Kausalbeziehungen schließen einander nicht aus. Jede der beiden Variablen kann sowohl Ursache als auch Wirkung sein.

(4) EÄ ← X → W. Es besteht überhaupt kein direkter Kausalzusammenhang zwischen Einstellungsähnlichkeit und Bewertung. Beide Variablen werden von einer dritten beeinflußt und weisen deshalb einen gemeinsamen Trend auf. Diese dritte Variable X könnte etwa der soziale Hintergrund sein. Zugehörigkeit zu einer bestimmten sozialen Schicht determiniert teilweise die Einstellungen, die man hat. Außerdem wählt man Freunde eher aus ähnlichem als aus ganz verschiedenem Milieu. Deren Einstellungen sind dann von den gleichen Faktoren beeinflußt wie die eigenen und daher ähnlich. Die genannten vier Möglichkeiten der Kausalbeziehung sind in Tabelle 1 nochmals zusammengefaßt.

Tabelle 1

	EÄ → W	W → EÄ
(1)	Wahr	Falsch
(2)	Falsch	Wahr
(3)	Wahr	Wahr
(4)	Falsch	Falsch

Mit Korrelationsdaten allein kann sich eine Wissenschaft, die auf Herstellung brauchbarer Theorien abzielt, nicht zufriedengeben. Wie im nächsten Abschnitt gezeigt wird, muß eine Theorie auch Handlungsanweisungen liefern können. Das ist aber nur möglich, wenn sie Kausalaussagen enthält. Wenn man zum Beispiel weiß, daß die Beziehung EÄ → W stimmt, kann man das «Klima» einer Gruppe verbessern (die gegenseitige Wertschätzung der Mitglieder erhöhen), indem man Meinungs- und Einstellungsdiskrepanzen reduziert (etwa durch entsprechend gelenkte Gruppendiskussionen u. ä.)

Das Experiment ist imstande, Kausalhypothesen zu überprüfen. Es wird – im einfachsten Fall eines Experiments – eine Variable (die potentielle Ursache) variiert und dann festgestellt, ob die andere Variable systematische Änderungen zeigt. Die erste heißt *unabhängige,* die zweite *abhängige* Variable.

Diese Vorgangsweise soll an einem Beispiel verdeutlicht werden. Byrne und Nelson (1965) untersuchten die Hypothese, daß Einstellungsähnlichkeit die Bewertung beeinflußt. Zuerst wurden verschiedene (politische, religiöse usw.) Einstellungen der 168 Vpn festgestellt. Dann erhielt jede Vp fingierte Informationen über die Einstellungen anderer Personen. Diese fingierten Informationen waren so gestaltet, daß die angeblichen Einstellungen der fremden Person entweder gar nicht oder zu einem Drittel, zur Hälfte oder vollkommen mit denen der Vp übereinstimmten. Abschließend wurden die Vpn aufgefordert, ihre Sympathie für den Fremden anzugeben. (Der Grad der Sympathie wurde mittels einer 15-Punkte-Skala ausgedrückt. 0 bedeutet besonders unsympathisch, 7 bedeutet neutral und 14 besonders sympathisch.)

Hier wurde also der Grad der Einstellungsähnlichkeit (unabhängige Variable) systematisch variiert und daraufhin untersucht, ob die Wertschätzung (abhängige Variable) davon beeinflußt wird. Hätte man zum Beispiel bei den verschiedenen Prozentsätzen von Übereinstimmung etwa dieselbe Sympathiebeurteilung festgestellt, dann wäre die Existenz einer EÄ → W-Kausalbeziehung unwahrscheinlich geworden. Tatsächlich fanden die Autoren aber einen starken Zusammenhang zwischen Einstellungsähnlichkeit und Sympathie. Die Ergebnisse aus dem beschriebenen und aus früheren ähnlichen Experimenten sind in Abbildung 1 dargestellt.

Damit sind von den möglichen Kausalbeziehungen zwei bereits ausgeschlossen: (2) und (4), denn (4) nimmt an, daß überhaupt keine direkte Kausalrelation besteht und (2) nimmt an, daß nur die Relation W → EÄ, nicht aber gleichzeitig die Beziehung EÄ → W besteht, welche ja gerade experimentell nachgewiesen wurde. Um nun noch zwischen (1) und (3) zu entscheiden, müßten noch andere Experimente durchgeführt werden, in denen die Wertschätzung (Sympathie) als unabhängige und die Einstellungsähnlichkeit als abhängige Variable fungieren. Erst dann wüßte man, ob nur die von Byrne festgestellte Kausalbeziehung besteht oder auch gleichzeitig die umgekehrte.

Es wird von manchen Seiten der Vorwurf erhoben, daß die experimentelle Methode unrealistisch sei, daß Laboratoriumsexperimente einen allzu artifiziellen Charakter hätten. Dieser Vorwurf geht von falschen Voraussetzungen aus. Es ist nicht Aufgabe der Wissenschaft, die Realität detailreich wie ein Fotograf abzubilden, sondern es geht darum, Phänomene zu erklären und vorhersagbar zu machen, das heißt, wesentliche Wirkungszusammenhänge herauszuarbeiten.

Die Vorgangsweise im Experiment von Byrne und Nelson mag allzu dürr erscheinen. In Wahrheit liegt hier ein großer Vorteil. Es wird die Wirkungsweise der Einstellungsähnlichkeit *allein* sichtbar. Die Vpn wissen nichts über die Personen, die sie nach Sympathie einstufen sollen, außer den Einstellungen. Sie wissen nichts über das Aussehen der eingestuften Personen, sie hatten keine angenehmen oder unangenehmen Erlebnisse mit ihnen usw. Kurz, viele Faktoren, die ebenfalls die Sympathie beeinflussen, sind ausgeschaltet. Dadurch bringt das Experiment zuverlässige Information über den Grad der Wirksamkeit ähnlicher Einstellungen (Information darüber, wie stark die Sympathie von verschiedenen Graden der Übereinstimmung beeinflußt wird).

Natürlich hängt die Sympathie für einen anderen Menschen auch noch von anderen Faktoren ab. Aber erst nachdem die grundlegenden (einfachsten) Beziehungen geklärt sind, kann man darangehen, in komplexeren Untersuchungen die Wechselwirkungen zwischen vielen Faktoren festzustellen (z. B. wieweit die sympathieerzeugende Wirkung von Einstellungskonformität durch das Aussehen eines Menschen verstärkt oder beeinträchtigt werden kann).

Aus all den angeführten Gründen hat sich die moderne Sozialpsychologie fast ausschließlich der experimentellen Methode zugewendet. Aus

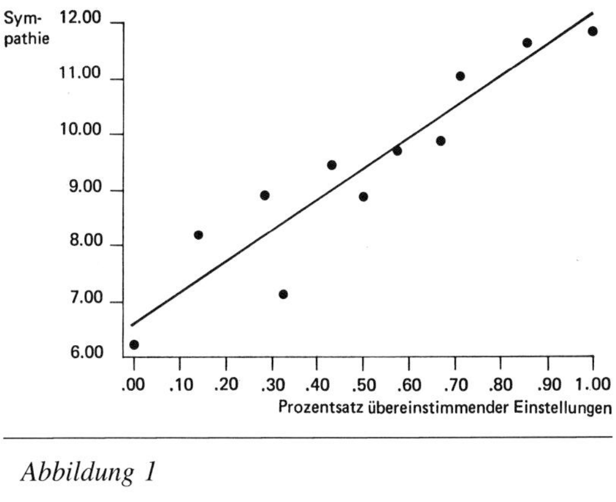

Abbildung 1

denselben Gründen ist das vorliegende Buch eine Einführung in die theoretische und *experimentelle* Sozialpsychologie. Damit soll den Korrelationsmethoden keineswegs jeder Wert abgesprochen werden. Es wird hier nur die Auffassung vertreten und begründet, daß diese in einem wesentlichen Punkt (und zwar in bezug auf Kausaliätsrelationen) weniger informativ sind als Experimente[2].

Abschließend sei noch auf Aufforderungscharakter und Versuchsleitereffekt als mögliche Fehlerquellen bei sozialpsychologischen Experimenten hingewiesen. Unter *Aufforderungscharakter* (demand characteristics) eines Experiments versteht man, daß das Wissen der Vp, an einem Experiment teilzunehmen, dazu führt, Überlegungen über den Zweck des Experiments anzustellen und sich dementsprechend zu verhalten (ORNE, 1962). Dadurch können die Ergebnisse verfälscht werden, besonders dann, wenn (a) die Überlegungen der Vp falsch sind und sie (vielleicht sogar im Bemühen, zum Gelingen des Versuchs beizutragen) ihren Vermutungen entsprechend handelt, oder (b) wenn ihre Vermutungen richtig sind und sie, aus welchen Gründen auch immer, zum Mißlingen des Experiments beitragen möchte. Um solchen störenden Überlegungen der Vpn vorzubeugen oder wenigstens deren Wirkungen abzuschwächen, wird den Vpn vielfach zu Beginn des Experiments eine plausible, aber falsche Erläuterung des Versuchs gegeben.

Unter *Versuchsleitereffekt* (ROSENTHAL, 1963, 1966) versteht man die unbeabsichtigte und unbewußte Beeinflussung der Vpn durch den Vl, beispielsweise durch verbales Konditionieren. Wenn der Vl immer dann lächelt und zustimmend nickt, wenn sich die Vp seinen Hypothesen entsprechend verhält, steigt dadurch die Häufigkeit des vom Vl erwarteten Verhaltens. Es konnte gezeigt werden, daß der gleiche Versuchsaufbau zu verschiedenen Ergebnissen führt, wenn mehrere Personen mit unterschiedlichen Hypothesen als Vl fungieren. Der Versuchsleitereffekt kann auf verschiedene Arten verhindert werden, zum Beispiel dadurch, daß der Vl die untersuchten Hypothesen nicht kennt, oder daß die Variation der unabhängigen Variablen von einem anderen Vl durchgeführt wird als die Messung der abhängigen Variablen, wobei der zweite Vl nicht wissen darf, welche Vp welcher Versuchsbedingung zugehört.

Obwohl das Experiment aus den genannten und auch aus anderen Gründen immer wieder kritisiert wurde (z. B. BUNGARD, 1980), wurde bis heute keine brauchbare Alternative gefunden. Es bleibt daher nur der Rat, jedes Experiment mit der größtmöglichen Umsicht und Vorsicht durchzuführen, und außer dem Experiment auch verschiedene andere Methoden heranzuziehen. Vor allem der Grad der Übertragbarkeit von Ergebnissen und Hypothesen, die experimentell ermittelt bzw. bestätigt wurden, auf Realsituationen muß durch Beobachtung und Befragung festgestellt werden.

Daß viele experimentalpsychologische Ergebnisse und Hypothesen auch außerhalb des Labors gültig sind, beweist das rasch wachsende Gebiet der *angewandten* Sozialpsychologie (z. B. HAISCH, 1983; SCHULTZ-GAMBARD, 1987; STRINGER, 1982), die sich zu einem Großteil auf experimentalpsychologische Theorien und Befunde stützt. Themen der angewandten Sozialpsychologie stammen u. a. aus den Bereichen Umweltpsychologie, Rechtspsychologie, Gesundheitspsychologie, Marktpsychologie (Konsumentenverhalten, Werbung, usw.) und Klinische Psychologie. Aber schon bevor bestimmte Teilgebiete der Sozialpsychologie explizit unter der Bezeichnung «Angewandte Sozialpsychologie» zusammengefaßt wurden, war ein beträchtlicher Teil der experimentellen Sozialpsychologie praxisorientiert, z. B. die Forschung über Gruppenleistungen, Gruppenführung, Beziehungen zwischen Gruppen, Vorurteile, Entstehung von Zuneigung und Beziehungen, usw. Viele der genannten Themen werden auch im vorliegenden Buch erörtert. Dennoch konzentriert es sich auf die grundlegenden, allgemeinen Theorien und Ergebnisse der Sozialpsychologie, da es inzwischen eine Reihe von Büchern gibt, die explizit und ausschließlich der angewandten Sozialpsychologie gewidmet sind (z. B. HAISCH, 1983; SCHULTZ-GAMBARD, 1987; s. auch FREY, HOYOS und STAHLBERG, 1988).

---

[2] In den letzten Jahren versucht man, insbesondere in der Soziologie, mit Hilfe verfeinerter mathematisch-statistischer Methoden (z. B. Pfadanalyse) auch aus Korrelationsdaten Kausalaussagen abzuleiten (BLALOCK, 1964, 1972; BOUDON, 1971).

1.3 Theorien der Sozialpsychologie

1.31 Was ist eine Theorie[3]

Eine Theorie besteht aus Definitionen und Hypothesen. Zunächst müssen durch Definitionen die Begriffe geklärt werden, die in der Theorie verwendet werden. Durch eine möglichst präzise Explikation der Begriffe sollen vor allem Mißverständnisse und Mehrdeutigkeiten vermieden werden. Außerdem wird dadurch der Teilbereich der Realität eingegrenzt, d. h. es werden die Objekte und Prozesse genannt, auf die sich die Theorie bezieht und wofür sie Gültigkeit beansprucht (z. B. Veränderungen menschlichen Verhaltens). Je allgemeiner die verwendeten Begriffe sind, desto größer ist der Gültigkeitsbereich einer Theorie.

Über die verwendeten Begriffe werden nun Aussagen gemacht (Hypothesen formuliert). Diese haben größtenteils die Form von Wenn-Dann-Sätzen (in der Logik Konditional oder Implikation genannt), z. B. «wenn ein bestimmtes Verhalten oft belohnt wird, dann steigt seine Häufigkeit» oder «wenn oft eine große Belohnung auf ein bestimmtes Verhalten folgt, dann steigt dessen Häufigkeit stärker an als bei Verwendung einer kleineren Belohnung». Die tatsächliche Formulierung von Hypothesen erfolgt nicht immer in Form von Wenn-Dann-Sätzen (man könnte etwa den vorigen Satz auch so formulieren: «Große Belohnungen ändern die Verhaltenshäufigkeit stärker als kleinere Belohnungen»). Viele Hypothesen lassen sich aber auf Wenn-Dann-Sätze zurückführen.

Aus den allgemeinen Hypothesen einer Theorie lassen sich unter anderem dadurch zahlreiche speziellere Aussagen ableiten, daß man an Stelle der allgemeinen Begriffe der Hypothese konkrete Spezialfälle einsetzt. Ersetzt man im ersten Beispiel des vorigen Absatzes den Begriff «Verhalten» durch den spezielleren Begriff «agressives Verhalten», hat man dadurch eine weitere Hypothese aus der Theorie abgeleitet: «Wenn aggressives Verhalten oft belohnt wird, dann steigt seine Häufigkeit.»

Dadurch, daß die Hypothesen einer Theorie meistens in der Form von Wenn-Dann-Sätzen formuliert sind, leistet jede Theorie zweierlei: Erklärung und Voraussage (Hempel und Oppenheim, 1948). Man kann beobachtete Phänomene erklären («die Person X handelt deshalb so aggressiv, *weil* sie oft für aggressive Handlungen belohnt wurde») und man kann die Wirkungen bestimmter Prozesse voraussagen («*wenn* ich Person Y oft für kooperatives Verhalten belohne, *dann* wird sie in Zukunft kooperativer sein als jetzt»).

Eine Theorie ist also mindestens aus zwei Gründen nützlich. Erstens erlauben ihre allgemeinen Formulierungen die Erklärung einer großen Zahl verschiedener Phänomene mit demselben Begriffsapparat. Eine Theorie ist denkökonomisch. Man braucht nicht mehr für jedes Faktum ad hoc eine eigene Erklärung zu finden.

Zweitens erlaubt eine Theorie die Vorhersage der Wirkung bestimmter Handlungen. Damit bekommt man die Realität «besser in den Griff». Jede Theorie ist eine Handlungsanweisung. Sie sagt aus, was man tun muß, um bestimmte Ziele zu erreichen. Mit anderen Worten, wie paradox es auch klingen mag, eine Theorie ist sehr praktisch.

Nun gibt es für viele Teilbereiche der Realität mehrere Theorien. Wie kann man feststellen, welche davon die beste ist? Einige (nicht alle) Gütekriterien von Theorien sind die folgenden:

Eine Theorie muß widerspruchsfrei sein, d. h. man darf nicht eine Aussage und deren Gegenteil (Verneinung) aus ihr ableiten können.

Eine Theorie ist desto besser, je mehr Phänomene sie erklärt und voraussagt.

Eine Theorie ist desto besser, je präziser ihre Voraussagen sind.

Eine Theorie ist desto besser, je einfacher sie ist (d. h. aus je weniger Begriffen und Hypothesen die Theorie besteht).

Eine Theorie ist desto besser, je größer ihre Prüfbarkeit ist. (Die Prüfbarkeit einer Theorie hängt vor allem von den verwendeten Begriffen ab. Eine Theorie, die in ihren Voraussagen vorwiegend Begriffe verwendet, die sich auf beobachtbare Objekte und Prozesse beziehen, ist besser als eine, die vorwiegend hypothetische, nicht beobachtbare Variablen beschreibt. Darauf wird in den nächsten Abschnitten genauer eingegangen.)

---

[3] Die Ausführungen in diesem Abschnitt (1.31) sind aus Raumgründen kursorisch. Der interessierte Leser möge sich an die einschlägige Spezialliteratur wenden (z. B. Albert, 1969; Groeben und Westmeyer, 1975; Leinfellner, 1967; Popper, 1973; Westmeyer, 1973).

Eine Theorie ist desto besser, je mehr sie durch empirische Daten gestützt ist.
Aber auch die im Augenblick beste Theorie ist keine endgültige Erkenntnis. Eine Theorie ist kein Dogma und sie besteht immer nur bis auf Widerruf. Wenn hinlänglich viele Fakten (experimentelle Daten) auftauchen, die mit einer Theorie unverträglich sind, dann muß diese revidiert oder durch eine neue ersetzt werden (ALBERT, 1969; POPPER, 1973).
In manchen Fällen ist es auch gar nicht möglich und nicht einmal zweckmäßig, sich für eine einzige (beste) Theorie zu entscheiden. Das ist zum Beispiel dann der Fall, wenn Theorien über den gleichen Realitätsausschnitt (etwa menschliches Verhalten) einander in dem Sinn ergänzen, daß jede dieser Theorien bestimmte Fakten erklären kann, die von den jeweils anderen Theorien nicht erklärt werden können. Wollte man sich angesichts einer solchen Sachlage (wie sie auch in der Sozialpsychologie besteht), auf einen einzigen theoretischen Standpunkt versteifen und vielleicht sogar von diesem nicht erklärbare Phänomene einfach ignorieren, so wäre das ein bedenklich engstirniger und dogmatischer Standpunkt. Ein theoretischer Pluralismus (ALBERT, 1969) ist hier vorzuziehen. Natürlich können auch bei Akzeptierung mehrerer Theorien nur solche zugelassen werden, die bestimmten Gütekriterien genügen (siehe oben). Das vorliegende Buch wird reichlichen Gebrauch von verschiedenen (mehr oder weniger behavioristischen) Lerntheorien und kognitiven Theorien machen.

1.32 Unterschiede zwischen behavioristischen und kognitiven Theorien

Die europäische Psychologie hielt (und hält) von jeher die eigenen Bewußtseinsvorgänge für das unmittelbar Gegebene, für die primären Daten. Das Beobachten der eigenen Bewußtseinsvorgänge heißt Introspektion. Introspektion führt aber nicht über das eigene Bewußtsein hinaus und ist daher von beschränktem Wert. Will man psychologische Erkenntnisse als allgemeingültige Gesetzmäßigkeiten formulieren, so muß man sicher sein, daß andere Menschen denselben Gesetzmäßigkeiten unterliegen. Dieses Problem ist – nur scheinbar! – zu lösen, indem man andere nach ihren Erlebnissen fragt. Aber hier tauchen nur neue Probleme auf: Antwortet der andere ehrlich? Ist er überhaupt imstande, seine Erlebnisse zu beschreiben? Ist die Beschreibung vollständig? Hat ein Wort, das er zur Beschreibung verwendet, für ihn dieselbe Bedeutung wie für mich? usw.
Aus diesen und anderen Gründen hat die außereuropäische Psychologie von vornherein die Introspektion vermieden. Die Begründer der westlichen (THORNDIKE; WATSON) und der östlichen empirischen Psychologie (PAWLOW) konzentrierten ihre Untersuchungen auf das *beobachtbare* Verhalten, auf Handlungen. Daher werden diese Richtungen unter dem Namen Behaviorismus zusammengefaßt.
Die zentrale psychologische Frage lautet: Welche Vorgänge in der (beobachtbaren) Umgebung eines Lebewesens verursachen welches Verhalten bzw. welche Verhaltensänderungen? Oder, anders formuliert: Welche Vorgänge auf der Reizseite verursachen welche Vorgänge auf der Verhaltensseite? Hier wird also ein «Black-Box-Modell» verwendet (siehe *Abbildung 2*): Reize (Stimuli) wirken auf den Organismus ein, bilden seinen Input, der Organismus antwortet darauf (Output) mit bestimmten Verhaltensweisen (Responses).

Abbildung 2

Man will allgemeine, gesetzmäßige Beziehungen zwischen S-Variablen und R-Variablen erkennen (beobachten!), ohne Annahmen über die einer exakten Methodik nicht zugänglichen Bewußtseinsprozesse zu treffen. Die primären Daten sind Verhaltensweisen, nicht Erlebnisse. Theorien, die sich auf Aussagen über S-R-Beziehungen beschränken, heißen *behavioristische Theorien* (man spricht in diesem Zusammenhang auch von einer S-R-Psychologie). Theorien dieser Art haben den großen Vorteil, daß ihre Aussagen außerordentlich gut und direkt prüfbar sind.
Neuerdings wendet man sich aber wieder sehr stark den introspektiven Daten und Variablen zu. Man will nicht mehr mit dem leeren Organismus des Black-Box-Modells arbeiten, sondern man

hält Variablen wie Gefühle, Einstellungen, Werte, Meinungen usw. für wichtige Prozesse, die zwischen den Polen S und R vermitteln (außerdem sind sie nicht nur wegen ihrer Vermittlerrolle, sondern auch um ihrer selbst willen interessant). Solche vermittelnde Prozesse bezeichnet man als *intervenierende* Variablen. Theorien, die ihr Hauptaugenmerk auf «innere» Prozesse richten, heißen *kognitive Theorien*[4]. Die Probleme bei ihrer Überprüfung sind natürlich beträchtlich. Die diesbezüglichen Schwierigkeiten werden u. a. im Abschnitt über FESTINGERS Dissonanztheorie behandelt.

In den nächsten Abschnitten wird je eine behavioristische und eine kognitive Theorie detailliert dargestellt. An diesen Beispielen sollen diese beiden extremen Denkhaltungen dargestellt sowie ihre Relevanz für die Sozialpsychologie gezeigt werden.

1.33 SKINNERS *Lerntheorie*

1.331 Grundbegriffe

Lerntheorien sind für die Sozialpsychologie besonders wichtig. Da der Mensch nur mit ganz wenigen angeborenen Verhaltensweisen ausgestattet ist, müssen die meisten notwendigen Teilprozesse und Voraussetzungen sozialer Interaktion (z. B. Sprechen, Meinungen und Einstellungen) erst durch Erfahrung erworben, also gelernt werden.

Die Grundbegriffe von SKINNERS Lerntheorie (1938, 1953) sind denkbar einfach: Reize und Verhalten. Verhaltensweisen werden in zwei Klassen eingeteilt: Reflexe und Operanten. *Reflexe* sind solche Verhaltensweisen, die notwendigerweise, zwangsläufig von bestimmten Reizen ausgelöst werden. Ein Beispiel dafür ist der Pupillenreflex: Der Durchmesser der Pupille ändert sich automatisch mit jeder Helligkeitsänderung.

Das Auftreten von *Operanten* dagegen ist an keine bestimmte Reizkonstellation gebunden. Jeder Operant kann prinzipiell in jeder Situation vorkommen. Die meisten Verhaltensweisen des Menschen sind Operanten (Gehen, Gestikulieren, Sprechen usw.). SKINNERS Theorie beschränkt sich auf Aussagen über Operanten, sie sagt nichts über Reflexe (später wird allerdings zu zeigen sein (Abschnitt 2.21), daß die Grenzen zwischen Operanten und Reflexen fließend sind).

In einer etwas liberaleren, nichtbehavioristischen Terminologie könnte man Operanten einfach als Spontanverhalten oder Willkürverhalten bezeichnen: Verhalten, das in (fast) jeder Situation willkürlich hervorgerufen und auch wieder abgebrochen werden kann. Reflexe dagegen brauchen den auslösenden Reiz. Sobald sie einmal ablaufen, kann man sie meistens nicht mehr willentlich unterdrücken.

Bei den Reizen interessieren besonders diejenigen, die auf ein Verhalten folgen. Man unterscheidet sie nach ihren Wirkungen auf die Häufigkeit eines Verhaltens. Unter welchen Umständen sie diese Wirkung ausüben, wird in den nächsten Abschnitten genau dargestellt. Manche nach einem Verhalten auftretende Reize steigern die Häufigkeit dieses Verhaltens. Solche Reize heißen *Verstärker* (S_+). Eine andere Klasse von Reizen senkt die Häufigkeit von Operanten. In diesem Fall spricht man von *aversiven Reizen* oder *Strafreizen* (S_-). Schließlich gibt es noch Reize, die keinerlei Einfluß auf das Verhalten ausüben. Sie heißen *neutrale Reize* (S_0). Eine weitere Reizkategorie (diskriminative Reize, S_d) wird später besprochen (Abschnitt 1.334).

1.332 Lernen und Extinktion

Operantenlernen (auch Operantenkonditionieren oder operantes Konditionieren genannt) besteht in erster Linie darin, die Häufigkeit eines Operanten zu ändern. Die Häufigkeit einer Verhaltensweise ist ein äußerst wichtiger Aspekt. Ein «aggressiver Charakter» verhält sich einfach öfter aggressiv als andere. Ein Extravertierter spricht mehr als ein Introvertierter usw.

SKINNER gewann seine grundlegenden Erkenntnisse zunächst im Tierversuch (wie im nächsten Abschnitt zu zeigen sein wird, haben diese Erkenntnisse auch für den Menschen Gültigkeit). SKINNER arbeitete vor allem mit Ratten und mit Tauben. Introspektive Daten sind dadurch von vornherein ausgeschlossen. Der Versuchsapparat ist die Skinnerbox. Das ist eine für das Tier sehr geräumige, oben offene Schachtel, die ei-

[4] Im engeren Sinn spricht man nur dann von kognitiven Theorien, wenn sich die intervenierenden Variablen auf Prozesse der *Informationsverarbeitung* (Wahrnehmung, Denkprozesse, Meinungsbildung und -änderung usw.) beziehen.

nen Lautsprecher, einige verschiedenfarbige Lampen und vor allem einen Hebel und einen Futtertrog enthält. Das Versuchstier (Vt) führt zunächst zufällig eine Menge von Handlungen durch. Es geht vorwärts und rückwärts, stellt sich auf die Hinterpfoten, schaut und schnuppert, kratzt an den Wänden, uriniert usw. Der Versuchsleiter (Vl) wählt nun für den Versuch einen bestimmten Operanten aus, in diesem Fall das Niederdrücken des Hebels in der Skinnerbox. Der Vl wartet, bis das Vt (zufällig) auf den Hebel drückt und gibt jedesmal (sofort!) ein kleines Stück Futter von außen in den Trog (siehe Abbildung 3). (Das Futter – oder irgendein anderer Reiz – muß nicht vom Vl selbst dargeboten werden. Es handelt sich in der Regel um automatisierte Versuchsapparate. Der Hebel ist mit einem Futtermagazin verbunden, so daß jede Betätigung automatisch Futtervorgabe bewirkt. Auch die Zählung der Häufigkeit und die Registrierung der zeitlichen Verteilung der Operanten erfolgt automatisch mit Hilfe eines Schreibapparates, der mit dem Hebel in Verbindung steht.)

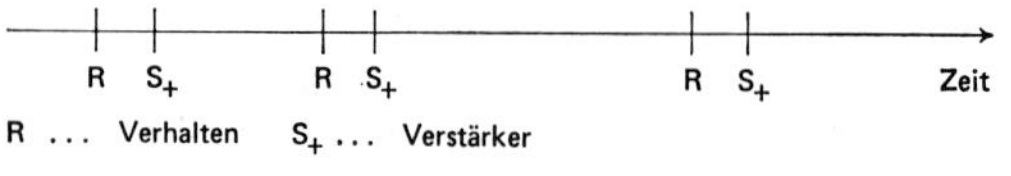

Abbildung 3

Das Resultat dieser Prozedur ist ein Ansteigen der Häufigkeit des Hebeldrückens (Abbildung 4). Der ausgewählte Operant tritt zunächst spontan mit einer gewissen, relativ konstanten Häufigkeit auf (diese Anfangshäufigkeit heißt *Basisrate*). Im Zeitpunkt A beginnt die Lernphase, d. h. ab jetzt wird jedes Auftreten des Operanten von einem Verstärker gefolgt. Die Frequenz des Operanten steigt daraufhin kontinuierlich an, bis (bei Punkt B) ein Plateau erreicht wird. Obwohl weiterhin Futter gegeben wird, steigt die Operantenfrequenz nicht mehr wesentlich an. Die wiederholte Aufeinanderfolge von Operant (Hebeldrücken) und Reiz (Futter) bewirkte hier einen Häufigkeitsanstieg des Operanten. Futter gehört also zur Reizklasse der Verstärker.

Wenn man den Verstärker wieder ausblendet (in unserem Fall: wenn auf das Hebeldrücken kein Futter mehr folgt), sinkt die Häufigkeit des Verhaltens wieder. Diesen Vorgang nennt man *Extinktion* (Abbildung 4, ab Punkt C). Die Operantenhäufigkeit sinkt in unregelmäßigen Sprüngen, bis sie wieder die Basisrate erreicht. Sie sinkt im allgemeinen nicht auf Null. Dazu wären andere Prozeduren notwendig.

Hätte der Vl anstelle des Futters einen elektrischen Schlag oder ein sehr lautes Geräusch verwendet, dann wäre die Häufigkeit des Hebeldrückens vom Punkt A an nicht gestiegen, sondern gesunken. Zwischen B und C wäre sie einigermaßen konstant geblieben und von C an wieder zur Basisrate zurückgekehrt. Es hätte sich eine zur Kurve in Abbildung 4 spiegelbildliche Lernkurve ergeben. Elektrische Schläge und extrem laute Geräusche senken also die Frequenz eines Operanten, wenn sie mehrmals unmittelbar auf den Operanten folgen. Sie sind Strafreize oder aversive Reize. Wäre das Hebeldrücken regelmäßig von einem blauen Licht mittlerer Intensität gefolgt worden, hätte sich keine nennenswerte Änderung seiner Häufigkeit ergeben. Das blaue Licht ist ein neutraler Reiz.

Verstärker, aversiver und neutraler Reiz wurden hier völlig objektiv (behavioristisch) aufgrund ihrer Wirkung auf das Verhalten definiert. Es ist aber die Vermutung naheliegend, daß es sich bei Verstärkern um angenehme, bei Strafreizen um unangenehme und bei neutralen Reizen um uninteressante, gleichgültige Ereignisse handelt. Kognitive Lerntheorien, auf die später genau eingegangen wird, definieren die entsprechenden Reizkategorien auch in dieser Weise.

Der Kern der SKINNERschen Lerntheorie ist also

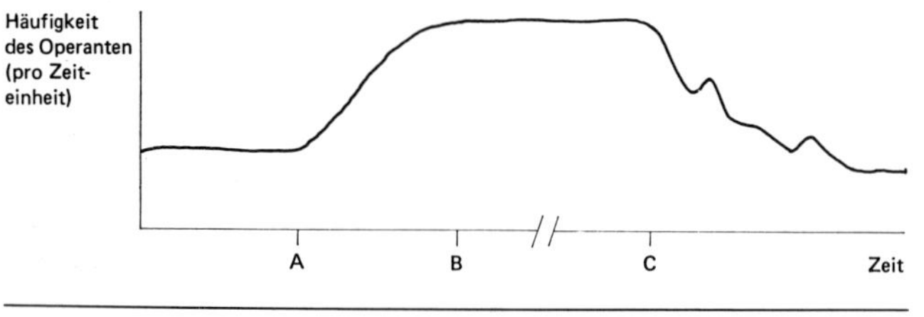

Abbildung 4

letztlich ein Lustprinzip. Die Häufigkeit von Verhaltensweisen, die zu Lustgewinn führen, steigt. Verhaltensweisen, die zu unlustbetonten Erlebnissen führen, werden seltener. Wir haben es also hier mit einer hedonistischen Theorie zu tun, die paradoxerweise nie Begriffe wie angenehm und unangenehm verwendet. Die Vorteile davon, nämlich klare Begriffe und eindeutige Überprüfbarkeit, sind offensichtlich. Die SKINNERsche Formulierung ist außerdem allgemeiner als eine explizit hedonistische. Denn SKINNERS Theorie schließt die Möglichkeit mit ein, daß es wirksame Verstärker und Strafreize geben kann, die vom lernenden Organismus gar nicht bemerkt werden (also unbewußt bleiben).

Besonders wichtig für den Lernprozeß ist die zeitliche Distanz zwischen Operant und Verstärker. Diese beeinflußt nämlich ganz wesentlich die Lerngeschwindigkeit. (Lerngeschwindigkeit kann man definieren als die Zeit, die benötigt wird, um nach Beginn der Lernphase – Punkt A – das Plateau – Punkt B – zu erreichen; oder die Anzahl der Verstärker, die nötig sind, um von A nach B zu kommen; ganz allgemein läßt sich Lerngeschwindigkeit als Anstieg der Lernkurve definieren: je steiler die Lernkurve, desto schneller wird gelernt). Je kürzer der zeitliche Abstand zwischen Operant und Verstärker ist, desto größer ist das Lerntempo. Diese Gesetzmäßigkeit wurde u. a. von GRICE (1948) und PERIN (1943) experimentell demonstriert. Die entsprechenden Daten sind in Abbildung 5 ersichtlich. Das (sorgfältiger geplante und kontrollierte) Experiment von GRICE zeigt, daß der optimale Abstand zwischen Null und einer halben Sekunde liegt. Ist der Abstand länger als 5 Sekunden, tritt praktisch kein Lernen (keine Häufigkeitsänderung des Operanten) mehr auf.

Ein weiterer bedeutender Faktor beim Lernen ist die Verstärkermenge (z. B. wieviel Futter jedesmal als Verstärker geboten wird). Die Verstärkermenge beeinflußt nicht so sehr die Lerngeschwindigkeit als vielmehr das Ausmaß des Lernens bzw. der Verhaltensänderung (definiert als die Höhe des Plateaus der Lernkurve; oder als Differenz zwischen Basisrate und Plateau). Es gilt: Je größer die Verstärkermenge, desto höher das Plateau der Lernkurve. Eine Literaturübersicht dazu gibt PUBOLS (1960).

Hier muß noch der wichtige Begriff der *Reaktionsstärke* eingeführt werden. Daß und wieviel gelernt wurde, zeigt sich nämlich nicht nur in Änderungen der Häufigkeit eines Verhaltens, sondern auch in anderen Variablen. Je mehr gelernt wurde (je öfter ein Operant verstärkt wurde), desto mehr steigt die Operantenhäufigkeit, desto kürzer wird die Latenz des Verhaltens (die Reaktionszeit), desto schneller wird der Operant ausgeführt und – vor allem – desto länger dauert die Extinktionsphase (genauer: desto mehr nichtverstärkte Operanten werden durchgeführt). Diese vier Variablen korrelieren und sind Indizes für die hypothetische Variable «Reaktionsstärke eines Verhaltens».

1.333 Verwendung (Brauchbarkeit) in der Sozialpsychologie

Es soll nun an einigen Beispielen die Brauchbarkeit der SKINNERschen Lerntheorie für die Sozialpsychologie gezeigt werden. Es muß der Nachweis erbracht werden, daß diese zunächst im Tierversuch erarbeiteten Gesetzmäßigkeiten des Verhaltens auch beim Menschen Gültigkeit haben. Außerdem müssen Verlauf und Folgen von Interaktionen (denn diese sind der Forschungsgegenstand der Sozialpsychologie) mit Hilfe dieser Theorie erklärt und vorausgesagt werden können.

Betrachten wir zunächst den recht alltäglichen Fall eines Kleinkindes, das am Abend beim Schlafengehen regelmäßig einen Wutanfall produziert. Die übliche Erziehungspraxis ist die, dem Kind gut zuzureden und es liebevoll ins Bett zu dirigieren. Dabei wird aber ein Operant (der Wutanfall) verstärkt (durch liebevolle Zuwen-

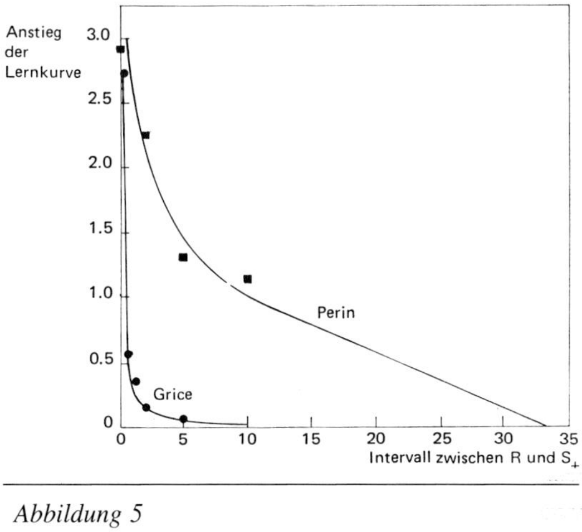

Abbildung 5

dung). Die Folge ist unausbleiblich: Der Wutanfall beim Schlafengehen wird immer häufiger. Nach den vorhin dargestellten lerntheoretischen Erkenntnissen müßte hier ein anderer Weg eingeschlagen werden: Extinktion. In der Praxis heißt das: Der Wutanfall muß konsequent ignoriert werden. Kein Blick, kein liebevolles, aber auch kein drohendes Wort darf an das Kind gerichtet werden. Die Ergebnisse einer solchen Vorgangsweise publizierte WILLIAMS (1959). Wie Abbildung 6 zeigt, waren bereits in der siebenten kritischen Situation die Wutanfälle völlig gelöscht (extingiert).

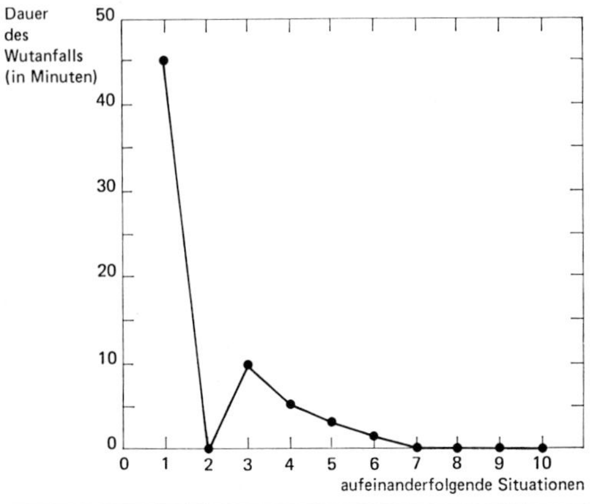

Abbildung 6

Eine besonders wichtige Interaktionsform ist die sprachliche Interaktion. Experimente zum «Verbalen Konditionieren» zeigen, daß der Inhalt einer Konversation durch gezielte Verstärker gesteuert werden kann. Unter den ersten Experimenten auf diesem Gebiet waren die von GREENSPOON (1955), TAFFEL (1955) und VERPLANCK (1955). Einen Überblick gibt KANFER (1968).

Das Experiment wird oft als Wartezeit getarnt. Der Versuchsleiter (Vl) stellt sich als (angebliche) zweite Versuchsperson (Vp) vor, die hier ebenfalls wartet und beginnt ein scheinbar belangloses Gespräch. In Wahrheit registriert er zunächst (etwa 10 Minuten lang) die Basisrate eines bestimmten Operanten (z. B. alle Sätze, die mit «ich» beginnen bzw. alle Sätze, in denen die echte Vp über sich selbst spricht). Dann folgt eine ebenso lange Lernphase, in der jeder dieser Ich-Sätze sofort verstärkt wird. Dazu genügt schon ein Lächeln, ein Kopfnicken, ein freundliches «ja» und ähnliches. Die Häufigkeit solcher Sätze steigt daraufhin rapid an. Nun folgt eine Extinktionsphase, in der die ichbezogenen Sätze unverstärkt bleiben. Ihre Frequenz sinkt wieder bis zur Basisrate. Dieser Vorgang läßt sich mehrmals wiederholen.

An den Experimenten zum verbalen Konditionieren ist u. a. bemerkenswert, daß einem Teil der Versuchspersonen (Vpn) der Zusammenhang zwischen bestimmten Inhalten und darauffolgenden Verstärkern (etwa Kopfnicken) nie bewußt wird. Dennoch ist auch bei diesen Vpn vielfach ein Frequenzanstieg des verbalen Operanten zu verzeichnen.

Das Faktum des verbalen Konditionierens kann nun seinerseits manche Aspekte wichtiger Interaktionen erklären, insbesondere der Interaktion zwischen Patient und Psychotherapeut und zwischen Befragtem und Interviewer. Der Nachweis des verbalen Konditionierens veranlaßte viele Forscher zu der Vermutung, daß in beiden genannten Fällen Verfälschungen dadurch zustande kommen, daß der Therapeut bzw. der Interviewer gewisse Äußerungen seines Gesprächspartners (in der Regel ohne Absicht und daher unbewußt) verstärkt, und damit ihre Häufigkeit gegenüber anderen Inhalten anhebt.

QUAY (1959) formulierte und überprüfte die Hypothese, daß Patienten einfach deshalb so häufig über frühe Kindheitserlebnisse in der Familie sprechen, weil sie dafür von vielen Therapeuten verstärkt werden und nicht etwa deshalb, weil – nach Meinung der orthodoxen Psychoanalyse – die Wurzel der meisten Neurosen in den frühen Eltern-Kind-Beziehungen liegt. In der einen Versuchsgruppe wurden (in einem quasitherapeutischen Interview) vom Vl alle von der jeweiligen Vp erwähnten mit der Familie zusammenhängenden Kindheitserlebnisse durch zustimmend gemurmeltes «mh-mh» verstärkt. Dementsprechend stieg ihre Häufigkeit deutlich an. In einer zweiten Versuchsgruppe wurden andere Inhalte auf ähnliche Weise verstärkt, deren Häufigkeit dann ebenfalls anstieg. Daraus schloß QUAY, daß die große Häufigkeit, mit der von bestimmten Ereignissen oder Personen gesprochen wird, offenbar nicht so sehr von deren vermeintlicher Wichtigkeit abhängt, sondern eher vom Verhalten des Therapeuten. Andere Autoren kamen zu übereinstimmenden Ergebnissen (MURRAY, 1956; TRUAX, 1966; WILLIAMS und BLANTON, 1968).

Eine ähnliche Hypothese besagt, daß die Ergebnisse mancher Meinungsumfragen nicht nur die tatsächlichen Meinungen und Einstellungen der Befragten widerspiegeln, sondern auch (durch verbale Verstärkung) unabsichtlich vom Interviewer beeinflußt sind. Es könnte sein, daß der Interviewer (ohne es zu wissen) immer dann nickt oder lächelt, wenn der Befragte eine dem Interviewer sympathische Meinung äußert. Das würde auch erklären, warum verschiedene Interviewer, selbst wenn sie völlig vergleichbare Stichproben befragen, zu verschiedenen Ergebnissen kommen.

Hildum und Brown (1956) führten ein hierfür relevantes Experiment durch. Die Vpn mußten telefonisch 15 Fragen über die Ausbildung in Harvard beantworten. Eine Hälfte der Vpn wurde für positiv eingestellte Antworten verstärkt, die andere Hälfte für negative Antworten. Dementsprechend gab die erste Gruppe von Vpn auch signifikant mehr positive und weniger negative Antworten als die zweite Gruppe.

Es gibt zahlreiche ähnliche Experimente mit analogen Ergebnissen. Einen diesbezüglichen Überblick findet man bei Insko (1967, S. 18ff.).

1.334 Generalisation und Diskrimination

Wie im vorletzten Abschnitt erwähnt wurde, besteht Operantenlernen in erster Linie in Häufigkeitsänderungen. Aber es gibt noch einen zweiten, äußerst wichtigen Aspekt beim Operantenlernen: Operanten können durch Lernprozesse reiz- bzw. situationsabhängig werden. Nach solchen (in diesem Abschnitt genauer beschriebenen) Lernprozessen ist bei Vorhandensein bestimmter Reize von vornherein die Auftrittswahrscheinlichkeit mancher Operanten erhöht. Reize und Reizkonstellationen mit dieser Eigenschaft heißen diskriminative Reize (S_d).

Jede Verhaltensänderung wird in einer bestimmten Situation gelernt. Dennoch bleibt das neue Verhalten nicht auf die Lernsituation beschränkt. Es zeigt sich auch in neuen Situationen und Umgebungen: Es «generalisiert». Dies geschieht nach bestimmten Gesetzmäßigkeiten: Das neue (geänderte) Verhalten wird um so mehr auf neue Situationen übertragen, je ähnlicher diese der Lernsituation sind. Man spricht hier von einem *Generalisationsgradienten*.

In einem Experiment von Guttman und Kalish (1956) lernten Tauben auf eine Scheibe zu picken, wenn diese in einer bestimmten Farbe (ein bestimmtes Grün) angeleuchtet wurde. Nach einer hinreichend langen Lernphase wurde die Scheibe in zufälliger Reihenfolge in den verschiedensten Farben beleuchtet. Es zeigte sich, daß die Tauben fast bei allen Farben auf die Scheibe peckten, aber um so seltener, je unähnlicher die neue Farbe dem ursprünglichen Grün war (Abbildung 7).

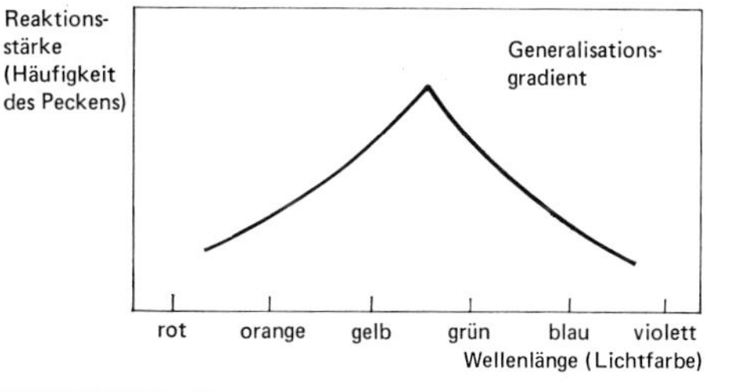

Abbildung 7

Dieses Experiment könnte in folgender Abänderung fortgesetzt werden: Man verwendet nur mehr zwei Farben (etwa ein Grün und ein Orange) und verstärkt jedes Pecken bei grünem Licht, nie aber bei orangefarbenem. Ein solches Verfahren heißt *Diskriminationstraining* oder Diskriminationslernen (Unterscheidungslernen). Der Reiz, bei dessen Anwesenheit das Verhalten verstärkt wird, heißt *diskriminativer* Reiz (S_d). Die Folge dieser Prozedur wäre, daß zunächst die Reaktionsstärke bei Orange stark abnimmt (eventuell auf Null sinkt) und außerdem der ganze Generalisationsgradient steiler wird (Abbildung 8). Der Organismus hat zu unterscheiden gelernt, in welcher Situation ein bestimmtes Verhalten erfolgreich ist und in welcher nicht.

Auf analoge Weise lernt etwa ein Kind, daß das Vorführen von Turnkunststücken im Freundes-

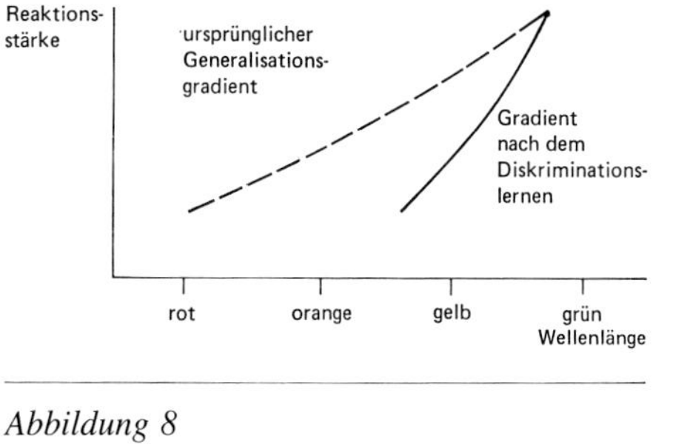

Abbildung 8

kreis verstärkt wird, nicht aber im Rechenunterricht oder in der Kirche. Ein junger Wissenschaftler wird für die geistreiche Ableitung mathematischer Formeln von seinen Kollegen verstärkt (durch Anerkennung), nicht aber von hübschen Mädchen in einem Tanzlokal. Ein Schauspieler wird durch Beifall verstärkt, wenn er in pathetischem Tonfall klassische Gedichte vorträgt, aber nicht, wenn er in gleicher Weise im Gasthaus ein Paar Würstel bestellt. Hinlänglich viele Erfahrungen situationsabhängiger Verstärker bzw. Strafreize machen das Verhalten situationsangepaßt. Bleiben solche Lernprozesse aus, dann generalisieren manche Verhaltensweisen zu stark. Der Betreffende wirkt komisch oder gerät in Schwierigkeiten.

Das Phänomen der Diskriminierung ist außerordentlich wichtig. Aus ihm ergeben sich weitreichende Folgerungen, insbesondere für Persönlichkeitstheorien. Davon wird später ausführlich die Rede sein (Abschnitt 2.621).

1.335 Verstärkerpläne und das Gesetz des relativen Effekts

Es ist nicht notwendig, jedes Auftreten eines bestimmten Operanten zu verstärken. Wenn ein Operant nur manchmal verstärkt wird, führt das ebenfalls zu einem Ansteigen seiner Häufigkeit. Im ersten Fall spricht man von einem *kontinuierlichen Verstärkerplan,* im zweiten von einem *intermittierenden* (siehe Abbildung 9). Kontinuierliche, das heißt hundertprozentige Verstärkung wird in Laborexperimenten nicht sehr häufig verwendet und tritt in Realsituationen äußerst selten auf. Daher ist die Kenntnis der Wirkung von intermittierender Verstärkung nicht nur von theoretischer, sondern auch von großer praktischer Bedeutung.

Bereits von SKINNER (1938) wurden die typischen Unterschiede in der Wirkungsweise von kontinuierlichen und intermittierenden Plänen festgestellt. Bei kontinuierlicher Verstärkung wird schneller gelernt als bei intermittierender (der Anstieg der Lernkurve ist steiler). Das Ausmaß des Lernens (die Differenz zwischen Basisrate und Plateau der Lernkurve) muß nicht verschieden sein. Dasselbe Plateau wird bei intermittierender Verstärkung allerdings langsamer erreicht. Intermittierende Pläne bewirken oft sogar einen größeren Häufigkeitszuwachs als kontinuierliche Pläne. Wie in den nächsten Abschnitten gezeigt wird, kann mit bestimmten Arten von intermittierenden Plänen sogar ein *wesentlich* größerer Häufigkeitszuwachs erzielt werden als mit kontinuierlicher Verstärkung. Die Extinktion verläuft bei intermittierenden Plänen langsamer als bei kontinuierlichen. Diese Tatsache ist für die Sozialpsychologie von besonderer Wichtigkeit (darauf wird in Abschnitt 2.13 genauer eingegangen).

FERSTER und SKINNER (1957) beschrieben eine große Zahl verschiedener Verstärkerpläne und deren typische Wirkungen. Hier sollen nur die wichtigsten dargestellt werden. Die beiden grundlegenden Arten von Verstärkerplänen sind Verhältnispläne (Häufigkeitspläne) und Intervallpläne (Zeitpläne). Bei *Verhältnisplänen* ist die Häufigkeit des Verhaltens entscheidend:

Es wird ein bestimmter Prozentsatz eines Operanten verstärkt, etwa jedes zweite oder jedes fünfte Auftreten eines Operanten. Wird jedes zweite Mal verstärkt, spricht man von einem 50-Prozent-Plan (weil in der Hälfte aller Fälle verstärkt wird), wird jedes fünfte Mal verstärkt, liegt ein 20-Prozent-Plan vor usw.

Verhältnispläne haben charakteristische Wirkungen: Sie bewirken eine größere Verhaltenshäufigkeit als kontinuierliche Verstärkung. Und: Je seltener verstärkt wird (je geringer der Verstärkerprozentsatz ist), desto größer ist die Verhaltenshäufigkeit. Diese zunächst vielleicht paradox erscheinenden Ergebnisse werden verständlich, wenn man bedenkt, daß die Zahl der Verstärker von der Verhaltenshäufigkeit ab-

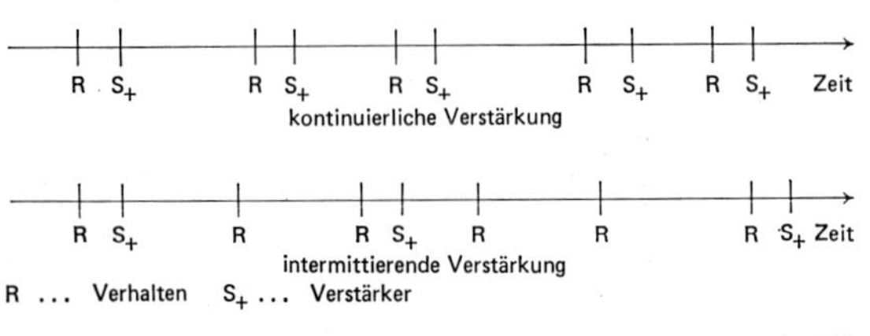

Abbildung 9

hängt. Um die gleiche Anzahl von Verstärkern zu erhalten, sind bei einem intermittierenden Plan mehr Operanten notwendig als bei einem kontinuierlichen Plan; und es sind um so mehr Operanten notwendig, je geringer der Verstärkerprozentsatz ist.

Bei der zweiten Art von Verstärkerplänen, den *Intervallplänen*, ist die Zeit entscheidend. Es wird jeder Operant verstärkt, der nach einem bestimmten Zeitintervall auftritt. Beim Hebeldrücken in der Skinnerbox könnte beispielsweise jede Minute oder jede fünfte Minute ein Verstärker gegeben werden. Operanten, die zwischen diesen Zeitpunkten auftreten, werden nicht verstärkt. Beim Menschen können diese Intervalle wesentlich länger sein: Stunden, Tage usw.

Intervallpläne wirken anders als Verhältnispläne: Die Verhaltenshäufigkeit ist bei Intervallplänen oft geringer als bei Verhältnisplänen. Die Zahl der Verstärker hängt bei Intervallplänen nicht von der Verhaltenshäufigkeit ab: Ob in einem Intervall vor dem verstärkten Operanten beispielsweise zwei oder zwanzig Operanten auftreten, hat keinerlei Einfluß auf die Verstärkung. Ferner ist das Plateau der Lernkurve nicht glatt, sondern hat charakteristische «Zacken»: Die Operanten sind nicht gleichmäßig über die Zeit verteilt, sondern es tritt nach jeder Verstärkung eine Pause auf, in der der Organismus nicht oder kaum reagiert, während jeweils knapp vor dem Verstärkungszeitpunkt die Verhaltenshäufigkeit stark zunimmt. Ähnliche Häufigkeitsschwankungen treten mitunter auch bei Verhältnisplänen auf, besonders dann, wenn der Verstärkungsprozentsatz sehr gering ist.

Die Verstärker können in regelmäßiger Weise gegeben werden, wie es vorhin beschrieben wurde (z. B. jedes siebzehnte Mal oder jede neunte Minute). Dann spricht man von *festen* (oder *fixen*) Verhältnisplänen bzw. von festen (oder fixen) Intervallplänen. Daneben gibt es auch variable Verstärkerpläne. Bei einem variablen 5-Prozent-Plan beispielsweise wird nicht genau jedes zwanzigste Auftreten eines bestimmten Operanten verstärkt, sondern im Durchschnitt (oder ungefähr) jedes zwanzigste. Statt genau den 20., 40., 60. usw. Operanten zu verstärken, würde man dies beispielsweise beim 18., 43., 57., 84. usw. tun. Ähnlich kann man bei Intervallplänen vorgehen. Bei einem variablen 2-Minutenplan wird nicht jeder Operant verstärkt, der nach genau 120, 240, 360 usw. Sekunden auftritt, sondern beispielsweise nach 110, 255, 320, 500 usw. Sekunden.

Variable Verstärkerpläne haben die Eigenschaft, sehr gleichmäßiges Verhalten hervorzurufen. Die vor allem für fixe Intervallpläne typischen «Zacken» (Häufigkeitsspitzen) treten hier nicht auf. Das Verhalten ist relativ gleichmäßig über die Zeit verteilt. Außerdem führen variable Pläne zu besonders langsamer Extinktion (vgl. Abschnitt 2.13).

Zur Vereinfachung und Verkürzung der Schreibweise verwendet man bestimmte Buchstabenkombinationen zur Bezeichnung bestimmter Verstärkerpläne: FR bedeutet fixer Verhältnisplan (fixed ratio), VR variabler Verhältnisplan (variable ratio), FI fixer Intervallplan (fixed interval) und VI variabler Intervallplan (variable interval). Zur genauen Kennzeichnung werden den Buchstaben noch Zahlen nachgestellt, die (bei Verhältnisplänen) die Anzahl der für eine Verstärkung notwendigen Reaktionen oder (bei Intervallplänen) das Zeitintervall zwischen verstärkten Operanten angeben. So bezeichnet z. B. FR-50 einen Plan, bei dem genau jeder fünfzigste Operant verstärkt wird, VR-20 einen Plan, bei dem im Durchschnitt jeder zwanzigste Operant verstärkt wird und FI-5′ einen Plan, bei dem genau nach jeweils 5 Minuten verstärkt wird.

Mit Hilfe von *Intervall*plänen ist der neueren Lernpsychologie eine Entdeckung von größter Wichtigkeit gelungen, die nicht nur wesentliche neue Einsichten mit sich brachte, sondern auch maßgeblich an einer theoretischen Neuorientierung der Lernpsychologie beteiligt war: das «Gesetz der *relativen* Effekte» (De Villiers und Herrnstein, 1976; Herrnstein, 1970; Rachlin, 1971).

Das «Gesetz des relativen Effekts» (law of relative effect), auch «Gesetz der Anpassung» (matching law) genannt, wurde aufgrund von Experimenten über *Entscheidungs-* bzw. *Wahlverhalten* entdeckt (eine einführende, aber detaillierte Darstellung gibt Rachlin, 1976). Das sind Experimente, in denen nicht nur *ein* bestimmter Operant untersucht wird, sondern in denen das Vt zwischen mindestens zwei verstärkten Operanten frei wählen kann. Die einfachste Versuchsanordnung dieser Art wäre eine Skinnerbox mit zwei Hebeln (für Ratten) oder mit zwei Pickscheiben (für Tauben), wobei im allgemeinen die beiden Alternativen (z. B. die beiden Hebel) mit unterschiedlichen Verstärkerplänen gekoppelt sind.

Bei solchen Versuchsanordnungen wechselt das Vt wiederholt zwischen den verstärkten Verhaltensalternativen ab. Untersucht man die relativen Häufigkeiten der beiden Operanten näher, dann zeigt sich, daß sie in genau vorhersagbarer Weise vom «Qualitätsunterschied» zwischen den beiden Verstärkerplänen abhängen: Das Verhältnis zwischen den Häufigkeiten der beiden Verhaltensweisen entspricht dem Verhältnis zwischen den Mengen von Verstärkern, die das Vt durch jede der beiden Verhaltensweisen erhält:

$$\frac{f_1}{f_2} = \frac{m_1}{m_2} \qquad (1)$$

In dieser Formel bedeuten f_1 die Häufigkeit des Verhaltens R_1 (innerhalb einer bestimmten Zeitspanne), f_2 die Häufigkeit des Verhaltens R_2 (innerhalb derselben Zeit), m_1 die Anzahl von Verstärkern für R_1 und m_2 die Anzahl von Verstärkern für R_2 (ebenfalls innerhalb derselben Zeit).

Dieser Sachverhalt soll durch Beispiele verdeutlicht werden: Angenommen, R_1 ist das Betätigen des linken Hebels und R_2 das Betätigen des rechten Hebels; ferner soll R_1 mit Futterpillen entsprechend einem FI-2′ und R_2 mit Futterpillen derselben Art, aber entsprechend einem FI-4′ verstärkt werden. Mit Hilfe von R_1 kann das Vt also jede zweite Minute und mit Hilfe von R_2 jede vierte Minute eine Futterpille erhalten. Für diesen Fall sagt Gleichung (1) voraus, daß der linke Hebel doppelt sooft betätigt wird wic der rechte (weil der linke Hebel die doppelte Futtermenge bringt). Wenn der linke Hebel mit einem FI-3′ und der rechte mit einem FI-9′ gekoppelt ist, wird der linke Hebel dreimal häufiger gedrückt als der rechte.

Wie in zahlreichen Experimenten gezeigt wurde, folgt das Verhalten von Ratten und Tauben, aber auch von Menschen (SCHROEDER und HOLLAND, 1969), mit erstaunlicher Genauigkeit dem Gesetz des relativen Effekts.

Um Mißverständnissen vorzubeugen, müssen hier noch zwei Anmerkungen eingefügt werden. Erstens: In allen Formeln dieses Abschnitts bedeutet m_i die *tatsächliche erhaltene* Menge von Verstärkern für R_1, nicht die programmierte. Diskrepanzen zwischen programmierter und erhaltener Verstärkermenge sind z. B. dadurch möglich, daß der Organismus manchmal zu den geplanten Verstärkungszeitpunkten nicht reagiert, wodurch er weniger Verstärker erhält als er aufgrund des Verstärkerplans erhalten könnte. Zweitens: Das Gesetz des relativen Effekts bezieht sich nur auf den stationären Teil der Lernkurve. Es gilt also nicht während des Abschnitts, in dem eine Verhaltensänderung stattfindet, sondern erst nachdem eine (relativ) konstante Verhaltenshäufigkeit erreicht wurde.

Gleichung (1) erlaubt auch die Messung und den Vergleich der subjektiven Qualitäten (der «Werte») verschiedener Verstärker. Nehmen wir an, R_1 und R_2 sind mit identischen Verstärkerplänen gekoppelt (z. B. mit VI-2′), aber mit verschiedenen Verstärkern (z. B. R_1 mit Futterpillen und R_2 mit einer süß schmeckenden Flüssigkeit). Da die Verstärkerpläne identisch sind, werden die Tiere mit (annähernd) gleicher Häufigkeit Futterpillen und Flüssigkeit erhalten. Deswegen muß aber noch keineswegs f_1 gleich f_2 sein. Wenn sich herausstellt, daß R_1 1,4mal sooft erfolgt wie R_2, dann ist eine naheliegende Interpretation, daß im konkreten Fall die Futterpille 1,4mal soviel «wert» ist wie die Flüssigkeit. Diese Überlegungen zeigen, daß man das Gesetz des relativen Effekts allgemeiner formulieren kann: Das Verhältnis der Verhaltenshäufigkeiten entspricht dem Verhältnis der subjektiven Qualitäten oder Werte der Verstärker. Bei dieser allgemeineren Form bedeuten m_1 und m_2 in Formel (1) nicht mehr die Häufigkeiten, sondern die subjektiven Werte der Verstärker.

Für viele Zwecke ist es günstiger bzw. anschaulicher, statt Formel (1) die mathematisch äquivalente Formel (2) zu verwenden:

$$\frac{f_1}{f_1 + f_2} = \frac{m_1}{m_1 + m_2} \qquad (2)$$

Aus Formel (2) läßt sich eine der wichtigsten Hypothesen der neueren Lernforschung ableiten, nämlich, daß die relative Häufigkeit eines bestimmten Verhaltens nicht nur von dessen Konsequenzen abhängt, sondern auch von den Konsequenzen gleichzeitig verfügbarer Alternativverhaltensweisen. Nach Meinung des orthodoxen Behaviorismus sollte die Verhaltenshäufigkeit konstant bleiben, solange die Verstärkermenge konstant bleibt (vgl. Abschnitt 1.232); nur bei Erhöhung der Verstärkermenge sollte die Verhaltenshäufigkeit steigen und bei Verminderung der Verstärkermenge sollte sie sinken.

Formel (2) erlaubt eine andere Voraussage: Bei konstanter Verstärkermenge (bzw. Verstärkerqualität) für R_1 kann sich die Häufigkeit von R_1 ändern. Die Häufigkeit von R_1 wird – bei konstanter Verstärkung von R_1 – steigen, wenn die Verstärkermenge bzw. -qualität für R_2 abnimmt, und sie wird sinken, wenn die Verstärkermenge bzw. -qualität für R_2 zunimmt: Diese Hypothesen wurden u. a. von CATANIA (1963) in einem Experiment mit Tauben bestätigt. R_1 (Picken auf eine Scheibe) wurde während des ganzen Experiments in gleicher Weise verstärkt (VI-3′, also 20 Verstärker pro Stunde). Für R_2 (Picken auf die andere Scheibe) wurden verschiedene Verstärkerpläne während des Experiments verwendet (zwischen 0 und 40 Verstärkern pro Stunde). Die Häufigkeit der konstant verstärkten Verhaltensweise R_1 änderte sich in der vorausgesagten Weise (s. Abbildung 10).

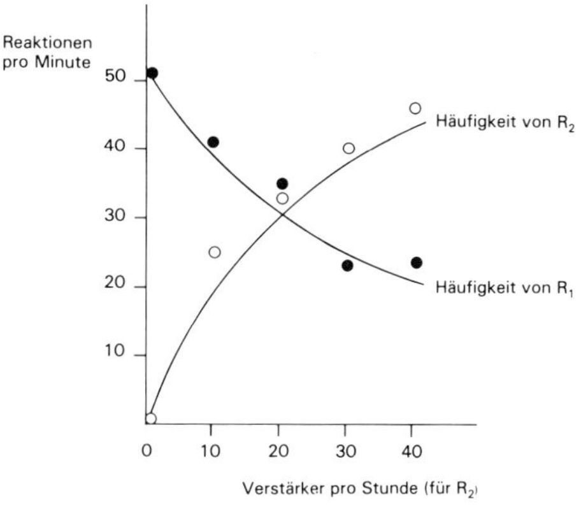

Abbildung 10

Formel (2) läßt sich leicht verallgemeinern. Für drei Alternativen lautet sie:

$$\frac{f_1}{f_1 + f_2 + f_3} = \frac{m_1}{m_1 + m_2 + m_3} \qquad (3)$$

Formel (4) ist die allgemeinste Form des Gesetzes des relativen Effekts für beliebig viele (n) Alternativen:

$$\frac{f_i}{\sum_{i=1}^{n} f_i} = \frac{m_i}{\sum_{i=1}^{n} m_i} \qquad (4)$$

Wenn mit den n Verhaltensweisen R_i alle möglichen Verhaltensweisen eines Organismus innerhalb einer gegebenen Zeitspanne bezeichnet werden, ergibt sich durch Umformung von Formel (4):

$$\frac{f_i}{f_i + f_{\text{nicht } i}} = \frac{m_i}{m_i + m_{\text{nicht } i}} \qquad (5)$$

In Formel (5) bedeutet f(nicht i) die Summe der Häufigkeiten aller Verhaltensweisen außer R_i (einschließlich der Möglichkeit, überhaupt nichts zu tun), und m(nicht i) die Summe der Verstärkermengen bzw. -qualitäten für alle Verhaltensweisen außer R_i (einschließlich der «freien» Verstärker, das heißt der Verstärker, die nicht von bestimmten Verhaltensweisen abhängen, sondern verhaltensunabhängig vorgegeben werden).

Formel (5) impliziert die Hypothese, daß die Häufigkeit eines bestimmten Verhaltens nicht nur von dessen Konsequenzen abhängt, sondern von *sämtlichen* im gleichen Zeitraum verfügbaren Verstärkern. Je mehr und je bessere Verstärker durch andere Verhaltensweisen oder auch durch Nichtstun zugänglich sind, desto geringer wird die Häufigkeit eines konkreten Verhaltens R_i sein. Diese Hypothese wurde u. a. von RACHLIN und BAUM (1972) bestätigt. Das Scheibenpicken von Tauben wurde konstant mit Futter verstärkt (VI-3′). Außerdem wurde freies, verhaltensunabhängiges Futter in verschiedenen Mengen zur Verfügung gestellt. Je mehr freies Futter zugänglich war, desto niedriger war die Häufigkeit des Scheibenpickens.

Es könnte eingewendet werden, daß man solche Ergebnisse auch als Sättigungseffekte interpretieren kann: Je mehr Futter verfügbar ist, desto geringer ist der Hunger der Versuchstiere, und desto geringer ist der Anreiz, «für Essen zu arbeiten». Diese Alternativerklärung ist jedoch nicht stichhaltig, weil die im Experiment verfügbaren Futtermengen zu gering waren, um Sättigung zu bewirken.

Das Gesetz des relativen Effekts wurde hier in seiner einfachsten Form dargestellt. Manche Experimente und Ergebnisse benötigen jedoch zu ihrer Erklärung eine komplexere Form dieses

Gesetzes, wobei nicht nur die Verstärkermengen für jede Verhaltensalternative, sondern auch die jeweiligen Verstärkerhäufigkeiten und Verstärkerverzögerungen (Zeitabstand zwischen Operant und Verstärker) berücksichtigt werden (BAUM, 1974). Der Ausdruck Verstärkermenge wurde in diesem Abschnitt kursorisch für die Gesamtmenge oder -anzahl der Verstärker innerhalb eines bestimmten Zeitraums gebraucht. Ein genaueres Verständnis des matching-law erfordert die Unterscheidung zwischen Verstärkerhäufigkeit (z. B. 20 pro Stunde) und der Verstärkermenge im engeren Sinn des Begriffs, womit die Verstärkermenge (z. B. Gewicht) oder -qualität des einzelnen Verstärkers gemeint ist. Formel (6) beschreibt das Gesetz des relativen Effekts in einer allgemeineren Form als die Formeln (1) und (5):

$$\frac{f_1}{f_2} = \left(\frac{a_1}{a_2}\right)^A \cdot \left(\frac{r_1}{r_2}\right)^R \cdot \left(\frac{d_2}{d_1}\right)^D \qquad (6)$$

f_1 und f_2 sind die Häufigkeiten der Verhaltensweisen 1 und 2 innerhalb eines bestimmten Zeitintervalls, a_1 und a_2 sind die entsprechenden Verstärkermengen, r_1 und r_2 die Verstärkerhäufigkeiten, und d_1 bzw. d_2 die entsprechenden Verstärkerverzögerungen. (Die Buchstaben a, r und d sind Abkürzungen der englischen Wörter amount, rate und delay = Menge, Anzahl und Verzögerung.) Die Exponenten A, R und D sind Konstanten, die für jede Vp bzw. jedes Vt empirisch zu ermitteln sind und die als Sensitivität bezüglich des jeweiligen Lernparameters interpretiert werden können: Je größer ein Exponent ist, desto stärker wirkt sich das Verhältnis in der betreffenden Variable in Verhaltensunterschieden aus. Wenn der Exponent 1 ist, ist matching (gleiche Verhältnisse) gegeben. Wenn der Exponent kleiner als 1 ist, spricht man von undermatching (das Verhältnis der Operantenhäufigkeiten ist kleiner als das Verhältnis in der anderen Variable). Bei Exponenten, die größer als 1 sind, ist overmatching vorhanden (d. h. die Verhaltensunterschiede «übertreiben» die Verstärkerunterschiede). In der letzten Klammer steht d_2/d_1 statt d_1/d_2, weil im allgemeinen geringe Verzögerungen gegenüber größeren bevorzugt werden. (Beispiel: Wenn Verhalten 1 mit 2 Sekunden Verzögerung und Verhalten 2 mit 6 Sekunden Verzögerung verstärkt wird, tritt Verhalten 1 öfter und nicht seltener auf als Verhalten 2. Das entspricht $f_1/f_2 = d_2/d_1 = 6/2 = 3$ und nicht $d_1/d_2 = 2/6 = 1/3$.)

Ein großer Teil der bisher ermittelten Exponenten liegt zwar nahe bei 1, doch gibt es auch beträchtliche Abweichungen von diesem Wert. Interessant ist immer ein Vergleich der drei Exponenten einer Vp (oder eines Vt), weil dadurch individuelle Charakteristika festgestellt werden können. Wenn beispielsweise bei einer Vp (oder einem Vt) D deutlich größer ist als A und R, dann wird das Verhalten dieser Vp (dieses Vt) besonders stark von Verstärkerverzögerungen (Belohnungsaufschub) beeinflußt.

Auf der Grundlage solcher komplexer Effektgesetze wurde eine Entscheidungstheorie entwikkelt (GRAY und TALLMAN, 1984), die versucht, recht komplizierte menschliche Entscheidungen zu erklären – z. B. Entscheidungen, die von Gruppen getroffen werden (GRAY und STAFFORD, 1988). Auch RACHLIN (1989) zeigt vielfältige Anwendungsmöglichkeiten des in Formel (6) dargestellten allgemeinen Effektgesetzes auf Entscheidungsverhalten. Das Gesetz hat sich bei verschiedenen komplexen Verhaltensweisen (z. B. Selbstkontrolle) bewährt, sowie bei einfachen und komplizierten Verstärkerplänen (Verhältnispläne, verschiedene Kombinationen von Intervall- und Verhältnisplänen). Eine zusammenfassende Darstellung der umfangreichen Forschung bietet WILLIAMS (1988).

Die auf das Gesetz des relativen Effekts bezogene Forschung ist nicht nur deshalb wichtig, weil sie neue Einsichten in fundamentale Eigenschaften des Verhaltens und Lernens brachte, sondern auch, weil sie zu einer theoretischen Neuorientierung der Lernpsychologie führte. Die führenden Forscher auf diesem Gebiet (etwa BAUM, HERRNSTEIN und RACHLIN) vertreten eine Auffassung, die man – so paradox das klingen mag – einen kognitiven Behaviorismus nennen könnte.

Diese Forschung ist nach wie vor behavioristisch orientiert, insofern sie von exakt beobachtbaren Variablen (wie Verhaltenshäufigkeiten und Verstärkerplänen) ausgeht. Sie ist aber auch kognitiv orientiert, indem sie Schlüsse auf innere Prozesse zieht, z. B. indem das Gesetz des relativen Effekts zur Messung des subjektiven Wertes von Verstärkern herangezogen wird.

Die kognitive Orientierung zeigt sich noch deutlicher, wenn man vom Gegensatz zwischen «molekularen» und «molaren» Ansätzen ausgeht. Der orthodoxe Behaviorismus war molekular orientiert, das heißt, man betrachtete das isolierte Auftreten einer Verhaltensweise (und deren Konsequenz) als Analyseeinheit, und ging von der Grundannahme aus, daß jede einzelne Verstärkung das betreffende Verhalten «automatisch» oder «mechanisch» beeinflußt. Man lehnte die Annahme ab, daß der Organismus aufgrund der Information lernt, die in länger ausgedehnten Verhaltenssequenzen enthalten ist.

Im Gegensatz dazu lehnen viele moderne Lernpsychologen den molekularen Ansatz ab und vertreten einen molaren Ansatz. Das heißt, sie gehen von größeren (molaren) Analyseeinheiten aus (von längeren Verhaltenssequenzen und nicht vom einzelnen Auftreten eines Verhaltens). Damit ist die Annahme verbunden, daß der Organismus imstande ist, die in längeren Verhaltenssequenzen enthaltene Information zu verarbeiten, zu speichern und zu verwenden. Daß das Verhalten von Menschen und Tieren so genau dem Gesetz des relativen Effekts entspricht, ist kaum ohne die Annahme erklärbar, daß der Organismus über längere Zeiträume Informationen darüber sammelt und speichert, welche Art und Menge von Verstärkern jede Verhaltensalternative «bringt», daß er diese Informationen miteinander vergleicht, und schließlich aufgrund solcher Vergleiche entscheidet, wie oft er was tut.

Nicht die bloße zeitliche Aufeinanderfolge *(Kontiguität)* ist wesentlich, sondern die längerfristige *Kontingenz* zwischen Verhalten und Verstärkern. Statt von Kontingenz sprechen manche Autoren auch von Kovariation oder Korrelation (BAUM, 1973). Der Organismus stellt die Kontingenzen (Korrelationen) zwischen verschiedenen Verhaltensweisen und Verstärkern fest und handelt dementsprechend.

Kontingenz bedeutet Zusammenhang zwischen Verhalten und Verstärker. Kontingenz ist vorhanden, wenn die Wahrscheinlichkeit einer Verstärkung vom Verhalten abhängt: Die Wahrscheinlichkeit eines Verstärkers S_i nach einem Verhalten R_i muß größer sein als die Wahrscheinlichkeit des Verstärkers S_i ohne das Verhalten R_i. Je größer die Wahrscheinlichkeit von S_i für R_i *im Vergleich* zur Wahrscheinlichkeit von S_i ohne R_i ist, desto höher ist die Kontingenz und desto häufiger wird R_i auftreten. Die Kontingenz ist null, wenn die beiden Wahrscheinlichkeiten gleich sind.

Der Organismus stellt die Verstärkerkontingenz für mehrere Verhaltensweisen fest und vergleicht sie. Dabei spielen nicht nur die Verstärkerwahrscheinlichkeiten, sondern auch die Verstärkerqualitäten eine Rolle. Je mehr und/oder je bessere Verstärker eine Verhaltensweise R_i im Vergleich zu anderen Verhaltensweisen bewirkt, desto häufiger wird R_i im Vergleich zu anderen Verhaltensweisen auftreten.

Der *Begriff der Kontingenz* (Korrelation, Kovariation) zwischen Verhalten und Reizen ist *für die moderne Lern- und Sozialpsychologie von größter Bedeutung*. Er spielt u. a. eine zentrale Rolle bei der Erklärung der Entstehung von Gefühlen durch klassisches Konditionieren (vgl. Abschnitt 2.2), in der Theorie der gelernten Hilflosigkeit (vgl. Abschnitt 2.54) und in der Attributionstheorie von KELLEY (vgl. Abschnitt 5.2).

1.34 FESTINGERS ***Dissonanztheorie***

1.341 Grundbegriffe

Die Grundbegriffe von FESTINGERS Theorie der kognitiven Dissonanz (1957) sind *kognitive Elemente* oder Kognitionen und die *Relationen* zwischen ihnen. FESTINGER definiert kognitive Elemente nicht. Er umschreibt sie als Gedanken, Vorstellungen, Meinungen, Einstellungen usw. Aus den Beispielen, die er bringt, geht aber zumindest klar hervor, daß es sich dabei nicht um isolierte Begriffe, sondern immer um Aussagen irgendeiner Form handelt. Es kann sich dabei um Aussagen über Objekte handeln («Zitronen sind gelb»), Aussagen über Menschen («meine Kollegen sind sehr fleißig»), über die eigene Person («ich trinke gern Wein»), um wertende Aussagen («Aggressivität ist eine sehr negative Eigenschaft») usw. Alle von einer Person geäußerten oder gedachten Sätze, in denen über ein (nicht unbedingt grammatisches, aber logisches) Subjekt etwas ausgesagt wird, kann man als Meinungen bezeichnen. Wir können also auch sagen: Kognitive Elemente sind Meinungen.

Kognitive Elemente können voneinander unab-

hängig (isoliert) sein, oder sie stehen in bestimmten Relationen (Beziehungen) zueinander. FESTINGER unterscheidet zwei Arten von Relationen: *konsonante* und *dissonante*. Zwei kognitive Elemente stehen in dissonanter Relation zueinander, wenn sie nicht zusammenpassen, wenn sie einander widersprechen. Eine konsonante Beziehung liegt dann vor, wenn zwei Elemente widerspruchslos zusammenpassen.
FESTINGER definiert eine dissonante Relation folgendermaßen: Zwei Elemente A und B stehen dann in dissonanter Beziehung zueinander, wenn sie gleichzeitig Meinungen einer Person sind und wenn Element A das Gegenteil (die Negation) von Element B impliziert. Als Beispiel nennt er folgende Kognitionen:

A = «ich rauche viel»
B = «Rauchen ist sehr gesundheitsschädigend»

Aus diesem Beispiel ist ersichtlich, daß Implikation und Negation hier nicht im logischen Sinn gemeint sein können, denn die Elemente A und B sind logisch völlig unabhängig voneinander. Es muß sich um eine Art «psychologischer Implikation» handeln, die aber von FESTINGER nicht näher spezifiziert wird.
JONES und GERARD (1967) schlagen folgende Neudefinition der Dissonanzrelation vor: Zwei Elemente A und B sind zueinander dissonant, wenn sie unverträgliche Implikationen in bezug auf das Verhalten haben. Aus Element B folgt, daß man nicht rauchen soll, Element A besagt, daß man viel raucht. Hier liegt ein Widerspruch vor, also eine dissonante Relation.
Die Dissonanzdefinition von JONES und GERARD ist zwar klarer als die nur scheinbar logische Definition FESTINGERS, aber sie ist ebenfalls problematisch. Im obigen Beispiel ist nämlich die implizite Annahme verborgen, daß die betreffende Person gesund sein möchte. Für eine Person, der die eigene Gesundheit gleichgültig ist, oder die weiß, daß sie ohnehin bald stirbt (z. B. ein zum Tode Verurteilter), müssen die Elemente A und B überhaupt nicht in dissonanter Beziehung zueinander stehen.

1.342 Dissonanzstärke und Dissonanzreduktion

Wenn dissonante Relationen vorhanden sind, entsteht dadurch ein unangenehmer, gespannter Zustand, die kognitive Dissonanz. Dieser Zustand hat triebartigen Charakter, denn er führt – wenn er ein bestimmtes Ausmaß übersteigt – automatisch zu Prozessen, die die Dissonanz beseitigen oder wenigstens reduzieren sollen.
Das Ausmaß (die Stärke) der Dissonanz, also den Grad der unangenehmen Spannung, gibt folgender Index an:

$$\text{Dissonanzstärke} = \frac{\text{Anzahl der dissonanten Relationen}}{\text{Anzahl der dissonanten + Anzahl der konsonanten Relationen}}$$

Es ist also der relative Anteil, der Prozentsatz dissonanter Beziehungen maßgeblich für die Stärke der Dissonanz, nicht etwa die absolute Anzahl dissonanter Relationen. Es ist gleichgültig, ob 1 oder 10 oder 50 dissonante Relationen vorhanden sind, aber es ist wesentlich, ob 10% oder 50% aller kognitiven Relationen (in bezug auf ein Objekt oder eine Verhaltensweise) dissonant sind. Der angeführte Dissonanzindex kann zwischen den Grenzen 0 und 1 schwanken. Er ist 0, wenn überhaupt keine Relation dissonant ist; er ist 1, wenn alle Relationen dissonant sind.
Außer dem relativen Anteil dissonanter Relationen spielt noch die subjektive Wichtigkeit der beteiligten Kognitionen eine Rolle. Bei gleichem Dissonanzindex ist Dissonanz bezüglich einer wichtigen Angelegenheit (z. B. des Berufs: die Arbeit ist äußerst interessant, aber schlecht bezahlt) stärker als bezüglich relativ unwichtiger (z. B. eines Kinobesuchs: man sieht sich einen bestimmten Film an, weil ihn dic Freundin sehen wollte, hätte aber lieber einen anderen gesehen).
Es gibt zwei Möglichkeiten der Dissonanzreduktion. Die eine Strategie besteht darin, kognitive Elemente dergestalt zu ändern, daß aus bislang dissonanten Relationen konsonante werden. Die zweite Strategie ist die Neuaufnahme kognitiver Elemente, und zwar so, daß zwischen bereits bestehenden und den neuen Elementen neue konsonante Relationen gebildet werden können. Dadurch wird der Prozentsatz dissonanter Beziehungen vermindert.
Beide Strategien seien am Beispiel des Rauchers veranschaulicht. Da er sich schlecht über sein eigenes Verhalten belügen kann, ist das Element

A («ich rauche viel») ziemlich änderungsresistent. (Natürlich könnte auch hier rationalisiert werden: «ich kenne Leute, die viel mehr rauchen als ich; genau genommen rauche ich sehr wenig».) Wahrscheinlicher ist die Umkehrung von Element B, etwa in der Form: «Rauchen kann nicht sehr gesundheitsschädigend sein; ich kenne viele Leute, die mehr rauchen als ich und dabei gesund und zum Teil auch schon sehr alt sind.»

Wesentlich an solchen dissonanzbedingten Änderungen kognitiver Elemente ist, daß die Änderungen nicht realitätsbezogen sind. Es handelt sich nicht um Meinungsänderungen aufgrund neuer Informationen, sondern um (spontane und meistens nicht bewußte) Änderungen, die durch zu starke Dissonanz ausgelöst werden. Es sind Rationalisierungen (unrealistische Rechtfertigungen eigener Standpunkte und Verhaltensweisen). Sehr treffend wurde einmal gesagt, daß FESTINGERS Theorie den Menschen nicht als rationales Wesen, sondern als rationalisierendes Wesen auffaßt.

Die zweite Strategie der Dissonanzreduktion – Aufnahme neuer kognitiver Elemente – steht unserem Raucher natürlich auch zur Verfügung. Er kann Elemente wie die folgenden aufnehmen:

C = «Rauchen sieht gut aus»
D = «Rauchen ist entspannend»
E = «fast alle meine Freunde rauchen ebenfalls»
usw.

Die Beziehungen zwischen dem ursprünglichen Element A («ich rauche viel») und den neuen Elementen C, D und E sind alle konsonant. Damit sind zu der anfänglich einzigen und noch dazu dissonanten Relation (zwischen A und B) drei neue konsonante Relationen hinzugefügt worden. Der Dissonanzindex ist von 1 auf ¼ und damit auf ein erträgliches Maß gesunken.

Es muß noch betont werden, daß die beiden erwähnten Möglichkeiten der Dissonanzreduktion einander keineswegs ausschließen. Man kann die beiden Strategien wahlweise oder gleichzeitig zum Einsatz bringen.

Ein weiterer zentraler Begriff der Dissonanztheorie ist die Bindung *(commitment)*. Darunter versteht man den Grad der Unveränderbarkeit von Handlungen, Meinungen, Bewertungen usw. Über die Ursache des commitment gibt es verschiedene Hypothesen. Das Ausmaß der Bindung hängt von mehreren Variablen ab, unter anderem vom Grad der «Öffentlichkeit» eines Elements. Stark gebundene kognitive Elemente können nur schwer oder gar nicht geändert werden. «Private» Elemente (nie oder selten geäußerte Meinungen und Bewertungen) sind schwach gebunden und leicht veränderbar. «Öffentliche» Elemente (das sind vor allem solche, die mit öffentlich und oft durchgeführtem Verhalten zusammenhängen) sind stark gebunden und nur schwer zu ändern.

Der Begriff der Bindung spielt eine Rolle, wenn zu überlegen ist, welches von mehreren Elementen wahrscheinlich geändert wird. Die Kognition A unseres Beispiels («ich rauche viel») ist stark gebunden, da sie ein öffentliches, von vielen Personen beobachtetes Verhalten betrifft. Daher ist von vornherein die Änderung der eher privaten Meinung B wahrscheinlicher.

Die Änderungsresistenz einer Kognition hängt auch ganz entscheidend davon ab, mit wie vielen anderen Kognitionen sie in konsonanter Beziehung steht. Je mehr konsonante Relationen von einem kognitiven Element ausgehen, desto schwerer ist es zu ändern, weil durch die Änderung eines solchen «zentralen» Elements die vielen von ihm ausgehenden konsonanten Relationen in dissonante Relationen verwandelt werden. Aus analogen Überlegungen folgt, daß relativ isolierte Elemente (von denen keine oder nur wenige konsonante Relationen ausgehen) einer Änderung weniger Widerstand entgegensetzen.

Die Dissonanztheorie wurde später mehrfach ergänzt bzw. modifiziert: BREHM und COHEN (1962) zeigten die Wichtigkeit der Begriffe Bindung (commitment) und Entscheidung für die Dissonanztheorie. Bei WICKLUND und BREHM (1976) spielt außerdem der Begriff der persönlichen (subjektiven) Verantwortlichkeit eine zentrale Rolle. Eine interessante Version der Dissonanztheorie legte IRLE (1975) vor, in der Kognition und Relationen mit Hilfe des Begriffs Hypothese (im Sinn subjektiver Annahmen oder Meinungen) expliziert werden, wodurch manche Probleme der ursprünglichen Theorie (z. B. bei der Definition von dissonanten Relationen) vermieden werden. Eine detaillierte Darstellung verschiedener dissonanztheoretischer Ansätze findet man bei FREY (1978).

Die neuere Forschung widmete sich der detaillierten Ermittlung der Bedingungen, die erfüllt sein müssen, damit Dissonanz und deren Effekte auftreten (COOPER und FAZIO, 1984; FREY, 1981, 1986). Darauf wird in den Abschnitten 4.22 (über Informationssuche und -vermeidung) sowie 4.46 (über einstellungsdiskrepantes Verhalten) näher eingegangen. In einem ebenso interessanten wie provokanten Ansatz versucht STEELE (1988), Ergebnisse, die bisher dissonanztheoretisch erklärt wurden, auf Bedrohung und Schutz des Selbstwerts zurückzuführen.

1.343 Verwendung (Brauchbarkeit) in der Sozialpsychologie

Seit ihrer Publikation im Jahre 1957 war die Dissonanztheorie durch mindestens zehn Jahre die wohl einflußreichste Theorie in der Sozialpsychologie. Dabei war diese Theorie zahlreichen Kritiken und Anfeindungen ausgesetzt. Ihre Grundbegriffe sind mangelhaft definiert und daher etwas vage (vgl. Abschnitt 1.241). Die Prozesse der Dissonanzreduktion sind nicht beobachtbar und daher höchstens indirekt feststellbar (dieser meines Erachtens nicht sehr schwerwiegende Einwand kann allerdings gegen viele kognitive Theorien vorgebracht werden).

Dissonanz muß auch nicht immer unangenehm sein, muß also auch nicht immer reduziert werden. BERLYNE (1968) weist darauf hin, daß ein gewisses Ausmaß von Spannung und Konflikt sogar angenehm sein kann und aktiv gesucht wird. Ständiges Fehlen von Spannungen ist langweilig. Außerdem gibt es große individuelle Unterschiede bezüglich der Toleranz von Widersprüchen (MILLER und ROKEACH, 1968). Autoritär und dogmatisch eingestellte Personen ertragen weniger Widersprüche und streben eher nach Dissonanzreduktion als liberale (FOULKES und FOULKES, 1965; KLECK und WHEATON, 1967; STEINER, 1954). Dennoch kann die Existenz der Dissonanzreduktion (wenn auch in verschiedenem Ausmaß) bei allen Menschen angenommen werden.

Die große Stärke der Dissonanztheorie liegt in der Vielfalt und Art der prüfbaren Hypothesen, die sich aus ihr ableiten lassen. Diese Hypothesen sind nicht nur sehr zahlreich, sondern auch recht neuartig. Während viele Aussagen der Lerntheorie (äußerst wertvolle) Präzisierungen von Gedanken sind, die bereits im vorwissenschaftlichen Alltagsdenken vorkommen, liefert die Dissonanztheorie zahlreiche ausgesprochen kontra-intuitive und geradezu paradox erscheinende Hypothesen. Solche Aussagen sind nicht wegen ihres fremdartigen Reizes wertvoll, sondern weil sie die Aufmerksamkeit auf bisher zum Teil übersehene oder bisher nicht erklärbare Phänomene lenken.

Rechtfertigung des Aufwands (effort justification hypothesis). Von dissonanztheoretischen Erwägungen ausgehend, führten ARONSON und MILLS (1959) ein Experiment durch, um die Wirkung festzustellen, die die Schwierigkeit der Aufnahmebedingungen (um Mitglied einer Gruppe zu werden) auf die Wertschätzung hat, die man dieser Gruppe entgegenbringt.

Vpn waren Psychologiestudentinnen. Ihnen wurde mitgeteilt, daß sie an Gruppendiskussionen über Sexualität teilnehmen könnten. Angeblich um sicherzugehen, daß jede Vp auch dazu geeignet ist (z. B. nicht zu gehemmt ist, um über dieses Thema offen zu sprechen), mußte sie sich einer Art Aufnahmeprüfung unterziehen. Bei einer Versuchsgruppe (schwierige Aufnahme) bestand diese Prüfung darin, daß die Vp dem (männlichen) Vl eine Liste recht derber Wörter und ebensolche ausgewählte Passagen aus Romanen ohne Zögern, Erröten usw. vorlesen mußte. Die Vpn der zweiten Gruppe (leichte Aufnahme) hatten lediglich eine Liste zwar sexbezogener, aber durchaus «anständiger» Wörter vorzulesen. In der dritten Bedingung (Kontrollgruppe) entfiel jegliche Aufnahmeprüfung. Natürlich bestanden alle Vpn die «Prüfung».

Dann hörten alle Vpn eine (fingierte) Gruppendiskussion via Kopfhörer. Dadurch erhielten alle Vpn dieselbe Information über die Diskussionsgruppe. Diese Vorgangsweise wurde vor den Vpn damit gerechtfertigt, daß man bei einem so heiklen Thema nicht gleich mitdiskutieren, sondern erst die Argumente kennenlernen sollte. Die Diskussion war absichtlich so langweilig, zäh und inhaltsarm wie nur irgend möglich gestaltet worden. Danach mußten alle Vpn die Diskussion selbst und die diskutierenden Gruppenmitglieder nach mehreren Gesichtspunkten beurteilen (dumm – intelligent, interessant – langweilig usw.).

Der «gesunde Menschenverstand» verleitet hier wahrscheinlich zu der Annahme, daß die schwierige Aufnahmebedingung die langweilige Gruppe noch unsympathischer erscheinen läßt. Die Dissonanztheorie kommt zur gegenteiligen

Voraussage. In der schwierigen Bedingung entsteht Dissonanz zwischen den beiden Kognitionen «die Aufnahme in die Gruppe war unangenehm» und «die Gruppe ist dumm und langweilig». Diese Dissonanz muß reduziert werden. Da das erste Element (die «Aufnahmeprüfung») eher öffentlichen Charakter hat als das zweite (eine noch nicht geäußerte Bewertung), ist das zweite leichter zu ändern. Die Dissonanz kann reduziert werden, indem man seine Meinung über die Gruppe ändert und die Gruppe aufwertet.

In der leichten Bedingung entsteht kaum Dissonanz, denn die Gruppe ist zwar langweilig, aber man mußte auch keine Unannehmlichkeiten auf sich nehmen, um als Mitglied zugelassen zu werden. Es besteht keine Notwendigkeit der Dissonanzreduktion, also kann die schlechte Meinung über die Gruppe beibehalten werden. Diese Voraussagen wurden auch von den Daten bestätigt. Die Vpn der schwierigen Bedingung bewerteten die Gruppe wesentlich positiver als die Vpn der leichten Bedingung. Zwischen dieser und der Kontrollgruppe bestand kein Unterschied.

Wenn man die obigen Überlegungen etwas allgemeiner durchführt, gelangt man (wie der Leser leicht nachvollziehen kann) zur Hypothese von der Rechtfertigung des Aufwands: Je größer unter sonst gleichen Bedingungen die Anstrengung ist, die man um einer Sache willen auf sich nimmt, desto größer ist die Wertschätzung, die man dieser Sache entgegenbringt.

Umwertung durch einstellungsdiskrepantes Verhalten. Die Vpn von FESTINGER und CARLSMITH (1959) mußten zunächst äußerst langweilige Tätigkeiten durchführen und sollten dann einer anderen Vp (angeblich eine weitere Vp, in Wahrheit ein Mitarbeiter des Vl) entgegen ihrer tatsächlichen Meinung einreden, daß das Experiment sehr interessant wäre. Der vorgebliche Zweck dieser Lüge war, bei den nachfolgenden Vpn von vornherein eine positivere Einstellung zu schaffen. Es sollte angeblich untersucht werden, wie sich solche Einstellungen auf die Durchführung der Tätigkeit auswirkten. Für die Ausführung dieser Lüge wurde einer Hälfte der Vpn ein ansehnlicher Betrag versprochen (20 Dollar), der anderen Hälfte nur ein recht bescheidener (1 Dollar). Nachdem die Vpn dem Mitarbeiter des Vl erzählt hatten, wie interessant das Experiment sei, sollten sie dem Vl ihre tatsächliche Einstellung zu den anfangs durchgeführten Tätigkeiten mitteilen.

Schätzen die Vpn der 20-Dollar-Bedingung oder die der 1-Dollar-Bedingung die langweilige Tätigkeit positiver ein? Vom Alltagsdenken geleitet, kommt man wohl eher zu der Annahme, daß die gut bezahlten Vpn eine günstigere Einstellung haben werden als die schlecht bezahlten. Wiederum gelangt die Dissonanztheorie zur gegenteiligen Vorhersage.

Es besteht zwar bei beiden Gruppen eine Diskrepanz und damit Dissonanz zwischen der tatsächlichen Meinung (daß die Tätigkeit langweilig ist) und dem Verhalten (der Äußerung, daß die Tätigkeit interessant ist). Diese Dissonanz wird aber in der 20-Dollar-Bedingung gemildert, denn hier besteht wenigstens Konsonanz zwischen dem Aussprechen einer Lüge und der großzügigen Bezahlung, die man dafür erhält. Das einstellungsdiskrepante Verhalten wird durch Geld wenigstens teilweise gerechtfertigt. In der 1-Dollar-Bedingung besteht aber auch noch Dissonanz zwischen der Lüge und der äußerst mäßigen Belohnung, die dafür versprochen wurde. Die Dissonanz ist also in der 1-Dollar-Bedingung größer als in der 20-Dollar-Bedingung. Hier muß sie auch eher reduziert werden.

Der naheliegendste Weg dazu ist wiederum die Änderung des am wenigsten gebundenen kognitiven Elements, nämlich der (bis vor Schluß des Experiments) privaten Einstellung zur Aufgabe. Tatsächlich hatten auch die Vpn der 1-Dollar-Bedingung eine wesentlich positivere Meinung über die an sich langweilige Tätigkeit als die Vpn der 20-Dollar-Bedingung. Anders formuliert: Bei schlechter Bezahlung wurde die eigene Lüge eher geglaubt als bei guter Bezahlung.

Führt man diese Überlegungen wieder etwas allgemeiner durch, so ergibt sich die interessante und wichtige Hypothese, daß einstellungsdiskrepantes Verhalten Einstellungen ändern kann (so daß wieder Konsonanz zwischen Einstellung und Verhalten besteht). Allerdings ist das nur dann der Fall, wenn das diskrepante Verhalten keine hinlängliche äußere Rechtfertigung (etwa in Form von Belohnungen) findet. Allerdings wird im Kapitel über Einstellungen (Abschnitt 4.46) zu zeigen sein, daß noch weitere Bedingungen erfüllt sein müssen, damit die eben erwähnte Hypothese gültig ist.

2. Kapitel
Sozialisierung und soziales Lernen

2.1 Internalisierung

2.11 Sozialisierung und Lernpsychologie

Unter Sozialisierung versteht man die Übernahme der (typischen) Verhaltensweisen, Meinungen und Werthaltungen einer Gruppe durch ein Individuum. Jedesmal, wenn sich ein Individuum den Standards einer Gruppe anpassen muß, findet ein Sozialisierungsprozeß statt. Der erste Sozialisierungsprozeß, den ein Mensch erlebt, ist der, den das Kind durch seine Familie erfährt. Aber auch später kommt es immer wieder zu neuen Sozialisierungen (z. B. in der Schule). Auch der Jugendliche und Erwachsene erlebt mehrfach den Prozeß der Sozialisierung (etwa, wenn er in eine neue Berufsgruppe eintritt).

Etwas pragmatischer formuliert ist der Begriff Sozialisierung identisch mit der Frage: Durch welche Erfahrungen (z. B. Erziehungspraktiken) erwirbt ein Individuum bestimmte Verhaltensweisen, Meinungen und Werthaltungen? Es handelt sich also um Lernprozesse. Daraus geht hervor, daß ein adäquates Verständnis (und auch eine zielführende Durchführung) von Sozialisierungsvorgängen nur durch einigermaßen gründliche Kenntnis der Lernpsychologie möglich ist.

Wichtig ist auch hier der Aspekt der Verhaltenshäufigkeit. Die Häufigkeit erwünschter (gruppentypischer, rollenadäquater) Verhaltensweisen soll durch Sozialisierungspraktiken angehoben werden. Unerwünschte Verhaltensweisen sollen seltener werden, oder überhaupt nicht mehr auftreten. Daß die Häufigkeit von Verhaltensweisen in erster Linie von deren Konsequenzen abhängt, ist dem Leser bereits aus den Ausführungen über Skinners Lerntheorie bekannt. Zielführend ist die Anwendung von Verstärkung (Belohnung) und Bestrafung allerdings nur dann, wenn genau die lernpsychologischen Gesetzmäßigkeiten beachtet werden.

2.12 Internalisierung und Extinktionsresistenz

Manche Autoren halten es für eine notwendige Bedingung erfolgreicher Sozialisierung, daß das entsprechende Verhalten *internalisiert* ist. Ein Verhalten ist dann internalisiert, wenn es ohne äußeren Druck beibehalten wird. Ohne Kontrolle von außen bedeutet in lernpsychologischer Terminologie: ohne Verstärker für die Durchführung und ohne Bestrafung für die Unterlassung des Verhaltens.

Wir wissen aber, daß unter diesen Bedingungen Extinktion eintritt. Allerdings gibt es beträchtliche Unterschiede in der Extinktionsgeschwindigkeit. Statt (in idealisierter und unrealistischer Weise) von internalisiertem und nicht internalisiertem Verhalten sollte man besser von mehr oder weniger internalisiertem Verhalten sprechen. Verhalten mit hoher *Extinktionsresistenz* (d. h. Verhalten, das nur langsam extingiert) ist besser internalisiert als Verhalten mit geringer Extinktionsresistenz (Verhalten, dessen Häufigkeit ohne Verstärker abrupt absinkt).

Die Extinktionsresistenz (und damit der Grad der Internalisierung) hängt von bestimmten Parametern des Lernprozesses ab, insbesondere von der Art der Verstärkervorgabe. Davon wird in den nächsten Abschnitten ausführlich die Rede sein.

2.13 Extinktionsresistenz und Verstärkerpläne

Wie bereits im Abschnitt 1.235 erörtert wurde, führt intermittierende Verstärkung zu höherer Extinktionsresistenz als kontinuierliche Verstärkung. Der Vorteil der größeren Extinktionsresistenz wird allerdings durch den Nachteil erkauft, daß bei intermittierender Verstärkung langsamer gelernt wird (der Anstieg der Lernkurve ist flacher, siehe Abbildung 11).

Es besteht jedoch nicht nur zwischen kontinuierlicher und intermittierender Verstärkung ein Unterschied hinsichtlich der Extinktionsresistenz, sondern es führen auch verschiedene intermittierende Verstärkerpläne zu sehr unterschiedlichen Extinktionsprozessen. Hier sind vor allem zwei Variablen zu beachten: die Häufigkeit und die Regelmäßigkeit der Verstärkung. Je seltener und je unregelmäßiger verstärkt wird, desto größer ist die Extinktionsresistenz.

Vom Gesichtspunkt der Internalisierung sind also variable Verhältnispläne mit einem möglichst niedrigen Verstärkerprozentsatz und variable Intervallpläne mit langen Abständen zwischen den Verstärkern optimal. Der große Nach-

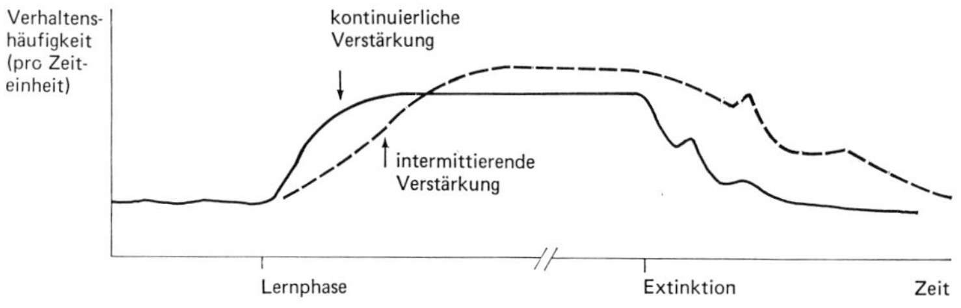

Abbildung 11

teil solcher Pläne ist allerdings das äußerst langsame Lerntempo. Für die Praxis bietet sich daher folgendes Vorgehen an, das beide Vorteile vereinigt (schnelles Lernen und langsames Extingieren): Der Lernprozeß soll mit einem kontinuierlichen Verstärkerplan (100%) beginnen, und dann schrittweise zu immer seltenerer und unregelmäßigerer Verstärkung übergehen.

Bei unerwünschten Verhaltensweisen muß jedoch intermittierende Verstärkung unbedingt vermieden werden. Hier sei noch kurz auf die Wirkung «inkonsequenter Erziehung» eingegangen. Im Fall des früher erwähnten Kindes, das beim Einschlafen immer einen Wutanfall bekommt, bestände ein inkonsequentes Vorgehen darin, daß man die Wutanfälle zwar nicht beachten will, aber gelegentlich doch nachgibt. Diese Inkonsequenz ist nichts anderes als eine intermittierende Verstärkung. Die Folgen davon liegen klar auf der Hand: Man erzeugt damit ein besonders extinktionsresistentes Verhalten (also das Gegenteil dessen, was man erreichen wollte).

2.14 Extinktionsresistenz und Dissonanz

Es gibt zahlreiche Erklärungsvorschläge für die überlegene Extinktionsresistenz bei intermittierender Verstärkung. Der wohl bekannteste und verbreitetste Erklärungsversuch ist die zum erstenmal von HUMPHREYS (1939a) formulierte Diskriminationshypothese. Diese besagt, daß es bei intermittierenden Plänen für den lernenden Organismus schwierig ist, zwischen Lernphase und Extinktionsphase zu unterscheiden (mit anderen Worten: das völlige Ausbleiben der Verstärker in der Extinktionsphase wird nicht sofort bemerkt, da ja auch in der Lernphase viele Operanten unverstärkt bleiben). Daher verhält sich der Organismus in der Extinktionsphase nicht viel anders als in der Lernphase. Je geringer der Verstärkerprozentsatz ist und je unregelmäßiger die Verstärkung auftritt, desto unklarer wird der Unterschied zwischen Lernphase und Extinktion. Daher sind variable Pläne mit geringen Prozentsätzen besonders wirksam.

Die Dissonanztheorie bietet hier eine andere Erklärung an (LAWRENCE und FESTINGER, 1962). Nach ihrer Meinung ist auch gar nicht der Prozentsatz der Verstärker entscheidend, sondern die *absolute Anzahl* der *nicht verstärkten* Operanten. Die Begründung dieser Aussage macht von der Hypothese der Rechtfertigung des Aufwands Gebrauch (siehe Abschnitt 1.343) und lautet (etwas vereinfacht) folgendermaßen:

Jedes Verhalten ist bis zu einem gewissen Grad anstrengend und daher unangenehm. Wird es nicht verstärkt, entsteht Dissonanz (weil die Anstrengung «zu nichts führt»). Diese Dissonanz wird um so größer, je öfter nichtverstärkte Operanten vorkommen. Die Dissonanz wächst also mit der Anzahl nicht verstärkter Operanten. Um die Dissonanz zu reduzieren, müssen kognitive Elemente geändert werden, und zwar um so mehr, je größer die Dissonanz ist. Daher wird das Verhalten selbst aufgewertet (es wird zum angenehmen Selbstzweck) und/oder die Umstände, unter denen es stattfindet (der Ort und die ganze Situation wird attraktiv oder interessant). Infolge dieser Prozesse wird das Verhalten lange Zeit um seiner selbst willen beibehalten. Es ist extinktionsresistent geworden.

Bei einem kontinuierlichen Verstärkerplan andererseits tritt keine Dissonanz auf, denn jeder Operant wird verstärkt. Verhalten und Situation bleiben wertlos. Das Verhalten wird ausschließlich wegen seiner angenehmen Konsequenzen durchgeführt. Es wird dann auch schnell aufgegeben, wenn es nicht mehr verstärkt wird.

Daß auf die in diesem Zusammenhang zentrale Variable, die Anzahl nicht verstärkter Operanten, nie geachtet wurde, sondern nur auf eine unwesentliche, den Prozentsatz der Verstärker, liegt nach LAWRENCE und FESTINGER daran, daß bei den bisherigen Experimenten die beiden Variablen nicht unabhängig voneinander variiert wurden. Es wurde nämlich meistens die Gesamtzahl der beobachteten Operanten konstant gehalten. Dadurch sind automatisch Prozentsatz der verstärkten und Anzahl der nicht verstärkten Operanten umgekehrt proportional zueinander (siehe als Beispiel Tabelle 2).

Tabelle 2

Gesamtzahl der Operanten	Prozentsatz der verstärkten Operanten	Anzahl der nicht verstärkten Operanten
80	100%	0
80	75%	20
80	50%	40
80	25%	60

FESTINGER und LAWRENCE führten ein Experiment durch, in dem die genannten Variablen unabhängig voneinander manipuliert wurden (Tabelle 3). Innerhalb jeder Zeile stehen drei Versuchsbedingungen mit dem selben Verstärkerprozentsatz, aber mit verschieden vielen nicht verstärkten Operanten. Innerhalb jeder Spalte ist die Anzahl der nicht verstärkten Durchgänge konstant, aber mit drei verschiedenen Verstärkerprozentsätzen kombiniert.
Man sieht (Tabelle 3), daß innerhalb jeder Zeile (also bei konstantem Verstärkerprozentsatz) die Extinktionsresistenz mit der Anzahl der nicht verstärkten Durchgänge zunimmt. Andererseits gibt es nur geringfügige und unsystematische Unterschiede innerhalb jeder Spalte. Der Verstärkerprozentsatz scheint unbedeutend zu sein, solange die Zahl der nicht verstärkten Operanten konstant ist.
Die Untersuchung von LAWRENCE und FESTINGER (1962) war ein Tierexperiment (mit Ratten). Erstaunlicherweise wurden seither keine Untersuchungen zu diesem wichtigen Thema publiziert. Erst in jüngster Zeit wurden die Ergebnisse von LAWRENCE und FESTINGER in einem Humanversuch bestätigt (HERKNER und DALHEIMER, 1980). Auch im Humanversuch konnte die wichtige Rolle der Anzahl nicht verstärkter Operanten nachgewiesen werden.
Vpn waren 120 Kinder zwischen 10 und 12 Jahren, die auf 6 Versuchsbedingungen aufgeteilt wurden (siehe Tabelle 4). Die Vpn betätigten einen eigens für diesen Versuch umgebauten Spielautomaten. Jeder Durchgang bestand darin, daß die Vp einen (vom Vl zur Verfügung gestellten) Jeton in den Automaten einwarf, worauf sich drei Scheiben in Bewegung setzten. Diese konnten von der Vp durch Tastendruck gestoppt werden. Wenn die Vp die Scheiben «im richtigen Zeitpunkt» stoppte, warf der Automat einen Gewinn aus. In Wahrheit war der Automat vorprogrammiert, so daß die Gewinne nach einem variablen 33-Prozent-Plan oder nach einem variablen 67-Prozent-Plan ausgeschüttet wurden.
Nach der entsprechenden Anzahl von Durchgängen (siehe Tabelle 4) begann die Extinktionsphase, das heißt, der Automat schüttete keinen Gewinn aus. Den Vpn stand es frei, den Versuch abzubrechen, wann sie wollten. Als Maß der Extinktionsresistenz wurde gezählt, wie oft jede

Tabelle 3

Verstärker-Prozentsatz	Anzahl der nicht verstärkten Durchgänge 16	27	72
	n = 24 (8/16)	n = 42 (15/27)	n=108 (36/72)
33%	26,3	32,3	54,5
	n = 31 (15/16)	n = 54 (27/27)	n = 144 (72/72)
50%	26,7	36,1	47,3
	n = 48 (32/16)		n = 216 (144/72)
67%	30,2		55,5

n = Anzahl der Durchgänge (Operanten)
(x/y) ... x = Anzahl der verstärkten Operanten
y = Anzahl der nicht verstärkten Operanten

Darunter steht in jeder Zelle das Ergebnis, nämlich als Maß für die Extinktionsresistenz die durchschnittliche Anzahl der pro Gruppe in der Extinktionsphase (also völlig unverstärkt) durchgeführten Operanten.

Vp in der Extinktionsphase (also ohne Verstärkung durch gelegentliche Gewinne) den Apparat betätigte.
In Tabelle 4 zeigt sich deutlich die extinktionshemmende Wirkung der Zahl nicht verstärkter Operanten. Die statistische Analyse der Daten zeigte allerdings – im Gegensatz zu LAWRENCE und FESTINGER – daß auch der Verstärkerprozentsatz die Extinktionsresistenz beeinflußt. Es ist also wahrscheinlich, daß beide Variablen von Bedeutung sind, und daß die Extinktionsgeschwindigkeit von mehreren Faktoren abhängt. Weitere Untersuchungen zu diesem Thema sind notwendig.

2.15 Extinktionsresistenz und Attribution

Die Dissonanztheorie hat zu einer Revision der Hypothesen darüber geführt, welche Aspekte der intermittierenden Verstärkerpläne für die hohe Extinktionsresistenz verantwortlich sind. ROTTER (1954) geht noch einen Schritt weiter: Intermittierende Pläne müssen nicht immer zu einer erhöhten Extinktionsresistenz führen, in bestimmten Fällen können kontinuierliche Pläne überlegen sein.
Die Überlegenheit der einen oder anderen Form der Verstärkung hängt von bestimmten kognitiven Prozessen ab, nämlich von Attributionsprozessen. Unter *Attribution* versteht man Meinungen über kausale Zusammenhänge (und zwar subjektive Alltagsmeinungen, keineswegs wissenschaftliche Aussagen über Kausalbeziehungen). Besonders wichtig in diesem Zusammenhang ist die von ROTTER (1954, 1966) eingeführte Unterscheidung zwischen innerer und äußerer Kontrolle, d. h. ob jemand glaubt, daß sein Geschick (die Folgen seines Handelns) von ihm selbst abhängt (von seinem Wollen oder Können), oder ob er glaubt, daß alles von Glück, Schicksal, Zufall, Gott, Dämonen oder «der Gesellschaft» bestimmt wird. Im ersten Fall spricht man von innerer (interner), im zweiten von äußerer (externer) Kontrolle. Es handelt sich dabei aber nur um Meinungen, wobei es in diesem Zusammenhang gleichgültig ist, ob sie richtig oder falsch sind.
JAMES und ROTTER (1958) führten ein angeblich parapsychologisches Experiment durch. Es wurden Karten aus einem Paket gezogen und dann einzeln in einem tachistoskopartigen Apparat gezeigt. Auf jeder dieser Karten war entweder ein X oder ein O. Die Versuchspersonen mußten jeweils erraten, welches Symbol auf der nächsten Karte sein wird. Der Apparat war aber so eingerichtet, daß von vornherein für eine Hälfte der Vpn feststand, daß sie (fast) alle Karten richtig «erraten» werden (100% Verstärkung); die zweite Hälfte der Vpn konnte nur 50% richtig «voraussehen».
Jede der beiden Verstärkerbedingungen wurde weiterhin unterteilt in eine intern und extern kontrollierte Gruppe. Interne Kontrolle wurde durch die Mitteilung erreicht, neueste Untersuchungen hätten eindeutig gezeigt, daß eine große Zahl von Menschen telepathische Fähigkeiten besitzen. Die Trefferzahl hängt also von der Fähigkeit ab. Anderen Vpn wurde mitgeteilt, daß die Trefferzahl bei solchen Experimenten ausschließlich von Glück und Zufall abhängt.
Nach einigen Durchgängen wurde die Extinktion begonnen. Die Trefferzahl in allen vier Versuchsbedingungen wurde fast auf Null gesenkt. Maß für die Extinktionsresistenz war die Anzahl

Tabelle 4

Verstärker-prozentsatz	Anzahl der nicht verstärkten Durchgänge 12	24	36
	n = 18 (6/12)	n = 36 (12/24)	n = 54 (18/36)
33%	61,7	67,7	75,5
	n = 36 (24/12)	n = 72 (48/24)	n = 108 (72/36)
67%	55,9	60,7	66,2

n = Anzahl der Durchgänge (Operanten)
(x/y) ... x = Anzahl der verstärkten Operanten
y = Anzahl der nicht verstärkten Operanten

Darunter steht in jeder Zeile als Maß für die Extinktionsresistenz die durchschnittliche Anzahl der pro Gruppe in der Extinktionsphase durchgeführten Operanten.

nichtverstärkter Durchgänge (ein Durchgang bestand aus 7 «Vorhersagen»), die von jeder Vp durchgeführt wurden, bis sie zu der Meinung kam, daß sie keine Trefferchancen mehr hätte und daher aufhören wollte. Die Ergebnisse sind in Tabelle 5 dargestellt.

Tabelle 5

Versuchsbedingung	Extinktionsresistenz
extern, 100%	15,55
extern, 50%	29,05
intern, 100%	22,90
intern, 50%	19,75

Völlig analoge Ergebnisse erzielten Rotter, Liverant und Crown (1961). (In diesem Experiment ging es um eine Geschicklichkeitsaufgabe.) Die übliche Relation zwischen kontinuierlichen und intermittierenden Plänen findet man offenbar nur dann, wenn die Vp sich für außenkontrolliert hält. Glaubt die Vp aber, daß ihre Erfolge und Mißerfolge von Fähigkeiten und Wollen abhängen, kehrt sich die Beziehung um: Je größer die Erfolgswahrscheinlichkeit bisher war, desto größer ist die Ausdauer auch bei Mißerfolg (desto größer ist Extinktionsresistenz und Internalisierung, siehe Abbildung 12). Die Extinktionsresistenz steigt unter diesen Bedingungen mit dem Prozentsatz der Verstärker.
Die Untersuchungen Rotters und seiner Mitarbeiter wurden von Weiner kritisiert (Weiner,

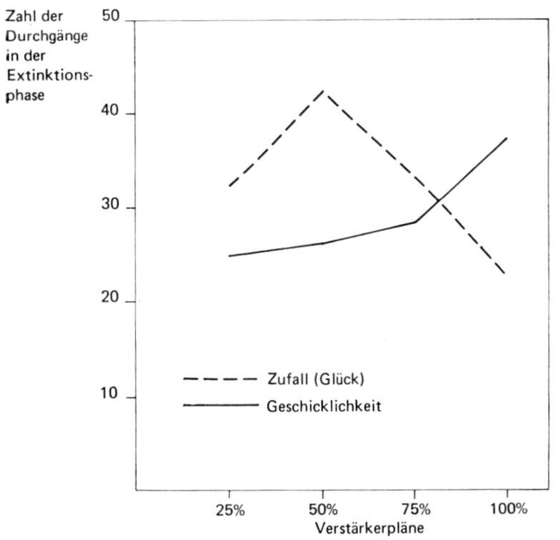

Abbildung 12

1972; Weiner, Frieze, Kukla, Reed, Rest und Rosenbaum, 1971). Es genügt nicht, zwischen interner und externer Attribution zu unterscheiden, sondern es muß auch eine zweite Attributionsdimension in Betracht gezogen werden, nämlich die Stabilität bzw. Instabilität der subjektiven Kausalfaktoren. Durch Kombination der beiden Attributionsdimensionen gelangt Weiner zu einem Vierfelderschema der Attribution (siehe Abbildung 13).

	intern	extern
stabil	Fähigkeiten, Können	Schwierigkeitsgrad eines Problems
variabel	Anstrengung, Wollen	Glück, Zufall

Abbildung 13

Sowohl interne wie externe Faktoren können stabil (fix) oder instabil (variabel) sein. Fähigkeiten sind stabile, Anstrengung, Aufwand und Wollen instabile interne Ursachen. Fähigkeiten werden von den meisten Vpn als weitgehend konstante Eigenschaften angesehen. Wenn man einen Erfolg darauf zurückführt, daß man sehr begabt ist, dann kann man in späteren ähnlichen Situationen wieder mit einem Erfolg rechnen. Wenn man andererseits glaubt, der Erfolg wäre eingetreten, weil man sich sehr angestrengt hat, folgt daraus nicht die Erwartung, in allen ähnlichen Situationen erfolgreich zu sein, denn Anstrengung ist ein variabler Faktor (wenn man müde oder desinteressiert ist, strengt man sich weniger an). Auf die Unterscheidung zwischen stabilen und variablen internen Ursachen (die Unterscheidung zwischen Können und Wollen) wird an späterer Stelle nochmals eingegangen (Abschnitt 5.223).
Auch bei externen subjektiven Ursachen muß man zwischen stabilen und instabilen unterscheiden. Glück und Zufall sind instabile, sozusagen launenhafte externe Ursachen. Die Schwierigkeit einer Aufgabe oder die Komplexität einer Situation dagegen sind stabile Faktoren. Der Schwierigkeitsgrad eines Problems bleibt konstant; er kann sich nicht sprunghaft ändern, wie das etwa beim Glück der Fall ist.
Die Untersuchungen von Rotter und seinen Mitarbeitern sind insofern mangelhaft, als sie die

beiden Attributionsdimensionen vermischt haben. Erfolg (Verstärkung) bzw. Mißerfolg (Ausbleiben des Verstärkers) wurde entweder auf Glück oder auf Fähigkeiten zurückgeführt. Glück ist aber ein variabler, externer Faktor und Geschicklichkeit ein stabiler, interner Faktor. Daher ist es möglich, daß die unterschiedlichen Ergebnisse hinsichtlich der Extinktionsresistenz, die ROTTER auf interne versus externe Kontrolle zurückgeführt hat, in Wahrheit durch stabile bzw. variable Attributionsfaktoren hervorgerufen werden.

Ein Experiment von MEYER bestätigt diese Vermutung (MEYER, 1970, 1973; WEINER, HECKHAUSEN, MEYER und COOK, 1972). Nach einer einleitenden Übungsphase sollten die Vpn fünf schwierige Denkaufgaben lösen, die aber zu komplex und umfangreich waren, um in der zur Verfügung stehenden Zeit gelöst zu werden. Es kam also zu fünf aufeinanderfolgenden Mißerfolgen. Man kann diesen Versuch als eine Art Extinktionsprozeß betrachten. Das Verhalten der Vpn wurde nie (durch Erfolg) verstärkt.

Nach jeder Aufgabe mußten die Vpn angeben, in welchem Ausmaß sie ihren Mißerfolg auf jede der vier Attributionsmöglichkeiten zurückführten, d. h. welchen relativen Anteil mangelnde Begabung, große Schwierigkeit der Aufgabe, mangelhafte Anstrengung und «Pech» am Mißerfolg hatten. Außerdem mußten die Vpn jeweils ihre Erfolgschancen bei der nächsten Aufgabe einschätzen (auf einer Skala von 0% = sicherer Mißerfolg bis 100% = sicherer Erfolg). Diese Angaben über die subjektive Lösungswahrscheinlichkeit für die folgende Aufgabe dienten als Maß für die Extinktionsresistenz. Je sicherer man mit einem Erfolg rechnet, desto eher wird man fortsetzen (hohe Extinktionsresistenz). Je weniger man auf einen Erfolg hofft, desto eher gibt man auf (geringe Extinktionsresistenz).

Für jede der vier Attributionsmöglichkeiten wurden die Daten bezüglich der subjektiven Erfolgswahrscheinlichkeiten getrennt für Vpn mit starker bzw. schwacher Attribution analysiert. Das linke obere Diagramm der Abbildung 14 zeigt die Erfolgserwartungen derjenigen Vpn, die ihren Mißerfolg in hohem Maß auf mangelnde Fähigkeiten zurückführten (starke Attribution,

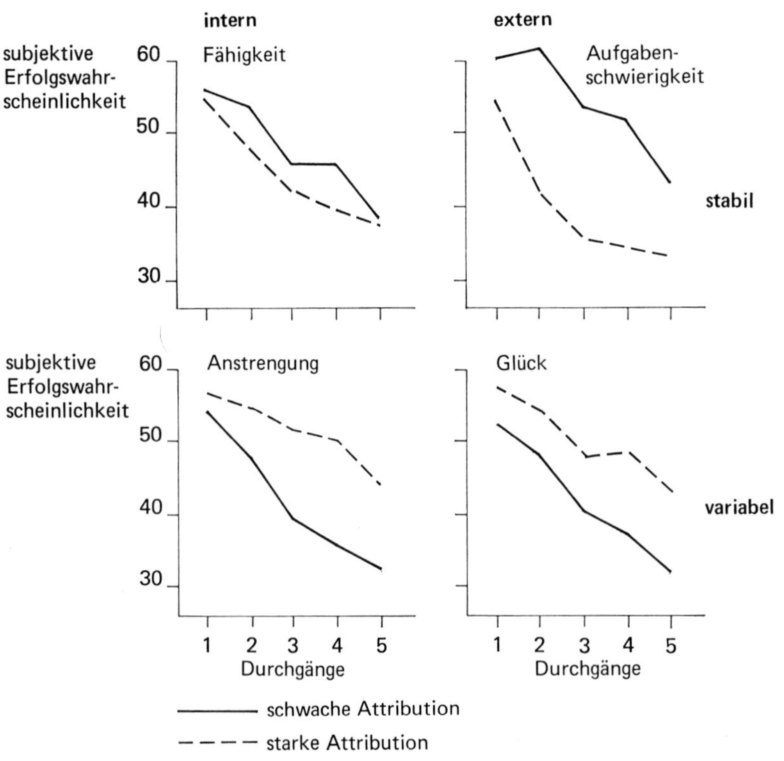

Abbildung 14

strichlierte Linie) im Gegensatz zu jenen Vpn, die ihren Mißerfolg nicht oder kaum mangelnder Begabung zuschrieben (schwache Attribution, durchgehende Linie). Das rechte obere Diagramm zeigt analog den Gegensatz zwischen Vpn, die in hohem oder geringem Ausmaß die Aufgabenschwierigkeit für den Mißerfolg verantwortlich machten usw.

Die Ergebnisse zeigen deutlich, daß die Zurückführung des Mißerfolgs auf stabile Faktoren (Fähigkeit, Schwierigkeit) zu einer geringen Erfolgserwartung und damit zu einer niedrigen Extinktionsresistenz führt. Die Attribution des Mißerfolgs auf variable Faktoren (Anstrengung, Glück) führt dagegen zu einer hohen Extinktionsresistenz. Andererseits macht es hinsichtlich Erfolgserwartung und Extinktionsresistenz keinen Unterschied, ob interne oder externe Attribution vorliegt.

Damit soll jedoch keineswegs behauptet werden, daß die Unterscheidung zwischen interner und externer Attribution für die Lernpsychologie irrelevant ist. Interne versus externe Kontrolle ist wohl für die Extinktionsresistenz von geringer Bedeutung, beeinflußt den Lernprozeß aber in anderer Weise. Darauf wird in Abschnitt 2.42 (kognitive Lerntheorien) eingegangen.

Einige *Wirkungen* der verschiedenen Attributionsfaktoren wurden soeben aufgezeigt. Genau so wichtig ist jedoch die Frage nach den *Ursachen* unterschiedlicher Attributionen. Darüber gibt ein Experiment von Frieze und Weiner (1971) Aufschluß. Die Vpn wurden gefragt, in welchem Ausmaß ein Erfolg bzw. Mißerfolg auf jeden der vier Attributionsfaktoren zurückzuführen ist, *nachdem* früher in vergleichbaren Situationen immer, in der Hälfte aller Fälle oder nie ein Erfolg zu verzeichnen war.

Die Ergebnisse (siehe Abbildung 15) mögen auf den ersten Blick recht kompliziert erscheinen, zeigen jedoch sehr klare Beziehungen. Je geringer die Häufigkeit von Erfolgen in der Vergangenheit war (mit anderen Worten: je niedriger der Verstärkerprozentsatz war) desto eher wird ein Erfolg auf variable Faktoren (Glück und Anstrengung) zurückgeführt. Bei Mißerfolgen zeigt sich ein entgegengesetzter Trend. Je geringer der Verstärkerprozentsatz war, desto eher wird ein Mißerfolg (Ausbleiben einer positiven Verhaltenskonsequenz) auf stabile Faktoren zurückgeführt.

Die Daten lassen sich auch unter einem anderen Gesichtspunkt betrachten. Wenn gegenwärtige und vergangene Ergebnisse übereinstimmen (Erfolg nach ständigem Erfolg, Mißerfolg nach ständigem Mißerfolg, d. h. nach 0% Erfolg), dann werden die Verhaltenskonsequenzen in erster Linie auf stabile Ursachen zurückgeführt. Wenn dagegen gegenwärtige und frühere Verhaltenskonsequenzen inkonsistent sind (Erfolg nach ständigem Mißerfolg, Mißerfolg nach ständigem Erfolg), dann überwiegen Attributionen an instabile Ursachen.

Valle und Frieze (1976) überprüften und bestätigten die Hypothese, daß ein Ereignis um so eher auf instabile Faktoren zurückgeführt wird, je größer die Diskrepanz zwischen der Erwartung und dem tatsächlichen Ereignis ist. Wenn beispielsweise eine sehr gute Leistung erwartet wurde und dann bloß eine mittelmäßige oder schlechte Leistung erfolgt, dann wird die tatsächliche Leistung um so mehr auf instabile und um so weniger auf stabile Ursachen zurückgeführt, je größer die Differenz zwischen der erwarteten und der tatsächlichen Leistung ist.

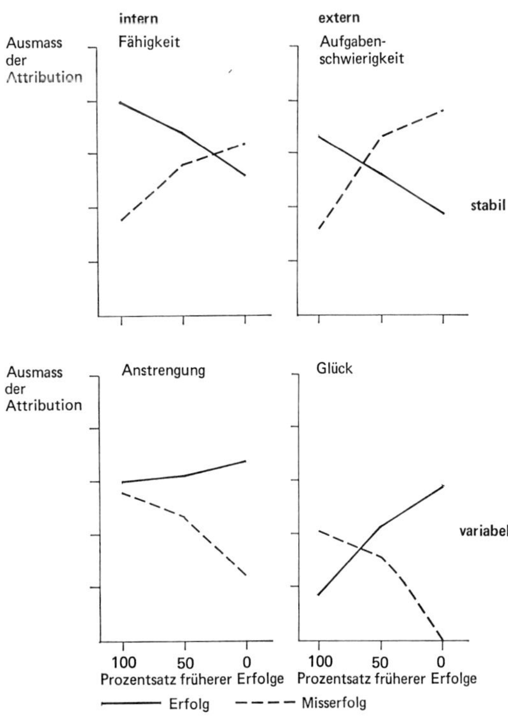

Abbildung 15

Attributionen hängen noch von vielen anderen Faktoren ab, zum Beispiel vom Vergleich mit anderen Personen usw. Darüber gibt es eigene Theorien (z. B. KELLEY, 1967), die in Teil 5 dieses Buches (Personenwahrnehmung) eingehend behandelt werden.

In bezug auf Verstärkerpläne läßt sich etwas verallgemeinert sagen, daß unregelmäßige und inkonsistente Verhaltenskonsequenzen zu einer Attribution an instabile Faktoren führen. Das ist bei intermittierenden und besonders bei variablen Verstärkerplänen der Fall. Daher führen diese meistens zu einer hohen Extinktionsresistenz.

Intermittierende Verstärkerpläne müssen aber nicht immer Attribution an instabile Faktoren hervorrufen. Wenn beispielsweise durch die Instruktion bei einem intermittierenden Verstärkerplan dennoch eine Attribution an stabile Ursachen suggeriert wird (wie in den Geschicklichkeitsbedingungen ROTTERS), dann ist auch bei einem intermittierenden Plan die Extinktionsresistenz gering, und zwar um so geringer, je niedriger der Verstärkerprozentsatz ist. Wenn der mangelhafte Erfolg auf die (konstante) eigene Unschicklichkeit zurückgeführt wird, dann sind die Erfolgserwartungen um so geringer, je seltener man einen Erfolg erzielt hat.

Für kontinuierliche Verstärkerpläne lautet die attributionstheoretische Interpretation folgendermaßen. Der ständige Erfolg während der Lernphase wird stabilen Ursachen zugeschrieben (gute Fähigkeiten und oder leichte Aufgaben). Die ersten Mißerfolge (am Beginn der Extinktionsphase) werden auf mangelnde Anstrengung oder Zufall, also auf instabile Faktoren zurückgeführt (wie die Daten von FRIEZE und WEINER, Abbildung 15, zeigen). Deshalb kommt es zu Beginn der Extinktionsphase oft sogar zu einem Anstieg von Reaktionshäufigkeit und -heftigkeit. Wenn die Serie der Mißerfolge jedoch andauert, liegen wieder konsistente Erfahrungen vor. Die ununterbrochenen Mißerfolge werden jetzt stabilen Ursachen zugeschrieben (man hat doch nicht so großartige Fähigkeiten, wie man zuerst dachte, oder die Situation ist jetzt schwieriger) und damit sind Erfolgserwartungen und Extinktionsresistenz gering.

In der aktuellen Version seiner Theorie unterscheidet WEINER (1986) nicht mehr bloß zwei, sondern drei Attributionsdimensionen. Zu den zwei bereits besprochenen Dimensionen kommt die Dimension kontrollierbar/unkontrollierbar hinzu. So ist z. B. der Grad der momentanen Anstrengung eine interne, variable und kontrollierbare (beeinflußbare) Ursache, während der Grad der Müdigkeit ebenfalls intern und variabel, aber weitgehend unkontrollierbar ist. Da diese dritte Dimension jedoch kaum zur Erklärung von Erwartungsänderungen und Extinktionsresistenz herangezogen wird, sondern vor allem bei der Erklärung der Entstehung verschiedener Gefühle eine Rolle spielt, wird die neuere Version der Theorie erst im Abschnitt 5.42 (über Gefühle) dargestellt.

2.16 Selbstverstärkung

Ein Verhalten kann auch dadurch von äußeren Verstärkern unabhängig und somit internalisiert werden, daß sich der Ausführende selbst verstärkt. Wenn er auf ein bestimmtes Verhalten immer oder oft mit Freude, Stolz und anderen angenehmen Gefühlen reagiert, dann verstärkt er sich selbst. Die bloße Vorstellung angenehmer Reize erfüllt dieselbe Funktion. Man verwendet in diesem Zusammenhang im Anschluß an CAUTELA (1970) auch den Begriff «verdeckte Verstärkung» (covert reinforcement).

Die Eigenschaften und Wirkungen der Selbstverstärkung bzw. verdeckten Verstärkung sind völlig analog der Wirkungsweise äußerer Verstärker. Wann und wofür man sich selbst verstärkt, lernt man durch Beobachtung und Imitation anderer Personen (z. B. der Eltern). Diese Thematik wird in Abschnitt 2.445 (Gewissen) behandelt.

2.2 Reflexe und Gefühle

2.21 Operanten, Reflexe, Gefühle

Operanten können prinzipiell frei in jeder beliebigen Situation auftreten. Reflexe werden durch bestimmte Reize ausgelöst. Die Verbindung zwischen auslösendem Reiz und darauffolgendem Reflex ist angeboren (man spricht hier auch von *unbedingten Reizen* und *unbedingten Reflexen*). Die folgende Tabelle (Tabelle 6) zeigt einige (keineswegs alle) unbedingte Reiz-Reaktionsverbindungen.

Tabelle 6

unbedingter Reiz	unbedingter Reflex
Veränderung einer Reizsituation bzw. Einführung neuer Reize	Zuwendung (Orientierungs- und Untersuchungsreflex)
Nahrung	Speichelsekretion
Helligkeitsveränderung	Pupillenreflex (Änderung des Pupillendurchmessers)
Temperaturveränderung	Gefäßerweiterung bzw. -verengung
Luftstoß gegen das Auge	Lidschluß (Blinzeln)
Schreckreiz[1]	Veränderung der Pulsfrequenz
Schreckreiz, Schmerzreiz	Veränderung der Atmung
Schreckreiz, Schmerzreiz	Fluchtbewegungen

[1] Einen Schreckreiz könnte man charakterisieren als einen unvorhergesehenen (plötzlichen) und sehr intensiven Reiz (z. B. ein Knall).

Die Unterscheidung zwischen Reflexen und Operanten, wie sie von SKINNER vorgenommen wurde, läßt sich nicht ganz streng durchführen. Hier gibt es fließende Übergänge. Blinzeln kann als Reflex auftreten, kann aber auch willkürlich durchgeführt werden. Fluchtbewegungen sind oft ein Reflex auf Schreckreize. Genau dieselben Bewegungen können auch spontan als Operant durchgeführt werden (etwa wenn jemand voll Eile aus dem Zimmer läuft, um zu einer Verabredung zurechtzukommen). Außerdem wurde kürzlich von MILLER (1969) gezeigt, daß die Häufigkeit von Reflexen genau so wie die von Operanten durch nachfolgende Verstärker beeinflußt werden kann. Durch ein geeignetes Verfahren wurde beispielsweise die Häufigkeit einer bestimmten Pulsfrequenz angehoben. Ferner kommen Reflexe und Operanten oft gleichzeitig vor. Nahrungsaufnahme ist nicht nur von Speichelsekretion begleitet; es werden dabei auch Operanten ausgeführt, eine bestimmte Körperhaltung wird eingenommen, die Nahrung wird durch Kaubewegungen zerkleinert usw.

Die Liste der Reflexe in Tabelle 6 enthält vorwiegend vom vegetativen Nervensystem gesteuerte, nicht willkürlich beeinflußbare Vorgänge der inneren Organe. Sowohl alte (JAMES, 1884; LANGE, 1887) wie neue Gefühlstheorien (SCHACHTER, 1964) halten gerade diese Vorgänge für wesentliche und notwendige Charakteristika von Gefühlen. Diese Phänomene sind sicher auch jedem Leser aus der Selbstbeobachtung bekannt. Man kann bei Angst erbleichen (Gefäßverengung), Herzklopfen bekommen (Beschleunigung der Pulsfrequenz), der Atem kann stocken oder flattern, Fluchtbewegungen setzen ein usw. Reflexe und Gefühle sind also aufs engste miteinander verbunden.

2.22 Klassisches Konditionieren

Die Häufigkeit von Reflexen ist durch die Häufigkeit der auslösenden Reize bestimmt. Der Lernprozeß besteht hier (beim *klassischen Konditionieren*) in der Koppelung des Reflexes an einen neuen, bis dahin neutralen, d. h. nicht reflexauslösenden Reiz. Die Gesetzmäßigkeiten des klassischen Konditionierens wurden bereits zu Beginn unseres Jahrhunderts von PAWLOW erarbeitet. Seine gesamten Publikationen liegen inzwischen in deutscher Sprache vor (PAWLOW, 1953). Eines der ersten Experimente (mit einem Hund als Vt) auf diesem Gebiet war folgendes: Der Auslöser (unconditioned stimulus = UCS) war Nahrung (Fleisch), der Reflex (unconditioned response = UCR) bestand aus Kau- und Schluckbewegungen und aus Speichelabsonderung. In der Lernphase wurde ein neutraler Reiz (Glockenton) mehrmals unmittelbar vor dem Futter geboten. Später genügte der Glockenton allein, um einen Teil des Reflexes (Speichelsekretion) auszulösen (conditioned response = CR). Der neutrale Reiz wurde zu einem bedingten Reiz (conditioned stimulus = CS). Abbildung 16 faßt den Vorgang zusammen.

Der zeitliche Abstand zwischen CS und UCS spielt hier eine ähnliche Rolle wie der Abstand zwischen Verhalten und Verstärker beim Ope-

	Vor dem Lernen:		
	Glockenton (S_0)	→	keine bestimmte Reaktion, manchmal Zuwendung
	Nahrung (UCS)	→	Kauen, Speicheln, Schlucken (UCR)
	Lernprozess:		
Glockenton →	Nahrung (UCS)	→	Kauen, Speicheln, Schlucken (UCR)
	Ergebnis des Lernens:		
	Glockenton (CS)	→	Speicheln (CR)

Abbildung 16

rantenkonditionieren. Das optimale Intervall beträgt bis zu einer halben Sekunde. Bei diesem Abstand erzielt man die größte Reaktionsstärke (SPOONER und KELLOG, 1947; WHITE und SCHLOSBERG, 1952).

Extinktion tritt ein, wenn nach der Lernphase sehr oft der bedingte Reiz (Glockenton) allein geboten wird. Es wird dann die Speichelabsonderung immer seltener und schwächer, bis sie ganz aufhört. Aus dem bedingten Reiz wird wieder ein neutraler Reiz.

Generalisation und Diskrimination tritt hier ganz ähnlich wie beim Operantenlernen auf. War der bedingte Reiz im Hundeexperiment ein Glokkenton von 1000 Hertz, so tritt der bedingte Speichelreflex auch bei höheren und tieferen Tönen ein. Allerdings geschieht das um so seltener und schwächer, je verschiedener der neue Ton vom ursprünglichen ist. Es entsteht auch hier automatisch ein Generalisationsgradient.

Es gibt ferner eine Analogie zu intermittierenden Verstärkerplänen und deren Wirkung. HUMPHREYS (1939a, 1939b) stellte fest, daß gelegentliche, unregelmäßige Koppelung von CS und UCS zu extinktionsresistenteren bedingten Reflexen führt als ständige Koppelung. Dieses Phänomen ist unter dem Namen HUMPHREYS' Paradoxon bzw. HUMPHREYS-Effekt bekannt geworden.

Auf dem Gebiet des klassischen Konditionierens gibt es ähnliche neue Entwicklungen wie auf dem Gebiet des Operantenkonditionierens. Auch beim klassischen Konditionieren ist nicht die Kontiguität, sondern die Korrelation wichtig (RESCORLA, 1972). Es kommt nicht auf die Anzahl der Koppelungen von CS und UCS an, sondern auf *Korrelation zwischen CS und UCS*.

Im Zusammenhang mit dem Gesetz des relativen Effekts wurde gezeigt, daß dieselbe Art und Häufigkeit von Verstärkung ganz unterschiedliche Wirkungen haben kann (vgl. Abschnitt 1.235). Es ist entscheidend, wie alternative Verhaltensweisen verstärkt werden. Die Korrelation zwischen Verhalten und Verstärkung ist wesentlich: Wenn R_1 zu mehr oder besseren Verstärkern führt als andere Verhaltensweisen, wird R_1 häufig sein. Wenn aber – bei identischer Verstärkung für R_1 – andere Verhaltensweisen mehr oder bessere Verstärker bewirken, wird R_1 selten auftreten.

Analoge Effekte wurden in zahlreichen Experimenten beim klassischen Konditionieren nachgewiesen (z. B. RESCORLA, 1966, 1968). Dieselbe Anzahl von Kopplungen zwischen CS (Ton) und UCS (elektrischer Schlag) kann zu völlig verschiedenen Reaktionen führen, je nachdem, wie oft der UCS *ohne CS auftritt* (vgl. Abbildung 17).

Wenn der UCS wesentlich häufiger gemeinsam mit dem CS auftritt als allein, bildet sich eine bedingte Reaktion (in unserem Fall Angst) aus. In diesem Fall ist die Korrelation zwischen CS und UCS hoch (Abbildung 17a). Im Extremfall – wie in den meisten älteren Experimenten – kommt der UCS ausschließlich gemeinsam mit dem CS vor.

Dieselbe Anzahl von CS-UCS-Kopplungen führt jedoch zu keiner bedingten Reaktion, wenn kein Zusammenhang zwischen CS und UCS vorhanden ist. Das ist dann der Fall, wenn der UCS genau so oft allein wie gemeinsam mit dem CS auftritt (Abbildung 17b).

Noch interessanter ist der folgende Fall: Dieselbe Anzahl von CS-UCS-Kopplungen führt nicht nur zu keiner Angstreaktion auf den CS, sondern im Gegenteil zu Entspannung, wenn die Korrelation zwischen CS und UCS negativ ist. Wenn der UCS wesentlich häufiger allein als

Abb. 17a Hohe Korrelation zwischen CS und UCS. Folge: Später löst der CS allein Angst aus.

Abb. 17b Keine Korrelation zwischen CS und UCS (bei derselben Anzahl von CS-UCS-Kopplungen). Folge: Später löst der CS keinerlei Reaktionen aus.

Abb. 17c Negative Korrelationen zwischen CS und UCS (bei derselben Anzahl von CS-UCS-Kopplungen). Folge: Später wirkt der CS entspannend.

Abbildung 17

gemeinsam mit dem CS auftritt (Abbildung 17c), dann wird der CS (Ton) zu einer Art Sicherheitssignal. Das äußert sich dadurch, daß Tätigkeiten, die durch Angst unterdrückt oder reduziert werden (z. B. Nahrungsaufnahme) nach einem Lernprozeß dieser Art in Anwesenheit des CS häufiger auftreten als in Abwesenheit des CS.

Diese Ergebnisse können im Sinn der Hypothese interpretiert werden, daß der Organismus die Information verarbeitet, die in einer längeren Folge von mehreren CS und UCS enthalten ist. Wenn die Korrelation zwischen CS und UCS hoch ist, dann wird der CS zu einem Angstsignal. Der CS kündigt an, daß (wahrscheinlich) ein UCS folgt. Wenn keine Korrelation zwischen CS und UCS vorhanden ist, hat der CS keinerlei Informationswert. Der Organismus verhält sich in Gegenwart des CS nicht anders als in seiner Abwesenheit. Im Fall einer negativen Korrelation zwischen CS und UCS führt der CS schließlich zu der Erwartung, daß in der nächsten Zeit (wahrscheinlich) kein UCS auftreten wird. Der Organismus fühlt sich in Sicherheit und kann entspannt seine Bedürfnisse befriedigen.

2.23 Angst und Vermeidung

Ein sehr häufiges Gefühl ist die Angst. Angst spielt auch im Sozialisierungsprozeß eine große Rolle. Sie ist die Ursache der Vermeidung vieler Verhaltensweisen und Situationen. Angst tritt als natürliche (unbedingte) Reaktion auf Schreck- und Schmerzreize auf. Durch klassisches Konditionieren kann Angst auch von bisher neutralen, ja sogar positiven (angenehmen) Reizen hervorgerufen werden.

In sehr eindrucksvoller Weise zeigten das bereits WATSON und RAYNER (1920). Bei dem 11 Monate alten Knaben Albert wurde experimentell eine Rattenphobie hervorgerufen. Die im Experiment verwendete weiße Ratte war dem Knaben bereits bekannt und hatte für ihn offenbar positive Eigenschaften. Er reagierte bei ihrem Anblick meistens mit Zuwendung. Von einem gewissen Zeitpunkt an aber ertönte immer, wenn der Knabe die Ratte berühren wollte, ein erschreckend lautes Geräusch. Später genügte der Anblick der weißen Ratte allein, um heftige Angst- und Fluchtreaktionen hervorzurufen. Der Vorgang ist in Abbildung 18 dargestellt.

Vor dem Lernen:

weisse Ratte (S_+) ⟶ Zuwendung

Knall (UCS) ⟶ Angst, Flucht (UCR)

Lernprozess:

weisse Ratte ⟶ Knall (UCS) ⟶ Angst, Flucht (UCR)

Ergebnis des Lernens:

weisse Ratte (CS) ⟶ Angst, Flucht (CR)

Abbildung 18

Den Gesetzen der klassischen Konditionierung entsprechend generalisierte die Rattenphobie des kleinen Albert auch sofort auf ähnliche Objekte (Kaninchen, Pelzmantel der Mutter usw.). Reize, mit denen Albert nie unangenehme Erfahrungen gemacht hatte, sind zu Angstauslösern geworden. Den Gesetzen der klassischen Extinktion folgend, könnte man auch die Angst wieder beseitigen, wenn der Knabe oft genug mit der Ratte konfrontiert wird, ohne daß dabei unangenehme Ereignisse (unbedingte Angstreize) auftreten.

Auf ganz ähnliche Weise lernen Kinder Angst vor vielen Situationen und Personen. Ein Zimmer, in dem ein Kind oft geschlagen wurde, ist zum bedingten Angstauslöser geworden. Bestimmte Wörter («böse», «schlimm») können bedingte Angstreize werden, wenn sie oft vor oder zusammen mit Bestrafungen verwendet werden.

Angst ist ein besonders dauerhaftes Verhalten. Viele Ängste vergehen nur äußerst langsam oder gar nicht. Das liegt unter anderem daran, daß Angst oft *Vermeidungsverhalten* zur Folge hat. Die Annäherung an angstbesetzte Personen und Objekte löst Angst aus, ist also aversiv und wird daher immer seltener. Die Vermeidung angstauslösender Reize dagegen wirkt angstreduzierend. Aktive Vermeidung (aus dem Weg gehen) hat in diesen Fällen positive Konsequenzen (Angstreduktion) und wird daher oft praktiziert. Wenn ein angstauslösender Reiz aber immer vermieden wird, kann keine Extinktion stattfinden: Die Erfahrung, daß der Reiz nicht oder nicht mehr mit negativen Konsequenzen verbunden ist, kann nicht gemacht werden. (Wenn der Knabe Albert in unserem Beispiel aus Angst alle Pelzmäntel vermeidet, kann er nie die Erfahrung machen, daß Pelzmäntel in der Regel nicht mit Schreckreizen verbunden sind: Die Angst vor dem Pelzmantel bleibt also bestehen.)

Die oben skizzierte Erklärung des Vermeidungsverhaltens wurde u. a. von Mowrer (1947) vertreten und wird Zweifaktorentheorie der Vermeidung genannt. Sie nimmt zwei aufeinanderfolgende Prozesse an: Zuerst wird durch den CS (bedingte) Angst ausgelöst. Dann erfolgt Angstreduktion durch das Vermeidungsverhalten. Diese Angstreduktion fungiert als Verstärker für das Vermeidungsverhalten.

Diese Zweifaktorentheorie wurde in neuerer Zeit heftig kritisiert (Herrnstein, 1969). Diese Kritik beruht u. a. auf folgenden Punkten: Wenn Vermeidungsverhalten erfolgreich ist, extingiert die Angst. Physiologische Angstindikatoren wie gesteigerte Pulsfrequenz und starke Muskelspannung sind in späteren Phasen des Vermeidungsverhaltens kaum feststellbar. Außerdem ist Angst eine Reaktion, an der das vegetative Nervensystem maßgeblich beteiligt ist, dessen Leitungsgeschwindigkeit bekanntlich gering ist. Das bedeutet, daß die (oft sehr schnellen) Vermeidungsreaktionen beginnen, bevor Angst einsetzt.

Wenn aber die Angst erst *nach* der Vermeidungsreaktion einsetzt bzw. nach mehreren erfolgreichen Vermeidungsreaktionen ganz ausbleibt, kann das Vermeidungsverhalten nicht durch Angstreduktion verstärkt werden. Dieses Problem verschwindet, wenn man den «molekularen» Ansatz aufgibt, daß jede einzelne Reaktion verstärkt werden muß. Von einem «molaren» Standpunkt betrachtet, ist die Zweifaktorentheorie unnötig kompliziert (außerdem stimmt sie, wie eben gezeigt wurde, nicht mit experimentellen Ergebnissen überein). Die moderne Lernpsychologie betrachtet Vermeidungsverhalten als Spezialfall von «gewöhnlichem» Operantenkonditionieren. Der Organismus vergleicht einfach seine Informationen über Vermeiden und Nichtvermeiden, stellt fest, daß Vermeiden insgesamt zu angenehmeren Konsequenzen führt als Nichtvermeiden – und vermeidet daraufhin.

2.24 Kognitive Faktoren

Die Stärke und Art eines Gefühls wird aber nicht nur von den objektiven (physikalischen) Reizeigenschaften und den mit dem Reiz verbundenen Lernprozessen determiniert, sondern auch von kognitiven Prozessen. Es kommt darauf an, wie der Reiz interpretiert wird. Je nach der Interpretation des Vorgangs kann beispielsweise der brüllende Chef wenig Angst auslösen («er ist leicht erregbar und hat sich gerade zu Hause geärgert») oder starke Angst («er schreit nur, wenn er wirklich wütend ist»).

Die wichtige (vor allem abschwächende) Rolle kognitiver Prozesse haben Lazarus und seine Mitarbeiter in einigen Experimenten untersucht (Lazarus und Alfert, 1964; Lazarus und

OPTON, 1966; LAZARUS, OPTON, NOMIKOS und RANKIN, 1965). LAZARUS und ALFERT (1964) zeigten ihren Vpn einen Film, der grausame Genitaloperationen darstellte, wie sie die Ureinwohner Australiens durchführten. Dieser Film (ohne Ton) löst bei den Zuschauern äußerst unangenehme Gefühle aus (Abbildung 19, obere Kurve). Wird zu diesem Film ein «intellektualisierender» Kommentar gesprochen (daß die Operation nicht gefährlich ist, dem Betroffenen Vorteile bringt usw.) zeigt sich zwar dieselbe Verlaufsform der Gefühle (Abbildung 19, mittlere Kurve), aber sie sind wesentlich schwächer (weniger unangenehm). Wird derselbe Kommentar den Vpn bereits vor dem Film geboten, ist die emotionale Reaktion noch schwächer (Abbildung 19, untere Kurve). Geht man also von vornherein mit einer bestimmten kognitiven Orientierung (in diesem Fall mit einer verharmlosenden) an eine Reizsituation heran, werden dadurch die vom Reiz ausgelösten Gefühle stark beeinflußt.

Während LAZARUS zeigte, daß kognitive Prozesse die *Intensität* von Gefühlen beeinflussen, nimmt SCHACHTER (1964) auch an, daß die Gefühls*qualität* von kognitiven Prozessen determiniert wird. In diesem Abschnitt sollte nur kurz angedeutet werden, daß bei Gefühlen neben Reflexen und Konditionierungsvorgängen auch kognitive Prozesse eine wichtige Rolle spielen. Verschiedene moderne Gefühlstheorien (z. B. SCHACHTER, 1964; WEINER, 1986; ZAJONC, 1980, 1984), die genauer auf die Rolle kognitiver Prozesse eingehen, werden in einem eigenen Kapitel (5.42) beschrieben.

2.3 Motivation

2.31 Kritik des Begriffs Motiv

Es ist eine weitverbreitete Ansicht, daß der Sozialisierungsprozeß, insbesondere bei Kindern, zur Ausprägung bestimmter Motive führt. Je nach den angewandten Erziehungspraktiken kommt es beispielsweise zu starker oder schwacher Ausprägung des Leistungsmotivs (MCCLELLAND, 1955). Ein solches Motiv wird als individuelle Konstante aufgefaßt, d. h. eine stark leistungsmotivierte Person strebt in allen (geeigneten) Situationen nach Wettbewerb und hoher Leistung, eine nicht leistungsmotivierte Person tut dies selten oder nie.

Vom lernpsychologischen Standpunkt gesehen ist das höchst unwahrscheinlich. Stellen wir uns einen Menschen vor, der bei intellektuellen Leistungen sehr erfolgreich ist (also oft verstärkt wird), bei sportlichen Leistungen dagegen ungeschickt (also oft aversive Konsequenzen erlebt). Dieser Mensch wird sicher sportliche Leistungssituationen vermeiden, nicht aber intellektuellen Wettbewerb. Genau so gut ist der umgekehrte Fall denkbar. Bei solchen Menschen müßte man dann zwei verschiedene Leistungsmotive annehmen, von denen eines stark und das andere schwach ausgeprägt ist. Offenbar ist es hier ökonomischer, auf den Begriff des Leistungsmotivs zu verzichten, und die unterschiedlichen Verhaltenshäufigkeiten auf die entsprechenden positiven und negativen Verhaltenskonsequenzen, also auf Lernprozesse zurückzuführen. Der

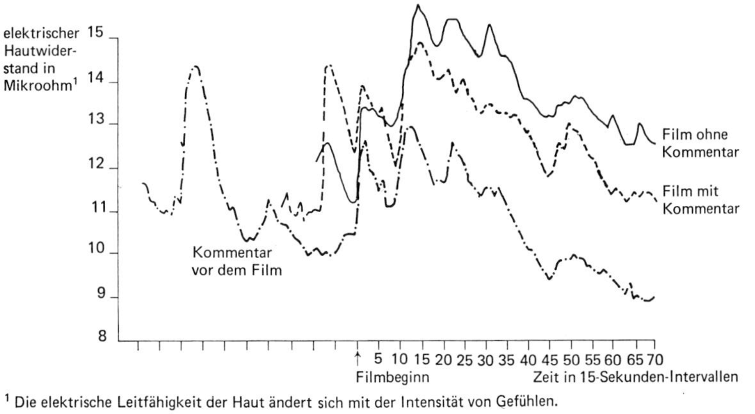

[1] Die elektrische Leitfähigkeit der Haut ändert sich mit der Intensität von Gefühlen.

Abbildung 19

Begriff eines Motivs hat hier wenig Erklärungswert und führt (siehe oben) zu Komplikationen. In Übereinstimmung mit solchen theoretischen Überlegungen konnte in neueren Untersuchungen nachgewiesen werden, daß es nicht *ein* homogenes Leistungsmotiv gibt, sondern mehrere Leistungsmotive für verschiedene Bereiche (JACKSON, AHMED und HEAPY, 1976).

Aber noch aus anderen Gründen ist der Begriff des Motivs problematisch. Bei Durchsicht der Literatur (BERKOWITZ, 1969; COFER und APPLEY, 1964; WEINER, 1972) wird sofort klar, daß hier die verschiedenartigsten Phänomene mit demselben Wort bezeichnet werden, was den irreführenden Eindruck erweckt, sie hätten einen wesentlichen Aspekt gemeinsam (nämlich den, irgendwie «motiviert» zu sein). Außerdem können viele dieser Phänomene hinreichend und präzise durch Lernprozesse erklärt werden (wie im Beispiel des vorigen Absatzes). Es hat dann weder theoretischen noch praktischen Nutzen, die Existenz von Motiven zu postulieren.

Sehr oft wird von Motiviertheit gesprochen, wenn ein Verhalten auffallend häufig auftritt. Jemand, der überdurchschnittlich oft an Gesellschafts- und Glückspielen teilnimmt, ist «besessen» vom «Spieltrieb». Es wurde jedoch gezeigt, daß die Häufigkeit von Verhaltensweisen ausreichend durch die Prinzipien des operanten Konditionierens erklärt wird (Abschnitt 1.33).

Die Häufigkeit eines Verhaltens hängt von den erfahrenen positiven bzw. negativen Konsequenzen dieses Verhaltens ab. Mit dieser gesicherten lernpsychologischen Aussage ist jener Standpunkt verträglich, der Motivation als *Anreiz* definiert (BINDRA, 1969). Anreiz (incentive) könnte man als die kognitive Seite eines Verstärkers bzw. Strafreizes definieren. Durch Lernprozesse entstehen Erwartungen (darauf wird im Abschnitt 2.42 genau eingegangen). Verhaltensweisen werden durchgeführt, weil man eine Belohnung dafür erwartet (positiver Anreiz), bzw. unterlassen, weil man Bestrafung antizipiert (negativer Anreiz).

Andere Autoren (MCCLELLAND, 1951) gebrauchen den Ausdruck Motiv im Zusammenhang mit Gefühlen. Bei stark gefühlsgetönten Handlungen und Reizen wird oft von Motiven gesprochen. Objekte und Situationen, die mit lustvollen Gefühlen verbunden sind, werden angestrebt. Objekte, die mit Unlust verbunden sind, werden vermieden. Wie bereits bekannt ist, werden Gefühle durch klassisches Konditionieren an Reize gebunden (Abschnitt 2.2). Auch in diesem Zusammenhang ist es unnötig, Motive als eigenständige Prozesse zu postulieren.

Schließlich werden auch Triebe als Motive bezeichnet (HULL, 1951). Von jedem Trieb gehen zweierlei Wirkungen aus: eine verhaltensteuernde (selektive) und eine aktivierende («energetisierende»). Nichtbefriedigter Hunger beispielsweise selektiert Verhalten (er führt zu Nahrungssuche und -aufnahme, nicht aber etwa zu sexueller Betätigung). Außerdem ist jeder nichtbefriedigte Trieb ein Antrieb (eine «Energiequelle»): Viele Verhaltensweisen (und nicht nur die zur Triebreduzierung geeigneten) laufen bei Triebspannungen schneller und häufiger ab. Eine allgemeine Unruhe und Aktiviertheit tritt auf. Dieser Energieaspekt wurde von den bisher referierten lernpsychologischen Erläuterungen noch nicht berührt. Hier liegen tatsächlich Aspekte vor, die man, ohne Verwirrung zu stiften, mit einem eigenen Terminus (Motivation) bezeichnen könnte.

Am Schluß dieses Kapitels (Abschnitt 2.34) wird ein unproblematischer, von vielen Psychologen akzeptierter Motivbegriff vorgestellt – der Regelkreis.

2.32 *Motivation als Anreiz*

2.321 Primäre und sekundäre Verstärker

Welche Reize sind als Verstärker wirksam? Welche Reize stellen einen Anreiz dar? Bisher verwendeten wir nur die vage Umschreibung, daß es sich um angenehme Reize handeln muß, bzw. die operationale Definition, daß jeder Reiz, der unmittelbar auf einen Operanten folgt und dabei dessen Häufigkeit anhebt, ein Verstärker ist.

Zunächst muß zwischen primären und sekundären Verstärkern unterschieden werden. Primäre Verstärker sind solche, die schon immer, von Geburt an, als Verstärker wirken. Sekundäre Verstärker sind gelernte Verstärker. Das sind zunächst neutrale, uninteressante Reize, die erst aufgrund bestimmter Lernprozesse Verstärkerqualität erwerben.

HULL (1943) vertritt die Ansicht, daß jeder Reiz, der einen biologischen Trieb reduziert, Verstärkereigenschaften hat. Futter reduziert Hunger, Wasser reduziert Durst, beide sind daher Verstärker. MILLER und DOLLARD (1941) geben eine allgemeinere Theorie der Primärverstärker: Jede Reduktion eines sehr intensiven Reizes wirkt als Verstärker, z. B. die Verminderung extremer Hitze oder Kälte, extrem starker Gerüche, lauter Geräusche, großer Helligkeiten, starker Druck- und Schmerzreize usw. Diese Theorie schließt als Spezialfall auch die HULLSCHE Theorie mit ein, denn auch jeder nichtbefriedigte Trieb erzeugt starke Reize (Hunger und Durst zum Beispiel sind sehr deutlich spürbar) und die Reduktion oder Befriedigung des Triebes reduziert die allzu intensiven Reize.

Neuere Autoren, wie HARLOW (1950) und BERLYNE (1960), konnten im Tier- und Humanexperiment nachweisen, daß auch die Befriedigung von Neugier und der Informationswert eines Reizes primäre Verstärkereigenschaften haben. Insbesondere BERLYNE konnte in zahlreichen Experimenten zeigen, daß Reize mittlerer Komplexität als primäre Verstärker wirken können. Zu einfache bzw. zu komplizierte Reize werden als langweilig bzw. ungeordnet (verwirrend) oder in anderer Weise als aversiv erlebt.

BERLYNE (1958) variierte die Komplexität von Reizmustern durch die Anzahl der Elemente (z. B. 4 oder 7 Linien), die Regelmäßigkeit der Anordnung (symmetrische oder zufällige Anordnung), die Homogenität der Elemente (z. B. 4 Quadrate oder 4 verschiedene geometrische Figuren), die Regelmäßigkeit der Umrißlinien usw. DAY (1965, 1966), der mit dem Reizmaterial von BERLYNE arbeitete, stellte fest, daß die Reizmuster mittlerer Komplexität als die interessantesten bezeichnet und auch am längsten betrachtet werden.

Die meisten *sozialen* Verstärker (Kopfnicken, Jasagen, Lob, Prestige, Geld) sind aber sicher keine primären Verstärker. Sie sind *sekundäre Verstärker* geworden aufgrund folgender Gesetzmäßigkeit: Wenn auf einen neutralen Reiz mehrmals in kurzem zeitlichen Abstand ein primärer Verstärker folgt, wird aus dem neutralen Reiz ein sekundärer Verstärker. Daraufhin kann dieser allein für neue Lernprozesse oder zur Aufrechterhaltung bereits vorhandener Verhaltensweisen eingesetzt werden.

WOLFE (1936) simulierte in einem Experiment die Entstehung der sekundären Verstärkereigenschaften von Geld. Er ließ seine Versuchstiere (Schimpansen) Münzen in einen Apparat einwerfen und verstärkte sie dafür mit Trauben. Dadurch wurden die Münzen sekundäre Verstärker. Die Münzen allein konnten nun verwendet werden, um die Häufigkeit von Operanten (z. B. Gegenstände in den Käfig ziehen) zu steigern.

Auch bei der Entstehung von sekundären Verstärkern kommt es (wie bei allen Lernprozessen) nicht auf die bloße zeitliche Kontiguität (von neutralem Reiz und Verstärker) an, sondern auf die Kontingenz (Korrelation). Bereits EGGER und MILLER (1962, 1963) gelang der Nachweis, daß nur solche Reize wirksame sekundäre Verstärker werden, die einen Verstärker «ankündigen», während Reize, die keine Information über Verstärker enthalten, trotz zeitlicher Kontiguität mit dem Verstärker keine (bzw. nur schwache) sekundäre Verstärker werden. Diese *Informations*hypothese wurde später mehrfach bestätigt (z. B. SCHUSTER, 1969).

EGGER und MILLER (1962) verwendeten zwei Versuchsbedingungen. In einer Bedingung wurde den Versuchstieren wiederholt die Folge Licht-Ton-Futter geboten (also zwei aufeinanderfolgende neutrale Reize S_1 und S_2, gefolgt von einem primären Verstärker S_+). Der zweiten Versuchsgruppe wurden dieselben Licht-Ton-Futter-Folgen geboten, aber zusätzlich trat S_1 mehrmals allein auf (s. Abbildung 20).

Anschließend konnten die Versuchstiere durch Hebeldrücken entweder S_1 oder S_2 (aber kein Futter) hervorrufen. Die Häufigkeit, mit der der Hebel betätigt wird, um S_1 oder S_2 zu sehen bzw. zu hören, ist ein Maß für die sekundären Verstärkerqualitäten von S_1 und S_2.

Wenn die konventionelle Ansicht stimmt, daß sekundäre Verstärker durch Kontiguität entstehen, dann müßte in beiden Bedingungen S_2 der wirksamere sekundäre Verstärker sein, weil er immer dem primären Verstärker näher war als S_1. Wenn die Informationshypothese richtig ist, muß in Bedingung I S_1 wirksamer sein als S_2, weil bereits S_1 den Verstärker signalisiert, während S_2 völlig redundant ist. In Bedingung II sollte es umgekehrt sein. Hier ist S_2 ein zuverlässiges Signal für den Verstärker, während die Kontingenz zwischen S_1 und dem Verstärker gering ist (S_1 tritt häufig allein auf). Die Ergebnisse bestätigen die Informationshypothese.

Manche Autoren hielten auch Körperkontakt für einen sekundären Verstärker (DOLLARD und MILLER, 1950), denn beim Säugling ist Hunger-

Bedingung I. S_1 signalisiert den Verstärker, S_2 ist redundant. Folge: S_1 wird der wirksamere sekundäre Verstärker.

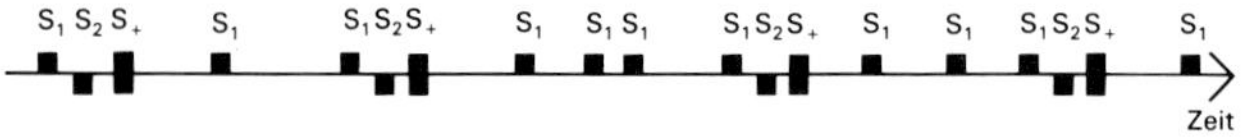

Bedingung II. Nur S_2 signalisiert zuverlässig den Verstärker, keine hohe Korrelation zwischen S_1 und S_+. Folge: S_2 wird der wirksamere sekundäre Verstärker.

Abbildung 20

und Durstreduktion meistens von Körperkontakt mit der Mutter begleitet. Auf diese Weise könnte zunächst Körperkontakt mit der Mutter ein sekundärer Verstärker werden und dann durch Generalisation auch die Berührung anderer Menschen. Ein Experiment von HARLOW und ZIMMERMANN (1959) macht jedoch die Alternativhypothese wahrscheinlicher, daß Körperkontakt ein primärer Verstärker ist. Junge Affen wurden von ihren Müttern getrennt aufgezogen. Es wurden ihnen als Ersatz zwei Mutterpuppen zur Verfügung gestellt. Beide Puppen hatten wenig Ähnlichkeit mit Affen. Die eine war ein etwa tierförmiges Drahtgestell, die andere war mit einem weichen Stoff überzogen. Beide Puppen wurden abwechselnd mit einer Saugflasche voll Milch ausgestattet.

Wenn Körperkontakt ein sekundärer Verstärker ist, müßten die Jungtiere Kontakt mit der Puppe suchen, die Milch gibt, unabhängig davon, ob sie aus Draht oder Stoff ist. Wenn Körperkontakt ein primärer Verstärker ist, müßten die Jungtiere Kontakt mit der weichen, fellartigen Puppe suchen, unabhängig davon, ob sie Milch gibt oder nicht. Die jungen Tiere bevorzugten unter allen Umständen die weiche Puppe. Die Drahtpuppe wurde fast nur zur Nahrungsaufnahme aufgesucht, erwarb also keine nennenswerten sekundären Verstärkerqualitäten. Die Stoffpuppe schien auch allgemein spannungsreduzierend zu wirken. Die Jungtiere beschäftigten sich beispielsweise öfter und länger mit neuen Objekten, wenn sie Kontakt mit der Stoffpuppe hatten oder ihre Hand hielten.

Eine Verstärkertheorie, die für primäre und sekundäre Verstärker Gültigkeit hat, stammt von PREMACK (1965). Eine Besonderheit dieses Ansatzes besteht darin, daß PREMACK nicht – wie es in allen anderen Verstärkertheorien der Fall ist – bestimmte Klassen von Reizen als Verstärker betrachtet, sondern bestimmte Klassen von Verhaltensweisen. Allerdings ist zu bedenken, daß die Unterscheidung zwischen Reiz und Verhalten bloß eine begriffliche Trennung darstellt, denn jedes Verhalten ist gleichzeitig mit Reizen verbunden (z. B. wird der Spannungsgrad verschiedener Muskelpartien wahrgenommen). Genau so, wie es angenehme und unangenehme Reize gibt, gibt es angenehme und unangenehme Verhaltensweisen. Außerdem sind viele Verhaltensweisen fest mit bestimmten Reizkonsequenzen verbunden. Das Verhalten «Essen» führt notwendigerweise zu Nahrungsaufnahme, das Verhalten «Trinken» zu Flüssigkeitsaufnahme usw. Die unter der Bezeichnung *Premack-Prinzip* berühmt gewordene zentrale Hypothese lautet folgendermaßen. Für je zwei Verhaltensweisen (einer Person), deren spontane Auftrittswahrscheinlichkeiten verschieden sind, gilt: Das wahrscheinlichere Verhalten kann als Verstärker für das weniger wahrscheinliche fungieren. Wenn beispielsweise bei einem Schulkind konzentriertes Arbeiten selten, Herumlaufen und Schreien aber häufig vorkommen, dann kann die Arbeitshäufigkeit dadurch angehoben werden, daß das Kind unmittelbar nach jeder konzentrierten Tätigkeit herumlaufen darf.

Der Inhalt des Premack-Prinzips wird am leichtesten verständlich, wenn man sich alle Verhaltensweisen einer Person auf einem Kontinuum aufgereiht denkt, das links mit den seltensten Verhaltensweisen beginnt und rechts mit den häufigsten endet (selten und häufig bedeutet hier immer die spontane, also nicht beeinflußte, Auftrittswahrscheinlichkeit). Die spontane Auftrittshäufigkeit kann man mit der subjektiven Bewertung eines Verhaltens gleichsetzen. Auf unserem hypothetischen Kontinuum stehen also links die unangenehmen und rechts die angenehmen Verhaltensweisen.

Die wichtigste Schlußfolgerung aus dem Premack-Prinzip ist, daß der Begriff Verstärkung ein *relativer* Begriff ist. Jede Verhaltensweise innerhalb des Kontinuums kann sowohl eine Belohnung als auch eine Bestrafung sein. Eine Verhaltensweise R_i innerhalb des Kontinuums kann als Belohnung bei allen Verhaltensweisen eingesetzt werden, die sich links von R_i befinden (die also weniger wahrscheinlich und weniger wert sind). Dasselbe Verhalten R_i wirkt als Bestrafung, wenn es als Konsequenz eines Verhaltens, das sich rechts von R_i befindet, eingesetzt wird.

Ein Vorteil des Premack-Prinzips besteht darin, daß es ausschließlich unter Verwendung objektiver Begriffe formuliert ist. Man braucht nur die Auftrittswahrscheinlichkeiten verschiedener Verhaltensweisen einer Person festzustellen, um zu wissen, welche Verhaltensweisen zur Verstärkung bestimmter anderer Handlungen geeignet sind.

2.322 *Bestrafung*

Von SKINNER stammt folgendes Klassifikationsschema für Verstärker und Strafreize (Abbildung 21):

	Vorgabe	Beseitigung
positiver Reiz	positive Verstärkung	Bestrafung
aversiver Reiz	Bestrafung	negative Verstärkung

Abbildung 21

Die Vorgabe positiver Reize (Nahrung, Geld) sowie die Beseitigung aversiver Reize (Schmerz, Angst) wirken verstärkend, d. h. diese Prozesse steigern die Häufigkeit von Verhaltensweisen. (Der Terminus «negative Verstärkung» bedeutet also keineswegs Bestrafung, sondern Verstärkung durch Beseitigung aversiver Reize, wie etwa beim Lernen von Vermeidungsverhalten, siehe Abschnitt 2.23). Die Beseitigung positiver Reize (etwa von Zuwendung) sowie die Vorgabe aversiver Reize wirken als Bestrafung. Durch diese Prozesse kann die Häufigkeit von Verhaltensweisen gesenkt werden.

Aversive Reize werden oft als solche Reize definiert, die ein Lebewesen zu vermeiden sucht. Will man sich mit dieser Definition nicht zufriedengeben, kann man die im vorigen Abschnitt zitierten Theorien über Verstärker auch zur Charakterisierung aversiver Reize heranziehen. Für Strafreize gilt jeweils die Umkehrung des über Verstärker Gesagten: Starke Triebspannungen, allzu intensive Reize (besonders Schmerz- und Schreckreize), langweilige und verwirrend komplizierte Reizmuster sind aversive Ereignisse. Neben diesen primären aversiven Reizen gibt es auch sekundäre, z. B. jeder bedingte Angstauslöser, soziale Ablehnung, Wörter wie «falsch», «nein» usw.

Viele Autoren sprechen sich gegen die Verwendung von Bestrafung aus. Dabei werden teils moralische, teils wissenschaftliche Argumente verwendet. Die moralisch begründete Ablehnung der Bestrafung (etwa aus dem Grund, daß man niemand Unlust bereiten will) ist sicher zu begrüßen. Dennoch muß man berücksichtigen, daß die Beseitigung fehlangepaßter und/oder selbstschädigender Verhaltensweisen durch kurzfristigen Einsatz aversiver Konsequenzen auf lange Sicht mehr Unlust ersparen kann als die Unterlassung der Bestrafung.

SKINNER, ein besonders vehementer Gegner der Bestrafung, stützt seine Abneigung hauptsächlich auf zwei eher sachlich scheinende Argumente. Erstens: Bei Einsatz von Strafreizen werden starke Emotionen (Angst) nicht nur auf das bestrafte Verhalten, sondern auf die ganze Lernsituation übertragen. Starke Gefühle stören aber den glatten Ablauf von Lernprozessen (vgl. dazu Abschnitt 2.332). Zweitens: Experimente von ESTES (1944) haben gezeigt, daß durch Verwendung von Strafreizen (elektrische Schläge) zwar die Frequenz von Operanten gesenkt wird, daß aber nach Aufhören der Strafreize (Extinktion), die Operantenfrequenz nicht nur zur Basisrate zurückkehrt, sondern weit darüber hinausgeht (sogenannte «kompensatorische Aktivität»). Verhalten wird also durch Bestrafung nur zeitweilig unterdrückt und kehrt nach Aufhören der Strafe mit um so größerer Häufigkeit zurück.

Dazu ist folgendes zu bemerken: Das erste Argument stimmt nur teilweise (nur bei sehr intensiver Bestrafung, die man freilich nicht einsetzen sollte, entstehen so starke Ängste, daß der weitere Ablauf von Lernprozessen dadurch gestört wird). Hinsichtlich des zweiten Arguments wird von neueren Autoren (SOLOMON, 1960) immer wieder betont, daß es nicht gelungen ist, die Ergebnisse von ESTES zu replizieren. Andererseits gibt es (wie man etwa dem ausführlichen Sammelreferat von AZRIN und HOLZ, 1966, entnehmen kann) zahlreiche Experimente, die eindeutig nachweisen, daß die Wirkungen von Strafreizen genau symmetrisch zu denen der Verstärker sind: Ein Verhalten wird um so seltener, je stärker der verwendete Strafreiz ist (CHURCH, 1966). Intermittierende Bestrafung hat dauerhaftere Effekte als kontinuierliche Bestrafung (AZRIN, HOLZ und HAKE, 1963).

Außer den bereits erwähnten Faktoren sind für den Einsatz aversiver Konsequenzen im Sozialisierungsprozeß noch drei Aspekte von besonderer Bedeutung: Der Zeitpunkt der Bestrafung, die Existenz alternativer (nichtbestrafter) Verhaltensweisen und die Person, die die Bestrafung durchführt.

Strafreize sind um so wirksamer, je früher sie eingesetzt werden. Sie sollten nicht erst nach Durchführung einer unerwünschten Verhaltensweise, sondern schon zu deren Beginn erfolgen. ARONFREED und REBER (1965) bestraften Kinder entweder gleich am Beginn oder nach einer Verbotsübertretung (hantieren mit einem verbotenen Spielzeug). Der aversive Satz («nein – das ist nur für größere Kinder!») wurde im ersten Fall vom Vl ausgesprochen, während das Kind die Hand nach dem begehrten Spielzeug ausstreckte, im zweiten Fall erst, nachdem das Spielzeug vom Kind in die Hand genommen worden war. Nach 9 Versuchsdurchgängen der eben beschriebenen Art wurden die Kinder (nur scheinbar unbeobachtet) sich selbst überlassen. Tabelle 7 zeigt die Anzahl der Kinder, die das Verbot einhielten bzw. übertraten in jeder Versuchsgruppe und in einer (nichtbestraften) Kontrollgruppe.

Tabelle 7

	Bestrafung zu Beginn (N = 34)	Bestrafung am Ende (N = 34)	Kontrollgruppe (N = 20)
Verbot übertreten	9	24	16
Verbot beachtet	25	10	4

Zu analogen Ergebnissen kamen BENTON (1967) und WALTERS, PARKE und CANE (1965). Daß die Bestrafung am Ende einer Übertretung nicht sehr wirksam ist, kann so erklärt werden, daß hier gleichzeitig Verstärkungs- und Bestrafungseffekte auftreten, die gegeneinander arbeiten (es handelte sich ja um ein angenehmes, vom Kind gewünschtes Verhalten). Tritt die Bestrafung erst nach Vollendung des unerwünschten Verhaltens ein, können die positiven Konsequenzen (im Experiment von ARONFREED und REBER Freude über das Spielzeug) stärker sein als die negativen (Tadel). Bei Bestrafung am Beginn eines Verhaltens werden dessen positive Aspekte weit weniger wirksam als die negativen der Bestrafung.

Bestrafung am Beginn einer unerwünschten Verhaltensweise ist nicht nur besonders wirksam, sondern oft auch notwendig, um wesentlich ernstere Verhaltensfolgen zu vermeiden. Ein Kind, das Anstalten trifft, eine Flamme anzugreifen oder eine sehr verkehrsreiche Straße zu überqueren, muß sofort, am Anfang solcher Verhaltensweisen, bestraft werden, wenn man vermeiden will, daß das Kind die Unterlassung solcher Verhaltensweisen infolge von Verbrennungen und Knochenbrüchen lernt.

Die Wirksamkeit von Bestrafungen wird auch durch die Existenz nichtbestrafter Verhaltensalternativen erhöht (HERMAN und AZRIN, 1964). Die Verhaltenshäufigkeit sinkt in diesem Fall (bei gleicher Art der Strafreize) wesentlich schneller, als wenn keine Alternative ersichtlich ist. Der Bestrafungsprozeß kann also dadurch drastisch abgekürzt werden, daß gleichzeitig mit dem Bestrafen der unerwünschten Verhaltensweise eine erwünschte Alternative aufgezeigt und eventuell verstärkt wird.

Schließlich hängt die Wirksamkeit einer Bestrafung noch sehr stark von der Beziehung zwischen der strafenden und bestraften Person ab. Bestrafung durch eine negativ bewertete oder neutrale Person ist weniger wirksam als Bestrafung durch eine geschätzte Person (PARKE und WALTERS, 1967).

2.322 Sättigung, Deprivation und Erfolgswahrscheinlichkeit

Wird der gleiche Verstärker allzu oft erlebt, sinkt seine Attraktivität und damit seine Wirksamkeit in Lernprozessen. Das Phänomen ist aus dem Alltag gut bekannt. Wenn man allzu oft die gleiche Speise ißt oder das gleiche Musikstück hört, tritt diesem gegenüber Gleichgültigkeit ein, die sogar in Ablehnung umschlagen kann. Dieser Verlust der Attraktivität durch zu große Häufigkeit wird *Sättigung* genannt. Umgekehrt kann der längere Entzug eines Verstärkers *(Deprivation)* zu einer Aufwertung führen. Ein Gericht, das man lange nicht gegessen hat, schmeckt besonders gut.

Daß die gleichen Phänomene auch bei sozialen Verstärkern (Zuwendung, Zustimmung, freundliches Verhalten usw.) auftreten, wurde von GEWIRTZ und BAER (1958a, b) gezeigt. In einem ihrer Experimente wurden 102 Kinder nach einem Zufallsprinzip auf drei Versuchsbedingungen aufgeteilt. In der Deprivationsbedingung wurde jedes Kind zunächst von einem völlig schweigsamen Vl von seinem Klassenzimmer in den Versuchsraum geführt. Dann mußte das Kind 20 Minuten lang allein auf den Beginn des Experiments warten. In der Sättigungsbedingung wurden die Kinder von einem fröhlich plaudernden Vl abgeholt. Während der 20minütigen Wartezeit wurde jedes Kind für alles, was es sagte und tat, vom Vl gelobt. In der Kontrollbedingung entfiel die Wartezeit.

Der Lernvorgang war dann für alle Kinder derselbe. Der Vl erhöhte durch verbale Verstärkung («ja», «gut», «fein») die Frequenz einer bestimmten Vorgangsweise bei einem Spiel mit Kugeln. Die stärkste Verhaltensänderung wurde bei der Deprivationsgruppe erzielt, die geringste Änderung zeigte sich bei der Sättigungsgruppe. Die Kontrollgruppe lag zwischen den beiden anderen Bedingungen.

THIBAUT und KELLEY (1959) versuchen solche und ähnliche Phänomene mit dem Begriff des *Vergleichsniveaus* zu erklären (ein Begriff, der mit HELSONS Adaptationsniveau [1964] verwandt ist). Das Vergleichsniveau ist ein Standard, an dem (in der Regel nicht bewußt) gemessen wird, ob die gerade erlebten Verhaltenskonsequenzen positiv, neutral oder negativ bzw. wie sehr positiv oder negativ sie sind. Das Vergleichsniveau wird bestimmt durch alle in vergleichbaren Situationen erlebten Konsequenzen, wobei die jüngsten Erfahrungen besonderes Gewicht haben. Es ist eine Art gewogener Mittelwert.

Erfahrungen, die genau dem Vergleichsniveau entsprechen, sind neutral; nur Erfahrungen, die das Vergleichsniveau übertreffen, sind positiv. Ein sehr häufig erlebter Verstärker wird zur Selbstverständlichkeit (übertrifft nicht mehr das Vergleichsniveau) und damit ziemlich wirkungslos.

Dementsprechend sind Erfahrungen, die unter dem Vergleichsniveau liegen, negativ. Potentielle Verstärker werden dann als Strafreize erlebt (ein Monatseinkommen, das unter dem Vergleichsniveau liegt, wird negativ bewertet). In einem Experiment von CRESPI (1942) wurde eine Gruppe von Ratten mit 256 Futtereinheiten verstärkt, eine andere mit 16. Die Leistung in der Gruppe mit der größeren Verstärkermenge war natürlich wesentlich höher. Bei einer dritten Gruppe wurde mit 256 Einheiten begonnen und dann plötzlich auf 16 Einheiten reduziert. Die Leistung dieser Gruppe sank nicht auf das Niveau der zweiten Gruppe (die ständig mit 16 Einheiten verstärkt wurde), sondern weit darunter *(Crespi-Effekt)*. Ein analoger Kontrasteffekt zeigt sich auch bei plötzlicher Erhöhung der Verstärkermenge.

Die eingangs erwähnten Sättigungs- und Deprivationseffekte sind aber oft nur von kurzer Dauer. Die Langzeitwirkung kann sogar völlig konträr sein. Das Experiment von BERKOWITZ und ZIGLER (1965) gibt hier ein vollständigeres Bild. Kinder, die unmittelbar vor dem eigentlichen Experiment mit einem freundlichen Vl interagierten, waren im Experiment sozialen Verstärkern weniger zugänglich als Kinder, die vorher mit einem unfreundlichen Vl interagierten. Hier traten also ähnliche Sättigungs- und Deprivationserscheinungen auf wie bei GEWIRTZ und BAER. Sind jedoch die beiden Teile des Experiments eine Woche voneinander getrennt, sind die Verhältnisse umgekehrt. Der anfangs freundliche Vl hat eine Woche später mehr Einfluß auf die Kinder als der unfreundliche Vl. Die soziale Sättigung ist offenbar in der Zwischenzeit verschwunden. Wie in den meisten Fällen (siehe Abschnitt 5.33) ist dann eine beliebte Person einflußreicher als eine unbeliebte.

Dem Deprivationseffekt ähnlich ist die Beziehung zwischen der Erfolgswahrscheinlichkeit bei der Lösung eines Problems und dem subjektiven Wert des Erfolgs. ATKINSON (1964) postulierte folgende Relation in seiner Motivationstheorie: Erfolgswahrscheinlichkeit und Attraktivität des Erfolgs verhalten sich umgekehrt proportional zueinander. Je wahrscheinlicher ein Erfolg ist, desto geringer ist sein (subjektiver) Wert. Diese Beziehung zeigte sich tatsächlich in einigen Experimenten (LITWIN, 1958; COOK, 1970).

Der Erfolg bei leichten Aufgaben ist also weniger wert als Erfolg bei schwierigen Problemen. Diese Relation läßt sich auch dissonanztheoretisch ableiten (ATKINSON ist aufgrund anderer Überlegungen zu seinem Postulat gekommen), nämlich mit Hilfe der Hypothese über die Rechtfertigung des Aufwands. Schwierige Probleme sind per definitionem mit mehr Aufwand verbunden als einfache. Die bei solchen Problemen auftretende lang andauernde, intensive und lange Zeit erfolglose Anstrengung akkumuliert entsprechend viel Dissonanz. Diese wird reduziert, indem man das Produkt der Anstrengung entsprechend aufwertet.

FEATHER (1967) hat in einem interessanten Experiment die Wirkungen von Erfolgswahrscheinlichkeit (Aufgabenschwierigkeit) und Attribution (interne vs. externe Kontrolle) auf die Erfolgsbewertung festgestellt. Den Vpn wurden Karten mit mehreren Buchstaben gezeigt. Jedem Buchstaben war eine Zahl zugeordnet, die die Vpn erraten mußten. 10 Schwierigkeitsgrade wurden durch die verschieden große Anzahl von Buchstaben pro Karte hergestellt. Karten mit wenig Buchstaben stellten natürlich leichtere Aufgaben dar als Karten mit vielen Buchstaben. Nach jeder Karte wurden die Vpn vom Vl teilweise über die Richtigkeit ihrer jeweiligen Lösungsvorschläge informiert.

Für eine Hälfte der Vpn waren Erfolg und Mißerfolg intern kontrolliert. Ihnen wurde vom Vl mitgeteilt, daß es ein für alle Karten gültiges System der Buchstaben-Zahlen-Zuordnung gäbe, das durch logisches Vorgehen entdeckt werden könnte. Den anderen Vpn (externe Erfolgskontrolle) sagte der Vl, daß die Buchstaben-Zahlen-Zuordnung willkürlich von einer Karte zur anderen geändert wurde – die Trefferwahrscheinlichkeit sei also durch Glück oder Zufall bestimmt.

In der internen Bedingung wurde ein Erfolg bei schwierigen Aufgaben höher bewertet als bei leichten. Die Bewertungen lagen außerdem bei der internen Gruppe durchwegs höher als bei der externen (Abbildung 22a). Ein Erfolg, den man sich selbst zuschreibt, ist offenbar mehr wert als ein Zufallserfolg. Außerdem spielt die Aufgabenschwierigkeit bei externer Kontrolle nur mehr eine untergeordnete Rolle. Ein Zufallstreffer bei einem schwierigen Problem ist kaum mehr wert als ein Zufallstreffer bei einer einfachen Aufgabe (Abbildung 22a).

Ähnlich sind die Ergebnisse bezüglich Mißerfolg. Ein Mißerfolg, für den man selbst verantwortlich ist, ist auf jeden Fall peinlicher als ein zufälliger Mißerfolg. Aber nur bei interner Kontrolle ist ein Mißerfolg bei leichten Aufgaben unangenehmer als ein Mißerfolg bei schwierigen Problemen (Abbildung 22b). Analoge Resultate erzielte KARABENICK (1972).

In diesem Zusammenhang muß noch BREHMS (1966) Theorie der *Reaktanz* (reactance) erwähnt werden. Nach dieser Theorie ruft jede Einschränkung der Handlungs- und Wahlfreiheit (Verlust früher zugänglicher Verhaltensalterna-

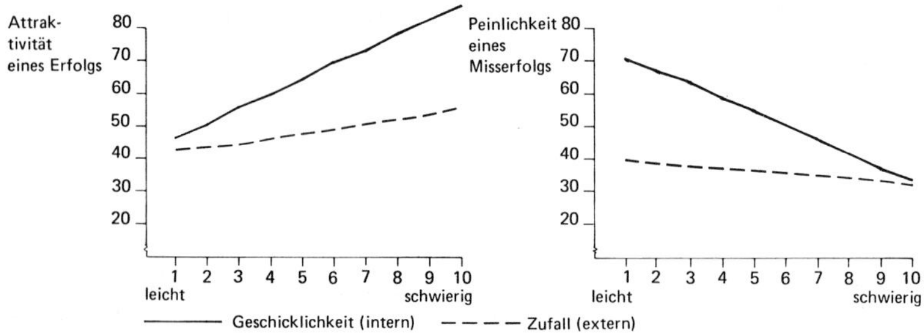

Abbildung 22a *Abbildung 22b*

tiven) «Reaktanz» hervor. Reaktanz bewirkt unter anderem, daß ein plötzlich nicht mehr verfügbarer Reiz aufgewertet wird. So beurteilten etwa Kinder einen unterbrochenen Film, der angeblich nicht mehr fortgesetzt werden konnte, positiver als denselben Film, wenn dieser wahrscheinlich doch noch weiter vorgeführt werden kann (MISCHEL und MASTERS, 1966). Ein verwandtes Phänomen liegt vor, wenn Kinder einen positiven Anreiz, der erst in einer Woche verfügbar ist, höher bewerten als denselben, sofort zugänglichen Anreiz (NISAN, 1973).

2.33 Motivation als Antrieb

2.331 Trieb und Aktivierung

Wir haben bisher von Motivation als Anreiz gesprochen. Bei diesem Motivationskonzept wird die Ursache des Verhaltens in situativen Bedingungen, also *außerhalb* des Organismus gesehen: Man wird von etwas angezogen («Zugtheorien»). Man kann aber auch die Ursache des Verhaltens *im* Organismus annehmen: Man wird von etwas getrieben («Stoßtheorien»). Diese beiden Standpunkte schließen einander keineswegs aus. Jede realistische Motivationstheorie muß wohl auch beide Faktoren in Betracht ziehen (wie z. B. die Motivationstheorie von ATKINSON, 1964, oder die Lerntheorie von SPENCE, 1956). Wir wollen uns jetzt auf den zweiten Aspekt (innere Motivation) konzentrieren.

Allerdings sollte man bei der Annahme innerer, triebartiger Motive vorsichtig sein und nicht für jede Klasse von Verhaltensweisen ein eigenes Motiv postulieren. Wie das Beispiel am Anfang von Abschnitt 2.31 (Kritik des Begriffs Motiv) gezeigt hat, kommt man damit leicht in theoretische Schwierigkeiten: Man kann in die Verlegenheit kommen, ständig für verschiedene Verhaltensklassen neue Motive annehmen zu müssen.

Stattdessen soll hier ein Denkansatz präsentiert werden, der auf den Lerntheoretiker HULL (1943) zurückgeht, und der mit der Annahme eines einzigen inneren Antriebs auskommt.

Jeder nichtbefriedigte Trieb erzeugt spezifische innere Reize. Bei Durst hat man einen trockenen Mund. Die Hungerempfindung entsteht unter anderem durch Magenkontraktionen. Bei Hungerempfindungen werden Nahrungssuche und -aufnahme eingeleitet. Durst führt zu Flüssigkeitsaufnahme. Jeder Trieb erzeugt also diskriminative Reize, in deren Gegenwart bestimmte Verhaltensweisen auftreten. Diese wurden durch Verstärkung (Triebreduktion) gelernt. Jeder biologische Trieb hat also eine verhaltenssteuernde (direktive, selektive) Wirkung.

Hätte ein Trieb keine anderen Eigenschaften, dann wäre noch kein Grund gegeben, hier von Motivation zu sprechen. Jeder Trieb hat aber außer seiner direktiven Wirkung noch eine andere, nämlich eine energetisierende Wirkung. Bei Triebspannungen wird das Verhalten schneller, heftiger und häufiger. (Hier sei nochmals an die in der Einleitung zu diesem Kapitel enthaltene Bemerkung erinnert, daß besonders im Zusammenhang mit sehr häufigen Verhaltensweisen von Motivierung gesprochen wird.)

Es gibt etwas, das allen Trieben gemeinsam ist, nämlich diese energetisierende, verhaltensaktivierende, unspezifisch beunruhigende Wirkung. Nur in diesem Zusammenhang sollte von Motivation im Sinn von Antrieb gesprochen werden. Wir werden allerdings weiter unten zeigen, daß nicht nur biologische Triebe diese Wirkung haben, daß es also auch noch andere Ursachen von innerer Motivation gibt.

HULL hat in der älteren Version seiner Lerntheorie folgende wichtige Hypothese formuliert:

$$E = H \cdot D$$

E bedeutet in dieser Formel Reaktionsstärke (z. B. Verhaltenshäufigkeit oder Extinktionsresistenz), H (habit) ist die Lernerfahrung (hauptsächlich wie oft ein Verhalten verstärkt wurde) und D (drive) ist die Triebstärke. Da es sich um eine multiplikative Beziehung zwischen H und D handelt, sagt diese Formel aus, daß ein Verhalten um so häufiger (schneller, extinktionsresistenter) ist, je besser es gelernt wurde (H) und je größer die augenblickliche Triebspannung (D) ist. Außerdem impliziert diese Formel, daß bei konstanter Lernerfahrung (konstante Anzahl und Art der Verstärker) ein Verhalten um so häufiger und schneller auftritt, je größer die momentane Triebspannung ist. Mit dieser Formel ist ferner eine Unterscheidung zwischen Lernen und Verhalten getroffen worden, die über eine sozusagen nur beschreibende Theorie (wie die von SKINNER) weit hinausgeht: Ein Lernprozeß (H) zeigt sich nur dann im Verhalten, wenn eine

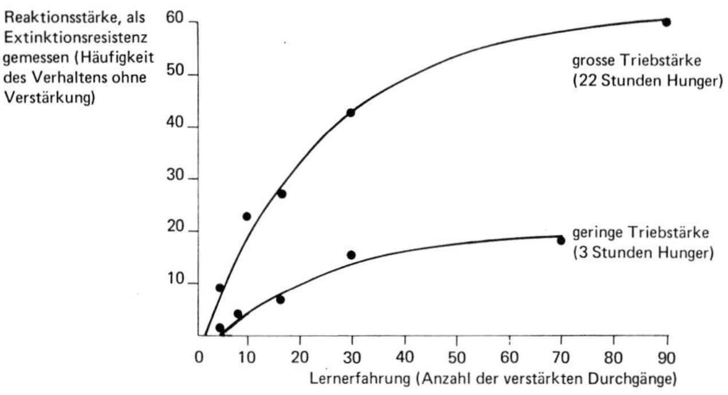

Abbildung 23

Triebspannung vorhanden ist (D größer als Null).

Diese Hypothese kann inzwischen als empirisch gut gestützte Gesetzmäßigkeit angesehen werden, denn sie wurde durch zahlreiche Experimente gesichert (Zusammenfassung bei BROWN, 1961). Als Beispiel seien die Ergebnisse von PERIN (1942) in Abbildung 23 wiedergegeben.

Die neuere psychologische und physiologische Forschung konnte den allen Trieben gemeinsamen energetisierenden Faktor identifizieren. Es handelt sich um die Dimension *Aktivierung*. Psychologisch gesehen, ist sie ein Erlebens- und Verhaltenskontinuum, dessen entgegengesetzte Pole Schlaf bzw. höchste Erregung sind. Als physiologisches Substrat dieser Aktivierungsdimension ist seit MORUZZI und MAGOUN (1949) ein bestimmter Hirnteil, die formatio reticularis, bekannt.

Hohe Aktiviertheit tritt aber nicht nur bei Triebspannungen auf, sondern auch bei starken Gefühlen (gleichgültig, ob sie lust- oder unlustvoll sind), bei intensiven Reizen (vor allem bei großer Lautstärke), bei komplexen Reizen und bei seltenen und neuen Reizen und Reizkombinationen (BERLYNE, 1971). Aktivierend wirken auch Reize, die konfliktauslösend sind, d. h. miteinander unverträgliche (nicht gleichzeitig durchführbare) Verhaltensweisen auslösen (BERLYNE, 1960).

Die obige Liste enthält die meisten Eigenschaften, die in einem früheren Abschnitt (2.322) als Charakteristika aversiver Reize aufgezählt wurden. Es scheinen also vorwiegend aversive Zustände die Gesamtaktiviertheit eines Organismus zu steigern. Aufgrund von Lernprozessen werden dann bestimmte Verhaltensweisen durchgeführt, die die Aktivierung wieder senken. Das darf allerdings nicht in der Weise mißverstanden werden, daß immer ein möglichst niedriges Aktivierungsniveau angestrebt wird (denn das wäre ständiger Schlaf und in letzter Konsequenz Tod). Das optimale Aktivierungsniveau, das der Organismus herzustellen bestrebt ist, liegt im mittleren Bereich (BERLYNE, 1967, 1971).

Es sei noch erwähnt, daß die grundlegende HULLsche Verhaltensformel später von HULL (1951, 1952) selbst und von SPENCE (1956) erweitert wurde, um der Tatsache Rechnung zu tragen, daß Verhalten nicht nur von innen (Antrieb), sondern auch von außen (Anreiz) determiniert wird. In der Version von SPENCE sieht die Formel so aus:

$$E = H \cdot (D + K)$$

K bedeutet die Stärke des jeweiligen Anreizes. Die Wirkungen von Antrieb und Anreiz sind kumulativ (additiv). Die von SPENCE angenommene additive Beziehung zwischen D und K impliziert, daß nicht unbedingt sowohl Anreiz wie Antrieb vorhanden sein müssen, um Verhalten zu motivieren. Jede der beiden Komponenten allein ist ausreichend. (Verhalten tritt auf, wenn E größer als Null ist. Das setzt voraus, daß beide multiplikativen Terme, H und (D + K), größer als Null sind. Daß H positiv ist – daß gelernt wurde – setzen wir voraus. (D + K) ist dann größer als Null, wenn entweder D oder K oder beide positiv sind).

Nach der SPENCEschen Theorie hat ein Anreiz genauso wie ein Trieb eine aktivierende Wirkung (D und K sind ja in ihrer Wirkung additiv). Vorher haben wir Anreiz als antizipierten Verstärker definiert. Verstärker sind aber eher desaktivierend (Reduktion von Triebstärke, Reizintensität usw.). Liegt hier ein Widerspruch vor? Diese Frage kann verneint werden (HILGARD, 1956). Die Begriffe Anreiz und Verstärker können zwar ein und denselben Reiz bezeichnen, aber zu verschiedenen Zeitpunkten: Ein Anreiz ist ein antizipierter Verstärker, ein Verstärker ist ein konsumierter Anreiz. Die Hoffnung auf ein angenehmes Ereignis ist aufregend, sein Eintreffen beruhigend (Hunger wird durch den Anblick eines Bratens noch gesteigert, aber durch Verzehren des Bratens reduziert).

2.332 Verhaltenshierarchien, Rigidität und Kreativität

Von einer *Verhaltenshierarchie* spricht man dann, wenn ein Organismus in einer Situation mehr als eine Verhaltensweise gelernt hat. So werden viele Kinder gelernt haben, in einer Spielsituation entweder aggressiv oder kooperativ zu handeln. Auf Bedrohung kann man mit Aggression oder Flucht, auf einen Befehl mit Gehorsam oder Widerspruch reagieren. In der sozialen Wirklichkeit liegen fast immer Verhaltenshierarchien vor.

Jener Operant, der öfter und/oder mit größeren Verstärkermengen belohnt wurde, tritt häufiger auf als der andere (er hat die größere Reaktionsstärke und ist *dominant* innerhalb der gegebenen Verhaltenshierarchie). Ob bei Bedrohung eher mit Flucht oder mit Aggression reagiert wird, hängt davon ab, welche der beiden Verhaltensweisen erfolgreicher war (öfter verstärkt wurde).

Betrachten wir nun ganz allgemein die einfachste Verhaltenshierarchie (das ist eine mit zwei möglichen Reaktionsweisen). E_1 und H_1 sollen Reaktionsstärke und Lernerfahrung bei der dominanten Verhaltensweise bedeuten, E_2 und H_2 seien die entsprechenden Werte für die Alternativreaktion. Setzt man diese Werte in die Formel von HULL ein, erhält man:

$$E_1 = H_1 \cdot D$$
$$E_2 = H_2 \cdot D$$

Durch Subtraktion ergibt sich:

$$E_1 - E_2 = H_1 \cdot D - H_2 \cdot D$$

Die rechte Seite der Gleichung kann man umformen:

$$E_1 - E_2 = D \cdot (H_1 - H_2)$$

Das bedeutet: Bei gegebener Lernerfahrung (H_1 und H_2) wird der Unterschied zwischen den entsprechenden Reaktionsstärken ($E_1 - E_2$) mit steigender Aktivierung (D) immer größer. Mit anderen Worten: Die ohnehin schon vorherrschende Verhaltensweise wird im Vergleich zu alternativen Verhaltensweisen noch «dominanter» (häufiger, heftiger, schneller, extinktionsresistenter). Das Verhalten wird *rigid*. Umlernen und Ausprobieren neuer Verhaltensmuster werden schwierig.

Ein Experiment von DAVITZ (1952) möge die oben abgeleitete Hypothese illustrieren. Eine Hälfte der Vpn (Kinder) wurde zunächst wiederholt für kooperatives Verhalten in Spielsituationen verstärkt, die andere Hälfte für aggressives Verhalten beim Spiel. Dann wurden alle Kinder stark aktiviert (sie wurden frustriert, indem ein gerade laufender Film unterbrochen wurde und der Vl ihnen Süßigkeiten wegnahm). Diejenigen Kinder, bei denen aggressives Spielverhalten dominant war, waren nach der Frustration noch aggressiver. Die andere Versuchsgruppe (bei denen Kooperation dominant war) wurden noch kooperativer und weniger aggressiv als vor der Frustration.

Hohe Aktivierung führt zu rigidem, schwer umstellbarem Verhalten. Dabei ist es gleichgültig, ob die Aktivierung durch Triebspannungen, Frustrationen, Konflikte, starke Gefühle, neue oder intensive Reize zustandekommt. Änderung und Neuerwerb von Verhaltensweisen (also *Kreativität* im weitesten Sinn des Wortes) gelingen leicht und schnell nur in entspanntem Zustand. Jede Erziehungstechnik, die zu extremer Aktivierung führt (etwa starker Leistungsdruck oder massive Strafen und Strafandrohungen) beeinträchtigt die Entwicklung kreativen Verhaltens und fördert Rigidität.

2.34 Regelkreise

Eine in den letzten Jahren immer beliebter gewordene Konzeption von Motiven ist deren Darstellung als Regelkreise (z. B. CARVER und SCHEIER, 1981; HYLAND, 1988). Ein Regelkreis besteht aus einem Ziel oder Sollwert, einem Istwert, einem Vergleich dieser beiden, und Handlungen (s. Abbildung 24). Die grundlegende Annahme aller Regelkreistheorien ist, daß bei (hinlänglich großer bzw. unerwarteter) Di-

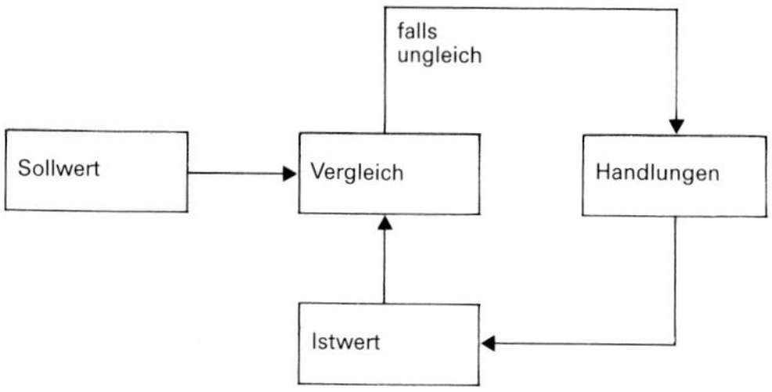

Abbildung 24

vergenz zwischen Ist- und Sollwert Handlungen eingeleitet werden, deren Ziel die Beseitigung der Diskrepanz ist. Eine verbreitete Annahme ist ferner, daß Divergenzen zwischen Ist- und Sollwert die Aktivierung in unangenehmer Weise erhöhen. Der Begriff Regelkreis stammt aus der Technik. Ein bekanntes Beispiel eines technischen Regelkreises ist der Raumthermostat, der die Heizung einschaltet, sobald die Raumtemperatur (der Istwert) unter den gewünschten Wert (Sollwert) fällt, und wieder ausschaltet, wenn die Raumtemperatur dem Sollwert entspricht.

Regelkreisansätze werden auch Kontrolltheorien genannt – ein Ausdruck, der hier nicht weiter verwendet wird, weil der Begriff Kontrolle in der Psychologie bereits mit einer bestimmten Bedeutung belegt ist (s. Abschnitt 2.54). Ein Vorteil des Regelkreisansatzes besteht darin, daß in diesem begrifflichen Rahmen verschiedene Arten von Motiven (Zug- und Stoßtheorien, primäre und sekundäre Motive, Motive mit konstanten und variablen Sollwerten, situationsspezifische und allgemeine Motive, die in vielen Situationen wirksam sind) in einheitlicher Weise beschrieben werden können (Herkner, 1986). Zum Beispiel kann man Dissonanzprozesse als Regelkreis mit dem Sollwert null (keine Dissonanz) auffassen. Wenn (hinlänglich große) Abweichungen von diesem Sollwert vorliegen, setzen kognitive Prozesse (Denkhandlungen) ein, um den Istwert zu reduzieren. Außerdem sind solche Abweichungen mit unangenehmer erhöhter Aktivierung verbunden.

Hyland (1988) bezeichnet den Regelkreisansatz als Metatheorie (als übergeordnete, allgemeine Theorie, die einen begrifflichen Rahmen zur Beschreibung konkreter Motivationstheorien bereitstellt). Ein solcher metatheoretischer Rahmen ermöglicht die Analyse einzelner Theorien daraufhin, welche Aspekte des Regelkreises in einer konkreten Theorie besonders beachtet oder vernachlässigt werden – ob sie sich z. B. mehr auf die Entstehung von Abweichungen oder auf Handlungsmöglichkeiten zu deren Beseitigung konzentrieren.

Hyland führt ferner den Begriff der *Fehlersensibilität* (error sensitivity) ein, womit gemeint ist, wie empfindlich man auf Differenzen zwischen Ist- und Sollwert bei verschiedenen Motiven reagiert – sowohl emotional (z. B. Ausmaß der Aktivierung) als auch im Verhalten. Damit lassen sich inter- und intraindividuelle Unterschiede in der Wichtigkeit verschiedener Motive beschreiben. Bei großer Fehlersensibilität eines Motivs oder Ziels werden schon kleine Abweichungen als sehr störend empfunden und führen zu regulierenden Handlungen.

Ein weiterer Vorteil des Regelkreisansatzes liegt darin, daß er begriffliche Klarheit schafft. Zum Beispiel ist eine Unterscheidung zwischen Verhalten und Handeln möglich. Handlungen sind immer zielgerichtet (auf die Wiederherstellung des Sollwerts). Verhaltensweisen sind beliebige Bewegungen eines Organismus (z. B. eine Hand heben oder einen Hebel drücken). Wenn man von Zielen (Sollwerten) ausgeht, kann man sinnvolle Verhaltenskategorien definieren. Alle oder einige Verhaltensweisen, die dem Erreichen desselben Ziels dienen, kann man zu einer Kategorie zusammenfassen. Verhaltenshierarchien wird man besser nicht (wie in behavioristischen Lerntheorien) als verschiedene Verhaltensweisen, die bei einem bestimmten Reiz mit verschiedenen Wahrscheinlichkeiten auftreten, definieren, sondern als Handlungshierarchien, d. h. als verschiedene Verhaltensweisen, die mit unterschiedlicher Wahrscheinlichkeit zum Erreichen eines gemeinsamen Zieles eingesetzt werden.

Im vorliegenden Buch werden die synonym verwendeten Begriffe Bedürfnis, Trieb und Motiv immer im Sinn des Regelkreisansatzes gebraucht. Das heißt: Motive (Triebe, Bedürfnisse) werden durch ihr Ziel (ihren Sollwert) definiert, womit immer die Annahme verbunden ist, daß (größere) Differenzen zwischen Ist- und Sollwert unangenehm sind, und zur Einleitung regulierender Handlungen führen.

Die bisher besprochenen Motivationsaspekte beziehen sich primär auf die Verhaltens*selektion* (warum wird welches Verhalten durchgeführt?)

Die jüngste Motivationsforschung (z. B. Kuhl, 1983) hat sich wieder einem Aspekt zugewendet, der jahrzehntelang vernachlässigt wurde, obwohl er in der älteren Psychologie durchaus Beachtung fand, der Handlungs*kontrolle*. Handlungskontrolle ist in etwa mit dem älteren Begriff Willensstärke gleichzusetzen. Es geht darum, wie man trotz vorhandener Schwierigkeiten, Behinderungen, Ablenkungen oder alternativer Verhaltensmöglichkeiten eine begonnene (oder geplante) Handlung zu Ende führt. Dieses Thema wird wiederholt aufgegriffen (z. B. in den Abschnitten 2.446 über Selbstkontrolle, 2.548 über Lageorientierung, 4.243 über die Theorie des geplanten Verhaltens von Ajzen, (1985, 1987) und insbesondere in Abschnitt 4.463 über Dissonanz und Handlungskontrolle.

Manche Theorien der Handlungskontrolle (z. B. Kuhl, 1983) beziehen sich zumindest implizit auf den Regelkreisansatz. Wie in Abschnitt 2.548 ausführlicher dargestellt wird, ist Handlungskontrolle gegeben, wenn die verschiedenen Komponenten eines Regelkreises (Sollwert, Istwert, aktivierungsbedingte Gefühle, Handlungsmöglichkeiten) gleichermaßen beachtet werden, und man sich nicht in einseitiger Weise nur auf bestimmte Komponenten konzentriert.

2.4 Imitation und Beobachtung

2.41 Imitation

Die Sozialwissenschaften betrachten seit ihren Anfängen die Imitation als ein besonders wichtiges Phänomen. Das Zustandekommen von Gleichförmigkeiten (Rollenverhalten, soziale Normen, gemeinsame Sprache) innerhalb von Gruppen oder Kulturen wurde wiederholt auf Imitation zurückgeführt. Die Imitation ihrerseits wurde früher meistens als angeborener Instinkt «erklärt» (Morgan, 1896; «Pseudo-Instinkt» bei McDougall, 1908). Solche Instinktdoktrinen der Imitation stoßen aber sehr schnell auf Schwierigkeiten. Es ist offensichtlich, daß Kinder zwar oft, aber keineswegs immer und alles imitieren, was sie sehen. Eine Instinkttheorie der Imitation müßte also angeben können, unter welchen Umständen der Imitationsinstinkt in Kraft tritt und wann nicht. Das konnte bisher keine Instinkttheorie leisten.

Es scheint daher von vornherein aussichtsreicher, Imitation als gelerntes Verhalten aufzufassen. Die erste systematische und experimentell untermauerte Darstellung der Imitation als gelerntes Verhalten stammt von Miller und Dollard (1941). In Tier- und Kinderexperimenten zeigten die genannten Autoren, daß Imitation alle Kennzeichen gelernten Verhaltens aufweist (Verstärkerabhängigkeit, Extinktion, Generalisation).

Jedes Kind fand beim Betreten des Versuchsraums bereits eine andere Person (Modellperson) vor. In den zwei der Tür gegenüberliegenden Ecken des Zimmers stand je ein Stuhl mit einer Schachtel darauf. Die Kinder sollten nach freier Wahl zu einer der beiden Schachteln gehen. Wenn sie zur «richtigen» Schachtel gingen, fanden sie darin ein Bonbon, das sie sofort essen oder behalten durften. Die andere Schachtel war leer. Vor dem Kind ging aber immer (für das Kind sichtbar) die Modellperson zu einer Schachtel. Dieser Vorgang wurde mehrmals wiederholt, wobei die Modellperson (ein Mitarbeiter des Vl) in zufälliger Reihenfolge zwischen den beiden Schachteln abwechselte.

In einer Versuchsbedingung (Imitation) wurde die Vp nur dann verstärkt (fand nur dann ein Bonbon), wenn sie zur selben Schachtel ging wie das Modell. Zu Beginn des Experiments imitierten die Kinder die Modellperson nur manchmal. Nach einigen Versuchsdurchgängen stieg jedoch die Imitationshäufigkeit auf 100 Prozent (die Kinder wählten immer dieselbe Schachtel wie das Modell).

In einer zweiten Versuchsbedingung *(Gegenimitation)* wurden die Kinder verstärkt, wenn sie anders reagierten als das Modell. Die Häufigkeit der Nichtimitation (das Gegenteil tun) erreichte nach wenigen Durchgängen 100 Prozent.

Abbildung 25 zeigt die Ergebnisse eines ganz ähnlichen Experiments mit Ratten. Man sieht hier

1. daß vor jeder Verstärkung die Imitationshäufigkeit genau der Zufallserwartung entspricht (50% bei zwei Möglichkeiten),
2. daß die Imitationshäufigkeit mit der Anzahl der dafür erhaltenen Verstärker schnell ansteigt und
3. daß Gegenimitation genau so schnell gelernt wird wie Imitation.

Alle drei angeführten Punkte widerlegen ganz

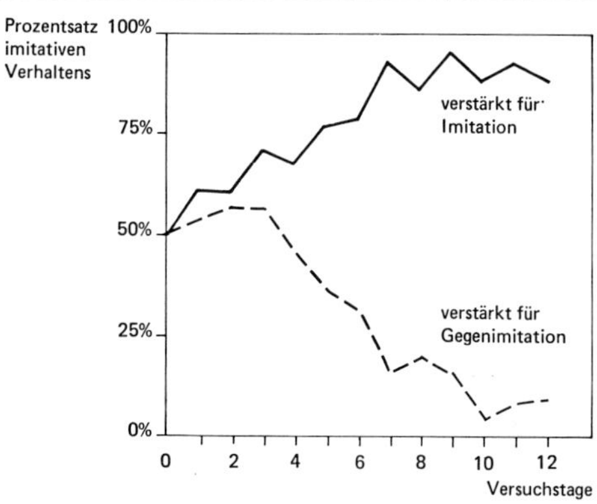

Abbildung 25

eindeutig die These vom Imitationsinstinkt. Denn die Annahme der Existenz eines solchen Instinkts (selbst in einer abgeschwächten Form) würde zu ganz anderen Voraussagen führen, nämlich

1. daß Imitation von vornherein häufiger ist als Nichtimitation,
2. daß Imitation durch Erfahrung gar nicht oder nur schwer beeinflußbar ist und
3. daß Gegenimitation, wenn überhaupt möglich, zumindest schwieriger zu lernen sein müßte als Imitation.

Gegen die Konzeption des Imitationslernens von MILLER und DOLLARD wurde später wiederholt vorgebracht, daß die Erklärung des Phänomens durch die beiden Autoren zweifellos richtig sei, aber nur einen Teilbereich aller Imitationsvorgänge erfasse. MILLER und DOLLARD setzen voraus, daß Imitationsverhalten auf irgendeine Weise (z. B. erzwungen oder zufällig) tatsächlich auftritt. Durch Verstärkung kann dann seine Häufigkeit angehoben werden. Sehr oft genügt aber schon die bloße Beobachtung von Handlungen, um dann Imitation auszulösen (LEWIS und DUNCAN, 1958; BANDURA, 1965a).

MOWRER (1950, 1960) bietet einen Erklärungsvorschlag an, der auch Imitation nach bloßer Beobachtung miteinschließt. Nach MOWRER werden bloß gesehene, also noch nicht durchgeführte Verhaltensweisen dann imitiert, wenn der Beobachter unmittelbar nach oder während der Beobachtung verstärkt wird. Dadurch erhalten die vor der Verstärkung wahrgenommenen Reize (also die beobachteten Handlungen) sekundäre Verstärkerqualität; sie sind also angenehm und erstrebenswert geworden. Diese sekundären Verstärker kann sich nun der Beobachter jederzeit verschaffen, indem er die gesehenen Verhaltensweisen möglichst genau imitiert.

Ein Kind beobachtet zum Beispiel, wie seine Mutter in der Küche mit Messern, Töpfen usw. hantiert. Unmittelbar danach bekommt es sein Essen (primärer Verstärker). Dadurch werden die vorher wahrgenommenen Reize (die Mutter beim Kochen) sekundäre Verstärker. Das Kind imitiert daraufhin die beobachteten Verhaltensweisen (es «spielt Kochen»), weil es sich dadurch selbst die sekundären Verstärker produziert.

Die eben skizzierte Theorie von MOWRER hat zwar einen größeren Erklärungswert als die von MILLER und DOLLARD, kann aber ebenfalls viele Formen des Lernens durch Beobachtung nicht erklären. Die auf diesem Gebiet bei weitem leistungsfähigste Theorie ist das Modell von BANDURA (BANDURA und WALTERS, 1963; BANDURA, 1965a, 1969a, 1971a, 1977a). Zum besseren Verständnis dieser Theorie ist es aber notwendig, vorerst auf kognitive Lerntheorien und auf Prozesse der Informationsverarbeitung einzugehen.

2.42 Kognitive Lerntheorien

An vielen Stellen dieses Buches wurde bereits implizit von kognitiven Lerntheorien Gebrauch gemacht, nämlich immer dann, wenn Lernvorgänge nicht in rein behavioristischer Weise (in purer S-R-Terminologie) beschrieben wurden, sondern etwa Formulierungen wie die *Erwartung* eines Verstärkers vorkamen. In diesem Abschnitt sollen nun die wichtigsten Begriffe kognitiver Lerntheorien expliziert werden, das sind insbesondere die Termini *Erwartung* und *Wert* bzw. Bewertung.

Kognitive Lerntheorien bieten Erklärungsmöglichkeiten für Phänomene, die von rein behavioristischen Theorien nicht erfaßt werden können. Unter diesem Gesichtspunkt wollen wir uns noch einmal mit der verbalen Konditionierung beschäftigen. Von der Vp aus gesehen, nimmt sie dabei an einem Gespräch teil, in dessen Verlauf der Gesprächspartner (in Wahrheit der Vl) merklich sein Verhalten ändert. Manchmal zeigt er freundliches Interesse (er nickt, er bestätigt Aussagen der Vp usw.), manchmal scheint er völlig desinteressiert. Die meisten Vpn werden sich in dieser Situation Gedanken darüber machen, wann und warum der Gesprächspartner freundlich bzw. unzugänglich ist. Sie werden sozusagen Hypothesen aufstellen (z. B. «wenn ich über mich selbst spreche, zeigt er viel mehr Interesse») und prüfen. Sofern die Vp Wert auf eine freundliche Interaktion legt, wird sie daraufhin öfter über die augenscheinlich für ihren Partner interessanten Inhalte sprechen. Das muß natürlich nicht der Fall sein. Der Vl könnte beispielsweise der Vp auch unsympathisch sein. Zustimmungen von seiner Seite wären dann eher aversiv und die Häufigkeit der entsprechenden Inhalte würden sinken. – Etwa in dieser Weise, allerdings ausführlicher und präziser, wurde das verbale Konditionieren von DULANY (1961, 1962, 1968) interpretiert.

Diese Interpretation führt u. a. zu folgenden Voraussagen: Ein deutlicher Lernerfolg (starker Häufigkeitsanstieg der verstärkten Wort- oder Satzklassen) wird *nur* bei jenen Vpn zu verzeichnen sein, die die richtigen Hypothesen darüber gebildet haben, bei welchen Themen der Partner freundlich reagiert. Vpn, die passiv (gedankenlos) vorgehen bzw. falsche Hypothesen über den Zusammenhang zwischen Verhalten und Verstärker gebildet haben, werden kaum bessere Lernleistungen zu verzeichnen haben als eine nichtverstärkte Kontrollgruppe. (Eine falsche bzw. teilweise falsche Hypothese läge etwa vor, wenn der Vl Sätze über den menschlichen Körper verstärkt, die Vp aber meint, er «interessiere» sich allgemein für biologische Themen.) Von SPIELBERGER und DE NIKE (1966) publizierte Daten stützen diese Annahmen (Abbildung 26). Die Hypothesen der Vpn wurden festgestellt, indem sie in regelmäßigen Abständen um Mitteilung ihrer Gedanken über das Experiment gebeten wurden.

Eine weitere Ableitung aus der kognitiven Interpretation ist folgende: Sobald die Vp die richtige Hypothese gebildet hat, steigt die Häufigkeit der verstärkten Wort- oder Satzklassen sprunghaft an (sofern die vom Vl gegebenen Verstärker für die Vp positiven Wert haben – bei negativer Bewertung würde die Häufigkeit der entsprechenden Themen ebenso plötzlich sinken). Einen solchen sprunghaften Verlauf der individuellen Lernkurven zeigen die Ergebnisse von PHILBRICK und POSTMAN (1955), siehe Abbildung 27.

Diese und analoge Ergebnisse (HIRSCH, 1957; SASSENRATH, 1962) zeigen aber nicht nur den sprunghaften Anstieg der Lernkurve nach Einsicht der richtigen Verhaltens-Verstärker-Zusammenhänge. Es ist auch ein stetiger, wenn auch vergleichsweise langsamer Lernfortschritt *vor* dem Moment der Einsicht zu verzeichnen. Die richtige Hypothesenbildung ist also *keine notwendige* Voraussetzung des Lernens, beschleunigt aber den Lernprozeß beträchtlich. Dennoch gibt es offensichtlich auch passives, unbewußtes Lernen.

Die Hypothesenbildung hängt auch von den in der Lernphase verwendeten Verstärkerplänen ab. Bei intermittierender Verstärkung bilden weniger Vpn die richtige Hypothese als bei kontinuierlicher Verstärkung (PESTA, HERKNER und HILWEG, 1980). In der eben genannten Untersu-

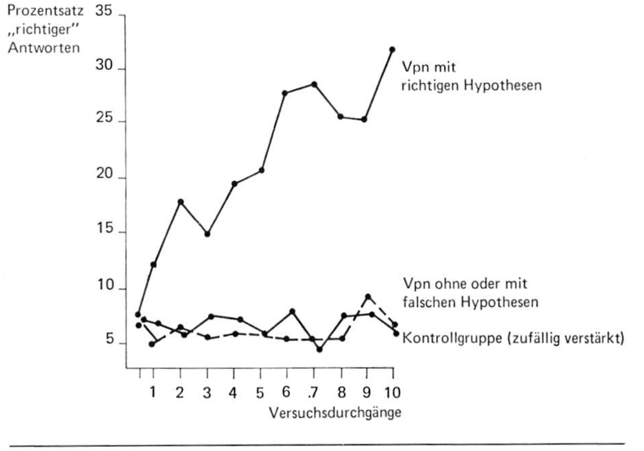

Abbildung 26

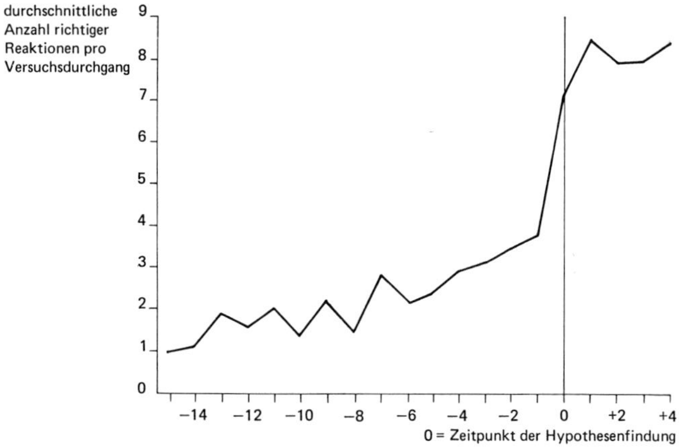

Abbildung 27

chung wurde ferner nachgewiesen, daß die Hypothesen der Vpn nicht nur während der Lernphase, sondern auch während der Extinktionsphase wichtig sind. Die Häufigkeit des in der Lernphase verstärkten Verbalverhaltens nahm sprunghaft ab, sobald die Vp erkannt hatte, daß dieses Verhalten keine positiven Konsequenzen mehr hat.

Ähnliche Resultate erbrachten Experimente mit Kindern hinsichtlich Bestrafung. Einsicht in die Zusammenhänge zwischen Verhalten und Bestrafung (z. B. durch bloße Mitteilung des Zusammenhangs) erhöhen die Wirksamkeit von Strafreizen. Das ist insbesondere dann der Fall, wenn die aversiven Reize schwach sind und/oder nicht unmittelbar auf das Verhalten folgen (CHEYNE, GOYECHE und WALTERS, 1969; CHEYNE und WALTERS, 1969).

Der engen zeitlichen Kontiguität von Verhalten und Konsequenz wird in den kognitiven Lerntheorien und auch im *modernen* Behaviorismus (vgl. BAUM, 1973) nicht mehr die wichtige Rolle zugeschrieben wie in der älteren Lernpsychologie. Der Zeitabstand zwischen Verhalten und Konsequenz gilt nicht mehr als wesentliche Variable. Er übt eine lernfördernde Wirkung aus, indem er die Einsicht in den Zusammenhang zwischen Verhalten und Konsequenz erleichtert. Enge zeitliche Kontiguität ist aber nicht unbedingt notwendig, wenn die Kontingenz zwischen Verhalten und Konsequenz auf andere Weise deutlich gemacht wird.

Eine speziell in Hinblick auf sozialpsychologische Fragestellungen relevante kognitive Lerntheorie wurde von ROTTER (1954, 1967) entwikkelt. Zentrale Begriffe dieser Theorie sind *Erwartung* und *Wert*. Eine Erwartung ist eine Hypothese über die Konsequenzen (Art und Menge der Verstärkung bzw. Bestrafung), die auf ein bestimmtes Verhalten folgen, also eine Hypothese im bisher beschriebenen Sinn. Allerdings expliziert ROTTER seinen Erwartungsbegriff genauer. Die Erwartung einer bestimmten Verhaltenskonsequenz kann mehr oder weniger gewiß sein: Die subjektive Wahrscheinlichkeit des Eintreffens einer solchen Konsequenz kann verschieden hoch sein. Außerdem ist die Erwartung situationsabhängig. In verschiedenen Situationen (bei verschiedenen diskriminativen Reizen) erwartet man unterschiedliche Konsequenzen für dasselbe Verhalten. Als Formel (wir folgen hier nicht ROTTERS Schreibweise):

$$\mathrm{Erw}_{ijk} = \mathrm{subj.}\ p\ (R_i \rightarrow S_j \mid S_k)$$

Diese Formel ist folgendermaßen zu lesen: Eine spezifische Erwartung ist die subjektive Wahrscheinlichkeit dafür, daß ein bestimmtes Verhalten R_i die Konsequenz S_j bringt, wenn es in der Reizsituation S_k durchgeführt wird. (Die Darstellung als Formel hat hier nur den Zweck, alle wichtigen Komponenten einer Erwartung mit einem Blick faßbar zu machen.)

ROTTER unterscheidet *spezifische* und *generalisierte* Erwartungen. Spezifische Erwartungen sind situationsbezogene Erwartungen, die durch entsprechende Lernprozesse entstanden sind. Generalisierte Erwartungen sind Erwartungen, die man aus mehr oder weniger ähnlichen Lernprozessen in neue Situationen mitbringt. In einer völlig neuen Situation wird das Verhalten ausschließlich von generalisierten Erwartungen abhängen («mit dieser Taktik habe ich bisher immer Erfolg gehabt, also versuche ich es jetzt auch damit»), in einer gut bekannten Situation vorwiegend von spezifischen Erwartungen. Als Formel läßt sich eine generalisierte Erwartung so darstellen:

$$\text{G. Erw}_{ij} = \text{subj. p } (R_i \rightarrow S_j)$$

Die subjektive Wahrscheinlichkeit bei generalisierten und spezifischen Erwartungen wird durch Erfahrungen verändert. Jedes Eintreffen einer Erwartung kann zu einem Ansteigen, jedes Nichteintreffen zu einem Absinken der subjektiven Wahrscheinlichkeit (d. h. der Gewißheit der Erwartung) führen.

Der Terminus Wert bezieht sich auf die subjektive Bewertung der Verhaltenskonsequenzen S_j. Der *Wert* eines Reizes kann negativ, neutral oder positiv sein; positive und negative Bewertungen gibt es in feinen Abstufungen. Ein Reiz hat einen positiven Wert für eine Person, wenn diese mit Zuwendung auf ihn reagiert bzw. ihn mit Ausdrücken wie «angenehm», «anziehend», «schön», «sympathisch» u. ä. beschreibt. Auf einen negativen Reiz reagiert man mit Abwendung (Vermeidung, Flucht) bzw. man beschreibt ihn als «unangenehm», «abstoßend», «häßlich» und «unsympathisch». Ein neutraler Reiz ist uninteressant. Positiv bewertete Reize können lustbetonte Gefühle auslösen, negative Reize unlustbetonte; das muß aber nicht der Fall sein. Die Bewertungsdimension ist begrenzt (nicht unendlich). Es gibt zwar feinste Abstufungen, aber eine feste obere Grenze der Positivität und eine feste untere Grenze der Negativität. Der Wert W einer Verhaltenskonsequenz S_j kann nur Werte zwischen der negativen (− a) und der positiven Grenze (+ a) eines (eindimensionalen) Bewertungskontinuums annehmen:

$$(-\text{ a}) \leqq \text{W } (S_j) \leqq (+\text{ a})$$

Die Annahme eines *begrenzten* Bewertungskontinuums ist nicht notwendig, aber bei verschiedenen Meßverfahren (z. B. bei Ratingskalen) implizit enthalten und in vielen Fällen gerechtfertigt (nämlich dann, wenn es sich *nicht* um *sehr extreme* Bewertungen handelt). Es gibt jedoch auch Verfahren (z. B. die Paarvergleichsmethode von THURSTONE, 1927), die von unbegrenzten Bewertungsdimensionen ausgehen.

Die Häufigkeit eines Verhaltens (und ganz allgemein seine Reaktionsstärke E) ist eine Funktion der mit diesem Verhalten verbundenen Erwartungen und der subjektiven Werte der (erwarteten) Verhaltenskonsequenzen (− also der Anreize). Je höher die subjektiven Wahrscheinlichkeiten bestimmter Konsequenzen und je höher deren Bewertungen sind, desto größer ist die Reaktionsstärke.

$$\text{E} = \text{f (Erw, G. Erw, W)}$$

Zweck dieser Ausführungen war nicht die detailgerechte Darstellung der ROTTERschen Lerntheorie, sondern es sollten nur die bei der kognitiven Interpretation des verbalen Konditionierens verwendeten Begriffe näher expliziert werden. Diese Begriffe werden nicht nur in den Abschnitten über Lernen durch Beobachtung, sondern auch in den Kapiteln über Einstellung und über Personenwahrnehmung eine zentrale Rolle spielen.

Es ist lohnend, die Begriffe Erwartung und Wert in einen attributionstheoretischen Rahmen einzugliedern. Wie bereits im Abschnitt 2.15 dargelegt wurde, spiegeln die subjektiven Erwartungen positiver bzw. negativer Verhaltenskonsequenzen nicht einfach die objektiven Gegebenheiten wider. Nur bei Attribution an stabile Faktoren (Fähigkeiten, Aufgabenschwierigkeit usw.) führt die Erfahrung zahlreicher Erfolge (positiver Konsequenzen) zu einer hohen Erfolgserwartung und ein niedriger Verstärkerprozentsatz zu einer entsprechenden niedrigen Erwartung. Bei Attribution an variable Faktoren (Anstrengung, Zufall) werden die Erwartungen weit weniger von den objektiven Gegebenheiten beeinflußt.

Der Wert einer Verhaltenskonsequenz hängt dagegen in hohem Maß von der zweiten Attributionsdimension (interne versus externe Kontrolle) ab. Wie etwa die in Abschnitt 2.323 referierten Experimente von FEATHER (1967) und KARABENICK (1972) zeigten, führt Attribution an interne Faktoren zu einer Polarisierung der Bewertungen. Erfolge werden als angenehmer, Mißerfolge als unangenehmer erlebt, wenn sie eher auf Geschicklichkeit (bzw. Ungeschicklichkeit) als auf Zufall beruhen. In Abschnitt 5.4 werden zahlreiche Untersuchungen referiert (z. B. im Anschluß an SCHACHTERS Gefühlstheorie), die den Schluß zulassen, daß interne

Attribution eine Intensivierung emotionaler Erlebnisse bewirkt. Die obigen Überlegungen können (nach WEINER, 1972) in folgendem Schema zusammengefaßt werden (Abbildung 28):

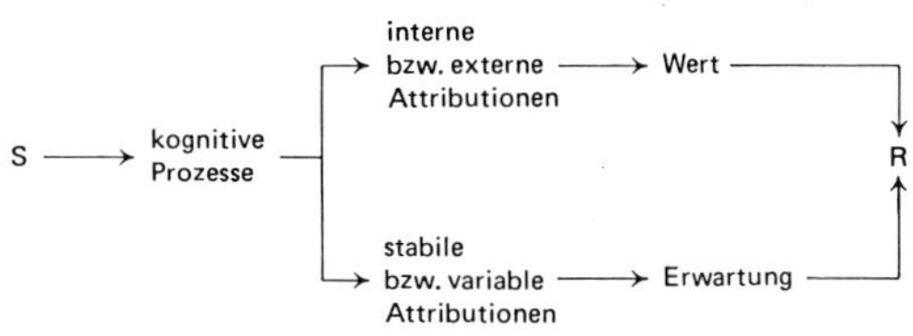

Abbildung 28

Diese attributionspsychologische Verhaltenstheorie (WEINER, 1972, 1974) wurde von HERKNER, PESTA, MARITSCH und MASSOTH (1980) unter extremen Bedingungen bestätigt. Vpn waren sogenannte Negativverbalisierer. Das sind Personen, deren «innere Monologe» vorwiegend negativ und unangenehm sind: Niedrige Erfolgserwartungen, unangenehme Gefühle, häufige Selbstbestrafungen usw. Negativverbalisierer leiden häufig unter negativer Selbstbewertung und Leistungsstörungen.
Es stellte sich heraus, daß die Negativverbalisierer auch zu sehr ungünstigen Attributionen neigen: Sie führen positive Ereignisse (Erfolge) häufiger auf Zufall und negative Ereignisse (Mißerfolge) häufiger auf mangelnde Fähigkeiten zurück als andere Personen (vgl. dazu Abschnitt 5.46 über Selbstwert.)
Ausgehend von WEINERS Theorie wurde angenommen, daß die ungünstigen Attributionen die Ursache für die negativen inneren Monologe und für die Leistungsstörungen sind. Es wurde ein therapeutisches Attributionstraining entwickelt, das zum Ziel hatte, die ungünstigen Attributionen zu ändern. Es gab zwei Versuchsgruppen: Die erste Gruppe wurde trainiert, positive Ereignisse auf interne, und negative Ereignisse auf externe Faktoren zurückzuführen. Die zweite Gruppe wurde trainiert, positive Ereignisse auf stabile, und negative Ereignisse auf instabile Faktoren zurückzuführen.
Im Training wurden explizit nur die Attributionen beeinflußt und keine anderen Prozesse wie Erwartungen, Bewertungen usw. Dennoch änderten sich – in Übereinstimmung mit der Theorie – nach dem Attributionstraining nicht nur die Attributionen selbst, sondern auch u. a. die Erfolgserwartungen, Bewertungen und Vermeidungstendenzen in günstiger Weise.
Obwohl in beiden Trainingsgruppen sowohl Erwartungen wie Bewertungen stark verändert wurden, zeigten sich – wieder in Übereinstimmung mit der Theorie – bei diesen Variablen Unterschiede zwischen den Gruppen. In der ersten Bedingung (Training bezüglich der Dimension intern/extern) waren die Bewertungsänderungen größer als in der zweiten Bedingung (Training bezüglich der Dimension stabil/instabil). Die Erwartungsänderungen dagegen waren in der zweiten Gruppe etwas ausgeprägter als in der ersten.

2.43 Informationsverarbeitung und -speicherung

Für ein adäquates Verständnis sozialer Lernprozesse sind auch Grundkenntnisse der modernen Gedächtnispsychologie notwendig. Dieses ebenso umfangreiche wie wichtige Gebiet kann hier nicht einmal in einem sehr kursorischen Überblick geboten werden. (Der interessierte Leser sei auf das ausgezeichnete und gut verständliche Buch von NORMAN, 1969, deutsch 1973, verwiesen oder – aus neuerer Sicht – auf ANDERSON, 1985, deutsch 1988.) Hier sollen nur einzelne Aspekte, nämlich Kodierung, Strukturierung (Organisation) und Vergessen von Information erwähnt werden.
Kodierung. Unter Kodierung (auch Rekodierung genannt) versteht man die Gruppierung von Reizen und die Benennung dieser neugebildeten Reizgruppen. Ein gegenständliches Bild wird nicht als Aneinanderreihung gleich wichtiger (oder unwichtiger) Farbflecken gesehen, sondern gewisse Teile werden als zusammenhängend gesehen und von anderen abgesetzt (menschliche Figuren, Häuser, Räume usw.). Die Schallwellen eines gesprochenen Satzes werden vom Hörer in einzelne Segmente (Wörter) unterteilt.
MILLER (1956) betonte in einem vielbeachteten Artikel die Tatsache, daß die Anzahl der Elemente, die man sich nach einmaliger Darbietung oder Beobachtung (also ohne Wiederholung) merken kann, konstant ist (7 bis 9). Dabei ist es gleichgültig, ob es sich um eine (regellose) Folge der Zahlen zwischen 1 und 9, um Buchstaben oder um Wörter handelt. Wörter sind aber

informationsreicher (komplexer) als Buchstaben, Buchstaben informationsreicher als Zahlen.

Daraus zog MILLER folgenden Schluß: Die Anzahl der Elemente (in MILLERS salopper Terminologie «chunks», also Brocken), die man sich auf einmal merken kann, ist konstant. Nicht konstant ist aber die Komplexität (der Informationsgehalt) der Elemente. Bei optimaler Kodierung (Gruppierung der Elemente) muß man daher in derselben Zeit viel mehr Information aufnehmen können als bei schlechter Kodierung.

Das wurde durch ein Experiment von SMITH (zitiert in MILLER, 1956) bewiesen. Der Vp wurden Zahlenketten geboten, die aus den Elementen 0 und 1 in regelloser Reihenfolge bestanden (Abbildung 29, obere Zeile). Wie erwartet, konnten nach einmaliger Darbietung nur Ketten vollständig und fehlerfrei gemerkt werden, die aus höchstens 9 Elementen bestanden.

	1	1	1	0	1	0	0	1	0	0	0	1	1	0	1	1	0	0	1	0	1 . . . .
Kode A:	3		2		2		1		0		1		2		3		0		2		. . . . .
Kode B:	7			2			2			1			5			4			5		. . . . .
Kode C:	14				9				1				11				2				. . . . . .

Kode A:	Kode B:	Kode C:
00 = 0	000 = 0	0000 = 0
01 = 1	001 = 1	0001 = 1
10 = 2	010 = 2	0010 = 2
11 = 3	011 = 3	0011 = 3
	100 = 4	0100 = 4
	101 = 5	0101 = 5
	110 = 6	0110 = 6
	111 = 7	0111 = 7
		1000 = 8
		1001 = 9
		1010 = 10
		1011 = 11
		1100 = 12
		1101 = 13
		1110 = 14
		1111 = 15

Abbildung 29

Lernte die Vp aber vor dem Experiment den Kode A (Abbildung 29, untere Hälfte links), wurde dadurch ihre Merkleistung verdoppelt. Sie gliederte dann das Material in Zweiergruppen und merkte sich die Namen dieser Zweiergruppen. Statt 1110100100001101100 lernte sie (11)(10)(10)(01)(00)(01)(10)(11)(00) = 322101230, also eine Kette von halber Länge. Bei der Wiedergabe wurde diese Kette in eine 0-1-Folge rückübersetzt.

Jetzt konnte die Vp nach nur einer Darbietung nicht 9, sondern gleich 18 Elemente reproduzieren. Bei Verwendung von Kode B (Dreiergruppen, Abbildung 29 unten Mitte) stieg die Merkleistung nach einer einzigen Darbietung auf 27, bei Kode C (Vierergruppen, Abbildung 29 unten rechts) auf 36 Elemente. Kodieren ist, wie man sieht, eine außerordentlich effiziente Gedächtnishilfe.

Normalerweise verwendet man jedoch keine numerischen, sondern verbale Kodes (Namen). Jemand, der einen neuen Tanz zum erstenmal sieht, aber keine Namen für die einzelnen Tanzfiguren zur Verfügung hat, wird nur sehr langsam lernen. Nach einer einzigen Beobachtung kann er nur eine höchstens neunelementige Abfolge reproduzieren (linken Fuß anheben, linken Fuß nach vorne stellen usw.). Ein anderer, der über einen komplexeren Kode verfügt (Wechselschritt, Tangoschritt usw.) beherrscht vielleicht den Tanz, nachdem er ihn nur einmal gesehen hat.

Geeignetes Kodieren kann das Lernen durch Beobachtung beträchtlich erleichtern und beschleunigen. Wer über einen geeigneten Kode (die richtigen «Wortmarken») verfügt, ist im Vorteil.

Strukturierung (Organisation) und Vergessen. Die moderne Gedächtnispsychologie hält Vergessen nicht für einen passiven und unvermeidlichen Vorgang, sondern eher für ein Problem des *Wiederfindens* von Informationen. Was einmal im Gedächtnis (genauer: im Langzeitgedächtnis) gespeichert ist, ist dort permanent gespeichert (SHIFFRIN und ATKINSON, 1969). Information verschwindet nicht aus dem Langzeitgedächtnis (außer durch organische Schäden), aber es kann vorkommen, daß sie schwer zugänglich ist.

Die Analogie zu einer Bibliothek mag diese Gedanken plausibler machen. Die Bibliothek entspricht dem Langzeitgedächtnis, jedes Buch einem gespeicherten Element. Jedes Buch, das in die Bibliothek gestellt wird, bleibt auch dort (wenn es nicht durch Brand oder andere Katastrophen zerstört wird). Es kann aber vorkommen, daß man Bücher nicht findet. Das kann der Fall sein (1) wenn die Bücher regellos herumstehen (nach keinem System geordnet sind) oder (2) wenn sie zwar geordnet sind, aber man nicht weiß, wie man suchen soll (man kennt das System nicht).

Die Hypothese der permanenten Speicherung wird u. a. durch Experimente wie das folgende von TULVING und PEARLSTONE (1966) unterstützt. Die Vpn hatten eine Liste von 48 Wörtern zu lernen. In dieser Liste befanden sich je 4 Wörter bestimmter inhaltlicher Kategorien (4 Blumen, 4 Tiere, 4 Metalle usw.). Eine Gruppe von Vpn bekam bei der Abfrage des Gelernten die Kategorienamen (Blumen, Tiere usw.) dargeboten, die andere nicht. Die erste Gruppe reproduzierte etwa 30 Wörter, die andere nur 20. Später wurde die zweite Gruppe noch einmal geprüft (ohne nochmalige Wiederholung der Wortliste!), und zwar diesmal mit den Kategorienamen. (Welche Blumennamen waren in der Liste? Welche Metalle?) Jetzt stieg die Leistung von 20 auf 28 richtig erinnerte Wörter.

Es war also wesentlich mehr im Gedächtnis gespeichert als beim ersten Mal «herausgeholt» bzw. «gefunden» werden konnte. Den Vpn war bei der zweiten Abfrage des Lernmaterials vom Vl eine bessere *Suchstrategie* (ein besseres Suchsystem, entspricht Punkt (2) der oben erwähnten Bibliotheksanalogie) nahegelegt worden. Dadurch konnte bei der zweiten Prüfung mehr erinnert werden (obwohl mehr Zeit seit dem Lernen vergangen war als bei der ersten Prüfung).

Punkt (1) unserer Bibliotheksanalogie besagt, daß besser reproduziert wird, wenn die Information systematisch gespeichert wurde. Es kommt darauf an, daß das Lernmaterial «sinnvoll organisiert», d.h. *strukturiert* ist. Die Vpn von Bower, Clark, Lesgold und Winzenz (1969) mußten eine Liste von 112 Wörtern lernen. Die erste Gruppe von Vpn bekam die 112 Wörter in einer zufälligen Reihenfolge dargeboten. Die zweite Gruppe erhielt die selben Wörter in sinnvoll strukturierter Anordnung (einige Edelmetalle, dann andere Metalle, darauf Legierungen, dann Edelsteine, hernach Baumaterial usw.). Nach nur einer Darbietung erinnerten die Vpn der ersten Gruppe durchschnittlich nur 21, die zweite Gruppe aber 73 Wörter! Nach drei Darbietungen reproduzierte die erste Gruppe 53, die zweite Gruppe alle 112 Elemente der Liste.

Die zitierten Befunde über Strukturierung sind für alle Sozialisierungsprozesse, bei denen Wissensvermittlung eine große Rolle spielt (Schule), sehr wichtig. Von fundamentaler Bedeutung ist aber die These, daß Vergessen kein passives Dahinschwinden von Information ist.

Daraus kann man ableiten, daß Extinktion ebenfalls kein unvermeidlicher passiver Vorgang ist, sondern im Gegenteil, ein höchst aktives Umlernen. Die im Lernprozeß gebildeten Erwartungen («dieses Verhalten führt zu einer Verstärkung») werden aufgrund neuer Erfahrungen in der Extinktionsphase aktiv geändert.

Nur von einer solchen Annahme aus ist auch die Aussage begründbar, daß gelernte Angst nicht extingiert, wenn der angstauslösende Reiz immer vermieden wird (Abschnitt 2.23). Die mit diesem Reiz verbundenen Erwartungen (des Auftretens eines unbedingt angstauslösenden Reizes) bleiben solange permanent gespeichert, bis sie durch neue Erfahrungen geändert werden. Das kann aber, wie gesagt, bei konsequenter Vermeidung nie geschehen.

2.44 Lernen durch Beobachtung

2.441 Die Theorie von Bandura

Banduras Theorie des Lernens durch Beobachtung muß als eine der wichtigsten Neuerungen der modernen Sozialpsychologie angesehen werden, weil mit ihrer Hilfe viele äußerst wichtige Phänomene erklärt werden können, bei denen man vorher auf recht vage Erklärungsmodelle angewiesen war (Bandura 1965a, 1969a, 1971a, 1977a).

Bandura unterscheidet (wie bereits Hull und Rotter) zwischen Lernen und Verhalten. Der Begriff Lernen hat allerdings bei Bandura eine umfassendere Bedeutung als bei Rotter. Nicht nur das Bilden von Hypothesen nennt Bandura Lernen, sondern jede Speicherung wahrgenommener (beobachteter) Reize und Reizfolgen im Langzeitgedächtnis. (Das Wort Lernen wird hier etwa im gleichen Sinn gebraucht wie in der Alltagssprache und in der europäischen Gedächtnispsychologie). Beobachtete (gesehene, gehörte, gelesene) Verhaltenssequenzen werden also zunächst im Gedächtnis gespeichert. Die Einprägung kann in bildhafter Weise geschehen (optische Vorstellungen) oder als verbale Beschreibung, sie kann alle einzelnen Details umfassen oder nur (durch geeignete Kodierung) größere Reizeinheiten. Ausmaß und Qualität der Speicherung hängen ausschließlich von kognitiven Faktoren wie Anzahl der Darbietungen (Beobachtungen), Aufmerksamkeit und Kodierung ab.

Lernen im oben angeführten Sinn ist aber nur eine notwendige, noch keine hinreichende Bedingung für (imitatives) Verhalten. Ob und wie oft die gelernten (d.h. hier gespeicherten) Verhaltensweisen dann auch vom Beobachter durchgeführt werden, hängt von Motivationsvariablen ab. Selbst erlebte (oder auch bloß beobachtete) Konsequenzen des fraglichen Verhaltens führen zu Erwartungen im Sinne ROTTERS. Erwartungen und Bewertungen (der erwarteten Verhaltenskonsequenzen) determinieren die Verhaltenshäufigkeit. Die wichtigsten Aspekte des BANDURA-Modells sind in Abbildung 30 zusammengefaßt.

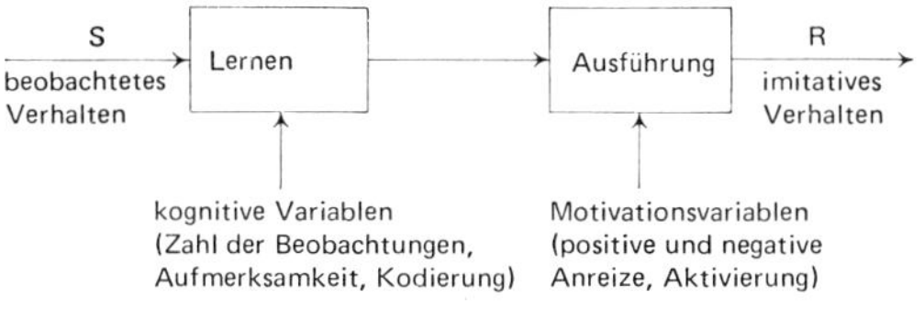

Abbildung 30

In seinen neueren Publikationen betont BANDURA (1977a, 1986), daß Lernen durch Beobachtung aus vier Teilprozessen besteht, und zwar in folgender Reihenfolge:

(1) *Aufmerksamkeit*. Wie aufmerksam eine Modellperson betrachtet wird, hängt nach BANDURA u. a. von deren Auffälligkeit, von ihrer affektiven Valenz (wie sympathisch oder unsympathisch sie ist), von der Komplexität ihres Verhaltens, und vom funktionalen Wert ihres Verhaltens (d. h. von der Nützlichkeit oder Brauchbarkeit des Verhaltens für den Beobachter) ab.

(2) *Gedächtnis*. Wie gut und dauerhaft ein beobachtetes Verhalten gelernt (gespeichert) wird, hängt von Kodierung und Organisation (Strukturierung) des Lernmaterials ab, sowie von inneren (in der Vorstellung) oder tatsächlichen Wiederholungen des beobachteten Verhaltens.

(3) *Verhalten*. Ob bzw. wie gut ein beobachtetes Verhalten imitiert werden kann, wird u. a. von den allgemeinen motorischen Fähigkeiten des Beobachters bestimmt, und auch davon, welche Teilkomponenten des Modellverhaltens der Beobachter bereits beherrscht.

(4) *Motivation*. Wie oft beobachtetes Verhalten imitiert wird, hängt von externen Verstärkern und Strafreizen, von Selbstverstärkung und Selbstbestrafung, von stellvertretender Verstärkung und Bestrafung, sowie von Effizienzerwartungen ab. (Was stellvertretende Verstärker und Effizienzerwartungen sind, wird in den folgenden zwei Abschnitten erklärt.) Natürlich spielen in diesem Zusammenhang auch die individuellen Bewertungen verschiedener Verstärker und Strafreize eine Rolle.

Jeder dieser vier Teilprozesse kann das Beobachtungslernen fördern oder stören. Die beiden ersten Teilprozesse entsprechen der Lernkomponente in Abbildung 30, die beiden letzten der Ausführungskomponente. Die 4-Komponenten-Darstellung macht auch einen Zusatz zur Abbildung 30 notwendig. Während in dieser Abbildung vereinfachend angenommen wurde, daß Motivationsvariablen ausschließlich die Ausführung beeinflussen, wird jetzt angenommen, daß Motivationsvariablen zwar primär die Ausführung steuern, aber außerdem auch das Lernen: Die Aufmerksamkeit hängt u. a. von der Valenz der Modellperson und vom funktionalen Wert ihres Verhaltens ab.

Daß der Grad der Durchführung imitativen Verhaltens nicht nur von den Verstärkerkonsequenzen, sondern auch sehr stark von der Qualität der Speicherung (von kognitiven Faktoren während der Speicherung) abhängt, zeigt das Experiment von BANDURA, GRUSEC und MENLOVE (1966). Die Vpn (Kinder) beobachteten zunächst eine komplizierte Verhaltenssequenz. Drei Versuchsbedingungen sollten das Ausmaß des Lernens variieren. In der ersten Gruppe wurden die kognitiven Prozesse dadurch gefördert, daß die Kinder während der Beobachtung die gesehenen Verhaltensschritte verbal beschreiben (benennen, kodieren) mußten. Die Gruppe zwei wurde in keiner Weise beeinflußt. Bei Gruppe drei wurde Beobachten und Speichern gestört, indem die Kinder während der ganzen Beobachtungszeit rückwärts zählen mußten. Obwohl die Häufigkeit imitativen Verhaltens bei allen Gruppen in gleicher Weise verstärkt wurde, war die Häufigkeit solchen Verhaltens in Gruppe eins größer als in Gruppe zwei und in dieser größer als in Gruppe drei (Tabelle 8).

BANDURA, GRUSEC und MENLOVE (1966) demonstrierten die Bedeutung von *aufmerksamkeits*fördernden bzw. -hemmenden Faktoren für die Speicherprozesse beim Lernen durch Beobachtung. In mehreren neueren Untersuchungen wurde die Bedeutung von *gedächtnis*fördernden bzw. -hemmenden Faktoren nachgewiesen (BANDURA und JEFFERY, 1973; BANDURA, JEFFERY und BACHICHA, 1974; BERGER et al., 1979;

Tabelle 8

Mittlere Anzahl imitativer Verhaltensweisen bei	Förderung	keiner Beeinflussung der kognitiven Prozesse	Störung
Knaben	16,8	14,5	11,5
Mädchen	17,5	13,2	6,0
Gesamt	17,2	13,8	8,7

GERST, 1971; JEFFERY, 1976). In diesen Experimenten wurden die Wirkungen von unterschiedlichen Kodierungen und von Wiederholungen untersucht.

Die (erwachsenen) Vpn von BANDURA und JEFFERY (1973) beobachteten komplexe Bewegungssequenzen einer Modellperson, die jeweils aus sechs verschiedenen Bewegungskomponenten bestanden. Den Vpn der 9 Versuchsbedingungen wurden vor der Beobachtung der komplexen Sequenzen alle Einzelkomponenten vorgeführt. Es gab 3 Kodierbedingungen: In einer Kodierbedingung wurden die Einzelbewegungen mit Ziffern bezeichnet, in der zweiten mit Buchstaben und in der dritten wurde kein Kode verwendet.

Jede dieser 3 Gruppen wurde nochmals in 3 verschiedene Wiederholungsbedingungen unterteilt: Unmittelbar nach der Vorführung jeder komplexen Sequenz durch die Modellperson mußten die Vpn in einer Wiederholungsbedingung die beobachtete Sequenz so gut wie möglich imitieren (motorische Wiederholung). Dafür standen 90 Sekunden zur Verfügung. In der zweiten Wiederholungsbedingung hatten die Vpn jeweils 90 Sekunden Zeit, den entsprechenden Kode (z. B. BACEDI oder 523416) auszusprechen (symbolische Wiederholung). In der dritten Bedingung war keine Wiederholung vorgesehen. Die entsprechende Zeit wurde mit einer ablenkenden Aufgabe ausgefüllt.

Es wurden acht komplexe Sequenzen mit anschließender unmittelbarer Wiederholung bzw. ablenkender Aufgabe vorgeführt. Am Ende des Versuchs mußten alle Vpn sämtliche Bewegungssequenzen des Modells imitieren, wobei die Hälfte der Vpn jeder der 9 Gruppen vor der Imitation noch 4 Minuten lang die ablenkende Aufgabe auszuführen hatte (verzögerte Imitation), während die andere Hälfte vor der Imitation noch 4 Minuten lang wie bisher wiederholen konnte (unmittelbare Imitation). Außerdem wurde die Imitationsleistung auch eine Woche später geprüft.

Die Ergebnisse sind in Tabelle 9 dargestellt. Man sieht deutlich, daß sowohl Kodierung als auch Wiederholung den Lernprozeß fördern. Die günstige Wirkung des Kodierens ist allerdings

Tabelle 9

Versuchsbedingungen	unmittelbare Imitation	verzögerte Imitation	Imitation nach 1 Woche
Zahlenkode			
symbolische Wiederholung	81	44	21
motorische Wiederholung	70	17	8
keine Wiederholung	88	13	4
Buchstabenkode			
symbolische Wiederholung	83	36	17
motorische Wiederholung	58	27	20
keine Wiederholung	55	11	16
kein Kode			
symbolische Wiederholung	53	5	2
motorische Wiederholung	33	9	4
keine Wiederholung	63	3	4
Kontrollgruppe (Beobachtung des Modells ohne Kenntnis der Einzelkomponenten)	41	2	0

Die Zahlen sind Prozentwerte, und zwar jeweils der Prozentsatz vollständig und korrekt imitierter Bewegungs*sequenzen*.

stärker und hält auch länger an als die Wirkung der Wiederholung.

Ein großer Vorzug der BANDURA-Theorie liegt darin, daß sie den Erwerb völlig neuer Verhaltensweisen erklären kann. (MILLER und DOLLARD beispielsweise gehen von der Verstärkung durchgeführten Verhaltens aus. Damit können sie aber nur die Imitation solcher Handlungen erklären, die sich bereits im Verhaltensrepertoire des Beobachters befinden.) Nach BANDURAS Modell genügt die bloße Beobachtung für das Lernen komplizierter Verhaltenssequenzen, wie z. B. das von Kindern so oft gezeigte spielerische Ausprobieren erwachsenen Rollenverhaltens (Arzt, Kaufmann, Eltern). Voraussetzung dafür ist nur, daß die einzelnen «Verhaltensatome» (etwa Arm-, Bein- und Sprechbewegungen) im Verhaltensrepertoire des Kindes vorhanden sind.

SKINNERS Theorie kann den Aufbau neuer Verhaltenssequenzen zwar erklären, setzt aber diesbezüglich einen äußert mühsamen und langwierigen Lernprozeß voraus. Nach seiner Theorie wird eine längere Verhaltenskette dadurch gelernt, daß der Organismus zunächst für das Ausführen kleiner Bruchstücke einer solchen Sequenz verstärkt wird, dann nur mehr für das Ausführen größerer Teile derselben und schließlich nur mehr für die ganze Kette. Dieser schrittweise Aufbau einer Verhaltensfolge heißt *Chaining*. Die Prozedur ist sicher wirksam (SKINNER hat auf diese Weise Tauben das Gehen in Achterschleifen und Pingpongspielen beigebracht), aber sehr zeitraubend.

Durch Beobachtung und gedächtnismäßige Speicherung neuartiger Verhaltensfolgen können diese wesentlich schneller gelernt werden. BANDURA betont immer wieder die große Effizienz des Lernens durch Beobachtung, nicht nur beim Lernen neuer Verhaltensketten, sondern auch beim Umlernen (d. h. Häufigkeitsänderungen bereits vorhandener Verhaltensweisen).

Die enorme Effizienz des Beobachtungslernens zeigt in eindrucksvoller Weise das Experiment von BANDURA und MCDONALD (1963). Die Entwicklungspsychologie unterscheidet bei Kindern subjektive und objektive moralische Urteile. Subjektiv heißen jene Urteile, die intentionsorientiert sind (eine Handlung ist gut, weil sie gut gemeint war – ihre Wirkung wird nicht berücksichtigt). Objektiv werden die wirkungsorientierten Urteile genannt (eine Handlung ist gut, weil ihre Folgen gut sind – die Absicht spielt keine Rolle).

Nach einem Vorversuch wurden für das Experiment nur solche Kinder ausgewählt, die eine deutliche Präferenz entweder für subjektive oder für objektive Urteile hatten. Im Hauptversuch wurden den 5- bis 11jährigen Kindern 36 Paare von Kurzgeschichten vorgelesen. Jedes Paar bestand aus einer Geschichte, in der eine Handlung mit guter Absicht böse Folgen hatte, und einer zweiten Geschichte, in der eine selbstsüchtig oder bösartig motivierte Handlung dennoch eine erfreuliche oder wenigstens neutrale Wirkung hatte. Bei jedem Paar mußte die Vp entscheiden, welche der beiden Geschichten im moralischen Sinn besser (weniger schlimm) sei.

Im gegenwärtigen Zusammenhang sind vor allem zwei Versuchsbedingungen interessant. In der einen Gruppe wurde ein Kind immer dann verstärkt, wenn es ein Urteil vom bisher seltenen Typ abgab. Im Vorversuch subjektiv reagierende Kinder wurden nur für objektive Urteile verstärkt, früher objektiv reagierende Kinder nur für subjektive Urteile. Bei einer zweiten Versuchsgruppe urteilte vor dem Kind immer eine erwachsene Modellperson, und zwar immer in der dem Kind entgegengesetzten Richtung (bei subjektiven Kindern immer objektiv und umgekehrt). Das Modell wurde daraufhin verstärkt. Dann urteilte das Kind, wurde aber selbst nie verstärkt.

In der ersten Versuchsgruppe (Lernen durch Ausführung des Operanten und direkte Verstär-

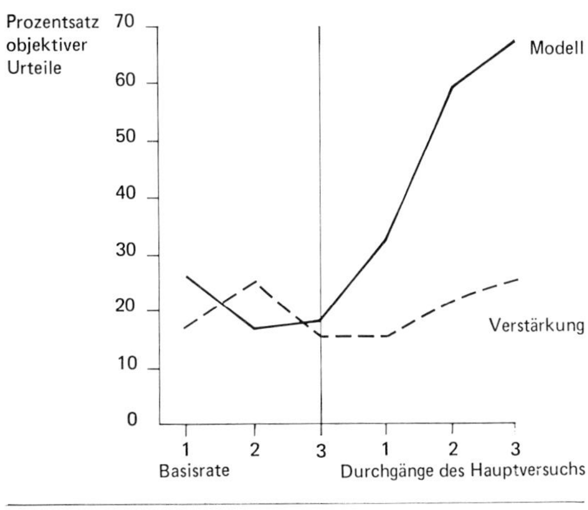

Abbildung 31

kung) stieg die Häufigkeit des nicht bevorzugten Urteilstyps von etwa 20 auf 30 Prozent. (Die Ergebnisse für die Gruppe der subjektiven Kinder sind in Abbildung 31 dargestellt). In der zweiten Bedingung (Lernen durch Beobachtung) stieg die Häufigkeit von 20 auf fast 70 Prozent! Während direkte Verstärkung die Häufigkeit des selteneren Urteils nur leicht anhob, wurde durch Beobachtung der zuerst seltenere Urteilstyp dominant. Aus subjektiven Kindern waren objektiv urteilende geworden.

2.442 Lernen aus den Erfahrungen anderer: Stellvertretende Verstärkung und Bestrafung

Wenn man Lernen mit ROTTER als das Aufstellen und Modifizieren von Hypothesen (Erwartungen) über Verhaltenskonsequenzen auffaßt, wird sofort einsichtig, daß man solche Erwartungen nicht nur aufgrund selbst erlebter, sondern auch aufgrund beobachteter Verhaltenskonsequenzen bildet. Aus der (wiederholten) Beobachtung, daß jemand anderer mit einem bestimmten Verhalten erfolgreich ist, entsteht die generalisierte Erwartung, daß dieses Verhalten als solches positive Konsequenzen nach sich zieht. Analoge Erwartungen werden bei beobachteter Bestrafung gebildet. Solche bloß gesehene (oder auch gehörte oder gelesene), nicht selbst erlebte Verstärker und aversive Reize heißen *stellvertretende Verstärkung* bzw. *stellvertretende Bestrafung*.

BANDURA (1965b) zeigte Kindern einen Film, in dem eine Modellperson (Kind) eine lebensgroße Plastikpuppe auf verschiedene Weise attackierte (mit einem Hammer ins Gesicht schlug, mit dem Fuß herumstieß usw.). In einer Versuchsbedingung (stellvertretende Bestrafung) sah man am Ende des Films einen Erwachsenen ins Zimmer eintreten, der das aggressive Modell in rauhem Ton tadelte und es mit einer zusammengefalteten Zeitung schlug. In einer zweiten Bedingung (stellvertretende Verstärkung) wurde das Modell nach seinen Aggressionen von einem Erwachsenen verstärkt, der es lobte und ihm Süßigkeiten und Getränke gab. In einer dritten (neutralen) Bedingung zeigte der Film keinerlei Konsequenzen für das aggressive Modell.

Nach dem Film wurden die Kinder in einem Raum allein gelassen (aber beobachtet), in dem sich unter vielen anderen Gegenständen die im Film verwendete Plastikpuppe befand. Die Kinder der Versuchsgruppe zwei (stellvertretende Verstärkung) imitierten nun spontan (ohne Aufforderung oder anderen ersichtlichen Grund) die beobachteten Aggressionen in wesentlich höherem Ausmaß als die Vpn der Bestrafungsgruppe.

Auf ähnliche Weise zeigten WALTERS, LEAT und MEZEI (1963), daß eine Verbotsübertretung (Hantieren mit einem verbotenen Spielzeug) durch stellvertretende Verhaltenskonsequenzen erleichtert oder gehemmt werden kann.

Wie die direkte Verstärkung beeinflußt auch stellvertretende Verstärkung nicht nur die Verhaltenshäufigkeit, sondern auch andere Aspekte der Reaktionsstärke, zum Beispiel die Latenz (Tabelle 10). Kinder, die eine stellvertretende Verstärkung einer Verbotsübertretung gesehen hatten, näherten sich im Durchschnitt früher (nach 1½ Minuten) den verbotenen Gegenständen als die Kinder, die eine Bestrafung beobachtet hatten (15 Minuten). Auch die durchschnittliche Zeit der Beschäftigung mit dem verbotenen Spielzeug war dementsprechend verschieden.

Durch eine Reihe von Untersuchungen (BRAUN, 1972; BRUNING, 1965; KANFER, 1965; KANFER und MARSTON, 1965) wurde nachgewiesen, daß stellvertretende Verstärkung nicht nur genauso

Tabelle 10

	Stellvertretende Verstärkung	Kontrollgruppe	Stellvertretende Bestrafung
Latenz der Verbotsübertretung in Sekunden (Median)	85	285	900
Dauer der Verbotsübertretung in Sekunden (Median)	28	7	0

wirksam (oder noch wirksamer) sein kann wie direkte Verstärkung, sondern daß hier auch analoge Gesetzmäßigkeiten bezüglich Verstärkermenge und Prozentsatz der Verstärker bei intermittierenden Plänen gelten. Große stellvertretende Verstärker führen zu häufigem Imitationsverhalten, seltene stellvertretende Verstärker (intermittierende stellvertretende Verstärker) zu hoher Extinktionsresistenz.

Wichtig ist hier noch die Bemerkung, daß sich die stellvertretenden Verhaltenskonsequenzen auf das Verhalten und nicht auf das Lernen auswirken. Im weiter oben referierten Experiment von BANDURA (1965b), in dem unterschiedliche Verhaltenskonsequenzen des Modells verschiedene Häufigkeiten der Spontanimitation bewirkten, imitierten in einer abschließenden Phase des Versuchs die Kinder aus allen Bedingungen gleich oft, nachdem sie dazu aufgefordert und dafür verstärkt wurden. Es war offenbar in allen drei Gruppen gleich gut gelernt worden.

2.443 *Effizienzerwartungen*

In neuerer Zeit hat BANDURA (1977a, b) seiner Theorie eine wichtige Variable hinzugefügt: Effizienzerwartungen. In der bisherigen Theorie wurde angenommen, daß die Häufigkeit der *Ausführung* einer Verhaltensweise in erster Linie von den erwarteten Konsequenzen des Verhaltens abhängt. In der neuen Version der Theorie werden Erwartungen hinsichtlich der Konsequenzen bloß als notwendige, aber noch nicht als hinreichende Bedingungen für die Verhaltensdurchführung betrachtet. Es müssen außerdem entsprechende Effizienzerwartungen vorhanden sein, damit das Verhalten tatsächlich auftritt.

Konsequenzerwartungen wurden in Abschnitt 2.42 als subjektive Wahrscheinlichkeiten definiert: als Grad der Gewißheit, daß auf ein bestimmtes Verhalten eine bestimmte Konsequenz folgt. Effizienzerwartungen sind ebenfalls subjektive Wahrscheinlichkeiten: der Grad der Gewißheit, daß man imstande ist, das Verhalten korrekt auszuführen, das notwendig ist, um die erwartete Konsequenz herbeizuführen.

Ein Verhalten wird also kaum auftreten, wenn man zwar mit Sicherheit annimmt, daß es positive Folgen hat, wenn man aber gleichzeitig daran zweifelt, daß man es auch ausführen kann. Dieser Fall liegt u. a. dann vor, wenn es sich um ein Verhalten handelt, das viel Können erfordert: Jeder weiß, daß man als Konzertpianist gut verdient. Dennoch wird man nur dann öffentlich ein Klavierkonzert spielen, wenn man glaubt, daß man es auch kann. Ein anderer Fall hemmender Effizienzerwartungen besteht darin, daß ein Verhalten zwar nicht schwierig ist, aber Angst hervorruft. Ein schüchterner Mensch weiß meistens genau, was er tun müßte, um seine Ziele zu erreichen; die nötigen Verhaltensweisen (z. B. laut und überzeugt sprechen, Komplimente machen) sind auch nicht schwierig; aber durch seine starken sozialen Ängste hält er sich für unfähig, diese Verhaltensweisen auszuführen.

Die modifizierte Theorie kann man vereinfacht folgendermaßen zusammenfassen: Lernen (Speichern des beobachteten Verhaltens) hängt von Aufmerksamkeits- und Gedächtnisleistungen ab. Verhalten (Ausführung des gelernten Verhaltens) wird von Konsequenzerwartungen und Effizienzerwartungen beeinflußt.

Effizienzerwartungen können hoch oder niedrig sein. Vom Grad der Sicherheit, daß man ein bestimmtes Verhalten ausführen kann, hängt es ab (vorausgesetzt, daß entsprechende Konsequenzerwartungen vorhanden sind), ob das Verhalten ausgeführt wird, bzw. wie häufig und wie ausdauernd seine Durchführung ist.

Wie entstehen Effizienzerwartungen? BANDURA (1977b) nennt vier Quellen. Erstens: Eigene Erfahrung. Je öfter und je besser die Durchführung eines konkreten Verhaltens bisher gelungen ist, desto höher wird die entsprechende Effizienzerwartung sein. Zweitens: Beobachtung. Aus der Beobachtung anderer (vergleichbarer!) Personen zieht man Schlüsse darauf, wie gut man selbst das beobachtete Verhalten beherrschen wird. Drittens: Sprachliche Kommunikation. Aufgrund verbaler Information (z. B. durch Gespräche) kann man ebenfalls Effizienzerwartungen ausbilden. Viertens: Aktivierung und Gefühle. Aus dem Grad der Aufgeregtheit bei bestimmten Verhaltensweisen schließt man, wie gut man sie beherrscht. Je höher die Aktivierung bei einer konkreten Tätigkeit ist, desto niedriger ist die entsprechende Effizienzerwartung.

Nach BANDURAS Ansicht spielen Effizienzerwartungen eine zentrale Rolle bei Verhaltensänderungen. Er postuliert, daß die Änderung von Effizienzerwartungen der wesentliche und gemeinsame Faktor bei allen psychotherapeutischen Techniken ist. In diesem Zusammenhang werden auch Qualitätsunterschiede zwischen verschiedenen Techniken postuliert. BANDURA nimmt an, daß die verschiedenen Quellen von Effizienzerwartungen nicht gleichwertig sind. Aufgrund eigener Erfahrungen entstehen höhere und stabilere Effizienzerwartungen als aufgrund bloßer Beobachtung oder verbaler Information. Dementsprechend sind ausschließlich verbale therapeutische Techniken weniger wirksam als verhaltensorientierte.

Einige wichtige Hypothesen über Effizienzerwartungen wurden von BANDURA, ADAMS und BEYER (1977) bestätigt. Als Vpn wurden Personen mit starken Schlangenphobien ausgewählt. In den zwei Versuchsgruppen wurden zwei verschiedene Behandlungsmethoden eingesetzt: Teilnehmende Beobachtung und bloße Beobachtung. Die Kontrollgruppe erhielt keinerlei Behandlung.

Eine Reihe von Verhaltensweisen von zunehmender Bedrohlichkeit wurde ausgewählt (sich einem Glaskasten nähern, in dem eine Schlange ist, ... die Schlange berühren, die Schlange halten, ... die Schlange auf dem eigenen Körper herumkriechen lassen ...). Diese Verhaltensweisen wurden einleitend als Vermeidungstest verwendet, um festzustellen, wie viele (und welche) dieser Verhaltensweisen jede Vp durchführen kann. Anschließend wurde (mit 100-Punkte-Skalen von «sicher nicht» bis «ganz sicher») für jede Verhaltensweise aus der Serie die Effizienzerwartung gemessen.

Genauer: Nach BANDURA sind an jeder Effizienzerwartung drei Komponenten zu unterscheiden, die getrennt erfaßt werden müssen. (1) Das *Ausmaß* der Effizienzerwartung: Den Vpn wird eine Liste zunehmend bedrohlicher oder zunehmend schwieriger Verhaltensweisen vorgegeben. Je schwieriger oder angsterregender die Verhaltensweisen sind, die man durchführen zu können glaubt, desto größer ist das Ausmaß (die Höhe, der Grad) der Effizienzerwartung. (2) Die *Sicherheit* der Effizienzerwartung: Für jede Verhaltensweise der Liste muß angegeben werden (z. B. auf 100-Punkte-Skalen), wie sicher die Vp ist, das entsprechende Verhalten durchführen zu können. Daraus wird die Sicherheit (oder Stärke) der Effizienzerwartung berechnet. (3) Die *Allgemeinheit* (Generalisation) der Effizienzerwartung wird festgestellt, indem Ausmaß und Sicherheit der Effizienzerwartungen auch in Bezug auf andere, mehr oder weniger ähnliche Reize bzw. Verhaltensweisen ermittelt werden.

Die Behandlung bestand in der Bedingung bloße Beobachtung darin, daß der Therapeut als Modellperson Verhaltensweisen von zunehmender Bedrohlichkeit ausführte. In der Bedingung teilnehmende Beobachtung sollten die Vpn außerdem nach jeder vorgezeigten Tätigkeit versuchen, diese mit Hilfe des Therapeuten selbst auszuführen. Nach der ganzen Behandlung und nochmals 1 Monat später wurde der Vermeidungstest und die Messung der Effizienzerwartungen wiederholt.

Ergebnisse: Das Vermeidungsverhalten war durch die teilnehmende Beobachtung stärker reduziert worden als durch bloße Beobachtung. Beide Gruppen waren jedoch der unbehandelten Kontrollgruppe überlegen. Ähnlich wurden durch teilnehmende Beobachtung stärkere Effizienzerwartungen erzeugt als durch bloße Beobachtung; diese waren wieder stärker als in der unbehandelten Gruppe. Eine genauere Datenanalyse innerhalb jeder Bedingung zeigte einen sehr starken Zusammenhang zwischen Effizienzerwartungen und Verhaltenswahrscheinlichkeit. Je größer die Effizienzerwartung war, desto häufiger wurde das betreffende Verhalten durchgeführt.

Effizienzerwartungen haben mindestens dreierlei Auswirkungen: (1) Sie bestimmen die Wahl der Reize bzw. Situationen, die wir aufsuchen oder vermeiden. (2) Sie bestimmen die Wahl der Verhaltensweisen, die wir durchzuführen versuchen, und sie bestimmen (3) den Grad unserer Ausdauer («Durchhalten» unter ungünstigen Bedingungen).

Es gibt inzwischen eine große Zahl von Untersuchungen, die entweder einen starken Zusammenhang zwischen Effizienzerwartungen und Verhalten zeigen, oder – was eine bessere Bestätigung der Theorie von BANDURA ist – daß nach gezielten Veränderungen von Effizienzerwartungen (z. B. durch teilnehmende Beobachtung oder durch Kommunikation) entsprechende Verhaltensänderungen auftreten, wobei das Ausmaß der Erwartungsänderung und das Ausmaß der Verhaltensänderung einander proportional sind (größeren und stärkeren Effizienzerwartungen entspricht ein häufigeres und dauerhafteres Verhalten).

Zusammenfassende Darstellungen der umfangreichen Forschung über Effizienzerwartungen findet man bei BANDURA (1986) und MIELKE (1984). Die wichtige Rolle von Effizienzerwartungen wurde für so unterschiedliche Bereiche wie Sport, Phobien, Verkauf, selbstsicheres Verhalten, Denkprobleme und Schmerztoleranz nachgewiesen. Neben den vielen Untersuchungen, die die Veränderungen und Auswirkungen von Effizienzerwartungen isoliert analysierten, gibt es auch einige (wenige) Experimente, die – in Übereinstimmung mit BANDURAS Theorie – den Nachweis erbrachten, daß die Verhaltensstärke gleichzeitig von Effizienzerwartungen, Konsequenzerwartungen und Konsequenzbewertungen abhängt (z. B. MADDUX, NORTON, und STOLTENBERG, 1986).

2.444 Einfühlung und die Beobachtung klassischen Konditionierens

Lernen durch Beobachtung wurde bisher nur bei operantem Verhalten dargestellt. Es kann jedoch genauso bei Reflexen und Gefühlen stattfinden. BERGER (1962) berichtet folgendes Experiment. Die Vpn beobachteten ein Modell, das elektrische Schläge (UCS) erhielt, nachdem zuvor ein Summer (CS) ertönte. Nach dem elektrischen Schlag zuckte das Modell mit der Hand zurück. Nachdem die Vpn einige Male diesen Vorgang beobachtet hatten, löste der Summerton allein bei ihnen physiologisch nachweisbare Angstreaktionen aus.

Ergebnisse dieser Art können nicht rein kognitiv erklärt werden. Im Experiment von BERGER (1962) ist es höchst unwahrscheinlich, daß die Vpn zu der Erwartung kommen, der Summerton könnte auch für sie selbst (nicht nur für das Modell) aversive Konsequenzen bringen. Hier wird der Begriff der *Empathie* (Einfühlung) zur Erklärung herangezogen. Dieser Ausdruck bezeichnet die Tatsache, daß beobachtbare Gefühle anderer Personen (an Gesichtsausdruck, Stimme und Gestik ersichtlich) teilweise miterlebt werden. Die Alltagsbeobachtung, daß man die Angst und Freude etwa von Filmhelden erlebnismäßig nachvollzieht, wurde bereits von DYSINGER und RUCKMICK (1933) mit physiologischen Methoden bestätigt. Warum es zum Nachvollzug beobachteter Gefühle kommt, ist weitgehend ungeklärt. Der Ausdruck Empathie ist keineswegs eine Erklärung, sondern bloß die Bezeichnung eines Phänomens.

Von großer praktischer Bedeutung ist die stellvertretende Extinktion von Gefühlen, insbesondere von Angst. Beobachtet eine ängstliche Vp oft und lange genug ein Modell, das sichtlich angstfrei mit dem bisher angstauslösenden und vermiedenen Reiz interagiert (z. B. mit einer Schlange), so lernt der Beobachter, daß das gefürchtete Objekt harmlos ist. Er sieht, daß auf den bedingten Reiz (Anblick der Schlange) nie ein unbedingter Reiz (Biß) folgt und der bedingte Reiz wird dadurch wieder neutral. Bei der stellvertretenden Angstextinktion spielen neben der Empathie (die sichtlich entspannte Modellperson wird zur teilweisen Spannungsreduktion beim Beobachter beitragen) sicher rein kognitive Prozesse (die Erwartung aversiver Reize wird immer schwächer) eine ganz wesentliche Rolle. Durch stellvertretende Extinktion konnten Hundephobien (BANDURA, GRUSEC und MENLOVE, 1967a) und Schlangenphobien (BANDURA, BLANCHARD und RITTER, 1969) erfolgreich behandelt werden.

2.445 Gewissen I: Selbstverstärkung und Selbstbestrafung

Gewissen ist sozusagen die «freiwillige» Durchführung bestimmter unangenehmer und anstrengender Handlungen bzw. die «freiwillige» Unterlassung mancher angenehmer und verlockender Tätigkeiten. Ein «gewissenhafter» Mensch macht immer das «Richtige» (zum Beispiel leistet er ordentlich und pünktlich seine Arbeit und widersteht der Versuchung der Faulheit), auch wenn es unangenehm ist.

Die im vorwissenschaftlichen Sprachgebrauch unter der Bezeichnung Gewissen zusammengefaßten Phänomene beruhen auf Prozessen der Selbstverstärkung und Selbstbestrafung. Überaus häufig belohnt oder bestraft man sich selbst und festigt oder schwächt dadurch Verhaltensweisen. Das kann durch Gefühle oder Objekte geschehen. Nach einer ungewöhnlich guten Leistung lobt man sich selbst und ist stolz. Auf die gelungene Fertigstellung einer langwierigen Arbeit reagiert man mit Freude und belohnt sich auch vielleicht durch den Kauf eines langersehnten Gegenstandes. Auf eine Handlung, die den eigenen Wertmaßstäben (seien sie nun leistungsmäßiger oder moralischer Art) nicht genügt, reagiert man mit Beschämung. Die Versuchung, ein akzeptiertes oder selbstgesetztes Verbot zu übertreten, kann Angst («Gewissensangst») erzeugen.

Die Maßstäbe, nach deren Richtlinie man auf sein eigenes Verhalten mit Freude oder Beschämung reagiert, erwirbt man durch Beobachtung. Das wird sehr klar in einem Versuch von BANDURA und KUPERS (1964) demonstriert. Die Vpn (Kinder) beobachteten zunächst andere Personen bei einem Kegelspiel. Die Modellpersonen konnten sich selbst belohnen, indem sie aus einer großen Menge frei zugänglicher Gegenstände beliebig viel entnahmen. In einer Versuchsbedingung zeigte das Modell hohe Ansprüche sich selbst gegenüber (es belohnte sich nur, wenn es hohe Punktezahlen erreichte). In einer zweiten Versuchsbedingung hatte das Modell einen niedrigen Leistungsstandard (es belohnte sich auch bei geringen Punktezahlen). In der Kontrollgruppe entfiel die Beobachtungsphase. Nach der Beobachtung durften die Kinder ebenfalls das Kegelspiel benützen und auch ihnen war es freigestellt, sich selbst mit den vorhandenen Gegenständen zu belohnen. Kinder, die ein Modell mit einem hohen Leistungsanspruch beobachtet hatten, belohnten sich vorwiegend nach Erzielung hoher Punktezahlen und nur selten in anderen Fällen. Kinder, die ein Modell mit niedrigem Leistungsstandard gesehen hatten, belohnten sich auch häufig nach schwachen und mittelmäßigen Leistungen (Abbildung 32).

MISCHEL und LIEBERT (1966) untersuchten die Wirkung von Diskrepanzen zwischen vom Modell geforderten und von ihm tatsächlich erfüllten Ansprüchen (wie etwa im Fall eines Vaters, der vom Kind verlangt, täglich viele Stunden zu lernen oder zu arbeiten, selbst aber sehr wenig leistet). Es zeigte sich, daß solche Diskrepanzen zu relativ niedrigen Leistungsstandards auf der Seite des Kindes führen. Es ist auch mit mäßigen Leistungen zufrieden und belohnt sich dafür.

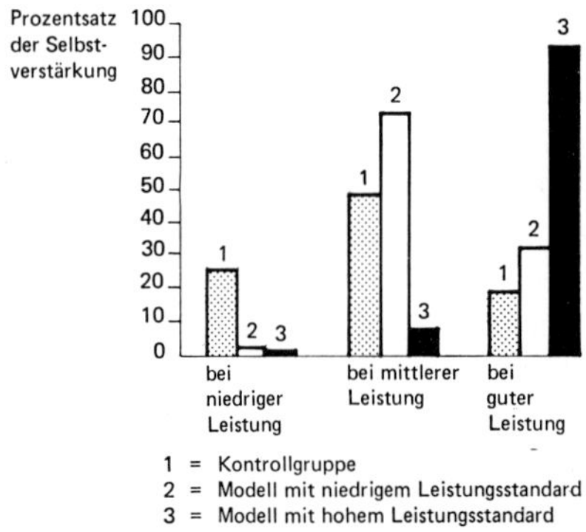

Abbildung 32

Mit der Wirkung der Diskrepanz zwischen Modellen beschäftigten sich BANDURA, GRUSEC und MENLOVE (1967b). Kinder, die nur ein Modell (mit einem hohen Leistungsanspruch) beobachteten, übernahmen dessen Standard. Andererseits zeigten Kinder, die ein Modell mit einem hohen und ein zweites Modell mit einem niedrigen Leistungsstandard beobachten konnten, einen ziemlich hohen Prozentsatz von Selbstverstärkungen bei mäßiger Leistung. Das Experiment zeigte außerdem, daß die Übernahme hoher Leistungsansprüche durch stellvertretende Verstärkung (etwa Lob und soziale Anerkennung für das Modell) gefördert wird.

Auch die Bestrafung *unverdienter* Selbstbelohnungen (für geringe Leistungen) spielt eine Rolle. Sogar im Tierversuch (mit Tauben) konnte nachgewiesen werden, daß die Bestrafung «unverdienter» Selbstverstärkungen wesentlich dazu beiträgt, einen «hohen Leistungsstandard» aufrechtzuerhalten (BANDURA und MAHONEY, 1974).

BANDURA (1971b) weist darauf hin, daß ein hoher Leistungsstandard keineswegs *unbedingt* erstrebenswert ist. Je höher der eigene Leistungsanspruch ist, desto seltener kann Selbstverstärkung (etwa in Form von Stolz oder Freude) auftreten, aber desto öfter wird es zu Selbstbestrafung (Beschämung) kommen. Ein Mißverhältnis zwischen Selbstverstärkung und Selbstbestrafung kann aber zu depressionsartigen Stimmungen oder auch zur Vermeidung jeder Leistungssituation und damit zu Fehlanpassungen führen. Aus anderen Gründen haben wir auch schon früher vor allzu hohen Leistungsforderungen gewarnt (Abschnitt 2.332). Starker Leistungsdruck wirkt sehr aktivierend und kann daher flexibles (kreatives) Verhalten stören und Rigidität fördern.

2.446 Gewissen II: Selbstkontrolle

Im Zusammenhang mit Gewissen wird auch oft von Selbstkontrolle gesprochen. *Selbstkontrolle* setzt eine Entscheidungssituation voraus, in der man dann die im Augenblick unangenehmere Alternative wählt. Es wird auf einen kleineren, sofort zugänglichen Verstärker zugunsten eines größeren, der erst später erhältlich ist, verzichtet (Mischel, 1971). Selbstkontrolle liegt zum Beispiel vor, wenn jemand auf einen Kinobesuch (kleinerer Verstärker) verzichtet und statt dessen lernt (relativ aversive Alternative), um später eine Prüfung zu bestehen (größerer Verstärker). Ob man sich in einer solchen Situation für den sofort erhältlichen kleineren oder für den erst später erreichbaren, aber wertvolleren Verstärker entscheidet, hängt sehr stark von Modelleinflüssen ab (Bandura und Mischel, 1965). Kinder, die eine Modellperson beobachten, die sich für den kleineren, aber sofort zugänglichen Verstärker entscheidet, übernehmen weitgehend dieses Verhalten. Wenn die Modellperson jedoch Selbstkontrolle zeigt und auf den späteren und größeren Verstärker wartet, führt dies auch zu größerer Selbstkontrolle bei den Kindern.

Selbstkontrolle wird jedoch nicht nur durch Beobachtung, sondern auch durch direkte Verstärkung gelernt, wie Eisenberger und seine Mitarbeiter in einer Reihe von Untersuchungen zur *Theorie der gelernten Anstrengung* zeigten. Die Theorie behauptet, daß man aufgrund gezielter Verstärkung lernt, wieviel Anstrengung notwendig ist, um Belohnungen zu erhalten. Wird man bei bestimmten Aufgaben belohnt, wenn man sich bemüht (aber nicht bei geringer Anstrengung), so generalisiert das belohnte Anstrengungsausmaß auch auf andere Tätigkeiten.

Eisenberger, Mitchell und Masterson (1985) verglichen zwei Gruppen von Kindern. Die Kinder der ersten Gruppe wurden für die Durchführung schwieriger (anstrengender) Aufgaben belohnt. Die zweite Gruppe bearbeitete leichte Aufgaben derselben Art, und wurde dafür belohnt. (Z. B. mußten die Kinder Gegenstände zählen, die auf verschiedenen Karten abgebildet waren. Die leichten Karten enthielten 2 bis 6 Gegenstände, die schwierigen mindestens 15. Außer dem Zählen von Gegenständen mußten die Kinder auch Bilder erinnern und Formen zuordnen, d. h. sie mußten für jede dargebotene Figur die passende Vertiefung in einem Brett auswählen und die Figur hineinstecken.) Ferner gab es eine Kontrollgruppe, der keine Aufgaben gegeben wurden. Vor und nach den Tätigkeiten wurde die Selbstkontrolle gemessen, indem sich die Kinder mehrmals (zehnmal) hintereinander zwischen zwei Möglichkeiten entscheiden mußten: Entweder eine Minute lang nichts tun und warten, um eine kleine Belohnung (2 Cents) zu erhalten, oder 1 Minute lang sinnlose «Wörter» abschreiben – also eine relativ anstrengende Tätigkeit durchführen – um eine größere Belohnung (3 Cents) zu erhalten. Nur bei der Gruppe mit schwierigen Aufgaben war eine deutliche Verbesserung der Selbstkontrolle festzustellen, nicht aber in der leichten Versuchsbedingung, die sich auch nicht wesentlich von der Kontrollgruppe unterschied.

In einem anderen Experiment (Eisenberger und Adornetto, 1986) wurde außer der Anstrengungskontrolle auch der Belohnungsaufschub durch gezielte Verstärkung beeinflußt. Zu Beginn des Experiments wurde das Ausmaß der Selbstkontrolle jedes Kindes auf zweierlei Art gemessen: (1) Selbstkontrolle im Sinn von Anstrengungungsbereitschaft wurde genauso erhoben wie im vorigen Experiment. (2) Selbstkontrolle im Sinn von Belohnungsaufschub wurde ermittelt, indem sich jedes Kind zehnmal hintereinander zwischen 2 Cents sofort und 3 Cents am Ende des Tages entscheiden mußte. Anschließend mußten die Kinder Gegenstände zählen, Bilder erinnern und Formen zuordnen. Wie im vorigen Experiment erhielt eine Hälfte der Vpn leichte, und die andere Hälfte schwierige Aufgaben, wobei für jede richtig gelöste Aufgabe eine Belohnung (2 Cents) gegeben wurde. Diese beiden Versuchsbedingungen wurden noch einmal unterteilt: Je eine Hälfte der Kinder erhielt jede Belohnung sofort nach der richtigen Lösung. Der anderen Hälfte wurde nach jeder richtigen Lösung vom Vl mitgeteilt, daß er dem Kind am Ende des Tages die 2 Cents geben werde – wobei er 2 Cents in einen bereitstehenden Becher warf. Dadurch entstanden 4 Versuchsbedingungen (Belohnung sofort/leichte Aufgaben, Belohnung sofort/anstrengende Aufgaben, verzögerte Belohnung/leichte Aufgaben, verzögerte Belohnung/anstrengende Aufgaben). Nach den Aufgaben wurden wieder beide Arten von Selbstkontrolle gemessen.

Natürlich gilt auch hier, daß der gelernte Anstrengungsgrad vor allem auf Tätigkeiten generalisiert, die der belohnten Tätigkeit in wichtigen Aspekten ähnlich sind. Dementsprechend zeigte sich, daß die Belohnungsverzögerung während des Experiments zwar die Selbstkontrolle im Sinn von Belohnungsaufschub beeinflußt, aber nicht die Selbstkontrolle im Sinn von Anstrengungsbereitschaft. Umgekehrt wurde durch die gezielte Belohnung anstrengender Tätigkeiten eine hohe Anstrengungskontrolle bewirkt, aber nicht ein großer Belohnungsaufschub.

Ähnlich zeigten EISENBERGER, MITCHELL, McDERMITT und MASTERSON (1984), daß Schüler, die für hohe Lese*genauigkeit* belohnt wurden, genauere Bilder und Geschichten produzierten als Schüler, die für hohe Lese*geschwindigkeit* belohnt wurden. Diese jedoch konnten schneller Geschichten erfinden als die für Lesegenauigkeit belohnten Vpn.

Wie wichtig die im Kindesalter erlernte Selbstkontrolle ist, wird eindrucksvoll durch Daten von MISCHEL, SHODA und PEAKE (1988) demonstriert – sie hat nämlich außerordentlich weitreichende und langfristige Folgen. Zunächst wurde das Belohnungsaufschubverhalten von 653 Kindern im Vorschulalter erfaßt, und zwar in den Jahren 1968 bis 1974. Etwa 10 Jahre später (1981 bis 1982) wurde den Eltern von 125 dieser Kinder (deren Adresse noch ermittelt werden konnte) ein Fragebogen und ein spezielles Verfahren (CCQ = California Child Q-Set) zur Beurteilung der Kinder zugeschickt.

Die Daten von 95 Kindern (die sich weder im Alter noch im Belohnungsaufschub von der Gesamtstichprobe unterschieden) konnten ausgewertet werden. Es wurden u. a. die folgenden Zusammenhänge festgestellt: Je größer der Belohnungsaufschub im Vorschulalter war, desto besser wurde ca. 10 Jahre später (Durchschnittsalter der beurteilten Vpn war 15 Jahre und 10 Monate) beurteilt: Sprachgewandtheit, Aufmerksamkeit und Konzentration, Geschicklichkeit, Rationalität, Voraussicht und Planung, Streßtoleranz, Selbstwert, Sozialverhalten u. a.

Von großer theoretischer und praktischer Bedeutung sind Arbeiten MISCHELS und seiner Mitarbeiter, die nicht der Frage gewidmet sind, wie man lernt, auf eine kleine, sofort erhältliche Belohnung zugunsten einer größeren, erst später zugänglichen, zu verzichten, sondern der Erforschung jener kognitiven Prozesse, welche den vorläufigen Verzicht auf die größere Belohnung erleichtern bzw. behindern. Ist es günstiger, nachdem man sich bereits für den Aufschub der Wunscherfüllung (delay of gratification) entschieden hat, die später erhältliche Belohnung ständig vor Augen zu haben, oder ist es besser, die Belohnung während der Wartezeit zu «vergessen» (z. B. durch Ablenkung)?

Eine erste Antwort auf diese Frage wurde durch das Experiment von MISCHEL und EBBESEN (1970) gegeben. Die Vpn, Kinder im Vorschulalter, hatten die Wahl zwischen zwei Speisen unterschiedlicher Attraktivität. Jedes Kind mußte allein im Versuchsraum warten. Wollte es die bessere Speise erhalten, mußte es die Rückkehr des Vl abwarten. Wenn ihm das Warten zu lange dauerte, konnte es jedoch jederzeit den Vl durch ein vereinbartes Zeichen rufen. Dann allerdings erhielt es nur die weniger attraktive Belohnung.

Es gab vier Versuchsbedingungen: (1) Beide Belohnungen waren während der Wartezeit im Versuchsraum gut sichtbar vorhanden; (2) nur die attraktivere Belohnung war im Versuchsraum; (3) nur die weniger attraktive Alternative befand sich im Versuchszimmer; (4) keine der beiden Belohnungen war vorhanden. Die durchschnittlichen Wartezeiten waren 1,03 Minuten in Bedingung (1), 4,87 Minuten in Bedingung (2), 5,72 Minuten in Bedingung (3) und 11,29 Minuten in Bedingung (4).

Anwesenheit der Belohnungen erschwert offenbar den Aufschub einer Wunscherfüllung. Wenn der Aufschub der Belohnung leichter in Abwesenheit als in Anwesenheit der Belohnung gelingt, dann müßte die nachteilige Wirkung der physischen Präsenz einer Belohnung während der Aufschubperiode durch Ablenkung reduziert werden können. Diese Hypothese wurde von MISCHEL, EBBESEN und ZEISS (1972) bestätigt. Das Experiment war ähnlich aufgebaut wie das vorhin beschriebene von MISCHEL und EBBESEN (1970). In einer Versuchsbedingung wurde die Aufmerksamkeit der Kinder von den Belohnungen abgelenkt, indem sie aufgefordert wurden, während der Abwesenheit des Vl an angenehme Dinge zu denken. Diese Instruktion bewirkte eine beträchtliche Verlängerung der Aufschubperiode. In gleicher Weise war die Ablenkung durch Spielzeug wirksam.

Aus diesen Ergebnissen darf jedoch nicht der Schluß gezogen werden, daß Ablenkung auf jeden Fall den Aufschub einer Wunscherfüllung erleichtert. Die genannten Ergebnisse beziehen sich auf Versuchsbedingungen, in denen die

Belohnungen (oder eine Belohnung) physisch präsent waren. Sind die Belohnungen nicht vorhanden, dann *kann* die Vorstellung des gewünschten Objekts durchaus zu einer Verlängerung der Aufschubzeit beitragen. Allerdings kommt es darauf an, welcher Art diese Vorstellungen sind.

Da man – insbesondere bei Kindern – nicht mit Sicherheit annehmen kann, daß die Instruktion, sich die erwünschte Belohnung während der Wartezeit vorzustellen, von allen Vpn befolgt wird, simulierten (bzw. erzwangen) MISCHEL und MOORE (1973) Vorstellungen, indem sie Diapositive projizierten. Die Ergebnisse waren völlig verschieden von denen der früheren Versuche (mit physischer Präsenz der Belohnungen). Das Bild einer Belohnung führte eine wesentlich längere Aufschubzeit herbei als ein irrelevantes Bild oder kein Bild.

In einem weiteren Experiment wurden die Kinder entweder instruiert, an den Geschmack der gewünschten Speise zu denken, oder an abstraktere Eigenschaften wie etwa deren Form und Farbe (MISCHEL und BAKER, 1975). Im zweiten Fall dauerte die Aufschubperiode wesentlich länger. Analoge Ergebnisse wurden auch bei physischer Anwesenheit der Alternativen erzielt (MOORE, MISCHEL und ZEISS, 1976).

Es scheint also entscheidend zu sein, ob man die Aufmerksamkeit auf den Genuß richtet, den die erwünschte Belohnung bereiten wird, oder auf neutrale Aspekte derselben. Durch physische Präsenz der Belohnung wird die Aufmerksamkeit eher auf den möglichen Lustgewinn gerichtet, durch die Vorstellung der Belohnung eher auf neutrale Reizaspekte. Das muß aber nicht der Fall sein. Man kann lernen (etwa durch entsprechende Instruktionen) die Aufmerksamkeit auf neutrale Reizeigenschaften zu konzentrieren.

MISCHEL (1974) nimmt an, daß ohne solche «kognitive Transformationen des Reizes» die physisch vorhandene, greifbare Belohnung besonders frustrierend wirkt. In diesem aversiven Zustand erhöhter Aktivierung ist ein langer Aufschub der Befriedigung schwierig. Daher ist es besser, sich abzulenken oder auf neutrale, nicht aktivierende Reizaspekte zu konzentrieren. Diese Interpretation wird durch Ergebnisse von MILLER und KARNIOL (1976) unterstützt. In dieser Untersuchung wurde die Wartezeit für alle Vpn nach 4 Minuten abgebrochen. Anschließend mußten die Vpn die Dauer der verstrichenen Aufschubzeit schätzen. Bei Anwesenheit der Belohnung wurde das Zeitintervall stark überschätzt. Die Schätzungen waren um etwa 50 Prozent höher als bei Abwesenheit der Belohnung.

PATTERSON und MISCHEL (1976; MISCHEL und PATTERSON, 1976) untersuchten eine etwas andere Art von Selbstkontrolle: Unbeirrtes Fortsetzen einer zielgerichteten Tätigkeit (für deren Fertigstellung eine Belohnung geboten wird) in Anwesenheit von attraktiven Ablenkungen. Auch in diesen Untersuchungen zeigte sich, wie wichtig es ist, worauf die Aufmerksamkeit während der Aufschubzeit gerichtet ist.

In der Untersuchung von MISCHEL und PATTERSON (1976) mußten Kinder eine Steckbrettaufgabe fertigstellen, um eine Belohnung zu erhalten. Während sie an dieser Aufgabe arbeiteten, wurden sie wiederholt von einer attraktiven Clownfigur angesprochen und abgelenkt.

Durch entsprechende Instruktionen wurden den Kindern in den verschiedenen Versuchsbedingungen unterschiedliche Strategien (oder «Pläne» im Sinn von MILLER, GALANTER und PRIBRAM, 1960) nahegelegt, wie sie sich gegenüber der Ablenkung verhalten sollten. Beim *aufgabenorientierten* Plan wurde die Aufmerksamkeit auf die Aufgabe gelenkt; beim *ablenkungshemmenden* Plan sollten sich die Kinder darauf konzentrieren, sich nicht ablenken zu lassen, beim *belohnungsorientierten* Plan sollten sich die Kinder auf die versprochene Belohnung konzentrieren. Jede dieser drei Versuchsbedingungen wurde weiter aufgeteilt. Eine Hälfte der Kinder erhielt detaillierte Instruktionen («elaborierte Pläne»), in denen der genaue Wortlaut von passenden Antworten auf Ablenkungsversuche des Clowns enthalten war. Die anderen Kinder erhielten nur die vage Instruktion, daß sie auf Ablenkungsversuche des Clowns mit irgendwelchen Bemerkungen antworten sollten, die ihnen zielführend erschienen.

Im Vergleich zu einer Kontrollgruppe (ohne Plan) waren nur die detaillierten Pläne erfolgreich. Bei detaillierten Plänen wurde ein größerer Teil der Aufgabe fertiggestellt, ein größerer Prozentsatz der Zeit für die Aufgabe verwendet, und die durchschnittliche Dauer der einzelnen Ablenkungsperioden war geringer als bei globalen Plänen bzw. ohne Plan. Eine genauere Analyse zeigte, daß von den Bedingungen mit detaillierten Plänen nur zwei der Kontrollgruppe überlegen waren: der ablenkungshemmende und der belohnungsorientierte Plan. Daß die Konzentration auf die Belohnung die Selbstkontrolle förderte, und nicht wie in vielen früheren Untersuchungen störte, wird von den Autoren auf die unterschiedliche Versuchssituation zurückgeführt. Während es sich in den früheren Untersuchungen um passive Wartesituationen handelte, mußten die Vpn von MISCHEL und PATTERSON eine Aufgabe fertigstellen, um die Belohnung zu erhalten. In dieser aktiven Situation wurde die Ausführung des Verhaltens, von dem die Belohnung abhing, offenbar durch Konzentration auf diese Belohnung erleichtert.

Bei der Selbstkontrolle spielt auch die Selbstbestrafung durch Angst eine Rolle. Wenn bei einer Versuchung die Angst größer ist als der positive Anreiz, wird man der Versuchung nicht folgen[2]. Die Angst wird durch Bestrafung auf bestimmte Verhaltensweisen und Objekte (Reize) konditioniert. Welche Faktoren dabei von Bedeutung sind, wurde schon in früheren Abschnitten besprochen. Dazu zählen Zeitpunkt und Intensität der Bestrafung; Einsicht in den Zusammenhang zwischen Verhalten und Bestrafung; die Person, welche die Bestrafung durchführt und die Beobachtung stellvertretender Bestrafung.

ARONFREED (1969) vertritt die Ansicht, daß ein Strafreiz zu Beginn einer unerwünschten Verhaltensweise nicht nur deshalb wirksamer ist als Bestrafung nach ihrer Durchführung, weil dadurch mögliche Verstärker dieses Verhaltens ausgeschaltet werden. Häufig geht der Durchführung einer Handlung deren Intention, Vorstellung oder Verbalisierung (Benennung) voraus. Durch die Strafe am Anfang einer Handlung werden daher auch die unmittelbar vorausgehenden Ereignisse, also Intention, Vorstellung und Verbalisierung, bestraft und damit angstauslösend. Die bloße Vorstellung oder Intention ruft dann bereits Angst hervor, die Beseitigung (Unterlassung) der Vorstellung bzw. Absicht wirkt daher angstreduzierend.

Viele Autoren halten auch *verbale Selbstkritik* («das darf ich nicht tun», «das ist böse») für eine wichtige Form der Selbstbestrafung und Selbstkontrolle. Verbale Selbstkritik wird durch Beobachtung gelernt. Ob und welchem Ausmaß die zunächst vom Modell geäußerten aversiven Sätze oder Worte vom Beobachter übernommen werden, hängt von Zeitfaktoren und von Modelleigenschaften ab. Kritik, die am Ende oder nach einer (z. B. physischen) Bestrafung vom Modell geäußert wird, kann sekundäre Verstärkereigenschaften erwerben, weil sie mit dem Aufhören eines aversiven Vorgangs (also mit einer negativen Verstärkung) zusammenfällt. Eine am Ende einer Bestrafung geäußerte Kritik wird daher häufiger übernommen als verbale Kritik, die am Anfang oder vor einer Bestrafung wahrgenommen wurde (ARONFREED, 1964). Modelleigenschaften sind hier aber mindestens ebenso wichtig wie Zeitvariablen. Die Kritik seitens einer beliebten (freundlichen) Modellperson wird viel eher übernommen als Kritik, die ein unbeliebtes Modell ausspricht (GRUSEC, 1966).

Alle in diesem Abschnitt erwähnten Faktoren tragen natürlich auch zur Internalisierung von Verhalten bei. (Viele Autoren verwenden auch die Ausdrücke Gewissen und Internalisierung weitgehend synonym.)

2.447 *Identifizierung*

Der Begriff Identifizierung wird mindestens in drei verschiedenen Bedeutungen verwendet (BRONFENBRENNER, 1960): Als Bezeichnung einer weitgehenden Verhaltensähnlichkeit zwischen zwei Personen, als Bezeichnung eines Motivs (es kann ein erstrebenswerter Anreiz sein, eine andere Person zu imitieren – «so zu sein wie diese») und als Bezeichnung eines hypothetischen Prozesses, der die Ursache der beiden anderen Arten der Identifizierung sein soll.

Identifizierung im ersten Sinn (Verhaltensähnlichkeit) bedeutet besonders häufige und vielfältige Imitation. Es stellt sich hier die Frage: Unter welchen Bedingungen (z. B. aufgrund welcher Modelleigenschaften) werden besonders viele Verhaltensweisen einer Modellperson imitiert?

Identifizierung im zweiten Sinn (Bedürfnis zu imitieren) ist offensichtlich ein (sicher besonders wichtiger) Spezialfall der ersten Bedeutung des Wortes. Hier muß man fragen: Unter welchen Bedingungen wird die Imitation einer Modellperson ein positiver Anreiz? Die Frage bezieht sich also nicht (wie bei Identifizierung als Ver-

[2] Eine genauere Analyse solcher Prozesse (gleichzeitige Annäherungs- und Vermeidungstendenzen) wird in Abschnitt 2.53 (Appetenz-Aversions-Konflikt) vorgelegt.

haltensähnlichkeit) auf die allgemeinen Bedingungen weitgehender Imitation, sondern auf die Bedingungen weitgehender Imitation aufgrund *einer* bestimmten Ursache (nämlich aufgrund des positiven Anreizwertes der Imitation).

Der Begriff Identifizierung in seiner dritten Bedeutung (ein psychischer Prozeß, der die Ursache der Imitation und des Imitationsbedürfnisses ist) sollte vermieden werden, denn er kann zu zirkulären Scheinerklärungen führen: Zunächst wird der Sachverhalt der Imitation (als Verhalten und/oder Anreiz) festgestellt. Daraus schließt man auf einen psychischen Prozeß namens Identifizierung. Dieser Prozeß (der aus den beobachteten Fakten erschlossen wurde), wird nun als die erklärende Ursache eben derselben Fakten bezeichnet.

Aus MOWRERS (1950, 1960) Theorie der Imitation geht hervor, wodurch die Imitation eines bestimmten Modells ein positiver Anreiz werden kann. Voraussetzung ist eine freundliche, liebevolle Interaktion zwischen Modell und dem potentiellen Imitator. Das heißt, das Modell muß dem späteren Imitator zunächst Verstärker darbieten (Nahrung, Körperkontakt, Zuwendung, Lob usw.). Dadurch geht die Wahrnehmung vieler Verhaltensweisen des Modells unmittelbar dem Empfang eines Verstärkers voraus. Diese beobachteten Verhaltensweisen werden dadurch sekundäre Verstärker. Sie erwerben somit positiven Anreizcharakter und werden deshalb imitiert. Daß freundliche, liebevolle Modellpersonen eher imitiert werden als unfreundliche, wurde von BANDURA und HUSTON (1961) experimentell nachgewiesen.

Außer der Freundlichkeit des Modells spielen jedoch auch noch andere Faktoren eine wichtige Rolle. Nach der *Neidtheorie* von WHITING (1959, 1960) identifiziert man sich besonders mit solchen Personen, die man um das große Ausmaß an Zuwendung, Nahrung usw., das sie erhalten, beneidet. In lerntheoretischer Terminologie heißt das, daß ein hohes Ausmaß stellvertretender Verstärkung zu einer großen Imitationshäufigkeit führt. Die Richtigkeit dieser Aussage wurde in den letzten Abschnitten mehrfach belegt.

Andere Autoren (etwa PARSONS, 1955) halten die *Macht* eines Modells für eine wesentliche Voraussetzung der Identifizierung. Macht kann man definieren als Kontrolle über Verstärker. Eine mächtige Person verfügt über Verstärker, die sie anderen geben oder vorenthalten kann.

In einem sorgfältig geplanten und komplizierten Experiment untersuchten BANDURA, ROSS und ROSS (1963a) die relative Wirksamkeit der genannten drei Faktoren (Freundlichkeit, Neid und Macht). Das freundliche Modell gab den Vpn (Kindern) Verstärker. Das mächtige Modell verfügte ebenfalls über Verstärker, verteilte sie aber nicht an die Vp, sondern an eine dritte Person. Das beneidete Modell schließlich erhielt vor den Augen der Vpn zahlreiche Verstärker. Das mächtige Modell wurde bei weitem am meisten imitiert, und zwar in bezug auf Aussehen (Kleidung), Bewegungen und Sprechweise.

Zusammen mit den bekannten Befunden, daß Personen mit hohem sozialökonomischem Status (LEFKOWITZ, BLAKE und MOUTON, 1955) und Personen mit hohen Fähigkeiten (MAUSNER, 1953, 1954) besonders oft imitiert werden, legen die Ergebnisse von BANDURA, ROSS und ROSS die Verallgemeinerung nahe, daß die *Kontrolle über Verstärker und Strafreize* der entscheidende Faktor ist. Man imitiert bevorzugt solche Modelle, die Kontrolle über potentielle Verstärker und Strafreize ausüben – möglicherweise in der Erwartung, dadurch selbst mehr Kontrolle ausüben zu können. Mehrere Theorien (z. B. die Theorie der gelernten Hilflosigkeit und die Reaktanztheorie, vgl. dazu Abschnitt 2.54) und zahlreiche Ergebnisse (s. dazu ebenfalls Abschnitt 2.54) weisen darauf hin, daß die *aktive* Kontrolle über Verstärker wichtiger ist als das bloße *passive* Erhalten von Verstärkern.

2.5 Entscheidung, Freiheit und Kontrolle

2.51 Definition und Klassifizierung von Konflikten

Ein Konflikt liegt immer dann vor, wenn in einer Situation zwei oder mehr unverträgliche (d. h. nicht gleichzeitig durchführbare) Verhaltensweisen zur Verfügung stehen. In behavioristischer Sicht sind Konflikte eine Teilmenge der Verhaltenshierarchien (nämlich solche, die aus unverträglichen Verhaltensweisen bestehen). Hat jemand in (sozialen) Gefahrensituationen die beiden Reaktionen Schreien und Davonlaufen gelernt, so liegt kein Konflikt vor, denn beide Komponenten seiner Verhaltenshierarchie sind gleichzeitig durchführbar (er kann schreiend davonlaufen). Hat jemand im gleichen Fall die Reaktionen Flucht und Aggression gelernt, befindet er sich in einem Konflikt: Er muß entweder fliehen oder aggressiv handeln. Aus kognitiver Sicht ist ein Konflikt die Entscheidung zwischen zwei oder mehr unverträglichen (d. h. einander ausschließenden) Alternativen.

Seit LEWIN (1935, 1936) ist es üblich, drei Arten von Konflikten zu unterscheiden. Ein *Appetenzkonflikt* (Annäherungskonflikt) liegt bei der Entscheidung zwischen positiven Alternativen vor (z. B. die Wahl zwischen Partnern; die Wahl zwischen Filmen, die man ansehen möchte). Die Entscheidung zwischen negativen Alternativen ist ein *Aversionskonflikt* (Vermeidungskonflikt), z. B. die Wahl zwischen Lernen und Versagen bei einer Prüfung, zwischen dem Aufsuchen des Zahnarztes oder weiter anhaltenden Zahnschmerzen. Die dritte Konfliktform, der *Appetenz-Aversions-Konflikt,* ist dadurch gekennzeichnet, daß ein und dasselbe Objekt (bzw. eine Verhaltensweise) positive und negative Aspekte hat und daher gleichzeitig Annäherungs- und Vermeidungstendenzen auslöst (eine Berufsmöglichkeit, die ein hohes Einkommen, aber auch viel Arbeit bringt; ein Mensch, den man gleichzeitig schätzt und fürchtet).

Es lassen sich auch verschiedene zeitliche Phasen eines Konflikts unterscheiden. Zuerst kommt die *Vorentscheidungsphase,* die meistens als unangenehm gespannt erlebt wird und deren Dauer in Abhängigkeit von Situations- und Persönlichkeitsvariablen beträchtlich schwanken kann. Dann kommt die *Entscheidung* selbst. In der Regel entscheidet man sich für die attraktivste verfügbare Alternative (bei Aversionskonflikten für das geringste Übel). Bei Appetenz-Aversions-Konflikten ist der Entscheidungsprozeß äußerst kompliziert (siehe Abschnitt 2.53). Hier können nach Maßgabe der Konfliktsituation die verschiedenartigsten Konfliktlösungen auftreten: Vermeidung der Situation, Zögern, Wahl einer Ersatzlösung anstelle des ursprünglich angestrebten Objekts, Schwanken zwischen mehreren Ersatzlösungen usw. Mit der Entscheidung ist aber der Konflikt keineswegs bereinigt (wie besonders durch dissonanztheoretische Überlegungen deutlich wurde). In der *Nachentscheidungsphase* treten Zweifel an der Richtigkeit der Entscheidung, Rationalisierungen und Neubewertungen der Alternativen auf.

2.52 Appetenzkonflikte

2.521 Konfliktstärke

Die Vorentscheidungsphase kann, wie gesagt, in ihrer Dauer beträchtlich variieren. Es gibt schnelle und qualvoll langsame Entscheidungen. Auch das Ausmaß der Spannung (Aktivierung) kann stark variieren. Von belanglosen, kaum bewußten bis zu nahezu unerträglichen Konflikten gibt es hier zahlreiche Abstufungen. Beide Variablen, Latenz und Spannung, sind (beobachtbare) Indikatoren der *Konfliktstärke,* d. h. des Konfliktausmaßes, das ein Individuum gerade erlebt.

Wovon hängt die Konfliktstärke ab? BERLYNE (1957, 1960) nennt (im Rahmen einer lernpsychologisch inspirierten Konflikttheorie) drei Variablen: Zahl der Alternativen, absolute Werte der Alternativen und relative Werte der Alternativen zueinander (oder, in behavioristischer Terminologie: Zahl der Verhaltensalternativen sowie deren absolute und relative Reaktionsstärken).

Je größer die Zahl der Alternativen ist, desto größer ist die Konfliktstärke. Die Wahl zwischen fünf Berufen (oder Partnern) ist schwieriger, unangenehmer und dauert länger als die Wahl zwischen zwei Berufsmöglichkeiten (oder Partnern). Der Einfluß der Alternativenzahl auf die Reaktionszeit wurde experimentell bereits von MERKEL (1885), später u. a. von HICK (1952) und HYMAN (1953) gezeigt.

Aber selbst bei konstanter Alternativenanzahl kann die Konfliktstärke variieren. Hier spielt die Wertigkeit der Alternativen (bzw. die Höhe der Reaktionsstärken) eine Rolle. Die Entscheidung zwischen zwei wichtigen (hochwertigen) Alternativen ist schwieriger als die Entscheidung zwischen zwei relativ unwichtigen (eher wertneutralen) Alternativen. So ist die Entscheidung zwischen zwei Berufsmöglichkeiten meistens schwieriger als die Entscheidung zwischen zwei Filmen. Auf die Tatsache, daß ein positiver Anreiz um so mehr aktiviert (um so mehr Spannung erzeugt), je höher sein subjektiver Wert ist, wurde in früheren Abschnitten bereits verwiesen.

Als dritte Variable bleibt noch die relative Wertigkeit bzw. relative Reaktionsstärke. Gleiche Reaktionsstärken verlängern die Reaktionszeit. Je unterschiedlicher die Reaktionsstärken sind (je deutlicher eine dominante Reaktion ausgeprägt ist), desto kürzer wird im Durchschnitt die Reaktionszeit (HYMAN, 1953). Ähnlich verhält es sich mit den Wertigkeiten der Alternativen. Die Entscheidung zwischen gleichwertigen Alternativen ist schwierig. Je deutlicher eine Präferenz ausgebildet ist (je größer die Wertdifferenz zwischen der bevorzugten Alternative und allen anderen ist), desto geringer ist der Konflikt. Die in diesem Abschnitt dargestellten Variablen sind in Abbildung 33 zusammengefaßt.

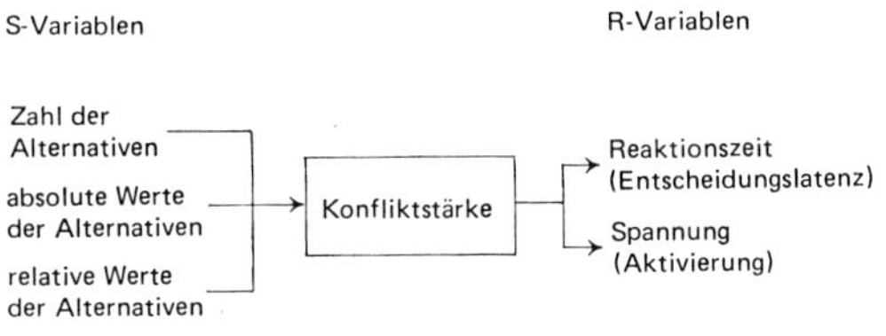

Abbildung 33

Eine sehr detaillierte und – im Gegensatz zu BERLYNE – kognitiv orientierte Konflikttheorie stammt von FEGER (1978): das Konfliktmodell der Folgenantizipationen. Diese Theorie wurde in einer umfangreichen Serie von Untersuchungen von FEGER (1978) und seinen Mitarbeitern (z. B. KASTNER, 1978; SOREMBE, 1978; WESTHOFF, 1978) überprüft und weitgehend bestätigt.

Neben den Verhaltensvariablen Entscheidung und Entscheidungszeit (Latenz) spielen in diesem Modell mehrere kognitive Variablen eine wichtige Rolle: die persönliche Wichtigkeit des Konflikts, die absoluten und relativen Präferenzstärken für die verschiedenen Alternativen (d. h. die absoluten und relativen Werte der Alternativen), die Konfidenz (Sicherheit, ob die getroffene Entscheidung richtig ist), die erlebte Konfliktstärke, sowie Informationswunsch und Informationssuche (im Gedächtns oder bei externen Informationsquellen).

Das Modell nimmt an, daß gleich zu Beginn eines Konflikts dessen Wichtigkeit eingeschätzt wird und während der ganzen Vorentscheidungsphase konstant bleibt. Die Wichtigkeit eines Konflikts hängt u. a. von folgenden Variablen ab: Die Wichtigkeit ist bei einem realen Konflikt größer als bei einem fiktiven; sie ist groß, wenn der Entscheidende selbst von den Folgen der Entscheidung betroffen ist; sie ist größer bei endgültigen als bei vorläufigen (reversiblen) Entscheidungen.

Außerdem stehen zu Beginn des Konflikts annähernd die Bewertungen der Alternativen fest. Diese können sich allerdings im Lauf der Vorentscheidungsphase ändern, zum Beispiel durch neue Information. Die genannten Variablen (Wichtigkeit des Konflikts sowie absolute und relative Bewertungen der Alternativen) bestimmen somit weitgehend die nachfolgenden Prozesse in der Vorentscheidungsphase. Mit anderen Worten: die anderen Konfliktvariablen werden direkt oder indirekt von den Alternativbewertungen und der Konfliktwichtigkeit beeinflußt. Mit der Einschätzung der Wichtigkeit legt der Entscheidende fest, wieviel Zeit und Aufwand (etwa bei der Informationssuche) er zu investieren bereit ist.

Die Hauptannahme des Modells ist, daß nun eine Serie von Folgenantizipationen einsetzt, das heißt, das entscheidende Individuum stellt sich nacheinander verschiedene mögliche bzw. wahrscheinliche Konsequenzen der Entscheidung für Alternative A, der Entscheidung für B usw. vor. Wenn es sich nur um zwei Alternativen A und B mit den Konsequenzen $a_1, a_2, \ldots, a_i, \ldots$ und $b_1, b_2, \ldots b_i, \ldots$ handelt, dann wäre $a_5, a_1, b_3, a_2, a_4, b_1, b_7, b_5, a_7, a_6, a_3, a_8$ ein mögliches Beispiel für eine solche Serie von Folgenantizipationen. Die Reihenfolge der Antizipationen ist zufällig.

Das Modell hat folgendes Entscheidungskriterium: Eine endgültige Entscheidung wird getroffen, wenn mindestens k günstige Folgenantizipationen bezüglich einer Alternative unmittelbar hintereinander (das heißt ohne Unterbrechung durch eine günstige Folgenantizipation bezüglich einer anderen Alternative) auftreten. Die Zahl k hängt von der Konfliktwichtigkeit ab. Je wichtiger der Konflikt ist, desto mehr günstige Folgen einer Alternative müssen unmittelbar nacheinander antizipiert werden, bevor man sich dann für diese Alternative entscheidet.

Aufgrund dieser Annahmen kann das Modell Aussagen darüber machen, auf welche Weise Konfliktwichtigkeit und Alternativbewertungen

andere Variablen wie Entscheidungszeit, Entscheidung und Konfidenz beeinflussen.
Die Entscheidungszeit wächst mit der Wichtigkeit der Entscheidung, weil sich mit der Wichtigkeit die Zahl k erhöht. Bei einer zufälligen Serie von Antizipationen wird es im Durchschnitt um so länger dauern, bis k günstige Konsequenzen *einer* Alternative nacheinander (ohne Unterbrechung) auftreten, je größer k ist. Die Bewertungen beeinflussen die Entscheidungszeit folgendermaßen: Je geringer der Unterschied zwischen den Präferenzstärken ist (je ähnlicher die Bewertungen sind), desto länger wird es im Durchschnitt dauern, bis k günstige Folgen *einer* Alternative nacheinander auftreten. Die Entscheidungszeit hängt außer von Konfliktwichtigkeit und Alternativenbewertungen außerdem noch von der Informationssuche ab. Darauf soll jedoch hier nicht näher eingegangen werden.
Das Modell erklärt auch die Entscheidung selbst. Es zeigt, warum man sich meistens, aber nicht immer für die höher bewertete Alternative entscheidet; und daß man sich um so eher für die bevorzugte Alternative entscheidet, je größer der Bewertungsunterschied zwischen den Alternativen ist. Man entscheidet sich dann für die weniger bevorzugte Alternative, wenn in der Serie der Folgenantizipationen eine Reihe von k ununterbrochenen günstigen Folgen für diese Alternative auftritt. Das ist um so unwahrscheinlicher, je größer die Bewertungsdifferenz zwischen den Alternativen ist.
Nach Annahme des Modells von FEGER hängt die Konfidenz von der Anzahl der Oszillationen in den antizipierten Folgen ab. Mit Oszillation ist das Abwechseln von (günstigen) Folgen für A bzw. B gemeint. Solche Oszillationen sind um so häufiger, je länger die Serie der Folgenantizipationen ist, und je ähnlicher die Alternativenbewertungen sind. Daher wird man bei einem Entschluß um so unsicherer sein, je wichtiger die Entscheidung ist, und je ähnlicher die Alternativbewertungen sind.
Aus Raumgründen konnte die Konflikttheorie von FEGER hier nur teilweise beschrieben werden. Diese Darstellung sollte vor allem deutlich machen, daß in der Vorentscheidungsphase äußerst komplexe Prozesse stattfinden und daß die Entscheidung selbst von den Prozessen in der Vorentscheidungsphase nicht grundsätzlich verschieden ist. Man kann nicht streng zwischen Vor- und Nachentscheidungsphase unterscheiden, sondern man sollte die Prozesse in der Vorentscheidungsphase als eine Reihe von (internen und vorläufigen) Probeentscheidungen auffassen, die nicht prinzipiell von der sichtbaren und endgültigen Entscheidung verschieden sind (vgl. zu diesem Thema auch IRLE, 1975). Das zeigt sich auch deutlich nach der Entscheidung: Mit der Entscheidung ist der Konflikt keineswegs beendet. Es werden weiterhin die Alternativen analysiert, oft kommt es zum Bedauern der Entscheidung und meistens zu Neubewertungen der Alternativen.

2.522 Die Nachentscheidungsphase

Nach Entscheidungen tritt Dissonanz auf. Das beruht darauf, daß auch bei einem Appetenzkonflikt (also bei der Entscheidung zwischen insgesamt positiv bewerteten Alternativen) jede Alternative sowohl positive wie negative Aspekte hat. (Ein potentieller Mitarbeiter an einem Forschungsprojekt hat vielleicht die positiven Eigenschaften Intelligenz, Wissen und Kooperationsbereitschaft, andererseits ist er langweilig; ein Sportwagen, den man kaufen möchte, ist schön und schnell, andererseits teuer und unbequem.) Die Gesamtbewertung eines Objekts ist eine Art Mittelwert aus den Bewertungen der Einzelaspekte.
Die Dissonanz nach einer Entscheidung entsteht dadurch, daß man durch die Entscheidung für Alternative A auch deren negative Aspekte und Folgen in Kauf nehmen muß und mit der Ablehnung von B (und eventuell auch anderer Alternativen) auch deren positive Seiten aufgibt. Das wird in Abbildung 34 veranschaulicht. Entscheidung für A, Ablehnung von B, sowie die einzelnen positiven und negativen Aspekte von A und B sind die beteiligten kognitiven Elemente. Konsonante Relationen (als durchgehende Linien dargestellt) bestehen zwischen dem Element «Entscheidung für A» und allen positiven Aspekten von A sowie zwischen «Ablehnung von B» und allen negativen Aspekten von B. Dissonante Relationen (strichlierte Linien) bestehen zwischen «Entscheidung für A» und den negativen Aspekten von A sowie zwischen «Ablehnung von B» und den positiven Aspekten von B.
Die Dissonanzstärke wird, wie erwähnt (Abschnitt 1.342) als der relative Anteil der disso-

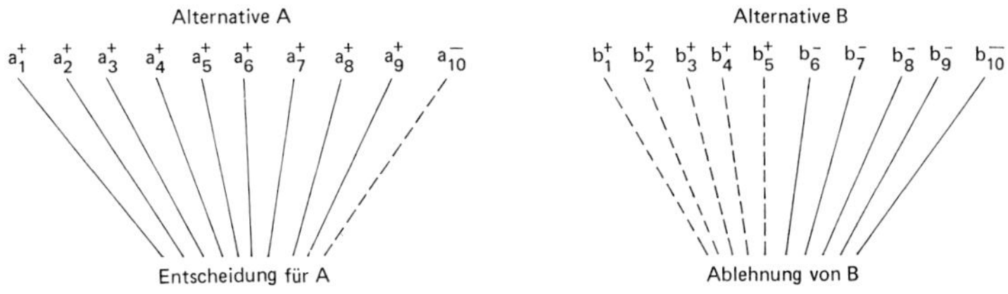

Abbildung 34

nanten Relationen an allen kognitiven Relationen definiert. In unserem Beispiel ergibt sich ein Dissonanzindex von 0,30 (6 von insgesamt 20 kognitiven Relationen sind dissonant), also relativ wenig Dissonanz. Dennoch wird ein Bedürfnis nach Dissonanzreduktion vorhanden sein.

Die Dissonanz wird reduziert, indem der Anteil konsonanter Relationen erhöht wird. Das kann durch Änderung kognitiver Elemente geschehen. Eigenschaften der gewählten Alternative werden plötzlich positiver gesehen («mein neuer Mitarbeiter ist gar nicht so langweilig, wie ich geglaubt habe», «er ist noch viel intelligenter, als ich dachte»). Dadurch wird die Gesamtbewertung der gewählten Alternative positiver als vor der Entscheidung. Es können auch Eigenschaften der abgelehnten Alternative plötzlich negativer gesehen werden, wodurch deren Gesamtbewertung sinkt («der abgewiesene Bewerber verfügt über viel weniger Wissen, als ich zuerst glaubte»). Natürlich können auch beide Prozesse gleichzeitig auftreten. Die Umwertung (Neubewertung) der Alternativen kann auch durch Aufnahme neuer, konsonanter «Information» erfolgen.

Die Dissonanztheorie sagt aber nicht nur voraus, daß die *Nachentscheidungsdissonanz* (post decision dissonance) zu Neubewertungen nach der Entscheidung führt, sondern auch das relative Ausmaß dieser Umwertungen. Im vorigen Beispiel war Alternative A wesentlich positiver als B (90% gegenüber 50% positive Eigenschaften). Betrachten wir jetzt zwei andere Alternativen C und D, deren Wertigkeiten nicht so verschieden sind (60% gegenüber 50% positive Eigenschaften), siehe Abbildung 35. Die Dissonanzstärke ist jetzt wesentlich höher (Dissonanzindex 0,45, weil 9 von 20 Relationen dissonant sind). Da die Dissonanz höher ist, ist auch die Notwendigkeit ihrer Reduktion größer. Es werden also stärkere Umwertungen vorgenommen werden müssen als im vorigen Beispiel.

Die beiden Hypothesen, (1) daß nach einer Entscheidung die Alternativen umgewertet werden und (2) daß diese Umwertung nach einer Entscheidung zwischen ähnlich bewerteten Alternativen größer ist als bei sehr ungleich bewerteten, wurden erstmals von BREHM (1956) experimentell geprüft. Die Untersuchung war als Marktforschungsexperiment getarnt. Die Vpn hatten 8 Gegenstände, deren Geldwert gleich war, nach ihrer Attraktivität auf einer 8-Punkte-Skala zu beurteilen (1 = nicht attraktiv, 8 = sehr attraktiv). Anschließend wurde ihnen als Dank für ihre Mitarbeit einer der Gegenstände als Geschenk versprochen. Dabei konnte jede Vp zwischen zwei vom Vl genannten Gegenständen wählen. In einer Bedingung (geringe Dissonanz) wurden dabei jeder Vp zwei von ihr sehr unterschiedlich bewertete Gegenstände angeboten (2½ Punkte Differenz). In der zweiten Versuchsgruppe (hohe Dissonanz) wurden relativ gleichwertige Gegenstände zur Wahl gestellt (1 Punkt Differenz). Nach der Entscheidung für ein Geschenk

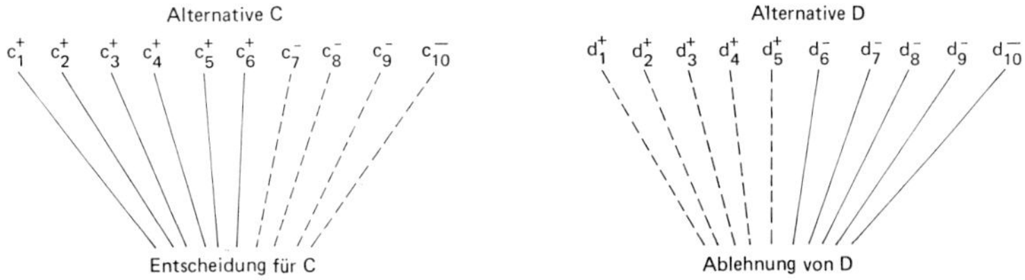

Abbildung 35

Tabelle 11

		Bewertung vor der Entscheidung	Bewertungs-änderung	Dissonanz-reduktion
geringe Dissonanz	Bewertung der gewählten Alternative	5,98 (6,00)	+ 0,38 (+ 0,11)	− 0,62 (− 0,11)
	Bewertung der abgelehnten Alternative	3,54 (3,47)	− 0,24 (− 0,00)	
starke Dissonanz	Bewertung der gewählten Alternative	6,19 (6,05)	+ 0,26 (+ 0,38)	− 0,92 (− 0,79)
	Bewertung der abgelehnten Alternative	5,23 (5,07)	− 0,66 (− 0,41)	

mußten die Gegenstände von den Vpn erneut bewertet werden. Die Ergebnisse der zwei Versuchsgruppen (starke und geringe Dissonanz) zeigt Tabelle 11 (die Ergebnisse in Klammern stammen von zwei weiteren analogen Versuchsgruppen, die aber mehr Information über die Gegenstände zur Verfügung hatten). Sie unterstützen die dissonanztheoretischen Aussagen.

Der mögliche Einwand, daß ein Gegenstand vielleicht bloß deshalb aufgewertet wird, weil man ihn als Geschenk erhält, wurde durch eine Kontrollgruppe entkräftet. In dieser Gruppe erhielt jede Vp (ohne eigene Wahl) ein bestimmtes Geschenk. Die Bewertungen dieser Gegenstände änderten sich nicht. – Eine ausführliche Diskussion zahlreicher einschlägiger Experimente unter dem Gesichtspunkt der Dissonanzreduktion findet man bei Brehm und Cohen (1962).

Eine Schwäche der Dissonanztheorie besteht darin, daß sie zwar das Auftreten von Umwertungen nach Entscheidungen und auch deren relatives Ausmaß voraussagen kann, nicht aber, wie die Umwertung geschieht. Wann die Aufwertung der gewählten, die Abwertung der abgelehnten Alternative oder beide Umwertungen gleichzeitig auftreten, kann die Theorie zunächst nicht angeben. Sie gibt auch keine Auskunft darüber, unter welchen Bedingungen die Umwertungen durch Änderung kognitiver Elemente, Neuaufnahme kognitiver Elemente oder beide Prozesse gleichzeitig erfolgen (mit Ausnahme der Einschränkung, daß stark gebundene Elemente schwer zu ändern sind).

Einen bedeutenden Schritt zur Behebung dieser Schwächen stellt die Arbeit von Walster, Berscheid und Barclay (1967) dar. Es wurde die folgerichtige Zusatzhypothese zur Dissonanztheorie formuliert und überprüft: Nachentscheidungsdissonanz wird in einer solchen Weise reduziert, daß weitere Dissonanzerlebnisse weitgehend ausgeschaltet werden. Kinder mußten zunächst zwei Spielsachen bewerten und konnten dann eine als Geschenk auswählen. Einer Hälfte der Kinder wurde daraufhin mitgeteilt, sie würden demnächst Informationen über die gewählte Alternative erhalten. Der zweiten Gruppe wurde Information über die abgelehnte Alternative in Aussicht gestellt. Danach mußten alle Kinder noch einmal beide Spielsachen bewerten.

Der Hypothese entsprechend reagierten die Kinder der ersten Gruppe (Erwartung von Information über die gewählte Alternative) mit einer deutlichen Abwertung der abgelehnten Alternative (– hier konnte beliebig rationalisiert werden, keine eventuell der Umwertung widersprechende Information war zu erwarten). Bei der gewählten Alternative trat keine nennenswerte Umwertung ein. Die andere Gruppe (Erwartung von Information über die abgelehnte Alternative) reagierte genau umgekehrt: Die gewählte Alternative wurde aufgewertet, die Bewertung der abgelehnten blieb unverändert (Abbildung 36). In neuerer Zeit beschäftigten sich auch andere Autoren mit dem wichtigen Problem der *Art* der Dissonanzreduktion, allerdings nicht in bezug auf Nachentscheidungsdissonanz (FREY, 1975; GÖTZ-MARCHAND, GÖTZ und IRLE, 1974).

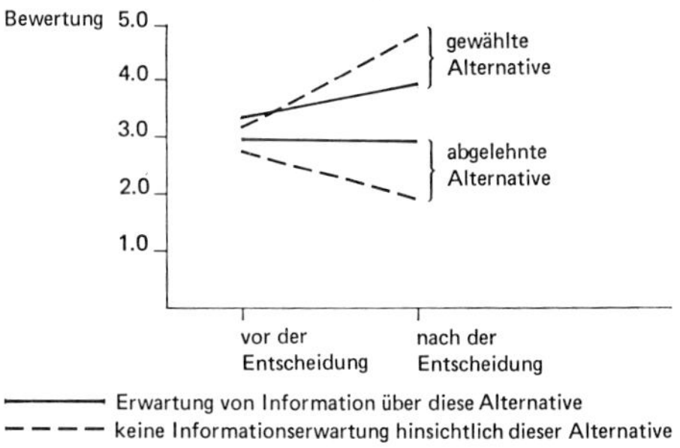

Abbildung 36

Nach einer Entscheidung treten aber keineswegs sofort und ausschließlich dissonanzreduzierende Prozesse auf. Es gibt auch das Gegenteil: *Bedauern einer Entscheidung* (postdecisional regret). Das Bedauern einer Entscheidung äußert sich vor allem darin, daß die gewählte Alternative ab- und die nicht gewählte aufgewertet wird.

WALSTER (1964) untersuchte den genauen zeitlichen Verlauf der Umwertungen nach einer Entscheidung. Über 200 Soldaten konnten zwischen zwei Berufsmöglichkeiten wählen, die sie vor und nach ihrer Entscheidung bewerten mußten. Bei je einem Viertel der Vpn wurde die zweite Bewertung unmittelbar nach der Entscheidung bzw. 4, 15 oder 90 Minuten später vorgenommen. Die Ergebnisse (Tabelle 12) zeigen, daß nach anfänglicher Dissonanzreduktion Bedauern auftritt (Aufwertung der abgelehnten und Abwertung der gewählten Alternative nach 4 Minuten). Nach einer Viertelstunde tritt wieder starke Dissonanzreduktion ein.

Das Auftreten des Regret-Phänomens führt WALSTER auf Reaktanz (BREHM, 1966) zurück. (Reaktanz ist ein von BREHM postuliertes Motiv, das bei jeder Art von Freiheitseinschränkung – Entzug früher verfügbarer Handlungsalternativen – auftritt, und das unter anderem zur Aufwertung nicht mehr zugänglicher Alternativen führt.) Diese Spekulation wird dadurch plausibel, daß sich das Bedauern der Entscheidung viel mehr in der Aufwertung der abgelehnten (+ 0,97) als in der Abwertung der gewählten Alternative (– 0,37) äußert.

2.53 Appetenz-Aversions-Konflikt

Ein Appetenz-Aversions-Konflikt (in diesem Abschnitt AAK abgekürzt) läßt sich besonders leicht im Tierexperiment herstellen. MILLER (1944) verstärkte zunächst Ratten, nachdem sie einen Laufgang passiert hatten, an dessen Ende (Ziel) mit Futter. In einer zweiten Phase des Experiments erhielten die Ratten am Ende des Laufgangs einen elektrischen Schlag. Dadurch erhielt derselbe Reiz (das Ziel) positive und negative Eigenschaften. Es löste gleichzeitig Appetenz- und Aversionstendenzen aus. Es entstand daraufhin ein äußerst merkwürdiges Verhalten der Ratten, das MILLER in seinem theore-

Tabelle 12

	Bewertungs-änderung der gewählten Alternative	Bewertungs-änderung der abgelehnten Alternative	Dissonanz-[1] reduktion bzw. -anstieg
unmittelbar	0,70	0,00	– 0,70
4 Minuten	– 0,37	0,97	+ 1,34
15 Minuten	1,56	– 0,58	– 2,14
90 Minuten nach der Entscheidung	0,67	– 0,38	– 0,31

[1] Gemessen als Größe und Richtung der Differenz zwischen der jeweiligen Bewertung der gewählten und der abgelehnten Alternative.

tischen Modell des AAK (1944, 1959) auch richtig vorhersagte.

Das durch Verstärkung gelernte Verhalten (Annäherung ans Ziel) generalisiert zunächst auf einen weiten Bereich des Laufgangs. Das Vt läuft nicht nur zum Ziel, wenn man es unmittelbar vor diesem in den Laufgang setzt, sondern auch wenn man es an einem weiter entfernten Punkt aufsetzt. Die Zielannäherung erfolgt allerdings um so langsamer, seltener und mit größerer Latenz, je weiter das Tier vom Ziel entfernt ist: Die Reaktionsstärke nimmt mit zunehmender Zieldistanz ab. Es liegt der übliche Zielgradient vor, der in diesem speziellen Fall *Appetenzgradient* heißt (Abbildung 37a, durchgehende Linie.)

In der zweiten Phase des Experiments entsteht ganz analog ein *Aversionsgradient*. Auch beim Fluchtverhalten nimmt die Reaktionsstärke mit zunehmender Zieldistanz ab. Die Aversionstendenz wird um so schwächer, je weiter das Vt vom Zielreiz entfernt ist (Abbildung 37a, strichlierte Linie).

Die Entstehung von Appetenz- und Aversionsgradienten war mit Sicherheit vorauszusehen, denn Generalisation tritt bei jedem Lernprozeß auf. MILLER fügte seinem Modell nun folgende Annahmen hinzu. Erstens: Beim Ziel ist die Reaktionsstärke der Aversion größer als die der Appetenz. Zweitens: Der Aversionsgradient ist steiler als der Appetenzgradient, d. h. die Aversionstendenz (z. B. Angst) nimmt mit zunehmender Entfernung vom Ziel schneller ab als die Annäherungstendenz. Außerdem ist der Unterschied der Steilheit (des Anstiegs) der Gradienten so groß, daß sie einander schneiden. Diese beiden Annahmen sind durch die Lage der Gradienten zueinander in Abbildung 37a veranschaulicht. Drittens: Das tatsächliche Verhalten in jedem Punkt der Reizdimension (des Laufgangs) entspricht der jeweiligen Differenz der Reaktionsstärken von Appetenz und Aversion (Abbildung 37b).

Das Verhalten der Ratten entsprach tatsächlich genau den Reaktionsstärkeunterschieden. Am Anfang des Laufgangs (große Zieldistanz) besteht noch keine Aversion. Das Tier bewegt sich in Richtung Ziel und wird dabei immer schneller bis zum Punkt A. Von jetzt an beginnt die Aversionstendenz der Appetenz entgegenzuwirken. Das Tier wird zwischen A und B immer langsamer und bleibt bei Punkt B stehen. Hier ist die Konfliktstärke am größten (Appetenz und Aversion sind gleich stark), die Situation scheint besonders unangenehm zu sein. Setzt man das Vt in die Zielbox, dann flieht es sofort, wird dabei aber immer langsamer und zögert wieder bei Punkt B.

Generalisation erfolgt nicht nur hinsichtlich der räumlichen Distanz eines Reizes, sondern ganz allgemein in bezug auf Reizähnlichkeit. Die Dimension Zieldistanz kann also viel allgemeiner auch als eine Menge verschiedener Reize (Situationen, Personen) interpretiert werden, die nach Abnahme ihrer Ähnlichkeit mit dem Zielreiz angeordnet sind. So gesehen besagt das MILLER-Modell, daß bei einem AAK der eigentlich angestrebte Reiz vermieden und statt dessen ein Ersatzreiz (Ersatzobjekt) mittlerer Ähnlichkeit gewählt wird. Bei einem zu ähnlichen (zielnahen) Ersatzobjekt würde die Aversion überwiegen, ein sehr unähnliches Objekt andererseits wäre zu wenig attraktiv. Das eben beschriebene Phänomen, die Wahl eines Ersatzobjekts bei einem AAK, wird *Verschiebung* genannt.

Eine solche Verschiebung kann etwa auftreten, wenn eine Person (oder Gruppe) gleichzeitig unbeliebt und sehr gefürchtet ist. Die gegen diese Person gerichtete Aggression (– auch aggressives Verhalten ist ein Appetenzverhalten,

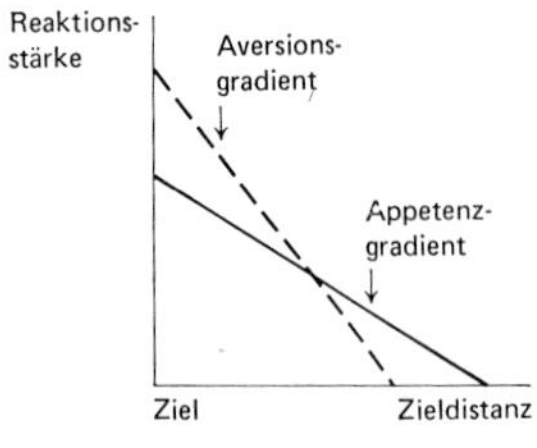

Abbildung 37a

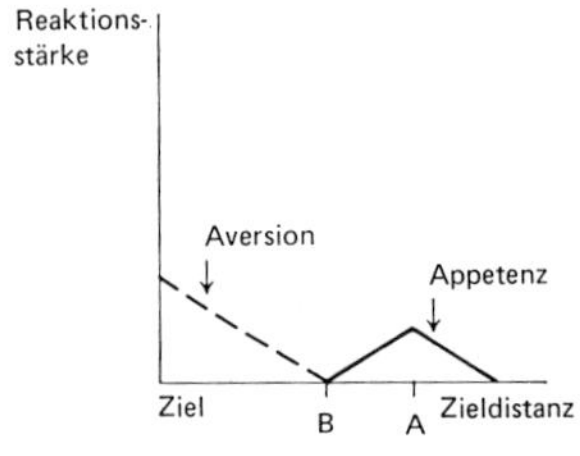

Abbildung 37b

denn es ist auf ein Ziel und nicht von ihm weg gerichtet) wird dann auf ein Ersatzobjekt, einen Sündenbock, verschoben. Ebenso kann bei beabsichtigter Annäherung an ein Mädchen, das zwar sehr attraktiv, aber auch arrogant und abweisend ist, schließlich ein Ersatzobjekt gewählt werden. Daß das MILLERsche Modell nicht nur im Tier-, sondern auch im Humanexperiment zu richtigen Voraussagen führen kann, zeigte u. a. MOCHAR (1973).

Dennoch kann es aus vielen Gründen kritisiert werden. Die Annahme, daß beim Ziel die Aversion stärker ist als die Appetenz, ist nicht immer richtig. Diese Relation hängt von der Stärke der positiven und negativen Anreize ab. Es gibt sicher Fälle, in denen die Angst geringer ist als das Appetenzbedürfnis.

Ferner muß auch der Aversionsgradient nicht immer steiler sein als der Appetenzgradient. Für seine Tierexperimente begründet MILLER diese postulierte Relation etwa so: Das Verhalten (die Reaktionsstärke) hängt von Lernen und Motivation ab. (E = H · (D + K) bei SPENCE, 1956). Die beim Ziel gelernte und dann generalisierte Tendenz, ein bestimmtes Verhalten durchzuführen (H), nimmt natürlich bei Appetenz und Aversion etwa gleichermaßen mit zunehmender Zieldistanz ab. Hinsichtlich der Motivation bestehen aber Unterschiede. Die Appetenz bei MILLERS Ratten beruht auf Hunger (D), der an allen Stellen des Laufgangs gleich ist. Die Aversion beruht auf Angst. Die Angst wird durch einen äußeren Reiz hervorgerufen (die Zielbox hat negativen Anreizwert). Mit zunehmender Entfernung von diesem Reiz nimmt die Angst ab. Diese Verhältnisse und der daraus resultierende Steilheitsunterschied der Gradienten sind in Tabelle 13 schematisch dargestellt.

Für das Rattenexperiment trifft diese Erklärung sicher zu. Sie stimmt aber keineswegs in allen Fällen. Wenn nicht die Appetenz, sondern die Aversion durch konstante innere Reize motiviert ist (z. B. Selbstbestrafung, «Gewissen») und die Appetenz durch äußere Anreize (Anblick eines attraktiven Objekts), dann müßte der Appetenzgradient steiler sein als der Aversionsgradient (WEINER, 1972). Aus den angeführten Gründen habe ich eine allgemeinere Theorie des AAK vorgeschlagen (HERKNER, 1975), die zwei von MILLERS Annahmen fallenläßt und lediglich auf folgenden Voraussetzungen aufbaut:

(1) Es gibt einen Appetenzgradienten.
(2) Es gibt einen Aversionsgradienten.
(3) Das Verhalten in einem AAK entspricht der jeweiligen Differenz der Reaktionsstärken von Appetenz und Aversion.

Von diesen Voraussetzungen ausgehend, kann man 8 verschiedene Typen des AAK unterscheiden, die zu völlig verschiedenen Verhaltensmustern führen. (Das Modell von MILLER sagt für jeden AAK Innehalten vor dem Ziel bzw. Verschiebung voraus.) Es kann, wie gesagt, sowohl der Appetenzgradient wie der Aversionsgradient flach oder steil sein. Flache Gradienten entstehen bei vorwiegend von innen motiviertem Verhalten (Triebe, Selbstverstärkung, Selbstbestrafung). Steile Gradienten kommen bei vorwiegend von außen motiviertem Verhalten vor (positive und negative Anreize). Außerdem hängt die Steilheit der Gradienten davon ab, ob Diskriminationslernen (siehe Abschnitt 1.334 und 2.22) stattgefunden hat. Durch Diskriminationslernen kann ein Generalisationsgradient steiler werden. Ob der Zielreiz mehr Aversion oder mehr Appetenz hervorruft, hängt davon ab, ob der positive oder negative Anreizwert des Ziels größer ist (also von allen in den Abschnitten 2.321 bis 2.323 besprochenen Faktoren).

Die 8 möglichen Typen des AAK wurden an

Tabelle 13

	Ziel	mittlere Zieldistanz			große Zieldistanz
D (Hunger)	2	2	2	2	2
H_{Ap} (gelerntes Appetenzverhalten)	4	3	2	1	0
$E_{Ap} = D \cdot H_{Ap}$ (tatsächliches Appetenzverhalten)	8	6	4	2	0
K (negativer Anreiz, Angst)	4	3	2	1	0
H_{Av} (gelerntes Aversionsverhalten)	4	3	2	1	0
$E_{Av} = K \cdot H_{Av}$ (tatsächliches Aversionsverhalten)	16	9	4	1	0

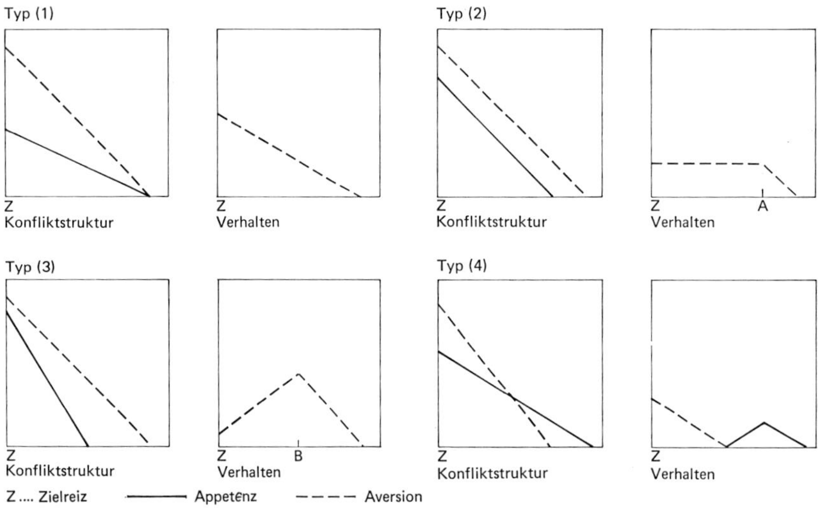

Auf der horizontalen Achse ist nach rechts zunehmende Zieldistanz, auf der vertikalen Achse nach oben zunehmende Reaktionsstärke aufgetragen. Zieldistanz kann als räumliche bzw. zeitliche Distanz vom Ziel oder als abnehmende Reizähnlichkeit interpretiert werden.

Abbildung 38

anderer Stelle (HERKNER, 1975) ausführlich besprochen, sie seien hier nur kurz skizziert. Bei den ersten 4 Fällen ist beim Ziel die Aversion stärker als die Appetenz (Abbildung 38). Typ (1) unterscheidet sich von MILLERS Modell nur dadurch, daß die Gradienten einander nicht schneiden. Dennoch entsteht ein völlig anderes Verhalten: Flucht vor dem Ziel, aus der Situation gehen. Ein ambivalentes Ziel wird hier vollkommen vermieden.

Typ (2): Die Gradienten sind parallel, d. h. beide sind von innen (Selbstverstärkung, Selbstbestrafung, Trieb) oder beide sind von außen (Anreiz) motiviert. Hier wird aber die Konfliktsituation nicht unbedingt vermieden, denn alle Reize zwischen Z und A sind gleich unangenehm. Erst eine große Entfernung vom Ziel (über A hinaus) bringt Erleichterung.

Typ (3): Der Appetenzgradient ist steiler als der Aversionsgradient. Wiederum überwiegt auf der ganzen Dimension die Aversion. Die stärkste Aversion (z. B. Angst) wird aber nicht vom Ziel selbst hervorgerufen, sondern von Reiz B. Es liegt sozusagen eine Verschiebung der Angst (bzw. der Aversion überhaupt) vor.

Typ (4) ist identisch mit dem Modell von MILLER.

Die Konflikttypen (5) bis (8) sind dadurch gekennzeichnet, daß der Zielreiz mehr Appetenz als Aversion hervorruft (Abbildung 39).

Typ (5): Der Appetenzgradient ist steiler, die Gradienten schneiden einander nicht. Das angestrebte Ziel wird erreicht, obwohl auch ständig eine Vermeidungstendenz vorhanden ist. (Die «Versuchung» ist stärker als der «innere Widerstand»).

Typ (6): Parallele Gradienten. Alle Reize zwischen dem Ziel und C sind gleich attraktiv. Es ist ein Verhaltensmuster völliger Unentschlossenheit und großer Entscheidungsschwierigkeiten zu erwarten. Ein ständiges Oszillieren zwischen verschiedenen Reizobjekten kann die Folge sein (Unverläßlichkeit, Launenhaftigkeit).

Typ (7): Der Aversionsgradient ist steiler. In diesem Fall kann zwar das Ziel erreicht werden, jedoch wird meistens, genauso wie bei Typ (4), eine Verschiebung auftreten. Der insgesamt attraktivste Reiz ist nicht das Ziel, sondern Reiz D.

Typ (8): Der Appetenzgradient ist steiler als der Aversionsgradient und die beiden Gradienten schneiden einander. Diese Konfliktform ergibt ein besonders interessantes Verhaltensmuster. Bei großer Zieldistanz überwiegt die Aversion. Sie ist zunächst schwach und steigt mit zunehmender Zielnähe bis zum Punkt E an. Bei weiterer Zielannäherung fällt sie wieder, bis bei Punkt F der Konflikt sein Maximum erreicht. Appetenz und Aversion sind hier gleich stark, unentschlossenes Zögern ist die Folge. Bei großer Zielnähe

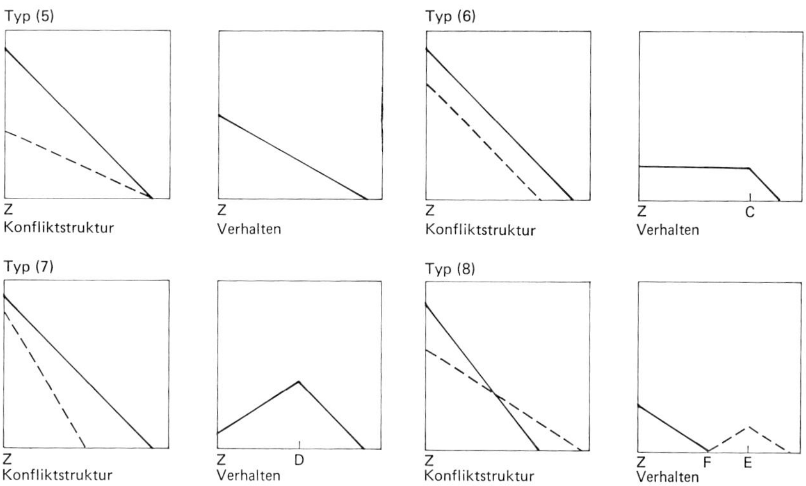

Abbildung 39

jedoch überwiegt die Appetenz und wird bis zum Ziel immer stärker.
Ein denkbares Beispiel für diesen Konflikttyp wäre etwa sexuelle Enthaltsamkeit aus moralischen Gründen. Der Aversionsgradient ist flach, er entsteht durch Selbstbestrafung (Gewissen). Der Appetenzgradient ist steil. Appetenz wird durch einen attraktiven Anreiz motiviert. Eine «verfängliche» Situation wird also zunächst gemieden. Bei größerer Nähe des Zielreizes steigt sogar der Widerstand gegen die Versuchung (Punkt E). Bei sehr großer Zielnähe allerdings überwiegt eindeutig die Appetenz und man gibt der Versuchung nach.
Hätte unser hypothetischer Moralist ein «schwächeres» Gewissen, dann wäre der gesamte Aversionsgradient niedriger (an jedem Punkt des Reizkontinuums wäre die Reaktionsstärke der Selbstbestrafung geringer). Dadurch kann Typ (8) in Typ (5) übergehen (vgl. Abbildung 39). In diesem Fall würde eine zielstrebige Appetenz, wenn auch gegen innere Widerstände (mit schlechtem Gewissen), stattfinden.
Schließlich könnte Typ (8) auch in Typ (3) verwandelt werden (vgl. Abbildung 38), nämlich wenn der Aversionsgradient (in unserem Beispiel die Tendenz zur Selbstbestrafung) durchwegs höher wäre als der Appetenzgradient. Dann wird der Zielreiz vermieden. Die stärkste Abwendung erfolgt allerdings nicht beim Ziel, sondern bei mittlerer Zieldistanz (Reiz B).
Aufgrund der Tatsache, daß in mehreren Untersuchungen die Appetenzgradienten steiler waren als die Aversionsgradienten (vgl. MAHER, 1964, 1966), kamen auch LOSCO und EPSTEIN (1977) zu dem Schluß, daß die von MILLER beschriebene Konfliktform nicht die einzige ist. Die Autoren verweisen auf die (von mir als Typ 8) bezeichnete Möglichkeit und nennen diesen Konflikttyp Aversions-Appetenz-Konflikt (im Unterschied zu MILLERS Appetenz-Aversions-Konflikt).

2.54 Freiheit und Kontrolle

2.541 Einige Ursachen subjektiver Freiheit

Angesichts der Tatsache, daß das Wort «Freiheit» sehr oft verwendet wird, und daß es für die meisten Menschen außerordentlich wichtig ist, frei zu sein bzw. sich frei zu fühlen, ist es erstaunlich, daß sich die Sozialpsychologie erst in den letzten Jahren mit Freiheit beschäftigt hat (HARVEY, 1976; STEINER, 1970). Hier ist allerdings die Unterscheidung zwischen objektiver und subjektiver Freiheit zu beachten. Die psychologische Freiheitsforschung hat es immer mit subjektiver (erlebter) Freiheit zu tun. Es wird nicht untersucht, wie frei jemand tatsächlich ist, sondern es wird untersucht, wie frei er sich fühlt. Es geht auch nicht um die Frage, ob es objektive Freiheit überhaupt gibt. Selbst wenn die Annahme objektiver Freiheit eine Illusion ist, bleibt die Frage nach der subjektiven Freiheit ein wichtiger Forschungsgegenstand der Psychologie.

Ob sich jemand frei fühlt oder nicht, bzw. wie frei er sich fühlt, hat für den Betroffenen wichtige Folgen. Nicht nur sein Wohlbefinden, sondern auch das Verhalten hängt weitgehend von der erlebten Freiheit ab (vgl. dazu die folgenden Abschnitte über Freiheitseinschränkung, Reaktanz und Hilflosigkeit).

STEINER (1970) unterscheidet zwei Arten von Freiheit: Ergebnisfreiheit und Entscheidungsfreiheit. *Ergebnisfreiheit* bezieht sich auf die verfügbaren Güter (Objekte oder Ergebnisse im weitesten Sinn des Wortes und aus allen Lebensbereichen, z. B. Prüfungsnoten, Ehepartner, Autos usw.). Je besser die erreichbaren Ergebnisse (subjektiv) sind, und je größer die Gewißheit ist, daß diese Ergebnisse tatsächlich verfügbar sind, desto größer ist die Ergebnisfreiheit. Hier spielen allerdings auch noch Kosten eine Rolle. Wenn ein bestimmtes Objekt mit großen Kosten (im Sinne von Anstrengung, Zeitaufwand, Geld usw.) verbunden ist, dann wird dadurch die Ergebnisfreiheit verringert. Für jede konkrete Situation gilt somit: Ergebnisfreiheit = (Wert der Ergebnisse × subjektive Wahrscheinlichkeit) − Kosten.

Entscheidungsfreiheit bezieht sich darauf, daß man selbst zwischen Ergebnissen oder Verhaltensweisen wählen kann (im Gegensatz zu einer Entscheidung durch andere Personen, durch Zufall, Befehle usw.). Im allgemeinen gilt: Je mehr Alternativen zur Verfügung stehen, desto größer ist die Entscheidungsfreiheit. Im Fall einer einzigen Verhaltensweise ist Entscheidungsfreiheit gegeben, wenn man zwischen Ausführen und Unterlassen des Verhaltens wählen kann.

Es sind verschiedene Kombinationen von Ergebnis- und Entscheidungsfreiheit möglich. Jemand kann große Ergebnisfreiheit und gleichzeitig geringe Entscheidungsfreiheit haben. Das ist zum Beispiel dann der Fall, wenn ihm in einem bestimmten Lebensbereich nur eine, allerdings sehr erstrebenswerte Möglichkeit zur Verfügung steht. Die gegenteilige Kombination – große Entscheidungsfreiheit bei geringer Ergebnisfreiheit – liegt vor, wenn jemand zwischen vielen, aber unattraktiven Alternativen wählen kann.

Trotz der vielfältigen Kombinationsmöglichkeiten gibt es systematische Kausalbeziehungen zwischen den zwei Freiheitsarten. Die Entscheidungsfreiheit hängt nämlich nicht nur von der Zahl der Alternativen ab, sondern auch von deren Wahlwahrscheinlichkeiten. Bei einer gegebenen Zahl von Alternativen ist die Entscheidungsfreiheit am größten, wenn man sich mit gleicher Wahrscheinlichkeit für jede beliebige Alternative entscheiden kann. Sie ist um so geringer, je mehr eine bestimmte Alternative bevorzugt wird. Wenn im Grenzfall nur eine Alternative ernsthaft in Frage kommt, ist die Entscheidungsfreiheit praktisch null. Analog gilt für jede einzelne Verhaltensalternative: Die Entscheidungsfreiheit ist am größten, wenn man das Verhalten genau so gut ausführen wie unterlassen kann.

Die Ausführungs- bzw. Wahlwahrscheinlichkeiten hängen jedoch von den Ergebnisbewertungen und damit von der Ergebnisfreiheit ab. Wenn eine bestimmte Verhaltensweise zu einer sehr attraktiven Konsequenz führt (hohe Ergebnisfreiheit), dann ist dadurch die Wahrscheinlichkeit ihrer Durchführung hoch und die Wahrscheinlichkeit der Unterlassung gering. Mit anderen Worten: die Entscheidungsfreiheit ist in diesem Fall gering.

Es sind also mindestens vier Variablen, von denen das erlebte Freiheitsausmaß abhängt: Der absolute Wert der Alternativen; ihre relativen Werte (Bewertungsdifferenzen zwischen den Alternativen); die Zahl der Alternativen; und die mit jeder Alternative verbundenen Kosten. Der Einfluß jeder dieser Variablen (und auch von anderen Faktoren) auf das Freiheitserleben wurde experimentell untersucht (Zusammenfassung bei HARVEY, 1976).

Die beiden erstgenannten Variablen (absolute und relative Werte der Variablen) wurden im Experiment von HARVEY und HARRIS (1975) variiert. Die Vpn sollten angeblich an einem Wahrnehmungsexperiment teilnehmen und konnten sich in einer Versuchsbedingung zwischen zwei angenehmen Arten von optischen Reizen entscheiden, und in einer anderen Bedingung zwischen zwei unangenehmen. Die Vpn erhielten vage Beschreibungen des Versuchs und der verwendeten Reize, sowie fingierte Beurteilungen der Reize durch «frühere Vpn» auf 12-Punkte-Skalen (von sehr unangenehm bis sehr angenehm). Mit Hilfe dieser Skalen wurden die zu erwartenden Reize entweder als sehr angenehm oder ziemlich unangenehm charakterisiert. Außerdem wurden die beiden Versuchsbedingungen (angenehm und unangenehm) nochmals unterteilt. Die Beurteilungen der beiden Alternativen waren entweder sehr ähnlich (Differenz 0,03 Punkte) oder deutlich verschieden (Differenz 2,51 Punkte). Nach dieser Information mußten die Vpn u. a. das Ausmaß der erlebten Wahlfreiheit auf einer 21-Punkte-Skala einschätzen.

Beide Variablen zeigten insgesamt die postulierten Wirkungen (s. Tabelle 14). Bei positiven Alternativen bzw. bei geringen Bewertungsdifferenzen ist die erlebte Freiheit größer als bei negativen Alternativen oder bei großen Bewertungsdifferenzen. Eine genauere Betrachtung zeigt jedoch, daß die Wirkung der Bewertungsdifferenz nur bei positiven Alternativen stark ist.

Tabelle 14

absolute Bewertungen	Bewertungsdifferenz gering	groß
positiv	15,3	11,7
negativ	7,9	7,0

Anmerkung: Größere Zahlen bedeuten mehr subjektive Freiheit

Die Wirkung der absoluten Bewertungen auf das Freiheitserleben wurde auch in anderen Untersuchungen bestätigt (HARVEY, BARNES, SPERRY und HARRIS, 1974), ebenso die Wirkung der Bewertungsdifferenzen (HARVEY und JOHNSTON, 1973; JELLISON und HARVEY, 1973).

HARVEY und JELLISON (1974) variierten die Anzahl der Alternativen. In diesem Experiment sollten die Vpn entscheiden, welche von mehreren Sportmannschaften an einem wichtigen Spiel teilnehmen sollte. Die Beschreibungen der Mannschaften waren sorgfältig so gestaltet worden, daß die Bewertungen der Mannschaften annähernd gleich waren. Die Vpn konnten entweder zwischen 3 oder 6 oder 12 Mannschaften wählen. Anschließend sollten die Vpn wieder das Ausmaß der erlebten Wahlfreiheit einstufen. In den Bedingungen, in denen die Vpn annahmen, sie hätten nur wenig Zeit für die Entscheidung zur Verfügung, waren die Urteilsmittelwerte 4,6 (bei 3 Alternativen), 8,4 (bei 6 Alternativen) und 13,9 (bei 12 Alternativen). Wenn die Vpn jedoch glaubten, sie hätten viel Entscheidungszeit zur Verfügung, war die erlebte Freiheit bei 6 Alternativen am größten. Es ist möglich, daß in Abhängigkeit von der wahrgenommenen Entscheidungszeit, von der Komplexität der Alternativen und von anderen noch nicht näher untersuchten Variablen, die erlebte Freiheit nur bis zu einem bestimmten Punkt mit der Zahl der Alternativen zunimmt. Steigt die Zahl der Alternativen über diesen Wert, dann nimmt die erlebte Freiheit wieder ab – vielleicht, weil man sich durch Informationsüberlastung überfordert fühlt und dadurch die Kosten der Entscheidung zu groß werden.

Der aufmerksame Leser hat sicher bemerkt, daß einige Variablen, die die erlebte Freiheit beeinflussen (nämlich Anzahl und absolute sowie relative Bewertung der Alternativen), ebenfalls die Konfliktstärke und die Unsicherheit bei Entscheidungen determinieren. Es ist daher anzunehmen, daß Freiheit keineswegs nur positive Seiten hat. In vielen Fällen ist wahrscheinlich eine Zunahme der erlebten Freiheit mit einer Zunahme von Konflikt und Unsicherheit verbunden.

2.542 Freiheitseinschränkung, Reaktanz und Frustration

In seiner Reaktanztheorie postuliert BREHM (1966, 1972; BREHM und BREHM, 1981; WORTMAN und BREHM, 1975), daß der Mensch motiviert ist, seine Freiheiten zu erhalten. Wenn bisher verfügbare (bzw. als verfügbar angenommene) Verhaltens- oder Ergebnisalternativen blockiert oder auch nur bedroht werden, entsteht Reaktanz. Reaktanz ist ein Erregungs- und Motivationszustand, der darauf abzielt, die bedrohte, eingeengte oder blockierte Freiheit wieder herzustellen. Es ist zu beachten, daß BREHM nicht von Freiheit im allgemeinen spricht, sondern von konkreten Freiheiten in bestimmten Situationen und Lebensbereichen.

Reaktanz hat mehrere mögliche Auswirkungen. Es gibt Reaktanzwirkungen auf der Verhaltensebene: Man versucht beharrlich, das bedrohte Verhalten auszuführen. Falls das nicht möglich ist, kann man die bedrohte Freiheit indirekt («durch Implikation») wieder herstellen, indem man ein möglichst ähnliches Verhalten ausführt. Wenn weder die direkte noch die indirekte Freiheitswiederherstellung im Verhalten möglich ist (z. B. wenn bei der Ausführung eines verbotenen Verhaltens mit massiver Bestrafung zu rechnen ist), kommt es zu inneren Reaktanzfolgen: Die eliminierte Alternative wird aufgewertet. Außerdem gibt es noch Aggressionen und Wutgefühle als Reaktanzfolgen. Die subjektiven Reaktanzfolgen (Aufwertung und/oder Wut) können auch zusammen mit Reaktanzfolgen auf der Verhaltensebene auftreten. Reaktanz ist also eine Art Trotzreaktion: Man versucht, das Verbotene «erst recht» zu tun; die verbotene Möglichkeit gewinnt an Attraktivität; und man empfindet Wut.

Die Stärke der Reaktanz und damit die Stärke der Reaktanzwirkungen hängt u. a. von folgenden Faktoren ab: von der Wichtigkeit der bedrohten Freiheit; von der Erwartung (Gewißheit), die Freiheit ausüben zu können; von der Stärke der Bedrohung; und vom Ausmaß der Freiheitseinschränkung.

Es entsteht um so mehr Reaktanz, je wichtiger die bedrohte Freiheit ist. Ein Verhalten ist nach BREHM sehr wichtig, wenn es die einzige Möglichkeit zur Befriedigung eines Bedürfnisses ist. Je mehr andere Möglichkeiten zur Befriedigung desselben Bedürfnisses vorhanden sind, desto geringer ist die Wichtigkeit des betreffenden Verhaltens. Die Wichtigkeit hängt jedoch auch von weiteren Variablen ab, z. B. von der Bewertung der Alternativen (vgl. WICKLUND, 1974). Entscheidungsfreiheit zwischen sehr attraktiven Alternativen ist wichtiger als Entscheidungsfreiheit zwischen gleichgültigen Alternativen.

Reaktanz ist um so stärker, je größer (vor der Freiheitseinschränkung) die Gewißheit war, diese Freiheit tatsächlich ausüben zu können. Wenn man andererseits ohnehin kaum erwartet hat, eine bestimmte Freiheit ausüben zu können, dann wird im Fall einer Bedrohung dieser Freiheit auch keine Reaktanz auftreten.

Es entsteht mehr Reaktanz bei einer massiven Freiheitsbedrohung (z. B. durch eine mächtige Person oder bei einer mit Sicherheit angekündigten Freiheitseinschränkung) als bei einer schwachen bzw. unwahrscheinlichen Bedrohung (durch eine Person mit wenig Macht oder bei einer bloß als Möglichkeit erwähnten Freiheitseinschränkung).

Schließlich hängt die Reaktanz noch vom Ausmaß der Freiheitseinschränkung ab. Wenn nur eine von fünf Alternativen blockiert wird, ist die Reaktanz geringer als bei einem Ausfall von vier der fünf Alternativen.

Reaktanzeffekte kennt wohl jeder Leser aus eigener Erfahrung. Wenn man sich beispielsweise auf einen Theaterbesuch freut und sich dann herausstellt, daß die Vorstellung ausverkauft ist, entsteht Reaktanz. Man ist aufgeregt und versucht zunächst, doch noch Karten zu bekommen (vielleicht gibt jemand seine Karten zurück). Falls das nicht gelingt, ist man verärgert und findet die Aufführung oder das Stück noch interessanter als vorher. Alle diese Effekte sind um so stärker, je sicherer man war, daß man die Vorstellung besuchen wird, und je mehr man sich darauf gefreut hat (je wichtiger bzw. attraktiver dieser Theaterbesuch war).

Die Reaktanztheorie wurde durch zahlreiche Experimente bestätigt (ausführliche Darstellungen findet man bei S. BREHM, 1976; BREHM und BREHM, 1981; GNIECH und GRABITZ, 1978; WICKLUND, 1974). Reaktanz auf der Verhaltensebene durch direkte Wiederherstellung der Freiheit wurde von WORCHEL und BREHM (1971) untersucht. Die Vpn sollten in 3-Personen-Gruppen durch Abstimmung entscheiden, welche von zwei Aufgaben die Gruppe bearbeiten wird. In jeder Gruppe war jedoch nur eine echte Vp, die beiden anderen «Vpn» waren Mitarbeiter des Vl. In einer Versuchsbedingung (keine Freiheitsbedrohung) wurden die Vpn bei ihrer Entscheidung nicht beeinflußt. In einer anderen Versuchsbedingung (Freiheitsbedrohung) sagte ein Mitarbeiter: «Es ist doch klar, daß wir Aufgabe X bearbeiten werden. Da gibt es keinen Zweifel.» In der Bedingung ohne Freiheitsbedrohung waren die Stimmen der Vpn gleichmäßig auf die beiden Aufgaben verteilt. Die Alternativen waren also gleichwertig. In der Bedingung mit Freiheitsbedrohung stimmten mehr als drei Viertel der echten Vpn *gegen* die vom Mitarbeiter bevorzugte Alternative.

Reaktanzeffekte in Form von Aufwertungen wurden bereits an früherer Stelle beschrieben. So zeigten beispielsweise MISCHEL und MASTERS (1966) in ihrem (allerdings aus einer anderen theoretischen Perspektive geplanten) Experiment, daß Kinder einen unterbrochenen Film um so höher einschätzten, je geringer (angeblich) die Chancen waren, daß die Filmvorführung fortgesetzt werden konnte.

Aggression als Reaktanzfolge wurde von WORCHEL (1974) nachgewiesen. Den Vpn wurde für die Mitwirkung am Experiment eine Belohnung versprochen. In einer Bedingung wurde den Vpn gesagt, sie könnten unter drei Belohnungen wählen (die sie vorher auf Attraktivitätsskalen bewerten mußten). Nach dem Experiment durften sie jedoch nicht wählen, sondern es wurde eine Belohnung zugeteilt. Als Folge dieser Freiheitseinschränkung traten Aggressionen auf (und zwar auch dann, wenn die Vpn ohnehin die attraktivste Belohnung erhalten hatten). Auf dieses Experiment wird später noch genauer eingegangen.

Die verschiedenen Determinanten der Reaktanzstärke wurden eingehend untersucht. Aus der Fülle von Experimenten soll hier nur eines als Beispiel erwähnt werden. BREHM, STIRES, SENSENIG und SHABAN (1966) untersuchten die Wirkung der Freiheitserwartung auf die Reaktanzstärke. Die Vpn hörten zunächst Ausschnitte aus vier Schallplatten, die sie dann beurteilen sollten. Für die Mitwirkung an dieser Untersuchung wurde ihnen eine Schallplatte als Geschenk der Plattenfirma versprochen. In einer Bedingung (keine Wahlfreiheit) wurde den Vpn gesagt, es wird jeder Vp eine Platte nach einem Zufallsverfahren zugeteilt. In einer zweiten Bedingung (erwartete Wahlfreiheit) wurde den Vpn versprochen, sie könnten eine Platte aus den vier Schallplatten auswählen. Beiden Gruppen wurde später mitgeteilt, daß eine bestimmte Platte (und zwar jeweils die an dritter Stelle gereihte) nicht als Belohnung zur Verfügung steht. Anschließend mußten die Platten nochmals beurteilt werden. Außerdem gab es als Kontrollgruppe eine dritte Bedingung ohne Wahlfreiheit und ohne Freiheitseinschränkung durch Blockierung einer Alternative.

Der typische Reaktanzeffekt – Aufwertung der verlorenen Alternative – trat nur in der zweiten Bedingung (erwartete Wahlfreiheit) auf. In der Kontrollgruppe änderte sich die Bewertung praktisch nicht, und in der ersten Bedingung (keine Wahlfreiheit) zeigte sich sogar eine Abwertung der blockierten Alternative.

Wichtig ist noch die Feststellung, daß Freiheitseinschränkungen nicht nur von außen (von anderen Personen) kommen. In bestimmten Fällen ist man selbst die Ursache einer Freiheitseinschränkung, nämlich bei Entscheidungen in Konfliktsituationen. Jede Entscheidung ist vor der endgültigen Wahl einer Alternative eine Freiheitsausübung, aber nachher eine Freiheitseinschränkung – man hat Alternativen aufgegeben.

Je näher der Entscheidungszeitpunkt kommt, desto größer ist die Bedrohung der Freiheit. Daraus folgt die Hypothese, daß vor Entscheidungen Reaktanz auftritt, und zwar um so mehr, je näher die Entscheidung heranrückt. Die Hypothese wurde experimentell bestätigt (LINDER und CRANE, 1970; LINDER, WORTMAN und BREHM, 1971). Die Vpn mußten die Alternativen zu mehreren Zeitpunkten vor der Entscheidung bewerten. Dabei änderten sich die Bewertungen dergestalt, daß die Bewertungsdifferenzen um so geringer wurden, je näher der Zeitpunkt für die Entscheidung kam. Wie im vorigen Abschnitt gezeigt wurde, ist das Ausmaß der erlebten Freiheit um so größer, je geringer die Bewertungsdifferenzen zwischen den Alternativen sind. Je größer die Freiheitsbedrohung für die Vpn durch das Herannahen der Entscheidung wurde, desto mehr vergrößerten sie ihre subjektive Freiheit durch Angleichung der Bewertungen.

Die Reaktanztheorie hat nicht nur zum Thema Entscheidungsprozesse wichtige Beiträge geleistet, sondern auch zu vielen anderen sozialpsychologischen Forschungsgegenständen, z. B. zu Aggression, Altruismus (s. auch Abschnitt 6.13), Einstellungsänderung durch Kommunikation (s. Abschnitt 4.334), Konformität in Gruppen (s. Abschnitt 6.3), usw.

Abschließend soll noch auf die Beziehung zwischen den Begriffen Reaktanz und Frustration eingegangen werden. Es wird mitunter behauptet, die Begriffe seien identisch und die Reaktanztheorie beschreibe nur unter einem neuen Namen längst bekannte Frustrationseffekte.

Die beiden Begriffe sind zweifellos ähnlich. Frustration ist genauso wie Reaktanz ein Zustand erhöhter Aktivierung. Als Frustrationsfolgen werden Aggression und erhöhte Verhaltenshäufigkeit (Persistenz) genannt. MISCHEL und MASTERS (1966) betrachten auch Aufwertung als Frustrationsfolge. Die beiden Phänomene sind also kaum zu unterscheiden.

Sind die Ursachen von Reaktanz und Frustration verschieden? Die Frage ist schwer zu beantworten, weil in der Literatur unterschiedliche Definitionen von Frustration verwendet werden. Der gemeinsame Kern dieser Formulierungen scheint zu sein, daß Frustration auftritt, wenn ein «Ziel» nicht erreicht wird, *obwohl* die Erwartung bestand, daß das Ziel erreicht werden kann. Die neuere Literatur (z. B. GRAY, 1975; STÄCKER, 1976) bietet präzisere Aussagen an: Frustration wird bewirkt durch Nichtverstärkung nach Verstärkungserfahrung oder Verstärkungserwartung. Die typische Frustrationssituation ist Extinktion nach einem Lernprozeß, bei dem verstärkt wurde (Operantenkonditionieren). Hier zeigen sich auch typische Frustrationseffekte. Die Versuchstiere sind erregt und aggressiv, die Verhaltenshäufigkeit steigt oft am Anfang der Extinktionsphase stark an, bevor sie langfristig abnimmt.

Vergleicht man nun die reaktanztheoretische Behauptung, Reaktanz entsteht durch Freiheitseinschränkung nach Freiheitserwartung (WORTMAN und BREHM, 1975) mit der lernpsychologischen Behauptung, Frustration entsteht durch Nichtverstärkung nach Verstärkungserwartung (AMSEL, 1958; GRAY, 1975; STÄCKER, 1976), könnte man meinen, Reaktanz wäre ein Spezialfall von Frustration. Man braucht nur in der lernpsychologischen Hypothese das Wort Verstärkung durch das Wort Freiheit zu ersetzen und anzunehmen, daß Freiheit eine spezielle Art von Verstärkung ist.

Oder ist Verstärkung eine spezielle Art von Freiheit (etwa von Ergebnisfreiheit)? Eine Antwort in dieser Richtung wird durch das Experiment von WORCHEL (1974) nahegelegt. Den Vpn wurde zunächst mitgeteilt, daß sie in diesem Experiment bestimmte Aufgaben bearbeiten sollten, und daß sie für ihre Mühe eine von drei Belohnungen erhalten würden. Danach mußte jede Vp die Attraktivität jeder Belohnung beurteilen. Es gab drei Versuchsbedingungen: Wahlfreiheit (den Vpn wurde gesagt, sie könnten später eine Belohnung wählen), Erwartung (jeder Vp wurde gesagt, daß sie die von ihr am höchsten eingestufte Belohnung erhalten werde), und weder Erwartung noch Wahlfreiheit (ein Assistent des Vl werde entscheiden, wer welche Belohnung erhält).

Danach erklärte und beaufsichtigte der Assistent die Arbeit an den Aufgaben. Anschließend sagte er zur Vp, und zwar in *jeder* Versuchsbedingung: «Sie bekommen jetzt X. Ich habe beschlossen, die gleiche Anzahl jeder Art von Belohnung auszuteilen, daher bekommen Sie X.» Je ein Drittel der Vpn jeder Versuchsbedingung erhielt die attraktivste, die mittlere, oder die unattraktivste Belohnung. Dadurch entstanden insgesamt neun Versuchsbedingungen.

Anschließend mußte jede Vp im Büro des Vl einen Beurteilungsbogen über den Assistenten ausfüllen. Dieser Bogen enthielt u. a. die Frage, ob die Vp den Assistenten für einen bestimmten Posten empfehlen kann. Zuvor war den Vpn erklärt worden, daß sich drei Personen um diesen Posten bewerben (darunter jener Assistent), und daß die Urteile der Vpn eine wichtige Entscheidungshilfe sind. Die Urteile der Vpn über den Assistenten dienten als Aggressionsmaß. Die Ergebnisse sind in Abbildung 40 dargestellt.

Eine Frustration im Sinn einer Erwartungsenttäuschung erfolgte in jenen Gruppen der Erwar-

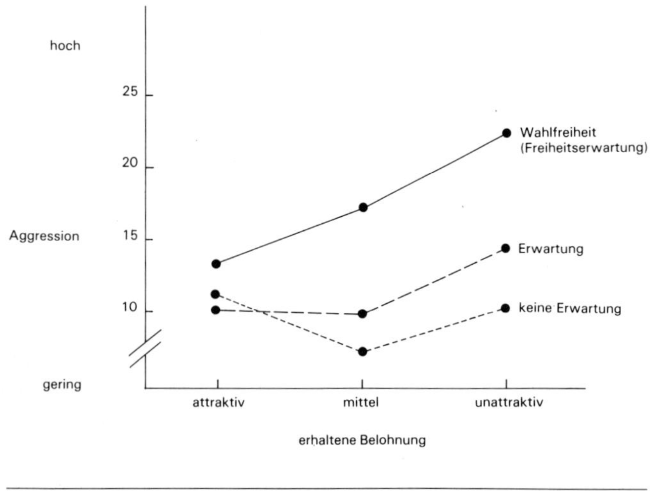

Abbildung 40

tungsbedingung, in denen die Vpn die mittlere bzw. unattraktive Belohnung erhielten. Diese Vpn hatten erwartet, die bevorzugte Belohnung zu erhalten, und erhielten dann eine schlechtere Belohnung. Die Aggressionswerte in diesen Gruppen sind jedoch nicht sehr hoch (und nicht wesentlich größer als in den entsprechenden Gruppen ohne Erwartung).

Andererseits sind die Aggressionswerte in den Wahlfreiheitsbedingungen wesentlich größer. Besonders wichtig ist das Ergebnis, daß in allen drei Wahlfreiheitsbedingungen viel mehr Aggression auftrat als in den entsprechenden Erwartungsgruppen. Nur in den Wahlfreiheitsgruppen bestand Reaktanz (die Vpn hatten erwartet, frei wählen zu können, durften dann aber nicht selbst entscheiden). Die Ergebnisse von WORCHEL wurden in einer abgewandelten Versuchsanordnung von HERKNER und SCHREMSER (1980) repliziert und erweitert (Näheres darüber in Abschnitt 6.13 über Aggression).

Aus diesen Ergebnissen schloß BREHM (1972), daß Reaktanz eine stärkere Aggressionsursache ist als Frustration. Er deutet auch die Möglichkeit an, daß manche Frustrationseffekte in Wahrheit Reaktanzeffekte sind. Dennoch ist die Frage «Frustration oder Reaktanz?» mit diesen Ergebnissen keineswegs entschieden. Auch in den Wahlfreiheitsbedingungen von WORCHEL wurde eine Erwartung enttäuscht (also frustriert), nämlich die Erwartung der Entscheidungsfreiheit. Vielleicht ist die Enttäuschung einer Freiheitserwartung eine stärkere Frustration als die Enttäuschung einer (anderen) Belohnungserwartung.

Auf die Frage «Frustration oder Reaktanz?» scheint es – zumindest vorläufig – keine schlüssige Antwort zu geben. Vielleicht würde eine solche Antwort auch keine wichtigen Einsichten bringen. Die beiden Konzepte sind nach wie vor sehr ähnlich. Selbst wenn man Reaktanz auf Frustration zurückführen könnte, muß man, um die Leistungen der Reaktanzforschung gerecht beurteilen zu können, bedenken, daß die Reaktanztheorie auf zahlreichen Gebieten wertvolle Einsichten und Ergebnisse brachte, mit denen sich die Frustrationsforschung de facto nicht beschäftigt hat (obwohl es vielleicht möglich gewesen wäre). Beispiele dafür sind u. a. Einstellungsänderung und Konformitätsdruck in Gruppen.

2.543 Unkontrollierbarkeit und Hilflosigkeit

Der Begriff Kontrolle ist mit den bisher besprochenen Freiheitsbegriffen verwandt, aber nicht identisch. Nach ROTTER (1954, 1966) erlebt ein Individuum (interne) Kontrolle, wenn es annimmt, daß seine Ergebnisse von seinen Fähigkeiten und/oder seinem Verhalten abhängen. Ein Individuum erlebt Unkontrollierbarkeit (externe Kontrolle), wenn es annimmt, daß seine Ergebnisse nicht von ihm abhängen, sondern von externen Faktoren.

Aus lernpsychologischer Sicht kann man Kontrolle ebenso einfach wie präzise definieren: Kontrolle ist Kontingenz (zwischen Verhalten und Konsequenzen). Kontingenz wurde in Abschnitt 1.235 als Differenz zwischen zwei Wahrscheinlichkeiten definiert. Die Stärke der Kontingenz entspricht der Größe des Unterschieds zwischen folgenden Wahrscheinlichkeiten: der Wahrscheinlichkeit $p(S_j|R_i)$, daß ein Verstärker S_j auf das Verhalten R_i folgt, und der Wahrscheinlichkeit $p(S_j|\text{nicht } R_i)$, daß ein Verstärker S_j ohne das Verhalten R_i auftritt. Objektive und subjektive Wahrscheinlichkeit (Sicherheit) sind nicht immer identisch. Wenn man die beiden Wahrscheinlichkeiten als subjektive Wahrscheinlichkeiten auffaßt, dann entspricht ihre Differenz der subjektiven Kontingenz bzw. der subjektiven Kontrolle.

Diese Überlegungen zeigen die Unterschiede zwischen Kontrolle einerseits und Ergebnis- bzw. Entscheidungsfreiheit andererseits. Es gibt Ergebnisfreiheit ohne Kontrolle, nämlich dann, wenn jemand attraktive Ergebnisse unabhängig von seinem Verhalten erhält (vgl. das weiter unten beschriebene Experiment von JOFFE, RAWSON und MULICK, 1973). Ebenso gibt es Entscheidungsfreiheit ohne Kontrolle. Das ist der Fall, wenn man zwischen vielen Verhaltensweisen wählen und abwechseln kann, ohne dadurch seine Ergebnisse zu beeinflussen (wie in den meisten Hilflosigkeitsexperimenten, die in den folgenden Abschnitten beschrieben werden). Es ist jedoch fraglich, ob Ergebnis- bzw. Entscheidungsfreiheit ohne Kontrolle überhaupt als Freiheit erlebt wird.

Die große Bedeutung von Kontrolle wurde u. a. von SELIGMAN in seinen Untersuchungen über Unkontrollierbarkeit und Hilflosigkeit gezeigt. In seiner *Theorie der gelernten Hilflosigkeit* geht SELIGMAN (1975) von folgenden Definitionen aus: Wenn die Wahrscheinlichkeit, daß ein bestimmtes Ereignis S auf ein bestimmtes Verhalten R folgt, gleich der Wahrscheinlichkeit ist, daß dieses Ereignis S ohne das Verhalten R auftritt – also wenn p(S|R) = p(S|nicht R) – dann ist dieses Ereignis von diesem Verhalten *unabhängig* (es besteht keine Kontingenz). Wenn das Ereignis S von *allen* Verhaltensweisen (Operanten) R_i unabhängig ist, dann ist das Ereignis S unkontrollierbar.

Das ist beispielsweise der Fall, wenn ein Vt in unregelmäßigen Abständen elektrische Schläge erhält, und zwar vollkommen unabhängig davon, was das Vt gerade tut. Oder wenn ein Mann von einem Mädchen immer wieder eine Abfuhr erhält, unabhängig davon, wie sehr er sich anstrengt und was er gerade tut, um ihr zu gefallen. Unkontrollierbarkeit liegt auch vor, wenn ein Kind von seinen Eltern in launenhafter Weise bestraft wird (unabhängig vom Verhalten des Kindes). Unkontrollierbarkeit ist aber auch – was häufig übersehen wird – im entgegengesetzten Fall gegeben, wenn ein Kind von seinen Eltern nach deren Lust und Laune (und unabhängig vom Verhalten des Kindes) Belohnungen erhält.

Wenn ein Organismus einem unkontrollierbaren Ereignis ausgesetzt ist, ist er hilflos. Die Wahrnehmung und Generalisation der Unbeeinflußbarkeit heißt *gelernte Hilflosigkeit*. Der Organismus hat gelernt, daß er keine Kontrolle hat, und überträgt diese Wahrnehmung auch auf spätere Situationen (obwohl diese vielleicht kontrollierbar sind).

Daher hat gelernte Hilflosigkeit nach SELIGMAN drei Folgen:

(1) Einflüsse auf die Motivation: Gelernte Hilflosigkeit führt zu Passivität. Wenn die eigenen Handlungen ohnehin keinen Einfluß auf die Umweltereignisse haben, ist kein Anreiz vorhanden, überhaupt etwas zu tun.

(2) Einflüsse auf Lernprozesse: Nachdem man gelernt hat, daß kein Zusammenhang zwischen Verhalten und Verstärkern bzw. Strafreizen besteht, ist es schwer, in nachfolgenden Lernprozessen zu erkennen, daß doch ein Zusammenhang vorhanden ist. Gelernte Hilflosigkeit beeinträchtigt daher spätere Lernprozesse.

(3) Einflüsse auf Gefühle: Gelernte Hilflosigkeit führt zu Traurigkeit und depressiven Verstimmungen. Man ist traurig und ängstlich, weil man nichts ändern kann und der Welt hilflos ausgeliefert ist.

Die Theorie wurde zunächst in Tierversuchen untersucht. Die meisten Hilflosigkeitsexperimente verwenden einen Versuchsplan mit drei Versuchsbedingungen: (1) eine Versuchsbedingung, in der den Versuchstieren aversive Reize verabreicht werden, die sie nicht beeinflussen können (Hilflosigkeitstraining); (2) eine Versuchsbedingung, in der die Versuchstiere aversive Reize von gleicher Art, Stärke und Dauer erhalten, wie die Tiere in der Hilflosigkeitsbedingung, diese Reize aber durch Flucht- und Vermeidungsreaktionen beeinflussen können (Flucht- bzw. Vermeidungstraining); (3) eine Kontrollgruppe ohne Vorbehandlung. Anschließend müssen die Tiere aus allen drei Bedingungen dieselbe Lernaufgabe bewältigen.

Wichtig ist, daß Häufigkeit, Stärke und Dauer der aversiven Reize in den ersten beiden Versuchsbedingungen gleich sind, so daß sich diese Bedingungen nur in der Kontrollierbarkeit unterscheiden. Das wird meistens durch das sogenannte Yoking-Verfahren erreicht. Dabei werden die Versuchstiere paarweise parallelisiert. Jedem Tier der Flucht- bzw. Vermeidungsbedingung wird ein Tier der Hilflosigkeitsbedingung zugeordnet. Das Tier aus der Fluchtbedingung bestimmt die Dauer der aversiven Reize durch die Latenzzeit seiner Fluchtreaktionen. Das zugeordnete hilflose Tier erhält jeweils einen Reiz, der genau so lang dauert, wie der beim Paralleltier aus der Fluchtbedingung.

Die Lernaufgabe *nach* dem Hilflosigkeits- oder Flucht- bzw. Vermeidungstraining war meistens Flucht- bzw. Vermeidungslernen in der Shuttle-Box. Die Shuttle-Box ist durch eine niedrige senkrechte Trennwand in zwei Teile geteilt. Durch ein Gitter im Fußboden erhalten die Versuchstiere elektrische Schläge. Das Vt kann dem elektrischen Schlag entkommen (es kann flüchten), indem es über die Trennwand in den anderen Teil der Shuttle-Box springt. Dort erhält es später wieder einen elektrischen Schlag, dem es entkommen kann, indem es zurückspringt usw. Wenn nicht Fluchtverhalten, sondern Vermeidungsverhalten untersucht werden soll, werden die elektrischen Schläge einige Sekunden vor ihrem Einsetzen durch ein Licht oder einen Ton «signalisiert». Das Vt hat jetzt die Möglichkeit, die elektrischen Schläge zu vermeiden, wenn es innerhalb einer bestimmten Zeit (z. B. 15 Sekunden) nach dem Signal die Trennwand überspringt. Normalerweise werden die beschriebenen Flucht- und Vermeidungsreaktionen sehr schnell gelernt.

Im Experiment von SELIGMAN und MAIER (1967) lernten die Versuchstiere (Hunde) in der Fluchtbedingung, daß sie elektrische Schläge abstellen konnten, indem sie mit ihrer Nase auf ein Brett drückten. Die Hunde in der Hilflosigkeitsbedingung erhielten elektrische Schläge von gleicher Zahl und Dauer, konnten aber nichts dagegen tun. Hunde einer Kontrollgruppe erhielten keine elektrischen Schläge.

Später sollten alle Versuchstiere Flucht- bzw. Vermeidungsreaktionen in der Shuttle-Box lernen. Die Tiere erhielten elektrische Schläge, wobei jeder Durchgang mit einem Lichtsignal begann, das den Schlag ankündigte, der 10 Sekunden später einsetzte. Wenn ein Vt innerhalb von 60 Sekunden nicht sprang, wurde der Durchgang abgebrochen.

Die Ergebnisse sind äußerst eindrucksvoll. Die Mehrzahl der Hunde aus der Hilflosigkeitsbedingung war nicht imstande, die einfache Fluchtreaktion zu lernen. Die beiden anderen Gruppen lernten nach wenigen Durchgängen, den Schlag relativ schnell durch einen Sprung zu beenden oder völlig zu vermeiden. Die Lernstörung wurde also *nicht durch die aversiven Reize* als solche bewirkt (denn die waren in der Fluchtgruppe genau so häufig und genau so lang), *sondern durch deren Unkontrollierbarkeit*. Die Lerndefizite der hilflosen Tiere zeigten sich somit deutlich in der geringen Zahl gelungener Flucht- bzw. Vermeidungsreaktionen. Ebenso deutlich zeigten sich die Motivationsdefizite der hilflosen Tiere in ihren übermäßig langen Latenzzeiten.

In zahlreichen Experimenten wurden ähnliche Ergebnisse erzielt (z. B. OVERMIER, 1968; OVERMIER und SELIGMAN, 1967; SELIGMAN, MAIER und GEER, 1968). Der Hilflosigkeitseffekt wurde nicht nur bei Hunden nachgewiesen, sondern u. a. auch bei Goldfischen und Katzen (Literaturüberblick bei MAIER und SELIGMAN, 1976). Etwas später wurden Hilflosigkeitseffekte auch in Humanexperimenten gezeigt (z. B. GLASS und SINGER, 1972; HIROTO, 1974; HIROTO und SELIGMAN, 1975).

Manche Humanexperimente sind ähnlich aufgebaut wie die Tierexperimente (z. B. HIROTO, 1974). In der Fluchtbedingung von HIROTO lernten die Vpn zunächst, ein unangenehmes lautes Geräusch durch Knopfdruck abzustellen. Die Vpn der Hilflosigkeitsbedingung konnten den Lärm weder durch Knopfdruck noch sonstwie beeinflussen. Eine Kontrollgruppe blieb ohne Vorbehandlung. Danach mußten alle Vpn lernen, ein lautes Geräusch durch Hin- und Herschieben eines Hebels abzustellen. Die Vpn der Hilflosigkeitsgruppe zeigten schlechtere Lernleistungen (weniger erfolgreiche Fluchtreaktionen) und hatten längere Latenzzeiten als die anderen Vpn.

Ein anderes Verfahren, das in den meisten neueren Humanexperimenten eingesetzt wird, besteht darin, daß die Vpn in der Hilflosigkeitsbedingung eine Serie von unlösbaren Aufgaben vorgelegt bekommen und anschließend ihr Verhalten bei lösbaren Aufgaben untersucht wird. HIROTO und SELIGMAN (1975) gaben (in einer Versuchsbedingung) ihren Vpn als Hilflosigkeitstraining eine Reihe von unlösbaren Begriffsbildungsaufgaben und anschließend eine Reihe von einfachen Anagrammen (Anagramme sind sinnlose Buchstabenfolgen, z. B. ENIBE, aus denen durch Umstellung der Buchstaben ein Wort gebildet werden soll, z. B. BIENE), die alle nach dem gleichen Schema, d. h. durch dieselbe Buchstabenpermutation zu lösen waren.

Bei Begriffsbildungsexperimenten wird den Vpn eine Serie von komplexen Reizen dargeboten, die sich in mehreren Dimensionen voneinander unterscheiden. Beispiel: Jeder Reiz einer Serie besteht aus mehreren gleichen geometrischen Figuren: die Reize der Serie unterscheiden sich in Form (Kreise, Dreiecke, Quadrate), Anzahl (zwei, drei, vier) und Farbe (rot, grün, blau). Der Vl definiert einen Begriff (z. B. «rote Kreise» oder «zwei»), der jedoch der Vp nicht mitgeteilt wird. Statt dessen wird ihr ein Reiz nach dem andern gezeigt (z. B. drei grüne Kreise, zwei blaue Dreiecke, vier rote Quadrate usw.), wobei die Vp bei jedem Reiz raten muß, ob er unter den vom Vl gedachten Begriff fällt oder nicht. Oft werden die Reize paarweise dargeboten und die Vp muß angeben, ob der linke oder der rechte Reiz unter den Begriff fällt. Bei unlösbaren Problemen dieser Art in Hilflosigkeitsexperimenten geht der Vl nicht von einem vorher definierten Begriff und vom Verhalten der Vp aus, sondern er sagt vollkommen unsystematisch «richtig» oder «falsch».

Auch hier traten Hilflosigkeitseffekte auf. Nach dem Hilflosigkeitstraining brauchten die Vpn länger, um das Lösungsschema zu finden, und lösten weniger Anagramme als die Vpn einer Kontrollgruppe ohne Vorbehandlung durch unlösbare Probleme und als Vpn einer anderen Versuchsbedingung, die vor den Anagrammen lösbare Aufgaben erhalten hatten.

Die bisher beschriebenen Experimente zeigten die Wirkungen der Unkontrollierbarkeit von aversiven Ereignissen: elektrische Schläge, Lärm und unlösbare Aufgaben. Hilflosigkeit entsteht aber auch durch die Unkontrollierbarkeit positiver Reize.

JOFFE, RAWSON und MULICK (1973) behandelten zwei Gruppen von Ratten auf unterschiedliche Art. Eine Gruppe von Ratten lebte in einer geordneten, d. h. kontrollierbaren Welt. Durch das Drücken eines Hebels erhielten sie Futter, durch einen anderen Wasser, und mit einem dritten Hebel konnten sie die Beleuchtung aus- und einschalten. Die zweite Gruppe erhielt dieselbe Menge Futter, Wasser und Beleuchtungsänderungen, jedoch unabhängig vom Verhalten. Nach 60 Tagen wurde jede Ratte in einer neuen Umgebung beobachtet. Die Tiere der zweiten Gruppe waren wesentlich ängstlicher. Sie zeigten weniger Explorationsverhalten und mehr vegetative Angstsymptome (z. B. mehr Defäkationen) als die Tiere aus der kontrollierbaren Umwelt.

In einigen neueren Experimenten wurde gezeigt, daß Ratten und Tauben, die zunächst unabhängig von ihrem Verhalten Futter bekommen hatten, merkliche Lernstörungen aufwiesen, als sie anschließend lernen sollten, sich das Futter durch bestimmte Verhaltensweisen zu beschaffen (WELKER, 1976; WHEATLEY, WELKER und MILES, 1977). Das Erlernen von Fluchtreaktionen in der Shuttle-Box wird ebenso durch unkontrollierbares Futter wie durch unkontrollierbare elektrische Schläge beeinträchtigt (GOODKIN, 1976).

Belohnungserwartungen und Kontingenzen lernt man nicht nur aufgrund eigener Erfahrungen, sondern auch durch Beobachtung. Daher ist die Hypothese naheliegend, daß auch die Beobachtung von Unkontrollierbarkeit zu Hilflosigkeit beim Beobachter führen kann (DE VELLIS, DE VELLIS und MCCAULEY, 1978). Vpn, die beobachtet hatten, daß es einer Modellperson nicht möglich war, das Aufleuchten von Signallampen mit Hilfe von vier Tasten zu kontrollieren, zeigten bei einer anschließenden Aufgabe Lerndefizite (die Aufgabe bestand darin, das Aufleuchten von Signallampen durch einfache Hebelbewegungen zu kontrollieren). Besonders beachtenswert ist, daß das Ausmaß der Hilflosigkeitseffekte (Anzahl der Fehler und Reaktionslatenzen) bei den Beobachtern genau so groß war wie bei den Modellpersonen (die selbst Unkontrollierbarkeit erlebt hatten) und daß Fehlerzahl und Latenzzeiten sowohl nach beobachteter wie nach erlebter Unkontrollierbarkeit größer waren als in allen anderen Versuchsbedingungen (Beobachtung von Kontrollierbarkeit und Testaufgabe ohne Vorbehandlung). Hilflosigkeitseffekte durch Beobachtung wurden auch von BROWN und INOUYE (1978) in einem Experiment mit Anagrammserien nachgewiesen.

2.544 Hilflosigkeit, Reaktanz und Attributionen

Obwohl außerordentlich viele unterstützende Experimente zur Theorie der gelernten Hilflosigkeit vorliegen, gibt es auch kritische Stimmen. Auf zwei dieser Kritikpunkte soll im folgenden genauer eingegangen werden: auf die Beziehungen zwischen Hilflosigkeit und Reaktanz, und auf die Rolle von Attributionen bei Hilflosigkeit.

WORTMAN und BREHM (1975) wiesen darauf hin, daß die Reaktanztheorie und die Hilflosigkeitstheorie Aussagen über zumindest ähnliche Situationen machen. Die Hilflosigkeitstheorie enthält Hypothesen über die Wirkungen von Unkontrollierbarkeit. Die Reaktanztheorie enthält Hypothesen über die Wirkungen von Freiheitsverlusten. Freiheitsverlust kann auch als Kontrollverlust betrachtet werden: Bisher verfügbare Alternativen sind plötzlich nicht mehr zugänglich (nicht mehr kontrollierbar).

Trotz der Ähnlichkeit der auslösenden Bedingungen (Kontrollverlust bzw. Unkontrollierbarkeit) enthalten die beiden Theorien ausgesprochen gegensätzliche Aussagen über die Folgen: einerseits Reaktanz, das heißt Beharrlichkeit, Aufwertung und Aggressivität; andererseits

Hilflosigkeit, das heißt Passivität, Anpassungsstörungen (Lerndefizite) und Depression.
Liegt hier ein Widerspruch vor? Da beide Theorien durch zahlreiche Experimente bestätigt wurden, ist es nicht sinnvoll, zu fragen: Welche von beiden ist richtig? Oder: Welche ist besser? Es ist nur sinnvoll, die Gültigkeitsbedingungen jeder Theorie festzustellen.
In diesem Sinn nehmen auch WORTMAN und BREHM an, daß Unkontrollierbarkeit sowohl Hilflosigkeit als auch Reaktanz bewirken kann. Die entscheidende Rolle spielt hier die *Erwartung* der Freiheit bzw. Kontrollierbarkeit: Solange man (noch) erwartet, Kontrolle ausüben zu können, führt Unkontrollierbarkeit zu Reaktanz. Wenn man jedoch nicht (mehr) erwartet, Kontrolle ausüben zu können, führt Unkontrollierbarkeit zu Hilflosigkeit. Das sind die zentralen Hypothesen des *integrativen Modells* von WORTMAN und BREHM (1975). Die Autoren postulieren ferner, daß sowohl Hilflosigkeits- wie Reaktanzeffekte von der Wichtigkeit des unkontrollierbaren Ereignisses abhängen. Je wichtiger das unkontrollierbare Ereignis ist, desto größer sind Reaktanz und Hilflosigkeit.
Die Erwartung der Kontrollierbarkeit ist eine Funktion der Intensität der erlebten Unkontrollierbarkeit. Nach einer flüchtigen Erfahrung von Unkontrollierbarkeit (oder kurze Zeit nach ihrem Beginn) wird die Kontrollerwartung immer noch vorhanden sein, und es wird Reaktanz auftreten. Nach einer langfristigen Erfahrung von Unkontrollierbarkeit wird man jedoch davon überzeugt sein, daß Kontrollierbarkeit nicht (mehr) gegeben ist. Die Folge ist Hilflosigkeit. Diese Hypothesen sind in Abbildung 41 veranschaulicht.
Später hat BREHM ein allgemeines Motivationsmodell entwickelt (BREHM und SELF, 1989), in dem zwischen potentieller und aktueller (momentaner) Motivation unterschieden wird. Die potentielle Motivation entspricht in etwa dem Produkt aus Erwartung und Wert (des Zieles). Von der Größe der potentiellen Motivation hängt es ab, wieviel Anstrengung man insgesamt (über einen längeren oder kürzeren Zeitabschnitt verteilt) zur Erreichung eines Zieles einsetzt.
Die aktuelle Motivation – auch Motivationsintensität oder Motivationsaktivierung genannt – kann zu verschiedenen Zeitpunkten sehr unterschiedlich sein. Die Funktion der aktuellen Motivation besteht nach BREHM darin, genügend «Energie» zur erfolgreichen Durchführung zielführender Handlungen bereitzustellen. Daher hängt die Motivationsintensität in jedem Zeitpunkt nicht nur von der potentiellen Motivation, sondern auch von Schwierigkeiten und Hindernissen ab, die dem Erreichen des Ziels (noch) entgegenstehen. Je größer der wahrgenommene Schwierigkeitsgrad ist, desto mehr Energie wird mobilisiert, d. h. desto mehr strengt man sich an. Diese Proportionalität zwischen Schwierigkeitsgrad und Anstrengungsausmaß gilt aber nur bis zu einem bestimmten Punkt. Wenn die nötige Anstrengung zu groß wird (sodaß sie nicht mehr durch den Wert des Ziels gerechtfertigt ist) oder wenn das nötige Verhalten die eigenen Fähigkei-

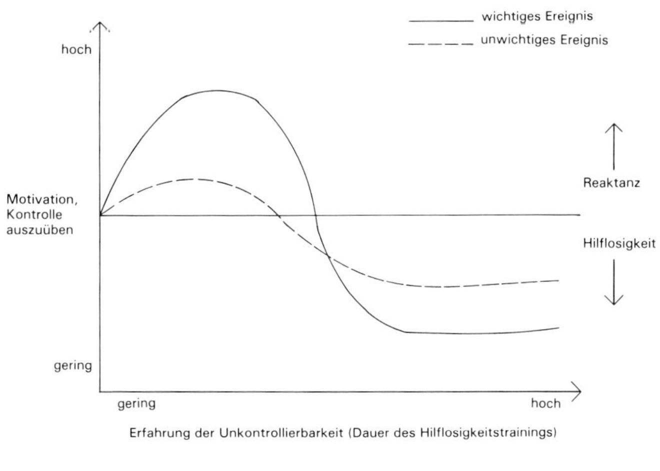

Abbildung 41

ten übersteigt, dann wird nur wenig oder gar keine Energie mobilisiert. Aus diesen Überlegungen folgt u. a., daß die Motivation (Anstrengungsbereitschaft) unmittelbar vor und während zielführender Handlungen besonders groß ist, während sie nach dem Erreichen des Ziels (wenn keine Schwierigkeit mehr zu überwinden ist) und lange vor Erreichen des Ziels (wenn noch keine Schwierigkeit zu überwinden ist) relativ klein ist. – Man kann die Reaktanztheorie und das integrative Modell als besonders detailliert ausgearbeitete Spezialfälle dieses allgemeinen Motivationsmodells auffassen.

Das integrative Modell von Wortman und Brehm wurde in mehreren Experimenten weitgehend bestätigt (Roth und Bootzin, 1975; Roth und Kubal, 1975; Tennen und Eller, 1977). Roth und Kubal variierten sowohl die Dauer des Hilflosigkeitstrainings als auch die Wichtigkeit des Ergebnisses. Das Hilflosigkeitstraining bestand aus unlösbaren Begriffsbildungsaufgaben, bei denen der Vl in einer vorprogrammierten Reihenfolge und unabhängig vom Verhalten der Vp (mit gleicher Häufigkeit) «richtig» oder «falsch» sagte. Die Vpn mußten unter solchen Umständen den Eindruck haben, daß Erfolg und Mißerfolg zufällig sind und nichts mit ihren Lösungsversuchen zu tun haben. Das «einfache» Hilflosigkeitstraining bestand aus 50 Durchgängen, das «doppelte» Hilflosigkeitstraining aus 120 Durchgängen. Die Wichtigkeit wurde dadurch variiert, daß einer Hälfte der Vpn mitgeteilt wurde, daß die Leistung bei dieser Art von Aufgaben sehr gut den Studienerfolg voraussagt («wichtig») und den anderen Vpn, daß sie einige Problemlösungsaufgaben bearbeiten werden («unwichtig»). Zu Vergleichszwecken gab es auch Versuchsbedingungen mit lösbaren Aufgaben und verhaltenskontingentem (d. h. korrektem) Feedback des Vl sowie eine Gruppe ohne jegliches Vortraining. In der anschließenden Testphase des Experiments wurden andere Begriffsbildungsaufgaben verwendet. Einige Ergebnisse sind in Tabelle 15 wiedergegeben. In Übereinstimmung mit dem integrativen Modell wurden nach einem langen Hilflosigkeitstraining weniger Aufgaben gelöst als nach einem kurzen. Außerdem war dieser Unterschied bei großer Wichtigkeit stärker ausgeprägt als bei geringer Wichtigkeit. Ferner waren die Leistungen nach einem kurzen Hilflosigkeitstraining nicht nur besser als nach einem langen, sondern sogar besser als die Leistungen in allen Bedingungen ohne Hilflosigkeitstraining. Das kurze Hilflosigkeitstraining hatte also – wieder in Übereinstimmung mit dem integrativen Modell – eine ausgesprochen leistungsfördernde Wirkung; der Reaktanzeffekt zeigte sich in Form von gesteigerter Anstrengung und Ausdauer.

Aus dem integrativen Modell lassen sich auch Hypothesen über *Gefühle* ableiten. Die Reaktanztheorie behauptet, daß eine Folge von Reaktanz Aggression ist; die Hilflosigkeitstheorie behauptet, daß eine Folge von Hilflosigkeit Depression ist. Daher müßten die Vpn nach einem kurzen Hilflosigkeitstraining verärgert sein, und nach einem langen Hilflosigkeitstraining deprimiert. Die Vpn von Tennen und Eller mußten die Stärke verschiedener Emotionen (darunter «verärgert» und «traurig») vor und nach der Trainingsphase auf 7-Punkte-Skalen einschätzen. Die Ergebnisse sind in Tabelle 16 dargestellt (die wichtigsten Ergebnisse sind kursiv gedruckt; auf den Unterschied zwischen den beiden Bedingungen mit doppeltem Hilflosigkeitstraining wird später eingegangen).

Daß es in diesem Zusammenhang große interindividuelle Unterschiede gibt, wurde von Brockner, Gardner, Bierman, Mahan und Thomas (1983) nachgewiesen. Bei Vpn mit niedrigem Selbstwert traten die stärksten Hilflosig-

Tabelle 15

	einfaches Hilflosigkeitstraining	doppeltes Hilflosigkeitstraining	kontingente Verstärkung	keine Vorbehandlung
Wichtigkeit				
groß	4,11	2,00	3,44	3,33
gering	4,56	3,67	2,89	

Anzahl der gelösten Probleme in jeder Versuchsbedingung

Tabelle 16

	einfaches Hilflosigkeitstraining		doppeltes Hilflosigkeitstraining («leichter»)		doppeltes Hilflosigkeitstraining («schwieriger»)		kontingente Verstärkung		kein Feedback	
	vor	nach	vor	nach	vor	nach	vor	nach	vor	nach
verärgert	1,64	*3,91*	1,44	1,78	2,38	2,63	1,80	1,80	1,70	1,70
traurig	1,82	2,00	1,93	*2,33*	2,38	2,50	3,00	1,90	1,20	1,20

keitseffekte auf (nach zahlreichen Mißerfolgen). Die stärksten Reaktanzeffekte (nach wenigen Mißerfolgen) wurden bei Vpn mit niedrigem Selbstwert und der Gewohnheit, viel über sich selbst nachzudenken, gefunden.

Die Aufeinanderfolge von Reaktanz und Hilflosigkeit ist ein sehr häufiges und allgemeines Phänomen. Es tritt wahrscheinlich bei *jedem Extinktionsprozeß nach Verstärkung* auf. Beim Operantenkonditionieren lernt man, daß Kontingenz zwischen Verhalten und Verstärkern vorhanden ist. Mit anderen Worten, man lernt, den Verstärker durch sein Verhalten zu kontrollieren. In der Extinktionsphase ist die Kontingenz nicht mehr vorhanden. Daher wird die Erwartung der Kontrollierbarkeit am Beginn jeder Extinktionsphase enttäuscht: Es entsteht Reaktanz bzw. Frustration. Im Lauf der Extinktion verschwindet die Kontrollerwartung: Es entsteht Hilflosigkeit. Falls man später wieder lernt, den (in der Extinktionsphase zunächst unkontrollierbaren) Verstärker durch andere Verhaltensweisen zu kontrollieren, nimmt die Hilflosigkeit wieder ab.

Daten, die diese Hypothesen bestätigen, wurden von KLINGER, KEMBLE und BARTA (1974) veröffentlicht. (KLINGER [1975] erklärt diese Daten allerdings etwas anders.) Die Autoren beobachteten die Spontanaktivität von Ratten während der Lern- und Extinktionsphase. Das Ausmaß der unbeeinflußten motorischen Aktivität zu verschiedenen Meßzeitpunkten weist eine bestechende Ähnlichkeit mit der «Motivationskurve» des integrativen Modells auf (wie ein Vergleich der Abbildungen 41 und 42 zeigt).

Das vorhin erwähnte Experiment von TENNEN und ELLER (1977) ist noch aus einem anderen Grund (außer den Daten über Gefühle) interessant. Unter Bezugnahme auf die Theorie von WEINER (1972, 1974) analysierten die Autoren die Ergebnisse von ROTH und KUBAL (1975) aus attributionstheoretischer Sicht: Sie nehmen an, daß ein kurzes Hilflosigkeitstraining zu Attributionen an instabile Faktoren (mangelnde An-

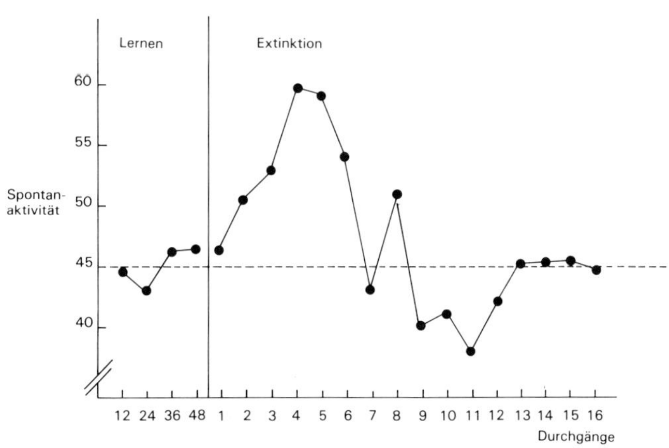

Ausmaß der Spontantaktivität (Anzahl der pro 60 Sekunden betretenen Flächenstücke von 10 mal 10 cm Größe) zu verschiedenen Zeitpunkten der Lern- und Extinktionsphase.

Abbildung 42

strengung, Pech) führt. Daher extingieren die Erfolgserwartungen nicht und es entstehen Reaktanzeffekte. Ein langes Hilflosigkeitstraining kann unterschiedliche Folgen haben. Wenn – wie es bei ROTH und KUBAL der Fall war – die unlösbaren Aufgaben als zunehmend leichter dargestellt werden, kann das Versagen (die Unkontrollierbarkeit) nur auf mangelnde Fähigkeit zurückgeführt werden. Mangelnde Fähigkeit ist ein stabiler Kausalfaktor. Wenn Mißerfolge auf einen stabilen Faktor attribuiert werden, sinken die Erfolgserwartungen (MEYER, 1973; WEINER, 1972). Es entsteht Hilflosigkeit.

Wenn aber (wie in der zweiten doppelten Hilflosigkeitsbedingung von TENNEN und ELLER) die unlösbaren Probleme als sehr schwierig bezeichnet werden, erfolgt keine Attribution an mangelnde Fähigkeiten, sondern auf die Schwierigkeit der Aufgabe. Daher werden bei *neuen* und *anderen* Aufgaben (anschließende Testphase) keine Hilflosigkeitseffekte auftreten, wenn die neuen Aufgaben als weniger schwierig wahrgenommen werden. Diese Hypothesen wurden von TENNEN und ELLER bestätigt. (Völlig analoge Hypothesen wurden fast gleichzeitig von HANUSA und SCHULZ, 1977, formuliert.)

Eine langfristige Erfahrung von Unkontrollierbarkeit führt also nicht immer zu Hilflosigkeit, sondern nur dann, wenn ungünstige Attributionen entstehen (z. B. geringe Fähigkeit) und dadurch die Kontrollerwartungen sinken. Diese Befunde stehen nicht in Widerspruch zum integrativen Modell von WORTMAN und BREHM, denn auch dort sind die Kontrollerwartungen die zentrale Vermittlervariable. Sie sind vielmehr eine Präzisierung des Modells.

Ähnlich argumentieren BROWN und INOUYE (1978), wenn sie annehmen, daß durch selbst erfahrene oder beobachtete Unkontrollierbarkeit die Effizienzerwartungen (im Sinn von BANDURA, 1977) herabgesetzt werden, und daß die verringerten Effizienzerwartungen die Hilflosigkeitseffekte bewirken.

Die attributionstheoretische Analyse von TENNEN und ELLER wird durch Beobachtungen an *permanent hilflosen* Personen bestätigt. In einer Reihe von Untersuchungen zeigten DWECK und ihre Mitarbeiter (DIENER und DWECK, 1978; DWECK, 1975; DWECK und REPUCCI, 1973), daß hilflose Kinder charakteristische Attributionen vornehmen. Hilflose Kinder sind Kinder mit Schwierigkeiten in der Schule und mit geringen Erfolgserwartungen; sie neigen dazu, im Fall von Mißerfolgen schnell aufzugeben. Sie führen Mißerfolge in höherem Maß auf mangelnde Fähigkeit und in geringerem Maß auf mangelnde Anstrengung zurück als leistungsmotivierte Kinder. Daraus erklären sich die niedrigen Erfolgserwartungen und das vorzeitige Aufgeben bei Mißerfolg.

In die gleiche Richtung weisen Untersuchungen an depressiven Personen (KUIPER, 1978; RIZLEY, 1978). Depressive führen Mißerfolge in höherem Maß auf mangelnde Fähigkeit und Erfolge in geringerem Maß auf interne Faktoren zurück als unauffällige Personen.

2.545 Die revidierte Theorie der gelernten Hilflosigkeit

Die zentrale Annahme der ursprünglichen Hilflosigkeitstheorie, daß (objektive) Unkontrollierbarkeit immer und unausweichlich zu Hilflosigkeit (und zwar zu einer einzigen Art von Hilflosigkeit) führt, wurde wiederholt kritisiert. Grund dafür waren sowohl experimentelle Befunde (die z. T. im vorigen Abschnitt referiert wurden) als auch Beobachtungen von Alltagsereignissen (z. B. Reaktionen auf den Tod eines nahestehenden Menschen), die die Existenz vieler verschiedener Reaktionen auf Unkontrollierbarkeit nachwiesen: Der Zustand der Hilflosigkeit ist manchmal vorübergehend und manchmal chronisch. Er kann in sehr vielen Situationen auftreten oder nur in ganz bestimmten. Mitunter ist Hilflosigkeit mit einem Selbstwertverlust verbunden, und manchmal ist trotz großer Hilflosigkeit der Selbstwert intakt. Schließlich kommt es auch vor, daß trotz Unkontrollierbarkeit wichtiger Lebensbereiche (z. B. Kündigung, Scheidung, Tod eines Partners) so gut wie keine Hilflosigkeit auftritt.

Eine adäquate Hilflosigkeitstheorie muß nicht nur berücksichtigen, daß es dermaßen unterschiedliche Folgen von Unkontrollierbarkeit gibt, sondern sie muß auch die genauen Bedingungen für das Auftreten jeder einzelnen dieser Folgen angeben. Da – wie wir aus dem vorigen Abschnitt wissen – Attributionen in diesem Zusammenhang eine große Rolle spielen, war es naheliegend, die Theorie durch Einbeziehung von Attributionsprozessen zu revidieren.

Während die ursprüngliche Theorie drei aufeinanderfolgende Schritte annahm – nämlich (1) Unkontrollierbarkeit, (2) Wahrnehmung der Unkontrollierbarkeit, sowie Generalisation und Erwartung von Unkontrollierbarkeit auch in anderen Situationen, und (3) Hilflosigkeit (in Form von Lern-, Gefühls- und Motivationsstörungen) –, wird in der neuen Theorie (ABRAMSON, SELIGMAN und TEASDALE, 1978) ein vierter Schritt – und zwar Attributionsprozesse – zwischen (1) und (2) eingefügt.

Es wird jetzt folgende Sequenz angenommen: (1) Unkontrollierbarkeit, (2) Wahrnehmung der Unkontrollierbarkeit und Erklärung für die unkontrollierbaren Ereignisse (Attributionen), (3) eventuelle Generalisation und Erwartung weiterer Unkontrollierbarkeit (wobei Existenz und Ausmaß der Generalisation bzw. Erwartung von der *Art der Attribution* abhängen), und (4) eventuell Hilflosigkeit (wobei Existenz, Art und Ausmaß der Hilflosigkeit wieder von der Art der Attribution abhängen). Außerdem wird – ähnlich wie bei WORTMAN und BREHM (1975) – angenommen, daß die *Wichtigkeit* des unkontrollierbaren Ereignisses die Intensität der Hilflosigkeit (vor allem auf der Gefühlsebene) beeinflußt.

Die Vielzahl möglicher Attributionen wird mit Hilfe von 3 Attributionsdimensionen auf 8 verschiedene Grundtypen zurückgeführt. Die ersten beiden Dimensionen sind mit WEINERS Dimensionen identisch (intern/extern und stabil/variabel). Die dritte Dimension *(global/spezifisch)* ist neu. Globale Ursachen sind solche, die in sehr vielen (oder gar allen) Situationen wirksam sind, spezifische Ursachen dagegen betreffen nur wenige Situationen (oder nur eine einzige).

Abbildung 43 zeigt Beispiele aller 8 Attributionsarten, und zwar ausgehend von einem fiktiven Schüler, der bei einer Mathematikprüfung durchgefallen ist, und offensichtlich das Ereignis «Mathematiknote» nicht kontrollieren konnte.

	intern		extern	
	stabil	variabel	stabil	variabel
global	allgemeine Unfähigkeit	Müdigkeit, Kopfschmerzen	alle Prüfer sind ungerecht	heute ist Freitag der 13.
spezifisch	Mangel an mathematischer Begabung	momentanes Desinteresse an Mathematik	dieser Prüfer ist ungerecht	es war die 13. Prüfung in diesem Jahr

Abbildung 43

Die Ursache «allgemeine Unfähigkeit» ist eine interne, stabile und globale Ursache. Sie ist eine globale Ursache, weil sich genereller Intelligenzmangel in fast allen Situationen negativ auswirken wird. Im Vergleich dazu ist «mangelnde mathematische Begabung» eine relativ spezifische Ursache, die nur in solchen Situationen wirksam wird, in denen mathematische Fähigkeiten notwendig sind.

Die Dimension global/spezifisch ist von zentraler Bedeutung für die revidierte Theorie, denn sie entscheidet darüber, ob bzw. in welchem Ausmaß die Erwartung von Unkontrollierbarkeit und damit Hilflosigkeit generalisiert. Wenn jemand unkontrollierbare und/oder aversive Ereignisse auf eine globale Ursache zurückführt, wird er auch in vielen anderen Situationen unkontrollierbare und/oder aversive Ereignisse erwarten und daher in vielen Situationen hilflos sein. Für spezifische Attributionen dagegen gilt: Je spezifischer die angenommene Ursache ist, desto weniger werden Erwartungen und Hilflosigkeit generalisieren. Im Grenzfall einer extrem spezifischen Ursache, die nur in der einen Situation wirksam ist, muß überhaupt keine Hilflosigkeit entstehen.

Die Dimension stabil/variabel bestimmt die Dauer der Hilflosigkeit. Stabile Ursachen (die auch in Zukunft wirksam sein werden) führen zu der Erwartung, auch in Zukunft Unkontrollierbarkeit zu erleben, und damit zu chronischer Hilflosigkeit. Variable Ursachen bewirken vorübergehende oder gar keine Hilflosigkeit.

Die Dimension intern/extern ist für den Selbstwert verantwortlich. Die Annahme interner Ursachen führt zu einem verminderten Selbstwert, die Annahme externer Ursachen aber nicht. Daher kann es Hilflosigkeit mit und ohne Selbstwertschädigung geben. Eine interne, stabile und globale Attribution (Beispiel: allgemeine Unfähigkeit) verursacht chronische Hilflosigkeit in vielen Situationen und außerdem einen verringerten oder negativen Selbstwert. Eine externe, stabile und globale Attribution (Beispiel: alle Prüfer sind ungerecht) verursacht ebenfalls chronische und generalisierte Hilflosigkeit, aber ohne die geringsten Selbstzweifel.

Um die neue Theorie überprüfen zu können, wurde ein Fragebogen entwickelt, der die individuellen Attributionstendenzen erfaßt (der ASQ = Attributional Style Questionnaire = Attributionsstil-Fragebogen von PETERSON, SEMMEL, VON BAEYER, ABRAMSON, METALSKY und SELIGMAN, 1982). Der Fragebogen beschreibt 12 hypothetische Situationen. 6 davon sind positiv (je 3 soziale und leistungsbezogene Erfolge) und 6 sind negativ (je 3 soziale und leistungsbezogene Mißerfolge). Zu jeder Situation sind 4 Fragen zu beantworten: (1) Es soll eine Hauptursache für das Ereignis angegeben werden. (2) Auf drei 7-Punkte-Skalen soll eingeschätzt werden, in welchem Ausmaß es sich um eine interne oder externe Ursache handelt (1 = liegt vollständig an anderen Personen oder äußeren Umständen, 7 = liegt ausschließlich an mir), (3) in welchem Ausmaß es sich um eine stabile oder variable Ursache handelt (1 = diese Ursache wird in Zukunft nie mehr anwesend sein, 7 = diese Ursache wird in Zukunft immer vorhanden sein), und (4) in welchem Ausmaß die Ursache global oder spezifisch ist (1 = die Ursache beeinflußt nur diese Situation, 7 = die Ursache beeinflußt alle Situationen).

Je mehr und je stärkere interne, stabile und globale Ursachen für negative, und je mehr und je stärkere externe, variable und spezifische Ursachen für positive Ereignisse genannt werden, desto ungünstiger ist der Attributionsstil. Neben dem eben beschriebenen ASQ gibt es noch eine erweiterte Fassung mit 24 negativen Ereignissen und eine Version für Kinder, den CASQ = Children's Attributional Style Questionnaire = Attributionsstil-Fragebogen für Kinder (PETERSON und SELIGMAN, 1984).

Der Ursprung des persönlichen Attributionsstils liegt nach PETERSON und SELIGMAN (1984) in mindestens 3 Faktoren. (1) Kinder übernehmen durch Imitation den Attributionsstil der Eltern. (2) Die Art der Kritik schlechter Schulleistungen durch Lehrer beeinflußt den Attributionsstil. (Zum Beispiel bedeutet «Du hast Dich diesmal nicht genug angestrengt» eine variable und spezifische Ursache, während «Du bist zu faul» eine stabile und globale Ursache meint.) (3) Frühe schwere Verluste spielen eine Rolle. Wenn etwa ein Kind seine Mutter durch deren Tod verliert, sind viele bisher erreichbare Ereignisse (Gespräche, Hilfeleistungen usw.) langfristig (d. h. stabil) und in vielen Situationen (d. h. global) nicht mehr verfügbar.

Die neue Theorie kann erklären, wie schwere und wie leichte Formen von Hilflosigkeit entstehen. Daher wird sie von ihren Autoren auch als Erklärung besonders schwerer Fälle von Hilflosigkeit aufgefaßt, nämlich als Erklärung der Entstehung von Depressionen und depressiven Stimmungen. Das gemeinsame Auftreten zweier Bedingungen gilt als hinreichend für die Entstehung einer Depression: (1) Unkontrollierbare negative Ereignisse und (2) ungünstige Attributionen für diese. Der ungünstige Attributionsstil allein ist also noch keine hinreichende Ursache, sondern bloß ein Risikofaktor für Depressionen.

Welche Erklärungen für die negativen Ereignisse im konkreten Fall gegeben werden, hängt von folgenden Faktoren ab: (1) Von der Art der Ereignisse (der Tod eines nahestehenden Menschen *ist* eine globale und stabile Ursache für viele negative Situationen), und (2) vom persönlichen Attributionsstil. Der persönliche Attributionsstil ist umso einflußreicher, je schwieriger die Feststellung der objektiven Ursachen ist (z. B. ist kaum objektiv feststellbar, ob bei einer mißlungenen Prüfung die eigene Fähigkeit unzulänglich, die Anstrengung zu gering, die Müdigkeit zu groß, oder der Prüfer zu bösartig war).

(3) Wie aus allgemeinen Attributionstheorien (z. B. KELLEY, 1967) und entsprechenden Untersuchungen bekannt ist, spielen hier auch verschiedene Informationen eine Rolle, z. B. die Information darüber, wie viele andere Personen bei einer Prüfung versagt haben. Aus der Tatsache, daß die meisten Vergleichspersonen die Prüfung bestanden haben und man selbst nicht, schließt man auf eine leichte Prüfung und dementsprechend auf eigene Unfähigkeit, mangelnde Anstrengung oder andere interne Ursachen. Wenn dagegen die meisten Vergleichspersonen ebenfalls versagen, schließt man eher auf externe Ursachen wie etwa eine besonders schwierige Prüfung.

Ein großer Teil der Untersuchungen zur revidierten Hilflosigkeitstheorie überprüfte die Zusammenhänge zwischen der Stärke depressiver Symptome und dem Ausmaß der Neigung zu ungünstigen Attributionen. Die Stärke depressiver Symptome wurde meistens mit Hilfe des BDI = Beck Depression Inventory (Depressionsfragebogen von BECK, 1967) gemessen. Die postulierten Zusammenhänge wurden u. a. bei Kindern, Studenten und psychiatrischen Patienten festgestellt (PETERSON und SELIGMAN, 1984). Je stärker die Neigung zu internen, stabilen und globalen Attributionen für negative Ereignisse ist, desto stärker sind auch die depressiven Symptome.

Ein Teil dieser Untersuchungen ist bloß korrelativer Natur, d. h. es wurden gleichzeitig an einer Stichprobe die depressiven Symptome und der Attributionsstil erfaßt, und dann die Stärke des Zusammenhangs zwischen diesen zwei Variablen berechnet. Das ist nur eine teilweise Bestätigung der Theorie, weil damit keine Aussage über die Richtung der Kausalität zwischen den Variablen möglich ist. (Solche Ergebnisse sind mit der Theorie verträglich, bestätigen sie aber noch nicht.) Aussagekräftiger sind Untersuchungen, in denen *zuerst* der Attributionsstil gemessen, und *später* die Reaktionen auf negative Ereignisse erfaßt werden, oder Experimente, in denen zuerst aktiv der Attributionsstil variiert wird, um anschließend die Reaktionen auf – ebenfalls experimentell herbeigeführte – negative Ereignisse zu erfassen.

In diesem Sinn zeigten METALSKY, ABRAMSON, SELIGMAN, SEMMEL und PETERSON (1982) in einem «Naturexperiment» den nachteiligen Einfluß eines ungünstigen Attributionsstils. Zunächst (Zeitpunkt 1) wurden die Attributionsstile der Vpn (Studenten) erfaßt. 11 Tage später (Zeitpunkt 2) wurden ihre Stimmungen mit einem geeigneten Fragebogen festgestellt. 5 Tage danach (Zeitpunkt 3) erfuhren die Vpn die Ergebnisse einer wichtigen Prüfung, wonach nochmals die Stimmungen erhoben wurden. Für die Auswertung wurden die Vpn in 2 Gruppen geteilt, nämlich in Studenten, die mit ihrer Note zufrieden waren (die Note entsprach oder übertraf ihre Erwartungen), und solche, die mit ihrer Note unzufrieden waren (negatives Ergebnis, das unter der Erwartung lag).

Bei den Studenten mit schlechten Noten – und nur bei diesen – trat eine Stimmungsverschlechterung zwischen den Zeitpunkten 2 und 3 auf, die umso größer war, je interner und globaler ihre Attributionen für negative Ereignisse waren. Die Stabilität hatte in dieser Untersuchung keinen Einfluß. (Außerdem wurde – um andere mögliche Erklärungen auszuschließen – nachgewiesen, daß es keinen Zusammenhang zwischen Attributionsstil und der erhaltenen oder erwarteten Note gab.)

Die postulierten spezifischen Wirkungen der einzelnen Attributionsdimensionen, vor allem der Globalitätsdimension, wurden in einigen Experimenten untersucht. ALLOY, PETERSON, ABRAMSON und SELIGMAN (1984) verwendeten dieselben Aufgaben wie HIROTO (1974) bzw. HIROTO und SELIGMAN (1975), die bereits in Abschnitt 2.543 beschrieben wurden. Im ersten Experiment waren Hilflosigkeitstraining (Abstellen von Lärm durch Knopfdruck) und Testaufgabe (Abstellen von Lärm durch Hin- und Herschieben eines Hebels, sogenannte Hand-Shuttlebox) einander ähnlich. Im zweiten Experiment waren Training (wie im ersten Experiment) und Testaufgabe (20 Anagramme aus je 5 Buchstaben) verschiedenartig. Von allen Vpn in beiden Experimenten wurde mittels ASQ der Attributionsstil erhoben. In beiden Experimenten wurde der übliche dreifache Versuchsplan eingesetzt (Bedingung 1: kontrollierbare Geräusche, Bedingung 2: unkontrollierbare Geräusche, Bedingung 3: keine Geräusche).

Hilflosigkeitseffekte (in Form stark verlängerter Latenzzeiten in Bedingung 2) waren im ersten Experiment (mit ähnlichen Test- und Trainingsaufgaben) unabhängig vom Attributionsstil. Im zweiten Experiment dagegen (mit verschiedenartigen Test- und Trainingsaufgaben) trat ein Hilflosigkeitseffekt nur bei Vpn mit einem globalen Attributionsstil auf. Dieses Ergebnis unterstützt die Hypothese, daß globale Attributionen eine notwendige Bedingung für die Generalisation der Erwartung von Unkontrollierbarkeit auf neue Situationen sind.

Eine besonders detaillierte Prüfung der revidierten Theorie erfolgte durch eine Serie von 3 Experimenten von MIKULINCER (1986). Er verwendete als Trainingsaufgabe ähnliche Begriffsbildungsprobleme wie HIROTO und SELIGMAN (1975) (und zwar 4 Serien aus je 10 Reizen, die in 4 Dimensionen variierten), und als Testaufgaben Figurenergänzungen. (Ähnlich wie im Intelligenztest von RAVEN, 1960, wurden 10 Karten mit Reihen von je 8 Figuren gezeigt. Zwischen den 8 Figuren bestanden bestimmte Beziehungen, so daß jede Reihe fortgesetzt werden konnte. Der Platz für die neunte Figur war jedoch freigelassen und die Vpn mußten aus weiteren 8 Figuren am unteren Rand jeder Karte die richtige auswählen.) Außerdem mußten die Vpn auf 7-Punkte-Skalen u. a. ihre Kontrollwahrnehmungen während der Trainingsaufgabe, ihre Kontrollerwartungen bezüglich folgender (Test) aufgaben, ihre Attributionen für die Ergebnisse bei den Trainingsaufgaben (nach den 3 Attributionsdimensionen unterteilt), und die Stärke verschiedener Gefühle angeben. (Unter Kontrollwahrnehmung versteht man die Beurteilung des Ausmaßes, in dem man Ergebnisse beeinflussen kann.) Im dritten Experiment wurde außerdem der Selbstwert erhoben.

Die Attributionen wurden nicht wie in den bisher besprochenen Experimenten bloß mit Hilfe des ASQ erhoben, sondern sie wurden durch Instruktionen induziert. Im ersten Experiment gab es 5 Versuchsbedingungen: (1) Eine Bedingung ohne Rückmeldung durch den Vl bei den Begriffsbildungsaufgaben; (2) eine Bedingung mit lösbaren Aufgaben (d. h. mit korrekten «richtig»- und «falsch»-Rückmeldungen; sowie drei Hilflosigkeitsbedingungen mit unlösbaren Aufgaben (d. h. mit inkorrekten, zufallsverteilten «richtig»- und «falsch»-Rückmeldungen), und zwar (3) eine Hilflosigkeitsbedingung ohne Manipulation der Attributionen, (4) eine Hilflosigkeitsbedingung mit globalen, und (5) eine Hilflosigkeitsbedingung mit spezifischen Attributionen. Globale Attributionen wurden durch den Hinweis hergestellt, daß die Leistung bei der Begriffsbildungsaufgabe vorauszusagen erlaube, wie erfolgreich jemand bei allen anderen psychologischen Aufgaben sein wird. Um spezifische Attributionen nahezulegen, wurde behauptet, es gäbe keine oder nur ganz schwache Zusammenhänge zwischen der Begriffsbildungsaufgabe und anderen Aufgaben, die in psychologischen Experimenten verwendet werden.

Die Hauptergebnisse findet man in Tabelle 17 (alle Zahlen sind Mittelwerte; die wichtigsten Ergebnisse sind durch ein hochgestelltes * gekennzeichnet; diese unterscheiden sich signifikant von den Werten in den Bedingungen oR und lP). Die Kontroll*wahrnehmungen* waren – realistischerweise – in allen drei Hilflosigkeitsbedingungen wesentlich geringer als in den Bedingungen lP und oR. Die Kontroll*erwartungen* dagegen waren nur in den Bedingungen gH und gH/global niedrig. Unkontrollierbare Ereignisse, die auf spezifische Ursachen zurückgeführt werden (gH/spezifisch) bewirkten keine verminderten Kontrollerwartungen in einer neuen Situation. Dementsprechend bewirkten sie auch keine Leistungsverschlechterung. Die Zahl der gelösten Probleme war nur in gH und gH/global gering, nicht in gH/spezifisch. Die schlechtesten Leistungen traten in der Bedingung gH/global auf: Hier wurden nicht nur besonders wenige Probleme gelöst, sondern das geschah auch sehr langsam (große Latenzzeiten).

Das zweite Experiment war ganz ähnlich aufgebaut wie das erste, allerdings mit 5 Hilflosigkeitsbedingungen. Die Bedingungen gH/global und gH/spezifisch wurden nochmals unterteilt, und zwar jeweils in stabile und variable Attributionen. Die entsprechenden Instruktionen besagten, frühere Untersuchungen hätten gezeigt, daß die Ergebnisse bei diesen Aufgaben von zufälligen und vorübergehenden Faktoren verursacht werden (variabel), oder von Faktoren, die sich nicht mit der Zeit ändern. Das Hauptergebnis von Experiment 2 war, daß Hilflosigkeitseffekte bei neuen (und der Trainingsaufgabe wenig ähnlichen) Aufgaben nur dann auftreten, wenn eine globale *und* stabile Attribution vorliegt. Eine Attribution, die nur in einer Dimension ungünstig ist, genügt nicht.

Im dritten Experiment waren ebenfalls 5 Hilflosigkeitsbedingungen vorhanden. Die Bedingungen gH/global und gH/spezifisch wurden diesmal nach der Dimension intern/extern weiter

Tabelle 17

	oR	lP	gH	gH/global	gH/spezifisch
Kontrollwahrnehmung	4,80	4,70	2,60*	2,30*	2,10*
Kontrollerwartung	5,30	5,60	3,60*	4,10*	5,90
Latenzzeit	16,68	16,30	15,83	20,61*	16,55
Zahl gelöster Probleme	6,60	5,90	4,10*	4,50*	6,90

oR = ohne Rückmeldung, lP = lösbare Probleme
gH = gelernte Hilflosigkeit (unlösbare Probleme)

Tabelle 18

	oR	lP	gH	gH/global intern	gH/global extern	gH/spezifisch intern	gH/spezifisch extern
Kontroll-wahrnehmung	5,10	4,30	2,10*	2,50*	2,60*	1,80*	2,30*
Traurigkeit	1,60	1,60	1,53	2,90*	2,10	3,20*	1,80
Kontroll-erwartung	5,10	5,40	3,20*	3,70*	2,80*	5,00	5,20
Selbstwert	3,72	3,40	3,32	2,70*	3,27	2,72*	3,42
Latenzzeit	16,59	14,81	16,45	16,47	16,00	14,54	16,28
Zahl gelöster Probleme	6,40	6,50	4,80*	3,70*	5,20	6,10	5,00

oR = ohne Rückmeldung, lP = lösbare Probleme, gH = gelernte Hilflosigkeit (unlösbare Probleme)

unterteilt. Die entsprechenden Instruktionen besagten, daß die Ergebnisse bei diesen Aufgaben von Persönlichkeitsmerkmalen und nicht von äußeren Faktoren abhängen (intern), oder daß sie nicht von Begabung oder Anstrengung, sondern von Umgebungsfaktoren abhängen (extern).

Die Ergebnisse (s. Tabelle 18) zeigen wieder die Wahrnehmung geringer Kontrolle in allen Hilflosigkeitsbedingungen. Die Ergebnisse bezüglich der übrigen abhängigen Variablen sind jedoch – in Übereinstimmung mit der neuen Theorie – recht differenziert. (Ergebnisse, die sich überzufällig von denen in den Bedingungen oR und lP unterscheiden, sind wieder durch ein hochgestelltes * gekennzeichnet.) Ein verminderter Selbstwert und eine besonders traurige Stimmung trat ausschließlich bei internen Attributionen auf (gH/global/intern und gH/spezifisch/intern). Geringe Kontrollerwartungen dagegen traten ausschließlich bei globalen Attributionen (gH/global/intern und gH/global/extern) sowie in der unbeeinflußten Gruppe (gH) auf. Wie in Experiment 2 scheint es für das Zustandekommen schlechter Leistungen (wenig gelöste Probleme) notwendig zu sein, daß ungünstige Attributionen auf zwei Dimensionen gleichzeitig vorliegen (gH/global/intern).

Obwohl sich ein Großteil der Forschung auf die Entstehung depressiver Symptome und auf Leistungsdefizite bei Denkaufgaben konzentrierte, ist der Gültigkeitsbereich der Theorie keineswegs darauf beschränkt, und es wurden ungünstige Attributionen und deren Auswirkungen in anderen Bereichen untersucht. Zum Beispiel konnten PETERSON, SELIGMAN und VAILLANT (1988) einen Zusammenhang zwischen dem Attributionsstil 25jähriger Personen und ihrer körperlichen Gesundheit im Alter von 45 bis 60 Jahren nachweisen (– nicht aber mit der Gesundheit im Alter von 30 bis 40 Jahren). Ein ungünstiger Attributionsstil scheint nicht nur ein Risikofaktor für Depressionen, sondern auch für somatische Krankheiten zu sein.

Selbst der Erfolg von Versicherungsagenten hängt mit deren Attributionsstilen zusammen (SELIGMAN und SCHULMAN, 1986). Die Autoren gingen davon aus, daß der Attributionsstil bei diesem Beruf besonders wichtig ist, weil hier sehr viele Mißerfolge (kein Versicherungsabschluß) erlebt werden. Tatsächlich zeigte sich, daß Versicherungsagenten mit einem günstigen Attributionsstil in den ersten beiden Jahren ihrer Tätigkeit um 37% mehr verkauften als ihre Kollegen mit einem pessimistischen Attributionsstil. Außerdem hielten Versicherungsagenten, die zum Zeitpunkt ihrer Einstellung einen positiven Attributionsstil hatten, länger in ihrem Beruf durch als ihre Kollegen mit einem ungünstigen Erklärungsmuster. 67% der Agenten, die nach einem Jahr noch in ihrem Beruf waren, zeigten vorteilhafte Attributionsmuster.

2.546 Kritik der Hilflosigkeitstheorie I: Kontingenzwahrnehmung

Obwohl die neue Hilflosigkeitstheorie gegenüber der ursprünglichen Version eine deutliche Verbesserung darstellt, und obwohl sie durch viele Ergebnisse gestützt wird, wurde auch sie – genauso wie die alte Theorie – wiederholt kritisiert. Die wichtigsten Kritikpunkte sollen in den folgenden Abschnitten dargestellt und auf ihre

Stichhaltigkeit überprüft werden. Diese Kritikpunkte sind interessant und wichtig, weil die meisten von ihnen Probleme betreffen, die nicht nur für die Hilflosigkeitstheorie, sondern auch für andere sozialpsychologische Theorien (z. B. WEINER, 1986) und Fragestellungen (z. B. die Wirkung von Vorhersehbarkeit) relevant sind.

(1) *Die Wahrnehmung von Kontingenzen.* Da postuliert wird, daß objektive Unkontrollierbarkeit (zusammen mit ungünstigen Attributionen) Hilflosigkeit hervorruft, während objektive Kontrolle keine Hilflosigkeit bewirkt, muß man annehmen, daß das Ausmaß der Kontrolle in irgendeiner Weise wahrgenommen wird. Kontrollierbarkeit ist Kontingenz zwischen Verhalten und Ergebnissen. Kontrollierbarkeit und Kontingenz sind umso größer, je größer die Differenz zwischen den beiden Wahrscheinlichkeiten p(S|R) und p(S|nicht R) ist. Auf eine realistische und präzise Kontingenzwahrnehmung kann geschlossen werden, wenn die subjektive Kontrollwahrnehmung oder -einschätzung (z. B. auf einer 7-Punkte-Skala oder auf einer Skala von 0 bis 100%) und die Differenz der objektiven Wahrscheinlichkeiten (p(S|R-p(S|nicht R)) einander entsprechen bzw. einander proportional sind.

Genau das war aber in den älteren Untersuchungen zur Kontingenzwahrnehmung (z. B. CHAPMAN und CHAPMAN, 1967, 1969; JENKINS und WARD, 1965; s. auch NISBETT und ROSS, 1980) eher selten der Fall, weshalb vielfach die Meinung vertreten wurde (und wird), daß unsere Kontingenzwahrnehmung äußerst schlecht ist. Andererseits legen die vielen neueren Untersuchungen zum klassischen Konditionieren (vgl. Abschnitt 2.22) und zum Gesetz des relativen Effekts (vgl. Abschnitt 1.335) sowie zu Verstärkerplänen – in allen diesen Fällen spielen Kontingenzen eine zentrale Rolle – die berechtigte Vermutung nahe, daß sogar Tiere einigermaßen genau Kontingenzen wahrnehmen können. Daß dies auch bei Menschen der Fall sein dürfte, darf man aufgrund der vielen Untersuchungen vermuten, die KELLEYS Kovariationsprinzip bestätigen (s. Abschnitt 5.23). Ferner zeigte sich auch in neueren Untersuchungen zur Kontingenzwahrnehmung beim Menschen, daß diese in vielen Fällen ziemlich genau ist (z. B. ALLOY und ABRAMSON, 1979).

Wodurch diese widersprüchlichen Ergebnisse entstehen könnten, zeigt eine genauere Betrachtung der verschiedenen Untersuchungen. ALLOY und ABRAMSON (1979) verwendeten in mehreren Experimenten zwei Gruppen von Vpn: depressive und nichtdepressive Studenten. Jede Vp erhielt eine von mehreren Kontingenzschätzungsaufgaben. Jede Aufgabe bestand aus 40 Durchgängen. In jedem Durchgang konnte die Vp eine von zwei Verhaltensweisen wählen (einen Knopf drücken = R, oder nicht drücken = nicht R), worauf manchmal ein grünes Licht aufleuchtete und manchmal nicht. Am Ende jeder Aufgabe sollte die Vp den Grad der Kontingenz zwischen ihrem Verhalten und dem Ergebnis (grünes Licht) auf einer Skala von 0 bis 100 einschätzen. Die objektiven Kontingenzen (p(S|R)−p(S|nicht R)) in den verschiedenen Aufgaben variierten zwischen 0 und 0,75. Außerdem wurde die Häufigkeit des grünen Lichts und dessen Wert variiert (in manchen Bedingungen war das Licht neutral, in anderen konnte entweder Geld gewonnen oder verloren werden). Die depressiven Vpn beurteilten die Kontingenzen ziemlich korrekt, die nichtdepressiven Vpn gaben ebenfalls in den neutralen Bedingungen korrekte Schätzungen ab, neigten aber auch zu einer gewissen Überschätzung ihrer Kontrolle (bei Gewinn) bzw. zu einer Unterschätzung (bei Verlust).

Die Vpn von CHAPMAN und CHAPMAN (1967) erhielten zahlreiche Reizpaare, bestehend aus je einer Zeichnung (Darstellung eines Menschen) und der Beschreibung von 6 Symptomen eines Patienten, der angeblich die Zeichnung angefertigt hatte. (In dieser Untersuchung geht es nicht um die Kontingenz zwischen Verhalten und Ergebnissen, sondern um die Kontingenz zwischen zwei Reizen bzw. Reizklassen S_1 und S_2. Diese kann analog zur Verhaltens-Ergebnis-Kontingenz definiert werden und ist umso größer, je größer die Differenz zwischen den beiden Wahrscheinlichkeiten $p(S_2|S_1)$ und $p(S_2|\text{nicht } S_1)$ ist.) Nachdem sie 45 solche Paare betrachtet hatten, sollten die Vpn angeben, welche Aspekte der Zeichnungen mit welchen Patientenmerkmalen zusammenhängen (d. h. aufgrund welcher Eigenschaften einer Zeichnung man auf bestimmte Symptome des Zeichners schließen könnte). Obwohl die Zuordnung von Zeichnungen und Symptombeschreibungen zufällig erfolgt war (es waren also keinerlei objektive Kontingenzen zwischen Zeichnungs- und Patientenmerkmalen vorhanden), «entdeckten» die Vpn zahlreiche illusorische Korrelationen, z. B. daß abhängige, unselbständige Patienten in ihren Zeichnungen eines Menschen den Mund betonen, bzw. kindliche oder weibliche Figuren zeichnen, oder daß mißtrauische Patienten die Augen betonen oder verzerren usw. (Es handelt sich, nebenbei bemerkt, um genau dieselben «Zusammenhänge», die von manchen klinischen Psychologen oder Psychiatern behauptet wurden, und die hier von den Vpn «wiederentdeckt» worden waren.)

Diese und viele andere Ergebnisse zur Kontingenzwahrnehmung werden von ALLOY und TABACHNIK (1984) in einheitlicher Weise durch folgende Hypothese erklärt: Die Kontingenzwahrnehmung wird durch zwei Faktoren bestimmt, nämlich (1) von der in der momentanen Situation enthaltenen *objektiven Kontingenzinformation,* und (2) von bereits *bestehenden Erwartungen* bezüglich des Zusammenhangs zwischen den vorliegenden Variablen.

Dabei werden – durch die Kombination von geringer (schwacher) versus hoher (starker) Kontingenzinformation in der gegebenen Situation mit schwachen versus starken Kontingenzerwartungen – vier verschiedene Arten der Kontingenzbeurteilung oder -wahrnehmung unterschieden (s. Abbildung 44):

Zelle 1 (geringe Information und schwache Erwartung): Wenn die Kontingenzinformation gering ist (z. B. keine Information oder widersprüchliche Information oder schwer überschaubare Information) und außerdem keine bestimmten Erwartungen bestehen, wird man kein oder ein höchst unsicheres Kontingenzurteil abgeben.

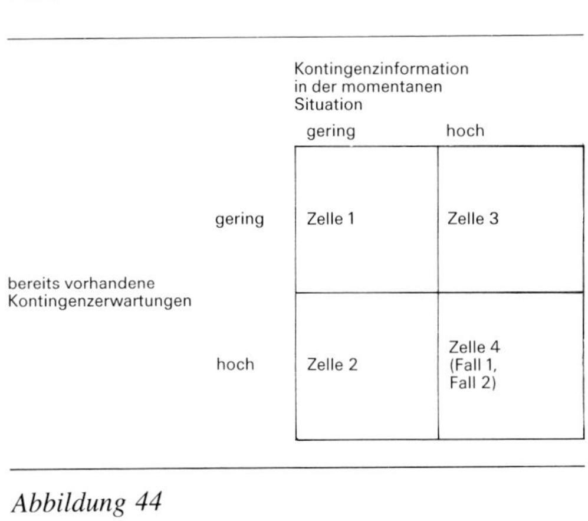

Abbildung 44

Zelle 2 (geringe Information und starke Erwartung): Wenn die Kontingenzinformation gering ist, aber gleichzeitig deutliche Erwartungen bestehen, wird die Kontingenz in Übereinstimmung mit der Erwartung eingeschätzt.

Zelle 3 (hohe Information und schwache Erwartung): Wenn die Situation eindeutige und deutliche Kontingenzinformation enthält, aber keine bestimmten Erwartungen mitgebracht werden, dann wird die Kontingenz korrekt beurteilt.

Zelle 4 (hohe Information und starke Erwartung) besteht aus zwei Fällen. *Fall 1:* Information und Erwartung stimmen überein. Hier wird ein ebenso sicheres wie korrektes Urteil abgegeben. *Fall 2:* Die Situationsinformation und die Erwartung widersprechen einander. Was in diesem Fall geschieht, hängt von den relativen Stärken der beiden Informationsquellen ab. Ist die Erwartung stärker (etwa weil sie für die Person sehr wichtig ist und/oder schon lang existiert), kann die Situationsinformation übersehen, verzerrt oder falsch erinnert werden. Das Kontingenzurteil entspricht dann eher der Erwartung. Ist die Situationsinformation stärker (z. B. weil sie sehr überzeugend, lebendig und/oder umfangreich ist), erfolgt eine korrekte Kontingenzwahrnehmung.

Nach ALLOY und TABACHNIK (1984) befanden sich die Vpn von CHAPMAN und CHAPMAN (und in anderen Untersuchungen, in denen illusorische oder falsche Kontingenzurteile auftraten) in der durch Zelle 4, Fall 2 beschriebenen Situation. Die Situationsinformation (keine Kontingenz) und die Erwartung bestimmter Zusammenhänge (vielleicht aufgrund populärpsychologischer Theorien) widersprachen einander. Offenbar waren die Erwartungen stärker als die objektive Information, denn die Kontingenzurteile entsprachen den Erwartungen. Es ist jedoch auch denkbar, daß Zelle 2 das Experiment beschreibt: Starke Erwartungen und schwache Information, weil die Information umfangreich und gleichzeitig schwer überschaubar war.

Die Untersuchung von ALLOY und ABRAMSON (1979) dagegen entspricht eher Zelle 3: Klare Kontingenzinformation ohne bestimmte Erwartungen – wer hat schon konkrete Erwartungen hinsichtlich des Zusammenhangs zwischen Knopfdruck und grünem Licht? Bei den nichtdepressiven Vpn war die Situation vermutlich etwas in Richtung auf Zelle 4 verschoben. Nichtdepressive, selbstsichere Personen haben stark generalisierte Erwartungen dahingehend, daß sie positive Ereignisse herbeiführen können, aber kaum negative Ereignisse durch ihr Verhalten bewirken – daher die Überschätzung der Kontingenz in den Gewinn- und die Unterschätzung in den Verlustbedingungen.

Noch ein kurzer *Anhang* für Leser mit statistischen Grundkenntnissen (andere Leser mögen zum nächsten Abschnitt übergehen): Genaue Datenanalysen haben wiederholt gezeigt, daß die vorhandene Kontingenzinformation oft nur mangelhaft beachtet wird. Kontingenzinformation läßt sich in Form eines Vierfelderschemas darstellen (s. Abbildung 45a):

Die 4 Felder enthalten die Häufigkeiten, wie oft Ereignis 1 und 2 gemeinsam vorkommen, wie oft Ereignis 1 allein auftritt, usw. In vielen Fällen (sowohl im Experiment wie im Alltag) sind diese Informationen zugänglich. Aber sie werden nur teilweise genützt. Der häufigste Fehler besteht darin, daß sich viele Menschen vorwiegend auf das Feld a konzentrieren (gemeinsames Auftreten beider Ereignisse), und die anderen Felder kaum beachten. Um die Stärke eines Zusammenhangs festzustellen, muß man jedoch auch andere Felder und/oder Randsummen berücksichtigen. Wie ein Vergleich der Abbildungen b und c zeigt, kann dieselbe Häufigkeit in Feld a bei einem hohen Zusammenhang vorkommen (Korrelation nahe bei 1 in Abbildung b) und bei fehlender Kontingenz (Korrelation von null in Abbildung c).

Die übermäßige Konzentration auf Feld a beruht sicher bei einigen Menschen auf fehlerhaften Denkprozessen. Vermutlich tritt sie auch bei starken Kontingenzerwartungen auf. In diesem Fall begnügt man sich mit der voreiligen Feststellung, daß genügend «bestätigende» Fälle vorhanden sind, ohne auf die Zahl der «widersprechenden» Fälle zu achten.

2.547 Kritik der Hilflosigkeitstheorie II: Spontanattributionen, Beziehungen zwischen den Variablen

(2) *Häufigkeit spontaner Attributionen.* Mitunter wurde behauptet, daß Vpn nur deshalb Ursachen angeben, weil sie explizit danach gefragt werden, daß aber im Alltag Attributionen überhaupt nicht oder höchst selten vorkommen. Diese Behauptung stützt sich auf einige wenige Untersuchungen, die einen solchen Schluß vielleicht nahelegen (z. B. DIENER und DWECK, 1978). Die Vpn (Kinder) von DIENER und DWECK sollten «laut denken», während sie unlösbare Aufgaben bearbeiteten. Aufgrund eines Attributionsfragebogens wurden die Vpn in zwei Gruppen geteilt, in hilflose und zielorientierte Kinder. Die Analyse der spontanen Verbalisationen zeigte, daß bei den zielorientierten Kindern fast keine Attributionen vorkamen, während ein Teil der hilflosen Kinder Attributionen äußerte. Nun traten in dieser Untersuchung sicher weniger Attributionen auf, als man erwartet hätte, aber sie kamen vor – und zwar spontan. Außerdem waren die Vpn Kinder (mit altersbedingten Verbalisierungsschwierigkeiten), und es ist unsicher, ob sie *alles* gesagt haben, was ihnen einfiel.

Daß spontane Attributionen im Alltag oft vorkommen, geht aus einer beeindruckenden Zahl von Untersuchungen hervor (einen detaillierten Überblick gibt WEINER, 1985a, 1986). Dabei

a

Ereignis 1 (Reiz oder Verhalten)	Ereignis 2 (Reiz oder Verhalten): vorhanden	nicht vorhanden
vorhanden	a	b
nicht vorhanden	c	d

b

E1	E2: ja	nein
ja	40	10
nein	10	40

c

E1	E2: ja	nein
ja	40	10
nein	40	10

Abbildung 45

handelt es sich nicht nur um Experimente, sondern u. a. auch um Analysen von Gesprächen, Briefen und Zeitungsartikeln (über Sport, Wahlen usw.). In diesen Gesprächen, Briefen und Zeitungsartikeln wimmelt es geradezu von Attributionen. Trotzdem ist es richtig, daß nicht immer und für jedes Ereignis eine Attribution gesucht wird. WEINER (1986) faßt zusammen: Attributionen sind besonders häufig bei *unerwarteten, negativen* und *wichtigen* Ereignissen.

(3) *Keine oder schwache Beziehungen zwischen Attributionen und anderen Variablen.* In etlichen Untersuchungen zeigten sich keine oder nur schwache Zusammenhänge zwischen Attributionen und Hilflosigkeitseffekten. Manchmal ist zumindest ein Teil der untersuchten Zusammenhänge schwach oder nicht nachweisbar (z. B. hatten in dem früher beschriebenen «Naturexperiment» von METALSKY, ABRAMSON, SELIGMAN, SEMMEL und PETERSON (1982) nur die Dimensionen intern/extern und global/spezifisch einen Einfluß auf die Stimmungen der Vpn, nicht aber die Dimension stabil/variabel).

Die Ursache für scheinbar schwache oder fehlende Effekte sind oft methodische Mängel bei der statistischen Auswertung (ROBINS, 1988) oder in den Daten (PERLOFF und PERSONS, 1988). PERLOFF und PERSONS (1988) wiesen nach, daß die übliche Praxis, allen drei Attributionsdimensionen gleiches Gewicht beizumessen, und einen Attributionsindex durch einfache Summierung der Werte für die Einzeldimensionen zu bilden, häufig nicht gerechtfertigt ist.

Daß es sich um zuverlässige Zusammenhänge handelt, bewiesen SWEENEY, ANDERSON und BAILEY (1986) in einer sogenannten Metaanalyse, die auf den Ergebnissen von 104 Untersuchungen mit insgesamt fast 15000 Vpn beruht. Es wurde für jede der drei Attributionsdimensionen und für den Gesamtattributionsindex (der aus allen drei Dimensionen gebildet wird) ein deutlicher und überzufälliger Zusammenhang mit depressiven Symptomen nachgewiesen, wobei der Zusammenhang zwischen ungünstigen (internen, stabilen und globalen) Attributionen für negative Ereignisse und Depression größer ist als der Zusammenhang zwischen ungünstigen (externen, variablen und spezifischen) Attributionen für positive Ereignisse und Depression.

(4) *Art der Kausalbeziehungen.* Die Theorie der gelernten Hilflosigkeit postuliert ganz bestimmte Kausalbeziehungen zwischen diesen Variablen: Das Auftreten unkontrollierbarer negativer Ereignisse und ungünstige Attributionen für sie bewirken gemeinsam die generalisierte Erwartung weiterer negativer Ereignisse und damit Hilflosigkeit (depressive Symptome).

Prinzipiell sind auch andere Kausalbeziehungen denkbar, z. B. besagt das «Symptommodell», daß ungünstige Attributionen nicht eine Ursache, sondern bloß Auswirkungen (Symptome), sozusagen Nebenprodukte der Depression sind. Die Kausalbeziehungen sind hier: Negative Ereignisse als solche bewirken depressive Verstimmungen, und diese bewirken die ungünstigen Attributionen.

BREWIN (1985) analysierte einige Untersuchungen, die für das Problem der Kausalbeziehungen relevant sind, und kam zu dem Schluß, daß einige mit der Hilflosigkeitstheorie verträglich sind, aber daß einige das Symptommodell unterstützen. Hier ist sicher noch nicht das letzte Wort gesprochen, und man muß die Ergebnisse weiterer, genauerer Untersuchungen abwarten.

2.548 Kritik der Hilflosigkeitstheorie III: Lageorientierung

(5) *Andere Erklärungen der Hilflosigkeit.* Hilflosigkeit muß nicht durch die generalisierte Erwartung von Unkontrollierbarkeit entstehen. Auch andere Ursachen der Hilflosigkeit wurden postuliert. KUHL (1981, 1983) kritisierte die Annahme der Generalisation von Unkontrollierbarkeitserwartungen. Nach Kuhl generalisiert eine Erwartung nur dann von einer Aufgabe auf eine andere, wenn die zweite Aufgabe (nach Meinung der Vp) der ersten Aufgabe ähnlich ist bzw. ähnliche oder gleiche Fähigkeiten erfordert. (Genau genommen betrifft diese Kritik nur die ursprüngliche Theorie, denn die neue Version nimmt nicht mehr an, daß Unkontrollierbarkeitserwartungen immer generalisieren, und sie gibt sogar die genauen (Attributions)bedingungen für eine solche Generalisation an.)

Daher lehnte KUHL die *motivationale* Erklärung der Hilflosigkeit (Motivationsmangel wegen der Erwartung von Unkontrollierbarkeit) ab, und schlug eine *funktionale* Erklärung vor: Durch erlebte Unkontrollierbarkeit wird man in den Zustand der *Lageorientierung* versetzt, in dem *Handlungskontrolle* nur mangelhaft gelingt.

Ob eine gewählte Handlungsabsicht trotz eventueller Schwierigkeiten und Hindernisse auch tatsächlich und bis zum Ende durchgeführt wird, hängt von der *Handlungskontrolle* ab. Dazu gehören selektive Aufmerksamkeit (Beachtung derjenigen Informationen, die für die Verwirklichung der Verhaltensabsicht relevant sind), Sparsamkeit der Informationsverarbeitung (Nichtbeachtung irrelevanter Informationen, keine zu detaillierte Informationsverarbeitung), und handlungsfördernde Gefühle (z. B. Hoffnung und Freude – im Gegensatz zu handlungshemmenden Gefühlen wie Angst und Verzweiflung).

In welchem Ausmaß Handlungskontrolle gelingt, hängt davon ab, wie sehr sich jemand im Zustand der Handlungsorientierung oder der Lageorientierung befindet. *Handlungsorientierung* (und damit Handlungskontrolle) liegt vor, wenn die Aufmerksamkeit annähernd gleichmäßig auf folgende vier Aspekte verteilt ist: (1) Den angestrebten Soll-Zustand (z. B. Lösung einer Aufgabe), (2) den gegenwärtigen Ist-Zustand (z. B. Mißerfolg bei einer Aufgabe), (3) die Diskrepanz zwischen Ist- und Soll-Zustand, und (4) Handlungsmöglichkeiten, um den Soll-Zustand zu erreichen.

Lageorientierung (und damit Zögern, Passivität, Abbrechen von Handlungen usw.) liegt vor, wenn die Aufmerksamkeit übermäßig auf einen der vier genannten Aspekte konzentriert ist. Dementsprechend unterscheidet KUHL mehrere Arten der Lageorientierung: (1) Zielzentrierung – man träumt von den Annehmlichkeiten des Soll-Zustands, ohne genau zu wissen, wie man ihn erreichen kann, und ohne etwas zu tun. (2) Mißerfolgszentrierung – man jammert über die mißliche Lage, in der man sich befindet, denkt über ihre möglichen Ursachen und Folgen nach, weiß aber nicht, wie man sie beseitigen kann, und kann sich auch nicht zu Taten aufraffen. (3) Planungszentrierung – man überlegt wiederholt die Vor- und Nachteile der verschiedenen Handlungsmöglichkeiten, bricht deshalb immer wieder bereits begonnene Handlungen ab und führt nichts zu Ende. (4) Außerdem wird noch die Erfolgszentrierung genannt, das ist die einseitige Konzentration auf vergangene Erfolge.

Ein hohes Maß an Lageorientierung in einer bestimmten Situation kann durch zwei Faktoren entstehen: (1) Durch eine persönliche Disposition zur Lageorientierung, die – genauso wie der persönliche Attributionsstil – auf die individuelle Lerngeschichte zurückzuführen ist, und (2) durch Situationsmerkmale wie z. B. Unkontrollierbarkeit. Durch langfristige Unkontrollierbarkeit kann man z. B. dazu veranlaßt werden, sich auf die erlebten Mißerfolge zu konzentrieren, über ihre Ursachen und ihre negativen Folgen nachzudenken. Dadurch entsteht mangelnde Handlungskontrolle für die folgenden Aufgaben, weil die Aufmerksamkeit einseitig (auf zur Zeit irrelevante, vergangene Aufgaben und Ergebnisse) konzentriert ist, wodurch weiters aufgabenirrelevante Information verarbeitet wird (– und für die Verarbeitung der zur Zeit wichtigen Information zu wenig Kapazität verfügbar ist), und außerdem handlungshemmende, besonders unangenehme Gefühle entstehen.

Einige Ergebnisse (KUHL, 1981) schienen zunächst für die Theorie von KUHL und gegen die Theorie von SELIGMAN zu sprechen. So zeigten Vpn nach einem Hilflosigkeitstraining (unlösbare Begriffsbildungsaufgaben) schlechtere Leistungen in einem Konzentrationstest als Vpn ohne Hilflosigkeitstraining (denen die Aufgaben nur beschrieben worden waren), *obwohl sich die Kontrollerwartungen der beiden Gruppen nicht unterschieden*. Ferner zeigte sich, daß Personen mit einer starken Disposition zur Lageorientierung (durch einen von KUHL entwickelten Fragebogen erfaßt) nach unkontrollierbaren Mißerfolgen schlechtere Leistungen aufwiesen als handlungsorientierte Personen, ohne aber geringere Kontrollerwartungen zu haben. Auch durch Fragen (über die Ursachen der schlechten Leistungen und über die momentanen Gefühle) herbeigeführte Lageorientierung bewirkte eine Leistungsverschlechterung, aber keine unterschiedlichen Kontrollerwartungen.

Diese Ergebnisse sprechen zweifellos für die Theorie von KUHL (funktionale Hilflosigkeit durch Lageorientierung), aber nicht unbedingt gegen die *revidierte* Hilflosigkeitstheorie (motivationale Hilflosigkeit durch geringe Kontrollerwartung *aufgrund bestimmter Attributionen*). Die beiden Theorien widersprechen einander nicht prinzipiell, und beide Arten von Hilflosigkeitsurachen (motivationale und funktionale) könnten abwechselnd (in verschiedenen Situationen) oder gleichzeitig (in einer Situation) wirksam sein.

In diesem Sinn hat STIENSMEIER-PELSTER (1988) in einer umfangreichen Serie von Untersuchungen nachgewiesen, daß Mißerfolg sowohl das Ausmaß der Lageorientierung als auch das Ausmaß der Kontrollerwartung ungünstig beeinflussen kann – wobei in beiden Fällen die Attributionen eine wichtige Rolle spielen. Eine interne, stabile und globale Mißerfolgsattribution verursacht also nicht nur eine besonders hohe Unkontrollierbarkeitserwartung, sondern auch ein besonders hohes Maß an Lageorientierung.
Genauere Analysen zeigten außerdem, daß das Ausmaß der Lageorientierung von der Höhe der Unkontrollierbarkeitserwartung abhängt, und außerdem von der persönlichen Wichtigkeit des Mißerfolgs. Die Wichtigkeit eines Mißerfolgs hängt u. a. von seinen (vermeintlichen) Konsequenzen ab, bzw. davon, wie langfristig (stabil) und vielfältig (global) diese Konsequenzen sind. Die Faktoren, die Hilflosigkeit bewirken können, sowie deren Kausalbeziehungen, sind in Abbildung 46 (vereinfacht, und leicht modifiziert (d. h. ergänzt) nach STIENSMEIER-PELSTER, 1988) zusammengefaßt. (Die Ergänzungen sind die Pfeile von Wichtigkeit des Ziels und von Kontrollierbarkeitserwartung zu Reaktanz – diese Beziehungen werden im integrativen Modell von WORTMAN und BREHM [1975] angenommen.)
Die in der Abbildung aufscheinende *Ersatzmotivation* muß noch erläutert werden. Mißerfolg hat zugleich motivationssteigernde und motivationsmindernde Folgen. Eine Motivationsminderung (und Verringerung der Anstrengungsbereitschaft) tritt durch erhöhte Unkontrollierbarkeitserwartungen ein. Eine Motivationssteigerung tritt ein, weil durch den Mißerfolg ein Ziel nicht erreicht oder ein Bedürfnis nicht befriedigt wurde, weshalb man versuchen wird, das noch bestehende Bedürfnis auf einem anderen Weg zu befriedigen (Ersatzmotivation). Dieses Konzept der Ersatzmotivation hat eine gewisse Ähnlichkeit mit der Funktion der Reaktanz im Modell von WORTMAN und BREHM (1975, vgl. Abschnitt 2.544). Ob letztlich nach einem Mißerfolg erhöhte oder verminderte Anstrengung erfolgt, hängt von der relativen Stärke der motivationssteigernden und – vermindernden Faktoren ab. Im Fall einer ungünstigen Attribution sind sicher die hemmenden Faktoren stärker.
Aus heutiger Sicht lassen sich also zumindest drei Faktoren angeben, die darüber entscheiden, ob nach aversiven und/oder unkontrollierbaren Ereignissen Hilflosigkeit (Leistungsverschlechterung, Passivität, Traurigkeit), Reaktanz (Lei-

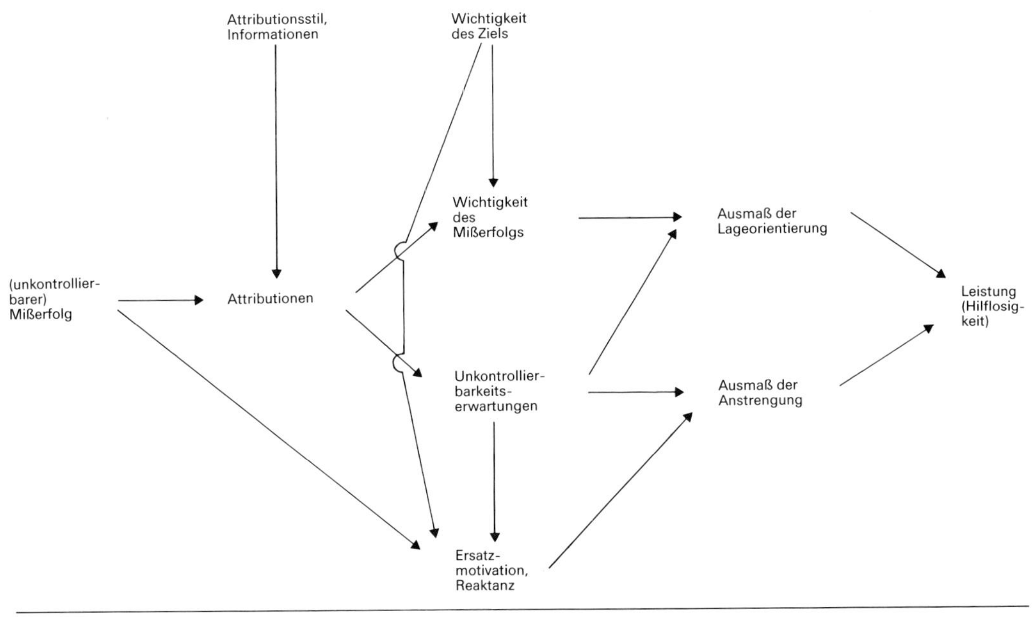

Abbildung 46

stungssteigerung, Aktivität, Ärger) oder keinerlei Veränderung auftritt: (1) Kontrollerwartungen, die ihrerseits von Attributionen abhängen – niedrige Kontrollerwartungen bewirken (motivationale) Hilflosigkeit, hohe Kontrollerwartungen bewirken Reaktanzeffekte. (2) Lage-versus Handlungsorientierung (ebenfalls attributionsabhängig, außerdem von der Wichtigkeit des Mißerfolgs beeinflußt) – Lageorientierung bewirkt (funktionale) Hilflosigkeit, Handlungsorientierung bewirkt Handlungskontrolle. (3) Ersatzmotivation bzw. Reaktanz (abhängig von den Kontrollerwartungen) – ein hohes Ausmaß an Reaktanz bzw. Ersatzmotivation bewirkt Leistungssteigerung und Aktivität. Welcher Effekt letzten Endes auftritt, hängt von den relativen Stärken der drei Faktoren ab.

Als vierter Faktor werden in diesem Zusammenhang auch Effizienzerwartungen genannt (Bandura, 1977, 1986, s. Abschnitt 2.443). Geringe Effizienzerwartungen haben geringe Anstrengungsbereitschaft, sowie Angst, Vermeidung und schlechte Leistungen zur Folge.

Abschließend sei noch erwähnt, daß es außer den referierten Theorien zur Wirkung von Unkontrollierbarkeit und/oder Mißerfolg (alte und neue Hilflosigkeitstheorie, integratives Modell von Wortman und Brehm, Theorie der Handlungskontrolle (Lageorientierung), Integration dieser Ansätze durch Stiensmeier-Pelster (s. Abbildung 46), Effizienzerwartungen) noch andere Ansätze gibt, die im gegebenen Rahmen nicht besprochen werden können, z. B. die Theorie von Pyszczinski und Greenberg (1987), die gewisse Parallelen zur Theorie der Lageorientierung aufweist. Außerdem gibt es bereits eine revidierte Version der revidierten Hilflosigkeitstheorie (Abramson, Metalsky und Alloy, 1989), die sich allerdings nicht grundlegend von der Version aus dem Jahr 1978 unterscheidet, sondern vor allem genauere (und leicht modifizierte) Aussagen über die Kausalbeziehungen zwischen den theoretischen Variablen enthält.

2.549 *Kontrolle und Kontrollillusion*

In den vorigen Abschnitten wurde mehrfach gezeigt, daß langfristige Unkontrollierbarkeit sehr nachteilige Folgen hat: Passivität, Lernschwierigkeit, depressive Stimmungen, niedrige Effizienzerwartungen, Attribution von Mißerfolgen an mangelnde Fähigkeit usw. Außer diesen psychologischen Beeinträchtigungen kann Unkontrollierbarkeit jedoch auch körperliche Symptome verursachen. Pennebaker, Burnam, Schaeffer und Harper (1977) verglichen zwei Gruppen von Vpn, die derselben Serie von lauten und unangenehmen Tönen ausgesetzt waren, während sie einfache Rechenaufgaben lösen sollten. Einer Gruppe wurde mitgeteilt, daß die Töne durch Knopfdruck abstellbar sind. Die Vpn wurden jedoch ersucht, von dieser Möglichkeit keinen Gebrauch zu machen (was von sämtlichen Vpn befolgt wurde). Der anderen Gruppe wurde nichts über diese Möglichkeit mitgeteilt. (Die beiden Gruppen hörten also dieselbe Tonserie und unterschieden sich nur in der wahrgenommenen Kontrolle.) Nach der Tonserie mußten die Vpn mehrere Fragen über körperliche Symptome während des Experiments beantworten. Die Vpn, die die Töne für unkontrollierbar hielten, berichteten u. a. stärkere Kopfschmerzen, mehr Herzklopfen, stärkere Atembeschwerden, stärkere Magenbeschwerden und mehr Handschweiß als die anderen Vpn. In einem Experiment mit Ratten konnte Weiss (1971) nachweisen, daß Unkontrollierbarkeit Magengeschwüre verursacht.

Während Unkontrollierbarkeit negative Folgen hat, hat Kontrolle positive Folgen. Sharrod, Hage, Halpern und Moore (1977) variierten das Ausmaß der Kontrolle und untersuchten dessen Wirkung auf Leistungsqualität und Ausdauer. Die Vpn mußten Rechenaufgaben lösen und Druckfehler suchen, während sie von einem Tonband laute Geräusche hörten (auf dem Band waren mehrere Aufnahmen überlagert: Popmusik; eine Stimme, die Zufallszahlen vorlas; einzelne elektronisch erzeugte Geräusche u. a.). Ferner mußten die Vpn anschließend (ohne Lärm) unlösbare geometrische Aufgaben bearbeiten. Die Aufgaben während des Lärms dienten zur Untersuchung der Leistungsqualität (z. B. Prozentsatz der entdeckten Druckfehler), die anschließenden Aufgaben ohne Lärm dienten zur Untersuchung der Ausdauer (Frustrationstoleranz: Zeit bis zum Abbruch des Lösungsversuchs, Anzahl verschiedener Lösungsversuche).

Das Ausmaß der Kontrolle wurde folgendermaßen variiert: keine Kontrolle (den Vpn wurde mitgeteilt, daß sie Aufgaben lösen sollen, während sie lauten Geräuschen ausgesetzt sein werden); Kontrolle des Lärm*beginns* (den Vpn dieser Bedingung wurde mitgeteilt, daß sie selbst das Tonband einschalten können oder nicht; der Vl ersuchte jedoch darum, das Tonband einzuschalten, weil angeblich die meisten früheren Vpn ohne Lärm gearbeitet hatten und er noch Ergebnisse unter Lärmeinwirkung braucht); Kontrolle der Lärm*beendung* (den Vpn wurde mitgeteilt, daß sie das Tonband jederzeit abschalten können; der Vl ersuchte jedoch darum, das Tonband nicht abzuschalten); Kontrolle des Lärm*beginns und* der Lärm*beendung* (den Vpn wurde mitgeteilt, daß sie das Tonband jederzeit aus- und einschalten können; der Vl ersuchte jedoch darum, das Tonband die ganze Zeit laufen zu lassen). Erwartungsgemäß waren Leistungsqualität und Frustrationstoleranz in der letztgenannten Bedingung (Kontrolle über Beginn und Beendigung) am größten, und in der ersten Bedingung (keine Kontrolle) am geringsten. Die Ergebnisse in den beiden übrigen Bedingungen lagen zwischen diesen Extremen.

Noch deutlicher und vielfältiger zeigt sich die Vorteilhaftigkeit von wahrgenommener Kontrolle in den zahlreichen Untersuchungen, die von ROTTERS (1966) Konzept der internen vs. externen Kontrolle angeregt wurden. ROTTER (1966) entwickelte einen Fragebogen, mit dessen Hilfe man feststellen kann, ob bzw. in welchem Ausmaß jemand generell (in den verschiedensten Lebensbereichen) zur Wahrnehmung von («interner») Kontrolle oder zur Wahrnehmung von Unkontrollierbarkeit («externer Kontrolle») neigt. In späteren Untersuchungen wurden Zusammenhänge zwischen der Kontrolldimension und vielen andern Variablen festgestellt. Personen, die durch diesen Fragebogen als «intern» klassifiziert werden, sind im Vergleich zu «externen» Personen weniger ängstlich, weniger beeinflußbar, aktiver, erfolgreicher und haben eine positivere Selbstwerteinschätzung (vgl. Abschnitt 2.62).

Unter welchen Bedingungen wird Kontrollierbarkeit wahrgenommen? Objektiv betrachtet, ist Kontrolle gegeben, wenn Kontingenz zwischen Verhalten und Ergebnissen vorhanden ist. Subjektiv (erlebnismäßig) ist Kontrolle etwas komplexer, sie besteht aus mindestens zwei Komponenten: Bewirkung (Verursachung) und Voraussagbarkeit. Kontrolle *erlebt* man, wenn man wahrnimmt, daß man ein Ereignis *vorausgesehen und verursacht* hat.

Den Unterschied zwischen Bewirkung und bloßer Voraussagbarkeit kann man am besten mit Hilfe eines Vergleichs von klassischem Konditionieren und Operantenkonditionieren deutlich machen. Beim klassischen Konditionieren lernt der Organismus die Kontingenz zwischen CS und UCS. Der CS wird ein Signal für den UCS. Der Organismus lernt: Wenn CS, dann (mit einer bestimmten Wahrscheinlichkeit) UCS; wenn kein CS, dann (mit einer bestimmten Wahrscheinlichkeit) kein UCS. Wenn eine Kontingenz zwischen CS und UCS vorhanden ist, dann kündigt der CS den UCS an. Der UCS ist voraussagbar. Aber in den meisten Fällen kann er nicht vom lernenden Organismus bewirkt werden. In den meisten Experimenten bestimmt ausschließlich der Vl, wann und wie oft CS und UCS auftreten.

Beim Operantenkonditionieren dagegen ist Voraussagbarkeit *und* Bewirkung gegeben. Wenn eine Kontingenz zwischen Verhalten R und Ergebnis S vorhanden ist, dann lernt der Organismus die Voraussagbarkeit: Wenn R, dann (mit einer bestimmten Wahrscheinlichkeit) S; wenn kein R, dann (mit einer bestimmten Wahrscheinlichkeit) kein S. Außerdem hat er aber noch die Möglichkeit, die Bedingung R herzustellen, die notwendig ist, damit das Ergebnis S auftritt: Das Ergebnis hängt von seinem Verhalten ab.

Die Bedeutung der beiden Komponenten *wahrgenommene* Bewirkung und Voraussagbarkeit wurde in einem Experiment von WORTMAN (1975) nachgewiesen. Jeder Vp wurde mitgeteilt, daß sie aufgrund eines Zufallsverfahrens (Ziehen von Kugeln aus einer Urne) eines von zwei Geschenken erhalten wird. Einem Drittel der Vpn wurde mitgeteilt, welche Kugel welchem Geschenk zugeordnet ist, aber daß nicht die Vp, sondern der Vl die Kugel ziehen wird («Voraussagbarkeit» ohne Bewirkung). Einem zweiten Drittel der Vpn wurde gesagt, daß jede Vp selbst die Kugel ziehen wird; diese Vpn erfuhren jedoch nicht die Zuordnungen von Kugeln und Geschenken («Bewirkung» ohne Voraussagbarkeit). Den verbleibenden Vpn wurden die Zuordnung von Kugeln und Geschenken bekanntgegeben, und sie durften selbst die Kugel ziehen («Bewirkung» und «Voraussagbarkeit»).

Tabelle 19

Bewertung der Geschenke	nur «Voraussagbarkeit»	nur «Bewirkung»	«Bewirkung» und «Voraussagbarkeit»
gering			
Kontrolle	1,70	0,70	6,50
Wahlfreiheit	0,30	0,00	8,20
Verantwortlichkeit	2,00	1,00	8,80
hoch			
Kontrolle	2,00	4,25	4,80
Wahlfreiheit	0,00	2,88	7,30
Verantwortlichkeit	0,00	3,13	6,50

Nachdem eine Kugel gezogen und das Geschenk überreicht worden war, mußten die Vpn u. a. das erlebte Ausmaß von Kontrolle, Wahlfreiheit und Verantwortlichkeit einschätzen. Das weitaus größte Ausmaß von Kontrolle wurde in der Bedingung mit «Bewirkung» *und* «Voraussagbarkeit» angegeben. Die Ergebnisse für Wahlfreiheit und Verantwortlichkeit waren analog, s. Tabelle 19. Die Tabelle enthält die Ergebnisse nach Bewertung der Geschenke aufgeschlüsselt: Jede der drei Kontrollbedingungen im Experiment von WORTMAN war weiter unterteilt. Jeweils der Hälfte der Vpn wurden entweder sehr attraktive oder weniger attraktive Geschenke angeboten. Der Faktor Bewertung hatte jedoch in diesem Experiment keinen deutlichen Einfluß auf die Urteile der Vpn. Die Ähnlichkeit der Ergebnisse bezüglich wahrgenommener Kontrolle und Wahlfreiheit läßt vermuten, daß diese beiden Begriffe im alltäglichen Sprachgebrauch weitgehend synonym verwendet werden.

Da die Wahrnehmung von Kontrolle – wie weiter oben beschrieben wurde – sehr vorteilhaft ist, liegt die Hypothese nahe, daß Kontrollwahrnehmungen häufig in wunschhafter Weise verzerrt sind. Im soeben dargestellten Experiment von WORTMAN (1975) wurde Kontrolle wahrgenommen, obwohl das Ergebnis jeder Vp durch ein Zufallsverfahren bestimmt wurde. WORTMAN (1976) beschreibt in einem Sammelreferat mehrere Untersuchungen, in denen eine Überschätzung der tatsächlich gegebenen Kontrollierbarkeit oder Kontingenz nachgewiesen wurde.

LANGER (1975) formulierte Hypothesen über einige Ursachen der *Illusion von Kontrolle*. Illusion von Kontrolle ist in gewissem Sinn das Gegenteil von gelernter Hilflosigkeit. Gelernte Hilflosigkeit besteht darin, daß die aufgrund von tatsächlicher Unkontrollierbarkeit entstandene Wahrnehmung der Unkontrollierbarkeit auf andere Situationen übertragen wird, die eventuell kontrollierbar sind. Die Illusion der Kontrolle besteht darin, daß (ebenfalls aufgrund von Lernprozessen) in bestimmten Situationen mehr Kontrollierbarkeit erwartet wird, als objektiv vorhanden ist.

LANGER (1975) ging davon aus, daß man aus Erfahrung mehrere Hinweisreize kennt, die meistens in Situationen vorhanden sind, in denen das Ergebnis vom Ausmaß der Fähigkeit oder Anstrengung abhängt. Solche Hinweisreize sind u. a. Wettbewerb, Entscheidungsfreiheit unter mehreren Möglichkeiten, Bekanntheit mancher Aspekte der Situation, starkes Interesse usw. Wenn diskriminative Reize dieser Art in einer Situation vorhanden sind, in der das Ergebnis in Wahrheit vom Zufall abhängt, hält man die Situation für kontrollierbarer als bei Fehlen solcher Hinweisreize. (Nach dem früher besprochenen Modell der Kontingenzwahrnehmung von ALLOY und TABACHNIK (1984) werden durch diese Hinweisreize Kontingenzerwartungen geweckt, die auf früheren Lernprozessen beruhen, in der momentanen Situation aber nicht gerechtfertigt sind.)

Diese Hypothesen wurden mehrfach bestätigt (AYEROFF und ABELSON, 1976; LANGER, 1975; LANGER und ROTH, 1975). Zum Beispiel erwarteten Vpn mit größerer Gewißheit einen Gewinn bei einer Lotterie, wenn sie ihr Los selbst auswählen konnten als bei Zuteilung eines Loses. Die Erwartung eines Gewinns war auch größer, wenn die graphische Gestaltung der Lose vertraut war (Buchstaben) als bei ungewöhnlichen Losen (mit unbekannten Symbolen). Ähnlich wirkte bei einem zufallsabhängigen Kartenspiel

die scheinbare Sicherheit des Gegners: Bei einem «nervösen» Gegner waren die Gewinnerwartungen größer als bei einem Gegner, der sehr sicher auftrat.
Ein analoges Phänomen – allerdings in entgegengesetzter Richtung – ist «selbstinduzierte Abhängigkeit» (LANGER und BENEVENTO, 1978). Durch die Anwesenheit bestimmter Hinweisreize kann die eigene Fähigkeit unterschätzt werden, und es kommt zu Leistungsverschlechterungen wie bei gelernter Hilflosigkeit. Durch die Bezeichnung der Vpn mit bestimmten Ausdrücken (wie «Assistent») traten bei einer Serie von Aufgaben Leistungsverschlechterungen auf, während bei einer Kontrollgruppe (ohne Bezeichnung) und bei einer weiteren Versuchsgruppe (Bezeichnung als «Chef») die Leistungen während des Versuchs besser wurden.
Kontrollüberschätzung kann motivational und/oder kognitiv erklärt werden. Sie kann durch den Wunsch nach Kontrolle zustandekommen, der zu einer verzerrten Kontingenzwahrnehmung führt, oder durch kognitive Prozesse, z. B. nach ALLOY und TABACHNIK (1984) durch Kontingenzerwartungen – wobei diese Kontingenzerwartungen aber ebenfalls durch kognitive Prozesse (Verarbeitung früherer Kontingenzinformationen) und/oder Motivationsprozesse (wunschhaftes Denken, Einfluß des Selbstwerts usw.) entstanden sein können. Am wahrscheinlichsten ist hier wohl die Annahme, daß sowohl kognitive als auch motivationale Erklärungen richtig sind.
Obwohl der Wunsch nach Kontrolle offenbar bei allen Menschen vorhanden ist, gibt es dennoch große Unterschiede in der Stärke des Kontrollmotivs. BURGER und COOPER (1979) entwickelten einen Test zur Messung der individuellen Kontrollmotivation, die DC-Skala (DC = desirability of control = Wunsch nach Kontrolle). Es wurden zahlreiche Beziehungen zwischen der Stärke des Kontrollmotivs und anderen psychologischen Variablen gefunden, u. a. im Leistungsbereich. Personen mit hohen DC-Werten haben ein höheres Anspruchsniveau (wählen schwierigere Aufgaben), sowie höhere und realistischere Erfolgserwartungen, sie strengen sich mehr an und halten bei schwierigen Aufgaben länger durch als Personen mit niedriger Kontrollmotivation (BURGER, 1985). Personen mit niedriger Kontrollmotivation sind leichter zu beeinflussen als Personen mit hohem Kontrollbedürfnis (BURGER, 1987).
In diesem Zusammenhang gibt es eine wichtige Einschränkung: Der Wunsch nach Kontrolle ist keineswegs unter allen Umständen vorhanden. Wenn man erwartet, durch Ausüben von Kontrolle negative Konsequenzen herbeizuführen, verzichtet man lieber auf Kontrolle. In solchen Fällen bewirkt ein Anstieg objektiver Kontrolle keine positiven, sondern negative Gefühle (BURGER, 1989). Um zu erklären, wann Kontrolle angestrebt wird, und wann nicht, wird häufig MILLERS (1979, 1980) *Minimax-Hypothese* herangezogen. Die Hypothese besagt, daß man bestrebt ist, die maximal mögliche Gefahr zu minimieren. Wenn dieses Ziel durch Kontrollausübung zu erreichen ist (z. B. in vielen Experimenten bzw. Versuchsbedingungen mit kontrollierbaren aversiven Reizen), wird Kontrolle bevorzugt. Wenn man jedoch glaubt – z. B. infolge ungünstiger Effizienzerwartungen – daß man durch Kontrollausübung eine Gefahr nicht abwenden kann oder sogar herbeiführt, verzichtet man auf Kontrolle. Ein Beispiel aus dem Alltag ist ein Betrunkener, der darauf verzichtet, selbst sein Auto zu fahren, und einen nüchternen Freund bittet, ihn zu chauffieren.
Abschließend sollen noch verschiedene Aspekte der Kontrollierbarkeit besprochen werden. Zwischen Kontrollierbarkeit und Voraussagbarkeit gibt es bestimmte Zusammenhänge: Der *Beginn* eines Ereignisses kann kontrollierbar oder unkontrollierbar sein, und er kann voraussagbar (z. B. durch ein Signal angekündigt) oder nicht voraussagbar sein. Das *Ende* eines *kontrollierbaren* Ereignisses dagegen ist immer auch voraussagbar. Daher ist mit Kontrollierbarkeit immer Voraussagbarkeit verbunden (zumindest das Aufhören eines kontrollierbaren Ereignisses ist vorhersehbar). Umgekehrt ist mit Voraussagbarkeit nicht notwendigerweise Kontrolle verbunden. Beim klassischen Konditionieren beispielsweise wird der CS durch den UCS signalisiert. Es gibt aber trotzdem keine Möglichkeit, den UCS durch Verhalten zu beeinflussen. (Allerdings wird von manchen Psychologen angenommen, der signalisierende CS eröffne dem Organismus die Möglichkeit, sich auf den UCS «vorzubereiten», und damit dessen Wirkung zu modifizieren.)
Weil Kontrollierbarkeit immer mit Voraussag-

barkeit verbunden ist, versuchten einige Autoren, die Auswirkungen von Kontrollierbarkeit auf Voraussagbarkeit zurückzuführen. Es soll hier nicht auf die komplexen und zum Teil widersprüchlichen Daten eingegangen (s. dazu MINEKA und HENDERSEN, 1985, sowie OSNABRÜGGE, STAHLBERG und FREY, 1985), sondern nur erwähnt werden, daß sich Kontrollierbarkeitseffekte wohl zum Teil durch Voraussagbarkeit erklären lassen, darüber hinaus aber eigenständige Kontrolleffekte vorhanden sind.

In Übereinstimmung mit einem Großteil der Fachliteratur habe ich den Begriff «Kontrollierbarkeit» im Sinn von «Beeinflußbarkeit eines Ereignisses durch Verhalten» verwendet, und damit von verwandten Begriffen – z. B. Voraussagbarkeit – abgegrenzt. Mitunter wird der Begriff «Kontrollierbarkeit» jedoch in einem weiteren Sinn verwendet. Thompson (1981) unterscheidet vier Arten wahrgenommener Kontrolle: (1) Beeinflußbarkeit – also Kontrolle in der oben beschriebenen Bedeutung; (2) Vorhersehbarkeit; (3) kognitive Prozesse wie Uminterpretieren, Verharmlosen, Vermeiden usw., die ein Ereignis weniger aversiv erscheinen lassen (die Wirksamkeit solcher Prozesse wurde anhand des Experiments von LAZARUS und ALFERT, 1964, in Abschnitt 2.24 beschrieben); (4) retrospektive Kontrolle – das ist die nachträgliche Angabe von Ursachen für bereits eingetretene oder vergangene Ereignisse. Nach diesem Ansatz liegt Unkontrollierbarkeit nur dann vor, wenn man ein Ereignis weder beeinflussen, noch vorhersehen oder kognitiv kontrollieren oder erklären kann.

Wird Kontrolle in diesem breiten Sinn aufgefaßt, so muß immer beachtet werden, daß Ergebnisse, die bezüglich einer Form von Kontrolle (z. B. Beeinflußbarkeit) gewonnen wurden, nicht für andere Kontrollarten (z. B. Vorhersagbarkeit) gelten müssen. Aber – wie auch immer Kontrolle definiert wird – die Variable Kontrolle versus Unkontrollierbarkeit ist von größter Bedeutung. Der eine Pol dieser Variablen – wahrgenommene Kontrollierbarkeit – steht in engstem Zusammenhang mit Wohlbefinden und Leistungsfähigkeit, der andere Pol – Hilflosigkeit – mit Unbehagen, Passivität, Schwäche und Krankheit. Es gibt kaum eine andere psychologische Variable, deren Einfluß so vielfältig und weitreichend ist.

Die Bedeutung von Kontrolle zeigt sich auch darin, daß einige *wichtige* Theorien die Variable Kontrolle *implizit* enthalten, ohne das Wort «Kontrolle» zu verwenden. Die Unterscheidung zwischen Effizienzerwartungen und Konsequenzerwartungen in der sozialen Lerntheorie (BANDURA, 1977a, b) entspricht der Unterscheidung zwischen Bewirkung des Verhaltens und Voraussagbarkeit der Konsequenzen – also den beiden von WORTMAN (1975) nachgewiesenen Komponenten erlebter Kontrolle. In jüngeren Versionen der Dissonanztheorie (WICKLUND und BREHM, 1976) spielt der Begriff Verantwortlichkeit eine zentrale Rolle: Dissonanz entsteht nur dann, wenn man sich für ein Verhalten und dessen (negative) Konsequenzen verantwortlich fühlt. Verantwortlichkeit wird nach WICKLUND und BREHM dann wahrgenommen, wenn zwei Bedingungen erfüllt sind: Vorhersehbarkeit der Konsequenzen und Entscheidungsfreiheit. Vorhersehbarkeit ist eine Komponente subjektiver Kontrolle. Entscheidungsfreiheit entspricht der anderen Komponente, denn Entscheidungsfreiheit bedeutet, daß ein Verhalten nicht von außen erzwungen wird, sondern daß man es selbst bewirkt. Als drittes Beispiel sei noch OSGOODS Theorie der Wortbedeutung erwähnt (OSGOOD, SUCI und TANNENBAUM, 1957), die in Abschnitt 3.317 genauer besprochen wird. Eine Dimension des «semantischen Raums» ist die Dimension Potenz (stark – schwach). Es erscheint mir gerechtfertigt, die etwas vagen Begriffe Potenz bzw. Stärke mit dem präziseren Begriff Kontrolle gleichzusetzen (bzw. durch ihn zu ersetzen).

2.6 Entwicklung und Persönlichkeit

2.61 Entwicklung

Die beiden Themenbereiche Entwicklung und Persönlichkeit sollen hier nicht einmal überblicksweise dargestellt werden, denn sie sind Gegenstände anderer psychologischer Teildisziplinen. Da aber der Sozialisierungsprozeß einen ganz entscheidenden Einfluß auf Entwicklung und Persönlichkeit eines Individuums hat, scheinen hier wenigstens ein paar grundsätzliche Bemerkungen angebracht.

Die Entwicklung der kindlichen, jugendlichen und erwachsenen Persönlichkeit kann auf zwei Faktoren zurückgeführt werden: *Lernen* und *Rei-*

fung. Reifung bedeutet, daß infolge biologischer Prädetermination (d. h. auf genetischer Grundlage) bestimmte Entwicklungsstadien (Phasen) in bestimmter Reihenfolge aufeinander folgen. Dieses Phänomen existiert zweifellos (z. B. gesteigerte sexuelle Motivation während und nach der Pubertät) und ist sehr wichtig. Aber keineswegs alles, was von manchen Autoren als Reifungsprozeß bezeichnet wird, ist ein solcher. Die Aufeinanderfolge bestimmter Stadien etwa der kindlichen Entwicklung innerhalb einer Gesellschaft werden in relativ einheitlicher Weise sozialisiert. Es ist daher auch prizipiell möglich (nämlich bei anderen Sozialisierungspraktiken), daß die verschiedenen Stadien in anderer Reihenfolge auftreten, daß sie schneller oder langsamer durchlaufen werden, daß manche ganz entfallen usw.

Piaget (1948) postuliert beispielsweise, daß die moralische Entwicklung eines Kindes zwangsläufig in einer bestimmten Reihenfolge stattfindet. So tendieren etwa Kinder unter 7 Jahren dazu, Handlungen aufgrund ihrer Folgen zu beurteilen (objektives Stadium), ältere Kinder bewerten Handlungen eher aufgrund der Absichten, die zu einer Handlung führten (subjektives Stadium). Das früher (Abschnitt 2.441) referierte Experiment von Bandura und McDonald (1963) läßt starke und berechtigte Zweifel an der Notwendigkeit dieser Abfolge aufkommen. Bei Vpn zwischen 5 und 11 Jahren wurde die Präferenz für einen der beiden Urteilstypen durch Beobachtung und Verstärkung bestimmt.

2.62 Persönlichkeit

2.621 Konstante Persönlichkeitsmerkmale oder situationsangepaßtes Verhalten?

Es ist nach wie vor üblich, eine Person (als ein von anderen verschiedenes Individuum) dadurch zu charakterisieren, daß man ihr bestimmte Eigenschaften (Merkmale wie Aggressivität oder Abhängigkeit) in bestimmtem Ausmaß zuschreibt. Eine Eigenschaft in einem bestimmten, konstanten Ausmaß besitzen (beispielsweise sehr aggressiv sein) heißt aber, daß in einer Vielzahl von Situationen immer wieder dasselbe Verhalten auftreten wird. Die Ergebnisse der Lernpsychologie lassen an der Existenz so definierter Persönlichkeitsmerkmale zweifeln (Mischel, 1968, 1973). Verhalten wird im Zusammenhang mit diskriminativen Reizen gelernt, d. h. es ist von vornherein situationsbezogen (Beispiel: Aggression gegen Person A wurde verstärkt, Aggression gegen Person B nicht. Daher wird Aggression gegen Person A häufig, gegen Person B sehr selten sein.) Natürlich kann es auch vorkommen, daß ein Verhalten in vielen verschiedenartigen Situationen verstärkt wurde, dann generalisiert es stark und wird in vielen oder (fast) allen Situationen auftreten. Das ist aber keineswegs die Regel.

Die Angabe *eines* Wertes für ein Merkmal einer Person («Herr A ist durchschnittlich aggressiv»), wie das meistens durch Tests geschieht, ist also eine äußerst grobe Personenbeschreibung. Es müßte außer diesem «Merkmalsmittelwert» wenigstens noch dessen Variabilität angegeben werden. Ein mittlerer Grad von Aggressivität kann bedeuten, daß jemand immer etwas aggressiv ist, oder daß er manchmal sehr und manchmal wenig aggressiv ist. Aber selbst die Kenntnis der Variabilität eines Persönlichkeitsmerkmals würde noch keine allzu genauen Verhaltensvoraussagen erlauben. Man müßte auch wissen, in *welchen* Situationen starke bzw. schwache oder keine Aggression auftritt. Die so oft beklagte mangelhafte *Validität* psychologischer Tests (mangelhafte Vorhersagbarkeit des Verhaltens aufgrund von Testergebnissen) ist daher nicht verwunderlich. Die mangelhafte Validität wird traditionellerweise auf eine der zwei folgenden Ursachen zurückgeführt. Erstens: Die Testkonstruktion ist (etwa aus statistischen oder testtheoretischen Gründen) mangelhaft. Zweitens: Nicht jedes Verhalten ist Ausdruck der «wahren» Persönlichkeit. Man muß sozusagen zwischen «Oberfläche» und «Kern» der Person unterscheiden. Nach dieser Auffassung geht es gar nicht darum, Verhalten vorherzusagen, sondern vielmehr um die «Enthüllung» der «tiefen», «verborgenen», aber «wahren» Persönlichkeit.

Mischel (1968) argumentiert zwingend, daß beide Erklärungen des Mißstands Scheinerklärungen sind. Weder die Verwendung immer komplizierterer mathematischer Modelle der Testtheorie und noch so mühsamer und gewissenhafter Testkonstruktion noch die Zuflucht zu mehrschichtigen (und nicht mehr überprüfbaren) Persönlichkeitstheorien kann hier Abhilfe schaffen. Die Ursache des Übels liegt ganz woanders, nämlich darin, daß die Annahme konstanter Persönlichkeitsmerkmale in den meisten Fällen unrealistisch ist.

Durch zahlreiche Untersuchungen wurde nachgewiesen, daß Verhalten weniger ein Ausdruck konstanter Persönlichkeitsmerkmale ist, sondern weit eher auf situationsspezifische Lernprozesse zurückgeführt werden muß. Der interessierte Leser findet einen ausführlichen Überblick bei MISCHEL (1968, 1971, 1973). So zeigten bereits HARTSHORNE und MAY (1928) in einer großangelegten Untersuchung, daß Kinder nicht entweder «gewissenhaft» oder «gewissenlos» sind. Aus dem Ausmaß des Lügens oder Stehlens, das ein Kind in einer Situation zeigte, konnten keine sehr verläßlichen Schlüsse auf Lügen, Stehlen oder Schwindeln desselben Kindes in einer anderen Situation gezogen werden. SEARS (1963) wies nach, daß verschiedene Arten «abhängigen» Verhaltens (Suchen von Zuwendung, Suchen von Lob, in der Nähe von Erwachsenen sein wollen usw.) kaum mehr als zufällig miteinander zusammenhängen. Es ist also durchaus problematisch, von einem Persönlichkeitsmerkmal «Abhängigkeit» zu sprechen.

Als Reaktion auf die angeführten lerntheoretischen Argumente entstand eine heftige und umfangreiche Kontroverse zwischen Merkmalstheoretikern (die stabile Merkmale und Verhaltenskonsistenz über Situationen annehmen) und Vertretern der gegnerischen Position (die die situationsbedingte Variabilität des Verhaltens betonen). Über die verschiedenen Standpunkte, Argumente und Untersuchungen informieren ausführlich ENDLER und MAGNUSSON (1976; MAGNUSSON und ENDLER, 1977).

In jüngster Zeit zeichnet sich hier aufgrund neuer Untersuchungen ein versöhnlicherer Standpunkt ab. Verhalten ist weder völlig starr (situationsunabhängig) noch völlig inkonsistent (situationsabhängig), sondern es gibt mehr oder weniger konsistente Verhaltenstendenzen (Merkmale) in folgendem Sinn: Es ist zwar nicht möglich, aufgrund eines Merkmals (Testergebnis) vorauszusagen, wie sich eine bestimmte Person in einer bestimmten Situation verhalten wird, denn jede Situation kann Aspekte enthalten, die der Verhaltenstendenz entgegenwirken (auch ein «aggressiver Mensch» wird beispielsweise nicht aggressiv handeln, wenn er eine massive Bestrafung für Aggression erwartet); wenn man jedoch *mehrere* verschiedene Verhaltensweisen betrachtet, die sich alle auf dasselbe Merkmal beziehen (z. B. mit einem Vorgesetzten streiten, eine Diskussion beginnen, sich beschweren usw. als Ausdruck des Merkmals «Dominanz»), dann zeigt sich ein Zusammenhang zwischen Merkmal und Verhalten (JACCARD, 1974). Je stärker ein bestimmtes Merkmal (laut Test oder Selbsteinschätzung) bei einer Person ausgeprägt ist, desto mehr von den möglichen merkmalsbezogenen Verhaltensweisen treten bei dieser Person auf.

Ähnlich gilt für die Beobachtung *eines* bestimmten Verhaltens zu mehreren Zeitpunkten oder in verschiedenen Situationen: Je stärker ein bestimmtes Merkmal bei einer Person ausgeprägt ist, desto öfter wird ein konkretes merkmalsbezogenes Verhalten in verschiedenen Situationen und Zeitpunkten auftreten (EPSTEIN, 1979).

Es bestehen also lockere (und nicht perfekte) Zusammenhänge zwischen Merkmalen und Verhalten. Ein Merkmal ist eine *relativ konsistente* Verhaltenstendenz. Ein Merkmal (bzw. ein Testergebnis) ist daher nicht als Grundlage präziser Verhaltensvoraussagen geeignet. Es ermöglicht nicht, vorauszusagen, was eine bestimmte Person in einer bestimmten Situation tun wird. Ein Merkmal ermöglicht jedoch ungefähre und globale Voraussagen: Man kann aufgrund des Merkmals angeben, wie sich eine Person im Durchschnitt oder meistens verhalten wird.

Die Stärke des Zusammenhangs zwischen Merkmal und Verhalten wird von Attributionen beeinflußt. Es gibt deutliche interindividuelle Unterschiede bezüglich der Konsistenz von Verhalten über verschiedene Situationen (BEM und ALLEN, 1974). Manche Personen verhalten sich in verschiedenen Situationen ähnlich (merkmalsabhängiges oder merkmalartiges Verhalten), andere verhalten sich in verschiedenen Situationen sehr unterschiedlich (situationsabhängiges Verhalten).

SNYDER (1976) postulierte in diesem Zusammenhang, daß der Grad der Variabilität des Verhaltens mit den individuellen Attributionstendenzen zusammenhängt. Wenn jemand sein Verhalten auf Situationsfaktoren zurückführt, ist sein Verhalten relativ inkonsistent und situationsabhängig. Wenn jemand sein Verhalten auf interne Faktoren (im Sinn von Persönlichkeitseigenschaften) zurückführt, ist sein Verhalten relativ konsistent und situationsunabhängig. Diese Hypothesen werden durch Daten aus mehreren Untersuchungen unterstützt (McGEE und SYNDER, 1975; SYNDER und MONSON, 1975; SYNDER und SWANN, 1978).

Die Vpn von SYNDER und SWANN wurden zunächst zu aggressivem Verhalten gegenüber einer Stimulusperson A provoziert (Situation 1). Anschließend wurde einem Teil der Vpn mitgeteilt, man wüßte aus früheren Untersuchungen, daß das Verhalten in solchen Situationen von bestimmten Aspekten der Situation ausgelöst wird (Attribution an die Situation). Den anderen Vpn sagte der Vl, man wüßte aus früheren Untersuchungen, daß das Verhalten in solchen Situationen von der Persönlichkeit der Vp abhängt (Attribution an Persönlichkeitsmerkmale). Später hatten alle Vpn Gelegenheit, gegenüber einer anderen Stimulusperson B aggressiv oder nichtaggressiv zu handeln (Situation 2). Diejenigen Vpn, denen die Attribution ihres aggressiven Verhaltens auf eine entsprechende Eigenschaft nahegelegt worden war, waren in der neuen Situation wesentlich aggressiver als die anderen Vpn (mit Situationsattributionen). Mit anderen Worten: Die Merkmalsattribution bewirkte, daß in verschiedenen Situationen ähnliches Verhalten auftrat, während die Situationsattribution zu unterschiedlichem Verhalten in verschiedenen Situationen führten.

Da das vorliegende Buch ein Lehrbuch der Sozialpsychologie und kein Lehrbuch der Persönlichkeitspsychologie ist, soll auf die äußerst umfangreiche Forschungsarbeit zum Thema Persönlichkeitsmerkmale und Verhalten nicht weiter eingegangen werden (s. dazu auch Abschnitt 3.316). Genau die gleichen Probleme wie hier gibt es jedoch auch bezüglich des Zusammenhangs zwischen Einstellungen und Verhalten (s. AJZEN, 1987), und werden später (im Abschnitt 4.24) ausführlich behandelt.

2.622 Kognitive Stile

Während sich die Persönlichkeitsforschung viele Jahrzehnte hindurch auf Motivationsvariablen konzentrierte, befaßt man sich in den letzten Jahren auch sehr viel mit interindividuellen Unterschieden in der Art der Informationsverarbeitung. Wie mehrfach gezeigt wurde, spielen Informationsverarbeitungsprozesse beim sozialen Lernen eine große Rolle: Lernen durch Beobachtung erfolgt schneller, wenn die beobachteten Handlungsabläufe gleichzeitig verbal kodiert werden. Ein Verstärker, den man seiner eigenen Geschicklichkeit zu verdanken glaubt, wird höher bewertet als derselbe Verstärker, den man nur zufällig erhält usw.

Mehr oder weniger konstante persönliche Eigenheiten der Informationsverarbeitung nennt man *kognitive Stile*. ROTTER (1966) entwickelte einen Fragebogen, mit dessen Hilfe man feststellen kann, ob jemand eher dazu neigt, Erfolge und Mißerfolge sich selbst zuzuschreiben (interne Kontrolle), oder ob er sie äußeren, von ihm nicht beeinflußbaren Faktoren wie dem Zufall oder Gott zuschreibt (externe Kontrolle). Zahlreiche Untersuchungen zeigten deutliche Zusammenhänge zwischen der Kontrolldimension und anderen sozialpsychologisch relevanten Faktoren auf. Intern kontrollierte Personen sind weniger ängstlich als externe (WATSON, 1967). Interne sind besser über ihre Umwelt informiert und nehmen öfter an sozialen und organisatorischen Aktivitäten teil als Externe (SEEMAN, 1963; SEEMAN und EVANS, 1962). Interne sind bei Überredungsversuchen und Einstellungsanderungen erfolgreicher als Externe (PHARES, 1965). Aus den Ergebnissen des früher ausführlich referierten Experiments von FEATHER (1967) könnte man ferner den Schluß ziehen, daß für Externe Erfolge weniger angenehm und Mißerfolge weniger peinlich sind als für Interne. Ferner neigen Interne weniger zu depressiven Verstimmungen (ABRAMOWITZ, 1969) und anderen negativen Gefühlen (WAREHIME und WOODSON, 1971). Die Wahrnehmung der eigenen Einflußstärke und Wirksamkeit ist auch eine wichtige Determinante der Selbstwerteinschätzung (FRANKS und MAROLLA, 1976). Die äußerst umfangreiche Forschung über Kontrollwahrnehmung konnte hier nur angedeutet werden. Eine Zusammenfassung der Untersuchungen über die Kontrolldimension findet man u. a. bei KRAMPEN (1982), LEFCOURT (1966, 1976, 1981), MIELKE (1982) und PHARES (1976).

Trotz zum Teil heftiger Kritik an ROTTERS Kontrolldimension (z. B. PFRANG und SCHENK, 1988), spielt dieses Konzept nach wie vor eine bedeutende Rolle in der psychologischen Forschung, wobei es sich jedoch oft als zweckmäßig erwies, verschiedene Bereiche der Kontrolle zu unterscheiden, etwa Kontrolle im Leistungsbereich und im sozialen Bereich. Zu diesem Zweck wurden eigene Fragebogen entwickelt, wie z. B. die Multidimensional-Multiattributional Causality Scales – abgekürzt MMCS – von LEFCOURT, von BAEYER, WARE und COX (1979).

WITKIN und seine Mitarbeiter (WITKIN, DYK, FATERSON, GOODENAUGH und KARP, 1962) untersuchten *globale* versus *differenzierte* (artikulierte) kognitive Stile. Ausgangspunkt ihrer Überlegungen war die Beobachtung «feldabhängiger» bzw. «feldunabhängiger» Wahrnehmungsprozesse. Manche Personen sind imstande, die einzelnen Komponenten eines komplexen Reizmusters schnell und voneinander isoliert wahrzunehmen. Andere Menschen sehen nur global das ganze Muster und brauchen ziemlich lange, um einzelne Komponenten zu finden (feldabhängige Wahrnehmung). Außerdem ist bei ihnen die Wahrnehmung einer Figur sehr stark vom jeweiligen Hintergrund beeinflußt. Es wurde festgestellt, daß Personen mit feldabhängiger Wahrnehmung überhaupt zu globalen, relativ undifferenzierten Prozessen der Informationsverarbeitung neigen. Zum Beispiel scheinen sie auch Gedanken und Motive (Gefühle) weniger zu trennen als feldunabhängige Personen; eine stärkere Tendenz zur wunschhaften Realitätsverzerrung (die sich zum Beispiel im «Übersehen» mißliebiger Reize äußert) scheint zu bestehen (WITKIN, 1965). – Das Konzept der psychologischen Differenziertheit wurde in mehreren jüngeren Untersuchungen erweitert und präzisiert (s. dazu zusammenfassend GOODENAUGH, 1976; WITKIN, GOODENAUGH und OLTMAN, 1979). – WITKINS Begriff des globalen kognitiven Stils erinnert übrigens stark an WEININGERS (1909) «Denken in HENIDEN».

3. Kapitel
Sprache und Wissen

3.1 Semiotische und linguistische Grundbegriffe

Kommunikation ist eine besonders häufige und wichtige Form der sozialen Interaktion. Die zwischenmenschliche Kommunikation erfolgt in erster Linie mit Hilfe eines bestimmten Zeichensystems, nämlich der Sprache. (Daneben gibt es auch noch die nichtverbale Kommunikation, d. h. Kommunikation durch Mimik, Gestik, Körperhaltung usw. Davon wird später, in Abschnitt 5.21, die Rede sein.) Außerdem ist der Großteil unseres sozialen Wissens (z. B. das Wissen über uns selbst und über andere Personen, sowie das Wissen über soziale Situationen) in sprachlicher bzw. propositionaler (sprachähnlicher) Form in unserem Gedächtnis gespeichert (zum Begriff der Proposition s. die Abschnitte 3.322 ff.).

Zeichen sind eine Teilmenge der Reize. Jedes Zeichen ist wahrnehmbar und kann in physikalischen Begriffen beschrieben werden (Schallwellen in der Luft, Muster unterschiedlicher Helligkeit auf einem Blatt Papier). Ein Reiz ist aber nur dann ein *Zeichen*, wenn er bestimmte Eigenschaften hat. Die Wissenschaft von den Zeichen, die Semiotik (MORRIS, 1946, 1961), nennt drei wesentliche Charakteristika eines Zeichens (vgl. Abbildung 47).

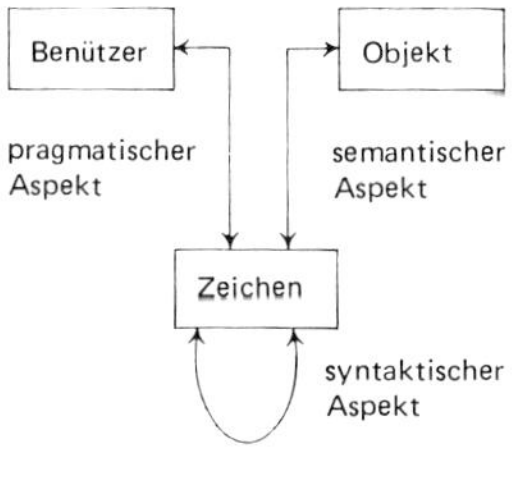

Abbildung 47

Mit jedem dieser drei Zeichenaspekte beschäftigt sich eine Teildisziplin der Semiotik. Die *Pragmatik* betrachtet die Beziehung zwischen Zeichen und deren Benützern. Ein Zeichen wird von jemand verwendet (etwa um einen Sachverhalt zu beschreiben, um eine Reaktion des Gesprächspartners hervorzurufen usw.). Die *Semantik* untersucht die Beziehungen zwischen Zeichen und Objekten. Ein Zeichen hat Bedeutung, es bezeichnet ein Objekt. Der Begriff Objekt soll hier in einem sehr weiten Sinn verstanden werden (nicht nur physische Objekte, sondern auch Gedanken, Vorstellungen, Begriffe u. dgl. sind gemeint). Die *Syntaktik* analysiert die Beziehungen zwischen verschiedenen Zeichen. Nicht alle möglichen Zeichenkombinationen kommen tatsächlich vor, sondern nur ein ganz geringer Teil davon. Die Syntaktik versucht die Kombinationsregeln für zulässige (sinnvolle) Zeichenketten festzustellen.

Die Sprachpsychologie *(Psycholinguistik)* hat es natürlich letztlich immer mit dem pragmatischen Zeichenaspekt zu tun, denn die Psychologie untersucht Erleben und Verhalten. Sie kann sich daher nicht mit einem idealen, vom Benützer abstrahierten Sprachsystem auseinandersetzen, sondern nur mit tatsächlichem Sprechverhalten. Dennoch wird auch der Sprachpsychologe – zwar immer pragmatisch orientiert – sich doch *eher* dem einen oder anderen Zeichenaspekt zuwenden. So kann er etwa den syntaktischen Gesichtspunkt in den Vordergrund stellen, wenn er experimentell prüft, ob und wieweit die von Linguisten aufgestellten grammatischen Regeln psychologische Realität besitzen (z. B. wieweit sie bei Wahrnehmung und Lernen von Sätzen nachweisbar sind). Er kann sich auf den semantischen Aspekt konzentrieren, wenn er untersucht, auf welche Weise die Bedeutung von Wörtern gelernt wird usw.

Hier muß auch die Frage aufgeworfen werden, ob sich die menschliche Sprache von anderen Zeichensystemen (z. B. Tiersprachen) grundlegend unterscheidet. Diese Frage wird von den meisten Linguisten und Sprachpsychologen bejaht, und zwar mit dem Hinweis auf die *Kreativität* der menschlichen Sprache. Unter Kreativität ist in diesem Zusammenhang der Umstand zu verstehen, daß jeder Sprecher imstande ist, eine außerordentlich große (unendliche?) Anzahl von Sätzen richtig zu produzieren und zu verstehen. Ein Großteil dieser adäquat erzeugten und verstandenen Sätze ist für den Sprecher bzw. Hörer neu, d. h. noch nie von ihm gehört oder gesprochen worden. (Wenn der Leser nicht imstande wäre, für ihn neue Sätze zu verstehen, dann könnte er beispielsweise dem vorliegenden Buch keine Information entnehmen.)

Die Kreativität der menschlichen Sprache beruht

u. a. auf deren *Doppelstruktur*. Jede Sprache[1] besteht aus ganz wenigen Sprachlauten, aus denen durch verschiedene Auswahl und Kombinationen Zehntausende von Wörtern gebildet werden können (HOCKETT, 1963). Die Zahl der Sprachlaute schwankt zwischen den einzelnen Sprachen (im Deutschen sind es rund 40, im Englischen 45). Diese elementaren Sprachlaute sind nicht bedeutungshaltig. Erst die aus ihnen (nach bestimmten Regeln) aufgebauten Wörter und Sätze sind Bedeutungsträger. Die Zuordnung von Zeichen (Wort) und Bedeutung ist nicht durch Vererbung festgelegt, sondern gelernt.

Diese Doppelstruktur fehlt den Tiersprachen. Jedes elementare Zeichen ist in den Tiersprachen bereits mit einer festen, vererbten Bedeutung versehen. So können etwa Bienen durch bestimmte Bewegungen ihren Artgenossen die Entfernung, durch andere Bewegungen die Richtung eines Futterplatzes mitteilen. Durch die fixe Zuordnung von Zeichen und Bedeutung ist von vornherein festgelegt, über welche «Themen» in einer gegebenen Tiersprache Mitteilungen ausgetauscht werden können. Die Herstellung von neuen Zeichenkombinationen, denen durch Lernprozesse beliebige Inhalte zugeordnet werden können, ist nicht möglich.

In den vorangehenden Absätzen wurde recht sorglos von Sprachlauten und Wörtern gesprochen. Diese Ausdrücke entstammen der vorwissenschaftlichen Beschreibung von Sprechprozessen und -produkten. Die entsprechenden Analyseeinheiten der Linguistik[2] sind *Phoneme* und *Morpheme*.

Die kleinsten Lauteinheiten, die bedeutungsunterscheidende Funktionen haben, heißen *Phoneme*. So sind beispielsweise kurzes und langes i, symbolisiert als /i/ und /i:/, im Deutschen zwei verschiedene Phoneme, weil ihre Vertauschung oder Verwechslung die Bedeutung eines Zeichens ändern kann. (Die beiden Wörter «binnen» und «Bienen» unterscheiden sich akustisch nur dadurch, daß im einen Fall ein kurzes, im anderen ein langes i vorkommt.) Andere, durchaus wahrnehmbare Lautunterschiede (etwa der Unterschied zwischen einem lauten oder leisen, einem hohen oder tiefen i) können (im Deutschen) keine Bedeutungsunterschiede verursachen und sind daher – linguistisch gesehen – von geringerem Interesse. (Für den Psychologen können sie aber durchaus wichtig sein. Ein sehr laut gesprochenes Wort läßt auf hohe Aktiviertheit des Sprechers – etwa infolge von Wut – schließen.)

Phoneme sind sprachliche Einheiten, die zwar bedeutungsunterscheidende Funktion, aber selbst noch keine Bedeutung haben. Die kleinsten bedeutungstragenden Einheiten der Sprache heißen *Morpheme*. Das Wort «Person» besteht aus einem einzigen Morphem, das Wort «Personen» aus zwei, nämlich aus {Person} und der Pluralendung {en}. Morpheme, die ohne direkte Bindung an ein anderes Morphem im Satz vorkommen können, heißen *freie* Morpheme, z. B. {Person}. Ein freies Morphem ist immer ein (minimales) Wort. Morpheme, die nie allein auftreten, sondern immer Teil eines Wortes sind, z. B. {en}, heißen *gebundene* Morpheme. Aus Morphemen werden größere Einheiten gebildet, nämlich Wörter, Satzteile (*Satzkonstituenten*, siehe Abschnitt 3.2) und Sätze. Der Satz, als relativ selbständige und unabhängige sprachliche Form, ist für Linguistik und Psycholinguistik eine besonders wichtige Analyseeinheit.

Sprachliche Einheiten desselben Komplexitätsgrades (z. B. Wörter) können in *paradigmatischer* oder *syntagmatischer* Beziehung zueinander stehen. Wörter stehen in *paradigmatischer* Relation zueinander, wenn sie im selben sprachlichen Zusammenhang auftreten können. Im Satz «mein Auto ist neu» kann das Wort «Auto» beispielsweise durch die Wörter «Hut» oder «Buch» ersetzt werden, wobei immer wieder «korrekte» Sätze entstehen[3]. Das Wort «neu» könnte gegen die Wörter «blau» oder «groß» ausgetauscht werden, wobei ebenfalls wieder korrekte Sätze entstehen. Die Wörter «Auto», «Buch», «Hut» einerseits und «blau», «groß»,

[1] Das Wort Sprache bezeichnet im folgenden immer natürliche Sprachen (Umgangssprachen) des Menschen. Künstliche Sprachen (z. B. mathematische Formelsprachen) und Tiersprachen werden immer explizit als solche bezeichnet.

[2] Eine ausführliche und leicht verständliche Darstellung linguistischer Begriffe findet man bei LYONS (1968, deutsch 1971).

[3] Der Begriff «korrekt» wird vom Verfasser im Sinn von «gebräuchlich und verständlich» verwendet, also nicht in normativer, sondern in deskriptiver Weise.

«neu» andererseits stehen jeweils in paradigmatischer Beziehung zueinander. Auf diese Weise kann man innerhalb einer Analyseebene (etwa der Wörter oder der Morpheme) sprachliche Kategorien festlegen. Die miteinander vertauschbaren Wörter gehören zur selben Kategorie. «Auto», «Hut» und «Buch» gehören zur Kategorie der Substantiva, «blau», «groß» und «neu» zur Kategorie der Adjektiva.

Daß es sich dabei um verschiedene Kategorien handelt, stellt man dadurch fest, daß ein Element der einen nicht durch ein Element der anderen Kategorie ersetzt werden kann («mein Auto ist Hut», «mein groß ist blau» oder «mein neu ist Buch» sind keine korrekten Sätze). Elemente, die nicht im selben Kontext gegeneinander vertauscht werden, sondern nur an verschiedenen Stellen einer größeren Einheit (z. B. eines Satzes) vorkommen können, stehen in *syntagmatischer* Beziehung zueinander.

Seit CHOMSKY (1957, 1963, 1965) unterscheidet man sprachliche *Kompetenz* und sprachliche *Performanz*. Nach CHOMSKY besteht die Aufgabe des Linguisten darin, eine Theorie der sprachlichen Kompetenz zu entwickeln. Eine Kompetenztheorie hat die Regeln anzugeben, nach denen korrekte Sätze (und zwar *alle* und *nur* korrekte Sätze) gebildet werden können. Eine Kompetenztheorie ist eine Theorie, die das sprachliche Wissen eines «idealen» Sprechers bzw. Hörers repräsentiert.

Performanz ist das tatsächliche Sprechverhalten. CHOMSKY faßt Performanz quasi als beschädigte Kompetenz auf. Sprechverhalten ist bekanntlich durch zahlreiche «Fehler», z. B. Sprechpausen, abgebrochene oder inkorrekt gebildete Sätze u. ä. gekennzeichnet. Diese Fehler entstehen durch die begrenzte Gedächtniskapazität des Menschen, durch schwankende Aufmerksamkeit usw. Aufgabe des Sprachpsychologen ist es nach CHOMSKY, die Sprachperformanz zu erklären, wobei aber eine adäquate Performanztheorie die Ergebnisse der linguistischen Kompetenzforschung zu berücksichtigen hat und auf keinen Fall mit ihr unverträgliche (ihr widersprechende) Aussagen enthalten darf.

Diese vielfach bedenkenlos akzeptierte Unterscheidung zwischen Kompetenz und Performanz ist äußerst problematisch. Kompetenz (als ein Regelsystem, das alle korrekten Sätze und nur korrekte Sätze abzuleiten gestattet) ist eine *normative* Theorie. Eine solche Kompetenztheorie verhält sich zur Sprachpsychologie wie die Logik zur Denkpsychologie (– die Logik ist ein Regelsystem, das alle korrekten Schlußfolgerungen und nur korrekte Schlußfolgerungen bzw. Ableitungen durchzuführen gestattet). Ein wesentlicher Unterschied besteht allerdings zwischen Logik und Kompetenztheorie. Die normativen Ansprüche der Logik werden einleuchtend und eindeutig dadurch begründet, daß der Logiker ein *widerspruchsfreies* Regelsystem aufstellen will. Die Entscheidung darüber, ob ein sprachliches Gebilde korrekt ist oder nicht, ist in vielen Fällen keineswegs eindeutig. Der postulierte «ideale Sprecher», also die Instanz, die über Korrektheit und Fehlerhaftigkeit sprachlicher Gebilde urteilt, ist de facto der Kompetenztheoretiker selbst.

Es wäre aber weder sinnvoll noch zielführend (und wird meines Wissens auch von keinem Logiker vorgeschlagen), Denkprozesse als beschädigte Logik aufzufassen, d. h. davon auszugehen, jeder Mensch hätte (wenigstens größtenteils und unbewußt) das logische Regelsystem gespeichert, wäre aber wegen Gedächtnis- und Aufmerksamkeitsbeschränkungen nicht imstande, die logischen Regeln immer richtig anzuwenden. Vielmehr untersucht die Denkpsychologie reale Denkprozesse und versucht, die darin enthaltenen Gesetzmäßigkeiten, seien sie nun logisch oder unlogisch, festzustellen.

Die Denkpsychologie hat von der Logik wertvolle Anregungen übernommen, z. B. wurde untersucht, welche Typen von Schlußfolgerungen leicht und welche schwierig sind. Genauso wird der Sprachpsychologe gut beraten sein, wenn er Anregungen der Linguistik aufnimmt (z. B. indem er untersucht, welche Satzstrukturen leicht und welche schwierig zu merken sind). Sicher nicht zielführend wäre eine Sprachpsychologie, die von vornherein die Postulate einer normativen Linguistik als gegeben und real hinnimmt. HERRMANN (1972) vergleicht die Kompetenztheorie mit der Straßenverkehrsordnung: Will man das tatsächliche Verhalten im Verkehr erklären, ist die Kenntnis der Straßenverkehrsordnung sicher nützlich. Aber das Verhalten wird nur zu einem Teil den Normen der Straßenverkehrsordnung entsprechen. Verstöße gegen die Verkehrsregeln sind häufig. Diese zahlreichen Ausnahmen und Übertretungen können nicht einfach negativ «erklärt» werden (als beschädigte Kompetenz), sondern man muß die Ursachen dieser Verhaltensweisen angeben.

3.2 Syntax

3.21 Die Wahrscheinlichkeitsstruktur der Sprache

Manche Zeichenkombinationen (z. B. Artikel + Substantiv) kommen sehr häufig vor, andere Kombinationsmöglichkeiten (z. B. Artikel + Artikel) recht selten. Die Sprache weist eine bestimmte *Wahrscheinlichkeitsstruktur* auf. Der Übergang von einem Artikel zu einem Substantiv (*der Vater* ißt) ist wahrscheinlicher als der Übergang von einem Artikel zu einem zweiten Artikel (eine Frau, *die den* Luxus liebt). Ein Hörer, der die deutsche Sprache kennt, hat dementsprechende Erwartungen. Soll er nach Vorgabe eines Zeichens raten, welches als nächstes kommt, so basiert sein Rateverhalten auf einer (unbewußten und vereinfachten) Kenntnis der Wahrscheinlichkeitsstruktur der Sprache.

Die Wahrscheinlichkeit eines Zeichens (oder subjektiv: die Erwartung) hängt aber nicht nur vom jeweils vorangehenden Zeichen ab, sondern (auch) von den zwei, drei, ... vorangehenden Zeichen. Auf Artikel + Adjektiv folgt mit größerer Wahrscheinlichkeit ein Substantiv (*die schöne* Blume) als ein weiteres Adjektiv (*die schöne blaue* Blume).

Durch Berücksichtigung der Übergangswahrscheinlichkeiten von einem Zeichen zum nächsten, von zwei Zeichen zum nächsten usw. kann man Wortketten herstellen, die sukzessive Approximationen an die echte Sprache darstellen. Eine Approximation nullter Ordnung ist eine Zufallsfolge von Wörtern (alle Wörter haben die gleiche Wahrscheinlichkeit, in eine solche Kette aufgenommen zu werden). Eine Approximation erster Ordnung berücksichtigt bereits die Wahrscheinlichkeit von Einzelwörtern (häufige Wörter werden mit größerer Wahrscheinlichkeit in die Zeichenkette aufgenommen als seltene). Bei einer Approximation zweiter Ordnung werden die Übergangswahrscheinlichkeiten von einem Zeichen zum nächsten berücksichtigt, bei einer Approximation dritter Ordnung die Übergangswahrscheinlichkeiten von zwei Zeichen zum nächsten usw. Es folgen einige Beispiele (aus HERRMANN, 1962).

nullte Ordnung:	... Beweis Ausraufung stabil Linde Stiel gemäß dir Imparität Türke ...
erste Ordnung:	... aus wurde Kino von über wir Thema nach Korn Grund ...
dritte Ordnung:	... Arbeit gedeiht im Januar schneite es oft lieber geschwätzig als Putzfrau ...
sechste Ordnung:	... Mainz fand vorige Woche der Kongreß statt und endete mit Applaus aller ...

Wie man sieht, ähneln die Approximationen mit zunehmendem Ordnungsgrad immer mehr der echten Sprache, und zwar sowohl in syntaktischer (korrekter Satzbau) wie in semantischer Hinsicht (Sinngehalt). MILLER und SELFRIDGE (1950) verwendeten Wortketten verschiedener Approximationsordnung (nullte bis siebente Ordnung sowie Textausschnitte) in einem Lernexperiment. Die Vpn mußten unmittelbar nach der (akustischen) Darbietung jeder Wortkette aufschreiben, was sie von dem Gehörten behalten hatten. Als Maß für die Gedächtnisleistung wurde der Prozentsatz richtig erinnerter Wörter verwendet. Die Ergebnisse für Wortketten verschiedener Länge und verschiedener Approximationsgrade zeigt Abbildung 48.

Das Behalten von Wortketten wird um so leichter, je höher der Ordnungsgrad der Approximation an echte Sprache ist. Wie Abbildung 48 zeigt, bringt eine Approximation über die fünfte Ordnung hinaus keine Verbesserung der Gedächtnisleistung mehr.

Diese Ergebnisse könnten den Schluß nahelegen, daß Sprechen nichts weiter sei als die Aneinanderreihung von Wörtern, wobei die Auftrittswahrscheinlichkeit eines bestimmten Wortes durch die vier vorangehenden Wörter determiniert wäre. Dieser Schluß wäre jedoch voreilig.

Sätze werden nicht als Aneinanderreihung von Wörtern wahrgenommen, sondern in Wortgruppen (Satzteile) kodiert – ganz ähnlich wie die Zahlenfolgen im Experiment von SMITH (Abschnitt 2.43) kodiert wurden. Manche Wörter gehören eher zusammen, bilden eher eine Einheit, als andere. In dem Satz «Tausende von

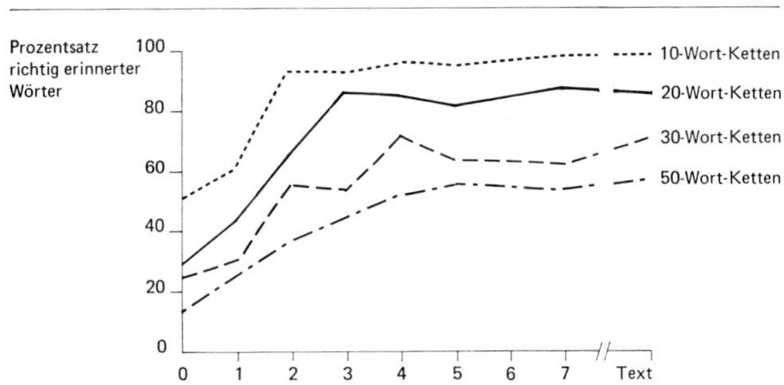

Abbildung 48

Menschen besuchten die Ausstellung» werden die Wörter «die Ausstellung» als zusammengehörend aufgefaßt, kaum aber die Wörter «besuchten die».

3.22 Erzeugungsregeln und Konstituentenstruktur

Die Sprache als *Markoffkette,* d. h. als Abfolge einzelner Zeichen, aufzufassen (wie im vorigen Abschnitt), ergibt ein stark vereinfachtes und verzerrtes Bild. Eine realistische Syntaxtheorie muß auch Aussagen darüber machen, aus welchen Wortgruppen *(Konstituenten)* ein Satz besteht. In dieser Hinsicht ist CHOMSKYS *generative Transformationsgrammatik* (1957, 1965) richtungsweisend.[4]
Nach dieser Theorie wird zunächst die syntaktische Struktur eines Satzes durch sukzessive Anwendung von *Erzeugungsregeln* hergestellt. Diese Erzeugungsregeln haben die Form A → B, d. h. der links vom Pfeil stehende Ausdruck wird durch den Ausdruck rechts vom Pfeil ersetzt. Die folgenden Regeln sind ein (stark vereinfachtes) Beispiel einer Grammatik, die aus Erzeugungsregeln besteht.

(1) S → NP + VP
(2a) VP → V
(2b) VP → V + NP
(3a) NP → N
(3b) NP → Art + N

[4] CHOMSKYS komplizierte und umfangreiche Theorie kann hier nur in ihren Grundzügen dargestellt werden. Der interessierte Leser sei auf das einführende Buch von LYONS (1970, deutsch 1971) verwiesen. CHOMSKYS Theorie und die relevanten psychologischen Experimente dazu sind übersichtlich bei GREENE (1972) dargestellt.

Nach Regel (1) besteht jeder Satz aus einer Nominalphrase und einer Verbalphrase. Für die Verbalphrase wird nach Regel (2a) ein Verb oder nach Regel (2b) ein Verb und eine Nominalphrase eingesetzt. Die Nominalphrase kann nach Regel (3a) durch ein Nomen (Substantiv) oder nach Regel (3b) durch einen Artikel und ein Nomen ersetzt werden.
Anwendung der Regeln (1) bis (3b) erzeugt die grammatische Struktur, die *Konstituentenstruktur* eines Satzes. Um aus der Satzstruktur einen konkreten Satz zu erzeugen, braucht man noch ein *Lexikon* und *Substitutionsregeln.* Das Lexikon ist eine Liste der Wörter und Morpheme. Es enthält auch Information über syntaktische (z. B. Wortart) und semantische Aspekte der Wörter bzw. Morpheme (siehe Abschnitt 3.314). Die Substitutionsregeln sorgen dafür, daß an jeder Stelle der Konstituentenstruktur ein passendes Wort eingesetzt wird. Sie haben eine andere Form als die Erzeugungsregeln, nämlich A → {a, b, c, ...}, d. h. der Ausdruck links vom Pfeil wird durch einen der Ausdrücke in der geschweiften Klammer ersetzt. Unsere Miniaturgrammatik könnte etwa durch folgende Substitionsregeln ergänzt werden:

(4) N → {Menschen, Katzen, Mäuse}
(5) V → {jagen, essen, lieben}
(6) Art → {die}

Mit einer solchen Grammatik kann etwa der Satz «die Katzen jagen Mäuse» erzeugt werden (Abbildung 49). Zunächst wird durch Regel (1) der Satz in eine Nominal- und eine Verbalphrase geteilt. Nach Regel (3b) setzt man für NP Art + N ein. VP wird durch Regel (3a) zu N. Durch Anwendung der Regeln (4) bis (6) werden die *terminalen* Konstituenten durch konkrete Wörter ersetzt. Wie der Leser leicht überlegen kann,

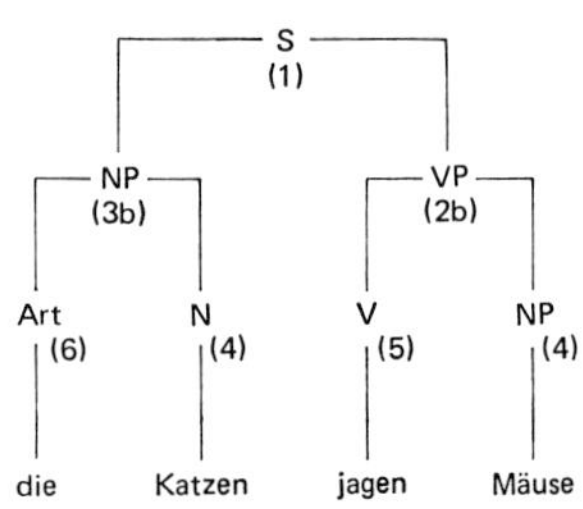

Abbildung 49

können mit den Regeln (1) bis (6) auch viele andere Sätze erzeugt werden (z. B. «Menschen essen», «Menschen lieben Katzen», «Katzen essen die Mäuse» usw.). Eine geringfügige Erweiterung der Grammatik unseres Beispiels (Hinzufügung von Erzeugungsregeln, Vergrößerung des Lexikons) würde die Erzeugung einer sehr viel größeren Zahl von Sätzen erlauben.

Eine Syntaxtheorie dieser Art hat mindestens drei bedeutende Vorzüge. Erstens: Sie erklärt die Konstituentenstruktur von Sätzen. (In unserem Beispielsatz bilden die Wörter «jagen Mäuse» eine Einheit, weil sie die Bestandteile der Verbalphrase sind.) Zweitens: Sie erklärt die Kreativität der Sprache. Mit wenigen Regeln und einem begrenzten Lexikon kann eine sehr große Zahl von Sätzen erzeugt werden. Die Beherrschung der Erzeugungsregeln und des Lexikons ermöglicht auch die Herstellung von neuen Sätzen, also von Sätzen, die der Sprecher noch nie gehört hat. Drittens: Sie erklärt den Spracherwerb auf relativ ökonomische Weise. Faßt man die Sprache als Markoffkette auf, so müßte jeder Sprecher eine Unmenge von Übergangswahrscheinlichkeiten lernen. Geht man von Erzeugungsregeln aus, so genügt das Lernen weniger Regeln (nach einer vorläufigen Schätzung etwa 100), um praktisch alle Sätze produzieren zu können.

Eine generative Grammatik der eben skizzierten Art ist aus all diesen Gründen sehr ansprechend. Dennoch muß ihre «psychologische Realität» überprüft werden, etwa indem man nachweist, daß Wahrnehmung und Lernen von Sätzen von deren Konstituentenstruktur beeinflußt werden. Garrett, Bever und Fodor (1966) erbrachten den Nachweis, daß die Wahrnehmung eines Störreizes von der syntaktischen Struktur des gestörten Satzes abhängt. Sie verwendeten Satzpaare mit verschiedenen Anfängen aber identischen Schlußteilen wie im folgenden Beispiel:

(1) (In order to catch his train) (George drove furiously to the station).

(2) (The reporters assigned to George) (drove furiously to the station).

Die Grenze zwischen den beiden Hauptkonstituenten liegt bei Satz (1) *vor* und bei Satz (2) *nach* dem Wort «George». Die Vpn erhielten beide Sätze akustisch dargeboten, wobei mitten im Wort «George» ein Störgeräusch (Klick) ertönte. Nach jedem Satz mußten die Vpn angeben, an welcher Stelle das Störgeräusch vorgekommen war. Es zeigte sich eine deutliche Tendenz, das Störgeräusch zwischen den Hauptkonstituenten zu lokalisieren (also bei Satz (1) vor und bei (2) nach «George»). Ähnliche Ergebnisse erhielten Fodor und Bever (1965).

Daß auch das Lernen eines Satzes von seiner Konstituentenstruktur abhängt, zeigte Johnson (1965). Er ließ seine Vpn eine Liste von Sätzen lernen und dann reproduzieren. Wenn Sätze nicht als amorphe Wortfolgen, sondern in Konstituenten gegliedert wahrgenommen und gelernt werden, dann müßten Übergangsfehler (d. h. das Auftreten eines falschen Wortes nach einem richtigen) innerhalb von Konstituenten seltener sein als zwischen ihnen. Die Datenanalyse ergab, daß die Wahrscheinlichkeit von Übergangsfehlern ziemlich genau der Konstituentenstruktur entspricht. Konstituentenstruktur und Fehlerhäufigkeiten eines Satzes sind in Abbildung 50 dargestellt.

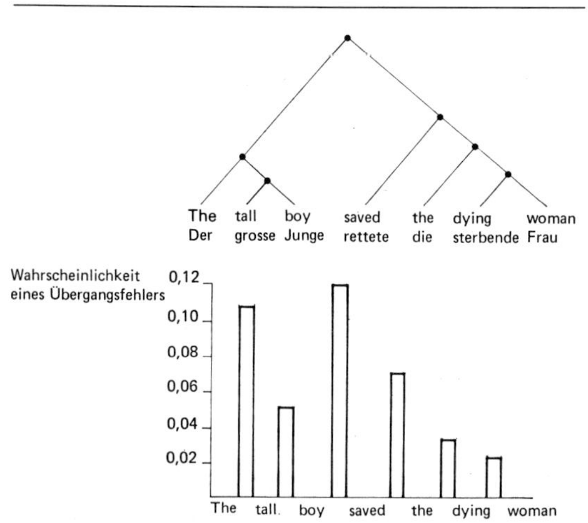

Abbildung 50

3.23 Transformationsregeln und Tiefenstruktur

Neben den Erzeugungs- und Substitutionsregeln gibt es nach CHOMSKY noch *Transformationsregeln*. (Zwischen den Publikationen aus den Jahren 1957 und 1965 hat CHOMSKY seine Ansichten über Art und Funktion der Transformationsregeln modifiziert. Auf diese Unterschiede kann im gegebenen Rahmen nicht eingegangen werden.)[5]

Durch Transformationsregeln werden ganze Sätze umgeformt. Die Passiv-Transformation etwa ändert den Satz «Katzen jagen Mäuse» in den anders strukturierten Satz «Mäuse werden von Katzen gejagt». Aus «Fritz sammelt Schallplatten» wird durch die Negativ-Transformation «Fritz sammelt nicht Schallplatten». Transformationsregeln haben also eine andere Form als Erzeugungs- oder Substitutionsregeln. Durch sie wird nicht ein Element durch ein anderes oder mehrere andere ersetzt, sondern eine ganze Satzstruktur wird in eine andere übergeführt.

Die Einführung von Transformationsregeln wurde u. a. damit begründet, daß es Sätze gibt, die zwar völlig verschiedene Konstituentenstrukturen, aber dennoch ähnliche oder gar identische Bedeutungen haben (z. B. «Katzen jagen Mäuse» und «Mäuse werden von Katzen gejagt»). Solche Sätze haben nach CHOMSKY zwar verschiedene *Oberflächenstrukturen*, aber identische *Tiefenstrukturen*. Sätze dieser Art können durch Transformationsregeln ineinander übergeführt bzw. aus einer gemeinsamen Tiefenstruktur abgeleitet werden.

Es gibt auch den umgekehrten Fall: Sätze mit gleichen Oberflächen-, aber verschiedenen Tiefenstrukturen. Das ist zum Beispiel bei mehrdeutigen Sätzen der Fall. Der Satz «seine Entdeckung erregte Aufsehen» hat zwei Bedeutungen, denen zwei verschiedene Tiefenstrukturen entsprechen («er entdeckte etwas und das erregte Aufsehen» bzw. «er wurde entdeckt und das erregte Aufsehen»).

Bei vielen einfachen Sätzen – z. B. die Sätze im Experiment von JOHNSON (1965), voriger Abschnitt – kann man jedoch annehmen, daß Oberflächen- und Tiefenstruktur mehr oder weniger identisch sind.

Sprachproduktion geht nach CHOMSKY (1965) folgendermaßen vor sich (vgl. Abbildung 51)[6]. Zunächst wird mit Hilfe der Erzeugungsregeln, den Substitutionsregeln und des Lexikons die Tiefenstruktur eines Satzes erzeugt. Die Bedeutung des Satzes ist, wie oben gezeigt wurde, von seiner Tiefenstruktur abhängig. Die Tiefenstruktur *ist* aber noch *nicht* die Satzbedeutung. Erst durch Anwendung *semantischer Interpretationsregeln* (auf die an dieser Stelle nicht näher eingegangen werden soll, siehe Abschnitt 3.32) gewinnt man die Bedeutung des Satzes.

Die Tiefenstruktur ist aber nicht nur Ausgangspunkt der *semantischen* Interpretation, sondern auch weiterer *syntaktischer* Prozesse. Durch Transformationsregeln wird aus der Tiefenstruktur die Oberflächenstruktur eines Satzes hergestellt. Die Oberflächenstruktur wird schließlich durch Anwendung *phonologischer* Regeln (die hier ebenfalls nicht erörtert werden können) in die hörbare Lautgestalt des Satzes übergeführt.

Der Hörprozeß (bzw. Leseprozeß) verläuft dann umgekehrt. Aus dem hörbaren Endprodukt des Sprechers muß der Hörer zunächst die Oberflächenstruktur rekonstruieren, aus dieser die Tiefenstruktur und schließlich aus der Tiefenstruktur die Satzbedeutung ermitteln. Um einen Satz verstehen zu können, muß also der Hörer durch sozusagen spiegelbildliche Verwendung von Transformationsregeln die Tiefenstruktur eines Satzes herstellen, erst diese kann semantisch interpretiert werden.

---

[5] Die verschiedenen Ansichten CHOMSKYS sind u. a. in dem bereits zitierten Buch von GREENE (1972) auch für linguistisch nicht vorgebildete Leser verständlich dargestellt.

[6] CHOMSKY betont zwar wiederholt, daß seine Theorie ein Kompetenzmodell und kein Performanzmodell ist, also eine Theorie der idealen Sprache bzw. des idealen Sprechers und nicht des tatsächlichen Sprachverhaltens. Daher enthält sie auch keine Aussagen über die zeitliche Reihenfolge der Anwendung von Erzeugungs- und Transformationsregeln u. ä. Damit ist die Theorie jedoch einer empirischen Prüfung entzogen und für den experimentellen Sprachpsychologen nutzlos. Will er sie dennoch verwenden, dann muß er sie so behandeln als wäre sie eine Performanztheorie bzw. durch Zusatzannahmen (etwa über die zeitliche Reihenfolge der Teilprozesse bei der Spracherzeugung) eine Performanztheorie aus ihr ableiten. Außerdem ist es durchaus legitim, zu prüfen, ob ein als Kompetenztheorie bezeichnetes Modell nicht auch als Performanztheorie brauchbar ist. (Darüber hinaus ist die Unterscheidung zwischen Kompetenz und Performanz recht problematisch, wie in Abschnitt 3.1 dargelegt wurde.)

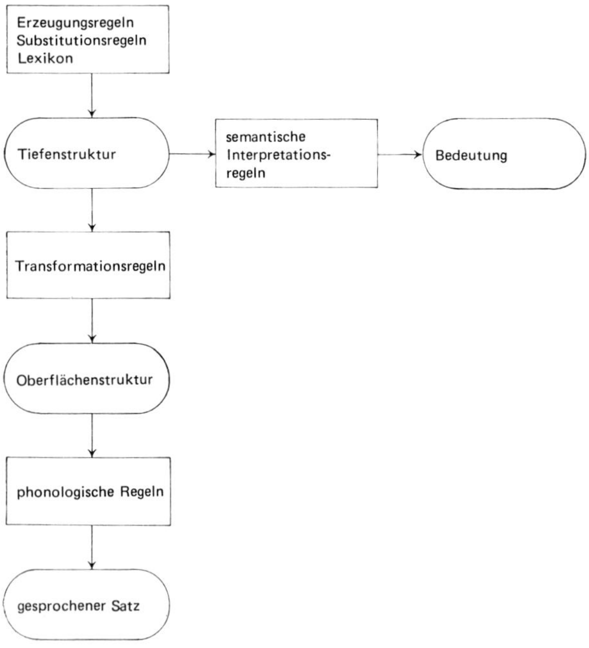

Abbildung 51

Man könnte sich daher vorstellen, daß ein Satz normalerweise nicht wörtlich im Gedächtnis gespeichert wird, sondern eher seine Tiefenstruktur plus Anmerkungen über die verwendeten Transformationsregeln. Ein Passivsatz («Eva wird von Adam geliebt») wird dann etwa in der Form ([Adam liebt Eva], Passiv) gespeichert, ein Fragesatz («Liebt Adam Eva?») in der Form ([Adam liebt Eva], Frage). Die Speicherung eines passiven Fragesatzes («Wird Eva von Adam geliebt?») ist schon komplizierter ([Adam liebt Eva], Frage, Passiv), die eines negativen passiven Fragesatzes («wird Eva nicht von Adam geliebt?») noch umständlicher ([Adam liebt Eva], Frage, Passiv, Negativ). Andererseits ist die Speicherung eines aktiven Satzes («Adam liebt Eva») am einfachsten, denn dieser ist praktisch mit seiner Tiefenstruktur identisch (es brauchen also keine Hinweise auf die verwendeten Transformationsregeln gemerkt werden).

Ein Experiment von SAVIN und PERCHONOCK (1965) bestätigte diese Überlegungen. Geht man davon aus, daß das Gedächtnis nur eine begrenzte Anzahl von Elementen pro Zeiteinheit speichern kann (vgl. Abschnitt 2.43 über Kodierung), so kommt man zu dem Schluß, daß man sich zusätzlich zu einem Satz um so weniger Elemente merken kann, je mehr Transformationsregeln zu seiner Herstellung und Entschlüsselung notwendig sind. (Jede Transformation wird durch eine eigene Anmerkung gespeichert, nimmt also «Platz» für die Speicherung weiterer Elemente weg.) SAVIN und PERCHONOCK boten ihren Vpn Sätze verschiedener Komplexitätsgrade (Aktivsätze, Passivsätze, Fragesätze, passive Fragesätze usw.) und nach jedem Satz eine Liste von acht Wörtern. Nach jeder Darbietung von Satz und Wortliste sollten die Vpn nicht nur den Satz, sondern auch möglichst viele der nachfolgenden Wörter reproduzieren. Die gut mit der Hypothese übereinstimmenden Ergebnisse sind teilweise in Tabelle 20 wiedergegeben.

Die Annahme von Transformationsprozessen legt auch die Hypothese nahe, daß Gedächtnis-

Tabelle 20

nach einem	Anzahl der richtig reproduzierten Wörter der Liste
Aktivsatz	5,27
Passivsatz	4,55
Negativsatz	4,44
passiver Negativsatz	3,48

fehler bei der Wiedergabe von Sätzen häufiger zu einer Vereinfachung der Satzstruktur (Weglassen von Transformationen) als zu größerer Kompliziertheit führen. Gibt jemand einen Fragesatz als einfachen Aktivsatz wieder, dann hat er die Anmerkung (, Frage) vergessen. Würde er umgekehrt einen Aktivsatz als Fragesatz wiedergeben, dann hätte er die Anmerkung (, Frage) «dazuphantasiert». Der zweite Fall ist weniger wahrscheinlich als der erste. Ein Experiment von MEHLER (1963) zeigte, daß das Vergessen von Transformationen viel häufiger vorkommt als das Hinzufügen von Transformationen.

Obwohl diese und zahlreiche andere Experimente (z. B. BEVER, 1971; BLUMENTHAL, 1967; BLUMENTHAL und BOAKES, 1967; MILLER und MCKEAN, 1964) die Annahme von Tiefenstrukturen und Transformationsregeln unterstützen, sprechen auch viele Experimente (z. B. PAIVIO, 1971a; SLOBIN, 1966) und gewichtige Argumente dagegen (JOHNSON-LAIRD, 1970). Da Transformationsregeln nicht Einzelelemente, sondern ganze Sätze bzw. Teilsätze umformen, könnte etwa die Rücktransformation eines Passivsatzes in seine Tiefenstruktur (und damit sein Verständnis) erst einsetzen, *nachdem* der *ganze* Satz gehört wurde. Verstehen der Satzbedeutung scheint aber nicht plötzlich nach Anhören des ganzen Satzes aufzutreten, sondern sich schon während des Hörens «aufzubauen». Diesem Argument könnte man freilich entgegenhalten, daß der Hörer oft aufgrund seiner impliziten Kenntnis der Wortübergangswahrscheinlichkeiten und des ganzen Kontextes (z. B. des Gesprächsthemas) bereits nach dem Satzanfang den weiteren Satzverlauf antizipieren kann.

Ein anderer Vorschlag zur Lösung des genannten Problems besteht darin, daß der Hörer die Tiefenstruktur nicht durch genau spiegelbildliche Rücktransformation ermittelt, sondern daß die Wortanordnung der Oberflächenstruktur gewisse Hinweisreize enthält, die von vornherein eine bestimmte Art der Tiefenstruktur andeuten und andere Möglichkeiten ausschließen (FODOR und GARRETT, 1967). Ein Satz, der mit «Kennst...» beginnt, ist wahrscheinlich ein Fragesatz («Kennst Du die Regeln?»), aber kein einfacher Aktivsatz.

Aus psychologischer Sicht (vergleiche HERRMANN, 1972) muß gegen CHOMSKYS Modell auch noch folgender Einwand erhoben werden: Es ist äußerst unwahrscheinlich, daß die Satzproduktion mit der Herstellung einer *syntaktischen* Tiefenstruktur beginnt, die *dann* erst *semantisch* interpretiert wird. Vielmehr dürfte die Satz*bedeutung* primär sein. Dem Sprecher geht es zunächst um die Mitteilung eines bestimmten Inhalts, für den er dann die passende Satzform wählt. Neuere linguistische (FILLMORE, 1968, 1969; MCCAWLEY, 1968a, b) und psychologische (KINTSCH, 1972) Konzeptionen halten auch eine *generative Semantik* und nicht eine generative Grammatik (also Regeln zur Erzeugung von Bedeutungsstrukturen und nicht von Satzstrukturen) für den Ausgangspunkt der Sprachproduktion. Ein Sprachmodell, das von einer generativen Semantik ausgeht, ist in Abbildung 52 dargestellt.

In den letzten Jahren hat sich sowohl unter Psychologen wie unter Linguisten weitgehend die Ansicht durchgesetzt, daß die Tiefenstruktur eines Satzes keine syntaktische, sondern eine semantische Struktur ist (vgl. ENGELKAMP, 1976). Es wird also jetzt allgemein eine Theorie des Sprachverhaltens akzeptiert, wie sie in Abbildung 52 dargestellt ist.

Dafür sprechen mindestens vier Argumente. Erstens: Wie bereits erwähnt wurde, entspricht es der Intuition der meisten Sprachbenützer, daß

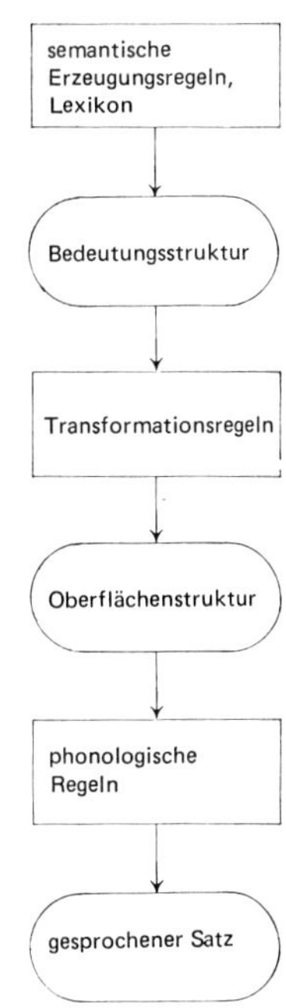

Abbildung 52

die Satzproduktion von der Satzbedeutung ausgeht und nicht von der syntaktischen Struktur des Satzes.
Zweitens: Die generative Semantik ist eine einfachere und ökonomischere Theorie als die generative Grammatik. Wie ein Vergleich der Abbildungen 51 und 52 zeigt, enthält das Modell der generativen Semantik weniger Komponenten und postuliert weniger Teilprozesse als das CHOMSKY-Modell. (Die wesentlich größere Ökonomie der generativen Semantik wird erst in Abschnitt 3.322 anhand einer detaillierten Darstellung der Theorie deutlich werden.)
Drittens: Viele Experimente, deren Ergebnisse als Bestätigung der syntaktischen Tiefenstruktur im Sinn CHOMSKYS aufgefaßt wurden, können – häufig einfacher und einleuchtender – auch anders interpretiert werden. So sind beispielsweise im vorhin referierten Experiment von SAVIN und PERCHONOCK (1965) die Variablen Komplexität der Transformation und Wortzahl pro Satz konfundiert. Ein passiver Negativsatz («Eva wird nicht von Adam geliebt») enthält nicht nur mehr Transformationen, sondern auch ganz einfach mehr Wörter als ein Aktivsatz («Adam liebt Eva»). Die Ergebnisse von SAVIN und PERCHONOCK können dementsprechend auch ohne die Annahme einer syntaktischen Tiefenstruktur erklärt werden: Je länger ein Satz ist, desto weniger zusätzliche Wörter können im Gedächtnis behalten werden.
Viertens: Mehrere Experimente haben gezeigt, daß der Inhalt eines Satzes sehr lange im Gedächtnis bleibt, während der genaue Wortlaut sehr schnell vergessen wird (z. B. J. R. ANDERSON, 1974; FLORES D'ARCAIS, 1974; GARROD und TRABASSO, 1973; SACHS, 1967). Wenn den Vpn wenige Sekunden nach Darbietung eines Satzes eine syntaktische Variante des Satzes (gleicher Inhalt, Änderung im Wortlaut) vorgelegt wird, erkennen viele Vpn den Unterschied. Aber bereits eine halbe Minute später werden syntaktische Änderungen nur mehr selten bemerkt. Semantische Änderungen können von den Vpn jedoch auch nach wesentlich längeren Zeitabständen festgestellt werden. Solche Ergebnisse deuten darauf hin, daß die semantische Information die wichtigere Information im Satz ist und daß diese Information im Langzeitgedächtnis gespeichert wird, während die relativ unwichtige syntaktische Information vergessen wird, sobald die Bedeutung des Satzes entschlüsselt wurde. Die syntaktische Information (Satzform) ist zwar notwendig, um die Bedeutung des Satzes verstehen zu können (vgl. Abschnitt 3.321), hat aber darüber hinaus wenig Wert für den Sprachbenützer.

3.3 Semantik

3.31 Wortbedeutung

3.311 Bedeutung als Bezeichnung

Bedeutung ist ein außerordentlich wichtiger, aber ebenso unklarer Begriff. Dementsprechend gibt es in der Sprachpsychologie zahlreiche theoretische Konzeptionen des Phänomens Bedeutung. Einige von ihnen sollen in den folgenden Abschnitten besprochen werden.
Aus lernpsychologischer Sicht ist es naheliegend, die Bedeutung eines Wortes als dessen «richtigen» Gebrauch aufzufassen (damit wird auf den Begriff Bedeutung in seinem engeren, kognitiven Sinn überhaupt verzichtet). Ein Kind hat die Bedeutung des Wortes «rot» gelernt, wenn es rote, aber nicht grüne und blaue Gegenstände als «rot» bezeichnet. Es handelt sich dabei um Diskriminationslernen. Erwachsene sprechen das Wort «rot» in Gegenwart roter Reizobjekte aus und zeigen eventuell auf diese. Das Kind spricht das Wort nach und wird dafür verstärkt. Dieses Verhalten generalisiert zunächst: Das Kind nennt auch gelbe und violette Gegenstände rot. Durch gezielte Verstärkung («richtig», «ja») und Bestrafung («falsch», «nein») wird der Generalisationsbereich enger: Das Wort wird jetzt «richtig» verwendet.
Es gibt aber wesentlich mehr unterscheidbare Reize (Objekte) als Wörter. Daher entsprechen die Benennungen, die gelernt werden, nicht genau der wahrnehmbaren Umwelt, sondern vereinfachen. Viele verschiedene wohlunterscheidbare Reize und Objekte werden durch ein Wort in eine *Kategorie* zusammengefaßt. Der menschliche Sehapparat kann Millionen von Farbnuancen unterscheiden, es gibt aber nur einige Hundert Farbnamen, von denen der Durchschnittssprecher etwa zehn bis zwanzig verwendet.
Wenn man einem Kind die adäquate Verwendung eines Farbnamens, z. B. «rot», beibringen

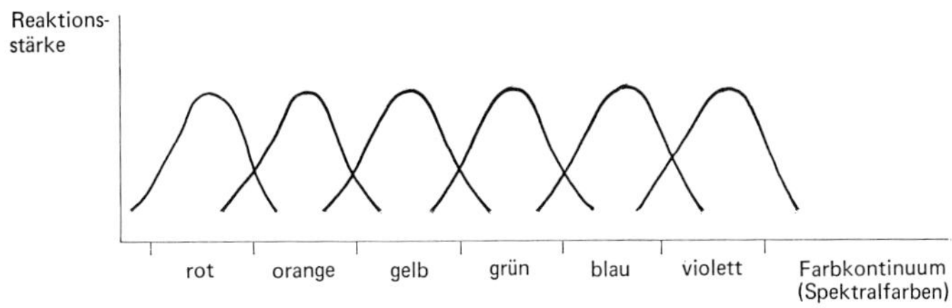

Die einzelnen Kurven stellen die Generalisationsgradienten der verschiedenen Farbnamen dar.

Abbildung 53

will, dann wird man das Wort «rot» nicht in Gegenwart eines untypischen Reizobjekts aussprechen. Man wird den Gebrauch des Wortes nicht in Verbindung mit einem verwaschenen, blassen, gelblichen Rot demonstrieren, sondern man wird dazu ein möglichst gesättigtes, leuchtendes Rot auswählen. Genauso ist es bei den anderen Farbnamen.

Aus diesen beiden Überlegungen (daß es mehr unterscheidbare Reize als Namen gibt und daß die Verwendung der Wörter anhand von «typischen» Beispielen gelernt wird) folgt, daß die Benennung verschiedener Reize (in unserem Beispiel Farben) unterschiedliche Schwierigkeitsgrade aufweist. Das Benennen (und Erkennen) von Reizen in der Mitte einer Kategorie (bei den typischen Fällen) erfolgt mit großer Reaktionsstärke, also sehr prompt. Bei Reizen an den Kategoriegrenzen ist die Reaktionsstärke gering, die Benennung erfolgt vergleichsweise zögernd. Außerdem überlappen hier die Generalisationsgradienten (z. B. von «blau» und «grün»), die Benennung erfolgt daher nicht in einheitlicher Weise, es wird für den gleichen Reiz einmal der eine und einmal der andere Name verwendet. Diese Beziehungen sind schematisch in Abbildung 53 dargestellt.

Brown und Lenneberg (1954) zeigten ihren Vpn in zufälliger Reihenfolge 24 Farben (die gleichmäßig über den Farbraum verteilt waren). Jede Farbe sollte so korrekt und so schnell wie möglich benannt werden. Bei jeder einzelnen Farbe wurden fünf Verhaltensvariablen gemessen:

(1) Reaktionszeit (Zeit zwischen Beginn der Farbdarbietung und Beginn der verbalen Reaktion),
(2) Länge der Benennung in Worten («grün» oder «ein Grün mit einem leichten Blaustich»),
(3) Länge der Benennung in Silben,
(4) Übereinstimmung *zwischen* den Vpn,
(5) Übereinstimmung der Reaktionen *innerhalb* jeder Vp (ob bei wiederholter Darbietung derselben Farbe immer die gleiche Benennung verwendet wurde).

Es zeigte sich ein starker Zusammenhang zwischen allen fünf Variablen. Manche Farben waren leicht zu benennen (Brown und Lenneberg sprechen in diesen Fällen von guter *Kodierbarkeit*): Reaktionszeit und Farbname waren kurz, die Übereinstimmung der Namen innerhalb und zwischen den Vpn war hoch. Bei anderen Farben war die Benennung schwieriger: Reaktionszeiten und Farbnamen waren lang, die Übereinstimmung gering. Van de Geer (1972) stellt in einem ähnlichen Experiment fest, daß die typischen, prägnanten Farben leichter und schneller erkannt werden als Zwischentöne.[7]

Wenn die Vpn keine Umschreibungen, sondern nur die einfachen Farbnamen verwenden, dann entsprechen die Ergebnisse recht genau den theoretischen Kurven aus Abbildung 53 (Kopp und Lane, 1968). Neben englischsprachigen Vpn nahmen an diesem Versuch auch Vpn teil, deren Muttersprache Tzotzil (eine Maya-Sprache) war. Die englischsprechenden Vpn verwendeten die fünf Farbnamen Rot, Gelb, Grün, Blau und Violett. In Tzotzil gibt es nur vier Farbnamen für die Spektralfarben. Dementsprechend

[7] Die Experimente von Brown, Lenneberg und Van de Geer wurden übrigens nicht aufgrund lerntheoretischer Erwägungen durchgeführt. Sie wurden durch Whorfs These der *linguistischen Relativität* angeregt (Whorf, 1956, deutsch 1963). Diese besagt, daß durch jede Sprache Wahrnehmung, Lernen und Verhalten determiniert werden, kurz, daß jede Sprache eine bestimmte Weltanschauung und Lebensform impliziert. Die Hauptergebnisse der zitierten Experimente können jedoch auch (und meines Erachtens einfacher und einleuchtend) lerntheoretisch erklärt werden.

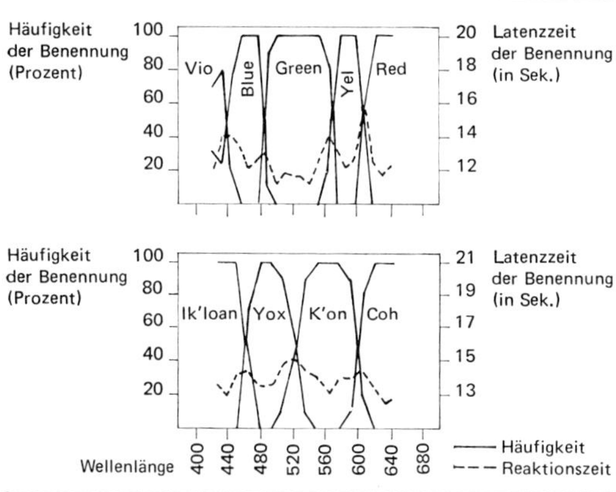

Abbildung 54

waren für die beiden Sprachgruppen andere Reize leicht bzw. schwierig zu benennen. Abbildung 54 zeigt die typischen Ergebnisse je einer Vp der beiden Gruppen.

In einem zweiten Teil ihres Experiments prüften BROWN und LENNEBERG den Zusammenhang zwischen Kodierbarkeit und Gedächtnisleistung. Den Vpn wurden einzelne Farben kurz gezeigt. Nach Entfernung dieser Farben sollten die Vpn aus 120 Farben die vorher gesehenen herausfinden. Es zeigte sich, daß gut kodierbare Farben besser wiedererkannt wurden als schlecht kodierbare.

Der Umstand, daß es weniger Namen als unterscheidbare Reizobjekte gibt, führt notwendigerweise zu dem erwähnten Phänomen des *Kategorisierens*: Viele Reize bzw. Objekte haben den gleichen Namen. Dadurch ist aber eine *eindeutige Kommunikation unmöglich*. Beschreibt man einer zweiten Person einen Gegenstand (Form, Farbe usw.) oder einen Vorgang, den sie nicht selbst wahrgenommen hat, so ruft diese Beschreibung falsche oder höchstens annähernd richtige Vorstellungen hervor. Denn mit jeder Farb- oder Formbezeichnung, die man verwendet, vermittelt man dem Empfänger der Mitteilung nur einen Kategoriennamen, nicht aber die Bezeichnung der konkreten Farbe oder Form, die gemeint ist. Bei abstrakteren Inhalten, etwa bei der Beschreibung von Persönlichkeitseigenschaften, wird die Übereinstimmung der Vorstellungen von Sprecher und Hörer noch geringer sein.

Die Präzision einer Mitteilung kann durch Verwendung umständlicher Umschreibungen verbessert werden («ein leuchtendes, sonniges Gelb mit einer ganz leichten Beimischung von Rot – aber noch kein Orange»). Solche Umschreibungen verengen zwar die Breite der vermittelten Kategorie, sind aber noch immer keineswegs eindeutig. (Das wird jeder Leser bestätigen, der einmal einem Zimmermaler nur verbal, ohne Farbmuster, die gewünschte Wandfarbe mitteilte und dann unangenehm überrascht das fertig ausgemalte Zimmer sah.)

Je enger die Kategorien sind, in die ein Realitätsbereich durch sprachliche Bezeichnungen unterteilt ist, desto eindeutiger und unmißverständlicher kann über diesen gesprochen werden. (Hätten wir nicht nur ein halbes Dutzend, sondern 100 gut gelernte Namen für den Bereich der Spektralfarben zur Verfügung, dann könnten wir uns ziemlich präzise über Farben verständigen.) Aus diesem Grund haben jeweils Gruppen von Menschen für wichtige Realitätsbereiche sehr viele Namen (z. B. haben Eskimos viele Wörter für verschiedene Arten von Schnee). Fachsprachen erfüllen einen ähnlichen Zweck. Zur raschen und möglichst eindeutigen Verständigung benötigen etwa Botaniker mehr Pflanzennamen als durchschnittliche Sprecher.

Die Auffassung der Wortbedeutung als Wortverwendung aufgrund von Diskriminationslernen hat zwar, wie gezeigt wurde, weitreichende Implikationen, ist jedoch keineswegs erschöpfend. Bei abstrakten Wörtern wie Liebe oder Politik, bei logisch-formalen Ausdrücken wie Implikation, Negation oder Transitivität, bei philosophischen, moralischen, religiösen oder ideologischen Begriffen und in vielen anderen Fällen ließen sich kaum die Reizbedingungen angeben, auf die sich Benennungen beziehen sollten.

3.312 Bedeutung als Assoziation

Die erwähnte Schwierigkeit vermeidet ein anderer Ansatz, nämlich die Auffassung, die Bedeutung eines Wortes sei nichts anderes als die Gesamtheit der mit dem Wort verbundenen Wortassoziationen (die Gesamtheit der Wörter, die einer Vp zu einem vorgegebenen Wort «einfallen»). Die Gleichsetzung von Bedeutung mit Wortassoziationen ist aber ebenfalls problematisch: Vpn reagieren in Assoziationsexperimenten besonders häufig mit «Gegenteilen». Zu «schwarz» fällt sehr oft «weiß» ein, zu «gut» «böse», zu «Knabe» «Mädchen» usw. Man kann jedoch kaum behaupten, daß «Mädchen» zur Bedeutung von «Knabe» gehört. Brauchbarer ist in diesem Zusammenhang der Begriff des *Bedeutungsfeldes*. Eine Menge stark miteinander assoziierter Wörter gehört zum selben Bedeutungsfeld, sozusagen zum selben Thema (Deese, 1962).

Noble (1952a) führt den Begriff der *Bedeutungshaltigkeit* (meaningfulness) ein. Es gibt Wörter, auf die alle Vpn mit sehr vielen Assoziationen reagieren, und andererseits auch solche, die nur wenige Reaktionswörter hervorrufen. Die Bedeutungshaltigkeit eines Wortes ist nach Noble um so höher, je mehr Wortassoziationen mit ihm verbunden sind. Daß dieser Begriff psychologisch sinnvoll (d. h. zweckmäßig) ist, zeigten Noble und seine Mitarbeiter in einer Reihe von Experimenten (z. B. Noble, 1952b; Noble, 1961; Noble und McNeely, 1957). Die Variable Bedeutungshaltigkeit beeinflußt Lernprozesse in vielfacher Weise. So wird eine Liste von Wörtern, die sehr bedeutungshaltig sind, viel schneller gelernt als eine gleichlange Liste wenig bedeutungshaltiger Wörter.

Wenn sich Bedeutungshaltigkeit auch als ein recht nützliches Konzept erwiesen hat, so wird man doch kaum geneigt sein, Bedeutungshaltigkeit und Bedeutung eines Wortes gleichzusetzen. Die Anzahl der mit einem Wort verbundenen Assoziationen kann zwar sicher die Bedeutung eines Wortes anreichern, farbiger und plastischer machen, aber die Menge der Assoziationen erschöpft nicht alle Aspekte des Phänomens Bedeutung.

3.313 Bedeutung als Vorstellung

Besonders von der älteren Psychologie (James, 1890; Titchener, 1909) wurden optische Vorstellungen als wichtige Aspekte der Bedeutung angesehen oder sogar mit Bedeutung gleichgesetzt. Dieser Themenbereich wurde später kaum mehr beachtet, erst in den letzten Jahren rückte er wieder in den Mittelpunkt des Interesses.

Ähnlich wie Noble ein Maß für assoziative Bedeutungshaltigkeit definierte, entwickelte Paivio (1965) ein Maß für die *Vorstellbarkeit* (Imagery) eines Wortes. Vpn hatten auf einer 5-Punkte-Skala anzugeben, ob ein bestimmtes Wort eher lebhafte oder schwache bzw. gar keine Vorstellungsbilder hervorruft.

Die Variable Vorstellbarkeit ist außerordentlich wichtig. Es ist bekannt, daß häufige Wörter leichter erinnert werden können als seltene (Bousfield und Cohen, 1955; Deese, 1960). Paivio und Madigan (1970) stellten eine interessante Wechselwirkung zwischen Worthäufigkeit und Vorstellbarkeit fest. Bei schlecht vorstellbaren (abstrakten) Wörtern wird die Gedächtnisleistung kaum durch die Worthäufigkeit beeinflußt. Nur bei gut vorstellbaren (konkreten) Wörtern tritt der bekannte Effekt auf: Häufig verwendete konkrete Wörter merkt man sich leichter als seltene konkrete Wörter. Unabhängig von ihrer Häufigkeit sind aber Wörter mit hoher Vorstellbarkeit immer leichter zu reproduzieren als Wörter mit geringer Vorstellbarkeit (siehe Abbildung 55).

Paivio, Yuille und Rogers (1969) zeigten auch, daß die Variable Vorstellbarkeit die Gedächtnisleistung stärker beeinflußt als Nobles Bedeutungshaltigkeit. Der Unterschied zwischen den Reproduktionsleistungen bei gut und schlecht vorstellbaren Wörtern (mit konstanter Bedeutungshaltigkeit) ist größer als der Reproduktionsunterschied zwischen Wörtern mit hoher und niedriger Bedeutungshaltigkeit (mit

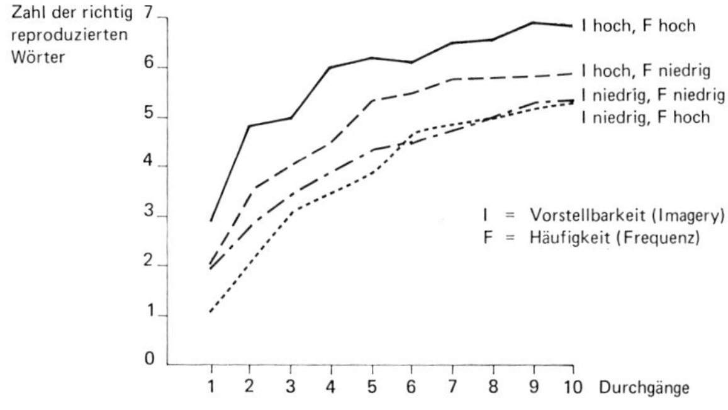

Abbildung 55

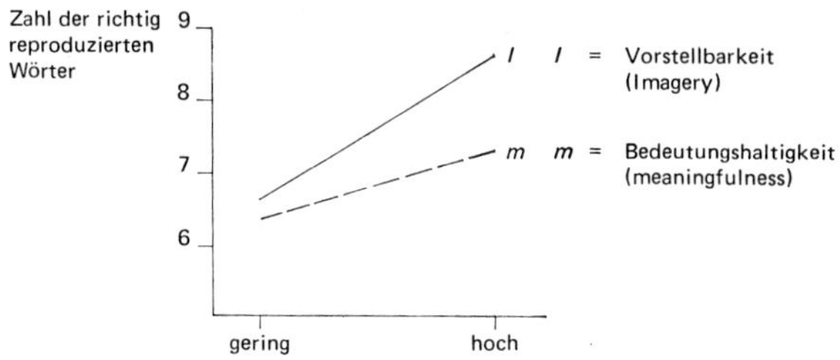

Abbildung 56

konstanter Vorstellbarkeit), siehe Abbildung 56.

Eine direktere Erhärtung der These, daß Vorstellungen ein wichtiger Aspekt der Bedeutung sind, erfolgte durch die Ergebnisse eines Experiments von REYNOLDS und PAIVIO (1968). Den Vpn wurden Wörter unterschiedlicher Vorstellbarkeit dargeboten, die sie «definieren» sollten. Es zeigte sich, daß bei konkreten (gut vorstellbaren) Wörtern im Vergleich zu abstrakten Wörtern die Reaktionszeit kürzer und die Produktivität (Zahl der zur Definition verwendeten Wörter) größer war. Außerdem kam es bei konkreten Wörtern zu weniger Sprechpausen.

Viele andere Experimente zur Vorstellbarkeit referiert PAIVIO (1971 b). Vorstellbarkeit ist im Zusammenhang mit Wortbedeutung zweifellos eine sehr wichtige Variable. Dennoch läßt sich der Begriff Bedeutung nicht vollständig auf Vorstellungen reduzieren. Es gibt sicher Wörter, die keine Vorstellungsbilder hervorrufen. Außerdem berichten viele Menschen, daß sie beim Aussprechen oder Hören von Wörtern nur selten oder nie optische Vorstellungen haben.

3.314 Bedeutung als Begriff (Bedeutungskomponenten)

Die neuere Linguistik bevorzugt einen theoretischen Ansatz, der davon ausgeht, daß die Bedeutung eines Wortes keine nicht weiter analysierbare Ganzheit ist, sondern in einzelne Komponenten zerlegt werden kann (BIERWISCH, 1969; KATZ und FODOR, 1963; WEINREICH, 1966). Die Bedeutung eines Wortes ist die Menge seiner *semantischen Komponenten* (auch semantische Merkmale genannt).

Die Bedeutung der Wörter «Knabe», «Mann», «Vater» haben eine Bedeutungskomponente gemeinsam, die bei den Wörtern «Mädchen», «Frau», «Mutter» nicht vorhanden ist (und umgekehrt). Das gemeinsame semantische Merkmal der ersten Wortgruppe, das sie von der zweiten Wortgruppe unterscheidet, ist MÄNNLICH, das der zweiten Gruppe ist WEIBLICH. (Semantische Komponenten werden im folgenden – zur Unterscheidung von Wörtern – in Großbuchstaben geschrieben.) Die Wörter «Katze», «Mädchen», «Tisch», «Buch» unterscheiden sich von «Liebe», «Wahrheit», «Theorie», «Zahl» dadurch, daß sie die semantische Komponente PHYSISCHES OBJEKT aufweisen. «Katze» und «Mädchen» haben zwar mit «Tisch» und «Buch» das Merkmal PHYSISCHES OBJEKT gemeinsam, haben aber außerdem die Komponente LEBEWESEN, während «Tisch» und «Buch» nicht LEBEWESEN sind. «Mädchen» hat außerdem das Merkmal MENSCH, «Katze» hat das Merkmal TIER (außer in gewissen umgangssprachlichen Redewendungen, in denen «Katze» synonym mit «Mädchen» ist).

Die Bedeutung eines Wortes ist in diesem theoretischen Ansatz die vollständige Liste seiner semantischen Komponenten. Semantische Komponenten kann man als *Begriffe* auffassen. Wortbedeutung ist dann eine Begriffsliste. Die Menge der Bedeutungskomponenten eines Wortes kann auch negative Definitionen (z. B. nicht BELEBT) beinhalten. Die Bedeutung des Wortes «Mädchen» wäre etwa durch folgende Liste festgelegt:

Mädchen: PHYSISCHES OBJEKT + LEBEWESEN + MENSCH + nicht ERWACHSEN + WEIBLICH.

Das Lexikon in CHOMSKYS Grammatiktheorie ist ein Wort- und Morphemverzeichnis, in dem jedes Wort mit syntaktischen und semantischen Anmerkungen versehen ist (vgl. Abschnitt 3.22). Die semantischen Anmerkungen sind identisch mit der Liste der Bedeutungskomponenten. *Vor* den semantischen Merkmalen sind noch syntaktische Merkmale angeführt. Die Lexikoneintragung des Wortes «Mädchen» muß auch die Anmerkung N (Nomen = Substantiv) enthalten. «Mädchen» wäre also im Lexikon der CHOMSKY-Grammatik mit folgenden Anmerkungen versehen: Mädchen: N + PHYSISCHES OBJEKT + LEBEWESEN + MENSCH + nicht ERWACHSEN + WEIBLICH. Die syntaktischen Anmerkungen sind notwendig, damit die Substitutionsregeln passende Wörter in die Satzstruktur einsetzen. Für jedes N einer Konstituentenstruktur werden dann nur solche Wörter aus dem Lexikon ausgewählt, die durch die Anmerkung N gekennzeichnet sind und nicht etwa durch V (Verb) oder Adj (Adjektiv).

Zur Vereinfachung der Lexikoneintragungen nimmt man zusätzlich die Existenz von *Implikationsregeln* (auch *Redundanzregeln* genannt) an, wie etwa MENSCH → LEBEWESEN oder LEBEWESEN → PHYSISCHES OBJEKT, d. h. jedes Wort, das die Anmerkung MENSCH aufweist, hat auch das Merkmal LEBEWESEN usw. Dadurch sind Lexikoneintragungen in maximal reduzierter, ökonomischer Form möglich. Die Merkmalsliste zur Lexikoneintragung «Knabe» wäre dann N + MENSCH + nicht ERWACHSEN + MÄNNLICH. Diese wird durch Anwendung der Implikationsregeln in die vollständigere Form N + PHYSISCHES OBJEKT + LEBEWESEN + MENSCH + nicht ERWACHSEN + MÄNNLICH übergeführt.

Die Liste der syntaktischen und semantischen Merkmale zu einem Wort enthält die Anmerkungen nicht in beliebiger Reihenfolge, sondern in der *Normalform*. Zuerst kommen die syntaktischen Merkmale (die von den Substitutionsregeln benötigt werden), dann die semantischen Merkmale und zuletzt noch *Selektionsbeschränkungen* (darauf wird in Abschnitt 3.32 eingegangen). Die *semantischen* Merkmale stellt man sich am besten so angeordnet vor, daß sie vom Allgemeinen zum Besonderen übergehen (wie in unseren Beispielen). Diese Ordnung der semantischen Merkmale ist allerdings nicht ganz eindeutig (es ist keine vollständige, lineare Ordnung, sondern nur eine partielle). Viele Merkmale lassen sich in der angegebenen Weise anordnen. PHYSISCHES OBJEKT ist sicher allgemeiner als LEBEWESEN, LEBEWESEN ist allgemeiner als MENSCH. Die Merkmale Geschlecht (MÄNNLICH VS. WEIBLICH) und Alter (im Sinn von ERWACHSEN VS. nicht ERWACHSEN) sind zwar sicher beide spezieller als MENSCH. Zwischen ihnen läßt sich aber keine Beziehung der Unter- bzw. Überordnung angeben.

Die Auffassung der Wortbedeutung als geordnete Liste von Komponenten erlaubt es, viele Begriffe der traditionellen Semantik exakt zu definieren. Zwei Wörter sind *synonym*, wenn sie dieselbe Liste semantischer Merkmale aufweisen. *Hyponymie* bedeutet Inklusion der Bedeutung. «Mann» und «Frau» sind zwei Hyponyme (sozusagen Spezialfälle) von «Mensch». Ein Hyponym hat dieselbe Merkmalsliste wie der zugeordnete Oberbegriff, aber mindestens ein zusätzliches Merkmal. Wenn man der Merkmalsliste von «Mensch», die Bedeutungskomponente WEIBLICH hinzufügt, entsteht die Bedeutung des Hyponyms «Frau». *Antonyme* (Gegenteile) sind Wortpaare, deren Merkmalslisten sich nur in den letzten Komponenten unterscheiden. «Mann» und «Knabe» haben die gleichen Merkmalslisten mit der einen Ausnahme, daß die vorletzte Komponente im ersten Fall (ERWACHSEN) und im zweiten Fall (nicht ERWACHSEN) ist «Knabe» und «Mädchen» haben ebenfalls die gleichen Merkmalslisten mit einer Ausnahme, nämlich daß die letzte Komponente einmal MÄNNLICH und einmal WEIBLICH lautet.

Daß die soeben referierte Theorie der Wortbedeutung nicht bloß eine linguistische Konstruktion ist, sondern auch psychologische Realität hat, wird durch Wortassoziationsversuche nahegelegt (CLARK, 1970). CLARK vertritt die Ansicht, daß nicht Sprechverhalten auf Assoziationen zurückführbar sei, sondern daß umgekehrt gewisse Aspekte der Sprache (nämlich die semantischen Merkmale der Wortbedeutung) das Verhalten in Assoziationsversuchen erklären.

CLARK nimmt an, daß dem Assoziationsverhalten ein Ökonomieprinzip zugrunde liegt, d. h. eine Assoziation wird hergestellt, indem man an der Bedeutung des Reizwortes eine möglichst geringfügige Änderung vornimmt. Das *Prinzip des minimalen Kontrasts* besagt hier, daß man zur Assoziationsbildung eher semantische als syntaktische Merkmale ändern wird, daß man eher Merkmale am Ende der Liste (spezielle Merkmale) als solche am Anfang der Liste ändert und daß eher nur ein Merkmal geändert wird als zwei oder mehr.

Dieses Prinzip stimmt gut mit den bekannten Ergebnissen überein, daß Antonyme (Änderung eines Merkmals am Ende der Liste wie bei

«Knabe»-«Mädchen») besonders oft und schnell als Assoziation genannt werden (KARWOSKI und SCHACHTER, 1948). Ebenfalls sehr häufig sind übergeordnete Begriffe (Weglassen eines speziellen Merkmals) und Hyponyme (Hinzufügen eines speziellen Merkmals). Mit diesem Prinzip stimmt weiters überein, daß bei erwachsenen Vpn syntagmatische Assoziationen (Beibehaltung der Wortkategorie) wesentlich häufiger sind als paradigmatische Assoziationen (die in der Regel eine Änderung syntaktischer Merkmale darstellen wie z. B. «Brot»-«essen»).
Tabelle 21 (aus CLARK, 1970) zeigt einige experimentelle Ergebnisse, aus denen man ersieht, daß Assoziationen zu einem großen Teil solche Wörter sind, die sich vom Reizwort durch die Änderung eines speziellen Merkmals unterscheiden und daß die Änderung zweier Merkmale wesentlich seltener ist als die Änderung eines Merkmals.
Die genannten experimentellen Befunde lassen sich kaum als Assoziationen aufgrund gelernter Übergangswahrscheinlichkeiten erklären. Wenn Assoziationen die wahrgenommene und gelernte Wahrscheinlichkeitsstruktur der Sprache widerspiegeln, dann müßten paradigmatische Assoziationen viel häufiger sein als syntagmatische (die Verknüpfungen Adjektiv-Substantiv und Substantiv-Verb sind viel häufiger als die Verknüpfung Substantiv-Substantiv).
In diesem Zusammenhang ist die Feststellung interessant, daß Kinder (im Gegensatz zu Erwachsenen) mehr syntagmatische als paradigmatische Assoziationen geben (ENTWISTLE, 1966; PALERMO & JENKINS, 1963, 1965). Die Assoziationen von Kindern sind möglicherweise Abbilder der Wahrscheinlichkeiten von Wortfolgen. Erst später wird das Wortverständnis zum primären Assoziationsmechanismus.

3.315 Natürliche Kategorien und Prototypen

Nach herkömmlicher Ansicht sind Begriffe eindeutig definiert und sind klar voneinander abgegrenzt. Ein Objekt, das unter einen bestimmten Begriff fällt (z. B. Adler unter Vogel), gehört nur zu diesem Begriff und dessen Oberbegriffen (z. B. Tier), aber zu keinen anderen (nebengeordneten) Begriffen (z. B. Säugetier oder Insekt). Außerdem sind alle Beispiele eines Begriffs gleichwertig: Sie weisen alle dieselben definierenden Merkmale (und zwar *sämtliche* definierende Merkmale) auf.
All das mag für viele wissenschaftliche Begriffssysteme zutreffen. Im alltäglichen Sprachgebrauch – bei der Verwendung «natürlicher» Kategorien – verhält es sich anders: Natürliche Kategorien haben oft unscharfe Grenzen (wo genau liegt die Grenze zwischen Bach und Fluß, zwischen Hügel und Berg, zwischen Leben und Tod?) und ihre verschiedenen Mitglieder sind nicht gleichwertig (ein Wellensittich ist ein typischerer Vogel als ein Strauß).
Daß natürliche Kategorien anders funktionieren als logische Begriffssysteme, wurde u. a. von Eleanor ROSCH in einer Reihe von Experimenten gezeigt. Die Vpn von ROSCH (1973) sollten auf einer Skala von 1 bis 7 beurteilen, wie typisch verschiedene Mitglieder einer Kategorie sind. Die Ergebnisse zeigten, daß die verschiedenen Mitglieder keineswegs gleichwertig sind (wobei die Vpn große Übereinstimmung in ihren Urteilen aufwiesen). Rotkehlchen (mit einer Einstufung von 1,1) sind sehr typische Vögel, Hühner (3,8) sind nicht sehr typisch. Mord (1,0) ist ein

Tabelle 21

Reizwort	Änderung der Dimension Geschlecht	Häufigkeit	Änderung der Dimension Alter	Häufigkeit	Änderung beider Dimensionen	Häufigkeit
man	woman	62	boy	8	girl	3
woman	man	53	girl	9	boy	1
boy	girl	70	man	5	woman	0
girl	boy	60	woman	5	man	1
father	mother	65	son	15	daughter	2
mother	father	67	daughter	5	son	0
son	daughter	42	father	28	mother	3
daughter	son	40	mother	10	father	7

sehr typisches Verbrechen, Landstreicherei (5,3) ein eher untypisches. Besonders typische Beispiele einer Kategorie werden *Prototypen* genannt.

In einem anderen Experiment (ROSCH, 1975) mußten die Vpn Bilder beurteilen. Sie sollten angeben, ob ein abgebildetes Objekt Mitglied einer bestimmten Kategorie ist. Die Urteile erfolgten bei typischen Mitgliedern wesentlich schneller als bei untypischen. Rotkehlchen wurden beispielsweise schneller als Vögel erkannt als Hühner.

In einem weiteren Experiment (ROSCH, 1977) sollten die Vpn zuerst zu verschiedenen Kategorien Sätze erfinden. Zur Kategorie Vögel könnten Sätze wie die folgenden entstehen: «Zwei Vögel saßen auf einem Baum», «vor meinem Fenster zwitscherte ein Vogel», «ein Vogel flog vom Telegraphendraht herunter und fraß Brösel» usw. Anschließend wurden die Kategorienamen durch ein sehr typisches (zentrales) Mitglied ersetzt (z. B. Rotkehlchen), oder durch ein weniger zentrales (z. B. Adler), oder durch ein peripheres (z. B. Huhn), und die Vpn mußten beurteilen, wie sinnvoll die Sätze für sie waren. Je zentraler die Mitglieder in den Sätzen waren, desto sinnvoller erschienen die Sätze. Dagegen wirken Sätze wie «vor meinem Fenster zwitscherte ein Adler» oder «ein Huhn flog vom Telegraphendraht herunter und fraß Brösel» eher komisch, aber nicht sehr sinnvoll.

Die Ergebnisse des zuletzt beschriebenen Experiments zeigen, daß natürliche Kategorien – im Gegensatz zu vielen wissenschaftlichen Begriffen – nicht durch eine Liste von gleichzeitig notwendigen und hinreichenden Merkmalen definiert sind. Jedes einzelne Merkmal kann, muß aber nicht bei einem Mitglied der Kategorie vorhanden sein. Es besteht keine Notwendigkeit, sondern nur eine bestimmte Wahrscheinlichkeit dafür, daß ein Merkmal vorhanden ist. Prototypen sind jene Mitglieder, bei denen die meisten (oder gar alle) Kategoriemerkmale vorhanden sind. Je weniger Merkmale vorhanden sind, desto peripherer ist das Mitglied. Deshalb erschienen auch im zuletzt beschriebenen Satzexperiment fast alle Sätze mit zentralen Mitgliedern sinnvoll (weil typische Mitglieder fast alle Merkmale wie etwa «zwitschern» oder «sitzen auf Drähten» aufweisen), während periphere Mitglieder nur wenige Merkmale aufweisen (weshalb viele Sätze, in denen sie vorkommen, falsch oder nicht sinnvoll sind). Prototypen sind aber nicht nur dadurch gekennzeichnet, daß sie möglichst viele Merkmale ihrer Kategorie aufweisen, sondern außerdem möglichst wenige Merkmale verwandter (nebengeordneter) Kategorien (z. B. ist ein Delphin deshalb kein typisches Säugetier, weil er zu viele Merkmale der verwandten Kategorie «Fisch» hat).

Die Mitglieder einer natürlichen Kategorie haben miteinander eine *«Familienähnlichkeit»*. Das bedeutet, daß jedes Mitglied eine andere, nur für es allein zutreffende Merkmalsliste haben kann. Bei einigen Mitgliedern überschneiden sich die Merkmale (sind teilweise identisch), andere Mitglieder haben überhaupt keine gemeinsamen Merkmale. (Ähnlich stellte der Philosoph Ludwig WITTGENSTEIN, 1953, fest, daß die Kategorie «Spiele» nicht durch eine Merkmalsliste charakterisiert ist, die für alle Spiele zutrifft: Manche Spiele sind Brettspiele, andere nicht; manche Spiele sind Wettkämpfe mit Siegern und Verlierern, andere nicht, usw. Zwischen den Spielen besteht eine Ähnlichkeit wie zwischen den Mitgliedern einer Familie. Auch wenn eine Familie typische körperliche Merkmale hat – z. B. hohe Stirn, schmale Nase, große Ohren, usw. – werden kaum bei einem Mitglied sämtliche Merkmale gleichzeitig auftreten. Dennoch sind viele Mitglieder einander ähnlich und auch als Mitglied der Familie zu erkennen, weil jedes Mitglied einige Familienmerkmale hat, wobei jedes Mitglied eine andere Auswahl der Merkmale aufweisen kann.)

Einleitend wurden auch die unscharfen Kategoriegrenzen erwähnt. Sie wurden u. a. in einem Experiment von LABOV (1973) nachgewiesen. LABOV zeigte seinen Vpn Zeichnungen von tassenartigen Gebilden (einige davon sind in Abbildung 57 wiedergegeben. Die Tassen in Abbildung 57 unterscheiden sich im Verhältnis von Durchmesser zu Höhe voneinander (von links nach rechts beträgt dieses Verhältnis 1, 1,2, 1,5 und 1,9). Es wurden aber auch noch andere Gebilde gezeigt, z. B. «Tassen» mit Stielen, eckige «Tassen», usw.

Die Vpn sollten die gezeigten Objekte benennen. Dabei gab es mehrere Versuchsbedingungen: Im neutralen Kontext sollten sich die Vpn vorstellen, wie jemand das abgebildete Objekt hält. Im Kaffeekontext sollten sie sich vorstellen, wie

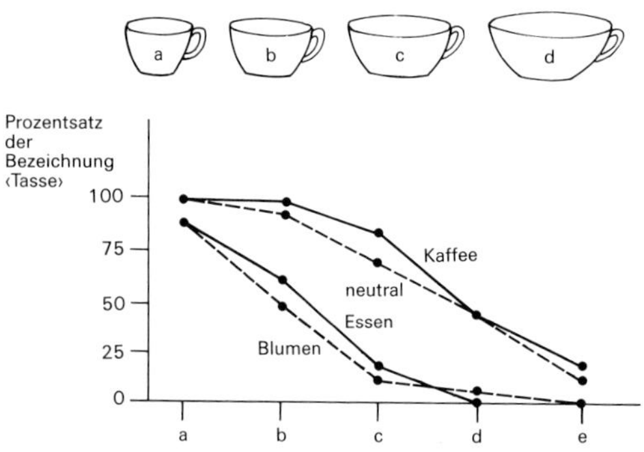

Abbildung 57

jemand Kaffee daraus trinkt, im Essenskontext, daß das Objekt mit Brei gefüllt auf einem Tisch steht, und im Blumenkontext, daß es mit Blumen gefüllt ist.

Der untere Teil von Abbildung 57 zeigt einige Ergebnisse. Man sieht, daß die Häufigkeit der Benennung «Tasse» *kontinuierlich* vom ersten zum fünften Objekt abnahm. Sie war um so seltener, je breiter das gezeigte Gebilde war. Die Abbildung zeigt zwei wichtige Ergebnisse: Erstens ist der Übergang von der Verwendung einer Kategorie («Tasse») zu einer anderen («Schüssel» oder «Vase») fließend und nicht sprunghaft (– wären die Kategoriegrenzen scharf, müßte ein plötzlicher, sprunghafter Wechsel stattfinden). Zweitens: Die Verwendung eines Kategorienamens ist kontextabhängig. Im neutralen und im Kaffeekontext wird die Bezeichnung Tasse häufiger und auch bei breiteren Objekten verwendet als im Essens- und Blumenkontext.

Im ersten Teil dieses Abschnitts wurden die Beziehungen *innerhalb* von Kategorien dargestellt. Das Experiment von LABOV beschäftigte sich mit den Beziehungen *zwischen nebengeordneten* Kategorien (Tassen, Vasen und Schüsseln sind Beispiele von Gefäßen). ROSCH hat sich außerdem ausführlich mit den Beziehungen *zwischen über-* und *untergeordneten* Kategorien befaßt.

Wie bei wissenschaftlichen Begriffssystemen gibt es auch bei den natürlichen Kategorien der Alltagssprache Begriffshierarchien, die aus über-, neben- und untergeordneten Begriffen bestehen. Ein vereinfachtes Beispiel zeigt Abbildung 58. In vielen Fällen werden die Kategorien der mittleren Ebene als *fundamental* (basic level categories) bezeichnet (ROSCH, MERVIS, GRAY, JOHNSON und BOYES-BRAEM, 1976), und zwar aus folgendem Grund: Auf dieser Ebene sind die Kategorien «maximal differenziert», das heißt, es besteht große Ähnlichkeit innerhalb der Kategorien (die untergeordneten Begriffe sind einander ähnlich) und gleichzeitig große Verschiedenheit zwischen den Kategorien (die nebengeordneten Begriffe sind sehr unterschiedlich). In unserem Möbelbeispiel: Die Objekte innerhalb einer fundamentalen Kategorie (z. B. Küchenstühle, Fauteuils und Schaukelstühle in der Kategorie Stühle) sind einander ähnlich, während die Objekte verschiedener Kategorien (z. B. Tische und Stühle) sehr verschiedenartig sind.

Diese große Differenziertheit ist auf den anderen Begriffsebenen nicht gegeben. Auf der übergeordneten Ebene (Möbelstücke) ist die Ähnlichkeit innerhalb der Kategorie (Stühle, Tische, Schränke usw.) gering – ebenso wie die Ähnlich-

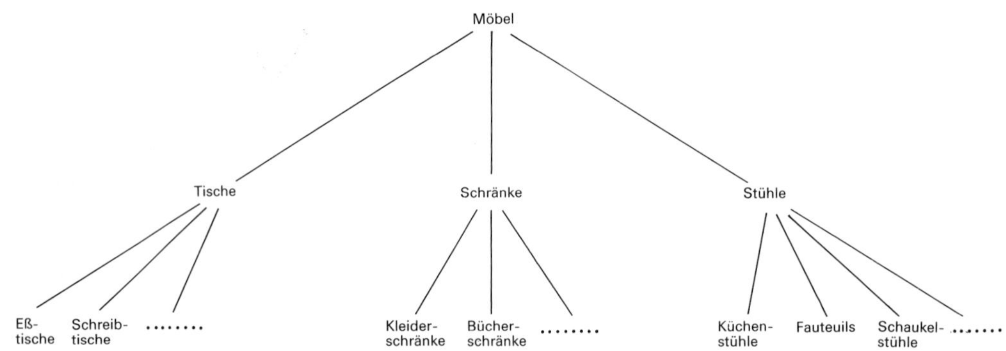

Abbildung 58

keit zwischen Kategorien (etwa Möbelstücke, Teppiche, Lampen und Bilder als Beispiele von Einrichtungsgegenständen). Auf der untergeordneten Ebene (z. B. Schaukelstühle) ist – im Unterschied zur fundamentalen Ebene – die Ähnlichkeit zwischen den Kategorien groß (z. B. Schaukelstühle, Küchenstühle, usw.), und auch die Ähnlichkeit innerhalb der Kategorien. Eine andere Charakterisierung der Beziehungen zwischen den Kategorieebenen lautet: Auf der untergeordneten Ebene gibt es weniger unterscheidende Merkmale, und auf der übergeordneten Ebene weniger gemeinsame Merkmale als auf der fundamentalen Ebene. Diese vermittelt viel Information bei geringer kognitiver Arbeit – die nebengeordneten Kategorien der fundamentalen Ebene sind leicht voneinander zu unterscheiden, und die verschiedenen Mitglieder einer fundamentalen Kategorie sind gleichzeitig leicht als solche zu erkennen.

Daß die fundamentalen Kategorien tatsächlich vor den Kategorien auf anderen Ebenen ausgezeichnet sind, wird nicht nur durch die Analyse der Kategorienbeziehungen, sondern auch durch zahlreiche Ergebnisse belegt (s. MERVIS und ROSCH, 1981): Mitglieder fundamentaler Kategorien werden schneller erkannt als Mitglieder anderer Kategorien. Sollen Objekte benannt werden, so werden viel öfter Namen fundamentaler als anderer Kategorien verwendet (also beispielsweise «Apfel» häufiger als «Obst» oder «Mackintosh-Apfel»). Vpn können auch mehr Merkmale fundamentaler als übergeordneter Kategorien nennen. Kinder lernen die Namen fundamentaler Kategorien früher als die Namen anderer Kategorien.

Abschließend noch zwei Bemerkungen. Erstens: Prototypen wurden weiter oben als besonders typische Mitglieder einer Kategorie definiert. Prototypen müssen jedoch nicht real existieren. Man kann einen Prototyp auch als eine Liste aller für seine Kategorie typischen Merkmale auffassen. Mit Hilfe einer solchen Liste kann z. B. die Familienähnlichkeit zwischen den Kategoriemitgliedern festgestellt werden, ohne daß ein einziges reales Mitglied dem Prototyp entsprechen, d. h. alle Merkmale aufweisen muß.

Zweitens: Die beiden Auffassungen von Begriffen – einerseits natürliche, unscharfe Kategorien und andererseits Begriffe, die durch eine Liste gleichzeitig notwendiger und hinreichender Merkmale definiert sind – schließen einander nicht unbedingt aus. Man kann sich vorstellen, daß viele Begriffe im Gedächtnis sowohl als Prototyp als auch in Form einer Liste notwendiger Merkmale gespeichert sind (diese werden auch «Kern» der Bedeutung genannt).

3.316 Exkurs: Persönlichkeitsmerkmale

Natürliche und fundamentale Kategorien, sowie Prototypen sind nicht nur für Sprach-, Denk- und Gedächtnispsychologie wichtig, sondern sie spielen auch in der neueren Forschung zur Personen- und Selbstwahrnehmung (s. Kapitel 5), und in der Persönlichkeitspsychologie eine wichtige Rolle. Das soll hier am Beispiel einer Untersuchung von WRIGHT und MISCHEL (1987) gezeigt werden, die man sowohl der Persönlichkeitspsychologie als auch der Personenwahrnehmung zuordnen kann.

Die Autoren schlagen zunächst eine neue Definition des Begriffs Persönlichkeitsmerkmal vor. Im Gegensatz zu vielen herkömmlichen Ansätzen, die den Ausprägungsgrad eines Merkmals mit der Häufigkeit entsprechender Verhaltensweisen gleichsetzen (z. B. je öfter jemand aggressiv handelt, desto stärker ist bei ihm die Eigenschaft Aggressivität), gehen die Autoren von einem «bedingten» (conditional) Ansatz aus: Merkmale sind durch bedingte Wahrscheinlichkeiten charakterisiert, mit denen eine Kategorie von Verhaltensweisen unter bestimmten situativen Bedingungen auftritt. Das Merkmal ist stark ausgeprägt, wenn die Wahrscheinlichkeit bestimmter Verhaltensweisen *in bestimmten Situationen* hoch ist; es ist nur in geringem Maß vorhanden, wenn sie niedrig ist.

Genauer: Es müssen zunächst zwei Kategorien festgelegt werden, eine Kategorie von Verhaltensweisen und eine Kategorie von relevanten Situationen. Die Verhaltenskategorie «aggressiv» umfaßt z. B. verbale (drohen, schimpfen, schreien) und motorische (schlagen, heftige Bewegungen) Verhaltensweisen. Die zugehörige Bedingungskategorie umfaßt innere Zustände (verärgert, frustriert) und soziale Interaktionen (wird bedroht, wird kritisiert). Die beiden Kategorien werden dann durch bedingte Wahrscheinlichkeiten verbunden.

WRIGHT und MISCHEL verweisen auf die Ähnlichkeit zwischen ihrem Merkmalsbegriff und naturwissenschaftlichen Dispositionsbegriffen.

Daß beispielsweise eine Substanz als löslich bezeichnet wird, bedeutet ja auch nicht, daß diese Substanz die Tendenz hat, sich plötzlich aufzulösen (oder daß sie sich häufig grundlos auflöst), sondern daß sie sich auflöst, *wenn* sie in Wasser getaucht wird. Ähnlich ist ein aggressiver Mensch nicht jemand, der ständig grundlos um sich schlägt, sondern jemand, der mit großer Wahrscheinlichkeit aggressiv handelt, *wenn* bestimmte Bedingungen erfüllt sind (z. B. wenn er beschimpft wird). Ein nichtagressiver Mensch dagegen wird auch dann nicht (oder nur selten) aggressiv handeln, wenn diese Bedingungen gegeben sind.

Persönlichkeitsunterschiede zeigen sich also nicht in allen, sondern vorwiegend in bestimmten Situationen. In diesem Zusammenhang formulierten WRIGHT und MISCHEL die Hypothese der belastenden Situationen (wörtlich «competency-demand hypothesis», also Hypothese der Fähigkeitsanforderung). Sie besagt, daß sich individuelle Unterschiede in manchen Verhaltensbereichen (z. B. Aggressivität, sich zurückziehen) besonders deutlich in Situationen zeigen, die belastend sind, weil sie hohe Anforderungen an bestimmte Fähigkeiten stellen (z. B. Wissen, Belohnungsaufschub, körperliche Geschicklichkeit, usw.). Sofern jemand über die entsprechenden Fähigkeiten verfügt, läßt sich sein Verhalten aufgrund der Situationsanforderungen voraussagen. Wenn er jedoch überfordert ist, treten generalisierte Verhaltensweisen auf, die für die betreffende Person in belastenden Situationen typisch sind, und ihr Verhalten kann besser aufgrund von persönlichen Dispositionen vorausgesagt werden.

Außerdem nehmen WRIGHT und MISCHEL an, daß sowohl die Situationskategorien als auch die Verhaltenskategorien natürliche Kategorien sind, also Kategorien mit unscharfen Grenzen und Mitgliedern, die nicht gleichermaßen typisch für ihre Kategorie sind. Mit dieser Annahme ist die weitere Hypothese verbunden, daß die Kontingenzen zwischen Situationen und Verhaltensweisen am deutlichsten bei den zentralen Handlungen einer Verhaltenskategorie zu beobachten sind. Zum Beispiel sollte bei aggressiven Kindern die Häufigkeit zentraler aggressiver Handlungen (physische Aggressionen wie z. B. schlagen) sehr stark vom Situationstyp abhängen, während die Häufigkeit peripherer aggressiver Verhaltensweisen (z. B. Erregbarkeit) nur in geringem Maß von der Situation abhängen sollte.

Vpn waren 87 Kinder (65 Knaben und 22 Mädchen) zwischen 7 und 14 Jahren, die während der Sommerferien in einem Lager lebten. Jedes Kind wurde von 2 bis 3 erwachsenen Beobachtern bezüglich des Grades seiner Aggressivität, seiner Zurückgezogenheit und seines prosozialen Verhaltens (Hilfsbereitschaft) beurteilt. Danach wurde die Gesamtstichprobe in 4 unterschiedlich aggressive Teilgruppen unterteilt (ebenso bezüglich Zurückgezogenheit und Hilfsbereitschaft).

30 andere Erwachsene beurteilten, wie typisch 40 vorgegebene Verhaltensweisen bzw. Merkmale (z. B. erregbar, still, bedroht, kämpft, usw.) für jede der drei Dispositionskategorien (aggressiv, zurückgezogen, hilfsbereit) sind. Aufgrund dieser Urteile wurden als prototypisch (zentral) jene Verhaltensweisen ausgewählt, die für ihre Kategorie sehr typisch und gleichzeitig für die beiden anderen Kategorien untypisch waren. Als zentrale aggressive Verhaltensweisen galten in dieser Studie physische Aggressionen (z. B. schlagen, stoßen), mäßig zentral waren verbale Aggressionen (z. B. drohen, schimpfen), und peripher waren Anzeichen von Impulsivität (z. B. leicht erregbar, kann nicht warten).

Ferner wurden 21 Situationen aus dem Alltag der Kinder dahingehend beurteilt, wie hohe Anforderungen sie an kognitive Fähigkeiten stellen (Wissen, rationales Denken, Aufmerksamkeit, usw.), sowie an Selbstkontrollfähigkeiten (Belohnungsaufschub, Frustrationstoleranz, usw.), an soziale Fähigkeiten (mit Konflikten umgehen, vor Zuhörern sprechen, usw.), und an motorische Fähigkeiten (Kraft, Schnelligkeit, usw.). Nach diesen Urteilen wurden die Situationen in 3 Gruppen (leicht, mittel und schwierig) unterteilt. Zu den leichten Situationen zählten Zeichnen und Fischen, zu den mittleren Musizieren und Theaterspielen, und zu den schwierigen Lernen und Arbeiten mit Holz.

72 Beurteiler (Studenten und Akademiker) standen zur Verfügung, um die Kinder täglich in verschiedenen Situationen zu beobachten und zeichneten auf, wie oft jedes Kind in den verschiedenen Situationen zentrale, mäßig zentrale und periphere Verhaltensweisen der 3 Dispositionskategorien ausführte. Für die abschließende

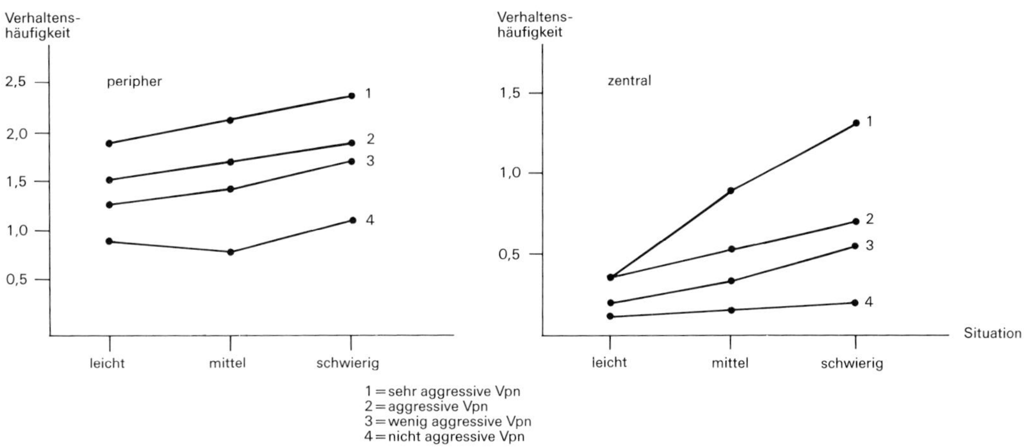

Abbildung 59

Datenanalyse wurden pro Kind 45 zufällig ausgewählte Beobachtungen verwendet (je 15 in leichten, mittleren und schwierigen Situationen).

Die wichtigsten Ergebnisse bezüglich Aggressivität sind in Abbildung 59 dargestellt. Für zentrale Verhaltensweisen (physische Aggressionen) gilt: Personen, die als sehr aggressiv wahrgenommen und eingestuft wurden, zeigten nicht nur insgesamt die größte Verhaltenshäufigkeit, sondern vor allem eine starke Abhängigkeit der Verhaltenshäufigkeit von der Situation – je belastender die Situation war, desto häufiger waren sie aggressiv. Vpn von geringer Aggressivität dagegen waren nicht nur insgesamt seltener aggressiv, sondern auch völlig unbeeinflußt vom Schwierigkeitsgrad der Situation – sie waren auch in sehr belastenden Situationen kaum aggressiv.

Bei peripheren Verhaltensweisen (Impulsivität) dagegen ist der Situationseinfluß gering: In belastenden Situationen ist die Häufigkeit aggressiver Handlungen nur geringfügig größer als in einfachen Situationen. Dieser schwache Situationseinfluß war außerdem bei allen 4 Vpn-Gruppen in gleichem Maß vorhanden. Bezüglich peripherer Verhaltensweisen unterschieden sich nichtaggressive von aggressiven Vpn also nur bezüglich der Häufigkeit, nicht aber bezüglich der Situationsabhängigkeit des Verhaltens. Zusammenfassend kann man also feststellen, daß sich die deutlichsten Unterschiede zwischen aggressiven und nichtaggressiven Personen nicht so sehr in der undifferenzierten Verhaltenshäufigkeit zeigen, sondern vor allem in bestimmten (belastenden) Situationen und in bestimmten (prototypischen) Verhaltensweisen. (Die Ergebnisse hinsichtlich Zurückgezogenheit und Hilfsbereitschaft waren weniger deutlich.)

3.317 Bedeutung als Bewertung, Aktivierung und Kontrolle (konnotative Bedeutung)

Bisher wurden nur die eher sachlichen Aspekte der Wortbedeutung besprochen. In jeder Kommunikation spielt aber auch der Gefühlston der verwendeten Wörter eine bedeutende Rolle. Es gibt Wörter mit gleicher *denotativer* (sachlicher) Bedeutung, aber verschiedenen *konnonativen* Bedeutungen (mit verschiedenen Gefühlskomponenten). «Laufen» und «rennen» bezeichnen denselben Sachverhalt, «rennen» klingt aber viel «aufgeregter». «Mund» und «Maul» haben eine ähnliche Denotation, «Maul» ist jedoch negativ bewertet.

OSGOODS Theorie der Wortbedeutung erklärt die Entstehung der konnotativen Bedeutungskomponenten (OSGOOD, 1953). Ein Kind lernt zunächst eine Menge von Verhaltensweisen in bezug auf eine bestimmte Reizklasse. Mit Äpfeln verbindet es die Reaktionen Zuwendung, anschauen, angreifen, zum Mund führen, beißen, speicheln, schlucken, Freude usw., also eine Verhaltenshierarchie, die aus einer Fülle verschiedener Wahrnehmungen, Operanten, Reflexe und Gefühle besteht.

Später tritt oft gleichzeitig oder fast gleichzeitig mit dem Objekt Apfel der verbale Reiz «Apfel» auf (etwa weil die Mutter das Wort «Apfel» ausspricht, während sie dem Kind einen Apfel reicht). Durch die wiederholte Koppelung von Objekt und Wort wird *ein Teil* der vom Objekt hervorgerufenen Verhaltensweisen auf das Wort konditioniert.

Dazu eignen sich nicht alle Verhaltensweisen gleich gut. Manche Operanten und Reflexe benötigen das Reizobjekt. Zum Mund führen, beißen und schlucken kann man nur den Apfel selbst. Andere Verhaltensweisen sind auf das Wort übertragbar, insbesondere Reflexe und Gefühle. Speicheln und Freude werden dann – zwar etwas schwächer – auch vom Wort «Apfel» ausgelöst. Das Wort wird vielleicht auch noch Rudimente der anderen Verhaltensweisen hervorrufen, etwa die optische Vorstellung eines Apfels als Folge der Wahrnehmungsreaktion und Vorstellungen von Greif-, Beiß- und Schluckbewegungen als Rudimente der entsprechenden Verhaltensweisen.

Vereinfacht dargestellt, besagt also die OSGOODsche Theorie, daß durch die wiederholte Kopplung von Objekt und Wort die ursprünglich vom Objekt ausgelösten Verhaltensweisen teilweise und rudimentär auf das Wort konditioniert werden. Das betrifft vor allem Vorstellungen, Reflexe und Gefühle. Auf diese Weise entsteht insbesondere die konnotative Bedeutung eines Wortes.

OSGOOD und seine Mitarbeiter (OSGOOD, 1953; OSGOOD, SUCI und TANNENBAUM, 1957) haben eine Technik zur Feststellung und Messung der konnotativen Wortbedeutung entwickelt: das *Semantische Differential*. Diese Methode wurde im deutschen Sprachraum von HOFSTÄTTER als *Polaritätsprofil* eingeführt.

Dabei sollen die Vpn das Wort, dessen konnotative Bedeutung festgestellt werden soll, nicht sachlich-rational beschreiben, sondern dazu eher spontan assoziieren. Damit die Konnotationen verschiedener Wörter miteinander verglichen werden können, wird dazu den Vpn eine standardisierte Liste von etwa zwei Dutzend polaren (entgegengesetzten) Eigenschaftspaaren vorgegeben (gut-schlecht, gespannt-gelöst, stark-schwach, schön-häßlich, traurig-froh usw.). Jedes Adjektivpaar stellt die beiden entgegengesetzten Pole einer 7-Punkte-Skala dar. Durch entsprechende Markierungen muß die Vp das vorgegebene Wort auf jeder dieser Skalen einstufen. Sie muß also etwa angeben, ob ihr der Begriff «Psychologie» eher gut oder schlecht, gespannt oder gelöst, stark oder schwach usw. vorkommt.

In zahlreichen Untersuchungen hat sich gezeigt, daß die Eigenschaftspaare nicht unabhängig voneinander sind. Wörter, die als «gut» eingestuft werden, sind meistens auch «schön» und «angenehm». Als «aktiv» eingestufte Wörter wirken im allgemeinen auch «schnell» und «erregbar» oder «aufregend». Durch das mathematische Verfahren der *Faktorenanalyse* wurde nachgewiesen, daß die Vielfalt der verwendeten Adjektivpaare auf drei Dimensionen (Faktoren) zurückgeführt werden kann. OSGOOD nennt diese Dimensionen *Bewertung* (evaluation), *Aktivierung* (activity) und *Potenz* (potency). Skalen wie gut-schlecht, schön-häßlich, angenehm-unangenehm usw. bilden den Bewertungsfaktor, aktiv-passiv, gespannt-gelöst, schnell-langsam usw. den Aktivierungsfaktor und stark-schwach, hart-weich usw. den Potenzfaktor.

Die ersten beiden Faktoren entsprechen recht genau den beiden Aspekten der Motivation: *Anreiz* (positive oder negative Bewertung) und *Antrieb* (Aktivierung), vgl. Abschnitt 2.3. Der dritte Faktor (Potenz) läßt sich einer weiteren fundamentalen Motivationsdimension zuordnen, nämlich der wahrgenommenen *Kontrolle* bzw. Kontrollierbarkeit, vgl. Abschnitt 2.54. Diese Betrachtungen zeigen – worauf auch von OSGOOD (1971) und ERTEL (1967, 1970) hingewiesen wurde –, daß die drei OSGOODschen Faktoren nicht etwa bloß nebensächliche Gefühlstönungen von Wörtern beschreiben, sondern daß sie sich auf grundlegende Verhaltens- und Erlebensdimensionen beziehen und somit nicht nur semantische, sondern auch sehr allgemeine pragmatische Aspekte bezeichnen.

Die drei OSGOODschen Faktoren dienen nicht einer sachlichen oder emotionalen Klassifizierung eines Objekts, sondern sie charakterisieren die allgemeinsten und wichtigsten Verhaltens- und Erlebensdimensionen in bezug auf das Objekt (vgl. dazu ERTEL, 1967; HÖRMANN, 1976).

Die Dimension *Bewertung* bezieht sich auf die Fragen: Ist dieses Objekt gut oder schlecht für mich? Soll ich mich ihm nähern oder soll ich es vermeiden? Ist es angenehm oder unangenehm?

Die Dimension *Aktivierung* bezieht sich auf die Fragen: Ist dieses Objekt aufregend oder beruhigend? Ist es aktiv oder passiv, bewegt oder ruhig, hell oder dunkel, komplex oder einfach usw.? Die Dimension Potenz oder *Kontrolle* schließlich bezieht sich auf die Fragen: Ist das Objekt stark oder schwach? Kann ich es kontrollieren oder nicht? Kann ich es beeinflussen oder beeinflußt es mich?

Die große Wichtigkeit der genannten Faktoren zeigt sich auch darin, daß sie in verschiedenen Kulturen und Sprachen nachgewiesen werden konnten (z. B. OSGOOD, 1962). (Die Faktorenanalyse zeigt zwar meistens mehr als drei Faktoren, jedoch sind alle Faktoren außer den oben beschriebenen in der Regel vergleichsweise unbedeutend und unzuverlässig.)

Mit Hilfe des semantischen Differentials kann die Konnotation eines Wortes sehr einfach gemessen und charakterisiert werden. Die Angaben von drei Werten (je eine Zahl für Bewertung, Aktivierung und Potenz) genügt, um die konnotative Bedeutung eines Wortes vollständig zu beschreiben.

Das Semantische Differential eröffnet noch eine weitere Möglichkeit: Die Konnotationen verschiedener Wörter können miteinander verglichen und der Grad der konnotativen Ähnlichkeit kann festgestellt werden. Das ist nicht nur auf rechnerischem Weg möglich, sondern auch auf sehr anschauliche Weise. Die Konnotation eines Wortes wird als Punkt in einem dreidimensionalen rechtwinkeligen Koordinatensystem dargestellt. Die drei Achsen des Koordinatensystems repräsentieren die Faktoren Bewertung, Aktivierung und Potenz. Die Koordinaten des Punktes entsprechen den Meßwerten des Wortes in den drei konnotativen Dimensionen.

Je näher zwei Punkte in diesem sogenannten *semantischen Raum* (genauer müßte man sagen: in diesem *konnotativen Raum*) beisammenliegen, desto ähnlicher sind die Konnotationen der durch sie dargestellten Wörter. Gegensätzliche Konnotationen werden durch Punkte repräsentiert, die einander genau gegenüberliegen (die durch eine Linie verbunden werden können, die durch den Ursprung des Koordinatensystems geht).

Auf diese Weise läßt sich beispielsweise *Farbensymbolik* exakt untersuchen. So konnte gezeigt werden, daß die denotativ völlig verschiedenen Begriffe «rot» bzw. «orange» und «Liebe» konnotativ sehr ähnlich sind. Andererseits ist die Konnotation von «Einsamkeit» der von «rot» eher entgegengesetzt, hat aber Ähnlichkeit mit «grau» und «blau». Die Konnotation von «Angst» stimmt weitgehend mit der von «grau» überein (HOFSTÄTTER, 1956, 1957).

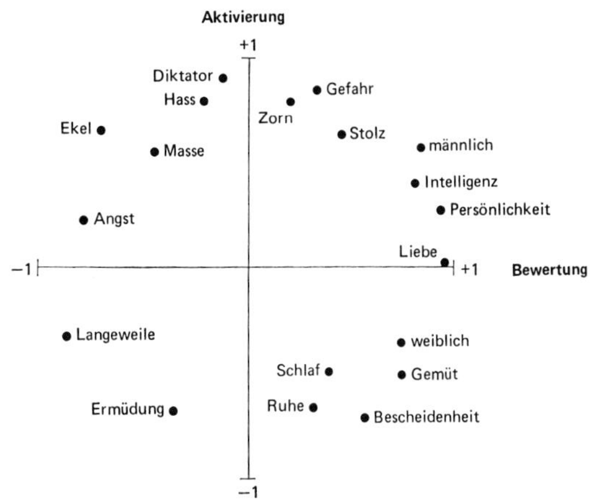

Abbildung 60

Als weitere Beispiele konnotativer Beziehungen sind Ergebnisse aus Untersuchungen von HOFSTÄTTER (1959) in Abbildung 60 wiedergegeben. Der besseren Überschaubarkeit halber sind nur die beiden ersten Faktoren (als zweidimensionales Koordinatensystem) dargestellt. Die horizontale Achse kann als Bewertungsdimension, die vertikale als Aktivierungsdimension interpretiert werden (HOFSTÄTTER verwendet andere Bezeichnungen).

Der Begriff «Liebe» wird extrem positiv bewertet und ist hinsichtlich der Aktivierungsdimension neutral (weder aufregend noch beruhigend). Besonders interessant ist der Umstand, daß «männlich» und «weiblich» konnotativ keineswegs Gegensätze, sondern nur von geringer Ähnlichkeit sind (beide sind etwa gleich positiv, aber «männlich» ist aktivierend und «weiblich» beruhigend). Die große konnotative Ähnlichkeit zwischen «männlich» und «Intelligenz» scheint einem verbreiteten Vorurteil zu entsprechen. Auffallend ist auch der fast perfekte Gegensatz zwischen «weiblich» und «Angst». Das konnotative Gegenteil von «männlich» ist «Langeweile». Weniger erstaunlich ist vielleicht die enge Gruppierung der Wörter «Diktator»,

«Haß», «Zorn» und «Gefahr». Daß «Diktator» bezüglich der Wertdimension eher neutral als negativ gesehen wird, stimmt allerdings nachdenklich.

3.318 Variabilität der Wortbedeutung

Die außerordentliche Komplexität des Phänomens Bedeutung dürfte inzwischen klar geworden sein. Bedeutung wurde auf Wortgebrauch, Assoziationen, Vorstellungen, Begriffe, Kategorien und auf die drei Aspekte der Motivation, Bewertung, Kontrolle und Aktivierung zurückgeführt. Keine dieser Konzeptionen allein liefert eine erschöpfende Beschreibung oder Erklärung der Wortbedeutung. Alle genannten Prozesse spielen hier eine wichtige Rolle. Vollständigkeit kann allerdings noch immer nicht beansprucht werden. Keiner der angeführten Ansätze kann z. B. die Bedeutung von Funktionswörtern wie «und», «oder», «von» usw. befriedigend erklären. Ihre Funktion ist vorwiegend eine bestimmte Art der Verknüpfung von Wörtern, Satzteilen oder Sätzen. Zu ihrem Verständnis hat bisher die formale Logik sehr viel beigetragen (eine verständliche und gründliche Einführung gibt QUINE, 1964, deutsch 1969).

Zur weiteren Komplizierung trägt die Tatsache bei, daß die Bedeutung eines Wortes nichts fest Gegebenes ist, sondern ständigen Veränderungen unterworfen ist. Darauf hat sehr überzeugend ROMMETVEIT (1968) hingewiesen. Wenn man sich sozusagen für ein Wort Zeit nimmt (wie etwa im Assoziationsexperiment), dann ändern sich denotative wie konnotative Wortaspekte fortlaufend. Soll man etwa zum Wort «Haus» assoziieren, dann stellt sich vielleicht zunächst die optische Vorstellung eines Großstadtzinshauses ein. Man denkt dabei an verschmutzte Luft und Lärm und neigt zu negativen Bewertungen. Das Wort «Lärm» löst vielleicht die Assoziation «Ruhe» aus und man denkt an das ruhige Landhaus eines Bekannten. Die damit verbundenen Konnotationen sind Ruhe (geringe Aktivierung) und angenehme Erlebnisse (positive Bewertung).

Von diesem Gesichtspunkt betrachtet, besteht eine erhebliche Schwäche des linguistischen Bedeutungsmodells (Liste semantischer Merkmale) darin, daß dieses Modell jedem Wort eine starre Bedeutung (eine konstante Merkmalsliste) zuordnet.

Die Wortbedeutung wird ferner durch den sprachlichen Kontext modifiziert. ROMMETVEIT (1968) zeigt das u. a. anhand des Wortes «Kind». In der Theorie der semantischen Merkmale ist die Komponente «nicht ERWACHSEN» (im Sinn einer Altersspezifizierung) fest mit dem Wort «Kind» verbunden. Dieses Bedeutungsmerkmal spielt sicher in Sätzen wie «die Kinder meiner Nachbarin sind sehr laut» eine Rolle. In Sätzen wie «Herr X ist zwar ein großer Künstler, aber sonst ein Kind» oder «der alte X benimmt sich wie ein Kind» ist die Altersspezifizierung «jung» sicher kein wesentlicher Bestandteil von «Kind». Vielmehr wird in diesen Sätzen auf Eigenschaften wie unerfahren, unselbständig und unverläßlich angespielt.

In neueren Ansätzen wird die Variabilität der Wortbedeutung wesentlich stärker betont als früher. KINTSCH (1988) spricht davon, daß die Bedeutung jedesmal neu erzeugt wird («meaning must be created»). Die momentane Bedeutung eines Begriffs hängt dabei immer vom situativen und sprachlichen Kontext ab. Die aktuellen Ansätze erklären die Variabilität der Wortbedeutung durch unterschiedliche Aktivierungsausbreitungen (s. dazu Abschnitt 3.324). Allerdings werden vermutlich einige «Kernbestandteile» der Bedeutung immer, d. h. kontextunabhängig, «aktiviert».

3.32 Satzbedeutung, Textbedeutung und Wissen

3.321 Syntax und Satzbedeutung

Eine einfache psychologische Theorie der Satzbedeutung wurde von MOWRER (1960) vorgeschlagen. Nach dieser Ansicht wird die Bedeutung des logischen Prädikats quasi auf das logische Subjekt konditioniert. In MOWRERS Beispielsatz «Tom ist ein Dieb» wurde danach die Bedeutung von «Dieb» auf «Tom» übertragen.

Daß ein solches Summierungsmodell der Satzbedeutung inadäquat ist, zeigt eine einfache Überlegung. Die beiden Sätze «Adam liebt Eva» und «Eva liebt Adam» bestehen aus den gleichen Wörtern, dennoch haben sie verschiedene Bedeutungen. Die Bedeutungen der beiden Sätze können nur unterschieden werden, wenn man die syntaktischen Strukturen (Konstituentenstrukturen) mitberücksichtigt. «Adam» ist im ersten Fall die Nominalphrase und im zweiten Fall Teil der Prädikatphrase, also im ersten Satz Subjekt und im zweiten Fall Objekt von «liebt».

FODOR (1965) führt in diesem Zusammenhang den Satz «Tom ist ein vollkommener Idiot» an. Nach MOWRERS Satztheorie müßte hier sowohl die Eigenschaft «vollkommen» als auch die Eigenschaft «Idiot» Tom zugeschrieben werden. Eine Satzbedeutungstheorie, die die Satzstruktur berücksichtigt, vermeidet solche Schwierigkeiten.

Daß bei der Satzverarbeitung semantische *und* syntaktische Aspekte eine Rolle spielen, läßt sich auch experimentell nachweisen. MARKS und MILLER (1964) ließen ihre Vpn vier Arten von Wortfolgen lernen:

(1) Normale Sätze (semantisch und syntaktisch korrekt), z. B. «rapid flashes augur violent storms», «noisy parties wake sleeping neighbors».

(2) Anormale Sätze (syntaktisch korrekt) mit derselben Satzstruktur wie in (1), aber sinnlos, z. B. «rapid bouquets deter sudden neighbors», «noisy flashes emit careful floods».

(3) Anagramm-Ketten (sozusagen semantisch korrekt), die aus (1) durch Umstellen der Wörter gebildet wurden, wodurch grammatisch inkorrekte, aber relativ verständliche (sinnvolle) Wortfolgen entstanden, z. B. «rapid augur violent flashes storms», «neighbors sleeping noisy wake parties».

(4) Wortlisten (weder semantisch noch syntaktisch korrekt), die durch Umstellen der Wörter aus (2) gebildet wurden, z. B. «rapid deter sudden bouquets neighbors», «floods careful noisy emit flashes».

Sätze der Gruppe (1) – syntaktisch *und* semantisch korrekt – wurden am besten reproduziert. Sätze vom Typ (2) und (3) – syntaktisch *oder* semantisch korrekt – wurden etwa gleich gut, aber viel schlechter als Sätze von Typ (1) wiedergegeben. Am schlechtesten war die Gedächtnisleistung bei Sätzen aus Gruppe (4) – *weder* syntaktisch *noch* semantisch korrekt (siehe Abbildung 61). Analoge Ergebnisse erzielten MILLER und ISARD (1963) hinsichtlich der Wahrnehmung von Sätzen unter ungünstigen Wahrnehmungsbedingungen (mit Störgeräuschen). Auch die Wahrnehmung (Verständlichkeit) hängt von semantischen *und* syntaktischen Faktoren ab.

Eine Theorie der Satzbedeutung, die syntaktische Strukturmerkmale berücksichtigt, wurde von KATZ und seinen Mitarbeitern entwickelt (KATZ, 1966; KATZ und FODOR, 1963; KATZ und POSTAL, 1964). Diese Theorie ist die Ergänzung von CHOMSKYS generativer Transformationsgrammatik (siehe Abschnitte 3.22 und 3.23). Sie liefert die semantischen Interpretationsregeln (siehe Abschnitt 3.23), setzt also eine bestimmte Syntaxtheorie voraus und nimmt an, daß jedes Wort in der Normalform gespeichert ist (siehe Abschnitt 3.314), d. h. mit Anmerkungen über syntaktische und semantische Merkmale und mit Selektionsbeschränkungen.

Die Theorie nimmt an, daß mit Hilfe von *Projektionsregeln* zuerst elementare (kleine) Satzkonstituenten semantisch interpretiert werden, dann die übergeordneten und schließlich der ganze Satz. Für jede grammatische Beziehung der Syntaxtheorie gibt es eine eigene *Projektionsregel*, die angibt, wie die Bedeutungen der Einzelelemente verknüpft werden sollen.

In FODORS eingangs erwähntem Satzbeispiel «Tom ist ein vollkommener Idiot» würde zuerst die Phrase (vollkommener Idiot) interpretiert werden – indem man die Bedeutungen von vollkommen und Idiot kombiniert –, dann wird erst

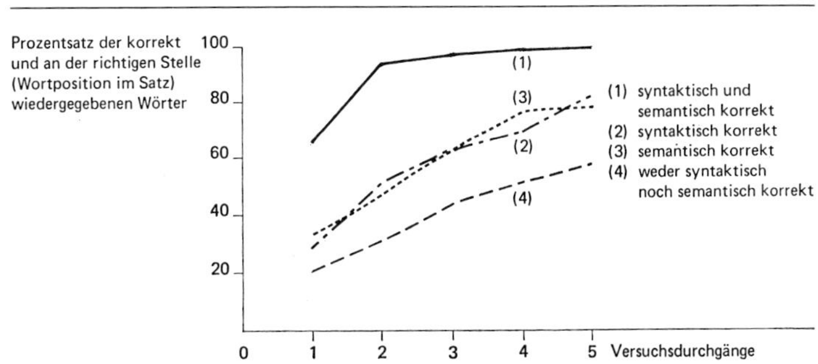

Abbildung 61

der ganze Satz interpretiert – indem man die Bedeutung der Phrase (vollkommener Idiot) auf Tom überträgt.

Die für jedes Wort angegebenen *Selektionsbeschränkungen* spielen vor allem bei der Sprachproduktion eine Rolle. Sie sollen die Bildung syntaktisch korrekter, aber semantisch anormaler Sätze verhindern. Selektionsbeschränkungen geben an, in welchen Umgebungen (zusammen mit welchen anderen Wörtern) ein Wort auftreten darf und in welchen nicht. So ist etwa das Verb «sterben» mit der Selektionsbeschränkung ‹LEBEWESEN› versehen, d. h. «sterben» darf nur in Verbindung mit solchen Wörtern verwendet werden, die das semantische Merkmal LEBEWESEN aufweisen. Damit ist die Bildung semantisch anormaler Sätze wie «der rote Hut stirbt» oder «die Transitivität der Implikation starb im Jahre 1867» ausgeschlossen.

Vom Standpunkt einer empirisch orientierten Psychologie sind jedoch die Selektionsbeschränkungen (genauso wie CHOMSKYS Kompetenz) ein gefährliches normatives Element. Die semantische Anomalie eines Satzes kann bestenfalls im Zusammenhang mit der Sprechsituation (also unter Einbeziehung des *pragmatischen* Zeichenaspekts) beurteilt werden. Ein Satz wie «der rote Hut stirbt» könnte in surrealistischer Prosa oder in einem symbolistischen Gedicht durchaus vorkommen und könnte in diesem Kontext sicher nicht als anormal klassifiziert werden. Ebenso wäre der Satz «ich esse meinen Hut» sicher nicht als anormal einzustufen, wenn er von einem Kind ausgesprochen wird, das gerade dabei ist, diese Tätigkeit durchzuführen.

3.322 Generative Semantik und Propositionen

Wie bereits in Abschnitt 3.23 festgestellt wurde, geht die moderne Sprachpsychologie davon aus, daß die generative Tiefenstruktur von Sätzen keine syntaktische, sondern eine semantische Struktur ist. Es wird zunächst durch *semantische* Erzeugungsregeln die Bedeutungsstruktur eines Satzes erzeugt, die dann durch Transformationsregeln in die Oberflächenstruktur übergeführt wird.

Die verschiedenen Theorien zur generativen Semantik unterscheiden sich in zahlreichen mehr oder weniger wichtigen Details voneinander. Eine detaillierte Darstellung dieser Theorien ist im Rahmen einer sozialpsychologischen Einführung nicht möglich und auch nicht sinnvoll. Hier soll nur auf die wichtigsten Annahmen eingegangen werden, die vielen semantischen Theorien zugrunde liegen.

Eine zentrale Rolle spielt die Annahme, daß die Bedeutung eines Satzes aus (einer oder mehreren) *Propositionen* besteht. Der Begriff Proposition stammt aus dem Prädikatenkalkül der modernen Logik und bezeichnet Aussagen, die aus einem *logischen* (nicht grammatikalischen) *Prädikat* und einem oder mehreren *Argumenten* des Prädikats bestehen. Im Satz «die Blume ist blau» ist «blau» das Prädikat und «Blume» das Argument (d. h. das Objekt, auf das sich das Prädikat bezieht). In Anlehnung an die in der formalen Logik übliche Schreibweise wird die logische bzw. semantische Struktur dieses Satzes folgendermaßen symbolisiert: BLAU (BLUME) Es ist üblich, zuerst das Prädikat zu schreiben, und dann (evtl. in Klammern) das Argument bzw. die Argumente. Die semantischen Strukturen der Sätze «das Kind lacht» bzw. «der Wein ist gut» sind folglich LACHEN (KIND) bzw. GUT (WEIN). Es kann auch vorkommen, daß das Argument nicht explizit genannt wird, sondern unbestimmt bleibt. Das ist der Fall in Sätzen wie «es regnet» oder «jemand schreit». Solche «leere» Argumente werden durch das Zeichen Ø symbolisiert: REGNEN (Ø) bzw. SCHREIEN (Ø).

In den Beispielen des letzten Absatzes wurden nur *einstellige* Prädikate verwendet, d. h. Prädikate mit *einem* Argument. Es gibt aber auch *mehrstellige* Prädikate. Der Satz «Peter ist größer als Paul» enthält das zweistellige Prädikat «größer». Die semantische Struktur des Satzes ist GRÖSSER (PETER, PAUL). Bei mehrstelligen Prädikaten ist die Reihenfolge der Argumente wesentlich. GRÖSSER (PETER, PAUL) bedeutet «Peter ist größer als Paul», aber GRÖSSER (PAUL, PETER) bedeutet «Paul ist größer als Peter». Ein weiteres Beispiel für ein zweistelliges Prädikat ist «lieben» im Satz «Adam liebt Eva»: LIEBEN (ADAM, EVA). Ein dreistelliges Prädikat ist «geben» im Satz «ich gebe Karl das Buch»: GEBEN (ICH, KARL, BUCH).

Komplexere Sätze entstehen dadurch, daß ganze Propositionen als Argumente verwendet werden. Man spricht in solchen Fällen von *Einbettungen* oder eingebetteten Propositionen. Im Satz «es ist wahr, daß Peter größer ist als Paul» bezieht sich das Prädikat «wahr» auf eine Proposition. WAHR (GRÖSSER [PETER, PAUL]). Ähnlich ist im Satz «die Katze fängt die weiße Maus» ein Argument eine Proposition, nämlich «die weiße Maus»: WEISS (MAUS). Der ganze Satz hat die Struktur: FANGEN (KATZE, WEISS [MAUS]).

Komplexere Sätze können auch dadurch entstehen, daß Propositionen miteinander *verknüpft* werden. Zum Beispiel enthält der Satz «Karl ist intelligent und gutmütig» die beiden Propositionen INTELLIGENT (KARL) und GUTMÜTIG (KARL). Dieser Sachverhalt kann so aufgefaßt werden, daß «und» das Prädikat des ganzen Satzes ist und die beiden Propositionen seine Argumente: UND (INTELLIGENT [KARL], GUTMÜTIG [KARL]). Die Aussage des Wortes «und» ist, daß *beide* Propositionen wahr sind. Ein anderes Beispiel für eine Verknüpfung ist der Satz «weil es regnet, ist die Straße naß»: WEIL (REGNEN [Ø], NASS [STRASSE]).

Wenn man eine generative Semantik so konzipiert, daß sie Propositionen der oben beschriebenen Art erzeugt, kommt man mit erstaunlich wenigen Erzeugungsregeln aus. Für die Strukturen aller bisher verwendeten Beispiele und auch für wesentlich kompliziertere Propositionen – genügen zwei Erzeugungsregeln:

(1a) $S \rightarrow P + A$
(1b) $S \rightarrow P + A_1 + A_2$
(1c) $S \rightarrow P + A_1 + A_2 + A_3$
⋮
(2a) $A \rightarrow P + A$
(2b) $A \rightarrow P + A_1 + A_2$
(2c) $A \rightarrow P + A_1 + A_2 + A_3$
⋮

Diese Regeln sind – worauf von generativen Semantikern wiederholt hingewiesen wurde – den Erzeugungsregeln der generativen Grammatik formal sehr ähnlich. Auch hier wird der Ausdruck links vom Pfeil durch einen Ausdruck rechts vom Pfeil ersetzt. Die erste Regel (bzw. Gruppe von Regeln) besagt, daß ein Satz (Proposition) aus einem Prädikat und nachfolgenden Argumenten besteht. Die zweite Regel besagt, daß auch ganze Sätze (Propositionen) als Argumente verwendet werden können. Dadurch werden Einbettungen ermöglicht. Die sukzessive (und gegebenenfalls wiederholte) Anwendung dieser beiden Regeln erlaubt die Erzeugung beliebig komplizierter semantischer Strukturen. (Zur Veranschaulichung sind einige Beispiele in Abbildung 62 dargestellt. Unter den semanti-

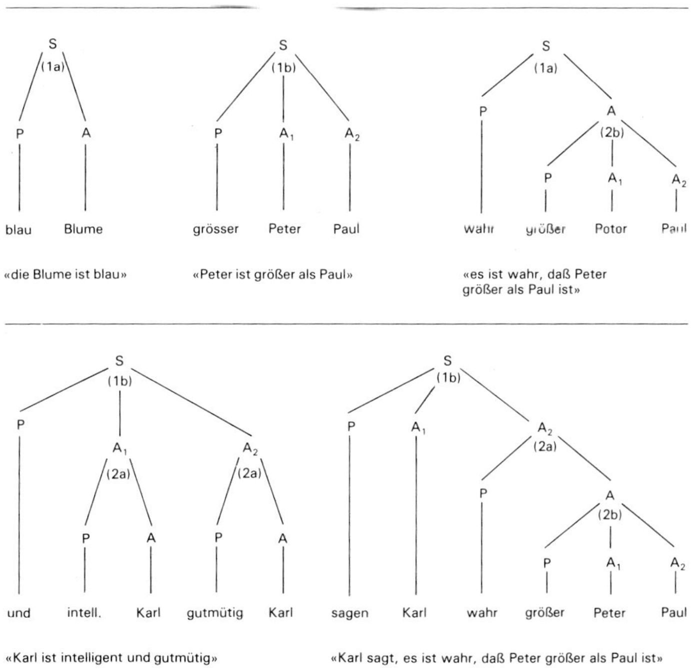

Abbildung 62

schen «Strukturbäumen» befindet sich jeweils in Anführungszeichen der Satz, dessen semantische Struktur durch die Regeln 1 und 2 generiert wurde. Die vorher im Text verwendeten Klammern wurden weggelassen, weil sie redundant sind; das Strukturdiagramm enthält die gesamte Information.)

Die mit Hilfe der semantischen Erzeugungsregeln und des Lexikons erzeugten Propositionen müssen anschließend durch Transformationsregeln in die Oberflächenstruktur übergeführt werden. Diese Transformationsregeln sind für den Sozialpsychologen weniger interessant als für den Linguisten oder Psycholinguisten (weshalb nicht näher auf sie eingegangen wird). Diese Regeln betreffen die Wortstellung im Satz (in der Oberflächenform steht das Prädikat meistens nicht an erster Stelle), die Endungen von Substantiven und Adjektiven (Singular oder Plural), die Form von Verben (Zeit) usw.

Einige Argumente für eine generative Semantik wurden bereits angeführt (vgl. Abschnitt 3.23). In diesem Zusammenhang wurde die Ökonomie dieses Ansatzes erwähnt. Die Ökonomie wird jetzt durch die genauere Darstellung noch deutlicher: Es sind weniger Erzeugungsregeln nötig als im sogenannten Standardmodell von Chomsky (mit einer syntaktischen Tiefenstruktur). Außerdem sind weniger Kategorien nötig: Es gibt nur mehr Prädikate und Argumente. Mehrere Kategorien, die im Standardmodell unterschieden wurden, wie Adjektive, Verben usw. bilden jetzt die *eine* Kategorie Prädikate. (Die Unterscheidung zwischen Adjektiven, Verben usw. ist jetzt nur mehr für die Oberflächenstruktur von Bedeutung.) Die größere Ökonomie zeigt sich nicht zuletzt auch darin, daß die Propositionsanalyse nicht nur auf die Satzbedeutung, sondern auch auf die Wortbedeutung angewendet werden kann: Die semantischen Merkmale eines Begriffs (Abschnitt 3.314) sind Prädikate (der Begriff ist das Argument). Die Liste der semantischen Merkmale eines Objekts entspricht einer Liste von (verknüpften) Aussagen über dieses Objekt.

Trotz der zahlreichen offensichtlichen Vorteile der generativen Semantik muß – genau so wie im Fall der syntaktischen Konstituentenstruktur – ihre «psychologische Realität» überprüft werden. Es muß nachgewiesen werden, daß die Verarbeitung von Sätzen – Verstehen, Wiedererkennen, Erinnern – von der Komplexität ihrer Propositionsstruktur abhängt.

Folgende Hypothesen sind naheliegend: Bei konstanter Wortzahl braucht man um so mehr Zeit, um einen Satz zu verstehen, je mehr Propositionen er enthält. Ferner: Bei konstanter Wortzahl wird man um so mehr Propositionen erinnern, je mehr Propositionen der dargebotene Satz enthält (dieser Hypothese liegt die Annahme zugrunde, daß ein Satz im Gedächtnis in Form seiner Propositionsstruktur gespeichert wird, und nicht etwa als Kette einzelner Wörter). Und: Übergeordnete Propositionen werden besser erinnert als untergeordnete Propositionen (die zentrale, allgemeine oder wesentliche Information eines Satzes wird eher erinnert als relativ nebensächliche oder unwichtige Detailinformationen).

Kintsch und Keenan (1973) boten ihren Vpn 10 Sätze von annähernd gleicher Länge, aber unterschiedlicher semantischer Komplexität. Die Sätze bestanden aus 14 bis 16 Wörtern, enthielten jedoch zwischen 4 und 9 Propositionen. Es wurde auch versucht, die Bekanntheit der Satzinhalte annähernd konstant zu halten. (Zwei der verwendeten Sätze und die entsprechenden Propositionsanalysen von Kintsch und Keenan sind in Abbildung 63 wiedergegeben.)

In einer Versuchsbedingung von Kintsch und Keenan konnten die Vpn selbst die Lesezeit bestimmen. Sie drückten auf einen Knopf, sobald sie bereit waren, einen Satz zu lesen. Der Satz wurde dann auf eine Leinwand projiziert. Sobald die Vp den Satz gelesen und verstanden hatte, drückte sie auf einen anderen Knopf, wodurch die Darbietung des Satzes beendet wurde. Unmittelbar anschließend sollte sie den Satz schriftlich wiedergeben. Dann wurde der nächste Satz dargeboten usw.

Die durchschnittlichen Lesezeiten wurden von Kintsch und Keenan durch die Gleichung
$t(\text{in Sek.}) = 6{,}37 + 0{,}94\,(\text{Zahl der Propositionen})$
beschrieben. Das bedeutet, daß für jede zusätzliche Proposition etwa 1 Sekunde Verarbeitungszeit nötig war. Auch die Gedächtnishypothesen wurden bestätigt: Je mehr Propositionen ein Satz enthielt, desto mehr Propositionen wurden erinnert. Und: Relativ übergeordnete Propositionen (von den Autoren definiert als Propositionen, denen 3 oder mehr andere Propositionen unter-

Romulus, the legendary founder of Rome, took the women of the Sabine by force.

Proposition

1 took (Romulus, women, by force)
2 found (Romulus, Rome)
3 legendary (Romulus)
4 Sabine (Women)

Propositionsstruktur (vereinfacht):

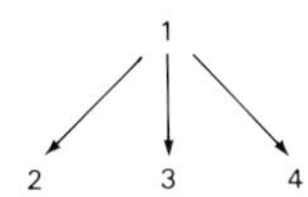

Cleopatra's downfall lay in her foolish trust in the fickle political figures of the Roman world.

Proposition

1 because (α, β)
2 fell down (Cleopatra) = α
3 trust (Cleopatra, figures) = β
4 foolish (trust)
5 fickle (figures)
6 political (figures)
7 part of (figures, world)
8 Roman (world)

Propositionsstruktur (vereinfacht):

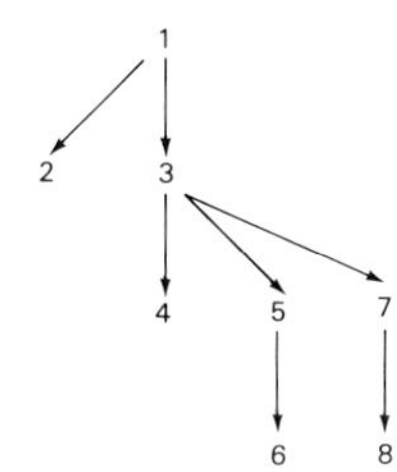

Abbildung 63

geordnet sind) wurden mit größerer Wahrscheinlichkeit wiedergegeben (90%) als relativ untergeordnete Propositionen (denen nur 0 bis 2 Propositionen untergeordnet waren). Bei den untergeordneten Propositionen betrug die Wiedergabewahrscheinlichkeit nur 76%. Vergleichbare Ergebnisse bezüglich der Abhängigkeit der Gedächtnisleistung von der Anzahl der Propositionen fand ENGELKAMP (1973).

Die Satzverarbeitung hängt jedoch nicht nur von der Zahl der Propositionen ab, sondern auch von deren Komplexität (vgl. ENGELKAMP, 1976): Bei gleicher Wortzahl sind beispielsweise Propositionen mit dreistelligen Prädikaten schwerer zu lernen als Propositionen mit zweistelligen Prädikaten. Weitere Untersuchungen zur psychologischen Realität von Propositionen werden von ENGELKAMP (1976) und HÖRMANN (1976) referiert.

Daß alle oder auch nur ein Großteil der Propositionen eines Satzes im Gedächtnis gespeichert werden, gilt aber nur für Einzelsätze oder ganz kurze Texte. Bei längeren Texten (z. B. Romane, Vorträge, Lehrbücher, lange Gespräche) wäre man damit überfordert. Zwar werden auch bei umfangreichen Texten zunächst die einzelnen Propositionen und deren Beziehungen zueinander festgestellt – sonst würde man den Text nicht verstehen. Auf diese Art entsteht die sogenannte *Textbasis* (auch *Mikrostruktur* genannt). Im nächsten Schritt wird jedoch die Textbasis mit Hilfe sogenannter *Makrooperatoren* in eine semantische *Makrostruktur* übergeführt (KINTSCH und VAN DIJK, 1978; VAN DIJK, 1977, 1980).

Die Makrostruktur ist ebenso wie die Textbasis ein Gefüge aus Propositionen. Sie enthält allerdings wesentlich weniger Propositionen als die Textbasis und ist daher leichter zu merken. Man kann sich die Makrostruktur als eine Art Zusammenfassung der Textbasis vorstellen – eine Konzentration auf das Wesentliche. Außerdem enthält die Makrostruktur zum größten Teil andere Propositionen als die Textbasis, nämlich neue Makropropositionen, die durch die Makrooperatoren erst erzeugt werden.

Die Makrooperatoren sind Prozesse, die nach bestimmten Regeln aus der Textbasis die Makropropositionen erzeugen. Eine solche Makrooperation ist die Auswahl besonders wichtiger Propositionen, die dann aus der Textbasis in die Makrostruktur übernommen werden (das sind die einzigen Propositionen der Makrostruktur, die mit Propositionen der Mikrostruktur identisch sind). Eine andere Makrooperation besteht im Weglassen unwichtiger Details – unwesentliche Propositionen werden einfach gestrichen. Eine weitere Makrooperation ist die Zusammenfassung (z. B. kann aus den Sätzen «sie hat einen Papagei», «sie hat drei Perserkatzen» und «sie hat zwei Hunde» die Makroproposition «sie hat viele Haustiere» gebildet werden). Es besteht noch keine völlige Einigkeit darüber, wie viele und welche Makrooperatoren angenommen werden sollen.

Mit Sicherheit kann man dagegen annehmen, daß es drei Arten der Speicherung von sprachlichem Material gibt (van DIJK und KINTSCH, 1983): (1) Die wörtliche Speicherung (Oberflächenstruktur) – sie tritt auf, wenn das Ziel der wörtlichen Wiedergabe vorhanden ist (z. B. weil ein Gedicht in der Schule aufgesagt werden muß oder weil eine Formulierung so elegant ist, daß man sie auch selbst verwenden will). (2) Propositionale Speicherung (Tiefenstruktur) in Form von (2a) Mikrostruktur und (2b) Makrostruktur. (3) Speicherung unter Verwendung unseres bereits vorhandenen *Wissens* (man spricht in diesem Zusammenhang auch von Situationsmodellen oder mentalen Modellen) – mit Hilfe unseres Wissens wird ein gegebener Text interpretiert und meistens auch durch Schlußfolgerungen ergänzt. Das sind Prozesse, die über die Herstellung einer Makrostruktur hinausgehen. *Wie* unser Wissen die Informationsverarbeitung beeinflußt, wird im Abschnitt über Schemata (3.325) besprochen.

3.323 Kasusgrammatik und semantische Netzwerke

Ein spezieller Ansatz innerhalb der generativen Semantik, die *Kasusgrammatik* von FILLMORE (1968, 1969), hat die sprach*psychologische* Theorienbildung besonders stark beeinflußt (z. B. KINTSCH, 1972, 1974; sowie die Arbeiten der «LNR-Gruppe», RUMELHART, LINDSAY und NORMAN, 1972; NORMAN und RUMELHART, 1975). Die Kasusgrammatik betont wie andere Theorien der generativen Semantik die wichtige Rolle von Prädikat-Argument-Strukturen (Propositionen). FILLMORES Theorie unterscheidet sich jedoch in wichtigen Punkten von vergleichbaren Ansätzen. Die Kasusgrammatik enthält spezifischere Aussagen über Prädikate und Argumente: Das Prädikat hat in jeder Proposition eine entscheidende «steuernde» Funktion, denn das Prädikat bestimmt, wie viele und *welche Arten* von Argumenten notwendig (bzw. möglich) sind. Die verschiedenen (inhaltlich definierten) Arten von Argumenten nennt FILLMORE *Kasus*. Eine zentrale Hypothese der Kasusgrammatik ist die Behauptung, daß es nur eine kleine Zahl von Kasus (Argumenttypen) gibt, daß diese Argumenttypen in allen Sprachen vorkommen und daß sie möglicherweise angeborene Begriffe sind.

Die in verschiedenen Publikationen angeführten Listen der Kasus sind nicht völlig identisch (auch die Definitionen der einzelnen Kasus stimmen nicht völlig überein). Folgende Argumenttypen scheinen häufig auf und spielen in den sprachpsychologischen Theorien und Untersuchungen eine wichtige Rolle:

AGENT (A)	der (meistens belebte) Verursacher eines Ereignisses
PATIENT (P)	wird von einem Zustand oder einer Zustandsänderung betroffen
INSTRUMENT (I)	unmittelbare Ursache eines Ereignisses (wird meistens von einem Agenten verwendet)
URSPRUNG (S)	Ausgangspunkt eines Ereignisses (Source)
ZIEL (G)	Zielpunkt eines Ereignisses (Goal)
ORT (L)	Ort eines Ereignisses (Location)
ZEIT (T)	Zeitpunkt eines Ereignisses (Time)

Der von Psychologen häufig verwendete Begriff Patient stammt von CHAFE (1970). Bei FILLMORE entsprechen ihm in etwa die beiden Begriffe Objekt und Erfahrender (Experiencer):

OBJEKT (O)	wird bewegt, oder erfährt eine Veränderung, oder es wird etwas über seinen Zustand bzw. seine Existenz ausgesagt

ERFAHRENDER (E) ist belebt und wird von einem Ereignis betroffen («macht eine Erfahrung»)

Manchmal werden innerhalb derselben Untersuchung die Kasus Patient *und* Objekt bzw. Erfahrender verwendet. Ein weiterer Kasus FILLMORES ist Ergebnis:

ERGEBNIS (R) die Auswirkung (das Resultat) eines Ereignisses

Die verschiedenen Kasustypen sollen durch einige Beispielsätze verdeutlicht werden:

Adam (A) liebt Eva (E).
Adam (A) gibt Eva (E) ein Buch (O).
Eva (A) war voriges Jahr (T) in Wien (L).
Eva (A) fuhr von Wien (S) nach Salzburg (G).
Adam (E) war zornig.
Adam (A) erschoß Eva (E) mit einer Pistole (I).
Das Buch (O) war blau.
Adam (A) baute ein Haus (R) in den Bergen (L).

Die zentrale, die ganze Proposition «steuernde» Rolle des Prädikats wurde von HÖRMANN, LAZARUS und LAZARUS (1975) experimentell bestätigt. Die Vpn hörten Sätze, die jeweils unmittelbar nach der Darbietung wiederholt werden sollten. Die Wahrnehmung bzw. das Verstehen der Sätze wurde durch ständige Nebengeräusche (weißes Rauschen) erschwert. Es zeigte sich, daß das Verbum (das häufig dem Prädikat einer Proposition entspricht) von allen Satzteilen am schwierigsten zu erkennen war – es scheint also die meiste Information zu enthalten. Wenn das Verbum jedoch erkannt wurde, dann war die Wahrscheinlichkeit relativ hoch, daß auch Subjekt und Objekt (Argumente) des Satzes erkannt wurden. Umgekehrt erhöhte das Erkennen des Subjekts oder Objekts nicht die Wahrscheinlichkeit der korrekten Prädikatwahrnehmung. – Der Einfluß verschiedener Prädikat-Argument-Beziehungen auf Gedächtnisleistungen wurde von ENGELKAMP (1973) experimentell untersucht.

RUMELHART, LINDSAY und NORMAN (1972; LINDSAY und NORMAN, 1972; NORMAN und RUMELHART, 1975) entwickelten ein Modell des Langzeitgedächtnisses, in dem Propositionen eine zentrale Rolle spielen. Im Gegensatz zur traditionellen Gedächtnispsychologie, die sich mit dem Lernen von Wortlisten, Paarassoziationen und anderen einfachen und im Alltag eher seltenen Aufgaben beschäftigte, gingen RUMELHART, LINDSAY und NORMAN von der Frage aus: Wie muß das Gedächtnis beschaffen sein, damit es die im Alltag nötigen komplexen Aufgaben durchführen kann? Wie muß unser Wissen gespeichert sein, damit wir imstande sind, Fragen zu beantworten, Schlüsse zu ziehen, neue Ideen zu verstehen, komplizierte Ereignisse zu erinnern usw.?

Das Modell von RUMELHART, LINDSAY und NORMAN ist in mehrfacher Hinsicht eine ungewöhnlich umfassende Theorie. Sie ist keine bloße Gedächtnistheorie, sondern eine Gedächtnistheorie mit dem Zweck, eine Vielfalt von Lern-, Denk- und Sprachprozessen zu erklären. Sie ist ferner sowohl eine Strukturtheorie wie eine Prozeßtheorie. Sie beschreibt, wie Wissen gespeichert ist (Strukturaspekt) und wie verschiedene Denkprozesse ablaufen (Prozeßaspekt). (Die Darstellung in diesem Abschnitt beschränkt sich jedoch vorwiegend auf den Strukturaspekt.) Die Theorie ist auch in dem Sinn umfassend, als sie die Speicherung und Verarbeitung relativ einfacher Inhalte (Begriffe) und komplexer Inhalte (Sätze, Ereignisse usw.) behandelt.

Eine Grundannahme der Theorie ist, daß Inhalte jeder Art in gleicher Weise gespeichert werden, und zwar in Form von Relationen zwischen Kognitionen. Eine Kognition ist jeder Gedächtnisinhalt. (Die Autoren verwenden den Ausdruck «Knoten» statt «Kognition». Wegen der Einheitlichkeit der Terminologie und wegen der besseren Vergleichbarkeit mit verwandten Modellen aus der Einstellungsforschung sollen hier jedoch die Ausdrücke «Kognition» bzw. «kognitives Element» verwendet werden.) Jede Relation hat zwei Eigenschaften: Sie ist gerichtet (nicht symmetrisch: die Relation «A ist ein Teil von B» ist nicht identisch mit «B ist ein Teil von A»); und sie hat einen Namen (das heißt, es handelt sich um eine bestimmte, wohldefinierte Art von Relation). Die wichtigsten Relationstypen werden in den folgenden Abschnitten besprochen.

Es ist in vielen Fällen einfacher und anschaulicher, statt der symbolischen Schreibweise R(a,b) eine graphische Darstellung zu verwenden. Dabei wird die Relation durch eine gerichtete Linie (Pfeil) dargestellt. Der Name der Relation wird über oder neben den Pfeil geschrieben. Die Namen der Kognitionen, zwischen denen die Relation besteht, werden an die entsprechen-

Abbildung 64

den Enden des Pfeils geschrieben (s. Abbildung 64).

Es werden drei Klassen von Informationen unterschieden: Begriffe, Ereignisse (Handlungen) und Episoden (komplexe Handlungsketten oder -folgen). *Begriffe* werden im allgemeinen auf dreierlei Weise charakterisiert: durch Angabe des Oberbegriffs, durch Angabe von Eigenschaften und durch Angabe von Beispielen (Unterbegriffen). (Perserkatzen sind Hauskatzen. Sie haben ein besonders langhaariges Fell, runde Augen und einen buschigen Schwanz; sie sind sehr intelligent und eigenwillig. Es gibt schwarze, blaue, beigefarbene, weiße und verschiedene gemusterte Perserkatzen.)

Dementsprechend sind nach RUMELHART, LINDSAY und NORMAN für die Speicherung von Begriffen drei Relationen besonders wichtig. Die Relation *istein* (isa) definiert die Klassenzugehörigkeit (Oberbegriff, Obermenge). Beispiel: istein (Perserkatze, Hauskatze), istein (Vase, Gefäß). Die Relationen *ist* (is) und hat (has) werden zur Angabe von Eigenschaften verwendet. Beispiele: hat (Perserkatze, runde Augen), ist (Karl, gutmütig). Die Angabe von Beispielen (Unterbegriff, Teilmenge) wird wieder durch die Relation *istein* geleistet, die jetzt in umgekehrter Richtung verwendet wird, z. B. istein (Blauperser, Perserkatze). In der Regel gehen von einem Begriff mehrere Relationen aus, die zu verschiedenen anderen Begriffen (Kognitionen) führen, von denen wieder Relationen ausgehen usw. Auf diese Art entsteht ein Netz von Verbindungen zwischen Kognitionen, weshalb man auch von *strukturellen Netzen* oder semantischen Netzwerken spricht. Ein Fragment eines semantischen Netzes ist in Abbildung 65 dargestellt.

Die Analyse von strukturellen Gedächtnisnetzen in Kognitionen und Relationen ist mit den Propositionsanalysen der vorangehenden Abschnitte verwandt, aber nicht identisch. (Um den Unter-

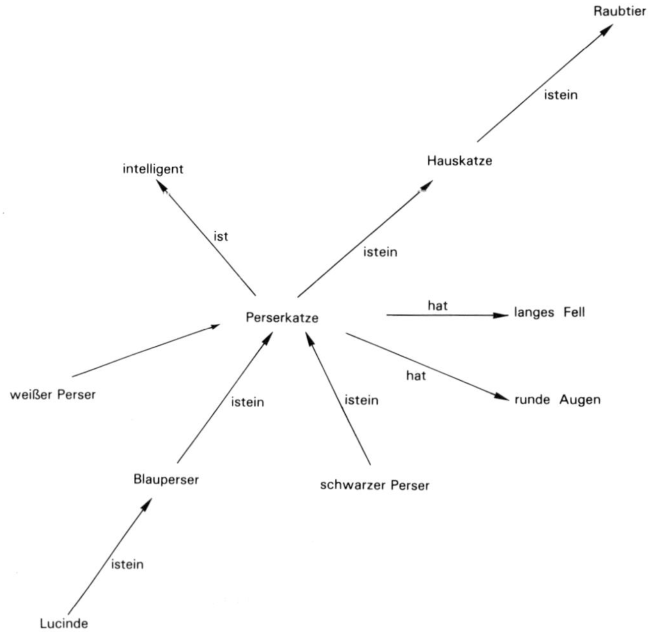

Abbildung 65

schied zu betonen, wurden deshalb Propositionen in Großbuchstaben und Relationen in der üblichen Weise geschrieben.) Man kann jedoch Propositionen entsprechende Relationen zuordnen und umgekehrt. Der Relation ist (Lucinde, intelligent) entspricht die Proposition INTELLIGENT (LUCINDE), der Relation istein (Lucinde, Perserkatze) entspricht die Proposition PERSERKATZE (LUCINDE). Wie diese Beispiele zeigen, besteht jedoch ein Unterschied zwischen der Propositionsanalyse und der Relationsanalyse: Die Relationsanalyse unterscheidet verschiedene (inhaltlich definierte) Arten von Relationen (analog den verschiedenen Kasustypen FILLMORES, die eine inhaltliche Differenzierung der Argumente von Propositionen darstellen).

Das Strukturnetz ist *kein passives* Gedächtnis. Es ermöglicht auch *Prozesse* der Informationsverarbeitung. Antworten auf Fragen wie «was ist eine Perserkatze?» werden so generiert, daß das Gedächtnis vom entsprechenden Knoten ausgehend die anschließenden Relationspfeile durchläuft und so die wichtigsten und «naheliegenden» Informationen aufgreift und ins Kurzzeitgedächtnis (Bewußtsein) bringt.

Aus dieser allgemeinen Annahme folgen prüfbare Hypothesen. Die Verarbeitung jeder einzelnen Relation braucht eine bestimmte (wenn auch sehr kurze) Zeit. Je mehr Relationen zur Beantwortung einer Frage durchlaufen werden müssen, desto länger dauert es daher, bis eine Antwort gegeben werden kann. Im Beispiel der Abbildung 65 müßte daher die Frage «sind Katzen Raubtiere?» schneller beantwortet werden als die Frage «sind Blauperser Raubtiere?». Fragen dieser Art wurden in einem Experiment von COLLINS und QUILLIAN (1969) verwendet. Die Reaktionszeiten der Vpn bestätigten die Hypothese.

Wichtig ist die Unterscheidung zwischen *primären* und *sekundären* Kognitionen. Dieser Unterschied entspricht der in der Sprachpsychologie gebräuchlichen Unterscheidung zwischen type und token. Normalerweise wird dasselbe Wort (derselbe Begriff) in mehreren Kontexten (z. B. Sätzen) verwendet. Die verschiedenen konkreten Verwendungen desselben Begriffs heißen *sekundäre* Kognitionen (token). Es wäre unökonomisch, wenn jede einzelne sekundäre Repräsentation desselben Wortes das definierende (und zum Verständnis nötige) umgebende Strukturnetz des Wortes enthielte. Ökonomischer ist die Annahme, daß jede konkrete (sekundäre) Repräsentation eines Begriffs durch eine istein-Relation mit einem Prototyp oder Muster des Begriffs verbunden ist. Dieser Prototyp ist die *primäre* Kognition, und ist mit den definierenden Relationen und Kognitionen verbunden. In der graphischen Darstellung werden sekundäre Kognitionen durch gewinkelte Klammern dargestellt (Abbildung 66).

Die Unterscheidung von primären und sekundären Kognitionen ist außerdem notwendig, um Irrtümer und Verwechslungen zu vermeiden. Wenn jemand beispielsweise die beiden Sätze «Eva hat große Augen» und «Karl hat blaue Augen» speichert und dabei den Begriff Augen nur einmal repräsentiert, könnte er bei einem späteren Reproduktionsversuch nicht mehr unterscheiden, wer welche Augen hat, und würde irrtümlich die Sätze «Eva hat große blaue Augen» und «Karl hat große blauen Augen» wiedergeben (s. Abbildung 66a). Eine adäquate Speicherung mit Hilfe sekundärer Kognitionen ist in Abbildung 66b dargestellt.

Die Speicherung von *Ereignissen* und Handlungen erfolgt analog zur Speicherung von Begriffen. Auch hier werden Kognitionen und Relatio-

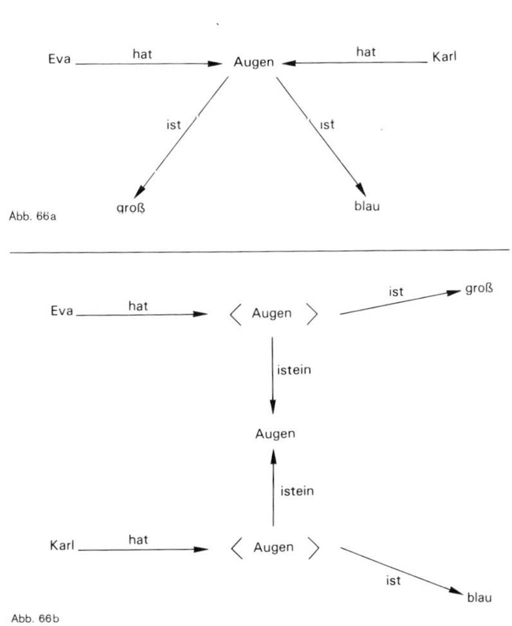

Abbildung 66

nen verwendet. Dabei spielt jeweils eine Kognition (meistens ein Verbum, das eine Handlung beschreibt) eine zentrale Rolle (wie das Prädikat bei FILLMORE). Von diesem zentralen kognitiven Element gehen in der Regel mehrere Relationen aus. Allerdings handelt es sich jetzt nicht mehr um die Relationen istein, ist und hat, sondern um Kasusrelationen, die angeben, in welcher Beziehung die beteiligten Kognitionen zum Prädikat (zur Handlung) stehen. Abbildung 67 zeigt die graphische Darstellung des Ereignisses «Eva erschoß gestern in ihrem neuen Haus Adam mit einer Pistole». (Es ist üblich, sekundäre *Verben* – d. h. Verben in konkreten Kontexten – durch eine Ellipse zu kennzeichnen. Zur Vereinfachung wurde die Kennzeichnung sekundärer Begriffe durch Winkelklammern in Abbildung 67 unterlassen.)

Episoden entstehen durch Verknüpfung von Ereignissen. Eine Episode oder «Geschichte» ist nichts anderes als eine Menge von zusammenhängenden Ereignissen. Der Zusammenhang entsteht durch spezielle Relationen (Propositionsverknüpfungen), die das Prädikat eines Ereignisses mit dem Prädikat eines anderen Ereignisses verbinden. Verbindungen dieser Art sind die Relationen *dann* (zeitliche Aufeinanderfolge), *während* (Gleichzeitigkeit) und *weil* (Kausalität).

Kognitive Strukturnetze, wie sie in diesem Abschnitt beschrieben wurden, sind – abgesehen von ihrer Bedeutung für die Gedächtnis-, Denk- und Sprachpsychologie – für die Sozialpsychologie wichtig, weil sie den in der Einstellungsforschung häufig verwendeten kognitiven Strukturen sehr ähnlich sind. (Einstellungsbezogene kognitive Strukturen werden in Abschnitt 4 ausführlich behandelt.) ENGELKAMP (1978) bedauert mit Recht, daß es zur Zeit kaum enge Beziehungen zwischen Sprachpsychologie und Sozialpsychologie gibt, obwohl solche Beziehungen naheliegend und wünschenswert sind (denn Sprache ist eine ebenso wichtige wie häufige Form der sozialen Interaktion). Eine einheitliche Theorie (oder wenigstens eine einheitliche Terminologie), die sowohl sprachpsychologische wie sozialpsychologische (einstellungsbezogene) kognitive Strukturen umfaßt, wäre sicher für beide Teile gewinnbringend, weil sie die Mängel und Einseitigkeiten beider Richtungen vermeiden könnte. Das in Abschnitt 4.11 vorgeschlagene Einstellungsmodell ist ein erster Schritt in dieser Richtung.

Eine Möglichkeit der Konvergenz von Sprach- und Sozialpsychologie ist auch in der wichtigen Rolle des Begriffs *Kausalität* zu sehen, die dieser in den letzten Jahren in beiden Fächern spielt: In der Sozialpsychologie beschäftigt sich die – an Umfang und Ergebnissen rasch zunehmende – Attributionsforschung mit der Wahrnehmung von Kausalbeziehungen und den oft weitreichenden Auswirkungen solcher Kausalwahrnehmungen (z. B. Kontrolle versus Hilflosigkeit). In der Sprachpsychologie spielen Kausalwahrnehmungen zumindest implizit eine zentrale Rolle, denn wichtige und häufige Argumenttypen der Kasusgrammatik wie Agent, Instrument und Patient beziehen sich auf spezifische Aspekte von (wahrgenommenen) Kausalbeziehungen.

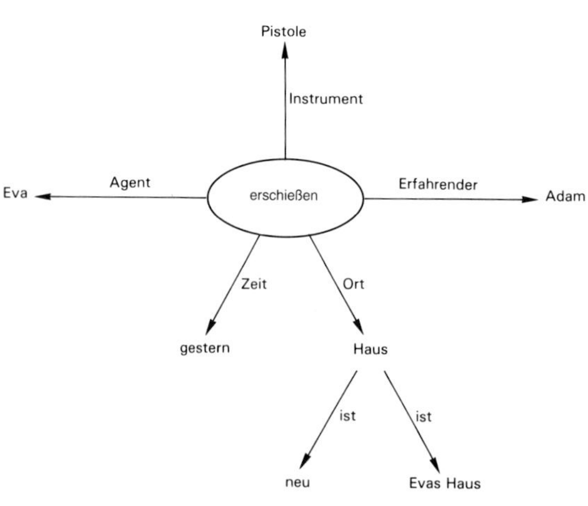

Abbildung 67

3.324 Semantische Netzwerke, Aktivierungsausbreitung und Gefühle

Mittlerweile gibt es zahlreiche Theorien in Form semantischer Netzwerke, deren Grundgedanken ähnlich sind, die sich aber in mehr oder weniger wichtigen Details voneinander unterscheiden – ein Sachverhalt, der u. a. auch für verschiedene Lerntheorien und kognitive Konsistenztheorien (s. Abschnitt 4.4) zutrifft. Da es beim gegenwärtigen Wissensstand nicht möglich ist, Aussagen darüber zu treffen, welche Theorie besser oder schlechter als eine andere ist (oder gar, welche die beste dieser Theorien ist), sollen sie hier nicht ausführlich dargestellt, sondern nur einzelne ihrer Aspekte beschrieben werden.

Diese Theorien unterscheiden sich u. a. dadurch voneinander, welche und wie viele Arten von Kognitionen und Relationen sie enthalten. (Statt «Kognitionen» und «Relationen» werden häufig die Fachausdrücke «Knoten» und «Kanten» verwendet.) In der Theorie von KINTSCH (1988) sind die Knoten Propositionen oder Begriffe (und nicht bloß einfache Begriffe oder Merkmale wie im Modell von RUMELHART, LINDSAY und NORMAN). Ein weiterer Unterschied zu RUMELHART, LINDSAY und NORMAN besteht darin, daß KINTSCH (1988) nur zwei Arten von Relationen annimmt: positive (Assoziationen) und negative (hemmende). Beide können in ihrer Stärke variieren.

Dadurch hat die Theorie von KINTSCH eine gewisse Ähnlichkeit mit FESTINGERS (1957) Dissonanztheorie. FESTINGERS kognitive Elemente (z. B. «ich rauche viel») kann man mit Propositionen gleichsetzen. Auch bei FESTINGER gibt es zwei Arten von Relationen, nämlich konsonante und dissonante, die man auch als positiv (zwei Kognitionen passen zusammen) und negativ (zwei Kognitionen widersprechen einander) bezeichnen konnte. Ähnliches gilt für eine andere kognitive Konsistenztheorie, die Balancetheorie von HEIDER (1946, 1958). Trotz weitgehend übereinstimmender Grundbegriffe (Elemente und Relationen) betrachten jedoch Netzwerktheoretiker einerseits und Konsistenztheoretiker andererseits unterschiedliche *Prozesse*. Im einen Fall geht es um rationale Prozesse der Informationsverarbeitung (z. B. Textverstehen und -speichern), im andern um irrationale, motivationsbedingte Prozesse der Urteilsverzerrung.

Eine weitere Netzwerktheorie wurde (in mehreren, immer wieder verbesserten Versionen) von ANDERSON (1983, 1985) entwickelt. Im Gegensatz zu anderen Netzwerktheorien verfügt ANDERSONS Modell über ein Kurzzeitgedächtnis und *zwei* Langzeitgedächtnisse (s. Abbildung 68, nach ANDERSON, 1983), das deklarative Gedächtnis und das Produktionsgedächtnis. Das erste enthält unser *deklaratives* Wissen (unser Wissen über Objekte, Tatsachen, usw.), das zweite unser *prozedurales* Wissen (unser Wissen über die Durchführung verschiedener Prozesse,

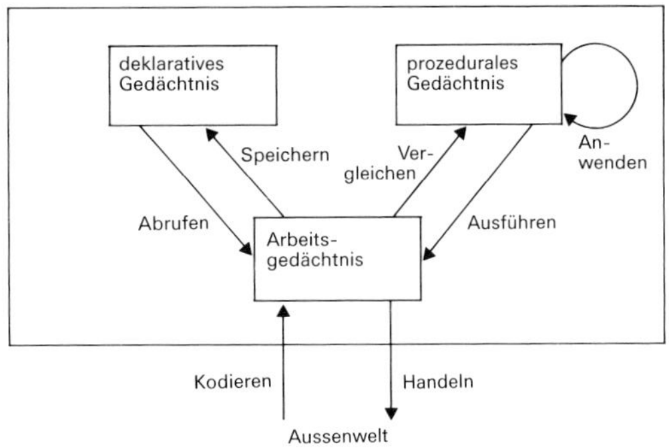

Abbildung 68

die bei Problemlösungen notwendig sind). Das prozedurale Wissen ist die Grundlage unserer (mathematischen, sprachlichen, usw.) Fähigkeiten. ANDERSON hält die Trennung von deklarativem und prozeduralem Gedächtnis für notwendig, weil Wissen und Fähigkeiten unterschiedliche Eigenschaften haben: Das Lernen einer neuen Tatsache ist relativ leicht, während eine neue Fähigkeit erst nach langer Übung beherrscht wird.

Das deklarative Gedächtnis enthält drei Arten von Kognitionen: (1) Propositionen, (2) bildhafte Vorstellungen, und (3) Listen (z. B. Listen von aufeinanderfolgenden Ereignissen oder Listen von Zahlen). Durch hierarchische Organisation und Einbettungen (z. B. kann eine Proposition eine andere als Argument enthalten) können beliebig komplexe Strukturen aufgebaut werden.

Ähnlich wie bei RUMELHART, LINDSAY und NORMAN gibt es auch hier verschiedene Arten von Relationen (Agent, Ziel, Ort, usw.). Im Unterschied zu anderen Theorien können aber nicht nur die einzelnen Relationen, sondern auch (zumindest in der aktuellen Version von 1983) die Kognitionen unterschiedliche Stärke aufweisen. Je stärker eine Kognition ist, desto leichter ist sie abrufbar, und desto schneller und öfter wird sie bewußt. Die Stärke einer Kognition hängt in erster Linie von der Häufigkeit ihrer Verwendung ab. Die Kognitionsstärke ist gegenüber der Relationsstärke primär, d. h. die Stärke einer Assoziation zwischen zwei Kognitionen hängt von den Stärken dieser beiden und der angrenzenden Kognitionen ab.

Im prozeduralen Gedächtnis gibt es nur eine einzige Art von Kognitionen, die sogenannten

Produktionen (Produktionsregeln). Jede Produktion ist eine Wenn-Dann-Beziehung. Auch Produktionen können von unterschiedlicher Stärke sein, wobei die Stärke einer Produktion – genauso wie die Stärke einer deklarativen Kognition – von der Häufigkeit ihrer Verwendung abhängt.

Durch die Einführung des Produktionsspeichers betont ANDERSON noch stärker als andere Theoretiker die aktive Rolle des Gedächtnisses. Die Durchführung vieler unterschiedlicher Vorgänge (z. B. Rechnen, schlußfolgerndes Denken, Sprachproduktion) wird mit Hilfe von Produktionen in einheitlicher Weise erklärt.

Produktionen sind – wie gesagt – Wenn-Dann-Beziehungen. Die Wenn-Komponente enthält ein *Ziel* und *Bedingungen* (Voraussetzungen), die erfüllt sein müssen, damit die Dann-Komponente angewendet werden kann. Die Dann-Komponente enthält *Handlungsanweisungen.* Das folgende Beispiel (aus ANDERSON 1985) ist eine einfache Produktionsregel:

WENN das Ziel ist, ein Auto mit Schaltgetriebe zu fahren,
und der erste Gang eingelegt ist,
und das Auto schneller als 20 km/h fährt,
DANN lege den zweiten Gang ein.

Bei der Ausführung einer Produktionsregel wird zuerst ein *Vergleich* angestellt. Es wird durch Vergleich festgestellt, ob im Kurzzeitgedächtnis befindliche Kognitionen mit der Wenn-Komponente übereinstimmen (d. h. es wird überprüft, ob die Voraussetzungen zur Anwendung der Regel erfüllt sind). Sofern Übereinstimmung besteht, wird die Dann-Komponente ausgeführt. Die meisten Problemlösefähigkeiten sind sehr komplexe Systeme aus vielen Produktionsregeln. ANDERSON und anderen Forschern ist es gelungen, mehrere Problemlöseprozesse (z. B. verschiedene Rechnungsarten) in Form von Produktionssystemen darzustellen, die ausnahmslos aus Wenn-Dann-Beziehungen der oben beschriebenen Art bestehen.

Das Kurzzeitgedächtnis wird von einigen Psychologen auch *Arbeits*gedächtnis genannt, weil nur solche Informationen verarbeitet werden können, die sich im Kurzzeitgedächtnis befinden. Die Darstellungsweise in Abbildung 68 soll aber nicht dazu verleiten, sich das Kurzzeitgedächtnis als eigene Abteilung oder gar als eigenen Ort im Gedächtnis vorzustellen. «Im» Kurzzeitgedächtnis sind alle Kognitionen (einschließlich Produktionsregeln), die gerade «aktiviert» sind (d. h. die gerade bewußt sind oder auch sich in unbewußter Aktivität befinden).

Um Mißverständisse zu vermeiden, sei hier explizit erwähnt, daß es in der Psychologie zwei grundlegende Aktivierungsbegriffe gibt. Einen kennt der Leser bereits. Aktivierung$_1$ bedeutet allgemeine physiologische, d. h. neurale bzw. viszerale Aktivierung. Aktivierung in diesem Sinn kommt u. a. in den Theorien von HULL (s. Abschnitt 2.33) und SCHACHTER (Abschnitt 5.42) vor. Jetzt ist von Aktivierung$_2$ die Rede. Aktivierung$_2$ bedeutet, daß Gedächtnisinhalte angeregt (bewußt, aktiv) werden.

Mit diesem Aktivierungsbegriff ist die Hypothese verbunden, daß sich die Erregung, in der sich ein Gedächtnisknoten befindet (oder die von ihm erzeugt wird), zu den angrenzenden Knoten ausbreitet. Die Aktivierung «fließt» wie Wasser in Leitungsröhren oder wie elektrischer Strom in Drähten. Die Aktivierung, die einen angrenzenden Knoten trifft, kann nun diesen anregen, usw.

Natürlich geht dieser Prozeß nicht unbegrenzt weiter, denn sonst wären ständig sämtliche Gedächtnisinhalte aktiv und bewußt. Man muß sich das Ausmaß der Aktivierung begrenzt vorstellen. Je mehr Knoten von der Aktivierungsausbreitung erfaßt werden, desto weniger Aktivierung entfällt auf jeden einzelnen Knoten, so daß sie schließlich zu schwach ist, um weitere Knoten anzuregen. Die von einem oder von mehreren Knoten gleichzeitig ausgehende Aktivierung kann allerdings unterschiedlich groß sein. Ein starker Knoten erzeugt mehr Erregung als ein schwacher.

Jeder Gedächtnisinhalt kann von außen (z. B. indem der entsprechende Reiz dargeboten wird) oder von innen (z. B. durch Assoziation) aktiviert werden. Die Aktivierung eines Inhalts kann prinzipiell beliebig lang aufrechterhalten werden, und zwar wieder sowohl von außen (durch längere Reizdarbietung) als auch von innen (etwa durch aktive Wiederholung, z. B. wenn man eine Telephonnummer auf dem Weg vom Telephonbuch zum Telephon ständig wiederholt). Wenn die Aktivierung nicht gezielt aufrechterhalten wird, dann nimmt sie automatisch kontinuierlich ab, so daß die entsprechende Kognition nach kurzer Zeit «aus dem Kurzzeitgedächtnis verschwunden» ist.

Die Hypothese der Erregungsausbreitung und damit verbundene experimentelle Prozeduren (vor allem *Priming*) spielen in der neueren Sozialpsychologie (besonders in Personen- und Selbstwahrnehmung, aber auch in der Einstellungsforschung) eine nicht unbedeutende Rolle. (Da sich bisher kein deutsches Wort für Priming finden ließ, wird der englische Ausdruck beibehalten.) Priming ist die (indirekte) Voraktivierung eines Gedächtnisinhalts durch einen Hinweisreiz. Zum Beispiel wird durch Darbietung des Wortes «grün» nicht nur der Grün-Knoten aktiviert, sondern es werden auch (indirekt durch Erregungsausbreitung) angrenzende Kognitionen (z. B. die Assoziationen «blau» und «Wiese») aktiv.

Die meistverwendete Primingprozedur ist die «lexikalische Entscheidungsaufgabe». Dabei muß nach Darbietung eines Reizes so schnell wie möglich entschieden werden, ob es sich um ein Wort handelt oder nicht. Diese Entscheidung gelingt schneller, wenn vor dem Zielreiz ein (semantisch) benachbartes Wort als Primingreiz geboten wird (z. B. «blau» vor «Himmel»), als etwa bei vorangehender Darbietung der Buchstabenkette XXXX oder ohne Hinweisreiz. Unter Umständen kann Priming aber auch zu verlangsamten Urteilen führen, z. B. dann, wenn der Primingreiz ein weit entferntes Wort ist (etwa «Handschuh» vor «Butter»). Solche Urteilsverzögerungen treten vor allem dann auf, wenn die Vp bewußt erwartet, daß Hinweisreiz und Zielwort verwandt sind.

Die Theorie von ANDERSON ist derzeit wohl die detaillierteste und umfassendste Netzwerktheorie. Dennoch erfaßt auch sie nicht alle Bedeutungsaspekte. Zum Beispiel sagt sie nichts über die Rolle von Gefühlen. Mit diesen beschäftigte sich BOWER (1981). BOWER geht davon aus, daß Gefühle und Stimmungen in gleicher Weise wie deklarative und prozedurale Kognitionen als Knoten in semantischen Netzen aufgefaßt werden können. Abbildung 69 zeigt das vereinfachte Beispiel eines Netzwerks, das auch Gefühle enthält.

Für jedes Gefühl gibt es einen eigenen Gedächtnisknoten, von dem Relationen zu anderen Knoten mit folgenden Inhalten ausgehen: Ausdrucksverhalten (z. B. der jeweils typische Ge-

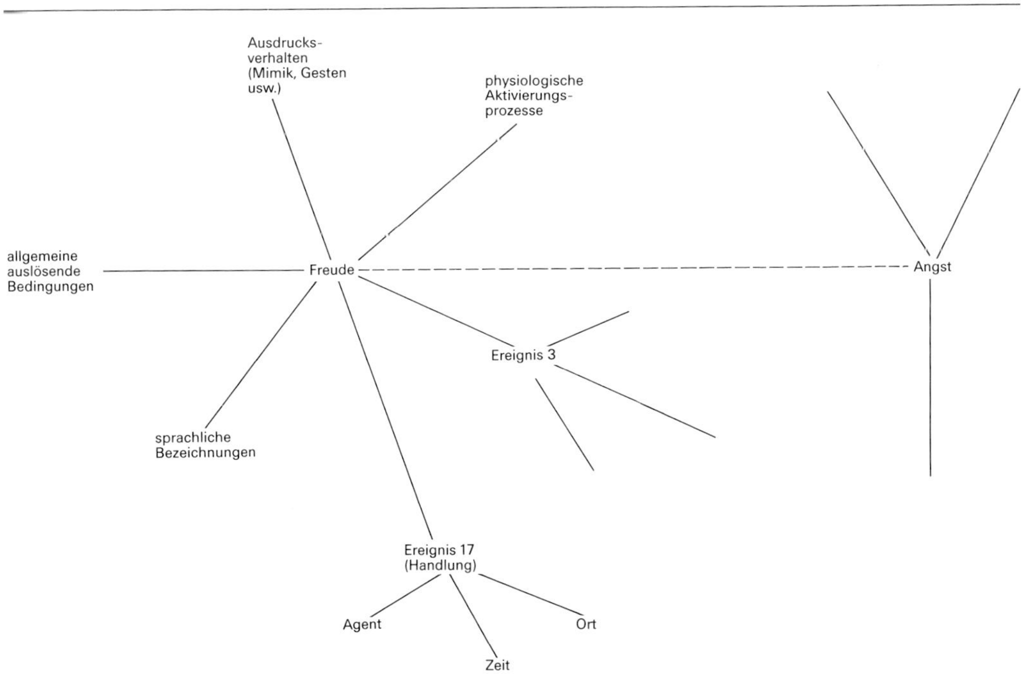

Abbildung 69

sichtsausdruck); physiologische Aktivierungsprozesse (Aufregung, Zittern, Schwitzen, Herzklopfen, Erröten, usw.); allgemeine auslösende Bedingungen (z. B. gehören erwartete oder unerwartete positive Ereignisse zu den auslösenden Bedingungen für Freude); verschiedene Namen eines Gefühls; konkrete Ereignisse und Situationen, in denen man das Gefühl erlebt hat; und andere Gefühle. Einige dieser Relationen sind angeboren (z. B. zwischen Gefühl und physiologischen Prozessen, sowie zwischen Gefühl und Ausdrucksverhalten), die anderen erlernt.

Die Relationen zwischen Gefühlen können positiv oder negativ (hemmend) sein. Negativ sind sie im Fall einander ausschließender Gefühle (z. B. Angst und Freude). Gefühle, die durch positive Relationen verbunden sind, können gleichzeitig auftreten (z. B. Freude und Überraschung).

Mit Hilfe dieser einfachen Idee – Gefühle als Knoten in semantischen Netzen aufzufassen – kann eine erstaunliche Fülle von Ergebnissen erklärt werden, u. a. folgende: (1) Die Wiedergabe von gelerntem Material hängt von den Gefühlen während des Lernens und während der Wiedergabe ab. Die Wiedergabeleistung ist am größten, wenn die Gefühle während des Lernens und der Reproduktion übereinstimmen. (Während des Lernens werden Assoziationen zwischen dem Lernmaterial und dem gerade vorherrschenden Gefühl gestiftet. Wenn während der Wiedergabe dasselbe Gefühl vorhanden ist, wirkt es als Abrufhilfe.) Sie ist am geringsten, wenn die Gefühle bei Lernen und Wiedergabe genau gegensätzlich sind (z. B. Freude und Trauer, oder Ärger und Angst). (2) Verschiedene kognitive Prozesse (z. B. freie Assoziationen) werden von Gefühlen beeinflußt. Verärgerte Vpn produzieren weitgehend ärgerbezogene Assoziationen, fröhliche Vpn produzieren erfreuliche Assoziationen, usw. (3) Veranlaßt man Vpn durch detaillierte Anweisungen, einen bestimmten Gesichtsausdruck zu zeigen, so erleben die Vpn anschließend auch das entsprechende Gefühl (s. Abschnitt 5.427).

3.325 Schemata

Es gibt kaum einen anderen Begriff, der in der neueren psychologischen Literatur so oft vorkommt, wie der Begriff Schema. Der Begriff Schema ist relativ alt. Er wurde von Bartlett (1932) eingeführt, aber lange Zeit nur wenig beachtet. Bartletts Ideen wurden erst in jüngster Zeit wieder aufgegriffen, ergänzt und modifiziert (z. B. Neisser, 1976; Rumelhart, 1980; Schank und Abelson, 1977).

Unter einem Schema versteht man das Wissen eines Menschen über ein bestimmtes Objekt, ein Ereignis oder eine Handlung (wobei unter Handeln sowohl äußeres Verhalten als auch innere Tätigkeiten, etwa Problemlösen und Entscheidungen, zu verstehen sind). Man kann sich Schemata als relativ selbständige und abgrenzbare Teile eines semantischen Netzwerks vorstellen. Mit «selbständig und abgrenzbar» ist gemeint, daß ein Schema als Einheit funktioniert, d. h. daß seine Komponenten gleichzeitig aktiviert werden. Ein Schema kann von außen (durch Anwesenheit bestimmter Reize) oder von innen (durch Assoziation, weil ein verwandtes Schema bereits aktiv ist) aktiviert werden.

Verschiedene Personen unterscheiden sich in ihren Schemata – sowohl in der Existenz (z. B. haben manche Menschen ein Schema für gotische Kirchen und andere nicht) als auch in der Qualität der Schemata (vermutlich haben die meisten Menschen ein Auto-Schema; manche Auto-Schemata sind aber wesentlich detaillierter und umfangreicher als andere).

Das Schema zu einem bestimmten Thema (z. B. Auto) enthält nicht das gesamte Wissen eines Menschen zu diesem Thema. Es enthält vor allem das allgemeine Wissen (Informationen, die auf die meisten konkreten Beispiele zutreffen), aber nicht das gesamte «episodische» (autobiographische) Wissen zum Thema – also keinesfalls sämtliche eigene Erlebnisse und auch nicht alle Einzelheiten über konkrete Beispiele. Ferner ist das in einem Schema enthaltene Wissen mehr oder weniger systematisch, d. h. (hierarchisch und/oder zeitlich) organisiert.

Schemata können durch *Einbettung* hierarchisch organisiert sein. Zum Beispiel enthält ein Haus-Schema einige Komponenten, die ebenfalls Schemata sind, etwa ein Dach-Schema und ein Zimmer-Schema. Das Zimmer-Schema enthält weitere untergeordnete Schemata, z. B. ein Fenster-Schema, usw.

Schemata sind deshalb so wichtig, weil sie einen weitreichenden Einfluß auf die Aufnahme, Verarbeitung und Wiedergabe von Information, sowie auf das Verhalten haben. Welche Informationen wir überhaupt beachten, wie wir sie interpretieren, welche Schlüsse wir daraus ziehen, und welche Informationen wir uns merken – all das hängt von den jeweils aktivierten Schemata ab.

Da der Schemabegriff sehr allgemein und gleichzeitig nicht sehr präzise ist, können sich wahrscheinlich viele Leser zunächst nicht allzu viel unter einem Schema vorstellen. Anhand eines Beispiels soll der Leser jedoch unmittelbar erleben, wie Schemata arbeiten, und sich davon überzeugen, daß auch ein dermaßen abstrakter und unscharfer Begriff äußerst nützlich sein kann. Versuchen Sie, den folgenden Absatz (aus BRANSFORD und JOHNSON, 1973) zu verstehen und sich (nach einmaligem Lesen) so viel wie möglich davon zu merken:

> «Der Vorgang ist eigentlich ganze einfach. Zuerst unterteilen Sie die Dinge in mehrere Gruppen. Natürlich kann auch ein Stapel genügen – das kommt darauf an, wieviel zu tun ist. Wenn Sie wegen fehlender Möglichkeiten woanders hingehen müssen, dann ist das der nächste Schritt, ansonsten kann es losgehen. Es ist wichtig, nicht zu übertreiben. Das heißt, es ist besser zu wenige Dinge auf einmal zu tun, als zu viele. Das mag zunächst nicht besonders wichtig erscheinen, aber es können leicht Komplikationen entstehen. Ein Fehler kann viel Geld kosten. Am Anfang erscheint der ganze Vorgang kompliziert. Aber bald ist er einfach ein Teil des Lebens. Es ist schwer vorauszusehen, ob diese Aufgabe in der nächsten Zukunft überflüssig sein wird. Wenn der Vorgang zu Ende ist, muß man das Material wieder in verschiedenen Gruppen anordnen. Dann kann man sie auf ihre Plätze legen. Später werden sie wieder verwendet und der ganze Kreislauf muß wiederholt werden. Das ist eben ein Teil des Lebens.»

Vermutlich erging es den meisten Lesern wie den Vpn von BRANSFORD und JOHNSON. Sie haben kaum etwas verstanden und sich sehr wenig gemerkt. Wenn jedoch das passende Schema aktiviert ist, das heißt, wenn man weiß – wie ein Teil der Vpn von BRANSFORD und JOHNSON – daß es sich um Wäschewaschen handelt, dann ist der Absatz gut verständlich und relativ leicht zu behalten. Das kann der Leser feststellen, indem er den Absatz jetzt noch einmal liest.

Einige Funktionen von Schemata sind jetzt deutlich geworden: (1) Schemata bestimmen, ob und wie gut wir etwas *verstehen*. Das bezieht sich nicht nur auf Sprachverstehen, sondern auch auf Wahrnehmungsprozesse. Ein Mensch, der beispielsweise kein systematisches Wissen über gotische Kirchenarchitektur hat, sieht in einer gotischen Kathedrale nur eine verwirrende Ansammlung von Steinen.

(2) Schemata beeinflussen unsere *Gedächtnisleistung*. Sie bestimmen was und wieviel wir uns merken. Viele Untersuchungen zeigten, daß wir uns schemarelevante Informationen – und zwar sowohl schemakonsistente (mit dem gerade aktivierten Schema übereinstimmende) als auch schemainkonsistente Informationen (dem aktivierten Schema widersprechende, z. B. ein Zimmer ohne Decke) – besser merken als schemairrelevante.

(3) Schemata bewirken, daß wir «automatisch» *Schlußfolgerungen* ziehen und damit über die gegebene Information hinausgehen. Nachdem der Leser erfahren hat, daß der zitierte Absatz vom Waschen handelt, hat er vermutlich angenommen, daß die verschiedenen Gruppen oder Stapel nach der Farbe der Wäschestücke angeordnet wurden, bzw. danach, bei welcher Wassertemperatur sie gewaschen werden müssen – obwohl die Farbe und die Temperatur an keiner Stelle erwähnt wurden. Man kann auch sagen: Schemata wecken bestimmte *Erwartungen*, auf deren Grundlage wir Schlüsse ziehen (und die außerdem Behalten und Aufmerksamkeit beeinflussen).

In diesem Zusammenhang spricht man auch von *konstruktivem* Gedächtnis. Man kann zwei Arten von Gedächtnisfehlern unterscheiden. Erstens: Es wird zu wenig wiedergegeben. Tatsächlich dargebotenes Material wurde vergessen. Zweitens: Es wird zu viel wiedergegeben. Neues Material wurde erfunden. Solche Konstruktionen sind meistens schemabedingt.

Manche Autoren (z. B. RUMELHART, 1980) verwenden die Formulierung, daß Schemata *Variablen* oder *Leerstellen* enthalten, die durch passende konkrete Informationen gefüllt werden müssen. Das kann durch Schlußfolgerungen geschehen, oder dadurch, daß (4) unsere *Aufmerksamkeit* auf bestimmte Aspekte gelenkt wird.

Nachdem wir beispielsweise ein 4 bis 5 Meter langes, glänzendes Objekt als Auto erkannt haben, versuchen wir (je nach Beschaffenheit des persönlichen Auto-Schemas) vielleicht festzustellen, wie viele Zylinder und PS der Motor hat, ob die Sitze mit Stoff oder Leder bezogen sind, usw.

(5) Schemata steuern unser Verhalten. Das gilt insbesondere für Handlungsschemata, z. B. die von SCHANK und ABELSON (1977) beschriebenen Skripts. Skripts sind zeitlich *und* hierarchisch gegliedert. Ein bekanntes Beispiel ist das Restaurant-Skript. Es besteht aus einigen zeitlich aufeinanderfolgenden Komponenten (z. B. Eintreten, Platz nehmen, Bestellen, Essen, Zahlen, Verlassen des Lokals). Diese Komponenten bestehen ihrerseits aus Teil- oder Subschemata. Das Teilschema Bestellen z. B. besteht aus den Subschemata Speisekarte verlangen, Speisekarte lesen, Entscheidung treffen, beim Ober bestellen.

Solche Skripts ermöglichen uns – genauso wie andere Schemata – Vorgänge zu verstehen, Schlußfolgerungen zu ziehen, usw. Darüber hinaus steuern sie aber auch unser Verhalten. Das Verhalten nach Betreten eines Restaurants wird weitgehend durch das jetzt aktivierte Restaurant-Skript bestimmt.

Die in einem früheren Abschnitt erwähnten Situationsmodelle (van DIJK und KINTSCH, 1983) und mentalen Modelle (JOHNSON-LAIRD, 1983), die für das Textverständnis notwendig sind, kann man ebenfalls als Schemata auffassen. Um einen Text zu verstehen, reicht es meistens nicht aus, seine propositionale Mikro- und Makrostruktur zu erzeugen, sondern er muß mit Hilfe eines mentalen Modells interpretiert (z. B. aufgrund des Vorwissens durch Schlußfolgerungen ergänzt) werden. Ein Beispiel (aus COLLINS, BROWN und LARKIN, 1980) soll das verdeutlichen:

> «Er legte 5 Dollar an der Kasse hin. Sie wollte ihm 2,50 Dollar geben, er weigerte sich aber, sie zu nehmen. Deshalb kaufte sie ihm, als sie hineingingen, eine große Tüte Popcorn.»

Die meisten Leser haben vermutlich zunächst angenommen, daß «sie» die Kassierin ist, und sich gewundert, warum «er» das Wechselgeld nicht nehmen will, und wieso die Kassierin ins Kino (oder Theater) mit hineingeht. Es war offenbar das falsche Schema oder Situationsmodell aktiviert. Erst wenn man die Situation anders interpretiert («sie» ist seine Begleiterin, die ihre Karte selbst bezahlen will, und weil das abgelehnt wird, ihrem Begleiter zur Entschädigung Popcorn schenkt), wird der Text verständlich.

Situationsmodelle unterscheiden sich zumindest in zwei Punkten von den bisher besprochenen allgemeinen Schemata. Erstens: Sie sind keine «fertigen» Schemata, sondern werden während der Textaufnahme – etwa während des Lesens eines Romans – fortlaufend durch Details angereichert und eventuell modifiziert. Zweitens: Manche Autoren (JOHNSON-LAIRD, 1983) nehmen an, daß mentale Modelle keine Propositionsstruktur sind, sondern «analoge», vorstellungshafte Schemata. Obwohl einige Ergebnisse (s. SCHNOTZ, 1988) für diese Annahme sprechen, müssen mentale Modelle nicht ausschließlich vorstellungshaft sein (– z. B. kann man das obige «Popcorn-Beispiel» auch ohne anschauliche Vorstellungen, also vermutlich mit Hilfe eines propositionalen Schemas verstehen).

Schemata sind sehr änderungsresistent. (Das gilt zumindest für allgemeine Schemata und Skripts, die unser allgemeines Wissen enthalten. Die konkreteren Situationsmodelle werden laufend neuer Information angepaßt.) Es müssen schon sehr viele neue und einem Schema widersprechende Informationen vorliegen, bis ein Schema modifiziert oder durch ein neues (zum selben Thema) ersetzt wird. Die Bedingungen, unter denen Schemata geändert werden, sind noch nicht völlig klar. Man scheint aber eher bereit zu sein, unter dem Druck neuer Information untergeordnete Teilschemata zu ändern (oder zu ersetzen) als übergeordnete Schemata.

Bisher wurden in diesem Abschnitt vorwiegend die positiven Seiten der Schemata betont. Ihre Änderungsresistenz wird aber nicht selten zur Ursache eines negativen Aspekts: (6) Schemata können Urteilsverzerrungen bewirken. Schemainkonsistente Information wird mitunter durch geeignete Interpretation so «zurechtgebogen», daß sie zum Schema paßt. Vor allem im sozialen Bereich ist das häufig der Fall. Wenn sich z. B. ein Mensch, den man der Kategorie «aggressiver Typ» zugeordnet hat, höflich und hilfreich benimmt, so wird das durch geeignete Attributionen schemakonsistent interpretiert: Er hat nicht aus inneren Ursachen (Persönlichkeitseigenschaften oder Einstellungen) so gehandelt, sondern weil er sich dadurch einen Vorteil erhofft. Auf diese Art können Schemata zur Grundlage von Vorurteilen und Stereotypen werden.

Es gibt zahlreiche Schematheorien und Schemabegriffe, die sich – genauso wie verschiedene Netzwerktheorien – bei übereinstimmenden Grundannahmen in einigen mehr oder weniger wichtigen Aspekten unterscheiden. (Bisher wurden in diesem Abschnitt außer dem allgemeinen Schemabegriff Skripts und Situationsmodelle besprochen. Einige Autoren zählen auch die in Abschnitt 3.315 beschriebenen Prototypen zu den Schemata. Damit kennt der Leser bereits einen weiteren Schemabegriff.) Darauf soll hier nicht weiter eingegangen werden. Detaillierte Darstellungen von Schematheorien, Forschungsmethoden und -ergebnissen findet man bei MARKUS und ZAJONC (1985), sowie im dreibändigen Handbook of social cognition (WYER und SRULL, 1984). Schematheoretische Ansätze waren in den letzten Jahren in der Sozialpsychologie außerordentlich einflußreich. Vor allem in den Bereichen Personenwahrnehmung und Selbstwahrnehmung ist die Zahl schematheoretisch orientierter Publikationen geradezu explosionsartig angewachsen. Wir werden uns auch im vorliegenden Buch später (vor allem im Kapitel 5) wiederholt dem Schemakonzept zuwenden.

3.4 Pragmatik

3.41 Kommunikationsmodelle

Wenn man Pragmatik als jenen Teil der Semiotik auffaßt, der die Beziehungen zwischen Zeichen und ihren Benützern zum Gegenstand hat (wie es einleitend im Anschluß an MORRIS vorgeschlagen wurde), dann war bereits sehr häufig von Pragmatik die Rede – z. B. in den Abschnitten über Wortbedeutung (wobei u. a. Assoziationen, Vorstellungen und Gefühle der Wortbenützer sowie die Wortverwendung bei natürlichen Kategorien betrachtet wurden) und Satz- bzw. Textbedeutung (wobei u. a. die psychischen Vorgänge während des Textverstehens, sowie der Einfuß von Wissen und Gefühlen des Benützers beschrieben wurden). In diesem abschließenden Abschnitt sollen kurz einige Aspekte der Pragmatik im engeren Sinn – sozusagen prototypische Aspekte der Pragmatik – beschrieben werden, nämlich Situations- und Motivationseinflüsse auf das Sprechverhalten.

BÜHLER (1934) legte ein Sprachmodell vor, das – wie das Zeichenmodell von MORRIS – die Beziehungen zwischen Zeichen und Benützer und zwischen Zeichen und Objekt aufzeigt, darüber hinaus aber den sozialen Aspekt der Sprache betont. Bei BÜHLER gibt es nicht einen nicht weiter spezifizierten Sprachbenützer, sondern einen *Sender* und einen *Empfänger* der Sprachzeichen (Abbildung 70). Sprache wird bei BÜHLER von vornherein als Kommunikationsmittel – und damit in einem sozialen Bezugsrahmen – gesehen.

Den drei Beziehungen des Zeichens (zu Objekt, Sender und Empfänger) entsprechen nach BÜHLER die drei fundamentalen *Funktionen* der Sprache:

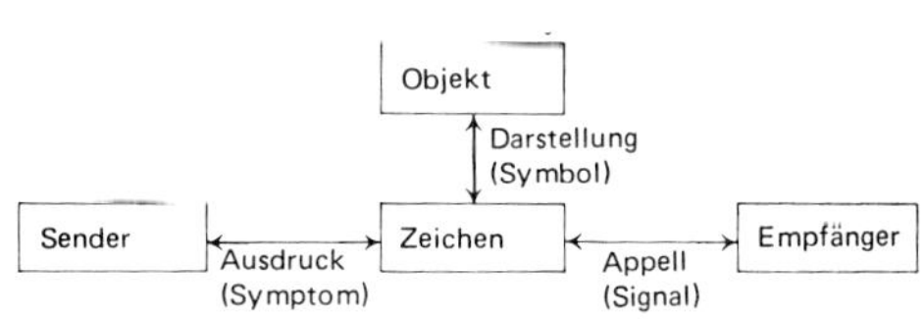

Abbildung 70

(1) Die *Darstellungsfunktion* entspricht der Beziehung zwischen Zeichen und Objekt (Zeichen als *Symbol*). Der Sender vermittelt dem Empfänger die Darstellung von Sachverhalten.

(2) Die *Ausdrucksfunktion* entspricht der Beziehung zwischen Zeichen und Sender (Zeichen als *Symptom*). Zeichen und ihre Verwendung können etwas über Eigenschaften des Senders aussagen. Wenn jemand sehr laut und schnell spricht, ist er meistens stark aktiviert (weil er z. B. verärgert oder freudig erregt ist). Wenn jemand leise und langsam spricht, ist sein Aktivierungsniveau gering (weil er depressiv oder müde ist). Wenn jemand besonders oft über ein Thema spricht, hat er wahrscheinlich ein starkes Interesse daran.

(3) Die *Appellfunktion* entspricht der Beziehung zwischen Zeichen und Empfänger (Zeichen

als *Signal*). Zeichen können Verhaltens- und Erlebnisänderungen des Empfängers verursachen (Aufforderungen, Überredungsversuche usw.).

Die in der neueren Sprachphilosophie viel beachteten *Sprechakte* (AUSTIN, 1962; SEARLE, 1969) stellen zum Teil eine Ausdifferenzierung der BÜHLERschen Appell- bzw. Ausdrucksfunktion dar. Sprechakte sind solche Äußerungen, die nicht darstellend sind, sondern die «durch Worte etwas tun». Genauer: Sprechakte sind Äußerungen, deren Inhalt die Art der Interaktion definiert, zum Beispiel Befehle, Wünsche, Bitten usw. Sätze wie «ich bitte Dich, daß...», «ich befehle Dir, daß...» sind appellierende Sprechakte. Andere Sprechakte, wie Meinungsäußerungen («ich glaube, daß...») oder Versprechen («ich verspreche Dir, daß...») kann man als Spezialfälle der Ausdrucksfunktion betrachten.

Bei jeder Kommunikation spielen alle drei Sprachfunktionen gleichzeitig eine Rolle. Es kann aber die eine oder andere Funktion in den Vordergrund treten. Bei einer wissenschaftlichen Abhandlung liegt der Schwerpunkt auf der Darstellungsfunktion. Es soll in erster Linie Wissen vermittelt werden. Aber auch die Appellfunktion ist wichtig. Der Sender will beispielsweise den Empfänger veranlassen, gewisse theoretische Standpunkte zu akzeptieren und andere abzulehnen. Die Ausdrucksfunktion ist ebenfalls vertreten: Interessen und Meinungen des Senders äußern sich in Auswahl der Themen und Art der Darstellung.

Ausdrucks- und Appellfunktion der Sprache werden später noch mehrmals und ausführlich behandelt werden. Bei *Einstellungsänderungen* (siehe Abschnitt 4.3) spielt die Appellfunktion eine besondere Rolle. Durch sprachliche Kommunikation werden Meinungen und Einstellungen, eventuell auch Verhaltensweisen des Empfängers geändert. Bei der *Personenwahrnehmung* (Abschnitt 5) steht die Ausdrucksfunktion im Vordergrund. Aufgrund verschiedener (nicht zuletzt sprachlicher) Verhaltensweisen des Senders bildet der Empfänger Meinungen über Eigenschaften des Senders.

ROMMETVEIT (1968) erweitert das BÜHLERsche Kommunikationsmodell um einen wesentlichen Aspekt, das *gemeinsame kognitive Feld* von Sender und Empfänger. Sender und Empfänger wissen, wann und wo ihre Interaktion stattfindet und sie wissen auch, wovon sie sprechen und gerade gesprochen haben.

Die *deiktischen* Ausdrücke bilden eine sehr häufig verwendete Wortklasse. Ihre Bedeutung kann nur unter Bezugnahme auf die konkreten Interaktionsumstände angegeben werden. Wörter wie «hier», «dort», «jetzt», «später», «gestern» usw. setzen voraus, daß Sprecher und Hörer wissen, wann und wo die Kommunikation stattfindet. «Ich», «Du», «Sie» usw. beziehen sich auf die Kommunikationspartner. Durch Ausdrücke wie «er», «das», «diese», «jener» usw. wird jede Kommunikation ökonomischer (man kann auf die wiederholte Verwendung längerer Bezeichnungen verzichten). Diese Ausdrücke setzen ein gemeinsames kognitives Feld voraus.

Der Sender hat natürlich in der Regel keine vollständige Kenntnis des kognitiven Feldes des Empfängers, sondern nur mehr oder weniger begründete Annahmen über das Wissen des Empfängers. Diese Annahmen beeinflussen die Oberflächenform, in der eine Proposition mitgeteilt wird. Ob beispielsweise die Aktiv- oder Passivform gewählt wird, hängt von solchen Annahmen des Senders über den Empfänger ab. Wenn der Sender etwa die Proposition SCHLUG (ADAM, EVA) mitteilen will und annimmt, daß der Empfänger zwar weiß, daß Eva geschlagen wurde, aber nicht, von wem, so wird er wahrscheinlich die Passivform «Eva wurde von Adam geschlagen» verwenden, oder den Satz «Es war Adam, der Eva schlug». Nimmt der Sender jedoch an, der Empfänger wüßte, daß Adam jemand schlug, aber nicht, wen er schlug, so wird er eher die Aktivform «Adam schlug Eva» verwenden. Es ist also für die Gesprächspartner wichtig, zwischen *gegebener* und *neuer* Information zu unterscheiden (CLARK und HAVILAND, 1974, 1977).

Die Unterscheidung zwischen gegebener und neuer Information beeinflußt auch andere Aspekte der Satzoberfläche, zum Beispiel die Betonung. Die einfache Aktivform «Adam schlug Eva» kann unterschiedlich ausgesprochen werden. Die (vermeintlich) neue Information wird betont: «*Adam* schlug Eva» (mit Betonung auf Adam) ist die passende Form, wenn der Sprecher vermutet, daß der Empfänger nicht weiß, *wer schlug*. «Adam schlug *Eva*» (mit

Betonung auf Eva) ist passend, wenn der Sender vermutet, daß der Empfänger nicht weiß, *wer geschlagen wurde*.

Auch die Verwendung von bestimmten oder unbestimmten Artikeln hängt davon ab, ob über gegebene oder neue Information gesprochen wird. Der Satz «ich habe *den* Bankräuber gesehen» setzt die Annahme voraus, der Empfänger wüßte, von welchem Bankräuber der Sender spricht (neu ist die Information, daß der Sender den Bankräuber *gesehen* hat). Im Satz «ich habe *einen* Bankräuber *gesehen*» wird dagegen nicht vorausgesetzt, daß der Sender weiß, von welchem Bankräuber die Rede ist.

Damit ein Gespräch reibungslos ablaufen kann, muß jeder Interaktionspartner nicht nur möglichst korrekte Annahmen über das Vorwissen des anderen treffen, sondern auch motiviert sein, zu kooperieren. Das von Grice (1975, 1978) postulierte *Kooperationsprinzip* besagt: Man soll jeden Beitrag zu einer Konversation so gestalten, wie es zum *Zeitpunkt* seines Auftretens und bei den von den Partnern akzeptierten *Zielen* der Interaktion notwendig ist. Dieses Kooperationsprinzip besteht nach Grice aus 4 Maximen (und einigen Submaximen):

(1) *Die Quantitätsmaxime:* Sei so informativ, wie es notwendig ist, aber nicht informativer als nötig. Diese Maxime wird häufig verletzt, was entweder zu Langeweile führt (wenn der Beitrag eines Partners zu weitschweifig ist) oder einen Beitrag unverständlich macht (wenn er zuwenig Information enthält bzw. zuviel voraussetzt). In beiden Fällen kann Unmut entstehen.

(2) *Die Qualitätsmaxime:* Sag immer die Wahrheit.

(3) *Die Relevanzmaxime:* Sei relevant. Man soll nicht über Themen sprechen, die nicht Gegenstand des Gesprächs sind.

(4) *Die Klarheitsmaxime:* Sei klar und deutlich. Man soll keine unklaren und mehrdeutigen Ausdrücke verwenden, und die Formulierungen sollen so kurz wie möglich sein.

Wenn alle vier Maximen befolgt werden, sind Gespräche angenehm und effizient. Andernfalls kommt es zu Mißverständnissen, schlechter Laune und es wird unnötig viel Zeit verschwendet. Solange beide Partner von der allgemeinen Kooperationsbereitschaft überzeugt sind, kann gelegentlich gegen eine der Maximen verstoßen werden. Wenn z. B. ein Partner über ein besonders scheußliches Essen sagt «das ist aber gut», so wird das vom anderen Partner als Ironie aufgefaßt.

Leider wird in wissenschaftlichen und pseudowissenschaftlichen Schriften recht oft gegen die Klarheitsmaxime verstoßen. Manche Autoren (und Vortragende) formulieren besonders kompliziert und unklar. Einige Leser (und Hörer) nehmen jedoch in ihrer Unschuld (oder Dummheit) an, daß der Autor kooperativ ist, daß er sich also so klar wie möglich ausdrückt, d. h. er formuliert deshalb so schwer verständlich, weil der dargestellte Inhalt so schwierig ist. Mit anderen Worten: Sie halten für besonders tiefsinnig, was in Wirklichkeit nur wirr ist.

Mahl (1959) behauptet, daß ein adäquates Verständnis sprachlicher Äußerungen auch Kenntnis der Motive und/oder der Lerngeschichte des Senders voraussetzt. Er unterscheidet *repräsentative* und *instrumentelle* Sprachmodelle. Repräsentative Sprachmodelle beschränken sich weitgehend auf syntaktische und semantische Aspekte (ein Satz «repräsentiert» einen bestimmten Inhalt). Instrumentelle Sprachmodelle berücksichtigen darüber hinaus nicht nur Situationsfaktoren, sondern auch Motive des Sprechers (ein Satz ist ein «Instrument» zum Erreichen eines Ziels).

Ein Beispiel möge den Unterschied zwischen den beiden Auffassungen verdeutlichen. Ein Besucher sagt zu seinem Gastgeber: «Es ist hier sehr heiß». Ein repräsentatives Sprachmodell wird diese Äußerung als Darstellung eines Sachverhalts auffassen und ihre Bedeutung analysieren. Ein instrumentelles Sprachmodell wird darüber hinaus Situation, Lerngeschichte und Motive des Sprechers in Betracht ziehen. Der Sprecher könnte etwa früher für die Äußerung dieses Satzes dadurch verstärkt worden sein, daß jemand antwortete: «Ja, es ist heiß. Ich bringe Ihnen etwas zu trinken». Jetzt spricht er diesen Satz aus und erwartet dabei eine Erfrischung. Der Satz ist in diesem Zusammenhang also nicht die Darstellung eines Sachverhalts, sondern eine implizite Aufforderung an den Empfänger.

Neuere Theorien des Sprachverstehens und vor allem der Sprachproduktion (Hoppe-Graff, Herrmann, Winterhoff-Spurk, Mangold, 1988; Herrmann, 1985; van Dijk, 1988) sind instrumentelle Modell im Sinn von Mahl. Sie erklären, wie Sprechermotive und (vom Spre-

cher wahrgenommene) Situationsaspekte die verschiedenen Aspekte der Sprachproduktion (Auswahl des Inhalts, Oberflächenstruktur, Betonung) beeinflussen.
Da die Sprachproduktion stark von Situationseinflüssen abhängt, wird neuerdings die Erforschung sozialer Situationen in erhöhtem Maß betrieben. U. a. bemüht man sich um eine systematische Klassifikation der (fast unüberschaubaren) Vielfalt sozialer Situationen. In diesem Sinn konnte FORGAS (1978, 1982, 1988) zeigen, daß man soziale «Episoden» (Situationen) – ähnlich wie die konnotative Wortbedeutung – durch ihre jeweiligen Werte auf wenigen Grunddimensionen charakterisieren kann. Art und Zahl der Dimensionen sind noch nicht endgültig geklärt. Jedenfalls scheint eine geringe Zahl von Dimensionen (etwa 4) ausreichend zu sein.
Es wurden von FORGAS u. a. folgende Dimensionen ermittelt: Selbstwert oder Selbstvertrauen (selbstbewußt; entspannt; weiß, was ich tun muß versus unsicher; angespannt; weiß nicht, was ich tun soll), Situationsbewertung (angenehm; interessant; freundlich versus unangenehm; langweilig; unfreundlich), Involviertheit oder Ichbeteiligung (beteiligt; vertraut; komplex versus unbeteiligt; fremd; einfach).
Diese drei Dimensionen wurden mehrmals ermittelt. Eine gewisse Ähnlichkeit mit OSGOODS konnotativen semantischen Dimensionen ist unverkennbar. Die erstgenannte Dimension (Selbstwert) entspricht in etwa OSGOODS Potenz- (oder Kontroll)dimension, die zweite (Situationsbewertung) der Bewertungsdimension, und die dritte (Ichbeteiligung) könnte man der Aktivierungsdimension zuordnen. Neben diesen drei Situationsdimensionen wurden jedoch immer wieder auch (wechselnde) andere Dimensionen festgestellt (z. B. Freundlichkeit, Ängstlichkeit und Intimität).

3.42 Beziehungen zwischen Syntax, Semantik und Pragmatik

In CHOMSKYS einflußreichem Sprachmodell stehen syntaktische Aspekte im Vordergrund. Satzproduktion beginnt mit der Herstellung der syntaktischen Satzstruktur. In diese werden Wörter eingesetzt. Erst dann kann die semantische Interpretation des Satzes einsetzen. Pragmatische Aspekte werden zunächst ausgeklammert oder bestenfalls einem untergeordneten Performanzmodell überlassen.
Im Lichte sprach*psychologischer* Befunde ist dieses Modell außerordentlich unrealistisch. Neuere linguistische Theorien halten nicht die Herstellung von syntaktischen, sondern die von semantischen Strukturen für primär. Satzproduktion beginnt mit der Herstellung eines Bedeutungszusammenhangs, der dann artikuliert werden muß (FILLMORE, 1968; 1969; MCCAWLEY, 1968 a,b). Die Vorrangigkeit semantischer gegenüber syntaktischen Aspekten wird auch durch experimentelle Ergebnisse belegt, die zeigen, daß die syntaktische Struktur von Sätzen wesentlich schneller vergessen wird als deren Bedeutung (SACHS, 1967).
Semantische Aspekte wiederum werden weitgehend von pragmatischen Faktoren beeinflußt. Eine besonders deutliche Unterstützung dieser Hypothese stellen die Experimente zum verbalen Konditionieren dar (siehe Abschnitt 1.333). Über welche Themen und wie oft über sie gesprochen wird, hängt von Lernprozessen und Situationsfaktoren ab. Ferner kann Wortbedeutung sogar partiell als Wortgebrauch aufgefaßt werden (siehe Abschnitt 3.311). Deiktische Ausdrücke sind nur im Situationskontext verständlich (siehe vorigen Abschnitt). Die semantische Anomalie von Sätzen kann nur unter Berücksichtigung der Sprechsituation richtig beurteilt werden (siehe Abschnitt 3.32). Schließlich wurde auch experimentell gezeigt, daß die Wahl der Wörter oder Ausdrücke, die zur Bezeichnung von Objekten verwendet werden, nicht nur vom Objekt selbst, sondern auch von Vergleichsobjekten abhängt. Ein runder, weißer Holzklotz wird als «weiß» bezeichnet, wenn er sich neben einem runden, schwarzen Holzklotz befindet, aber als «rund», wenn er neben einem weißen, eckigen und als «rund und weiß», wenn er neben mehreren verschiedenen Holzklötzen liegt (OLSON, 1970).
Auch syntaktische Aspekte sind von pragmatischen Faktoren abhängig. Zum Beispiel verwenden Personen, die einander gegenübersitzen, mehr Funktionswörter und Substantive, aber weniger Verben als Personen, die Seite an Seite oder mit dem Rücken zueinander sitzen (MOSCOVICI, 1967). Die Wahl der Oberflächenstruktur (Aktiv- oder Passivsatz, Artikel usw.) hängt von der (pragmatischen) Unterscheidung zwischen

neuer und gegebener Information ab (siehe Abschnitt 3.41).
Aus all diesen Gründen ist der Sprach*psychologe* – wenigstens der sozialpsychologisch orientierte, an *Kommunikation* interessierte Sprachpsychologe – schlecht beraten, wenn er eine Theorie vom Typ der generativen Transformationsgrammatik für realistisch hält und sich (ausschließlich oder vorwiegend) an ihr orientiert. Vielmehr sollte er pragmatische und semantische Aspekte gegenüber den syntaktischen als vorrangig ansehen.

3.5 Sprache und Lernpsychologie

CHOMSKY und viele von ihm beeinflußte Linguisten und Psycholinguisten haben wiederholt und nachdrücklich betont, daß die Lernpsychologie *prinzipiell nicht imstande* wäre, Sprechverhalten zu erklären. Dieser Vorwurf ist sehr merkwürdig und erstaunlich, wenn man bedenkt, wie viele semantische und pragmatische (teilweise auch syntaktische) Aspekte des Phänomens Sprache durch lernpsychologische Ansätze sehr wohl erklärt werden konnten (vgl. die vorangehenden Abschnitte).
CHOMSKYS Vorwurf beruht offenbar auf einer sehr einseitigen (und psychologisch unzweckmäßigen) Sprachauffassung, nämlich auf der Bevorzugung der syntaktischen Zeichenaspekte. Diese sollen zwar nicht überbewertet werden, sind aber zweifellos wichtig. Es wurde gezeigt, daß das Verständnis der Satzbedeutung die Berücksichtigung syntaktischer Beziehungen voraussetzt (Abschnitt 3.32). Das Verstehen von Sätzen ist eine notwendige Bedingung jeder erfolgreichen (funktionierenden) Kommunikation und damit von zentralem Interesse für die Sozialpsychologie.
In diesem Zusammenhang muß eingeräumt werden, daß assoziationstheoretische bzw. lerntheoretische Erklärungsversuche unzulänglich sind. Der wissenschaftliche Wert der generativen Grammatik kann daher nicht hoch genug eingeschätzt werden. (Zum Verständnis der Satzstruktur ist eine *Konstituenten*grammatik notwendig).
Dennoch ist es nicht nötig, hier einen Gegensatz zu postulieren. Generative Grammatik und Lerntheorie sind keine unverträglichen, einander ausschließende Standpunkte. Zur Erklärung (vor allem der syntaktischen Aspekte) des Sprechens können Lernpsychologie *und* generative Grammatik herangezogen werden. (– Genauso wie etwa zum Thema Konflikt und Entscheidung lerntheoretische *und* dissonanztheoretische Erwägungen wichtige Beiträge lieferten).
Die Vorwürfe CHOMSKYS richten sich zu einem großen Teil gegen eine reine S-R-Psychologie (wie sie von SKINNER vertreten wird). Eine pure S-R-Theorie gerät sicher bei der Erklärung des Sprechens in zahlreiche Schwierigkeiten. Zum Beispiel muß sie einen Satz als lineare Reiz-Reaktions-Kette auffassen und kann in ihrer Terminologie überhaupt nicht (oder nur sehr mühsam) über Satzstruktur, Wort- und Satzbedeutung usw. sprechen. Diese Vorwürfe sind aber gegenüber lern- und assoziationstheoretischen Ansätzen, die von *intervenierenden* Variablen Gebrauch machen (wie etwa OSGOOD und PAIVIO), gegenstandslos.
Von linguistischer und psycholinguistischer Seite wurde auch vorgeschlagen, zur Analyse des Sprechens nicht die Begriffe S-R-Verbindung oder Assoziation zu verwenden, sondern den Begriff Regel. MILLER, GALANTER und PRIBRAM (1960) haben in ihrem sehr geistreichen Buch den Vorschlag unterbreitet, in der gesamten Psychologie als Analyseeinheit den Begriff *Plan* (eine bestimmte Art von Regeln) anzuwenden.
Pläne werden von MILLER, GALANTER und PRIBRAM als TOTE-Einheiten (Test-Operation-Test-Ende = Übergang zum nächsten Plan) charakterisiert. Ein Beispiel aus dem zitierten Buch, das Einhämmern eines Nagels, soll den Begriff Plan verdeutlichen (Abbildung 71). Die Tätigkeit beginnt mit einem Test, ein Istwert wird mit einem Sollwert verglichen. Fällt der Test negativ aus (Istwert und Sollwert verschieden, der Nagel ragt heraus), erfolgt eine Operation (der Ham-

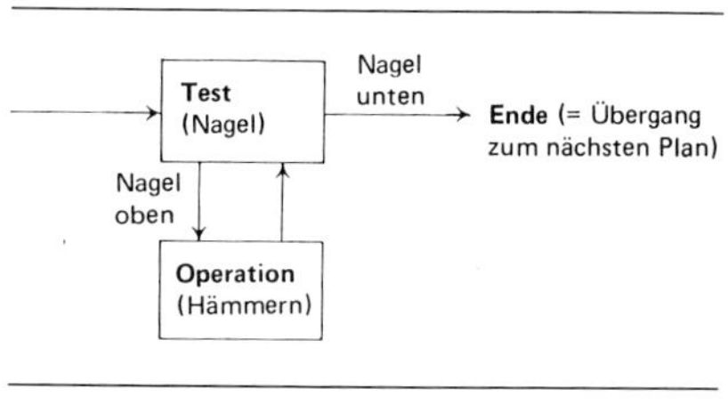

Abbildung 71

mer wird auf den Nagel geschlagen). Danach wird wieder getestet. Die Operation wird so lange wiederholt, bis der Test positiv ausfällt (Istwert gleich Sollwert, der Nagel ragt nicht mehr heraus). Damit ist der Plan ausgeführt (beendet), es wird zum nächsten Plan weitergegangen.

Pläne können ineinandergeschachtelt werden und so eine Hierarchie von Plänen bilden. Der Operationsteil eines Plans kann aus (dem Testteil untergeordneten) Plänen bestehen. Der Operationsteil unseres Beispiels (Hämmern) ist ein Plan der Hammerbewegungen (Abbildung 72). Ist der Hammer oben (Test), wird er gesenkt (Operation); ist der Hammer unten (Test), wird er gehoben (Operation). Der ganze Plan des Hämmerns wiederum ist der Operationsteil eines übergeordneten Plans (z. B. zwei Bretter zusammenfügen), dieser ist Teil eines noch umfassenderen Plans (z. B. einen Bücherkasten bauen) usw.

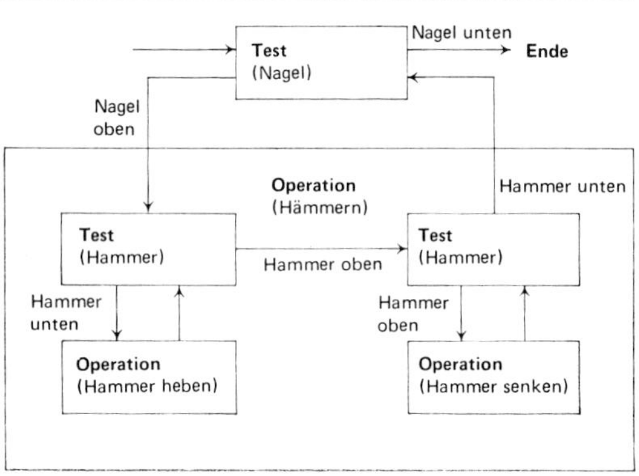

Abbildung 72

Die Analyse des Verhaltens in eine Hierarchie von nebengeordneten und übergeordneten Plänen ist für die Sprachpsychologie besonders geeignet. Es besteht eine Analogie zwischen einer Hierarchie von TOTE-Einheiten und der Menge der *Erzeugungs*regeln einer Konstituentengrammatik (in Abbildung 73 teilweise dargestellt) – nicht aber zwischen TOTE-Hierarchien und *Transformations*regeln (MILLER und CHOMSKY, 1963).

MILLENSON (1967) zeigte, daß man TOTE-Hierarchien auch lernpsychologisch interpretieren kann. Der Begriff Test entspricht der Diskrimination von Reizen, der Begriff Operation ent-

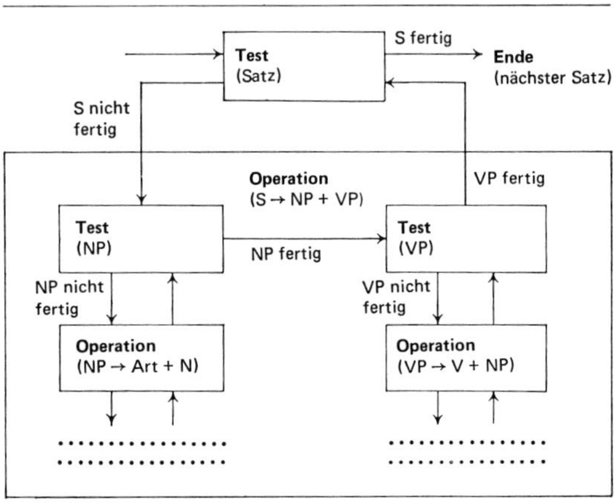

Abbildung 73

spricht dem Terminus Verhaltensweise (response). Auf diese Weise läßt sich auch die Planhierarchie der Satzerzeugung (Abbildung 73) interpretieren, wenn man mit S und R nicht nur äußere Reize und sichtbare Verhaltensweisen meint, sondern – wie es in der neueren Lernpsychologie bekanntlich üblich ist – die Begriffe Diskrimination und Reaktion auch auf intervenierende (kognitive) Prozesse bezieht. An dieser Stelle sei noch erwähnt, daß SUPPES (1969) einen formalen Beweis dafür erbrachte, daß Planhierarchien, Erzeugungsregeln und alle äquivalenten Modelle im Rahmen einer S-R-Theorie dargestellt werden können.

Abschließend muß noch auf zwei Punkte eingegangen werden, auf die Kreativität der Sprache und auf den *nativistischen* Standpunkt. Es wurde wiederholt die Meinung vertreten, daß die Lernpsychologie die Kreativität der Sprache (siehe Abschnitt 3.1) nicht erklären kann, wohl aber eine generative Grammatik. Erzeugungsregeln sind jedoch, wie aus den Überlegungen von MILLENSON (1967) und SUPPES (1969) hervorgeht, durchaus lerntheoretisch erfaßbar.

Es scheint auch fraglich, ob die Kreativität der Sprache als unendlich angesehen werden soll. Man kann natürlich sagen, daß es *prinzipiell keine obere Grenze* für die Anzahl der Sätze gibt, die ein Mensch produzieren und verstehen kann, daß es auch keine prinzipielle obere Grenze für deren Länge und syntaktische Komplexität gibt. *De facto* gibt es aber Grenzen. Die Anzahl der Sätze ist einfach dadurch begrenzt, daß das Leben nur von endlicher Dauer ist. Die Länge und Komplexität der Sätze ist durch die Informationsverarbeitungsmechanismen des Menschen begrenzt. Thomas Mann und Adorno produzierten lange und komplizierte, aber durchaus endliche Sätze. Die Annahme eines Kompetenzmodells, das die Produktion unendlicher Sätze erklärt, und die zusätzliche Annahme eines Performanzmodells, das sie wieder «wegerklärt», ist nicht gerade denkökonomisch.

Der von CHOMSKY vertretene *nativistische* Standpunkt besagt, daß die Sprachkompetenz in ihren wesentlichen Zügen (also etwa die Menge der Erzeugungsregeln) angeboren ist. Ein Kind braucht sozusagen nur die Besonderheiten seiner Muttersprache zu lernen.

Es wird auch die Ansicht vertreten, daß die semantischen Merkmale (wie PHYSISCHES OBJEKT, LEBEWESEN, WEIBLICH usw.) angeboren sind, und zwar mit dem Hinweis darauf, daß sie in praktisch allen bisher untersuchten Sprachen aufzufinden sind. Diese Erklärung ist nicht plausibel. Näherliegend ist es, die Universalität der semantischen Merkmale darauf zurückzuführen, daß alle Menschen in derselben Welt leben und daher dieselben fundamentalen Begriffe lernen. Es ist für alle Menschen zweckmäßig, zwischen männlich und weiblich, zwischen belebt und unbelebt usw. zu unterscheiden.

Nativistische und empiristische Standpunkte sollten außerdem nicht als scharfe Gegensätze aufgefaßt werden, sondern als die (idealisierten) Pole eines Kontinuums. Auch der Nativist muß annehmen, daß nicht alles angeboren ist, sondern manches gelernt wird (z. B. die Besonderheiten der Muttersprache). Genauso muß der Empirist annehmen, daß nicht alles gelernt wird, sondern manches angeboren ist (z. B. daß durch Verstärkung die Häufigkeit einer Verhaltensweise ansteigt). Wieviel bei der Sprache angeboren und wieviel erlernt ist, sollte nicht von vornherein postuliert, sondern durch zukünftige empirische Forschung entschieden werden.

4. Kapitel
Einstellungen

4.1 Einstellungen und Meinungen

4.11 Ein Einstellungsmodell

Die Einstellung einer Person zu einem Objekt ist ihre (subjektive) Bewertung des Objekts. Als Einstellungsobjekte kommen Reize (eine Farbe, ein Musikstück, eine bestimmte Person), Verhaltensweisen (Rauchen, eine Rede halten, Ausüben politischer Aktivitäten, Kauf eines Autos) und Begriffe bzw. Begriffssysteme in Frage (Popmusik, Ideologien, religiöse und ethische Standpunkte usw.). Manche Autoren vermeiden in diesem Zusammenhang den Terminus Begriff und sprechen lieber von kognitiven Elementen bzw. kognitiven Systemen.

Die Unterteilung der Einstellungsobjekte in Reize, Verhalten und Begriffe soll keine scharfe Trennung der genannten Objektklassen implizieren. Das Einstellungsobjekt «Person A» ist eher ein Reiz, wenn es etwa nur um das Aussehen von A geht. «Person A» ist eher ein Begriff, wenn damit die Gesamtheit der Eigenschaften von A (Meinungen, Persönlichkeitsmerkmale usw.) gemeint ist. «Ideologie X» kann eher als Begriff (der Inhalt der Ideologie) oder eher als Verhalten (mit dieser Ideologie verbundene politische Aktivitäten) gemeint sein.

Obwohl sich die hier vorgeschlagene Klassifizierung der Einstellungsobjekte nicht exakt durchführen läßt, ist sie dennoch zweckmäßig. Der Forscher sowie der Praktiker sollte sich in jedem Fall überlegen, ob das untersuchte Einstellungsobjekt eher der einen oder anderen Klasse angehört. Die Einstellung zu «Automarke B» (Reiz oder Begriff) ist nicht identisch mit der Einstellung zu «Kauf eines Autos der Marke B» (Verhalten). Für praxisorientierte Fragestellungen (etwa der Werbepsychologie, der politischen Psychologie oder der Pädagogik) wird in der Regel die Einstellung zu Verhaltensweisen interessanter sein als die zu Reizen oder Begriffen. (Die hier angedeutete Problematik wird in Abschnitt 4.24 ausführlich erörtert.)

Der Terminus «Bewertung» (eines Einstellungsobjekts) hat hier dieselbe Bedeutung wie in Abschnitt 2.42 (Kognitive Lerntheorien). Der (subjektive) Wert W eines Einstellungsobjekts EO kann negativ, neutral oder positiv sein. Positive und negative Bewertungen (Einstellungen) können in feinsten Abstufungen mehr oder weniger positiv bzw. negativ sein. Es wird außerdem angenommen, daß es eine feste obere Grenze (+ a) für positive und eine feste untere Grenze (− a) für negative Einstellungen gibt:

$$(-\ a) \leqq W(EO) \leqq (+\ a)$$

Die Einstellungsobjekte einer Person sind nicht isolierte Elemente, sondern stehen zum Großteil miteinander in Verbindung (durch Assoziation, durch begriffliche Relationen wie Überordnung, Unterordnung, Eigenschaft, Widerspruch usw.). Mit anderen Worten: Einstellungen kann man genauso wie alle anderen Kognitionen als Knoten in semantischen Netzwerken auffassen, die durch Kanten (Relationen) mit anderen Knoten verbunden sind. Und umgekehrt: Jede Kognition in einem semantischen Netz kann ein Einstellungsobjekt werden (es kann eine Einstellung zum Inhalt der Kognition entwickelt werden). Die Einstellung (Bewertung) eines konkreten Objekts hängt von den Bewertungen der Einstellungsobjekte ab, die mit ihm verbunden sind. Diese Verbindungen zwischen Einstellungsobjekten können realen Sachverhalten entsprechen, das muß aber nicht der Fall sein. (Ob die subjektiven Beziehungen zwischen Einstellungsobjekten Entsprechungen in der Realität haben oder nicht, ist in diesem Zusammenhang gleichgültig. Bewertungen werden durch subjektive, nicht durch objektive Relationen zwischen Objekten determiniert. Eine Person A, die von B für intelligent, schön und ehrlich gehalten wird, wird von B positiv bewertet, gleichgültig, ob sie intelligent, schön und ehrlich *ist* oder nicht.)

In Anlehnung an ROSENBERG (1956, 1960a, 1960b, 1968) könnte man sich die Einstellung zu einem konkreten Objekt folgendermaßen vorstellen[1]. Das Einstellungsobjekt EO ist durch eine Reihe von Beziehungen (die Relationen $Rel_1, \ldots, Rel_i, \ldots, Rel_n$) mit n anderen Einstellungsobjekten ($EO_1, \ldots, EO_i, \ldots, EO_n$) verbunden, siehe Abbildung 74. (Zum besseren Verständnis möge sich der Leser ein konkretes Beispiel vergegenwärtigen. EO könnte eine be-

[1] Ähnliche Modelle wurden u. a. von DULANY (1961, 1968), FISHBEIN (1963, 1965, 1967) und OSGOOD, SAPORTA und NUNNALY (1956) vorgeschlagen.

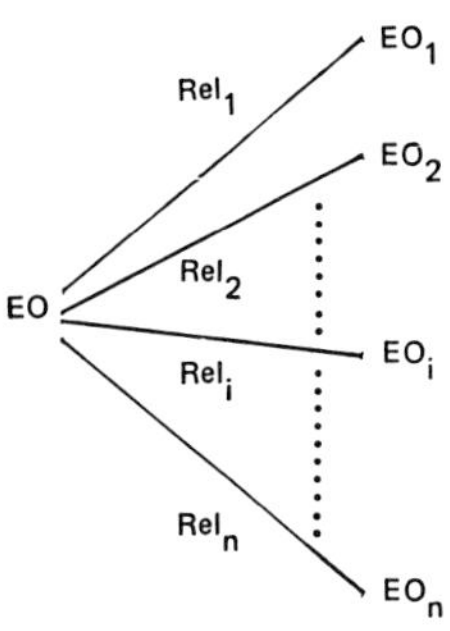

Abbildung 74

stimmte Gruppe sein, die EO_i wären dann Eigenschaften, Zielsetzungen, Aktivitäten usw. dieser Gruppe bzw. ihrer Mitglieder.)

Die Relationen zwischen den Objekten haben dieselben formalen Eigenschaften wie Bewertungen. Sie können negativ oder positiv sein[2]. Positive Relationen sind die folgenden: A ist ähnlich B, A hat die Eigenschaft B, A ist ein Teil von B, wenn A dann B, A und B treten gemeinsam auf (z. B. auf Verhalten A folgt Konsequenz B), A schätzt B, A hilft B, A ist mit B befreundet usw. Beispiele für negative Relationen sind: A steht im Gegensatz (Widerspruch, Negation) zu B, wenn A dann nicht B, A haßt B, A hindert B. Eine positive Relation liegt also immer dann vor, wenn zwei Elemente A und B durch die Relation verbunden werden (wenn eine Beziehung oder Einheit zwischen ihnen hergestellt wird) und/oder wenn eine positive emotionale (oder wertende) Beziehung zwischen ihnen besteht. Eine negative Relation ist gegeben, wenn zwei Elemente A und B durch die Relation getrennt werden und/oder wenn eine negative emotionale (oder wertende) Beziehung zwischen ihnen besteht.

Positive und negative Relationen können in Abstufungen auftreten: A ist B mehr oder weniger ähnlich, A und B treten manchmal, oft oder immer gemeinsam auf, A schätzt B ein wenig oder sehr, A steht teilweise im Gegensatz zu B, A hindert B mehr oder weniger usw. Wie bei den Werten wird auch hier angenommen, daß es eine feste obere Grenze (+ b) für positive und eine feste untere Grenze (− b) für negative Relationen zwischen EO und EO_i gibt:

$$(-\,b) \leqq \text{Rel}\,(\text{EO}, \text{EO}_i) \leqq (+\,b)$$

Die im Abschnitt 2.42 besprochenen Erwartungen sind ein Spezialfall der EO-EO_i-Beziehungen. In diesem Fall entspricht EO einem Verhalten R, EO_i entspricht einer Verhaltenskonsequenz (Reiz) S. Die Relation Rel entspricht der subjektiven Wahrscheinlichkeit p, der Erwartung, daß S auf R folgt.

Jede konkrete Relation zwischen zwei Einstellungsobjekten wird im folgenden eine Meinung genannt. (Diese Definition des Begriffs «Meinung» stimmt mit dem üblichen Sprachgebrauch zumindest in jenen Fällen überein, in denen die in Beziehung zueinander stehenden Einstellungsobjekte Begriffe sind und sofern diese Beziehung bewußt ist – was nicht immer der Fall sein muß.) Erwartungen sind nach dieser Definition eine Teilmenge der Meinungen, nämlich solche Meinungen, bei denen EO ein Verhalten, EO_i eine Verhaltenskonsequenz und Rel eine subjektive Wahrscheinlichkeit ist. Statt «ein EO ist mit einer Reihe anderer EO_i verbunden» können wir auch sagen «über jedes EO hat man eine Reihe von Meinungen».

Manche Meinungen tragen zu einer positiven, andere zu einer negativen Einstellung bezüglich EO bei. Je nach Qualität (Richtung, Vorzeichen) von Rel und EO_i liegt einer von vier möglichen Meinungstypen vor:

(1) positive Relation zwischen EO und positivem EO_i
(2) positive Relation zwischen EO und negativem EO_i
(3) negative Relation zwischen EO und positivem EO_i
(4) negative Relation zwischen EO und negativem EO_i

Meinungen vom Typ (1) und (4) sagen etwas Positives, Meinungen vom Typ (2) und (3) etwas Negatives über EO aus. Die Gesamtbewertung von EO ist eine Art Mittelwert aller mit EO verbundenen Meinungen.

[2] Man kann auch von neutralen Relationen sprechen. Besteht keinerlei Beziehung zwischen A und B, dann stehen sie in neutraler Relation (Nullrelation) zueinander. So gesehen, sind alle Einstellungsobjekte miteinander verbunden. Zwischen vielen von ihnen besteht allerdings lediglich die Nullrelation. Diese Formulierung kann auch so aufgefaßt werden: Für alle Paare von Einstellungsobjekten ist die *Möglichkeit* einer positiven oder negativen Relation gegeben. Bei manchen Paaren ist die Möglichkeit (noch) nicht realisiert.

Das soll an einem Beispiel veranschaulicht werden. EO ist eine Gruppe (etwa eine Gruppe von Freunden, oder die Gruppe der Berufskollegen oder eine Organisation), die durch bestimmte Eigenschaften und Tätigkeiten charakterisiert ist (siehe Abbildung 75). Die oberen und unteren Grenzen der Relationen sowie der Bewertungen sollen -3 und $+3$ sein. (Die Festlegung der numerischen Grenzen ist willkürlich. Die Werte -3 und $+3$ werden in zahlreichen Untersuchungen, vor allem von OSGOOD und seinen Mitarbeitern, verwendet.) Ferner sollen negative Relationen durch strichlierte und positive durch durchgehende Linien symbolisiert werden.

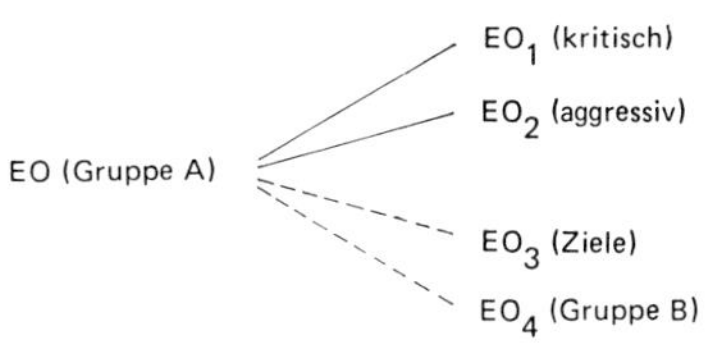

(1) Alle Mitglieder der Gruppe A (+3) denken kritisch (+3).
(2) Einige Mitglieder der Gruppe A sind manchmal (+1) aggressiv (−3).
(3) Manche Mitglieder der Gruppe A sind nicht hinreichend aktiv (−1) um ihre Ziele (+2) durchzusetzen.
(4) Gruppe A steht völlig im Gegensatz (−3) zu Gruppe B (−3), die unkritisch die Ideologie X vertritt.

	Rel_i	$W(EO_i)$	$Rel_i \cdot W(EO_i)$
(1)	+ 3	+ 3	+ 9
(2)	+ 1	− 3	− 3
(3)	− 1	+ 2	− 2
(4)	− 3	− 3	+ 9

$$+13 = \sum_{i=1}^{n} Rel_i \cdot W(EO_i)$$

$$\frac{13}{4} = \frac{1}{n} \sum_{i=1}^{n} Rel_i \cdot W(EO_i)$$

$$W(EO) = \frac{13}{12} = \frac{1}{3n} \sum_{i=1}^{n} Rel_i \cdot W(EO_i)$$

Abbildung 75

Nach ROSENBERG stehen die beiden Meinungskomponenten Relation und Wert von EO_i in multiplikativer Beziehung zueinander. Die Einstellung zu EO entspricht dem Mittelwert der Produkte aus Rel_i und EO_i. Da dieser Mittelwert zwischen den Werten -9 ($= -3 \cdot -3$) und $+9$ ($= +3 \cdot +3$) liegen kann, wird er «normalisiert», indem er durch 3 dividiert wird. Dadurch bewegt er sich innerhalb der mit -3 und $+3$ festgesetzten Grenzen unseres Bewertungskontinuums. Im Beispiel der Abbildung 75 ergibt sich ein Einstellungswert von ca. $+1$ (genau $^{13}/_{12}$), also eine mäßig positive Einstellung.

$$W(EO) = \frac{1}{3n} \sum_{i=1}^{n} Rel_i \cdot W(EO_i)$$

Es wäre auch denkbar, daß die Einstellung zu EO nicht dem Mittelwert, sondern einfach der Summe der Meinungen über EO entspricht. Manche Autoren (wie FISHBEIN) bevorzugen ein Summenmodell, andere (wie OSGOOD) ein Durchschnittsmodell. Gegen ein Summenmodell lassen sich prinzipielle Gründe anführen. Geht man von einem Summenmodell aus, dann lassen sich keine Grenzen für die Bewertung des Einstellungsobjekts festlegen. Ein mit 100 (ausschließlich) positiven Meinungen verbundenes EO würde dann 100mal positiver bewertet als ein Objekt, das nur mit einer günstigen Meinung verbunden ist. – Die Frage, ob ein Summen- oder ein Durchschnittsmodell vorzuziehen ist, wird im Abschnitt 5.321 eingehender behandelt.

Eines der bekanntesten Summenmodelle – und vielleicht das bekannteste Einstellungsmodell überhaupt – stammt von FISHBEIN (1963, 1965). Unter Verwendung der bisher benützten Symbole lautet es:

$$W(EO) = \sum_{i=1}^{n} Rel_i \cdot W(EO_i)$$

Im englischen Originaltext steht

$$A_o = \sum_{i=1}^{n} b_i \cdot e_i$$

wobei A_o die Einstellung (attitude) zu einem Objekt O ist. Die Produkte $b_i e_i$ charakterisieren die einzelnen Meinungen über O. Die Bewertungen (evaluations) e_i sind die Bewertungen der *Eigenschaften* oder Merkmale i von O. Die Relationen b_i sind *Meinungsstärken* (belief strength). Unter der Meinungsstärke b_i versteht man die subjektive Wahrscheinlichkeit oder Gewißheit, mit der man annimmt, daß das Objekt O das Merkmal i besitzt (oder die Konsequenz i mit sich bringt). Das FISHBEIN-Modell unterscheidet sich also nicht bloß dadurch vom weiter oben vorgestellten allgemeineren Einstellungsmodell, daß es ein Summen- und kein Durchschnittsmodell ist, sondern auch darin, daß es nur eine spezielle Art von Meinungen betrachtet (subjektive Wahrscheinlichkeiten des Vorhandenseins bestimmter Eigenschaften oder des Eintretens bestimmter Konsequenzen).

Daß die Einstellung zu einem Objekt in der

angegebenen Weise von den objektbezogenen Meinungen abhängt, wurde in zahlreichen Untersuchungen nachgewiesen (Anderson, 1965; Cartwright, 1949; Dulany, 1961, 1968; Fishbein, 1963; Rosenberg, 1956; Woodruff und DiVesta, 1948 u. a.). Rosenberg (1960c) zeigte außerdem, daß eine mittels Hypnose vorgenommene (und daher den Vpn nicht bewußte) Einstellungsänderung zu einer entsprechenden Änderung der relevanten Meinungen führte («Rationalisierung»).

Das hier vorgeschlagene Einstellungskonzept (Einstellung als Bewertung eines Objekts auf einem *eindimensionalen* Bewertungskontinuum) wurde bereits von Thurstone (1931) und in neuerer Zeit von Fishbein (1967) vertreten. Andere Autoren (z. B. Allport, 1935; Krech, Crutchfield und Ballachey, 1962) betrachten Einstellungen als *mehrdimensionale* Gebilde. Es handelt sich dabei jedoch eher um Definitionsunterschiede als um inhaltliche Unterschiede. Allport, Krech, Crutchfield und Ballachey bezeichnen die Objektbewertung und das ganze mit einem Objekt verbundene Meinungssystem als die Einstellung zu diesem Objekt. Fishbein und Thurstone bezeichnen nur die Objektbewertung als Einstellung. Diese Bewertung wird aber immer im Zusammenhang mit einem Meinungssystem gesehen und als von diesem determiniert aufgefaßt. Die begriffliche Trennung der Bewertungs- und Meinungsaspekte (oder, wie Rosenberg sagt, der *affektiven* und *kognitiven* Einstellungskomponenten) hat sich in vielen Fällen als zweckmäßig erwiesen.

In Abschnitt 3.323 wurde die Ähnlichkeit zwischen semantischen Netzwerken und den kognitiven Strukturen der Einstellungsforschung erwähnt. Die Gemeinsamkeiten und Unterschiede in den beiden Ansätzen sollen jetzt etwas ausführlicher besprochen werden. Die offensichtliche Gemeinsamkeit besteht darin, daß die theoretischen Grundbegriffe dieselben sind: Kognitionen und Relationen zwischen diesen. Ein wesentlicher Unterschied liegt in den divergenten Orientierungen und Interessen der beiden Richtungen: Während die Sprachpsychologie primär kognitiv-deskriptiv orientiert ist, ist die Einstellungsforschung primär an affektiven und wertbezogenen Prozessen interessiert (vgl. dazu Engelkamp, 1978).

Diese verschiedenen Blickrichtungen machen verständlich, daß jeweils andere Teile der Theorie besser ausgearbeitet sind. Während in der Sprachpsychologie wohlbegründete theoretische Annahmen darüber existieren, welche Arten von Relationen es gibt, wird in den meisten Einstellungstheorien nur ganz allgemein zwischen positiven und negativen Relationen unterschieden. Diese Klassifizierung ist zwar sehr global, betont aber einen wichtigen Punkt, der von sprachpsychologischen Theorien meistens übersehen wird, nämlich die Existenz von negativen Relationen. Zwar enthalten einige Theorien (z. B. Kintsch, 1988) positive und negative Relationen, aber die negativen Relationen sind hier bei weitem nicht so wichtig wie in den Einstellungstheorien. Die Sprachpsychologie ist hier noch immer allzu logisch orientiert und übersieht, daß es im Alltagsdenken nicht nur wichtig ist, welche Eigenschaften ein Objekt *hat*, sondern auch, welche Eigenschaften es *nicht hat* (aber vielleicht haben sollte). Ähnlich ist es im Alltagsdenken nicht nur wichtig, was ein Objekt ist (zu welcher Klasse oder Kategorie es gehört), sondern auch, was ein Objekt nicht ist. Auch das Vernachlässigen der Relationsquantifizierungen in der Sprachpsychologie ist ein unrealistischer und allzu logischer Zug. Normalerweise ist es nämlich nicht der Fall, daß einem Objekt eine Eigenschaft zugeschrieben wird oder nicht, sondern die Aussage (Meinung) ist mehr oder weniger gewiß, bzw. die Eigenschaft wird dem Objekt in größerem oder geringerem Ausmaß zugeschrieben (oder abgesprochen). Diese Tatsache wird nur vom Prototypenansatz (Abschnitt 3.315) berücksichtigt. Ansonsten gibt es zwar in einigen Theorien (z. B. Anderson, 1983) quantifizierte Relationen, jedoch handelt es sich dabei um Assoziationen unterschiedlicher Stärke, aber nicht um verschiedene Grade der Ähnlichkeit, Gewißheit usw. (Allerdings kann – worauf in Abschnitt 4.138 näher eingegangen wird – die subjektive Wahrscheinlichkeit eines Ereignisses sehr stark vom Grad der Auffindbarkeit des Ereignisses im Gedächtnis abhängen. Diese hängt von der Stärke des betreffenden Gedächtnisknotens und der angrenzenden Assoziationen ab. Man kann also zumindest teilweise die einstellungstheoretische Relationsstärke auf die gedächtnistheoretische Relationsstärke zurückführen.)

Schließlich ist das völlige Außerachtlassen subjektiver Bewertungen in den semantischen Strukturnetzen zu erwähnen. Denkprozesse sind nicht immer logisch, sondern häufig «wunschhaft» verzerrt (siehe die Abschnitte 1.34 über Dissonanztheorie, 4.4 über Konsistenztheorie, und 5.33 über die Wirkungen von Sympathie). Solche Verzerrungen können nur unter Berücksichtigung von Bewertungen erklärt werden.

Diese Mängel der strukturellen Netze können mühelos behoben werden. Um zwischen positiven und negativen Relationen unterscheiden zu können, müssen zu den positiven Relationen *istein, ist* und *hat* die entsprechenden negativen Relationen *istkein, istnicht* und *hatnicht* hinzugefügt werden. Die Stärke der Relationen kann dadurch berücksichtigt werden, daß zu jeder Relation der entsprechende Zahlenwert angegeben wird (bei der graphischen Darstellung in Klammern neben dem Namen der Relation). Zur Berücksichtigung von Bewertungen muß ein neuer Relationstyp *Wert* eingeführt werden, der jeder Kognition die entsprechende Zahl auf einem gemeinsamen Wertkontinuum (Einstellungskontinuum) zuordnet. Ein mit diesen Zusätzen versehenes strukturelles Netz kann nicht nur (wie bisher) wertneutrale Bedeutungszusammenhänge beschreiben, sondern auch Einstellungsstrukturen. Abbildung 76 zeigt die Darstellung des Einstellungsbeispiels aus Abbildung 75 in Form der modifizierten Netzstruktur.

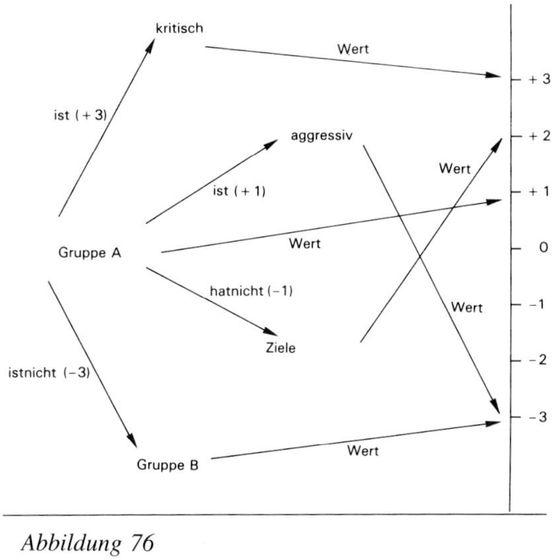

Abbildung 76

Es sind aber nicht nur die semantischen Netze mangelhaft (aus sozialpsychologischer Sicht), sondern auch die üblichen Darstellungen von Einstellungsstrukturen (aus sprachpsychologischer Sicht). Eine psychologisch adäquate Beschreibung von Einstellungsstrukturen müßte die Unterscheidung zwischen primären und sekundären Kognitionen berücksichtigen (in Abbildung 76 wurde wegen der besseren Übersichtlichkeit diese Unterscheidung nicht beachtet). Die in der Sprachpsychologie übliche sorgfältige theoretische Analyse von Relationstypen könnte auch zur Präzisierung von Einstellungsmodellen beitragen. Vor allem die Prozesse der *Meinungs*bildungen und -änderungen könnten durch Einbeziehung sprachpsychologischer (semantischer) Theorien besser verstanden und genauer erklärt werden.

4.12 Die Messung von Einstellungen

Da man nicht nur wissen will, ob eine Einstellung positiv, neutral oder negativ ist, sondern darüber hinaus auch noch *wie stark* positiv oder negativ sie ist, muß man Einstellungen genau messen. Zu diesem Zweck wurden einige Methoden zur Herstellung von *Einstellungsskalen* entwickelt. Eine Einstellungsskala ist eine Liste von Fragen und/oder Feststellungen (Aussagen) in bezug auf *ein* Einstellungsobjekt. Ein Teil dieser Fragen bzw. Aussagen drückt eine positive Haltung hinsichtlich des Objekts aus (z. B. «ohne Religion ist das Leben völlig sinnlos»), der andere Teil eine negative Haltung (z. B. «Religion ist nur ein Mittel der Herrschenden zur Unterdrückung des Volks»).

Die Person, deren Einstellung zu einem bestimmten Objekt auf diese Weise gemessen wird, muß bei jeder Frage bzw. Aussage der Einstellungsskala angeben, ob sie diese bejaht bzw. akzeptiert oder verneint bzw. ablehnt. Aus Anzahl und Art der akzeptierten und abgelehnten Aussagen schließt man dann auf Richtung (positiv oder negativ) und Stärke der untersuchten Einstellung. Eine Person, die ausschließlich (oder vorwiegend) positive Aussagen über X akzeptiert, hat eine positive Einstellung zu X. Akzeptiert sie viele positive Aussagen, hat sie eine sehr positive Einstellung zu X; akzeptiert sie nur einige der vorgegebenen positiven Aussagen, hat sie bloß eine mäßig positive Einstellung. Wenn jemand eher negative Aussagen über X akzeptiert, dann schließt man aus diesem Umstand auf seine negative Einstellung zu X.

Die bekanntesten und verbreitetsten Methoden zur Konstruktion von Einstellungsskalen wurden von GUTTMAN (1944, 1947, 1950), LIKERT (1932) und THURSTONE (1927, 1928, 1929; THURSTONE und CHAVE, 1929) entwickelt[3]. Alle diese Einstellungsskalen haben den großen Nachteil, daß ihre Herstellung sehr aufwendig und ihre Vorgabe ziemlich zeitraubend ist: Zuerst muß festgestellt werden, ob die vorgesehenen Fragen bzw. Aussagen die notwendigen formalen (statistischen) Voraussetzungen erfüllen. Zu dieser Überprüfung benötigt man oft Hunderte von Vpn. Aufgrund der Datenanalyse werden die unbrauchbaren Fragen und Aussagen ausgeschieden. Die verbleibenden Fragen und Aussagen bilden dann die gewünschte Einstellungsskala. Bei der Vorgabe der Skala (Einstellungsmessung) müssen die Vpn alle (in der Regel einige Dutzend) Fragen der Skala beantworten.

In den letzten Jahren setzt sich immer mehr eine wesentlich einfachere Art der Einstellungsmessung durch. Das untersuchte Einstellungsobjekt muß dabei von den Vpn lediglich auf einigen (etwa drei bis zehn) Dimensionen eingestuft werden. Abbildung 77 zeigt einige in diesem Zusammenhang besonders oft verwendete Dimensionen.

Es handelt sich bei dieser Methode, wie man sieht, um eine Kurzfassung des semantischen Differentials (vgl. Abschnitt 3.317). Für den Zweck der Einstellungsmessung wird man dabei (zumindest vorwiegend) solche Adjektivpaare (Dimensionen) verwenden, die den Bewertungsfaktor repräsentieren. Die Einstellung einer Person zum Objekt X entspricht dem Mittelwert ihrer Einstufungen des Objekts X.

Die Einstellungsmessung mit Hilfe des semantischen Differentials hat sich in Forschung und Praxis ausgezeichnet bewährt. Die genannte Methode ist nicht nur wesentlich ökonomischer als alle Einstellungsskalen und -fragebogen, sondern hat noch zahlreiche andere Vorteile. Sie ist immer anwendbar. Zur Untersuchung eines neuen (noch nicht untersuchten) Einstellungsobjekts muß nicht erst in mühsamer und zeitraubender Arbeit eine neue Einstellungsskala hergestellt werden. Einstellungsmessungen bezüglich verschiedener Objekte sind vergleichbar (Aussagen wie «Person A hat eine positivere Einstellung zu X als zu Y» sind möglich). Das ist bei Verwendung von fragebogenartigen Skalen streng genommen nicht zulässig (weil die Fragebogen bezüglich X und Y verschiedene Meßinstrumente sind und nicht unbedingt vergleichbare Daten liefern).

Mit dem Einstellungsmodell von FISHBEIN ist auch eine eigene Methode der Einstellungsmessung verbunden (s. Abbildung 78). Die Vp soll zunächst angeben, welche Eigenschaften ein vorgegebenes Einstellungsobjekt nach ihrer Meinung hat, bzw. welche Konsequenzen es herbeiführt. Abbildung 78 zeigt die Meinungen einer fiktiven Vp zu Autos der Firma X. Im nächsten Schritt muß die Vp jede genannte Eigenschaft oder Konsequenz bewerten (häufig werden dazu bipolare Skalen von -3 bis $+3$ verwendet). Abschließend muß die Vp noch die Meinungsstärken angeben, d. h. wie sicher sie ist, daß das Einstellungsobjekt die von ihr genannten Eigenschaften wirklich aufweist. (Diese subjektiven Wahrscheinlichkeiten können ebenfalls mit Hilfe bipolarer Skalen gemessen werden. In einem Großteil der publizierten Untersuchungen wurden jedoch unipolare Skalen von 0 bis $+3$ verwendet.)

Jede Vp kann so viele Eigenschaften nennen wie sie will. (Es gibt auch ein modifiziertes Verfahren, bei dem die Eigenschaften vorgegeben werden.) Nach FISHBEIN werden im Durchschnitt 5 bis 9 Eigenschaften genannt. Das sind die wich-

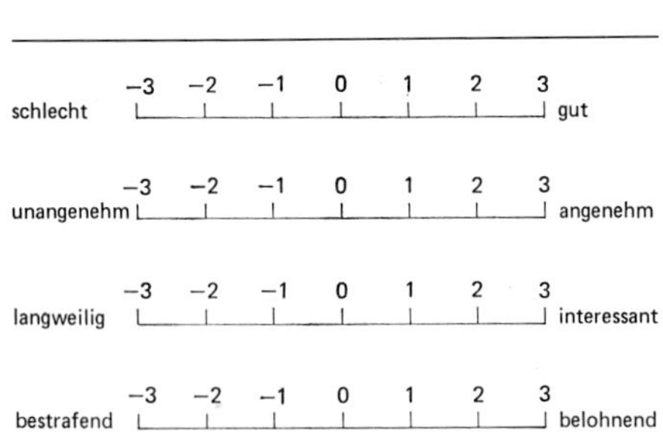

Abbildung 77

[3] Eine leicht verständliche Einführung in die Methoden der Einstellungsskalierung ist das Buch von EDWARDS (1975). Eine etwas anspruchsvollere Darstellung, die allerdings auch die neueren Skalierungsverfahren umfaßt, gibt DAWES (1972).

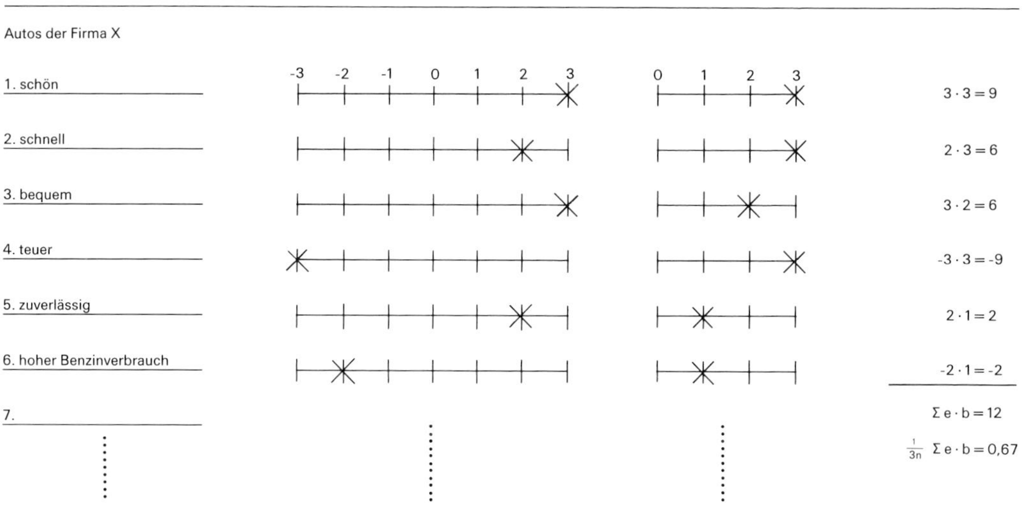

Abbildung 78

tigsten Meinungen (salient beliefs) zum Objekt, die am schnellsten im Gedächtnis aktiviert werden. Natürlich können die meisten Vpn nach mühevollem Nachdenken noch mehr Meinungen äußern. Die Einstellung kann jedoch schon aufgrund der wichtigsten Meinungen berechnet werden.

Zu diesem Zweck werden zuerst für alle genannten Eigenschaften i die Produkte $e_i b_i$ gebildet und dann summiert. (Falls man aus theoretischen Gründen ein Durchschnittsmodell bevorzugt, kann man auch den Mittelwert der $e_i b_i$ berechnen.)

Diese Methode der Einstellungsmessung (und verwandte Methoden, die auf ähnlichen Produktsummen beruhen) hat denselben Vorteil wie das Semantische Differential: Sie ist sehr ökonomisch, weil sie universell und ohne Voruntersuchungen anwendbar ist. Darüber hinaus bietet sie noch weitere Vorteile. Sie gibt Aufschluß über die inhaltliche und formale Struktur einer Einstellung. Zum Beispiel kann man die Anzahl n der genannten Eigenschaften als Maß der Komplexität (oder Simplizität) einer Einstellung auffassen. Man kann die durchschnittliche Meinungssicherheit (Mittelwert der b_i) berechnen, es läßt sich ein Maß der Homogenität bzw. Ambivalenz ableiten, usw. (Homogenität und andere Strukturaspekte von Einstellungen werden in Abschnitt 4.132 besprochen).

Abschließend noch einige methodische Anmerkungen über Produktsummenmodelle in der Einstellungsmessung (– nur für statistisch und methodisch versiertere Leser; methodisch weniger interessierte Leser mögen zum nächsten Abschnitt übergehen): Produktsummenmodelle werden sehr häufig zur Einstellungsmessung verwendet. (Aber auch in anderen Bereichen gibt es Produktsummentheorien. Zu dieser Theorienklasse gehören die sogenannten Erwartung-mal-Wert-Theorien, z. B. die Lerntheorie von ROTTER.) Meistens wird dabei angenommen, daß sowohl die Einstellung selbst, als auch deren Komponenten (z. B. die b_i und e_i) auf Intervallskalenniveau erfaßt werden. Nun hat ORTH (1985) nachgewiesen, daß bei Produktsummenmodellen der Form $A = \sum_{i=1}^{n} b_i e_i$ A nur dann eine sinnvolle (meßtheoretisch «bedeutsame») Messung der Einstellung auf Intervallskalenniveau ist, wenn die Komponenten e_i und b_i auf Verhältnisskalenniveau gemessen wurden – was bei den üblichen Ratingskalen nicht der Fall ist, denn Ratingskalen ergeben nach Meinung vieler Forscher bestenfalls Daten auf Intervallskalenniveau. (Es gibt noch bestimmte Spezialfälle der Skaleneigenschaften von b_i und e_i, die ebenfalls zu sinnvollen Ergebnissen führen. Auf sie kann hier nicht eingegangen werden.)

ORTH (1985) zeigte außerdem, daß es bei folgender Modifikation des Produktsummenmodells ausreicht, e_i und b_i auf Intervallskalenniveau zu erfassen:

$$A = \sum_{i=1}^{n} (e_i + c)(b_i + d). \quad (1)$$

c und d sind reele Konstanten, die entweder empirisch ermittelt (mit der Methode der kleinsten Quadrate geschätzt) oder aufgrund theoretischer Überlegungen festgelegt werden können. Aufgrund theoretischer Überlegungen schlug DOHMEN (1985) Gleichung (2) als Alternative zu (1) vor. Die Konstanten c und d wurden durch $-\bar{e}$ und $-\bar{b}$ ersetzt, wobei $\bar{e}$ und $\bar{b}$ die arithmetischen Mittelwerte von e_i bzw. b_i sind. Auch bei Modell (2) genügt die Messung von e_i und b_i auf Intervallskalenniveau. Modell (2) hat den Vorteil, daß es nicht notwendig ist, die Konstanten c und d zu schätzen.

$$A = \sum_{i=1}^{n} (e_i - \bar{e})(b_i - \bar{b}). \quad (2)$$

Wenn die rechte Seite der Gleichung (2) durch die Konstante ns_es_b dividiert wird (wobei s_e und s_b die Streuungen von e bzw. b sind), erhält man:

$$A' = \frac{\sum (e_i - \bar{e})(b_i - \bar{b})}{n\, s_e\, s_b} = \frac{\sum z_{e_i} z_{b_i}}{n} = r_{eb}. \quad (3)$$

Durch die Division durch s_es_b werden aus den Differenzen $(e_i - \bar{e})$ und $(b_i - \bar{b})$ z-normierte Werte, und durch die Division durch n erhält man schließlich den Mittelwert der Produkte $z_{e_i} z_{b_i}$. Dieser Ausdruck ist die Produktmomentkorrelation zwischen e und b.

Daraus folgt die psychologisch sehr interessante Aussage, daß man Einstellungen auch als Korrelationen (zwischen ihren Komponenten b und e) auffassen kann. Je höher diese Korrelation ist, desto positiver ist die Einstellung. Eine hohe positive Korrelation bedeutet: Je positiver ein Merkmal bewertet wird, desto wahrscheinlicher ist es, und je negativer ein Merkmal bewertet wird, desto unwahrscheinlicher ist es.

Psychologisch interessant ist auch folgende Umformung von (1):

$$A = \sum e_i b_i + d \sum e_i + c \sum b_i + ncd. \quad (4)$$

Formel (4) bedeutet, daß Einstellungen aus mehreren additiven Komponenten bestehen. $d\sum e_i$ ist die Bewertungs- oder affektive Komponente. $c\sum b_i$ – die kognitive Komponente – ist um so größer, je sicherer die Meinungen sind. $\sum e_i b_i$ kann man als Wechselwirkungs- oder Konsistenzkomponente auffassen, die groß ist, wenn e_i und b_i proportional sind, wenn also besonders sichere Meinungen mit extremen Bewertungen verbunden sind. (Da für A nur Intervallskalenniveau angenommen wird, sind lineare Transformationen zulässig, weshalb man die schwer interpretierbare Komponente ncd außer Acht lassen kann.)

DOHMEN, DOLL und ORTH (1986) analysierten drei Datensätze, in denen jeweils mehrere Einstellungsobjekte von den Vpn beurteilt worden waren. Von jeder Vp waren für jedes Einstellungsobjekt die e_i und b_i auf Ratingskalen angegeben worden, und außerdem eine direkte Einschätzung ihrer Einstellung (ebenfalls auf einer Ratingskala). Aufgrund der e_i und b_i-Werte wurden nun die theoretischen Einstellungen berechnet – u. a. nach den Formeln (1) und (3) und mit den direkten Einstellungsurteilen korreliert. (Um Formel [1] anwenden zu können, mußten die Konstanten c und d mit der Methode der kleinsten Quadrate geschätzt werden.) Beide Modelle – (1) und (3) – stimmen gut mit den Daten überein. Ein Großteil der Korrelationen war größer als 0,7, einige waren sogar über 0,9. Das Modell (1) war geringfügig besser als Modell (3).

Sehr interessant sind auch die Ergebnisse bezüglich der Schätzungen von c und d. Die errechneten Werte lagen durchwegs nahe bei den Skalenmittelpunkten. (Genauer: wenn m ein Skalenmittelpunkt ist, lag die Schätzung nahe bei – m.) Dadurch wurden die ursprünglichen Daten (annähernd) in Differenzen zwischen dem ursprünglichen Wert und dem Skalenmittelpunkt transformiert (aus X wurde X – m). Das bedeutet, daß bei Verwendung bipolarer Skalen mit einem Mittelpunkt von Null (z. B. – 3 bis + 3) die Unterschiede zwischen den ursprünglichen Werten (b_i und e_i) und den transformierten Werten $[(b_i + d)$ und $(e_i + c)]$ klein sind, so daß man sie eventuell vernachlässigen kann. Bei Verwendung unipolarer Skalen können jedoch beträchtliche Unterschiede zwischen ursprünglichen und transformierten Werten auftreten. Die Analysen von DOHMEN, DOLL und ORTH (1986) zeigten, daß die Ergebnisse bei Verwendung der Skalenmittelpunkte für c und d praktisch genau so gut waren wie bei Verwendung der geschätzten Werte (also wenn c und d mit der Methode der kleinsten Quadrate berechnet wurden).

4.13 Entstehung und Änderung von Einstellungen

4.131 Entstehung und Änderung

Nach dem hier vorgeschlagenen und empirisch gut bestätigten Einstellungsmodell (vgl. Abschnitt 4.11) hängt die Einstellung zu einem Objekt (d. h. seine Bewertung) von den Meinungen ab, die mit dem Objekt verbunden sind. (Der Terminus «Meinung» wird weiterhin in dem allgemeinen Sinn verwendet, wie er in Abschnitt 4.11 definiert wurde.) Entstehung und Änderung von Einstellungen sind somit notwendig mit der Entstehung und Änderung von Meinungen verbunden.

Eine Einstellung *entsteht* dadurch, daß Beziehungen zwischen dem Objekt EO und einem oder mehreren anderen EO_i hergestellt werden. Auf welche Art das geschehen kann (Konditionieren, Kommunikation, Denkprozesse usw.) wird in den folgenden Abschnitten besprochen.

Die *Änderung* von Einstellungen kann auf zwei Arten erfolgen: Durch Aufnahme neuer Meinungen (wie bei der Entstehung von Einstellungen) und durch Änderung bereits vorhandener Meinungen. Ist etwa ein Einstellungsobjekt vorwiegend oder ausschließlich mit positiven Meinungen verbunden (EO hat die positiven Eigenschaften EO_1, EO_2, ... und hat nicht die negativen Eigenschaften EO_i, EO_{i+1}, ...), dann ist die Bewertung von EO sehr positiv. Werden nun negative Meinungen über EO neu aufgenommen (EO hat nicht die positiven Eigenschaften EO_j, EO_{j+1}, ... und EO hat die negativen Eigenschaften EO_k, EO_{k+1}, ...), dann wird dadurch die positive Einstellung zu EO neutralisiert. Werden sehr viele und extreme negative Meinungen neu gebildet, so kann die anfangs positive Einstellung dadurch sogar negativ werden.

Für die Änderung bereits vorhandener Meinungen gibt es zwei Möglichkeiten: Änderung der Relation zwischen EO und EO_i und Änderung der Bewertung von EO_i. Zum Beispiel kann eine Autofirma, die für ihre Produkte wirbt, indem sie auf deren Sicherheit hinweist, dabei auf zwei Arten vorgehen. Durch Hinweis auf die besonders große Sicherheit ihrer Produkte wird die Relation zwischen EO (Auto der Marke X) und EO_i (Sicherheit) stärker (positiver). Indem die Bedeutung des Faktors Sicherheit unterstrichen wird (etwa durch Hinweis auf die Schäden, die bei Unfällen mit weniger sicheren Fabrikaten entstehen), wird die Bewertung von EO_i (Sicherheit) positiver.

Entstehung und Änderung von Einstellungen sind nicht völlig verschiedenartige, sondern weitgehend ähnliche Prozesse. In beiden Fällen ist die Entstehung von Meinungen beteiligt, im zweiten Fall außerdem die Änderung von Meinungen. Entstehung und Änderung von Meinungen werden durch dieselben Prozesse verursacht (Konditionieren, Kommunikation usw.).

Der Begriff Meinung ist hier in dem allgemeinen Sinn zu verstehen, in dem er einleitend definiert wurde – umfaßt also auch Beziehungen zwischen EO und Gefühlen, Reflexen und Operanten.

In vielen Fällen ist es zweckmäßig, kognitiv fundierte und affektiv fundierte Einstellungen zu unterscheiden (WILSON et al., 1989, s. dazu Abschnitt 4.343). Kognitiv fundiert sind Einstellungen, die auf einem stabilen und differenzierten *kognitiven* Meinungssystem (Beziehungen zwischen EO und begrifflichen EO_i) beruhen. Affektiv fundiert sind Einstellungen, die primär auf Gefühlen beruhen. Natürlich gibt es auch Einstellungen, die sowohl kognitiv wie affektiv fundiert sind. Im Sinn dieser Unterscheidung konzentrieren sich die letzten Abschnitte dieses Kapitels (kognitive Prozesse I bis III) auf Entstehung und Änderung kognitiv fundierter Einstellungen, während sich die früheren Abschnitte (4.133 bis 4.136) vorwiegend mit affektiv fundierten Einstellungen beschäftigten.

Die Zahl der Einstellungs- und Meinungsbildungsprozesse ist äußerst groß. Das vorliegende Kapitel strebt nicht Vollständigkeit an. Einige andere Prozesse kennt der Leser bereits (z. B. dissonanzbedingte Einstellungsänderungen), andere werden in späteren Kapiteln beschrieben (z. B. in den Abschnitten über Attributionen und über implizite Persönlichkeitstheorien in Teil 5).

4.132 Ansatz zu einer Theorie der Einstellungsfluktuation

Es ist eine (meistens implizite) Annahme so gut wie aller Einstellungstheorien, daß die Einstellung einer Person zu einem Objekt konstant ist und nur durch ziemlich massive Eingriffe von außen verändert werden kann (Kommunikation, klassisches Konditionieren, s. Abschnitte 4.133 bis 4.136) oder sich spontan ändert, d. h. ohne *direkte* äußere Einwirkung, wenn sie zu anderen Einstellungen in Widerspruch gerät (s. Kap. 4.4 über Konsistenztheorien).

Diese Annahme widerspricht jedoch sowohl der Alltagserfahrung wie auch wohlbegründeten lerntheoretischen Befunden. Sicher ist jedem Leser aus der Selbstbeobachtung bekannt, daß Einstellungen kurzzeitigen, beträchtlichen Schwankungen unterliegen. Die Bewertung eines Freundes, einer Theorie oder eines Musikstücks (um nur einige Beispiele zu nennen) kann innerhalb weniger Stunden oder Tage erheblich schwanken.

Dabei handelt es sich um keine zufälligen Fluktuationen, sondern um gesetzmäßige und auf lerntheoretischer Grundlage erklärbare Phänomene. Wie aus dem in Abschnitt 4.11 beschriebenen Einstellungsmodell hervorgeht, hängt die Bewertung eines Einstellungsobjekts von den Bewertungen seiner Einzelkomponenten ab. Diese unterliegen, genauso wie Verstärker und Strafreize, Sättigungs- und Deprivationseffekten. Wenn man beispielsweise einen Freund vorwiegend deshalb schätzt, weil man von ihm viele «Bestätigungen» bekommt, dann ist nach einem Tag, an dem man zahlreiche Zustimmungen und Zuwendungen von anderen Personen erhielt, die Sympathie für ihn (vorübergehend!) geringer (Sättigungseffekt). Ein Musikstück, das man lange Zeit nicht hören konnte, wird dadurch (ebenfalls vorübergehend) attraktiver (Deprivationseffekt).

Kognitive Prozesse gehorchen denselben Gesetzmäßigkeiten wie beobachtbares operantes Verhalten (darüber hinaus gibt es Gesetzmäßigkeiten, die *nur* für kognitive Prozesse Gültigkeit haben, wie etwa die von der Dissonanztheorie und anderen Konsistenztheorien beschriebenen). HOMME (1965) bezeichnet daher kognitive Prozesse als *coverants* (eine Verkürzung von covert operants, nicht beobachtbare Operanten)[4]. So hängt etwa die Auftrittshäufigkeit von Meinungen (wie oft einem bestimmte Meinungen «einfallen», wie oft man an sie denkt) genauso wie die von Operanten von Verstärkern und Stafreizen sowie von diskriminativen Reizen ab.

Man muß daher annehmen, daß in Abhängigkeit von der jeweiligen Umgebung einer Person (d. h. in Abhängigkeit von sämtlichen gerade vorhandenen diskriminativen Reizen) verschiedene Aspekte eines Einstellungsobjekts beachtet werden. Der Besitzer eines Sportkabrioletts wird an einem heißen Sommertag vor allem an das Vergnügen, mit offenem Verdeck zu fahren, denken. Wenn er an einer Reparaturwerkstätte vorübergeht, fällt ihm eher die Reparaturanfälligkeit seines Wagens ein und er denkt an die damit verbundenen Kosten. Daher wird die Einstellung zum Sportwagen im ersten Fall (S_d Hitze) positiver sein als im zweiten (S_d Werkstätte).

Es wurden (ohne Anspruch auf Vollständigkeit zu erheben) zwei Erklärungsprinzipien für Einstellungsschwankungen aufgezeigt: Sättigung bzw. Deprivation und die Wirkung diskriminativer Reize. Während Sättigung und Deprivation vor allem die Bewertung der Einzelkomponenten beeinflussen ($W[EO_i]$), ändern Situationsfaktoren (diskriminative Reize) eher die Gewichtung der Komponenten (Relation zwischen EO und EO_i).

Es lassen sich auch Aussagen darüber machen, welche Einstellungen relativ stabil sind und welche häufig schwanken. Dazu sind zwei Begriffe notwendig: *Homogenität* und *Komplexität* von Einstellungen. Häufig werden differenzierte Einstellungen (im Gegensatz zu simplen, unüberlegten) als komplexe Einstellungen bezeichnet. (KRECH, CRUTCHFIELD und BALLACHEY, 1962, bezeichnen differenzierte Einstellungen als «multiplex».) Im Rahmen des Einstellungsmodells aus Abschnitt 4.11 kann man den Grad der Komplexität einer Einstellung einfach als die Anzahl der mit einem Einstellungsobjekt verbundenen Meinungen definieren.

Aus einfachen arithmetischen Überlegungen folgt, daß komplexe Einstellungen im allgemeinen stabiler sind als weniger komplexe. Wenn durch Sättigung bzw. Deprivation die Bewertung *einer* Eigenschaft eines Einstellungsobjekts verändert wird oder durch diskriminative Reize die subjektive Gewichtung *einer* Eigenschaft, so

[4] HOMME betont in seinem Artikel allerdings fast ausschließlich die Abhängigkeit der coverants von Verstärkern und Strafreizen (insbesondere von Selbstverstärkung und Selbstbestrafung), geht aber kaum auf die Rolle diskriminativer Reize ein.

hat dies auf die Gesamtbewertung einen um so geringeren Einfluß, je mehr Eigenschaften das Objekt hat (je mehr Meinungen mit ihm verbunden sind).

Wenn man einen Freund *nur* deshalb schätzt, weil er Zuwendungen bietet, dann ist seine Bewertung im höchsten Maße von sozialen Sättigungs- und Deprivationsprozessen abhängig und wird dementsprechend instabil sein. Wenn man den Freund aber außerdem wegen seiner Intelligenz, wegen seiner Interessen usw. positiv bewertet, dann haben die genannten Sättigungs- und Deprivationsprozesse einen wesentlich geringeren Einfluß auf die Einstellung zu ihm.

Der Begriff *Homogenität* bezieht sich darauf, wie ähnlich oder unterschiedlich die Bewertungen der Einzelkomponenten eines Objekts sind. Eine homogene oder konsistente Einstellung liegt dann vor, wenn alle Einzelkomponenten in gleicher Weise bewertet sind (z. B. positiv). Von einer inhomogenen (bzw. inkonsistenten oder ambivalenten) Einstellung spricht man, wenn das Einstellungsobjekt sowohl positive wie negative Eigenschaften hat.

Homogene Einstellungen sind stabiler als ambivalente. Bei ambivalenten Einstellungen besteht die Möglichkeit, daß durch Situationsfaktoren entweder positiven oder negativen Meinungen über das Einstellungsobjekt größeres Gewicht beigemessen wird, und dadurch die Einstellung in die eine oder andere Richtung verschoben wird. Bei homogenen Einstellungen dagegen spielen situationsbedingte Gewichtsveränderungen keine wesentliche Rolle. Wenn beispielsweise eine von mehreren positiven Eigenschaften mehr beachtet wird als die anderen, ändert sich nichts oder nur wenig an der positiven Gesamtbewertung.

4.133 Klassisches Konditionieren

Klassisches Konditionieren besteht darin, daß ein neutraler, d. h. nicht reflexauslösender Reiz mehrmals unmittelbar vor oder gleichzeitig mit einem unbedingten, d. h. reflexauslösenden Reiz geboten wird (siehe Abschnitt 2.22). Dadurch werden die zunächst nur vom unbedingten Reiz ausgelösten Reaktionen auf den neutralen Reiz übertragen (konditioniert). Nach diesem Prinzip müßte ein neutraler Reiz (etwa ein EO in Form eines Begriffs) eine positive Konnotation erhalten, wenn er wiederholt zusammen mit einem Reiz auftritt, der angenehme Gefühle auslöst[5].

Razran (1940) verwendete als Einstellungsobjekte politische Slogans wie «Arbeiter der ganzen Welt, vereinigt euch!», «nieder mit Krieg und Faschismus!», «Amerika den Amerikanern!» usw. Diese Slogans mußten vor dem Experiment von den Vpn bewertet werden und wurden dann in zwei gleichwertige Hälften geteilt. Eine Hälfte der Slogans wurde den Vpn wiederholt dargeboten, während sie wohlschmeckende Speisen verzehrten, die andere Hälfte, während die Vpn unangenehmen Gerüchen ausgesetzt waren. (Um Gedächtniseffekte auszuschalten, wurden auch zahlreiche nicht-experimentelle Slogans eingestreut, die nicht in systematischer Weise der angenehmen oder unangenehmen Situation zugeordnet waren.) Wie erwartet, wurden nach dem Experiment die mit Essen verbundenen Slogans wesentlich positiver bewertet als die mit unangenehmen Gerüchen gekoppelten Slogans.

In einem früheren Experiment (Razran, 1938) verwendete Razran dieselbe Methode im Zusammenhang mit Photos von Mädchen (die mit Namen von Minoritäten versehen waren) und erzielte analoge Ergebnisse. Die Resultate von Razran wurden später von Dabbs und Janis (1965) und Janis, Kaye und Kirschner (1965) in sorgfältig geplanten Experimenten bestätigt.

Die Vpn von Staats und Staats (1958) sollten Listen von Adjektiven lernen (– der wahre Zweck des Experiments war jedoch die Konditionierung von Einstellungen). Dazu wurden auf Nationen bezogene Adjektive wie «griechisch», «deutsch», «schwedisch» usw. verwendet. Ein Teil dieser Ländernamen wurde immer von Adjektiven mit positiver Konnotation (wie etwa «glücklich» oder «schön») gefolgt. Die anderen Ländernamen waren mit konnotativ neutralen oder negativen Adjektiven (wie «häßlich» oder «bitter») verknüpft. Die Bewertung der Adjektive durch die Vpn im Anschluß an das Experiment zeigte, daß eine Einstellungsänderung in der erwarteten Weise stattgefunden hatte.

[5] Im Sinn des Einstellungsmodells aus Abschnitt 4.11 könnte man hier von einer Meinung des Typs EO-S sprechen, d. h. von einer Verbindung zwischen einem EO in Form eines Wortes oder Begriffs und einer angenehmen oder unangenehmen Reizbedingung S.

Einstellungsänderungen durch klassisches Konditionieren wurden besonders klar von ZANNA, KIESLER und PILKONIS (1970) demonstriert. Die Vpn mußten Wörter verlesen. Bei einem Teil der Wörter erhielten sie elektrische Schläge. Andere Wörter waren mit der Beendigung elektrischer Schläge verbunden. Die Wörter der ersten Klasse erhielten negative Konnotationen für die Vpn, die der zweiten positive.

Es ist anzunehmen, daß unsere Einstellungen ständig durch solche und ähnliche Konditionierungsprozesse, die in der Regel unbewußt bleiben, beeinflußt werden. Mancher Leser wird vielleicht der Meinung sein, daß man sich gegen solche «irrationale» Einflüsse erfolgreich «wehren» wird, wenn man sie durchschaut. Das ist aber nicht oder nicht immer der Fall. COHEN (1964) führte ein ähnliches Experiment wie STAATS und STAATS durch. Anschließend mußten die Vpn Kommentare zu dem Experiment abgeben. Aus diesen Kommentaren wurde geschlossen, welche Vpn die experimentelle Manipulation durchschaut hatten und welche nicht. *Nur* bei den Vpn der ersten Gruppe (Zusammenhänge durchschaut) waren die erwarteten Einstellungsänderungen nachweisbar. Zu ähnlichen Schlüssen kamen INSKO und OAKES (1966).

4.134 Operantes Konditionieren

Meinungsänderungen können auch durch operantes Konditionieren von objektbezogenen Aussagen zustandekommen. Es handelt sich dabei um einen Spezialfall des verbalen Konditionierens, nämlich um Verstärkung oder Bestrafung von Aussagen über ein Einstellungsobjekt.

In einigen Experimenten wurde nachgewiesen, daß die Verstärkung von verbalisierten positiven (oder negativen) Meinungen über ein Einstellungsobjekt einen Anstieg der Häufigkeit positiver (oder negativer) Äußerungen über das betreffende Objekt bewirkt. SINGER (1961) verstärkte folgendermaßen prodemokratische Meinungsäußerungen. Jeder Vp wurden 60 zum Teil prodemokratische und zum Teil antidemokratische (autoritäre) Aussagen vorgelesen. (Diese Aussagen wurden der F-Skala von ADORNO, FRENKEL-BRUNSWIK, LEVINSON und SANFORD, 1950, entnommen.) Die Vpn wurden nach jeder Aussage gefragt, ob sie diese Meinung akzeptieren oder ablehnen. Prodemokratische Äußerungen der Vpn (d. h. Akzeptieren von prodemokratischen und Ablehnung von autoritären Meinungen) wurden vom Versuchsleiter durch «gut» oder «richtig» verstärkt. Die Häufigkeit prodemokratischer Äußerungen wuchs stark an. In einem zweiten Teil des Experiments (Extinktionsphase) wurden den Vpn 30 weitere pro- und antidemokratische Aussagen vorgegeben. Die Vpn mußten wieder zu jeder Aussage angeben, ob sie diese akzeptieren oder ablehnen, wurden aber in keinem Fall verstärkt. Die Häufigkeit prodemokratischer Äußerungen nahm wieder ab und sank bis zur Basisrate (Abbildung 79). Bei der Kontrollgruppe, die auch im ersten Teil des Experiments nicht verstärkt wurde, traten keine systematischen Häufigkeitsänderungen auf.

EKMAN (1958) verstärkte in einer Versuchsbedingung negative Äußerungen über die Todesstrafe verbal («gut») und in einer anderen Bedingung nichtverbal (Kopfnicken, Lächeln). Beide Arten der Verstärkung führten zu einem signifikanten Anstieg negativer Aussagen über die Todesstrafe. KRASNER, KNOWLES und ULLMANN (1965) erzielten ebenfalls durch verbale und nichtverbale Verstärker einen Häufigkeitszuwachs pro-medizinischer Äußerungen.

Gegen die eben zitierten Experimente könnte der Einwand erhoben werden, daß der Häufigkeitszuwachs positiver oder negativer Formulierungen eine *Verhaltensänderung* ist, die nicht unbedingt mit einer entsprechenden *Einstellungsänderung* verbunden sein muß. Es konnte jedoch in mehreren Experimenten gezeigt werden, daß die Verstärkung von verbalisierten Meinungen eine Einstellungsänderung bewirken kann[6] (z. B. GOLDSTEIN und MCGINNIES, 1964; INSKO, 1965). INSKO führte eine Woche nach der verbalen Konditionierung Einstellungsmessungen durch. Vpn, die für positive Stellungnahmen verstärkt wurden, hatten – wie erwartet – positivere Einstellungen als Vpn, die für negative Äußerungen verstärkt wurden.

Besonders interessant ist in diesem Zusammenhang ein Experiment von KERPELMAN und HIMMELFARB (1973). Die Autoren zeigten nicht nur, daß Einstellungen durch Konditionieren gelernt werden können, sondern auch, daß die *Internali-*

[6] In den Abschnitten 4.46 und 5.43 werden die genauen Bedingungen angegeben, unter denen eine Verhaltensänderung zu einer Einstellungsänderung führt.

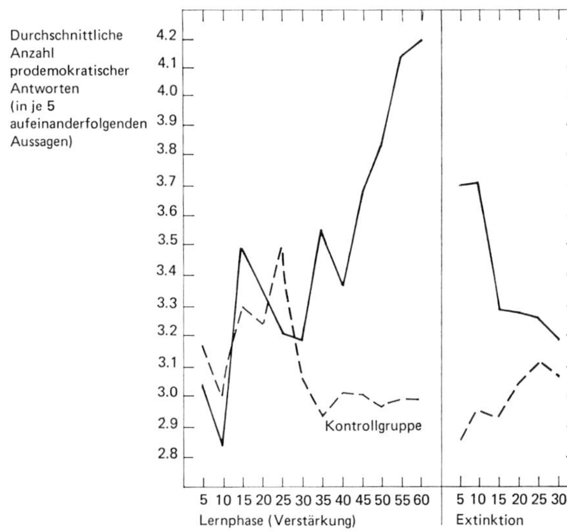

Abbildung 79

sierung von Einstellungen genau so von Verstärkerplänen abhängt wie die Internalisierung von Verhaltensweisen. Es wurden vier Verstärkerpläne verwendet (100%, 80%, 70% und 50%). Nachdem sich deutliche Einstellungen ausgebildet hatten, wurde im zweiten Teil des Experiments versucht, diese Einstellungen zu ändern (Gegenkonditionierung). Dabei zeigte sich, daß die Änderung um so geringer war und um so langsamer erfolgte, je niedriger der Verstärkerprozentsatz war.

4.135 Beobachtung und Kommunikation

Wie bereits im Kapitel 2.4 (Imitation und Beobachtung) gezeigt wurde, können praktisch alle Lernprozesse «stellvertretend», d. h. durch Beobachtung stattfinden. Im Abschnitt 2.443 wurde dargestellt, daß auch Lernen und Extinktion von Angst (also klassisches Konditionieren) durch Beobachtung erfolgen kann. In diesem Zusammenhang weist BANDURA (1965a) auf eine interessante Möglichkeit hin: Ein Beobachter kann durch Empathie und stellvertretendes klassisches Konditionieren Einstellungen erwerben. Ein Kind, das wiederholt beobachtet, wie der Vater beim Aussprechen des Wortes X (z. B. Name einer Minorität, einer Gruppe oder eines Politikers) ein verächtliches und wütendes Gesicht macht, kann aufgrund der erwähnten Prozesse eine negative Einstellung zu X annehmen. Ein Fernseher, der hört und sieht, wie ein Sprecher bei Erwähnung des Objekts Y durch Stimme und Mimik Freude (oder Abscheu) zum Ausdruck bringt, kann ebenfalls durch Empathie und stellvertretende Konditionierung seine Einstellung zu Y in positiver (oder negativer) Richtung ändern.

Im vorigen Abschnitt wurde beschrieben, wie Einstellungen durch verbales Konditionieren von Aussagen über Einstellungsobjekte beeinflußt werden können. Auch verbales Konditionieren kann stellvertretend stattfinden: Jemand beobachtet, wie eine andere Person für bestimmte Aussagen verstärkt wird und verwendet daraufhin selbst Aussagen dieser Art häufiger. In einigen Fällen wurde sogar beobachtet, daß stellvertretende verbale Konditionierung effizienter ist (d. h. schneller und in höherem Ausmaß zu einer entsprechenden Verhaltensänderung führt) als direkte, selbst erlebte verbale Konditionierung (KANFER und MARSTON, 1963).

Auf die bedeutende Rolle der Sprache bei Entstehung und Änderung von Einstellungen wurde in den letzten Abschnitten mehrfach hingewiesen. Durch sprachliche Kommunikation können die (in Abschnitt 4.131 beschriebenen) grundlegenden Prozesse der Einstellungsbildung und -änderung hervorgerufen werden: Die Entstehung neuer Meinungen (neue EO-EO_i-Verbindungen), die Änderung von Relationen zwischen EO und EO_i und die Änderung der Bewertungen von EO_i. Die experimentelle Erforschung von Einstellungsänderungen hat sich bisher größtenteils auf Einstellungsänderungen durch sprachliche Kommunikation konzentriert. Die zahlreichen diesbezüglichen Ergebnisse sollen in einem eigenen Kapitel (Abschnitt 4.3) dargestellt werden.

4.136 Generalisation

Jedes gelernte Verhalten, sei es durch operantes oder klassisches Konditionieren, durch direkte oder stellvertretende Lernprozesse entstanden, generalisiert. Auf Einstellungen bezogen heißt das, daß eine in bezug auf ein bestimmtes Objekt entstandene Einstellung nicht auf dieses beschränkt bleibt, sondern auf andere, ähnliche Objekte übertragen wird.

Es ist anzunehmen, daß (wenigstens bei erwachsenen Personen) diese Generalisierung weniger nach Maßgabe der physischen Ähnlichkeit zwischen Objekten erfolgt, sondern in erster Linie aufgrund begrifflicher, semantischer Ähnlichkeit. Man spricht in diesem Fall von *semantischer Generalisation.*

Bereits die frühen Experimente von RAZRAN (1939a, 1939b, 1949) und RIESS (1940) zeigten deutlich, daß bedingte Reaktionen (wie Angst), die experimentell auf bestimmte Wörter konditioniert worden waren, weniger auf klangähnliche (physisch ähnliche) als auf semantisch ähnliche Wörter generalisieren. Nach RAZRAN (1949) ist die generalisierte Reaktion bei (bezüglich des ursprünglichen Reizwortes) untergeordneten und nebengeordneten Begriffen sowie bei Gegensätzen (Antonymen) und Teilen stärker als bei klang- oder schriftähnlichen Wörtern. Auf übergeordnete Begriffe dagegen wird nicht stärker generalisiert als auf klangähnliche Wörter.

Bei Kindern unter 10 Jahren ist die Generalisation auf klangähnliche Wörter vorherrschend. Erst im Alter von 10 Jahren wird die Generalisation auf Antonyme stärker als die auf klangähnliche Wörter und erst mit 14 Jahren rufen Synonyme (semantisch identische Wörter) eine stärkere generalisierte Reaktion hervor als Antonyme. Diese Beziehungen wurden von RIESS (1946) nachgewiesen. Den Vpn wurde eine Reihe von Wörtern mit Hilfe eines Projektors dargeboten. Auf einige Reizwörter wurde durch Koppelung dieser Wörter mit einem unangenehmen Geräusch eine Schreckreaktion konditioniert. Danach wurde die Stärke der Schreckreaktion (Änderung des elektrischen Hautwiderstandes) bei den Reizwörtern und bei anderen (klang- oder bedeutungsähnlichen) Wörtern gemessen. Die Ergebnisse für vier Altersstufen sind in Tabelle 22 zusammengefaßt.

Die Generalisierung gelernter Verhaltensweisen erfolgt aber nicht nur von einem Wort auf andere Wörter, sondern auch von einem Reiz (Objekt) auf andere, ähnliche Reize und von einem Wort auf das von ihm bezeichnete Objekt. Auf der sprachlichen Ebene entstandene (positive oder negative) Konnotationen von Wörtern und Begriffen generalisieren mit größter Wahrscheinlichkeit auf die entsprechenden Objekte. HEKMAT und VANIAN (1971) beseitigten durch ein ähnliches Verfahren wie STAATS und STAATS (1958, siehe Abschnitt 4.132) die negative Konnotation des Wortes «Schlange» bei Vpn mit extremer Schlangenangst. Am Ende des Experiments hatten die Vpn auch wesentlich weniger Angst vor Schlangen als vorher. Auch ihr Vermeidungs- und Fluchtverhalten in bezug auf Schlangen war schwächer geworden.

4.137 Kognitive Prozesse I: Deduktion und Induktion

Einstellungen werden nicht nur «automatisch» durch Generalisation von einem Objekt auf andere Objekte übertragen, sondern auch durch Denkprozesse. Außer der passiven Generalisation werden aktiv Relationen zwischen verschiedenen Einstellungsobjekten hergestellt oder entdeckt. Aus bereits vorhandenen Meinungen über

Tabelle 22

	Alter (Jahre; Monate)			
	7;0 bis 8;9	10;0 bis 11;8	13;5 bis 14;10	17;2 bis 20
Reizwort	221,52	226,64	242,72	281,00
Homophone	158,57	65,18	59,92	52,16
Antonyme	139,10	97,23	76,96	103,08
Synonyme	129,43	59,86	109,76	148,50

ein Einstellungsobjekt zieht man Schlüsse und gelangt so zu neuen Meinungen über das Objekt. Diese neuen Meinungen können die Einstellung modifizieren.

Da die Denkprozesse zwar keineswegs zufällig ablaufen, aber doch selten den Gesetzen der Logik entsprechen, ist vielleicht der neutralere, mit keinen normativen Konnotationen belastete Ausdruck «kognitive Prozesse» vorzuziehen. De Soto spricht in diesem Zusammenhang von *Paralogik*, Abelson von *Psycho-Logik* (Abelson und Rosenberg, 1959). Einige häufige und oft beobachtete paralogische bzw. psycho-logische Gesetzmäßigkeiten sollen hier kurz besprochen werden.

Chapman und Chapman (1959) stellten im Anschluß an Sells (1936) und Woodworth und Sells (1936) fest, daß die überwiegende Mehrheit der Vpn aus Prämissen, die, vom Standpunkt der Logik betrachtet, keinerlei Schlüsse zulassen, dennoch Schlußfolgerungen ableitet. Nur 20 Prozent der Vpn von Chapman und Chapman (222 Hörer einer einführenden Psychologievorlesung!) gaben im Durchschnitt die richtige Antwort, daß kein logisch korrekter Schluß möglich wäre.

Chapman und Chapman verwendeten in ihrem Versuch *Syllogismen*. Ein Syllogismus besteht aus zwei Urteilen (Prämissen), aus denen ein drittes Urteil (Konklusion) abgeleitet werden soll (z. B. alle F sind G und alle G sind H, daher sind alle F H). Die Logik unterscheidet vier Arten von *Urteilen:* A-Urteile (alle F sind G), E-Urteile (kein F ist G), I-Urteile (einige F sind G) und O-Urteile (einige F sind nicht G). Außerdem unterscheidet man vier syllogistische *Figuren* (sie entstehen durch verschiedene Anordnungen von F, G und H in den Prämissen, siehe Tabelle 23).

Insgesamt gibt es 64 mögliche Kombinationen von Urteilen (jede Prämisse kann eines der 4 Urteile A, E, I oder O sein, dadurch sind in jeder Figur 16 Urteilskombinationen möglich; da es 4 Figuren gibt, gibt es 64 Kombinationsmöglichkeiten). Von diesen 64 möglichen Urteilskombinationen lassen aber nur 15 eine einwandfreie und eindeutige Schlußfolgerung zu, aus den restlichen 49 Kombinationen folgt nichts Bestimmtes (Quine, 1969). Die unbeschränkt zulässigen Syllogismen sind in Tabelle 23 vollständig wiedergegeben. Beispielsweise kann in Figur 1 aus den Prämissen «alle G sind H» und «alle F sind G» auf «alle F sind H» geschlossen werden. In allen anderen Figuren ist der Schluß von zwei A-Urteilen auf ein weiteres A-Urteil nicht zulässig. Aus «alle H sind G» und «alle F sind G» (Figur 2) läßt sich keine eindeutige Folgerung ableiten.

Chapman und Chapman verwendeten in ihrem Experiment 42 unzulässige Prämissenkombinationen. Die Vpn hatten jeweils anzugeben, welche der 5 vorgegebenen Antwortalternativen zutrifft (alle F sind H, kein F ist H, einige F sind H, einige F sind nicht H, keine von diesen Antworten). Obwohl der erwähnte Prozentsatz richtiger Antworten (20 Prozent der Vpn entschieden sich im Durchschnitt für «keine von diesen Antworten») bei 5 Antwortmöglichkeiten auch durch zufällige, völlig unsystematische Reaktionen der Vpn zustande kommen könnte, war das zweifellos nicht der Fall. Die Antworten waren zwar unlogisch, aber äußerst systematisch (siehe Tabelle 24).

Nach genauer Analyse der Daten kamen die Autoren zu dem Schluß, daß sich die Ergebnisse

Tabelle 23

Fig. 1					Fig. 2				
	1	2	3	4		5	6	7	8
GH	A	E	A	E	HG	E	A	E	A
FG	A	A	I	I	FG	A	E	I	O
FH	A	E	I	O	FH	E	E	O	O
Fig. 3					Fig. 4				
	9	10	11	12		13	14	15	
GH	I	A	O	E	HG	A	I	E	
GF	A	I	A	I	GF	E	A	I	
FH	I	I	O	O	FH	E	I	O	

Tabelle 24

		Prozentsatz der Vpn, die bezüglich der Konklusion (FH) folgendes Urteil für richtig hielten:							Prozentsatz der Vpn, die bezüglich der Konklusion (FH) folgendes Urteil für richtig hielten:				
Figur	Prämissen	A	E	I	O	keines	Figur	Prämissen	A	E	I	O	keines
2	A(HG), A(FG)	83	6	3	1	7	2	I(HG), I(FG)	2	3	68	13	15
2	A(HG), A(FG)	82	5	3	1	9	2	I(HG), I(FG)	1	5	63	5	26
2	A(HG), A(FG)	77	5	6	1	10	2	I(HG), I(FG)	4	5	64	5	23
1	A(GH), E(FG)	3	81	3	5	8	1	I(GH), O(FG)	2	6	10	55	27
1	A(GH), E(FG)	1	82	3	6	7	3	I(GH), O(GF)	1	6	13	48	31
3	A(GH), E(GF)	1	85	0	5	8	4	I(HG), O(GF)	2	5	11	60	22
2	A(HG), I(FG)	3	7	75	7	8	1	O(GH), I(FG)	1	4	14	59	21
4	A(HG), I(GF)	3	3	80	6	8	3	O(GH), I(GF)	1	7	15	52	24
4	A(HG), I(GF)	10	2	74	6	7	4	O(HG), I(GF)	1	5	11	55	27
1	I(GH), A(FG)	5	5	78	8	5	2	E(HG), E(FG)	3	59	5	5	28
1	I(GH), A(FG)	3	4	83	4	7	3	E(GH), E(GF)	2	47	4	7	40
2	I(HG), A(FG)	5	11	68	7	9	4	E(HG), E(GF)	1	57	4	3	36
1	A(GH), O(FG)	1	2	13	76	8	1	E(GH), O(FG)	3	24	10	32	32
3	A(GH), O(GF)	2	7	14	61	16	2	E(HG), O(FG)	1	26	9	32	32
4	A(HG), O(GF)	1	4	10	74	11	3	E(GH), O(GF)	5	25	6	21	44
1	O(GH), A(FG)	1	6	7	78	8	1	O(GH), E(FG)	3	39	5	19	34
2	O(HG), A(FG)	0	7	12	64	16	3	O(GH), E(GF)	3	41	7	19	30
4	O(HG), A(GF)	3	4	11	70	12	4	O(HG), E(GF)	2	28	12	24	34
1	I(GH), E(FG)	1	62	6	13	18	2	O(HG), O(FG)	1	8	11	45	35
3	I(GH), E(GF)	2	59	5	16	19	3	O(GH), O(GF)	0	8	10	50	31
4	I(HG), E(GF)	2	48	6	24	20	4	O(HG), O(GF)	0	5	11	60	24

A(GH) bedeutet «alle G sind H», A(HG) bedeutet «alle H sind G», E(GH) bedeutet «kein G ist H» usw. Manche Syllogismen, z. B. A(HG), A(FG), wurden den Vpn mehrmals vorgelegt und scheinen daher auch mehrfach in der Tabelle auf.

durch zwei psychologische Prinzipien erklären lassen. Erstens: Die Vpn neigen zur Umkehrung von Urteilen. «Alle F sind G» ist psycho-logisch äquivalent mit «alle G sind F». Die Umkehrung von Urteilen ist aber nur bei E- und I-Urteilen logisch (d. h. in jedem Fall) korrekt, nicht aber bei A- und O-Urteilen. Aus «alle dogmatischen Menschen sind unkritisch» folgt (logisch) keineswegs «alle unkritischen Menschen sind dogmatisch». Die Umkehrung von A- und O-Urteilen kann in manchen Fällen *empirisch* richtig sein, sie ist aber nicht immer richtig, was bei E- und I-Urteilen sehr wohl der Fall ist.

Dieses Prinzip der Umkehrung von Urteilen (man könnte auch sagen: Prinzip der psychologischen Symmetrie von Urteilen) erklärt, daß die Antworten der Vpn fast ausschließlich von den Urteilstypen der Prämissen abhängen, nicht aber von der Figur des Syllogismus (siehe Tabelle 24).

Das zweite psycho-logische Prinzip könnte man Prinzip der gemeinsamen Relationen oder Prinzip der gemeinsamen Eigenschaften nennen: Sind F und H beide in den Prämissen durch eine positive Relation (A- oder I-Urteil) mit G verbunden, dann haben sie die Eigenschaft «Verbindung mit G» gemeinsam und werden in der Konklusion durch eine positive Relation (A- oder I-Urteil) miteinander verbunden. Enthält aber (mindestens) eine der Prämissen eine negative Relation (E- oder O-Urteil), dann ist die gemeinsame Verbindung von F und H zu G nicht gegeben. F und H werden als verschieden angesehen und in der Konklusion durch eine negative Relation verbunden.

Das Prinzip der psycho-logischen Symmetrie

von Relationen gilt auch für die *Implikation* (WASON, 1964). Eine Implikation ist eine wenn-dann-Beziehung zwischen zwei Aussagen. Die Implikation ist nicht symmetrisch, d. h. ihre Umkehrung ist logisch nicht zulässig[7]. Aus «wenn jemand dogmatisch denkt, dann neigt er zu Simplifizierungen» folgt nicht «wenn jemand zu Simplifizierungen neigt, dann denkt er dogmatisch». Die Umkehrung einer Implikation kann empirisch richtig sein, ist es aber meistens nicht. Aus einer Implikation der Form «wenn p, dann q» folgt jedoch immer «wenn nicht q, dann nicht p». Die Tendenz zur Umkehrung von Implikationen nimmt ab, wenn die Vpn aufgrund dieser unzulässigen Schlüsse zu offensichtlich widersprüchlichen Aussagen gelangen (WASON, 1964).

Mit *Ordnungsrelationen* beschäftigen sich DE SOTO und seine Mitarbeiter (DE SOTO und ALBRECHT, 1968 a, 1968 b; DE SOTO, LONDON und HANDEL, 1965). DE SOTO stellte fest, daß eine starke Tendenz zu kognitiven *linearen Ordnungen* besteht. Eine lineare Ordnung zwischen den Elementen einer Menge liegt vor, wenn folgende Bedingungen gegeben sind:

(1) Es besteht eine asymmetrische Relation zwischen den Elementen («F ist besser als G» schließt «G ist besser als F» aus).
(2) Die Relation ist transitiv (aus «F ist besser als G» und «G ist besser als H» folgt «F ist besser als H»).
(3) Die Elemente sind vollständig geordnet (für *alle* Paare von Elementen läßt sich feststellen, welches der beiden Elemente besser ist).

Eine partielle Ordnung liegt dann vor, wenn nur die Bedingungen (1) und (2), nicht aber die Bedingung (3) erfüllt ist. Ein bekanntes Beispiel einer partiell geordneten Menge ist der Familienstammbaum. Die Relation «stammt ab von» ist asymmetrisch und transitiv, besteht aber nicht zwischen allen Paaren von Elementen (Personen), z. B. nicht zwischen Neffe und Onkel oder zwischen Geschwistern.

Nach DE SOTO neigt man dazu, lineare Ordnungen auch dort zu sehen, wo die Realität nur partiell oder noch schwächer geordnet ist. Man projiziert quasi lineare, d. h. eindimensionale Ordnungen in die Realität. DE SOTO ist der Meinung, daß auch (und nicht zuletzt) Sozialwissenschaftler dieser Tendenz nachgeben. Es ist durchaus fraglich, ob es zweckmäßig ist, soziale Schichten oder Machtverhältnisse in Gruppen als lineare Ordnungen zu konzipieren (wie es vielfach üblich ist). In vielen Fällen ist es sicher realistischer, auf die Annahmen der Vollständigkeit (3) und vielleicht auch der Transitivität (2) zu verzichten. Aus «F beeinflußt G» und «G beeinflußt H» folgt nicht zwingend «F beeinflußt H»; es kann auch umgekehrt F von H beeinflußt werden. Intransitive (zirkuläre) Machtverhältnisse wurden bereits sehr früh anhand der Hackordnungen bei Hühnern festgestellt (SCHJELDERUP-EBBE, 1935) und treten auch in Humangruppen auf.

Von großer Bedeutung für Meinungsbildungen und -änderungen sind *induktive* Schlüsse. Induktiv sind alle Schlüsse, die über die gegebene Information hinausgehen. Das bekannteste und in unserem Zusammenhang wohl auch wichtigste Beispiel ist der (logisch unzulässige) Schluß von einem I-Urteil auf ein A-Urteil («einige F sind G, also sind alle F G»). Solche Schlüsse sind – in der Regel unbewußt – außerordentlich häufig. Jemand hat beispielsweise *einige* Mitglieder der Gruppe X kennengelernt. Diese haben sich als dumm und aggressiv herausgestellt. Die meisten Menschen würden in diesem Fall annehmen, daß *alle* Mitglieder der Gruppe X dumm und aggressiv sind (oder, was dasselbe ist: Gruppe X ist dumm und aggressiv). Jemand, der zwei reparaturanfällige Autos der Firma Y gefahren hat, nimmt daraufhin an, daß die Firma Y unverläßliche Autos erzeugt.

Erst in den letzten Jahren wurde induktives Denken experimentell untersucht (ABELSON und KANOUSE, 1966; GILSON und ABELSON, 1965). ABELSON unterscheidet 4 Typen von induktiven Schlüssen. Diese können am besten anhand eines Beispiels erläutert werden. In Abbildung 80 sind einige kognitive Relationen einer fiktiven Person wiedergegeben. Die Begriffe sind entlang der vertikalen Dimension partiell geordnet. Oben stehen allgemeine, unten spezielle Begriffe. Unsere fiktive Person ist also der Meinung, daß Direktoren durch die (allgemeinen) Eigenschaften reich, konservativ und aggressiv gekennzeichnet sind. Ferner unterscheidet sie drei (spezielle) Teilmengen von Direktoren:

[7] A-Urteile können als Spezialfall der Implikation aufgefaßt werden. «Alle F sind G» ist logisch äquivalent mit «Für alle x gilt: Wenn x F ist, dann ist x G».

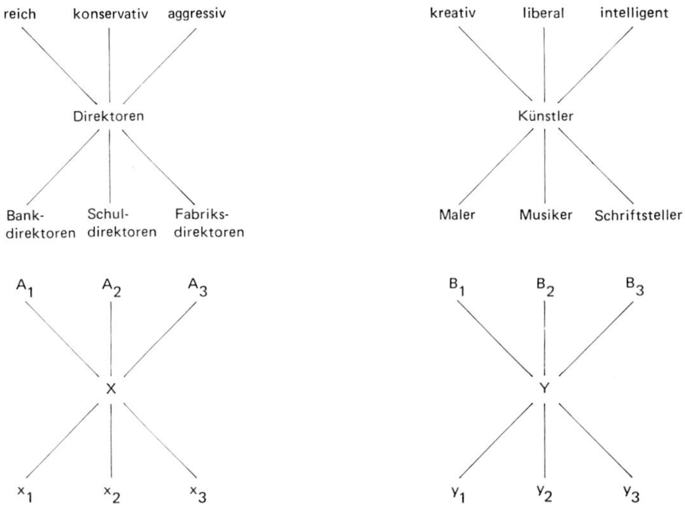

Abbildung 80

Bankdirektoren, Fabrikdirektoren und Schuldirektoren. Ähnlich ist der Begriff Künstler mit allgemeineren und spezielleren kognitiven Elementen (Einstellungsobjekten) verbunden. Die beiden Mengen kognitiver Elemente[8] (um X und um Y) seien noch nicht verbunden. Durch entsprechende Erfahrungen oder Mitteilungen können Beziehungen zwischen Elementen verschiedener Mengen entstehen. Diese Beziehungen zwischen Elementen können durch einfache Subjekt-Verb-Objekt-Sätze ausgedrückt werden (aggressive Menschen verstehen Künstler, Direktoren meiden Künstler, Direktoren mögen Musiker usw.).

Induktive Schlüsse können subjektspezifisch oder objektspezifisch und, unabhängig davon, aufsteigend oder absteigend sein.

(1) Subjektspezifisch, aufsteigend:
Bankdirektoren mögen Künstler.
Daher: Direktoren mögen Künstler.
Allgemein: Rel (x_1, Y), Rel (x_2, Y), . . .
Daher: Rel (X, Y)

(2) Objektspezifisch, aufsteigend:
Direktoren helfen Musikern, Direktoren helfen Malern.
Daher: Direktoren helfen Künstlern.
Allgemein: Rel (X, y_1), Rel (X, y_2), . . .
Daher: Rel (X, Y)

(3) Subjektspezifisch, absteigend:
Reiche Menschen hassen Künstler, konservative Menschen hassen Künstler.
Daher: Direktoren hassen Künstler.
Allgemein: Rel (A_1, Y), Rel (A_2, Y), . . .
Daher: Rel (X, Y)

(4) Objektspezifisch, absteigend:
Direktoren fördern kreative Menschen.
Daher: Direktoren fördern Künstler.
Allgemein: Rel (X, B_1), Rel (X, B_2), . . .
Daher: Rel (X, Y)

GILSON und ABELSON (1965) untersuchten zunächst nur aufsteigende Induktionsschlüsse. Den Vpn wurden 64 subjektspezifische und 64 objektspezifische Aussagentripel folgender Art vorgelegt:

Subjektspezifisch: Südliche Stämme haben Sportzeitschriften.
Nördliche Stämme haben keine Sportzeitschriften.
Zentralstämme haben keine Sportzeitschriften.
Haben Stämme Sportzeitschriften?

Objektspezifisch: Südliche Stämme haben keine Sportzeitschriften.
Südliche Stämme haben keine Nachrichtenmagazine.
Südliche Stämme haben Modezeitschriften.
Haben südliche Stämme Zeitschriften?

[8] Der Begriff kognitive Elemente bezeichnet hier (wie auch später im Kapitel 4.4) nicht wie bei FESTINGER Aussagen, also Relationen zwischen zwei Begriffen, sondern einzelne Elemente, einzelne (potentielle) EO.

Jedes Aussagentripel enthielt (wie die obigen Beispiele) nur eine positive und zwei negative Aussagen. Zur Herstellung der je 64 Satztripel wurden in sorgfältig ausbalancierter Anordnung 8 verschiedene Subjekte, 8 Objekte und 8 Verben verwendet. Die an jedes Tripel angeschlossene Frage nach der subjektiven Richtigkeit des Induktionsschlusses (z. B. Haben Stämme Sportzeitschriften?) durfte nur mit ja oder nein beantwortet werden.

Die Ergebnisse sind in Tabelle 25 dargestellt und können folgendermaßen zusammengefaßt werden:

(1) Induktionsschlüsse werden häufig akzeptiert. Obwohl in jedem Fall nur eine positive und zwei negative Aussagen präsentiert wurden, gaben die Vpn zwischen 44 und 88 Prozent Ja-Antworten.

(2) Objektspezifische Schlüsse werden häufiger akzeptiert als subjektspezifische.

(3) Wie akzeptabel ein Induktionsschluß ist, hängt kaum von den konkreten Subjekten oder Objekten, sehr stark aber von den Verben ab. Die Antwortvarianz zwischen verschiedenen Verben ist größer als zwischen verschiedenen Subjekten oder Objekten.

(4) Nach HEIDER (1958) unterscheidet man zwei Arten von kognitiven Relationen: Einheitsrelationen (unit-relations), die eine bloß sachliche Beziehung zwischen zwei Elementen ausdrücken, und Wertrelationen (sentiment-relations), die gefühls- und wertbetonte Aspekte einschließen. Einheitsrelationen sind z. B. haben, verursachen, ähnlich sein; Wertrelationen sind lieben, hassen, vermeiden usw. Bei aufsteigenden Induktionsschlüssen werden Verallgemeinerungen von Einheitsrelationen viel öfter akzeptiert als Verallgemeinerungen von Wertrelationen (die letzten vier Verben in Tabelle 25).

In einem zweiten Experiment (ABELSON und KANOUSE, 1966) wurden nicht nur aufsteigende, sondern auch absteigende Induktionsschlüsse untersucht. Das Versuchsmaterial bestand aus 144 Satztripeln und anschließenden Fragen (wie im vorigen Experiment); davon waren je 36 subjektspezifisch-aufsteigend, objektspezifisch-aufsteigend, subjektspezifisch-absteigend und objektspezifisch-absteigend. Die Hauptergebnisse (detailliert in Tabelle 26 ersichtlich) waren folgende:

(1) Absteigende Induktionsschlüsse werden seltener akzeptiert als aufsteigende.

(2) Bei den absteigenden induktiven Schlüssen werden subjektspezifische Verallgemeinerungen öfter akzeptiert als objektspezfische. Bei aufsteigenden Induktionen ist das Gegenteil der Fall (vgl. Tabelle 25).

(3) Wie bei den aufsteigenden Schlüssen sind auch bei den absteigenden die Verben von größerer Bedeutung als Subjekte und Objekte (größere Antwortvarianz zwischen verschiedenen Verben als zwischen verschiedenen Subjekten oder Objekten).

(4) Verallgemeinerungen von Einheitsrelationen (haben, kaufen, produzieren) werden bei absteigenden Schlüssen seltener akzeptiert als bei aufsteigenden. Umgekehrt wird die

Tabelle 25

Subjekte	S	O	Verben	S	O	Objekte	S	O
Gleeps (ein sinnloses Wort)	62	71	produzieren	72	85	Fung (ein sinnloses Wort)	59	67
Familien	59	69	kaufen	73	81	Zeitschriften	57	66
Stämme	62	71	haben	72	88	Tiere	62	71
Menschen	62	69	stehlen	70	84	Ideen	62	74
Männer	65	73	sich ärgern über	62	70	Geräte	63	69
Künstler	59	71	verstehen	44	44	Töchter	61	69
Kandidaten	55	69	lieben (like)	47	63	Bilder	64	75
Frauen	67	71	vermeiden	51	50	Essen	64	72

S = subjektspezifische Schlüsse
O = objektspezifische Schlüsse
Die Zahlen sind die Prozentsätze der Ja-Antworten

Tabelle 26

	aufsteigend		absteigend			aufsteigend		absteigend			aufsteigend		absteigend	
Subjekte	S	O	S	O	Verben	S	O	S	O	Objekte	S	O	S	O
Mütter	57	72	46	43	haben	80	85	47	27	Bäume	77	62	45	40
Kommissionen	68	62	49	42	kaufen	79	85	32	27	Brettspiele	64	66	52	42
Kandidaten	64	70	54	36	produzieren	77	83	54	32	Märchen	64	75	45	39
Gleeps	71	76	45	39	lieben	52	75	31	36	Zeitschriften	66	72	47	49
Universitäten	66	67	48	38	verstehen	50	49	40	31	Chormusik	56	67	57	45
Künstler	61	68	47	40	vermeiden	48	36	84	92	Fung	60	73	42	32

S = subjektspezifische Schlüsse
O = objektspezifische Schlüsse
Die Zahlen sind die Prozentsätze der Ja-Antworten

Verallgemeinerung der negativen Wertrelation «vermeiden» bei absteigenden Schlüssen öfter akzeptiert als bei aufsteigenden.

Da in bezug auf Induktionsschlüsse Verben offenbar besonders wichtig sind und weil sich im letzten Experiment eine Umkehrung der Wirkungsweise bestimmter Verben bei absteigenden Schlüssen im Vergleich zu aufsteigenden andeutete, wurden in einem weiteren Experiment (Abelson und Kanouse, 1966) 21 Verben genau analysiert. Dabei zeigte sich deutlich der erwartete negative Zusammenhang der Wirksamkeit bei aufsteigenden und absteigenden Verallgemeinerungen (Abbildung 81).

Die Ergebnisse kann man tentativ folgendermaßen zusammenfassen:

(1) Positive Wertrelationen[9] (lieben, vertrauen, verstehen, mögen) haben starke aufsteigende, aber schwache absteigende induktive Wirkung.

(2) Negative Wertrelationen (hassen, vermeiden, fürchten, nicht beachten) haben schwache aufsteigende, aber starke absteigende induktive Wirkung.

(3) Positive Einheitsrelationen (z. B. kaufen, verwenden, haben, produzieren) haben sehr starke aufsteigende, aber schwache absteigende induktive Wirkung.

(4) Negative Einheitsrelationen (zerstören, verletzen) haben starke aufsteigende und mittlere absteigende induktive Wirkung.

Die Ergebnisse von Abelson und seinen Mitarbeitern sind von außerordentlicher theoretischer und praktischer Bedeutung. Nur selten wurden ebenso detaillierte wie klare Wechselwirkungen zwischen Sprache und Denken aufgezeigt. Die referierten Ergebnisse gestatten genaue Voraussagen über die Glaubwürdigkeit von Sätzen und aus ihnen abgeleiteten Induktionsschlüssen. Die wichtige Rolle der Verben, die sich in diesen Untersuchungen zeigte, ist außerdem eine weitere Bestätigung für die psychologische Realität von Propositionsstrukturen und Kasusgrammatik (in der die Prädikate – häufig Verben – ebenfalls eine zentrale und steuernde Rolle spielen).

4.138 Kognitive Prozesse II: Urteilsheuristiken

Einige Regeln, die wir häufig benützen, um Urteile und Meinungen zu bilden, wurden von Kahneman und Tversky (1972, 1973; Tversky und Kahneman 1973, 1974) beschrieben und in zahlreichen Untersuchungen nachgewiesen. Diese Regeln werden *Urteilsheuristiken* genannt. Das sind einfache Regeln, deren Anwendung leicht ist, und die schnell zu einem

[9] Abelson und Kanouse verwenden hier nicht die Termini Wertrelationen und Einheitsrelationen, sondern sie sprechen von subjektiven Zuständen und manifesten Handlungen. Diese Unterscheidung ist verwandt, aber nicht identisch mit Heiders Klassifizierung in Wert- und Einheitsrelationen.

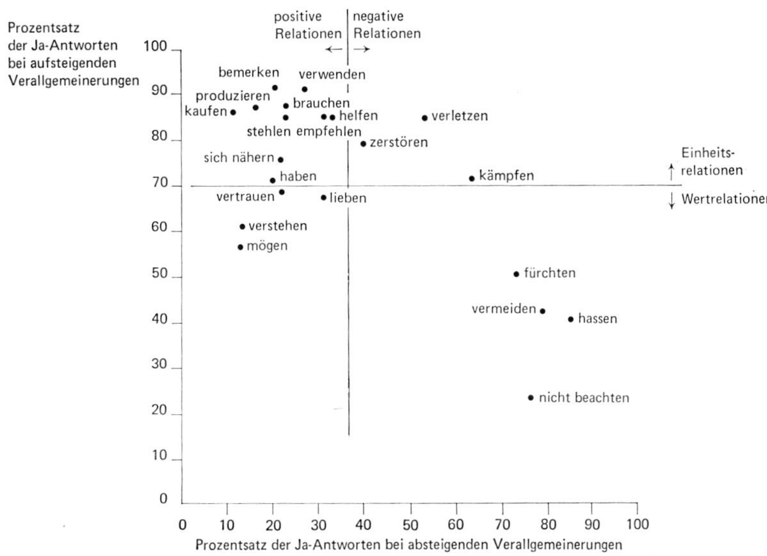

Abbildung 81

Ergebnis (einem Urteil) führen. Allerdings führen sie nicht selten zu Fehlurteilen. Die umfangreiche Forschung auf diesem Gebiet wurde von KAHNEMAN, SLOVIC und TVERSKY (1982) sowie von NISBETT und ROSS (1980) dargestellt. Hier sollen nur die zwei wichtigsten Urteilsheuristiken – Repräsentativität und Verfügbarkeit – kurz besprochen werden.

Die *Repräsentativitätsheuristik* ist die Verwendung der wahrgenommenen Ähnlichkeit als Urteilsgrundlage. Ein Objekt wird umso eher einer Kategorie zugeordnet (z. B. eine Person einer Gruppe), je mehr das Objekt und die Kategorie in ihren wichtigsten Merkmalen übereinstimmen, d. h. je typischer oder «repräsentativer» das Objekt ist. Die Repräsentativitätsheuristik wird jedoch nicht nur bei Urteilen über die Kategoriezugehörigkeit angewendet, sondern auch bei der Meinungsbildung bezüglich Wirkung und Ursache, Stichprobe und Grundgesamtheit, usw. In allen genannten Fällen ist das Ähnlichkeits- oder Repräsentativitätsprinzip wirksam.

Den Vpn von KAHNEMAN und TVERSKY (1973) wurde mitgeteilt, daß 100 Personen befragt und getestet worden waren. Einer Hälfte der Vpn wurde gesagt, daß es sich um 30 Ingenieure und 70 Juristen handelte, für die anderen Vpn waren es 70 Ingenieure und 30 Juristen. Die Vpn erhielten dann kurze Beschreibungen einiger Personen, und sollten jeweils angeben, mit welcher Wahrscheinlichkeit sie die beschriebene Person für einen Ingenieur oder einen Juristen hielten. Eine der Beschreibungen lautete:

> «Jack ist ein 45jähriger Mann. Er ist verheiratet und hat 4 Kinder. Er ist im allgemeinen konservativ, sorgfältig und ehrgeizig. Er interessiert sich nicht für politische und soziale Themen und verbringt den Großteil seiner Freizeit mit seinen vielen Hobbies. Dazu zählen Tischlerei, Segeln und mathematische Rätsel. Die Wahrscheinlichkeit, daß Jack einer der Ingenieure in der Stichprobe von 100 Personen ist beträgt ____ %.»

Ein Großteil der Vpn hielt Jack für einen Ingenieur, und zwar unabhängig von der Versuchsbedingung – das heißt, es machte keinen Unterschied, ob die sogenannte apriori-Wahrscheinlichkeit (oder Basisrate) 30 oder 70% betrug. Die Urteile wurden also ausschließlich aufgrund der Repräsentativität gebildet. Hätten die Vpn auch die Basisrateninformation berücksichtigt, dann müßten die Wahrscheinlichkeitsschätzungen in den beiden Versuchsbedingungen verschieden sein. In der Bedingung mit 70% Juristen ist es – objektiv betrachtet – von vornherein wahrscheinlicher, daß Jack ein Jurist ist als in der Bedingung mit 30% Juristen. Ähnliche Fälle der Vernachlässigung von Basisrateninformation werden in Abschnitt 5.234 besprochen.

Die *Verfügbarkeitsheuristik* verwendet den Grad der Zugänglichkeit (Abrufbarkeit) von Information im Gedächtnis als Grundlage für Häufigkeits- und Wahrscheinlichkeitsschätzungen. Je leichter wir uns an ein Ereignis oder eine Kategorie erinnern (und je mehr Einzelbeispiele uns dazu einfallen), desto häufiger und wahrscheinlicher scheint uns dieses Ereignis oder diese Kategorie zu sein. Wenn man z. B. jemand fragt, wie viele Ausländer in seinem Wohnort leben, dann wird er – mangels objektiver Information – versuchen, sich an einzelne Ausländer zu erinnern. Je mehr Personen dieser Kategorie ihm einfallen (und je schneller sie ihm einfallen), desto höher wird er ihre Häufigkeit einschätzen.

Der Ausdruck Verfügbarkeitsheuristik (availability heuristic) ist etwas unglücklich gewählt. Die moderne Gedächtnispsychologie unterscheidet zwischen Information, die im Gedächtnis vorhanden, und damit *prinzipiell* verfübar (available) ist, und der *tatsächlichen* Zugänglichkeit (accessibility) oder Abrufbarkeit der Information (also wie wahrscheinlich die Aktivierung der Information ist und wie schnell sie erfolgt). Der Unterschied zwischen Verfügbarkeit und Zugänglichkeit wurde z. B. in der (im Abschnitt 2.43 beschriebenen) Untersuchung von TULVING und PEARLSTONE (1966) gezeigt.

Bei der sogenannten Verfügbarkeitsheuristik geht es jedoch in erster Linie um Zugänglichkeit (accessibility), die natürlich Verfügbarkeit (availability) voraussetzt. Der Grad der Zugänglichkeit hängt davon ab, *wie häufig* eine Information verwendet wurde, und *wann* sie (oder eine verwandte Information) zuletzt aktiviert wurde. Je häufiger eine Information verwendet wird, desto stärker ist die entsprechende Gedächtnisspur (der entsprechende Knoten im semantischen Netz). Da die Aktivierung eines Knotens nicht abrupt aufhört, sondern kontinuierlich abklingt, ist umso mehr Restaktivierung vorhanden, je weniger Zeit seit der letzten Aktivierung vergangen ist.

Die Vpn von TVERSKY und KAHNEMAN (1973) sollten für einige Konsonanten angeben, ob sie bei (englischen) Wörtern mit größerer Wahrscheinlichkeit als erster oder dritter Buchstabe vorkommen. Für das Experiment wurden solche Buchstaben ausgewählt, die in Wirklichkeit viel öfter an dritter als an erster Stelle vorkommen. Die meisten Vpn waren jedoch der Meinung, daß die Buchstaben häufiger an erster Stelle vorkommen.

Das ist dadurch zu erklären, daß Anfangsbuchstaben – aber nicht dritte Buchstaben – gute Abrufhilfen (retrieval cues) sind. Es ist ziemlich leicht, viele Wörter zu nennen, die z. B. mit r beginnen (rot, Rübe, Richtung). Man muß schon länger nachdenken, um Wörter mit einem r an dritter Stelle (Wort, wirr, Berg) zu finden.

Obwohl KAHNEMAN und TVERSKY in ihren zahlreichen Experimenten vor allem gezeigt haben, wie durch Anwendung der Urteilsheuristiken Denkfehler entstehen, sollte man diese Heuristiken nicht so sehr als Fehlerquellen, sondern als Gesetzmäßigkeiten des menschlichen Denkens betrachten (KRUGLANSKI und AJZEN, 1983). Beide Heuristiken funktionieren oft gut und führen zu brauchbaren Ergebnissen. In vielen Fällen sind sie durchaus vernünftige Denkregeln. Wenn man z. B. keine objektiven Daten über die Zahl der Ausländer in seinem Wohnort hat, aber trotzdem eine Schätzung abgeben soll, kann man kaum etwas besseres tun, als die Ausländer zu zählen, die einem einfallen. (Wenn man über Statistikkenntnisse verfügt, wird man sich natürlich zusätzlich Gedanken über mögliche Stichprobenfehler machen.)

Nur unter bestimmten Bedingungen führen die Urteilsheuristiken zu Denkfehlern, z. B. dann, wenn man sich bei Verwendung der Repräsentativitätsheuristik *ausschließlich* auf die Information über einen Einzelfall konzentriert, und Basisrateninformation völlig vernachlässigt. Ob das geschieht, hängt u. a. davon ab, wie auffällig, detailliert und umfangreich die Information über den Einzelfall im Vergleich zur Basisrateninformation ist. Die Auffälligkeit der abstrakten Basisrateninformation kann z. B. dadurch gesteigert werden, daß sie nicht – wie bei KAHNEMAN und TVERSKY (1973) – zwischen Versuchsbedingungen variiert wird, sondern innerhalb jeder Vp. Das heißt: Jede Vp erhält nicht bloß eine, sondern mehrere Beschreibungen konkreter Einzelfälle mit unterschiedlichen Basisraten vorgelegt. Bei dieser Vorgangsweise wird die Basisrateninformation durchaus berücksichtigt (FISCHHOFF, SLOVIC und LICHTENSTEIN, 1979).

Auch KRUGLANSKI, FRIEDLAND und FARKASH (1984) zeigten, daß Vpn abstrakte Informationen

– u. a. Angaben über die Zuverlässigkeit bestimmter psychologischer Tests – bei der Beurteilung von Einzelfällen verwenden, wenn es klar ist, daß die abstrakte Information im konkreten Fall relevant und anwendbar ist.
Interessant ist in diesem Zusammenhang auch eine Untersuchung von NISBETT und KUNDA (1985), deren Gegenstand Häufigkeitsschätzungen waren. Ein Teil der 247 studentischen Vpn sollte die Häufigkeit verschiedener eigener Verhaltensweisen (Tennisspielen, Kinobesuche, Schlafstörungen, usw.) angeben. Ein anderer Teil der Vpn sollte die Häufigkeitsverteilungen derselben Verhaltensweisen in einer Stichprobe von 100 Studenten derselben Universität schätzen (also z. B. wie viele der 100 Studenten nie, jährlich, monatlich, wöchentlich oder täglich ins Kino gehen; die tatsächlich verwendete Skala war feiner unterteilt und bestand aus 10 Häufigkeitsstufen). Ähnlich wurde bezüglich verschiedener Einstellungen (zu bestimmten Kinofilmen und Fernsehserien, Ronald Reagan, vorehelichen Beziehungen, Abtreibung, usw.) vorgegangen. Ein Teil der Vpn mußte die eigenen Einstellungen auf 5- und 10stufigen Skalen angeben. Andere Vpn mußten die Häufigkeitsverteilungen der Einstellungen schätzen. Ein Vergleich der geschätzten mit den tatsächlichen Häufigkeitsverteilungen zeigte zwar gewisse Urteilsverzerrungen (eher schwache Überschätzungen der Mittelwerte und Streuungen – überschätzte Mittelwerte bedeuten, daß Verhaltensweisen häufiger und Einstellungen positiver eingeschätzt wurden, als sie tatsächlich waren). Eindrucksvoller ist jedoch die erstaunlich gute, detailgenaue Übereinstimmung zwischen den geschätzten und tatsächlichen Verteilungsformen – was bei der Vielfalt der ermittelten Verteilungsformen (u. a. symmetrische und unsymmetrische, z. B. j-förmige, sowie zweigipflige Verteilungen) wirklich bemerkenswert ist.
Diese und viele andere Untersuchungen zeigen, daß Vpn imstande sind, Häufigkeiten bzw. Wahrscheinlichkeiten richtig einzuschätzen, und abstrakte Informationen zu verwenden. Die zahlreichen Fehler der Vpn von KAHNEMAN und TVERSKY sind vermutlich zum Teil durch die speziellen Versuchsanordnungen und -materialien zustande gekommen, die in höherem Maß als viele Alltagssituationen zu Urteilsfehlern verleiten. Insofern sind diese Ergebnisse zu pessimistisch. Die beschriebenen Urteilsheuristiken werden zweifellos sehr oft eingesetzt, aber sie führen nicht notwendigerweise zu Fehlurteilen.

4.139 Kognitive Prozesse III: Beziehungen zwischen Meinungen

Ein anderer Ansatz zur Untersuchung von sozialen Denkprozessen stammt von WYER. Der Autor ging von der allgemeinen Annahme aus, daß subjektive Wahrscheinlichkeiten (zumindest in bestimmten Fällen) ähnlichen Gesetzmäßigkeiten folgen und ähnliche Zusammenhänge zeigen wie objektive (mathematische) Wahrscheinlichkeiten. Da man die Gewißheit von Meinungen als subjektive Wahrscheinlichkeiten auffassen kann, konnte WYER verschiedene präzise Hypothesen über die Zusammenhänge zwischen verschiedenen Meinungen einer Person aufstellen und experimentell überprüfen. Besonders häufig wurde folgende Beziehung untersucht (z. B. WYER, 1970; WYER und GOLDBERG, 1970):

$$p(B) = p(A)\,p(B \mid A) + p(A')\,p(B \mid A') \qquad (1)$$

In dieser Gleichung bedeutet

$p(A)$ . . . . . die Wahrscheinlichkeit, daß Meinung A wahr ist;
$p(A')$ . . . . die Wahrscheinlichkeit, daß Meinung A *nicht* wahr ist;
$p(B)$ . . . . . die Wahrscheinlichkeit, daß Meinung B wahr ist;
$p(B \mid A)$ . . . die Wahrscheinlichkeit, daß B wahr ist, *wenn* A wahr ist (wenn A dann B); und
$p(B \mid A')$ . . die Wahrscheinlichkeit, daß B wahr ist, *wenn* A *nicht* wahr ist (wenn nicht A dann B).

Gleichung (1) ist eine elementare Aussage der mathematischen Wahrscheinlichkeitstheorie. Für den Psychologen ist interessant, ob die in Gleichung (1) behaupteten Beziehungen auch dann gelten, wenn es sich nicht um objektive (mathematische), sondern *subjektive* Wahrscheinlichkeiten (Gewißheit von Meinungen) handelt.
Mit Hilfe von Gleichung (1) kann man Schlußfolgerungen untersuchen. Zur Verdeutlichung soll ein Beispiel mit subjektiven Wahrscheinlichkeitswerten einer fiktiven Person dienen:

B . . . . . . in unserem Land werden Atomkraftwerke gebaut werden;

A . . . . . . Kanzler X wird wiedergewählt, $p(A) = 0{,}7$;

A' . . . . . . Kanzler X wird *nicht* wiedergewählt, $p(A') = 0{,}3$;

B | A . . . . wenn Kanzler X wiedergewählt wird, werden Atomkraftwerke gebaut, $p(B \mid A) = 0{,}8$;

B | A' . . . . auch wenn Kanzler X *nicht* wiedergewählt wird, werden Atomkraftwerke gebaut, $p(B \mid A') = 0{,}4$.

Wenn Gleichung (1) nicht nur mathematische, sondern auch psychologische Gültigkeit hat, dann müßte p(B), d. h. die Gewißheit unserer fiktiven Person, daß Atomkraftwerke gebaut werden, in bestimmter Weise von ihren Annahmen über die Wiederwahl des Kanzlers und über die Zusammenhänge zwischen Wiederwahl (bzw. Nichtwahl) des Kanzlers und dem Bau von Atomkraftwerken abhängen. Im Beispiel:

$$p(B) = 0{,}7 \cdot 0{,}8 + 0{,}3 \cdot 0{,}4 = 0{,}68$$

In mehreren Experimenten von Wyer und seinen Mitarbeitern wurden den Vpn zahlreiche Aussagen (Meinungen ähnlicher Art wie in unserem Beispiel) über verschiedene Themen vorgegeben. Die Vpn sollten die subjektiven Wahrscheinlichkeiten der einzelnen Aussagen beurteilen (von 0 = äußerst unwahrscheinlich, bis 10 = äußerst wahrscheinlich). Es zeigte sich, daß die (subjektiven) Werte von p(B) mit erstaunlicher Genauigkeit den Voraussagen von Gleichung (1) entsprachen.

Gleichung (1) leistet aber noch mehr. Es lassen sich aus ihr Hypothesen über Meinungsänderungen ableiten. Wenn sich die Wahrscheinlichkeit p(A) ändert, dann ändert sich dadurch auch die Wahrscheinlichkeit p(B), wobei die Veränderung Δ von p(B) gleich der Veränderung Δ der rechten Seite der Gleichung ist:

$$\Delta p(B) = \Delta[p(A)p(B \mid A) + p(A')p(B \mid A')] \quad (2)$$

Unter der mathematisch notwendigen und psychologisch meistens zutreffenden Annahme, daß
$p(A') = 1 - p(A)$,
kann man Gleichung (2) vereinfachen:

$$\Delta p(B) = \Delta p(A)[p(B \mid A) - p(B \mid A')] \quad (3)$$

In Gleichung (3) bedeutet:

$\Delta p(B)$ . . . . . die Veränderung von p(B);

$\Delta p(A)$ . . . . . die Veränderung von p(A); und

$[p(B \mid A) - p(B \mid A')]$ . . . . . die Differenz zwischen $p(B \mid A)$ und $p(B \mid A')$.

Gleichung (3) gibt an, in welchem Ausmaß und in welcher Richtung sich p(B) ändert, wenn p(A) geändert wird. Zur Verdeutlichung soll wieder das Beispiel herangezogen werden. Wenn die fiktive Person erfährt, daß der Kanzler einige äußerst unpopuläre Entscheidungen seiner Regierung unterstützt (z. B. Steuererhöhungen), wird sie die Chancen seiner Wiederwahl geringer einschätzen. Nehmen wir an, sie ändert p(A) von 0,7 auf 0,4 ($\Delta p(A) = -0{,}3$). Dadurch ändert sich p(B) folgendermaßen:

$\Delta p(B) = -0{,}3\ [0{,}8 - 0{,}4] = -0{,}12$

Auch Gleichung (3) wurde mehrfach experimentell bestätigt. Gleichung (3) ist aus verschiedenen Gründen psychologisch besonders interessant: Sie zeigt die Möglichkeit der *indirekten* Meinungsänderung. Die Person in unserem Beispiel hat ihre Meinung über den Bau von Atomkraftwerken geändert, obwohl sie keinerlei Information über den Bau von Atomkraftwerken erhielt, sondern über unpopuläre Maßnahmen des Kanzlers. Daraus folgerte sie, daß die Wahrscheinlichkeit des Baus von Atomkraftwerken geringer geworden ist (p(B) sank von 0,68 auf 0,56).

Gleichung (3) gibt außerdem die Bedingungen an, unter denen eine Änderung von p(A) eine starke oder schwache Änderung von p(B) bewirkt. Δp(B) entspricht dem Produkt aus Δp(A) und der Differenz $[p(B \mid A) - p(B \mid A')]$. Je größer diese Differenz ist, desto stärker wird p(B) durch eine Änderung von p(A) beeinflußt. Wenn andererseits $p(B \mid A)$ gleich $p(B \mid A')$ ist (wenn die Differenz null ist), hat eine Änderung von p(A) überhaupt keinen Einfluß auf p(B). – Einen Überblick über die zahlreichen Untersuchungen von Wyer und seinen Mitarbeitern findet man bei Wyer (1974, 1975).

Ein ähnlicher Ansatz wurde bereits 1960 von McGuire formuliert. McGuire postulierte außerdem die Existenz des *sokratischen Effekts:* Wenn man Vpn bloß nach ihren Meinungen fragt, so wird dadurch die Aufmerksamkeit der Vpn auf eventuelle Widersprüche und Unstimmigkeiten zwischen diesen Meinungen gelenkt. Da es nach McGuire ein Bedürfnis nach Übereinstimmung und Konsistenz zwischen Meinungen gibt, werden nun in weiterer Folge die Meinungen auf solche Weise geändert, daß sie besser zusammenpassen. Diese Überlegungen führen zu der Hypothese, daß durch die mehrmalige Messung der subjektiven Wahrscheinlichkeiten aufeinander bezogener Meinungen die Konsistenz dieser Meinungen zunehmen muß. Die Ergebnisse einer späteren Messung müßten also besser mit Gleichung (1) übereinstimmen als die Ergebnisse der früheren Messung. Der sokratische Effekt wurde mehrfach experimentell bestätigt (z. B. HENNINGER und WYER, 1976; MCGUIRE, 1960; WYER und GOLDBERG, 1970).

4.2 Die Wirkungen von Einstellungen

4.21 Wahrnehmung

Die menschliche Kapazität der Informationsaufnahme, -verarbeitung und -speicherung ist begrenzt. Nicht alle Reize, deren Energie auf die Sinnesorgane einwirkt, können (gleichzeitig und bewußt) wahrgenommen werden. Nicht alle Erlebnisse können im Gedächtnis gespeichert werden. Es sind also Selektionsmechanismen notwendig, die darüber entscheiden, welche Reize eher wahrgenommen und gespeichert werden als andere. Als ein besonders wichtiger Selektionsmechanismus gelten Einstellungen: Positiv bewertete Reize werden eher wahrgenommen und gespeichert als negativ bewertete Reize.

Diese, besonders in den fünfziger Jahren geradezu mit Begeisterung akzeptierte Hypothese wird zwar immer noch von den meisten Psychologen vertreten, aber mit Vorsicht und mit Einschränkungen. Insbesondere die Aussagen über negativ bewertete Reize und Objekte bedürfen einschränkender Modifizierungen. Es ist, wie immer deutlicher wird, keineswegs unter allen Umständen wahr, daß negative Reize im Vergleich zu neutralen oder positiven weniger beachtet, eher vermieden und schlechter gemerkt werden.

Im Bereich der Wahrnehmung kann der eingangs erwähnte Standpunkt in zwei komplementäre Hypothesen aufgegliedert werden. Die Hypothese der *Wahrnehmungserleichterung* (perceptual vigilance) besagt, daß positive Reize leichter wahrgenommen werden als neutrale oder negative, d. h. sie werden schneller und auch unter ungünstigeren Bedingungen (geringe Reizintensität, Anwesenheit von Störreizen) erkannt.

Die Hypothese der *Wahrnehmungsabwehr* (perceptual defense) besagt, daß die Wahrnehmung negativer Reize schwieriger ist als die neutraler oder positiver Reize.

Eines der ersten Experimente zur Wahrnehmungserleichterung wurde von POSTMAN, BRUNER und MCGINNIES (1948) durchgeführt. Mit Hilfe eines Fragebogentests wurde zuerst die Rangreihe der Interessen und Werthaltungen jeder Vp festgestellt[10]. Mehrere Wörter, die jeweils ein Interessengebiet repräsentierten, wurden den Vpn wiederholt dargeboten. Die Darbietungszeiten für jedes Wort waren in aufsteigender Reihenfolge angeordnet. Beispielsweise wurde das Wort «freundlich» (ein sozialer Wert) zuerst eine Hundertstel Sekunde lang, dann zwei, drei, vier usw. Hundertstel Sekunden lang dargeboten. Die Darbietungszeiten wurden so lange gesteigert, bis das Wort richtig erkannt wurde. Die Ergebnisse bestätigten die Hypothese: Je positiver die Bewertung eines Wortes war, desto schneller wurde es erkannt (Abbildung 82).

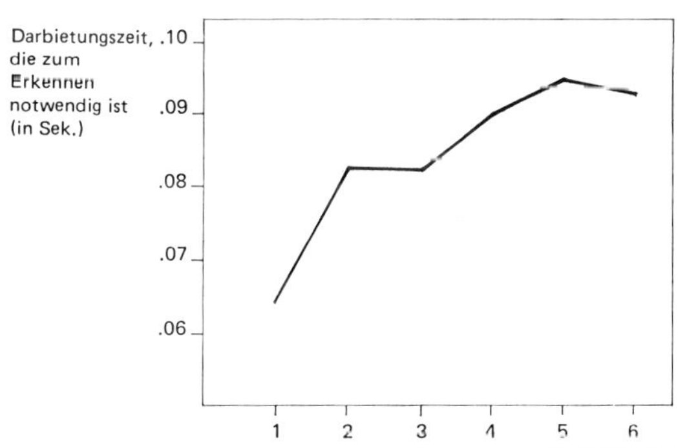

Abbildung 82

Etwas später stellten HOWES und SOLOMON (1951) fest, daß die zum Erkennen eines Wortes benötigte Zeit von dessen Häufigkeit abhängt. Oft verwendete Wörter wurden schneller erkannt als selten verwendete. In einem weiteren Experiment untersuchten POSTMAN und SCHNEIDER

[10] Nach SPRANGER (1930) gibt es sechs fundamentale Werthaltungen: ästhetische, ökonomische, politische, religiöse, soziale und theoretische Werte. Die individuellen Ausprägungen dieser sechs Werte wurden mit dem Test von ALLPORT, VERNON und LINDZEY (1951) gemessen.

(1953) die Einflüsse von subjektivem Wert und Worthäufigkeit auf die Erkennungsdauer. Dabei zeigte sich, daß die im früheren Experiment (POSTMAN, BRUNER und MCGINNIES, 1948) gefundene Beziehung zwischen Bewertung und zum Erkennen nötiger Darbietungszeit nur für seltene Wörter gilt (Abbildung 83). Häufige Wörter werden, unabhängig von ihrer Bewertung, immer gleich schnell erkannt.

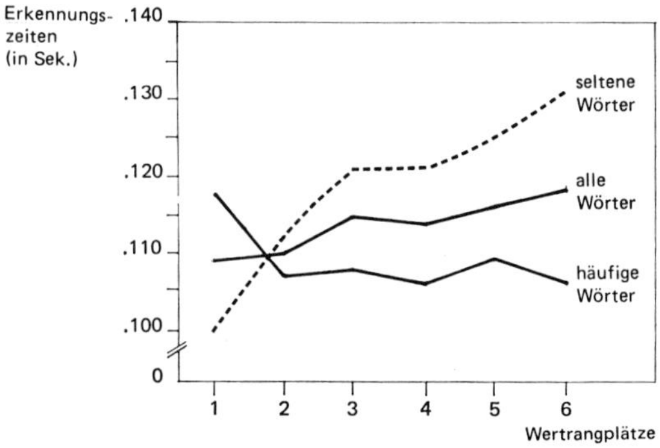

Abbildung 83

Dieser Befund könnte folgendermaßen interpretiert werden. Die Wahrnehmung eines Reizes hängt nicht von seinem subjektiven Wert, sondern nur von seiner Häufigkeit ab. Die Wahrnehmung eines bekannten (häufigen) Wortes ist eine gut gelernte, sozusagen gut eingespielte Reaktion, die schnell abläuft. Durchschnittlich (von der gesamten Population) selten verwendete Wörter können sehr wohl von einzelnen Personen oft verwendet werden. Das ist besonders dann der Fall, wenn es sich um angenehme, interessante, also positiv bewertete Inhalte handelt. Damit wäre die Wirkung der Reizbewertung auf die Reizhäufigkeit zurückführbar. Diese vom lernpsychologischen Standpunkt naheliegende Interpretation wird jedoch durch andere Experimente (z. B. REECE, 1954, siehe weiter unten) in Frage gestellt.

MCGINNIES (1949) veröffentlichte eines der ersten Experimente zur Wahrnehmungsabwehr. Er stellte fest, daß sogenannte Tabuwörter (obszöne Ausdrücke) langsamer erkannt werden als neutrale Wörter. Dieses Experiment wurde mehrfach kritisiert: Die Vpn könnten die Tabuwörter genauso schnell *erkannt* haben wie die neutralen Wörter, zögerten aber, sie *auszusprechen*.

REECE (1954) vermied diesen Einwand, indem er anstelle von Wörtern sinnlose Silben verwendete. Diese sind zunächst weder positiv noch negativ bewertet. In einem Vorversuch zeigte sich auch, daß sie gleiche Erkennungszeiten hatten. Einige Silben wurden dadurch negativ getönt, daß sie mit einem elektrischen Schlag gekoppelt wurden. Nach dieser Lernphase waren die Erkennungszeiten für die nunmehr negativen Silben länger als für die anderen Silben.

Dieses Experiment ist nicht nur sorgfältiger geplant als das weiter oben erwähnte Experiment von MCGINNIES (1949), sondern es stellt auch die Annahme in Zweifel, daß die vielfach beobachteten Effekte der Wahrnehmungserleichterung bzw. Wahrnehmungsabwehr voll und ganz auf die Variable Reizhäufigkeit zurückführbar wären. Alle sinnlosen Silben waren den Vpn in gleicher Weise unbekannt.

In einer Versuchsbedingung von REECE konnten die Vpn die elektrischen Schläge vermeiden, indem sie die entsprechenden Silben schnell genug erkannten und aussprachen. In diesem Fall trat keine Wahrnehmungsabwehr auf. Die negativen Silben wurden hier genauso schnell erkannt wie die neutralen.

Dieses wichtige Ergebnis legt folgende Hypothese nahe: Wahrnehmungsabwehr bei negativen Reizen tritt nur dann auf, wenn die Wahrnehmung der Reize keine weiteren Konsequenzen hat. Ist die Wahrnehmung aber mit Handlungsmöglichkeiten verbunden, können negative Reize genauso schnell oder sogar schneller wahrgenommen werden als positive. (PUSTELL, 1957, berichtet Wahrnehmungserleichterung für negative Reize bei solchen Vpn, die herauszufinden versuchten, wie sie den mit den negativen Reizen gekoppelten elektrischen Schlägen entkommen könnten.) Es wäre auch äußerst unzweckmäßig, wenn man Gefahrensignale (und Reize, die eine Gefahr ankündigen, sind sicher eine Teilmenge der negativen Reize) langsamer erkennen würde als belanglose oder angenehme Reize.

Gegen die meisten Experimente zur Wahrnehmungsabwehr kann man einwenden, daß sie nicht die Unterscheidung von *Wahrnehmungs*effekten und *Reaktions*effekten erlauben. Das heißt: Man weiß nicht sicher, ob die Vp den negativen Reiz erst spät wahrnehmen konnte, oder ob sie ihn schnell wahrnahm, aber mit ihrer

Antwort zögerte. Bei der Wahrnehmungserleichterung gibt es eine analoge Schwierigkeit: Die meisten Experimente erlauben nicht, zu unterscheiden, ob die Vp den positiven Reiz schnell erkannte, oder ob sie voreilig reagierte, bevor sie noch den Reiz mit Sicherheit identifizieren konnte.

Völlig analoge Probleme gab es in der älteren Psychophysik bei den Schwellenexperimenten. (Die absolute Schwelle ist die schwächste Reizintensität innerhalb einer Sinnesmodalität, die gerade noch wahrgenommen werden kann; die relative oder Unterschiedsschwelle ist die kleinste Reizdifferenz, die gerade noch wahrgenommen werden kann.) Zur Bestimmung der absoluten Schwelle wurden jeder Vp sehr schwache Reize geboten (z. B. Lichtreize im Fall der optischen Schwelle oder Töne im Fall der akustischen Schwelle). Nach jeder Reizdarbietung mußte die Vp angeben, ob sie den Reiz wahrgenommen hatte («ja») oder nicht («nein»). Sind die Reize zu schwach, antworten (fast) alle Vpn mit «nein», sind die Reize zu stark, antworten alle Vpn mit «ja». Interessant ist jener Intensitätsbereich, der manchmal die Antwort «ja» und manchmal die Antwort «nein» hervorruft. Eine gebräuchliche Schwellendefinition lautet: die absolute Schwelle ist jener Intensitätsgrad, der bei mehrmaliger Darbietung (bei derselben Vp) in 75% aller Fälle die Antwort «ja» bewirkt.

Die so definierte Schwelle ist bekanntlich nicht für alle Vpn identisch. Das wurde oft in dem Sinn interpretiert, daß manche Vpn besser sehen (oder hören usw.) als andere: Manche Vpn können bereits geringere Reizintensitäten bzw. Reizunterschiede wahrnehmen als andere Vpn. Diese Interpretation ist jedoch nicht gerechtfertigt. Die unterschiedlichen Ergebnisse können genau so gut durch unterschiedliche Verhaltenstendenzen zustande gekommen sein: Manche Vpn neigen dazu, mit «ja» zu antworten (auch wenn sie nicht sicher sind, ob sie den Reiz wahrgenommen haben), und andere Vpn sind sehr vorsichtig und antworten nur dann mit ja, wenn sie ganz sicher sind, den Reiz wahrgenommen zu haben. (Es soll hier nicht geleugnet werden, daß es interindividuelle Unterschiede in der Wahrnehmung gibt. Es wird nur behauptet, daß solche Unterschiede mit den beschriebenen Methoden nicht mit Sicherheit nachgewiesen werden können.)

Diese Konfusion existiert in der modernen Psychophysik nicht mehr. Die Signalentdeckungstheorie (signal detection theory), die systematisch von Green und Swets (1966) dargestellt wurde, erlaubt die Trennung von Wahrnehmungs- und Reaktionseffekten. Die von der Signalentdeckungstheorie angeregten Experimente unterscheiden sich vor allem dadurch von den älteren Untersuchungen, daß – in zufälliger Reihenfolge – auch Durchgänge *ohne* Reizdarbietung vorkommen. Abbildung 84 zeigt die Gegenüberstellung der älteren und neueren Versuchsanordnungen.

Die Unterscheidung zwischen Treffer und falschem Alarm (s. Abbildung 84) ermöglicht die Trennung von Wahrnehmungs- und Reaktionseffekten. Aus der Differenz zwischen der Häufigkeit von Treffern und der Häufigkeit von falschem Alarm kann ein Index gebildet werden, der die Wahrnehmungsleistung kennzeichnet. Je größer diese Differenz ist, desto genauer ist die Wahrnehmung. Unabhängig davon kann man aus der Differenz zwischen der Gesamtzahl der Ja-Antworten und der Gesamtzahl der Nein-Antworten einen zweiten Index bilden, der die Antworttendenz bzw. -verzerrung kennzeichnet. Je weniger Ja-Antworten insgesamt vorkommen, desto «vorsichtiger» oder zögernder ist die Vp. Je mehr Ja-Antworten vorkommen, desto «riskanter» oder voreiliger ist die Vp. (Eine detaillierte Darstellung der Signalentdeckungstheorie ist hier weder möglich noch angebracht. Der interessierte Leser sei auf die elementare und mathematisch anspruchslose Darstellung von McNicol [1972] verwiesen.)

Es gibt einige wenige Experimente im Bereich

ältere Psychophysik		ja	nein
	Reiz	?	?

neuere Psychophysik		Antwort: ja	Antwort: nein
	Reiz	«Treffer»	«nicht bemerkt»
	kein Reiz	«falscher Alarm»	«korrekte Verneinung»

Abbildung 84

der Wahrnehmungsabwehr und -erleichterung, die von den Methoden der Signalentdeckungstheorie Gebrauch machten (z. B. ERDELYI und APPELBAUM, 1973). Diese Experimente zeigten zuverlässig, daß es sich bei den genannten Phänomenen tatsächlich um *Wahrnehmungs*phänomene handelt. Eine ausführliche Analyse von Wahrnehmungsabwehr und -erleichterung vom Standpunkt moderner Theorien der Informationsverarbeitung sowie eine Übersicht über die umfangreiche Literatur findet man bei ERDELYI (1974).

4.22 Informationssuche und Informationsvermeidung

Es ist eine weitverbreitete Ansicht, daß Information, die die eigenen Einstellungen unterstützt, aktiv gesucht wird, während Information, die den eigenen Einstellungen zuwiderläuft, aktiv vermieden wird. Das heißt, man liest eher solche Zeitungsartikel und hört eher solche Reden, die den eigenen Standpunkt unterstützen, vermeidet aber andere. Diese Hypothese wurde besonders von dissonanztheoretisch orientierten Forschern vertreten: Man vermeidet Information, die Dissonanz erzeugen oder vergrößern könnte, und sucht Information, die Dissonanz beseitigen oder reduzieren kann.

Diese Hypothese wurde in der älteren Forschung nur selten durch experimentelle Daten bestätigt (oft aber durch Feldstudien). Die Ergebnisse sind zum Teil widersprüchlich, zum Teil unklar[11]. Ähnlich wie bei der Wahrnehmung von einstellungsrelevantem Material, zeigt sich auch hier eher eine Bevorzugung positiver Information als die unbedingte Vermeidung negativen Materials.

Als einigermaßen typisch kann das Experiment von MILLS, ARONSON und ROBINSON (1959) angesehen werden. Die Vpn (Studenten) hatten sich zu entscheiden, ob sie eine schriftliche Prüfung lieber in Form eines freien Aufsatzes oder in objektiver Form (Fragebogen mit Mehrfachwahlantworten) ablegen wollten. Nach der Entscheidung wurden ihnen sechs Artikel zur Lektüre angeboten, die sie (nach den Titeln) in eine Präferenzrangreihe bringen sollten. In einer Versuchsbedingung (positive Information) ging aus den Titeln klar hervor, daß jeder Artikel positive Information bringen würde (und zwar über jede Art von Prüfung). In der anderen Versuchsbedingung (negative Information) war aus allen Titeln ersichtlich, daß Nachteiliges über jede Art von Prüfung berichtet würde.

In der positiven Informationsbedingung entsprachen die Ergebnisse der dissonanztheoretischen Hypothese: Die Vpn bevorzugten die Lektüre von Artikeln über die gewählte Form der Prüfung und nicht über die abgelehnte. In der negativen Informationsbedingung standen die Resultate in klarem Widerspruch zur Hypothese: Die Vpn bevorzugten negative Information über die gewählte Prüfungsform und nicht negative Information über die abgelehnte Alternative. Ein ähnliches Experiment von ROSEN (1961) erbrachte völlig analoge Ergebnisse.

Die Autoren versuchen, ihre Ergebnisse mit Hilfe zweier Prinzipien zu erklären, die gleichzeitig wirksam sind: Erstens: Die Bevorzugung von Information, die die Entscheidung (den eigenen Standpunkt) unterstützt – also selektive Informationssuche im Sinn der Dissonanztheorie. Zweitens: Die Bevorzugung von Information über die gewählte Alternative (über den eigenen Standpunkt), gleichgültig, ob sie positiv oder negativ hinsichtlich des eigenen Standpunkts ist.

Diese Interpretation kann der im vorigen Abschnitt vorgeschlagenen Erklärung des Auftretens oder Nichtauftretens von Wahrnehmungsabwehr angeglichen werden: selektive Informationsaufnahme im Sinn der Dissonanztheorie tritt nur dann auf, wenn mit der Informationsaufnahme keine weiteren Konsequenzen verbunden sind. Wenn aber negative Information nützlich sein kann, wird sie in gleicher Weise aktiv gesucht wie positive Information. (Etwas technischer formuliert: Negative Information wird gesucht, wenn man erwartet, mit ihrer Hilfe Verstärker zu erhalten und/oder Strafreize zu vermeiden.) Für die Studenten im Versuch von MILLS, ARONSON UND ROBINSON (1959) war es potentiell nützlicher, negative Information über die gewählte als negative Information über die abgelehnte Prüfungsform zu erhalten. Negative

---

[11] Einen Überblick über die zahlreichen Untersuchungen zur selektiven Informationsaufnahme findet man bei FREEDMAN und SEARS (1965), MILLS (1968) und SEARS (1968). Die genannten Arbeiten referieren vor allem Experimente. KATZ (1968) bespricht zahlreiche Feldstudien.

Information über den eigenen Standpunkt (Information über seine ungünstigen Aspekte) kann es ermöglichen, negative Konsequenzen zu vermeiden.

Es konnte in einigen Experimenten nachgewiesen werden (z. B. CANON 1964; FREEDMAN, 1965 a), daß dissonante Information sogar bevorzugt wird, wenn sie nützlich ist. Vpn, die (angeblich) ihren Standpunkt mit einem Gegner ihrer Ansicht diskutieren sollten, bevorzugten dissonante Information (offenbar, um die Gegenargumente rechtzeitig kennenzulernen). Vpn, die bloß ihren Standpunkt begründen sollten, bevorzugten konsonante Information (die in diesem Fall auch nützlicher ist). Dissonante Information wird auch dann bevorzugt, wenn die Vpn annehmen, daß sie die dissonanten Gegenargumente widerlegen können (KLEINHESSELINK und EDWARDS, 1975).

Diese Ergebnisse sind mit FESTINGERS (1964) revidiertem Standpunkt verträglich. Ursprünglich hatte FESTINGER (1957) angenommen, daß man generell nach einer Entscheidung Informationen sucht, die mit der Wahl konsonant sind, und Informationen vermeidet, die mit der Wahl dissonant sind. Nur in wenigen Ausnahmefällen, nämlich wenn die Dissonanz extrem hoch ist (weil die eigene Entscheidung besonders negative Folgen hatte – z. B. man hat sich für den Kauf eines äußerst reparaturanfälligen Autos entschieden), und wenn es sich außerdem um eine *reversible* Entscheidung handelt, wird dissonante Information nicht vermieden. In solchen Fällen erwägt man, die Entscheidung zu revidieren (im obigen Beispiel würde man daran denken, das Auto wieder zu verkaufen), und beschäftigt sich daher auch mit entscheidungsdissonanter Information, die es erleichtert, die Entscheidung rückgängig zu machen. Aus diesen Überlegungen kann man für reversible Entscheidungen die Hypothese eines umgekehrt U-förmigen Zusammenhangs zwischen Dissonanzstärke und Grad der Selektivität ableiten. Bei irreversiblen Entscheidungen dagegen ist die Informationsselektion umso stärker, je größer die Dissonanz ist.

Später hat FESTINGER (1964) mehrere Ausnahmen von der selektiven Informationsaufnahme angenommen. Dissonante Information wird nicht vermieden, sondern gesucht, (1) wenn man der Meinung ist, daß man sie widerlegen kann, und (2) wenn man der Meinung ist, daß sie in Zukunft nützen kann – z. B. weil man ähnliche Entscheidungen treffen muß, und daher über alle (auch die zur Zeit abgelehnten) Alternativen genau und möglichst objektiv Bescheid wissen will. Außerdem ist zu berücksichtigen, daß das Auftreten von Dissonanz – und damit auch das Auftreten selektiver Informationsaufnahme als Mittel der Dissonanzreduktion – voraussetzt, daß Entscheidungsfreiheit und Bindung (commitment, Selbstverpflichtung) vorhanden sind. Letzteres ist z. B. bei persönlich wichtigen Einstellungen der Fall, aber nicht bei nebensächlichen. (Die Bedeutung der Entscheidungsfreiheit für Dissonanzprozesse wird in Abschnitt 4.46 behandelt.)

Während früher ein eher skeptischer Standpunkt bezüglich der selektiven Informationsaufnahme vorherrschte (s. den Anfang dieses Abschnitts), gilt sie jetzt als gesichertes Phänomen. Die älteren Untersuchungen brachten deshalb häufig widersprüchliche Ergebnisse, weil sie methodische Mängel hatten, und zum Teil die Voraussetzungen (freie Entscheidung und commitment) nicht erfüllt waren. In einer umfangreichen Reihe systematischer Experimente konnten FREY und seine Mitarbeiter (dargestellt in FREY 1981, 1986) wiederholt die selektive Informationsaufnahme nachweisen. Allerdings gilt auch für diese Untersuchungen, daß die Vorliebe für konsonante Information deutlicher war als die Vermeidung dissonanter Information.

4.23 Lernen und Gedächtnis

Auch bei Lern- und Gedächtnisleistungen sind Einstellungen ein wichtiger Selektionsfaktor. In zahlreichen Experimenten stellte sich heraus, daß einstellungskonsonante Informationen schneller gelernt und besser behalten werden als dissonante Informationen.

LEVINE und MURPHY (1943) ließen zwei Vpn-Gruppen (eine prokommunistische und eine antikommunistische Gruppe) sowohl prosowjetische wie antisowjetische Artikel lesen. 15 Minuten später mußten die Vpn reproduzieren, was sie sich gemerkt hatten. Dieser Vorgang (Lesen und Reproduzieren) wurde in Abständen von je einer Woche noch viermal wiederholt. Nach diesen fünf Lerndurchgängen folgten (wieder in einwöchigen Abständen) fünf weitere Sitzun-

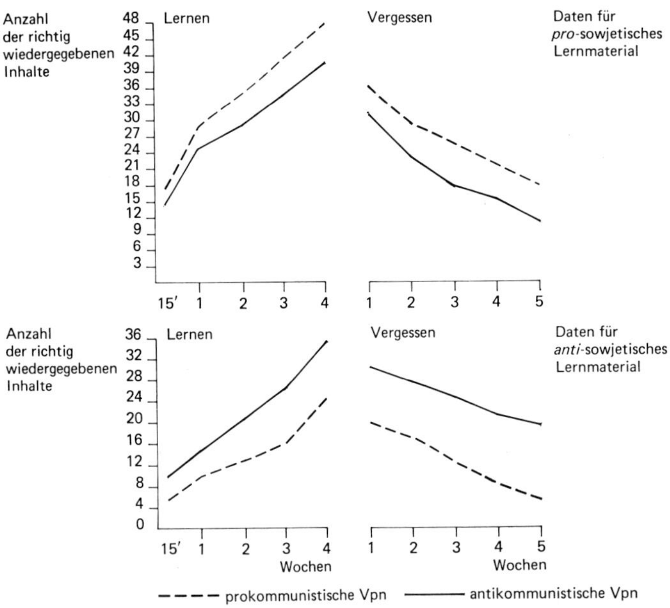

Abbildung 85

gen, in denen das Material wieder reproduziert werden sollte, aber nicht mehr dargeboten wurde. In diesen Sitzungen wurde festgestellt, wie schnell und wie viel vergessen wurde. Die Ergebnisse sind in Abbildung 85 wiedergegeben. Sie zeigen deutlich die selektive Wirkung der Einstellungen auf Lernen und Vergessen. Analoge Ergebnisse erbrachten u. a. ALPER und KORCHIN (1952) hinsichtlich der Einstellung zu Frauen, EDWARDS (1941) in bezug auf politische und WATSON und HARTMANN (1939) in bezug auf religiöse Einstellungen.

Aber auch in diesem Zusammenhang darf die Hypothese des langsamen Lernens und mangelhaften Behaltens von dissonanter Information nicht voreilig und ohne Einschränkungen akzeptiert werden. Auch hier gilt: Unangenehme und dissonanzerzeugende Aussagen werden *gut* gelernt und behalten, wenn dadurch weitere negative Konsequenzen vermieden und/oder positive Konsequenzen herbeigeführt werden können. Vpn lernten einstellungsdiskrepante Aussagen sehr gut, wenn sie instruiert wurden, daß sie diese in einem späteren Teil des Experiments als Gegenargumente brauchen werden (JONES und ANESHANSEL, 1956).

Die Forschung zum Thema Einstellungen und Gedächtnis hatte einen ähnlichen Verlauf wie die Forschung zur Informationsselektion. Nach anfänglich sehr großem Interesse bewirkten einige enttäuschende Ergebnisse, daß das Thema wenig beachtet wurde, und daß sich prominente Forscher skeptisch äußerten (z. B. FISHBEIN und AJZEN, 1975). Etliche neuere Untersuchungen haben jedoch Zusammenhänge zwischen Einstellungen und Gedächtnisleistung nachgewiesen (s. CHAIKEN und STANGOR, 1987).

Allerdings zeigen die Daten nach wie vor ein komplexes Bild: Es wird nicht nur einstellungskonsistentes, sondern auch einstellungsinkonsistentes Material besser als neutrales oder irrelevantes gelernt. Dieser Befund legt die Vermutung nahe, daß Einstellungen mit ihrer Meinungsstruktur als Schemata wirken – bekanntlich merkt man sich schemarelevante Informationen (sowohl konsistente wie inkonsistente) besser als irrelevante Informationen. Einige Autoren führen den Gedächtnisvorteil inkonsistenter Informationen darauf zurück, daß man sich bemüht, die inkonsistente Information durch Neuinterpretation an das Schema anzupassen, und sich daher besonders lang und intensiv mit inkonsistenter Information beschäftigt. Außer solchen kognitiven Faktoren spielen hier jedoch sicher auch Motivationsvariablen (wie bei JONES und ANESHANSEL, 1956) eine Rolle. Außerdem gibt es interindividuelle Unterschiede (ZANNA und OLSON, 1982). Nach den bisher vorliegenden Ergebnissen dürfte selektives Lernen u. a. bei dogmatischen Personen, sowie bei Personen mit hohem Selbstwert und interner Kontrolle besonders stark ausgeprägt sein.

4.24 Verhalten

4.241 Ist Verhalten von Einstellungen abhängig?

Es ist eine weitverbreitete, aber durchaus problematische Annahme, daß Einstellungen das Verhalten weitgehend oder sogar vollständig determinieren: Positive Einstellung zu Objekt X hat Zuwendung und für X positives (z. B. freundliches oder hilfreiches) Verhalten zur Folge. Eine negative Einstellung zu X führt zu Abwendung, Vermeidung und negativem Verhalten (z. B. Aggression).

Diese, meistens nicht explizit ausgesprochene, sondern bloß implizite Hypothese liegt einem Großteil der Aktivitäten von Werbung, Propaganda, Pädagogik und Psychotherapie zugrunde. Die Werbung ändert (wenn sie erfolgreich ist) die Einstellung zu Produkt X in positiver Richtung und nimmt an, daß dadurch Produkt X öfter gekauft wird. Politische Propaganda ändert (wieder: wenn sie erfolgreich ist) die Einstellung zu Partei Y oder Politiker Z in positiver Richtung und nimmt an, daß dadurch Partei Y oder Politiker Z mehr Wählerstimmen erhält usw.

Es zeigte sich jedoch in zahlreichen Experimenten, daß der Zusammenhang zwischen Einstellungen und Verhalten nicht sehr eng ist[12]. Eines der ersten diesbezüglichen Experimente wurde von LAPIERE (1934) publiziert. LAPIERE besuchte gemeinsam mit einem chinesischen Paar zahlreiche Hotels und Gaststätten in den Vereinigten Staaten. Die Chinesen wurden in mehr als 250 Gastbetrieben bedient und nur ein einziges Mal abgewiesen. Der Autor schickte anschließend an alle besuchten Betriebe einen Brief mit einigen Fragen. In mehr als 90 Prozent der Antworten äußerten sich die Inhaber der Gastbetriebe dahingehend, daß Chinesen in ihren Betrieben als Gäste nicht erwünscht wären und nicht bedient würden.

Zahlreiche Untersuchungen mit ähnlichen Ergebnissen folgten. Allerdings war die Diskrepanz zwischen Einstellung und Verhalten selten so groß wie in LAPIERES Experiment. Einige Autoren untersuchten den Zusammenhang zwischen Einstellung der Vpn zu ihrem Beruf und Arbeitsverhalten (Qualität der Arbeit, Stellenwechsel, Häufigkeit des Fernbleibens von der Arbeit usw.). Sie fanden Korrelationen zwischen 0,00 und 0,70 (VROOM, 1962, 1964; WEBB und HOLLANDER, 1956; WEITZ und NUKKOLS, 1953). Bezüglich des Zusammenhangs zwischen Verhalten gegenüber Minoritäten (Teilnahme an Gesprächen, Diskussionen und anderen sozialen Interaktionen, Zustimmung, Unterzeichnung von Petitionen) und Einstellung zu Minoritäten fand man ähnlich niedrige Werte (FENDRICH, 1967; KAMENETSKY, BURGESS und ROWAN, 1956; MALOFF und LOTT, 1962; ROKEACH und MEZEI, 1966). Dasselbe gilt für die Einstellung zu politischen Aktivitäten und ihre Durchführung (TITTLE und HILL, 1967). Ein einschlägiges Sammelreferat publizierte WICKER (1969).

In Anbetracht dieser niedrigen Korrelationen zwischen Einstellung und Verhalten wurde wiederholt vorgeschlagen, auf den Einstellungsbegriff ganz zu verzichten. Aufgabe der Psychologie sei es, zu erklären und vorherzusagen, wie sich ein bestimmter Mensch in einer konkreten Situation verhält. Das sei auch ohne Bezugnahme auf Einstellungen möglich (etwa im Rahmen einer behavioristischen Lerntheorie). Die Einbeziehung von Einstellungen in das Erklärungsschema wäre nur ein Umweg, der noch dazu keinen Gewinn verspricht, denn die Korrelationen zwischen Einstellungen und Verhalten sind in der Regel niedrig.

[12] In diesem Abschnitt wird wiederholt von Korrelationen und Korrelationskoeffizienten gesprochen. Für statistisch nicht vorgebildete Leser sei hier nur vermerkt, daß ein Korrelationskoeffizient eine Maßzahl für den Zusammenhang zweier Variablen ist. Korrelationskoeffizienten können Werte zwischen −1 und +1 annehmen. Ein positiver Wert bedeutet einen positiven Zusammenhang (je größer X, desto größer Y; z. B. je positiver die Einstellung zu Objekt A, desto öfter tritt für A positives Verhalten auf), eine Korrelation von Null bedeutet, daß keinerlei systematischer Zusammenhang zwischen den untersuchten Variablen erkennbar ist, eine negative Korrelation bedeutet einen negativen Zusammenhang (je größer X, desto kleiner Y). Je weiter ein Korrelationskoeffizient von Null entfernt ist, einen desto deutlicheren und stärker ausgeprägten Zusammenhang drückt er aus. Korrelationen unter 0,5 kann man als schwach, Korrelationen zwischen 0,5 und 0,7 als mittel und Korrelationen zwischen 0,7 und 1,0 als stark bezeichnen.

Es lassen sich jedoch mindestens drei Argumente für die Beibehaltung des Einstellungsbegriffs anführen. Erstens: Die Zusammenhänge zwischen Einstellungen und Verhalten sind zwar nicht so stark, wie vielfach angenommen wurde und wird, aber sie sind meistens vorhanden. Es ist daher nicht sinnvoll, den Begriff Einstellung aus der Sozialpsychologie zu eliminieren. Allerdings ist die Hypothese, daß das Verhalten gegenüber Einstellungsobjekten zum größten Teil oder gar vollständig von den entsprechenden Einstellungen deteminiert wird, sicher nicht gerechtfertigt. Verhalten wird *teilweise* (d. h. neben anderen Faktoren) von Einstellungen gesteuert.

Zweitens: Es geht nicht nur um Vorhersage und Erklärung des Verhaltens, sondern es sind auch die Einstellungen selbst interessant (außer für eine rein behavioristische Psychologie).

Drittens: Hinsichtlich Theorienbildung und Forschungspraxis trägt der Einstellungsbegriff zur Ökonomie bei (McGuire, 1969). Betrachten wir m Situationen (Reize) und n Verhaltensweisen, die alle mit ein und demselben Einstellungsobjekt zu tun haben (z. B. m Angehörige oder Teilgruppen einer bestimmten Minorität und n Verhaltensweisen wie Zustimmung, Ablehnung, Helfen, Aggression usw.). Verzichtet man auf die intervenierende Variable Einstellung, so muß man die Beziehungen zwischen jeder Situation und jeder Verhaltensweise feststellen (siehe Abbildung 86a). Es müssen also m mal n Relationen theoretisch und/oder empirisch analysiert werden.

Bei Verwendung der Variablen Einstellung braucht man im selben Fall nur die Beziehungen der m Situationen zur Einstellung und der Einstellung zu den n Verhaltensweisen zu untersuchen (siehe Abbildung 86b). Es müssen jetzt nur mehr m + n Relationen analysiert werden. Für m $\geqq 3$ und n $\geqq 3$ ist m + n wesentlich kleiner als m mal n.

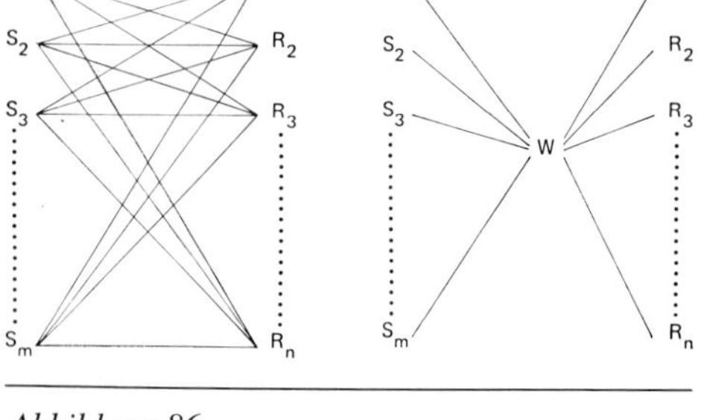

Abbildung 86

Statt den Begriff Einstellung zu eliminieren, weil auf ihn gestützte Verhaltensvorhersagen nicht immer befriedigend sind, ist es sinnvoller, genauer die Faktoren zu untersuchen, die darüber bestimmen, ob die Beziehung zwischen Einstellung und Verhalten eng oder lose ist. Die wichtigsten dieser Faktoren werden in den nächsten Abschnitten behandelt.

An dieser Stelle sei noch erwähnt, daß gerade in den letzten Jahren – angeregt von Festingers Dissonanztheorie – eine große Zahl von Untersuchungen zeigte, daß oft ein Kausalzusammenhang in umgekehrter Richtung vorliegt: Verhalten beeinflußt Einstellungen. Genauer: Unter bestimmten Bedingungen ausgeführtes einstellungsdiskrepantes Verhalten (beispielsweise aggressives Verhalten gegen eine positiv bewertete Person) führt zu einer Angleichung der Einstellung an das Verhalten. Die zahlreichen diesbezüglichen Ergebnisse sowie deren theoretische Begründung werden später in einem eigenen Abschnitt dargestellt (Abschnitt 4.46).

4.242 Einstellungen zu Verhaltensweisen versus Einstellungen zu Reizen und Begriffen

Eine Verbesserung der Vorhersagegenauigkeit kann dadurch erreicht werden, daß man von der Einstellung zum Verhalten selbst und nicht von der Einstellung zu einem Reiz oder einem Begriff ausgeht. Mit dem Verhalten sind nämlich oft ganz andere Meinungen (und Erwartungen) verbunden als mit dem begrifflichen Einstellungsobjekt.

Ein junger Mann, der eine äußerst positive Einstellung zur Mathematik hat, muß deshalb noch nicht Mathematik studieren. Das Studium der Mathematik (das Verhalten) ist ihm vielleicht zu anstrengend. Jemand, der eine bestimmte politische Ideologie akzeptiert und schätzt, muß sich nicht in entsprechender Weise politisch betätigen. Die von der Ideologie geforderten politischen Aktivitäten sind ihm vielleicht zu zeitraubend, zu aggressiv, zu wenig durchdacht, oder der Betreffende ist zu ängstlich oder zu faul.

Bereits Doob (1947) unterstrich in einem seinerzeit viel zu wenig gewürdigten Artikel die Tatsache, daß es keine angeborenen Beziehungen zwischen Einstellungen und Verhalten gibt. Verhalten ist vor allem von den gelernten und/oder aus anderen Gründen antizipierten Verhaltenskonsequenzen (Verstärker und Strafreize) abhängig. Dadurch können Diskrepanzen zwischen Einstellungen und Verhaltensweisen auftreten.

Sehr oft wird einstellungsdiskrepantes Verhalten durchgeführt, weil es verstärkt wurde oder weil positive Konsequenzen erwartet werden. Beispielsweise werden zwar verachtete, aber einflußreiche Personen umschmeichelt, weil man dadurch Vorteile für sich erhofft. Häufig werden auch positiv bewertete Personen schlecht behandelt, weil andernfalls negative Konsequenzen von einer dritten Seite zu erwarten wären.

Dennoch stimmen Einstellung und Verhalten auch oft überein. Der Grund dafür ist meines Erachtens vorwiegend in Prozessen der Selbstverstärkung und Selbstbestrafung zu suchen. Es ist angenehm zu wissen, daß man konsistent, d. h. in Übereinstimmung mit den eigenen Einstellungen (Überzeugungen, Werthaltungen) gehandelt hat. Das Gegenteil (einstellungsdiskrepantes Handeln) ist meistens unangenehm (z. B. beschämend).

Die genannten Prozesse – Selbstverstärkung für konsistentes und Selbstbestrafung für inkonsistentes Verhalten – sind aber nicht naturgegeben. Sie setzen entsprechende Sozialisierungsprozesse voraus. Bei Menschen mit «schwachem Gewissen», die nur selten und in geringem Ausmaß auf einstellungsdiskrepante Verhaltensweisen mit Selbstbestrafung und im anderen Fall mit Selbstverstärkung reagieren, wird einstellungsdiskrepantes Verhalten besonders häufig vorkommen, denn bei ihnen richtet sich das Verhalten vorwiegend oder ausschließlich nach äußeren Verstärkern. Aber auch bei «gewissenhaften» Menschen wird es oft zu einstellungsdiskrepantem Verhalten kommen, nämlich besonders dann, wenn die äußeren Verstärker und/oder Strafreize sehr intensiv sind.

Hier gilt also, genauso wie es in den vorangehenden Abschnitten für die Beziehungen zwischen Einstellungen und Wahrnehmung, Informationsaufnahme bzw. Gedächtnis gezeigt wurde, daß Einstellungen das Verhalten determinieren, solange keine anderen Faktoren beteiligt sind. Es kommt aber zu einstellungsdiskrepantem Verhalten (ähnlich wie es zur Wahrnehmungserleichterung bei negativ bewerteten Reizen, zur Aufnahme dissonanter Information und Speicherung einstellungsdiskrepanter Sätze kommt), sobald damit das Eintreffen positiver und die Vermeidung negativer Konsequenzen verbunden sind.

Besonders ausführlich hat sich FISHBEIN (1967; FISHBEIN und AJZEN, 1975) mit der Beziehung zwischen Verhalten und Einstellung auseinandergesetzt. Auch er vertritt die Ansicht, daß Verhaltensvorhersagen aufgrund der Einstellung zu einem (begrifflichen) Einstellungsobjekt meistens mangelhaft sein werden. Der Grund für diesen schwachen Zusammenhang ist darin zu sehen, daß es nach FISHBEIN keinen direkten kausalen Zusammenhang zwischen Einstellung (zum Objekt) und Verhalten gibt (s. Abbildung 87). Das Verhalten selbst hängt in erster Linie von den Verhaltensintentionen (Absichten oder Plänen) ab. Die Intentionen ihrerseits hängen einerseits von der Einstellung zum Verhalten und andererseits von privaten und sozialen Normen ab. Unter privaten Normen versteht FISHBEIN die Ansprüche, die man an sich selbst stellt (was man nach eigener Meinung tun sollte).

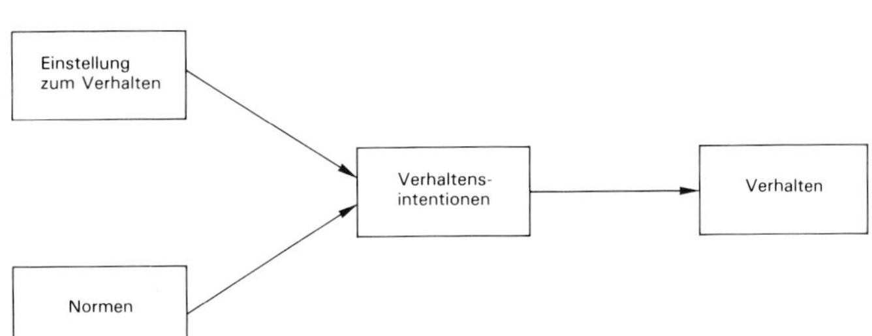

Abbildung 87

Soziale Normen sind die (tatsächlichen oder vermeintlichen) Ansprüche der sozialen Umwelt, z. B. der Freunde oder anderer Bezugsgruppen. Alle anderen Variablen (z. B. die Einstellung zum Objekt) können das Verhalten bzw. die Intentionen nicht direkt beeinflussen, sondern nur indirekt, auf dem Umweg über die Einstellung zum Verhalten oder über die Normen. Im Rahmen dieses Modells ist die Hypothese naheliegend, daß Verhaltensvorhersagen aufgrund der Einstellung zum Objekt nicht sehr genau sein können. Besser wird die Vorhersage auf der Basis der Einstellung zum betreffenden Verhalten sein, und eine weitere Verbesserung erzielt man durch zusätzliche Einbeziehung der privaten oder sozialen Normen.

Private Normen hängen sicher sehr eng mit Prozessen der Selbstverstärkung und Selbstbestrafung zusammen (man bestraft oder belohnt sich nach Maßgabe der Ansprüche an sich selbst). Soziale Normen (die Ansprüche anderer Personen) bestimmen weitgehend die Erwartungen bezüglich äußerer Verstärker und Strafreize. Die in diesem Abschnitt vorgeschlagene These (daß Verhaltensvorhersagen weniger aufgrund von Einstellungen zu Reizen oder Begriffen als vielmehr aufgrund der Einstellungen zu Verhaltensweisen und den damit verbundenen selbstproduzierten und äußeren Verhaltenskonsequenzen erfolgen sollten) ist, so gesehen, der Formulierung FISHBEINS ähnlich, aber allgemeiner. Verhaltenskonsequenzen stehen zwar oft, aber nicht immer mit privaten oder sozialen Normen in Zusammenhang.

FISHBEIN und sein Mitarbeiter AJZEN konnten in einigen Exerpimenten nachweisen (z. B. AJZEN, 1971 b; AJZEN und FISHBEIN, 1969, 1970), daß Verhaltensvorhersagen auf der Basis der erwähnten Variablen außerordentlich gut zutreffen.

Wie erwartet, läßt sich das Verhalten einem bestimmten Menschen gegenüber kaum aus der Einstellung zu ihm vorhersagen, wohl aber aufgrund der Einstellungen zu den möglichen Verhaltensweisen und der mit diesen verbundenen (erwarteten) Konsequenzen (AJZEN und FISHBEIN, 1970). 96 Vpn nahmen an einem Experiment teil, dessen wichtigster Teil ein 2-Personen-Spiel war (und zwar zwei Varianten des Prisoner's Dilemma – dieses Spiel wird im Abschnitt 6.125 genau beschrieben). Bei diesem Spiel sind verschiedene Strategien möglich: Kooperation (man versucht, gleichzeitig seinen eigenen Gewinn und den des Gegners zu maximieren) und Wettbewerb (der eigene Gewinn soll möglichst hoch und der des Gegners möglichst gering sein). Jeder Spieler kann sich nach Belieben bei jedem Zug für eine der möglichen Strategien entscheiden.

Nach den ersten 8 Zügen mußte jede Vp einen Fragebogen ausfüllen, der u. a. folgende Variablen messen sollte: Die Einstellung zum Spielpartner, die Einstellung zu kooperativem Spielverhalten, den erwarteten Gewinn bei kooperativer Spielweise (d. h. die Menge der Verstärker, die jede Vp für kooperatives Verhalten erwartete) und die vermeintlichen Erwartungen des Partners hinsichtlich des eigenen Verhaltens

Tabelle 27

Korrelationen zwischen Verhalten (Anzahl kooperativer Züge unter den letzten 10 Zügen des Spiels) und Einstellungs- bzw. Erwartungsvariablen

	W(S) – R	W(R) – R	Erw(R $\rightarrow$ S_+)– R	soziale Normen – R
Spiel 1	0,256	0,631	0,704	0,685
Spiel 2	0,091	0,703	0,748	0,721

W(S) – R	Korrelationen zwischen Einstellung zum Partner W(S) und kooperativem Verhalten R
W(R) – R	Korrelationen zwischen Einstellung zu kooperativem Spielverhalten W(R) und kooperativem Verhalten R
Erw(R $\rightarrow$ S_+)– R	Korrelationen zwischen Gewinnerwartungen bei kooperativem Spielverhalten Erw(R $\rightarrow$ S_+) und kooperativem Verhalten R
soziale Normen – R	Korrelationen zwischen den vermeintlichen Erwartungen des Partners S in bezug auf das eigene Kooperationsverhalten und kooperativem Verhalten R

(also die in der Spielsituation relevanten sozialen Normen). Die vermeintlichen (normativen) Erwartungen des Partners sind hier besonders wichtig, da dieser Sanktionen setzen kann, wenn er sich unfair behandelt fühlt (er kann ja nach Belieben kooperativ spielen oder nicht). Nach dem Fragebogen wurde das Spiel fortgesetzt.
Wenn die Einstellung zu einem Interaktionspartner das Verhalten ihm gegenüber determiniert (wie man früher anzunehmen geneigt war), dann müßte Spieler A um so häufiger kooperativ handeln, je sympathischer ihm Spieler B ist. Die Daten zeigten jedoch, daß die Anzahl kooperativer Züge kaum von der Einstellung zum Partner abhängt (siehe Tabelle 27). Sehr gute Prädiktorvariablen waren jedoch die erwarteten Verstärker (Ausmaß des Gewinns) für Kooperation, die Einstellung zu kooperativem Verhalten und die vermeintlichen Ansprüche des Partners bezüglich «fair play».
In einem anderen Experiment (AJZEN und FISHBEIN, 1969) wurden ziemlich konkrete Einstellungsobjekte untersucht, und zwar die Einstellungen zu acht möglichen Freizeitbeschäftigungen. Zunächst wurden die Bewertungen folgender acht Einstellungsobjekte ermittelt: Parties, Ausstellungen moderner Kunst, Wildwestfilme, Konzerte, Pokern, französische Filme, Diskussionen, Horrorromane. Danach wurden die Einstellungen zur Durchführung der entsprechenden Tätigkeiten «am Freitagabend» gemessen. Anschließend wurden noch die privaten normativen Meinungen («ich sollte am Freitagabend . . .») und die sozialen normativen Meinungen («meine Freunde erwarten von mir, daß ich am Freitagabend . . .») festgestellt. Zur Messung der Stärke der normativen Meinungen wurden 7-Punkte-Skalen (von sehr wahrscheinlich bis sehr unwahrscheinlich) verwendet. Als Verhaltensindizes dienten die (wieder mittels 7-Punkte-Skalen ermittelten) Aussagen der Vpn über ihre Absicht, die fraglichen Verhaltensweisen auszuführen. (Die so ermittelten Verhaltensintentionen korrelierten in einigen Experimenten sehr hoch mit tatsächlichem Verhalten, z. B. bei AJZEN und FISHBEIN, 1970; DULANY, 1968. Auch in vielen anderen Experimenten wurde nicht das tatsächliche Verhalten gemessen, sondern bloß Verhaltensintentionen. Die Beziehungen zwischen Intentionen und Verhalten werden im nächsten Abschnitt genauer besprochen.)
Da es sich in diesem Experiment um Einstellungsobjekte handelte, die unmittelbar mit Verhalten im Zusammenhang stehen (Freizeitbeschäftigungen), waren hier auch die Bewertungen der Begriffe und nicht nur die der Verhaltensweisen gute Prädiktorvariablen. Aber auch in diesem Fall waren die Vorhersagen aufgrund von Erwartungen und normativen Meinungen denjenigen, die von Bewertungen ausgingen, überlegen. Am besten waren aber Verhaltensvorhersagen, die drei Variablen berücksichtigen (nämlich Einstellung zum Verhalten, private Normen und soziale Normen). Diese Vorhersagen basieren auf sogenannten multiplen Korrelationen (das sind, grob gesprochen, Zusammenhänge zwischen mehr als zwei Variablen). Die Ergebnisse sind in Tabelle 28 ersichtlich.

4.243 Die Theorien von FISHBEIN und AJZEN

Die Theorie von FISHBEIN und AJZEN (FISHBEIN, 1967; FISHBEIN und AJZEN, 1975; AJZEN und FISHBEIN, 1980), die im vorigen Abschnitt nur kursorisch beschrieben wurde, soll jetzt genauer dargestellt werden, weil es sich um eine sehr wichtige Theorie handelt. Die Vorzüge der «Theorie des vernünftigen Handelns» (theory of reasoned action) liegen einerseits darin, daß sie begriffliche Klarheit schaffte, und andererseits in ihren vielfältigen Anwendungsmöglichkeiten. Die Theorie ist in Abbildung 88 zusammengefaßt.
Der Gegenstand dieser Theorie ist die Voraussage und Erklärung von Verhalten. Dabei muß zwischen Verhalten und Ergebnissen unterschieden werden. Die Theorie sagt Verhalten voraus, nicht Ergebnisse. (Ergebnisse können nur indirekt vorausgesagt werden, soweit sie vom Verhalten abhängig sind.) Zeugnisnoten z. B. sind kein Verhalten, sondern Ergebnisse. Die Theorie kann nicht direkt voraussagen, welche Noten jemand erhält, sondern z. B. wieviel Zeit er zum Lernen verwendet. Davon hängen die Noten nur zum Teil ab. Andere Einflußfaktoren sind die Art des Lernens, die Ansprüche des Prüfers, usw. Ein anderes Beispiel ist die Unterscheidung zwischen Gewichtsabnahme und Verhaltensweisen, die dazu führen, z. B. ungezuckerten Kaffee trinken, wenig Eis essen, wenig Bier trinken usw. Allerdings ist es auch möglich, Ergebnisse vorauszusagen, nämlich dann, wenn alle (oder die meisten) Verhaltensweisen und die anderen

Tabelle 28

Korrelationen zwischen Verhaltens- und Einstellungs- bzw. Erwartungsvariablen					
	W(S) – R	W(R) – R	private Normen – R	soziale Normen – R	multiple Korrelationen
Parties	0,561	0,523	0,815	0,587	0,819
Ausstellungen	0,659	0,670	0,630	0,437	0,724
Wildwestfilme	0,599	0,567	0,662	0,439	0,709
Konzerte	0,750	0,665	0,713	0,598	0,787
Pokern	0,643	0,668	0,767	0,591	0,794
Franz. Filme	0,653	0,640	0,782	0,499	0,794
Diskussionen	0,668	0,669	0,702	0,678	0,779
Horrorromane	0,441	0,538	0,543	0,513	0,684

W(S) – R	Korrelationen zwischen Einstellungen zu Begriffen W(S) und Verhalten R
W(R) – R	Korrelationen zwischen Einstellungen zu Verhaltensweisen W(R) und Verhalten R
private Normen – R	Korrelationen zwischen den normativen Ansprüchen an sich selbst und Verhalten
soziale Normen	Korrelationen zwischen den vermeintlichen normativen Erwartungen der Freunde und Verhalten
multiple Korrelationen	multiple Korrelationen zwischen Einstellungen zu Verhaltensweisen W(R), privaten Normen, sozialen Normen und Verhalten

Faktoren, von denen das Ergebnis abhängt, erfaßt werden. (Trotz der strengen begrifflichen Trennung von Ergebnis und Verhalten wurde die Theorie manchmal auch von ihren Urhebern zur Voraussage von Ergebnissen verwendet, s. Tabelle 30).

Außerdem wird zwischen konkreten Verhaltensweisen und Verhaltenskategorien unterschieden. Im Gegensatz zu konkreten Verhaltensweisen sind Verhaltenskategorien (z. B. Umweltschutzverhalten) nicht direkt beobachtbar, sondern müssen aus der Beobachtung konkreter Verhaltensweisen (z. B. Sammeln von Altpapier und -glas, Verwenden von bleifreiem Benzin, usw.) erschlossen werden. Die Verhaltensweisen einer Kategorie sind nicht gleichwertig. FISHBEIN und AJZEN fordern, daß Verhaltensweisen nach den gleichen Qualitätskriterien wie die Items eines Tests oder die Fragen einer Einstellungsskala beurteilt und ausgewählt werden (z. B. nach dem Kriterium der Trennschärfe).

Der beste Verhaltensprädiktor ist die Intention. Wenn man wissen will, was jemand tun wird, ist es am besten, ihn zu fragen, was er zu tun beabsichtigt. Intentionen sind ein Spezialfall von Meinungen, nämlich Meinungen über das eigene zukünftige Verhalten. Genauer: Intentionen sind subjektive Wahrscheinlichkeiten bezüglich des Auftretens bestimmter Verhaltensweisen. Dementsprechend werden Intentionen meistens mit Hilfe von Ratingskalen erfaßt, deren Endpunkte mit «sehr unwahrscheinlich» und «sehr wahrscheinlich» beschriftet sind. Intentionen können sich auf einzelne Verhaltensweisen beziehen (es ist sehr wahrscheinlich, daß ich X tun werde), oder gleichzeitig auf mehrere Alternativen einer Entscheidungssituation (für jede Alternative – z. B. verschiedene Autotypen – wird die subjektive Wahrscheinlichkeit ihrer Wahl angegeben).

Obwohl Intentionen die besten Verhaltensprädiktoren (und nach der Theorie des vernünftigen Handelns auch die unmittelbaren Verhaltensursachen) sind, können die Korrelationen zwischen Intentionen und Verhalten sehr unterschiedlich sein. Die Höhe der Korrelation hängt in erster Linie vom Grad der Übereinstimmung zwischen Intention und Verhalten bezüglich der wichtigsten Aspekte ab. Diese sind: *Handlung, Ziel, Kontext* und *Zeit*. Mit anderen Worten: Intentionen müssen möglichst präzise und detailliert erfaßt werden. Sie sind nur dann gute Verhaltensprädiktoren, wenn sie bezüglich der genannten Aspekte mit dem vorauszusagenden Verhalten genau übereinstimmen. Zum Beispiel kann aus der allgemeinen Hilfsbereitschaft eines Menschen («wie groß ist die Wahrscheinlichkeit, daß sie in einer Notsituation helfen?») kaum vorausgesagt werden, was er in einem konkreten Fall tun wird. Zu diesem Zweck

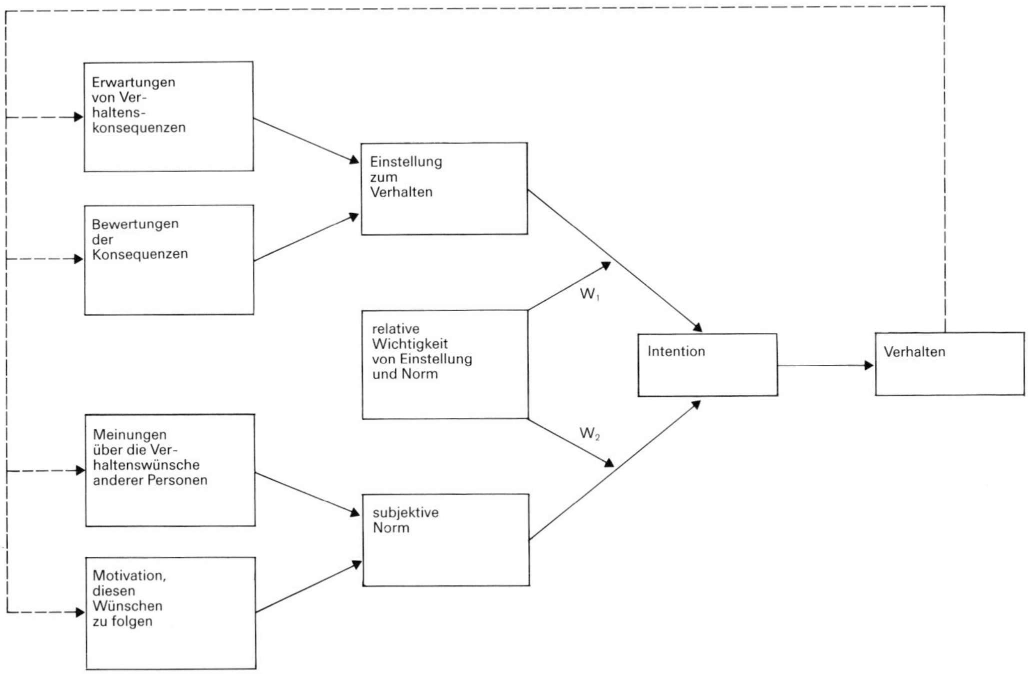

Abbildung 88

müßte gefragt werden, wie groß die Wahrscheinlichkeit ist, daß er zur Zeit X in der Situation (oder am Ort) Y und bezüglich der Person (oder Gruppe) Z das Verhalten R ausführen wird.

Ein weiterer Faktor ist die Stabilität der jeweiligen Intention. Viele Intentionen ändern sich mit der Zeit. Deshalb ist es auch wichtig, wann die Intention erhoben wird, d. h. wieviel Zeit zwischen Intention und Verhalten liegt. Wenn man z. B. jemand fragt, ob er sich in den nächsten 3 Jahren ein Auto der Marke X kaufen wird, so ist die Voraussage des Kaufverhaltens schlechter als bei der Frage, ob er in den nächsten 3 Monaten ein Auto der Marke X kaufen wird. Je mehr Zeit verstreicht, desto wahrscheinlicher ist eine Änderung der Intention (z. B. könnten in der Zwischenzeit neue, attraktivere Modelle auf den Markt gekommen sein, oder der Befragte hat im Lotto gewonnen, und daher seine Ansprüche erhöht, usw.). Ferner ist zu bedenken, daß jemand Gründe haben kann, seine Absichten zu verheimlichen oder zu lügen.

Die Intentionen hängen von zwei unmittelbaren Ursachen ab, von der Einstellung zum Verhalten und von der subjektiven Norm. Die subjektive Norm ist der wahrgenommene soziale Druck. Sie besteht aus zwei Komponenten: den (vermeintlichen) Verhaltensvorschriften wichtiger Personen, und dem Ausmaß der Motivation, diese Vorschriften zu befolgen. Die relativen Stärken dieser beiden Ursachen müssen immer empirisch (durch Regressionsanalysen) ermittelt werden. Wenn die Einstellung stärker ist als die Norm, bedeutet das, daß Intention und Verhalten mehr von der Einstellung zum Verhalten (und dessen Konsequenzen) beeinflußt werden als von der Norm. Ist die Norm stärker als die Einstellung, dann hängt das Verhalten mehr von den (vermeintlichen) Ansprüchen anderer Personen ab als von der eigenen Einstellung.

Diese Gewichte der beiden Intentionsursachen sind vor allem dann von Bedeutung, wenn Einstellung und Norm entgegengesetzt sind. Wenn man beispielsweise selbst eine sehr positive Einstellung zum Kauf eines bestimmten Autos X hat, aber die wichtigsten Bezugspersonen dagegen sind, dann hängt das Kaufverhalten von den Gewichten der beiden Komponenten Einstellung und Norm ab. Wenn man sich primär an der eigenen Einstellung orientiert, wird man das

Auto kaufen. Wenn man sich dagegen primär nach den Wünschen anderer Menschen richtet, wird man das Auto nicht kaufen.

In einem Großteil der zahlreichen veröffentlichten Untersuchungen ist die Einstellung stärker als die subjektive Norm. Es kommt aber auch vor, daß die beiden Komponenten annähernd gleich stark sind (was sich beispielsweise bei politischem Wählerverhalten sowie bei kooperativem Verhalten gezeigt hat), oder daß die normative Komponente stärker ist. Hier spielen auch individuelle Unterschiede eine Rolle. Manche Menschen handeln generell eher aufgrund der eigenen Einstellungen und Wünsche, andere richten sich eher nach den Wünschen ihrer Mitmenschen (s. Abschnitt 4.247).

Die Einstellung zum Verhalten hängt unmittelbar von den Meinungen über das Verhalten ab und wird als Produktsumme (s. Abschnitt 4.12) aufgefaßt. Zur Messung der Einstellung des Verhaltens müssen die Vpn zunächst angeben, welche Konsequenzen, welche Vor- und Nachteile sie von der Durchführung des untersuchten Verhaltens erwarten. Dann wird jede Konsequenz auf einer Ratingskala bewertet (e_i), und auf einer zweiten Skala wird die subjektive Wahrscheinlichkeit des Auftretens der Konsequenz angegeben (Meinungsstärken b_i). Die Summe der Produkte e_ib_i gilt als Maß für die Einstellung zum Verhalten A_B (attitude toward behavior).

Genauso wie die Einstellungen zum Verhalten von (verhaltensbezogenen) Meinungen abhängen, wird auch die subjektive Norm unmittelbar von (normativen) Meinungen determiniert. Die subjektive Norm ist ebenfalls eine Produktsumme. Zur Erhebung der Normkomponente muß die Vp zunächst angeben, welche Bezugspersonen oder -gruppen für das untersuchte Verhalten wichtig sind. Dann müssen für alle genannten Personen und Gruppen auf Ratingskalen die normativen Meinungen b_i angegeben werden, d. h. wie sehr (nach Ansicht der Vp) jede Bezugsperson für oder gegen die Durchführung des Verhaltens ist. Weiters muß (ebenfalls auf Ratingskalen) für jede Bezugsperson angegeben werden, in welchem Ausmaß man bereit ist, ihren Wünschen zu entsprechen (m_i = motivation to comply). Die Summe der Produkte b_im_i ist das Maß der subjektiven Norm SN. (In der ursprünglichen Version (FISHBEIN, 1967) wurden noch private und soziale Normen, also eigene Vorschriften und die Vorschriften anderer Personen unterschieden. Da die privaten Normen nicht oder nur unwesentlich zur Vorhersagegenauigkeit beitrugen, wurden sie später eliminiert.)

Über die Ursachen und die Entstehung von Meinungen macht die Theorie keine eigenständigen Aussagen. Die Zahl der Meinungsbildungsprozesse ist außerordentlich groß. Einige wurden im Abschnitt 4.13 beschrieben, etliche andere werden später noch besprochen (z. B. in den Abschnitten 5.22 und 5.23 über Attributionen). Es wird aber explizit betont, daß das Verhalten, dessen Kontext und Konsequenzen auf die Meinungen modifizierend und ergänzend rückwirken können. Auch Einstellungen können die Meinungsbildung beeinflussen.

In den vorigen Absätzen wurden die Standardverfahren zur Erhebung von Normen und Einstellungen beschrieben. Es gibt noch andere, zum Teil einfachere Methoden (die aber auch weniger Information bringen). Zusammengefaßt läßt sich die Theorie des vernünftigen Handelns als Formel darstellen:

$$R \approx I = (A_B)w_1 + (SN)w_2 = \left(\sum_{i=1}^{n} b_i\, e_i\right)w_1 + \left(\sum_{i=1}^{n} b_i\, m_i\right)w_2.$$

Das Verhalten R entspricht in etwa ($\approx$) der Intention I. Diese wird von der Einstellung zum Verhalten A_B und der subjektiven Norm SN bestimmt. Diese beiden Komponenten haben in der Regel unterschiedliche Gewichte w_1 und w_2.

Die Theorie ist sehr vielseitig verwendbar. AJZEN und FISHBEIN (1980) berichten u. a. über Untersuchungen zur Gewichtsabnahme, zum Wählerverhalten, zum Konsumentenverhalten, zur Familienplanung und zur Berufswahl. Zu den Vorzügen zählt auch, daß die im Rahmen der Theorie entwickelte Art der Datenerhebung sehr genau über Inhalt und Struktur von Meinungssystemen Aufschluß gibt. Wenn man etwa zwei Personengruppen vergleicht (z. B. eine Gruppe, die Verhalten X durchführt, und eine Gruppe, die X nicht durchführt – etwa Raucher und Nichtraucher), so geht aus den Daten hervor, ob sie sich im Inhalt oder Gewicht der Normen bzw. im Inhalt oder Gewicht der Einstellungen zum Verhalten unterscheiden. Die detaillierte Analyse der Normen sowie der Einstellungen erlaubt noch genauere Aussagen. Bei den Einstellungen

Tabelle 29

	Bewertungen		Erwartungen	
	haushalts-orientiert	berufs-orientiert	haushalts-orientiert	berufs-orientiert
das Leben genießen	2,98	2,77	2,86	– 2,39
Gefühl der Sicherheit haben	2,67	2,64	2,81	– 2,00
Selbstverwirklichung	2,52	2,50	3,05	– 2,88
tun, was man will	2,05	2,18	2,76	– 3,62
finanzielle Sicherheit	2,02	2,14	– 0,14	– 2,88
die eigenen Fähigkeiten sinnvoll verwenden	2,64	2,68	0,07	– 4,05
genügend Zeit für die eigenen Ziele und Pläne	2,45	2,75	0,71	– 2,59
viele Dinge vermissen	– 1,52	– 1,86	– 1,57	2,84

könnten sich die Gruppen im Inhalt (welche Verhaltenskonsequenzen werden erwartet?), oder (bei vergleichbarem Inhalt) in den Bewertungen oder in den Erwartungen unterscheiden.
Zur Illustration seien nur einige Ergebnisse von SPERBER, FISHBEIN und AJZEN (1980) in Tabelle 29 wiedergegeben. An diesen Ergebnissen ist besonders interessant, daß sich die verglichenen Personengruppen ausschließlich in ihren Erwartungen und überhaupt nicht in ihren Bewertungen unterschieden. (Es gibt natürlich auch Gruppen, die sich in den Bewertungen oder in beiden Faktoren unterscheiden.)
Die Autoren verglichen Frauen, die beabsichtigten, einen Beruf auszuüben, mit solchen, die lieber Hausfrauen sein wollten. (Außerdem wurde noch eine kleinere Stichprobe unentschiedener Frauen befragt.) Bei keiner einzigen der insgesamt 20 untersuchten Verhaltenskonsequenzen gab es einen mehr als zufälligen Bewertungsunterschied zwischen den Gruppen. (Die 20 Konsequenzen wurden in einer Voruntersuchung ermittelt und dann den Vpn zur Beurteilung vorgegeben.) Dagegen gab es zahlreiche Unterschiede in den Erwartungen. Einige davon enthält Tabelle 29. (Die Erwartungen in Tabelle 29 sind differentielle Erwartungen, d. h. Erwartung einer Konsequenz, wenn man Hausfrau ist, minus Erwartung derselben Konsequenz, wenn man einen Beruf ausübt. Höhere Zahlen bedeuten größere Erwartungen bei Haushaltsorientierung als bei Berufsorientierung.) In 19 anderen Variablen (Persönlichkeitsmerkmale wie Aggressivität, Leistungsmotivation, Selbstvertrauen usw. und demographische Variablen wie Alter, Schulbildung und Religion) unterschieden sich die Gruppen nicht oder nur unwesentlich.
Die Autoren betrachten ihre Theorie in dem Sinn als vollständig, daß Variablen, die in der Theorie nicht vorkommen (z. B. Status, Rolle, Alter, Geschlecht, Persönlichkeitsmerkmale), das Verhalten nur indirekt über die Intentionsursachen (b_i, e_i, m_i) und durch eine Veränderung der Gewichte (w_1, w_2) beeinflussen können. Zum Beispiel zeigten BAGOZZI und SCHNEDLITZ (1985), daß die Einflußstärke der subjektiven Normen auf das Verhalten von Persönlichkeitsmerkmalen (Bedürfnis nach Zustimmung), Situationsmerkmalen (Beobachtbarkeit des Verhaltens) und deren Wechselwirkung (Kombination) abhängt. Eine weitere Möglichkeit ist ein Einfluß über die Beziehung zwischen Intention und Verhalten. Bei AJZEN, TIMKO und WHITE (1982) war die Korrelation zwischen Intention und Verhalten bei Vpn mit geringer Selbstüberwachung höher als bei starken Selbstüberwachern (das Konzept der Selbstüberwachung wird im Abschnitt 4.247 erläutert).
Trotz ihrer zahlreichen und erfolgreichen Anwendungen wurde die Theorie wiederholt kritisiert. Es wurden andere Kausalbeziehungen zwischen den Variablen und ergänzende Komponenten vorgeschlagen. So wurde z. B. die Einschätzung des früheren eigenen Verhaltens als zusätzliche Prädiktorvariable verwendet (BENTLER und SPECKART, 1979).
SIX, KRAHÉ und ECKES (1989) verwendeten u. a. Kosten-Nutzen-Erwägungen, Einstellun-

gen zu Verhaltensalternativen und Einschätzungen situativer Behinderungen und Unterstützungen als zusätzliche Prädiktorvariablen (außer Intention und Einstellung zum Verhalten). Die Berücksichtigung von Alternativen ist zwar keine explizite Modellvariable bei FISHBEIN und AJZEN, wird von ihnen aber mehrfach empfohlen und verwendet. FISHBEIN und AJZEN sprechen dann von *differentiellen* Einstellungen, Meinungen und Intentionen (s. die oben beschriebene Untersuchung über berufs- und haushaltsorientierte Frauen). Die Einschätzung situativer Behinderungen und Unterstützungen hat eine gewisse Ähnlichkeit mit der im revidierten Modell eingeführten Kontrollierbarkeit des Verhaltens (AJZEN, 1985, 1987), worauf weiter unten eingegangen wird.

Auch methodische Kritik wurde vorgebracht. Zum Beispiel kritisiert ORTH (1987, 1988) die Theorie aus meßtheoretischen Gründen in ähnlicher Weise wie FISHBEINS (1963, 1965) Einstellungsmodell und macht analoge Änderungsvorschläge (vgl. Abschnitt 4.12).

Eine besonders detaillierte und systematische Kritik stammt von LISKA (1984). Er diskutiert auf der Grundlage von Untersuchungsergebnissen und aufgrund theoretischer Überlegungen verschiedene mögliche *Kausalbeziehungen* zwischen den Variablen, z. B. daß in manchen Fällen Einstellungen das Verhalten direkt (ohne Vermittlung durch die Intention) beeinflussen können, und daß Einstellungen und subjektive Normen oft nicht unabhängig sind, sondern einander beeinflussen.

Ferner wird auf die Existenz sogenannter *Kontingenz-* oder *Moderatorvariablen* hingewiesen. Das sind Variablen, die in der Theorie nicht vorkommen, von deren Ausprägungsgrad aber u. a. die Gewichte (Einflußstärken) der Einstellungen und Normen abhängen. Solche Kontingenzvariablen wurden z. B. in der oben zitierten Untersuchung von BAGOZZI und SCHNEDLITZ (1985) nachgewiesen. (Daß theorieexterne Variablen die Gewichte beeinflussen können, wird zwar von FISHBEIN und AJZEN explizit erwähnt, aber nach LISKA nicht hinreichend genau behandelt, und bloß als empirisches, nicht aber als theoretisches Problem diskutiert.)

Schließlich weist er darauf hin, daß viele Verhaltensweisen nicht ausschließlich von den entsprechenden Intentionen abhängen, weil ihre Ausführung gewisse *Fähigkeiten* und *Gelegenheiten* voraussetzt. Er postuliert ein Kontinuum von Verhaltensweisen, die nur von der Absicht abhängen (z. B. mit einer Hand winken) bis zu Verhaltensweisen, die beträchtliche Fähigkeiten (z. B. Kontrabaß spielen) oder soziale Kooperation bzw. Gelegenheiten (z. B. Geschlechtsverkehr) oder beides voraussetzen (z. B. Schach spielen). Ferner sind viele Verhaltensweisen nicht willkürlich durchführbar oder zu verhindern. Das gilt u. a. für alle Verhaltensweisen mit starken Reflexanteilen (z. B. Erröten) und suchtartige Verhaltensweisen (z. B. Rauchen).

Die wichtigsten dieser Kritikpunkte wurden in der von AJZEN (1985, 1987) revidierten Theorie berücksichtigt. Die Theorie heißt «Theorie des geplanten Verhaltens» (theory of planned behavior) und enthält eine neue Variable, die *wahrgenommene Kontrollierbarkeit des Verhaltens* (s. Abbildung 89). Die Intention hat jetzt drei unmittelbare Ursachen: Einstellung zum Verhalten, subjektive Norm und subjektive Kontrolle über das Verhalten, von der auch zum Teil das Verhalten beeinflußt wird (– eine weitere Verhaltensdeterminante ist die objektive, also die tatsächliche Kontrollierbarkeit des Verhaltens, die – bei unrealistischer Einschätzung – mit der subjektiven nicht übereinstimmen muß). Die drei Intentionsursachen werden – wie in der ursprünglichen Theorie – unmittelbar von Meinungen determiniert (von verhaltensbezogenen Meinungen, normativen Meinungen und Kontrollmeinungen – die Meinungen sind wegen der besseren Übersichtlichkeit in Abbildung 89 nicht eingezeichnet). Ferner wird angenommen, daß sich die drei Intentionsursachen gegenseitig beeinflussen. AJZEN (1985) betrachtet die (alte)

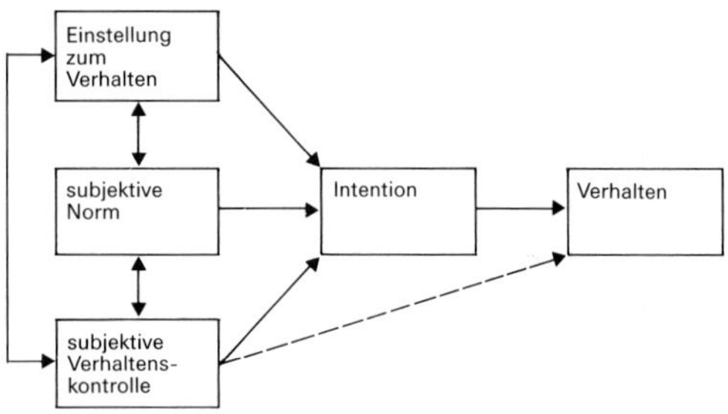

Abbildung 89

Theorie des vernünftigen Handelns als Spezialfall der Theorie des geplanten Verhaltens, der dann vorliegt, wenn subjektive und objektive Kontrollierbarkeit maximal sind. Da die neue Theorie den Faktor Kontrollierbarkeit berücksichtigt, ist es auch weniger problematisch als bei der alten Theorie, sie zur Vorhersage und Erklärung von Ergebnissen (im Unterschied zu Verhalten) zu verwenden.

Der Begriff der subjektiven Verhaltenskontrolle ähnelt BANDURAS (1977) Begriff der Effizienzerwartung und LISKAS (1984) Begriff der «ressources» (Fähigkeit, Gelegenheit und soziale Kooperation). Die subjektive Kontrollierbarkeit wird von früheren Erfahrungen mit dem Verhalten und von erwarteten Behinderungen beeinflußt. Die objektive (und subjektive) Kontrollierbarkeit eines Verhaltens hängt (nach AJZEN, 1985) von inneren und äußeren Faktoren ab. Zu den inneren Faktoren zählen: verhaltensrelevante Informationen, Fähigkeiten, interne versus externe Kontrolle, Willensstärke (Handlungs- versus Lageorientierung nach KUHL, 1983, s. Abschnitt 2.548), Gefühle und Zwänge. Äußere Faktoren sind Zeit, Gelegenheit, Mittel (z. B. Geld) und Abhängigkeit von anderen Personen.

Die wenigen bisher publizierten Untersuchungen zeigen eine klare Überlegenheit der neuen gegenüber der ursprünglichen Theorie (s. Tabelle 30, nach AJZEN, 1987). In allen drei Fällen ist die Korrelation zwischen subjektiver Verhaltenskontrolle (SC = subjective control of behavior) und Intention so groß, daß sie die Vorhersagegenauigkeit verbessert. Das zeigt ein Vergleich der letzten zwei Spalten in Tabelle 30. Die vorletzte Spalte enthält die multiplen Korrelationen zwischen Einstellungen, Normen und Intentionen. Die letzte Spalte enthält die multiplen Korrelationen bei zusätzlicher Berücksichtigung der subjektiven Kontrolle. Diese Korrelationen sind in allen Fällen deutlich größer als die Korrelationen in der vorletzten Spalte. Interessant ist auch, daß die subjektive Kontrolle nicht nur bei der Gewichtsabnahme (SCHIFTER und AJZEN, 1985) und bei Noten eine Rolle spielt, sondern auch beim Besuch von Vorlesungen (AJZEN und MADDEN, 1986) – einem Verhalten, von dem man annehmen sollte, daß es (fast) völlig willentlich kontrollierbar ist.

4.244 Allgemeine versus spezifische Einstellungsobjekte

Im vorigen Abschnitt wurde zwar gezeigt, daß Verhalten in konkreten Situationen ziemlich genau vorhersagbar ist; die Ausführungen waren aber vielleicht insofern enttäuschend, als sie zu dem Ratschlag führten, bei Verhaltensvorhersagen die Einstellungen zu Objekten (also Einstellungen im traditionellen Sinn) zu ignorieren, und andere Prädiktorvariablen zu verwenden. Die folgenden Abschnitte wenden sich nun der Frage zu, ob es nicht doch möglich ist, auf der Basis von Einstellungen zu Objekten brauchbare Verhaltensvorhersagen zu machen.

Die niedrigen Korrelationen zwischen Einstellung und Verhalten kommen in vielen Untersuchungen dadurch zustande, daß zunächst die Einstellung zu einem umfassenden Begriff gemessen und dann das Verhalten in einer sehr speziellen Reizsituation beobachtet wird (CRESPI, 1971). So wurde etwa in zahlreichen Experimenten die Einstellung der (weißen) Vpn zu Negern im allgemeinen ermittelt. Danach wurde *eine* Verhaltensweise *einem* bestimmten Neger gegenüber registriert (z. B. ob die Vp

Tabelle 30

Verhalten bzw. Ergebnis	Korrelationen zwischen A_B–I	SN–I	SC–I	multiple Korrelationen zwischen A_B, SN–I	A_B, SN, SC–I
Gewichtsabnahme	0,62	0,44	0,36	0,65	0,72
die Note A (sehr gut) bekommen	0,48	0,11	0,44	0,48	0,65
Vorlesungen besuchen	0,51	0,35	0,57	0,55	0,68

bereit ist, sich für ein Werbeplakat gemeinsam mit einem Neger fotografieren zu lassen).

Es wurde bereits gezeigt, daß die Einstellung zu einem Objekt von den individuellen Meinungen über dieses Objekt abhängt (Abschnitt 4.11). Ein Unterbegriff (Spezialfall) unterscheidet sich von einem übergeordneten Begriff dadurch, daß er mehr definierende Merkmale aufweist als der Oberbegriff. (Der Begriff «Kontrabaß» hat alle Eigenschaften des Oberbegriffs «Streichinstrument», dazu aber einige andere, z. B. Angaben über seine Größe, seine Tonlage usw.). Ähnlich ist es bei allgemeinen und speziellen (konkreten) Einstellungsobjekten.

Mit konkreten Einstellungsobjekten sind in der Regel *mehr* Meinungen verbunden als mit umfassenderen. (Eine Vp, die Neger im allgemeinen weder als schön noch als häßlich empfindet, kann einen bestimmten Neger positiv bewerten, weil er gut aussieht und gewählt spricht.)

Außerdem können Meinungen über ein konkretes Einstellungsobjekt *anders* sein als Meinungen über allgemeinere, übergeordnete Einstellungsobjekte. (Eine Vp kann Neger generell für ungebildet halten, einen bestimmten Neger aber sehr wohl als außerordentlich gebildet betrachten und ihn dementsprechend positiv bewerten.)

Aus diesen theoretischen Überlegungen folgt, daß die Übereinstimmung zwischen Einstellung und Verhalten um so größer sein wird, je ähnlicher das Objekt der Einstellungsmessung und das verhaltensrelevante Einstellungsobjekt sind. In der Regel werden Verhaltensvorhersagen, die sich auf die Einstellung zu einem speziellen Objekt stützen, besser sein als solche, die von allgemeinen Einstellungen ausgehen.

Bedauerlicherweise gibt es noch nicht viele Untersuchungen, die sich explizit dieser Problematik widmen. Die Untersuchungen von HEBERLEIN und BLACK (1976) und WEIGEL, VERNON und TOGNACCI (1974) verdienen in diesem Zusammenhang besondere Beachtung. HEBERLEIN und BLACK untersuchten in einem Feldexperiment die Häufigkeit, mit der verschiedene Personen bleifreies Benzin verwendeten. Außerdem wurden verschiedene Einstellungen dieser Personen gemessen. Die gemessenen Einstellungen waren von unterschiedlicher Allgemeinheit und bezogen sich auf (mehr oder weniger konkrete) Probleme der Umweltverschmutzung, die (direkt oder indirekt) mit der Verwendung von bleifreiem Benzin in Beziehung standen. Die Autoren unterschieden 4 Stufen der Allgemeinheit bzw. Spezifität der untersuchten Einstellungsobjekte: (1) Umweltverschmutzung (Stufe 1, sehr allgemein); (2) Luftverschmutzung (Stufe 2, weniger allgemein); (3) bleifreies Benzin (Stufe 3, spezifisch); und (4) persönliche Verpflichtung, bleifreies Benzin zu kaufen (Stufe 4, sehr spezifisch). Die Korrelationen zwischen Einstellung und Verhalten wurden erwartungsgemäß mit zunehmender Spezifität des Einstellungsobjekts größer. Die Korrelation zwischen Einstellung zur Umweltverschmutzung (Stufe 1) und der Häufigkeit der Verwendung von bleifreiem Benzin war kleiner als 0,2. Die Korrelation zwischen der spezifischen Einstellung (Stufe 4) und dem entsprechenden Verhalten betrug ca. 0,6.

Ähnlich zeigten WEIGEL, VERNON und TOGNACCI (1974), daß spezifische Einstellungen (wieder zu Fragen der Umweltverschmutzung) höher mit dem Verhalten korrelierten als allgemeinere Einstellungen. Diese Untersuchungen unterstützen die Hypothese, daß die Beziehung zwischen Verhalten und Einstellung um so enger ist, je spezifischer das untersuchte Einstellungsobjekt ist.

Eine ähnliche Hypothese wurde von AJZEN und FISHBEIN (1977) formuliert: Die Korrelation zwischen Einstellung und Verhalten ist um so höher, je größer die *Übereinstimmung* zwischen dem untersuchten Einstellungsobjekt und dem untersuchten Verhalten ist. Die Autoren analysierten über 100 Veröffentlichungen unter diesem Gesichtspunkt und kamen zu dem Schluß, daß hohe Korrelationen ausschließlich in jenen Untersuchungen auftraten, in denen die Übereinstimmung zwischen Einstellungsobjekt und Ziel, Art sowie Kontext des Verhaltens groß war.

Im Sinn dieser Übereinstimmungshypothese kann auch der in Abschnitt 4.242 mehrfach berichtete Befund gedeutet werden, daß die Korrelation zwischen Verhalten und Einstellung zum Verhalten größer ist als die Korrelation zwischen Verhalten und Einstellung zu einem Objekt.

4.245 Singuläre versus multiple Verhaltenskriterien

Durch spätere Arbeiten von FISHBEIN wurde das Problem der Beziehung zwischen Einstellung und Verhalten einer weiteren Klärung zugeführt (FISHBEIN, 1973; FISHBEIN und AJZEN, 1974). Fast alle Untersuchungen zu diesem Thema haben, um die Höhe der Korrelation zwischen Verhalten und Einstellung zu berechnen, als Kriterium eine einzige Beobachtung einer einzigen Verhaltensweise herangezogen (*singuläres Verhaltenskriterium*) oder bestenfalls die wiederholte Beobachtung *einer* Verhaltensweise. Zum Beispiel wurde die Einstellung zum Beruf gemessen und mit der Häufigkeit des Fernbleibens von der Arbeit verglichen, wobei sich praktisch kein Zusammenhang zeigte (BERNBERG, 1952; VROOM, 1962).

Sicher hängt die Häufigkeit jeder einzelnen Verhaltensweise weit mehr von der Art ihrer bisherigen Verstärkung und von erwarteten Verhaltenskonsequenzen ab als von Einstellungen. Wenn jemand oft der Arbeit fernbleibt, heißt das nicht unbedingt, daß er eine negative Einstellung zu seinem Beruf hat. Er bleibt zu Hause, weil er lesen möchte, weil er sich ausschlafen will, weil er sich nicht wohl fühlt usw. All das impliziert keine negative Einstellung zum Beruf, sondern bloß die Erwartung positiver Konsequenzen des Fernbleibens vom Arbeitsplatz.

Andererseits wird, wie bereits gezeigt wurde, Verhalten teilweise von Einstellungen beeinflußt. Betrachtet man mehrere auf ein Einstellungsobjekt bezogene Verhaltensweisen, dann wird man sicher einige finden, die mit der Einstellung zum Objekt übereinstimmen. Es ist durchaus möglich, daß jemand oft zu Hause bleibt, obwohl er seinen Beruf sehr schätzt. Untersucht man aber auch andere berufsbezogene Verhaltensaspekte als das Fernbleiben, z. B. Qualität und Tempo seiner Arbeit, Anzahl positiver Gespräche über die Arbeit usw., so werden einige davon mit der Einstellung harmonieren.

DOOB (1947) weist darauf hin, daß zu jeder Einstellung zahlreiche Verhaltensweisen passen. Welche dann tatsächlich auftreten und welche nicht, hängt von der individuellen Lerngeschichte ab. Es ist also zu erwarten, daß man höhere Korrelationen findet, wenn man mehrere einstellungsbezogene Verhaltensweisen mit der Einstellung vergleicht (*multiples Verhaltenskriterium*), als wenn man sich nur auf eine bezieht. FISHBEIN und AJZEN (1974) verglichen die Korrelationen bei Verwendung von singulären bzw. multiplen Verhaltenskriterien. Religiöse Einstellungen wurden gemessen und dann mit Angaben der Vpn über einzelne oder mehrere relevante Verhaltensweisen korreliert. Während die Zusammenhänge zwischen Einstellungen und singulären Verhaltenskriterien sehr schwach waren (Korrelationen um 0,15), zeigten sich beträchtliche Korrelationen, wenn mehrere Verhaltensweisen gleichzeitig zur Einstellung in Beziehung gesetzt wurden (Korrelationen in der Höhe von 0,65).

Gegen die Untersuchung von FISHBEIN und AJZEN (1974) kann eingewendet werden, daß nicht tatsächliches Verhalten, sondern Berichte der Vpn über ihr Verhalten als Verhaltenskriterium verwendet wurden. Solche Berichte können verzerrt sein und täuschen vielleicht eine größere Übereinstimmung zwischen Einstellung und Verhalten vor, als tatsächlich vorhanden ist. Diesen Einwand vermieden WEIGEL und NEWMAN (1976). Es wurde die Einstellung zu allgemeinen Umweltschutzproblemen gemessen. Außerdem wurden verschiedene umweltschutzbezogene Verhaltensweisen beobachtet: Unterschreiben entsprechender Petitionen, Weiterreichen der Petitionen an Freunde und Bekannte, Abfall von der Straße entfernen, Teilnahme an einer Wiederverwertungsaktion usw. Die durchschnittliche Korrelation jeder einzelnen Verhaltensweise mit der Einstellung zu Umweltschutzproblemen betrug 0,29.

Ähnlich wie bei FISHBEIN und AJZEN (1974) wurde auch von WEIGEL und NEWMAN ein multiples Verhaltenskriterium gebildet, indem für jede Vp gezählt wurde, wie viele der 14 beobachteten Verhaltensweisen sie ausführte. Die Korrelation zwischen dem multiplen Verhaltenskriterium und der Einstellung war 0,62.

Die bisher referierten Ergebnisse lassen folgenden Schluß zu: Einstellungen zu Objekten erlauben in der Regel nicht, vorauszusagen, wie sich eine bestimmte Person in einer bestimmten Situation verhalten wird (denn jede Situation kann Aspekte enthalten, die ein Verhalten bewirken, das nicht zur Einstellung paßt). Die Verhaltensvoraussage wird etwas besser sein, wenn es sich um ein sehr spezifisches Einstellungsobjekt handelt. Aber auch in diesem Fall wird die Präzision der Voraussage erhöht, wenn man zusätzliche Prädiktorvariablen (z. B. die erwarteten Verhaltenskonsequenzen) mitberücksichtigt.

Betrachtet man jedoch nicht ein bestimmtes Verhalten in einer bestimmten Situation, sondern mehrere verschiedene Verhaltensweisen einer Person, die sich alle auf dasselbe Einstellungsobjekt beziehen, dann zeigt sich eine deutliche Korrelation zwischen Einstellung und Verhalten. Je positiver die Einstellung einer Person zu einem bestimmten Objekt ist, desto mehr von den möglichen einstellungsbezogenen Verhaltensweisen treten bei dieser Person auf, und desto häufiger treten diese Verhaltensweisen auf.

Wie bereits erwähnt wurde, gelangte die Forschung über Persönlichkeitsmerkmale zu völlig analogen Einsichten (vgl. Abschnitt 2.621). Auch Persönlichkeitsmerkmale erlauben zwar keine präzisen Voraussagen (wie sich eine Person in einer bestimmten Situation verhalten wird), aber globale Voraussagen (wie sich eine Person meistens verhalten wird). Ebenso gilt für Einstellungen: Sie erlauben keine präzisen Voraussagen (singuläres Verhaltenskriterium), aber globale Voraussagen (multiples Verhaltenskriterium). *Mit Einstellungen sind allgemeine Verhaltenstendenzen verbunden.* Der von manchen Psychologen vertretene Pessimismus bezüglich der Beziehung zwischen Einstellung und Verhalten ist nicht gerechtfertigt.

Auch dieser Befund ist im Sinn der Übereinstimmungshypothese zu deuten: Einstellung und Verhalten korrelieren umso höher, je mehr sie im Grad der Allgemeinheit oder Spezifität (bezüglich Handlung, Ziel, Kontext und Zeit) übereinstimmen. Sehr allgemeine Einstellungen (z. B. zu Religion, ohne Angabe von Handlung, Ziel, Kontext und Zeit) korrelieren mit entsprechend allgemeinen Handlungstendenzen (das multiple Verhaltenskriterium bei FISHBEIN und AJZEN, 1974, basierte auf 100 einzelnen Verhaltensweisen), aber kaum mit konkreten Einzelhandlungen.

4.246 Einstellungen zu Alternativen und weitere Einflußfaktoren

Außer den bisher beschriebenen Variablen beeinflussen noch viele andere Faktoren die Stärke des Zusammenhangs zwischen Einstellung und Verhalten. Die Einstellungsforschung hat sich in den letzten Jahren wiederholt mit diesem Problemkreis auseinandergesetzt. Einige diesbezügliche Hypothesen und Ergebnisse sollen in diesem Abschnitt referiert werden.

Ein häufiger Fehler, der zu niedrigen Korrelationen zwischen Einstellungen und Verhaltensweisen (d. h. zu mangelhaften Voraussagen) führt, besteht darin, nicht die Einstellungen zu möglichen Alternativen zu berücksichtigen (INSKO und SCHOPLER, 1967). Jemand kann Mathematik sehr positiv bewerten, aber trotzdem nicht Mathematik, sondern Psychologie studieren, weil er Psychologie noch höher einschätzt. Ein Käufer, der von der hohen Qualität des Produkts A überzeugt ist, wird dennoch eher Produkt B kaufen, wenn er zu B eine noch positivere Einstellung hat als zu A.

Bei jeder Vorhersage des Verhaltens aufgrund von Einstellungen muß die Möglichkeit berücksichtigt werden, daß man es mit einer Konfliktsituation zu tun hat. Ein Konflikt liegt immer dann vor, wenn in derselben Situation mehrere Verhaltensalternativen zur Verfügung stehen (vgl. Abschnitt 2.5). Man wird sich in einem Konflikt (meistens) für die *relativ* beste Alternative entscheiden. Daraus folgt, daß auch nicht sehr positiv bewertete Objekte häufig mit positivem Verhalten verbunden sein können (nämlich dann, wenn keine bessere Alternative zur Verfügung steht – man ist dann auf das geringste Übel angewiesen), und daß sehr positiv eingeschätzte Objekte in vielen Fällen vermieden werden (und zwar dann, wenn noch bessere Alternativen erreichbar sind.) Daß die Berücksichtigung von Alternativen deutliche Vorhersageverbesserungen bewirkt, wurde von AJZEN und FISHBEIN (1969) experimentell nachgewiesen.

REGAN und FAZIO (1977) formulierten und bestätigten die Hypothese, daß bei Einstellungen, die aufgrund direkter persönlicher Erfahrung mit dem Einstellungsobjekt gebildet wurden, die Beziehung zwischen Einstellung und Verhalten stärker ist als bei Einstellungen, die nicht auf persönlicher Erfahrung basieren. In einem Experiment mußten die Vpn ihre Einstellungen zu fünf Arten von Denkproblemen angeben. Eine Hälfte der Vpn erhielt vor der Einstellungsmessung Beschreibungen der Denkprobleme (keine direkte persönliche Erfahrung). Die anderen

Vpn hatten vor der Einstellungsmessung Gelegenheit, Beispiele jeder Art der Denkprobleme kennenzulernen. Nach der Einstellungsmessung erhielten alle Vpn ein Heft, in dem mehrere Probleme jeder Art enthalten waren. Die Instruktion lautete, daß sie nun die Denkprobleme bearbeiten sollten, wobei ihnen aber freistand, welche und wie viele der Aufgaben sie bearbeiten wollten. In der ersten Gruppe (keine persönliche Erfahrung) betrug die Korrelation zwischen Einstellung zum Aufgabentyp und relativer Anzahl (Prozentsatz) der Aufgaben dieses Typs, die bearbeitet wurden, 0,20. In der zweiten Gruppe (persönliche Erfahrung) war die entsprechende Korrelation 0,54.

Eine spätere Untersuchung von FAZIO und ZANNA (1978) zeigte analoge Ergebnisse. Die Vpn wurden (u. a.) gefragt, an wie vielen psychologischen Experimenten sie bereits teilgenommen hatten (Ausmaß persönlicher Erfahrung mit Experimenten). Ferner wurden ihre Einstellungen zu psychologischen Experimenten festgestellt. Abschließend mußte jede Vp angeben, ob sie bereit ist, an weiteren Experimenten teilzunehmen (Messung des Verhaltens bzw. der Verhaltensintentionen). Für die Datenanalyse wurden die Vpn in drei gleich große Gruppen unterteilt: Vpn, die schon oft an Experimenten teilgenommen hatten (viel Erfahrung), die manchmal teilgenommen hatten (mittlere Erfahrung), und die sehr selten teilgenommen hatten (wenig Erfahrung). Die Korrelationen zwischen Einstellung (zu Experimenten) und Verhalten (Bereitschaft zu weiterer Teilnahme) in diesen drei Gruppen waren 0,42 (viel Erfahrung), 0,36 (mittlere Erfahrung) und −0,03 (wenig Erfahrung).

REGAN und FAZIO (1977) vermuteten, daß Einstellungen, die aufgrund persönlicher Erfahrung gebildet wurden, deshalb relativ hoch mit Verhalten korrelieren, weil solche Einstellungen «klar, sicher und stabil» sind. Mit «klar und sicher» ist gemeint, daß man aufgrund persönlicher Erfahrungen bestimmte Meinungen über das Einstellungsobjekt bildet, die man mit großer subjektiver Gewißheit für richtig hält. Daher sind solche Einstellungen auch relativ stabil – im Vergleich zu Einstellungen, die nicht auf direkter Erfahrung beruhen, und die mit weniger klaren und weniger sicheren Meinungen verbunden sind, welche durch neue Informationen und/oder Erfahrungen leichter geändert werden können.

Der Einfluß der Einstellungs*stabilität* auf die Beziehung zwischen Verhalten und Einstellung wurde von SCHWARTZ (1978) untersucht. Die Einstellungen der Vpn zu «altruistischem Verhalten» (Hilfeleistungen, Geldspenden usw.) wurden zu drei Zeitpunkten gemessen: 6 Monate vor der Verhaltensmessung, 3 Monate vor der Verhaltensmessung und unmittelbar vor der Verhaltensmessung. Als Verhaltensmaß diente der Grad der Bereitschaft, blinden Kindern vorzulesen. Aufgrund der dreimaligen Einstellungsmessung wurden die Vpn in Teilgruppen mit sehr stabilen, mäßig stabilen und instabilen Einstellungen unterteilt. Die Korrelation zwischen Einstellung und Verhalten war bei den Vpn mit sehr stabilen Einstellungen am größten und bei den Vpn mit instabilen Einstellungen am kleinsten.

Abschließend soll noch auf die Wirkung der Einstellungs*konsistenz* auf die Beziehung zwischen Verhalten und Einstellung eingegangen werden. NORMAN (1975) überprüfte in drei Experimenten die Hypothese von ROSENBERG (1968), daß die Korrelation zwischen Einstellung und Verhalten bei «konsistenten» Einstellungen größer ist als bei «inkonsistenten». Unter «affektiv-kognitiver Einstellungskonsistenz» versteht ROSENBERG den Grad der Übereinstimmung bzw. Diskrepanz zwischen der tatsächlichen Bewertung eines Einstellungsobjekts W(EO) und der aufgrund der persönlichen Meinungen über das Objekt theoretisch zu erwartenden Bewertung (vgl. Abschnitt 4.11). Mit entsprechenden Methoden (vgl. Abschnitt 4.12) wurden die Meinungen über das Einstellungsobjekt $Rel_i \cdot W(EO_i)$ und die Einstellung W(EO) erfaßt. Die Hypothese wurde in allen Experimenten bestätigt. Bei Vpn mit konsistenten Einstellungen (geringe Differenz zwischen tatsächlicher und aufgrund der Meinungen erwarteter Einstellung) lagen die Korrelationen im Bereich von 0,5 und 0,6. Bei Vpn mit inkonsistenten Einstellungen (große Differenz zwischen tatsächlicher und erwarteter Einstellung) waren die Korrelationen sehr niedrig und zum Teil sogar negativ. (Allerdings konnten diese Ergebnisse von FAZIO und ZANNA, [1978] nicht repliziert werden.)

Außerdem zeigte sich, daß inkonsistente Einstellungen *weniger stabil* sind als konsistente, und daß das (einstellungsbezogene) Verhalten von Personen mit inkonsistenten Einstellungen leichter zu beeinflussen ist.

4.247 Moderatorvariablen und die Theorie von FAZIO

Die meisten der im vorigen Abschnitt beschriebenen Einflußfaktoren sind Moderatorvariablen für die Beziehung zwischen Einstellung und Verhalten. Eine Variable Z ist eine Moderatorvariable bezüglich der Variablen X und Y, wenn die Höhe der Korrelation zwischen X und Y vom Ausprägungsgrad von Z abhängt: Die Korrelation ist hoch, wenn Z groß ist; sie ist niedrig, wenn Z klein ist. Oder umgekehrt: Die Korrelation ist hoch, wenn Z klein ist, und niedrig, wenn Z groß ist. Zum Beispiel: Bei viel persönlicher Erfahrung mit einem Einstellungsobjekt ist die Korrelation zwischen Einstellung und Verhalten (relativ) hoch. Bei fehlender persönlicher Erfahrung ist sie niedrig.

Neben den bereits erwähnten Moderatorvariablen (Erfahrung mit dem Einstellungsobjekt, Konsistenz und Stabilität der Einstellung) wurden noch andere nachgewiesen, u. a. auch Persönlichkeitsmerkmale, vor allem Selbstaufmerksamkeit (WICKLUND, 1982) und Selbstüberwachung (SNYDER, 1979, 1982). Da diese Variablen später ausführlicher behandelt werden, sollen sie hier nur kurz beschrieben werden. Unter *Selbstaufmerksamkeit* versteht man die nach innen, auf sich selbst gerichtete Aufmerksamkeit. Jeder Mensch richtet seine Aufmerksamkeit abwechselnd nach innen und nach außen. Es gibt jedoch große individuelle Unterschiede im relativen Zeitanteil der nach innen gerichteten Aufmerksamkeit. Manche Menschen denken öfter und länger über sich selbst nach als andere. Bei diesen ist das Merkmal Selbstaufmerksamkeit stark ausgeprägt. Die individuelle Höhe der Selbstaufmerksamkeit wird mit einem Test erfaßt (FENIGSTEIN, SCHEIER und BUSS, 1975).

Wie aus zahllosen Untersuchungen bekannt ist, hat der Zustand der Selbstaufmerksamkeit zur Folge, daß Diskrepanzen zwischen Ist- und Sollwert (zwischen Ergebnis und Ziel, Leistung und Anspruch, Verhalten und Einstellung) besonders intensiv erlebt werden und starke, unangenehme Gefühle hervorrufen. Deshalb bemüht man sich in diesem Zustand vermehrt, solche Diskrepanzen zu reduzieren oder gar nicht entstehen zu lassen (z. B. in Übereinstimmung mit den eigenen Einstellungen zu handeln). Daher sind bei Personen mit hoher Selbstaufmerksamkeit die Korrelationen zwischen Einstellungen und Verhalten generell höher als bei Menschen mit geringer Selbstaufmerksamkeit.

Personen mit hoher *Selbstüberwachung* neigen dazu, in Übereinstimmung mit den Anforderungen der jeweiligen Situation zu handeln (– statt Selbstüberwachung sollte man vielleicht besser Situations- und Verhaltensüberwachung sagen). Sie sind «Pragmatiker», die so handeln, wie sie glauben, daß es von ihnen verlangt wird. Personen mit geringer Selbstüberwachung sind «Idealisten». Sie ignorieren weitgehend Situationsanforderungen und richten sich in ihrem Verhalten nach den eigenen Zielen, Werten und Einstellungen. Die Beziehung zwischen Einstellungen und Verhalten ist bei Menschen mit niedriger Selbstüberwachung größer als bei Menschen mit hoher Selbstüberwachung.

FAZIO (1986) entwickelte einen Ansatz, der die Wirkungen der genannten und anderer Moderatorvariablen, z. B. der persönlichen Wichtigkeit (involvement) eines Einstellungsobjekts, auf einen gemeinsamen Mechanismus zurückführt: die *Zugänglichkeit* der Einstellung im Gedächtnis. Zunächst setzt FAZIO voraus, daß Einstellungen das Verhalten beeinflussen können. Das Verhalten wird – ähnlich wie bei FISHBEIN und AJZEN – sowohl von Einstellungen als auch von Normen beeinflußt. Einstellungen wirken nach FAZIO indirekt, über die Wahrnehmung des Einstellungsobjekts auf das Verhalten. Einstellungen «färben» unsere Wahrnehmungen. Wahrnehmung ist hier nicht im engeren Sinn der Wahrnehmung physischer Objekte gemeint, sondern im weiteren Sinn als Erkennen (Kategorisieren) und Interpretieren. Zum Beispiel werden beobachtete Handlungen so interpretiert, daß sie mit der Einstellung zur handelnden Person übereinstimmen. Das schlechte Benehmen einer sympathischen Person wird durch Belastung oder unverschuldeten Ärger entschuldigt. Eine aktivierte Einstellung bewirkt also eine selektive, konsistente Wahrnehmung des Einstellungsobjekts und ermöglicht damit entsprechende Handlungen.

Einstellungen können aber nur dann das Verhalten beeinflussen, wenn sie gerade aktiviert sind.

Fazio definiert Einstellung als *Assoziation* zwischen einem Einstellungsobjekt und seiner Bewertung. Das impliziert, daß das Einstellungsobjekt und die Bewertung als Knoten im Gedächtnis repräsentiert sind. Die Zugänglichkeit der Einstellung (Bewertung) hängt von der Stärke des Bewertungsknotens ab, und (u. a.) von der Stärke der Assoziation zwischen Objekt und Knoten.

Der Grad der Zugänglichkeit wird durch Reaktionszeiten gemessen. Die Vp bekommt ein Einstellungsobjekt mit einer Frage dargeboten (z. B. Atomenergie: gut?), und muß so schnell wie möglich einen Ja- oder Nein-Knopf drücken. Je schneller sie die Frage durch Knopfdruck beantwortet, desto zugänglicher ist die Einstellung.

Die Stärke eines Knotens und einer Assoziation hängt von der Häufigkeit der Verwendung und vom Zeitpunkt der letzten Verwendung ab. Ein Knoten (oder eine Assoziation) ist umso stärker, je größer die Verwendungshäufigkeit und je kleiner die Zeitspanne seit der letzten Verwendung ist. In Übereinstimmung mit dieser gut bestätigten gedächtnispsychologischen Hypothese zeigten Powell und Fazio (1984), daß auch Einstellungen umso zugänglicher sind, je öfter sie aktiviert wurden (s. Abbildung 90).

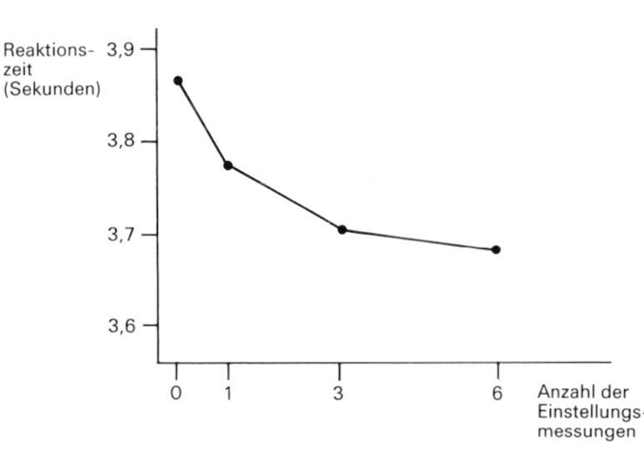

Abbildung 90

Die Vpn mußten 12 aktuelle Einstellungsobjekte (z. B. Atomkraftwerke) bewerten. Manche Objekte mußten sechsmal, andere dreimal, einmal oder gar nicht bewertet werden. Jede Bewertung wurde auf einer anderen Skala des Semantischen Differentials vorgenommen (z. B. beim ersten Mal erwünscht/unerwünscht, beim zweiten Mal gut/schlecht, usw.). Die verschiedenen Bewertungen eines Objekts erfolgten nicht unmittelbar nacheinander, sondern waren durch Bewertungen anderer Objekte getrennt. Anschließend wurden die Reaktionszeiten gemessen (mit der oben beschriebenen Methode). Wie die Ergebnisse in Abbildung 90 zeigen, ergab sich eine klare Beziehung zwischen Aktivierungshäufigkeit (Zahl der Bewertungen) und Zugänglichkeit (Reaktionszeit). Leicht abrufbare Einstellungen werden auch als starke, schlecht zugängliche als schwache Einstellungen bezeichnet.

Dieses Ergebnis hat weitreichende Implikationen. Es bedeutet, daß durch gängige Methoden der Einstellungsmessung Einstellungen nicht nur gemessen, sondern darüber hinaus in einem wichtigen Aspekt – ihrer Zugänglichkeit – verändert werden. Es ist sogar möglich, daß in gewissen Fällen die Einstellung durch die Messung überhaupt erst geschaffen wird, also keine tatsächlich vorhandene, sondern bloß eine Pseudoeinstellung «gemessen» wird.

In einem Experiment von Fazio, Sanbonmatsu, Powell und Kardes (1986) wurde mit Hilfe des Primingverfahrens (s. Abschnitt 3.324) nachgewiesen, daß (schnell) zugängliche Einstellungen eher spontan aktiviert werden als weniger zugängliche (sie fallen einem öfter und schneller ein und haben daher mehr Einfluß auf das Verhalten). Da dieses Experiment kompliziert ist, soll es hier nur in groben Zügen skizziert werden. Zuerst wurden mit Hilfe der Reaktionszeitmethode für jede Vp individuell einige schnell zugängliche positiv bewertete Einstellungsobjekte ermittelt (starke positive Primingreize), sowie einige schnell zugängliche negative (starke negative Primingreize), einige schlecht zugängliche positive (schwache positive Primingreize), und einige schlecht zugängliche negative (schwache negative Primingreize).

Jede Primingaufgabe war folgendermaßen aufgebaut: Zuerst wurde kurz das Primingwort geboten (z. B. «Zigaretten») und anschließend das Zielwort (z. B. «angenehm»). Die Vp sollte nun so schnell wie möglich entscheiden, ob das Zielwort ein Wort mit positiver oder negativer Konnotation war. Wenn die Vp eine positive Einstellung zu Zigaretten hat, und wenn ferner diese Einstellung bei Nennung des Einstellungsobjekts spontan aktiviert wird, dann müßte die Vp besonders schnell auf das (positive) Zielwort reagieren. Die Reaktionszeit müßte jedenfalls wesentlich kürzer sein als bei einem neutralen Primingreiz (z. B. bei der Buchstabenkette «BBB»). Ebenso verhält es sich bei negativen Primingreizen, denen ein negatives Zielwort folgt. Auch hier müßte es zu einer Reaktionszeitverkürzung kommen. Wenn jedoch die Bewertungen von Primingreiz und Zielwort inkonsistent sind (z. B. das positive Primingwort «Musik» und das negative Zielwort «ekelhaft»), dann müßte im Vergleich zu neutralen Primingreizen eine Reaktionsverzögerung auftreten.

Bei starken Primingreizen stimmten die Ergebnisse genau mit diesen Hypothesen überein. Bei schwachen Primingreizen gab es überhaupt keine Reaktionsbeschleunigungen. Schwache negative Primingreize führten immer zu einer verzögerten Reaktion – gleichgültig, ob das Zielwort positiv oder negativ war. Schwache positive Primingreize hatten keinerlei nachweisbare Wirkungen.

In einem zweiten Experiment wurde der Nachweis erbracht, daß es sich wirklich um «automatische» (spontane), und nicht um «kontrollierte» (durch aktives Nachdenken bewirkte) Aktivierung handelt. Wenn die Einstellung erst durch Nachdenken aktiviert wird, dann müßte die Einstellung (und deren Wirkung) um so deutlicher sein, je mehr Zeit zum Nachdenken zur Verfügung steht, also je größer das Zeitintervall zwischen Priming- und Zielreiz ist. Erfolgt die Einstellungsaktivierung bei Darbietung des Einstellungsobjekts jedoch spontan, wird die Einstellungswirkung mit größerem Zeitintervall nicht größer. Es ist im Gegenteil damit zu rechnen, daß die spontan aktivierte Bewertung nach einem längeren Intervall bereits zum Teil abgeklungen ist. Die Autoren verglichen die Reaktionszeiten bei einem kurzen (0,3 Sekunden) und langen Intervall (1 Sekunde). Die Ergebnisse unterstützen die Hypothese der spontanen Einstellungsaktivierung. Nur bei kurzen, nicht aber bei langen Intervallen traten (bei starken Primingwörtern) die erwarteten Verkürzungen und Verlängerungen der Reaktionszeit auf.

Andere Untersuchungen brachten ebenfalls Ergebnisse, die die Theorie bestätigen. Um die Argumentationskette zu schließen, wurde noch gezeigt, daß die Zugänglichkeit von Einstellungen tatsächlich die Beziehung zwischen Einstellungen und Verhalten beeinflußt (Fazio und Williams, 1986). Bei der amerikanischen Präsidentenwahl im Jahr 1984 war die Korrelation zwischen den Einstellungen (zu den Kandidaten) und dem Wählerverhalten bei Personen mit gut zugänglichen Einstellungen größer als bei Personen mit weniger zugänglichen Einstellungen. Auch die postulierten Auswirkungen der Zugänglichkeit auf die Wahrnehmung und Interpretation von Fernsehsendungen mit den Kandidaten konnte nachgewiesen werden.

Zusammenfassend kann man also feststellen: Je häufiger eine Einstellung aktiviert wird, desto zugänglicher ist sie. Je zugänglicher sie ist, desto eher wird sie spontan aktiviert, und desto stärker ist ihre Beziehung zum Verhalten. Ferner wurde experimentell demonstriert, daß Einstellungen, die auf persönlicher Erfahrung mit dem Einstellungsobjekt beruhen, besser zugänglich sind, als Einstellungen zu Objekten ohne persönliche Erfahrung (Fazio, Chen, McDonel und Sherman, 1982).

Von diesen Ergebnissen ist es nur mehr ein Schritt zu der eingangs erwähnten allgemeinen Hypothese, daß die gemeinsame Komponente vieler Moderatorvariablen der Grad der Einstellungszugänglichkeit ist. Daß direkte Erfahrung mit einem Einstellungsobjekt sowohl schnell abrufbare Einstellungen als auch hohe Korrelationen zwischen Einstellung und Verhalten bewirkt, wurde experimentell nachgewiesen, ebenso wie die Moderatorrolle der Zugänglichkeit (z. B. in der Wähleruntersuchung). Ferner wurde gezeigt, daß die Zugänglichkeit mit der Häufigkeit der Aktivierung steigt.

Nun gibt es gute Gründe zur Annahme, daß viele Moderatorvariablen die Häufigkeit der Einstellungsaktivierung (und damit indirekt die Zugänglichkeit) beeinflussen: Personen mit hoher Selbstaufmerksamkeit und Personen mit geringer Selbstüberwachungstendenz denken sicher besonders oft über ihre Einstellungen nach (weil sie überhaupt oft über sich nachdenken und weil sie ihre Handlungen an ihren Einstellungen orientieren). Ähnlich gilt für persönliche wichtige und konsistente Einstellungen: Über wichtige Einstellungen denkt man öfter nach als über unwichtige; und durch häufiges Nachdenken können konsistente Einstellungen entstehen (vgl. den sokratischen Effekt, Abschnitt 4.139). Daß das Verhalten gegenüber prototypischen Vertretern einer Kategorie (z. B. gegenüber typischen Mitgliedern einer Gruppe) eher mit der

Einstellung zur Kategorie übereinstimmt als das Verhalten gegenüber untypischen Objekten (LORD, LEPPER und MACKIE, 1984), hat vermutlich ebenfalls etwas mit der größeren Zugänglichkeit bzw. der automatischen Aktivierung der Einstellung durch die Wahrnehmung des Prototyps zu tun.

Der Begriff Einstellungsstärke wird von verschiedenen Autoren recht unterschiedlich verwendet (s. das Sammelreferat von RADEN, 1985). Dieser Begriff wird u. a. im Sinn von Wichtigkeit, subjektiver Gewißheit, Stabilität, Extremheit (Polarisierung) und Konsistenz verwendet – übrigens ausnahmslos Moderatorvariablen für die Beziehung zwischen Einstellung und Verhalten, die auch größtenteils miteinander korrelieren. Die meisten dieser Variablen – wenn nicht sogar alle – haben sicher eine enge Beziehung zur Zugänglichkeit. Daher wird im vorliegenden Buch – in Übereinstimmung mit neueren Autoren – der Begriff Einstellungsstärke im Sinn von Abrufbarkeit verwendet. (Es wird aber auch von manchen Autoren die Ansicht vertreten, daß Einstellungsstärke keine einheitliche Variable ist, z. B. RADEN, 1985.)

4.3 Die Änderung von Einstellungen durch Kommunikation

4.31 Die Situation

Ein Großteil (wenn nicht der größte Teil) der Experimente zum Thema Einstellungsänderungen hat sich mit der Änderung von Einstellungen durch Kommunikation beschäftigt. Um die hier beteiligten Faktoren und die jeweiligen Ergebnisse der Experimente besser zu überblicken, empfiehlt es sich, das BÜHLERSCHE Schema der sprachlichen Kommunikation zu betrachten. Nach diesem Schema (vgl. Abschnitt 3.4) sind an jeder Kommunikation ein Sender, ein Empfänger und auf bestimmte Objekte bezogene Zeichen beteiligt.

Im gegenwärtigen Zusammenhang sind ebenfalls ein Sender (der die Einstellung des Empfängers ändern will), ein Empfänger (dessen Einstellung geändert werden soll) und eine Mitteilung über ein bestimmtes Einstellungsobjekt beteiligt (siehe Abbildung 91). Die Wirksamkeit der intendierten Einstellungsänderung kann somit (mindestens) von den soeben aufgezählten Faktoren und ihren wechselseitigen Beziehungen abhängen. Dabei wird es weniger auf die objektiven Eigenschaften dieser Faktoren ankommen als vielmehr darauf, wie diese vom Empfänger wahrgenommen werden (in vielen Fällen werden allerdings die Wahrnehmungen des Empfängers mit der Realität übereinstimmen).

Die wichtigsten Situationsfaktoren sind somit (in Abbildung 91 durch dicke Pfeile dargestellt) die Wahrnehmung (und Bewertung) des Senders durch den Empfänger, die Wahrnehmung und Verarbeitung der Mitteilung durch den Empfänger (die oft realitätsgetreu sein wird, aber auch durch selektive Wahrnehmung, selektive Aufmerksamkeit usw. verzerrt sein kann) und die Beziehung des Empfängers zum Einstellungsobjekt (vor allem dessen Bewertung, also die Einstellung selbst). Außerdem spielen sicher auch Empfängervariablen wie Intelligenz, Selbstbewußtsein, interne versus externe Kontrolle usw. eine Rolle.

Vom Standpunkt moderner Einstellungstheorien (s. Abschnitt 4.11) ist jedoch der Großteil der Untersuchungen zum Thema Einstellungsänderung durch Kommunikation unbefriedigend. In fast allen Experimenten wurden Mitteilungen verwendet, die nicht aufgrund sorgfältiger theoretischer Überlegungen, sondern bloß aufgrund vorwissenschaftlicher Intuitionen hergestellt

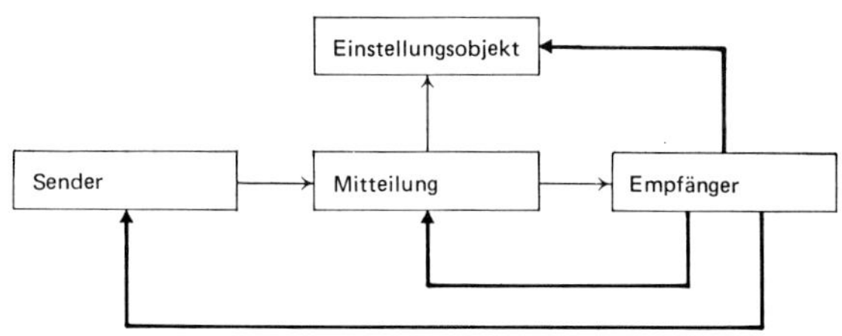

Abbildung 91

wurden: Art und Zahl der in den Mitteilungen präsentierten Meinungen wurden nicht systematisch kontrolliert. Außerdem wurde auch nicht immer genau zwischen Meinungen und Einstellungen unterschieden, so daß manche Experimente nicht Einstellungsänderungen, sondern Meinungsänderungen zum Gegenstand haben.

4.32 Der Sender

4.321 Die Bewertung des Senders

Aus lerntheoretischen Prinzipien (aber nicht nur aus diesen) läßt sich die – wie zu zeigen sein wird, empirisch gut bestätigte – Hypothese ableiten, daß ein positiv bewerteter Sender erfolgreicher sein wird, das heißt, eher eine Einstellungsänderung erreichen wird, als ein neutral oder negativ bewerteter Sender (mit ein und derselben Mitteilung). Jedes Argument, jede vorgeschlagene Meinung wird nämlich attraktiver und damit wirksamer, wenn sie für den Empfänger im Zusammenhang mit einem positiv eingeschätzten Sender steht. Hier sind ähnliche Prozesse am Werk wie bei der Entstehung sekundärer Verstärker. Es sei in diesem Zusammenhang daran erinnert, daß aus analogen Gründen auch beim Lernen durch Beobachtung positiv bewertete Modellpersonen einflußreicher sind als neutrale oder negative (vgl. Abschnitt 2.445 über Identifizierung).

Die Bewertung des Senders (die Einstellung zum Sender) kann mit Hilfe verschiedener Faktoren variiert werden. Seine (vermeintliche) Glaubwürdigkeit (relevantes Fachwissen, beabsichtigte «Manipulation» des Empfängers), seine Ähnlichkeit mit dem Empfänger (ähnliche Interessen, ähnliche soziale Herkunft) und viele andere Variablen spielen hier eine Rolle.

Außer der Senderbewertung ist noch dessen (wahrgenommene) Macht wesentlich. Macht wird hier (wie oben an früherer Stelle) definiert als die Möglichkeiten einer Person, Verstärker und Strafreize auszuteilen bzw. vorzuenthalten. Auch hinsichtlich des Faktors Macht wurde bereits früher gezeigt (wieder im Zusammenhang mit Lernen durch Beobachtung, Abschnitt 2.445), daß mächtige Personen besonders einflußreich sind. Allerdings ist es wahrscheinlich, daß durch mächtige Sender erzielte Einstellungsänderungen nicht sehr dauerhaft sind, sondern eher äußerlich und nur solange anhalten, wie man sich dadurch Vorteile erhofft, d. h. solange der Empfänger vom Sender kontrolliert wird (Kelman, 1958, 1961). Es handelt sich dabei oft um ein äußerliches Nachgeben oder Zustimmen ohne echte Überzeugung.

Allerdings können solche durch Macht erzwungene (zunächst nur scheinbare) Einstellungsänderungen zu echten und dauerhaften Einstellungsänderungen werden, wenn auch entsprechende Verhaltensweisen auf der Seite des Empfängers erreicht werden. Hier gilt aber (die nur scheinbar paradoxe) Beziehung, daß die Einstellungsänderungen nur dann «verinnerlicht» werden, wenn das korrespondierende Verhalten durch leichten Druck (geringe Verstärker oder Strafreize), nicht aber, wenn es durch intensive Anreize herbeigeführt wird. Diese – praktisch sehr wichtigen – Fakten werden in einem eigenen Abschnitt behandelt (Abschnitt 4.46).

Hovland (der als Pionier auf dem Gebiet der Einstellungsänderung durch Kommunikation angesehen werden muß) und seine Mitarbeiter variierten den Faktor Senderbewertung mit Hilfe der Variablen *Glaubwürdigkeit* (genauer: einstellungsrelevantes Fachwissen des Senders). Hovland und Weiss (1951) ließen ihre Vpn Mitteilungen (kurze Artikel) über 4 Einstellungsobjekte lesen. Einem Teil der Vpn wurde jeweils gesagt, daß die Mitteilung von einem glaubwürdigen Sender käme (Fachzeitschrift bzw. Wissenschaftler), für die anderen Vpn wurde (dieselbe!) Mitteilung einer weniger glaubwürdigen Quelle zugeschrieben (z. B. einer Illustrierten).

Es zeigte sich, wie erwartet, daß dieselben Argumente wirksamer sind, wenn sie scheinbar von einem positiv bewerteten (glaubwürdigen) Sender kommen. Die Ergebnisse für alle vier in diesem Experiment verwendeten Einstellungsobjekte sind in Tabelle 31 dargestellt. Im Durchschnitt änderte bei einem glaubwürdigen Sender fast ein Viertel aller Vpn ihre Einstellungen, bei einem weniger glaubwürdigen Sender (mit genau denselben Argumenten) waren es nicht einmal 7 Prozent.

In einem Fall (Kino) zeigte sich allerdings eine Umkehrung. Hier gelang offenbar die Manipulation der Glaubwürdigkeit nicht. Dieses eine Ergebnis muß aber durchaus als Ausnahme (infolge eines nicht optimalen Versuchsmaterials) angesehen werden, da zahlreiche spätere Experi-

Tabelle 31

Einstellungsobjekte	Netto-Prozensatz[1] der Vpn, die eine Änderung in der erwarteten Richtung zeigten	
	sehr glaubwürdiger Sender	mäßig glaubwürdiger Sender
Antihistamine	22,6	13,3
Atom-U-Boote	36,0	0,0
Stahlindustrie	22,9	− 3,8
Kinos	12,9	16,7
Durchschnitt	23,0	6,6

mente übereinstimmend die vorhergesagten Resultate erbrachten.

Andere Autoren variierten die Senderbewertung mit Hilfe der *Ähnlichkeit* zwischen Sender und Empfänger. Daß größere (vermeintliche) Ähnlichkeit – beispielsweise viele ähnliche Einstellungen oder ähnliche soziale Herkunft – zu einer positiveren Bewertung führt, wurde bereits in einem einleitenden Abschnitt (1.2) gezeigt. Dieses Thema wird später noch ausführlich behandelt (Abschnitt 5.312). Der erwartete Effekt, daß ähnliche Sender einflußreicher sind als unähnliche, zeigte sich in einigen Experimenten (z. B. BURNSTEIN, STOTLAND & ZANDER, 1961; STOTLAND, ZANDER und NATSOULAS, 1961).

4.322 Langzeitwirkungen

Sehr wichtig ist die Frage nach der Dauerhaftigkeit von Einstellungsänderungen durch Kommunikation. Bereits die frühen Experimente von HOVLAND und seinen Mitarbeitern zeigten, daß es sich dabei keineswegs nur um Kurzzeiteffekte handelt. Auch nach einigen Wochen waren die experimentell hervorgerufenen Meinungs- und Einstellungsänderungen noch nachweisbar.

Allerdings tritt hier oft ein interessantes Phänomen auf: Das Ausmaß der Einstellungsänderung, die durch einen sehr positiv bewerteten Sender hervorgerufen wurde, nimmt mit der Zeit ab, während es bei einem eher neutralen oder negativen Sender zunimmt. Nach einigen Wochen ist bei allen Vpn ein ähnliches Ausmaß der Einstellungsänderung zu verzeichnen. Dieser Sachverhalt ist in Abbildung 92 schematisch dargestellt. Man spricht in diesem Zusammenhang von einem *sleeper-effect*. HOVLAND und seine Mitarbeiter verwendeten den Ausdruck sleeper-effect nur zur Bezeichnung der Tatsache, daß die durch einen neutralen oder negativen Sender bewirkte Einstellungsänderung mit der Zeit zunimmt. Mitunter wird der Ausdruck sleeper-effect jedoch auch zur Bezeichnung der (teilweisen oder vollständigen) Angleichung der Änderungen verwendet, die auf unterschiedliche Sender zurückgehen und anfänglich sehr verschieden waren. Man unterscheidet den *absoluten* vom relativen sleeper-effect. Der absolute sleeper-effect ist eine Zunahme der Einstellungsänderung mit der Zeit. Der relative sleeper-effect ist die teilweise oder völlige Konvergenz zweier Änderungen. Bei einem relativen sleeper-effect muß kein absoluter sleeper-effect vorhanden sein. Zum Beispiel ist ein relativer sleeper-effect auch dann gegeben, wenn zwei (von verschiedenen Sendern verursachte) Einstellungsänderungen mit der Zeit abnehmen, aber mit unterschiedlicher Geschwindigkeit (so daß sie konvergieren). Abbildung 92 zeigt gleichzeitig den absoluten und den relativen sleeper-effect.

Eine mögliche Erklärung für den sleeper-effect ist folgende: Einige Zeit nach der Kommunikation sind die kognitiven Relationen zwischen den vorgetragenen Argumenten (Meinungen) und dem Sender nicht mehr vorhanden (der Empfänger hat sozusagen vergessen, von wem die Argumente stammen). Dadurch sind die Argumente nur mehr aufgrund ihres Inhalts wirksam, nicht aber aufgrund ihrer Beziehung zu einem mehr oder weniger positiven Sender. Der Inhalt (die Mitteilung selbst) ist aber für alle Vpn derselbe.

Eine ganz ähnliche Hypothese wurde von HOVLAND, LUMSDAINE und SHEFFIELD (1949) formuliert. Damit es zu einer Meinungs- bwz. Einstellungsänderung kommt, genügt es nicht, daß die in einer Mitteilung enthaltenen Argumente verstanden und gespeichert werden, sondern sie

[1] Nettoprozentsatz = Prozentsatz der Änderungen in der erwarteten Richtung minus Prozentsatz der Änderungen in die Gegenrichtung.

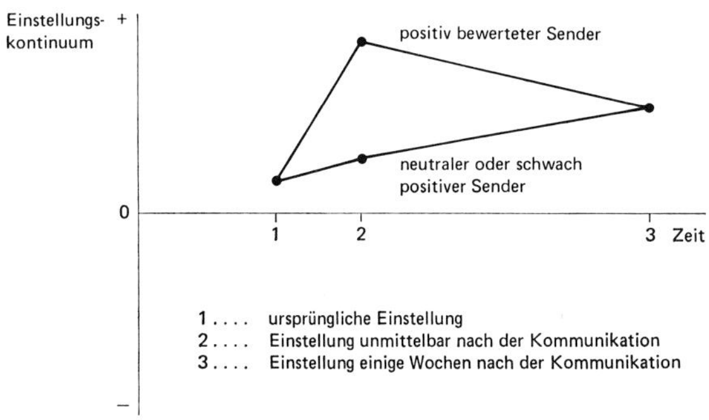

Abbildung 92

müssen auch *akzeptiert* (geglaubt) werden. Ein negativer oder neutraler Sender ist ein Hinweisreiz, der bewirkt, daß die Argumente nicht oder nur zu einem kleinen Teil akzeptiert werden. Nach einiger Zeit tritt eine *Dissoziation* von Sender und Mitteilung ein, das heißt, die Assoziation zwischen dem Inhalt der Mitteilung und dem Sender wird schwächer oder verschwindet. Dadurch verschwindet auch die blockierende Wirkung der negativen Senderbewertung. Die Argumente werden jetzt (wenigstens zu einem größeren Teil) für wahr gehalten und die Einstellungsänderung nimmt zu.

Ähnlich könnte man annehmen, daß ein sehr positiver oder sehr glaubwürdiger Sender ein Hinweisreiz ist, der das Akzeptieren der Mitteilung fördert. Auch hier kommt es jedoch später zu einer Dissoziation von Sender und Mitteilung. Es wird dann nur mehr ein kleinerer Teil der Argumente akzeptiert, wodurch die Einstellungsänderung schwächer wird.

Solche Hypothesen überschreiten den Rahmen eines lerntheoretischen Ansatzes (wie er von HOVLAND und dessen Mitarbeitern vertreten wurde). Für Begriffe wie Akzeptieren und Glauben gibt es keine Entsprechungen in lerntheoretischen Variablen. Diese Hypothesen lassen sich besser im Rahmen moderner Einstellungstheorien verstehen, die sprach- und gedächtnispsychologische Aussagen berücksichtigen (wie das Einstellungsmodell in Abschnitt 4.11). Die Unterscheidung von bloßer Speicherung (retention) und Akzeptieren (yielding) von Information kann auf zwei Arten interpretiert werden. Das Verstehen der Mitteilung besteht darin, daß der Empfänger die in der Mitteilung enthaltenen Propositionen feststellt. Eine bloße Speicherung liegt vor, wenn der Empfänger die Aussagen über das Einstellungsobjekt (die Propositionen) mit einer *sekundären* Gedächtnisrepräsentation des Einstellungsobjekts in Verbindung bringt. Die Aussagen werden jedoch akzeptiert, wenn sie mit der *primären* Gedächtnisrepräsentation in Verbindung gebracht werden (denn dann sind es Aussagen, die für den Empfänger Bestandteile seiner Definition des Einstellungsobjekts sind). Der so definierte Unterschied zwischen Speichern und Akzeptieren ist (vereinfacht und schematisch) in Abbildung 93 dargestellt.

Die positive oder negative Senderbewertung könnte also ein Hinweisreiz sein, der bestimmt, ob Aussagen über ein Einstellungsobjekt mit einer sekundären oder mit der primären Gedächtnisrepräsentation des Einstellungsobjekts in Verbindung gebracht werden. Eine andere Möglichkeit der Unterscheidung von Speichern und Akzeptieren bezieht sich auf die Stärke der Relationen zwischen dem Einstellungsobjekt EO und den mit ihm verbundenen Objekten oder Eigenschaften EO_i: Ein sehr positiver Sender bewirkt (zunächst) starke Relationen zwischen EO und EO_i (z. B. daß mit *großer* subjektiver Wahrscheinlichkeit die in der Mitteilung behaupteten Eigenschaften EO_i von EO zutreffen); ein neutraler oder negativer Sender bewirkt (zunächst) nur schwache Relationen (z. B. *niedrige* subjektive Wahrscheinlichkeiten).

Diese beiden theoretischen Konzeptionen von Speichern versus Akzeptieren unterscheiden sich in einem wesentlichen Punkt. Die zuerst beschriebene Auffassung impliziert einen Alles-oder-Nichts-Prozeß: Propositionen werden entweder akzeptiert (Verbindung mit primärer Kognition) oder nicht (Verbindung mit sekundärer

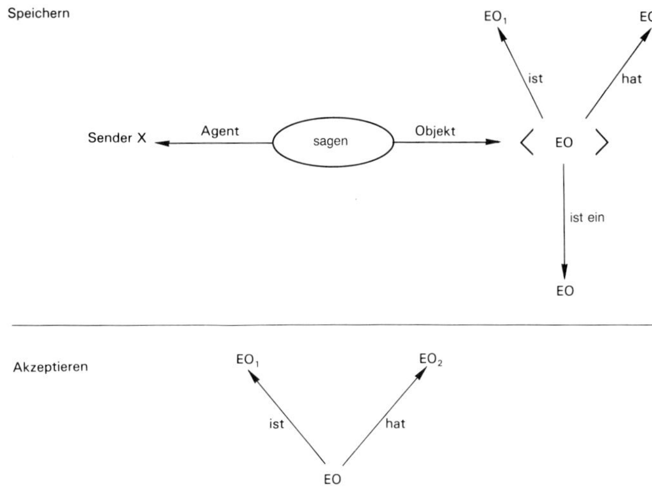

Abbildung 93

Kognition). Die zweite Auffassung betrachtet Akzeptieren als kontinuierliche Variable: Es werden stärkere oder schwächere Relationen hergestellt. Die beiden Auffassungen sind jedoch nicht unvertraglich: Die Senderbewertung kann sowohl die qualitativen Aspekte der Informationsverarbeitung bestimmen (ob bestimmte Propositionen auf primäre oder sekundäre Kognitionen bezogen werden) als auch die quantitativen (die Stärke der Relationen).

Um die «Dissoziationshypothese» zu prüfen, wurde von Kelman und Hovland (1953) ein Experiment durchgeführt, in dem dieselbe Mitteilung für drei Versuchsgruppen drei verschieden glaubwürdigen Sendern zugeschrieben wurde. Wie erwartet, wurde die Mitteilung um so mehr akzeptiert, je glaubwürdiger der Sender war. Drei Wochen später wurde bei einer Hälfte der Vpn ohne weiteren Kommentar die betreffende Einstellung (bezüglich einer möglichst milden Behandlung jugendlicher Delinquenten) noch einmal gemessen. Es zeigte sich der sleeper-effect: Die Einstellungen der drei Versuchsgruppen konvergierten. Die anderen Vpn wurden unmittelbar vor der zweiten Einstellungsmessung (wie bei der ersten Gruppe drei Wochen nach der Kommunikation) daran erinnert, von wem sie eine Mitteilung über die Behandlung jugendlicher Krimineller gehört hatten. In diesem Fall trat kein sleeper-effect auf. Nach wie vor zeigte sich eine um so stärkere Beeinflussung der Vpn, je glaubwürdiger der Sender war.

In einer großangelegten neueren Untersuchung mit insgesamt 656 Vpn gelang es allerdings nur teilweise, den sleeper-effect nachzuweisen (Gillig und Greenwald, 1974). Die Wirksamkeit der Mitteilung seitens eines sehr positiv bewerteten Senders nahm zwar mit der Zeit ab, jedoch konnte keine Zunahme der Beeinflussung durch einen wenig glaubwürdigen Sender festgestellt werden, obwohl eine (statistisch nicht gesicherte) Tendenz in diese Richtung vorhanden war. Gruder et al. (1978) definierten aufgrund einer sorgfältigen theoretischen Analyse die Bedingungen, die für das Auftreten eines sleeper-effects notwendig sind, und stellten fest, daß die meisten Untersuchungen des sleeper-effects mangelhaft waren. In zwei sehr sorgfältig geplanten Experimenten konnten Gruder et al (1978) die Existenz von Sleeper-Effekten unter entsprechenden Bedingungen nachweisen.

Watts und Holt (1979) zeigten, daß die Senderbewertung nicht die einzige Variable ist, die einen sleeper-effect bewirken kann. Es ist bekannt, daß die Wirksamkeit einer einstellungsändernden Mitteilung durch *«Vorwarnung»* der Empfänger herabgesetzt wird (z. B. McGuire und Papageorgis, 1962; Petty und Cacioppo, 1977). Empfänger, denen die beabsichtigte Einstellungsänderung angekündigt worden war, änderten ihre Einstellung nach einer Mitteilung weniger als nicht vorgewarnte Vpn.

Bisher wurden jedoch immer nur die unmittelbaren Wirkungen von Vorwarnungen untersucht, aber nie die Langzeitwirkungen. Möglicherweise wirkt die Vorwarnung ähnlich wie die negative Senderbewertung als Hinweisreiz, die zunächst (und vorübergehend) das Akzeptieren der Mitteilung hemmt. Später wird die Vorwarnung von der Mitteilung dissoziiert, die Argumente werden akzeptiert, und die Einstellungsänderung nimmt zu. In Übereinstimmung mit diesen Überlegungen konnten WATTS und HOLT (1979) eine Woche nach der Vorwarnung (und der einstellungsändernden Mitteilung) einen deutlichen sleeper-effect nachweisen.

Im Zusammenhang mit *Ablenkung* wurde ein umgekehrter sleeper-effect nachgewiesen (Abnahme einer zunächst großen Einstellungsänderung). Wie bei der Vorwarnung wurden auch bei der Ablenkung immer nur Kurzzeitwirkungen untersucht. Aus diesen Untersuchungen (z. B. FESTINGER und MACCOBY, 1964) wurde geschlossen, daß durch Ablenkung während der Mitteilung größere Einstellungsänderungen erzielt werden als durch dieselbe Mitteilung ohne Ablenkung. Vermutlich wird der Empfänger durch die Ablenkung daran gehindert, Gegenargumente zu überlegen. Daher wird der Inhalt der Mitteilung zunächst bedenkenlos akzeptiert. Die kritische Auseinandersetzung mit der Mitteilung kann jedoch zu einem späteren Zeitpunkt nachgeholt werden. Als Folge davon wird die Mitteilung nur mehr teilweise akzeptiert und die Einstellungsänderung nimmt ab (WATTS und HOLT, 1979).

PRATKANIS, GREENWALD, LEIPPE und BAUMGARDNER (1988) berichten über eine Serie von 17 Experimenten, deren Ziel es war, die Bedingungen zu ermitteln, die zuverlässig zu einem sleeper-effect führen. Merkwürdigerweise wurde – in Übereinstimmung mit GRUDER et al. (1978) – ein sleeper-effect nur dann erzielt, wenn der Hinweisreiz (auf die Glaubwürdigkeit des Senders) *nach* der Mitteilung geboten wurde, nicht aber, wenn er vor der Mitteilung auftrat. Falls sich auch in zukünftigen Untersuchungen herausstellt, daß der sleeper-effect von der Reihenfolge der Reizdarbietung abhängt, dann ist – wie PRATKANIS et al. (1988) annehmen – die Dissoziationshypothese keine adäquate Erklärung des Phänomens. Zumindest müßte sie modifiziert werden, um erklären zu können, warum ein Hinweisreiz nach der Mitteilung, aber nicht vor der Mitteilung wirksam ist (PRATKANIS et al. schlagen eine andere Erklärung vor, die davon ausgeht, daß die Wirkung der Mitteilung langsamer abnimmt als die Wirkung des Hinweisreizes.)

4.33 Die Mitteilung

4.331 Einseitige versus zweiseitige Mitteilungen

Unter *einseitigen* Mitteilungen versteht man solche, die nur Argumente für einen Standpunkt, meistens für den eigenen Standpunkt (des Senders) enthalten. Eine *zweiseitige* Mitteilung andererseits enthält auch Argumente für andere Standpunkte. Die Frage, ob einseitige oder zweiseitige Mitteilungen bei Einstellungsänderungen wirksamer sind, war unter den ersten, mit denen sich die experimentelle Einstellungsforschung auseinandersetzte.

Es zeigte sich jedoch bald, daß die Frage in dieser allgemeinen Form nicht beantwortet werden kann. Es ist weder die eine noch die andere Art von Mitteilungen generell wirksamer. Man kommt aber sehr wohl zu klaren Ergebnissen, wenn man andere Variablen mitberücksichtigt. HOVLAND, LUMSDAINE und SHEFFIELD (1949) zeigten, daß hier vor allem zwei Empfängervariablen eine Rolle spielen: Die Intelligenz (Ausbildung) des Empfängers und seine ursprüngliche Einstellung. Zweiseitige Mitteilungen sind bei gebildeten Personen wirksamer als einseitige. Bei weniger intelligenten Personen ist es umgekehrt. Ferner sind (und zwar nur bei relativ ungebildeten Personen) einseitige Mitteilungen wirksamer als zweiseitige, wenn der Empfänger von vornherein eher den Standpunkt der Mitteilung akzeptiert als eine gegenteilige Ansicht. Tabelle 32 zeigt die Hauptergebnisse von HOVLAND, LUMSDAINE und SHEFFIELD (1949).

Ein außerordentlich wichtiges Ergebnis brachte das Experiment von LUMSDAINE und JANIS (1953). Die Autoren zeigten, daß Einstellungsänderungen durch zweiseitige Mitteilungen widerstandsfähiger gegenüber späterer «Gegenpropaganda» sind als Einstellungsänderungen durch einseitige Mitteilungen. Während eine Mitteilung gegensätzlichen Inhalts eine Woche nach der ersten Kommunikation die Wirkung der früheren einseitigen Mitteilung vollkommen rückgängig machte, war eine gegensätzliche Mitteilung eine Woche nach einer zweiseitigen Kom-

Tabelle 32

	Netto-Prozentsatz der Vpn, die eine Änderung in der erwarteten Richtung zeigten			
	abgeschlossene Hochschulausbildung		keine Hochschulausbildung	
	ursprünglich dagegen	ursprünglich dafür	ursprünglich dagegen	ursprünglich dafür
einseitige Mitteilung	30	39	44	64
zweiseitige Mitteilung	44	54	51	– 3

Tabelle 33

	Netto-Prozentsatz der Vpn, die eine Änderung in der Richtung der ersten Mitteilung zeigten	
	ohne nachfolgende Gegenpropaganda	nach Gegenpropaganda
einseitige Mitteilung	64	2
zweiseitige Mitteilung	69	61

munikation praktisch wirkungslos (siehe Tabelle 33). Auf die Interpretation dieses Ergebnisses wird im Abschnitt 4.345 eingegangen. Für die Praxis folgt daraus, daß Einstellungsänderungen aufgrund zweiseitiger Mitteilungen (wenn sie gelingen) dauerhafter sind als Änderungen durch einseitige Mitteilungen, weil sie resistenter gegenüber eventuell später einsetzender Gegenpropaganda sind.

4.332 Anfangs- versus Endeffekte

Hinsichtlich zweiseitiger Mitteilungen erhebt sich die Frage, ob es günstiger ist, die Argumente für den eigenen Standpunkt (für die angestrebte Einstellungsänderung des Empfängers) am Anfang oder am Ende der Mitteilung zu präsentieren. Dazu muß man die Antwort auf die allgemeinere Frage kennen, ob am Anfang oder am Ende einer Mitteilung dargebotene Meinungen (Argumente) wirksamer sind. Im ersten Fall spricht man von einem *Anfangseffekt* (primacy-effect), im zweiten Fall von einem *Endeffekt* (recency-effect).

Die älteren Ergebnisse zu diesem Problem waren widersprüchlich. Manchmal zeigte sich ein Anfangseffekt (LUND, 1925; KNOWER, 1936), manchmal ein Endeffekt (CROMWELL, 1950). Die Einbeziehung zusätzlicher Variablen, wie der Vertrautheit des Empfängers mit dem Einstellungsobjekt (LANA, 1961), brachte ebenfalls keine schlüssigen Ergebnisse.

MILLER und CAMPBELL (1959) veröffentlichten ein auf gedächtnispsychologischen Überlegungen basierendes Modell (das wegen seiner relativen Kompliziertheit und auch, weil es durch experimentelle Ergebnisse nur teilweise gestützt ist, hier nicht genau besprochen werden soll). Nach diesem Modell hängt das Auftreten von Anfangs- oder Endeffekten von Zeitfaktoren ab. Von Bedeutung sind der zeitliche Abstand zwischen erstem und zweitem Teil der Mitteilung (ob die gegensätzlichen Argumente unmittelbar aufeinanderfolgen oder zeitlich getrennt sind) und der zeitliche Abstand zwischen dem zweiten Teil der Mitteilung und der anschließenden Einstellungsmessung.

Aus den Ergebnissen der einschlägigen Experimente (INSKO, 1964; MILLER und CAMPBELL, 1959; THOMAS, WEBB und TWEEDIE, 1961), die keineswegs völlig konsistent und eindeutig interpretierbar sind, könnte man vorsichtig folgern, (1) daß ein umso stärkerer Endeffekt auftritt, je größer der zeitliche Abstand zwischen den beiden (gegensätzlichen) Mitteilungen (oder den beiden Teilen der Mitteilung) ist, und (2) daß dieser Endeffekt mit der Zeit wieder abnimmt. Ein Anfangseffekt andererseits ist um so eher zu erwarten, je kleiner die zeitliche Distanz zwischen den Mitteilungen ist.

Im Experiment von INSKO (1964) gab es vier Abstände zwischen den beiden Mitteilungen (unmittelbar nacheinander, 2 Tage, 1 Woche

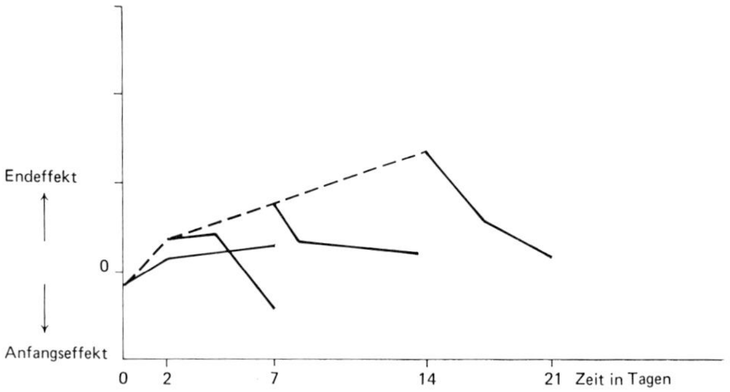

Die strichlierte Linie zeigt den zunehmenden Endeffekt bei 0, 2, 7 und 14 Tagen Abstand zwischen den beiden Mitteilungen.
Die durchgehenden Linien zeigen dazu jeweils die Ergebnisse der Einstellungsmessungen, die 0, 2 oder 7 Tage nach der zweiten Mitteilung durchgeführt wurden.

Abbildung 94

oder 2 Wochen Differenz) und jeweils drei Zeitpunkte der Einstellungsmessung (unmittelbar nach der zweiten Mitteilung, 2 Tage oder 1 Woche später). Die Ergebnisse sind in Abbildung 94 dargestellt.

4.333 Ausmaß der beabsichtigen Einstellungsänderung

Ist es zielführender, Argumente für eine starke Einstellungsänderung zu präsentieren, oder sollte man eher in kleinen Schritten vorgehen und nur für geringfügige Änderungen argumentieren? Für den vorwissenschaftlichen «gesunden Menschenverstand» sind beide Strategien plausibel: Man muß viel verlangen, um überhaupt etwas zu erreichen. Oder: Wenn man zu viel verlangt, stößt man auf Widerstand, daher ist es klüger, wenig zu verlangen, sonst erreicht man gar nichts.

Die experimentellen Befunde zeigen, daß die Frage wieder einmal zu einfach formuliert ist. Es ist weder die eine noch die andere Strategie generell überlegen (obwohl die meisten Experimente eher für die erste als für die zweite der genannten Möglichkeiten sprechen). Eine wichtige Variable, die in diesem Zusammenhang mit in Betracht gezogen werden muß, ist die Bewertung des Senders durch den Empfänger.

Die Ergebnisse von Bergin (1962) zeigen, daß bei einem positiv bewerteten (sehr glaubwürdigen) Sender eine positive Korrelation zwischen dem Ausmaß der angestrebten und der tatsächlichen Einstellungsänderung besteht. Je größer die anfängliche Diskrepanz zwischen der Position der Mitteilung und dem Standpunkt des Empfängers ist, desto mehr ändert der Empfänger seine Einstellung, wenn er die Mitteilung einem sehr positiv bewerteten Kommunikator zuschreibt (Abbildung 95). Bei einem negativ bewerteten (z. B. nicht glaubwürdigen) Sender dagegen kommt es zu einem *Bumerangeffekt*. Je mehr ein nicht vertrauenswürdiger Sender verlangt, desto weniger erreicht er. Einem Sender dieser Art gelingen höchstens kleinere Einstellungsänderungen (Abbildung 95).

Die Ergebnisse von Bergin werden ergänzt durch ein Experiment von Aronson, Turner und Carlsmith (1963). Bei einem sehr positiven Sender zeigte sich wieder, daß angestrebte

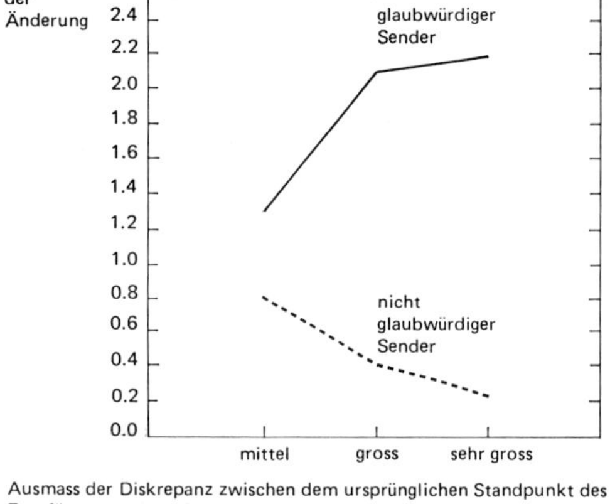

Ausmass der Diskrepanz zwischen dem ursprünglichen Standpunkt des Empfängers und der Mitteilung.

Abbildung 95

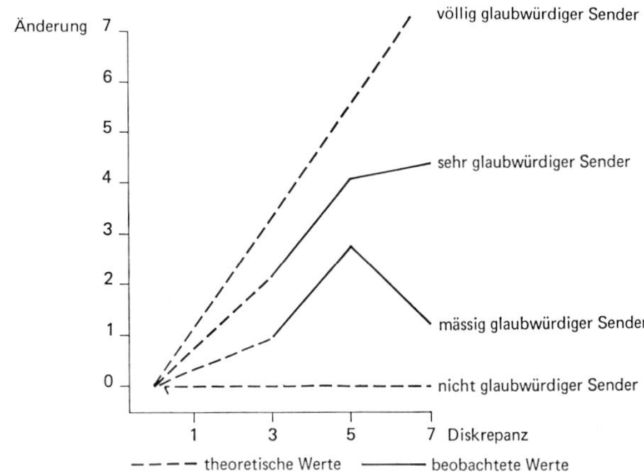

Abbildung 96

und erfolgte Einstellungsänderungen direkt proportional sind. Bei einem mäßig positiven (einigermaßen glaubwürdigen) Sender ergab sich eine umgekehrt U-förmige Beziehung zwischen den beiden Variablen (siehe Abbildung 96): Bis zu einem gewissen Grad der Diskrepanz zwischen (in der Mitteilung) vorgeschlagenem und (beim Sender) vorhandenem Standpunkt korrelieren angestrebte und erreichte Änderung positiv. Überschreitet die Diskrepanz ein bestimmtes Ausmaß, kommt es zu einem Bumerangeffekt. Analoge Ergebnisse erzielten Bochner und Insko (1966).

4.334 Reaktanz und Bumerangeffekte

Der Begriff Freiheit bezieht sich nicht nur auf Verhalten, sondern auch auf Meinungen und Einstellungen. Entscheidungsfreiheit auf der Verhaltensebene ist gegeben, wenn man unter mehreren Verhaltensmöglichkeiten wählen kann. Entscheidungsfreiheit im Einstellungsbereich liegt vor, wenn man in bezug auf ein bestimmtes Objekt verschiedene Positionen vertreten kann. Diese Einstellungs- oder Meinungsfreiheit wird durch Mitteilungen bedroht, die den Empfänger auf *eine* ganz bestimmte Position festlegen wollen. Es entsteht Reaktanz und der Empfänger will seinen ursprünglichen Freiheitsspielraum wiederherstellen. Deshalb ändert er seine Einstellung nicht im Sinn der Mitteilung, sondern er verschiebt seine Einstellung in die Gegenrichtung: Ein Bumerangeffekt tritt auf.

Wenn diese reaktanztheoretische Erklärung des Bumerangeffekts zutrifft, dann müßten Bumerangeffekte um so häufiger auftreten bzw. um so größer sein, je deutlicher die Freiheitsbedrohung in der Mitteilung ist. Das wurde in mehreren Experimenten bestätigt (z. B. Wicklund und Brehm, 1968; Worchel und Brehm, 1970). Mitteilungen, die eine starke Freiheitsbedrohung enthalten («Sie haben keine Wahl, Sie müssen diesen Standpunkt akzeptieren; man kann keine andere Meinung haben») bewirken bei einem großen Teil der Empfänger Bumerangeffekte. Mitteilungen, die eine schwache oder keine Freiheitsbedrohung enthalten, bewirken bei den meisten Empfängern eine Einstellungsänderung in der von der Mitteilung vorgeschlagenen Richtung (aber nicht unbedingt in dem von der Mitteilung vorgeschlagenen Ausmaß, vgl. den vorigen Abschnitt).

Eine genauere Analyse der Daten von Worchel und Brehm zeigte ein zunächst unerwartetes Ergebnis: Bumerangeffekte traten fast ausschließlich bei jenen Vpn (in der Bedingung mit starker Freiheitsbedrohung) auf, die ohnehin ursprünglich eine ganz ähnliche Einstellung wie der Sender hatten, während nur wenige von den anderen Vpn (deren ursprüngliche Einstellungen der Senderposition entgegengesetzt waren) Bumerangeffekte zeigten. Die meisten Vpn mit ursprünglich gegenteiliger Einstellung änderten ihren Standpunkt in Richtung der Mitteilung – auch in der Bedingung mit starker Bedrohung.

Diese Ergebnisse zeigen, daß die Wirkungen von Reaktanz sehr stark sein können: Man ändert seine Einstellung, wenn jemand versucht, einem die ohnehin bevorzugte Position *aufzuzwingen* –

und damit gleichzeitig versucht, andere mögliche Positionen zu verhindern. Dieses Teilergebnis ist reaktanztheoretisch verständlich. Aber wieso traten kaum Reaktanz- bzw Bumerangeffekte bei jenen Vpn auf, deren Einstellungsfreiheit ebenfalls stark bedroht wurde und deren ursprüngliche Einstellungen von der Senderposition sehr verschieden waren?

WORCHEL und BREHM vermuteten, daß die Wahrnehmung einer großen Differenz zwischen der eigenen und der Senderposition eine implizite Freiheitsausübung ist. Man hat bereits gezeigt, daß man einen anderen Standpunkt als der Sender vertreten kann und eine Änderung des Standpunkts (in Richtung des Senders) ist keine Freiheitseinschränkung. Wenn man dagegen ohnehin den Standpunkt des Senders vertreten hat und durch die Mitteilung endgültig auf diesen Standpunkt festgelegt werden soll, dann findet eine Freiheitseinschränkung statt (denn alle anderen Möglichkeiten werden eliminiert).

Aus diesen Überlegungen folgerten SNYDER und WICKLUND (1976), daß durch eine geeignete Freiheitsausübung *vor* der Mitteilung Bumerangeffekte verhindert werden können. Diese Freiheitsausübung bestand in zwei Experimenten darin, daß die Vpn vor der Mitteilung einen Aufsatz schrieben, in dem sie nicht ihre Einstellung, sondern den gegenteiligen Standpunkt befürworteten. Die Hypothese wurde bestätigt. In den Bedingungen mit starker Bedrohung trat nach der beschriebenen Freiheitsausübung kein Bumerangeffekt auf, während sich bei den Vpn ohne diese Freiheitsausübung Bumerangeffekte zeigten.

Die notwendigen und hinreichenden Bedingungen für das Auftreten von Reaktanzeffekten bei Einstellungsänderungen sind jedoch noch keineswegs vollständig bekannt. Es gibt sicher einschränkende Bedingungen. Bumerangeffekte scheinen vor allem dann aufzutreten, wenn der Empfänger der freiheitsbedrohenden Mitteilung keine weiteren Interaktionen mit dem Sender erwartet. Erwartet der Empfänger jedoch weitere Interaktionen (spätere Zusammenarbeit), dann ändert er seine Einstelung im Sinn der Mitteilung (PALLAK und HELLER, 1971).

Außerdem ist Reaktanz ein *relativ kurzfristiger* Erregungszustand (vgl. Abschnitt 2.544), der nach einer bestimmten Zeit wieder aufhört. Dementsprechend ist zu erwarten, daß Reaktanzeffekte auch im Einstellungsbereich nicht sehr dauerhaft sind. GRUDER et al. (1978) konnten in diesem Zusammenhang einen *sleeper-effect* nachweisen. Die Vpn in jenen Versuchsbedingungen (von Experiment 2), in denen freiheitsbedrohende Mitteilungen verwendet wurden («jede intelligente Person muß ohne Zweifel annehmen . . .»), zeigten unmittelbar nach der Mitteilung praktisch keine Einstellungsänderungen. 6 Wochen später waren jedoch bei diesen Vpn deutliche Einstellungsänderungen im Sinn der Mitteilung festzustellen. Es ist anzunehmen, daß die Mitteilung Reaktanz auslöste, und daß sich die Vpn deshalb dagegen sträubten, ihre Einstellungen zu ändern. Nach 6 Wochen war die Reaktanz abgebaut und vergessen, und die Vpn änderten ihre Einstellungen aufgrund der Argumente, die in der Mitteilung enthalten waren.

4.335 Angstauslösende Mitteilungen

Seit den Experimenten von JANIS und FESHBACH (1953, 1954) sind zahlreiche Untersuchungen zum Thema Angst und Einstellungsänderung durchgeführt worden. JANIS und FESHBACH gingen von der Überlegung aus, daß ein gewisses Ausmaß an Angst (des Empfängers) die Änderung von Einstellungen erleichtern müßte. Sie führten ihren Vpn zuerst die Gefahren unzulänglicher Zahnpflege vor Augen und präsentierten dann Argumente für eine intensive und gründliche Pflege der Zähne. In drei Versuchsbedingungen wurden drei Grade von Angst erzeugt (schwache, mittlere und starke Angst). Die größte Einstellungs- und Verhaltensänderung trat in der schwachen Angstbedingung auf.

Lerntheoretisch könnte man den Vorgang folgendermaßen interpretieren: Zuerst wird Angst erzeugt und dann werden angstreduzierende Argumente (Meinungen) dargeboten. Da diese Argumente mit Angstreduktion verbunden sind, ist ihre (positive) Anreizqualität hoch und sie werden um so bereitwilliger akzeptiert. Aus dieser Interpretation folgt: Je mehr Angst hervorgerufen wird, desto eher werden die nachfolgenden angstreduzierenden Argumente angenommen, denn die Reduktion starker Angst ist angenehmer (ist ein größerer Verstärker) als die Reduktion schwacher Angst.

Viele (aber nicht alle) Experimente zeigten, daß jedoch allzu starke Angst einer Einstellungsänderung eher im Wege als förderlich ist. Dafür lassen sich verschiedene Erklärungsmöglichkeiten angeben: Zu starke Angst kann das Verstehen und Lernen der Argumente beeinträchtigen (weil durch sehr starke Angst die Aktiviertheit zu hoch wird, vgl. Abschnitt 2.33). Zu starke Angst kann bewirken, daß die Ursache der Angst (der Sender) unsympathisch (negativ bewertet) wird und damit an Einfluß verliert. Zu starke Angst kann dazu führen, daß Gedanken an das angstauslösende Einstellungsobjekt vermieden, unterdrückt werden (kognitives Vermeidungsverhalten, «Verdrängung»), wodurch auch weniger Möglichkeiten für eine Einstellungsänderung gegeben sind.

Obwohl diese Überlegungen sehr plausibel sind, werden sie keineswegs eindeutig durch experimentelle Befunde gestützt. Ganz im Gegenteil gibt es eine große Zahl von Experimenten, die eine positive Beziehung zwischen Angstausmaß und Einstellungsänderung nachweisen. Andere Experimente schienen eher eine umgekehrt U-förmige Relation zwischen den genannten Variablen nahezulegen (Einstellungsänderungen treten am ehesten bei mittleren Angstgraden auf). Der Leser sei diesbezüglich auf die Sammelreferate von JANIS (1967) und LEVENTHAL (1970) verwiesen.

Dementsprechend vertreten manche Autoren die Meinung, daß prinzipiell eine negative Korrelation zwischen Angstausmaß und Einstellungsänderung besteht (JANIS und FESHBACH, 1953; KRECH, CRUTCHFIELD und BALLACHEY, 1962). Andere Autoren treten für eine umgekehrt U-förmige Beziehung ein (JANIS, 1967; MCGUIRE, 1969) und manche für eine positive Korrelation (LEVENTHAL, 1970). Es wäre offenbar verfrüht, wollte man bereits allgemeine Aussagen über die Beziehung der beiden Variablen machen. Außerdem muß man hier sicher (wie in vielen anderen Fällen) weitere Variablen mitberücksichtigen (diesbezüglich sei der Leser abermals auf LEVENTHAL, 1970, verwiesen).

4.34 Der Empfänger

4.341 Der Prozeß der Einstellungsänderung

Daß Einstellungsänderungen keine einfachen, sondern äußerst komplexe, in mehreren Stufen ablaufende Prozesse sind, dürfte dem Leser inzwischen klar geworden sein. Bei der Einstellungsänderung durch Kommunikation spielen zunächst Aufmerksamkeit und Wahrnehmung der vom Sender präsentierten Meinungen eine Rolle, sodann deren Interpretation (Verstehen), weiter das Akzeptieren oder Nichtakzeptieren der Argumente. Die Langzeitwirkung hängt u. a. von Gedächtnisfaktoren ab. Schließlich sind hinsichtlich der Umsetzung von Einstellungsänderungen in Verhaltensänderungen noch zahlreiche weitere Variablen zu berücksichtigen.

Besonders unter ungünstigen Wahrnehmungsbedingungen (etwa beim raschen Lesen oder flüchtigen Hören einer Mitteilung) kommt es mit einer gewissen Wahrscheinlichkeit zu selektiver Informationsaufnahme. Konsonante (der Einstellung des Empfängers entsprechende) Meinungen haben eine größere Chance, beachtet und überhaupt wahrgenommen zu werden als dissonante (vgl. Abschnitte 4.21 und 4.22). Aus diesem Grund können Wiederholungen (insbesondere dissonanter, für den Empfänger unangenehmer Meinungen) die Wirksamkeit einer Mitteilung erhöhen (PETERSEN und THURSTONE, 1933).

Das Verständnis der dargebotenen Meinungen (Argumente) hängt von Empfängervariablen (wie Intelligenz) und Mitteilungsvariablen ab. Schlecht strukturierte und sprachlich unbeholfene Mitteilungen führen zu einer Abwertung des Senders (SHARP und MCCLUNG, 1966) und damit häufig zu einer geringeren Einstellungsänderung (EAGLY, 1974).

Außerdem werden Argumente vom Empfänger in systematischer Weise verzerrt. SHERIF und HOVLAND (1961) sprechen in diesem Zusammenhang von *Assimilations-* und *Kontrasteffekten*. Dem eigenen Standpunkt ähnliche Argumente oder Meinungen werden häufig so verstanden, als wären sie mit dem eigenen Standpunkt identisch (sie werden «assimiliert»). Einigermaßen verschiedene Meinungen andererseits werden oft als entfernter vom eigenen Standpunkt aufgefaßt, als sie es tatsächlich sind (HOVLAND, HARVEY und SHERIF, 1957).

Welche von den selektiv aufgenommenen und teilweise verzerrten Argumenten akzeptiert werden, hängt von Situations-, Sender- und Empfängerfaktoren ab. Einem positiv bewerteten Sender (aufgrund von Vertrauenswürdigkeit, Fachwissen, Ähnlichkeit mit dem Empfänger usw.) wird eher geglaubt als einem neutral oder negativ bewerteten Sender. Angenehme Situationen (vgl. die Experimente von RAZRAN im Abschnitt 4.132) erleichtern das Akzeptieren von Argumenten. Schließlich gibt es noch Unterschiede hinsichtlich der Beeinflußbarkeit von Menschen (siehe Abschnitt 4.344).

Ob es zu Langzeitwirkungen kommt (oder nur vorübergehende Einstellungsänderungen erzielt werden), hängt teilweise mit Gedächtnisvariablen zusammen. Sicher werden nicht alle Argumente gleich gut gemerkt (vgl. Abschnitt 4.23). Daß nicht allein das Behalten der Argumente selbst, sondern deren Zuordnung zum Sender von Bedeutung ist, zeigten die Experimente zum sleeper-effect (vgl. Abschnitt 4.322).

Einstellungsänderungen können, müssen aber nicht zu entsprechenden Verhaltensänderungen führen. In diesem Zusammenhang spielen alle im Abschnitt 4.24 erwähnten Variablen eine Rolle (Erwartung positiver oder negativer Verhaltenskonsequenzen, Einstellung zu Alternativen usw.).

4.342 Gründliche und oberflächliche Informationsverarbeitung

In der älteren Einstellungsforschung (etwa in den frühen Publikationen von HOVLAND und seinen Mitarbeitern) wurde Einstellungsänderung als weitgehend passiver Prozeß betrachtet. Man nahm zum Beispiel an, daß das Ausmaß der Einstellungsänderung von der Zahl der behaltenen Argumente abhängt: Je mehr Argumente aus der Mitteilung der Empfänger verstanden und sich gemerkt hat, desto mehr wird er seine Einstellung im Sinn der Mitteilung ändern. Untersuchungen zu dieser Hypothese erbrachten eher selten bestätigende Ergebnisse.

Seit BROCK (1967) und GREENWALD (1968) hat sich daher immer mehr der Standpunkt durchgesetzt, daß Einstellungsänderung (nicht immer, aber in vielen Fällen) ein aktiver Prozeß ist: Ob eine Einstellungsänderung auftritt, und wie groß sie ist, hängt von den Gedanken des Empfängers über die Mitteilung ab. Wenn er aufgrund seiner Überlegungen den Argumenten des Senders zustimmt, kommt es zu einer Einstellungsänderung. Wenn er die Argumente nicht überzeugend findet oder gar widerlegt, kommt es zu keiner Einstellungsänderung oder zu einem Bumerangeffekt.

Im Rahmen dieses «kognitiven Verarbeitungsansatzes» (cognitive response approach) wurde auch ein Verfahren entwickelt, um die Gedanken der Vpn zu erfassen. Bei dieser «Gedankenaufzeichnung» (thought-listing) werden die Vpn aufgefordert, ihre Gedanken über die Mitteilung aufzuschreiben oder dem Vl mündlich mitzuteilen. Dazu steht eine begrenzte Zeit zur Verfügung (z. B. drei Minuten). Anschließend werden die Gedanken von einem oder mehreren Beurteilern kategorisiert und gezählt. Es gibt verschiedene Kategoriensysteme, die hier verwendet werden können. Am wichtigsten ist jedoch die Unterscheidung in zustimmende, neutrale und ablehnende Gedanken. Manchmal werden die Gedanken auch nach ihrem Ursprung klassifiziert (ob sie sich z. B. direkt auf ein Argument der Mitteilung beziehen, oder eigenständige Überlegungen des Empfängers zum Einstellungsobjekt sind), sowie nach ihrem Ziel (ob sie sich auf den Sender, das Einstellungsobjekt, die Mitteilung oder den Empfänger beziehen).

Dieser allgemeine kognitive Verarbeitungsansatz wurde von PETTY und CACIOPPO (1981, 1986) in ihrem elaboration-likelihood model (ELM) präzisiert und weiterentwickelt (ELM bedeutet Theorie der Verarbeitungswahrscheinlichkeit). Die Theorie ist in Abbildung 97 zusammengefaßt. Die zentrale Idee der Theorie ist die Annahme von zwei Arten der Einstellungsänderung, die von den Autoren zentraler Weg (central route) und äußerer Weg (peripheral route) genannt werden. Der zentrale Weg ist die Einstellungsänderung aufgrund sorgfältiger Verarbeitung der dargebotenen Information. Der äußere Weg ist eher gedankenlos, und umfaßt klassisches und operantes Konditionieren, sowie einfache Urteilsheuristiken, die sich auf «periphere» (oberflächliche) Hinweisreize beziehen, z. B. «sympathische Menschen haben meistens recht» (solche Heuristiken werden später genauer besprochen). PETTY und CACIOPPO betonen allerdings, daß man von der Annahme eines Verarbeitungskontinuums (verschiedene Grade der Verarbeitung) ausgehen sollte, dessen Endpunkte der zentrale und der periphere Weg sind. Die beiden Wege zur Einstellungsänderung haben verschiedene Ursachen und verschiedene Wirkungen. Wie wahrscheinlich die Verwendung des einen oder des anderen Weges ist, hängt von Motivation und Fähigkeit ab. Der mit Anstrengung verbundene zentrale Weg wird nur dann benützt, wenn sowohl die Motivation als

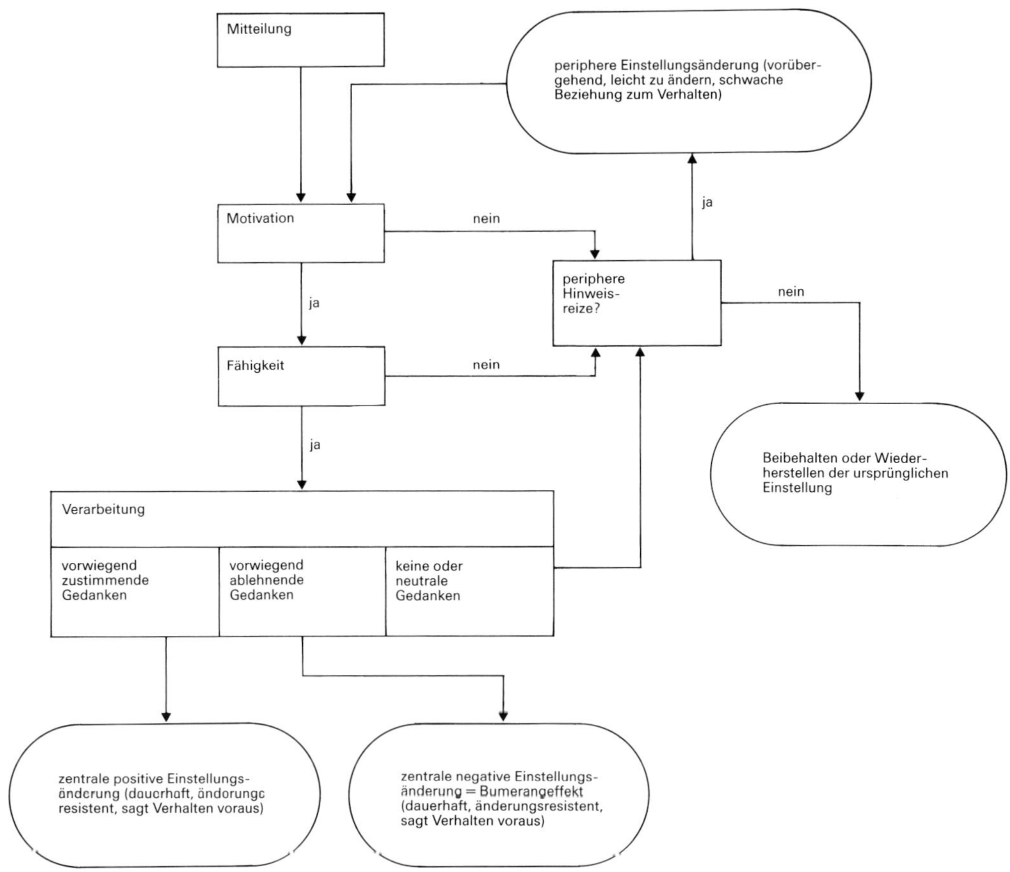

Abbildung 97

auch die Fähigkeit zur genauen Informationsverarbeitung groß ist. Wenn auch nur eine dieser Komponenten schwach ist, wird der periphere Weg bevorzugt (z. B. bei geringer Motivation, weil das Einstellungsobjekt unwichtig ist und/oder bei geringer Fähigkeit, weil die Argumente zu schwierig sind oder weil man durch Ablenkung gestört wird). Natürlich wird der periphere Weg auch dann eingeschlagen, wenn man keine andere Wahl hat, weil überhaupt keine kognitive Information in Form von Argumenten vorhanden ist (z. B. in vielen Fällen der Einstellungsänderung durch klassisches Konditionieren). Es wird ferner auf die Möglicheit verzerrter Informationsverarbeitung hingewiesen. Bei extrem großer persönlicher Wichtigkeit der Einstellung wird die Mitteilung zwar auf dem zentralen Weg gründlich, aber eventuell in einseitiger Weise verarbeitet (Argumente werden im Sinn der eigenen Einstellung interpretiert). Unter diesen Umständen (wichtiges Einstellungsobjekt und verzerrende Schemaverwendung) kann die Informationsverarbeitung zwar gründlich (im Sinn von ausführlich) sein, aber dennoch einseitig und verzerrt.

Die beiden Wege führen zu Einstellungen mit unterschiedlichen Eigenschaften. Laut ELM entstehen durch intensives Nachdenken – also auf dem zentralen Weg – dauerhafte und änderungsresistente Einstellungen. Außerdem haben diese Einstellungen eine enge Beziehung zum Verhalten. Einstellungen, die auf dem peripheren Weg entstanden sind, sind nicht sehr langlebig, leicht zu ändern, und erlauben keine Verhaltensvorhersagen.

Es gibt mindestens zwei große Vorzüge des ELM. Erstens ermöglicht die Theorie sehr komplexe Voraussagen und zweitens ist sie imstande, scheinbar widersprüchliche Ergebnisse zu erklären, z. B. warum Ablenkung manchmal eine Einstellungsänderung fördert und manchmal verhindert, oder warum die Länge der Mitteilung (Zahl der Argumente) manchmal eine Rolle spielt, und manchmal nicht. Außerdem können durch das ELM Ergebnisse hinsichtlich verschiedener Variablen, die auf den ersten Blick nichts miteinander zu tun haben, einheitlich erklärt werden. Das gilt u. a. für die Variablen Ablenkung, Vorwarnung, persönliche Wichtigkeit des Einstellungsobjekts und Argumentwiederholung.

Vom Standpunkt des ELM hat sich ein Großteil der früheren Forschung vorwiegend mit dem peripheren Weg oder zumindest mit peripheren Hinweisreizen beschäftigt. Kaum beachtet wurde dagegen die Qualität der Mitteilung und der Argumente, die in Untersuchungen im Rahmen des ELM eine wichtige Rolle spielt. Die Mitteilungsqualität wird in Vorversuchen mit Hilfe der oben beschriebenen Gedankenaufzeichnungsmethode ermittelt. «Starke» Mitteilungen sind solche, die vorwiegend zustimmende Gedanken auslösen. «Schwache» Mitteilungen rufen vorwiegend Ablehnung und Widerspruch hervor.

PETTY, WELLS und BROCK (1976) zeigten, daß Ablenkung in vorhersagbarer Weise Einstellungsänderungen fördern oder behindern kann. Sie gingen von der plausiblen Annahme aus, daß Ablenkung die Verarbeitung der Mitteilung erschwert oder verhindert. Daher müßte eine starke Mitteilung (die zustimmende Gedanken auslöst) umso wirksamer sein, je weniger der Empfänger abgelenkt wird, während eine schwache Mitteilung (die Widerspruch hervorruft) umso wirksamer sein sollte, je stärker die Ablenkung ist.

Die Vpn hörten eine Mitteilung, die für die Erweiterung des Unterrichts (an der Universität der Vpn) um 20% argumentierte. Während die Vpn die Mitteilung hörten, wurden sie abgelenkt, indem sie einen Bildschirm beobachten und bei jedem Aufblitzen eines X aufschreiben sollten, in welchem Quadranten des Bildschirms es erschienen war. Das Ausmaß der Ablenkung wurde durch die Zeitintervalle zwischen den X variiert. Bei starker Ablenkung betrug das Intervall 3 Sekunden, bei mittlerer Ablenkung 5 und bei schwacher Ablenkung 15 Sekunden. In der

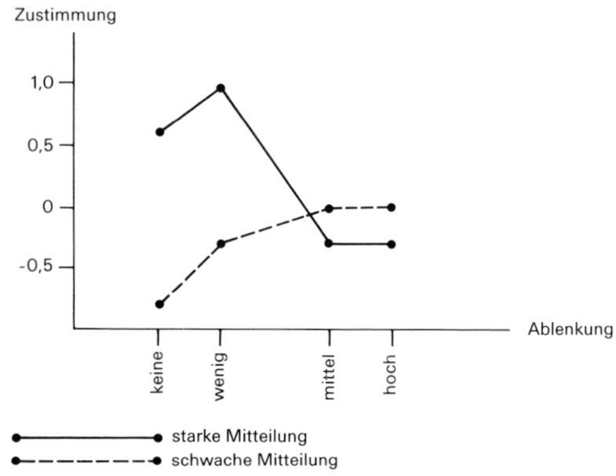

Abbildung 98

Bedingung ohne Ablenkung wurden «vorläufig» gar keine X geboten. Die Ergebnisse (s. Abbildung 98) stimmen genau mit der Hypothese überein.

Hier wurde nicht nur eine komplexe Hypothese aus dem ELM abgeleitet, sondern auch eine Voraussage, die sich von anderen Erklärungsversuchen unterscheidet. Die dissonanztheoretische Erklärung der Ablenkungseffekte beruht auf der Hypothese der Rechtfertigung des Aufwands. Eine einstellungsdiskrepante Mitteilung erzeugt Dissonanz. Je größer die Ablenkung ist, desto mehr muß man sich anstrengen, um die Mitteilung zu verstehen, und desto eher müßte man im Sinn der Dissonanzreduktion die Mitteilung akzeptieren. Starke Ablenkung sollte also auf jeden Fall zu einer größeren Einstellungsänderung führen – was aber nicht der Fall ist.

Auch bezüglich der Argumentwiederholung wurde gezeigt, daß sie fördernd und hindernd sein kann (CACIOPPO und PETTY, 1985). Die Wiederholung der Mitteilung ermöglicht eine besonders intensive Auseinandersetzung mit ihren Argumenten. Dementsprechend bewirkte die dreimalige Wiederholung einer starken Mitteilung (für die Einführung einer umfassenden Abschlußprüfung) eine positivere Einstellung als eine einzige Darbietung. Bei der schwachen Mitteilung war es genau umgekehrt. Die schwachen Argumente waren bei mehrfacher Darbietung weniger wirksam als bei einmaliger Darbietung.

PETTY, CACIOPPO und SCHUMANN (1983) manipulierten drei unabhängige Variablen: Mitteilungsqualität, Wichtigkeit des Einstellungsob-

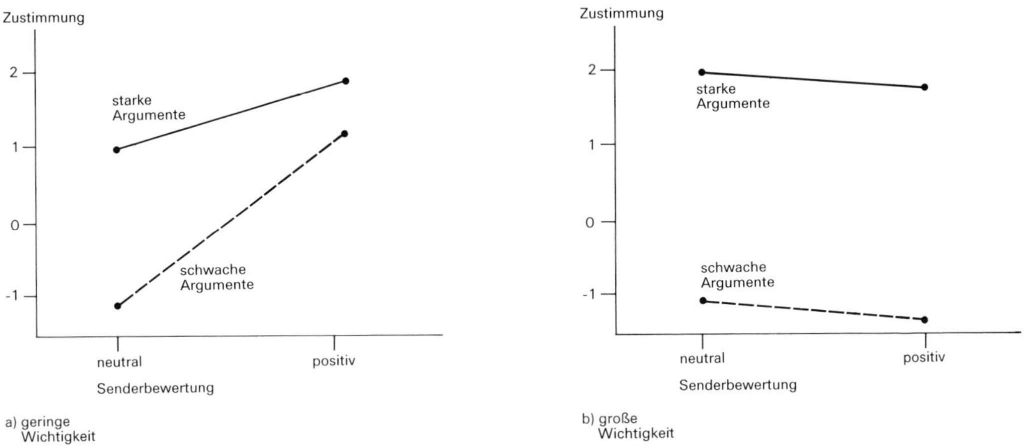

Abbildung 99

jekts und Senderbewertung. Die Vpn erhielten Werbematerial bezüglich eines neuen Produkts (eines Rasierapparates), das entweder überzeugende oder schwache Argumente für das Produkt enthielt. Die Senderbewertung wurde durch zwei Photos im Werbematerial manipuliert. Die Befürworter des Produkts waren entweder zwei bekannte und beliebte Sportler oder zwei unbekannte Bürger mittleren Alters. Das Einstellungsobjekt war entweder persönlich wichtig (relevant), weil das Produkt angeblich in allernächster Zeit am Wohnort der Vpn verfügbar war, oder unwichtig, weil das Produkt zunächst nur in einigen weit entfernten Städten eingeführt werden sollte.

Wie die Ergebnisse in Abbildung 99 zeigen, stimmen die Ergebnisse mit dem ELM überein. Wenn das Einstellungsobjekt von persönlicher Bedeutung ist, wird der zentrale Weg gewählt. In diesem Fall hängt die Einstellung ausschließlich von der Mitteilungsqualität ab. Bei einem unwichtigen Einstellungsobjekt dagegen ist der periphere Hinweisreiz (Bewertung) von Bedeutung. Positive Produktbefürworter bewirken positivere Einstellungen als neutrale, und die Argumentqualität spielt bei den positiven Befürwortern keine Rolle.

In derselben Untersuchung wurde auch der Nachweis erbracht, daß auf dem zentralen Weg gebildete Einstellungen eine engere Beziehung zum Verhalten aufweisen als peripher entstandene Einstellungen. Außer den Einstellungen wurden auch die Verhaltensabsichten (Wahrscheinlichkeit, das Produkt zu kaufen) erhoben. Wenn das Einstellungsobjekt wichtig war, betrug die Korrelation zwischen Einstellung und Intention 0,59; wenn das Produkt irrelevant war, betrug die Korrelation bloß 0,36.

Auch eine andere postulierte Auswirkung des zentralen Wegs, die Dauerhaftigkeit von Einstellungen, wurde experimentell nachgewiesen (s. Petty und Cacioppo, 1986). Die Hypothese über die Dauerhaftigkeit von Einstellungsänderungen könnte auch zur Erklärung des sleeper-effects (zumindest des relativen sleeper-effects) herangezogen werden. Zentral verarbeitete Information bewirkt eine dauerhaftere Einstellungsänderung als peripher verarbeitete Information. Es ist denkbar, daß die Argumente eines sehr positiv bewerteten Senders oberflächlicher verarbeitet werden als die mit Mißtrauen betrachteten Argumente eines weniger positiven Senders.

Es ist auch anzunehmen, daß durch persönliche Erfahrung mit dem Einstellungsobjekt gebildete Einstellungen auf dem zentralen Weg entstanden sind, weil solche Einstellungen nach Petty und Cacioppo auf sorgfältigerer Informationsverarbeitung beruhen und wichtiger sind als Einstellungen ohne direkte Erfahrung. Dementsprechend wurde gezeigt, daß Einstellungen, die auf direkter Erfahrung mit dem Objekt beruhen, schwerer zu ändern sind als andere (Wu und Shaffer, 1987, s. Tabelle 34). Die Zahlen in Tabelle 34 geben an, in welchem Maß die Vpn einer Mitteilung zustimmten, die einen Angriff

Tabelle 34

	Senderglaubwürdigkeit gering	hoch
direkte Erfahrung	2,71	2,34
keine direkte Erfahrung	3,71	5,00

auf ihre Einstellung darstellte. Die Zustimmung wurde auf einer 9-Punkte-Skala gemessen, wobei 1 völlige Ablehnung und 9 völlige Zustimmung bedeutet. Beim Versuch, solche Einstellungen zu ändern, spielte auch der periphere Hinweisreiz Senderglaubwürdigkeit keine Rolle (während er bei Einstellungen ohne direkte Erfahrung wirksam war).

Eine dem ELM verwandte Theorie stammt von CHAIKEN (1980, 1987). Das «heuristische Modell» geht wie das ELM davon aus, daß eine ausführliche (und daher anstrengende) Verarbeitung der Mitteilungsinformation nur bei hoher Motivation und Fähigkeit vorgenommen wird. Andernfalls werden Schnellverfahren bevorzugt. CHAIKEN konzentriert sich auf eine Teilmenge der peripheren Verarbeitungswege, die von Heuristiken (einfachen Regeln) Gebrauch machen. CHAIKEN beschreibt einige dieser Heuristiken, z. B. «Experten kann man vertrauen», «sympathische Menschen haben meistens recht», «mehr Argumente sind bessere Argumente», «Länge bedeutet Stärke», usw.

Außer der mangelhaften Motivation und/oder Fähigkeit zur Informationsverarbeitung betont CHAIKEN (1987) noch einen dritten Faktor, der zu oberflächlicher Informationsverarbeitung führt: die Auffälligkeit oder Anschaulichkeit (salience and vividness) der peripheren Hinweisreize. Damit eine Heuristik verwendet werden kann, muß sie zunächst im Gedächtnis aktiviert werden. Das ist umso wahrscheinlicher, je auffälliger und lebhafter der Hinweisreiz ist. CHAIKEN und EAGLY (1983) boten ihren Vpn die Mitteilung entweder auf Videoband, oder auf Tonband oder in schriftlicher Form. Die Mitteilung stammte für einen Teil der Vp von einem positiv bewerteten Sender, für die anderen von einem negativen. Die Senderbewertung beeinflußte die Einstellungen bei der schriftlichen Mitteilung weniger als bei den lebhafteren Darbietungsformen Tonband und Videoband. PALLAK (1983) manipulierte die Lebhaftigkeit, indem die Vpn den Sender entweder auf einem hochwertigen Farbphoto oder auf einer verschwommenen Xerokopie sahen. Im ersten Fall hatte die Mitteilungsqualität keinerlei Einfluß, im zweiten Fall fanden die starken Argumente wesentlich mehr Zustimmung als die schwachen.

4.343 Einstellungstypen und die Beziehung zwischen Einstellung und Verhalten

Zahlreiche Theorien und Ergebnisse (z. B. der Ansatz von FAZIO, das ELM, die Theorie der Selbstaufmerksamkeit, die Forschung zur Selbstüberwachung) legen den Schluß nahe, daß gründliches Nachdenken über die eigenen Einstellungen die Korrelationen zwischen Einstellung und Verhalten verbessert. Von dieser Regel gibt es jedoch bemerkenswerte Ausnahmen. Unter bestimmten Bedingungen führt das Nachdenken über eine Einstellung zu einer drastischen Verschlechterung dieser Korrelation.

WILSON und seine Mitarbeiter (WILSON, DUNN, KRAFT und LISLE, 1989) führten eine umfangreiche Serie von Experimenten durch, in denen die Vpn aufgefordert wurden, darüber nachzudenken, *warum* sie bestimmte Objekte mochten bzw. ablehnten, bevor ihre Einstellungen zu diesen Objekten gemessen wurden. In jedem Experiment gab es außerdem eine Kontrollgruppe von Vpn, die vor der Einstellungsmessung eine Füllaufgabe durchführen mußten, die mit der gemessenen Einstellung nichts zu tun hatte (z. B. auf einem Fragebogen die Gründe für ihre Einstellung zu einem ganz anderen Objekt angeben). Ferner wurde für jede Gruppe die Korrelation zwischen Einstellung und Verhalten ermittelt.

WILSON et al. (1989) präsentieren eine eindrucksvolle Liste von 10 Untersuchungen, bei welchen das Nachdenken über die Gründe der Einstellung durchwegs (im Vergleich zur Kontrollgruppe) zu einer deutlich verringerten Korrelation zwischen Einstellung und Verhalten führte. Dieses Phänomen zeigte sich bei verschiedenen Einstellungsobjekten (verschiedene Denksportaufgaben, Getränke, Farbbilder von Urlaubsszenen, Partner der Vpn, und der Politiker Walter Mondale). Die Korrelation zwischen Einstellung zum Partner und der Dauerhaftigkeit der Beziehung (ob die Beziehung einige Monate später noch bestand) betrug ohne Nachdenken

0,62, aber mit Nachdenken nur mehr 0,10. Die Korrelation zwischen der Einstellung zu einem Getränk und der getrunkenen Menge sank durch Nachdenken von 0,76 auf 0,22.

Angesichts der eingangs erwähnten großen Zahl von Untersuchungen, die einen fördernden Einfluß gründlicher Informationsverarbeitung auf die Beziehung zwischen Verhalten und Einstellung belegen, wäre natürlich die Annahme, daß Nachdenken generell die Beziehung zwischen Verhalten und Einstellung stört, nicht sinnvoll. Es geht vielmehr darum, möglichst genau die Bedingungen einzugrenzen, unter denen eine solche Störung stattfindet.

In diesem Sinn wurde nachgewiesen, daß nicht jede Art der Introspektion die Korrelation zwischen Einstellung und Verhalten schwächt (Wilson und Dunn, 1986). In dieser Untersuchung gab es außer der Bedingung «Nachdenken über die Gründe der Einstellung» und der Kontrollgruppe noch eine dritte Bedingung, in der die Vp möglichst sorgfältig darüber nachdenken sollten, *wie sehr* sie das Einstellungsobjekt mögen oder nicht mögen. In beiden Experimenten von Wilson und Dunn war eine verringerte Korrelation nur dann festzustellen, wenn die Vpn darüber nachdachten, *warum* sie eine bestimmte Einstellung haben, nicht aber, wenn sie sich auf die Einstellung selbst (Bewertung und Gefühle bezüglich des Einstellungsobjekts) konzentrierten.

Prinzipiell kann Nachdenken die Korrelation auf drei Arten schwächen: (1) die Einstellung ändert sich, (2) das Verhalten ändert sich, (3) oder beide werden verändert. Wilson et al. (1989) berichten, daß Nachdenken über die Gründe in 11 von 20 Untersuchungen die Einstellungen veränderte, aber nur in 3 Untersuchungen das Verhalten. (Allerdings wurden diese Änderungen nicht durch einen Vergleich von Einstellungen bzw. Verhalten vor und nach dem Nachdenken ermittelt, sondern durch einen Vergleich zwischen Versuchs- und Kontrollgruppe. Nur in einigen neueren Untersuchungen wurden vorher-nachher-Vergleiche durchgeführt, die echte Einstellungsänderungen durch Nachdenken zeigten – wobei manche Vpn ihre Einstellungen in positiver und andere Vpn in negativer Richtung änderten.) Das Verhalten dagegen wird – wenn überhaupt – nur kurzzeitig, unmittelbar nach der Angabe von Gründen für die Einstellung geändert. Kurz danach tritt wieder das gewohnte, langfristig bevorzugte Verhalten auf.

An dieser Stelle drängt sich die Frage auf, ob der Einfluß des Nachdenkens auf die Einstellung (und damit auf deren Beziehung zum Verhalten) bei allen oder nur bei bestimmten Arten von Einstellungen auftritt. Mann kann nach Wilson et al. (1989) drei Arten von Einstellungen unterscheiden: (1) Kognitiv fundierte Einstellungen – das sind starke Einstellungen (leicht zugänglich im Sinn von Fazio, 1986), die auf gut durchdachten Meinungen beruhen; (2) affektiv fundierte Einstellungen – das sind ebenfalls starke Einstellungen, die aber primär auf Gefühlen beruhen und kaum eine kognitive Grundlage haben (das trifft z. B. für Einstellungen zu, die durch klassisches Konditionieren entstanden sind und in vielen Fällen der Einstellungsänderung durch Dissonanzreduktion); (3) Nichteinstellungen (nonattitudes) oder Pseudoeinstellungen – das sind alle schwachen (schlecht abrufbare) Einstellungen, die weder solide kognitive noch affektive Grundlagen haben.

Aus theoretischen und empirischen Gründen ist anzunehmen, daß Einstellungen vom dritten Typ (schwache Einstellungen) und vor allem vom zweiten Typ (affektiv fundierte Einstellungen) durch Nachdenken verändert werden können – nicht aber kognitiv fundierte Einstellungen. Daß schwache Einstellungen durch jeglichen Einfluß leicht zu ändern sind (bzw. zum Teil erst dadurch entstehen), liegt auf der Hand.

Bei affektiv fundierten Einstellungen sind nur wenige und häufig inkonsistente Meinungen über das Einstellungsobjekt vorhanden. Durch die Aufforderung, Gründe für die Einstellung anzugeben, werden solche Meinungen zum Teil erst «erfunden», was natürlich veränderte Einstellungen bewirken kann.

Außerdem besteht (vor allem bei inkonsistenten Meinungen) immer die Gefahr, daß eine einseitige, verzerrte Stichprobe von Kognitionen aus dem Gedächtnis abgerufen wird. Wie solche verzerrte Stichproben schon durch ganz subtile Situationsaspekte entstehen können, wurde sehr eindrucksvoll von Seligman, Fazio und Zanna (1980) demonstriert. Die Vpn wurden gefragt, warum sie ihre Partner mögen. In einer Versuchsbedingung wurden Weil-Fragen gestellt («ich gehe mit ihr/ihm aus, weil ich . . .»), in der anderen Bedingung Damit-Fragen («ich gehe mit ihr/ihm aus, damit ich...»). Durch Weil-Fragen werden vorwiegend interne Ursachen bewußt, durch Damit-Fragen vorwiegend externe (das Einstellungsobjekt wird als Mittel zum Zweck aufgefaßt). Dementsprechend schienen die Vpn der Weil-Bedingung ihre Partner mehr zu lieben und zeigten stärkere Absichten, sie zu heiraten, als die Vpn der Damit-Bedingung.

Ein Großteil der von WILSON und seinen Mitarbeitern untersuchten Einstellungen gehört vermutlich zum Typ 2 (affektiv fundierte Einstellungen), z. B. Einstellungen zu Getränken, Urlaubsbildern und Denksportaufgaben. Einen etwas direkteren Beweis dafür, daß vor allem die affektiv fundierten Einstellungen durch Nachdenken verändert werden, brachte eine Neuanalyse der Daten der Partneruntersuchung (WILSON, DUNN, BYBEE, HYMAN und ROTONDO, 1984). Man kann annehmen, daß sich Partnereinstellungen im Lauf der Zeit von affektiv fundierten zu kognitiv (oder kognitiv *und* affektiv) fundierten Einstellungen ändern. Am Anfang einer Beziehung beruht die Einstellung auf unartikulierten Gefühlswallungen, erotischen Erlebnissen, dem Aussehen, nichtverbalen Kommunikationsprozessen usw. Je länger eine Beziehung dauert, desto mehr Wissen über den Partner entsteht (über seine Eigenschaften, Gewohnheiten, Werte, usw.). Aufgrund solcher Überlegungen nahmen WILSON et al. (1989) an, daß bei kurzen Beziehungen die Korrelation zwischen Einstellung und Verhalten durch Nachdenken verändert wird, bei langfristigen Beziehungen aber nicht. Eine getrennte Datenanalyse für die Hälfte der Vpn mit kürzeren und die Hälfte mit längeren Beziehungen bestätigte diese Hypothese (s. Tabelle 35). Ähnlich wurde gezeigt (WILSON, KRAFT und DUNN, 1989), daß bei Vpn mit wenig Wissen (über die amerikanischen Präsidentschaftskandidaten im Jahr 1988) das Nachdenken mehr Einfluß auf die Einstellungen und deren Beziehung zum Verhalten hatte als bei gut informierten Vpn (Tabelle 35).

Ein anderer Ansatz stammt von MILLAR und TESSER (1986, 1989). Die Autoren unterscheiden zunächst konsistente und inkonsistente Einstellungen, wobei unter Konsistenz die Übereinstimmung zwischen kognitiver und affektiver Komponente gemeint ist. (Hier wird ein vierter Einstellungstyp vorausgesetzt, der sowohl starke affektive wie kognitive Grundlagen hat.) Eine inkonsistente Einstellung ist z. B. vorhanden, wenn man einen Partner liebt, obwohl man sich seiner schlechten Eigenschaften bewußt ist. Außerdem unterscheiden die Autoren instrumentelles und konsumatorisches Verhalten. Das entspricht der Unterscheidung zwischen Mittel und Zweck. Instrumentelles Verhalten liegt z. B. vor, wenn jemand Denkprobleme löst, um seinen Verstand zu schärfen. Konsumatorisches Verhalten wäre das Lösen von Denkproblemen, weil es Spaß macht.

MILLAR und TESSAR nehmen an, daß instrumentelles Verhalten primär von der kognitiven Einstellungskomponente, und konsumatorisches Verhalten primär von der affektiven Einstellungskomponente determiniert wird. Bei konsistenten Einstellungen hat Nachdenken keinen

Tabelle 35

Einstellungsobjekte	Korrelation zwischen Einstellung und Verhalten:			
	kürzere Beziehungen		längere Beziehungen	
	Kontrollgruppe	Nachdenken	Kontrollgruppe	Nachdenken
Beziehungen	0,57	– 0,19	0,57	0,56
	Vpn mit wenig Wissen		Vpn mit viel Wissen	
	Kontrollgruppe	Nachdenken	Kontrollgruppe	Nachdenken
Präsidentschaftskandidaten	0,40	– 0,37	0,65	0,53
	Einstellungsänderungen (Absolutbeträge)			
Präsidentschaftskandidaten	0,56	0,76	0,72	0,60

Einfluß auf die Korrelation zwischen Einstellung und Verhalten. Bei inkonsistenten Einstellungen dagegen *kann* Nachdenken die Korrelation vermindern. Das ist dann der Fall, wenn die aktivierte bzw. gemessene Einstellungskomponente – durch Warum-Fragen wird die Aufmerksamkeit auf die kognitive, durch Wie-Fragen (wieviel und welche Gefühle) auf die affektive Komponente gelenkt – und die beobachtete Verhaltensart (instrumentell oder konsumatorisch) nicht zusammenpassen bzw. nichts miteinander zu tun haben.

In Übereinstimmung mit dieser Hypothese zeigten MILLAR und TESSAR (1989), daß bei 8 möglichen Kombinationen (konsistente oder inkonsistente Einstellung × kognitive oder affektive Komponente im Zentrum der Aufmerksamkeit × instrumentelles oder konsumatorisches Verhalten) Nachdenken nur in 2 Fällen zu einer verringerten Korrelation zwischen Einstellung und Verhalten führte (s. Abbildung 100).

Die Einstellungsobjekte in dieser Untersuchung waren verschiedene Denkprobleme (Buchstaben-, Zahlen- und Bilderrätsel, Analogien, Satzergänzungen), die mit Hilfe eines Kleincomputers vorgegeben und beantwortet wurden. Die Aufmerksamkeit wurde entweder durch Warum-Fragen auf die kognitive Einstellungskomponente oder durch Wie-Fragen auf die affektive gelenkt. Jede Vp bearbeitete jeden Aufgabentyp sowohl nach Warum- als auch nach Wie-Fragen. Im ersten Fall mußte sie anschließend Gründe für ihre Einstellung angeben und bewerten, im zweiten Fall mußte sie ihre positiven und negativen Gefühle angeben. Auf dieser Grundlage (der getrennten Messung von kognitiver und affektiver Komponente) wurde dann die Konsistenz berechnet.

Da die Aufgaben angeblich die analytische Denkfähigkeit schärften, wurde instrumentelles Verhalten durch die Instruktion induziert, daß anschließend ein Test der analytischen Denkfähigkeit bearbeitet werden muß. Konsumatorisches Verhalten wurde durch die Instruktion, daß ein Test der sozialen Sensibilität folgt, herbeigeführt. Als Verhaltensmessungen wurden (vom Computer) die Zeiten festgehalten, die jede Vp am Schluß des Experiments freiwillig mit den verschiedenen Aufgabentypen verbrachte. Wie Abbildung 100 zeigt, traten verringerte Korrelationen zwischen Einstellung und Verhalten nur dann auf, wenn entweder vor instrumentellem Verhalten die affektive Komponente aktiviert wurde, oder vor konsumatorischem Verhalten die kognitive Komponente – und das nur bei inkonsistenten Einstellungen. (Diese Korrelationen beruhen auf weiteren Einstellungsmessungen, die mit Hilfe einfacher 7stufiger Ratingskalen vor der Verhaltensmessung durchgeführt wurden. Dabei wurde ange-

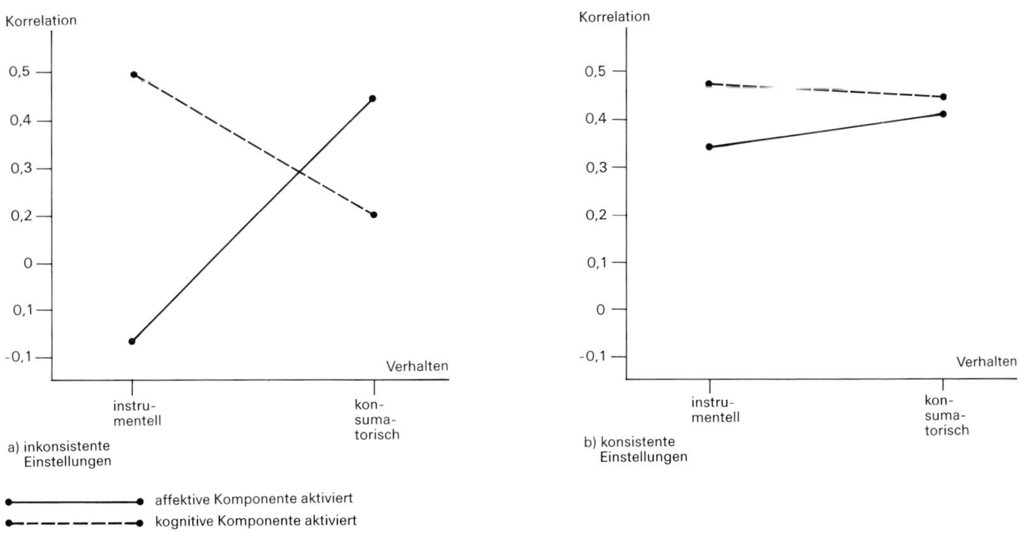

Abbildung 100

nommen, daß diese Messung die *zuletzt aktivierte* Einstellungskomponente erfaßt. Das war bei einigen Vpn die kognitive Komponente und bei den anderen die affektive.)

Die Untersuchungsreihen von WILSON und seinen Mitarbeitern bzw. von MILLAR und TESSAR sind sehr interessant, weil sie komplexe Phänomene beschreiben und erklären – Phänomene, die zweifellos auch im Alltag nicht selten vorkommen (und z. B. für Anwendungsgebiete wie Marktforschung und Werbung von Bedeutung sind). Sie sind aber auch nicht zuletzt deshalb wichtig, weil sie darauf hinweisen, daß manche Theorien und Meßverfahren (z. B. AJZEN und FISHBEIN, 1980) in einseitiger Weise nur kognitiv fundierte, aber nicht affektiv fundierte Einstellungen erfassen, und daß darüber hinaus die Gefahr besteht, Pseudoeinstellungen (Nichteinstellungen) zu erheben (die durch den Meßvorgang erst erzeugt werden).

Aus dieser Sicht ist es auch verständlich, daß in der letzten Zeit wiederholt gefordert wurde, Einstellungen nicht eindimensional (durch einen einzigen Zahlenwert) zu erfassen, sondern daß immer die kognitive und die affektive Komponente getrennt erhoben werden sollen (BAGOZZI und BURNKRAUT, 1979, 1985). Das Semantische Differential und direkte Einschätzungen der Gefühle, die ein Einstellungsobjekt auslöst, werden als Methoden zur Erhebung der affektiven Komponente betrachtet, während herkömmliche Einstellungsskalen und die Methode von FISHBEIN die kognitive Komponente messen sollen.

4.344 Beeinflußbarkeit

Ob Argumente akzeptiert werden und daraus Einstellungsänderungen resultieren, könnte auch von der Persönlichkeit des Empfängers abhängen. Viele Autoren nahmen und nehmen an, daß es ein allgemeines (d. h. situationsunabhängiges) Persönlichkeitsmerkmal «Beeinflußbarkeit» (oder «Suggestibilität») gibt, das bei manchen Menschen stark, bei anderen schwach ausgeprägt ist. Ein stark beeinflußbarer Mensch müßte alle Mitteilungen (unabhängig von Sendervariablen, vom Inhalt usw.) eher akzeptieren als ein schwach oder mäßig beeinflußbarer Mensch.

Tatsächlich findet man in der Literatur Hinweise auf ein solches allgemeines Merkmal der Beeinflußbarkeit. So zeigten bereits JANIS und FIELD (1956) in einer Untersuchung, in der die Empfänger Mitteilungen über zehn verschiedene Einstellungsobjekte erhielten, daß die Vpn ziemlich konsistent reagierten: Der einzelne Empfänger wurde entweder von den meisten Mitteilungen stark beeinflußt oder reagierte auf die meisten Mitteilungen nur mit schwachen Einstellungsänderungen. Ähnliche Ergebnisse sind in dem einschlägigen Sammelband von HOVLAND und JANIS (1959) angeführt.

Dazu muß allerdings bemerkt werden, daß die Beziehungen (Korrelationen) zwischen den Einstellungsänderungen einer Person in verschiedenen Situationen zwar im allgemeinen positiv, aber doch recht schwach sind. In der erwähnten Untersuchung von JANIS und FIELD (1956) waren von den 45 berechneten Korrelationen alle (mit einer einzigen Ausnahme) kleiner als 0,50. Vom lerntheoretischen Standpunkt lassen sich auch von vornherein Einwände gegen die Annahme eines allgemeinen Beeinflußbarkeitsmerkmals anführen (vgl. dazu Abschnitt 2.621): Die meisten Menschen werden gelernt haben, zwischen verschiedenen Arten von Sendern, Inhalten, Argumenten usw. zu diskriminieren. Mitteilungen des Senders A haben sich als nützlich und zielführend herausgestellt, solche des Senders B als irreführend; also wird man in Zukunft eher die Argumente von A und von ähnlichen Sendern akzeptieren. Argumente vom Typ X haben sich als stichhaltig, solche vom Typ Y als falsch, vage oder widersprüchlich erwiesen usw. Daraus folgt, daß infolge der individuellen Lerngeschichte die Beeinflußbarkeit in bestimmten Situationen größer sein wird als in anderen. Es kann sich also nicht um ein Merkmal handeln, das *nur* persönlichkeitsabhängig und *nicht* situationsabhängig ist.

Es wurde auch versucht, Zusammenhänge zwischen Beeinflußbarkeit und anderen Variablen festzustellen. Die diesbezüglichen Ergebnisse sind aber keineswegs klar und widerspruchslos (was wohl zum Teil darauf zurückzuführen ist, daß schon die Annahme eines konstanten Persönlichkeitsmerkmals Beeinflußbarkeit problematisch ist). So wurde in einigen Untersuchungen (z. B. BERKOWITZ und LUNDY, 1957; JANIS und RIFE, 1959) ein negativer Zusammenhang zwischen Selbstwert und Beeinflußbarkeit festgestellt (d. h. je positiver die Einstellung eines Menschen zu sich selbst ist, desto geringer ist seine Beeinflußbarkeit). Andere Autoren ermittelten jedoch positive oder umgekehrt U-förmige Beziehungen zwischen den genannten Variablen (d. h. daß die Beeinflußbarkeit bei sehr großem bzw. mittlerem Selbstwertgefühl am größten ist), wie etwa LEVENTHAL und PERLOE (1962) und NISBETT und GORDON (1967).

Ebensowenig ließen sich bisher klare Zusammenhänge zwischen dem Geschlecht des Empfängers und seiner Beeinflußbarkeit aufzeigen. Während in manchen Untersuchungen (JANIS und FIELD, 1959) weibliche Vpn leichter zu beeinflussen waren als männliche, war es in anderen Fällen umgekehrt (LESSER und ABELSON, 1959). Jedoch scheint hier die Mehrzahl der Daten auf eine größere Beeinflußbarkeit weiblicher Personen hinzuweisen. Eine ebenso kritische wie gründliche Zusammenfassung der Forschung über Beeinflußbarkeit findet der Leser bei MCGUIRE (1968).

Auch aus neuerer Sicht (MCGUIRE, 1985) herrscht auf diesem Gebiet keine größere Klarheit. Anstatt eine allzu breit angelegte Disposition der generellen Beeinflußbarkeit zu postulieren und aufspüren zu wollen, ist es vermutlich sinnvoller, aufgrund von Fakten und aufgrund theoretischer Überlegungen genauer definierte Variablen zu untersuchen, die voraussichtlich etwas mit Beeinflußbarkeit (eventuell in einem engeren objekt- und situationsabhängigen Sinn) zu tun haben. In diesem Zusammenhang ist u. a. an ROTTERS interne versus externe Kontrolle und an BURGERS Kontrollbedürfnis zu denken (s. Abschnitte 2.622 und 2.549).

Sicher sind auch andere interindividuelle Unterschiede bei der Einstellungsänderung von Bedeutung. PETTY und CACIOPPO (1986) postulieren ein Bedürfnis nach Wissen und Wahrheit (need for cognition). Damit ist das Ausmaß gemeint, in dem Menschen freiwillig und gewohnheitsmäßig gründlich nachdenken und Freude daran haben. Mit Hilfe eines von CACIOPPO und PETTY (1982) entwickelten Tests wurde festgestellt, daß Personen mit hohem Wissensbedürfnis eher den zentralen Weg der Einstellungsänderung wählen und stärker von der Argumentqualität beeinflußt werden als Personen mit niedrigem Wissensbedürfnis, deren Einstellungen stärker von peripheren Hinweisreizen abhängen (– und vielleicht eher affektiv fundiert sind?).

4.343 Stabilisierung von Einstellungen

Während sich die Mehrzahl der auf dem Gebiet der Einstellungsforschung tätigen Psychologen ausschließlich mit Fragen der Einstellungs*änderung* und mit Problemen der Beeinflußbarkeit auseinandersetzte, war MCGUIRE der erste (und viele Jahre auch der einzige), der seine Aufmerksamkeit auf die genau entgegengesetzte Frage konzentrierte: Wie kann man Einstellungen gegen Änderungsversuche resistent machen?

Eine Antwort auf diese Frage gibt MCGUIRE mit seiner *Inokulationstheorie* (MCGUIRE, 1964). Diese Theorie bezieht sich allerdings nicht auf alle Arten von Einstellungen, sondern nur auf *Truismen*, d. h. auf solche Meinungen und Einstellungen, die innerhalb einer geschlossenen Gruppe oder Kultur allgemein akzeptiert werden. Diese Truismen existieren in einer «keimfreien» Umgebung; sie werden nie angegriffen. Daher sind sie auch besonders leicht angreifbar, denn derjenige, der einen solchen Truismus für richtig hält, ist weder *motiviert*, noch *geübt* darin, diesen gegen Angriffe zu schützen.

Es gibt nun zwei Möglichkeiten, Truismen gegen Änderungsversuche resistent zu machen: *Unterstützung und Inokulation*. Bei der Unterstützung werden (vor dem Angriff) Argumente *für* den Truismus bereitgestellt. Die Inokulation ist eine Art «kognitiver Impfung». Dabei werden einige Argumente *gegen* den Truismus bereitgestellt, die anschließend sofort widerlegt werden (ähnlich wie eine Schutzimpfung aus der Übertragung von abgeschwächten Krankheitserregern und der darauffolgenden Bildung von Abwehrstoffen besteht)[13].

Zumindest bei Truismen ist die Inokulation der Unterstützung überlegen. Truismen sind ja deshalb so leicht zu ändern, weil weder Motivation noch Fähigkeit in der Abwehr von Angriffen vorhanden ist. Durch die Unterstützung entsteht aber keinerlei Verunsicherung. Die Inokulation dagegen zeigt zunächst, daß der Truismus durchaus gefährdet und verwundbar ist (es werden stichhaltige Gegenargumente angeführt) und schafft somit die Motivation, die Einstellung zu verteidigen. Im zweiten Schritt der Inokulation werden die Gegenargumente widerlegt und da-

[13] MCGUIRE verwendet bei der Darstellung seiner Theorie zahlreiche medizinische Analogien. So erklärt sich auch der Name «Inokulationstheorie» (= Impfungstheorie).

mit wird zum erstenmal geübt, den Truismus zu verteidigen. Im Sinne der Inokulationstheorie lassen sich auch die im Abschnitt 4.331 referierten Ergebnisse von LUMSDAINE und JANIS (1953) interpretieren, wonach Einstellungsänderungen, die durch zweiseitige Mitteilungen hervorgerufen wurden, gegen spätere Änderungsversuche resistenter sind als Prozesse, die auf einseitige Mitteilungen zurückgehen.

Die Ergebnisse von McGUIRE und PAPAGEORGIS (1961) unterstützen sehr deutlich die inokulationstheoretischen Überlegungen (siehe Tabelle 36). Zuerst wurden in einem Vorversuch Truismen festgestellt. Dabei erwiesen sich vor allem Meinungen aus dem medizinischen Bereich als geeignet («Geisteskrankheiten sind nicht ansteckend», «man sollte, wenn möglich, nach jeder Mahlzeit die Zähne putzen», «die Wirkungen des Penizillins sind, fast ohne Ausnahme, von größtem Nutzen für die Menschheit»). Als Truismen wurden solche Meinungen definiert, die von mindestens 75 Prozent der Vpn (Studenten) auf einer 15-Punkte-Skala (1 = völlige Ablehnung, 15 = völlige Zustimmung) mit «15» eingestuft wurden.

Im Hauptversuch wurden dann verschiedene Truismen auf verschiedene Weise behandelt: (1) Angriff auf den Truismus (Gegenargumente), (2) Unterstützung (positive Argumente) und dann Angriff, (3) Inokulation (Gegenargumente und deren Widerlegung) und dann Angriff, (4) keine Beeinflussung (weder Verteidigung noch Angriff). Am Ende des Experiments wurde wieder mit Hilfe einer 15-Punkte-Skala die Stellungnahme der Vpn zu den Truismen gemessen. Wie Tabelle 36 zeigt, ist die Wirksamkeit der Inokulation derjenigen der Unterstützung tatsächlich weit überlegen. Vergleicht man die Bedingungen (2) (= Unterstützung und dann Angriff) und (1) (nur Angriff), so sieht man, daß die bloße Unterstützung nicht sehr viel zur Verteidigung oder Festigung einer Einstellung beiträgt. Die Inokulation dagegen macht einen späteren Angriff relativ wirkungslos, wie ein Vergleich der Bedingungen (3) (Inokulation und dann Angriff) und (4) (kein Angriff) zeigt.

Hier wurde nur ein grobes Grundgerüst der Inokulationstheorie dargestellt. McGUIRE unterscheidet zwischen verschiedenen Arten der Inokulation, z. B. zwischen aktiver und passiver Inokulation. Bei der passiven Methode werden den Vpn nicht nur die Gegenargumente, sondern auch deren Widerlegung präsentiert; bei der aktiven Methode werden die Vpn nur mit Gegenargumenten konfroniert, die sie dann selbst widerlegen müssen. Nach der Theorie ist die passive Inokulation überlegen, weil sie Motivation *und* Übung in der Widerlegung bringt (es wird gezeigt, wie man dabei vorgehen kann). Die aktive Methode trägt zwar zur Motivation bei, aber kaum zum Erwerb der Fertigkeiten (die Vpn sind ja bislang völlig ungeübt und daher ungeschickt im Erfinden von einschlägigen Widerlegungen). Die Hypothese, daß die passive Inokulation der aktiven im Durchschnitt überlegen ist, wurde mehrfach experimentell bestätigt (siehe McGUIRE, 1964).

Außerdem differenziert McGUIRE zwischen gleichartiger und verschiedenartiger Inokulation. Unter gleichartiger Inokulation versteht man die Tatsache, daß in der Inokulation dieselben Gegenargumente widerlegt werden, die später im Angriff aufscheinen. Bei der verschiedenartigen Inokulation werden zwar auf den gleichen Gegenstand bezogene, aber verschiedene Argumente für Inokulation und Angriff verwendet. Experimentelle Daten zeigen eine leichte Überlegenheit der gleichartigen Inokulation (ANDERSON und McGUIRE, 1965; PAPAGEORGIS und McGUIRE, 1961), aber auch die verschiedenartige Inokulation ist der Unterstützung deutlich überlegen.

Neben vielen anderen detaillierten Hypothesen enthält die Inokulationstheorie auch Aussagen über den zeitlichen Verlauf der Wirksamkeit verschiedener Verteidigungsmethoden. Die

Tabelle 36

(1) Angriff	(2) Unterstützung und Angriff	(3) Inokulation und Angriff	(4) kein Angriff
6,64	7,39	10,33	12,62

Die Zahlen sind Mittelwerte der einzelnen Versuchsgruppen auf 15-Punkte-Skalen (1 = völlige Ablehnung, 15 = völlige Zustimmung).

Tabelle 37

Intervall zwischen Verteidigung und Angriff	Unterstützung	gleichartige Inokulation	verschiedenartige Inokulation
unmittelbar	9,71	11,36	10,41
2 Tage	8,51	11,08	11,45
7 Tage	8,82	9,49	9,68

Voraussage lautet, daß die Wirksamkeit der Unterstützung stetig abnimmt (weil die unterstützenden Argumente nach und nach vergessen werden), während die Wirksamkeit der Inokulation (zumal der verschiedenartigen) zunächst einige Tage lang zunimmt und dann erst langsam abfällt. Die Annahme der anfänglichen Zunahme der Resistenz gegen Angriffe wird damit begründet, daß die Inokulation motiviert, über Widerlegungen von Gegenargumenten nachzudenken, daß also einige Tage lang «geübt» wird und somit die Resistenz gegen Angriffe ansteigt. Die hier etwas vereinfacht dargestellten zeitlichen Hypothesen konnten experimentell bestätigt werden (McGuire, 1962). Wie man Tabelle 37 u. a. entnehmen kann, ist die relative Überlegenheit der gleichartigen Inokulation nur vorübergehend. Auf lange Sicht erweist sich die verschiedenartige Inokulation als besserer Stabilisierungsfaktor.

Obwohl die Inokulationstheorie ihre Aussagen weitgehend auf Truismen beschränkt, wäre doch ein Vergleich zwischen Unterstützung und Inokulation auch bei anderen Einstellungsobjekten interessant. Eine diesbezügliche Untersuchung wurde von Neumeyer (1973) durchgeführt.

Die Ergebnisse Neumeyers sind recht kompliziert und können hier nur ausschnittweise dargestellt werden. Eine generelle Überlegenheit der Inokulation über die bloße Unterstützung von Einstellungen konnte nicht nachgewiesen werden. Es zeigte sich eine interessante Wechselwirkung zwischen der Glaubwürdigkeit des Senders und der Wirksamkeit von Inokulation bzw. Unterstützung. Bei glaubwürdigen Sendern war die Inokulation im erwarteten Ausmaß wirksam. Wurden die Mitteilungen ohne Angabe eines Senders vorgelegt, so war bei extremen Einstellungen keineswegs die Inokulation, sondern die Unterstützung wirksamer.

Die Inokulationstheorie erlaubt eine Fülle von detaillierten und präzisen Voraussagen, die weitgehend empirisch bestätigt wurden (Zusammenfassungen bei Insko, 1967 und McGuire, 1964). Dennoch ist sie keine erschöpfende Theorie der Verteidigungs- oder Festigungsmechanismen von Einstellungen. Ein allgemeinerer Ansatz wurde von Tannenbaum (1967) vorgelegt. Da dieser Ansatz aber auf der *Kongruitätstheorie* von Osgood und Tannenbaum (1955) basiert, kann darauf erst im nächsten Kapitel eingegangen werden (Abschnitt 4.452).

4.4 Konsistenztheorien und Einstellungssysteme

4.41 Allgemeines

Wie bereits einleitend zum Thema Einstellungen betont wurde, sind die einzelnen Einstellungsobjekte (oder allgemeiner: Bewußtseinsinhalte) eines Individuums nicht voneinander isoliert, sondern auf vielfältige Weise (subjektiv) miteinander verbunden. Eine solche Menge miteinander vollständig oder teilweise verbundener Inhalte (kognitiver Elemente) nennt man ein *kognitives System*; man spricht auch von kognitiven Strukturen oder Einstellungssystemen.

Seit etwa 1950 beschäftigten sich mehrere Autoren damit, Möglichkeiten für die systematische und möglichst präzise Beschreibung kognitiver Systeme zu finden, verschiedene Arten kognitiver Systeme zu identifizieren und zu unterscheiden und Aussagen über ihre Eigenschaften zu machen.

Der zentrale Gedanke der meisten diesbezüglichen Bemühungen ist ein *homöostatisches Prinzip*. Es werden alle möglichen kognitiven Strukturen in zwei Klassen eingeteilt: in konsistente und inkonsistente. Unter konsistenten Systemen versteht man solche, die (in einem weiter unten näher zu explizierenden Sinn) «harmonisch» sind, deren Teile gut zueinander passen. Solche Systeme sind spannungsfrei und werden daher als angenehm empfunden. Sie sind deshalb auch stabil und relativ schwer zu ändern.

Die inkonsistenten Systeme sind «disharmonisch», widerspruchsvoll und erzeugen Spannungen. Sie sind instabil und tendieren zu spontanen (partiellen) Veränderungen. Mit spontanen Veränderungen ist gemeint, daß diese Veränderungen nicht unbedingt einen Anstoß von außen (etwa durch Aufnahme neuer Information) brauchen, sondern «von innen», durch die Spannungen innerhalb der kognitiven Struktur verursacht werden. Das homöostatische Prinzip bedeutet in diesem Zusammenhang, daß die Veränderungen immer von solcher Art sind, daß dadurch die inkonsistente Struktur in eine konsistente übergeführt wird (oder mindestens weniger inkonsistent wird).
Die meisten Einstellungsänderungen durch Kommunikation beruhen darauf, daß zunächst durch den Inhalt der Mitteilung Inkonsistenzen erzeugt werden. Das ist der Fall, wenn etwa über ein bislang sehr positiv bewertetes Einstellungsobjekt negative Meinungen vorgebracht werden. Dadurch entstehen kognitive Spannungen, die dann (neben anderen Möglichkeiten) reduziert werden können, indem das Einstellungsobjekt abgewertet wird. Auf die Details solcher Prozesse und auf die vielfältigen Möglichkeiten der Inkonsistenzreduktion wird in den folgenden Abschnitten genau eingegangen.
Eines dieser Konsistenzmodelle wurde bereits mehrfach verwendet, nämlich FESTINGERS (1957) Dissonanztheorie. Die Dissonanztheorie ist jedoch keineswegs die einzige Theorie dieser Art. Sie entstand sogar später als die meisten anderen Konsistenztheorien. Die historische Priorität auf diesem Gebiet gebührt zweifellos HEIDER, der bereits 1946 ein klar formuliertes Konsistenzmodell veröffentlichte.
HEIDER spricht übrigens nicht von konsistenten und inkonsistenten Strukturen, sondern von *balancierten* und *unbalancierten*. OSGOOD und TANNENBAUM (1953) verwenden die Termini *kongruent* und *inkongruent*. FESTINGER unterscheidet, wie bereits bekannt, zwischen *konsonanten* und *dissonanten* Relationen. ROSENBERG und ABELSON (1960) sprechen von *konsistenten* und *inkonsistenten* Strukturen. Diese verschiedenartige und zunächst sicher kompliziert erscheinende Terminologie ist jedoch wohlbegründet, denn die genannten Autoren stimmen zwar hinsichtlich ihrer Hauptgedanken überein, verwenden jedoch zwar ähnliche, aber nicht identische Definitionen für stabile bzw. instabile Systeme.
Inzwischen haben sich als Oberbegriff für alle Arten von stabilen Strukturen der Terminus konsistent und für alle instabilen Strukturen der Terminus inkonsistent eingebürgert. Daher faßt man alle oben genannten Theorien unter der Bezeichnung Konsistenztheorien zusammen. Der Leser, der mehr und genaueres über diese Theorien erfahren will, als im vorliegenden Kapitel referiert werden kann, sei auf FELDMAN (1966) und insbesondere auf den umfangreichen Sammelband von ABELSON und Mitarbeitern (1968) verwiesen.

4.42 Heiders Balancetheorie

Die Grundbegriffe von HEIDERS (1946, 1958) Balancetheorie sind (wie bei FESTINGER und den anderen Konsistenztheoretikern) kognitive Elemente und Relationen zwischen diesen. Die kognitiven Elemente HEIDERS sind jedoch nicht wie bei FESTINGER Meinungen, sondern einzelne identifizierbare und von anderen unterscheidbare Bewußtseinsinhalte (es sind also auch alle potentiellen und tatsächlichen Einstellungsobjekte kognitive Elemente).
Zwischen diesen kognitiven Elementen (oder Kognitionen) gibt es die verschiedenartigsten Beziehungen, die man nach HEIDER in vier Grundkategorien einteilen kann. Zunächst wird zwischen *Einheitsrelationen* (unit-relations) und *Wertrelationen* (sentiment-relations) unterschieden, diese werden jeweils in positive und negative Relationen unterteilt. Einheitsrelationen beziehen sich auf eher sachliche Aspekte. Eine positive Einheitsrelation zwischen zwei Elementen liegt dann vor, wenn diese in irgendeiner Form (subjektiv) zusammengehören, also eine Einheit bilden. Eine negative Einheitsrelation bedeutet immer eine Trennung, einen Gegensatz zweier Elemente. Positive Einheitsrelationen sind: Ähnlichkeit, räumliche oder zeitliche Nähe, Kausalität, Besitz usw. Die jeweiligen Gegenteile (Verschiedenheit, Entfernung) sind negative Einheitsrelationen.
Wertrelationen sind dann gegeben, wenn es sich um wert- und/oder gefühlshaltige Relationen zwischen kognitiven Elementen handelt. Beispiele für positive Wertrelationen sind: lieben, schätzen, bewundern, mögen. Negative Wert-

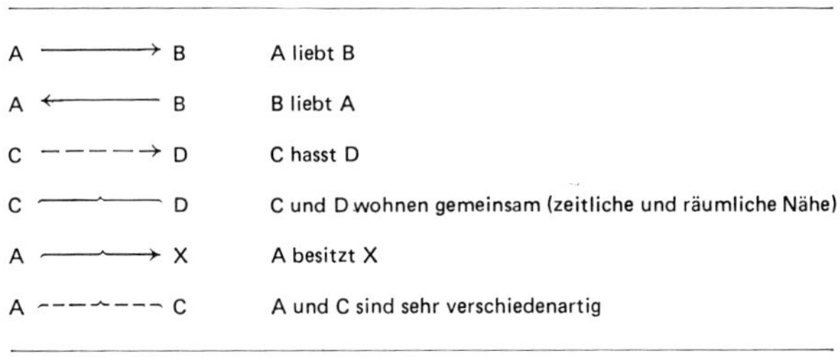

Abbildung 101

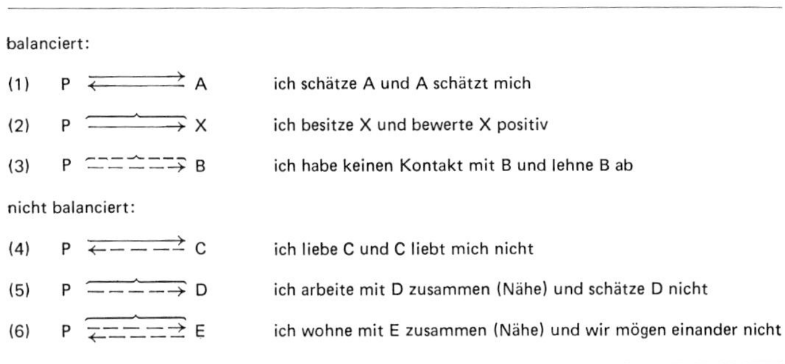

Abbildung 102

relationen sind: ablehnen, hassen, fürchten usw. Es wird sich im folgenden zeigen, daß die Unterscheidung zwischen positiven und negativen Relationen bei weitem wichtiger ist als die zwischen Einheits- und Wertrelationen.

HEIDER und die meisten späteren Konsistenztheoretiker verwenden oft wegen der größeren Anschaulichkeit zur Beschreibung kognitiver Strukturen graphische Darstellungen. Dabei ist es üblich, kognitive Elemente durch Buchstaben oder Punkte (oder eine Kombination von beiden) zu symbolisieren und Relationen durch Linien darzustellen, die die kognitiven Elemente verbinden. Durchgehende Linien bedeuten positive, strichlierte oder punktierte Linien negative Relationen. Um auch die Richtung von Relationen anzugeben (etwa «A liebt B» zum Unterschied von «B liebt A»), kann man die Linien mit Richtungspfeilen versehen. Wertrelationen werden durch gerade Linien, Einheitsrelationen durch geschwungene Klammern dargestellt. Abbildung 101 zeigt in der linken Hälfte Beispiele für die Darstellung einfachster kognitiver Strukturen (zwei Kognitionen und eine Relation zwischen ihnen) und in der rechten Hälfte mögliche Interpretationen jeder Struktur.

HEIDER beschränkt sich auf die Analyse möglichst einfacher kognitiver Strukturen, das sind solche, die nur zwei oder drei Kognitionen enthalten. Betrachten wir zunächst zweielementige Strukturen. Für diese gibt HEIDER eine sehr einfache Definition der Balance: Eine zweielementige Struktur ist dann balanciert, wenn alle in ihr vorhandenen Relationen das gleiche Vorzeichen haben (d. h. alle positiv oder alle negativ sind). Bei Vorhandensein von Relationen mit verschiedenen Vorzeichen ist sie nicht balanciert (unbalanciert)[14].

Abbildung 102 zeigt einige nach obiger Definition balancierte und unbalancierte Strukturen. Bei den zweielementigen (wie auch später bei den mehrelementigen) kognitiven Systemen ist nicht zuletzt jene Teilmenge interessant, bei der eines der beteiligten Elemente die Person selbst (bzw. ihr Selbstbild) ist, in deren Vorstellung die kognitive Struktur existiert. Das kognitive Element «ich» soll hier wie bei HEIDER durch den Buchstaben P symbolisiert werden.

Daß die ersten drei Strukturen balanciert, die letzten drei unbalanciert und daher unangenehm und instabil sind, stimmt sicher nicht nur mit der Theorie HEIDERS, sondern auch mit der Intuition des Lesers überein. Bezüglich der Strukturen (1) bis (3) bestehen sicher keine Änderungswünsche, wohl aber hinsichtlich der restlichen Struk-

[14] Vorläufig werden die Termini «nicht balanciert» und «unbalanciert» synonym verwendet. Später (Abschnitt 5.312) wird eine exakte Unterscheidung dieser Ausdrücke eingeführt.

turen. So könnte man etwa Struktur (5) in einen balancierten Zustand überführen, indem man entweder die Zusammenarbeit aufgibt (Herstellung einer negativen Einheitsrelation) oder den Kollegen D plötzlich doch zu schätzen beginnt (Herstellung einer positiven Wertrelation). Es sei hier vermerkt, daß in diesem (wie in allen anderen Fällen) die Balance auf mehreren Wegen hergestellt werden kann. Auf diesen Punkt wird später noch eingegangen.

Der zentrale Gedanke in HEIDERS Balancedefinition ist offensichtlich die Annahme einer Tendenz dahingehend, daß alle zwischen *zwei* Kognitionen bestehenden Beziehungen gleichartig sind (gleiches Vorzeichen haben). Diese Annahme beruht bei HEIDER auf gestaltpsychologisch inspirierten Überlegungen. Es sei jedoch festgehalten, daß eine solche Annahme auch mit den Postulaten kognitiver Lerntheorien durchaus verträglich ist: Positiv bewertete Objekte werden angestrebt; negativ bewertete Objekte werden vermieden; Objekte, die positive und negative Aspekte aufweisen, führen zu Appetenz-Aversions-Konflikten und damit zu Spannungen.

Allerdings ist HEIDERS Formulierung allgemeiner: Aus der Balancetheorie läßt sich beispielsweise nicht nur ableiten, daß positiv bewertete Objekte angestrebt werden (d. h. wenn eine positive Wertrelation bereits vorhanden ist, dann wird auch eine positive Einheitsrelation und keine negative Einheitsrelation hergestellt, denn sonst entstände eine unbalancierte Situation), sondern auch umgekehrt, daß bei Vorhandensein einer positiven Einheitsrelation eher eine positive als eine negative Wertrelation gebildet wird. Für diese auf den ersten Blick vielleicht wenig plausible These gibt es experimentelle Belege. So zeigte ZAJONC (1968), daß unbekannte Reize verschiedener Art (chinesische Schriftzeichen, sinnlose Wörter, Gesichter) umso positiver bewertet werden, je öfter sie den Vpn geboten wurden. Andere Experimente (Genaueres darüber im Abschnitt 5.312) zeigten, daß dieselbe Person positiver gesehen wird, wenn die Vp eine Zusammenarbeit mit ihr erwartet, als wenn dies nicht der Fall ist.

Wenden wir uns nun HEIDERS Analyse dreielementiger Strukturen zu. Die große Anzahl möglicher Strukturen dieser Art läßt sich auf acht Grundtypen reduzieren, wenn man nicht zwischen Einheits- und Wertrelationen unterscheidet und wenn man auf Richtungsangaben verzichtet. Diese acht Grundtypen sind in Abbildung 103 dargestellt. (Zur Veranschaulichung möge der Leser wieder P als «ich» interpretieren, A und B seien zwei mit P bekannte Personen. Es sind natürlich auch viele andere Interpretationen möglich. So könnten A und B zwei Einstellungsobjekte [Begriffe] sein. In diesem Fall würde eine negative Relation zwischen A und B Unverträglichkeit bedeuten und eine positive Relation wechselseitige Unterstützung oder Ähnlichkeit.)

HEIDERS Balancedefinition für drei Elemente lautet wie folgt: Eine dreielementige Struktur ist balanciert wenn entweder keine oder zwei negative Relationen vorhanden sind. Sie ist nicht balanciert, wenn eine oder drei negative Relationen vorhanden sind. Diese formalen und unanschaulichen Definitionen kann man folgendermaßen umformulieren: Ein balancierter Zustand besteht dann, wenn zwei von Subjekt P in gleicher Weise gesehene Objekte (beide positiv oder beide negativ) positiv verbunden sind bzw. eine Einheit bilden (Typ 1 und 2); ebenso, wenn zwei vom Subjekt verschieden gesehene Objekte zueinander im Gegensatz stehen (3 und 4). Alle anderen Fälle sind nicht balanciert.

Die Definitionen sind sicher wieder plausibel. Balanciert und angenehm sind: (1) ich schätze A

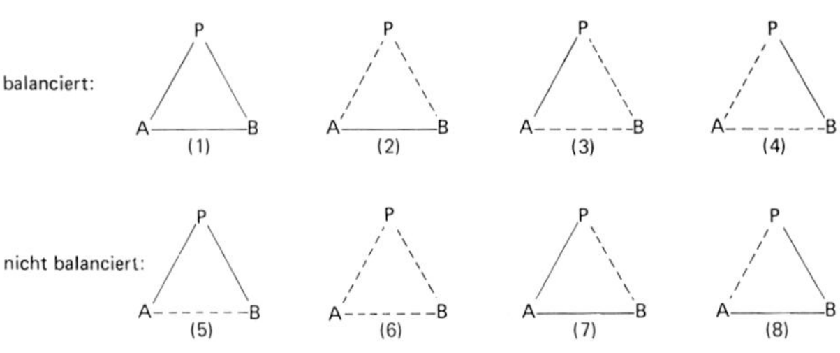

Abbildung 103

und B, beide mögen einander; (2) ich lehne A und B ab, meine beiden Feinde mögen einander; (3) ich schätze A und lehne B ab, mein Freund A lehnt B ebenfalls ab; (4) ich schätze B und lehne A ab, mein Freund B lehnt A ebenfalls ab. Unbalanciert, unangenehm und instabil sind: (5) meine Freunde A und B mögen einander nicht; (6) meine Feinde A und B sind untereinander verfeindet; (7) ein Freund und ein Feind von mir mögen einander; (8) ebenso. Etwas umstritten ist der Fall (6). Dieser wird nicht von allen Personen als unangenehm empfunden.

Wieder sei festgestellt, daß die Entschärfung einer nicht balancierten Struktur (d. h. ihre Überführung in eine balancierte) auf viele Arten erfolgen kann. Jede der vier unbalancierten Strukturen kann durch Änderung von einer oder mehr Relationen in jede der vier balancierten Strukturen transformiert werden.

Eine der ersten experimentellen Prüfungen und Bestätigungen der HEIDERschen Balancetheorie erfolgte durch JORDAN (1953). JORDAN legte seinen Vpn 64 dreielementige Strukturen vor (je 8 Versionen jeder der 8 Grundtypen aus Abbildung 103). Diese Strukturen waren natürlich nicht in der hier verwendeten symbolischen Schreibweise dargestellt, sondern sie wurden in alltagssprachlichen Formulierungen vorgegeben. Die Vpn mußten auf einer 90-Punkte-Skala jede vorgegebene Struktur dahingehend beurteilen, wie angenehm oder unangenehm sie ist. Im Durchschnitt wurden die balancierten Strukturen als wesentlich angenehmer beurteilt als die nicht balancierten. Allerdings gab es auch einige Ausnahmen, die später, im Zusammenhang mit NEWCOMBS (1953, 1968) Version der Balancetheorie besprochen werden sollen.

HEIDERS Balancetheorie hat also, wie ihre Darstellung bisher zeigte, offensichtliche Vorzüge. Sie erlaubt die relativ präzise Formulierung sehr subtiler Prozesse, sie ist widerspruchsfrei, sie ist plausibel und sie läßt sich durch Daten belegen. Dennoch hat sie auch ebenso offensichtliche Mängel:

(1) Sie ist nur auf extrem einfache, nämlich zwei- oder dreielementige Strukturen anwendbar. Die meisten realen kognitiven Systeme sind komplizierter, d. h. sie enthalten mehr als drei Elemente.

(2) Sie erlaubt keine Voraussagen über die Art der Änderung einer kognitiven Struktur. Sie gibt zwar genau an, welche Systeme stabil sind und welche nicht, macht aber keine Angaben darüber, auf welche Weise die Balance wiederhergestellt wird.

(3) Sie unterscheidet nur zwischen positiven und negativen Relationen, berücksichtigt aber nicht den Grad bzw. die Stärke der positiven oder negativen Beziehungen. Es erscheint jedoch die Annahme gerechtfertigt, daß inkonsistente Strukturen, an denen extreme Relationen beteiligt sind (sehr stark positive oder negative Beziehungen), als störender empfunden werden als inkonsistente Strukturen, in denen nur schwache Relationen vorkommen.

(4) Die Theorie enthält keinerlei Aussagen über die Beziehungen zwischen balancierten bzw. nicht balancierten Strukturen und Verhaltensvariablen.

In den folgenden Abschnitten werden Konsistenztheorien und Hypothesen vorgestellt, die die eben erwähnten Mängel teilweise beheben.

Die Liste der oben angeführten Mängel soll als *konstruktive* Kritik an HEIDERS Theorie verstanden werden: Es wird vorgeschlagen, die zentralen Gedanken HEIDERS beizubehalten, aber die Theorie zu präzisieren und zu vervollständigen. Von anderen Autoren (NEWCOMB, 1968; ZAJONC, 1968) wurden auch zentrale Annahmen HEIDERS kritisiert. Neuere Experimente (HERKNER, 1978; INSKO und ADEWOLE, 1979; INSKO, SONGER und MCGARVEY, 1974) sprechen eindeutig für die Balancetheorie und zeigen, daß die Argumente von NEWCOMB und ZAJONC unhaltbar sind. Eine detaillierte Darstellung dieses Problemkreises würde den Rahmen einer Einführung überschreiten. Der interessierte Leser sei auf HERKNER (1978) verwiesen.

4.43 Die Verallgemeinerung der Balancetheorie durch CARTWRIGHT *und* HARARY

Nehmen wir an, jemand hätte folgendes Meinungssystem: «Ich schätze meinen Freund A sehr; er ist intelligent und fleißig; Intelligenz ist eine positive Eigenschaft, nicht aber Fleiß; meiner Meinung nach schließen diese Eigenschaften einander aus – ein intelligenter Mensch hat es nicht nötig, fleißig zu sein.» Die noch nicht sehr komplizierte kognitive Struktur enthält vier Ele-

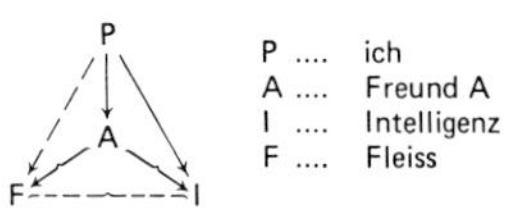

Abbildung 104

mente und sechs Relationen. Sie ist in Abbildung 104 dargestellt.

Nach HEIDERS Theorie allein läßt sich nicht beurteilen, ob die Struktur der Abbildung 104 balanciert ist oder nicht. CARTWRIGHT und HARARY (1956) verallgemeinerten HEIDERS Theorie, so daß Aussagen über beliebig komplizierte kognitive Strukturen möglich sind.

Zunächst muß eine komplexe Struktur in einfachere Teile zerlegt werden. Diese werden anschließend einzeln daraufhin untersucht, ob sie balanciert sind oder nicht. Die Substrukturen, in die nach CARTWRIGHT und HARARY eine komplizierte Struktur zerlegt werden muß, sind die einzelnen *Semizyklen* der Gesamtstruktur. Ein Semizyklus ist jeder in sich geschlossene Linienzug, der in der graphischen Darstellung der kognitiven Struktur enthalten ist[15]. In Abbildung 105 ist die eingangs erwähnte kognitive Struktur vereinfacht dargestellt (unter Verzicht auf die Unterscheidung von Einheits- und Wertrelationen und unter Verzicht auf Richtungspfeile) und nebenstehend sind alle Semizyklen dieser Struktur abgebildet.

Nach der Analyse der Gesamtstruktur in Semizyklen muß jeder einzelne Semizyklus auf seine Balanciertheit untersucht werden. Auch das ist mit Hilfe der ursprünglichen HEIDERschen Theorie nicht möglich, denn bereits in unserem einfachen Beispiel der Abbildung 105 kommen vierelementige Semizyklen (also vierelementige Strukturen) vor, und darüber sagt das Modell von HEIDER nichts aus. Es liegt auf der Hand, daß bei komplizierteren, vielelementigen Strukturen Semizyklen vorkommen werden, die noch mehr Elemente und eine große Anzahl von positiven und negativen Relationen enthalten. Daher ist eine völlig allgemeine Definition der Balance von Semizyklen notwendig.

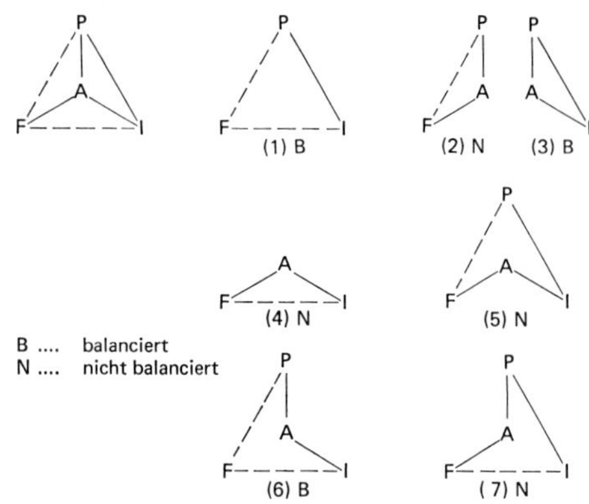

Abbildung 105

Wie erinnerlich, ist eine dreielementige Struktur (ein dreielementiger Semizyklus) nach HEIDER dann balanciert, wenn er keine oder zwei negative Relationen enthält. Diese Definition wird von CARTWRIGHT und HARARY auf die einfachste Weise verallgemeinert: Ein Semizyklus ist balanciert, wenn er eine gerade Anzahl (0, 2, 4, ...) negativer Relationen enthält. Bei einer ungeraden Anzahl (1, 3, 5, ...) negativer Relationen ist er nicht balanciert. Nach dieser Festlegung sind in unserem Beispiel die Semizyklen (1), (3) und (6) balanciert, alle anderen nicht (vgl. Abbildung 105).

Abschließend muß die Gesamtstruktur dahingehend beurteilt werden, ob bzw. wie weit sie balanciert ist. CARTWRIGHT und HARARY unterscheiden nicht wie HEIDER nur zwischen balancierten und nicht balancierten Zuständen, sondern sie unterscheiden verschiedene Grade der Balance. Der Grad der Balanciertheit wird durch folgenden Index festgelegt:

$$\text{Balanceindex} = \frac{\text{Anzahl der balancierten Semizyklen}}{\text{Gesamtanzahl der Semizyklen}}$$

Dieser Index kann Werte zwischen 0 und 1 annehmen (er ist 0, wenn kein Semizyklus balanciert ist und 1, wenn alle balanciert sind). Für unser Beispiel beträgt der Index $^3\!/_7$, wir haben es also mit einer etwas mehr unbalancierten als balancierten Struktur zu tun.

[15] Die Bedeutung des mathematischen Begriffs Semizyklus ist hier sehr beiläufig expliziert worden. Es handelt sich um einen Begriff aus einer modernen mathematischen Disziplin, der Graphentheorie. CARTWRIGHT und HARARY haben ihre gesamte Theorie in graphentheoretischer Terminologie formuliert. Der interessierte Leser sei auf die Originalarbeit oder auf das Buch von FLAMENT (1963) verwiesen. Im vorliegenden Buch wird wegen der besseren Verständlichkeit auf die mathematische Terminologie und Darstellungsweise verzichtet.

Die größere Allgemeinheit und Anwendbarkeit des Modells von CARTWRIGHT und HARARY wurde zweifellos mit einem weitgehenden Verzicht auf Anschaulichkeit und intuitive Nachvollziehbarkeit erkauft. Dennoch überwiegen die Vorzüge, denn es ist auf jede noch so komplizierte kognitive Struktur anwendbar und seine Qualität kann nicht an seiner Plausibilität gemessen werden, sondern an seiner Übereinstimmung mit der Realität.

Ein diesbezügliches Experiment wurde von MORRISSETTE (1958) durchgeführt. Seine Ergebnisse bezüglich kognitiver Strukturen mit vier Elementen bestätigen die erweiterte Neufassung der Balancetheorie. Ein interessanter Aspekt des Experiments war der, daß MORRISSETTE seinen Vpn auch unvollständige Strukturen vorgab, das sind solche, bei denen nicht zwischen allen Elementpaaren bereits eine Relation besteht. Die Vpn wurden aufgefordert, die fehlenden Beziehungen so zu ergänzen, wie es ihnen am wahrscheinlichsten erschien. (Ein vereinfachtes Beispiel mit drei Elementen: Die Vp möge sich vorstellen, sie werde demnächst mit zwei Kollegen A und B eine Wohnung beziehen. Mit A hätte sie bereits eine längere Unterredung gehabt und schätzt A sehr positiv ein. Sie wüßte auch, daß A den anderen Kollegen B positiv bewertet. Sie selbst kennt B noch nicht, soll aber angeben, ob sie glaubt, zu B ein eher positives oder negatives Verhältnis zu entwickeln.) Die Ergebnisse zeigten, daß unvollständige Strukturen in der Regel so ergänzt werden, daß sich möglichst balanciere Strukturen ergeben.

Eine weitere interessante Hypothese wurde von ZAJONC und BURNSTEIN (1965 a, b) untersucht. Die Autoren untersuchten den Einfluß der Balanciertheit auf das Lernen kognitiver Strukturen. Den Vpn wurden vierelementige Strukturen vorgegeben (die Elemente waren fiktive Personen, die Relationen waren soziale Beziehungen zwischen diesen) und sie hatten die Aufgabe, sich diese Strukturen möglichst genau zu merken und später zu reproduzieren. Es stellte sich heraus, daß bei gleichem Informationsgehalt (gleiche Anzahl von Elementen und Relationen) balancierte Strukturen besser gelernt werden als unbalancierte, d. h. es treten weniger Gedächtnisfehler auf. Eine genauere Analyse zeigte auch, daß insbesondere balancierte Semizyklen besser behalten werden als nicht balancierte. Man kann wohl vermuten, daß im allgemeinen Gedächtnisfehler bei kognitiven Strukturen so beschaffen sind, daß die Strukturen systematisch verzerrt werden, so daß sie balancierter, nicht aber weniger balanciert werden.

4.44 Positivität, Ökonomie und Polarisierung

Der erste Mangel in HEIDERS Theorie, nämlich die Beschränktheit auf maximal drei Elemente, wurde durch CARTWRIGHT und HARARY vollständig beseitigt. Als zweiter Mangel wurde erwähnt, daß sich aufgrund der ursprünglichen Theorie nicht vorhersagen läßt, auf welche Weise eine unbalancierte Struktur geändert wird. Dieses Problem ist nach wie vor nicht vollständig gelöst, es gibt aber einige Teillösungen, darunter das Positivätsprinzip und das Ökonomieprinzip.

In den vorhin erwähnten Experimenten von ZAJONC und BURNSTEIN (1965 a, b) zeigte sich, daß positive Relationen (einzelne Relationen, nicht Semizyklen) wesentlich besser gelernt werden als negative. Das heißt, es werden öfter (fälschlicherweise) negative Relationen in positive verändert als positive in negative. Offensichtlich werden positive Relationen generell bevorzugt und als angenehmer erlebt als negative. Das ist insbesondere dann der Fall, wenn es sich um Wertrelationen (schätzen, lieben usw.) zwischen Personen handelt, wie sich auch in einigen anderen Untersuchungen herausstellte (s. ZAJONC, 1968).

Dieses *Positivitätsprinzip* kann herangezogen werden, um Änderungen vorherzusagen: Es werden solche Möglichkeiten der Überführung von nicht konsistenten in konsistente Strukturen bevorzugt, bei denen die Anzahl der positiven Relationen erhöht (oder wenigstens konstant gehalten), nicht aber vermindert wird. Aufgrund dieses Prinzips läßt sich beispielsweise vorhersagen, daß bei dreielementigen Strukturen (vgl. Abbildung 103) der inkonsistente Typ (5) eher in Typ (1) als in (2), (3) oder (4) verwandelt wird. Das Positivitätsprinzip ist allerdings nur ein Faktor unter anderen, die gleichzeitig berücksichtigt werden müssen und die sich in manchen Fällen als stärker erweisen können. Außerdem erlaubt das Positivitätsprinzip nicht in allen Fällen Voraussagen. Wenn aus irgendwelchen Gründen die Transformation von Typ (5) in Typ (1) nicht möglich wäre (vgl. Abbildung 103), dann ließe sich aufgrund des Positivitätsprinzips nicht voraussagen, ob Lösung (2), (3) oder (4) bevorzugt wird, denn diese sind hinsichtlich der Anzahl positiver Relationen gleichwertig.

Eine andere Richtlinie zur Vorhersage von Änderungen wurde von ROSENBERG und ABELSON (1960) vorgeschlagen: das *Ökonomieprinzip* (man könnte auch das «Prinzip des geringsten Aufwands» sagen). Dieses Prinzip besagt: Unter verschiedenen Möglichkeiten, eine inkonsistente in eine konsistente Struktur überzuführen, wird diejenige gewählt, die mit der geringsten kognitiven Arbeit verbunden ist, d. h. bei der die kleinste Anzahl kognitiver Relationen geändert werden muß.

Um ihre Hypothese zu testen, führten die Autoren folgendes Experiment durch: die Vpn sollten sich in die Rolle des Eigentümers eines großen Warenhauses versetzen. Sein unabänderliches Ziel ist es, den Umsatz in allen Abteilungen möglichst hoch zu halten. Der Leiter der Teppichabteilung, Herr Fenwick, wird von ihm in jeder Hinsicht geschätzt. Er ist in seinem Beruf sehr tüchtig (der Umsatz in seiner Abteilung ist hoch) und außerdem ein kultivierter Mensch; unter anderem interessiert er sich für moderne Kunst. Der Eigentümer des Warenhauses interessiert sich ebenfalls für moderne Kunst. Seit kurzer Zeit plant Fenwick, die Räume seiner Abteilung zu modernisieren; er will u. a. großformatige abstrakte Bilder montieren lassen. Wie der Warenhausbesitzer aus einschlägigen Fachzeitschriften weiß, wirkt sich moderne Kunst in Verkaufsräumen sehr ungünstig aus. Die meisten Kunden empfinden moderne Kunst als unangenehm und kaufen weniger.

Eine graphische Darstellung dieser kognitiven Struktur zeigt Abbildung 106a. Wegen der besseren Verständlichkeit soll im folgenden eine einfachere Darstellungsweise (nach ROSENBERG und ABELSON) verwendet werden (Abbildung 106b). Dabei wird wieder auf die Unterscheidung von Einheits- und Wertrelationen sowie auf die Verwendung von Richtungspfeilen verzichtet. Außerdem wird das Subjekt (der Warenhausbesitzer) nicht mehr als besonderes Element dargestellt, sondern die von ihm ausgehenden Relationen werden in Form von Vorzeichen bei den beteiligten Elementen symbolisiert.

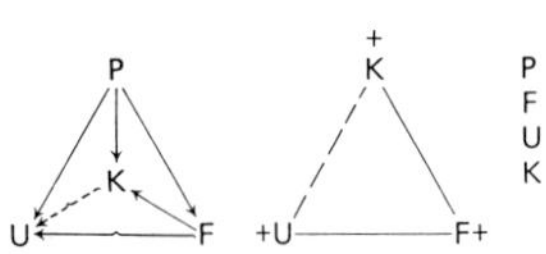

Abbildung 106

Bei der vereinfachten Darstellungsweise der Abbildung 106b beurteilt man die Balanciertheit folgendermaßen: Man zerlegt die Strukturen, und zwar in je zwei (durch Vorzeichen bewertete) Elemente und die Relation zwischen ihnen. Jede solche Teilstruktur entspricht einem dreielementigen Semizyklus in der anderen Darstellung (umfangreichere Semizyklen bleiben dabei unberücksichtigt). Eine Teilstruktur der genannten Art (ein «Band») ist balanciert, wenn ihre beiden Elemente gleiche Vorzeichen haben und durch eine positive Relation verbunden sind, oder wenn sie verschiedene Vorzeichen haben und durch eine negative Relation verbunden sind. Die beiden anderen Möglichkeiten (gleiche Vorzeichen und negative Relation oder verschiedene Vorzeichen und positive Relation) sind unbalanciert. Die obigen Balancedefinitionen sind äquivalent mit jenen von HEIDER (siehe Abschnitt 4.42).

In unserem Beispiel sind zwei Teilstrukturen balanciert (F + und K + stehen in positiver Beziehung zueinander, ebenso F + und U +), das dritte Band ist unbalanciert (U + und K + sind negativ verbunden). Also ist die Gesamtstruktur eher nicht balanciert. Sie wurde auch von den Vpn als gespannt und unangenehm bezeichnet.

Nachdem die Vpn mit der Ausgangssituation vertraut waren, wurden ihnen drei Lösungsvorschläge präsentiert, wie die Situation verbessert werden könnte. Die Vpn sollten nach reiflicher Überlegung angeben, welche der Lösungen ihnen am angenehmsten erscheint (und auch welche möglichst überzeugend und realistisch wäre).

Folgende Möglichkeiten wurden vorgeschlagen:

(1) Neue, methodisch einwandfreie Untersuchungen hätten gezeigt, daß moderne Kunst in Verkaufsräumen dem Umsatz nicht abträglich, sondern förderlich ist.

(2) Fenwick hätte seine Pläne, die Räume der Teppichabteilung mit modernen Kunstwerken auszustatten, aufgegeben.

(3) Bei genauer Durchsicht der Abrechnungen

hätte sich gezeigt, daß in der letzten Zeit der Umsatz in Fenwicks Abteilung stark gesunken wäre.

Diese drei Lösungsvorschläge sind hinsichtlich der damit verbundenen kognitiven Arbeit nicht gleichwertig (siehe Abbildung 107). Vorschlag (1) bringt eine perfekte Lösung des Problems. Indem man eine einzige Relation ändert (nämlich die negative Beziehung zwischen U + und K + in eine positive), ist die Gesamtstruktur balanciert.

Lösung (2) ist keine vollständige Lösung. Um die ganze Struktur balanciert zu machen, muß mindestens noch eine weitere Änderung durchgeführt werden. Zum Beispiel könnte der Warenhausbesitzer eine negative Einstellung zu moderner Kunst (zumindest zu moderner Kunst in Warenhäusern) aufbauen. Zusätzlich zur vorgegebenen Lösung ist hier also eventuell eine *Differenzierung* (Aufspaltung) eines kognitiven Elements notwendig (ABELSON, 1959), was ebenfalls kognitive Arbeit bedeutet. Der Besitzer müßte zwischen moderner Kunst im allgemeinen und moderner Kunst in Verkaufsräumen unterscheiden, wobei er zu ersterer seine positive Einstellung beibehalten kann, im zweiten Fall aber eine negative Einstellung bilden muß.

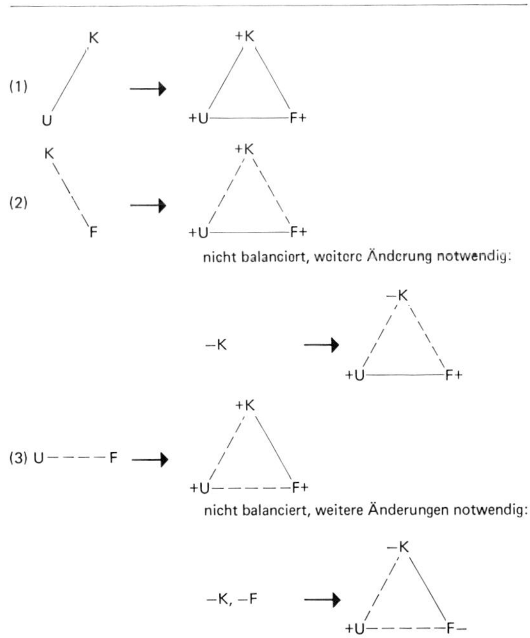

Abbildung 107

Bei Lösung (3) müßten außer der vorgeschlagenen kognitiven Änderung noch zwei weitere Aspekte der Struktur verändert werden. Der Warenhausbesitzer müßte jetzt moderne Kunst und Fenwick negativ sehen. In Übereinstimmung mit der Ökomomiehypothese wurde Lösung (1) am angenehmsten empfunden, gefolgt von (2). Am unangenehmsten war Lösung (3).

In neuerer Zeit wurde das Ökonomieprinzip von BURNSTEIN (1967) bestätigt. Das Ökonomieprinzip ist, wie das Positivitätsprinzip, auf viele, aber nicht auf alle Situationen anwendbar. Wieder kann es vorkommen, daß es einige Lösungsmöglichkeiten gibt, die vom Ökonomieprinzip her gesehen gleichwertig sind, die also den gleichen Aufwand erfordern.

Weiter läßt sich in diesem Zusammenhang ein *Polarisationsprinzip* anführen. Unter dem Polarisationsgrad einer Relation (oder einer Einstellung) versteht man die Intensität einer Relation. Eine stark polarisierte Einstellung ist eine extreme, vom neutralen Nullpunkt weit entfernte, also stark positive oder stark negative Einstellung. Das Polarisationsprinzip besagt: Je stärker polarisiert (je extremer oder intensiver) eine Relation ist, desto schwieriger ist sie zu ändern. Dieses empirisch gut untermauerte Prinzip (TANNENBAUM, 1956) kann man in Fällen folgender Art zur Vorhersage heranziehen: Wenn zur Wiederherstellung der Balance entweder Relation a oder Relation b geändert werden muß und diese beiden Relationen verschieden stark polarisiert sind, dann wird eher die schwächer polarisierte Relation geändert. Der Aspekt der Polarisation von Einstellungen wird im nachfolgenden Abschnitt eingehend erörtert.

Es sei noch erwähnt, daß eine Tendenz zur Polarisierung von Einstellungen besteht: Je länger man über ein (nichtneutrales) Einstellungsobjekt nachdenkt, desto wahrscheinlicher ist es, daß die Einstellung zu diesem Objekt extremer wird. Die Vpn von TESSER und CONLEE (1975) sollten je nach Versuchsbedingung 30, 60, 90 oder 180 Sekunden über bestimmte Einstellungsobjekte nachdenken. Anschließend wurden die Einstellungen gemessen (die Einstellungen wurden auch zu Beginn des Experiments erfaßt). Der Prozentsatz der Einstellungsobjekte, bei dem eine Extremisierung der Einstellung stattfand, war um so größer, je mehr Zeit zum Nachdenken zur Verfügung stand. Aufgrund

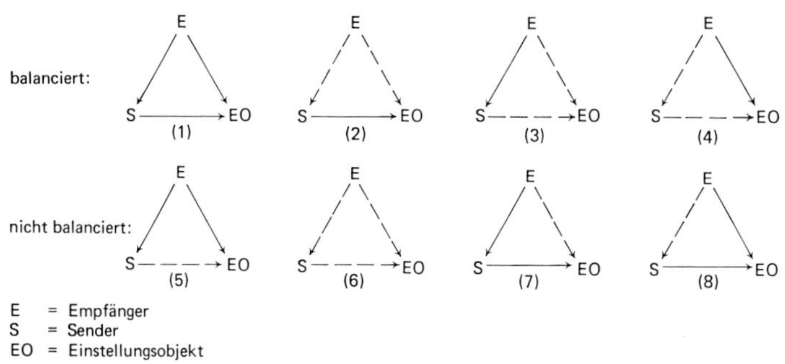

Abbildung 108

mehrerer Untersuchungen kommt TESSER (1978) zu dem Schluß, daß Nachdenken deshalb zu einer stärkeren Polarisierung der Einstellungen führt, weil dadurch einerseits neue (mit der Einstellung konsistente) Meinungen gebildet werden, und andererseits vorhandene inkonsistente Meinungen «neu interpretiert» werden. Allerdings gilt das nicht für alle Einstellungen. Der Effekt tritt nur bei solchen Einstellungsobjekten auf, für die die Vp ein gut entwickeltes Schema hat. Außerdem ist der Effekt bei konsistenten Einstellungen größer als bei inkonsistenten (CHAIKEN und YATES, 1985).

4.45 Die Kongruitätstheorie von OSGOOD *und* TANNENBAUM

4.451 Die Theorie

Die Kongruitätstheorie gehört zu den wenigen Ansätzen, die explizit die Stärke (Intensität, Polarisation) von Relationen berücksichtigen. Dieses von OSGOOD und TANNENBAUM (1955) entwickelte Modell beschränkt sich allerdings wie HEIDERS Balancetheorie auf drei kognitive Elemente. Es handelt sich dabei aber nicht wie bei HEIDER um beliebig interpretierbare Elemente, sondern um eine ganz bestimmte Situation. Die Kongruitätstheorie hat das Ziel, Aussagen über Einstellungsänderungen durch Kommunikation zu machen[16].

Um die Besonderheiten des Kongruitätsmodells besser darstellen zu können, verwende ich zunächst das HEIDERsche Schema zur Darstellung der typischen Situation mit Sender, Empfänger und Inhalt (Objekt) der Mitteilung. Diese drei notwendigen Bestandteile jeder Kommunikation werden als kognitive Elemente betrachtet. Außerdem gibt es eine (positive oder negative) Beziehung des Empfängers zum Sender und zum Einstellungsobjekt. Die Mitteilung des Senders kann hinsichtlich des Einstellungsobjekts ebenfalls positiv oder negativ sein und wird als Relation zwischen Sender und Einstellungsobjekt aufgefaßt (siehe Abbildung 108).

Die ersten vier Fälle sind balanciert: (1) ein positiv bewerteter Sender äußert sich positiv über ein positiv bewertetes EO; (2) ein negativ bewerteter Sender äußert sich positiv über ein abgelehntes EO; (3) ein positiv bewerteter Sender äußert sich negativ über ein abgelehntes EO; (4) ein negativ bewerteter Sender äußert sich negativ über ein positiv bewertetes EO. Diese Situationen sind nach HEIDER balanciert und spannungsfrei. Es besteht daher keine Notwendigkeit einer Einstellungsänderung.

Die Fälle (5) bis (8) sind nicht balanciert: (5) ein positiv bewerteter Sender äußert sich negativ über ein positives EO; (6) ein negativ bewerteter Sender äußert sich negativ über ein negatives EO; (7) ein positiv bewerteter Sender äußert sich positiv über ein negatives EO, (8) ein negativer Sender äußert sich positiv über ein positives EO. In diesen Fällen bestehen Spannungen. Die Inkonsistenz muß reduziert werden, indem man entweder das Einstellungsobjekt neu bewertet (umwertet) oder den Sender oder beide. In diesen Situationen liegen Anstöße für Einstellungsänderungen vor.

Bezüglich der Situationen (5) bis (8) stimmen OSGOOD und TANNENBAUM mit HEIDER überein: Es handelt sich um inkonsistente Situationen, es müssen Änderungen auftreten. Hinsichtlich der ersten vier Situationen bestehen Differenzen zwischen den beiden Theorien. Das liegt darin,

[16] Die Theorie ist jedoch auch in anderen Fällen anwendbar.

daß die Kongruitätstheorie eine wesentlich schärfere Definition der Konsistenz verwendet. *Kongruenz* (oder Kongruität) ist ein Spezialfall der Balance. Nicht jede balancierte Struktur ist kongruent, aber jede kongruente Struktur ist balanciert. Nach Osgood und Tannenbaum strebt man aber nicht nur nach Balance, sondern darüber hinaus nach dem sozusagen noch besseren Zustand der Kongruenz.

Ob die ersten vier Fälle der Abb. 108 nicht nur balanciert, sondern auch kongruent sind, läßt sich erst feststellen, wenn die Situation genauer analysiert wird, nämlich wenn die Intensitäten oder Polarisationen der Beziehungen gemessen werden. Um das Modell nicht komplizierter als unbedingt notwendig zu gestalten, unterscheiden Osgood und Tannenbaum nur global zwischen positiven und negativen Mitteilungen. Bei den beiden anderen Relationen (zwischen Empfänger und Sender sowie zwischen Empfänger und Einstellungsobjekt) wird aber nicht nur das Vorzeichen, sondern auch der Polarisationsgrad berücksichtigt. Jeder dieser beiden Relationen werden Werte zwischen –3 und + 3 zugeordnet. In der Praxis werden die betreffenden Zahlenwerte mit Hilfe des Polaritätsprofils ermittelt (siehe Abschnitt 4.12).

Im Kongruitätsmodell gibt es zwei Definitionen der Kongruenz, eine für positive und eine für negative Mitteilungen. Bei einer positiven Mitteilung liegt Kongruenz dann vor, wenn die Beziehungen des Empfängers zum Sender und zum Einstellungsobjekt gleiche Vorzeichen haben *und* genau gleiche Zahlenwerte (also gleiche Polarisationsgrade). Nach dieser Definition entsteht also schon eine Spannung (eine Inkongruenz), wenn sich beispielsweise ein sehr positiv bewerteter Sender positiv über ein nur schwach positives Objekt äußert (siehe Abbildung 109). Bei einer negativen Mitteilung liegt Kongruenz dann vor, wenn die Beziehungen des Empfängers zum Sender und zum Einstellungsobjekt verschiedene Vorzeichen haben *und* genau gleiche Polarisationsgrade (die Zahlenwerte ohne Berücksichtigung des Vorzeichens, die sogenannten Absolutbeträge, müssen gleich sein). Diese Definitionen sind natürlich viel schärfer als diejenigen Heiders, doch ist zu überlegen, ob nicht eine etwas großzügigere Festlegung realistischer gewesen wäre (z. B. daß Kongruenz vorliegt, solange die Differenz der absoluten Zahlenwerte der beiden Relationen unterhalb einer festen Grenze liegt, etwa kleiner als 1 ist).

Wird durch eine Mitteilung eine Inkongruenz (oder gar ein nicht balancierter Zustand) hervorgerufen, so werden auf der Seite des Empfängers Tendenzen auftreten, das gestörte kognitive System wieder kongruent zu machen. Das geschieht, wie gesagt, durch Änderung einer der beiden oder beider Relationen zwischen Empfänger und Sender bzw. Einstellungsobjekt. Das Kongruitätsmodell macht jedoch im Gegensatz zu allen anderen Konsistenztheorien völlig präzise Aussagen darüber, *wie* das kognitive Gleichgewicht wieder hergestellt wird. Dazu wird das im vorigen Abschnitt erwähnte Polarisationsprinzip verwendet. Es besagt in seiner einfachsten Form, daß Einstellungen um so schwieriger zu ändern sind, je extremer sie sind (je weiter von Null entfernt oder je größer der Absolutbetrag der Intensität einer Relation ist). Diese Hypothese wird durch die Ergebnisse von Tannenbaum (1956) belegt (Abbildung 110). Eine unerwartete Ausnahme stellt allerdings der

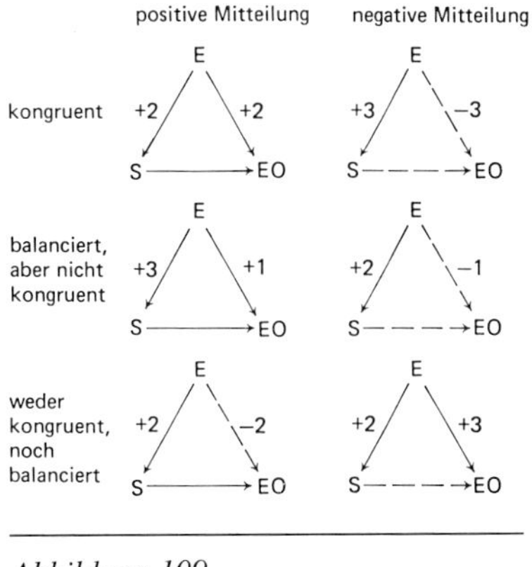

Abbildung 109

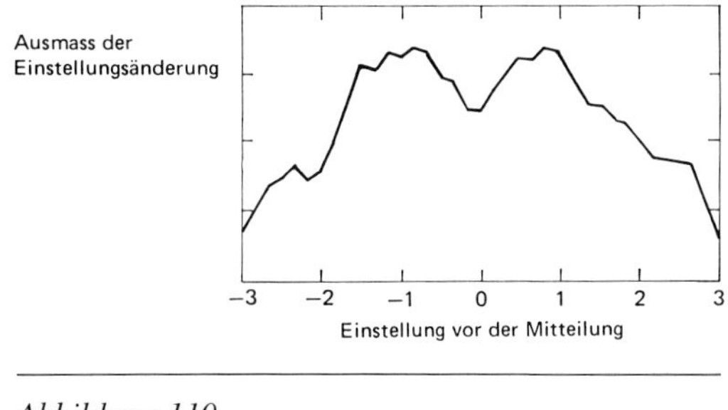

Abbildung 110

Umstand dar, daß neutrale Einstellungen nach den Ergebnissen von TANNENBAUM etwas schwieriger zu ändern sind als schwach polarisierte.

Wie wird Kongruenz wiederhergestellt? Die Bewertungen von Sender *und* Einstellungsobjekt werden geändert, und zwar ist das Ausmaß jeder Bewertungsänderung umgekehrt proportional zum anfänglichen Polarisationsgrad. Beide Elemente werden also umgewertet, wobei sich aber der Wert des von vornherein extremer bewerteten Elements weniger ändert. Äußert sich beispielsweise ein *sehr* positiver Sender positiv über ein *schwach* positives Einstellungsobjekt, dann wird dadurch vor allem das Einstellungsobjekt aufgewertet (und der Sender nur ganz schwach abgewertet). Äußert sich jedoch ein nur *schwach* positiver Sender positiv über ein *extrem* positives Einstellungsobjekt, dann wird dadurch in erster Linie der Sender aufgewertet (und das Einstellungsobjekt leicht abgewertet).

Der zentrale Satz des Kongruitätsmodells, daß die Beträge der Bewertungsänderungen umgekehrt proportional zu den ursprünglichen Polarisationsgraden sind (unter der Nebenbedingung, daß die endgültigen Bewertungen gleiche Absolutwerte haben), ist wörtlich zu verstehen. Nehmen wir an, ein mit + 3 bewerteter Sender äußert sich positiv über ein Objekt, dessen Bewertung + 1 beträgt. Hier liegt zwar Balance, aber nicht Kongruenz vor. Die Bewertungen von Sender und Einstellungsobjekt müssen einander angeglichen werden. Da der Sender ursprünglich dreimal so stark polarisiert war wie das Objekt, muß die Bewertungsänderung des Objekts dreimal so groß sein wie die des Senders. Die Ausgangsdistanz zwischen Sender und Objekt beträgt 2. Diese Distanz wird im Zuge der Kongruenzherstellung folgendermaßen überwunden: Der Sender wird um den Betrag 0,5 abgewertet und das Objekt um 1,5 aufgewertet (1,5 ist das Dreifache von 0,5). Damit haben beide Elemente einen Wert von 2,5 und das kognitive System ist wieder kongruent.

Das eben besprochene Beispiel und einige andere sind in Abbildung 111 veranschaulicht. Um komplizierte Überlegungen (wie im vorigen Absatz) zu vermeiden, verwendet man besser folgende einfache Formeln, die das exakte mathematische Äquivalent der bisher umgangssprach-

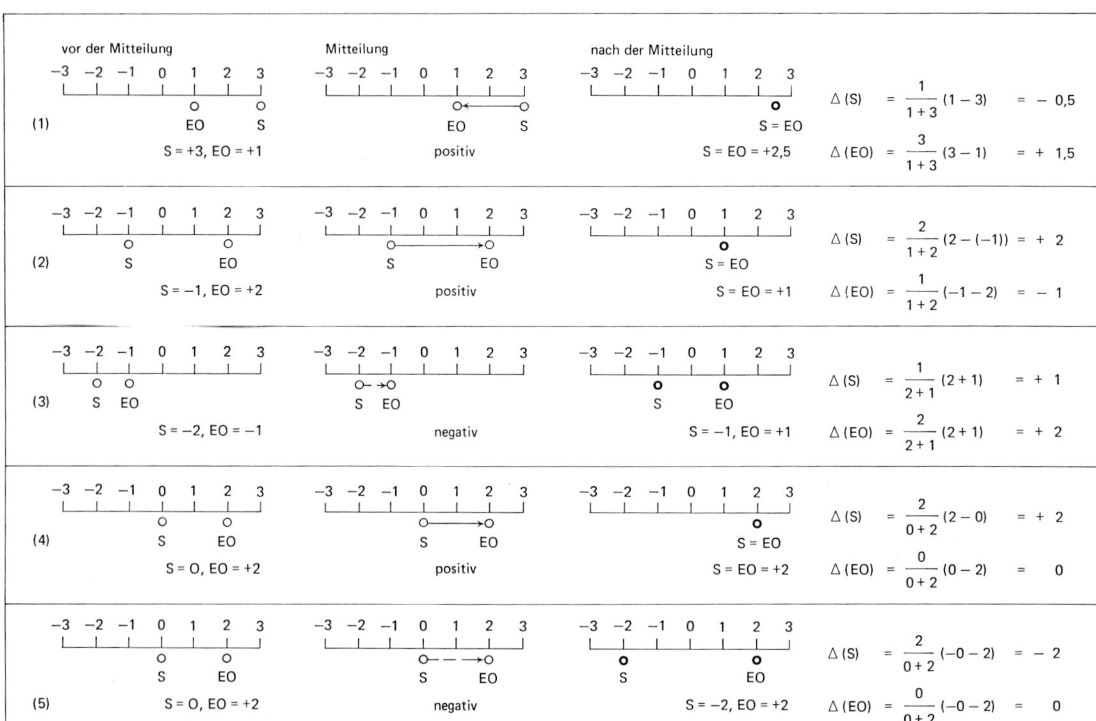

Abbildung 111

lich formulierten Aussagen sind. (Mit Hilfe dieser Formeln kann der Leser auch leicht die Beispiele der Abbildung 111 nachrechnen.)
Für positive Relationen zwischen Sender und Objekt (positive Mitteilungen) gilt:

$$\Delta S = \frac{|EO|}{|S| + |EO|}(EO-S)$$

$$\Delta (EO) = \frac{|S|}{|S| + |EO|}(S-EO)$$

S = Bewertung des Senders
| S | = Absolutbetrag der Senderbewertung
Δ (S) = Betrag, um den die Senderbewertung geändert wird
EO = Bewertung des Einstellungsobjekts
| EO | = Absolutbetrag von EO
Δ (EO) = Betrag, um den die Objektbewertung geändert wird

Bei einer negativen Relation zwischen Sender und Objekt gilt:

$$\Delta S = \frac{|EO|}{|S| + |EO|}(-S-EO)$$

$$\Delta (EO) = \frac{|S|}{|S| + |EO|}(-S-EO)$$

Aus diesen Formeln kann man ablesen, daß es im Kongruitätsmodell nur eine Ausnahme von der Regel gibt, daß beide Bewertungen geändert werden. Diese Ausnahme liegt dann vor, wenn eines der Elemente ursprünglich neutral bewertet war. In diesem Fall ändert sich nur die Bewertung des ursprünglich neutralen Elements, das andere Element ist stabil (vgl. Beispiele 4 und 5 in Abbildung 111).
Ein großer Vorteil des Kongruitätsmodells besteht darin, daß es genaue Vorhersagen über die Art der Inkonsistenzreduktion macht. Nehmen wir folgendes an: Ein positiv bewerteter Sender äußert sich positiv über ein negatives Einstellungsobjekt. Diese Inkonsistenz kann beseitigt werden, indem entweder der Sender abgewertet oder das Objekt aufgewertet wird. Mit Hilfe des Polarisationsprinzips trifft die Kongruitätstheorie eine Entscheidung zwischen diesen beiden Möglichkeiten: Wenn die Objektbewertung stärker polarisiert ist als die Senderbewertung, erfolgt eine negative Senderbewertung (und die Einstellung zum Objekt ändert sich nur geringfügig). Ist die Einstellung zum Sender extremer als die zum Objekt, wird das Objekt nach der Mitteilung positiv bewertet (und die Senderbewertung wird nur wenig verändert). In diesem Sinn lassen sich auch die in Abschnitt 4.333 referierten Ergebnisse von BERGIN (1962) und ARONSON, TURNER und CARLSMITH (1963) interpretieren: Ein nur schwach positiver oder neutraler Sender kann deshalb keine großen Einstellungsänderungen erzielen, weil die Inkonsistenz hauptsächlich durch Senderabwertung reduziert wird, wobei die Einstellung des Empfängers zum Objekt relativ unverändert bleibt.
Das Kongruitätsmodell wurde erstmals von TANNENBAUM (1953) empirisch geprüft. Zuerst wurden die Einstellungen von 405 Vpn zu verschiedenen Sendern und Objekten gemessen. Danach erhielten die Vpn (fingierte) Mitteilungen einzelner Sender über bestimmte Objekte und abschließend wurden wieder die entsprechenden Einstellungen festgestellt. Die Übereinstimmung zwischen den von der Theorie vorausgesagten und den empirisch ermittelten Einstellungsänderungen war außerordentlich hoch (der Korrelationskoeffizient betrug +0,91).
Neuere Untersuchungen (NORRIS, 1965; STACHOWIAK und MOSS, 1965) zeigten, daß die exakten *numerischen* Voraussagen der Kongruitätstheorie nicht immer zutreffen. In der Regel stimmt aber mindestens die vorausgesagte *Richtung* der Einstellungsänderung, so daß die qualitativen Aussagen der Theorie nach wie vor brauchbar und wertvoll sind.
TANNENBAUM und GENGEL (1966) demonstrierten, vom Kongruitätsmodell ausgehend, die Möglichkeit einer *indirekten* Einstellungsänderung, d. h. die Änderung der Einstellung zu einem Objekt, das in der Mitteilung überhaupt nicht erwähnt wird. Im ersten Schritt wurde eine Mitteilung eines bestimmten Senders über ein Einstellungsobjekt präsentiert. Dann wurde (unabhängig davon und ohne den Sender zu erwähnen) die Einstellung zum Objekt geändert, so daß eine Inkonsistenz entstand. Wie vorausgesagt, änderte sich daraufhin auch spontan die Einstellung zum Sender.
Ein weiteres Modell, das die Stärke von Relationen berücksichtigt, wurde von MOHAZAB und FEGER (1985) entwickelt. Das Modell ist auf Triaden (3 Elemente und 3 Relationen) anwend-

bar. Es macht keine Änderungsvoraussagen, sondern definiert die Balanciertheit einer Struktur. Der Grad der Balanciertheit M′ wird durch folgende Formel festgelegt:

$$M' = s + l - m$$

In dieser Formel bedeutet s die Stärke der am wenigsten positiven (oder der negativsten) Relation, m die Stärke der mittleren und l die Stärke der positivsten (oder am wenigsten negativen) Relation (s = small, m = medium, l = large). Die psychologische Begründung der Formel ist etwas kompliziert, so daß ihre Darstellung in einem einführenden Lehrbuch nicht angebracht ist. Der Leser möge jedoch anhand der Formel überlegen, welche Arten von Zahlenkonstellationen zu großen oder kleinen Werten von M′ führen.

Durch Einsetzen geeigneter Zahlen (z. B. + 1 für positive und − 1 für negative Relationen) ist leicht zu zeigen, daß die Formel mit HEIDERS Balancetheorie übereinstimmt. Für balancierte Triaden (3 positive oder 1 positive und 2 negative Relationen) erhält man (bei Einsetzen von + 1 und − 1) M′ = 1. Für unbalancierte Triaden (3 negative oder 2 positive und 1 negative Relation) erhält man M′ = − 1.

Das Modell wird sehr gut durch Daten bestätigt. Sowohl Häufigkeitsdaten (MOHAZAB und FEGER, 1985) wie Valenzurteile über den Grad der Angenehmheit verschiedener Situationen (HUTTER, 1987) zeigen sehr hohe Übereinstimmungen mit dem Balanceindex M′. In drei (von insgesamt vier) Versuchsbedingungen bei HUTTER lagen die Korrelationen zwischen Valenzurteilen und M′ bei 0,95 und waren durchwegs höher als die (für sich betrachtet ebenfalls beachtlichen) Korrelationen mit anderen Balanceindizes.

4.452 Stabilisierung von Einstellungen

Aufgrund kongruitätstheoretischer Überlegungen postulierte TANNENBAUM (1967) vier Mechanismen, die geeignet sind, Einstellungen zu stabilisieren und gegen Angriffe oder Überredungsversuche resistent zu machen. Hier liegt also der gleiche Problemkreis vor, den MCGUIRE in seiner Inokulationstheorie behandelte (vgl. Abschnitt 4.345). Während MCGUIRE aber seine Theorie hauptsächlich im Hinblick auf bestimmte Arten von Einstellungen (nämlich Truismen) formulierte, sind TANNENBAUMS Aussagen völlig allgemein und gelten für beliebige Einstellungen.

Die vier Abwehrmechanismen sind Leugnung (denial), Senderabwertung (source attack), Widerlegung (refutation) und Unterstützung (concept boost). Wie man (etwa anhand von Abbildung 108) leicht einsehen kann, sind alle diese Methoden geeignet, eine Einstellung zu verteidigen (und eventuell beizuhalten) und dennoch Inkonsistenzen zu vermeiden. Gehen wir von der Situation aus, daß sich ein positiver Sender negativ über ein positives Einstellungsobjekt äußert (Beispiel (5) in Abbildung 108). Die Inkonsistenz kann ohne Einstellungsänderung durch *Leugnung* beseitigt werden. Es wird behauptet oder angenommen, der Sender hätte sich gar nicht negativ über das Objekt ausgesprochen. Den gleichen Zweck erfüllt die *Senderabwertung*. Dadurch wird Situation (5) der Abbildung 108 in Situation (4) umgewandelt, also in eine konsistente Situation übergeführt. Die *Widerlegung* der Argumente des Senders macht dessen Angriff gegenstandslos. Schwache oder sogar widerlegbare Argumente sind sicher weniger störend und konsistenzgefährdend als glaubhafte. Schließlich bleibt noch die Möglichkeit der *Unterstützung* der Einstellung zum Objekt durch positive Argumente. In diesem Fall wäre es am günstigsten, wenn durch die Unterstützung die Einstellung noch positiver wird, denn extreme Einstellungen sind schwieriger zu ändern als neutrale. Widerlegung und Unterstützung entsprechen MCGUIRES Inokulation und Unterstützung, werden aber von TANNENBAUM anders begründet, so daß die allgemeine Anwendbarkeit dieser Techniken deutlich wird.

In einem Experiment von TANNENBAUM, MACAULEY und NORRIS (1966) wurde die Wirksamkeit dieser vier Abwehrtechniken verglichen. In vier Versuchsbedingungen (Immunisierung) erfolgte zuerst die Festigung und dann der Angriff. Die Leugnung bestand darin, daß gesagt wurde, die nachfolgenden Argumente (der Angriff) seien irrtümlich dem sehr angesehenen Sender X zugeschrieben worden. In der Senderabwertungsbedingung wurden vor dem Angriff glaubwürdige negative Äußerungen über den Sender gemacht. Die beiden anderen Bedingungen waren ähnlich wie bei MCGUIRE (siehe Abschnitt 4.343).

Tabelle 38

	Leugnung	Senderabwertung	Widerlegung	Unterstützung
Kontrollbedingung	11,77	11,86	11,70	11,22
Immunisierung	9,06	10,62	12,46	10,85
Wiederherstellung	9,96	8,54	10,45	–
Angriff allein	8,56	8,30	8,82	8,39

Die Zahlen sind Mittelwerte der einzelnen Versuchsgruppen auf 15-Punkte-Skalen (1 = völlige Ablehnung, 15 = völlige Zustimmung).

In drei weiteren Versuchsbedingungen (Wiederherstellung) erfolgte zuerst der Angriff und dann die Festigung der Einstellungen. Die Unterstützungstechnik wurde bei den Wiederherstellungsbedingungen ausgelassen. Außerdem wurden noch Versuchsbedingungen mit Angriff allein (ohne Unterstützung) und Kontrollgruppen ohne Angriff und ohne Festigung verwendet. Die Ergebnisse der abschließenden Einstellungsmessungen zeigt Tabelle 38.

Die eben dargestellten und andere Ergebnisse (Macauley, 1965) lassen den Schluß zu, daß wohl alle vier Abwehrmechanismen brauchbar sind, sich aber hinsichtlich ihrer Wirksamkeit unterscheiden. Am wirksamsten scheint die Widerlegung (Inokulation) zu sein, gefolgt von Unterstützung und Senderabwertung. Die Senderabwertung ist jedoch nur in der Immunisierungsreihenfolge (erste Stabilisierung, dann Angriff) zielführend, nicht aber bei der Wiederherstellungssequenz (erst Angriff, dann Abwehr). Zur Wiederherstellung einer bereits angegriffenen Einstellung eignen sich Leugnung und Widerlegung etwa gleich gut.

Weitere Experimente von Tannenbaum und seinen Mitarbeitern untersuchten die kombinierten Wirkungen verschiedener Stabilisierungsstrategien. So zeigten Tannenbaum und Norris (1965), daß die Kombination von Widerlegung und Senderabwertung wirksamer ist, als jede dieser Strategien allein (und zwar sowohl in der Immunisierungs- wie in der Wiederherstellungssequenz). Ebenso wirken Leugnung und Widerlegung additiv (Macauley, 1965). Dieser additive Effekt tritt jedoch nicht bei allen Kombinationen von Abwehrstrategien auf (siehe dazu Tannenbaum 1967, 1968).

4.46 Dissonanztheorie

4.461 Einstellungsänderung durch einstellungsdiskrepantes Verhalten

Die Dissonanztheorie von Festinger (1957) ist dem Leser bereits u. a. aus dem Einleitungskapitel (1.34) und aus dem Kapitel über Konflikt (2.522) bekannt. Hier sollen einleitend einige grundlegende Unterschiede zwischen der Dissonanztheorie und allen anderen Konsistenztheorien erwähnt werden. Dieser Unterschied betrifft bereits die Grundbegriffe. Sowohl kognitive Elemente wie kognitive Relationen sind in der Dissonanztheorie anders, nämlich viel globaler und komplizierter definiert. Die Elemente der Dissonanztheorie sind in den anderen Konsistenzmodellen bereits minimale Strukturen, nämlich Meinungen (also zwei Elemente und eine Relation zwischen ihnen). Die Relationen der Dissonanztheorie sind solche des Widerspruchs und der Verträglichkeit und nicht einfach positive oder negative Bewertungen bzw. Verbindungen.

Außerdem ist die Dissonanztheorie das einzige Konsistenzmodell, das in irgendeiner Weise eine Beziehung zwischen kognitiven Prozessen und Verhalten herstellt. Insbesondere lassen sich aus der Dissonanztheorie Hypothesen über einstellungsdiskrepantes Verhalten ableiten (Verhalten, das den eigenen Einstellungen widerspricht). Es wird angenommen, daß einstellungsdiskrepantes Verhalten Dissonanz erzeugt. Ein Weg zur Reduzierung oder Beseitigung dieser Dissonanz ist die Änderung der Einstellung dergestalt, daß Einstellung und Verhalten wieder verträglich sind (nachdem man beispielsweise eine Lüge überzeugend und oft erzählt hat, glaubt man vielleicht selbst daran).

Dissonanzreduktion (in unserem Fall Anpassung der Einstellung an das Verhalten) tritt jedoch nur dann ein, wenn die Dissonanz ein bestimmtes

Maß übersteigt. Die Dissonanz bei einstellungsdiskrepantem Verhalten ist kleiner, wenn eine äußere Rechtfertigung (z. B. ansehnliche Belohnung) für das Verhalten vorhanden war, als wenn es keine oder nur unzureichende Rechtfertigung gab. Daher kommt die Dissonanztheorie zu der scheinbar paradoxen Aussage: Einstellungsdiskrepantes Verhalten führt bei kleinem oder fehlendem Anreiz für dieses Verhalten zu einer Einstellungsänderung, bei einem starken Anreiz jedoch nicht.

Diese Hypothese wurde bereits von FESTINGER und CARLSMITH (1959) bestätigt. Die Vpn mußten gegen besseres Wissen andere zur Teilnahme an einem «interessanten» – in Wahrheit äußerst langweiligen – Experiment überreden. Diejenigen Vpn, die für diese «Lüge» gut bezahlt wurden, änderten ihre Einstellung zu dem Experiment nicht. Die anderen, sehr schlecht entlohnten Vpn hielten das Experiment nach der Lüge tatsächlich für recht interessant (vgl. Abschnitt 1.343).

Spätere, ähnliche Experimente unterstützten ebenfalls die Hypothese, z. B. COHEN (1962). Die Vpn (Studenten) sollten einen längeren einstellungsdiskrepanten (polizeifreundlichen) Aufsatz schreiben. Wie erwartet, war die Einstellungsänderung um so geringer, je größer die in Aussicht gestellte Belohnung für diesen Aufsatz war (siehe Tabelle 39). Die Vpn in der Bedingung mit der größten Belohnung hatten nach dem einstellungsdiskrepanten Verhalten etwa die gleiche negative Einstellung wie die Kontrollgruppe (in der Kontrollgruppe wurde kein Aufsatz geschrieben und keine Belohnung gegeben; hier wurde nur die Einstellung gemessen).

Die Hypothese über einstellungsdiskrepantes Verhalten und die entsprechenden experimentellen Daten blieben nicht unangefochten. Diese Ergebnisse sind nicht nur für viele Menschen kontraintuitiv, sondern widersprechen auch bei oberflächlicher Betrachtung dem lerntheoretischen Denken. Danach sollte es eher bei großen als bei kleinen Belohnungen zu einer Einstellungsänderung kommen.

Tabelle 39

	Einstellung nach dem Aufsatz
10 Dollar	2,32
5 Dollar	3,08
1 Dollar	3,47
0,50 Dollar	4,54
Kontrollgruppe	2.70

Tatsächlich gelang es ROSENBERG (1965) in einem Experiment, in dem ebenfalls ein einstellungsdiskrepanter Aufsatz zu schreiben war, einen Belohnungseffekt und keinen Dissonanzeffekt zu erzielen: Je größer die Belohnung für einstellungsdiskrepantes Verhalten war, desto größer war auch die anschließende Einstellungsänderung. Dieses Ergebnis widerspricht jedoch nicht unbedingt, wie vielfach fälschlich angenommen wurde, der Dissonanztheorie. Es sollte nicht die Frage gestellt werden: Ist die Dissonanztheorie *oder* die Lerntheorie wahr? Sondern man sollte fragen: Unter welchen Bedingungen treffen die Vorhersagen der Lerntheorie ein und unter welchen Bedingungen die der Dissonanztheorie?

Ein in diesem Sinne aufschlußreiches Experiment wurde von LINDER, COOPER und JONES (1967) durchgeführt, bei dem sich der Faktor Entscheidungsfreiheit als wesentlich herausstellte. Ein genauer Vergleich der Experimente von COHEN (1962) und ROSENBERG (1965) zeigte nämlich, daß COHENS Vpn völlige Entscheidungsfreiheit hatten, ob sie das einstellungsdiskrepante Verhalten durchführen oder lieber nicht weiter an dem Experiment teilnehmen wollten. Bei ROSENBERG war diese Entscheidungsfreiheit nicht unbedingt gegeben. Entscheidungsfreiheit ist jedoch in diesem Fall eine notwendige Bedingung für das Entstehen von Dissonanz. Wenn einstellungsdiskrepantes Verhalten erzwungen wird, dann ist dieser äußere Zwang ja bereits eine Rechtfertigung dieses Verhaltens (man hat eben so handeln müssen, eine andere Möglichkeit gab es nicht). Daher kann keine Dissonanz entstehen und es ist auch kein Dissonanzeffekt, sondern ein Belohnungseffekt zu erwarten.

Wenn die Vp andererseits einstellungsdiskrepant handelt, obwohl eine Weigerung möglich gewesen wäre, dann entsteht Dissonanz. Um diese Hypothese zu prüfen, verwendeten LINDER, COOPER und JONES (1967) vier Versuchsbedingungen: Wahlfreiheit und niedriger Anreiz, Wahlfreiheit und hoher Anreiz, keine Wahlfreiheit und niedriger Anreiz sowie keine Wahlfrei-

Tabelle 40

	Anreiz gering (Dollar 0,50)	Anreiz hoch (Dollar 2,50)
Keine Entscheidungsfreiheit	1,66	2,34
Entscheidungsfreiheit	2,96	1,64

Eine höhere Zahl bedeutet eine positivere Einstellung. Der Einstellungswert der Kontrollgruppe (nur Einstellungsmessung ohne Aufsatz und ohne Belohnung) betrug 1,71.

heit und hoher Anreiz. Die Ergebnisse bestätigen voll und ganz die Hypothese (siehe Tabelle 40). Völlig analoge Ergebnisse erbrachten HOLMES und STRICKLAND (1970). Auch andere Autoren zeigten, daß man ganz gezielt sowohl Belohnungs- wie Dissonanzeffekte hervorrufen kann (z. B. CARLSMITH, COLLINS und HELMREICH, 1966; ROSSOMONDO und WEISS, 1970), jedoch spielen bei diesen Experimenten auch andere Variablen als die Entscheidungsfreiheit eine Rolle – z. B. das Ausmaß an Bindung (commitment, siehe Abschnitt 1.342). Eine öffentlich sichtbare einstellungsdiskrepante Handlung führt eher zu einem Dissonanzeffekt als eine private.

Die Ergebnisse der zahlreichen neueren Experimente über die Wirkungen einstellungsdiskrepanten Verhaltens legen die Vermutung nahe, daß Entscheidungsfreiheit bloß eine notwendige, aber keine hinreichende Bedingung für das Auftreten von Dissonanzeffekten ist. Außer der Entscheidungsfreiheit sind die Erwartung negativer Konsequenzen der einstellungsdiskrepanten Handlung und ein hohes Maß an Bindung wesentlich für die Entstehung von Dissonanzeffekten. (Eine ausführliche Zusammenfassung der umfangreichen einschlägigen Literatur findet man bei COOPER und FAZIO, 1984, und FREY, 1971.) Dieses Thema wird im nächsten Abschnitt ausführlich behandelt.

Eine wichtige ergänzende und präzisierende Hypothese stammt von GERARD (1967; GERARD, CONOLLY und WILHELMY, 1974). GERARD unterscheidet unzureichende, zureichende (adäquate) und «überreichliche» (oversufficient) Belohnungen, und postuliert, daß durch überreichliche Belohnung genau so wie durch unzureichende Belohnung eine Anpassung der Einstellung an das Verhalten erzielt wird. In diesem Fall überwiegt die Annehmlichkeit der reichen Belohnung bei weitem die Unannehmlichkeit der Dissonanz und das einstellungsdiskrepante Verhalten erwirbt (nach GERARD et al.) sekundäre Verstärkerqualitäten. Dadurch entsteht eine positive Einstellung zu dem betreffenden Verhalten und damit eine Einstellungsänderung. Somit ergibt sich insgesamt – unter der Voraussetzung von Entscheidungsfreiheit – eine U-förmige Beziehung zwischen Ausmaß der Einstellungsänderung und Höhe der Belohnung für ein-

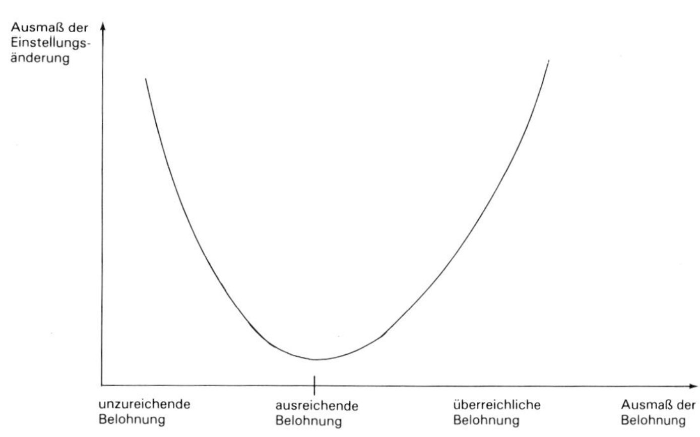

Abbildung 112

stellungsdiskrepantes Verhalten (s. Abbildung 112). Ein Dissonanzeffekt (d. h. eine inverse Beziehung zwischen Belohnungshöhe und Einstellungsänderung) ist also nur im Bereich zwischen unzureichender und zureichender Belohnung zu erwarten (im linken Teil der Kurve in Abbildung 112). Im Bereich zwischen zureichender und überreichlicher Belohnung besteht eine direkte Beziehung zwischen Belohnungshöhe und Einstellungsänderung (Belohnungseffekt). Die Hypothese von GERARD wurde mehrfach experimentell bestätigt (FREY, IRLE und HOCHGÜRTEL, 1979, bzw. HOCHGÜRTEL, FREY und GÖTZ. 1973; GERARD, CONOLLY und WILHELMY, 1974).

In den bisher in diesem Abschnitt besprochenen Experimenten wurden anfänglich negative Einstellungen in positive umgewandelt. Es gibt auch zahlreiche Belege für den umgekehrten Fall: Anfänglich positive Einstellungen werden durch einstellungsdiskrepantes negatives Verhalten (z. B. Vermeiden) schließlich negativ. ARONSON und CARLSMITH (1963) stellten zuerst die Beliebtheitsgrade verschiedener Spielsachen bei einer Gruppe drei- bis vierjähriger Kinder fest. Dann wurde jedem Kind verboten, ein bestimmtes (sehr beliebtes) Spielzeug während der anschließenden Abwesenheit des Versuchsleiters zu benützen. Die Kinder wurden unbemerkt beobachtet und hielten das Verbot ein. In einer Versuchsbedingung wurde das Verbot sehr freundlich, fast als Bitte, formuliert. In der zweiten Versuchsbedingung wurden massive Drohungen mit dem Verbot verbunden.

Das Nichtverwenden eines beliebten Spielzeugs ist sicher ein einstellungsdiskrepantes Verhalten. Zu Dissonanz und daher zu einer Einstellungsänderung (Abwertung) wird es aber nur in der ersten Versuchsbedingung (freundliches Verbot) kommen, denn in der zweiten Versuchsbedingung ist das Vermeidungsverhalten gut begründet (Angst vor den angedrohten Strafen).

Nach der Beobachtungsphase (etwa 10 Minuten) betrat der Vl wieder den Raum und es wurde nochmals die Beliebtheitsrangreihe der vorhandenen Spielsachen ermittelt. Wie erwartet, hatten viele Kinder der ersten Versuchsgruppe (sanftes Verbot) das verbotene Spielzeug abgewertet, aber kein einziges Kind der zweiten Versuchsgruppe. Die Ergebnisse der zweiten Versuchsbedingung waren fast identisch mit denen der Kontrollgruppe (kein Verbot).

Die eben illustrierte Hypothese wurde durch zahlreiche ähnliche Experimente bestätigt (CARLSMITH, EBBESEN, LEPPER, ZANNA, JONCAS und ABELSON, 1969; LEPPER, ZANNA und ABELSON, 1970; OSTFELD und KATZ, 1969). Es konnten auch Langzeiteffekte bis zu sechs Wochen festgestellt werden (FREEDMAN, 1965b). Abschließend sei noch erwähnt, daß die in diesem Abschnitt referierten Ergebnisse auch im Rahmen einer anderen Theorie interpretiert werden können, nämlich mit Hilfe der Selbstwahrnehmungstheorie von BEM (1967, 1972). Davon wird im Abschnitt 5.43 die Rede sein.

4.462 Notwendige Bedingungen für Dissonanz

Die neuere Dissonanzforschung hat sich – mit Ausnahme der Untersuchungen zur selektiven Informationsaufnahme (s. Abschnitt 4.22) – fast ausschließlich auf einstellungsdiskrepantes Verhalten konzentriert, wobei zwei Fragen im Vordergrund standen. Erstens: Welche Bedingungen müssen erfüllt sein, damit Dissonanz entsteht? Zweitens: Welche Rolle spielen Aktivierungsprozesse (im Sinn von Aktivierung$_1$ = physiologische Aktivierung)?

Auf die Rolle der von FESTINGER postulierten und von manchen Psychologen bestrittenen bzw. als unwichtig erachteten Aktivierungsvorgänge wird später eingegangen (im Abschnitt 5.43 über die Selbstwahrnehmungstheorie von BEM [1967, 1972]). In diesem Abschnitt wollen wir die notwendigen Bedingungen für die Entstehung von Dissonanz eingehender betrachten. Durch minutiöse Untersuchungen ist es gelungen, diese Bedingungen sehr genau zu ermitteln (s. COOPER und FAZIO, 1984). Abbildung 113 gibt einen Überblick.

Die erste Bedingung, die erfüllt sein muß, ist das Auftreten oder besser das Herbeiführen einer negativen Konsequenz. Die Vpn im Experiment von FESTINGER und CARLSMITH (1959) sollten einen «Kollegen» belügen (und ihm damit falsche Hoffnungen machen), indem sie ihm erzählten, daß ein in Wahrheit äußerst langweiliges Experiment sehr interessant ist. Die falschen Hoffnungen des Kollegen sind eine negative Folge des einstellungsdiskrepanten Verhaltens. (Ein aversives Ereignis ist ein Ereignis, dessen Nichtauftreten man seinem Auftreten vorzieht.)

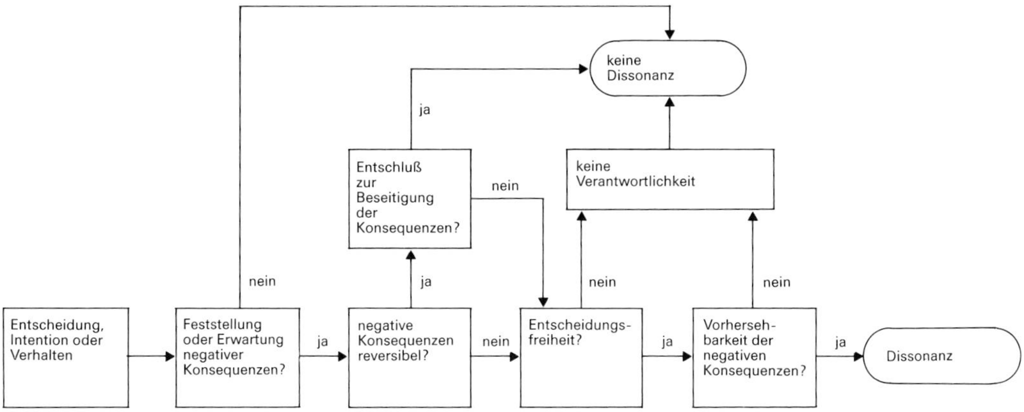

Abbildung 113

Cooper und Worchel (1970) variierten das Experiment, indem der belogene Kollege bei einer Hälfte der Vpn scheinbar durch die Lügen der Vpn vom positiven Charakter des Experiments überzeugt worden war, während er bei den anderen Vpn von ihren Ausführungen unbeeindruckt war und skeptisch blieb. Nur bei denjenigen Vpn, die den Kollegen erfolgreich belogen, trat die dissonanzbedingte Einstellungsänderung gegenüber dem Experiment auf.

Das einstellungsdiskrepante Verhalten allein genügt also nicht, um Dissonanz hervorzurufen. Es muß außerdem negative Folgen bewirken. Ähnliche Ergebnisse berichten Nel, Helmreich und Aronson (1969), deren Vpn eine einstellungsdiskrepante Rede für die Legalisierung von Marihuana halten sollten. Variiert wurde in drei Versuchsbedingungen die Art der Empfänger. Diese hatten angeblich entweder eine festgefügte (commited) Einstellung für oder gegen die Legalisierung, oder sie hatten keinen festen Standpunkt (und waren noch dazu Kinder). Nur in der dritten Versuchsbedingung kam es zu Einstellungsänderungen. Es entsteht offensichtlich keine Dissonanz, wenn ein aversives Ereignis voraussichtlich nicht durch die Handlung herbeigeführt werden kann (weil die Zuhörer einem anderen Standpunkt fest verpflichtet sind), oder aber bereits vorhanden ist (weil die Zuhörer die unerwünschte Einstellung schon haben). – Nel, Helmreich und Aronson (1969) erklärten ihr Ergebnis anders, nämlich aufgrund von Selbstwertbedrohung, worauf jedoch hier nicht näher eingegangen werden soll.

Es scheint für die Entstehung von Dissonanz (und dadurch bedingte Einstellungsänderungen) sogar gleichgültig zu sein, ob das Verhalten einstellungsdiskrepant oder -konsonant ist (Scher und Cooper, 1989). Entscheidend sind die aversiven Konsequenzen des Verhaltens. Auch einstellungskonsonantes Verhalten erzeugt Dissonanz, wenn nur seine Folgen aversiv sind.

Da es in diesem Zusammenhang nicht darauf ankommt, ob die negative Konsequenz tatsächlich eintrifft oder nicht, sondern bloß darauf, daß man *glaubt,* sie werde eintreffen (oder daß sie eingetroffen ist), ist es gar nicht nötig, das Verhalten auszuführen. Die bloße Einwilligung (commitment oder Intention) zu einem solchen Verhalten genügt bereits, um Dissonanz und Einstellungsänderungen hervorzurufen (Linder, Cooper und Wicklund, 1968).

Die aversiven Konsequenzen müssen jedoch *irreversibel* sein (Davis und Jones, 1960). Wenn man von vornherein weiß, daß man den herbeigeführten Schaden beseitigen oder rückgängig machen kann, entsteht keine Dissonanz (bzw. die entstehende Dissonanz wird durch den Entschluß, die aversive Konsequenz zu beseitigen, eliminiert). Einige Vpn von Davis und Jones (1960) wußten, daß sie die von ihnen beleidigte Zielperson später treffen und ihr das negative Verhalten als Teil des Experiments erklären können. Bei diesen Vpn waren keine Einstellungsänderungen nachweisbar – im Gegensatz zu den anderen Vpn, die keine Möglichkeit der Entschuldigung und Richtigstellung hatten.

Die Bedeutung der Möglichkeit, negative Folgen rückgängig zu machen, hat sich sehr deutlich in der Forschung zur selektiven Informationsaufnahme gezeigt (s. Frey, 1986). Wenn sich herausstellt, daß eine *reversible* Entscheidung negative Folgen brachte (d. h. man hat sich für eine schlechte Alternative entschieden), kann man die dadurch entstandene Dissonanz durch selektive (entscheidungsunterstützende) Informationsaufnahme reduzieren, oder dadurch, daß man sie rückgängig macht und eine andere Alternative wählt. Solange man sich nicht für eine neue Alternative entschieden hat, ist jedoch Dissonanz vorhanden. Diese kann auf verschiedene Arten reduziert werden, z. B. durch selektive Informationsaufnahme, durch Aufwertung der gewählten Alternative (was als Folge der Informationsselektivität, aber auch ohne sie auftreten kann), oder indem man sich einredet, die Entscheidung wäre erzwungen worden (Beispiel: «Du wolltest ja unbedingt dieses Auto haben»). Natürlich sind manche Folgen nur teilweise reversibel. Sofern aversive Restfolgen bleiben (im Autobeispiel etwa der Wertverlust), bleibt auch eine Restdissonanz. Damit kommen wir zum nächsten Punkt, der Entscheidungsfreiheit.

Daß man durch sein Verhalten eine irreversible negative Folge verursacht hat oder herbeiführen wird, ist eine bloß notwendige aber noch immer keine hinreichende Bedingung für die Entstehung von Dissonanz. Dissonanz entsteht erst dann, wenn man sich außerdem für diese Konsequenz verantwortlich fühlt (Wicklund und Brehm, 1976). Verantwortlichkeit besteht aus zwei Komponenten: Entscheidungsfreiheit und Vorhersehbarkeit der Verhaltenskonsequenzen.

Wenn ein Verhalten negative Konsequenzen bewirkt, für die man nicht verantwortlich ist, weil man zu diesem Verhalten gezwungen wurde, entsteht keine (oder nur wenig) Dissonanz. Die wichtige Rolle der Entscheidungsfreiheit für die Dissonanzentstehung wurde in zahlreichen Untersuchungen nachgewiesen, z. B. in der im vorigen Abschnitt beschriebenen Untersuchung von Linder, Cooper und Jones (1967). Auch Davis und Jones (1960) zeigten, daß durch negatives Verhalten gegenüber einer sympathischen Person nur dann eine Verschlechterung der Einstellung zu ihr eintritt, wenn dieses Verhalten (Zuschreibung negativer Eigenschaften) freiwillig erfolgte.

Aber selbst negative Konsequenzen aufgrund freiwillig durchgeführten Verhaltens sind noch kein hinreichender Grund für Dissonanz. Die Konsequenzen müssen außerdem vorhersehbar sein. Wenn man durch freiwilliges Verhalten zwar eine aversive Konsequenz verursacht hat, aber nicht wissen konnte, daß diese Konsequenz auftreten wird, dann ist man vor sich selbst entschuldigt und fühlt keine Dissonanz. Hier ist es wichtig, zwischen *vorhergesehen* und *vorhersehbar* zu unterscheiden. Damit Dissonanz entsteht, muß man die Konsequenz nicht unbedingt vorhergesehen haben. Es genügt bereits, wenn man nach eingetretener Konsequenz (im nachhinein) feststellt, daß man sie hätte voraussehen können.

Diese Hypothese wurde von Goethals, Cooper und Naficy (1979) bestätigt. Die Vpn sollten einstellungsdiskrepante Aufsätze schreiben. Ein Teil der Vpn glaubte, daß nur der Vl die Aufsätze sehen wird. Eine zweite Gruppe von Vpn wußte, daß die Aufsätze an ein Komitee geschickt werden, das unerwünschte Folgen für die Schreiber bewirken kann. Die dritte Gruppe erfuhr nur, daß einige Personen an den Aufsätzen interessiert sind. Am Ende stellte sich für alle Gruppen heraus, daß die Aufsätze an das Komitee geschickt werden. Die Vpn der ersten Gruppe zeigten keine Einstellungsänderungen, denn sie konnten nicht wissen, wer die Aufsätze lesen wird. In der zweiten Gruppe kam es zu Einstellungsänderungen, denn diese Vpn hatten die Folgen vorausgesehen. Am interessantesten ist die dritte Gruppe. Auch diese Vpn änderten ihre Einstellungen – offenbar weil ihnen im nachhinein klar wurde, sie hätten sich gleich denken können, wer ihre Aufsätze lesen wird.

Von Festingers (1957) Aussage, daß Dissonanz durch Widerspruch zwischen zwei Kognitionen entsteht, bis zu der minutiösen Analyse der Dissonanzbedingungen, die der späteren Forschung gelang, ist es ein weiter Weg. Weiterentwicklungen von Theorien kommen in diesem Ausmaß selten vor. Ein anderes Beispiel dafür ist die Theorie der gelernten Hilflosigkeit, die im Abschnitt 2.54 beschrieben wurde.

4.463 Dissonanz und Handlungskontrolle

Weitere neue Einsichten in Dissonanzprozesse wurde durch die Unterscheidung zwischen *Selektions*motivation und *Realisierungs*motivation

(Handlungskontrolle) ermöglicht (KUHL, 1983). Während sich die ältere psychologische Forschung (in den ersten Jahrzehnten dieses Jahrhunderts) ausführlich mit Realisierungsmotivation (mit «Willensakten») beschäftigte, wurde von der neueren Forschung fast ausschließlich die Selektionsmotivation behandelt. Die Selektionsmotivation umfaßt die Prozesse, die zu einer Entscheidung, also zur Auswahl eines Ziels oder einer Handlungsalternative führen. Diese Thematik ist Gegenstand der Lerntheorien und der Erwartung-mal-Wert-Theorien (dazu zählen z. B. die Ansätze von ROTTER, 1954, sowie FISHBEIN und AJZEN, 1975, s. Abschnitte 4.11, 4.12 und 4.243). Um eine einmal ausgewählte Handlung erfolgreich zu Ende zu führen – trotz Schwierigkeiten und verlockender Alternativen – ist eine mehr oder weniger große «Willensanstrengung» nötig. Das ist mit Realisierungsmotivation gemeint. Damit beschäftigt sich u. a. die Forschung zum Belohnungsaufschub (MISCHEL, 1974, s. Abschnitt 2.446) und zur Handlungskontrolle (KUHL, 1983, s. Abschnitt 2.548).

Ähnliche Unterscheidungen wie KUHL treffen auch andere Psychologen. HECKHAUSEN (1989) nennt die beiden Motivationsaspekte Motivation (= Selektionsmotivation) und Volition (= Realisierungsmotivation). BREHM unterscheidet potentielle Motivation (die vorwiegend Selektionsfunktion hat) und aktuelle Motivation (die Realisierungsfunktion hat, s. BREHM und SELF, 1989, vgl. Abschnitt 4.462). Die Theorie des geplanten Verhaltens von AJZEN (1987, s. Abschnitt 4.243) nennt drei Ursachen einer Verhaltensintention. Zwei davon sind Selektionsmechanismen (Einstellung zum Verhalten und subjektive Norm), die dritte Ursache (wahrgenommene Kontrollierbarkeit des Verhaltens) umfaßt Aspekte der Verhaltensrealisierung. Ähnlich ist auch BANDURAS (1977, 1986) Unterscheidung zwischen Konsequenzerwartungen und Effizienzerwartungen aufzufassen.

HECKHAUSEN (1987, 1989) beschreibt in seiner Motivationstheorie (dem sogenannten Rubikon-Modell), wie sich die kognitiven Prozesse vor und nach einer Entscheidung voneinander unterscheiden. Die Entscheidung ist getroffen, sobald man sich auf eine bestimmte Intention festgelegt hat (also sobald commitment oder Bindung im dissonanztheoretischen Sinn gegeben ist). Vor der Entscheidung überwiegen Prozesse der Selektionsmotivation gegenüber der Realisierungsmotivation. Nach der Entscheidung ist es umgekehrt.

Daher sind auch – wie mehrere Untersuchungen (z. B. HECKHAUSEN und GOLLWITZER, 1987) gezeigt haben – die kognitiven Prozesse in der motivationalen Phase (vor Festlegung der Intention) anders als in der volitionalen Phase (nach Festlegung der Intention). In der motivationalen «Bewußtseinslage» treten mehr Gedanken über Erwartungen und Bewertungen (bezüglich der gewählten Alternative und ihrer Konsequenzen) auf als in der volitionalen Phase. Außerdem ist die Informationsaufnahme nicht selektiv, sondern offen und unvoreingenommen. Die Informationsverarbeitung ist nicht wunschhaft verzerrt, sondern ziemlich realistisch.

In der volitionalen «Bewußtseinslage» dagegen gibt es mehr realisierungsbezogene Gedanken als in der vorangegangenen motivationalen Phase. Diese Gedanken beziehen sich u. a. auf günstige Gelegenheiten, die man abwarten oder herbeiführen muß, und auf konkrete Details der Handlungsdurchführung (z. B. wie man erwartete Schwierigkeiten überwinden kann). Die Informationsaufnahme ist in der volitionalen Phase selektiv (handlungsunterstützend) und die Informationsverarbeitung ist verzerrt (wodurch es zur Aufwertung der gewählten Alternative kommen kann).

Diese Hypothesen und Ergebnisse legen eine neue Auffassung der Dissonanztheorie nahe: Prozesse, die der Dissonanzreduktion dienen – Aufwertung der gewählten Alternative, Abwertung der abgelehnten Alternative(n), selektive Informationsaufnahme – sind gleichzeitig Prozesse, die die Handlungskontrolle fördern. Im Zustand hoher kognitiver Dissonanz (mit widersprüchlichen Gedanken und annähernd gleichwertigen Alternativen) ist es kaum möglich, einen klaren Entschluß zu fassen und auszuführen. Dissonanz macht handlungsunfähig (worauf bereits JONES und GERARD, 1967, hingewiesen haben). Durch selektive Informationsaufnahme und wunschhaft (handlungskonsistent) verzerrte Neubewertungen wird nicht nur der dissonanzbedingte Spannungszustand verringert, sondern es werden auch eindeutige Handlungen erleichtert.

Damit stimmt auch überein, daß handlungsorientierte Vpn – im Gegensatz zu lageorientierten Personen – imstande sind, Dissonanz schnell und effizient zu reduzieren (BECKMANN, 1984; BECKMANN und IRLE, 1985). Zum Beispiel ist bei handlungsorientierten Personen die Bewertungsdivergenz in der Nachentscheidungsphase relativ groß, während bei lageorientierten Personen nur eine geringe oder gar keine Bewertungsdivergenz bzw. sogar (dissonanzvergrößernde) Bewertungskonvergenz auftritt.

Abschließend sei noch darauf hingewiesen, daß auch die Reaktanztheorie Prozesse beschreibt, die der Handlungsrealisierung dienen. Reaktanz bewirkt u. a. erhöhte Ausdauer und Anstrengung sowie eine Aufwertung der bedrohten Handlungsmöglichkeit – durchwegs Prozesse, die erfolgreiches Handeln erleichtern. Das integrative Modell von WORTMAN und BREHM (1975) kann man in dem Sinn auffassen, daß es den Übergang von Handlungs- zu Lageorientierung beschreibt. Diese Sichtweise macht deutlich, warum sowohl die Reaktanz- wie die Dissonanztheorie außergewöhnliche Motivationstheorien sind. Im Gegensatz zu fast allen anderen Motivationstheorien ihrer Zeit sind sie Theorien der Realisierungsmotivation. Das war allerdings zur Zeit ihrer Publikation noch nicht so klar, wie es jetzt gesehen wird.

4.47 Ist Inkonsistenz immer unangenehm?

Alle Konsistenztheorien gehen von dem (zumindest impliziten) Postulat aus, daß Inkonsistenzen immer und unter allen Umständen aversiv sind und daher vermieden bzw. reduziert oder eliminiert werden. Dieses Postulat des unbedingten Strebens nach Konsistenz muß aus verschiedenen Gründen abgelehnt werden. Ganz allgemein läßt sich sagen, daß ein uneingeschränktes Konsistenzstreben ein völlig konservatives und fortschritthemmendes Prinzip wäre. Wissenschaftliche, künstlerische und soziale Neuerungen sind meistens mit dem Auftreten von Inkonsistenzen verbunden. Man könnte den Wissenschafter (zumindest den modernen Natur- und Sozialwissenschafter) geradezu als einen Menschen kennzeichnen, der Inkonsistenzen sucht (nämlich zwischen Hypothesen und Fakten). Diese Inkonsistenzen werden zwar dann durch Neuformulierung von Hypothesen und Theorien beseitigt, jedoch in dem ständigen Bewußtsein, daß die so erreichte Konsistenz nicht von unbeschränkter Dauer ist.

Es lassen sich auch psychologische Einwände gegen das uneingeschränkte Konsistenzpostulat vorbringen (BERLYNE, 1968; MADDI, 1968). Es gibt sicher nicht nur ein Streben nach Konsistenz, Harmonie und Ruhe, sondern auch ein Streben nach neuen Reizen, nach komplexen und unbekannten Reizkombinationen, nach Konflikt und Aktivierung (BERLYNE, 1960). Diese beiden gegenläufigen Tendenzen sind nicht unverträglich. Inkonsistenzen sind kognitive Konflikte und daher aktivierend, die Auflösung von Inkonsistenzen ist desaktivierend. Es ist bekannt, daß sehr hohe Aktivierungsgrade aversiv sind, ebenso sind aber lange Phasen geringer Aktivierung unangenehm (langweilig). Optimal ist offenbar ein mittleres Aktivierungsniveau (BERLYNE, 1967), vgl. auch Abschnitt 2.331 (Trieb und Aktivierung).

Wendet man diese Überlegungen auf die Konsistenzproblematik an, so kommt man zu dem Schluß, daß eine ununterbrochene, nie gestörte Konsistenz unangenehm (desaktivierend, langweilig) ist. Es ist anzunehmen, daß es für jeden Menschen ein optimales Aktivierungsniveau gibt und daß man Inkonsistenzen sogar sucht, wenn die momentane Aktiviertheit unter diesem Niveau liegt, daß man aber Inkonsistenzen vermeidet bzw. reduziert, wenn die momentane Aktiviertheit deutlich über dem Optimalwert liegt.

Eine *Sättigungshypothese,* wie sie für Verstärker nachgewiesen wurde (siehe Abschnitt 2.323), dürfte auch für das Erleben von Konsistenz und Inkonsistenz gelten. Diese Fragestellung wurde von PRISCHL (1973) untersucht. Sie bot ihren Vpn (in ähnlicher Weise wie JORDAN, 1953 und MORRISSETTE, 1958) eine Reihe von umgangssprachlich formulierten kognitiven Strukturen (soziale Situationen), die dann u. a. nach dem Grad ihrer Angenehmheit oder Unangenehmheit auf einer 7-Punkte-Skala eingestuft werden mußten (1 = sehr angenehm, 7 = sehr unangenehm).

Um die Sättigungshypothese prüfen zu können, wurden vier Versuchsgruppen zu je 40 Vpn gebildet. Die Anzahl der gebotenen kognitiven Strukturen war in allen Gruppen gleich, nämlich 50. Die erste Gruppe erhielt zuerst 10 balancierte, dann 40 unbalancierte Strukturen.

Gruppe zwei erhielt 20 balancierte, dann 30 unbalancierte Situationen. In Gruppe drei folgten auf 30 balancierte 20 unbalancierte Strukturen; für Gruppe vier waren es 45 bzw. 5 Strukturen.

Die Sättigungshypothese wurde insofern bestätigt, als in allen Versuchsgruppen die letzten balancierten Strukturen als weniger angenehm erlebt wurden als die ersten. Auch die Hypothese, daß Inkonsistenzen nach allzu langen Perioden der Harmonie sogar angenehm sein können, wurde bestätigt: In den Gruppen drei und vier (viele balancierte Strukturen vor den unbalancierten) wurden die ersten inkonsistenten Strukturen positiver beurteilt als in den Gruppen eins und zwei (weniger vorangehende balancierte Strukturen). Offenbar tritt nach allzu vielen konsistenten Strukturen Langeweile ein und das Auftreten von Inkonsistenz ist gar nicht so unangenehm, vielleicht sogar interessant oder geradezu «erlösend».

Daß es kein unumschränktes Konsistenzstreben gibt, zeigen auch die in Abschnitt 4.22 referierten Ergebnisse über Informationssuche und Informationsvermeidung. Es ist nicht so, daß potentiell unangenehme oder mit den eigenen Einstellungen und Meinungen inkonsistente Information auf jeden Fall vermieden (nicht beachtet) wird. Inkonsistente Information wird sogar besonders beachtet, wenn sie der Vermeidung weiterer aversiver Situationen dienen kann.

Außerdem gibt es große individuelle Unterschiede im Ausmaß der Inkonsistenztoleranz und auch bezüglich der Situationen, die als inkonsistent empfunden werden. Eine besonders wichtige Variable dürfte in diesem Zusammenhang der Selbstwert einer Person sein (die Einstellung zu sich selbst). Schon HEIDER (1958) vertrat die Ansicht, daß viele seiner konsistenztheoretischen Aussagen nur unter der Voraussetzung eines *positiven* Selbstwerts gelten. Für jemand mit einer negativen Selbsteinschätzung gilt nicht unbedingt, daß für zweielementige Systeme (wobei ein Element das Selbstbild ist) Einheits- und Wertrelationen gleiche Vorzeichen haben müssen. In diesem Fall muß es nicht inkonsistent sein, wenn eine negative Einheits- und eine positive Wertrelation zum selben Objekt vorliegen. Ein Mensch mit negativem Selbstbild könnte sogar den Besitz eines positiven Objekts oder die Freundschaft mit einer geschätzten Person als inkonsistent empfinden («dafür bin ich nicht gut genug»).

Auch die üblichen Wirkungen der Nachentscheidungsdissonanz (Aufwerten der gewählten und/oder Abwerten der abgelehnten Alternative, siehe Abschnitt 2.522) treten nur bei Personen mit positivem Selbstwert auf. Bei Menschen, die sich negativ einschätzen, kommt es manchmal zu gar keinen Umwertungen oder sogar zu einer Abwertung der gewählten und einer Aufwertung der nicht gewählten Alternative (GERARD, BLEVANS und MALCOLM, 1964; MALEWSKI, 1962). Menschen mit negativem Selbstbild tendieren vielleicht zu der Meinung, daß ihre Entscheidungen auf jeden Fall falsch sind.

Auf individuelle Unterschiede hinsichtlich der Inkonsistenztoleranz wurde bereits hingewiesen (Abschnitt 1.343). Autoritäre und dogmatisch denkende Menschen ertragen nur ein geringes Ausmaß an Inkonsistenz und bevorzugen konsistente (und damit oft unrealistisch einfache und harmonische) kognitive Strukturen (MILLER und ROKEACH, 1968).

5. Kapitel
Personenwahrnehmung

5.1 Selektion und Inferenz

Unter Personenwahrnehmung versteht man jene Prozesse, die zur Bildung von Meinungen und/oder Bewertungen (Einstellungen) bezüglich anderer Personen führen. Solche Prozesse sind überaus häufig und wichtig. Aufgrund wahrgenommener (oder oft nur angenommener) Äußerungen und Handlungen eines Menschen gelangt man zu Meinungen über seine momentane Stimmung, seine Absichten, Einstellungen und Charaktereigenschaften. Die einzelnen Meinungen, die man über einen Menschen gebildet hat, sind dann die Grundlage der Bewertung dieser Person.

Nach obiger Beschreibung der Personenwahrnehmung könnte man diesen Problemkreis als einen Teilbereich der Einstellungsforschung betrachten, der jene Spezialfälle umfaßt, bei denen die Einstellungsobjekte Menschen sind. Dementsprechend werden auch in den beiden folgenden Kapiteln zuerst die Mechanismen der Meinungsbildung und dann diejenigen der Bewertung besprochen (allerdings lassen sich diese beiden Aspekte nicht ganz streng trennen).

Dennoch ist der Terminus Personenwahrnehmung (person perception) berechtigt, denn es treten hier Prozesse auf, die für Wahrnehmungen jeder Art charakteristisch sind. BRUNER (1957) nennt zwei charakteristische Aspekte des Wahrnehmungsaktes: Selektion und Inferenz.

Die *Selektion* bei der Wahrnehmung besteht darin, daß von allen gegebenen und zugänglichen Reizen nur ein kleiner Teil beachtet und verarbeitet wird. Ein wahrgenommenes Objekt wird beispielsweise als Automobil klassifiziert, nachdem seine Form und Größe registriert wurden. Andere, ebenfalls verfügbare Reizaspekte, wie Oberflächenbeschaffenheit, Temperatur, Geruch usw. werden nicht zur Identifizierung herangezogen. Ähnlich ist es bei der Personenwahrnehmung. So werden beispielsweise nicht alle beobachteten Handlungen eines Menschen zur Meinungsbildung herangezogen. Manche Handlungen werden als aufschlußreich und typisch angesehen, andere Verhaltensweisen wiederum werden gar nicht beachtet und gelten als belanglos und nicht aufschlußreich. Darauf wird besonders in Abschnitt 5.22 eingegangen.

Inferenz liegt bei der Wahrnehmung insofern vor, als man über die tatsächlich gegebene Information hinausgeht und sozusagen unbewußt Schlüsse auf weitere, nicht beobachtbare oder noch nicht beobachtete Eigenschaften des Wahrnehmungsobjekts zieht. Im vorhin erwähnten Fall des Autos nimmt man «automatisch» an, daß es sich fortbewegen kann, daß man darin sitzen kann usw., und wäre sicher sehr enttäuscht, falls sich diese Annahmen als falsch erwiesen (wenn etwa der Motor ausgebaut oder die Sitze entfernt worden wären, oder wenn es sich überhaupt um eine Attrappe handelte).

Bei der Personenwahrnehmung geschieht ähnliches. Einerseits wird aus manchen (nicht allen) beobachteten Reizen – etwa aus dem Gesichtsausdruck und einem Teil des Verhaltens – auf prinzipiell nicht beobachtbare Variablen wie Stimmungen und Persönlichkeitsmerkmale geschlossen. Außerdem führt die Annahme bestimmter Merkmale einer Person dazu, daß auch die Existenz weiterer, zu dem bereits vorhandenen Eindruck «passender» Merkmale angenommen wird; ebenso werden andere, nicht «passende» oder vermeintlich unverträgliche Merkmale ausgeschlossen (siehe Abschnitt 5.24).

Die Meinungen und Einstellungen hinsichtlich eines anderen Menschen beeinflussen (neben anderen Faktoren) das Verhalten diesem Menschen gegenüber. Allerdings gelten hier die gleichen Einschränkungen, die prinzipiell für den Einfluß von Einstellungen auf das Verhalten angeführt wurden (Abschnitt 4.24). Dennoch kann man wohl annehmen, daß beispielsweise negativ bewertete Personen eher gemieden werden als positive; daß man einem sympathischen Menschen eher hilft als einem unsympathischen; daß man lieber mit einem Menschen zusammenarbeiten will, den man für kooperativ hält als mit einem aggressiven Menschen usw. Themen dieser Art werden im Abschnitt 5.33 erörtert. Wie bereits früher, im Zusammenhang mit Lernen durch Beobachtung (Abschnitt 2.445 und 2.446) und Einstellungsänderung durch Kommunikation (Abschnitt 4.32) gezeigt wurde, gilt auch hier, daß ein positiv bewerteter Mensch mehr sozialen Einfluß hat als ein neutral oder negativ bewerteter.

Die Abfolge von Selektion und Inferenz tritt auch bei Kategorisierungsprozessen auf, wie dies etwa bei *Nationalstereotypen* der Fall ist.

Für viele Menschen genügt es, jemand beispielsweise als Amerikaner, Juden oder Deutschen zu klassifizieren, um daraus weitreichende Schlüsse auf dessen Persönlichkeit zu ziehen, ohne nähere Information über das konkrete Individuum zu beachten. Man spricht in diesem Zusammenhang auch von *Vorurteilen*. Die stereotypen Vorstellungen, die verschiedene Nationen voneinander haben, wurden mehrfach untersucht (KATZ und BRALY, 1931; GILBERT, 1951; KARLINS, COFFMAN und WALTERS, 1969).

Kategorisierung führt in der Regel zu *Akzentuierung:* Einerseits werden die Unterschiede zwischen den Mitgliedern einer Kategorie (Gruppe, Nation, Rasse usw.) unterschätzt (es werden kleinere Unterschiede wahrgenommen als tatsächlich vorhanden sind). Andererseits werden gleichzeitig die Unterschiede zwischen Mitgliedern verschiedener Kategorien überschätzt (akzentuiert). Diese experimentell gut gesicherten Hypothesen dienen als theoretische Grundlage in der modernen Vorurteilsforschung (s. zusammenfassend LILLI, 1975; SCHÄFER und SIX, 1978). Diese Themen werden ausführlicher in den Abschnitten 5.324 und 6.35 behandelt.

Es sei noch erwähnt, daß natürlich ein Teil der Meinungen über andere Menschen falsch ist. Das folgt bereits aus dem Umstand, daß die Prozesse der Personenwahrnehmung vielfach auf völlig unzureichender Information basieren. Aufgrund eines kurzen Gesprächs mit einem völlig Fremden werden oft weitreichende Meinungen über dessen Einstellungen, Persönlichkeitsmerkmale usw. gebildet. Daß dabei oft allzu sehr über die gegebene Information hinaus und in die Irre gegangen wird, liegt auf der Hand. Dennoch werden gerade interpersonelle Meinungen nicht selten mit der größten subjektiven Evidenz für richtig gehalten.

5.2 Meinungsbildung

5.21 Nichtverbale Kommunikation

Meinungen über die Gefühle und Einstellungen eines Gesprächspartners bildet man nicht nur aufgrund der Inhalte seiner Mitteilungen, sondern auch aufgrund von Körperhaltung, Gesten, Gesichtsausdruck, Lautstärke und Tonfall der Stimme usw. Oft mißtraut man sogar dem Inhalt und «verläßt sich» eher auf andere Aspekte der Interaktion. Diese werden als «nichtverbale Kommunikation» bezeichnet. Der Terminus «nichtverbale Kommunikation» ist insofern nicht sehr glücklich gewählt, als er sich durchaus auch auf Aspekte des verbalen Verhaltens (wie Sprechgeschwindigkeit und Tonfall) bezieht. Ausdrücke wie «nichtsemantische Kommunikation» oder «implizite Kommunikation» wären vielleicht vorzuziehen.

In den letzten Jahren wurde besonders in den angelsächsischen Ländern die Forschung über nichtverbale Kommunikation sehr intensiv betrieben (eine Zusammenfassung geben u. a. KENDON, 1981, und MEHRABIAN, 1972). Für die europäische Psychologie ist dieses Gebiet weniger neuartig, denn die Ausdruckspsychologie beschäftigt sich seit Jahrzehnten mit vielen Aspekten der nichtverbalen Kommunikation (siehe z. B. ROHRACHER, 1959).

Zu den ältesten und am besten erforschten Teilproblemen der nichtverbalen Kommunikation gehört die Frage, mit welcher Genauigkeit und auf welche Weise Gefühle durch den Gesichtsausdruck mitteilbar sind (FELEKY, 1914; WOODWORTH, 1938). In diesen, wie auch in den meisten späteren Experimenten (FRIJDA, 1958; 1961; OSGOOD, 1955, 1966; SCHLOSBERG, 1952, 1954) wurden den Vpn Fotos von Gesichtern vorgelegt. Oft handelt es sich dabei um Fotos von Schauspielern, die aufgefordert wurden, bestimmte Gefühle darzustellen. Die Vpn sollten die dargestellten Gefühle identifizieren oder anhand von vorgegebenen Kategorien einstufen.

Es zeigte sich, daß die gezeigten Gefühle zwar im großen und ganzen richtig identifiziert wurden (bei WOODWORTH durchschnittlich in etwa drei Viertel aller Fälle), daß es aber auch zu ganz bestimmten, nicht zufälligen, sondern systematischen Verwechslungen kommt. Aufgrund dieser Verwechslungen lassen sich die subjektiven Ähnlichkeiten zwischen verschiedenen (im Gesichtsausdruck wahrgenommenen) Gefühlen feststellen. Oft verwechselte Gesichter sind offenbar ähnlich, selten oder nie verwechselte sehr verschieden. Die Ergebnisse von SCHLOSBERG sind in Abbildung 114 dargestellt. In der kreisförmigen Anordnung benachbarte Gefühle sind im Ausdruck ähnlich und werden oft verwechselt. Einander gegenüberliegende Gefühle sind deutlich unterscheidbar.

Abbildung 114

Weitere Datenanalysen zeigten, daß man die Vielfalt dargestellter und wahrgenommener Gefühle auf drei Dimensionen zurückführen kann: Bewertung, Aktivierung und Kontrolle. Der erste Faktor stellt eine Dimension dar, die die Pole angenehm-unangenehm aufweist (Freude und Glück versus Angst und Grauen). Auf der Aktivierungsdimension liegen auf der einen Seite Gefühle wie Zorn, Ekel, Spott und auf der anderen Langeweile, Trauer, stille Freude, Bewunderung. Die Kontrolldimension unterscheidet Gefühle, von denen man sozusagen «überfallen» wird (Überraschung, Entzücken, Aufregung) von solchen wie Zorn und Verachtung. Die (zweidimensionale) Darstellung der Abbildung 114 (nach SCHLOSBERG, 1952) berücksichtigt nur zwei dieser Dimensionen. Von oben nach unten sind verschieden angenehme Gefühle dargestellt (Bewertungsfaktor), von links nach rechts unterscheiden sie sich im Kontrollfaktor.

Es läßt sich also die große Vielfalt der emotionalen Gesichtsausdrücke genauso wie die Vielfalt der konnotativen Wortbedeutungen (siehe Abschnitt 3.317) auf wenige grundlegende Dimensionen zurückführen. Es sind auch die in beiden Fällen festgestellten Grunddimensionen inhaltlich sehr ähnlich. Zwei Faktoren – Bewertung und Aktivierung – tragen sogar in beiden Fällen die gleiche Bezeichnung. Dem semantischen Potenzfaktor entspricht nach OSGOOD (1966) im Ausdrucksbereich der Kontrollfaktor: Gefühle wie Zorn und Verachtung zeigen Stärke, Gefühle wie Überraschung und Aufregung zeigen Schwäche. Dieselben drei Faktoren wurden auch bei der Beurteilung und Interpretation von Gesten festgestellt (GITIN, 1970).

Es spricht einiges dafür, daß sowohl die Darstellung von Gefühlen im Gesichtsausdruck wie auch umgekehrt das Ablesen von Gefühlen vom Gesichtsausdruck angeborene Komponenten enthalten. Diese These wird vor allem durch Vergleiche ganz verschiedener Kulturen gestützt (EKMAN, 1971). Das ist aber nicht in dem Sinn zu verstehen, daß diese Mechanismen nicht modifizierbar wären. Man kann bekanntlich lernen, sein Gesicht zu beherrschen oder zu verstellen.

Nach MEHRABIAN (1968a, 1969) lassen sich auch viele andere Komponenten der nichtverbalen Kommunikation auf wenige Dimensionen zurückführen. Aus einer Gruppe von Hinweisreizen, die häufig gemeinsam auftreten, schließt der Empfänger auf eine positive Einstellung des Senders zu ihm. Dazu gehören: Blickkontakt, physische Nähe, gelegentliche Berührung, vorwärts gelehnte und dem Empfänger zugewandte Körperhaltung.

Eine Gruppe anderer Aspekte bezieht sich nicht auf die interpersonelle Bewertung, sondern auf die Potenzdimension. Ein höherer Status oder eine andere Form der Überlegenheit oder Macht des Senders drückt sich in einer betont entspannten Körperhaltung aus: Zurücklehnen, seitliche Neigung des Rumpfs, asymmetrische Position der Extremitäten, entspannte Hände.

Eine wichtige Variable ist der Blickkontakt (EXLINE, 1971). Der Blick wird durchschnittlich kürzer auf einen negativ bewerteten Interaktionspartner gerichtet als auf einen positiv eingeschätzten (Exline und Winters, 1965). Auch die Dauer der einzelnen Blickperioden ist von Bedeutung. Personen, die den Partner mehrmals relativ lange anschauen, sind in der Regel beliebter als solche, deren Blickperioden nur kurz sind (Kendon und Cook, 1969).

Das gilt allerdings nur bis zu einem bestimmten Ausmaß an Blickkontakt. Wenn man den Interaktionspartner allzu lange anschaut, wird das als «anstarren» empfunden und ist daher unangenehm. Außerdem ist das Zusammenwirken des Blickkontakts mit anderen Variablen zu beachten. Wichtig ist die Unterscheidung zwischen Anschauen des Partners, während man spricht, und Anschauen, während man zuhört. Je größer der Zeitanteil des Anschauens während des Sprechens im Vergleich zum Anschauen während des Zuhörens ist, desto mehr Macht und Dominanz wird der Person zugeschrieben (Dovidio und Ellyson, 1982). Umgekehrt wird jemand als schwach wahrgenommen, wenn er den Partner häufig anschaut, während er zuhört, aber nur selten, während er spricht.

Nicht selten kommt es vor, daß *Inkonsistenzen* zwischen verschiedenen Kommunikationskanälen auftreten. Das ist der Fall, wenn etwa eine inhaltlich freundliche Mitteilung mit abweisendem Gesichtsausdruck vorgebracht wird oder umgekehrt eine distanzierte Mitteilung lächelnd und mit ausgiebigem Blickkontakt. In zwei Experimenten verwendeten Mehrabian und Ferris (1967) und Mehrabian und Wiener (1967) die Kombinationen von je drei Inhalten (freundlich, neutral, unfreundlich), Tonfällen und Gesichtsausdrücken. Manche dieser Kombinationen waren konsistent (z. B. unfreundlicher Inhalt mit unfreundlichem Tonfall und Gesichtsausdruck), andere inkonsistent (z. B. freundlicher Inhalt mit unfreundlichem Tonfall und Gesichtsausdruck). Die Vpn hatten die Aufgabe, den Gesamteindruck, der durch jede dieser Reizkombinationen vermittelt wird, zu beurteilen. Die Wirkungen der einzelnen Komponenten waren bereits in Vorversuchen ermittelt worden. Die Ergebnisse mit den Kombinationen zeigten, daß der Gesamteindruck aufgrund der Kenntnis der Komponentenwirkungen vorausgesagt werden kann. Dabei werden allerdings die einzelnen Komponenten von den Vpn verschieden stark gewichtet. Am ehesten «vertraut» man dem Gesichtsausdruck, in zweiter Linie dem Tonfall. Dem Inhalt wird fast gar keine Bedeutung beigemessen. Diese Relationen wurden von Mehrabian und Ferris (1976) auch exakt in Gleichungsform dargestellt:

Gesamteindruck = 0,07 (Inhalt) + 0,38 (Tonfall) + 0,55 (Mimik).

Ein interessanter Schwerpunkt der neueren Forschung zur nichtverbalen Kommunikation ist die Lüge (Zuckerman, DePaulo und Rosenthal, 1981) – ebenfalls eine Form der Inkonsistenz, nämlich Inkonsistenz zwischen der tatsächlichen Meinung und dem Verhalten einer Person. Eine Mitteilung wird als Lüge wahrgenommen, wenn die Kommunikation folgende Eigenschaften hat (im Vergleich zu Mitteilungen, die ehrlich oder wahr wirken): weniger Blickkontakt, weniger Lächeln, mehr Haltungsänderungen, längere Reaktionszeiten, langsameres Sprechtempo, mehr Sprechfehler, mehr Zögern und Pausen sowie höhere Stimmlage.

Interessanterweise stimmen diese wahrgenommenen Lügenindikatoren mit tatsächlichen Korrelaten des Lügens zum Teil überein. So wurde in mehreren Untersuchungen gezeigt, daß während des Lügens die physiologische Aktivierung erhöht ist, was sich in einem vergrößerten Pupillendurchmesser, häufigen Sprechfehlern und höherer Stimmlage äußert. Ferner ist während des Lügens die Zahl der Sprechverzögerungen erhöht.

Außerdem haben Ekman, Friesen und O'Sullivan (1988) gezeigt, daß sich ein gespieltes (verlogenes) Lächeln deutlich von einem echten Lächeln unterscheidet. Bei Vpn, die lächelten, während sie in Wahrheit starke negative Gefühle empfanden, war das Lächeln immer mit dem Ausdruck negativer Gefühle vermischt, z. B. ein Lächeln bei teilweise herabgezogenen Mundwinkeln.

Da objektive und subjektive Lügenindikatoren teilweise übereinstimmen, ist es nicht verwunderlich, daß Lügen überzufällig oft als solche erkannt werden. Allerdings ist die Trefferzahl beim Erkennen von Lügen zwar überzufällig, aber sie ist dennoch nicht sehr groß. Die Trefferzahl wird höher, wenn nicht das Gesicht, sondern andere Körperteile und die Stimme beachtet werden.

5.22 Meinungsbildung aufgrund von Handlungen

5.221 *Die Theorie von* JONES und DAVIS

Bei der Personenwahrnehmung wird sehr unterschiedliches «Datenmaterial» als Ausgangsbasis der Meinungsbildung verwendet. Die Forschung über nichtverbale Kommunikation konzentriert sich auf einfache, physikalisch beschreibbare und relativ kurzzeitige Reizaspekte (Tonfall, Sitzposition, Blickrichtung und -dauer usw.). Eine mindestens ebenso große Rolle spielen aber auch komplizierte, relativ langdauernde Sequenzen von Reizen, nämlich in sich geschlossene, meistens als «auf ein Ziel ausgerichtet» und «sinnvoll» wahrgenommene Handlungen. Die physikalisch beschreibbaren Aspekte (etwa Richtung und Dauer der Bewegungen) sind hier bei weitem weniger wichtig, was schon daraus hervorgeht, daß man nicht nur aufgrund selbst wahrgenommener Handlungen andere Menschen beurteilt, sondern auch aufgrund solcher Handlungen, die man nur vom Hörensagen kennt.

Die Theorie von JONES und DAVIS (1965; leicht modifizierte Neufassung von JONES und MCGILLIS, 1976) gibt in erster Linie über Selektionsmechanismen Aufschluß: Welche wahrgenommenen Verhaltensweisen werden zur Meinungsbildung herangezogen und welche nicht? Oder genauer: Aus welchen beobachteten Handlungen schließt man auf entsprechende Dispositionen (Einstellungen, Persönlichkeitsmerkmale) und wann tut man dies nicht?

Ein grundlegendes Kriterium für diese Unterscheidung ist die wahrgenommene *Wahlfreiheit* des Beobachteten. Eine Handlung, die aus mehreren Handlungsalternativen «frei» gewählt wurde, wird als aufschlußreich angesehen. Aus einer solchen Handlung wird auf eine entsprechende Disposition geschlossen. Eine Handlung ist um so aufschlußreicher, aus je mehr Alternativen sie gewählt wurde. Allgemeiner formuliert kann man auch sagen, daß ein Verhalten um so mehr Information über den Beobachteten enthält, je geringer die Wahrscheinlichkeit seines Auftretens war (diese Formulierung stimmt auch mit dem Informationsbegriff der mathematischen Informationstheorie von SHANNON und WEAVER [1948] überein). Andererseits läßt eine Handlung ohne jede Wahlfreiheit (z. B. eine durch Befehl eines Vorgesetzten erzwungene Handlung) keinerlei Schlüsse auf zugrundeliegende Dispositionen zu.

Die Hypothese, daß wahrgenommene Wahlfreiheit eine notwendige Voraussetzung der interpersonellen Meinungsbildung ist, wurde von JONES und HARRIS (1967) bestätigt. Zwei Gruppen von Vpn wurde dieselbe Rede über Fidel Castro präsentiert. Der ersten Gruppe wurde gesagt, daß dem Redner das Thema genau vorgeschrieben worden wäre (Argumente *für* die Politik Castros vorzutragen). Der zweiten Gruppe wurde erklärt, der Redner wäre bloß aufgefordert worden, über Castro zu sprechen. Es wäre ihm aber freigestellt gewesen, ob er für oder gegen Castro argumentieren wollte.

Nach der Rede sollten die Vpn die Einstellung des Redners zu Castro einschätzen. In der zweiten Gruppe (Wahlfreiheit) wurde der Stimulusperson einhellig eine ziemlich positive Einstellung zu Castro zugeschrieben. In der ersten Gruppe (Wahlfreiheit) waren die Vpn offensichtlich unsicher. Ihre Urteile streuten über einen weiten Bereich. Im Durchschnitt wurde die Einstellung des Redners zu Castro als eher neutral angesehen. Die fehlende Entscheidungsfreiheit der Stimulusperson hatte also eine klare Meinungsbildung verhindert.

Eine weitere Unterstützung der Hypothese stellt das Experiment von JONES, DAVIS und GERGEN (1961) dar. Hier zeigte sich, daß extravertiertes (geselliges) Verhalten, wenn es rollenkonform ist (d. h. in diesem Fall: den Berufserwartungen entsprechend) und daher eine hohe Wahrscheinlichkeit hat, zu keinen Schlüssen auf Dispositionen der Stimulusperson führt. Der Betreffende wird weder als besonders extravertiert noch als besonders introvertiert (ungesellig) eingestuft. Wird aber *dasselbe* Verhalten von einer Person durchgeführt, bei der es rollendiskrepant ist (der Berufsrolle widersprechend), wird diese Person für ziemlich extravertiert gehalten. Analoges wurde für introvertiertes Verhalten gezeigt. Aus den in Tabelle 41 dargestellten Ergebnissen kann man auch ersehen, daß ganz verschiedenartige Verhaltensweisen zu praktisch identischen (nämlich neutralen) Schlußfolgerungen führen, wenn sie beide als rollenkonform und daher sehr wahrscheinlich betrachtet werden («so würde jeder in dieser Situation handeln»).

Die wahrgenommenen *Konsequenzen* des beob-

Tabelle 41

	extravertiert, nicht konform (unerwartet)	extravertiert, konform (erwartet)	introvertiert, konform (erwartet)	introvertiert, nicht konform (unerwartet)
geschätztes Geselligkeitsbedürfnis	15,27	12,00	11,12	8,64

achteten Verhaltens für die *Stimulusperson* spielen ebenfalls eine zentrale Rolle im Modell von Jones und Davis. Manchmal haben mehrere Handlungsalternativen die gleichen oder sehr ähnliche Konsequenzen. Zum Beispiel könnte jemand die Wahl zwischen einigen Berufsmöglichkeiten haben, die ihm alle ein gutes Einkommen und eine interessante Tätigkeit bringen. Wird eine Wahl zwischen solchen Alternativen getroffen, so sagt sie nichts über die Stimulusperson aus.

Interessant sind in diesem Zusammenhang nur *spezifische Konsequenzen*. Das sind solche, die ausschließlich an die gewählte Alternative gebunden sind und die mit den abgelehnten Alternativen nicht verbunden gewesen wären (noncommon effects). Wenn jemand zwischen einigen Berufen wählt, die alle gut bezahlt sind, sich aber im Ausmaß der durch sie gebotenen Sozialkontakte unterscheiden, dann läßt die Entscheidung Schlüsse zu. Wählt die Stimulusperson einen Beruf mit sehr eingeschränkten Kontaktmöglichkeiten, dann wird man dazu neigen, sie für introvertiert zu halten. (Das gilt natürlich nur, wenn es sich um eine «freie» Wahl handelt; bei erzwungenen Handlungen zieht man auch aus spezifischen Konsequenzen keine Schlüsse.)

Es sind aber auch hier nicht alle spezifischen Konsequenzen gleichermaßen aufschlußreich. Besonders «vielsagend» sind solche, deren Wert im allgemeinen gering oder gar negativ eingeschätzt wird. Wählt jemand aus mehreren Berufsmöglichkeiten den Posten mit dem höchsten Einkommen (spezifische Konsequenz, die allgemein positiv bewertet wird), so sagt das kaum etwas über die Stimulusperson aus («die meisten Menschen hätten so gewählt»). Wählt aber jemand den Posten mit der längsten Arbeitszeit (spezifische Konsequenz, die im allgemeinen negativ bewertet wird), dann werden daraus Schlüsse gezogen. Der Stimulusperson wird dann etwa die Eigenschaft «fleißig» zugeschrieben. Die Hypothese, daß spezifische Konsequenzen, deren Wert gering oder negativ ist, wesentlich mehr zur Meinungsbildung beitragen als positive Konsequenzen, wurde von Ajzen (1971 a) experimentell bestätigt.

Ein dritter wichtiger Faktor sind die *Konsequenzen* der wahrgenommenen Handlung *für den Beobachter* (Jones und Davis sprechen in diesem Zusammenhang von «hedonistischer Relevanz»). Allgemein gilt, daß beobachtete Handlungen, deren Konsequenzen (auch) den Beobachter betreffen, eher zur Meinungsbildung beitragen und das um so mehr, je extremer die Konsequenzen (in positiver oder negativer Richtung) für den Beobachter sind – vorausgesetzt ist wieder Entscheidungsfreiheit der Stimulusperson. Man kann wohl annehmen, daß Handlungen, deren Konsequenzen den Beobachter betreffen, eher von ihm beachtet werden, für ihn «wichtiger» sind, als Handlungen, die ihn in keiner Weise betreffen (die ihn «nichts angehen»).

Walster (1966) schilderte ihren Vpn die Folgen eines durch Achtlosigkeit verursachten Verkehrsunfalls. Es gab vier Versuchsbedingungen: Die Folgen des Unfalls betrafen entweder nur den Fahrer (Stimulusperson) oder auch andere Personen (Beobachter). Jede dieser beiden Versuchsbedingungen wurde weiter unterteilt: Die Folgen des Unfalls waren entweder geringfügig oder schwerwiegend. Der Fahrer sollte dann nach einigen vorgegebenen Kriterien beurteilt werden. Das (in allen Versuchsbedingungen identische) Verhalten des Fahrers wurde am negativsten beurteilt, wenn die Folgen des Unfalls schwerwiegend waren *und* wenn andere Personen davon betroffen waren.

5.222 *Die Theorie von Trope*

Trope (1986) hat die Theorie von Jones und Davis ergänzt und präzisiert. Er geht dabei u. a. von der Unterscheidung zwischen eindeutigen und mehrdeutigen Verhaltensweisen aus. Eindeutig sind solche Verhaltensweisen, die zu einer einzigen Disposition (Persönlichkeitsmerkmal, Einstellung, Stimmung) passen. Mehrdeutig sind Verhaltensweisen, die zu mehreren Dispositionen passen. Zum Beispiel ist Weinen ein mehrdeutiges Verhalten, weil man aus Freude oder aus Trauer weinen kann.

Für eindeutige Verhaltensweisen macht TROPES Modell die gleichen Voraussagen wie JONES und DAVIS (1965). Hier gilt die *Subtraktionsregel* (auch Abschwächungsprinzip genannt, s. Abschnitt 5.233): Je stärker ein Verhalten durch Situationsaspekte (Zwang, positiver Anreiz) verursacht zu sein scheint (oder sein könnte), desto weniger wird aus dem Verhalten auf eine entsprechende Disposition geschlossen. Nur wenn keine Situationsfaktoren für das Verhalten verantwortlich sind (freiwilliges Verhalten ohne allzu positive Konsequenzen), wird das Verhalten auf eine dazu passende Disposition zurückgeführt.

Bei mehrdeutigen Verhaltensweisen gelangt TROPE jedoch zu anderen Voraussagen. Bei diesen wird die Subtraktionsregel nicht wirksam. Das kommt daher, daß mehrdeutige Verhaltensweisen mit Hilfe der situativen Reize kategorisiert (interpretiert) werden. Wenn beispielsweise jemand bei einem Begräbnis weint, wird das Weinen als trauriges Verhalten interpretiert; wenn jemand bei einer unerwarteten guten Nachricht weint, wird das Weinen als Freude aufgefaßt. (Übrigens werden auch umgekehrt mehrdeutige Situationen mit Hilfe des beobachteten Verhaltens interpretiert – sofern das Verhalten eindeutig ist.)

Die Situationsreize haben also bei mehrdeutigen Handlungen zwei Funktionen, und zwar zwei Funktionen mit entgegengesetzten Wirkungen. Einerseits beeinflussen die Situationsreize die Kategorisierung des Verhaltens, und begünstigen damit eine entsprechende Dispositionszuschreibung (aufgrund des im Sinn der Situation eindeutig interpretierten Verhaltens). Andererseits gilt nach wie vor die Subtraktionsregel: Ausmaß der zugeschriebenen Disposition = Eindeutigkeit des Verhaltens minus Situationseinflüsse. Diese beiden gegenläufigen Tendenzen können einander aufheben (wodurch die Subtraktionsregel nicht wirksam werden kann), oder es kann sogar zu einem additiven Effekt kommen: Aus dem mehrdeutigen Verhalten wird um so mehr auf eine Disposition geschlossen, je stärker die Situationsfaktoren sind.

Ein Beispiel (aus TROPE, COHEN und MAOZ, 1988) soll das verdeutlichen. Die Vpn erhielten mehrere kurze Beschreibungen von Verhaltensweisen und des situativen Kontexts des Verhaltens, wobei jedesmal die Stärke verschiedener Dispositionen der Stimulusperson angegeben werden mußte. Die folgende Beschreibung stellt ein mehrdeutiges Verhalten dar, das sowohl als Ausdruck der Angst wie auch als Ausdruck eines Glücksgefühls interpretiert werden kann:

> «Sie war so überwältigt, daß sie sprachlos blieb. Sie konnte nicht glauben, daß ihr so etwas wirklich passierte. Sie wollte mit jemandem sprechen.»

Diese Verhaltensbeschreibung wurde den Vpn entweder in Kombination mit der Beschreibung einer furchtauslösenden, oder einer glücklichen Situation vorgegeben. Die furchtauslösende Situation war:

> «Sie sah, daß ihr ein Polizeiwagen folgte, nachdem sie bei der Stoptafel nicht gehalten hatte.»

Die beglückende Situation war:

> «Die Sekretärin informierte sie, daß sie zu den Studenten gehörte, die mit Auszeichnung das Studium beendet hatten, und daß sie vom Dekan eingeladen wurde.»

Außerdem gab es noch eine eindeutige Angstreaktion, die ebenfalls entweder mit der beglükkenden oder mit der angstauslösenden Situation kombiniert vorgegeben wurde:

> «Sie fühlte sich angespannt, und war unsicher, was mit ihr geschehen würde.»

Nach der Theorie von TROPE (genauso wie nach der Theorie von JONES und DAVIS) ist bei eindeutigen Verhalten ein Subtraktionseffekt zu erwarten. Das heißt, der Stimulusperson sollte bei eindeutig ängstlichem Verhalten in der angsterzeugenden Situation weniger dispositionelle Ängstlichkeit zugeschrieben werden als in der erfreulichen Situation. Bei mehrdeutigem Verhalten sollte es umgekehrt sein: Der Stimulusperson wird in der angstauslösenden Situation eine stärkere Disposition zur Ängstlichkeit zugeschrieben als in der erfreulichen (und in der positiven Situation eine stärkere Disposition zum Glücklichsein als in der unangenehmen). Diese Hypothesen – Subtraktionseffekte bei eindeutigen und Additionseffekte bei mehrdeutigen Handlungen – wurden in mehreren Experimenten mit unterschiedlichem Reizmaterial bestätigt (TROPE, 1986; TROPE, COHEN und MAOZ, 1988). Außerdem wurden durch die Theorie von TROPE (1986) scheinbare Widersprüche in früheren Untersuchungen aufgelöst (meistens traten Subtraktionseffekte auf, manchmal aber auch Additionseffekte).

Außer Situations- und Verhaltensinformation berücksichtigt das Modell von TROPE eine dritte Informationsart, nämlich frühere Informationen («priors») über die Stimulusperson (z. B. früher beobachtetes Verhalten in ähnlichen Situationen, Dispositionszuschreibungen aufgrund der Kategoriezugehörigkeit oder aufgrund nonverbaler Hinweisreize, usw.). Im Gegensatz zur Situationsinformation, die verhaltensbezogene Inferenzen vergrößern (Additionsregel) oder abschwächen (Subtraktionsregel) kann, können frühere Informationen ausschließlich vergrößernd wirken (oder, wenn sie schwach oder irrelevant sind, keinerlei Einfluß ausüben). TROPE nimmt an, daß Dispositionszuschreibungen von früheren Informationen (d. h. von Erwartungen) in höherem Maß beeinflußt werden können als von Situationsinformationen. Der Einfluß von Erwartungen auf die Urteilsbildung ist bei mehrdeutigem Verhalten größer als bei eindeutigem.

5.223 Können und Wollen

Eine wichtige von HEIDER (1958) eingeführte Unterscheidung ist die zwischen «Wollen» und «Können». Nach HEIDER gibt es für den «naiven» Beobachter vor allem zwei personeninterne Ursachen für wahrgenommene Handlungen: Motivationsfaktoren (Wollen) und Fähigkeiten oder Lern- bzw. Erfahrungsfaktoren (Können). (Mögliche äußere Faktoren wie etwa Zwang, Zufall usw. sollen vorläufig außer acht gelassen werden.) Das Ausbleiben einer erwarteten Handlung oder das Versagen bei einer Aufgabe kann demnach verschieden interpretiert werden: Als Mangel an Wollen (und Bemühen bzw. Anstrengung) oder als Mangel an Können oder als Mangel an beidem.

Die Unterscheidung ist nicht zuletzt deshalb wichtig, weil ganz verschiedene Meinungen und Bewertungen entstehen, je nachdem ob als Ursache eines «Versagens» ein Mangel an Können oder ein Mangel an Wollen angenommen wird. Fähigkeiten (das Können) werden im allgemeinen als ziemlich stabile Dispositionen betrachtet, die nicht oder kaum modifizierbar sind. Die Motivation (das Wollen) andererseits gilt als instabile Disposition in dem Sinn, daß sie vom handelnden Subjekt kontrollierbar und kurzfristig änderbar ist. Daher werden negative Werturteile eher bei Vorliegen eines (vermeintlichen) Mangels an Wollen als bei einem Mangel an Können gebildet.

WEINER und KUKLA (1970) zeigten, daß gute Leistungen (fingierte Schulleistungen) stärker belohnt werden, wenn diese Leistungen vorwiegend auf Wollen (Anstrengung) zurückgeführt werden, als wenn die Leistungen in erster Linie durch Fähigkeiten determiniert erscheinen. Ähnlich werden schlechte Leistungen weniger bestraft, wenn sich der Schüler angestrengt hat. Am günstigsten für die Stimulusperson ist die Kombination von mangelhaften Fähigkeiten und großer Anstrengung; am ungünstigsten ist der umgekehrte Fall (mangelhafte Anstrengung und gute Fähigkeiten); die beiden anderen Möglichkeiten (Wollen und Können sind beide gegeben bzw. sind beide nicht vorhanden) liegen in der Mitte. Eine genauere Datenanalyse zeigte ferner, daß insgesamt der Einfluß des wahrgenommenen Wollens größer ist als der des wahrgenommenen Könnens.

Es wurde eine interessante Wechselwirkung zwischen Wollen bzw. Können und der hedonistischen Relevanz aufgezeigt (JONES und DECHARMS, 1957). Eine Stimulusperson versagte beim Lösen einer Aufgabe. Der einen Hälfte der Vpn wurde erklärt, die Aufgabe wäre so beschaffen, daß ein Versagen nur bedeuten kann, daß sich der Betreffende nicht bemüht hätte. Den anderen Vpn wurde mitgeteilt, daß das Lösen der Aufgabe von intellektuellen Fähigkeiten abhänge.

Diese beiden Bedingungen wurden weiter aufgespalten. Hedonistische Relevanz: Eine Gruppe von Vpn (darunter die Stimulusperson) hat Aufgaben zu lösen. Die ganze Gruppe wird belohnt, wenn alle Mitglieder die Aufgabe lösen, versagt auch nur einer, erhält die ganze Gruppe keine Belohnung. Keine hedonistische Relevanz: Wieder muß eine Gruppe von Vpn (einschließlich der Stimulusperson) eine Aufgabe lösen. Es wird aber jede Vp einzeln nach Maßgabe ihrer Leistung belohnt oder nicht belohnt. Anschließend wurde die Stimulusperson von den anderen Vpn bewertet.

Die Ergebnisse sind in Tabelle 42 dargestellt. Die negativste Bewertung wurde abgegeben, wenn das Versagen auf mangelhaftes Wollen zurückzuführen war und wenn es Konsequenzen für die Beobachter hatte. Bei einem Versagen aufgrund mangelhafter Fähigkeiten machte es praktisch keinen Unterschied, ob dieses Versagen Konsequenzen für die anderen hatte oder nicht. Interessant ist, daß in der Bedingung ohne Konsequenzen die mangelhaft motivierte Stimulusperson sogar etwas positiver beurteilt wird als die unfähige. Es könnte sein, daß Personen, deren Handlungen keinen Einfluß auf den Beurteiler haben, etwas mehr nach ihren Fähigkeiten beurteilt werden, während im anderen Fall das Wollen im Vordergrund steht.

Tabelle 42

	unwillig	unfähig
Konsequenzen	23,0	17,3
keine Konsequenzen	14,4	18,9

Große Zahlen bedeuten *negative* Urteile

Welche Rolle die vom naiven Betrachter angenommene Stabilität der Fähigkeiten spielt, zeigte sich sehr deutlich in einem Experiment von JONES, ROCK, SHAVER, GOETHALS und WARD (1986). Vpn beobachteten eine Stimulusperson beim Lösen schwieriger Denkaufgaben. Die Versuchsbedingungen waren folgendermaßen gestaltet: Die Stimulusperson löste jeweils 15 der 30 Aufgaben. In der ersten Bedingung befanden sich die gelösten Aufgaben größtenteils am Anfang der Serie (die Leistung wurde schlechter). In der zweiten Bedingung wurde die Leistung besser (gelöste Aufgaben eher am Ende der Serie). In der dritten Bedingung (konstante Leistung) waren die gelösten Aufgaben etwa gleichmäßig über die ganze Serie verteilt.

Die Stimulusperson mit der abfallenden Leistung wurde (bei gleicher Leistungsmenge!) für intelligenter gehalten als die Personen mit ansteigender und konstanter Leistung. Bei Fähigkeitsbeurteilungen scheint also ein starker Anfangseffekt (primacy-effect) aufzutreten, der nur schwer korrigierbar ist. Das Ergebnis kann wie folgt erklärt werden: Da die Stimulusperson mit abfallender Leistung gleich zu Beginn der Serie ihre hohe Intelligenz «bewiesen» hat und außerdem Fähigkeiten als stabile Dispositionen gelten, wird der spätere Leistungsrückgang auf andere Faktoren, nämlich auf Motivationsfaktoren wie Langeweile oder abnehmendes Interesse zurückgeführt. Analog läßt sich die vermeintlich geringere Intelligenz bei konstanten und ansteigenden Leistungen erklären.

5.23 *Attribution: Die Theorie von* KELLEY

5.231 Das Kovariationsprinzip

Die weiter oben referierte Theorie von JONES und DAVIS ist eine sogenannte Attributionstheorie. Gegenstand attributionstheoretischer Überlegungen sind die Prozesse, die zu Meinungen über *Kausalbeziehungen* führen. Im genannten Fall geht es darum, wie der naive Beobachter zu Meinungen über die Ursachen wahrgenommener Verhaltensweisen gelangt. Attributionstheoretische Ansätze wurden in diesem Buch bereits mehrfach verwendet (Abschnitt 2.15, Extinktionsresistenz und Attribution; Abschnitt 2.544, Hilflosigkeit, Reaktanz und Attributionen usw.), weitere werden später noch behandelt werden (z. B. in Abschnitt 5.4 über Selbstwahrnehmung und Selbstwert).

Wie die Konsistenztheorien geht auch die attributionstheoretische Denkweise auf HEIDER (1958) zurück. Im Gegensatz zu den Konsistenztheorien sind die Attributionstheorien allerdings erst in den letzten Jahren, seit den Arbeiten von JONES und DAVIS (1965) und KELLEY (1967) in den Vordergrund getreten. Wie von BEM (1972) betont wird, unterscheiden sich Konsistenz- und Attributionstheorien grundlegend in ihren impliziten philosophisch-anthropologischen Voraussetzungen. Während die Konsistenztheorien (unter anderem) beschreiben und erklären, wie rationalisiert und simplifiziert wird, beschreiben die Attributionstheorien vergleichsweise rationale Prozesse der Informationsverarbeitung im Alltagsdenken.

Die Theorie von KELLEY (1967, 1972a, 1972b), die in den folgenden Abschnitten besprochen werden soll, ist die allgemeinste (und einflußreichste) aller bisherigen Attributionstheorien.

Sie ist nicht nur für die Personenwahrnehmung (Fremdwahrnehmung) von Bedeutung, sondern auch für die Selbstwahrnehmung. Ferner lassen sich aus ihr nicht nur Aussagen über die Ursachen von (beobachteten) Verhaltensweisen ableiten, sondern auch Aussagen über die Ursachen von Ereignissen (z. B. von Erfolgen oder Mißerfolgen).

KELLEY unterscheidet drei Arten von Attributionen: Personenattributionen, Stimulusattributionen und Umständeattributionen. Eine Personenattribution liegt vor, wenn man die Ursache einer Handlung oder eines Ereignisses in einer (relativ stabilen) Eigenschaft der Person sieht. Eine Stimulusattribution liegt vor, wenn man die Ursache in einer (relativ stabilen) Eigenschaft eines Reizes bzw. der Umgebung sieht. Bei einer Umständeattribution wird die Ursache in einem Zusammentreffen besonderer Umstände gesehen (z. B. momentane Stimmungen, Zufall usw.). Die Vielfalt möglicher Ursachen wird also in drei Grundkategorien eingeteilt. Die Beziehung dieser Attributionsklassen von KELLEY zu der zweidimensionalen Klassifizierung von WEINER (1972, 1974, vgl. Abschnitt 2.15) ist in Abbildung 115 wiedergegeben.

		Ursachen: personen-interne	Ursachen: personen-externe
Ursachen	stabile	Personen-attributionen	Stimulus-attributionen
Ursachen	variable	Umständeattributionen	

Abbildung 115

Das Kernstück der Theorie ist das *Kovariationsprinzip*. Ein Ereignis oder eine Handlung wird auf diejenigen von den möglichen Ursachen (bzw. Ursachenklassen) zurückgeführt, mit der es (über die Zeit) kovariiert. Das heißt: Diejenige von den möglichen Ursachen ist die wahrscheinlichste, die (meistens) vorhanden ist, wenn das Ereignis bzw. die Handlung auftritt, und die (meistens) nicht vorhanden ist, wenn das Ereignis bzw. die Handlung nicht auftritt.

Ausgangspunkt von Kausalüberlegungen ist in der Regel die Beobachtung des Verhaltens einer bestimmten Person gegenüber einem bestimmten Objekt (das häufig ebenfalls eine Person ist) zu einem bestimmten Zeitpunkt, zum Beispiel: A lobt das neue Buch. Hier kann man fragen: Lobt A das Buch, weil es ein gutes Buch ist (Stimulusattribution); oder weil A anspruchslos ist und ihm die meisten Bücher gefallen (Personenattribution); oder lobte A das Buch nur, weil er gerade guter Laune war (Umständeattribution). Ein anderes Beispiel: Herr A macht Frau B ein Kompliment über ihr Aussehen. Ist Herr A ein Schmeichler, der ständig Komplimente macht (Personenattribution)? Oder sieht Frau B wirklich so gut aus (Stimulusattribution)? Oder verfolgt Herr A im Augenblick bestimmte Absichten (Umständeattribution)?

Das Kovariationsprinzip ist nur anwendbar, wenn außer dem beobachteten Ereignis noch andere Informationen zur Verfügung stehen, und zwar Information über *Konsensus, Distinktheit* und *Konsistenz*. Das beobachtete Ereignis besteht in der Regel aus dem Verhalten (oder Erleben) der Person P_i gegenüber dem Reiz (Objekt, andere Person) S_j zum Zeitpunkt t_k. Konsensusinformation bezieht sich auf das Verhalten anderer Personen. Verhalten sich viele (die meisten, alle) Personen gegenüber S so wie P (hoher Konsensus)? Oder verhalten sich nur wenige Personen so wie P (geringer Konsensus)? In unserem Beispiel: Loben die meisten Personen die Schönheit von Frau B, oder wird sie nur von A bewundert?

Distinktheit bezieht sich auf das Verhalten von P in anderen Situationen (gegenüber anderen Reizen). Verhält sich P meistens (immer) so wie bei S (geringe Distinktheit), oder tritt dieses Verhalten (fast) nur bei S auf (hohe Distinktheit)? Im Beispiel: Macht A allen Frauen Komplimente oder nur Frau B?

Konsistenz bezieht sich auf das Verhalten von P gegenüber S zu anderen Zeitpunkten. Hat sich P schon immer (meistens) so gegenüber S verhalten (hohe Konsistenz), oder nur dieses Mal?

Dazu formulierte KELLEY (1967) folgende Hypothesen (vgl. Tabelle 43): Ein Ereignis wird auf das Objekt zurückgeführt (es kommt zu einer Stimulusattribution), wenn hoher Konsensus, hohe Distinktheit und hohe Konsistenz vorliegen. In diesem Fall kovariiert das Ereignis mit dem Objekt: Das Ereignis tritt immer (meistens) auf, wenn das Objekt vorhanden ist; bei anderen

Tabelle 43

Attribution	Konsensus	Information Distinktheit	Konsistenz
Stimulus	hoch	hoch	hoch
Person	gering	gering	hoch
Umstände	gering	hoch	gering

Objekten (also in Abwesenheit von Objekt S) tritt es nicht (oder nur selten) auf. Daher wird die Ursache des Ereignisses dem Stimulus zugeschrieben. Im Beispiel: Alle Personen loben die Schönheit von B; A macht nur B (und keinen anderen Personen) Komplimente; A hat auch früher die Schönheit von B bewundert. Bei diesem Informationsmuster müßte nach KELLEY ein Beobachter zu dem Schluß kommen, daß die Ursache des Verhaltens von A in einer Eigenschaft von B liegt (z. B. in ihrem guten Aussehen).

Zu einer *Personenattribution* kommt es, wenn geringer Konsensus, geringe Distinktheit und hohe Konsistenz vorliegen. In diesem Fall kovariiert das Ereignis mit der Person: Es tritt nur bei P (und zwar bei allen Objekten und allen Zeitpunkten) auf, nicht aber bei anderen Personen. Im Beispiel: Außer Herrn A macht niemand Frau B Komplimente; A macht allen Frauen Komplimente; A hat auch früher B bewundert. Bei dieser Information sollte ein Beobachter die Ursache des Verhaltens in einer Eigenschaft von A suchen (z. B. A ist ein freundlicher Mensch; oder A ist ein Schmeichler; es wird jedenfalls nicht dem Aussehen von B zugeschrieben werden).

Ein Ereignis wird schließlich auf besondere *Umstände* zurückgeführt, wenn der Konsensus gering, die Distinktheit hoch und die Konsistenz gering ist. In diesem Fall korreliert das Ereignis weder mit der Person noch mit dem Objekt und wird daher momentanen Umständen zugeschrieben. Beispiel: Niemand außer Herrn A macht Frau B Komplimente; Herr A macht sonst nie Komplimente (weder gegenüber anderen Personen, noch früher bei B). Diese Information sollte einen Beobachter zu einer Umstandsattribution veranlassen (z. B. A ist heute gut gelaunt; oder A braucht etwas von B; oder B hat A in einer wichtigen Sache geholfen, deshalb ist A freundlich zu B).

Diese Hypothesen von KELLEY wurden mehrfach experimentell bestätigt (z. B. MCARTHUR, 1972, 1976; ORVIS, CUNNINGHAM und KELLEY, 1975). MCARTHUR(1972) gab ihren Vpn kurze Ereignisbeschreibungen (z. B. «Georg übersetzte den Satz falsch», «Sue fürchtete sich vor dem Hund»). Jeder Ereignisbeschreibung folgten 3 Sätze mit Konsensus-, Distinktheits- und Konsistenzinformation. Jede Informationsart wurde in zwei Ausprägungen verwendet: hoher Konsensus («fast alle fürchten sich vor diesem Hund») oder geringer Konsensus («fast niemand fürchtet sich vor diesem Hund»), hohe Distinktheit (« Sue fürchtet sich vor fast keinem anderen Hund») oder geringe Distinktheit («Sue fürchtet sich vor fast allen Hunden»), und hohe Konsistenz («Sue hat sich früher fast immer vor diesem Hund gefürchtet»). oder geringe Konsistenz («Sue hat sich früher fast nie vor diesem Hund gefürchtet»). Das ergibt $2 \times 2 \times 2 = 8$ Informationsmuster. Drei davon entsprechen den in KELLEYS Hypothesen beschriebenen Informationsmustern.

Die Vpn mußten für jedes Ereignis ihre Attributionen angeben. Nach jeder Ereignisbeschreibung und der zugehörigen Informationskonfiguration wurden die Vpn gefragt, ob die Ursache des Ereignisses (a) an der Person liegt (z. B. an Sue), (b) am Stimulus liegt (z. B. am Hund), (c) an besonderen Umständen, oder (d) an irgendeiner Kombination von (a), (b) und (c) – in diesem Fall sollten die Vpn die spezielle Kombination angeben.

In den anderen genannten Experimenten wurde ganz ähnlich vorgegangen. Die Ergebnisse bestätigten weitgehend KELLEYS Hypothesen. Beim Informationsmuster «hoher Konsensus, hohe Distinktheit, hohe Konsistenz» machten 69% der Vpn von ORVIS et al. (1975, Exp. I) eine Stimulusattribution, beim Informationsmuster «geringer Konsensus, geringe Distinktheit, hohe Konsistenz» machten 80% eine Personenattribution, und bei «geringer Konsensus, hohe Distinktheit, geringe Konsistenz» machten 54% eine Umständeattribution.

Die Attributionstheorie von KELLEY ist ein weiteres Beispiel einer wichtigen neueren Theorie, in der der Begriff Korrelation bzw. Kovariation eine zentrale Rolle spielt. Andere Themenkomplexe, bei welchen der Korrelationsbegriff von entscheidender Bedeutung ist, wurden schon an früheren Stellen referiert (u. a. das «Gesetz des relativen Effekts», Abschnitt 1.335, das Lernen von Angst und anderen Gefühlen durch Klassisches Konditionieren, Abschnitt 2.2, die Entstehung von sozialen (sekundären) Verstärkern, Abschnitt 2.321, gelernte Hilflosigkeit, Abschnitte 2.543 bis 2.548, und die Wahrnehmung von Kontrolle, Abschnitte 2.546 und 2.549).

5.232 Kausale Schemata

Häufig sind «vollständige» Kausalanalysen nicht möglich. Vollständig nennt man solche Attributionsprozesse, bei denen Konsensus-, Distinktheits- und Konsistenzinformation verarbeitet wird. In zahlreichen Fällen ist diese Information nur teilweise oder gar nicht zugänglich. Oft fehlt auch die Zeit oder die Motivation zu ihrer Verarbeitung. In solchen Fällen greift man auf *kausale Schemata* zurück (KELLEY, 1972b). Kausale Schemata sind gelernte Annahmen über mögliche Ursachen einer bestimmten Art von Ereignissen.

Es gibt zwei Arten von kausalen Schemata: Kausale Schemata, die zur Ergänzung unvollständiger Information dienen (ORVIS, CUNNINGHAM und KELLEY, 1975) und kausale Schemata, die explizite Annahmen über die möglichen und wahrscheinlichen Ursachen bestimmter Ereignisse enthalten (KELLEY, 1972b).

Zunächst sollen die kausalen Schemata der ersten Art beschrieben werden, die im folgenden zur Unterscheidung von den kausalen Schemata der zweiten Art *Ergänzungsschemata* genannt werden. Die wichtigsten Ergänzungsschemata sind die von KELLEY (1967) beschriebenen Informationsmuster HHH, LLH und LHL. (Im Anschluß an die Originalliteratur und zur Vereinfachung der Darstellung verwende ich die Buchstaben H für hoch und L für gering (low). Die Reihenfolge ist immer Konsensus, Distinktheit und Konsistenz. LLH bedeutet beispielsweise geringen Konsensus, geringe Distinktheit und hohe Konsistenz – also das Datenmuster für Personenattributionen. Ein Schrägstrich bedeutet das Fehlen von Information. Zum Beispiel bedeutet /L/ geringe Distinktheit und keine Information über Konsensus und Konsistenz.)

ORVIS et al. (1975) postulierten, daß eine Teilinformation zum entsprechenden vollständigen Muster ergänzt wird und zur entsprechenden Attribution führt, falls eine *eindeutige* Zuordnung möglich ist. So führt die Information H// zu einer Stimulusattribution, weil diese Information nur zu HHH paßt, aber im Widerspruch zu LLH (Person) und LHL (Umstände) steht. Ein Beispiel: Es ist das Ereignis A streitet mit B bekannt, und zusätzlich Information über hohen Konsensus (viele Personen haben Streit mit B); man weiß jedoch nichts über Distinktheit (ob A auch mit vielen anderen Personen außer B Meinungsverschiedenheiten hat oder nicht) und man weiß nichts über Konsistenz (ob A schon früher mit B gestritten hat oder nicht). In diesem Fall sollte eine Stimulusattribution erfolgen, das heißt, der Streit sollte auf die unangenehmen Eigenschaften von B zurückgeführt werden. Ähnlich sollte /L/ (geringe Distinktheit: A hat mit fast allen Personen Streit) zu einer Personenattribution führen, und //L (geringe Konsistenz: A hatte noch nie Streit mit B) zu einer Umständeattribution.

Viele Teilinformationen sind jedoch mehrdeutig. So paßt beispielsweise die Information //H (hohe Konsistenz) sowohl zu HHH (Stimulusattribution) als auch zu LLH (Personenattribution). In solchen Fällen gilt die Hypothese: Wenn eine Teilinformation zu mehreren Informationsmustern paßt, dann kann das Ereignis gleichzeitig auf alle Ursachen zurückgeführt werden, die mit der gegebenen Information verträglich sind. Beispiel: A hat sehr oft Streit mit B (hohe Konsistenz). In diesem Fall kommt es zu Personen- und/oder Stimulusattributionen. Die Aggressivität von A und/oder die provozierenden Eigenschaften von B sind an dem Streit schuld.

Ähnlich wie MCARTHUR (1972) haben auch ORVIS et al. (1975) ihren Vpn kurze Ereignisbeschreibungen vorgelegt. Die Beschreibungen wurden zum Teil mit vollständigen und zum Teil mit unvollständigen Informationen vorgegeben (wobei alle möglichen unvollständigen Teilinformationsmuster verwendet wurden). Die Vpn mußten die fehlenden Informationen ergänzen («raten») und wie bei MCARTHUR Ursachen für die Ereignisse angeben. Sowohl die Ergänzungsdaten als auch die Attributionsdaten bestätigten die Hypothesen. Einige Ergebnisse von ORVIS et al. (Exp. I) sind in Tabelle 44 wiedergegeben. Bei jeder Teilinformation sind prinzipiell die sieben Attributionen P (Person), S (Stimulus), C (Umstände, circumstances), PS (Person und Stimulus), PC, SC und PSC möglich. Die Tabelle enthält nur die häufigsten (überzufällig

Tabelle 44

	Information		
Konsensus	Distinktheit	Konsistenz	
H	/	/	S (70%)
L	/	/	PC (31%), P (37%)
/	H	/	SC (26%), S (46%)
/	L	/	P (94%)
/	/	H	PS (48%), P (24%), S (19%)
/	/	L	C (52%)

häufige) Antworten. Die Zahlen in Klammern geben an, wieviel Prozent der Vpn die betreffende Antwort gaben.
Die kausalen Schemata der zweiten Art (KELLEY, 1972b) sind Annahmen darüber, welche Ursache bzw. welche Ursachen für bestimmte Arten von Ereignissen verantwortlich sind. Diese Annahmen beruhen auf Lernprozessen (Sozialisierung), Meinungsbildung durch Kommunikation, und zum Teil auch auf früher durchgeführten vollständigen Attributionsanalysen. So haben etwa viele Personen gelernt, daß Erfolge auf Fähigkeit und/oder Anstrengung zurückgehen («man hat nur bei solchen Aufgaben Erfolg, für die man begabt ist und/oder bei denen man sich anstrengt»). Kausale Schemata dieser Art kürzen den Attributionsprozeß noch mehr ab als Ergänzungsschemata. Sie werden u. a. dann eingesetzt, wenn ein Ereignis *nur einmal beobachtet* wurde, und wenn man aus diesem Grund weder Konsensus- noch Distinktheits- bzw. Konsistenzinformation hat. (Im Beispiel: Wenn man zwar weiß, daß A heute mit B Streit hatte, aber nichts darüber weiß, ob auch andere Personen außer A mit B streiten, ob A auch mit anderen Personen außer B Streit hat, und ob A auch früher mit B Meinungsverschiedenheiten hatte.) In solchen Fällen werden «vorfabrizierte» Kausalschemata herangezogen, zum Beispiel «nur aggressive Menschen streiten» oder «nur wer provoziert, hat Streit» oder «bei Streitigkeiten sind beide Teile schuld» usw. Auch wenn nicht genug Zeit oder keine ausreichende Motivation für eine vollständige Kausalanalyse vorhanden ist, greift man auf kausale Schemata zurück. KELLEY (1972b) diskutiert ausführlich verschiedene Arten von kausalen Schemata.

5.233 Abschwächungs- und Vergrößerungsprinzip

Wenn mehrere plausible Ursachen für ein Ereignis vorhanden sind, wird jeder einzelnen Ursache weniger Gewicht beigemessen, als wenn sie allein vorhanden wäre (KELLEY, 1972a). Dieser Sachverhalt kann auch in dem Sinn aufgefaßt werden, daß im Fall mehrerer plausibler Ursachen zunächst Unsicherheit bezüglich der Kausalbeziehungen entsteht, und daß der naive Beobachter dann versucht, sich Klarheit zu verschaffen. Er will feststellen, welche Ursache in erster Linie wirksam war.
Ein Beispiel soll das verdeutlichen. Jemand beobachtet, wie A seinem Kollegen B bei einer schwierigen Aufgabe hilft, und er weiß, daß A dazu nicht verpflichtet ist. Der Beobachter nimmt daraufhin an, daß A ein hilfsbereiter Mensch ist. Etwas später erfährt der Beobachter, daß B aufgrund persönlicher Beziehungen sehr einflußreich ist und daß A das weiß. Zum ersten plausiblen Grund (Hilfsbereitschaft) tritt jetzt ein zweiter (A hilft B, um sich durch B Vorteile zu beschaffen). Der Beobachter wird jetzt nicht mehr mit derselben Sicherheit wie vorher annehmen, daß A hilfsbereit ist. Vielleicht geht er in seiner Abschwächung der Hilfsbereitschaft als plausible Ursache so weit, daß er jetzt glaubt, A hätte B in erster Linie oder sogar ausschließlich wegen der erhofften Vorteile geholfen.
Ein beträchtlicher Mangel des Abschwächungs- oder Reduktionsprinzips (discounting principle) besteht darin, daß es im konkreten Fall nicht voraussagen kann, welche der vorhandenen plausiblen Ursachen abgeschwächt (oder eliminiert) wird bzw. werden, und welche als primäre oder einzige Ursache akzeptiert wird. Hier kann eine Hypothese von DECI (1975) als äußerst nützliche Ergänzung herangezogen werden. DECI (1975) behauptet, daß zuerst externe Ursa-

chen gesucht werden. Sobald plausible externe Ursachen gefunden wurden, wird der Attributionsprozeß abgebrochen. Nur wenn keine externen Ursachen feststellbar sind, wird nach internen Ursachen weitergesucht. Aus dieser Vorrangigkeit externer Ursachen folgert DECI, daß bei gleichzeitigem Vorliegen interner und externer Ursachen die internen Ursachen abgeschwächt oder eliminiert werden.

Das Abschwächungsprinzip spielt in der Sozialpsychologie eine außergewöhnlich große Rolle. In vielen wichtigen Theorien ist es zumindest implizit enthalten. So sind zum Beispiel zwei Haupthypothesen der Theorie von JONES und DAVIS Spezialfälle des Abschwächungsprinzips im Sinn von DECI (nämlich, daß nur bei Wahlfreiheit, also bei Abwesenheit der externen Ursache Zwang auf interne Ursachen – Dispositionen der Stimulusperson – geschlossen wird; und daß nur bei Fehlen positiver Verhaltenskonsequenzen auf Dispositionen geschlossen wird). Auch in anderen Themenbereichen sind wesentliche Hypothesen vorhanden, die als Spezialfälle des Abschwächungsprinzips gedeutet werden können, z. B. in der Gefühlstheorie von SCHACHTER (1964), s. Abschnitt 5.42, und im Zusammenhang mit intrinsischer Motivation, s. Abschnitt 5.433). Obwohl die Hypothese von DECI mit einer Fülle experimenteller Ergebnisse übereinstimmt, ist noch nicht hinreichend geklärt, ob diese Hypothese ohne Einschränkung gilt, bzw. unter welchen Bedingungen sie nicht zutrifft.

Als komplementäres Gegenstück zum Abschwächungsprinzip (zur Subtraktionsregel, s. Abschnitt 5.222) hat KELLEY auch ein Vergrößerungsprinzip formuliert. Das Abschwächungsprinzip besagt, daß bei Vorliegen zweier Ursachen für ein Verhalten oder Ereignis mindestens eine dieser Ursachen abgeschwächt wird (d. h. weniger glaubhaft erscheint). Das gilt für zwei Ursachen, die beide für das Verhalten oder Ergebnis förderlich sind. Wenn aber zwei Faktoren vorhanden sind, von denen einer das Verhalten oder Ergebnis fördert, während es vom andern behindert wird, tritt das Vergrößerungsprinzip in Kraft: Die fördernde Ursache wird als besonders stark wahrgenommen. Wenn z. B. trotz massiver äußerer Widerstände ein Verhalten durchgeführt oder ein Ziel erreicht wird, so wird daraus auf eine besonders starke Disposition geschlossen.

Obwohl mehrere Autoren Modifikationen und Erweiterungen der Theorie von KELLEY sowie zum Teil andere Prozesse der Informationsverarbeitung vorschlugen (EINHORN und HOGARTH, 1986: HAISCH, 1987; HEWSTONE und JASPARS, 1987; HILTON und SLUGOSKI, 1986), ist sie nach wie vor der zentrale Ansatz in der Attributionsforschung. Sie hat vermutlich mehr Untersuchungen und mehr theoretische Überlegungen (auch kritische) angeregt als jeder andere attributionstheoretische Ansatz.

5.234 Kritik und Ergänzungen I: Konsensusinformation, Attribution für Handlungen

Es wurde wiederholt behauptet, daß – im Gegensatz zu den Hypothesen KELLEYS (1967) – Konsensusinformation häufig kaum oder nur unzureichend berücksichtigt wird. Bereits MCARTHUR (1972) stellte fest, daß die Antworten ihrer Vpn wesentlich stärker von Distinktheits- und Konsistenzinformation als von Konsensusinformation beeinflußt wurden (vgl. auch Abschnitt 4.138).

Die Vernachlässigung von Konsensusinformation wurde von NISBETT und seinen Mitarbeitern in einer Reihe von Experimenten demonstriert (NISBETT und BORGIDA, 1975; NISBETT, BORGIDA, CRANDALL und REED, 1976). NISBETT und BORGIDA (1975) gaben ihren Vpn u. a. eine detaillierte Beschreibung der Untersuchungen von DARLEY und LATANÉ (1968). Die Vpn erfuhren, daß die Vpn in Gruppen von je sechs Personen an dieser Untersuchung teilgenommen hatten, daß sie einzeln in kleinen Versuchsräumen saßen, sich aber durch Mikrofone und Kopfhörer miteinander verständigen konnten; ferner, daß in jeder Gruppe eine «Vp» ein Mitarbeiter des Vl war, und daß diese «Vp» – für die echten Vpn hörbar – einen epileptischen Anfall erlitt; der Mitarbeiter erwähnte zunächst, daß er an solchen Anfällen leide, begann dann zu stottern und zu schreien, und rief inständig um Hilfe.

In einer Versuchsbedingung (Konsensusbedingung) erfuhren die Vpn auch die Ergebnisse von DARLEY und LATANÉ, nämlich daß ein Großteil der Vpn überhaupt nicht half, einige erst nach 4 Minuten und niemand sofort. Es bestand also relativ hoher Konsensus: Die häufigste Verhaltensweise war keine Hilfe. In einer anderen

Versuchsbedingung (keine Konsensusinformation) wurden den Vpn die Ergebnisse von DARLEY und LATANÉ nicht mitgeteilt. Außerdem sahen die Vpn in beiden Bedingungen Videoaufnahmen von kurzen Interviews mit zwei Teilnehmern des DARLEY-LATANÉ-Experiments.

Die Vpn von NISBETT und BORGIDA wurden anschließend gefragt, wie sie glaubten, daß sich die beiden Stimuluspersonen im DARLEY-LATANÉ-Experiment verhalten hätten. Ferner wurde ihnen mitgeteilt, daß ein bestimmter Teilnehmer (Greg R., über den sie einige belanglose Informationen erhielten) nicht geholfen hatte, und sie wurden gefragt, in welchem Ausmaß sie dessen Verhalten auf Persönlichkeitsmerkmale (Personenattribution) bzw. auf die Situation (Stimulusattribution) zurückführten.

In beiden Versuchsbedingungen (mit und ohne Konsensusinformation) nahm die Mehrzahl der Vpn an, daß die beiden Stimuluspersonen nach kurzer Zeit geholfen hatten. Es war also nicht nur kein Unterschied zwischen den Bedingungen mit und ohne Konsensusinformation vorhanden, sondern die Schätzungen der Vpn mit Konsensusinformation stimmten auch nicht mit dieser Information überein. Auch bei den Attributionsfragen zeigte sich fast kein Unterschied zwischen den beiden Versuchsbedingungen, obwohl – laut KELLEY-Modell – die Vpn, die wußten, daß relativ hoher Verhaltenskonsensus bestand, das Verhalten von Greg R. in höherem Maß auf Situationsfaktoren zurückführen sollten als die Vpn ohne Konsensusinformation.

Aus diesen und ähnlichen Ergebnissen folgerten NISBETT und BORGIDA (1975), daß Konsensusinformation keinerlei Einfluß hätte. Diese Behauptung ist zumindest eine starke Übertreibung und blieb nicht unangefochten. Erstens, weil in zahlreichen Experimenten (z. B. MCARTHUR, 1972; ORVIS et al., 1975) ein – zwar manchmal schwacher, aber doch deutlich nachweisbarer – Einfluß von Konsensusinformation festgestellt wurde, und zweitens, weil die Experimente von NISBETT und seinen Mitarbeitern in vielfacher Weise kritisiert werden können.

Vor allem WELLS und HARVEY (1977) haben in einem wichtigen Artikel auf entscheidende Mängel im Aufbau der genannten Untersuchungen hingewiesen. Außerdem fanden sie eine einleuchtende Erklärung für die negativen Ergebnisse von NISBETT und BORGIDA: Das asoziale Verhalten der Vpn im Hilfeexperiment von DARLEY und LATANÉ wird für untypisch gehalten und auf spezielle Persönlichkeitseigenschaften dieser «erbarmungslosen» Personen zurückgeführt. Die Konsensusinformation wird in diesem Fall nicht als solche aufgefaßt (das heißt, man glaubt nicht, daß sich die meisten Menschen so verhalten, sondern daß sich nur diese asoziale Stichprobe so verhalten hat). Wenn man jedoch den Vpn mitteilt, daß die Teilnehmer am DARLEY-LATANÉ-Experiment zufällig ausgewählt wurden und repräsentativ sind, dann müßte die Konsensusinformation wirksam sein.

Diese Hypothese wurde von WELLS und HARVEY (1977) experimentell geprüft und bestätigt. In einer erweiterten Replikation der NISBETT-BORGIDA-Experimente (Versuchsbedingungen mit Hinweis auf das Vorliegen einer Zufallsstichprobe und Versuchsbedingungen ohne solchen Hinweis) zeigte sich, daß Konsensusinformation wesentlich mehr Einfluß hat, wenn die Vpn informiert wurden, daß die Konsensusdaten aus Zufallsstichproben stammen. Außerdem betrachteten die Vpn die Stichprobe von DARLEY und LATANÉ als untypisch und nicht repräsentativ, wenn nicht explizit erwähnt wurde, daß es sich um eine Zufallsstichprobe handelt.

Obwohl der Streit um die Wirksamkeit von Konsensusinformation noch nicht abgeschlossen ist (vgl. BORGIDA, 1978; WELLS und HARVEY, 1978), vertreten die meisten Attributionsforscher den Standpunkt, daß Konsensusinformation zwar in manchen Fällen weniger Einfluß hat, als sie theoretisch haben sollte, aber daß sie doch in systematischer Weise verwendet wird.

Kritisiert wurde ferner die Unterteilung aller Ursachenklassen in Personen- und Stimulusattributionen. KRUGLANSKI (1975) postulierte die Notwendigkeit der Unterscheidung von Handlungen und Ereignissen. Als Handlungen bezeichnet KRUGLANSKI alle Verhaltensweisen und inneren Prozesse, von denen man annimmt, sie wären vollständig dem Willen unterworfen (z. B. Operanten). Ereignisse dagegen sind – zumindest in einem gewissen Ausmaß – nicht willkürlich beeinflußbar (z. B. Gefühle, Belohnungen, Mißerfolge usw.). Bei Ereignissen ist die Unterscheidung zwischen Personen- und Situationsattributionen sinnvoll, nicht aber bei Handlungen, denn Handlungen werden defini-

tionsgemäß immer vom Handelnden verursacht.
Bei Handlungen sollte man von *endogenen* und *exogenen* Attributionen sprechen. Eine Handlung ist endogen verursacht, wenn die Handlung Selbstzweck ist (z. B. weil die Handlung dem Ausführenden Freude macht oder weil sie seinen Einstellungen entspricht). Eine Handlung ist exogen verursacht, wenn sie nur ein Mittel zu einem bestimmten Zweck ist (z. B. wenn sie ausschließlich deshalb durchgeführt wird, um eine Belohnung zu erhalten). KRUGLANSKI stellte außerdem folgende Hypothesen auf: Bei Handlungen, die endogen attribuiert werden, wird mehr Freiheit des Handelnden wahrgenommen als bei exogen attribuierten Handlungen. Und: Endogen attribuierte Handlungen werden als angenehmer wahrgenommen als exogen attribuierte Handlungen. Diese Hypothesen wurden durch einige Experimente bestätigt (s. KRUGLANSKI, 1975).
Die Bestätigung dieser Hypothesen ist jedoch noch keine Rechtfertigung der Kritik an der Ursachenklassifizierung in Personen- und Stimulusattributionen. Diesem Problem widmete sich ZUCKERMAN (1978). Die Vpn erhielten kurze Beschreibungen von mehreren Ereignissen und mehreren Handlungen. Jeder Handlungs- bzw. Ereignisbeschreibung folgten (ähnlich wie in den früher beschriebenen Experimenten von MCARTHUR und ORVIS et al.) Informationen über Konsensus, Distinktheit und Konsistenz. Die Vpn mußten jeweils angeben, ob sie die Ursache in der Person, im Stimulus, in den besonderen Umständen oder in einer Kombination dieser Faktoren sahen. Bei Handlungen mußten sie außerdem mittels einer 9-Punkte-Skala schätzen, in welchem Maß die Handlung Selbstzweck war (endogene Attribution) bzw. Mittel zu einem anderen Zweck (exogene Attribution).
Die Ergebnisse zeigten, daß – im Widerspruch zur Annahme KRUGLANSKIS – die Ursachen von Handlungen keineswegs öfter in der handelnden Person gesehen werden als die Ursachen von Ereignissen. Ferner waren die Attributionsdaten sowohl bei Ereignissen als auch bei Handlungen mit KELLEYS Theorie verträglich. Allerdings stimmten die Attributionsdaten bei Ereignissen besser mit der Theorie überein als bei Handlungen. So hatte z. B. Konsensusinformation bei Ereignisattributionen mehr Einfluß als bei Handlungsattributionen.
Die Attributionsdimension endogen/exogen wurde ausschließlich von Konsistenzinformation beeinflußt: Hohe Konsistenz bewirkte eher endogene Attributionen, geringe Konsistenz exogene Attributionen. Vermutlich beruht die Entscheidung zwischen endogenen und exogenen Attributionen auf anderen Informationsarten als die Entscheidung zwischen Personen- und Stimulusattributionen (vgl. KRUGLANSKI, HAMEL, MAIDES und SCHWARTZ, 1978). Ob endogen oder exogen attribuiert wird, hängt beispielsweise von der Information darüber ab, ob die Handlung für den Ausführenden angenehm ist oder nicht. Leider existiert bis jetzt keine systematische Theorie über die Informationsbedingungen für endogene versus exogene Attributionen.
Ergänzend zur Unterscheidung zwischen endogenen und exogenen Attributionen wurde auch die Unterscheidung zwischen Ursachen und Gründen vorgeschlagen (BUSS, 1978). Gründe sind Ziele oder Zwecke von Handlungen, Ursachen sind auslösende Faktoren, bzw. die notwendigen und hinreichenden Bedingungen eines Verhaltens. Nach KRUGLANSKI (1979) sind Gründe eine Teilmenge der Ursachen, denn man kann Handlungen sowohl durch Gründe als auch durch Ursachen erklären. Zum Beispiel: Jemand trinkt Wasser, *weil* er durstig ist (Ursache), oder jemand trinkt Wasser, *um* seinen Durst zu löschen (Grund). Ereignisse dagegen (also Ergebnisse und unwillkürliches Verhalten, wie beispielsweise Erröten) können nur durch Ursachen erklärt werden. Ergebnisse von ZUCKERMANN und FELDMAN (1984) lassen vermuten, daß für die Zuschreibung von Ursachen Konsensusinformation wichtiger ist als Distinktheitsinformation, während es sich bei der Zuschreibung von Gründen umgekehrt verhält.

5.235 Kritik und Ergänzungen II: Gedankenlosigkeit und Auffälligkeit

Ein weiterer Angriffspunkt der Kritik ist die Annahme vieler Attributionstheoretiker, daß sich der attribuierende «Mann auf der Straße» ähnlich rational verhält wie ein Wissenschaftler: Er sammelt komplexe Informationen und zieht daraus nach durchaus vernünftigen Regeln (Kovariationsprinzip) Schlüsse. Im Gegensatz dazu wurde u. a. von ABELSON und dessen Mitarbeitern immer wieder auf die Gedankenlosigkeit im sozialen Verhalten hingewiesen (z. B. ABELSON, 1976; LANGER, 1975, 1978; LANGER und ABELSON, 1972; LANGER und BENEVENTO, 1978; SCHANK und ABELSON, 1977).

Der Begriff «Skript» wurde bereits in Abschnitt 3.325 eingeführt. Es handelt sich dabei um eine bestimmte Art von Schemata, die verhaltenssteuernde Funktion haben (SCHANK und ABELSON, 1977). Wie alle Schemata sind auch Skripts (wörtlich übersetzt «Drehbücher») sehr nützlich. Sie ermöglichen eine rasche und effiziente Informationsverarbeitung sowie rasches und effizientes Handeln. Schemata haben aber auch Nachteile. Unpassende (dem Schema widersprechende) Informationen werden manchmal ignoriert oder neu interpretiert, so daß sie zum Schema passen. Im Rahmen der Skripttheorie wurde (vor allem von LANGER) darauf hingewiesen, daß durch unsere Verhaltensschemata gedankenloses Verhalten ermöglicht wird. Oft genügt die Identifizierung weniger Situationsaspekte (diskriminierender Reize), um ein Skript zu aktivieren, von dem dann unser Verhalten und Denken gesteuert wird, ohne daß alle relevanten Informationen beachtet oder verarbeitet werden, die in der Situation vorhanden sind.

Einige von diesem Ansatz ausgehende Untersuchungen wurden bereits an früherer Stelle referiert (z. B. LANGERS Untersuchungen zur Illusion von Kontrolle, s. Abschnitt 2.549). In den genannten Untersuchungen konnte LANGER nachweisen, daß die Identifizierung bestimmter diskriminierender Reize (Wettbewerb, scheinbare Sicherheit und Fähigkeit des Partners usw.) genügt, um die Situation als fähigkeits- und anstrengungsabhängig (d. h.kontrollierbar) einzustufen, obwohl die Ergebnisse in Wahrheit ausschließlich zufallsbedingt waren. Der Zufallscharakter der von LANGER verwendeten Situationen hätte aufgrund der vorhandenen Information leicht erkannt werden können (z. B. wenn bei einem Kartenspiel derjenige von zwei Partnern gewinnt, der von einem gut durchmischten Kartenpaket die «höhere» Karte abhebt). Die Vpn waren aber offenbar nicht mehr bereit, Information zu beachten und zu verarbeiten, nachdem die Situation – voreilig und gedankenlos – als kontrollierbar eingestuft worden war. Die Wirksamkeit solcher «gedankenloser Drehbücher» wurde auch in anderen Bereichen nachgewiesen, z. B. bei Hilfeleistungen (LANGER und ABELSON, 1972). Eine Zusammenfassung einschlägiger Untersuchungen findet man u. a. bei LANGER (1978, 1989).

Führende Attributionstheoretiker wie HEIDER und KELLEY haben jedoch keineswegs behauptet, daß Attributionsprozesse *immer* unter Beachtung aller erreichbaren Informationen und nach relativ vernünftigen Schlußregeln ablaufen. Durch die Einführung des Begriffs der kausalen Schemata hat KELLEY (1972 b) explizit auf die Möglichkeit «verkürzter» Attributionsprozesse hingewiesen.

Es geht daher nicht um die Frage, ob soziale Urteilsprozesse und Interaktionen gedankenlos oder «rational» ablaufen, sondern um die Abgrenzung der Bedingungen, unter denen erst nach adäquater Informationsverarbeitung oder nach starren «Drehbüchern» gehandelt und geurteilt wird. Aufgrund der (noch nicht sehr zahlreichen) relevanten Untersuchungen gibt LANGER (1978) u. a. folgende Kriterien an: Man handelt und urteilt *nicht* gedankenlos: in neuen Situationen (für die definitionsgemäß keine fertigen Programme vorhanden sind); wenn man eine negative oder positive Konsequenz erlebt, die stark von der (aufgrund früherer ähnlicher Situationen gebildeten) Erwartung abweicht; und wenn das vorprogrammierte Verhalten von außen behindert bzw. unterbrochen wird. Ferner urteilt man *nicht* gedankenlos, wenn man sich in einer wichtigen Situation befindet, z. B. in Interaktionen mit Personen, von denen man in wichtigen Belangen abhängig ist (BERSCHEID, GRAZIANO, MONSON und DERMER, 1976; darauf wird weiter unten näher eingegangen).

Ein besonders häufiger Spezialfall der Gedankenlosigkeit ist der «falsche Konsensus-Effekt» (L. ROSS, 1977; ROSS, GREENE und HOUSE, 1977). Der «falsche Konsensus» ist eine egozentrisch verzerrte Wahrnehmung oder Schätzung der Häufigkeit des eigenen Verhaltens bzw. der eigenen Urteile, Einstellungen usw. Man neigt dazu, die eigenen Verhaltensweisen, Einstellungen, Meinungen usw. für verbreiteter zu halten, als sie tatsächlich sind. Auch wenn man in bestimmten Fällen weiß, daß man eine ziemlich seltene Meinung oder Verhaltensweise hat, überschätzt man dennoch deren Verbreitung. Mit anderen Worten: Man nimmt hinsichtlich

des eigenen Verhaltens, der eigenen Einstellungen usw. einen höheren Grad von Konsensus an, als in Wirklichkeit vorhanden ist.
Die Existenz des «falschen» (d. h. überschätzten) Konsensus wurde u. a. von ROSS, GREENE und HOUSE (1977) in mehreren Untersuchungen bestätigt. In einer Untersuchung wurden Studenten nach ihren Meinungen und Einstellungen zu einer Reihe von Gegenständen befragt. Außerdem sollten sie jeweils schätzen, wieviel Prozent ihrer Kollegen den selben Standpunkt wie sie selbst vertreten. Bei einem Großteil der Fragen zeigte sich deutlich die Tendenz zur Überschätzung der Verbreitung des eigenen Standpunkts.
In einer anderen Untersuchung wurden die Vpn unter einem Vorwand ersucht, 30 Minuten lang mit einem Plakat auf dem Universitätsgelände herumzugehen. Es wurde ihnen aber freigestellt, ob sie das tun wollten oder nicht. Nachdem sie ihre Entscheidung getroffen hatten, wurden sie aufgefordert, zu schätzen, welcher Prozentsatz der Vpn zustimmen oder ablehnen würde. Die Vpn, die bereit waren, das Plakat zu tragen, nahmen im Durchschnitt an, daß 62% ihrer Kollegen ebenfalls das Plakat tragen würden. Die Vpn, die ablehnten, schätzten, daß sich 67% ihrer Kollegen ebenfalls weigern würden, das Plakat zu tragen.
ROSS diskutiert zwei Erklärungsmöglichkeiten für den falschen Konsensus, die sich beide auf Informationsmangel und Gedankenlosigkeit beziehen. Man kennt vorwiegend Personen, die aus einem ähnlichen Milieu stammen wie man selbst und deshalb auch ähnliche Einstellungen und Verhaltensweisen haben. Die egozentrisch verzerrten Häufigkeitsschätzungen beruhen also zum Teil darauf, daß man in gedankenloser Weise von einer einseitigen und untypischen Stichprobe ausgeht. Zweitens: Fast alle Situationen sind mehrdeutig in dem Sinn, daß nicht alle Informationen vorhanden sind, die man zur Beurteilung der Situation braucht (oder berücksichtigen sollte). Zum Beispiel konnten die Vpn, die gebeten wurden, das Plakat zu tragen, nicht *wissen,* wie anstrengend es sein wird, ob sie von Kollegen verspottet, neugierig befragt oder einfach nicht beachtet werden usw.). Aus Informationsmangel und aus Gedankenlosigkeit nehmen die meisten Menschen vermutlich an, daß andere Personen eine gegebene (mehrdeutige) Situation ähnlich interpretieren wie sie selbst und daß sie deshalb auch ähnlich handeln und urteilen.
Aus vielen Untersuchungen seit MCARTHUR (1972) ist bekannt, daß generell eine starke Tendenz zu Personenattributionen besteht. ROSS (1977) nennt das den «fundamentalen Attributionsfehler» und meint, daß der Laie (genauso wie viele Psychologen) dazu neigt, die Wirkung von Persönlichkeitsfaktoren zu überschätzen und die Wirkung von Situationsfaktoren zu unterschätzen.
Die Neigung zum «fundamentalen Attributionsfehler» zeigt sich nicht nur in der großen Häufigkeit von Personenattributionen, sondern u. a. auch in immer wieder auftretenden Ergebnissen, die in einem gewissen Widerspruch zur Theorie von JONES und DAVIS (1965) stehen (z. B. JONES und HARRIS, 1967; JONES, RIGGS und QUATTRONE, 1979). JONES und DAVIS postulierten, daß die wahrgenommene Entscheidungsfreiheit der Stimulusperson eine notwendige Bedingung dafür ist, daß aus dem beobachteten Verhalten auf eine entsprechende Disposition der Stimulusperson geschlossen wird. Nun zeigte sich aber in mehreren Untersuchungen, daß auch dann aus dem Verhalten auf eine Disposition (z. B. auf eine Einstellung) geschlossen wird, wenn die Stimulusperson unter Zwang handelt. Zum Beispiel schlossen die Vpn auch dann aus einem positiven Aufsatz über Castro auf eine positive Einstellung der Stimulusperson zu Castro, und aus einem negativen Aufsatz auf eine negative Einstellung, wenn sie wußten, daß die Stimulusperson vorher angewiesen wurden, sich in der angegebenen Richtung zu äußern (JONES und HARRIS, 1967). Allerdings lagen in diesem Fall die geschätzten Einstellungen der Stimulusperson wesentlich näher beim neutralen Mittelpunkt der Einstellungsskala als in den Bedingungen, in denen die Stimulusperson (angeblich) selbst entscheiden konnte, ob sie sich zustimmend oder ablehnend äußern wird. Theoretisch hätten die geschätzten Einstellungen in den Zwangbedingungen jedoch völlig neutral sein müssen, und die (wenn auch relativ kleinen) Abweichungen der Schätzungen vom Neutralpunkt zeigen deutlich die – häufig ungerechtfertigte – Tendenz zu Personenattributionen.
Die Neigung zum fundamentalen Attributionsfehler dürfte einerseits daran liegen, daß der Laie Lebewesen eher für «Kausalzentren» (für den

Ursprung von Wirkungen) hält als unbelebte Objekte in der Umgebung. Zum anderen sieht Ross einen Zusammenhang zwischen dem «fundamentalen Attributionsfehler» und dem «falschen Konsensus»: Da man das eigene Verhalten und die eigenen Ansichten für weit verbreitet, normgerecht und adäquat hält, erscheint jedes Verhalten, das sich vom eigenen Verhalten unterscheidet, selten und den Normen widersprechend zu sein. Wie bereits früher gezeigt wurde (Abschnitt 5.22, Theorie von JONES und DAVIS), wird aber von (vermeintlich) seltenen und antinormativen Verhaltensweisen auf entsprechende Dispositionen geschlossen.

Eine besonders eindrucksvolle Form der Gedankenlosigkeit bei sozialen Urteilsprozessen ist die Wirkung der Auffälligkeit (vgl. zusammenfassend DUVAL und HENSLEY, 1976; TAYLOR und FISKE, 1978). Man neigt dazu, jenen Aspekten eines Ereignisses erhöhte Kausalwirkung zuzuschreiben, die die Aufmerksamkeit auf sich lenken. Je auffälliger ein Reiz (z. B. eine Person) ist, desto mehr kausale Wirksamkeit wird ihm zugeschrieben. Wodurch der Reiz auffällig ist, spielt dabei keine Rolle. Es kann sich um Auffälligkeit durch hohe Reizintensität (Helligkeit, Lautstärke), Bewegung, Neuartigkeit usw. handeln.

In einer Reihe von Experimenten zeigten MCARTHUR und POST (1977) ihren Vpn jeweils eine Filmaufnahme zweier Personen, die ein Gespräch miteinander führten. In jedem Experiment war eine Stimulusperson auffälliger als die andere. Im ersten Experiment war ein Gesprächspartner hell beleuchtet und der andere nicht. Im zweiten Experiment saß eine Stimulusperson in einem Schaukelstuhl und schaukelte ständig, während die andere auf einem gewöhnlichen Stuhl saß. Im dritten Experiment trug eine Stimulusperson eine auffällig gestreifte Bluse und die andere eine dezente einfarbige Bluse usw.

Bei jedem Experiment mußten die Vpn u. a. angeben, in welchem Ausmaß das Verhalten jeder Stimulusperson durch Dispositionsfaktoren bzw. durch Situationsfaktoren verursacht worden war. Obwohl sich die Stimuluspersonen (einem Drehbuch folgend) in gleichem Ausmaß an dem Gespräch beteiligten, wurde das Verhalten der auffälligeren Person in geringerem Ausmaß auf Situationsfaktoren und relativ stärker auf Dispositionsfaktoren zurückgeführt.

Auffälligkeitseffekte entstehen jedoch nicht nur durch die Auffälligkeit der Person, sondern auch durch die Auffälligkeit der Umgebung. So zeigten beispielsweise ARKIN und DUVAL (1975), daß ein Verhalten, das in einer wechselnden («dynamischen») Umgebung stattfindet, in höherem Maß auf die Situation zurückgeführt wird, als ein Verhalten, das in einer unveränderten («stabilen») Umgebung stattfindet.

5.236 Motivationseinflüsse und Attributionsverzerrungen

Obwohl führende Attributionstheoretiker wie HEIDER (1958) und KELLEY (1967) betonten, daß Attributionen nicht Selbstzweck sind, sondern bestimmten Zwecken dienen und oft von Motiven beeinflußt bzw. verzerrt werden, hat sich die experimentelle Forschung erst in den letzten Jahren intensiver diesem Problemkreis zugewendet. Attributionen haben nach HEIDER und KELLEY den Zweck, die Welt besser vorhersehbar und damit kontrollierbar zu machen. Wenn es dem Beobachter gelingt, die «hinter» den vielfältigen und wechselnden Phänomenen (d. h. sozialen Verhaltensweisen) liegenden stabilen Ursachen zu «erkennen», dann ist er imstande, vorauszusagen, wie sich die beobachtete Stimulusperson in Zukunft verhalten wird. Ein Beispiel: Wenn der Beobachter die wahrgenommene Hilfeleistung seitens einer Stimulusperson auf Persönlichkeitsfaktoren (Hilfsbereitschaft) zurückführt, dann wird er annehmen, daß sich die Stimulusperson auch in anderen Situationen ähnlich verhalten wird. Wenn er dagegen die Hilfeleistung auf Situationsfaktoren zurückführt, wird er nicht erwarten, daß sich die Stimulusperson auch in anderen Situationen altruistisch verhält.

«Vollständige», das heißt nicht abgekürzte und nicht gedankenlose Attributionsprozesse erfordern relativ viel Aufwand: Man muß die nötige Information beachten, im Gedächtnis speichern und verarbeiten. BERSCHEID, GRAZIANO, MONSON und DERMER (1976) überprüften die Hypothese, daß ausführliche Attributionsprozesse vor allem in bezug auf solche Personen gemacht werden, von denen man abhängig ist (bei denen es daher besonders *wichtig* ist, ihr Verhalten vorhersagen und kontrollieren zu können). In wichtigen Situationen (bzw. in bezug auf wichtige Personen im obigen Sinn) werden die Attributionsprozesse also nicht gedankenlos ablaufen. Der Beobachter wird der Stimulusperson viel Aufmerksamkeit widmen und viele Daten über sie im Gedächtnis speichern.

Gleichzeitig nahmen BERSCHEID et al. jedoch auch an, daß die Wichtigkeit einer Situation verzerrend auf die Attributionsprozesse wirkt. Vorhersagbarkeit und Kontrollierbarkeit sind am größten, wenn man die stabilen Dispositionen der Stimulusperson «kennt». Daher nahmen die Autoren an, daß mit steigender Wichtigkeit der Stimulusperson extremere (stärker ausgeprägte) Dispositionen zugeschrieben werden und daß diese Dispositionsattributionen mit größerer Sicherheit bezüglich der Richtigkeit der Beurteilungen durchgeführt werden. Die Autoren postulierten ferner, daß – im Sinn wunschhafter Verzerrungen – die Stimuluspersonen mit steigender Wichtigkeit als sympathischer beurteilt werden.

Die Autoren verglichen die Attributionen und die Informationsverarbeitungsprozesse ihrer Vpn bei drei Arten von Stimuluspersonen. Unter dem Vorwand, daß es sich um eine Untersuchung des «Rendezvousverhaltens» (dating study) handelt, wurden die Vpn ersucht, in den nächsten 5 Wochen ausschließlich jene Personen zu treffen, die ihnen vom Vl zugewiesen werden. Einleitend sollten sie sich eine Videoaufnahme ansehen, in der drei Personen (des anderen Geschlechts) über Rendevousprobleme diskutieren, und anschließend ihre Eindrücke davon berichten. In einer Versuchsbedingung war eine der drei Stimuluspersonen der einzige Rendezvouspartner der Vp in den nächsten Wochen (hohe Abhängigkeit bzw. Wichtigkeit); in einer zweiten Versuchsbedingung war eine Stimulusperson einer von mehreren verfügbaren Rendezvouspartnern (geringe Abhängigkeit); in der dritten Versuchsbedingung war keine Stimulusperson ein Rendezvouspartner (keine Abhängigkeit).

Infolge «technischer Beschränkungen» waren die Aufnahmen so beschaffen, daß jeweils nur eine Stimulusperson auf dem Bildschirm gesehen werden konnte. Jede Vp konnte und mußte dauernd durch Knopfdruck entscheiden, welche der drei Personen sie sehen wollte (jeder der drei Stimuluspersonen war ein Knopf zugeordnet). Die Tonwiedergabe wurde davon nicht beeinflußt; es war jederzeit die vollständige Aufnahme der Diskussion zu hören. Auf diese Weise konnte genau gemessen werden, wieviel Aufmerksamkeit (Betrachtungszeit) die Vp jeder Stimulusperson widmete. Anschließend mußte ein längerer Fragebogen ausgefüllt werden. Die Vpn mußten Fragen über Verhalten und Kleidung jeder Stimulusperson beantworten (zur Feststellung der gespeicherten Information). Ferner mußten die Stimuluspersonen auf mehreren Skalen (stark – schwach, warmherzig – kalt usw.) beurteilt werden, wobei die Vpn auch jeweils die Sicherheit ihrer Urteile angeben mußten.

Sämtliche Hypothesen wurden bestätigt. Mit steigender Wichtigkeit wurden die Stimuluspersonen länger betrachtet und konnte mehr Information über sie wiedergegeben werden. Ferner wurden die Dispositionsattributionen (Merkmalszuschreibungen) mit steigender Wichtigkeit extremer, sicherer und positiver. Ähnliche Ergebnisse berichten auch MILLER, NORMAN und WRIGHT (1978).

Außerdem werden bei wichtigen Stimuluspersonen vor allem inkonsistente Informationen besonders beachtet (ERBER und FISKE, 1984), und man bemüht sich, die Stimulusperson realistisch (aufgrund ihres tatsächlichen Verhaltens und ihrer Merkmale) zu beurteilen, und nicht oberflächlich aufgrund ihrer Kategoriezugehörigkeit (NEUBERG und FISKE, 1987).

Wenn es stimmt, daß Attributionen die Funktion haben, Vorhersagbarkeit und Kontrolle zu ermöglichen, dann müßte das Interesse an Attributionen immer dann besonders groß sein, wenn die Kontrollmotivation stark ist. Ein Fall dieser Art wurde gerade behandelt: Bei wichtigen Personen ist das Bedürfnis nach Information und Attributionen größer als bei weniger wichtigen. PITTMAN und PITTMAN (1980) beschritten einen anderen Weg, um die Kontrollmotivation zu erhöhen. Sie nahmen an, daß nach erlebter Unkontrollierbarkeit (d. h. nach einem Hilflosigkeitstraining) die Kontrollmotivation besonders groß ist.

In drei Versuchsbedingungen erlebten die Vpn entweder viel Unkontrollierbarkeit (6 Begriffsbildungsaufgaben, die unlösbar waren, weil die Rückmeldungen «richtig» und «falsch» zufällig erfolgten), wenig Unkontrollierbarkeit (6 Begriffsbildungsaufgaben, von denen 2 unlösbar und 4 lösbar waren), oder keine Unkontrollierbarkeit (6 Begriffsbildungsaufgaben ohne Rückmeldungen). In einem anschließenden «zweiten» Experiment lasen die Vpn einen Aufsatz (über Atomkraftwerke in der Nähe bewohnter Gebiete), wobei einer Hälfte der Vpn mitgeteilt wurde, der Verfasser wäre für diesen Aufsatz bezahlt worden, und der anderen Hälfte, der Verfasser habe den Aufsatz zunächst nur für sich selbst geschrieben und es war gar keine Veröffentlichung beabsichtigt gewesen.

Die Vpn mußten dann u. a. auf 7-Punkte-Skalen beurteilen, in welchem Ausmaß äußere bzw. innere Ursachen den Verfasser motiviert hatten. In beiden Unkontrollierbarkeitsbedingungen waren die Attributionen wesentlich extremer als in der Bedingung ohne Unkontrollierbarkeit. In weiteren Untersuchungen (s. zusammenfassend PITTMAN und D'AGOSTINO, 1985) wurde festgestellt, daß nach der Erfahrung von Unkontrollierbarkeit die Informationsverarbeitung besonders genau und sorgfältig ist. Das begünstigt realistische, unverzerrte Urteile und Attributionen, was sich z. B. darin zeigt, daß der fundamentale Attributionsfehler nach dem Erlebnis von Unkontrollierbarkeit weniger stark ausgeprägt ist als sonst. Allerdings treten die beschriebenen Effekte nicht nach jeder Art von Unkontrollierbarkeit auf. Ihre notwendigen oder hinreichenden Bedingungen sind noch nicht gänzlich bekannt. Jedenfalls scheinen Aspekte des unkontrollierbaren Ereignisses wie dessen persönliche Wichtigkeit und das Ausmaß der ursprünglichen Kontrollerwartung eine Rolle zu spielen.

Motivationseinflüsse werden auch in jenen – sehr häufigen – Fällen deutlich, in denen die Attributionen im Sinn eines konsistenten Gesamteindrucks verzerrt werden. Sympathie und Abneigung wirken dahingehend, daß man dazu neigt, die positiven (sozial erwünschten) Handlungen einer sympathischen Person mehr auf Dispositionsfaktoren und weniger auf Situationsfaktoren zurückzuführen als die positiven Handlungen einer unsympathischen Person. Bei negativen Handlungen ist es umgekehrt: Diese werden bei einer sympathischen Person mehr auf externe und weniger auf interne Faktoren zurückgeführt. Auf diese Phänomene wird in Abschnitt 5.33 (über die Wirkungen von Sympathie und Abneigung) genauer eingegangen.

Häufig dienen Attributionen auch der Steigerung oder Erhaltung einer positiven Selbstbewertung. Attributionen sind häufig «selbstgefällig» (SNYDER, STEPHAN und ROSENFIELD, 1978). Man führt eigene Erfolge in höherem Maß auf Fähigkeit zurück als analoge Erfolge anderer Personen. Die eigenen Mißerfolge hält man in höherem Maß für zufallsbedingt als die Mißerfolge anderer Personen. Allerdings treten solche selbstwertsteigernden Attributionsverzerrungen in erster Linie (ausschließlich?) bei Personen mit einer positiven Selbstwerteinschätzung auf und nicht bei Personen mit einem negativen Selbstbild (ICKES und LAYDEN, 1978) oder mit Verhaltensstörungen (HERKNER, PESTA, MARITSCH und MASSOTH, 1980). Auch dieser Problemkreis wird später genauer behandelt werden (Abschnitt 5.46 über die Ursachen und Wirkungen der Selbstwertschätzung).

Abschließend sei noch die absichtliche Selbstbenachteiligung (self-handicapping, BERGLAS und JONES, 1978) erwähnt. Selbstbenachteiligung hat den Zweck, durch Herbeiführen oder Aufsuchen ungünstiger Bedingungen die Möglichkeit zu schaffen, eventuelle schlechte Leistungen (oder anderes sozial unerwünschtes Verhalten) auf diese ungünstigen Bedingungen zurückführen zu können. Damit wird von vornherein verhindert, daß das unerwünschte Verhalten auf eine entsprechende Disposition attribuiert wird (oder – im Sinn des Abschwächungsprinzips – daß es ausschließlich auf eine negative Disposition zurückgeführt wird). Es handelt sich um eine Strategie, die dem Selbstwert und auch der Selbstdarstellung gegenüber anderen Menschen nützt.

In zahlreichen Untersuchungen wurde gezeigt, daß Vpn, die zwischen einer günstigen und einer ungünstigen Bedingung wählen können, die ungünstige Bedingung vorziehen, wenn sie einen Mißerfolg erwarten (oder nicht mit Sicherheit ausschließen können). Zu diesen nachteiligen Bedingungen gehören Lärm, leistungsmindernde Medikamente, Alkohol, Drogen usw. Es gibt aber nicht nur objektive, sondern auch subjektive oder bloß vorgetäuschte Selbstbenachteiligungen, z. B. Angst, Depression, Schmerzen (s. zusammenfassend ARKIN und BAUMGARDNER, 1985). Von manchen Autoren werden auch Hilflosigkeitseffekte als strategische Selbstbenachteiligung interpretiert: Man strengt sich nicht an, damit man die schlechte Leistung nicht auf Unfähigkeit zurückführen muß, sondern der mangelnden Anstrengung zuschreiben kann.

Manche Themen der Attributionspsychologie konnten in diesem Kapitel nur gestreift werden, andere wurden gar nicht erwähnt. Ausführlichere Darstellungen verschiedener attributionstheoretischer Forschungsrichtungen und -schwerpunkte bieten u. a. HERKNER (1980), HARVEY und WEARY (1985), und WEARY, STANLEY und HARVEY (1989). Besonders gründlich und ausführlich sind die drei von HARVEY, ICKES und KIDD (1976, 1978, 1981) herausgegebenen Bände.

5.24 Implizite Persönlichkeitstheorien

Innerhalb bestimmter Gruppen, Schichten oder Kulturen gibt es weitverbreitete und ziemlich einheitliche Meinungen darüber, welche Persönlichkeitsmerkmale gemeinsam auftreten (zusammenpassen oder zusammengehören) und welche Merkmale einander ausschließen. Seit CRONBACH (1955) nennt man solche Meinungssysteme *implizite Persönlichkeitstheorien*. Implizit werden sie deshalb genannt, weil sie in der Regel nicht bewußt sind. Die impliziten Persönlichkeitstheorien sind eine wichtige Grundlage der Inferenz bei der Personenwahrnehmung («wenn Person A die Eigenschaft X hat, dann hat sie auch die Eigenschaft Y»). Man könnte in diesem Zusammenhang auch von *interpersonellen Implikationsregeln* sprechen.

Eine der ersten einschlägigen Untersuchungen ist das bekannte Experiment von ASCH (1946). Er bot seinen Vpn Beschreibungen fiktiver Stimuluspersonen. Diese Beschreibungen waren Listen von Adjektiven, z. B.: *intelligent, geschickt, fleißig, warmherzig, bestimmt, praktisch, vorsichtig*. Aufgrund solcher Beschreibungen sollten die Vpn dann angeben, welche weiteren Eigenschaften die Stimulusperson hat. Zu diesem Zweck wurde jeder Vp eine Liste von 18 Persönlichkeitsmerkmalen vorgelegt und es mußte für jedes Merkmal angegeben werden, ob es bei der Stimulusperson vorhanden ist oder nicht.

Eines der wichtigsten Ergebnisse war, daß bestimmte Merkmale (in den Beschreibungslisten) den Gesamteindruck viel stärker determinieren als andere. Ersetzt man in der obigen Merkmalsliste «warmherzig» durch «kalt», dann entsteht ein völlig anderer Eindruck (siehe Tabelle 45), obwohl in den beiden Bedingungen sechs von sieben Adjektiven identisch sind.

Ersetzt man in derselben Merkmalsliste «warm-

Tabelle 45

	Prozentsatz der Vpn, die in der jeweiligen Versuchsbedingung das Vorhandensein der Eigenschaften (1) bis (18) annahmen			
	warmherzig	kalt	höflich	grob
(1) großzügig	91	8	56	58
(2) weise	65	25	30	50
(3) glücklich	90	34	75	65
(4) gutmütig	94	17	87	56
(5) humorvoll	77	13	71	48
(6) gesellig	91	38	83	68
(7) beliebt	84	28	94	56
(8) verläßlich	94	99	95	100
(9) bedeutend	88	99	94	96
(10) menschenfreundlich	86	31	59	77
(11) gut aussehend	77	69	93	79
(12) beharrlich	100	97	100	100
(13) ernst	100	99	100	100
(14) zurückhaltend	77	89	82	77
(15) altruistisch	69	18	29	46
(16) phantasievoll	51	19	33	31
(17) stark	98	95	100	100
(18) ehrlich	94	98	87	100

herzig» einmal durch «höflich» und dann durch «grob», so erhält man wieder zwei Listen, die sich nur in einem Merkmal unterscheiden. Dieser Unterschied hat aber weit weniger Einfluß auf die Inferenz als der Unterschied zwischen «warmherzig» und «kalt» (siehe Tabelle 45). Dimensionen, die (wie «warmherzig» und «kalt») die Inferenzprozesse stark beeinflussen, werden nach ASCH *zentrale* Merkmale genannt. Die Dimension «höflich» – «grob» hat demnach nur eine geringe Zentralität. In neuerer Zeit erhielten WARR und KNAPPER (1968) ganz analoge Ergebnisse bei Verwendung einer etwas anderen Methode. Die Beschreibung der Stimulusperson bestand nicht aus einer Liste von Adjektiven, sondern war ein umgangssprachlich formulierter Bericht.

Mit der Bezeichnung gewisser Persönlichkeitsdimensionen als zentral und anderer als peripher wurde eine nützliche terminologische Konvention festgelegt, aber es wurde damit keine Erklärung der eben referierten Ergebnisse gegeben. Eine Erklärung des Phänomens der Zentralität konnte erst aufgrund von Untersuchungen erbracht werden, wie sie etwa von BRUNER, SHAPIRO und TAGIURI (1958) und WISHNER (1960) durchgeführt wurden.

Diese Autoren ermittelten die subjektiven Korrelationen zwischen verschiedenen Persönlichkeitsmerkmalen. Die Vpn wurden beispielsweise gefragt, für wie wahrscheinlich sie es halten, daß ein Mensch, der intelligent ist, außerdem aggressiv, gesellig usw. ist. Auf diese Art erhält man Korrelationen für alle Merkmalspaare. Dann kann untersucht werden, ob die Kenntnis der Korrelationen zwischen einzelnen Merkmalspaaren Voraussagen hinsichtlich der Schlüsse zuläßt, die von Vpn (wie bei ASCH) aufgrund von Merkmalskombination (Stimuluslisten) gezogen werden.

Aufgrund seiner Ergebnisse konnte WISHNER (1960) die Resultate von ASCH einfach erklären. WISHNER fand hohe Korrelationen zwischen der «warm-kalt»-Dimension und vielen Merkmalen der Antwortliste. Andererseits waren die Korrelationen zwischen «höflich-grob» und den Merkmalen der Antwortliste im Durchschnitt niedrig. Ferner korrelierten die übrigen Merkmale der Stimulusliste nur schwach mit jenen der Antwortliste. Aus dieser Analyse folgt auch, daß bestimmte Merkmale nicht «an sich» zentral sind, sondern sie sind dies innerhalb bestimmter Stimulusmerkmale und in bezug auf bestimmte Inferenzmerkmale – nämlich nur innerhalb solcher Stimulusmerkmale, die mit den Inferenzmerkmalen schwächer korrelieren als das zentrale Merkmal und nur in bezug auf solche Inferenzmerkmale, die mit dem zentralen Merkmal hoch korrelieren.

In den letzten Jahren haben sich ROSENBERG und seine Mitarbeiter mit wesentlich verfeinerten Methoden um die Erforschung impliziter Persönlichkeitstheorien bemüht (ROSENBERG und JONES, 1972; ROSENBERG, NELSON und VIVEKANANTHAN, 1968; ROSENBERG und SEDLAK, 1972a; eine Zusammenfassung dieser Ergebnisse findet man bei ROSENBERG und SEDLAK, 1972b). Die Ergebnisse von ROSENBERG, NELSON und VIVEKANANTHAN (1968) sind in Abbildung 116 graphisch veranschaulicht. Merkmale, die in der graphischen Darstellung benachbart sind, treten gemeinsam auf (werden als zusammenhängend wahrgenommen). Merkmale, die weit voneinander entfernt sind (einander gegenüberliegen), schließen einander aus. Merkmale mit mittlerer Distanz zueinander sind unabhängig, d. h. sie können, müssen aber nicht gemeinsam auftreten.

Die Ergebnisse lassen sich auf mehrere Arten strukturieren. Man kann die bereits in zahlreichen Untersuchungen (vgl. Abschnitte 3.317 und 5.21) ermittelten Dimensionen Bewertung (gut-schlecht), Aktivierung (aktiv-passiv) und Potenz (stark-schwach) feststellen.

Besonders faszinierend ist jedoch die von den Autoren vorgeschlagene Interpretation der Daten mit Hilfe von zwei Bewertungsdimensionen (siehe Abbildung 116). Die *soziale Bewertungsdimension* vereint am einen Pol Eigenschaften wie verläßlich, ehrlich, tolerant, hilfsbereit, warmherzig, gesellig usw. Am entgegengesetzten, negativen Pol liegen Merkmale wie ungesellig, kalt, humorlos, pessimistisch.

Die *intellektuelle Bewertungsdimension* weist am positiven Ende die Eigenschaften intelligent, fleißig, beharrlich, phantasievoll, bestimmt usw. auf. Der negative Pol dieser Dimension ist durch Merkmale wie unintelligent, naiv, ungeschickt u. ä. gekennzeichnet.

Die beiden Bewertungsdimensionen sind nicht ganz unabhängig voneinander. Es besteht eine leichte Tendenz, Personen, die man in sozialer

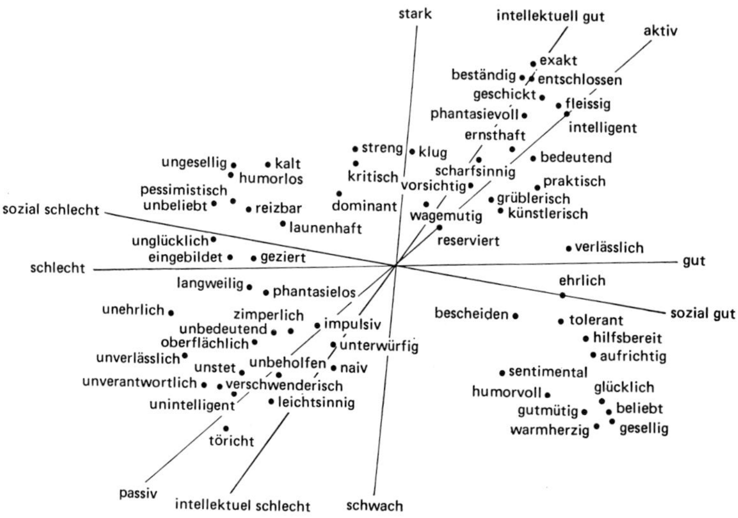

Abbildung 116

Hinsicht positiv einschätzt, auch positive intellektuelle Eigenschaften zuzuschreiben und umgekehrt. Genauso ist es im negativen Fall. Diesen Tatbestand kann man wohl als den Ausdruck eines allgemeinen Konsistenzstrebens ansehen. Es ist einfach und angenehm, jemand generell positiv oder generell negativ einzuschätzen. Diese Tendenz zur konsistenten Bewertung wird nach THORNDIKE (1920) *Halo-Effekt* genannt. DION, BERSCHEID und WALSTER (1972) konnten sogar nachweisen, daß der Halo-Effekt auch das Aussehen eines Menschen betrifft. Physisch attraktiven Personen werden eher positive soziale Eigenschaften zugeschrieben als unattraktiven.

Inferenzprozesse bei der Personenwahrnehmung werden jedoch nicht nur durch die dabei verwendete oder zur Verfügung stehende Information über die Stimulusperson determiniert, sondern auch durch die *Reihenfolge,* in der die Einzelinformationen aufgenommen werden. Das klassische Experiment in diesem Zusammenhang wurde von LUCHINS (1957a) durchgeführt. LUCHINS bot vier Versuchsgruppen vier Beschreibungen einer fiktiven Stimulusperson «Jim» in Form von umgangssprachlich formulierten kurzen Erzählungen. In einer Versuchsbedingung (EI) wurden zuerst «extravertierte» Verhaltensweisen beschrieben (Jim spricht mit Freunden; spricht ein Mädchen an usw.), dann «introvertierte» (weicht einer Bekannten aus; setzt sich allein an einen Tisch, obwohl Freunde im Lokal sind u. ä.). In einer weiteren Versuchsbedingung wurden die gleichen Informationen in umgekehrter Reihenfolge geboten (IE). In den beiden restlichen Bedingungen (Kontrollgruppen) wurde jeweils nur eine Hälfte des Reizmaterials (E oder I) vorgegeben. Anschließend mußten die Vpn Fragen über Jim beantworten.

Einige Ergebnisse sind in Tabelle 46 dargestellt. Die Ergebnisse der Kontrollgruppen E und I sind leicht zu erklären. Nachdem Jim in Bedingung E sozial-positiv beschrieben wurde, werden ihm

Tabelle 46

Prozentsatz der Vpn, die der Stimulusperson die angeführten Eigenschaften zuschreiben

	Bedingung					Bedingung			
	E	EI	IE	I		E	EI	IE	I
freundlich	90	71	54	25	unfreundlich	0	19	31	55
gesellig	85	60	46	5	ungesellig	0	30	41	85
aggressiv	55	26	18	5	passiv	45	55	62	75
direkt	50	33	17	0	schüchtern	0	51	67	95

vorwiegend weitere in dieser Hinsicht positive Eigenschaften zugeschrieben. In Bedingung I wird ein eher sozial-negatives Bild von Jim entworfen. Die Bedingungen EI und IE enthalten inkonsistente Informationen. Diese Inkonsistenzen wurden offenbar so reduziert, daß dem jeweils ersten Teil der Information viel mehr Gewicht beigemessen wurde als dem zweiten. Es entstand ein starker Anfangseffekt (primacy-effect): Die Ergebnisse der Gruppe EI sind denen der Gruppe E viel ähnlicher als denen der Gruppe I. Die Ergebnisse der Gruppe IE wiederum sind denen von Gruppe I ähnlicher als den Resultaten in Bedingung E.

Wie LUCHINS (1957 b) in weiteren Experimenten zeigte, läßt sich aber die Dominanz des ersten Eindrucks (d. h. der Anfangseffekt) reduzieren, so zum Beispiel durch die Aufforderung, alle Teile der Information in gleicher Weise zu beachten, bevor ein Gesamturteil gebildet wird, oder auch durch interpolierte Aktivitäten (Denkaufgaben) zwischen den beiden Teilen der Personenbeschreibung. Unter solchen Bedingungen kann es sogar zu einem Endeffekt (recency-effect) kommen, d. h. der Gesamteindruck wird mehr vom letzten als vom ersten Informationsblock bestimmt.

Man erhält nicht selten inkonsistente Informationen über eine Stimulusperson. Solche Inkonsistenzen können auf mindestens drei Arten reduziert werden: (1) *Gewichtung*. Einem Teil der Informationen wird mehr Bedeutung beigemessen als anderen Teilen. Anders formuliert: Manche Informationen werden zugunsten anderer «unterdrückt». In solchen Fällen kann es zu Positionseffekten kommen (Anfangs- oder Endeffekt). (2) Der Gesamteindruck ist eine Art Summe oder Durchschnitt aus den Einzelinformationen. (3) *Interpretation*. Ein Teil der inkonsistenten Informationen wird so uminterpretiert, daß er zum Rest paßt. Einige Vpn im LUCHINS-Experiment (Bedingung EI) vermuteten, daß die Stimulusperson zwischen den beiden Informationsblöcken ein unangenehmes Erlebnis hatte und daher vorübergehend verärgert und ungesellig wäre (aber «eigentlich» ist sie doch extravertiert). Wovon es abhängt, welcher dieser drei Wege im konkreten Fall gewählt wird, ist erst sehr mangelhaft bekannt.

5.25 Soziale Informationsverarbeitung

5.251 Kontrollierte und automatische Informationsverarbeitung

Die neuere Forschung zur Personenwahrnehmung wird häufig auch als Forschung zur sozialen Kognition (social cognition) oder sozialen Informationsverarbeitung bezeichnet. Soziale Kognition ist jedoch weniger ein inhaltlich definiertes Gebiet, als ein allgemeiner Ansatz in der Sozialpsychologie, der Methoden und Erkenntnisse der Psychologie der Informationsverarbeitung (also der neueren Gedächtnis-, Sprach- und Denkpsychologie) auf sozialpsychologische Fragestellungen anwendet. Um Forschung zur sozialen Kognition handelt es sich immer dann, wenn bei einer sozialpsychologischen Fragestellung Aspekte der Informationsverarbeitung im Mittelpunkt des Interesses stehen.

Die Personenwahrnehmung ist zwar ein Schwerpunkt der sozialen Kognitionsforschung, aber diese beschäftigt sich in zunehmendem Maß auch mit Einstellungen und Gruppenprozessen. Daher hat der Leser bereits mehrfach mit sozialer Kognition Bekanntschaft gemacht, u. a. in den Abschnitten 2.546 (über Kontingenzwahrnehmung), 2.548 (über Lageorientierung), 3.316 (über prototypisches Verhalten), 4.138 (über Urteilsheuristiken), 4.247 (über die Theorie von FAZIO), 4.342 (über das ELM), 4.343 (über die Veränderung der Beziehung zwischen Einstellung und Verhalten durch Nachdenken über das Einstellungsobjekt), und 5.236 (über Motivationseinflüsse und Attributionsverzerrungen).

In diesem und den nächsten Abschnitten sollen ergänzend Informationsverarbeitungsprozesse bei der Personenwahrnehmung und einige allgemeine Aspekte der Informationsverarbeitung behandelt werden. (Ferner sollen einige bereits referierte Theorien und Ergebnisse unter kognitionspsychologischen Gesichtspunkten kurz rekapituliert werden.) Zu diesen grundlegenden Aspekten gehört die Unterscheidung zwischen *kontrollierten* und *automatischen* Prozessen der Informationsverarbeitung (SCHNEIDER und SHIFFRIN, 1977; SHIFFRIN und SCHNEIDER, 1977). Kontrolliert nennt man Prozesse, die ein gewisses Maß an Aufmerksamkeit und Anstrengung verlangen, relativ viel Zeit benötigen, und bewußt gesteuert werden. Automatische Prozesse dagegen laufen schnell ab, verlangen nur wenig Aufmerksamkeit, sind nicht anstrengend, und werden nicht bewußt kontrolliert. Ähnliche (aber keineswegs identische) Unterscheidungen wurden von mehreren Autoren vorgeschlagen, z. B. LANGER (1978, 1989; gedankenlos versus überlegt), CHAIKEN (1980, 1987; heuristisch versus systematisch) sowie PETTY und CACIOPPO (1981, 1986; peripher versus zentral). Alle diese Gegensätze beziehen sich auf den Unterschied zwischen gründlicher, aufwendiger und detaillierter Informationsverarbeitung einerseits und oberflächlicher, einfacher und bruchstückhafter Verarbeitung andererseits.

Welche Ursachen und welche Folgen haben diese unterschiedlichen Arten der Informationsverarbeitung? Da kontrollierte Prozesse ziemlich mühevoll sind und relativ viel Zeit beanspruchen, ist anzunehmen, daß im Alltag ein großer Teil (die Mehrzahl?) der Informationsverarbeitungsprozesse automatisch abläuft. Aus der Einstellungspsychologie ist bekannt, daß die gründliche Verarbeitung von Informationen nur dann erfolgt, wenn sowohl Motivation als auch Fähigkeit zur Verarbeitung hoch sind (CHAIKEN, 1980, 1987; PETTY und CACIOPPO, 1981, 1986). Die Motivation ist vor allem dann hoch, wenn es sich um ein persönlich wichtiges Einstellungsobjekt handelt. Auch interindividuelle Unterschiede spielen eine Rolle (need for cognition). Die Fähigkeit hängt von inneren (allgemeine kognitive Fähigkeiten, Wissen über das Einstellungsobjekt) und äußeren Faktoren ab (z. B. Behinderungen durch Ablenkung, Lärm usw., besonders schwierige Informationen). Auch durch Selbstbenachteiligung (vgl. Abschnitt 5.236) kann gründliche Informationsverarbeitung verhindert werden.

Die Mühe der kontrollierten Informationsverarbeitung macht sich jedoch meistens bezahlt. Es entstehen dadurch Einstellungen, die leicht abrufbar und schwer zu ändern sind (kognitiv fundierte Einstellungen, vgl. Abschnitt 4.343). Wegen ihrer hohen Zugänglichkeit steuern sie auch das Verhalten (FAZIO, 1986 – wobei nach Fazio gut zugängliche Einstellungen bei Wahrnehmung des Einstellungsobjekts automatisch aktiviert werden, vgl. Abschnitt 4.247). All das trägt zur Konsistenz und Identität der Persönlichkeit und des Selbstbildes bei. Allerdings sollte die Verarbeitung nicht allzu ausführlich sein. Eine allzu umfangreiche Informationsverarbeitung ist mit Lageorientierung verbunden und macht handlungsunfähig (KUHL, 1983, s. Abschnitt 2.548). Außerdem kann extrem hohe Motivation (durch große persönliche Wichtigkeit des Einstellungsobjekts) zu zwar ausführlicher, aber wunschhaft verzerrter Informationsverarbeitung führen.

SHERMAN (1987) betont in diesem Zusammenhang, daß Verarbeitung auf dem zentralen Weg zwar immer ein kontrollierter Prozeß ist, daß aber heuristische Verarbeitung keineswegs automatisch erfolgen muß. Die Anwendung von Urteilsheuristiken (z. B. der Verfügbarkeitsheuristik, s. Abschnitt 4.138) *kann* durchaus kontrolliert (bewußt, mit Aufmerksamkeit und Anstrengung verbunden) erfolgen. Allerdings ist es sehr wahrscheinlich, daß viele Heuristiken durch häufige Verwendung (Übung) automatisiert werden.

Ein ähnliches Bild wie bei den Einstellungen ergibt sich auch bei den Attributionen und bei der Personenwahrnehmung. Wie in den vorigen Abschnitten gezeigt wurde, können Attributionen durch ausführliche Informationsverarbeitung auf kontrollierte Weise entstehen (Anwendung des Kovariationsprinzips auf Konsensus-, Distinktheits- und Konsistenzinformation) oder einfacher durch automatische Prozesse (Auffälligkeitseffekte, Anwendung einfacher kausaler Schemata). Auch hier ist es wahrscheinlich, daß im Alltag ein Großteil der Attributionen automatisch entsteht. Daher sollte man kausale Schemata und Auffälligkeitseffekte nicht ausschließlich als primitive Prozesse und mögliche Fehlerquellen betrachten, sondern auch ihre kognitiv entlastende Funktion sehen.

Auch für Attributionen gilt, daß ausführliche Informationsverarbeitung nur bei hoher Motivation erfolgt. Erhöhte Motivation zu ausführlicher Informationsverarbeitung wurde bei erhöhter Kontrollmotivation (PITTMAN und D'AGOSTINO, 1985) und bei wichtigen Personen nachgewiesen (BERSCHEID et al., 1976; NEUBERG und FISKE, 1987), s. Abschnitt 5.236. Personen sind vor allem dann wichtig, wenn Ergebnisabhängigkeit besteht, das heißt, wenn eigene mögliche Ergebnisse vom Verhalten der anderen Person abhängen. Allerdings scheint – wie bei den Einstellungen – sehr große Wichtigkeit außer kontrollierten Verarbeitungsprozessen auch wunschhaftes Denken herbeizuführen. Bei BER-

SCHEID et al. (1976) wurden wichtige Stimuluspersonen sympathischer eingeschätzt als weniger wichtige.

Die Merkmalszuschreibung aufgrund von Attributionsprozessen setzt aber doch meistens ein Minimum an Informationsverarbeitung voraus (z. B. Anwendung des Abschwächungsprinzips). Noch einfachere und schnellere Urteile sind aufgrund der Kategoriezugehörigkeit und aufgrund von Schemata möglich. Wenn man zum Beispiel bei einer Einladung jemand kennenlernt, der sich als Boxer vorstellt, wird man vielleicht – sofern man über ein entsprechendes Schema verfügt – annehmen, daß er ein aggressiver, wenig sensibler und nicht sehr gebildeter Mensch ist, ohne sein Verhalten genauer zu beachten. Das ist ein stereotypes Urteil. Es geht hier um den Gegensatz zwischen Meinungsbildung aufgrund von Verhaltensweisen und Situationskontexten (also mehr oder weniger umfangreicher Informationsverarbeitung) und Schnellurteilen aufgrund von Personenkategorien und Schemata (oder Stereotypen).

Hier muß eine weitere Unterscheidung eingeführt werden, nämlich die zwischen *aufsteigender* und *absteigender* Informationsverarbeitung. Von aufsteigender (datengesteuerter, außengesteuerter) Informationsverarbeitung spricht man, wenn die Verarbeitungsprozesse von den gegebenen Reizen (z. B. Verhaltensweisen und Situationsaspekten) ausgehen. Um absteigende (theoriegesteuerte, innengesteuerte) Verarbeitung handelt es sich, wenn die Prozesse von Schemata oder Erwartungen ausgehen. Normalerweise finden beide Prozesse gleichzeitig statt: Durch bestimmte Reize (z. B. eine Berufsbezeichnung) wird ein Schema aktiviert, mit dessen Hilfe die weiteren Reize (z. B. Verhaltensweisen) verarbeitet (interpretiert, beurteilt, gespeichert, usw.) werden. Dabei kann jedoch entweder die auf- oder die absteigende Informationsverarbeitung überwiegen.

Die aufsteigende Informationsverarbeitung ist bei der Personenwahrnehmung häufig (nicht immer) ein mehr oder weniger kontrollierter Prozeß. Jedenfalls müssen dabei (im Alltag) meistens viele Informationen verarbeitet werden. Aus zahlreichen Verhaltensweisen und deren situativen Kontexten wird zunächst auf Merkmale geschlossen (mit Hilfe der von JONES und DAVIS, 1965, und KELLEY, 1967, beschriebenen Prozesse). Wie weiter oben ausgeführt wurde, kann diese Merkmalszuschreibung mehr (z. B. mittels Kovarianzprinzip) oder weniger kontrolliert (z. B. aufgrund von Auffälligkeit) erfolgen. Die Merkmale werden dann zu einem Gesamteindruck zusammengefaßt und – wenn möglich – einer passenden Kategorie oder einem Schema zugeordnet.

Die absteigende Informationsverarbeitung kann ebenfalls sowohl kontrolliert als auch automatisch sein. Man kann aufgrund eines Personenschemas verschiedene Hypothesen (Erwartungen) bezüglich einer Stimulusperson haben, und dann sehr genau und bewußt jede Information über die Stimulusperson daraufhin überprüfen, ob sie den Erwartungen entspricht. Oder man kann (wie im oben erwähnten Boxerbeispiel) aus der bloßen Kategoriezugehörigkeit ganz automatisch Urteile über die Stimulusperson ableiten. Das sind die einfachsten und schnellsten Urteile.

FISKE und ihre Mitarbeiter haben ein Modell entwickelt (FISKE und PAVELCHAK, 1986) und in mehreren Untersuchungen bestätigt (ERBER und FISKE, 1984; FISKE, NEUBERG, BEATTIE und MILBERG, 1987; NEUBERG, 1989; NEUBERG und FISKE, 1987; PAVELCHAK, 1989), das Hypothesen darüber enthält, unter welchen Bedingungen die Personenwahrnehmung eher aufsteigend, von Einzelinformationen ausgehend (piecemeal-based), oder absteigend, von Kategoriebezeichnungen ausgehend (category-based) erfolgt. Es wird angenommen, daß im allgemeinen der bequemere Weg bevorzugt wird: Wenn es möglich ist, und wenn nichts dagegen spricht, wird von Kategorien ausgegangen. Das ermöglicht ein schnelles und müheloses «Verstehen» und eine ebenso schnelle Bewertung der wahrgenommenen Person.

Kategoriegeleitete Wahrnehmungsprozesse sind besonders wahrscheinlich, (1) wenn der Wahrnehmende nur die Kategoriezugehörigkeit kennt (z. B. ehemaliger schizophrener Patient), aber keinerlei Detailinformationen (über Verhalten und Eigenschaften) hat; (2) wenn außer der Kategoriebezeichnung Detailinformationen bekannt sind, die mit dem Kategorieschema übereinstimmen (z. B. die Kategorie «schizophren» und die Eigenschaften zurückgezogen, nervös, nicht angepaßt, und mißtrauisch); und (3) wenn außer der Kategoriebezeichnung belanglose («nichtdiagnostische») Informationen verfügbar sind (z. B. schizophren, mittelgroß und blond). Aufsteigende («individuierende») Wahrnehmungsprozesse dagegen treten auf, (1) wenn die Detailinformationen mit der Kategorie inkonsistent sind (z. B. ein ehemaliger schizophrener Patient, der ausgeglichen, gesellig, entschlossen und anpassungsfähig ist); und (2) wenn Detailinformationen gegeben sind, für die keine passende Kategorie verfügbar oder zugänglich ist.

Die eben referierten 5 Hypothesen beziehen sich ausschließlich auf Informationsaspekte. Darüber hinaus spielt auch die Motivation eine Rolle: Bei wichtigen Personen, von deren Verhalten die Ergebnisse des Wahrnehmenden abhängen, wird die Wahrnehmung eher von den Detailinformationen ausgehen. Dabei werden mehrere Fälle unterschieden: Mittlere Wichtigkeit (kurzfristige, aufgabenbezogene Ergebnisabhängigkeit) bewirkt aufsteigende, und außerdem genaue (accuracy-driven), realistische Informationsverarbeitung. Sehr große Wichtigkeit (langfristige, partnerschaftliche Ergebnisabhängigkeit) bewirkt ebenfalls ausführliche, aber oft wunschhaft verzerrte Informationsverarbeitung. Es können auch Verzerrungen im Sinn von Erwartungen auftreten (z. B. bei starken Vorurteilen). Diese Hypothese stimmt mit den früher referierten Ergebnissen von BERSCHEID et al. (1976) sowie mit dem ELM von PETTY und CACIOPPO (1981, 1986) überein.

Die Theorie wurde in mehreren Experimenten bestätigt. So wurde u. a. gezeigt, daß bei Ergebnisabhängigkeit inkonsistente Informationen (mit dem Kategorieschema nicht übereinstimmende) in erhöhtem Ausmaß beachtet werden (man beschäftigt sich längere Zeit damit), während ohne Ergebnisabhängigkeit die konsistenten (dem Kategorieschema entsprechende) Informationen mehr beachtet werden als die inkonsistenten (ERBER und FISKE, 1984). Bei Ergebnisabhängigkeit werden generell Detailinformationen in höherem Ausmaß berücksichtigt als ohne Ergebnisabhängigkeit (NEUBERG und FISKE, 1987). Das Ziel, genaue Urteile zu bilden, schwächt den Einfluß kategoriebedingter positiver oder negativer Erwartungen (NEUBERG, 1989). Weitere Untersuchungen und Ergebnisse, die sich vor allem auf die informationsbezogenen (im Gegensatz zu den motivationsbezogenen) Hypothesen beziehen, werden später, im Abschnitt 5.324 (über Sympathieursachen) referiert. Hier sei noch erwähnt, daß durch persönliche Wichtigkeit auch die Kontingenzwahrnehmung verbessert wird (HARKNESS, DEBONO und BORGIDA, 1985). Ergebnisabhängigkeit bewirkt die Verwendung relativ komplexer Informationsverarbeitungsstrategien und damit genauere Kontingenzeinschätzungen.

5.251 Personengedächtnis

Wir verfügen über soziales Wissen von sehr unterschiedlichen Allgemeinheits- und Abstraktionsgraden. Einerseits enthält unser Gedächtnis konkretes, zum Teil anschauliches Wissen über einzelne *Personen*. Dieses Wissen umfaßt physische Aspekte (Aussehen, Kleidung, Stimme, Bewegungen), Verhaltensweisen, Dispositionen (Persönlichkeitsmerkmale, Einstellungen), Zugehörigkeit zu verschiedenen Kategorien (Beruf, Geschlecht, usw.), und Bewertungen. Andererseits besteht unser soziales Wissen auch aus relativ abstrakten Schemata über verschiedene *Gruppen* und *Kategorien* (z. B. über Nationen und Berufe).

Die allgemeinsten Schemata sind wohl die impliziten Persönlichkeitstheorien. Die Ergebnisse von ROSENBERG (Abschnitt 5.24) lassen sich dahingehend zusammenfassen, daß unsere impliziten Persönlichkeitstheorien aus vier Teilschemata bestehen, nämlich je einem Schema für sozial gute, sozial schlechte, intellektuell gute und intellektuell schlechte Menschen. Jedes dieser Schemata enthält eine Liste der entsprechenden Eigenschaften.

Dermaßen abstrakte Schemata verwendet man vermutlich nur dann, wenn sehr wenig Information über eine Person vorhanden ist, und/oder wenn es sich um eine unwichtige Person handelt (von der man in keiner Weise abhängig ist, und mit der man vielleicht nicht einmal eine Interaktion erwartet). Beides dürfte in den Experimenten von ASCH (1946) und auch in vielen anderen Experimenten zur Personenwahrnehmung der Fall gewesen sein.

Die Ergebnisse von ASCH bezüglich peripherer und zentraler Merkmale kann man nun folgendermaßen erklären: Die Merkmalsliste «intelligent, geschickt, fleißig, warmherzig, bestimmt, praktisch, vorsichtig» aktiviert zwei Schemata. Sechs der sieben Merkmale – nämlich intelligent, geschickt, fleißig, bestimmt, praktisch und vorsichtig – legen den Schluß nahe, daß es sich bei der Stimulusperson um eine intellektuell gute Person handelt. Das siebente Merkmal – warmherzig – deutet auf einen sozial guten Menschen.

Nach der Darbietung dieser Beschreibung der Stimulusperson durch sieben Merkmale mußte die Stimulusperson bezüglich 18 weiterer Merkmale eingeschätzt werden. Diese 18 Eigenschaften waren fast ausschließlich sozial positive Merkmale (großzügig, humorvoll, gesellig, beliebt, usw., s. Tabelle 45). Da durch die Eigenschaft warmherzig die Stimulusperson bereits als sozial gut kategorisiert worden war, wurden ihr auch in hohem Maß die sozial guten Eigenschaften der zweiten Merkmalsliste zugeschrieben.

In der zweiten Versuchsbedingung, in der «warmherzig» durch «kalt» ersetzt wurde, entstand ein völlig anderer Eindruck. Zwar wurde die Stimulusperson auch in dieser Bedingung als intellektuell gut wahrgenommen, jedoch wurde sie gleichzeitig als sozial schlecht (kalt) eingestuft. Dementsprechend wurden ihr die sozial guten Eigenschaften der zweiten Merkmalsliste weitgehend abgesprochen. Warmherzig und kalt sind also deshalb «zentrale» Eigenschaften, weil durch sie zwei verschiedene Schemata aktiviert wurden, von denen eines zur Antwortliste paßt, während das andere im Widerspruch zur Antwortliste steht.

Etwas konkreter als die impliziten Persönlichkeitstheorien sind Schemata über verschiedene Personenkategorien (z. B. Extravertierte, Schizophrene, Ärzte, Beamte, usw.). Nach den Ergebnissen der umfangreichen Forschungsarbeiten von CANTOR und MISCHEL (1979a; CANTOR, MISCHEL und SCHWARTZ, 1982) handelt es sich bei diesen Kategorieschemata um Prototypen (s. Abschnitt 3.315). (Außer Personenprototypen gibt es auch Situationsprototypen und Prototypen für Personen in Situationen). Die Ergebnisse bezüglich sozialer Prototypen stimmen mit den Ergebnissen der nichtsozialen Prototypenforschung überein. In beiden Fällen gibt es Kategorien auf unterschiedlichen Ebenen (übergeordnete, mittlere oder fundamentale, und untergeordnete) und in beiden Fällen haben die mittleren (fundamentalen) eine Sonderstellung. Fundamentale Kategorien sind reichhaltig (durch viele Merkmale und Verhaltensweisen charakterisiert), differenziert (deutlich von nebengeordneten Kategorien unterschieden), anschaulich und leicht zugänglich. Übergeordnete Kategorien sind zwar sehr differenziert (noch differenzierter als fundamentale), aber arm an charakterisierenden Merkmalen und wenig anschaulich. Die untergeordneten Kategorien sind ähnlich reichhaltig wie die fundamentalen, aber sehr undifferenziert (große Überschneidungen mit Nachbarkategorien).

Personen, die dem Prototyp einer Kategorie entsprechen oder nahekommen, können leicht, schnell und sicher der Kategorie zugeordnet werden. Das ermöglicht bessere Informationsverarbeitung (Gedächtnisleistung) und Verhaltensvorhersage als bei untypischen Personen. CANTOR und MISCHEL (1979b) boten ihren Vpn Beschreibungen von «reinen», konsistenten Beispielen einer Kategorie (extravertiert oder introvertiert), von widersprüchlichen, inkonsistenten Personen (extravertiert und gleichzeitig introvertiert), und von «gemischten» (mit Eigenschaften zweier verschiedener, aber nicht widersprüchlicher Kategorien). Anschließend sollten die Vpn wiedergeben, was sie sich gemerkt hatten. Bei den reinen Typen war die Gedächtnisleistung am besten. Allerdings traten hier auch besonders viele «Ergänzungen» seitens der Vpn auf, d. h. die Vpn berichteten Details, die nicht im Lernmaterial enthalten waren, sondern die sie aufgrund des aktivierten Schemas erfunden hatten.

In diesem Zusammenhang muß aber auch erwähnt werden, daß im allgemeinen schemainkonsistente Information mindestens genauso gut gespeichert wird wie schemakonsistente – nur irrelevante oder neutrale Information wird schlechter wiedergegeben (s. HASTIE, 1981). Schemakonsistente Informationen haben einen Gedächtnisvorteil, weil sie mit Hilfe des Schemas verarbeitet und durch zahlreiche Assoziationen im Gedächtnis verankert werden können. Schemainkonsistente Informationen erfahren häufig eine besonders gründliche Verarbeitung und sind deshalb gut zugänglich. Die gründliche Verarbeitung inkonsistenter Informationen kann mehrere Ursachen haben. Zum Beispiel bemüht man sich oft, einen konsistenten Gesamteindruck zu bilden, und deshalb die inkonsistente Information im Sinn des Schemas neu zu interpretieren. Eine weitere Ursache ist motivationaler Natur. Personen, die Verhaltensweisen oder Dispositionen zeigen, die nicht ins Schema passen, stellen ein Kontrollproblem dar. Ihr Verhalten ist nicht so leicht vorherzusagen wie das konsistenter Personen. Im Sinn der Vorhersagbarkeit und Kontrollierbarkeit bemüht man sich um ein tieferes Verständnis der inkonsistenten Aspekte.

Ein Kategorieschema hat nach FISKE und PAVELCHAK (1986) folgende Struktur (s. Abbildung 117): Die Kategoriebezeichnung ist durch starke Assoziationen (dicke Linien in Abbildung 117) mit den zugehörigen Merkmalen M_i verbunden. Das bedeutet, daß bei Aktivierung des Kategorienamens auch die entsprechenden Merkmale bewußt werden, und auch umgekehrt, daß bei Aktivierung eines typischen Merkmals (oder einiger Merkmale) auch die Kategorie aktiviert wird. Außerdem gibt es noch schwache Assoziationen (dünne Linien) zwischen den Merkmalen. Wichtig ist ferner, daß sowohl bei den Merkmalen als auch bei der Kategoriebezeichnung Bewertungen (+/−) mitgespeichert sind. Dadurch ist sowohl eine kategoriebezogene, schnelle Gesamtbewertung möglich, als auch eine vergleichsweise kontrollierte, merkmalbezogene Gesamteinschätzung.

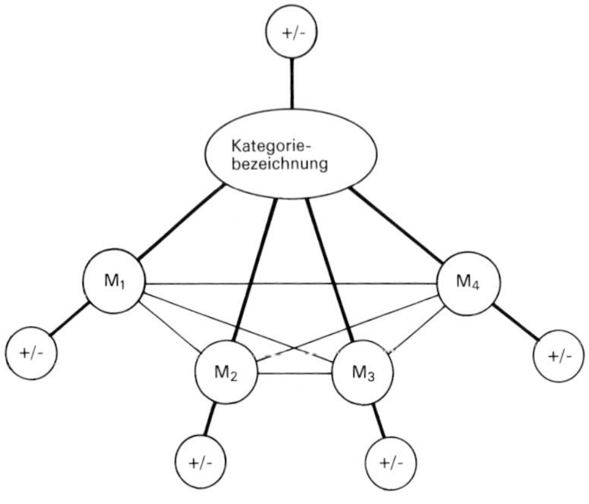

Abbildung 117

Wie später (in Abschnitt 5.324) noch zu zeigen sein wird, ist diese Betrachtungsweise für viele Fragestellungen zweckmäßig. Man könnte sich auch vorstellen, daß unser konkretes Wissen über einzelne Personen in dieser Form gespeichert ist. Das in Abbildung 117 dargestellte Modell ist jedoch zumindest unvollständig. Bei konkreten Personen ist in der Regel Wissen auf drei Ebenen vorhanden: auf der allgemeinsten Ebene die Gesamtbewertung, der Name und die Kategoriezugehörigkeit(en); auf der nächsten Ebene Dispositionen (Einstellungen, Fähigkeiten, Persönlichkeitsmerkmale); und auf der untersten Ebene die «Rohdaten», die Verhaltensweisen, aus denen auf die Dispositionen geschlossen wurde.

Abbildung 118 zeigt eine entsprechende Verallgemeinerung des Modells von Abbildung 117. Dabei ist P die Person, D_i sind verschiedene Dispositionen, und R_{ij} sind Verhaltensweisen j, die zur Disposition i gehören. Es kann auch vorkommen (besonders bei mehrdeutigen Verhaltensweisen), daß ein Verhalten mit mehreren Dispositionen assoziiert ist. Ferner ist mit den meisten Dispositionen bzw. Verhaltensweisen eine Bewertung (+/−) verbunden. Das muß aber nicht immer der Fall sein. Es müssen nicht zu allen Verhaltensweisen und Dispositionen Einstellungen vorhanden sein.

Abbildung 118 ist immer noch zu einfach und außerdem zu geordnet. Erstens ist sie unvollständig – es fehlen z. B. noch Knoten für physische Aspekte wie Aussehen und Stimme. Zweitens deuten einige Ergebnisse darauf hin, daß die tatsächliche Gedächtnisstruktur von Informationen über einzelne Personen noch komplizierter ist. Zum Beispiel können Verhaltensweisen nicht nur mit Dispositionen, sondern auch direkt mit der Person P assoziiert werden.

ANDERSON und HUBERT (1963) stellten bei der Personenbewertung einen Anfangseffekt, bei der Wiedergabe der beschreibenden Merkmale jedoch einen Endeffekt fest. Wenn also beispielsweise eine Stimulusperson durch eine Liste von 6 Adjektiven charakterisiert wird, von denen die ersten 3 positiv und die letzten 3 negativ sind, ist der Gesamteindruck positiv, obwohl mehr negative als positive Merkmale erinnert werden. Daraus schlossen die Autoren, daß Merkmale und Bewertungen unabhängig voneinander (in zwei verschiedenen Gedächtnisteilen) gespeichert werden, so daß sie auch unabhängig voneinander abgerufen werden können. Auch andere Ergebnisse legen für manche Autoren diesen Schluß nahe. In diesem Zusammenhang postuliert WYER, daß Verhaltensweisen doppelt gespeichert werden, einmal in Verbindung mit Merkmalen, und einmal in Verbindung mit dem Gesamteindruck (SRULL und WYER, 1989;

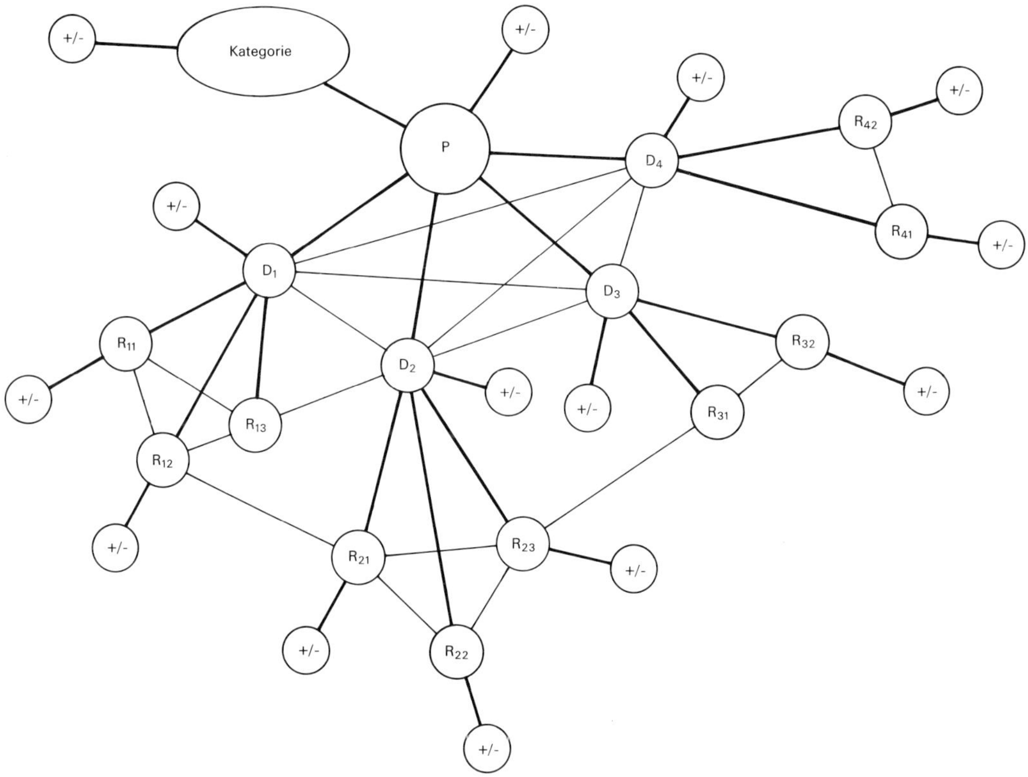

Abbildung 118

WYER und GORDON, 1984; WYER und SRULL, 1980, 1986). Eine mögliche Modifikation des Modells aus Abbildung 118 in dieser Richtung ist in Abbildung 119 wiedergegeben. (Wegen der besseren Übersichtlichkeit wurden in Abbildung 119 bei den Dispositionen D_i und den Verhaltensweisen R_{ij} keine Bewertungen +/− eingezeichnet.)

Die Ansätze von WYER und SRULL sind zu kompliziert, um hier detailliert dargestellt werden zu können. Das Modell von SRULL und WYER (1989) beispielsweise besteht aus 15 Postulaten. Ein wesentlicher Unterschied zu den meisten anderen Theorien besteht darin, daß es kein Netzwerkmodell ist und auch nicht die Annahme der Aktivierungsausbreitung enthält (WYER und SRULL, 1980). Das Langzeitgedächtnis besteht aus zahlreichen kleinen Speichereinheiten (storage bins), die inhaltlich adressierbar (content-addressable) sind. Die Inhalte jeder einzelnen Speichereinheit können aber zumindest teilweise netzwerkartig strukturiert (d. h. durch Assoziationen verbunden) sein. Jede Speichereinheit kann wenige oder viele, einfache oder komplexe Informationen enthalten (z. B. eine Disposition mit wenigen zugehörigen Verhaltensweisen oder ein ganzes Personenschema mit vielen Verhaltensweisen und/oder Dispositionen). Wird einer Speichereinheit neue Information hinzugefügt (z. B. eine neue Verhaltensweise einer Person), wird diese im Speicher «oben» abgelegt. Wenn eine Speichereinheit durchsucht wird, geschieht das immer von oben nach unten. Eine gefundene und benützte Information wird nach ihrer Verwendung nicht auf ihren alten Platz zurückgelegt, sondern genau so wie neue Information ganz oben deponiert. Dadurch ist vor kurzer Zeit verwendete Information schnell zugänglich. Obwohl sich der Ansatz von WYER und SRULL in seinen Annahmen über Gedächtnisstruktur und -prozesse stark von vielen anderen Gedächtnistheorien unterscheidet, gelangt er weitgehend zu denselben Voraussagen wie Netzwerkmodelle.

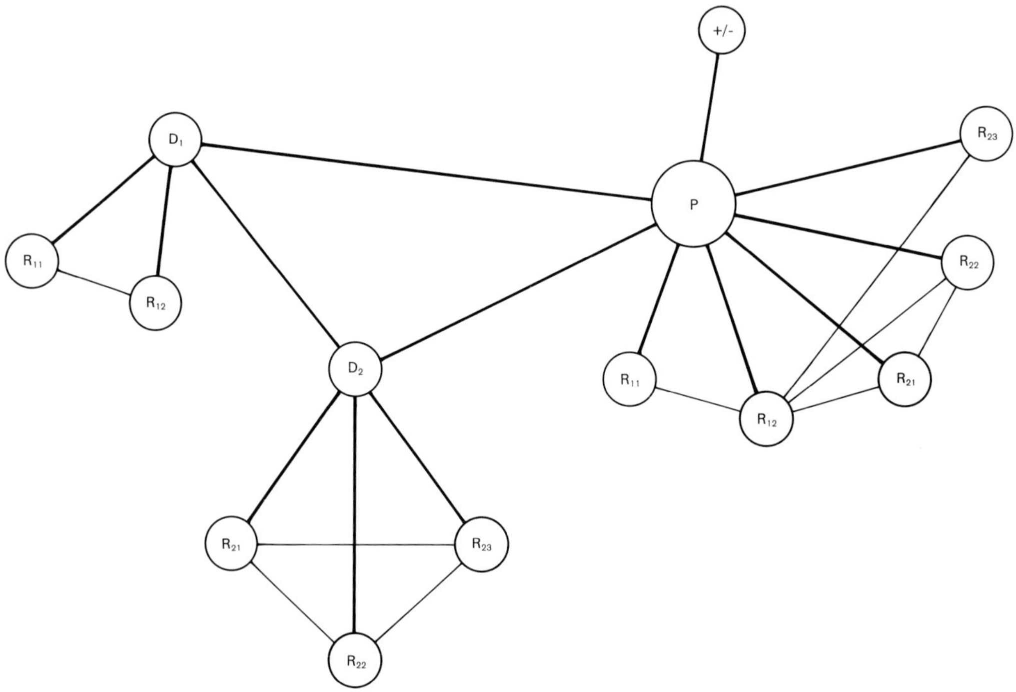

Abbildung 119

Wenn sehr viele Detailinformationen über eine Person bekannt sind (z. B. viele Handlungen der Person), können nicht alle gespeichert werden bzw. werden etliche vergessen (oder sind nur schwer zugänglich). Das betrifft vor allem die «Rohdaten», also die Verhaltensweisen. Oft ist man zwar überzeugt davon, daß jemand bestimmte Dispositionen besitzt (z. B. bösartig und dumm), kann sich aber nur an wenige oder gar keine Handlungen erinnern, die diese Dispositionszuschreibungen verursacht haben.

Hier sind ähnliche Prozesse am Werk wie beim Verstehen und Speichern von langen Texten oder Gesprächen (vgl. Abschnitt 3.322). Genauso wie beim Lesen eines längeren Textes nicht alle Mikropropositionen ins Langzeitgedächtnis gelangen, sondern schon während des Lesens zu allgemeineren Makropropositionen zusammengefaßt (und gespeichert) werden, werden häufig bei der Personenwahrnehmung die detaillierten Rohdaten zu allgemeineren Aussagen über die Person (zu Dispositionszuschreibungen) zusammengefaßt und gespeichert.

Für diese Auffassung sprechen auch Ergebnisse von WINTER und ULEMAN (1984; WINTER, ULEMAN und CUNNIFF, 1985), die zeigen, daß bereits während der Wahrnehmung (bzw. Darbietung) von Verhaltensweisen *spontan* (automatisch) auf Dispositionen geschlossen wird. Allerdings treten spontane Dispositionszuschreibungen zweifellos häufig, aber nicht immer auf (BASSILI und SMITH, 1986).

Es werden aber nicht alle beobachteten Verhaltensweisen in gleicher Weise vergessen. Vor allem auffällige und unerwartete Handlungen werden eher gespeichert als unauffällige und schemakonsistente. Auch Handlungen, die wichtige Ziele des Wahrnehmenden fördern oder behindern – das sind Handlungen, die mit Ergebnisabhängigkeit zu tun haben – werden gut erinnert.

Abschließend sei noch erwähnt, daß das Ziel der Informationsverarbeitung die Gedächtnisleistung beeinflußt. In mehreren Untersuchungen wurden die Gedächtnisleistungen der Vpn bei verschiedenen Instruktionen verglichen (z. B. COHEN und EBBESEN, 1979; WYER und GORDON, 1982). Meistens wurde dabei eine Gedächtnisinstruktion und eine Instruktion zur Eindrucksbildung (impression formation) verwendet. Im ersten Fall sollen sich die Vpn möglichst viel vom dargebotenen Reizmaterial merken. Im zweiten Fall geht es darum, sich ein möglichst genaues Urteil (oder eine Bewertung) von der Stimulusperson zu bilden.

Die Gedächtnisleistungen waren fast durchwegs unter der Gedächtnisinstruktion schlechter als unter der Eindrucksinstruktion. Dieses scheinbar paradoxe Ergebnis kommt dadurch zustande, daß sich Vpn die Informationen besser strukturieren (im Sinn einer hierarchischen Organisation wie in Abbildung 118), wenn sie ein Gesamturteil bilden sollen. Bei der Gedächtnisinstruktion dagegen werden die Einzelinformationen weniger um Person- oder Dispositionsknoten organisiert. Sie sind daher in geringerem Ausmaß durch Assoziationen miteinander verbunden.

5.253 Zugänglichkeit

Ein ganz besonders wichtiger Faktor bei der sozialen Informationsverarbeitung ist die Zugänglichkeit. Die bedeutende Rolle der Zugänglichkeit von Gedächtnisinhalten wurde schon mehrfach erwähnt. Sie beeinflußt unsere Häufigkeits- und Wahrscheinlichkeitsschätzungen (Verfügbarkeitsheuristik, s. Abschnitt 4.138). Die Stärke der Beziehung zwischen Einstellung und Verhalten hängt von der Zugänglichkeit der Einstellung ab (s. Abschnitt 4.247 über die Theorie von Fazio, 1986).

Auch bei der Personenwahrnehmung ist die Zugänglichkeit äußerst wichtig. Das gilt vor allem für mehrdeutige Handlungen (und damit für einen großen Teil aller Verhaltensweisen). Wenn beispielsweise ein Mann seiner Partnerin sagt, daß ihm ihr neues Kleid nicht gefällt, kann das als unhöflich oder als ehrlich aufgefaßt werden. Wenn jemand immer die billigsten Konzert- und Opernkarten kauft, ist er entweder sparsam oder geizig. Wie ein Verhalten interpretiert wird, hängt vom gerade aktivierten Personen- oder Dispositionsschema ab. Welches Schema aktiviert ist, ist eine Frage seiner Zugänglichkeit.

Hier muß man chronische und momentane Zugänglichkeit unterscheiden. Ein Dispositionskonzept ist chronisch zugänglich, wenn es sich um eine persönlich wichtige Disposition handelt (weil man über wichtige Dinge oft nachdenkt). Ein Mensch, für den die Mischung aus Dummheit und Präpotenz eine ganz besonders verabscheuenswürdige Eigenschaft ist, wird die meisten Personen und die meisten Handlungen «automatisch» unter diesem Gesichtspunkt beurteilen. Ähnlich hat man für wichtige und/oder gut bekannte Menschen detaillierte und gut zugängliche Personenschemata, wobei vor allem die Gesamtbewertung jeder Person eine Rolle spielt. Die Handlungen solcher Personen werden meistens so interpretiert, daß sie zum Schema passen. Wenn beispielsweise ein intelligenter, kultivierter, zuverlässiger und hilfsbereiter (und daher sehr positiv bewerteter) Freund immer die billigsten Konzertkarten kauft, dann ist er nicht geizig, sondern sparsam – und das bestimmt aus gutem Grund.

Momentane oder vorübergehende Zugänglichkeit eines Dispositionskonzepts entsteht dadurch, daß dieses Konzept oder verwandte (d. h. semantisch ähnliche und/oder im Netzwerk benachbarte) Begriffe vor kurzer Zeit aktiviert wurden. Wenn etwa im weiter oben genannten Beispiel die Partnerin gerade einen Roman liest, dessen Held sich durch seine Wahrheitsliebe oft in Schwierigkeiten bringt, dann wird sie die abfällige Bemerkung über ihr neues Kleid wahrscheinlich als ehrlich und nicht als grob empfinden. Die vorübergehend erhöhte Zugänglichkeit einer Disposition durch kürzlich erfolgtes Priming ist in der alltäglichen Personenwahrnehmung ein häufiger und meistens unbemerkter Einflußfaktor.

Die Wirkung vorübergehend erhöhter Zugänglichkeit wurde auch in einigen – zum Teil bereits «klassischen» – Experimenten nachgewiesen. Das sehr komplexe Experiment von Carlston (1980) – mit 289 Vpn und 64 Versuchsbedingungen! – soll hier nur teilweise referiert werden. Zunächst erhielten die Vpn Beschreibungen von 6 Episoden aus dem Leben eines Studenten namens John Sun. Ein Teil der Vpn las 3 freundliche und 3 unehrliche Verhaltensweisen (z. B. John tröstet einen Kollegen, der eine Prüfung nicht bestanden hat; er schreibt ein Kapitel aus einem Lehrbuch ab, und gibt es als eigene Semesterabschlußarbeit ab), ein anderer Teil der Vpn las 3 unfreundliche und 3 ehrliche Verhaltensweisen.

Anschließend mußten die Vpn John bezüglich eines der beiden Merkmale auf 2 7-stufigen Skalen beurteilen. Zu diesem Zweck wurden die Versuchsgruppen weiter unterteilt. Ein Teil der

Vpn beurteilte Johns positive Eigenschaft (Ehrlichkeit in der Bedingung unfreundlich/ehrlich und Freundlichkeit in der Bedingung freundlich/unehrlich), die anderen Vpn beurteilten die negative Eigenschaft. Danach wurden die abhängigen Variablen erhoben: John mußte auf wertenden Skalen (z. B. angenehm – unangenehm, warmherzig – kalt) beurteilt werden, und die Vpn sollten die anfangs dargebotenen Verhaltensepisoden so genau wie möglich wiedergeben. Eine Hälfte der abschließenden Bewertungsskalen erfaßte Eigenschaften, die mit Freundlichkeit zu tun haben, die andere Hälfte erfaßte ehrlichkeitsbezogene Merkmale.

Den Hypothesen entsprechend wurden die abschließenden Urteile wesentlich stärker vom ersten Urteil als von der Verhaltensinformation beeinflußt. Obwohl beispielsweise alle Vpn der Bedingung freundlich/unehrlich die gleiche Information über John erhalten hatten, wurde John insgesamt positiver beurteilt, wenn die Vpn zuvor seine positive Eigenschaft eingestuft hatten als nach Einstufung seiner negativen Seite.

Während der abschließenden Urteile konnten sich die Vpn noch sehr genau an ihr erstes Urteil über John erinnern, während das Rohmaterial (die 6 Episoden) nur mehr teilweise zugänglich war. Daher wurde der abschließende Eindruck stark vom ersten Urteil beeinflußt. Mit dieser Erklärung stimmen auch die Gedächtnisdaten überein sowie das Ergebnis, daß der beschriebene Effekt mit der Zeit zunimmt. Bei einer Woche Abstand zwischen erstem und abschließenden Urteilen war das erste Urteil noch einflußreicher als bei einem Abstand von einigen Minuten. Der große Zeitabstand zwischen Episodendarbietung und abschließenden Urteilen machte die relativ komplexen Episoden besonders schlecht zugänglich, während das einfache erste Urteil noch sehr gut erinnert wurde.

Die Primingreize müssen aber gar nichts mit der Stimulusperson zu tun haben, wie HIGGINS, RHOLES und JONES (1977) nachwiesen. Die Vpn lernten zuerst (in der «ersten» Untersuchung) einige Wörter. In einer Bedingung wurden positive Wörter gelernt (unternehmungslustig, selbstsicher, unabhängig und beständig), in der zweiten negative (leichtsinnig, eitel, verschlossen und starrköpfig). (Außer diesen beiden Bedingungen mit später anwendbaren Wörtern gab es noch zwei Bedingungen mit Wörtern, die im zweiten Teil des Experiments irrelevant waren – ebenfalls eine positive und eine negative Bedingung.)

Anschließend – scheinbar in einer «zweiten» Untersuchung, die nichts mit der ersten zu tun hatte – lasen die Vpn die Beschreibung einer Stimulusperson. Sie erfuhren u. a., daß Donald gefährliche Sportarten betreibt, wobei er Verletzungen und sogar den Tod riskiert. Außerhalb seines Berufs hat er kaum Kontakte. Er braucht niemand, auf den er sich verlassen kann. Aus seinem Verhalten sieht man, daß er sich seiner zahlreichen Fähigkeiten voll bewußt ist. Er ändert nur selten seine Meinung, usw.

Am Schluß wurde Donald von allen Vpn bewertet. Eine Hälfte der Vpn sollte außerdem vor der Bewertung Donald mit eigenen Worten beschreiben. Die Vpn der ersten Bedingung (positive anwendbare Wörter) beschrieben Donald als unternehmungslustig, unabhängig, selbstsicher und beständig (oder sie verwendeten Synonyme dieser Wörter) und bewerteten ihn positiv. Die Vpn der zweiten Bedingung (negative anwendbare Wörter) fanden Donald unsympathisch und charakterisierten ihn als leichtsinnig, eitel, verschlossen und halsstarrig. In den übrigen Bedingungen (irrelevante Dispositionsbezeichnungen) hatten die gelernten Wörter nur einen geringfügigen Einfluß.

SRULL und WYER (1979) überprüften und bestätigten die Hypothese, daß bei negativen Dispositionen die Zugänglichkeit leichter zu steigern ist als bei positiven. Um einen Effekt von gleichem Ausmaß zu erzielen, sind bei einem positiven Merkmal wesentlich mehr Primingreize (z. B. Wörter oder Verhaltensbeschreibungen, die sich auf die Disposition beziehen) notwendig als bei negativen Dispositionen.

Dieser Befund wird von SRULL und WYER mit Hilfe der Theorie von JONES und DAVIS (1965) erklärt: Positive Handlungen und Dispositionen sind weniger informativ und weniger eindeutig als negative, weil bei positiven Handlungen prinzipiell immer innere und äußere Ursachen vorliegen können. Man hilft beispielsweise, weil man hilfsbereit ist, und/oder weil man bewundert werden möchte. Hier tritt das Abschwächungsprinzip in Kraft und erlaubt nur schwache Schlüsse auf Dispositionen. Negative Handlungen dagegen, die definitionsgemäß sozial unerwünscht sind, werden nur selten durch äußere

Ursachen (z. B. Belohnungen) veranlaßt. Oft werden sie sogar behindert (bestraft). Aufgrund des Vergrößerungsprinzips – zumindest aber ohne Mitwirkung des Abschwächungsprinzips – kann aus negativen Handlungen meistens eindeutig auf Dispositionen geschlossen werden. Daher genügen auch schon wenige Primingreize, um ein negatives Dispositionsschema zu aktivieren. Dieses Thema – die größere Wirksamkeit negativer Informationen (Negativitätstendenz) – wird später nochmals aufgegriffen (Abschnitt 5.322).

Auch Stimmungen und Gefühle beeinflussen die Zugänglichkeit. Wenn man gut gelaunt ist, denkt man eher in positiven Kategorien, bei negativen Gefühlen sind auch negative Kategorien vorherrschend. Ein Lächeln wirkt freundlich, wenn man selbst glücklich ist. Es kann als höhnisch oder herablassend wahrgenommen werden, wenn man deprimiert ist.

Die Vpn von Forgas, Bower und Krantz (1984) wurden durch Hypnose entweder in glückliche oder deprimierte Stimmung versetzt. Anschließend sah jede Vp ein Videoband mit zwei Interviews, die am Vortag mit ihr durchgeführt worden waren. Dabei mußten sie sowohl das eigene Verhalten als auch das Verhalten des Interviewpartners beurteilen, indem sie (mindestens einmal in jedem Intervall von 5 Sekunden) beurteilten, ob das soeben gezeigte Verhalten positiv oder negativ war. Die glücklichen Vpn nahmen wesentlich mehr positive als negative Verhaltensweisen wahr, während es sich bei den deprimierten Vpn umgekehrt verhielt.

Die Zugänglichkeit bestimmter Handlungs-, Ereignis- und Personenkonzepte wird auch durch Attributionen erhöht. Attributionsprozesse – die vor allem bei unerwarteten Handlungen, bei Mißerfolgen und bei Ergebnisabhängigkeit mit großer Wahrscheinlichkeit auftreten – sind häufig mit einer besonders intensiven Informationssuche (z. B. nach Konsensus-, Distinktheits- und Konsistenzinformation) im Gedächtnis verbunden. Dadurch entsteht ein starker Gedächtnisknoten mit vielen Assoziationen, dessen Inhalt leicht abrufbar ist (Hastie, 1984).

Die bisher referierten Experimente untersuchten die Wirkungen der momentanen Zugänglichkeit. Darüber hinaus zeigten Bargh und Pratto (1986), daß auch die chronische Zugänglichkeit von Dispositionskonzepten die Informationsverarbeitung beeinflußt. Ferner sind die Wirkungen der chronischen und momentanen Zugänglichkeit additiv (Bargh, Bond, Lombardi und Tota, 1986).

5.26 Genauigkeit der Personenwahrnehmung

Eine beträchtliche Zahl von Untersuchungen wurden dem Themenkreis Genauigkeit der Personenwahrnehmung gewidmet. Fragen wie die folgenden wurden gestellt: Werden bestimmte Menschen zutreffender beurteilt als andere? Sind bestimmte Eigenschaften leichter zu beurteilen als andere? Gibt es interindividuelle Unterschiede hinsichtlich der «Treffsicherheit» bei der Personenwahrnehmung (gibt es gute und schlechte «Menschenkenner»)?

Es ist äußerst schwierig, verläßliche Antworten auf diese Fragen zu erhalten. In vielen Fällen ist es kaum möglich, ein adäquates *Kriterium* der Richtigkeit eines Urteils zu finden. Es wurde bereits erörtert, wie problematisch die Annahme stabiler, d. h. personenspezifischer und situationsunabhängiger Persönlichkeitsmerkmale ist (vgl. Abschnitt 2.621). Der Vergleich des Urteils einer Vp über eine Stimulusperson mit dem entsprechenden Testergebnis ist daher von zweifelhaftem Wert, denn auch das Testergebnis beruht auf der simplifizierenden Annahme konstanter Persönlichkeitsmerkmale.

Es ist zwar sicher der Fall, daß der naive Beobachter die Existenz konstanter Merkmale annimmt; andererseits ist aus den oben angeführten Gründen die Frage nach der Richtigkeit von Urteilen in diesem Zusammenhang nicht immer sinnvoll. Die Frage ist aber durchaus gerechtfertigt in bezug auf momentane Gefühle, Intentionen und Einstellungen der Stimulusperson.

Aber selbst unter der Voraussetzung adäquater Kriterien ist die Bestimmung der Urteilsgenauigkeit nicht unproblematisch. Häufig wird so vorgegangen, daß jede Vp mehrere Stimuluspersonen hinsichtlich desselben Merkmals (oder einiger Merkmale) beurteilt. Die Differenzen zwischen den Schätzungen und den «tatsächlichen» Werten (den Kriteriumswerten) oder der Mittelwert dieser Differenzen gelten dann als Maß für die Genauigkeit der Personenwahrnehmung.

Nach Cronbach (1955) läßt sich die so ermittelte Genauigkeit (bzw. Ungenauigkeit) der Urteile in vier Komponenten zerlegen. Es genügt

Tabelle 47

Stimulus-personen	Kriterium	Beurteiler A	Beurteiler B	Beurteiler C	Beurteiler D
I	85	105	70	100	115
J	90	110	80	100	110
K	100	120	100	100	100
L	110	130	120	100	90
M	115	135	130	100	85

also nicht, einfach den Grad der Genauigkeit festzustellen, sondern man muß auch angeben, welche Arten der Genauigkeit vorliegen.

Tabelle 47 illustriert mit Hilfe fiktiver Daten die vier Fehlerkomponenten CRONBACHS. Die fünf Stimuluspersonen I bis M sind von vier Vpn A bis D hinsichtlich eines Merkmals X beurteilt worden. In Spalte zwei befinden sich die Kriteriumswerte (z. B. Testwerte) der Stimuluspersonen.

(1) *Konstanter Fehler* (elevation). Beurteiler A schätzt alle Stimuluspersonen um einen konstanten Betrag (20 Skalenpunkte) zu hoch ein. Konstante Fehler bei der Personenwahrnehmung sind keine Seltenheit. Insbesondere bei wertenden Dimensionen kommt es häufig vor, daß jemand andere Menschen generell zu gut oder zu schlecht einstuft.
Der konstante Fehler bedeutet jedoch keine totale Fehleinschätzung der Stimuluspersonen. Wenn keine anderen Fehlerquellen vorhanden sind, dann wird die Relation der Stimuluspersonen zueinander (ihre Rangordnung auf einer Dimension) richtig wahrgenommen und die Unterschiede zwischen ihnen werden ebenfalls richtig eingeschätzt.

(2) *Variabilität* (differential elevation). Beurteiler B zeigt keinen konstanten Fehler, aber er schätzt die Variabilität (Streuung) der Stimuluspersonen falsch ein. Bei Überschätzung der Variabilität neigt man (wie Beurteiler B) zu mehr Extremurteilen als gerechtfertigt ist. Eine Unterschätzung der Variabilität führt zu einer Nivellierung. Objektive Unterschiede zwischen Personen werden unterschätzt oder im Extremfall gar nicht bemerkt.
Variabilitätsfehler bedeuten ebenfalls keine völlige Fehlwahrnehmung. Die Rangordnung der Stimuluspersonen wird korrekt wahrgenommen und die Gruppe der Stimuluspersonen wird im Durchschnitt richtig beurteilt.

(3) *Stereotype Genauigkeit* (stereotype accuracy). Es kann vorkommen – wie bei Beurteiler C – daß eine Gruppe durchschnittlich korrekt eingeschätzt wird, aber keine Differenzierung der einzelnen Mitglieder dieser Gruppe erfolgt.
Ein Beurteiler mit großer stereotyper Genauigkeit kann zwar keine interindividuellen Differenzen hinsichtlich eines Merkmals unterscheiden, aber er ist imstande, die durchschnittlichen Relationen zwischen verschiedenen Merkmalen anzugeben. Er wird beispielsweise korrekt wahrnehmen, ob in der Gruppe der Stimuluspersonen (im Durchschnitt) Merkmal X oder Merkmal Y stärker ausgeprägt ist, und er wird auch Richtung und Größe dieser Differenz richtig einschätzen.

(4) *Differentielle Genauigkeit* (differential accuracy) ist dann gegeben, wenn die Unterschiede zwischen den Stimuluspersonen richtig wahrgenommen werden. In diesem Sinn hat Beurteiler A eine hohe differentielle Genauigkeit; seine Urteilsgenauigkeit wird jedoch durch einen beträchtlichen konstanten Fehler beeinträchtigt. Einen Extremfall mangelhafter differentieller Genauigkeit stellt Beurteiler D dar. Er weist weder einen konstanten Fehler noch eine falsche Urteilsvariabilität auf. Dennoch ist er ein sehr schlechter Beurteiler, denn die Relationen zwischen den einzelnen Stimuluspersonen wurden von ihm dermaßen schlecht eingeschätzt, daß die Rangordnung der Stimuluspersonen genau umgekehrt wahrgenommen wurde.

In Anbetracht der eingangs erwähnten Schwierigkeiten, ein adäquates Kriterium der Urteilsgenauigkeit zu finden, und der eben gezeigten Mehrdeutigkeit des Begriffs Urteilsgenauigkeit kann es nicht verwundern, daß die Frage, ob es gute und schlechte «Menschenkenner» gibt und welche weiteren Eigenschaften diese aufweisen, bisher nicht befriedigend beantwortet werden konnte. Während die Ergebnisse mancher Untersuchungen (CLINE und RICHARDS, 1960) die Annahme einer allgemeinen interpersonellen Urteilsfähigkeit nahelegen, sprechen andere Ergebnisse dagegen (CROW und HAMMOND, 1957).

5.3 Bewertung

5.31 Die Ursachen von Sympathie und Ablehnung

5.311 Lerntheoretische Hypothesen

Mit den alltagssprachlichen Ausdrücken «Sympathie» und «Antipathie» meint man die positive bzw. negative Bewertung von Personen – mit anderen Worten: die Einstellung zu bestimmten Menschen. Für die Entstehung interpersoneller Bewertungen gibt es zahlreiche Erklärungsvorschläge, die hier in drei Gruppen zusammengefaßt werden: lerntheoretische, balancetheoretische und dissonanztheoretische Erklärungen. Dabei handelt es sich keineswegs um einander widersprechende, sondern um komplementäre Hypothesen.

Aus elementaren lerntheoretischen Sätzen lassen sich folgende Hypothesen über Sympathie und Abneigung ableiten. Bekanntlich kann jeder neutrale Reiz dadurch ein sekundärer Verstärker werden, daß er gemeinsam mit Verstärkern auftritt (vgl. Abschnitt 2.321). Personen sind eine spezielle Teilmenge aller Reize. Daher gilt: Wenn Person B von Person A wahrgenommen wird, während (oder unmittelbar bevor) Person A Verstärker erhält, dann erwirbt dadurch Person B sekundäre Verstärkereigenschaften, d. h. sie wird von A positiv bewertet. Aus analogen Gründen gilt im negativen Fall: Wenn Person B von Person A wahrgenommen wird, während (oder unmittelbar bevor) Person A aversive Reize erhält, dann wird dadurch Person B ein sekundärer Strafreiz und sie wird von A negativ bewertet[1].

[1] Die Begriffe Verstärker und Strafreiz sind hier in einem etwas erweiterten Sinn gebraucht worden. Genauer müßte man in diesem Zusammenhang von positiven und negativen Reizen bzw. von potentiellen Verstärkern und Strafreizen sprechen.

Man kann zwischen *direkter* und *indirekter* Verstärkung bzw. Bestrafung unterscheiden. Im ersten Fall erwirbt B die Sympathie (oder Antipathie) von A dadurch, daß B selbst Verstärker (oder aversive Reize) darbietet. Die Möglichkeiten interpersoneller Belohnung oder Bestrafung sind außerordentlich zahlreich. Es können primäre Verstärker (Nahrung, Körperkontakt), sekundäre Verstärker (Lob, Zustimmung, Geschenke) und negative Verstärker (Beseitigung aversiver Reize) eingesetzt werden; Strafreize können ebenfalls primär (Schmerz) oder sekundär (Tadel, Beschimpfung) sein oder im Entzug positiver Reize bestehen (Abwendung).

Es ist jedoch nicht unbedingt notwendig, daß die positiven oder negativen Reize von B selbst dargeboten werden. Es genügt schon die bloße Anwesenheit von B während der Reizdarbietung (indirekte Verstärkung oder Bestrafung). Ein diesbezügliches Experiment von RAZRAN (1938) wurde bereits erwähnt (Abschnitt 4.133). Personen, die während der Einnahme angenehmer Speisen gesehen wurden, sind sympathischer als Personen, die gleichzeitig mit negativen Reizen wahrgenommen wurden. LOTT und LOTT (1960) zeigten, daß Kinder, die in einer Gruppensituation belohnt wurden, anschließend die anderen Kinder der Gruppe besonders sympathisch fanden.

Eine ausführliche Darstellung der lerntheoretischen Hypothesen zur Sympathie und der einschlägigen Experimente findet man bei CLORE und BYRNE (1974), CLORE und ITKIN (1976) und bei LOTT und LOTT (1974).

5.312 Balancetheoretische Hypothesen

Nach HEIDERS Balancetheorie ist eine zweielementige kognitive Struktur dann balanciert, wenn alle daran beteiligten Relationen gleiche Vorzeichen haben (vgl. Abschnitt 4.42, Abbildung 102). Die beiden Elemente einer solchen Struktur seien die Personen A und B. Wird von A eine positive Einheitsrelation zwischen A und B wahrgenommen, dann besteht die Tendenz, daß A eine positive Wertrelation zu B herstellt. In diesem Fall entsteht nämlich eine balancierte Struktur; würde A eine negative Wertrelation herstellen, entstände eine inkonsistente Struktur und damit ein aversiver Zustand (Abbildung 120).

Die positive Einheitsrelation kann beispiels-

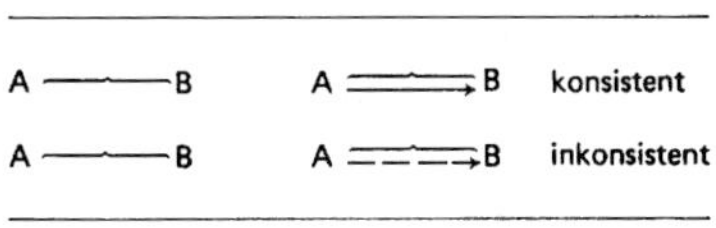

Abbildung 120

weise die Relation der *Nähe* sein. Erwartet A Interaktionen mit B (B ist ein neues Gruppenmitglied oder ein neuer Kollege), dann ist A geneigt, B von vornherein positiv einzustufen. Daß eine solche Tendenz tatsächlich besteht, wurde experimentell von DARLEY und BERSCHEID (1967) demonstriert. Die Vpn erhielten «Persönlichkeitsbeschreibungen» zweier anderer Vpn. Laut Instruktion war eine der beschriebenen Personen nach einem Zufallsprinzip als Diskussionspartner für die Vp ausgewählt worden, mit der anderen war kein Kontakt während des Experiments zu erwarten. Nach dieser Information mußten die Vpn u. a. ihre Sympathie für die beiden beschriebenen Personen angeben. Erwartungsgemäß zeigte sich, daß der zukünftige Diskussionspartner wesentlich positiver bewertet wurde als die andere Person, mit der keinerlei Interaktionen antizipiert wurden.

Auch in neueren Experimenten konnte bestätigt werden, daß durch antizipierten (TYLER und SEARS, 1977) oder tatsächlichen Kontakt (INSKO und WILSON, 1977) die Sympathie zunimmt. Allerdings scheint das – in Übereinstimmung mit der Balancetheorie – nur für solche Personen zu gelten, zu denen vor der (antizipierten) Interaktion eine negative, neutrale oder ambivalente Einstellung vorhanden war. Im Fall einer von vornherein positiven Einstellung entsteht durch Kontaktaufnahme oder -erwartung bereits eine balancierte Struktur, und eine Sympathiezunahme im Dienst der Balanceherstellung ist nicht notwendig (TYLER und SEARS, 1977).

Die positive Einheitsrelation zwischen zwei Personen kann nicht nur Nähe, sondern auch *Ähnlichkeit* sein. Insbesondere die (wahrgenommene) Ähnlichkeit von Einstellungen und die daraus resultierende Sympathie wurden intensiv untersucht.

Einstellungsähnlichkeit liegt vor, wenn A und B Objekt X in gleicher Weise bewerten und führt zu Sympathie zwischen A und B. Bewerten A und B Objekt X verschiedenartig, so läßt sich eine balancierte Struktur nur herstellen, indem Abneigung zwischen A und B entsteht (Abbildung 121). Diese Hypothesen lassen sich aus der Definition balancierter dreielementiger Strukturen ableiten: Es müssen solche Strukturen entstehen, die entweder keine oder zwei negative Relationen enthalten (vgl. Abschnitt 4.42, Abbildung 103).

Eine Reihe von Experimenten bestätigen die Hypothese, daß wahrgenommene Einstellungsähnlichkeit zu Sympathie führt (BYRNE, 1961; BYRNE und NELSON, 1965a; zusammenfassende Darstellungen der einschlägigen Experimente gibt BYRNE, 1969 und 1971). Einigen Untersuchungen zufolge spielt dabei die subjektive «Wichtigkeit» der Einstellungsobjekte nur eine untergeordnete Rolle (BYRNE und NELSON, 1964, 1965b). Es kommt in erster Linie darauf an, daß Einstellungsähnlichkeit vorliegt, und es ist vergleichsweise unwesentlich, hinsichtlich welcher Objekte Übereinstimmung besteht. Unter bestimmten Bedingungen (u. a. bei einem mittleren Grad der Einstellungsähnlichkeit) ist es jedoch von großer Bedeutung, bei welchen Einstellungsobjekten Übereinstimmung herrscht und bei welchen nicht (BYRNE, LONDON und GRIFFIT, 1968).

Eine interessante Modifikation der HEIDERschen Theorie wurde von NEWCOMB (1953, 1959, 1968) vorgenommen. NEWCOMB bestreitet, daß

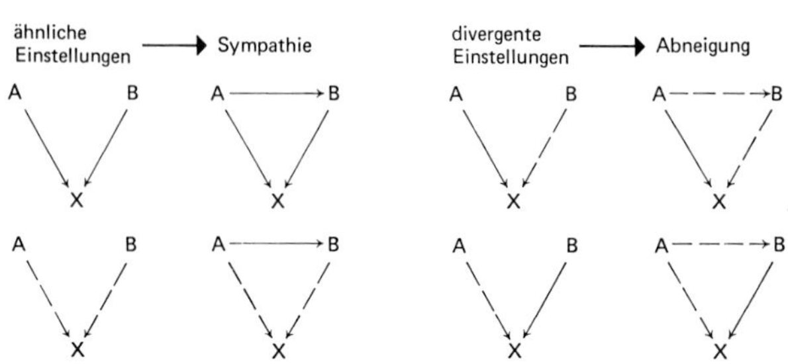

Abbildung 121

HEIDERS Definition der Balance von dreielementigen Strukturen allgemeingültig ist. In seinem ABX-Modell behandelt NEWCOMB ebenfalls den Problemkreis der Einstellungsähnlichkeit bzw. -verschiedenheit. Dabei geht er davon aus, daß die Relation zwischen den Personen A und B von größerer Bedeutung ist als die beiden anderen Relationen. Genauer: Das Vorhandensein einer positiven A-B-Relation ist nach NEWCOMB die Voraussetzung für Balanciertheit bzw. Inkonsistenz. Bei positiver A-B-Relation führt Einstellungsübereinstimmung zu Konsistenz und Einstellungsdiskrepanz zu Inkonsistenz. Bei Vorliegen einer negativen oder gleichgültigen A-B-Relation dagegen ist es ziemlich belanglos, ob Einstellungsähnlichkeit besteht oder nicht. In diesem Fall kommt es immer zu einem indifferenten Zustand, der weder eindeutig konsistent noch eindeutig inkonsistent ist. Kognitive Strukturen dieser Art werden von NEWCOMB als «nicht balanciert» bezeichnet (im Gegensatz zu «balanciert» oder «unbalanciert»).

Abbildung 122 veranschaulicht die Gemeinsamkeiten und Unterschiede zwischen den Ansätzen von HEIDER und NEWCOMB. Die Abbildung enthält außerdem Daten von PRICE, HARBURG und NEWCOMB (1966), welche deutlich für die Theorie von NEWCOMB sprechen. (In diesem Experiment wurden den Vpn ABX-Strukturen dargeboten und diese mußten danach eingestuft werden, wie angenehm oder unangenehm sie sind.)

Ähnliche Resultate erzielte RODRIGUES (1967). In diesem Experiment wurden die Vpn auch befragt, ob es angenehm wäre, die einzelnen Relationen der Struktur zu ändern. Dabei zeigte sich eine deutliche Tendenz, positive A-B-Rela-

	HEIDER	NEWCOMB	Prozentsatz der Vpn, die die jeweilige Situation einstufen als: unangenehm	neutral	angenehm
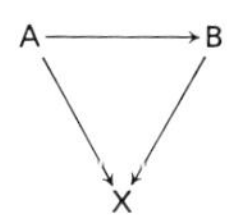	balanciert	balanciert	6	7	87
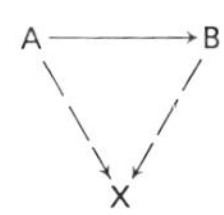	balanciert	balanciert	5	6	89
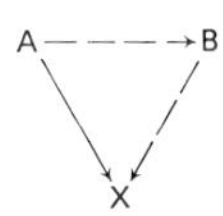	balanciert	nicht balanciert	43	22	35
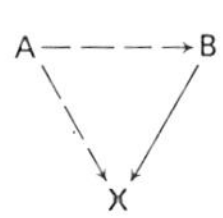	balanciert	nicht balanciert	28	39	33
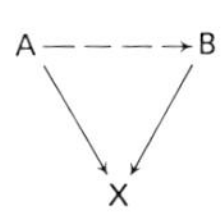	unbalanciert	nicht balanciert	65	15	22
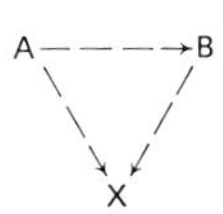	unbalanciert	nicht balanciert	17	38	45
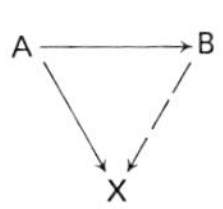	unbalanciert	unbalanciert	89	0	11
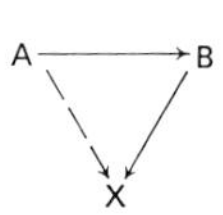	unbalanciert	unbalanciert	84	8	8

Abbildung 122

tionen beizubehalten und negative A-B-Relationen zu ändern, und zwar weitgehend unabhängig davon, ob es sich um balancierte oder unbalancierte Strukturen handelte. In Übereinstimmung damit kam Zajonc (1968b) nach Sichtung und Neuanalyse zahlreicher experimenteller Ergebnisse zu dem Schluß, daß nicht strukturelle Prinzipien (Konsistenz oder Inkonsistenz) allein den Spannungsgrad einer interpersonellen Situation bestimmen, sondern daß (neben anderen Faktoren) auch die Relation zwischen A und B eine erhebliche Rolle spielt.

Erwähnt sei in diesem Zusammenhang noch eine wichtige Ausnahme von der Regel, daß Ähnlichkeit zwischen zwei Personen immer zu Sympathie führt. Die *Hypothese der komplementären Bedürfnisse* besagt, daß nicht Personen mit gleichen oder ähnlichen Bedürfnissen besonders attraktiv füreinander sind, sondern Personen mit zusammenpassenden, einander ergänzenden Bedürfnissen. So werden beispielsweise zwei stark dominante Menschen nur schwer miteinander auskommen, wohl aber ein dominanter mit einem submissiven, nachgiebigen Menschen. Diese keineswegs unumstrittene Hypothese wurde von Winch (1958) empirisch gestützt. Eine genaue und kritische Darstellung dieses kontroversen Themas gibt Stroebe (1976).

Eine weitere balancetheoretische Hypothese besagt, daß die Wahrnehmung einer positiven Wertrelation von B zu A zur Herstellung einer positiven Wertrelation von A zu B führt. Mit anderen Worten: Wir lieben diejenigen, die uns lieben. Die Begründung der Hypothese ist einfach: Wenn A wahrnimmt, daß B ihn schätzt, kann eine balancierte kognitive Struktur nur dadurch hergestellt werden, daß A seinerseits B positiv bewertet. Analog läßt sich der negative Fall (gegenseitige Ablehnung) begründen (Abbildung 123). Die Tendenz zur symmetrischen (gegenseitigen) Sympathie bzw. Ablehnung wird auch als *Reziprozität* der interpersonellen Bewertung bezeichnet.

Daß die Wahrnehmung einer Zuneigung in der Regel zur Erwiderung dieser Zuneigung führt,

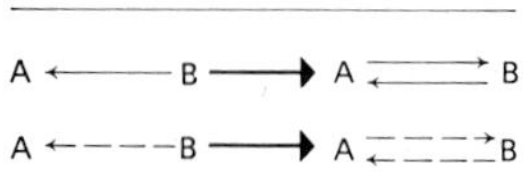

Abbildung 123

wurde in einigen Experimenten gezeigt (z. B. Backman und Secord, 1959). Voraussetzung dafür ist allerdings eine positive Selbsteinschätzung. Es gibt einige Hinweise darauf, daß Personen mit einem negativen Selbstbild eher solche Menschen positiv bewerten, von denen sie (wenigstens teilweise) abgelehnt werden (Deutsch und Solomon, 1959; Newcomb, 1956). Auch dieses Phänomen läßt sich balancetheoretisch erklären: Ähnliche Einstellungen (zu sich selbst) führen zu Sympathie, divergente Einstellungen verursachen Abneigung.

Die genannte Hypothese, daß Personen mit einem negativen Selbstbild solche Menschen positiv bewerten, von denen sie abgelehnt werden, ist allerdings umstritten, da sie in manchen Untersuchungen bestätigt wurde (z. B. Dutton, 1972) und in anderen nicht (Skolnick, 1971). Daher lehnen manche Autoren diese «Kongruenzhypothese» ab (z. B. Mettee und Aronson, 1974), und vertreten den lernpsychologisch begründbaren Standpunkt, daß unter allen Umständen solche Menschen sympathisch sind, die nicht Ablehnung, sondern Zuwendung und Lob bieten. Man sollte jedoch diese beiden Hypothesen – die «Kongruenzhypothese» und die «Verstärkungshypothese» – nicht als Gegensätze betrachten, zwischen denen eine Entscheidung getroffen werden muß. Mit großer Wahrscheinlichkeit sind beide Hypothesen wahr. Bei Personen mit negativer Selbstwerteinschätzung treten Prozesse auf, die in entgegengesetzte Richtungen wirken: Aufgrund des Balancestrebens schätzen sie Personen, von denen sie abgelehnt werden, und bewerten jene Personen negativ, von denen sie gelobt werden. Aufgrund des Verstärkerprinzips schätzen sie Personen, von denen sie gelobt werden, und bewerten jene Personen negativ, von denen sie Ablehnung erfahren. Welche der beiden Tendenzen im konkreten Fall stärker ist, läßt sich aufgrund des gegenwärtigen Wissens kaum voraussagen. Vermutlich spielen hier u. a. die Intensität der negativen Selbstbewertung und das Ausmaß der Zuwendungsdeprivation eine Rolle: Je weniger negativ der Selbstwert und je größer der Mangel an sozialen Verstärkern ist, desto eher sollte Sympathie für einen Menschen entstehen, der Lob und Zuwendung bietet. Außerdem sollten in diesem Zusammenhang die Attributionen für Zuwendung bzw. Ablehnung beachtet werden.

Wenn Zuwendung oder Lob intern attribuiert wird (als Ausdruck der wahren Gesinnung des Lobenden), wird dadurch eher Sympathie hervorgerufen als bei externer Attribution (z. B. als Schmeichelei, mit der ein bestimmter Zweck verfolgt wird).

Die weiter oben beschriebenen Übereinstimmungseffekte (Sympathie durch Einstellungsähnlichkeit) sind möglicherweise Reziprozitätseffekte. Aufgrund genauer Datenanalysen (mit Hilfe sogenannter partieller Korrelationen) gelangten CONDON und CRANO (1988) zu folgendem Schluß. Aus einer großen Einstellungsähnlichkeit folgern die Vpn, daß sie von der Stimulusperson positiv bewertet werden. Diese angenommene positive Bewertung seitens der Stimulusperson (und nicht die Einstellungsähnlichkeit als solche) bewirkt eine Erwiderung der Sympathie.

Schließlich läßt sich auch balancetheoretisch begründen, daß man Personen, die über positiv bewertete Eigenschaften verfügen, sympathisch findet, während Personen mit negativen Eigenschaften abgelehnt werden (siehe Abbildung 124). Hat Person B die positiv bewertete Eigenschaft Y (z. B. Intelligenz), dann liegen bereits zwei positive Relationen vor. Zur Herstellung einer konsistenten Struktur muß eine dritte positive Relation aufgebaut werden. Verfügt B über das negative Merkmal Z (z. B. Arroganz), dann sind eine positive und eine negative Relation vorgegeben; zur Herstellung der Balance muß eine weitere negative Relation eingeführt werden.

Meistens ist die Stimulusperson B nicht durch ein einziges, sondern durch mehrere Merkmale charakterisiert. Sofern diese Merkmale heterogen sind (teils positiv und teils negativ), kann weder durch eine völlig positive, noch durch eine völlig negative Bewertung der Stimulusperson eine balancierte Struktur erzeugt werden. Die Gesamtbewertung (das Ausmaß an Sympathie oder Antipathie für B) ist dann ein nicht ganz balancierter Kompromiß, eine Art Mittelwert aus den Bewertungen der einzelnen Merkmale. Diesem Problem ist der Abschnitt 5.32 gewidmet. Ähnliches gilt übrigens auch für Sympathie und Abneigung infolge von Verstärkern und Strafreizen. Im allgemeinen werden von ein und derselben Person verschiedene Verstärker *und* verschiedene negative Reize dargeboten.

5.313 Schönheit

Ein besonders wichtiges Merkmal ist das Aussehen. Es ist aus mindestens zwei Gründen besonders wichtig: Erstens, weil ein weitverbreitetes Schönheitsstereotyp existiert (DION, BERSCHEID und WALSTER, 1972). Schönen Menschen werden in der Regel weitere (sozial und intellektuell) positive Eigenschaften zugeschrieben. Zweitens, weil in mehreren Untersuchungen gezeigt wurde, daß schöne Menschen häufig besser behandelt werden als häßliche (s. BERSCHEID und WALSTER, 1974). Das beginnt schon im Kindesalter. Schöne Kinder werden mehr beachtet und erfahren mehr positive Zuwendung als weniger schöne. Dadurch besteht die Möglichkeit, daß das Schönheitsstereotyp im Sinn einer sich selbst erfüllenden Prophezeiung verwirklicht wird. Durch die vermehrte Zuwendung kann etwa ein besonders hohes Maß an Freundlichkeit und Wärme entstehen. Auch die Fähigkeiten werden dadurch gefördert. Allerdings gilt das Schönheitsstereotyp nicht uneingeschränkt. Personen, die selbst nicht sehr attraktiv sind, neigen weniger dazu, schönen Menschen (ausschließlich) positive Eigenschaften zuzuschreiben (DERMER und THIEL, 1975).

CUNNINGHAM (1986) publizierte zwei außerordentlich detaillierte Untersuchungen des Schönheitsstereotyps. In der zweiten Untersuchung beurteilten 82 männliche Vpn 16 weibliche Gesichter (Photographien) von unterschiedlicher Attraktivität. Die Vpn sollten nicht nur die Schönheit jeder Stimulusperson beurteilen, son-

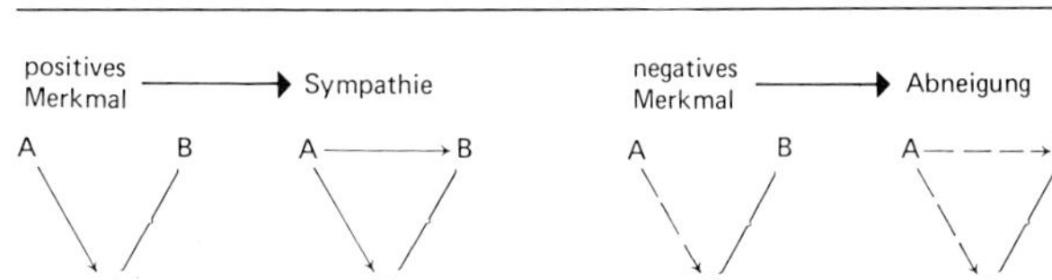

Abbildung 124

Tabelle 48

	klug	gesellig	selbst-sicher	be-scheiden	Gesund-heit	frucht-bar	keine Affairen	Schön-heit
kindliche Merkmale								
Augenhöhe	,48*	,64*	,52*	–,52*	,58*	,44*	–,66*	,62*
Augenbreite	,36	,53*	,26	–,30	,44*	,57*	–,59*	,54*
Augenabstand	,13	,20	–,01	,10	,12	,35	–,14	,09
Nasenfläche	–,64*	–,59*	–,67*	,43*	–,58*	,34	,20	–,54*
Kinnlänge	–,35	–,44*	–,27	,44*	–,60*	–,48*	,62*	–,53*
reife Merkmale								
Breite des Gesichts (Wangenknochen)	,44*	,48*	,30	–,48*	,42*	,57*	–,52*	,52*
Rundheit des Gesichts	–,26	–,27	–,18	–,18	–,34	–,42*	,44*	–,33
Ausdrucksmerkmale								
Augenbrauenhöhe	,24	,45*	,33	–,47*	,50*	,51*	–,66*	,40
Pupillendurchmesser	,38	,43*	,11	–,01	,39*	,71*	–,34	,49*
Höhe des Lächelns	,17	,19	,17	–,16	,24	,33	–,20	,28
Breite des Lächelns	,56*	,64*	,43*	,39	,58*	,73*	–,46*	,60*
Schönheitsurteil	,90*	,93*	,81*	–,69*	,93*	,85*	–,81*	

Ein Sternchen * bedeutet einen überzufälligen Zusammenhang. Die Nullen vor dem Komma wurden wegen der besseren Übersichtlichkeit weggelassen.

dern auch den Ausprägungsgrad verschiedener Persönlichkeitsmerkmale (klug, gesellig, selbstsicher, usw.) beurteilen (s. Tabelle 48). Die letzte Zeile in Tabelle 48 enthält die Korrelationen zwischen den Schönheitsurteilen und den Merkmalszuschreibungen. Mit einer Ausnahme liegen alle nahe bei 0,9. Eine deutlichere Bestätigung des Schönheitsstereotyps ist kaum möglich.

Da alle Gesichter exakt vermessen wurden, konnten auch Korrelationen zwischen einzelnen Gesichtsmerkmalen und den Schönheitsurteilen bzw. Dispositionszuschreibungen berechnet werden. Wie Tabelle 48 zeigt, sind hier vor allem die vertikale und horizontale Größe der Augen, die Größe der Nase, die Länge des Kinns, die Breite des Gesichts, der Pupillendurchmesser und die Breite des Lächelns von Bedeutung. Eine große Nase und ein langes Kinn wirken besonders negativ.

Außerdem wurden die Vpn bei jeder Stimulusperson nach der Wahrscheinlichkeit bestimmter Verhaltensweisen gefragt, z. B. Blutspenden, bei einem Möbeltransport (wegen Wohnungswechsels) helfen, Geld borgen, für einen Posten auswählen, Geschlechtsverkehr, usw. Auch in diesem Zusammenhang wurden ausnahmslos hohe Korrelationen (um 0,8) mit den Schönheitsurteilen ermittelt.

Daß das Schönheitsstereotyp auch außerhalb von Laborexperimenten existiert und als sich selbst erfüllende Prophezeiung wirksam ist, geht aus einer Untersuchung von UMBERSON und HUGHES (1987) hervor. Die Ergebnisse beruhen auf einer repräsentativen Stichprobe von 3692 Amerikanern. Die vom Interviewer eingeschätzte Schönheit der Vpn korrelierte (in mittlerem Ausmaß) mit Einkommen, Berufsprestige, Ausbildung, positiver Stimmungslage, Zufriedenheit, Glück und Kontrollwahrnehmung.

5.314 Dissonanztheoretische Hypothesen

Die in Abschnitt 4.46 referierten dissonanztheoretischen Hypothesen über die Wirkung einstellungsdiskrepanten Verhaltens lassen sich auch auf den interpersonellen Bereich anwenden: Bietet man einen bislang negativ oder neutral bewerteten Person positive Reize, so wird dadurch die Einstellung zu dieser Person positiv. Vermittelt man einer bislang positiv oder neutral bewerteten Person aversive Reize, so wird dadurch die Einstellung zu ihr negativ. Beide Hypothesen gelten allerdings nur unter den früher (Abschnitt 4.46) begründeten Voraussetzungen, daß keine starken äußeren Anreize für das einstellungsdiskrepante Verhalten vorhanden waren, daß (subjektive) Entscheidungsfreiheit gegeben war, daß aversive Konsequenzen entstanden sind usw.

Die Vpn von DAVIS und JONES (1960) mußten eine ihnen unbekannte Person, über die sie vom Versuchsleiter einige Informationen bezüglich ihrer Interessen, ihres sozialen Hintergrundes usw. erhielten, «beschimpfen». Sie sollten ein sehr negativ formuliertes «Persönlichkeitsgutachten» verlesen, wobei ihnen jedoch mitgeteilt wurde, daß es sich dabei um ein fiktives Gutachten handelte, das keineswegs eine adäquate Beschreibung der Stimulusperson darstellt. Der Vorwand für diese Handlung war der angebliche Zweck des Experiments, die Reaktionen auf extreme interpersonelle Urteile zu untersuchen. Anschließend mußten die Vpn die Stimulusperson bewerten. Auch vor der Verlesung des Gutachtens mußte eine Bewertung vorgenommen werden (nachdem die Vpn Informationen über die Stimulusperson erhalten hatten).

In einer Versuchsbedingung (Entscheidungsfreiheit) konnten die Vpn zwischen der Verlesung einer extrem positiven und einer extrem negativen Persönlichkeitsbeschreibung wählen. Sie wurden allerdings vom Vl *gebeten,* aus bestimmten Gründen die negative Variante zu wählen, und sie wurden auch gefragt, ob sie damit einverstanden wären. In einer zweiten Versuchsbedingung (keine Entscheidungsfreiheit) stand nur das negative Gutachten zur Verfügung. Nur die Vpn der ersten Versuchsgruppe (Entscheidungsfreiheit) änderten ihre Bewertung der Stimulusperson nach dem verbal aggressiven Verhalten in die negative Richtung, nicht aber die Vpn der zweiten Bedingung.

Diese Ergebnisse wurden später mehrfach bestätigt (GLASS, 1964). Auch der positive Fall konnte demonstriert werden. Eine freiwillige positive Handlung einer neutral oder negativ bewerteten Person gegenüber bewirkt deren Aufwertung (JECKER und LANDY, 1969). Der Empfänger einer Wohltat wird vom Wohltäter geliebt, *weil* und *nachdem* dieser eine positive Handlung gesetzt hat.

Auch die dissonanztheoretische Hypothese der Rechtfertigung des Aufwands (vgl. Abschnitt 1.343) ist im vorliegenden Zusammenhang relevant. In dem an früherer Stelle ausführlich beschriebenen Experiment von ARONSON und MILLS (1959) wurde gezeigt, daß eine Gruppe um so mehr geschätzt wird, je schwieriger es war, als Mitglied aufgenommen zu werden. Spätere Experimente erhärteten dieses Ergebnis (GERARD und MATHEWSON, 1966; SCHOPLER und BATESON, 1962). Man kann wohl annehmen, daß auch eine Einzelperson um so positiver bewertet wird, je schwieriger es ist, mit ihr Kontakt aufzunehmen oder von ihr beachtet zu werden; vorausgesetzt ist wieder, daß man die Anstrengungen freiwillig auf sich nimmt und daß diese nicht ausreichend belohnt werden. Diese Hypothese könnte auch das im Alltag nicht seltene Phänomen erklären, daß Personen, die sich «rar machen» und nur ein Minimum an Zuwendung bieten, häufig besonders begehrte Partner sind.

5.32 Kombination von Bewertungen

5.321 Summen- und Durchschnittsmodell

Meistens wird eine Stimulusperson durch mehrere Merkmale charakterisiert. Das geschieht oft mit Hilfe von Adjektiven wie «freundlich», «intelligent», «distanziert» usw., die nicht nur eine Beschreibung der Stimulusperson darstellen, sondern auch eine bewertende Komponente enthalten. Die globale Einstellung zur Stimulusperson entsteht dann durch eine Kombination der Bewertungen der Einzelmerkmale.

Es sind viele Arten einer solchen Kombination möglich. Die beiden einfachsten und naheliegendsten Möglichkeiten werden als Summenmodell und Durchschnittsmodell bezeichnet. Das *Summenmodell* besagt, daß die Gesamtbewertung durch Addition der Einzelbewertungen entsteht. Das *Durchschnittsmodell* dagegen nimmt an, daß die Gesamteinstellung der Mittelwert (arithmetisches Mittel) der Einzelbewertungen ist. Das Summenmodell wird vor allem von FISHBEIN und seinen Mitarbeitern vertreten (TRIANDIS und FISHBEIN, 1962), das Durchschnittsmodell von ANDERSON (1962, 1968, 1974).

Zur Erleichterung der Darstellung werden folgende Festlegungen getroffen. Der Einfachheit halber werden nur vier Abstufungen der Bewertung von Merkmalen unterschieden: stark negative, schwach negative, schwach positive und sehr positive Merkmale. Diese werden jeweils

Tabelle 49

Summenmodell	Durchschnittsmodell
W (P) < W (P, P) < W (P, P, P)...	W (P) = W (P, P) = W (P, P, P)...
W (P) < W (P, p)	W (P) > W (P, p)
W (N) > W (N, n)	W (N) < W (N, n)
W (N) > W (N, N) > W (N, N, N)...	W (N) = W (N, N) = W (N, N, N)...

durch N, n, p und P symbolisiert. Eine Charakterisierung, die beispielsweise aus zwei sehr negativen Merkmalen besteht, wird als (N, N) dargestellt; eine Beschreibung, die ein schwach negatives und drei sehr positive Adjektiva enthält, wird durch (n, P, P, P) symbolisiert usw. Das Symbol W bedeutet Einstellung (Bewertung). W (N, N) ist dann die Einstellung zu einer Person, die durch zwei sehr negative Merkmale gekennzeichnet ist und über die darüber hinaus keine Information vorliegt.

Unter Verwendung dieser Symbolik zeigt Tabelle 49 einige Unterschiede zwischen den beiden Hypothesen. So behauptet das Summenmodell, daß die Einstellung zu einer Person um so positiver ist, je mehr positive Merkmale diese aufweist. Das Durchschnittsmodell dagegen nimmt an, daß die Anzahl der Merkmale gleichgültig ist. Auch hinsichtlich der Kombination *verschiedenartig* bewerteter Merkmale gelangen die Modelle zu unterschiedlichen Aussagen. Dem Summenmodell zufolge sollte die Hinzufügung einer mäßig positiven Eigenschaft zu einer extrem positiven die Gesamteinstellung verbessern. Das Durchschnittsmodell sagt in diesem Fall eine Verschlechterung voraus.

Zahlreiche Experimente wurden durchgeführt, um festzustellen, welche der beiden Theorien besser ist (z. B. ANDERSON 1965a, 1973). Die Ergebnisse sind nicht völlig homogen, sprechen aber insgesamt eher für das Durchschnittsmodell. Als Beispiel seien die Resultate von ANDERSON (1965a) angeführt (Tabelle 50). Zunächst mußten die Vpn einzelne Adjektiva (Merkmalsbezeichnungen) bewerten. Aufgrund der so ermittelten Bewertungen der Einzelmerkmale wurden dann geeignete Merkmalskombinationen hergestellt. Die Vpn mußten dann ihre Einstellungen zu den durch diese Merkmalslisten charakterisierten fiktiven Personen mit Hilfe von Zahlen angeben. Sie wurden instruiert, die Zahl 50 für völlig neutrale Einstellungen zu verwenden und positive Einstellungen durch größere bzw. negative Einstellungen durch kleinere Zahlen als 50 auszudrücken.

Die Unterschiede zwischen W (P, P) und W (P, P, p, p) bzw. zwischen W (N, N) und W (N, N, n, n) unterstützen eindeutig das Durchschnittsmodell: Die Hinzufügung von nur schwach polarisierten zu extremen Merkmalen führt zu einer Neutralisierung der Gesamteinstellung. Die anderen Ergebnisse scheinen jedoch dem Durchschnittsmodell zu widersprechen. Zum Beispiel ist W (P, P, P, P) positiver als W (P, P) und W (N, N, N, N) negativer als W (N, N).

Diese Fakten widerlegen aber nicht unbedingt das Durchschnittsmodell, fordern jedoch seine Modifikation. ANDERSON (1965a, 1968) schlägt ein modifiziertes Durchschnittsmodell vor, wobei er von der Annahme ausgeht, daß bereits vor dem Empfang von Information über die Stimulusperson eine Einstellung zu dieser vorliegt, meistens eine neutrale. Wird eine Stimulusperson durch *ein* stark positives Merkmal charakterisiert, dann entspricht die Gesamteinstellung dem Mittelwert aus der anfänglichen neutralen Einstellung und der Bewertung des Merkmals (die Personenbewertung ist also mäßig positiv); kommt ein weiteres stark positives Merkmal hinzu, dann ist die Gesamtbewertung wieder der Durchschnitt der vorangegangenen (mäßig positiven) Bewertung und der extrem positiven Merkmalseinschätzung usw.[2]

Auch Ergebnisse von BYRNE und NELSON (1965a) unterstützen das Durchschnittsmodell. BYRNE und NELSON untersuchten den Zusammenhang zwischen Einstellungsähnlichkeit und Sympathie (vgl. Abschnitt 1.2 und Abschnitt 5.312). Der Grad der Einstellungsähnlichkeit kann auf verschiedene Weise definiert werden. Die Einstellungsähnlichkeit zwischen zwei Personen ist um so größer, je größer die *Anzahl*

[2] Daher spielt bei kurzen Listen (weniger als fünf oder sechs Elemente) die Anzahl der Merkmale eine Rolle, nicht aber bei längeren Listen.

Tabelle 50

W (P, P)	= 72,85	W (P, P, p, p)	= 71,11	W (P, P, P, P)	= 79,39
W (p, p)	= 57,56			W (p, p, p, p)	= 63,20
W (n, n)	= 42,18			W (n, n, n, n)	= 39,50
W (N, N)	= 23,70	W (N, N, n, n)	= 25,67	W (N, N, N, N)	= 17,64

übereinstimmender Einstellungen ist (Summenmodell). Oder: Die Einstellungsähnlichkeit ist um so größer, je größer der *Prozentsatz* (relativer Anteil) übereinstimmender Einstellungen ist (Durchschnittsmodell).

Die Vpn, deren Einstellungen zu verschiedenen Objekten vor dem Hauptteil des Experiments erfaßt worden waren, wurden über die entsprechenden Einstellungen mehrerer (fiktiver) Stimuluspersonen informiert. Aufgrund dieser Informationen mußten sie dann die Stimuluspersonen bewerten. Wenn das Summenmodell richtig ist, dann müßte etwa eine Stimulusperson, die in bezug auf 8 Objekte übereinstimmende Einstellungen hat, positiver bewertet werden als eine Stimulusperson, die nur 4 übereinstimmende Einstellungen aufweist. Das Durchschnittsmodell sagt in diesen Fällen gleiche Sympathien voraus. Ähnlich nimmt das Durchschnittsmodell an, daß beispielsweise die Kombination von 4 ähnlichen und 2 divergenten Einstellungen (67% Übereinstimmung) nicht weniger Sympathie verursacht als die Kombination von 8 ähnlichen und 4 divergenten Einstellungen (ebenfalls 67% Übereinstimmung). Die Ergebnisse in Tabelle 51 zeigen deutlich, daß ausschließlich der Prozentsatz, nicht aber die Anzahl ähnlicher Einstellungen zu einer positiven Bewertung beiträgt.

5.322 *Negativitätstendenz*

Kanouse und Hanson (1971) stellten die interessante Hypothese auf, daß negative Einzelmerkmale und -informationen eine Gesamtbewertung stärker beeinflussen als positive. Anders formuliert: Negativen Aspekten wird mehr Gewicht beigemessen als positiven.

Zur Unterstützung ihrer These verweisen die Autoren u. a. auf die Ergebnisse von Anderson (1965a), vgl. Tabelle 50. Nach dem einfachen Durchschnittsmodell müßte W (P, P, p, p) genau in der Mitte zwischen W (p, p, p, p) und W (P, P, P, P) liegen. Dasselbe gilt für W (N, N, n, n) in bezug auf W (N, N, N, N) und W (n, n, n, n). Im positiven Fall stimmen die Daten mit der theoretischen Erwartung überein, nicht aber im negativen. W (N, N, n, n) = 25,67 und liegt damit wesentlich näher bei W (N, N, N, N) = 17,64 als bei W (n, n, n, n) = 39,50. Ebenso sind W (N, N) und W (N, N, N, N) weiter vom neutralen Punkt 50 entfernt als W (P, P) und W (P, P, P, P).

Für heterogene Merkmalslisten (z. B. N, P oder p, n) wurde mehrfach gezeigt, daß die negativen Merkmale einen größeren Einfluß auf die Gesamtbewertung der Stimulusperson haben als die positiven (z. B. Hodges, 1974; Miller und Rowe, 1967; Warr, 1974).

Es bereitet übrigens für ein Durchschnittsmodell keine Schwierigkeiten, die Negativitätstendenz zu berücksichtigen. Es darf nur keine einfache Mittelwertbildung in Unabhängigkeit von der Bewertungsrichtung (Vorzeichen) angenommen werden, sondern die einzelnen Komponenten müssen verschieden gewichtet werden. Negativen Aspekten werden größere Gewichtszahlen zugeordnet als positiven.

Tabelle 51

Prozentsatz übereinstimmender Einstellungen	Anzahl übereinstimmender Einstellungen 4	8	16	gesamt
100	W (4/0) = 11,14	W (8/ 0) = 12,79	W (16/ 0) = 10,93	W = 11,62
67	W (4/2) = 10,79	W (8/ 4) = 9,36	W (16/ 8) = 9,50	W = 9,88
50	W (4/4) = 9,36	W (8/ 8) = 9,57	W (16/16) = 7,93	W = 8,95
33	W (4/8) = 8,14	W (8/16) = 6,64	W (16/32) = 6,57	W = 7,12
gesamt	W = 9,86	W = 9,59	W = 8,73	

W (x/y) . . . Bewertung einer Stimulusperson mit x ähnlichen und y divergenten Einstellungen. Eine größere Zahl bedeutet eine positivere Einstellung.

Eine weitere Bestätigung der Negativitätsthese stellt die Untersuchung von FELDMAN (1966b) dar. FELDMAN ließ zunächst 25 Adjektive in der Form «er ist ein ... Mann» auf einer neunstufigen Bewertungsskala einstufen (1 = extrem negativ, 5 = neutral, 9 = extrem positiv). Anschließend wurden in derselben Weise 175 Kombinationen von je zwei der 25 Merkmale beurteilt. Aus diesen Daten berechnete FELDMAN einen Index der Einflußstärke (modifying capacity) für jedes Adjektiv. Der Index beruht auf den Daten darüber, wieweit die Bewertung eines Adjektivpaares näher bei der Bewertung des einen oder des anderen Merkmals liegt. Es zeigte sich, daß die Einflußstärke eines Adjektivs um so größer ist, je negativer es beurteilt wurde (die Korrelation zwischen Bewertung und Einflußstärke beträgt − 0,69). FELDMAN stellte ferner auch deutliche Zusammenhänge zwischen Einflußstärke und anderen Faktoren fest. Seltenheit im alltäglichen Sprachgebrauch und ein hoher Überraschungsgrad bedingen ebenfalls eine große Einflußstärke. Einige Ergebnisse der zitierten Untersuchung sind in Tabelle 52 wiedergegeben.

Tabelle 52

	Bewertung	Einflußstärke
ernst	7,58	0,192
weise	7,49	0,261
liebenswürdig	7,46	0,474
gelehrt	6,80	0,366
interessant	6,39	0,249
durchschnittlich	5,45	0,396
grob	3,48	0,420
herzlos	2,42	1,013
charakterlos	2,37	0,817
unmoralisch	2,16	0,722
skrupellos	2,11	0,906
grausam	1,74	0,701

LAMPEL und ANDERSON (1968) verwendeten vier Personenbeschreibungen (die man als P, p, n und N klassifizieren könnte) und drei Fotos (geringe, mittlere und große Attraktivität). Durch Kombination jeder Personenbeschreibung mit jedem Foto entstanden 12 Versuchsbedingungen. Die Vpn mußten jede Kombination von Bild und Merkmalsliste bewerten. Die vier Stimuluskombinationen, die das attraktive Foto enthielten, führten zu recht verschiedenartigen Bewertungen (zu einer sehr positiven bei der Merkmalsliste P und zu einer leicht negativen bei Liste N). Die vier Kombinationen mit dem häßlichen Foto wurden ziemlich einheitlich negativ bewertet. Der Gesamteindruck wurde durch häßliches (negatives) Aussehen stärker beeinflußt als durch das attraktive Bild.

Auch durch die Experimente über induktives Denken (ABELSON und KANOUSE, 1966) läßt sich die Negativitätstendenz nachweisen (vgl. Abschnitt 4.137). Konnotativ negative Aussagen werden eher (ungerechtfertigt) verallgemeinert als konnotativ positive Aussagen.

Es gibt verschiedene Erklärungsmöglichkeiten für die Negativitätstendenz. Unter den von KANOUSE und HANSON angeführten Erklärungsvorschlägen ist vielleicht der folgende am plausibelsten. In einer durch Wahrnehmungsselektion, Positivitätsprinzip, Konsistenzstreben usw. vorwiegend positiv gesehenen Welt sind negative Aspekte selten, störend und auffällig und werden deshalb stärker gewichtet als positive.

Eine andere Erklärung, die den Vorzug hat, durch Daten gestützt zu sein, wurde bereits in Abschnitt 5.253 vorgestellt. SRULL und WYER (1979) führen den großen Einfluß negativer Handlungen in der Personenwahrnehmung auf die große Aussagekraft negativer Handlungen zurück. Für positive Handlungen sind immer innere und äußere Ursachen denkbar. Positive Handlungen werden häufig belohnt. Es sind auch weitere externe Ursachen für positive Handlungen möglich (z. B. Konformität). Daher wird – im Sinn des Abschwächungsprinzips – aus positiven Handlungen oft nur auf schwache entsprechende Dispositionen geschlossen. Negative Handlungen sind dagegen aufschlußreicher. Da sie selten belohnt und oft trotz Behinderungen (Bestrafungen) durchgeführt werden, erlauben sie – mitunter durch das Vergrößerungsprinzip unterstützt – eindeutige Schlüsse auf Dispositionen.

Ähnlich erklären SKOWRONSKI und CARLSTON (1987, 1989) im Anschluß an REEDER und BREWER (1979) die Negativitätstendenz aufgrund der unterschiedlichen «Diagnostizität» positiver und negativer Verhaltensweisen. Sie gehen allerdings noch einen Schritt weiter und postulieren, daß immer die «diagnostischeren» Informationen den Gesamteindruck stärker beeinflussen als die weniger diagnostischen. Mit dieser Hypothese wird nicht nur die Negativitätstendenz er-

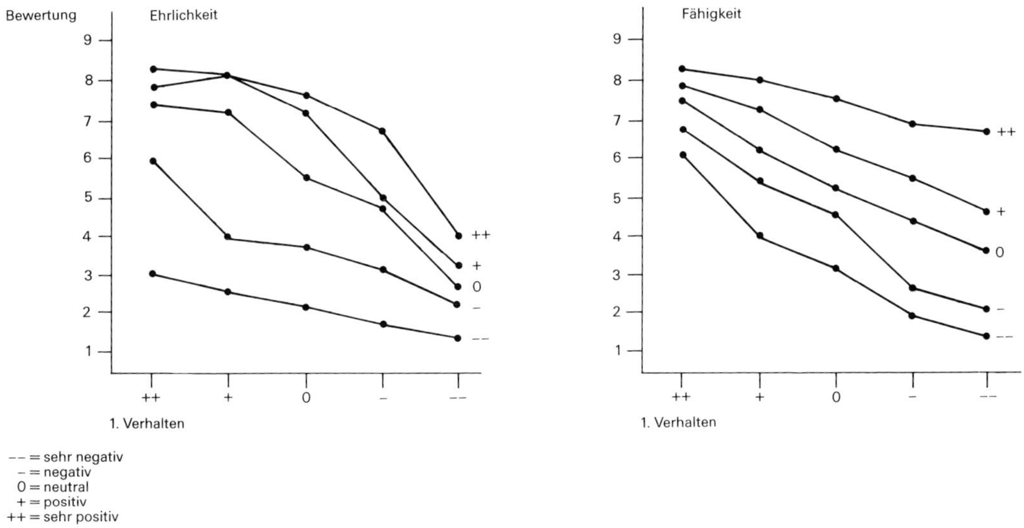

Abbildung 125

klärt, sondern auch die Tatsache, daß extrem bewertete Handlungen den Gesamteindruck stärker beeinflussen als weniger extrem beurteilte. Sehr negative Handlungen sind aufschlußreicher als mäßig negative, und sehr positive sind aufschlußreicher als mäßig positive.

Außerdem wird durch die Diagnostizitätshypothese eine Präzisierung der Voraussagen erreicht. Die Negativitätstendenz tritt nicht immer auf, sondern nur dann, wenn die negative Information aufschlußreicher ist als die positive. Das gilt für soziales (moralisches) Handeln. Positive Handlungen werden von guten und schlechten Menschen durchgeführt – von den guten, weil sie gut sind, und von den schlechten, um Vorteile zu erhalten. Negative Handlungen dagegen werden (zumindest freiwillig) nur von Personen mit negativen Eigenschaften ausgeführt.

Im Leistungsbereich verhält es sich umgekehrt. Hier sind die guten Leistungen diagnostischer als die schlechten. Schlechte Leistungen kommen sowohl bei dummen wie bei intelligenten Menschen vor – bei den dummen, weil sie dumm sind, und bei den intelligenten, weil sie vielleicht gerade müde oder unmotiviert sind. Eine gute Leistung dagegen ist nur bei entsprechender Fähigkeit möglich und läßt daher einen eindeutigen Dispositionsschluß zu. Mit anderen Worten: Im Leistungsbereich müßte eine Positivitätstendenz auftreten.

Sämtliche Teilhypothesen, die aus der Diagnostizitätshypothese folgen, wurden in zwei Experimenten von SKOWRONSKI und CARLSTON (1987) bestätigt. Im ersten Experiment beurteilten die Vpn die Diagnostizität verschiedener leistungsbezogener und moralischer (ehrlicher bzw. unehrlicher) Verhaltensweisen. Genauer: Die Vpn beurteilten die Wahrscheinlichkeiten, daß bestimmte Verhaltensweisen (z. B. eine gefundene Brieftasche dem Eigentümer zurückgeben) von einer ehrlichen bzw. unehrlichen Person ausgeführt werden. Daraus wurde ein Diagnostizitätsindex berechnet (= Wahrscheinlichkeit, daß ein Mensch mit Merkmal M Verhalten R ausführt, dividiert durch die Summe aus der eben genannten Wahrscheinlichkeit und der Wahrscheinlichkeit, daß ein Mensch mit dem gegenteiligen Merkmal nicht-M dieses Verhalten ausführt). Diese Indizes waren bei unehrlichem Verhalten größer als bei ehrlichem. Im Leistungsbereich dagegen waren die Indizes bei Erfolgen größer als bei Mißerfolgen.

Im zweiten Experiment erhielt jede Vp 25 Kurzbeschreibungen von Stimuluspersonen, die auf einer 9-Punkte-Skala bewertet werden mußten. Diese Stimuluspersonen wurden jeweils durch zwei Verhaltensweisen charakterisiert. Die 25 Beschreibungen entstanden dadurch, daß Verhaltensweisen aus 5 Bewertungskategorien verwendet wurden (sehr negativ, mäßig negativ, neutral, mäßig positiv, sehr positiv), und daß alle möglichen Kombinationen beurteilt werden mußten ($5^2 = 25$). Abbildung 125 zeigt die Ergebnisse getrennt für den Leistungsbereich und den sozialen Bereich. Im sozialen Bereich (Ehrlichkeit) ist eine starke Negativitätstendenz sichtbar. Wenn die Stimulusperson *eine* sehr negative Handlung durchführte, wurde sie auf jeden Fall negativ bewertet, und zwar weitgehend unabhängig davon, ob die zweite Handlung positiv oder negativ war. Im Leistungsbereich dagegen ist eine ebenso starke Positivitätstendenz zu beobachten. Wenn auch nur *eine* glänzende Leistung vorlag, wurde die Stimulusperson positiv beurteilt – gleichgültig, ob die zweite Leistung positiv oder negativ war.

5.323 Positions- und Kontrasteffekte

Die Reihenfolge, in der Informationen über eine Stimulusperson dargeboten werden, beeinflußt nicht nur die anschließenden Inferenzprozesse (vgl. Abschnitt 5.24), sondern auch die Bewertung der Stimulusperson. Wenn die Beschreibung einer Person drei sehr positive und drei sehr negative Merkmale enthält, kann daraus – in Abhängigkeit von der Reihenfolge ihrer Darbietung – eine positive oder eine negative Gesamteinstellung resultieren.

Die Anordnung (P, P, P, N, N, N) führt zu einer positiven, die Anordnung (N, N, N, P, P, P) zu einer negativen Bewertung der Stimulusperson. Es trägt also die zuerst aufgenommene Information mehr zum Gesamteindruck bei als die später einlangende Information. Mit anderen Worten: Es kommt zu einem deutlichen Anfangseffekt (primacy effect). Dieser Anfangseffekt wurde in zahlreichen Experimenten zur Personenwahrnehmung und -bewertung festgestellt (ANDERSON, 1965b; ANDERSON und BARRIOS, 1961; ANDERSON und HUBERT, 1963; ASCH, 1946; LUCHINS, 1957a).

Die einfachste und von vielen Autoren (z. B. ANDERSON) bevorzugte Erklärung für das Zustandekommen des Anfangseffekts ist folgende: Die früher wahrgenommenen Merkmale werden mehr beachtet als die späteren. Die Aufmerksamkeit nimmt ab. Daher wird den zuerst wahrgenommenen Merkmalen im allgemeinen mehr Gewicht beigemessen als den später wahrgenommenen Merkmalen. Diese Erklärung ist mit der Annahme eines Durchschnittsmodells verträglich, erfordert aber eine weitere Modifikation. Zu der im vorigen Abschnitt vorgenommenen Modifikation (der Gesamteindruck ist kein einfacher Mittelwert aus den Bewertungen der Einzelkomponenten, sondern der Beitrag negativer Merkmale ist größer als der positiver Merkmale) kommt jetzt eine weitere: Der Beitrag der Einzelmerkmale zum Gesamteindruck wird um so geringer, je später sie in einer Merkmalsliste aufscheinen.

Wenn die obige Erklärung des Anfangseffekts richtig ist, dann müßte es möglich sein, ihn durch geeignete experimentelle Vorgangsweisen zu reduzieren oder gar zu eliminieren. Das ist auch tatsächlich der Fall. Instruiert man die Vpn, jedes einzelne Merkmal in gleicher Weise zu beachten (mit anderen Worten, die unterschiedliche Gewichtung früher und später Informationen aktiv zu vermeiden), dann verschwindet der Anfangseffekt weitgehend (ANDERSON und HUBERT, 1963; HENDRICK und CONSTANTINI, 1970; LUCHINS, 1957b). Ebenso reduziert die wiederholte Darbietung der Bewertungsaufgabe den Anfangseffekt (ANDERSON und BARRIOS, 1961). Wird die Personenbewertung nicht nur (wie üblich) nach der Darbietung der ganzen Liste vorgenommen, sondern nach der Darbietung jedes einzelnen Merkmals, zeigt sich kein Anfangseffekt (STEWART, 1965).

Wenn die Information über die Stimulusperson in zwei Teilen dargeboten wird, zwischen denen ein längerer Zeitraum liegt (der von anderen Aktivitäten ausgefüllt wird), dann kommt es sogar zu einem starken Endeffekt (recency effect) (LUCHINS, 1957b). Der Gesamteindruck wird dann stärker vom letzten Informationsblock geprägt. Eine Erklärung für dieses Phänomen kann darin gesehen werden, daß durch den Zeitabstand und die interpolierte Tätigkeit zwischen den verschiedenen Wahrnehmungszeitpunkten die ältere Information weitgehend «vergessen» wurde. Damit stimmen auch Befunde der Forschung über Einstellungsänderungen überein, die besagen, daß von zwei gegensätzlichen Mitteilungen über dasselbe Einstellungsobjekt die spätere um so einflußreicher ist, je größer der Zeitabstand zwischen den Mitteilungen war (INSKO, 1964; vgl. Abschnitt 4.332).

Bemerkenswert ist in diesem Zusammenhang das Experiment von ARONSON und LINDER (1965). In dieser Untersuchung wurde die Sti-

mulusperson nicht wie in vielen anderen Experimenten bloß verbal beschrieben, sondern interagierte mit den Vpn, wobei sie positive bzw. negative Reize (in Form schmeichelhafter oder negativer Urteile über die Vp) darbot.
Der Vp wurde erklärt (um den wahren Zweck des Experiments zu verhüllen), daß es sich um eine Untersuchung über verbales Konditionieren handelte. Der Vl werde eine zweite Vp für jedes Pluralwort durch «mh-mh» verstärken. Er sei aber vor allem daran interessiert, ob und wieweit der so erzielte Häufigkeitszuwachs auch auf andere Personen generalisiert. Deshalb sollen abwechselnd der Vl und die erste Vp kurze Gespräche mit der zweiten Vp führen (in der Reihenfolge Vp, Vl, Vp, Vl usw., insgesamt 14 Gespräche). Die Vp sollte dabei keinerlei Verstärker darbieten. Die Unterhaltung zwischen Vl und zweiter Vp sollte die erste Vp in einem Nebenraum mithören und die Häufigkeit der Pluralwörter genau festhalten.
Ferner wurde mitgeteilt, daß die Ergebnisse verläßlicher wären, wenn die zweite Vp den Zweck des Experiments nicht kennt, und daher wäre ihr gesagt worden, es handelte sich um eine Untersuchung über interpersonelle Bewertung. Daher wird die zweite Vp über ihre Eindrücke von der ersten sprechen und abschließend werden dann beide über ihre gegenseitigen Bewertungen gefragt.
In Wahrheit war die «zweite Vp» eine Mitarbeiterin des Vl (die echten Vpn waren ebenfalls weiblich) und äußerten Eindrücke und Meinungen, die bereits vor dem Experiment einheitlich festgelegt worden waren. In vier Versuchsbedingungen wurden vier verschiedene Urteilssequenzen verwendet: ständig positive; zuerst negative, dann positive; zuerst positive, dann negative; und ständig negative Beurteilungen. Die Bewertungen der Stimulusperson in den vier Versuchsbedingungen sind in Tabelle 53 dargestellt (größere Zahlen bedeuten mehr Sympathie).
ARONSON (1969) erklärt diese Ergebnisse im Rahmen einer Gewinn-Verlust-Theorie. Ein Gewinn an Zuneigung oder Bestätigung verursacht mehr Sympathie als eine beständige Zuneigung. Der Verlust von Zuneigung ist unangenehmer als andauernde Abwendung und Bestrafung. Die Ergebnisse lassen sich jedoch auch ohne Zuhilfenahme neuer Begriffe durch Kontrast- und Sättigungshypothesen (vgl. Abschnitt 2.323) erklären. Eine längere Folge gleichartiger (bzw. von derselben Person ausgehender) positiver Reize führt zu Gewöhnung und Sättigung. Die zunächst stark positiven Reize werden immer mehr als neutral erlebt. Andererseits wirkt ein positiver Reiz nach einer Reihe von Strafreizen besonders angenehm. Ähnlich wirkt ein aversiver Reiz nach einer langen Folge von Verstärkern besonders unangenehm. Eine Reihe gleichartiger Strafreize führt zu Adaptation. Ein aversiver Reiz ist nach wiederholter Darbietung weniger unangenehm als zu Beginn.

Tabelle 53

negativ – positiv (Gewinn)	7,67
immer positiv	6,42
immer negativ	2,52
positiv – negativ (Verlust)	0,87

Im Rahmen solcher Überlegungen formulierte ARONSON sein «Gesetz der ehelichen Untreue», das im wesentlichen besagt, daß jede langfristige zwischenmenschliche Beziehung scheitern muß. Der Grund dafür ist, daß die Partner (durch Sättigung und Adaptation im Zuge des langzeitigen Austauschs von Verstärkern) immer weniger Möglichkeiten wirksamer (d. h. besonders angenehmer) Belohnung haben. Derselbe Verstärker (z. B. ein Kompliment) ist dann wesentlich angenehmer, wenn er von einem Fremden als wenn er von einem langjährigen Partner dargeboten wird. Auf der anderen Seite steigen mit der Zeit die Möglichkeiten der gegenseitigen Bestrafung (je länger die Folge positiver Reize war, desto unangenehmer ist ein nachfolgender aversiver Reiz). Wie ARONSON (1969) sagt, hat man die Macht, diejenigen, die man liebt, zu verletzen, aber man hat wenig Möglichkeiten, sie zu belohnen. Andererseits haben Fremde und Außenstehende zahlreiche Möglichkeiten, positive Reize darzubieten und sind deshalb sympathisch und attraktiv. Es müßte daher zu einer ständigen Suche nach Selbstbestätigungen durch Fremde und zu häufigen Verletzungen durch Partner kommen.
ARONSONS «Gesetz» ist aber sicher zu pessimistisch, denn aus den bekannten Gesetzmäßigkeiten über Verstärker lassen sich Maßnahmen ableiten, um den beschriebenen Effekt zu verhindern. Gelegentliche Kontaktunterbrechungen

und Abwechslung in der Art der positiven Stimuli müßten hier zielführend sein.
Die Verlust- und Gewinnbedingungen im Experiment von ARONSON und LINDER weisen einen starken Endeffekt auf. Die Sequenz negativ-positiv bewirkt eine besonders positive Bewertung, die Sequenz positiv-negativ verursacht Antipathie. Da die Dauer des Experiments nicht besonders lang war und die positiven und negativen Beurteilungen durch keine nennenswerten Zeitabstände getrennt waren, scheint hier ein Widerspruch zu den am Anfang dieses Abschnitts zitierten Experimenten vorzuliegen, die unter vergleichbaren Bedingungen ohne Ausnahme Anfangseffekte erzielten.
Es muß sich aber nicht unbedingt um einen Widerspruch handeln, denn es gibt wesentliche Unterschiede zwischen dem Versuch von ARONSON und LINDER und den eingangs zitierten Experimente. Während etwa in den Experimenten von ANDERSON Merkmalslisten (also eine *Aneinanderreihung verschiedener Informationen* über eine Stimulusperson) dargeboten wurden, liegt bei ARONSON und LINDER eine *Informationsveränderung* oder *-ersetzung* vor (die Stimulusperson äußerte zuerst positive und dann negative Meinungen über die Vp oder umgekehrt).
METTEE, TAYLOR und FRIEDMAN (1973) führten ein ähnliches Experiment wie ARONSON und LINDER durch. Die vier Urteilssequenzen (ständig positiv, negativ-positiv, positiv-negativ, ständig negativ) wurden jeweils in zwei verschiedenen Bedingungen verwendet: Informationsreihung und Informationsänderung (Informationsersetzung). Im ersten Fall wurden im Lauf des Experiments verschiedene Aspekte (etwa verschiedene Interessen der Vp) von der Stimulusperson bewertet; in der anderen Bedingung wurden zweimal dieselben Aspekte beurteilt. Nur in der zweiten Versuchsbedingung (Informationsersetzung) trat wie bei ARONSON und LINDER ein Endeffekt auf.
Gewinn- und Verlusteffekte sind jedoch nicht sehr robust. Nur in einem Teil der einschlägigen Untersuchungen traten die genannten Effekte auf. Die notwendigen und hinreichenden Bedingungen für Gewinn- und Verlusteffekte sind noch nicht vollständig bekannt (das gilt insbesondere für Verlusteffekte, vgl. METTEE und ARONSON, 1974). Daher sollte man auch Ableitungen aus dem Modell und Verallgemeinerungen der Daten («Gesetz der ehelichen Untreue») mit Vorsicht und Skepsis begegnen.
Diese Skepsis wird außerdem durch eine wichtige Untersuchung von BERSCHEID, BROTHEN und GRAZIANO (1976) gefördert. BERSCHEID et al. weisen zunächst auf eine Unstimmigkeit bei der «Ableitung» des «Gesetzes der Untreue» hin. Im Experiment von ARONSON und LINDER (1965) erlebt jede Vp nur *eine* Beurteilungsfolge. Es wurden also die Ergebnisse verschiedener Versuchsgruppen miteinander verglichen. Den Vpn der Gewinnbedingung war die Stimulusperson sympathischer als den Vpn der Bedingung «ständig positiv»; und den Vpn der Verlustbedingung war die Stimulusperson unsympathischer als den Vpn der Bedingung «ständig negativ».
Das «Gesetz der ehelichen Untreue» bezieht sich jedoch auf eine völlig andere Situation. Hier erlebt jede Person *zwei* Beurteilungsfolgen durch *zwei* Stimuluspersonen: eine mehr oder weniger ständig positive (vom Partner) und eine zunehmend positive (Gewinnsequenz seitens einer fremden Person).
Das «Gesetz der Untreue» folgt also auf keinen Fall aus dem ARONSON-LINDER-Experiment und könnte höchstens aus einem Experiment abgeleitet werden, in dem jede Vp zwei Beurteilungssequenzen von zwei verschiedenen Stimuluspersonen erfährt. Ein solches Experiment wurde von BERSCHEID et al. (1976) durchgeführt. Es gab folgende vier «Zwei Beurteiler-Bedingungen»: Gewinn versus ständig positiv; Gewinn versus ständig neutral; Verlust versus ständig negativ; Verlust versus ständig neutral. Außerdem wurden in zwei «Einzelbeurteiler-Bedingungen» die Bedingungen «Gewinn» und «ständig positiv» des ARONSON-LINDER-Experiments repliziert.
In diesen Einzelberuteiler-Bedingungen konnten auch die entsprechenden Ergebnisse von ARONSON und LINDER repliziert werden. In den Versuchsgruppen mit zwei Beurteilern zeigten sich jedoch völlig konträre Ergebnisse. Von entscheidender Bedeutung ist, daß in der Bedingung «Gewinn versus ständig positiv» der Beurteiler, der sich einheitlich positiv über die Vp geäußert hatte, wesentlich sympathischer war als der «Gewinn-Beurteiler».
Sowohl der Gewinneffekt bei den Einzelbeurteilern als auch der gegenteilige Effekt in den

Bedingungen mit zwei Beurteilern kann als *Kontext-* oder *Kontrasteffekt* interpretiert werden. Beim einzelnen Gewinnbeurteiler werden die zunehmend positiven Urteile in der zweiten Hälfte der Urteilsfolge vor dem Hintergrund der anfänglich negativen Urteile wahrgenommen und bilden einen ebenso eindrucksvollen wie vorteilhaften Kontrast zum unerfreulichen Beginn der Urteilsserie. Der Gewinnbeurteiler in der Bedingung «Gewinn versus ständig positiv» wird jedoch mit der konstant positiv urteilenden Stimulusperson verglichen und wirkt in diesem Kontext wesentlich weniger sympathisch als sein ununterbrochen freundlicher Konkurrent.

Mit dieser Kontext- bzw. Kontrasterklärung stimmen auch die übrigen Ergebnisse von BERSCHEID et al. in den Bedingungen mit zwei Beurteilern überein. Der Gewinnbeurteiler wurde wesentlich positiver eingeschätzt, wenn der andere Beurteiler ständig neutrale Urteile abgab («Gewinn versus ständig neutral»), als in der Bedingung «Gewinn versus ständig positiv». Ähnlich war der Verlustbeurteiler in der Bedingung «Verlust versus ständig negativ» sympathischer als in der Bedingung «Verlust versus ständig neutral». Allerdings war dieser Unterschied nur gering (und nicht statistisch gesichert). Sehr stark für eine Kontrastinterpretation spricht schließlich das Ergebnis, daß der Verlustbeurteiler in der Bedingung «Verlust versus ständig negativ» viel sympathischer war als der Gewinnbeurteiler in der Bedingung «Gewinn versus ständig positiv»!

Vom Standpunkt der modernen Lernpsychologie sind diese Ergebnisse keineswegs unerwartet. Wie in früheren Abschnitten wiederholt gezeigt wurde (z. B. in Abschnitt 1.335 über das «Gesetz des relativen Effekts» oder in Abschnitt 2.321 über sekundäre Verstärker), kann die Wirksamkeit bzw. Attraktivität eines belohnenden Reizes nur im Kontext der anderen verfügbaren Belohnungen festgestellt werden.

Unter diesem Gesichtspunkt ist ein Großteil der Untersuchungen über Sympathie und Abneigung ähnlich simplifizierend (und möglicherweise irreführend) wie jene älteren lernpsychologischen Experimente, in denen bloß die Wirkung *einer* isolierten Verstärkerart auf *eine* isolierte Verhaltensweise untersucht wurde. Die Existenz der Kontexteffekte läßt beispielsweise vermuten, daß man einer Person, die sehr viele Verstärker bietet, dennoch nur wenig Sympathie entgegenbringt, sofern alternative Interaktionspartner verfügbar sind, die noch wesentlich mehr oder attraktivere Verstärker bieten. Ähnlich können Personen, die nur wenige Verstärker oder sogar Strafreize bieten, relativ sympathisch sein, wenn die übrigen verfügbaren Interaktionspartner noch weniger Verstärker oder noch mehr Strafreize bieten. Die Forschung über Sympathie und Einstellungsähnlichkeit hat bereits gezeigt, daß der Grad der Sympathie für eine Stimulusperson nicht nur vom Prozentsatz übereinstimmender Einstellungen bezüglich dieser Stimulusperson abhängt, sondern auch vom Ausmaß der Einstellungsähnlichkeit mit anderen Personen (z. B. MASCARO und GRAVES, 1973).

5.324 Bewertung aufgrund von Kategorisierung

Die letzten drei Abschnitte befaßten sich – genauso wie ein Großteil der bisherigen Sympathieforschung – mit aufsteigenden, datengesteuerten Bewertungsprozessen. Wie bereits in Abschnitt 5.251 ausgeführt wurde, ist das nicht die einzige Möglichkeit, zu einer Gesamtbewertung zu gelangen. FISKE und PAVELCHAK (1986) nehmen vielmehr an, daß ein anderer, einfacherer Weg bevorzugt wird: Die Stimulusperson wird einer Kategorie (z. B. Beruf oder Nation) zugeordnet, und die (bereits vorhandene) Bewertung der Kategorie wird auf die Stimulusperson übertragen. Die Autoren nehmen an, daß der relativ mühsame, datengesteuerte Bewertungsprozeß nur unter zwei Bedingungen gewählt wird, nämlich dann, wenn (1) eine Bewertung aufgrund einer Kategorie nicht möglich ist (weil keine Kategorie bekannt ist, oder weil die Stimulusperson zu keinem verfügbaren Schema paßt), und, wenn (2) eine erhöhte Motivation zur genauen Informationsanalyse vorhanden ist (z. B. infolge von Ergebnisabhängigkeit). Allerdings sind die beiden Bewertungsprozesse (datengesteuert versus kategoriegesteuert) als Endpunkte eines Kontinuums anzusehen. In vielen Fällen wird die tatsächliche Bewertung eine Mischung aus beiden Prozessen sein, wobei der eine oder der andere Teilprozeß überwiegen kann.

Die Vpn von FISKE, NEUBERG, BEATTIE und MILBERG (1987) bewerteten zunächst in einem Vorversuch mehrere Berufskategorien (Arzt, Künstler, usw.) und einige Listen aus je 5 Merk-

Tabelle 54

konsistente Information	inkonsistente Information	Kategorie-information	Merkmals-information
Künstler	Arzt	Künstler	Person
kreativ	gelangweilt	erwachsen	praktisch
nonkonformistisch	gehorsam	mittelgroß	gebildet
exzentrisch	ungebildet	berufstätig	geschickt
idealistisch	tüchtig	braunhaarig	aufmerksam
modern	nicht unter-nehmungslustig	Fernseher	wissenschaftlich

malen (es wurden nicht die einzelnen Merkmale, sondern die ganzen Listen bewertet). Im späteren Hauptversuch wurden den Vpn Personenbeschreibungen geboten, die jeweils aus der Kombination einer Kategoriebezeichnung mit einer Liste aus 5 Merkmalen bestand. Die Vpn sollten die Stimuluspersonen bewerten.

Es gab 4 Arten von Personenbeschreibungen (Tabelle 54 enthält für jede Informationsbedingung ein Beispiel): (1) konsistente Information (die Merkmale der Liste passen zur Kategorie), (2) inkonsistente Information (die Merkmale der Liste widersprechen dem üblichen Kategorieschema), (3) Kategorieinformation (die genannten Merkmale sind nicht informativ, sodaß ein Urteil nur aufgrund der Kategorie gebildet werden kann), und (4) Merkmalsinformation (die Kategoriebezeichnung ist nicht informativ, so daß zur Urteilsbildung die Merkmale herangezogen werden müssen).

Mit diesen Versuchsbedingungen ist folgende Hypothese verbunden: In den Bedingungen 1 und 3 (konsistente Information und Kategorieinformation) sollte die Gesamtbewertung der Kategoriebewertung ähnlicher sein als der Bewertung der Merkmalsliste. In den Bedingungen 2 und 4 (inkonsistente Information und Merkmalsinformation) sollte die Gesamtbewertung der Merkmalsbewertung ähnlicher sein als der Kategoriebewertung. In diesen Bedingungen ist eine schnelle Urteilsbildung aufgrund der Kategorie nicht möglich, weil die Personenbeschreibung der Kategorie offensichtlich widerspricht (Bedingung 2), oder weil die Kategoriebezeichnung nichts über die Stimulusperson aussagt (Bedingung 4).

Die Voraussagen wurden weitgehend bestätigt. Die einzige Einschränkung stellen die Ergebnisse der ersten Bedingung (konsistente Information) dar. Hier war die Bewertung fast gleichermaßen von der Kategorie- und der Merkmalsinformation (also nicht in erster Linie von der Kategoriebezeichnung) beeinflußt.

In einem zweiten Experiment (mit ähnlichem Reizmaterial und analogen Versuchsbedingungen) sollten die Vpn zwischen Reizdarbietung und Bewertungsurteil «laut denken». Dabei wurden nicht nur die Voraussagen der Theorie von Fiske bestätigt, sondern auch die postulierten kognitiven Prozesse. Die Vpn überprüften spontan die Übereinstimmung zwischen Kategorie und Merkmalen. Sie gaben explizit Urteile über Konsistenz bzw. Inkonsistenz ab. Ferner beschäftigten sie sich in den Bedingungen 2 (inkonsistente Information) und 4 (Merkmalsinformation) ausführlicher mit den Merkmalen als in den Bedingungen 1 und 3.

Obwohl diese Ergebnisse dafür sprechen, daß generell eine Tendenz zur bequemen Urteilsbildung vorherrscht, wird unter bestimmten Bedingungen die Merkmalsinformation genau beachtet – auch dann, wenn eine schnelle Urteilsbildung aufgrund der Kategoriezugehörigkeit möglich wäre. Eine detaillierte Informationsverarbeitung setzt eine erhöhte Genauigkeitsmotivation voraus. Diese wird u. a. durch Ergebnisabhängigkeit herbeigeführt.

Neuberg und Fiske (1987) bewirkten bei einer Hälfte der Vpn Ergebnisabhängigkeit, indem für die *gemeinsame* Leistung der Vp mit einer Stimulusperson ein Geldpreis zu gewinnen war. Die anderen Vpn (ohne Ergebnisabhängigkeit) wurden instruiert, daß für die beste *individuelle* Leistung ein Preis vergeben wird.

Die Stimulusperson, mit der jede Vp angeblich in einer späteren Phase des Experiments zusammenarbeiten sollte, war ein ehemaliger schizophrener Patient (für die meisten Vpn eine negative Kategorie). Die beiden Bedingungen (Ergebnisabhängigkeit und keine Ergebnisabhängigkeit) wurden weiter unterteilt. Je eine Hälfte der Vpn erhielt (vor der erwarteten gemeinsamen Tätigkeit) eine neutrale Beschreibung der Stimulusperson (weder konsistent noch inkonsistent mit der Kategorie «schizophren»). Die anderen Vpn erhielten eine Beschreibung, die mit der Kategorie inkonsistent war. Die Stimulusperson wurde u. a. als gesellig, entschlossen und anpassungsfähig charakterisiert.

Als abhängige Variable wurde die Zeit gemessen, die jede Vp für das Lesen der Personenbeschreibung verwendete. Außerdem mußte die Stimulusperson bewertet werden. (Damit war das Experiment zu Ende. Die erwartete Interaktion mit der Stimulusperson fand nicht statt.)

Erwartungsgemäß beruhte in den beiden inkonsistenten Bedingungen (mit und ohne Ergebnisabhängigkeit) die Bewertung primär auf der detaillierten Information (Personenbeschreibung) und nicht auf der Kategorie. Ferner verwendeten die Vpn in diesen Bedingungen besonders viel Zeit zum Lesen der Beschreibung.

Besonders interessant ist ein Vergleich der beiden neutralen Bedingungen. In der neutralen Bedingung ohne Ergebnisabhängigkeit wurde die Stimulusperson (kategoriebedingt) weniger positiv beurteilt als in allen anderen Bedingungen und die durchschnittliche Lesezeit war am kürzesten. In der neutralen Bedingung mit Ergebnisabhängigkeit war die Bewertung positiver (als ohne Ergebnisabhängigkeit), und die Lesezeit war fast genauso lang wie in den inkonsistenten Bedingungen.

Dieses Ergebnis wird durch ein zweites Experiment von NEUBERG und FISKE (1987) ergänzt, in dem sich zeigte, daß auch bei kategoriekonsistenter Information die Verarbeitungszeit durch Ergebnisabhängigkeit zunimmt. Die beiden zuletzt genannten Informationsbedingungen (Kategoriebezeichnung und neutrale Information bzw. Kategoriebezeichnung und konsistente Information) bewirken in der Regel schnelle, kategoriebezogene Bewertungen. Durch Ergebnisabhängigkeit wird auch unter diesen Bedingungen eine genaue, datengesteuerte Bewertung abgegeben.

In einem dritten Experiment wurde die Hypothese bestätigt, daß durch Ergebnisabhängigkeit der Wunsch nach genauer und realistischer Einschätzung der Stimulusperson entsteht, und daß dadurch die beschriebenen Ergebnisse zustandekommen. Durch die bloße Aufforderung an die Vpn, möglichst genaue und richtige Urteile zu bilden, wurden ganz ähnliche Ergebnisse erzielt wie durch Ergebnisabhängigkeit.

5.33 Die Wirkungen von Sympathie und Ablehnung

Sympathische Personen rufen mehr Appetenzverhalten (Annäherungsverhalten) und weniger Vermeidungsverhalten hervor als unsympathische. Wie bereits erwähnt, ist die Dauer des Blickkontakts bei einem sympathischen Interaktionspartner länger als bei einem unbeliebten (EXLINE und WINTERS, 1965). Selbst der Pupillendurchmesser ist (bei gleichen Lichtverhältnissen) bei Betrachtung einer positiv bewerteten Person größer (HESS, SELTZER und SHLEIN, 1965). Auch bevorzugt man gegenüber sympathischen Personen eine geringere räumliche Distanz (KIESLER & GOLDBERG, 1968; MEHRABIAN, 1968b). Ebenso spricht man mit sympathischen Personen mehr und häufiger als mit unsympathischen (LOTT und LOTT, 1961).

Sympathische Personen sind einflußreicher als unsympathische. Soziale Verstärker, die von einer positiv bewerteten Person dargeboten werden, sind wirksamer – d. h. sie bewirken einen schnelleren Lernprozeß bzw. eine größere Änderung der Häufigkeit von Verhaltensweisen (BERKOWITZ und ZIGLER, 1965). Dasselbe gilt für Strafreize (PARKE und WALTERS, 1967). Positiv bewertete Personen werden eher imitiert als negativ oder neutral bewertete (BANDURA und HUSTON, 1961; MISCHEL und GRUSEC, 1967). Ebenso wird Kritik, die von einer sympathischen Person geäußert wird, eher akzeptiert und internalisiert (GRUSEC, 1966). Schließlich sind positiv bewertete Personen erfolgreicher bei Überredungsversuchen und Einstellungsänderungen (BERGIN, 1962; HOVLAND und WEISS, 1951; KELMAN und HOVLAND, 1953).

Außerdem beeinflußt Sympathie die Attributionen. REGAN, STRAUS und FAZIO (1974) zeigten, daß ein Erfolg, den eine sympathische Person erzielt, und eine Hilfeleistung, die von einer sympathischen Person erbracht wird, vorwiegend intern attribuiert werden: Der Erfolg und die Hilfeleistung wurden von den Vpn auf entsprechende (positive) Dispositionen der sympathischen Stimulusperson zurückgeführt. Der Erfolg oder die Hilfeleistung seitens einer unsympathischen Person wurden dagegen extern attribuiert (z. B. der Erfolg auf die Leichtigkeit der Aufgabe und das prosoziale Verhalten auf den Aufforderungscharakter der Situation). Ferner wurden Mißerfolge unsympathischer Personen intern attribuiert.

KANITSCHAR (1979) untersuchte die Wirkungen von Sympathie und Abneigung auf die Attributionen für verschiedene positive und negative Gefühle, positive und negative Meinungen, sozial erwünschte und unerwünschte Handlungen sowie diverse Erfolgs- und Mißerfolgserlebnisse. Die Vpn erhielten eine Liste mit Beschreibungen der genannten Gefühle, Handlungen usw. Bei einer Versuchsgruppe waren es sympathische Personen, die die beschriebenen Handlungen ausführten und die beschriebenen Meinungen, Gefühle, Erfolge und Mißerfolge hatten. Bei einer zweiten Versuchsgruppe handelte es sich um unsympathische und bei einer dritten Versuchsgruppe um neutral bewertete Stimuluspersonen.

Die Vpn mußten für jede Handlung, Meinung usw. auf 7-Punkte-Skalen angeben, in welchem Ausmaß sie das beschriebene Ereignis auf Personenfaktoren, Stimulusfaktoren bzw. besondere Umstände zurückführen. Die Ergebnisse zeigten deutlich, daß sozial erwünschte Handlungen, Erfolge, positive Gefühle und positive Meinungen bei sympathischen Stimuluspersonen in höherem Maß auf Personenfaktoren zurückgeführt wurden als bei unsympathischen. Unerwünschte Handlungen, Mißerfolge, negative Gefühle und ablehnende Meinungen wurden jedoch bei sympathischen Stimuluspersonen weniger auf Personenfaktoren zurückgeführt als bei unsympathischen. Die Ergebnisse für die neutralen Stimuluspersonen lagen durchwegs zwischen den Werten für sympathische und unsympathische Personen. Ferner wurden die negativen Ereignisse bei den sympathischen Personen viel mehr auf Stimulusfaktoren und/oder Umstände attribuiert als bei unsympathischen. Bei den positiven Ereignissen waren hier keine deutlichen Unterschiede zwischen den Sympathiebedingungen feststellbar.

Analoge Attributionstendenzen wurden auch im Zusammenhang mit körperlicher Attraktivität nachgewiesen. Sozial erwünschte Handlungen schöner Stimuluspersonen werden eher intern und weniger extern attribuiert als dieselben Handlungen, wenn sie von häßlichen Personen durchgeführt werden. Bei negativen Handlungen tritt das umgekehrte Attributionsmuster auf (GRÜMAIER, 1978). Ähnlich werden Erfolge schöner Personen eher intern und weniger extern attribuiert als Erfolge häßlicher Personen. Bei Mißerfolgen ist es wieder umgekehrt (KINDEL, 1980).

Alle diese Ergebnisse lassen sich balancetheoretisch erklären und voraussagen. Es handelt sich jeweils um dreielementige Strukturen (vgl. Abbildung 126). Eine Person A beobachtet eine Stimulusperson B und eine Handlung X, die von Person B ausgeführt wird, oder ein Ereignis X (Gefühle, Erfolg usw.), das Person B erlebt. Zunächst sind nur 2 Relationen vorhanden: Eine Wertrelation von A zu B (A hält B für sympathisch oder unsympathisch, für schön oder häßlich), und eine Wertrelation von A zu X (A bewertet das Verhalten oder Ereignis X positiv oder negativ).

Es handelt sich also um unvollständige Strukturen, denn es ist keine Relation zwischen B und X vorhanden. Die Strukturen können durch eine Einheitsrelation (Kausalbeziehung) zwischen B und X ergänzt werden. Ergänzungen unvollständiger Strukturen erfolgen in der Regel dergestalt, daß balancierte Strukturen entstehen. Dreielementige Strukturen (mit genau drei Relationen) sind nach HEIDER (1958) dann balanciert, wenn sie keine oder zwei negative Relationen enthalten. Aufgrund dieser Überlegungen läßt sich eindeutig voraussagen, welche Attributionen vorgenommen werden (s. Abbildung 126).

Fall (1): Eine positiv bewertete Person B verhält sich positiv oder ist an einem positiven Ereignis X beteiligt. Da bereits zwei positive Relationen vorhanden sind, läßt sich eine balancierte Struktur nur durch eine positive Einheitsrelation zwischen B und X herstellen. B wird als Ursache von X gesehen. Fall (2): B ist positiv und X ist negativ. Eine balancierte Struktur erfordert eine weitere negative Relation. Daher kann B nicht die Ursache von X sein. X wird auf Stimulusfaktoren und/oder Umstände zurückgeführt. Ebenso ist es bei Fall (3): B ist negativ und X ist positiv. Auch hier darf kein Zusammenhang zwischen B und X vorliegen. Fall (4): B und X werden beide

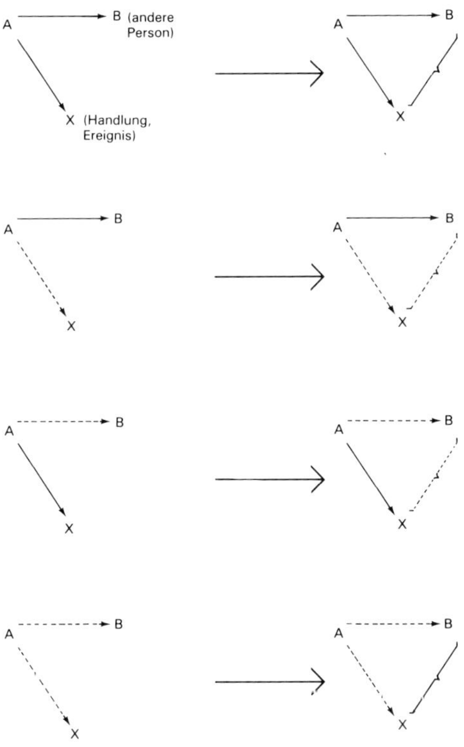

Abbildung 126

negativ bewertet. Eine balancierte Struktur ergibt sich durch die Annahme einer Kausalbeziehung zwischen B und X. Diese vier Hypothesen lassen sich zu einer einzigen einfachen Hypothese zusammenfassen: Wenn die beiden Relationen vom Beobachter A zur Stimulusperson B und von A zum beobachteten Verhalten (oder Ereignis) X gleiche Vorzeichen haben, dann wird B als Ursache von X wahrgenommen, in den anderen Fällen nicht.

Es handelt sich hier um ein weiteres Beispiel von Motivationseinflüssen auf Attributionen (vgl. Abschnitt 5.236): Attributionen dienen der Herstellung von Konsistenz. Im Sinn eines Halo-Effekts nimmt der naive Beobachter an, daß sympathische oder schöne Personen positive Handlungen und Ereignisse verursachen und daß von unsympathischen oder häßlichen Personen negative Wirkungen ausgehen. HEIDER, der Schöpfer der Balancetheorie und der Attributionstheorie, hat bereits darauf hingewiesen, daß es Verbindungen zwischen Attributionsprozessen und Balancestreben gibt (vgl. HEIDER, 1978). Die in diesem Abschnitt referierten Ergebnisse zeigen in eindrucksvoller Weise die starken Beziehungen zwischen Balancetendenz und Attributionen.

5.34 Liebe

Es wurde wiederholt darauf hingewiesen, daß es verschiedene Arten von Sympathie gibt, und daß diese unterschiedlichen Sympathieformen auch zum Teil unterschiedliche Ursachen und Wirkungen haben. Als verschiedene Sympathievarianten lassen sich u. a. folgende Spielarten von interpersonellen Einstellungen aufzählen: die Sympathie für einen freundlichen Bekannten; die tiefere Zuneigung zu einem Freund; der Respekt vor einem Menschen, der große Leistungen vollbracht hat; die Liebe zum (Ehe)partner; die aufopfernde Hingebung einer Mutter für ein Kind; sexuelle Leidenschaft; die begeisterte Verehrung von «Fans» für ihr «Idol» (Sportler, Sänger). Von all diesen Sympathievarianten wurde bisher eine einzige in größerem Ausmaß untersucht, nämlich die Liebe (romantic love). Trotz der umfangreichen Forschungstätigkeit zu diesem Thema besteht aber noch nicht völlige Einigkeit darüber, was Liebe ist (aus welchen Komponenten sie besteht) und welche Ursachen sie hat. In diesem Abschnitt sollen einige Theorien und verschiedene Arten von Liebe beschrieben werden (genauso wie beim Oberbegriff Sympathie wurden auch bei der Liebe verschiedene Spielarten unterschieden). Ein verwandtes Thema – verschiedene Arten von Beziehungen – wird später behandelt (Abschnitt 6.137).

STERNBERG (1987) unterscheidet zwei Gruppen von Liebestheorien. (1) Die Theorien der ersten Gruppe behaupten, daß sich Liebe (loving) und Sympathie (liking) nur quantitativ, aber nicht qualitativ unterscheiden. Liebe ist besonders große Sympathie.

(2) Im Gegensatz dazu behaupten die Theorien der zweiten Gruppe, daß Liebe und Sympathie qualitativ verschieden sind. Diese Theoriegruppe besteht aus drei Teilklassen. Die Theorien der ersten Teilklasse (2a) nehmen an, daß Liebe und Sympathie zwei völlig verschiedene Prozesse sind, die überhaupt nichts miteinander zu tun haben. Die nächste Theorieklasse (2b)

nimmt an, daß Liebe und Sympathie zwar verschieden sind, aber dennoch einige gemeinsame Eigenschaften haben. Die Theorien der dritten Teilklasse (2c) nehmen an, daß Liebe aus mehreren Komponenten besteht. Eine dieser Komponenten ist Sympathie.

Zur Theoriegruppe (1) zählen vor allem die lernpsychologischen Erklärungen der Sympathie (s. Abschnitte 5.311 und 5.323). Diese Ansätze gehen davon aus, daß man Personen sympathisch findet, die Belohnungen darbieten oder in deren Gegenwart man belohnt wird – in beiden Fällen erwerben diese Personen sekundäre Verstärkereigenschaften. Die Sympathie ist um so größer, je größer die *relative* Verstärkermenge ist (d. h. je mehr Verstärker im Verhältnis zu Strafreizen geboten werden, oder je mehr Verstärker eine Person im Vergleich zu anderen Personen bietet). Eine Unterscheidung zwischen Sympathie und Liebe wird nicht getroffen. Verwandte Ansätze (Austauschtheorie, Gerechtigkeitstheorie) werden später (in Teil 6) besprochen.

Die Grundannahme der Theoriegruppe (2) – Liebe und Sympathie sind qualitativ verschieden – beruhte zunächst auf Alltagsbeobachtungen, wurde aber schon bald durch Untersuchungen gestützt. So wurde beispielsweise darauf hingewiesen, daß sich Sympathie in der Regel langsam entwickelt (mit jeder Belohnung zunimmt), während Liebe oft plötzlich in voller Stärke vorhanden ist (Liebe auf den ersten Blick). Ferner entspricht das Sympathieausmaß meistens ziemlich genau dem Verhältnis von Belohnungen zu sämtlichen gebotenen Reizen (Belohnungen und Bestrafungen), während Liebe nicht selten trotz starker aversiver Erlebnisse (z. B. unbefriedigte sexuelle Wünsche) oder bei nur wenigen Belohnungen auftritt. Allerdings ist es in diesem Zusammenhang besonders schwierig, zu entscheiden, was ein positiver und was ein negativer Reiz ist (ARONSON, 1969). Zum Beispiel kann für einen schmachtenden jungen Mann der bloße Anblick seiner Angebeteten dermaßen belohnend sein, daß ihn das für seine (noch) unerfüllten erotischen Wünsche entschädigt.

Einer der ersten Ansätze vom Typ 2a stammt von WALSTER und BERSCHEID (1974), die zwischen kameradschaftlicher (companionate) und leidenschaftlicher (passionate) Liebe unterscheiden. Die kameradschaftliche Liebe ist für langfristige Beziehungen und Freundschaften charakteristisch. Sie ist ein geordneter, vorhersagbarer Prozeß, der den lernpsychologischen Gesetzmäßigkeiten folgt – es handelt sich also um eine Form von Sympathie (liking).

Die leidenschaftliche Liebe dagegen wird nicht lerntheoretisch, sondern im Rahmen der Gefühlstheorie von SCHACHTER (1964) erklärt. Diese Theorie (die später, im Abschnitt 5.42 genauer erörtert wird) behauptet, daß die Stärke (Intensität, Quantität) jedes Gefühls vom momentanen Grad der physiologischen Aktivierung (Herzklopfen, erhöhter Blutdruck, Zittern, usw.) abhängt. Diese Erregung ist unspezifisch (bei allen Gefühlen gleich), und kann daher unterschiedlich interpretiert werden (als Freude, Angst, Ärger, Liebe, usw.). Wie die Erregung interpretiert wird (also die Qualität des Gefühls) hängt davon ab, welche äußeren Reize gerade auffällig bzw. welche Kognitionen gut zugänglich sind.

Mit diesem Ansatz kann der etwas «ungeordnete» Charakter der leidenschaftlichen Liebe erklärt werden. Auch und gerade durch negative Erlebnisse (z. B. schlechte Behandlung) entsteht erhöhte Aktivierung. Wenn diese Aktivierung in geeigneter Weise interpretiert wird, indem man sie zum Beispiel auf die Schönheit des Interaktionspartners zurückführt, kann sie als Liebe erlebt werden. Hier spielen vermutlich auch Dissonanzprozesse eine Rolle. Wenn man etwa freiwillig anstrengende «Liebesbeweise» auf sich nimmt, kann Dissonanz entstehen. Diese bewirkt erhöhte Aktivierung (die als Liebe interpretiert werden kann), und außerdem (im Zuge der Rechtfertigung des Aufwands) eine Aufwertung des Partners.

Dieser Ansatz wird durch das phantasievolle Experiment von DUTTON und ARON (1974) unterstützt. Die männlichen Vpn (zwischen 19 und 35 Jahren) mußten eine von zwei Brücken überqueren. Eine Brücke hing über einer tiefen Schlucht und schwankte stark. Die andere Brücke war stabiler und nicht so hoch über dem Boden. Auf der Brücke traf die Vp entweder einen männlichen oder einen weiblichen Mitarbeiter des Vl, dem sie einige Fragen beantworten mußte. Außerdem sollte sie zu einem Bild eine Geschichte erfinden. Die Geschichten der Vpn, die die hohe und schwankende (angsterregende)

Brücke überquert und dort einen weiblichen Mitarbeiter getroffen hatten, enthielten die meisten sexuellen Themen (von allen 4 Versuchsgruppen). Außerdem war in dieser Bedingung die Zahl der Vpn am größten, die von der angebotenen Möglichkeit Gebrauch machten, den Mitarbeiter privat anzurufen, und um ein Treffen zu bitten (um mehr über die Untersuchung zu erfahren).

Noch deutlicher sind die Ergebnisse von WHITE, FISHBEIN und RUTSTEIN (1981). Die Aktivierung der (männlichen) Vpn wurde entweder durch körperliche Anstrengung oder durch ein Tonband mit humorvollem oder belastendem Inhalt erhöht. In jedem Fall nahm dadurch die «Liebe» zu einer schönen, nicht aber zu einer häßlichen weiblichen Stimulusperson zu.

In einer neueren Theorie geht BERSCHEID (1983) von einer anderen Gefühlstheorie (MANDLER, 1975) aus. Diese «Unterbrechungstheorie» behauptet, daß Erregung und Gefühle durch die Unterbrechung zielgerichteter Handlungsketten (z.B. durch Mißerfolg oder durch Ungewißheit) entstehen.

Ein Ansatz vom Typ 2b stammt von RUBIN (1970). RUBIN entwickelte einen Fragebogen, mit dessen Hilfe Vpn verschiedene Beziehungen (Freundschafts- und Liebesbeziehungen) einschätzen sollen. Der Fragebogen besteht aus zwei Teilen (einer Liebes- und einer Sympathieskala), die je 13 Aussagen enthalten. Die Sympathieskala erfaßt eher freundschaftsbezogene Aspekte wie Ähnlichkeit und Vertrauen. Die Liebesskala erfaßt Themen wie Nähe, Abhängigkeit, Hilfsbereitschaft und Ausschließlichkeit. Obwohl die beiden Teilskalen zwei verschiedene Dimensionen erfassen sollen, sind sie doch nicht völlig unabhängig voneinander. Daß es deutliche Überlappungen zwischen den Skalen gibt, geht schon daraus hervor, daß die Korrelationen zwischen ihnen keineswegs null oder sehr klein ist. RUBIN (1970) berichtet eine Korrelation von 0,56 für Männer und 0,36 für Frauen.

In den letzten Jahren sind auch einige Theorien vom Typ 2c entwickelt worden, die mehrere Teilkomponenten der Liebe (darunter auch Sympathie) postulieren. Hier soll nur eine von ihnen referiert werden, weil sie bisher die umfassendste ist, und verschiedene Arten der Liebe beschreibt, die (zum Teil) auch in anderen Theorien vorkommen. Die Theorie beschreibt allerdings dermaßen unterschiedliche Formen von Liebe, daß sich die Frage aufdrängt, ob es sich wirklich bei allen Varianten um Formen von *Liebe* handelt, oder ob nicht zum Teil eher Varianten des allgemeineren Konzepts Sympathie bzw. Varianten von Beziehungen beschrieben werden.

Die Dreieckstheorie (STERNBERG, 1986) geht davon aus, daß es drei Liebeskomponenten gibt: Intimität (Vertrautheit), Leidenschaft und Entscheidung/Bindung (commitment). Die Theorie heißt deshalb Dreieckstheorie, weil die verschiedenen Formen der Liebe als Dreiecke oder Teildreiecke dargestellt werden können. Intimität ist die obere Spitze des Dreiecks, Leidenschaft die linke und Entscheidung/Bindung die rechte.

Dem Ausmaß der Liebe entspricht die Größe des Dreiecks. Vollständige Liebe (die alle drei Grundkomponenten in gleichem Maß enthält) wird als gleichseitiges Dreieck dargestellt. Andere Liebesvarianten (die nur aus einer oder zwei Grundkomponenten bestehen) werden durch entsprechende Teildreiecke veranschaulicht.

Die drei Grundkomponenten werden folgendermaßen charakterisiert: Intimität (I) kann mit Sympathie gleichgesetzt werden und umfaßt Vertrautheit, Nähe, Verbundenheit und Wärme. Leidenschaft (L) ist mit hoher Aktivierung und mit starken Gefühlen verbunden. Sexuelle Wünsche, aber auch andere Motive wie etwa Selbstwerterhaltung oder -steigerung, Dominanz, Unterwürfigkeit, Bedürfnis für jemand zu sorgen, Bedürfnis nach Vermeidung von Einsamkeit, usw. spielen hier eine Rolle. Die dritte Komponente – Entscheidung/Bindung (E/B) – besteht aus zwei Teilkomponenten, einer Kurzzeit- und einer Langzeitkomponente. Der Kurzzeitaspekt ist die Entscheidung, einen bestimmten Menschen zu lieben. Der Langzeitaspekt ist die Entscheidung, eine langfristige Beziehung aufrechtzuerhalten.

STERNBERG bezeichnet Leidenschaft als eine «heiße», Intimität als «warme» und Entscheidung/Bindung als «kalte» Komponente. Die Komponenten sind nicht unabhängig, sondern beeinflussen einander gegenseitig. Verschiedene Kombinationen der Liebeskomponenten ergeben 8 Varianten der Liebe:

(1) Nichtliebe (weder L noch I noch E/B) ist das Fehlen aller drei Komponenten. Weitaus die

meisten Interaktionen sind bloß oberflächlicher Natur und sind daher dieser Kategorie zuzuordnen.
(2) Sympathie (nur I). Verbundenheit und Wohlwollen ohne Leidenschaft und ohne Bindung ist für manche kurzfristige Bekanntschaften und Freundschaften charakteristisch.
(3) Verliebtheit (infatuated love, nur L). Verliebtheit ist durch ein hohes Ausmaß von Aktivierung gekennzeichnet. Sie kann ganz plötzlich einsetzen und mitunter ebenso schnell wieder aufhören.
(4) Leere Liebe (nur E/B). In manchen langfristigen Beziehungen sind Leidenschaft und Intimität verschwunden. Die Beziehung wird nur mehr aufrechterhalten, weil man sich einmal dazu entschlossen hat. Unter bestimmten Bedingungen (z. B. wenn eine Ehe aus finanziellen oder geschäftlichen Gründen geschlossen wurde) kann leere Liebe am Beginn der Beziehung vorliegen, und es können andere Formen der Liebe folgen.
(5) Wahre Liebe (romantic love, L und I). Im Gegensatz zur bloßen Verliebtheit besteht die wahre oder romantische Liebe nicht nur aus Leidenschaft, sondern es kommt die stabilisierende Komponente der Intimität (Vertrautheit, Einstellungsähnlichkeit, usw.) hinzu.
(6) Kameradschaftliche Liebe (I und E/B). Diese Kombination ist für tiefe, langfristige Freundschaften charakteristisch, aber auch für viele Ehen, in denen die (vor allem sexuell bedingte) Leidenschaft nicht mehr vorhanden ist.
(7) Alberne Liebe (fatuous love, L und E/B). Die alberne Liebe ist ein Lieblingsthema der Trivialfilme und -romane (in der Trivialkunst wird sie allerdings ernst genommen und keineswegs als albern hingestellt): Aufgrund einer kurzen aber heftigen Verliebtheit wird eine Ehe geschlossen. Da das stabilisierende Element der Intimität fehlt, ist bei solchen Beziehungen die Wahrscheinlichkeit des Mißlingens besonders groß.
(8) Vollkommene Liebe (L und I und E/B). Diese Form der Liebe wird wohl von den meisten Menschen angestrebt, dürfte aber eher selten vorkommen. Zumindest ist sie in der Regel nicht sehr langlebig, weil die Leidenschaftskomponente nur selten dauerhaft ist.

Interessant und wichtig sind auch STERNBERGS Hypothesen über den zeitlichen Verlauf der drei Komponenten (die z. T. bereits implizit in den Beschreibungen der acht Liebesvarianten enthalten sind). Hier unterscheidet sich die Leidenschaft von den beiden anderen Komponenten. Während Intimität und Entscheidung/Bindung mit der Zeit zunehmen oder konstant bleiben (zumindest in intakten Beziehungen), nimmt die Leidenschaft nach einem frühen Höhepunkt zwangsläufig wieder ab.

Diese Hypothese stützt sich auf SOLOMONS (1980) Gegenprozeßtheorie (opponent-process theory): Das ist eine allgemeine Theorie über den zeitlichen Verlauf von Gefühlen, die bereits mit Erfolg zur Beschreibung und Erklärung verschiedener Motivationsaspekte herangezogen wurde. Vor allem Süchte und suchtartiges Verhalten wurden mit Hilfe der Gegenprozeßtheorie erklärt. Nach STERNBERG ist auch die leidenschaftliche Komponente der Liebe ein solches suchtartiges Verhalten und hat daher ähnliche Eigenschaften wie der Konsum von Kaffee, Zigaretten, Alkohol und Drogen.

SOLOMON (1980) postuliert, daß zu jeder (positiven oder negativen) emotionalen Reaktion a zwangsläufig ein gegensätzlicher Prozeß b einsetzt (s. Abbildung 127a). Der Gegenprozeß hat drei charakteristische Eigenschaften: Er setzt später ein als der Prozeß a, er ist von geringerer Intensität, und er klingt langsamer ab. Das erlebte Gefühl entspricht zu jedem Zeitpunkt der Differenz der Intensitäten von a und b. Daher wird kurz nach Beginn des emotionsauslösenden Reizes die größte Intensität des Gefühls a erlebt. Kurz danach setzt der Gegenprozeß b ein, und a wird nicht mehr mit maximaler Intensität erlebt. Nach Aufhören des Reizes hört auch das Gefühl a fast abrupt auf, aber der Gegenprozeß b ist noch vorhanden, weshalb jetzt – vorübergehend, bis zum Ende des Gegenprozesses – ein gegensätzliches Gefühl erlebt wird.

Das bedeutet in Verbindung mit leidenschaftlicher Liebe, daß jedes Zusammensein mit dem Partner zuerst sehr heftige positive Gefühle auslöst, die aber bald von weniger heftigen abgelöst werden, worauf nach Beendigung der Interaktion negative Gefühle (Traurigkeit, Einsamkeit) einsetzen.

SOLOMON (1980) postuliert ferner, daß durch wiederholte Reizdarbietung Intensität und Schnelligkeit des Gegenprozesses zunehmen, während Prozeß a unverändert bleibt (s. Abbildung 127b). Damit werden bei Süchten die im-

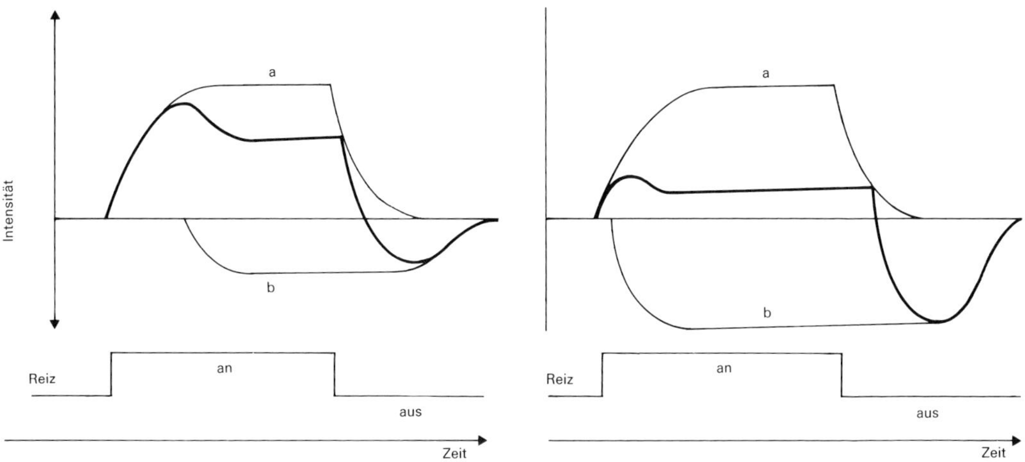

Abbildung 127

mer eintretende Sättigung und Entzugserscheinungen erklärt. Der Gegenprozeß wird mit der Zeit so schnell und so groß, daß das «Spitzenerlebnis» zu Reizbeginn immer kürzer und schwächer wird, während gleichzeitig auch der konstante Teil des Gefühls immer schwächer wird, bis die Intensität von a schließlich gerade noch ausreicht, um die Wirkung des Gegenprozesses zu kompensieren. Zusätzlich werden die «Entzugserscheinungen» nach Reizbeendigung immer stärker. Dadurch entsteht ein Teufelskreis: Durch die negativen Wirkungen (Depression, Reizbarkeit) jedes Reizabbruches wird man veranlaßt, den Reiz immer wieder aufzusuchen. Man wird abhängig oder süchtig. Andererseits bereitet der Reiz immer weniger Freude. Mit anderen Worten: Nach längerer Gewöhnung ist man zwar ohne sein persönliches «Gift» sehr unglücklich, aber man ist nicht besonders glücklich, wenn es zur Verfügung steht.

Natürlich sind diese Erscheinungen bei bloßer Verliebtheit (nur L) am stärksten und deutlichsten ausgeprägt. Wenn zusätzlich eine stabile Komponente (vor allem I) vorhanden ist, werden die negativen Auswirkungen abnehmender Leidenschaft zumindest teilweise ausgeglichen. Unter günstigen Umständen kann I so stark werden, daß dadurch eine zwar nicht heftige, aber tiefe, herzliche und dauerhafte Beziehung entsteht.

FEHR (1988) analysierte vom Standpunkt des Prototypenansatzes, welche Bedeutung die Begriffe Liebe und Bindung (für Laien) haben. In der ersten Untersuchung sollten die Vpn die charakteristischen Merkmale von Liebe und Bindung angeben. Den Vpn der zweiten Untersuchung wurden die in der ersten Untersuchung ermittelten Merkmale vorgegeben, die sie danach beurteilen sollten, wie zentral (typisch) jedes einzelne Merkmal für den Begriff ist. In vier weiteren Untersuchungen wurden komplexere Fragestellungen überprüft (z. B. ob nach Meinung der Vpn durch Fehlen zentraler Merkmale eine Liebesbeziehung stärker beeinträchtigt wird als durch Fehlen peripherer Merkmale). Vpn waren weibliche und männliche amerikanische Studenten mit einem Durchschnittsalter von 22 Jahren.

Einige Hauptergebnisse sind in Tabelle 55 wiedergegeben. Sie enthält jene Merkmale, die von mindestens 7% der Vpn genannt wurden. Das sind 30 Merkmale für Liebe und 20 für Bindung (etwa die Hälfte aller genannten Merkmale). Für Liebe wurden 68, für Bindung 40 Merkmale genannt. 21 Merkmale (von insgesamt 87 = 68 + 40 − 21) kommen in beiden Listen vor. Das bedeutet, daß Liebe und Bindung überlappende Begriffe sind (wie von KELLEY, 1983, angenommen wurde), und daß Bindung nicht eine Teilmenge von Liebe ist (wie von STERNBERG, 1986, angenommen wurde), denn in diesem Fall hätten alle oder die meisten Merkmale von Bindung gleichzeitig Merkmale von Liebe sein müssen. Dieses Ergebnis steht aber nicht unbedingt im Widerspruch zur Dreieckstheorie, denn STERNBERG unterscheidet verschiedene Arten von

Tabelle 55

Liebe

Merkmal	% Vpn
umsorgen (caring)	43,75
Glück	29,17
zusammensein wollen	28,13
Freundschaft	22,92
über alles reden können	19,79
warme Gefühle	16,67
den anderen akzeptieren wie er ist	15,63
Vertrauen	14,58
Bindung	13,54
teilen	13,54
immer an den anderen denken	13,54
Opfer	13,54
verstehen	12,50
Ehrlichkeit	11,46
Respekt	11,46
Zufriedenheit	10,42
Euphorie	10,42
den anderen an die erste Stelle setzen	9,38
sexuelle Leidenschaft	9,38
Unterstützung	9,38
Anhänglichkeit	8,33
Nähe	8,33
Interesse am Wohl des anderen	8,33
Einfühlung	8,33
Herz schlägt schneller	8,33
helfen	8,33
sich gut fühlen	7,29
verzeihen	7,29
vieles gemeinsam haben	7,29
den anderen vermissen, wenn er nicht da ist	7,29

Bindung

Merkmal	% Vpn
Beständigkeit	34,83
Verantwortlichkeit	28,09
sein Wort halten	23,60
Hingabe	21,35
Treue	19,10
Verpflichtung	17,98
Opfer	15,73
Ehrlichkeit	14,61
Liebe	14,61
Vertrauen	13,48
helfen	12,36
Loyalität	12,36
ein Versprechen	12,36
in guten und schlechten Zeiten	
für den anderen da sein	11,24
Übereinstimmung	11,24
umsorgen	10,11
sein Bestes geben	10,11
den anderen an die erste Stelle setzen	8,99
Respekt	8,99
Anhänglichkeit	7,87

Liebe, und nur einige (nicht alle) Varianten von Liebe enthalten die Komponente Bindung.

Interessant ist auch der Inhalt der Merkmalslisten. Wie Tabelle 55 zeigt, umfaßt der Begriff Liebe in der Alltagssprache Sympathie (kameradschaftliche Liebe) und Leidenschaft (sowie zumindest einen Teil von Entscheidung/Bindung). Sympathie ist jedoch am wichtigsten, weil die meisten der genannten Merkmale Sympathieaspekte sind. Obwohl es sich um junge Vpn handelte, wurden Leidenschaftsaspekte (Herzklopfen, sexuelle Leidenschaft, Euphorie) vergleichsweise selten genannt.

5.4 Selbstbild und Selbstwert

5.41 Dissonanztheorie

Die Wahrnehmung und Bewertung der eigenen Person ist ein besonders interessanter Spezialfall der Personenwahrnehmung. Für den Sozialpsychologen ist dieser Themenkreis nicht zuletzt deshalb interessant, weil das Verhalten anderen Personen gegenüber von Selbstwahrnehmung und Selbstbewertung erheblich mitdeterminiert wird.

Wie bei so vielen anderen Fragen leistete die Dissonanztheorie auch hier einen originellen Beitrag. Aus der schon mehrfach erwähnten dissonanztheoretischen Hypothese über die Wirkungen einstellungsdiskrepanten Verhaltens lassen sich Aussagen über die Wahrnehmung von Triebzuständen ableiten. Bezogen auf die Wahrnehmung von Trieben und Bedürfnissen lautet die Hypothese: Ein Mangelzustand (Deprivation), den man freiwillig und ohne zureichenden äußeren Anreiz (ohne Erwartung einer hinlänglichen Belohnung) auf sich nimmt, ist weniger unangenehm als ein erzwungener und ausreichend belohnter Mangelzustand. Das Akzeptieren einer Deprivation (ein freiwilliger Verzicht) ohne Aussicht auf Belohnung erzeugt Dissonanz. Diese Dissonanz kann reduziert werden, indem die Unannehmlichkeit des Deprivationszustandes verharmlost wird.

Die Richtigkeit dieser Annahmen wurde von BREHM und COHEN (1962) experimentell bestätigt. Vpn, die bereits eine Hungerperiode auf sich genommen hatten (es sollte angeblich die Wirkung des Hungers auf verschiedene Leistungsvariablen untersucht werden), wurden um ihr Einverständnis gebeten, zwecks später durchzuführender Tests einige weitere Stunden nichts zu essen. Nachdem sie sich dazu bereit erklärt hatten, wurden sie aufgefordert, die Stärke ihres Hungers auf einer 61-Punkte-Skala einzustufen und anzugeben, wie viele belegte Brote und Kuchen nach Abschluß des Experiments bereitgestellt werden sollten.

Einer Hälfte der Vpn wurde für die weitere Mitwirkung ein adäquater Geldbetrag angeboten (geringe Dissonanz). Der anderen Hälfte wurde mitgeteilt, daß leider keine weiteren Geldmittel zur Verfügung ständen (hohe Dissonanz). Wie erwartet, waren die subjektive Hungerstärke und die Menge der gewünschten Speisen in der zweiten Versuchsbedingung wesentlich geringer. BREHM, BACK und BOGDANOFF (1964) konnten nachweisen, daß auch physiologische Variablen in ähnlicher Weise beeinflußt werden.

Ein analoges Experiment bezüglich Durst (BREHM und COHEN, 1962) erbrachte ähnliche Ergebnisse. Auch Verhaltensdaten (getrunkene Wassermenge) zeigten den erwarteten Trend. Erwähnt sei hier ferner die Untersuchung von ZIMBARDO, COHEN, WEISENBERG, DWORKIN und FIRESTONE (1966), die die beschriebenen Dissonanzeffekte auch hinsichtlich Schmerz zeigte.

5.42 Gefühlstheorien

5.421 Die Gefühlstheorie von SCHACHTER

Es ist sicher jedem Leser aus der Selbstbeobachtung bekannt, daß (starke) Gefühle von gewissen Prozessen im Viszeralbereich begleitet sind. Herzklopfen, Zunahme der Atemfrequenz, ein »bestimmtes Gefühl im Magen« usw. treten auf. Ferner kann es zu Erröten und Schweißausbruch kommen. Auch Vorgänge in der Skelettmuskulatur spielen eine Rolle: Der Spannungsgrad der Muskulatur ist erhöht, manchmal beginnt man zu zittern. Die genannten Prozesse werden vom vegetativen Nervensystem gesteuert, sind willkürlich kaum oder nur schwer beeinflußbar und haben also reflexhaften Charakter.

Die ältesten systematischen Gefühlstheorien (JAMES, 1884; LANGE, 1885) setzten diese physiologischen Prozesse mit den Gefühlen gleich. Genauer: Sie betrachteten die genannten Prozesse im Viszeralbereich als (hinreichende) Ursachen für das Erleben von Gefühlen. Überspitzt formuliert: man weint nicht, weil man traurig ist, sondern ist traurig, weil man weint. Die Theorien von JAMES und LANGE wurden später von CANNON (1927) aus verschiedenen Gründen heftig kritisiert.

Im vorliegenden Zusammenhang ist folgendes Argument besonders wichtig: Bei ganz verschiedenartig erlebten Gefühlen (wie etwa Zorn und Angst) treten weitgehend identische somatische Prozesse auf. Eine allgemeine viszerale Aktivierung ist für alle Gefühle typisch. Nach neueren Auffassungen (LINDSLEY, 1951) tritt bei Emotionen nicht nur eine viszerale Aktivierung auf, sondern überhaupt ein Ansteigen des Aktivierungsniveaus (vgl. Abschnitt 2.331).

Da die Vielfalt erlebter Gefühle sehr groß ist, die entsprechenden Aktivierungsprozesse aber relativ undifferenziert sind, stellen diese keine hinreichende Erklärung der Emotionen dar. Diese Schwierigkeit umgeht die Gefühlstheorie von SCHACHTER (1964), die man als Zweikomponententheorie der Gefühle bezeichnen könnte.

Nach SCHACHTER determiniert der Aktivierungsgrad ausschließlich die *Intensität* einer Emotion. Die *Qualität* des Gefühls hängt von kognitiven Prozessen ab. Die Wahrnehmung und Interpretation der momentanen Situation (insbesondere sozialer Reize) bestimmt die Art des erlebten Gefühls.

Es kann also derselbe Aktivierungszustand beispielsweise als Zorn oder Freude interpretiert werden, je nachdem, ob man sich in einer ärgerlichen oder erfreulichen Situation befindet (d. h. je nachdem, ob man gelernt hat, eine Situation bestimmter Art als «ärgerlich» oder «erfreulich» zu bezeichnen). Die Stärke des erlebten Zorns bzw. der erlebten Freude hängt vom Aktivierungsgrad ab. So kann etwa ein und dieselbe Situation sehr viel oder sehr wenig Freude hervorrufen (in Abhängigkeit vom gleichzeitigen Aktiviertheitsgrad).

Allgemeine und viszerale Aktivierung sind jedoch in der SCHACHTERschen Theorie bloß eine notwendige, aber keine hinreichende Bedingung für das Erleben einer Emotion. Hier wird eine interessante attributionstheoretische Hypothese eingeführt: Ein Aktivierungszustand wird nicht als Emotion erlebt und interpretiert, wenn die Aktivierung nicht auf kognitiv-situative Faktoren, sondern auf somatische (physiologische) Ursachen zurückgeführt wird (z. B. wenn die erhöhte Aktivierung auf die Einnahme von Medikamenten zurückgeführt werden kann). Nur wenn keine »direkte« Erklärung für die gesteigerte Aktivierung vorliegt, dann wird sie im Zusammenhang mit der Gesamtsituation als Gefühl interpretiert.

Die erste Überprüfung der Theorie erfolgte durch SCHACHTER und SINGER (1962). Der angebliche Zweck des Experiments war die Überprüfung der Wirkung von »Suproxin« auf optische Wahrnehmungsprozesse. Tatsächlich wurde aber nicht »Suproxin«, sondern Adrenalin (eine stark aktivierende Substanz) injiziert, und zwar in verschiedenen Versuchsbedingungen. Bedingung «informiert»: Den Vpn wurde mitgeteilt, daß «Suproxin» gewisse Nebenwirkungen hätte, z. B. Herzklopfen, leichtes Zittern, Erröten und Wärmeempfindung im Gesicht. Versuchsbedingung «nicht informiert»: Keinerlei Hinweise auf die Wirkungen von Adrenalin wurden gegeben. Bedingung «falsch informiert»: Als Nebenwirkungen des «Suproxin» wurden leichte Kopfschmerzen, Juckreiz und Empfindungslosigkeit in den Füßen genannt. Placebobedingung: In dieser Gruppe wurde eine völlig wirkungslose Kochsalzlösung injiziert. Die Vpn dieser Bedingung lieferten Vergleichsdaten über die aktivierende Wirkung der Injektion als solcher und des ganzen Versuchsablaufs (Kontrollgruppe).

Unmittelbar nach der Injektion wurden die Vpn einzeln in einen Warteraum geführt (angeblich, weil es 20 Minuten dauert, bis die Wirkung des «Suproxin» einsetzt). Diese Warteperiode diente zur Manipulation der kognitiven und situativen Faktoren. Eine zweite Vp kam kurz nach der ersten in den Warteraum. In Wahrheit handelte es sich um einen Mitarbeiter des Vl.

Bei einer Hälfte der Vpn (in allen Bedingungen außer «falsch informiert») zeigte sich der Mitarbeiter sehr verärgert über einen Fragebogen, der während der Wartezeit ausgefüllt werden sollte. Er ärgerte sich zunächst lautstark über den indiskreten Inhalt einzelner Fragen (z. B. «mit wie vielen Männern hatte Ihre Mutter außereheliche Beziehungen?»). Schließlich teilte er mit, nicht länger seine Zeit verschwenden zu wollen, warf den Fragebogen auf den Boden und verließ den Raum.

Bei der anderen Hälfte der Vpn zeigte der Mitarbeiter ein geradezu euphorisches Verhalten. Er sagte zuerst, daß er sich an diesem Tag besonders wohl fühle («wie als Kind»), faltete Papierflugzeuge, warf mit Papierkugeln, «ordnete» Mappen auf einem Schreibtisch zu einem Turm, den er dann umwarf usw.

Die Vpn wurden durch ein Einwegfenster beobachtet, um festzustellen, wie weit sie auf das Verhalten des Mitarbeiters eingingen. Außerdem mußten die Vpn (in allen Bedingungen) die Intensität verschiedener Emotionen (u. a. Freude und Ärger) auf 4- bzw. 5-Punkte-Skalen einstufen. Tabelle 56 zeigt die Ergebnisse.

Die Daten der Euphorie-Bedingungen stimmen

Tabelle 56

		Selbsteinschätzung der Gefühlsintensität	Verhaltensindex
Freude	informiert	0,98	
	nicht informiert	1,78	
	falsch informiert	1,90	
	Placebo	1,61	
Ärger	informiert	1,91	−0,18
	nicht informiert	1,39	2,28
	Placebo	1,63	0,79

perfekt mit SCHACHTERS Theorie überein. Sind die Vpn über die Ursachen ihrer Aktivierung informiert, wird diese kaum als Gefühl erlebt. In der Placebobedingung (schwache Aktivierung durch den Versuchsablauf, ohne Adrenalineinfluß) ist die erlebte Freude geringer als in den Bedingungen «nicht informiert» und «falsch informiert». In den Ärgerbedingungen entsprechen die Erlebnisdaten allerdings nicht der Theorie. Die Verhaltensdaten andererseits (die Vp stimmt den verärgerten Bemerkungen des Mitarbeiters zu oder widerspricht ihm) zeigen das erwartete Bild. Zustimmende Äußerungen sind in der Placebobedingung seltener als in der Bedingung «nicht informiert». Informierte Vpn widersprechen eher dem Mitarbeiter oder versuchen, ihn zu beschwichtigen. Vor allem aber zeigen die Ergebnisse, daß dasselbe Aktivierungsmuster (alle Adrenalinbedingungen) in Abhängigkeit von der sozialen Reizsituation ganz verschieden erlebt bzw. bezeichnet wird.

In einem weiteren Experiment (SCHACHTER und WHEELER, 1962) wurde der Aktiviertheitsgrad in einer Bedingung erhöht (Adrenalin), in einer weiteren kaum beeinflußt (Placebo) und in einer dritten gesenkt (Chlorpromazin). Die Vpn sahen dann einen heiteren Kurzfilm in Slapstickmanier. Während des Films wurde beobachtet, wie häufig und intensiv sie lachten. Anschließend mußten sie angeben, wie lustig der Film war. Die Adrenalingruppe fand den Film lustiger als die Placebogruppe, diese wiederum fand ihn amüsanter als die Chlorpromazingruppe. Ebenso lachten die Vpn der Chlorpromazingruppe wesentlich weniger als die der Adrenalingruppe.

In eindrucksvoller Weise konnte auch gezeigt werden, daß durch Chlorpromazin desaktivierte Vpn bei einer Prüfung häufiger «schwindelten» als normal aktivierte Vpn einer Kontrollgruppe (SCHACHTER und LATANÉ, 1964). Dieses Ergebnis ist so zu erklären, daß durch die Desaktivierung die Angst vor Bestrafung und eventuelle Selbstbestrafungstendenzen («Gewissen») stark abgeschwächt und damit weitgehend wirkungslos sind.

Es ist anzunehmen, daß unterdurchschnittlich aktivierte Personen über mangelhafte Selbstkontrolle verfügen, weil sie kaum imstande sind, antizipierte Strafen zu fürchten bzw. sich über antizipierte positive Konsequenzen zu freuen. Möglicherweise ist dadurch generell ihre Lernfähigkeit beeinträchtigt. SCHACHTER (1971) vertritt deshalb die Ansicht, daß eine bestimmte Gruppe von Kriminellen (sogenannte Soziopathen, die als gefühllos, brutal und unbelehrbar charakterisiert werden), «Aktivierungsstörungen» aufweist.

5.422 Attribution der Aktivierung

Ein zentraler Gedanke der SCHACHTER-Theorie betrifft die Attribution der Aktivierung. SCHACHTER und SINGER (1962) bestätigten bereits die Hypothese, daß ein hoher Aktiviertheitsgrad nicht als intensive Emotion erlebt wird, wenn er als medikamentös und nicht situativ bedingt aufgefaßt wird. Eine Folgerung aus dieser Hypothese besagt, daß jeder unangenehme Erregungszustand (wie Angst oder Schmerz) als weniger intensiv (und damit weniger unangenehm) erlebt wird, wenn man die Symptome der Aktivierung (Zittern, Herzklopfen usw.) auf gefühlsmäßig neutrale Ursachen zurückführen kann. Analoges gilt natürlich auch für angenehme Erregungen.

NISBETT und SCHACHTER (1966) gaben ihren Vpn, die eine längere Folge elektrischer Schläge erhalten sollten, Placebopillen. In einer Versuchsbedingung (Pillenattribution) wurde mitgeteilt, daß als Nebenwirkung der Pille Herzklopfen, Zittern usw. (also Angstanzeichen) zu erwarten waren. Hier wurde durch die Instruktion eine *Fehlattribution* der Angst- und Aktivierungssymptome hervorgerufen. Die Vpn dieser Bedingung hatten damit die Möglichkeit, im Laufe des Versuchs auftretende Angstsymptome falsch zu interpretieren, nämlich als Wirkung der Pille zu betrachten. Etwas paradox formuliert: Auch wenn sie Angst hatten, konnten sie sich für angstfrei halten. In der zweiten Versuchsbedingung (Schlagattribution) wurden als Nebenwirkungen Kopfschmerzen, Jucken usw. angekündigt. In dieser Bedingung konnten die Vpn später auftretende Angstanzeichen nur auf die elektrischen Schläge zurückführen und mußten diese als Angst vor den schmerzhaften Schlägen interpretieren.

Die Vpn erhielten dann mehrere elektrische Schläge, wobei mit ganz schwachen begonnen und zu immer schmerzhafteren fortgeschritten wurde. Die Vpn mußten angeben, wann die Schläge begannen, schmerzhaft zu sein, und wann die Schmerzintensität so stark wurde, daß

der Versuch beendet werden sollte. Wie erwartet, hatten die Vpn der Fehlattributionsbedingung eine höhere Schmerzschwelle und eine größere Schmerztoleranz als die andere Versuchsgruppe.
Ein weiteres Experiment zur Fehlattribution wurde von ROSS, RODIN und ZIMBARDO (1969) publiziert. Die Vpn konnten abwechselnd an zwei Aufgaben arbeiten. Für die rechtzeitige Fertigstellung der ersten wurde ein Geldbetrag versprochen (Belohnungsaufgabe); durch die rechtzeitige Lösung der anderen konnte ein schmerzhafter elektrischer Schlag vermieden werden (Vermeidungsaufgabe). Während der ganzen Arbeitszeit ertönte ein unangenehmes, lautes Geräusch. Als Zweck des Experiments wurde angegeben, daß die Beeinträchtigung von Lernvorgängen durch Lärm untersucht werden sollte.
Einigen Vpn wurde mitgeteilt, daß Geräusche dieser Intensität Herzklopfen und ähnliches hervorrufen (Fehlattribution). Die Vpn dieser Gruppe arbeiteten im Lauf des Experiments immer weniger an der Vermeidungsaufgabe. Offenbar interpretierten sie die Symptome ihrer Angst vor dem elektrischen Schlag als Wirkung des Geräusches und fühlten sich daher relativ angstfrei. Die Vpn der zweiten Gruppe dagegen, denen u. a. Kopfschmerzen als Geräuschnebenwirkungen angegeben wurden, bevorzugten die Vermeidungsaufgabe.
In mehreren ähnlichen Experimenten wurde die Wirksamkeit von Fehlattributionen nachgewiesen (z. B. DIENSTBIER, 1972; DIENSTBIER und MUNTER, 1971). Besondere Beachtung verdienen jedoch die Versuche von LOFTIS und ROSS (1974a, 1974b).
In einer Serie von drei Experimenten wurde die Wirkung von Fehlattributionen auf Erlernen und Extinktion bedingter Reaktionen untersucht. Während der Lernphase folgte immer ein elektrischer Schlag (unbedingter Reiz) auf einen Lichtreiz (bedingter Reiz). Dadurch wurde eine Angstreaktion auf das Licht konditioniert. Die Stärke der Angst wurde mit Hilfe des schon mehrfach erwähnten psychogalvanischen Reflexes (PGR) gemessen. In der anschließenden Extinktionsphase wurde wiederholt der Lichtreiz allein geboten.
Im ersten Experiment war während der ganzen Extinktionsphase ein lautes Geräusch (sogenanntes weißes Rauschen) zu hören (angeblich sollte der Einfluß von Lärm auf Lernprozesse untersucht werden). Bevor das Geräusch einsetzte, wurde wie im Experiment von ROSS, RODIN und ZIMBARDO einem Teil der Vpn mitgeteilt, daß als Nebenwirkungen des Lärms Herzklopfen, Beschleunigung der Atemfrequenz und Zittern zu erwarten sind (Fehlattribution), siehe Abbildung 128. Den Vpn einer anderen Bedingung wurden Kopfschmerzen und Benommenheit infolge des Lärms angekündigt.

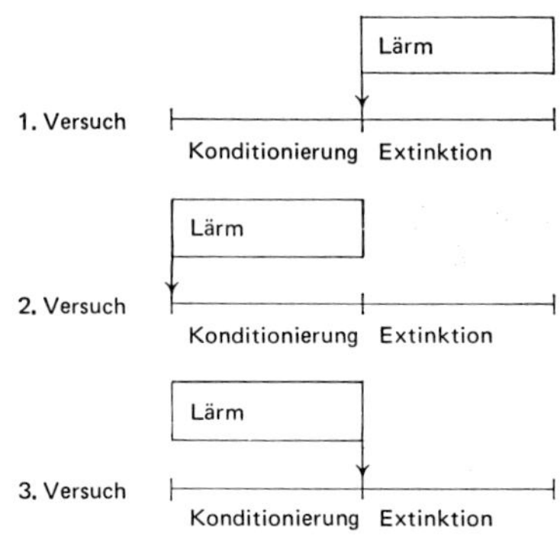

Der Pfeil bezeichnet jeweils den Zeitpunkt der Fehlattribution

Abbildung 128

In der Fehlattributionsbedingung extingierte der PGR wesentlich schneller als bei der Kontrollgruppe (Abbildung 129). Wie in den vorher referierten Experimenten wurden echte Angstsymptome von den Vpn als Lärmeffekte aufgefaßt, wodurch die Extinktion des PGR beschleunigt wurde.
Im zweiten Versuch (siehe Abbildung 128) wur-

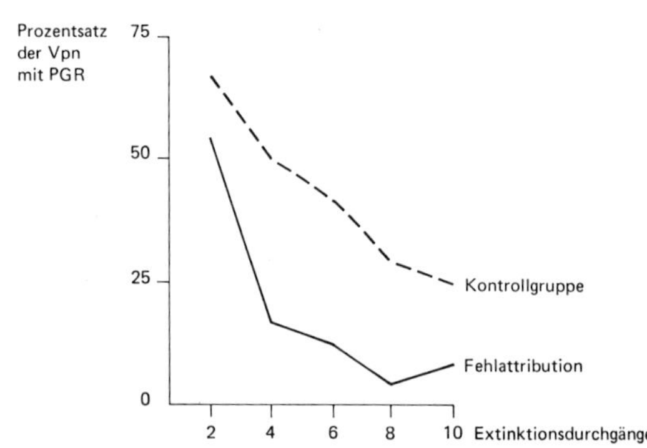

Abbildung 129

den Lärm und Fehlattribution während der Lernphase eingesetzt. Wäre die Fehlattribution wirksam, dann müßte dadurch das Lernen der bedingten Angstreaktion verlangsamt werden (weil die Vpn ihre Angstzeichen in der Lernphase als Lärmeffekte interpretieren). Dieser Effekt trat jedoch nicht ein. Da in der Lernphase (im Gegensatz zur Extinktionsperiode) tatsächlich elektrische Schläge verabreicht wurden, war eine effiziente Fehlattribution vermutlich nicht möglich. Es war zu offensichtlich für die Vpn, daß sie wegen der elektrischen Schläge und nicht wegen des Lärms Herzklopfen hatten.

Erstaunlicherweise war aber auch in diesem Experiment die Fehlattribution in der Extinktionsphase wirksam. Wieder extingierte der PGR bei den Vpn der Fehlattributionsbedingung schneller als bei der Kontrollgruppe. Eine Fehlattribution *während* der Extinktion war nicht möglich, da in der Extinktionsphase keine Geräusche dargeboten wurden. Daraus schlossen die Autoren, daß die Fehlattribution *rückwirkend* stattgefunden hatte. Nach Beendigung der Konditionierungsphase, d.h. nachdem die Vpn nicht mehr elektrischen Schlägen und Geräuschen ausgesetzt waren, konnten sie eher glauben, daß ihre Angstsymptome Lärmeffekte waren als während der Darbietung der elektrischen Schläge.

Um diese Hypothese zu prüfen, wurde ein drittes Experiment durchgeführt, bei dem wieder während der Lernphase Geräusche eingesetzt wurden; die Mitteilung zur Herbeiführung der Fehlattribution erfolgte jedoch erst am Schluß der Lernphase (siehe Abbildung 128). Der Hypothese entsprechend kam es auch hier zu einer schnelleren Extinktion als in einer Kontrollgruppe ohne Fehlattribution. Damit ist nachgewiesen, daß eine *rückwirkende* Fehlattribution möglich und wirksam ist.

5.423 *Wahrnehmung des Aktivierungsgrades*

VALINS (1966) vertritt die Auffassung, daß weniger der Aktivierungsgrad als solcher die erlebte Intensität eines Gefühls determiniert, sondern vielmehr die *Wahrnehmung* des Aktivierungsniveaus. Genauso wie etwa dieselbe objektive Schallintensität nicht immer gleich laut empfunden wird, kann auch derselbe Aktiviertheitsgrad unterschiedlich wahrgenommen werden. Es wäre zum Beispiel möglich, daß ständig übererregte Personen sich an diesen Zustand gewöhnen, ihn mit der Zeit als normal empfinden und dann keine starken Emotionen erleben.

Wenn die Hypothese von VALINS zutrifft, dann müßte die *Fehlwahrnehmung* von Aktivierungszuständen zu Gefühlserlebnissen führen, deren Intensität nicht dem tatsächlichen, sondern dem wahrgenommenen Aktivierungsniveau entspricht. Nicht die Aktivierung selbst, sondern die subjektive Information über die Aktivierung ist entscheidend. Diese Hypothese konnte VALINS (1966) experimentell bestätigen.

Den (männlichen) Vpn wurden Dias von attraktiven nackten Mädchen gezeigt. Gleichzeitig hörten sie über Kopfhörer ihre eigenen Herzrhythmen. In Wahrheit handelte es sich dabei um Tonbänder, die bereits vor dem Experiment bespielt wurden, so daß bei ganz bestimmten Fotos eine Änderung der Pulsfrequenz (Frequenz der Herztöne) auftrat. Anschließend wurden die Vpn aufgefordert, die Attraktivität der einzelnen Fotos zu beurteilen. Der Hypothese entsprechend wurden jene Bilder als besonders attraktiv eingestuft, bei denen eine Änderung der Pulsfrequenz hörbar war.

VALINS und RAY (1967) demonstrierten auch, daß durch eine analoge Vorgangsweise die Angst vor Schlangen drastisch reduziert werden kann. Eine jüngere Untersuchung von GOLDSTEIN, FINK und METTEE (1972) läßt allerdings vermuten, daß bei sehr intensiven und bedrohlichen Emotionen eine künstlich herbeigeführte Fehlwahrnehmung wirkungslos bleibt. Daraus ziehen die Autoren den Schluß, daß nicht nur die Wahrnehmung der Aktivierung, sondern auch der Aktiviertheitsgrad selbst von Bedeutung ist.

Ähnlich wie SCHACHTER (1964) nimmt auch VALINS (1966) an, daß die Wahrnehmung eines erhöhten Aktivierungszustands, für den man keine «plausible» Erklärung hat (wie etwa die Einnahme eines Medikaments oder körperliche Anstrengung), zu einer aktiven Suche nach erklärenden Kognitionen oder Situationsaspekten führt. Der wahrgenommene Erregungszustand wird dann in Übereinstimmung mit den verfügbaren Kognitionen interpretiert und benannt (wie im Experiment von SCHACHTER und SINGER, 1962). Dementsprechend erklärte VALINS (1966) seine Ergebnisse mit Hilfe einer «Selbstüberredungshypothese»: Die Vpn stellen bei einem Teil der projizierten Mädchenfotos – vielleicht sogar erstaunt – fest, daß sich ihr Herzrhythmus deutlich geändert hat. Daraufhin suchen sie nach Stimulusaspekten, die dafür verantwortlich sein könnten, und «entdecken» bzw. überzeugen sich selbst davon, daß es sich in diesen Fällen um besonders attraktive Mädchen handelt.

Die Ergebnisse mehrerer Untersuchungen sprechen für diese Selbstüberredungshypothese. Die Suche nach Kognitionen oder Situationsaspekten, auf die man die erhöhte Erregung zurückführen kann, benötigt eine gewisse Zeit. Daher sollten falsche Herztöne nur dann wirksam sein, wenn genügend Zeit für die Suche nach entsprechenden Reizaspekten vorhanden ist. Diese Vermutung wurde von BAREFOOT und STRAUB (1971) bestätigt. Die gefälschte Erregungsrückmeldung war wirksam, wenn jedes Foto 20 Sekunden lang gezeigt wurde, aber nicht, wenn jedes Foto nur 5 Sekunden lang dargeboten wurde. Eine weitere Bestätigung der Selbstüberredungshypothese ist das Ergebnis von VALINS (1974). Die Vpn hielten auch dann noch an ihren Bewertungen der Fotos fest, nachdem sie über Zweck und Ablauf des Versuchs vollständig aufgeklärt worden waren. Die Selbstüberredung ist ihnen offenbar gründlich und überzeugend gelungen. Eine ausführliche Darstellung der Forschung zum «Valins-Effekt» findet man bei LIEBHART (1978, 1979).

5.424 Erweiterung der Theorie

Nachdem SCHACHTER postuliert und nachgewiesen hatte, daß Gefühle keine eindeutig identifizierbaren und unterscheidbaren Zustände sind, sondern daß ein allgemeiner, undifferenzierter Erregungszustand in Abhängigkeit von der jeweiligen Reizsituation interpretiert wird, stellte er ähnliche Hypothesen über Triebzustände auf. Nun sind zwar die Anzeichen verschiedener Mangelzustände (etwa von Hunger, Schlafmangel und Durst) durchaus unterscheidbar. Jedoch müssen die entsprechenden Zuordnungen gelernt werden und sind keineswegs angeboren. So muß ein Kind erst lernen, daß ein «Leeregefühl» im Magen Hunger bedeutet und durch Nahrungsaufnahme beseitigt werden kann; daß eine trokkene Mundschleimhaut Durst bedeutet usw.

Diese Differenzierungen und Zuordnungen lernt das Kind aufgrund des Verhaltens Erwachsener, insbesondere der Mutter. Wenn das Kind unruhig ist, weil es einen Spannungszustand erlebt, wird die Mutter meistens versuchen, das Kind zu beruhigen. Sie wird vielleicht den Satz «Du hast Hunger» aussprechen und dem Kind zu essen geben. Die Ursachen der Spannungen des Kindes sind jedoch für den Erwachsenen nicht (oder wenigstens nicht immer) eindeutig erkennbar. Die Mutter kann nicht mit Sicherheit wissen, ob das Kind schreit, weil es ängstlich, hungrig oder durstig ist.

Dennoch sind die Interpretationen des kindlichen Verhaltens durch die Eltern oft richtig. Wenn regelmäßige Essenszeiten eingehalten werden und das Kind zur Essenszeit unruhig wird, dann ist die Zurückführung des Unbehagens auf Hunger wahrscheinlich richtig. Auf diese Art kann das Kind lernen, seine Spannungen richtig zu identifizieren. Wenn aber häufige Fehlinterpretationen seitens der Mutter vorkommen (wenn z. B. oft bei Angstzuständen von Hunger gesprochen und Nahrung geboten wird), dann «verwechselt» das Kind seine Erregungszustände.

SCHACHTER vertritt die Hypothese, daß viele fettleibige Personen deshalb zu viel essen, weil sie nicht gelernt haben, Hungerempfindungen zu identifizieren und von anderen Aktivierungsanzeichen zu unterscheiden. Im Extremfall wird jeder Erregungszustand als Hunger bezeichnet und führt zu Nahrungsaufnahme. Eine erste Bestätigung der SCHACHTERschen Hypothese sind die Experimente von STUNKARD (1959, 1964). Mit Hilfe eines in den Magen der Vpn eingeführten Ballons wurden 4 Stunden lang eventuell auftretende Magenkontraktionen festgstellt (Magenkontraktionen sind ein deutlich spürbares Hungersymptom). Jede Viertelstunde wurden die Vpn gefragt, ob sie sich hungrig fühlen oder nicht. Bei den normalgewichtigen Vpn stimmten subjektive Daten (Antworten auf die Fragen über Hungerempfindungen) und physiologische Daten zu 71 Prozent überein. Bei den fettleibigen Vpn traf dies in weniger als 50 Prozent aller Fälle zu.

Aus der allgemeinen Annahme, daß Fettleibige nicht oder nur mangelhaft imstande sind, ihre Hungerempfindungen zu identifizieren bzw. daß sie auch andere Spannungszustände als Hunger bezeichnen, leitete SCHACHTER folgende, experimentell prüfbare Hypothesen ab: Fettleibige essen in angsterregenden Situationen mehr als normalgewichtige Personen. Das Eßverhalten von Fettleibigen wird nicht davon beeinflußt, wieweit ihr Magen gefüllt ist (wieviel Zeit seit der Einnahme der letzten Mahlzeit vergangen ist).

Die Hypothesen wurden von SCHACHTER, GOLDMAN und GORDON (1968) bestätigt. Die Vpn wurden ersucht, die Mahlzeit vor dem Experiment ausfallen zu lassen (angeblich sollten die Wirkungen taktiler Reize auf Geschmacksempfindungen untersucht werden, deshalb durfte vor dem Experiment nichts gegessen werden). Einer Hälfte der Vpn wurden zu Beginn des Versuchs belegte Brote serviert («um einheitliche Vorbedingungen für den Hauptteil des Experiments zu schaffen»), die anderen Vpn füllten nur einen Fragebogen aus. Diese beiden Gruppen wurden weiter unterteilt. Im einen Fall wurde starke Angst erzeugt durch die Mitteilung, daß während der zweiten Hälfte des Geschmackstests schmerzhafte elektrische Schläge verabreicht würden. Den andern Vpn wurden nur ganz schwache, kaum merkliche elektrische Schläge angekündigt.

Es gab also vier Versuchsbedingungen: starke Angst, voller Magen; starke Angst, leerer Magen; geringe Angst, voller Magen; geringe Angst, leerer Magen. Im Anschluß an die Angst- und Hungermanipulation wurde jede Vp an einen Tisch gesetzt, auf dem verschiedene Kekssorten standen. Sie sollten von jeder Sorte essen, so viel sie wollten und dann alle Sorten auf einigen Skalen (salzig, käsig usw.) beurteilen. Zuerst sollten die Kekse ohne elektrische Reizung und anschließend unter dem Einfluß elektrischer Schläge gekostet und beurteilt werden. Tatsächlich war das Experiment nach Essen der Kekse ohne elektrische Schläge beendet, denn es sollte ja bloß festgestellt werden, welche Nahrungsmengen von fettleibigen bzw. normalgewichtigen Personen unter bestimmten Bedingungen verzehrt werden.

Die Ergebnisse fielen erwartungsgemäß aus (Tabelle 57; die Zahlen bedeuten die in jeder Gruppe pro Person im Durchschnitt verzehrten Kekse). Während die fettleibigen Vpn bei starker Angst etwas mehr aßen als bei geringer Angst (sie verwechselten sozusagen Angst mit Hunger), zeigten die normalgewichtigen Vpn unter starker Angst eher eine Eßhemmung. In beiden Angstbedingungen verzehrten die normalgewichtigen Vpn mit leerem Magen mehr als mit vollem Magen. Bei den Fettleibigen zeigte sich hier praktisch kein Unterschied.

Da Fettleibige ihre inneren (vom eigenen Körper produzierten) Reize nur mangelhaft differenzieren und identifizieren können, folgert SCHACHTER weiter, daß ihr Eßverhalten vielmehr von äußeren Reizen gesteuert wird als bei normalgewichtigen Personen. Während normalgewichtige Personen essen, wann sie Hunger verspüren und so viel, bis sie satt sind (also auf innere Stimuli reagieren, sofern es die Umstände ermöglichen), wird das Eßverhalten übergewichtiger Personen viel stärker von der Tageszeit, von Menge und Qualität der angebotenen Nahrung usw. abhängen.

Tabelle 57

	normalgewichtige Vpn	fettleibige Vpn
starke Angst, voller Magen	13,78	19,64
starke Angst, leerer Magen	15,89	19,60
geringe Angst, voller Magen	16,98	17,66
geringe Angst, leerer Magen	28,28	16,34

SCHACHTER und GROSS (1968) zeigten, daß das Eßverhalten Fettleibiger durch eine falsch gestellte Uhr im Versuchsraum viel stärker beeinflußt wird als bei normalgewichtigen Vpn. Ebenso konnte die vorausgesagte größere Beeinflußbarkeit der übergewichtigen Vpn durch Nahrungsquantität und -qualität nachgewiesen werden (NISBETT, 1968a, 1968b).

Die starke Abhängigkeit fettleibiger Personen von externen Reizen beschränkt sich nicht auf Eßverhalten, sondern generalisiert stark auf nicht nahrungsbezogene Verhaltensweisen. Im Vergleich zu normalgewichtigen Personen haben Fettleibige kürzere Reaktionszeiten, sind leichter ablenkbar, schenken auffälligen Reizen mehr Beachtung und lernen diese besser (RODIN und SLOCHOWER, 1974; SCHACHTER und RODIN, 1974).

5.425 Die Theorie der Erregungsübertragung von ZILLMANN

Ein äußerst wichtiger Zusatz zu SCHACHTERS Theorie ist die Hypothese der *Erregungsübertragung* von ZILLMANN (1971, 1978). Viszerale Aktivierung hört nie plötzlich auf, sondern klingt langsam ab. Daher ist es möglich, daß die in einer bestimmten Situation entstandene Aktivierung noch in erheblichem Ausmaß vorhanden ist, wenn die aktivierende Situation längst beendet ist und die erregte Person sich in einer völlig neuen Situation befindet. Die «übertragene» Erregung kann nun in der neuen Situation emotionale (und andere) Prozesse intensivieren, die erst in dieser Situation ausgelöst wurden. Aufgrund der «Resterregung» reagiert man heftiger, als es unter anderen Umständen der Fall wäre.

Es ist in diesem Zusammenhang vollkommen gleichgültig, wodurch die Resterregung ursprünglich entstanden ist (ob durch körperliche Anstrengung, durch Ärger, durch sexuelle Erregung usw.). Und es ist ebenso gleichgültig, um welche Gefühle es sich in der neuen Situation handelt. Erregungsübertragung wurde von ZILLMANN und seinen Mitarbeitern in zahlreichen Untersuchungen nachgewiesen. So wurde u. a. gezeigt, daß durch Resterregung aufgrund körperlicher Anstrengung Ärger und Aggression gesteigert werden können (ZILLMANN und BRYANT, 1974), und ebenso sexuelle Erregung (CANTOR, ZILLMANN und BRYANT, 1975). Die Restaktivierung nach sexueller Erregung kann Aggression (ZILLMANN, 1971), Freude an Musik (CANTOR und ZILLMANN, 1973) und Reaktionen auf Humor (CANTOR, BRYANT und ZILLMANN, 1974) intensivieren.

Die gefühlsintensivierende Wirkung einer Resterregung tritt nach ZILLMANN (1978) allerdings nicht bei jeder Erregungsübertragung auf. Hier spielen wieder attributionstheoretische Überlegungen eine Rolle. Eine Restaktivierung intensiviert nur dann Gefühle (und Verhalten), wenn sie *nicht* auf einen früheren Auslöser zurückgeführt wird.

Wie CANTOR, ZILLMANN und BRYANT (1975) zeigten, war den Vpn unmittelbar nach der ersten aktivierenden Situation (körperliche Anstrengung) bewußt, wodurch die Aktivierung entstanden war (Phase 1). Etwas später war zwar noch immer erhöhte Aktivierung vorhanden, aber die Vpn gaben an, daß sie sich von der Anstrengung bereits erholt hätten (Phase 2). Noch später (Phase 3) war die Erregung tatsächlich abgeklungen. Den Vpn wurden zu allen drei Zeitpunkten erotische Stimuli dargeboten, aber nur in Phase 2 beurteilten sich die Vpn als übermäßig sexuell erregt. Obwohl das Aktivierungsniveau in Phase 1 höher war als in Phase 2 (weil unmittelbar nach der körperlichen Anstrengung noch mehr Resterregung vorhanden war), kam es in Phase 1 zu keiner Gefühlsintensivierung, weil die Vpn ihre Resterregung auf die Anstrengung zurückführten: Die Selbsteinschätzungen der sexuellen Erregtheit war in Phase 1 nicht höher als in Phase 3, in der die erhöhte Erregung bereits abgebaut war.

ZILLMANN (1978) kritisiert SCHACHTERS Gefühlstheorie als einseitig und unvollständig. Unter anderem wirft er SCHACHTER und dessen Nachfolgern vor, daß sie sich ganz auf bestimmte komplizierte Formen emotionalen Verhaltens konzentrieren, und andere, einfachere (und vielleicht häufigere) Formen von Emotionen nicht beachten.

SCHACHTER (1964) postulierte, daß ein Erregungszustand, für den man keine «plausible» Erklärung hat, zu einer Suche nach erklärenden Kognitionen (z. B. Situationsaspekten) führt und daß dann der Erregungszustand aufgrund dieser Kognitionen interpretiert und benannt wird. ZILLMANN vertritt den Standpunkt, daß keineswegs alle Gefühle auf so komplizierte Weise entstehen, sondern daß ein Großteil der Gefühle wesentlich gedankenloser zustande kommt.

ZILLMANN unterscheidet drei Typen von Situationen:

(1) Situationen, die ein bestimmtes motorisches Verhalten auslösen, aber *keine* Erregungsprozesse in Gang setzen («reine» Operanten, die nicht als emotional gefärbt wahrgenommen werden).

(2) Situationen, die ein bestimmtes motorisches Verhalten *und* Erregungsprozesse auslösen (z. B. ein bestimmter Reiz, der durch klassisches Konditionieren ein bedingter Angstauslöser wurde und gleichzeitig motorisches Fluchtverhalten und ängstliche Erregung auslöst). In solchen Situationen wird ein Gefühl erlebt, das aber sofort und eindeutig identifiziert wird.

(3) Situationen, die Erregung auslösen, ohne gleichzeitig ein bestimmtes Verhalten auszulösen. Solche Situationen sind mehrdeutig und/

oder es wurde (noch) kein adäquates Verhalten für die konkrete Situation gelernt. Nur in solchen Situationen, die eine ziellose Erregung bewirken, setzt nach ZILLMANN eine Suche nach erklärenden Kognitionen im Sinn SCHACHTERS ein.

5.426 Die Theorie von WEINER

Die Theorie von WEINER (1985b, 1986) ist nicht nur eine Gefühlstheorie. Sie ist auch eine Theorie des Leistungsverhaltens und der Leistungsmotivation, sowie eine allgemeine Verhaltenstheorie, die auf verschiedene soziale Bereiche (z. B. Hilfeverhalten) anwendbar ist. Da in dieser Theorie bei der Erklärung und Voraussage von Verhalten Gefühle eine zentrale Rolle spielen, und da sie auch Hypothesen über die Ursachen unterschiedlicher Gefühle enthält, ist sie nicht zuletzt auch eine Gefühlstheorie.

Die Theorie ist in Abbildung 130 (leicht vereinfacht) zusammengefaßt. Der allgemeine Ansatz ist gegenüber der ursprünglichen Version (WEINER, 1972, 1974; s. Abschnitte 2.15 und 2.42) unverändert geblieben: Ein Ergebnis (z. B. Erfolg oder Mißerfolg) setzt Attributionsprozesse in Gang. Auf welche Ursache das Ereignis zurückgeführt wird, hängt u. a. von Informationen (z. B. über Konsensus) und vom individuellen Attributionsstil ab. Die wahrgenommene Ursache (genauer: deren Position auf verschiedenen Attributionsdimensionen wie intern/extern) bestimmt weitgehend, welche Gefühle erlebt werden und welche Erwartungen in bezug auf ähnliche zukünftige Situationen entstehen. Die Gefühle und Erwartungen bestimmen schließlich gemeinsam, welches Verhalten auftritt (z. B. Aufsuchen oder Vermeiden einer Leistungssituation), und welche Eigenschaften (Ausdauer, Intensität) das Verhalten hat.

Gegenüber der ursprünglichen Version gibt es einige wesentliche Veränderungen: (1) Nicht alle Ereignisse lösen Attributionen aus. (2) Statt zwei gibt es jetzt drei Attributionsdimensionen. (3) Gefühle spielen eine größere Rolle und werden differenzierter beschrieben und erklärt. (4) Die Theorie wird nicht mehr vorwiegend zur Erklärung von Leistungsverhalten herangezogen, sondern in zunehmendem Ausmaß auch zur Erklärung sozialen Verhaltens. (WEINER bezeichnet «Arbeit und Liebe» als Anwendungsbereich der Theorie.)

Man macht sich nicht bei allen Ereignissen Gedanken über deren Ursachen, sondern vor allem bei unerwarteten, negativen oder wichtigen Ereignissen (vgl. HASTIE, 1984). Die wahrgenommenen Ursachen können auf drei Dimensionen variieren. Zwei davon wurden schon ausführlich erörtert, nämlich intern/extern und stabil/variabel (s. Abschnitt 2.15). Neu hinzugekommen

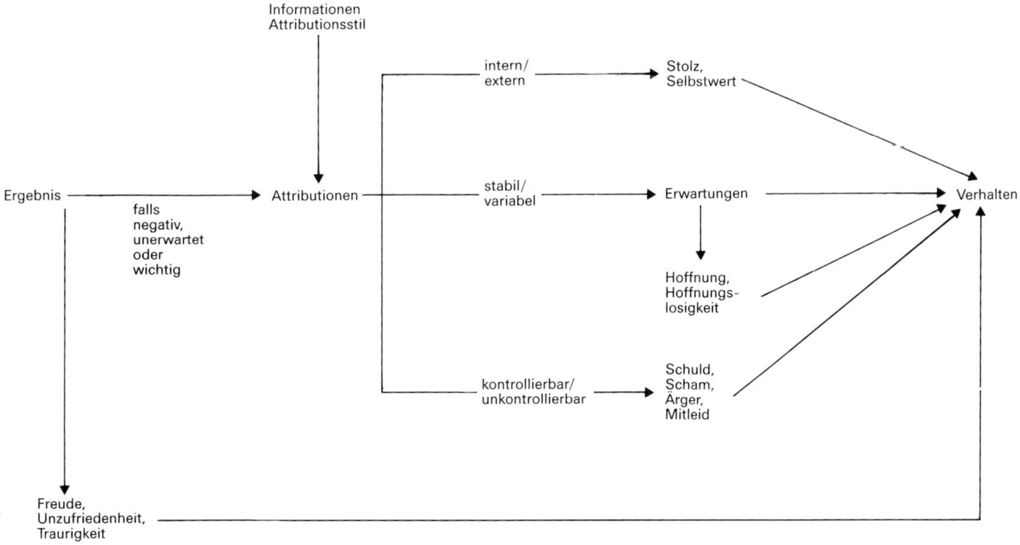

Abbildung 130

ist die Dimension kontrollierbar/unkontrollierbar. Diese Dimension darf nicht mit dem Kontrollbegriff der Hilflosigkeitstheorie verwechselt werden. In der Hilflosigkeitstheorie geht es um die Kontrollierbarkeit von *Ereignissen*. Hier geht es um die Kontrollierbarkeit der *Ursachen von Ereignissen*.

Anstrengung und Fähigkeit beispielsweise unterscheiden sich nicht nur in der Stabilität, sondern auch in der Kontrollierbarkeit. Anstrengung ist kontrollierbar, Fähigkeit nicht (oder bloß in geringerem Ausmaß). Verschiedene interne, variable Ursachen unterscheiden sich in ihrer Kontrollierbarkeit: Anstrengung ist weitgehend kontrollierbar, Stimmungen sind teilweise, Müdigkeit und Krankheit sind fast gar nicht kontrollierbar. Auch für die anderen Quadranten des Vierfelderschemas (intern und stabil, extern und stabil, extern und variabel, s. Abbildung 13) lassen sich mehrere Ursachen von unterschiedlicher Kontrollierbarkeit angeben.

Welches Gefühl durch ein Ereignis ausgelöst wird, hängt von der Qualität des Ereignisses (positiv/negativ) und von der wahrgenommenen Ursache ab. In diesem Zusammenhang sind die Dimensionen intern/extern und kontrollierbar/unkontrollierbar wichtiger als die Dimension stabil/instabil. Die Stabilitätsdimension beeinflußt vor allem (nicht ausschließlich) die Erwartungen: Wird ein Ergebnis auf stabile Ursachen zurückgeführt, treten realistische Erwartungsänderungen auf (die Erfolgserwartung steigt nach Erfolgen und sinkt nach Mißerfolgen). Wird es auf instabile Ursachen zurückgeführt, ändert sich die Erwartung nicht, oder nur geringfügig, oder in unrealistischer Weise.

Die beiden anderen Attributionsdimensionen beeinflussen die Art (Qualität) der erlebten Gefühle. Hier muß noch darauf hingewiesen werden, daß es auch Gefühle gibt, die auf einfachere Weise, ohne Ursachenanalyse entstehen. WEINER unterscheidet ergebnisabhängige und attributionsbezogene Gefühle. Untersuchungen haben gezeigt, daß manche Gefühle ausschließlich von der Ergebnisqualität abhängen (WEINER, RUSSELL und LERMAN, 1978, 1979). Bei einem positiven Ergebnis sind die meisten Menschen *froh* und *glücklich,* unabhängig davon, auf welche Ursachen sie das Ergebnis zurückführen. Ähnlich ist man bei einem negativen Ergebnis auf jeden Fall *unzufrieden, traurig* und «frustriert» – wiederum unabhängig von der wahrgenommenen Ursache.

Es sind aber nur wenige und sehr allgemeine («primitive») Gefühle ausschließlich ergebnisabhängig. Die Mehrzahl der differenzierteren Gefühle ist attributionsbezogen. Die Dimension intern/extern beeinflußt selbstwertbezogene Gefühle wie Stolz und Selbstzufriedenheit. Wenn man ein positives Ergebnis auf interne Ursachen zurückführt, ist man besonders stolz. Umgekehrt wirkt eine interne Ursache für ein negatives Ergebnis selbstwertmindernd.

Noch wichtiger als die Dimension intern/extern dürfte für den Gefühlsbereich die Kontrollierbarkeit sein, und zwar sowohl bei der Selbstwahrnehmung wie bei der Fremdwahrnehmung. Wenn eine Stimulusperson ein negatives Ergebnis verursacht, so kann das *Ärger* oder *Mitleid* auslösen. Wird das negative Ereignis auf eine kontrollierbare Ursache zurückgeführt (z. B. Versagen wegen mangelnder Anstrengung), löst das Ärger aus. Dagegen entsteht eher Mitleid, wenn eine unkontrollierbare Ursache wahrgenommen wird (Versagen wegen mangelnder Fähigkeit). Ähnlich ist man eher geneigt, eine Entschuldigung zu akzeptieren, wenn unkontrollierbare Ursachen angeführt werden («ich konnte nicht kommen, weil mein Auto einen Defekt hatte»). Eine «Entschuldigung» löst Ärger aus, wenn sie kontrollierbare Ursachen nennt («ich bin nicht gekommen, weil ich unbedingt das Buch zu Ende lesen wollte»).

WEINER, GRAHAM und CHANDLER (1982) verwendeten in ihrem Experiment vier negative Ereignisse (eine Schuld nicht zurückzahlen, ein Verbrechen begehen, eine Prüfung nicht bestehen, und eine Vorlesungsmitschrift brauchen). Jedes Ereignis wurde mit acht verschiedenen Ursachen dargeboten (d. h. mit allen möglichen Kombinationen von intern/extern, stabil/variabel und kontrollierbar/unkontrollierbar). Ein Beispiel für extern, stabil und unkontrollierbar ist: Er konnte seine Schulden nicht bezahlen, weil sein Posten durch Computereinsatz unnötig wurde. Bei jeder der 32 Beschreibungen (4 Ereignisse mal 8 Ursachen) mußten die Vpn angeben, in welchem Ausmaß die Situation Ärger bzw. Mitleid hervorruft.

Abbildung 131 zeigt die außerordentlich klaren Ergebnisse. Bei kontrollierbaren Ursachen überwiegt Ärger, bei unkontrollierbaren Ergebnissen

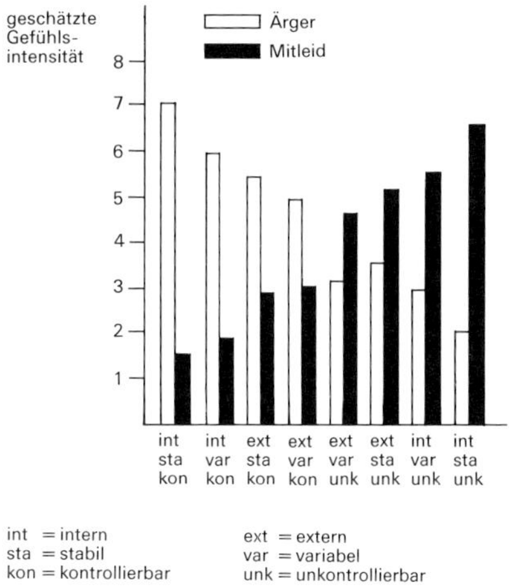

Abbildung 131

überwiegt Mitleid. Sowohl Ärger als auch Mitleid ist am größten, wenn interne und stabile Ursachen vorliegen. Die Kombination kontrollierbar/intern/stabil bewirkt den größten Ärger, die Kombination unkontrollierbar/intern/stabil das meiste Mitleid.

Wenn man selbst ein negatives Ereignis verursacht, empfindet man *Scham* oder *Schuld*. Welches dieser Gefühle vorherrscht, hängt ebenfalls von der Kontrollierbarkeit der Ursache ab. Eigenes Versagen und andere negative Handlungen (z. B. Verweigerung einer Hilfeleistung), die man auf kontrollierbare Ursachen (z. B. mangelnde Anstrengung) zurückführt, verursachen Schuldgefühle. Mißerfolge und negative Handlungen, die man auf unkontrollierbare Ursachen (z. B. mangelnde Fähigkeit) zurückführt, bewirken Beschämung.

Obwohl die Stabilitätsdimension in erster Linie die Erwartungen beeinflußt, hat auch sie mit Gefühlen zu tun. *Hoffnung* und *Hoffnungslosigkeit* entstehen durch hohe bzw. niedrige Erwartungen positiver Ergebnisse, und durch niedrige bzw. hohe Erwartungen negativer Konsequenzen.

5.427 Andere theoretische Standpunkte

Von allen Gefühlstheorien ist die Theorie von SCHACHTER (1964) die bekannteste und einflußreichste in der Sozialpsychologie. Dennoch wurde sie oft und zum Teil heftig kritisiert. Ein Mangel der Theorie besteht darin, daß sie nur ganz global behauptet, jedes Gefühl entsteht durch das Zusammenwirken von Aktivierung und Kognitionen, ohne genauere Angaben darüber zu machen, welche Kognitionen welche Gefühle bewirken. Hier könnte eine Verbindung mit der Theorie von WEINER (1985b, 1986) Abhilfe schaffen, denn diese Theorie bietet genau das, was bei SCHACHTER fehlt: Spezifische Hypothesen über die verschiedenen Kognitionen, die unterschiedliche Gefühle auslösen. (Allerdings vertritt WEINER einen anderen Standpunkt. Er hält Aktivierung nicht für notwendig. Attributionen sind in seiner Theorie hinreichende Ursachen von Gefühlen.)

Einige Kritiker verweisen auf die schwache empirische Basis der Theorie. Mehrere Versuche, die Ergebnisse von SCHACHTER und SINGER (1962) zu replizieren, gelangen höchstens teilweise (ERDMANN und JANKE, 1978; MARSHALL und ZIMBARDO, 1979; MASLACH, 1979). Zum Beispiel legen einige Ergebnisse den Schluß nahe, daß *starke* Aktivierung nicht beliebig interpretierbar ist. Extrem hohe Aktivierung ist meistens unangenehm. Aufgrund solcher Ergebnisse kommt COTTON (1981) zu dem Schluß, daß SCHACHTERS Theorie zwar keineswegs widerlegt, aber nicht sehr gut durch Daten gestützt ist. Ähnlich urteilt REISENZEIN (1983), der zudem die Meinung vertritt, die Rolle der Aktivierung sei in SCHACHTERS Theorie überbetont worden.

Eine wesentlich fundamentalere Kritik stammt von ZAJONC (1980, 1984). Sie richtet sich jedoch nicht nur gegen die Theorie von SCHACHTER, sondern gegen alle Gefühlstheorien, die kognitive Prozesse für notwendige Bedingungen von Gefühlen halten. Nach ZAJONC verhält es sich genau umgekehrt: Gefühle sind unmittelbare Reaktionen auf bestimmte Reize, die nicht durch kognitive Prozesse vermittelt werden. Die kognitiven Prozesse setzen erst *nach* dem Gefühl ein. (Genauer: Sie setzen erst nach Beginn des Gefühls ein. Danach können Gefühle und Kognitionen gleichzeitig vorhanden sein.) Außerdem sind Gefühle und Kognitionen prinzipiell unabhängig voneinander.

Dieser Ansatz stützt sich vor allem auf Untersuchungen zur «bloßen Darbietung» (mere exposure). ZAJONC (1968) zeigte, daß die Häufigkeit der Darbietung eines Reizes dessen Bewertung beeinflußt. Je öfter ein Reiz dargeboten wurde (zwischen 0 und 25mal), desto positiver wurde er anschließend von den Vpn bewertet. Dieser Effekt wurde u. a. mit chinesischen Schriftzeichen, sinnlosen Silben, Wörtern und Photos von Gesichtern gezeigt. Obwohl der Nachweis des «bloßen Darbietungseffekts» oft gelang, gibt es einschränkende Bedingungen (HARRISON, 1977). Der Effekt ist seltener oder schwächer, wenn die Reize sehr einfach sind, und wenn zwischen Reizdarbietung und -bewertung ein sehr kurzes Zeitintervall liegt. Bei einfachen Reizen (z. B. bei einer besonders simplen Melodie) entsteht durch wiederholte Darbietung keine positive Bewertung, sondern Langeweile.

An diesem Darbietungseffekt scheinen tatsächlich keinerlei kognitive Prozesse (außer Erkennen bzw. Wiedererkennen des Reizes) beteiligt zu sein. Dennoch ist es unnötig, einen Gegensatz oder Widerspruch zwischen dem Ansatz von ZAJONC und kognitiven Gefühlstheorien (SCHACHTER, WEINER) zu postulieren. Da beide Arten von Gefühlstheorien durch Daten bestätigt werden, ist es sinnvoller, anzunehmen, daß beide Arten von Gefühlen (kognitiv vermittelte und unmittelbare) vorkommen – was übrigens WEINER (1985b, 1986) durch seine Unterscheidung zwischen ergebnisabhängigen und attributionsbezogenen Gefühlen bereits getan hat. Die erste – unmittelbare und unüberlegte – Reaktion auf ein Ergebnis ist eine Bewertung (gut/froh versus schlecht/unzufrieden). Erst später setzen differenziertere, kognitiv vermittelte Gefühle ein. Die verschiedenen Ansätze beziehen sich auf verschiedene Arten und Teilprozesse von Gefühlen. Bei ZAJONC handelt es sich eher um allgemeine, undifferenzierte Bewertungen, bei WEINER und SCHACHTER um komplexere (und langsamere) Gefühle.

Der scheinbare Widerspruch zwischen ZAJONC und den kognitiven Gefühlstheorien zeigt bloß, daß beide Ansätze unvollständig sind. Eine vollständige Gefühlstheorie müßte alle Arten von Gefühlen erfassen. Ein Ansatz in dieser Richtung stammt von LEVENTHAL (1984). Die Theorie ist jedoch so kompliziert, daß sie hier nur angedeutet werden kann. LEVENTHAL geht davon aus, daß es angeborene emotionale Reiz-Reaktions-Beziehungen gibt. Diese angeborenen Reaktionsmuster sind Beziehungen zwischen einem auslösenden Reiz (z. B. ein plötzlicher Knall), einem Gefühlserlebnis (Angst), mimischem Ausdrucksverhalten (Weinen) und motorischen Reaktionen (Zusammenzucken). Positive und negative Gefühlsreaktionen dieser Art sind bereits beim Neugeborenen vorhanden. Das sind schnelle Gefühle mit einem sehr geringen kognitiven Anteil (Reizwahrnehmung und -kategorisierung).

Etwas später wird das Gefühlsspektrum durch klassisches Konditionieren erweitert (LEVENTHAL spricht von «schematischer Verarbeitung», betont dabei aber explizit die Ähnlichkeit zum klassischen Konditionieren). Die angeborenen (unkonditionierten) Gefühlsreaktionen werden durch Konditionieren auf neue Reize übertragen. Später erfolgt eine weitere Ausdifferenzierung der Gefühle durch kognitive Prozesse (propositionales Wissen über Gefühle, das netzwerkartig gespeichert ist, vgl. den im Abschnitt 3.324 referierten Ansatz von BOWER, 1981). Dadurch entsteht eine größere Anzahl qualitativ verschiedener (und relativ langsamer) Gefühle. Beim Erwachsenen (und auch bei Kindern) bestehen alle drei Arten von Gefühlen (angeborene, konditionierte und kognitiv vermittelte Reaktionen) nebeneinander.

Viel Beachtung fand in letzter Zeit auch ein anderer Ansatz, der von angeborenen Komponenten beim Erleben von Gefühlen ausgeht, nämlich die Hypothese, daß die Qualität erlebter Gefühle vom Gesichtsausdruck bestimmt wird. Die Hypothese wurde in mehreren Untersuchungen bestätigt (z. B. STRACK, MARTIN und STEPPER, 1988). Die Vpn von STRACK et al. mußten während der Betrachtung und Beurteilung humoristischer Zeichnungen ein Schreibgerät entweder mit den Lippen oder mit den Zähnen halten. Im ersten Fall ist es nicht möglich, die Mundwinkel nach oben zu ziehen. Im zweiten Fall werden die Mundwinkel nach oben gezogen. Dementsprechend wurden die Zeichnungen als lustiger beurteilt, wenn die Vpn den Filzstift mit den Zähnen hielten als bei Festhalten mit den Lippen.

Wodurch der Gesichtsausdruck die Gefühlsqualität bestimmt (ob dabei Hautempfindungen, Muskelempfindungen oder Durchblutungsprozesse die entscheidende Rolle spielen), ist noch nicht ganz klar. Hier gibt es verschiedene theoretische Standpunkte (s. ADELMANN und ZAJONC, 1989; TOMKINS, 1984). Unabhängig von den theoretischen Details unterstützen aber solche

Ergebnisse – daß der Gesichtsausdruck die Qualität von Gefühlen bestimmt – die weiter oben referierte These von ZAJONC (1980, 1984): Gefühle können unabhängig von und zeitlich vor kognitiven Prozessen auftreten.
Andere wichtige Themen der Gefühlspsychologie (außer der Entstehung von Gefühlen) sind Gefühlsklassifikationen und die Auswirkungen von Gefühlen. Einige Wirkungen von Gefühlen werden im nächsten Abschnitt behandelt. Hier soll noch die Klassifikation von PLUTCHIK (1980) vorgestellt werden. Vpn mußten die Ähnlichkeit von Gefühlen beurteilen. Aufgrund dieser Ähnlichkeitsurteile wurden die Gefühle in einem zweidimensionalen «Gefühlskreis» (analog zum Farbkreis) angeordnet (s. Abb. 132). Gefühle, die einander gegenüberliegen, sind unvereinbare Gegensätze (und können daher nicht gleichzeitig auftreten). Gefühle, die in der Kreisdarstellung miteinander einen rechten Winkel bilden, sind unabhängig voneinander (weder ähnlich noch unähnlich). Gefühle, die nebeneinander liegen, sind ähnlich. Sie können auch gleichzeitig auftreten. Wenn das der Fall ist, entsteht aus den beiden «Primärgefühlen» ein Mischgefühl, dessen Bezeichnung am Rand des Gefühlskreises angegeben ist. Daß es sich bei den 8 Gefühlen im Kreis um die grundlegenden «Primärgefühle» handelt, wurde von PLUTCHIK evolutionsbiologisch begründet.

5.428 Wirkungen von Gefühlen

Was man aus Alltagserfahrungen schon immer wußte, nämlich, daß unsere Gefühle einen weitreichenden Einfluß auf unser Denken und Handeln haben, ist erst seit wenigen Jahren Gegenstand wissenschaftlicher Forschung. In diesen wenigen Jahren wurde aber bereits eine Fülle von Ergebnissen erzielt (einen Überblick gibt ISEN, 1987). Gefühle können in Experimenten auf verschiedene Weise ausgelöst werden: durch Erfolg oder Mißerfolg, kleine Geschenke, heitere oder unangenehme Filme, Hypnose, usw.
Gefühle und Stimmungen beeinflussen viele Aspekte der Informationsverarbeitung. Durch positive Stimmung wird die Wiedergabe von positiven Inhalten gefördert (FORGAS und BOWER, 1987). Wenn man gut gelaunt ist, erinnert man sich an mehr angenehme Dinge als bei schlechter Laune. Zum Beispiel erinnert man sich in diesem Fall eher an gute als an schlechte Eigenschaften anderer Menschen. Ferner beurteilen frohe Vpn wahrgenommene Handlungen positiver als traurige Vpn (FORGAS, BOWER und KRANTZ, 1984, vgl. Abschnitt 5.253). Auch der eigene Fernsehapparat und das eigene Auto werden von gut gelaunten Vpn positiver bewertet (ISEN, SHALKER, CLARK und KARP, 1978).
Positive Gefühle erleichtern Entscheidungen: Entscheidungen werden in positiver Stimmung schneller getroffen als in neutraler Stimmung, und die Informationsverarbeitung ist sparsamer. Unwichtige Aspekte werden öfter ignoriert und bereits verarbeitete Informationen werden seltener beachtet (ISEN und MEANS, 1983). Positive Gefühle scheinen also eher Handlungs- als Lageorientierung zu begünstigen.
In positiver Stimmung scheint man auch kreativer zu sein. Die Zahl der ungewöhnlichen Assoziationen nimmt zu (ISEN, DAUBMAN und NOWICKI, 1987). Ferner bildet man breitere Kategorien (faßt Objekte zu weniger Gruppen zusammen) und beurteilt periphere Kategoriemitglieder als weniger untypisch (ISEN und DAUBMAN, 1984). Man sieht also mehr Ähnlichkeiten und Gemeinsamkeiten, wenn man gut gelaunt ist, und orientiert sich weniger an Prototypen.
Aber nicht nur Gedächtnis, Denken und Entscheidungen werden von Gefühlen beeinflußt, sondern auch das Verhalten. Es wurde mehrfach nachgewiesen, daß Personen in positiver Stimmung öfter helfen als Menschen in neutraler oder negativer Stimmung (z. B. ISEN, CLARK und SCHWARTZ, 1976). (Allerdings gibt es hier Einschränkungen: Bei positiver Stimmung nimmt die Wahrscheinlichkeit des Helfens nicht zu,

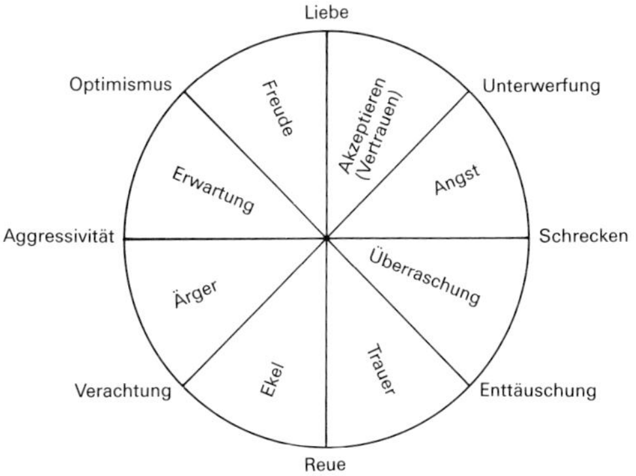

Abbildung 132

wenn das Hilfeverhalten sehr unangenehm ist, so daß durch dieses Verhalten negative Gefühle entstehen können.) Ferner nimmt bei positiver Stimmung die Wahrscheinlichkeit aggressiven Verhaltens ab (BARON und BALL, 1974).

Ein großer Teil dieser Ergebnisse – vor allem die Ergebnisse bezüglich Gedächtnis, Beurteilung und Verhalten – kann durch Zugänglichkeit erklärt werden. In positiver Stimmung sind positiv getönte Gedächtnisinhalte leichter abrufbar (dazu gehören auch positive Verhaltensweisen). Die Ergebnisse hinsichtlich Entscheidungen und Denken sind zur Zeit nicht so leicht zu erklären. Ebenso ist die Asymmetrie zwischen den Wirkungen positiver und negativer Gefühle noch nicht völlig erklärbar (s. ISEN, 1987). Während die Wirkungen positiver Gefühle zuverlässig auftreten, sind die entsprechenden Wirkungen negativer Gefühle (z. B. bessere Wiedergabe negativer Inhalte, wenn man traurig ist) nicht immer nachzuweisen und sind manchmal relativ schwach.

Eine mögliche Erklärung dieser Asymmetrie lautet, daß man (manchmal) versucht, die negative Stimmung zu überwinden. Der automatische Prozeß der größeren Zugänglichkeit negativer Inhalte wird daher von einem kontrollierten Prozeß der aktiven Suche nach positiven Inhalten überlagert. Bei positiven Gefühlen dagegen wünscht man, diese beizubehalten. Sofern in diesem Fall überhaupt kontrollierte Prozesse auftreten, wirken sie in der gleichen Richtung wie die automatischen (CLARK und ISEN, 1982).

Wahrscheinlich beeinflussen Gefühle auch Gefühle. Hier gibt es zumindest korrelative Daten. Die Vpn von DIENER und IRAN-NEJAD (1986, Untersuchung 2) beurteilten während eines Zeitraums von 6 Wochen ihre Gefühle im täglichen Leben (wobei höchstens einmal pro Tag eine solche Einstufung erfolgen sollte). Jede beurteilte emotionale Reaktion mußte auf 9 siebenstufigen Skalen eingeschätzt werden. Davon waren 4 positiv (glücklich, froh, zufrieden, lustig) und 5 negativ (deprimiert, unglücklich, frustriert, verärgert, ängstlich).

Wie die Ergebnisse in Tabelle 58 zeigen, traten positive und negative Gefühle hoher Intensität nie gleichzeitig auf (die Zahlen in Tabelle 58 sind die Häufigkeiten verschiedener Kombinationen von positiven und negativen Gefühlen). Bei niedrigen Intensitäten kamen aber durchaus «gemischte Gefühle» vor. Genauer: Wenn ein Teil der emotionalen Reaktion schwach ist, kann der andere von beliebiger Intensität (stark oder schwach) und beliebiger Valenz (positiv oder negativ) sein. Starke Gefühle dagegen sind immer konsistent.

5.43 Die Selbstwahrnehmungstheorie von BEM

5.431 Die Theorie

Weitverbreitete und allgemein akzeptierte Ansichten besagen, daß man sich selbst genau kennt, daß man sich selbst besser kennt, als andere Menschen dazu imstande sind, daß man über die eigenen Empfindungen, Meinungen, Einstellungen, Gefühle, Wünsche, Absichten genau Bescheid weiß usw. Daß solche Standpunkte keineswegs uneingeschränkte Gültigkeit haben, wurde durch die in den Abschnitten

Tabelle 58

Stärke des negativen Gefühls	Stärke des positiven Gefühls							
	0	1	2	3	4	5	6	Summe
0	1	0	9	43	93	93	57	296
1	4	10	33	58	98	99	51	353
2	27	50	31	25	29	22	12	196
3	55	105	31	21	3	2	2	219
4	77	67	27	12	0	1	0	184
5	71	33	11	4	0	0	0	119
6	39	10	0	0	0	0	0	49
Summe	274	275	142	163	223	217	122	1416

5.421 bis 5.425 referierten Hypothesen und Fakten gezeigt.

Der Zweifel an den genannten Ansichten ist auch der Ausgangspunkt für BEMS Theorie der Selbstwahrnehmung (BEM, 1967, 1972). BEM vertritt die Ansicht, daß zwischen Selbstwahrnehmung und der Wahrnehmung anderer Personen (Fremdwahrnehmung) kein grundlegender Unterschied besteht. Einstellungen, Wünsche usw. sind nicht unmittelbar der Selbstbeobachtung zugänglich, sondern werden aus dem eigenen Verhalten abgeleitet. Genauso wie man andere Personen beobachtet und aus ihrem Verhalten Schlüsse auf ihre Einstellungen, Gefühle usw. zieht, ist es bei der Selbstwahrnehmung.

Allerdings macht BEM folgende wesentliche Einschränkung: Sehr intensive und eindeutige innere Stimuli werden unmittelbar wahrgenommen (müssen nicht aus dem Verhalten gefolgert werden). Starke Schmerzen, besonders intensive Gefühle, extrem positive oder extrem negative Einstellungen usw. kennt man oder «fühlt» man unmittelbar. Für die große Zahl mittlerer, schwacher und mehrdeutiger innerer Zustände und Prozesse gilt jedoch der Hauptsatz der Selbstwahrnehmungstheorie: Solche Prozesse und Zustände werden aus dem eigenen Verhalten abgeleitet.

Wichtige Faktoren sind dabei Verhaltenskonsequenzen und Handlungsfreiheit. Wenn man beobachtet, daß jemand ein bestimmtes Verhalten ausführt (z. B. eine wissenschaftliche Arbeit schreibt oder einem Freund hilft) und dafür nicht entsprechend belohnt wird, so schließt man daraus auf eine positive Einstellung (zur Arbeit oder zum Freund). Wird dasselbe Verhalten ausreichend belohnt, kann man daraus keine eindeutigen Schlüsse ziehen (Arbeit oder Freund könnten gleichgültig oder sogar negativ bewertet sein; das Verhalten wird vielleicht nur wegen der Belohnung durchgeführt).

Ähnlich ist es bei der Selbstbeobachtung. Hat man eine Handlung ohne entsprechende Belohnung oder sogar trotz negativer Konsequenzen durchgeführt, dann schließt man daraus auf eine positive Bewertung der Handlung selbst (auf ihren «inneren Wert») oder des Zielobjekts des Verhaltens.

Außerdem muß Handlungsfreiheit gegeben sein. Eine erzwungene Handlung (etwa eine vom Vorgesetzten verlangte Arbeit) läßt auch bei unzureichenden oder negativen Konsequenzen keine eindeutigen Schlüsse zu. Vielleicht wollte man bloß die negativen Konsequenzen vermeiden, die durch die Unterlassung entstanden wären. Für eine unfreiwillige Handlung gibt es jedenfalls immer *äußere* Gründe (z. B. sozialer Zwang), sie muß nicht durch *innere* Faktoren (z. B. Einstellungen) erklärt werden.

Die Parallelen zur Theorie der Fremdwahrnehmung von JONES und DAVIS (1965) sind offensichtlich (vgl. Abschnitt 5.221). Auch dort sind Wahlfreiheit und unzureichende bzw. negative Verhaltenskonsequenzen Voraussetzungen für eindeutige Schlüsse von beobachteten Verhaltensweisen auf entsprechende innere Beweggründe des Verhaltens. Um so mehr ist es gerechtfertigt, daß BEM eine grundsätzliche Ähnlichkeit zwischen Fremd- und Selbstwahrnehmung postuliert.

BANDLER, MADARAS & BEM (1968) bestätigten experimentell eine aus der Selbstwahrnehmungstheorie abgeleitete Hypothese. Eine unangenehme Situation, in die man sich freiwillig begibt, ist weniger unangenehm als dieselbe Situation, wenn sie einem «aufgedrängt» wird. Anders formuliert: Aus einem freiwilligen Verhalten, das zu negativen Konsequenzen führt, schließt man, daß die Konsequenzen keineswegs extrem unangenehm waren. Aus der aktiven Vermeidung (oder Flucht) andererseits schließt man, daß die Situation besonders unangenehm war.

Den Vpn wurde eine Serie von 30 elektrischen Schlägen angekündigt; jeder einzelne Schlag sollte auf einer «Unannehmlichkeitsskala» beurteilt werden. Vor jeder Vp befanden sich drei Lampen. Laut Instruktion konnte bei Aufleuchten der roten Lampe ein Knopf gedrückt werden, der den aversiven Reiz beseitigte. In dieser Bedingung wurde den Vpn nahegelegt, den Knopf auch zu benützen und damit den elektrischen Schlag abzustellen. Es war ihnen jedoch freigestellt, ob sie das tun wollten oder nicht. «Wenn der Schlag nicht zu unangenehm ist, brauchen Sie nicht den Knopf zu drücken. Es ist Ihre Entscheidung.»

Bei Aufleuchten der grünen Lampe sollte der Knopf nicht verwendet werden. «Wenn der Reiz aber zu unangenehm ist, stellen Sie ihn ab. Es ist wieder Ihre Entscheidung.» Das dritte (gelbe) Licht signalisierte, daß jetzt so schnell wie möglich durch Knopfdrücken reagiert werden sollte.

Die Reaktionszeitbedingung (gelbes Licht) unterschied sich von der Vermeidungsbedingung (rotes Licht) nur dadurch, daß keine subjektive Handlungsfreiheit bestand (bei gelbem Licht *mußte* mit Knopfdruck reagiert werden). In der Vermeidungsbedingung[3] dagegen handelte es sich um eine freiwillige oder halbfreiwillige Beseitigung des aversiven Reizes. Die objektive Reizintensität war in allen Bedingungen gleich. Dennoch wurden erwartungsgemäß die elektrischen Schläge in der Vermeidungsbedingung als wesentlich unangenehmer eingestuft als in den beiden anderen Bedingungen. Weitere einschlägige Experimente werden von BEM (1972) referiert.

5.432 Selbstwahrnehmung und Zugänglichkeit

Später wurde die Selbstwahrnehmungstheorie durch FAZIO (1987) präzisiert. Dabei spielt wieder einmal die Zugänglichkeit von Gedächtnisinhalten die entscheidende Rolle. Bei BEM (1967, 1972) heißt es etwas vage: Wenn die «inneren Reize schwach, mehrdeutig oder nicht interpretierbar» sind, ist man bei der Selbstwahrnehmung in derselben Position wie bei der Fremdwahrnehmung. Aus aktueller Sicht sind die «inneren Reize» Gedächtnisinhalte, die schwer oder leicht abrufbar sein können. Die schlecht zugänglichen Inhalte kann man mit BEMS schwachen Reizen gleichsetzen.

Bei starken Inhalten (z. B. bei starken Einstellungen) ist also kein Selbstwahrnehmungsprozeß (Schlußfolgerungen aus dem eigenen Verhalten und dessen Kontext) notwendig. Sie werden ganz automatisch und mühelos bewußt (vgl. Abschnitt 4.247 über die Theorie von FAZIO, 1986). Nur sehr schwache oder fehlende Inhalte (Pseudoeinstellungen) müssen durch Selbstwahrnehmungsprozesse erschlossen werden.

Wann und warum sollte man aber diese Mühe auf sich nehmen? Die Antwort auf diese Frage – mit der sich BEM nicht auseinandergesetzt hat – lautet: Selbstwahrnehmungsprozesse sind notwendig, wenn man eine Einstellung braucht, aber keine hat. Einstellungen haben u. a. die Funktion, gewisse Vorentscheidungen bezüglich des Verhaltens zu treffen. Wenn man z. B. eine eindeutige (positive oder negative) Einstellung zu Person X hat, dann muß man in verschiedenen Situationen nicht erst lang überlegen, ob man X vermeiden oder mit ihr Kontakt aufnehmen soll. Wenn die Möglichkeit der Interaktion mit einem Einstellungsobjekt besteht, ist es nützlich, eine klare Einstellung zu diesem Objekt zu haben. Eine ambivalente Einstellung dagegen erzeugt innere Konflikte und wirkt lähmend. Im Sinn dieser Hypothese haben WHITE und GERARD (1981) nachgewiesen, daß die Einstellung der Vpn zu einer von ihnen gewählten Alternative (einer von zwei Aufgaben) um so positiver war, je näher der Zeitpunkt der Interaktion mit dem Einstellungsobjekt (Durchführung der Aufgabe) heranrückte.

Eine Einstellung ist auch nützlich, wenn man über das Einstellungsobjekt sprechen oder urteilen soll. FAZIO, LENN und EFFREIN (1984) überprüften die Hypothese, daß Einstellungen (durch Selbstwahrnehmungsprozesse) gebildet werden, wenn noch keine Einstellung vorhanden ist, und die Vp in Kürze über das Einstellungsobjekt sprechen soll (Experiment 1), oder mit dem Einstellungsobjekt interagieren soll (Experiment 2).

Die Einstellungsobjekte waren 5 neuartige Denkaufgaben (zu denen also noch keine Einstellungen vorhanden sein konnten). Die Vpn sollten sich zunächst 15 Minuten lang mit den Aufgaben vertraut machen. Anschließend mußten die Vpn in einer Versuchsbedingung (Einstellungserzeugung) ihre Einstellungen zu den 5 Aufgaben auf Skalen (von −5 bis +5) angeben. Dadurch wurden sie gezwungen, über die Einstellungsobjekte (und ihre Erfahrungen mit diesen) nachzudenken und Einstellungen zu entwickeln.

In den anderen Versuchsbedingungen erhielten die Vpn entweder einen indirekten Hinweis auf die Nützlichkeit einer Einstellung oder sie erhielten keinen solchen Hinweis. In Experiment 1 war dieser Hinweis die Ankündigung, daß ein Psychologe an den Meinungen der Vp über die Aufgaben interessiert sei, und anschließend mit ihr darüber sprechen möchte. In Experiment 2 war es die Ankündigung, daß sich die Vp anschließend 10 Minuten lang mit Aufgaben von einem Typ beschäftigen soll, und daß sie selbst

[3] Genau genommen handelt es sich hier um eine *Fluchtbedingung*, denn der aversive Reiz kann nicht völlig vermieden, sondern erst nach seinem Auftreten beseitigt werden.

entscheiden muß, welcher Aufgabentyp das sein soll.
Kurz danach mußten die Vpn ihre Einstellungen zu den 5 Denkaufgaben und auch zu sogenannten «Füllaufgaben» angeben. Diese Füllitems waren Labyrinthe und Kreuzworträtsel, also bekannte Aufgabentypen, von denen man annehmen konnte, daß die Vpn bereits Einstellungen zu ihnen hatten. Bei dieser abschließenden Einstellungserhebung wurde die bereits in Abschnitt 4.247 beschriebene Reaktionszeitmethode verwendet. Die Vpn mußten Fragen wie «Kreuzworträtsel: interessant?» so schnell wie möglich durch Drücken eines Ja- oder Neinknopfs beantworten. Solche Reaktionen sind um so schneller, je stärker eine Einstellung ist.
Die abhängige Variable in den beiden Experimenten war die Reaktionszeitdifferenz zwischen den Füllaufgaben (mit bereits vorhandenen Einstellungen) und den neuartigen Aufgaben (mit neuen oder keinen Einstellungen). Die von den Ergebnissen bestätigte Voraussage lautete: Durch den Hinweis werden genauso wie durch das Ankreuzen von Einstellungsskalen Selbstwahrnehmungsprozesse mit dem Zweck der Einstellungsbildung angeregt. Ohne Zwang zur Einstellungsbildung (Ratingskalen) und ohne Nutzen der Einstellungsbildung (Hinweis) finden jedoch keine Selbstwahrnehmungsprozesse statt, und es werden keine Einstellungen entwikkelt. Daher sollten in den Bedingungen Einstellungserzeugung (Ratingskalen) und Hinweis die Reaktionszeiten kürzer sein als in der Bedingung ohne Hinweis (weil die Vpn in dieser Bedingung erst jetzt über ihre Einstellungen nachzudenken beginnen).
Wie die Ergebnisse in Tabelle 59 (aus Fazio, 1987) zeigen, waren die Reaktionszeiten sowohl in der Erzeugungsbedingung als auch in der Hinweisbedingung bei den neuen Einstellungen sogar etwas kürzer als bei den alten Einstellungen. Offenbar wurden in beiden Bedingungen mit Hilfe von Selbstwahrnehmungsprozessen gut zugängliche Einstellungen entwickelt. In der Bedingung ohne Hinweis dagegen waren die Reaktionszeiten bei den Denkaufgaben wesentlich länger als bei den alten Einstellungsobjekten.

Tabelle 59

	Experiment 1	Experiment 2
Erzeugung	0,21	0,50
Hinweis	0,64	0,22
kein Hinweis	–1,04	–0,60

Differenz der Reaktionszeiten bei Füllitems und Denkaufgaben. Positive Zahlen bedeuten schnellere Reaktionen bei Denkaufgaben.

Diese Überlegungen und Ergebnisse präzisieren nicht nur die Selbstwahrnehmungstheorie, sondern sie schränken auch ihren Gültigkeitsbereich ein. Selbstwahrnehmungsprozesse finden nur bei schwachen oder fehlenden Einstellungen statt, aber auch in diesen Fällen nur dann, wenn eine entsprechende Motivation vorhanden ist (Nützlichkeit der Einstellung). Durch Selbstwahrnehmungsprozesse können jedoch durchaus starke Einstellungen entstehen (vor allem nach ausführlicher Selbstwahrnehmung). Weitere Einschränkungen der Selbstwahrnehmungstheorie werden im nächsten Abschnitt besprochen.

5.433 Eine Alternative zur Dissonanztheorie?
Entscheidungsfreiheit und unzureichende äußere Rechtfertigung für ein bestimmtes Verhalten sind wichtige Variablen bei der Selbstwahrnehmung. Dieselben Variablen spielen auch eine zentrale und ganz ähnliche Rolle in der Dissonanztheorie (vgl. Abschnitte 1.243, 2.14, 4.46, 5.314 und 5.41). Daher können bisher nur dissonanztheoretisch erfaßbare Phänomene auch mit Hilfe der Selbstwahrnehmungstheorie erklärt werden (Bem, 1967).
Betrachten wir als Beispiel das bekannte Experiment von Festinger und Carlsmith (1959) (vgl. Abschnitt 1.243). In einer Versuchsbedingung sollten die Vpn auf Ersuchen des Vl einem Kollegen eine sehr langweilige Aufgabe als interessant darstellen und wurden dafür mangelhaft belohnt (1 Dollar). In einer zweiten Bedingung sollte das gleiche einstellungsdiskrepante und daher dissonanzerzeugende Verhalten für eine hohe Belohnung (20 Dollar) ausgeführt werden. Anschließend wurden die Einstellungen der Vpn zu der langweiligen Tätigkeit gemessen. Die Vpn der 1-Dollar-Bedingung zeigten eine viel positivere Einstellung als die der 20-Dollar-Bedingung.
Die dissonanztheoretische Erklärung der Ergebnisse ist bekannt: Durch die unzureichende Belohnung entsteht in der 1-Dollar-Bedingung be-

sonders starke Dissonanz. Diese wird durch Einstellungsänderung (Anpassung der Einstellung an das Verhalten) reduziert. In der 20-Dollar-Bedingung entsteht vergleichsweise geringe Dissonanz, weil das einstellungsdiskrepante Verhalten durch äußere Anreize weitgehend gerechtfertigt wurde. Eine so geringe Dissonanz ist nicht sehr unangenehm, daher bleibt die negative Einstellung unverändert.

Die Selbstwahrnehmungstheorie gibt folgende Erklärung: Die Vpn in der 1-Dollar-Bedingung stellen fest, daß sie ein bestimmtes Verhalten ohne massiven äußeren Druck und ohne Aussicht auf eine angemessene Belohnung ausgeführt haben. Daraus schließen sie auf zureichende innere Gründe für dieses Verhalten («ich habe die Aufgabe als interessant angepriesen, weil das meine tatsächliche Meinung ist»). In der 20-Dollar-Bedingung ist der große äußere Anreiz eine hinlängliche Erklärung des eigenen Verhaltens.

Da bei diesem Experiment und in vielen anderen Fällen Dissonanztheorie und Selbstwahrnehmungstheorie zu den selben Voraussagen gelangen, scheint es vorerst Geschmackssache zu sein, welche der beiden Theorien man bevorzugt. Ein Vorzug der Selbstwahrnehmungstheorie besteht darin, daß sie noch einfacher ist als die Dissonanztheorie. Während die Dissonanztheorie motivationsbedingte kognitive Prozesse annimmt, postuliert die Selbstwahrnehmungstheorie nur kognitive Prozesse. Je nachdem, ob man eher zu einem rationalen oder irrationalen Menschenbild neigt, wird man die intervenierenden Prozesse der Selbstwahrnehmungstheorie (Informationsverarbeitung) oder diejenigen der Dissonanztheorie (Rationalisierungen aufgrund eines Spannungszustandes) sympathischer finden.

BEM betrachtete zunächst die Ergebnisse der «Simulationsexperimente» (z. B. BEM, 1967; ALEXANDER und KNIGHT, 1971) als Bestätigung seiner Selbstwahrnehmungstheorie und als erfolgreichen Angriff auf die Dissonanztheorie. Von der zentralen These ausgehend, daß Selbst- und Fremdwahrnehmung grundsätzlich ähnlich funktionieren, nimmt BEM an, daß Beobachter die Einstellungen von Vpn in Dissonanzexperimenten richtig einschätzen. Vpn erhielten kurze Beschreibungen der einzelnen Versuchsbedingungen des oben beschriebenen FESTINGER-CARLSMITH-Experiments und sollten daraufhin die Einstellung der beschriebenen Stimuluspersonen in den verschiedenen Versuchsbedingungen schätzen. Die Ergebnisse dieses Simulationsexperiments stimmten recht gut mit denen von FESTINGER und CARLSMITH überein.

Daß externe Beobachter (die ja selbst keine Dissonanz erleben) die Einstellung von Vpn in Dissonanzexperimenten richtig beurteilen, kann dissonanztheoretisch nicht erklärt werden. Andererseits lassen die Simulationsexperimente nicht unbedingt den Schluß zu, daß auch die beobachteten Vpn selbst keine dissonanzbedingten Spannungen empfinden und diese reduzieren, sondern ausschließlich aus der Beobachtung des eigenen Verhaltens auf ihre Einstellungen schließen.

Simulationsexperimente ermöglichen also nicht die Entscheidung zwischen Dissonanz- und Selbstwahrnehmungstheorie. Erst neuere Untersuchungen – vor allem die Experimente von COOPER, ZANNA und deren Mitarbeitern – konnten hier Klarheit schaffen (s. ZANNA und COOPER, 1976). Der Hauptunterschied zwischen Selbstwahrnehmungstheorie und Dissonanztheorie besteht darin, daß die Selbstwahrnehmungstheorie von «kühler» Informationsverarbeitung spricht, während für die Dissonanztheorie Erregungsprozesse und Erregungsabbau im Mittelpunkt stehen.

ZANNA und COOPER (1974) gingen von folgender Überlegung aus: Wenn einstellungsdiskrepantes Verhalten Dissonanz erzeugt, wenn ferner Dissonanz ein Erregungszustand ist, und wenn schließlich die Einstellungsänderung nach einem einstellungsdiskrepanten Verhalten der Reduktion dieser Erregung dient, dann müßte durch die *Fehlattribution* der dissonanzbedingten Aktivierung an eine externe Ursache die Einstellungsänderung überflüssig werden. Wenn andererseits die Einstellungsänderung bloß auf Informationsverarbeitung zurückgeht, dann wäre der Versuch einer Fehlattribution gegenstands- und wirkungslos.

Die Vpn von ZANNA und COOPER (1974) erhielten Placebo-Kapseln, bevor sie einen einstellungsdiskrepanten Aufsatz schreiben sollten. Die Kapseln wurden unter dem Vorwand verteilt, daß sie für ein anschließendes Experiment notwendig wären (in dem sich Wirkungen des Medikaments auf das Kurzzeitgedächtnis zeigen sollten). Da es angeblich etwa eine halbe Stunde dauert, bis das Medikament voll wirksam ist, wurden die Vpn ersucht, in der Zwischenzeit an einem Experiment über Einstellungen teilzunehmen. Einer Gruppe von Vpn wurde mitgeteilt, daß die Kapseln als Nebenwirkung Spannungszustände hervorrufen. Bei einer zweiten Gruppe wurden keinerlei Nebenwirkungen erwähnt, und der dritten Gruppe teilte man mit, daß das Medikament entspannt.

Nachdem die Vpn den einstellungsdiskrepanten Aufsatz geschrieben hatten (Argumente gegen uneingeschränkte Redefreiheit an der Universität), zeigten sich bei der zweiten Gruppe («keine Nebenwirkungen») Einstellungsänderungen im üblichen Ausmaß und in Richtung der im Aufsatz befürworteten Position. Bei der ersten Gruppe (Fehlattribution der dissonanzbedingten Erregung an die Kapsel) traten praktisch keine Einstellungsänderungen auf, und bei der dritten Gruppe («entspannendes Medikament») waren die Einstellungsänderungen wesentlich größer als in der zweiten Gruppe. Da das Medikament angeblich eine entspannende Wirkung hatte, wurde die vorhandene Dissonanz vermutlich als besonders stark wahrgenommen.

Ähnlich zeigten Drachman und Worchel (1976), daß durch die Fehlattribution der Dissonanz an aufregende Bilder die Dissonanzeffekte reduziert werden können. Während die Vpn einen einstellungsdiskrepanten Aufsatz schrieben, befanden sich an der Wand vor ihnen Fotos von nackten Mädchen (Bedingung positiv-erregend), von Unfallopfern, Operationen usw. (Bedingung negativ-erregend), oder von Wohnräumen (Bedingung nicht erregend). Die resultierenden Einstellungsänderungen waren in beiden Erregungsbedingungen geringer als in der neutralen Bedingung.

Es ist allerdings umstritten, ob jede Quelle von Erregung geeignet ist, eine Fehlattribution der Dissonanz zu ermöglichen. Higgins, Rhodewalt und Zanna (1979) behaupten aufgrund ihrer Ergebnisse, daß weniger die Erregung als solche, sondern vielmehr die *aversive* Qualität der dissonanzbedingten Spannung die Motivation zur Dissonanzreduktion ist und daß daher nur solche Reize eine Fehlattribution der Dissonanz erlauben, die eine unangenehme Aktivierung bewirken.

In den soeben referierten Experimenten wurde nachgewiesen, daß Dissonanz ein Zustand erhöhter Aktivierung ist. Wäre das nicht der Fall, hätte eine Fehlattribution keinerlei Wirkung haben können. Cooper, Zanna und Taves (1978) wiesen außerdem nach, daß erhöhte Aktivierung *eine notwendige Bedingung* für das Auftreten von Dissonanzeffekten ist. (Eine andere notwendige Bedingung ist Entscheidungsfreiheit. In allen in diesem Abschnitt referierten Experimenten traten die berichteten Ergebnisse nur dann auf, wenn die Vpn Wahlfreiheit hatten, das einstellungsdiskrepante Verhalten auszuführen oder nicht auszuführen.)

Im Experiment von Cooper, Zanna und Taves wurde allen Vpn mitgeteilt, daß sie im unmittelbar vorhergehenden Experiment eine Placebopille erhalten hatten. In Wahrheit erhielt jedoch eine Gruppe Phenobarbitol (ein beruhigendes Medikament), die zweite Gruppe tatsächlich Placebopillen, und die dritte Gruppe Amphetamin (ein aktivierendes Medikament), bevor die Vpn den einstellungsdiskrepanten Aufsatz (Argumente für die Straffreiheit von Präsident Nixon) schreiben sollten. Die in Tabelle 60 wiedergegebenen Ergebnisse zeigen deutlich, daß mit zunehmender (medikamentös bewirkter) Aktivierung die Einstellung zu der im Aufsatz vertretenen Position immer positiver wird, und – vor allem – daß der übliche Dissonanzeffekt nicht auftritt, wenn eine erhöhte Aktivierung durch Phenobarbitol verhindert wurde (die Einstellungen in der Bedingung «Phenobarbitol und Entscheidungsfreiheit» unterschieden sich nicht von den Einstellungen in der Phenobarbitolgruppe ohne Entscheidungsfreiheit).

Diese und andere Experimente (s. Zanna und Cooper, 1976) haben gezeigt, daß – in Überein-

Tabelle 60

	Phenobarbitol	Placebo	Amphetamin
Entscheidungsfreiheit	8,6	14,7	20,2
keine Entscheidungsfreiheit	8,0	8,3	13,9

Größere Zahlen bedeuten eine positivere Einstellung zu der im Aufsatz vertretenen Position.

stimmung mit der Dissonanztheorie – einstellungsdiskrepantes Verhalten erhöhte Aktivierung bewirkt und daß die anschließende Einstellungsänderung von dieser erhöhten Aktivierung verursacht wird. Damit ist jedoch noch keineswegs gesagt, daß die Selbstwahrnehmungstheorie generell falsch ist. Im nächsten Abschnitt wird ein wichtiges Anwendungsgebiet der Selbstwahrnehmungstheorie besprochen, nämlich die intrinsische Motivation. Aber sogar in bezug auf einstellungsdiskrepantes Verhalten muß die Selbstwahrnehmungstheorie nicht völlig falsch sein.

Fazio, Zanna und Cooper (1977) wiesen darauf hin, daß der Terminus «einstellungsdiskrepantes Verhalten» bisher nicht exakt definiert wurde. Es blieb der vorwissenschaftlichen Intuition jedes Forschers überlassen, zu entscheiden, welches Verhalten einstellungsdiskrepant ist und welches nicht. Mit Hilfe von Begriffen, die von Sherif und dessen Mitarbeitern eingeführt wurden (z. B. Sherif und Hovland, 1961), schlagen die Autoren eine präzisere Neudefinition vor.

Sherif unterteilte das gesamte Einstellungskontinuum in mehrere Abschnitte (vgl. das in Abbildung 133 dargestellte Beispiel). Für jede Person gibt es (bezüglich eines konkreten Einstellungsobjekts) eine Position auf dem Einstellungskontinuum, die sie am meisten bevorzugt (und die genau ihrer Einstellung entspricht). In der Regel sind jedoch die der bevorzugten Position benachbarten Positionen ebenfalls akzeptabel. Die Gesamtheit der (noch) akzeptablen Positionen nennt Sherif den *Zustimmungsbereich*. Alle Positionen außerhalb davon werden abgelehnt und bilden den *Ablehnungsbereich*.

Fazio et al. (1977) bezeichnen ausschließlich solche Handlungen als einstellungsdiskrepant, die einer Position im Ablehnungsbereich entsprechen. Handelt man dagegen im Sinne einer Position, die im Zustimmungsbereich liegt, dann sprechen die Autoren von einstellungskongruentem Verhalten (auch wenn dieses Verhalten von der am meisten bevorzugten Position abweicht).

Die Autoren ließen ihre Vpn Aufsätze schreiben, in denen bestimmte politische Standpunkte begründet werden sollten (z. B. extremer Liberalismus). Jeder Vp wurde vom Vl nahegelegt, welchen Standpunkt sie befürworten sollte. In keinem Fall handelte es sich um die bevorzugte Position der Vp. Die Hälfte der Vpn sollte eine Position innerhalb ihres Zustimmungsbereichs vertreten, die andere Hälfte eine Position innerhalb des Ablehnungsbereichs. Ferner war für einen Teil der Vpn dadurch die Möglichkeit einer Fehlattribution gegeben, daß sie den Aufsatz in einer sehr engen Versuchskabine schrieben; außerdem wurde noch ihre Aufmerksamkeit auf die Kabine als mögliche Erregungsursache gelenkt, indem sie gefragt wurden, wie entspannt oder nervös sie sich in der Kabine fühlten usw.

Das Hauptergebnis war, daß die Fehlattribution nur bei jenen Vpn wirksam war, die in ihrem Aufsatz eine Position im Ablehnungsbereich befürworteten, nicht aber bei Vpn, die eine Position im Zustimmungsbereich vertraten. Die beengende Kabine reduzierte also nur dann die Annäherung der Einstellung an das Verhalten, wenn es sich um ein einstellungsdiskrepantes Verhalten im Sinn der Neudefinition von Fazio et al. handelte. Mit anderen Worten (und etwas vereinfacht): Ein Verhalten, das von der eigenen Einstellung relativ wenig abweicht, verursacht

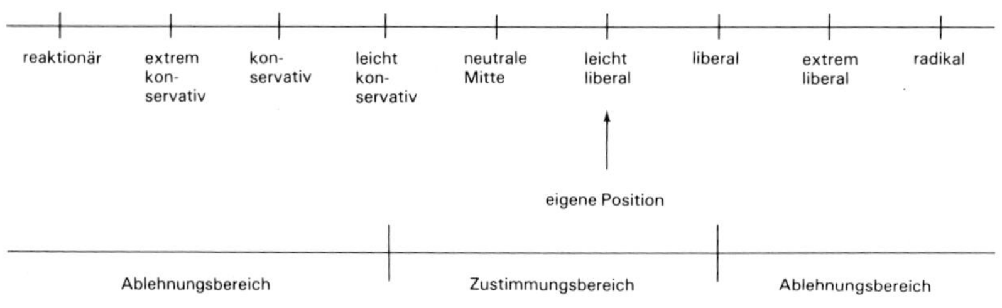

Abbildung 133

keine Aufregung. In diesem Fall erfolgt die Annäherung der Einstellung an das Verhalten auf die von der Selbstwahrnehmungstheorie beschriebenen Weise. Nur wenn die Diskrepanz zwischen Einstellung und Verhalten sehr groß ist, ist die Dissonanztheorie das adäquate Erklärungsmodell.

5.434 Intrinsische Motivation

Starke Argumente zugunsten der Selbstwahrnehmungstheorie stellen die Experimente zur «Überrechtfertigung» (over-justification) dar. Aus der Theorie von BEM – nicht aber aus der Dissonanztheorie – kann man die Hypothese ableiten, daß Verhaltensweisen, die den eigenen Einstellungen entsprechen (also konsonant sind) und außerdem großzügig belohnt werden, die Einstellungen *schwächen*. In diesem Fall kann die Selbstwahrnehmung zu dem Schluß führen, daß die Handlung hauptsächlich durch äußere Anreize motiviert war und daß die entsprechende Einstellung (die innere Ursache) nicht sehr intensiv ist.

KIESLER und SAKUMURA (1966) ließen (unter dem Vorwand einer Untersuchung regionaler Dialekte) ihre Vpn einen einstellungskonsonanten Text verlesen (über Herabsetzung des Mindestalters für Wähler). In einer Versuchsbedingung wurde dafür 1 Dollar geboten, in einer zweiten Bedingung 5 Dollar. Anschließend erfolgte eine Mitteilung, die gegen die Herabsetzung des Mindestalters gerichtet war. Die Vpn der 5-Dollar-Bedingung wurden von diesem Angriff auf ihre Einstellungen stärker beeinflußt als diejenigen der 1-Dollar-Bedingung.

Daß eine «Überrechtfertigung» durch äußere Anreize zu einer Abwertung führen *kann* (nicht muß), zeigen auch die zahlreichen Untersuchungen zur intrinsischen Motivation (vgl. CONDRY, 1977; DECI, 1975; M. ROSS, 1976). Die Unterscheidung zwischen intrinsischer und extrinsischer Motivation entspricht – ähnlich wie KRUGLANSKIS Unterscheidung zwischen endogenen und exogenen Attributionen – dem Unterschied zwischen Zweck und Mittel: Ein Verhalten wird als intrinsisch motiviert bezeichnet, wenn es um seiner selbst willen durchgeführt wird (z. B. weil es angenehm oder interessant ist). Ein Verhalten wird als extrinsisch motiviert bezeichnet, wenn es aus verhaltensexternen Gründen durchgeführt wird (z. B. um Belohnungen zu erhalten oder Bestrafungen zu vermeiden).

Es handelt sich also nicht um objektive, sondern um subjektive Motivationsunterschiede. Es kommt darauf an, ob jemand sein Verhalten vorwiegend auf interne bzw. endogene Ursachen zurückführt (intrinsische Motivation) oder externe bzw. exogene Ursachen (extrinsische Motivation).

Oft wird betont (z. B. von pädagogischer Seite), daß intrinsisch motiviertes Verhalten wünschenswerter ist als extrinsisch motiviertes. Diese Präferenz wird u. a. damit begründet, daß intrinsisch motiviertes Verhalten (per definitionem) angenehmer ist als extrinsisch motiviertes Verhalten. Außerdem wird postuliert, daß intrinsisch motiviertes Verhalten besonders dauerhaft (extinktionsresistent) ist, daß es keiner äußeren Anreize bedarf, sondern Selbstzweck ist.

Die meisten Experimente zur intrinsischen Motivation dienten der Überprüfung der Hypothese, daß intrinsische Motivation durch externe Belohnungen «untergraben» werden kann. In zahlreichen Untersuchungen wurde diese «Untergrabungshypothese» bestätigt (z. B. CALDER und STAW, 1975; DECI, 1971, 1972; KRUGLANSKI, FRIEDMAN und ZEEVI, 1971; LEPPER, GREENE und NISBETT, 1973). In diesen Experimenten wird den Vpn eine Belohnung für die Durchführung von interessanten Verhaltensweisen (wie die Beschäftigung mit Spielen oder Puzzles, Musik hören, zeichnen usw.) angeboten. Anschließend wird das intrinsische Interesse für die Tätigkeit gemessen. Dabei zeigt sich im Vergleich zu einer Kontrollgruppe ohne Belohnung, daß die intrinsische Motivation abgeschwächt wurde. Diese Untergrabung läßt sich meistens sowohl auf der Verhaltensebene nachweisen (die freiwillig und ohne Belohnung mit der entsprechenden Tätigkeit zugebrachte Zeit ist kürzer) als auch auf der Einstellungsebene (Bewertungen und Beurteilungen der Tätigkeit sind weniger positiv). Der Effekt tritt bei Kindern und bei erwachsenen Vpn auf und ist auch nach einigen Wochen noch feststellbar (z. B. LEPPER und GREENE, 1975; M. ROSS, 1975).

Die Erklärung des Effekts im Rahmen der Selbstwahrnehmungstheorie ist einfach. Solange man eine Tätigkeit ohne Zwang und ohne äußere Rechtfertigung (Belohnung) durchführt, «schließt» man daraus, daß man eine positive

Einstellung zu dieser Tätigkeit hat. Sobald jedoch äußere Gründe – etwa in Form von Belohnungen – hinzukommen, ist die Situation weniger eindeutig. Jetzt sind interne *und* externe Ursachen plausibel, und je mehr man das Verhalten auf externe Ursachen zurückführt, desto weniger Gewicht wird internen Ursachen beigemessen. Diese Erklärung ist ein Spezialfall des Abschwächungsprinzips (im Sinn von DECI, 1975): Nur wenn keine externen Ursachen erkennbar sind, wird auf interne Ursachen attribuiert.

Von Gegnern der Lernpsychologie werden diese Ergebnisse manchmal in dem Sinn überinterpretiert, daß durch «mechanische» Belohnungen jedes «echte» Interesse untergraben wird. Folgerungen dieser Art sind auf keinen Fall gerechtfertigt. Viele Untersuchungen wurden der Frage gewidmet, *unter welchen* Bedingungen Belohnungen die intrinsische Motivation untergraben und wann nicht. Das Kovariationsprinzip von KELLEY gibt zusammen mit der Auffälligkeitshypothese eine generelle Antwort auf diese Frage: Ein Verhalten wird auf externe Ursachen zurückgeführt, wenn diese systematisch, deutlich erkennbar und auffällig mit dem Verhalten kovariieren.

Daher haben unerwartete Belohnungen (im Gegensatz zu angekündigten und erwarteten Belohnungen) keine abschwächende Wirkung auf die intrinsische Motivation (LEPPER, GREENE und NISBETT, 1973), denn in diesem Fall kann die Tätigkeit während ihrer Durchführung nicht mit der Belohnung in Zusammenhang gebracht werden. Ferner wird durch einen während der Tätigkeit vorhandenen, deutlich sichtbaren und auffälligen Verstärker die intrinsische Motivation in höherem Ausmaß reduziert als durch einen nicht anwesenden, unauffälligen Verstärker (M. ROSS, 1975).

Wichtig ist auch die Art der Verstärker. DECI zeigte wiederholt (vgl. DECI, 1975), daß verbale Verstärker (wie Lob oder Zustimmung) die intrinsische Motivation sogar fördern können. Lob unterscheidet sich nach DECI dadurch von anderen Verstärkern (wie etwa Geld oder Geschenke), daß es Information über die Begabung enthält. Eine durch Lob verstärkte Vp kann ihr Verhalten auf interne Ursachen (Fähigkeit) zurückführen.

Von entscheidender Bedeutung ist die simple, aber wesentliche Tatsache, daß intrinsische Motivation überhaupt erst *vorhanden* sein muß, damit sie untergraben werden kann. Im Experiment von CALDER und STAW (1975) wurde zwar durch Geld das Interesse an einer intrinsisch motivierten Aufgabe (Bilder-Puzzle) vermindert, aber das Interesse an einer langweiligen Aufgabe (Puzzle aus leeren, weißen Teilen) erhöht (s. Abbildung 134).

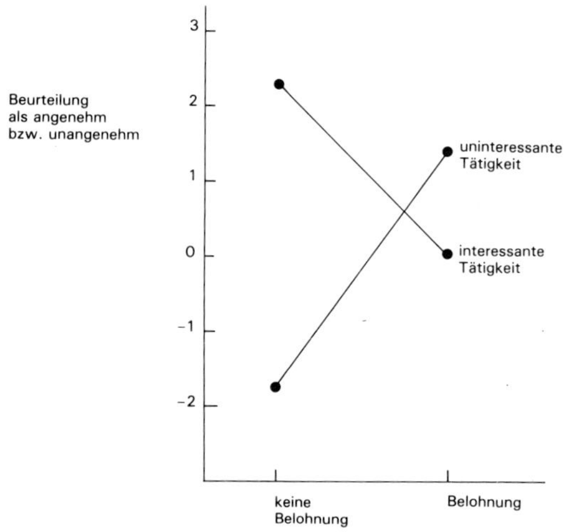

Abbildung 134

Wie in der Forschung zur Dissonanztheorie scheint auch bei der intrinsischen Motivation die Entscheidungsfreiheit eine wichtige Rolle zu spielen. FOLGER, ROSENFIELD und HAYS (1978) variierten sowohl das Ausmaß der Belohnung als auch die Entscheidungsfreiheit der Vpn. Die Tätigkeit war ein Wortspiel mit Buchstabenwürfeln. Es gab vier Versuchsbedingungen. Eine Hälfte der Vpn hatte Entscheidungsfreiheit (es wurde den Vpn explizit freigestellt, ob sie an dem Experiment teilnehmen wollten oder nicht), die andere Hälfte nicht. Jede dieser zwei Gruppen wurde nochmals unterteilt in eine Gruppe mit geringer Belohnung und eine Gruppe mit hoher Belohnung. Nachdem jede Vp 15 Minuten mit dem Wortspiel zugebracht und einen Fragebogen ausgefüllt hatte, war das Experiment angeblich zu Ende. Unter einem Vorwand (der Vl hatte ein Formular vergessen, das er holen mußte) wurden die Vpn im Versuchsraum allein gelassen, wobei sie beobachtet wurden. Die Zeit, die sie nun – ohne Aufforderung und ohne weitere Belohnung – mit dem Wortspiel zubrachten, war ein Maß der intrinsischen Motivation.

In den Bedingungen mit Entscheidungsfreiheit trat der bekannte Untergrabungseffekt auf: Die Vpn, die eine hohe Belohnung erhalten hatten, zeigten weniger Interesse an dem Wortspiel als die Vpn mit der geringen Belohnung (die mit dem Spiel verbrachte Zeit war kürzer). In den Bedingungen ohne Entscheidungsfreiheit waren die Ergebnisse genau umgekehrt: Die größere Belohnung bewirkte mehr Interesse. Die Ergebnisse auf der Einstellungsebene (Fragebogendaten) waren analog. Wenn man gezwungen ist, eine Tätigkeit durchzuführen, wird diese offenbar durch großzügige Verstärkung attraktiver. Bei einer freiwillig durchgeführten interessanten Tätigkeit verhält es sich umgekehrt.

Die Verwendung von Verstärkern ist also keineswegs so gefährlich, wie von Gegnern einer «mechanistischen Lerntheorie» oft behauptet wird. Bei einer langweiligen oder ungeliebten Tätigkeit können Verstärker nur nützlich sein. In diesem Fall steigern sie das Interesse an der Tätigkeit. Ebenso wirken Verstärker positiv, wenn es sich um Tätigkeiten ohne Wahlfreiheit handelt (die durchgeführt werden *müssen*). Schließlich sind noch die Art und die Vorgabe der Verstärker wichtig. Lob wirkt weniger untergrabend als Geld. Außerdem ist es bei einem intrinsisch motivierten Verhalten wahrscheinlich günstig, wenn die Kovariation zwischen Verhalten und Verstärkern nicht sehr deutlich ist. Aus diesem Grund sind variable Verstärkerpläne zu empfehlen.

Aus der revidierten Selbstwahrnehmungstheorie (Fazio, 1987, s. Abschnitt 5.432) läßt sich folgende Hypothese ableiten: Untergrabungseffekte treten vor allem bei schwachen oder inkonsistenten Einstellungen auf. Bei starken Einstellungen und Motiven können sie nur dann erzielt werden, wenn die Einstellung bzw. das Motiv gerade nicht bewußt ist (was aber bei starken Einstellungen nicht die Regel ist). Etliche Ergebnisse unterstützen diese Hypothesen (z. B. Chaiken und Baldwin, 1981; Wood, 1982).

Außer der Selbstwahrnehmungstheorie gibt es noch andere Erklärungen des Untergrabungseffekts. Die kognitive Bewertungstheorie (cognitive evaluation theory) von Deci (1975; Deci und Ryan, 1985) betont wie die Selbstwahrnehmungstheorie die Wichtigkeit der Wahrnehmung innerer Ursachen für intrinsisch motiviertes Verhalten. Darüber hinaus wird aber eine zweite Bedingung angeführt: die Wahrnehmung von Kompetenz (Fähigkeit). Intrinsische Motivation beruht nach Deci auf zwei Komponenten: dem Bedürfnis nach Selbstbestimmung (innere Ursachen), und dem Bedürfnis, sich als fähig wahrzunehmen. Das Bedürfnis nach Selbstbestimmung ist das grundlegendere, weil es auf jeden Fall erfüllt sein muß, damit intrinsisch motiviertes Verhalten entstehen kann. Bei einer erzwungenen Tätigkeit nützt die Wahrnehmung von Kompetenz nichts – die Tätigkeit ist trotzdem extrinsisch motiviert. Verschiedene Einflußfaktoren (z. B. unterschiedliche Arten von Lob und Belohnung) untergraben oder steigern die intrinsische Motivation in dem Maß, in dem sie die Wahrnehmung von Selbstbestimmung und/oder Kompetenz verhindern oder fördern.

Ein ganz anderer Ansatz, der allerdings nicht die Untergrabung intrinsischer Motivation, sondern die Schwächung von Einstellungen durch Überrechtfertigung erklären will, stammt von Crano und Sivacek (1984). Die Autoren nehmen an, daß die (erwartete) Belohnung eines einstellungskonsistenten Verhaltens (z. B. einen einstellungskonsistenten Aufsatz vorlesen) Unsicherheit und Ambivalenz hervorruft (incentive-aroused ambivalence). Einerseits freut man sich über die Belohnung. Andererseits fragt man sich, warum man eine Belohnung erhält («wenn mein Standpunkt vernünftig und allgemein akzeptiert ist, warum werde ich dann für das Verhalten bezahlt?»). Dadurch entsteht eine verminderte Konsensusschätzung (man hält die eigene Einstellung für weniger verbreitet als vor der Belohnung), und als Folge davon Unsicherheit und eine erhöhte Bereitschaft zur Einstellungsänderung. Vorläufig ändert sich die Einstellung aber noch nicht. Wenn jedoch neue Information (z. B. in Form einer Mitteilung) aufgenommen wird, die für eine Einstellungsänderung spricht, dann wird die Einstellung mit großer Wahrscheinlichkeit geändert. Die Ergebnisse von Crano und Sivacek (1984), sowie von Crano, Gorenflo und Shackleford (1988) bestätigen diese Annahmen (einschließlich der verringerten Konsensusschätzung).

5.44 *Unterschiede zwischen Fremd- und Selbstwahrnehmung*

Die von BEM postulierte Ähnlichkeit zwischen Fremd- und Selbstwahrnehmung besteht zweifellos. Dennoch gibt es auch systematische Unterschiede zwischen diesen Prozessen. BEM selbst betont, daß die Selbstwahrnehmung bei intensiven und eindeutigen Reizen sowie bei extremen Einstellungen und Emotionen direkt, also ohne den Umweg über das Verhalten erfolgt.

Darüber hinaus betonen JONES und NISBETT (1971) noch andere Unterschiede. Den Kerngedanken ihrer Argumente bildet die Annahme, daß bei der Beobachtung einer Stimulusperson deren Verhalten als «Figur» vor dem «Hintergrund» der Situation wahrgenommen wird. Das Verhalten ist bei der Fremdwahrnehmung auffallender als situative Faktoren wie diskriminative Reize und Verhaltenskonsequenzen. Bei der Selbstwahrnehmung dagegen sind die genannten situativen Faktoren auffallender als das Verhalten selbst. Das eigene Verhalten wird meistens als situationsangepaßt und zielgerichtet aufgefaßt.

Durch diese unterschiedlichen Aufmerksamkeitsverteilungen entstehen auch verschiedene Attributionen. Das eigene Verhalten wird vorwiegend als situationsbedingt interpretiert (von diskriminativen Reizen abhängig und durch die antizipierten Konsequenzen verursacht). Das Verhalten beobachteter Stimuluspersonen dagegen wird eher auf innere Faktoren (insbesondere auf fixe Persönlichkeitsmerkmale) und weniger auf Situationsfaktoren zurückgeführt.

MCARTHUR (1972) gab den Vpn einige Sätze vor («George übersetzte den Satz falsch», «beim Tanzen stolperte Ralph über Jane's Füße») und fragte nach den vermeintlichen Ursachen der beschriebenen Handlungen. Jede dieser Handlungen kann durch Situationsfaktoren («der Satz ist sehr schwierig»), durch Persönlichkeitsfaktoren («Georg ist ein schlechter Übersetzer») oder auf beide Arten gleichzeitig erklärt werden. Reine Personenattributionen waren wesentlich häufiger als situationsbezogene oder kombinierte Attributionen.

In einer Untersuchung von NISBETT, CAPUTO, LEGANT und MARECEK (1973) wurden Studenten gefragt, warum sie ihr Hauptfach gewählt hatten und warum sie ihre Freundin schätzen. Ferner wurde jede Vp gefragt, aus welchen Gründen der beste Freund sein Hauptfach gewählt hatte und seine Freundin liebt. Erwartungsgemäß wurde das eigene Verhalten in viel höherem Ausmaß auf Situationsfaktoren und weniger auf Persönlichkeitsdispositionen zurückgeführt als das Verhalten des Freundes.

In den genannten Untersuchungen wurde bestätigt, daß Beobachter mehr zu Dispositionsattributionen neigen, während die (beobachteten) handelnden Personen selbst ihr Verhalten eher auf Situationsfaktoren zurückführen. In mehreren nachfolgenden Untersuchungen konnte auch die von JONES und NISBETT vorgeschlagene Erklärung des Phänomens (durch unterschiedliche Aufmerksamkeitsrichtungen) bestätigt werden.

Wenn die Attributionsdivergenzen durch die Richtung der Aufmerksamkeit verursacht werden, dann müssen sie sich dadurch abschwächen oder umkehren lassen, daß man dem Beobachter das Geschehen aus der Perspektive des Handelnden zeigt und umgekehrt. STORMS (1973) zeigte, daß die divergenten Attributionstendenzen umgekehrt werden können, wenn man dem Beobachter eine Filmaufnahme vorspielt, die aus der Perspektive des Handelnden gedreht wurde, und wenn der Handelnde im Film sich selbst aus der Perspektive des Beobachters sieht. Unter diesen Bedingungen attribuiert der Handelnde stärker auf Personenfaktoren als der Beobachter, und der Beobachter stärker auf Situationsfaktoren als der Handelnde. REGAN und TOTTEN (1975) konnten ähnliche Effekte schon dadurch herbeiführen, daß der Beobachter bloß aufgefordert wurde, sich in seiner Vorstellung (durch «Empathie») in die Rolle der handelndenden Stimulusperson zu versetzen.

Attributionsdifferenzen zwischen Beobachtern und handelnden Personen werden jedoch nicht nur durch Aufmerksamkeits- bzw. Auffälligkeitseffekte verursacht, sondern auch durch Motivationseinflüsse. SNYDER, STEPHAN und ROSENFIELD (1976, 1978) sprechen von *selbstgefälligen* Attributionen. Selbstgefälligkeit (egotism) ist die Tendenz, positive Ereignisse (Erfolge) sich selbst zuzuschreiben und die Verantwortlichkeit für negative Ereignisse zu leugnen. Beides dient der Erhaltung oder Steigerung des Selbstwerts.

In Wettbewerbs- und Konkurrenzsituationen führt Selbstgefälligkeit dazu, daß man eigene Erfolge in höherem Maß auf interne Faktoren (z. B. Fähigkeit) zurückführt als Erfolge des Gegners. Die eigenen Mißerfolge führt man dagegen in höherem Maß auf externe Faktoren (z. B. Zufall) zurück als die Mißerfolge des Gegners. Bei Mißerfolgen stimmt die Selbstgefälligkeitshypothese mit JONES und NISBETT (1971) überein: Der Handelnde führt seine eigenen Mißerfolge vorwiegend auf externe Faktoren zurück und die Mißerfolge des Gegners (der beobachteten Person) vorwiegend auf Dispositionsfaktoren. Bei Erfolgen postuliert die Selbstgefälligkeitshypothese – in Übereinstimmung mit experimentellen Ergebnissen (z. B. SNYDER, STEPHAN und ROSENFIELD, 1976; WEARY, 1980) – das umgekehrte Attributionsmuster: Der Handelnde führt seine eigenen Erfolge vorwiegend auf interne Faktoren zurück und die Erfolge des Gegners auf externe Faktoren.

5.45 *Das Selbstbild*

Das Selbstbild (oder *Selbstkonzept*) ist das im Langzeitgedächtnis gespeicherte Wissen eines Menschen über sich selbst. Genauso wie das Wissen über andere Personen enthält auch das Wissen über sich selbst Informationen über das Aussehen, Verhaltensweisen und Ergebnisse (Erfolg, Mißerfolg) in verschiedenen Situationen, Eigenschaften, Einstellungen und Ziele (Motive). Außerdem enthält es Wissen über die sozialen Beziehungen (Freunde, Familie, Kollegen, usw.), Kategoriezugehörigkeit (Geschlecht, Beruf, usw.) und über innere Prozesse wie Gefühle und Stimmungen.

Trotz dieser Ähnlichkeit zwischen Selbstbild und dem Wissen über andere Personen (Fremdbilder) gibt es auch systematische Unterschiede. Erstens ist das Selbstbild wesentlich umfangreicher und detaillierter als die Fremdbilder. Wir wissen viel mehr über uns selbst als über andere Menschen. Zweitens ist das Selbstbild auch wichtiger als die Fremdbilder, weil das Selbstbild weitgehend unsere Informationsverarbeitung und unser Verhalten steuert (s. weiter unten). Außerdem hängt der Selbstwert von den Meinungen ab, die man über sich hat (die im Selbstbild enthalten sind).

Das Selbstbild unterscheidet sich aber nicht nur in Umfang und subjektiver Bedeutung von den Fremdbildern, sondern zum Teil auch im Inhalt. Wir wissen natürlich über die eigenen inneren Prozesse (Gefühle, Einstellungen, Ziele) mehr als über die – außerdem nur erschlossenen – inneren Prozesse anderer Personen. Wir wissen aber nicht nur mehr darüber, sondern das Wissen über die inneren Vorgänge wird als besonders wichtiger Teil des Selbstbildes empfunden. Man hält Wissen über private Gedanken und Gefühle für informativer und typischer als Wissen über Handlungen (S. M. ANDERSON und ROSS, 1984).

Aber auch das Verhalten spielt im Selbstbild eine besondere Rolle, denn das Selbstbild enthält nicht nur das Wissen über einen großen Teil unseres bisherigen Verhaltens, sondern auch Verhaltensanweisungen, d. h. unser Wissen darüber, wie wir uns in verschiedenen Situationen verhalten wollen oder sollen. Dieses Wissen ist nach KIHLSTROM und CANTOR (1984) prozedurales Wissen im Sinn von J. R. ANDERSON (1983, vgl. Abschnitt 3.324). Das Selbstbild enthält also deklaratives Wissen (über Eigenschaften, früheres Verhalten, usw.) und prozedurales Wissen. Wie bereits in Abschnitt 3.324 beschrieben wurde, enthält das prozedurale Gedächtnis sogenannte Produktionen (das sind Produktionsregeln). Jede Produktionsregel besteht aus einer Wenn-Komponente (die ein Ziel und notwendige Voraussetzungen enthält) und einer Dann-Komponente (die Handlungsanweisungen enthält). Ein introvertierter Mensch könnte beispielsweise folgende Produktionsregel in seinem Selbstbild haben:

WENN das Ziel darin besteht, allein zu sein, und ich zu einer größeren Gesellschaft eingeladen werde,

DANN sage ich höflich und unter Verwendung einer glaubwürdigen Ausrede ab.

Die Ziele sind hierarchisch angeordnet. Es gibt allgemeine (übergeordnete) und spezifische (untergeordnete) Ziele. Anstelle einer Zielhierarchie kann man sich auch eine Regelkreishierarchie als verhaltenssteuernde Selbstbildkomponente vorstellen (CARVER und SCHEIER, 1981). Damit ein übergeordnetes Ziel erreicht werden kann, müssen alle untergeordneten Ziele (oder zumindest viele von ihnen) erfüllt werden. Zu den allgemeinsten Zielen gehören das Motiv nach Selbstwerterhaltung oder -steigerung und das Motiv nach Freiheit. Die große Bedeutung des Selbstwerts wird im folgenden Abschnitt 5.46 besprochen. Das Freiheitsmotiv und die Bedeutung der Freiheit von äußerer Kontrolle hat der Leser bereits in mehreren Varianten kennengelernt, z. B. interne versus externe Kontrolle (ROTTER), die hilflos machende Wirkung von Unkontrollierbarkeit (SELIGMAN), die Reaktanztheorie (BREHM), und Selbstbestimmung versus äußere Kontrolle (DECI).

Nicht nur der verhaltenssteuernde Teil, sondern das gesamte Selbstbild ist hierarchisch organisiert. Es besteht – genauso wie Fremdbilder (vgl. Abschnitt 5.252 über Personengedächtnis) – aus sehr allgemeinen Informationen (z. B. dem Selbstwert), aus Informationen von mittlerer Allgemeinheit (z. B. Dispositionen), und aus sehr speziellen Informationen (z. B. einzelne Verhaltensweisen).

Zur Komplexität des Selbstbildes trägt auch der Umstand bei, daß es situationsspezifische Selbstbildvarianten gibt. Zum Beispiel können die Handlungsanweisungen für verschiedene Situationen (etwa im Beruf und in der Familie) recht unterschiedlich sein. Das gilt auch für (vorherrschende) Gefühle und andere Selbstaspekte. Das Selbst am Arbeitsplatz kann sich also in vielfacher Hinsicht vom Selbst in der Familie und vom Selbst in der Freizeit unterscheiden. Deshalb sollte man vielleicht besser von Selbstbildern statt vom Selbstbild sprechen. Auch sind manche Informationen so umfangreich und komplex (z. B. das Wissen über einzelne Merkmale wie etwa Extraversion), daß sie eigene Teil- oder Subschemata bilden. Das Selbstbild besteht also aus zahlreichen Teilschemata und auch in diesem Sinn handelt es sich um mehrere Selbstbilder.

Damit kommen wir zum nächsten Punkt, einem verwandten Thema: Ist das Selbst stabil oder veränderlich? Über diese Frage ist schon sehr viel geschrieben und gestritten worden. Es gibt Argumente und Daten für beide Standpunkte: Einerseits ist das Selbstbild wie alle Schemata stabil und änderungsresistent. Dafür sprechen z. B. die Ergebnisse zur selbstgefälligen Attribution (SNYDER, STEPHAN und ROSENFIELD, 1978). Personen mit positivem Selbstwert führen eigene Erfolge in höherem Maß auf interne Ursachen (vor allem Fähigkeit) zurück als Erfolge des Gegners. Bei eigenen Mißerfolgen spielt der (externe) Zufall eine größere Rolle als bei Mißerfolgen des Gegners. Solche Attributionen stabilisieren den Selbstwert.

SWANN (1983) beschreibt eine Reihe experimentell nachgewiesener Strategien, mit deren Hilfe wir unsere Selbstbilder bestätigen und stabilisieren. Dazu gehören selektive Aufmerksamkeit (wir beachten bevorzugt Informationen, die das Selbstbild bestätigen), selektive Kodierung (wir interpretieren unser Verhalten so, daß es zum Selbstbild paßt), und selektives Erinnern (wir erinnern uns vor allem an Handlungen und Ereignisse, die mit dem Selbstbild übereinstimmen). Außerdem bevorzugen wir Situationen und Personen, von denen wir Selbstbildbestätigungen erwarten.

Andererseits sprechen auch viele Beobachtungen und Ergebnisse für ein sehr variables Selbstbild. Zum Beispiel haben Stimmungen einen starken Einfluß auf Selbstwahrnehmung und Selbstbewertungen. In guter Stimmung beurteilt man das eigene (frühere) Verhalten wesentlich positiver als bei schlechter Laune (FORGAS, BOWER und KRANTZ, 1984). Die momentane soziale Umgebung bestimmt, welche Begriffe man spontan zur Selbstbeschreibung verwendet. Man bevorzugt dabei Begriffsdimensionen (Alter, Geschlecht, verschiedene Dispositionen), auf denen man sich von den anwesenden Personen unterscheidet (MCGUIRE und MCGUIRE, 1988). Auch vom Standpunkt der Selbstdarstellungstheorien (s. Abschnitt 5.467) scheint das Selbst sehr veränderlich zu sein: Man bemüht sich in verschiedenen Situationen, bei Interaktionspartnern einen vorteilhaften Eindruck zu machen, und zeigt daher in verschiedenen Situationen und bei verschiedenen Personen unterschiedliche Merkmale.

Dieser scheinbare Widerspruch zwischen Stabilität und Variabilität des Selbstbildes wird durch den Begriff des Arbeitsselbstbilds (working self-concept) aufgelöst (MARKUS und KUNDA, 1986; MARKUS und WURF, 1987). Dieser Begriff wurde in Analogie zum Begriff des Arbeits- oder Kurzzeitgedächtnisses gebildet (vgl. Abschnitt 3.324), und bezeichnet jenen Teil des Selbstbildes, der gerade aktiviert (im Arbeitsgedächtnis) ist. Welche Selbstaspekte gerade aktiviert sind, hängt von deren chronischer und momentaner Zugänglichkeit ab. Nur die jeweils aktivierten

Selbstbildteile steuern das Verhalten und die Informationsverarbeitung.

Man kann annehmen, daß das gesamte Selbstbild ziemlich stabil und änderungsresistent ist, bzw. daß es sich nur stückweise und in kleinen Schritten ändert (durch Selbstwahrnehmungsprozesse, durch Urteile seitens anderer Personen, usw.). Durch situationsspezifische Primingreize kommen aber wechselnde Teile des Selbstbildes in das Arbeitsgedächtnis, und es werden damit wechselnde Teile des Selbstbildes verhaltenswirksam. Dadurch entsteht der Eindruck des veränderlichen Selbstbildes. Die Variabilität des erlebten und handelnden Selbst ist um so größer, je mehr Inkonsistenzen das Selbstbild enthält (denn damit wächst die Wahrscheinlichkeit, daß abwechselnd gegensätzliche Selbstaspekte aktiviert werden).

Das momentane Arbeitsselbstbild beeinflußt die Informationsverarbeitung und das Verhalten. Die Beziehungen zwischen Selbstbild und Verhalten wurden weiter oben bereits skizziert. Abschließend sollen noch Aspekte der Beziehung zwischen Selbstbild und Informationsverarbeitung beschrieben werden. Eine der ersten Untersuchungen zu diesem Thema wurde von Markus (1977) durchgeführt. Sie unterteilte ihre Vpn nach Persönlichkeitsmerkmalen (z. B. Unabhängigkeit, Kreativität, Geschlecht) in Schematiker (schematics) und Nichtschematiker (aschematics). Jemand ist ein Schematiker bezüglich eines Merkmals, wenn dieses Merkmal zu seinem Selbstbild gehört, d. h. wenn dieses Merkmal (nach seinem eigenen Urteil) für seinen Selbstwert wichtig ist, und wenn es zur Beschreibung seines Selbstbilds notwendig ist – andernfalls ist er ein Nichtschematiker. Ein Schematiker bezüglich eines Merkmals kann den einen oder den anderen Pol des Merkmals repräsentieren. Beispielsweise gehören zum Merkmal Unabhängigkeit sowohl besonders abhängige als auch besonders unabhängige Schematiker.

Markus (1977) stellte etliche Unterschiede zwischen Schematikern und Nichtschematikern fest. So können Schematiker schneller entscheiden, ob ein Begriff (Merkmal) auf sie zutrifft oder nicht. Außerdem können sie mehr Beispiele von Verhaltensweisen nennen, die zu dem Merkmal passen. Ferner ist die Gedächtnisleistung bei merkmalsbezogenen Informationen besser, ihre merkmalsbezogenen Urteile sind sicherer, und sie reagieren konsistenter (Markus und Sentis, 1982).

Eine wichtige Konsequenz der Arbeiten von Markus ist die Erkenntnis, daß man nicht bezüglich aller Merkmale ein Schematiker ist. Manche Merkmale kommen im Selbstbild nicht vor oder spielen nur eine untergeordnete Rolle. Daraus folgt, daß gängige Persönlichkeitstests (die häufig aus selbstbezogenen Fragen bestehen) nicht selten bloß Pseudomerkmale «messen», ähnlich wie durch Einstellungsfragebogen oft nur Pseudoeinstellungen erfaßt werden.

Ein besonders eindrucksvolles und kurioses Beispiel für die Wirkung des Selbstbilds ist der von Nuttin (1985, 1987) entdeckte Namensbuchstabeneffekt (name letter effect). Den Vpn wurden Listen von Buchstabenpaaren dargeboten. Jedes Buchstabenpaar enthielt einen Buchstaben aus dem Vornamen oder Familiennamen der Vp. Die Vp sollte so schnell wie möglich und ohne nachzudenken bei jedem Buchstabenpaar jenen Buchstaben angeben, der ihr besser gefiel. Buchstaben aus dem eigenen Namen wurden überzufällig oft bevorzugt.

In diesem Abschnitt wurde ein Überblick über grundlegende Komponenten und Eigenschaften des Sebstbilds gegeben. Einige weitere – vor allem selbstwertbezogene – Aspekte des Selbstbilds werden in den nächsten Abschnitten detailliert besprochen. Die in den Abschnitten 5.462 bis 5.468 beschriebenen Theorien sind aber keineswegs ausschließlich Selbstwerttheorien. Sie beschreiben auch zahlreiche andere Selbstaspekte. Der Selbstwert spielt aber in allen diesen Theorien eine wichtige Rolle.

5.46 Selbstwert

5.461 Allgemeine Ursachen positiver und negativer Selbstbewertung

Auf balancetheoretischer Grundlage kann man mindestens zwei Hypothesen über die Selbstbewertung aufstellen. Die erste bezieht sich auf die Eigenschaften, die man sich selbst zuschreibt. Glaubt man, die positive Eigenschaft X zu besitzen, führt dies zu einer positiven Selbstbewertung; glaubt man, die negative Eigenschaft Y zu besitzen, führt dies zu einer negativen Selbstbewertung (siehe Abbbildung 135). Wie der Eindruck von anderen Personen besteht auch das Selbstbild in der Regel aus mehreren Eigen-

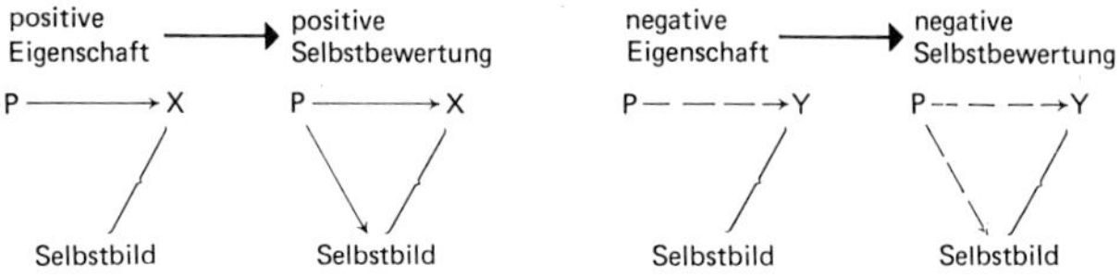

Abbildung 135

schaften, die zum Teil positiv und zum Teil negativ bewertet sind. Die Gesamtbewertung (der Selbstwert) ist dann ein Mittelwert aus den Bewertungen der einzelnen Eigenschaften (vgl. dazu Abschnitt 5.32 über die Kombination von Einzelbewertungen).

Die zweite balancetheoretische Hypothese bezieht sich auf die wahrgenommene Bewertung durch andere Personen. Eine positive Bewertung (eine «Bestätigung» durch eine andere Person) ist meistens angenehm. Aber nicht jede positive Beurteilung der eigenen Person führt zu einem gesteigerten Selbstgefühl. Nur ein positives Urteil seitens einer Person, die man selbst schätzt, verursacht eine positive Selbstbewertung. Andererseits verursacht ein negatives Urteil, das von einer positiv bewerteten Person abgegeben wird, eine negative Selbstbewertung (siehe Abbildung 136).

Im Mittelpunkt von NEWCOMBS Modifikation der Balancetheorie (vgl. Abschnitt 5.312, Abbildung 122) steht der Gedanke, daß eine positive Wertrelation zwischen den beteiligten Personen eine Voraussetzung für die Entstehung von Inkonsistenzen und für Konsistenzstreben in interpersonellen Situationen ist. Daher können Urteile, die von negativ bewerteten Personen abgegeben werden, gleichgültig, ob sie positiv oder negativ sind, kein Konsistenzstreben hervorrufen. Somit können sie auch nicht eine bestimmte Art der Selbstbewertung verursachen. Sie sind also für den Selbstwert irrelevant. Weder ein Kompliment noch eine Beleidigung seitens einer abgelehnten Person beeinflußt die Selbstbewertung. Allerdings ist es im Licht der gegenwärtig verfügbaren Daten zumindest zweifelhaft, ob NEWCOMBS Modifikation der Balancetheorie der ursprünglichen Theorie von HEIDER vorzuziehen ist. Nach HEIDER können auch Urteile seitens einer negativ bewerteten Person den Selbstwert beeinflussen. Ein negatives Urteil von einer solchen Person sollte sich günstig, ein positives Urteil dagegen ungünstig auf die Selbstbewertung auswirken.

Auch hier ist zu berücksichtigen, daß man im allgemeinen nicht von einer, sondern von vielen Personen bewertet wird. Die Bewertungen werden teilweise positiv und teilweise negativ sein. Wieder gilt, daß die daraus resultierende Selbstbewertung durch Mittelwertbildung entsteht.

Im Abschnitt 5.311 wurde lerntheoretisch begründet, daß eine Stimulusperson, die wiederholt im Zusammenhang mit positiven Reizen wahrgenommen wird, deshalb sympathisch ist. Umgekehrt wird eine Stimulusperson, die im Kontext negativer Reize wahrgenommen wird, negativ bewertet.

Diese Überlegungen lassen sich auf die Selbstwahrnehmung übertragen. Wenn man vorwiegend positive Situationen erlebt und zahlreiche Belohnungen erhält, entsteht dadurch ein positives Selbstbild. Befindet man sich ständig in unangenehmen Situationen, so resultiert daraus eine negative Selbstbewertung.

HELMREICH (1972) vertritt ebenfalls den Standpunkt, daß das wiederholte Erleben belastender Situationen den Selbstwert vermindert. Allerdings bietet er dafür eine andere Erklärung an: Gehäuft auftretende Unannehmlichkeiten führen zu der Meinung, daß man allzu viele Situationen

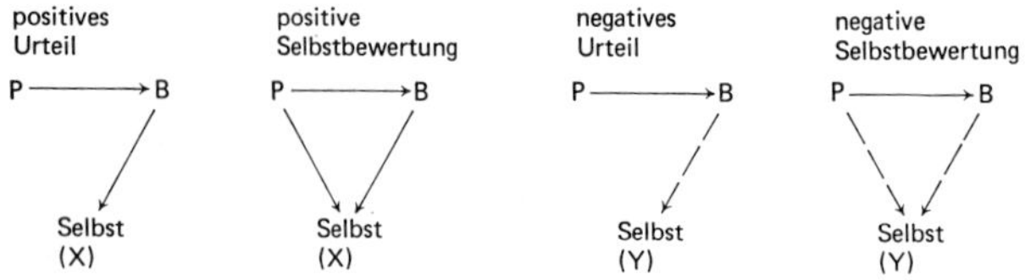

Abbildung 136

nicht bewältigt und daß man in wichtigen Belangen unfähig ist. Diese Erklärung kann als Spezialfall der ersten balancetheoretischen Hypothesen dieses Abschnitts angesehen werden. Man gelangt unter den genannten Umständen zu der Meinung, eine sehr negative Eigenschaft, nämlich «Unfähigkeit» zu besitzen, und es entsteht deshalb eine negative Selbstbewertung.
Im Licht der umfangreichen Forschung über Kontrolle und Hilflosigkeit wird man allerdings der Erklärung HELMREICHS mehr Gewicht beimessen. Die äußerst weitreichenden ungünstigen Auswirkungen der Unkontrollierbarkeit von negativen Situationen lassen vermuten, daß sich wiederholt erlebte Unkontrollierbarkeit negativ auf den Selbstwert auswirkt.
Diese Überlegungen werden auch durch die Ergebnisse von FRANKS und MAROLLA (1976) unterstützt. Die Autoren stellten in einer wichtigen Untersuchung an einer großen Stichprobe fest, daß es zwei voneinander unabhängige Dimensionen des Selbstwerts gibt. FRANKS und MAROLLA bezeichnen diese Dimensionen als inneren und äußeren Selbstwert. Die beiden Dimensionen entsprechen den Faktoren Potenz und Bewertung im semantischen Differential von OSGOOD (vgl. Abschnitt 3.317). Der äußere Selbstwert hängt nach FRANKS und MAROLLA davon ab, wie man von anderen Personen beurteilt wird, wieviel Zuwendung man erhält usw. Der innere Selbstwert hängt davon ab, wieviel Kontrolle man über seine Umwelt auszuüben imstande ist, das heißt, in welchem Ausmaß man seine Wünsche verwirklichen und nach seinen Überzeugungen leben kann. Nach FRANKS und MAROLLA sind beide Dimensionen des Selbstwerts für die psychische Gesundheit wichtig, doch ist der innere Selbstwert in diesem Zusammenhang wichtiger.
Die Ausführungen in diesem Abschnitt bezogen sich bisher primär auf den relativ konstanten chronischen Selbstwert. Dieser kann jedoch – wie jede Einstellung – kurzzeitigen und vorübergehenden Schwankungen unterliegen. Einzelne Erfolge oder Mißerfolge können den Selbstwert kurzzeitig anheben oder senken. Solche Schwankungen sind allerdings bei Personen mit einem extrem ausgeprägten (stark positiven oder negativen) Selbstwert weniger wahrscheinlich als bei Personen mit einer mittleren oder ambivalenten Selbstbewertung. Das liegt u. a. daran, daß Personen mit extremer Selbstbewertung entsprechende «Attributionsstile» haben (ICKES und LAYDEN, 1978). Personen mit sehr hohem Selbstwert attribuieren Erfolge intern und Mißerfolge extern. Dadurch kann ein Mißerfolg (für den man nicht verantwortlich ist) kaum den Selbstwert beeinträchtigen. Personen mit sehr negativem Selbstwert neigen dazu, Erfolge extern zu attribuieren. Ein «zufälliger» Erfolg wird aber kaum den Selbstwert erhöhen.

5.462 Die Theorie der objektiven Selbstaufmerksamkeit

Kurzzeitige Selbstwertschwankungen können auch bloß dadurch entstehen, daß man über sich selbst nachdenkt. Die Theorie der objektiven Selbstaufmerksamkeit von DUVAL und WICKLUND (1972; WICKLUND, 1975) geht davon aus, daß die Aufmerksamkeit entweder nach außen, auf die Umwelt, oder nach innen, auf sich selbst, gerichtet sein kann. Im zweiten Fall befindet man sich im Zustand der «objektiven Selbstaufmerksamkeit». Der etwas mißverständliche Ausdruck bedeutet also nicht, daß man in objektiver Weise die Aufmerksamkeit auf sich selbst richtet, sondern daß man selbst Gegenstand (Objekt) der Aufmerksamkeit ist.
Dieser Zustand hat bestimmte Folgen. Eine zentrale Hypothese der Theorie besagt, daß durch die Ausrichtung der Aufmerksamkeit auf die eigene Person Diskrepanzen zwischen dem Selbstideal (Anspruchsniveau in verschiedenen Bereichen) und dem realistischen Selbstbild besonders auffällig werden. Da diese Diskrepanzen meistens negativ sind – man setzt sein Anspruchsniveau (die Erwartungen, die man an sich selbst stellt) in der Regel etwas höher an, als die zuletzt erreichten positiven Ergebnisse waren – führt die Wahrnehmung dieser Diskrepanzen zu unangenehmen Emotionen und zu einer Verminderung des Selbstwerts.
Experimentell wird objektive Selbstaufmerksamkeit herbeigeführt, indem die Vpn Reizen ausgesetzt werden, die die Aufmerksamkeit auf die eigene Person lenken. Solche Reize sind Spiegel, eine auf die Vp gerichtete Kamera, eine Tonbandaufnahme der eigenen Stimme usw. Vpn, die solchen Reizen ausgesetzt waren, beurteilten sich negativer (im Sinn größerer Diskrepanzen zwischen Selbstideal und realistischer Selbsteinschätzung) als Vpn unter neutralen Be-

dingungen (Ickes, Wicklund und Ferris, 1973).

Objektive Selbstaufmerksamkeit muß aber nicht immer zu einer verschlechterten Selbstbeurteilung führen. Die Theorie postuliert, daß objektive Selbstaufmerksamkeit Diskrepanzen jeder Art zwischen Selbstideal und Wirklichkeit hervorhebt. Wenn eine positive Diskrepanz vorliegt, entstehen positive Emotionen und eine positive Selbstbewertung. Eine positive Diskrepanz kann z. B. nach einem besonders eindrucksvollen Erfolg entstehen, der die eigenen Erwartungen und Ansprüche übertroffen hat.

In einem Experiment von Ickes et al. (1973) wurde den Vpn durch eine extrem positive Rückmeldung des Vl ein starkes Erfolgserlebnis vermittelt. Nach diesem Erfolgserlebnis beurteilten sich die Vpn in der Spiegel-Bedingung positiver als die Vpn ohne Spiegel.

Die Theorie befaßt sich jedoch nicht nur mit Selbstwertänderungen. Wichtige (und experimentell bestätigte) Hypothesen der Theorie lauten, daß man im Zustand der objektiven Selbstaufmerksamkeit versucht, Diskrepanzen zwischen Anspruch und Wirklichkeit zu reduzieren (z. B. durch Anpassung des Verhaltens an die eigenen Einstellungen und Normen), und daß man versucht, Reize zu vermeiden, die zu selbstzentrierter Aufmerksamkeit führen, oder sich (z. B. durch Rauchen) abzulenken.

Ein besonders eindrucksvolles Beispiel der Diskrepanzreduktion bzw. -vermeidung im Zustand erhöhter Selbstaufmerksamkeit ist das Experiment von Diener und Wallbom (1976). Die Vpn mußten einen Test bearbeiten, wobei sie die Möglichkeit hatten, ihre Ergebnisse durch Schwindeln zu verbessern. Eine Hälfte der Vpn saß dabei vor einem Spiegel. Von den Vpn der Bedingung ohne Spiegel schwindelten 71%, während in der Spiegelbedingung nur 7% schwindelten. Im Zustand erhöhter Selbstaufmerksamkeit ist man meistens bestrebt, sich so zu verhalten, daß Diskrepanzen zwischen Ansprüchen (in diesem Experiment die Norm der Ehrlichkeit) und Verhalten überhaupt nicht entstehen.

Dazu paßt auch das mehrfach bestätigte und äußerst wichtige Ergebnis, daß die Korrelation zwischen Einstellung und Verhalten durch erhöhte Selbstaufmerksamkeit vergrößert wird (s. Wicklund, 1982). Wenn während der Einstellungsmessung und/oder während der Verhaltensbeobachtung ein selbstaufmerksamkeitsfördernder Reiz (z. B. ein Spiegel) vorhanden ist, so erhöht das die Übereinstimmung zwischen Einstellung und Verhalten. Ähnlich steigt die Validität von Persönlichkeitstests sprunghaft an, wenn der Test vor einem Spiegel ausgefüllt wird und/oder wenn während der Verhaltensbeobachtung ein Spiegel vorhanden ist.

Die ursprüngliche Selbstaufmerksamkeitstheorie (Duval und Wicklund, 1972; Wicklund, 1975) wurde von Carver und Scheier (1981; Scheier und Carver, 1988) modifiziert und ergänzt. Carver und Scheier haben die Selbstaufmerksamkeitstheorie im Rahmen des Regelkreisansatzes (s. Abschnitt 2.34) neu formuliert, worauf hier jedoch nicht näher eingegangen werden soll. Ein noch ungelöstes Problem der Theorie ist die Frage, wann Diskrepanzreduktion und wann Vermeidung der Reize, die Selbstaufmerksamkeit bewirken, (oder Ablenkung) auftritt. Nach Wicklund (1975) wird nach Möglichkeit der einfachere und schnellere Weg der Vermeidung bzw. Ablenkung bevorzugt. Wenn Vermeidung nicht zielführend oder nicht möglich ist (wie in vielen Spiegelexperimenten, z. B. Diener und Wallbom, 1976), wird der anstrengende Weg der Anpassung des Verhaltens an die eigenen Ansprüche gewählt. Nach Carver und Scheier (1981) ist Diskrepanzreduktion die »normale« Reaktion. Voraussetzung für Diskrepanzreduktion ist allerdings eine hinlänglich hohe Erfolgserwartung (d. h. eine starke Gewißheit, daß man im konkreten Fall imstande ist, die eigenen Ansprüche zu erfüllen). Nur bei einer niedrigen Erfolgserwartung wird man andere Wege (wie Vermeidung der Selbstaufmerksamkeit, Ablenkung, Abbrechen einer Handlung, Rückzug) wählen.

Während ursprünglich verschiedene Grade der Selbstaufmerksamkeit durch situative Reize herbeigeführt wurden (z. B. Spiegel vs. kein Spiegel), hat man bald erkannt, daß Selbstaufmerksamkeit auch ein Persönlichkeitsmerkmal ist. Es gibt große interindividuelle Unterschiede im Ausmaß, in dem verschiedene Menschen gewohnheitsmäßig über sich selbst nachdenken. Die Stärke dieser dispositionellen Selbstaufmerksamkeit wird mit einem von Fenigstein, Scheier und Buss (1975) entwickelten Fragebogen erfaßt. Hohe dispositionelle Selbstaufmerksamkeit hat dieselben Auswirkungen wie durch situative Reize bedingte Selbstaufmerksamkeit.

FENIGSTEIN et al. (1975) unterscheiden zwei Arten von Selbstaufmerksamkeit: private und öffentliche Selbstaufmerksamkeit. Die private Selbstaufmerksamkeit ist auf innere, von anderen Menschen nicht beobachtbare Selbstaspekte gerichtet, z. B. auf Gefühle und innere Standards (Ziele, Einstellungen). Die öffentliche Selbstaufmerksamkeit ist auf äußere, von anderen Menschen beobachtbare Selbstaspekte gerichtet, z. B. Aussehen, Verhalten und äußere Standards (Bewertungen und Ansprüche seitens anderer Personen, soziale Normen).

Diese beiden Seiten der Selbstaufmerksamkeit werden durch den Fragebogentest von FENIGSTEIN et al. (1975; deutschsprachige Version von FILIPP, 1989) getrennt erfaßt und gemessen. Auch verschiedene Reize erhöhen eher die eine oder die andere Art der Selbstaufmerksamkeit. Spiegel erhöhen die private Selbstaufmerksamkeit, während eine auf die Vp gerichtete Kamera oder die Anwesenheit eines Publikums die öffentliche Selbstaufmerksamkeit erhöht.

Die zwei Arten der Selbstaufmerksamkeit haben auch unterschiedliche Wirkungen. Zwar ist bei beiden Arten von Selbstaufmerksamkeit eine Diskrepanz zwischen Verhalten und Standard besonders unangenehm, und in beiden Fällen wird darauf mit Diskrepanzreduktion oder Vermeidung von Selbstaufmerksamkeit reagiert, aber es sind verschiedene Standards, die wirksam werden. Im einen Fall sind es innere, im anderen Fall äußere (soziale) Standards.

Das gilt sowohl für dispositionelle wie für situativ bedingte Selbstaufmerksamkeit. Personen, die gewohnheitsmäßig zu hoher privater Selbstaufmerksamkeit neigen, und Personen, die ihr Spiegelbild sehen, sind gleichermaßen bestrebt, Diskrepanzen zwischen ihrem Verhalten und *inneren* Standards zu reduzieren, also Selbst*konsistenz* herzustellen (s. CARVER und SCHEIER, 1983; SCHIEFELE, 1990). Personen, die gewohnheitsmäßig zu hoher öffentlicher Selbstaufmerksamkeit neigen, und Personen, auf die eine Kamera gerichtet ist, oder die sich von anderen Menschen beobachtet fühlen, sind dagegen vor allem bestrebt, Diskrepanzen zwischen ihrem Verhalten und *äußeren* Standards zu reduzieren. Sie zeigen daher ein erhöhtes Maß an *Konformität*.

In diesem Sinn wurde u. a. gezeigt, daß hohe private (nicht aber hohe öffentliche) Selbstaufmerksamkeit starke Reaktanzeffekte (z. B. Bumerangeffekte) bewirkt. Dissonanz nach einstellungsdiskrepantem Verhalten wird in Abhängigkeit von der Art der Selbstaufmerksamkeit auf unterschiedliche Weise reduziert. Bei großer privater Selbstaufmerksamkeit ist die (private) Einstellung im Zentrum der Aufmerksamkeit und daher änderungsresistent. In diesem Fall wird die Dissonanz durch eine verzerrte Wahrnehmung des Verhaltens verringert. Bei hoher öffentlicher Selbstaufmerksamkeit treten dagegen große Einstellungsänderungen auf. Hohe öffentliche Selbstaufmerksamkeit bewirkt ferner eine erhöhte Bereitschaft zum Akzeptieren von Meinungen, Urteilen und Wünschen anderer Personen.

Obwohl die Unterscheidung zwischen öffentlicher und privater Selbstaufmerksamkeit vor kurzem heftig kritisiert wurde (WICKLUND und GOLLWITZER, 1987), wird sie von etlichen Autoren nach wie vor für nützlich und notwendig gehalten (z. B. NASBY, 1989, s. auch Abschnitt 5.468). – Ausführlichere Darstellungen der Selbstaufmerksamkeitstheorie findet man u. a. bei CARVER und SCHEIER (1981), FREY, WICKLUND und SCHEIER (1978), SCHEIER und CARVER (1988), sowie SCHIEFELE (1990).

5.463 Die Selbstdiskrepanztheorie von HIGGINS

Auch die Selbstdiskrepanztheorie von HIGGINS (1987, 1989) befaßt sich mit Diskrepanzen zwischen Standards und tatsachlichen Selbstaspekten. HIGGINS unterscheidet drei Arten von Selbstbildern: (1) das tatsächliche Selbst (wie man ist), (2) das ideale Selbst (wie man sein möchte), und (3) das geforderte Selbst (ought self, wie man sein sollte). Das ideale Selbst entspricht den Wünschen und Hoffnungen. Das geforderte Selbst geht auf Pflichten und soziale bzw. moralische Normen zurück.

Diese drei Selbstbilder werden noch weiter differenziert. Jede Art von Selbstbild gibt es in mehreren Varianten, nämlich vom Standpunkt verschiedener Beobachter betrachtet. Es werden jeweils der eigene Standpunkt (Selbstwahrnehmung) und die (vermeintlichen) Standpunkte wichtiger anderer Personen unterschieden (Fremdwahrnehmung durch Partner, Freunde, Eltern usw.).

Dadurch entstehen sechs Arten von Selbstbildern: (1) tatsächlich/selbst (wie man sich selbst sieht), (2) tatsächlich/fremd (wie man glaubt, von anderen Personen wahrgenommen zu werden), (3) ideal/selbst (wie man selbst sein möchte), (4) ideal/fremd (die vermeintlichen Wünsche und Hoffnungen anderer Menschen – wie andere Menschen möchten, daß man ist), (5) gefordert/selbst (wie man nach den eigenen Ansprüchen sein sollte), und (6) gefordert/fremd (wie man nach den Ansprüchen anderer Menschen sein sollte). Die letzten vier Arten von Selbstbildern sind Standards oder Leitbilder (self-guides), die ersten beiden gehören zum Selbstkonzept im engeren Sinn des Wortes.

Zwischen diesen sechs Selbstbildtypen sind verschiedene Diskrepanzen möglich. Es können Diskrepanzen zwischen (1) tatsächlich/selbst und (2) tatsächlich/fremd vorliegen. Zum Beispiel hält sich jemand für großzügig, glaubt oder weiß aber, daß er in den Augen des Partners ein Geizhals ist. Noch wichtiger sind Diskrepanzen zwischen dem (eigenen) tatsächlichen Selbstbild und einem Standard, etwa die Diskrepanz zwischen (1) tatsächlich/selbst und (3) ideal/selbst (Beispiel: Jemand möchte gern sehr schön sein, glaubt aber, daß er häßlich ist), oder die Diskrepanz zwischen (1) tatsächlich/selbst und (5) gefordert/selbst (Beispiel: Jemand verlangt von sich selbst außergewöhnliche Leistungen, glaubt aber, bisher nur Durchschnittliches geleistet zu haben). Auch Diskrepanzen zwischen (1) tatsächlich/selbst und (6) gefordert/fremd sind nicht selten. (Beispiel: Der Partner verlangt einen sehr geselligen Lebensstil, man selbst hält sich aber für introvertiert und sozial ungeschickt.) Schließlich seien noch Diskrepanzen zwischen (3) ideal/selbst und (5) gefordert/selbst erwähnt. (Beispiel: Ein Mann möchte gern ein Draufgänger sein und mehrere Freundinnen haben. Gleichzeitig glaubt er aber, daß er solide und einer einzigen Frau treu sein sollte.)

Alle Arten von Selbstdiskrepanzen haben unangenehme Folgen (negative Gefühle, verminderter Selbstwert). Bevor jedoch auf die spezifischen Folgen der verschiedenen Diskrepanzarten eingegangen wird, sollen noch die von HIGGINS und seinen Mitarbeitern verwendeten Methoden zur Erhebung der Selbstbilder und der Diskrepanzen beschrieben werden.

Die Vpn müssen einen Selbstbilderfragebogen (Selves Questionnaire) beantworten. Darin werden zunächst die drei grundlegenden Selbstkonzepte (tatsächliches, ideales und gefordertes Selbst) erklärt. Für jedes Selbstbild sollen die Vpn bis zu 10 Merkmale nennen (es werden also keine Merkmale zur Beurteilung vorgegeben, sondern die Vpn schreiben auf, was ihnen einfällt). Im ersten Teil des Fragebogens müssen die eigenen Selbstbilder (1), (3) und (5) charakterisiert werden. Im zweiten Teil werden die (vermeintlichen) Selbstbilder (2), (4) und (6) vom Standpunkt wichtiger Personen (z. B. der Mutter) beschrieben. Die Vpn können auch die Ausprägung der (tatsächlichen, idealen und geforderten) Merkmale auf Skalen von 1 (= ein wenig) bis 4 (= extrem) einschätzen.

Damit ist die Aufgabe der Vp beendet. Sie wird nicht aufgefordert, Diskrepanzen zu berichten. Zur Feststellung und Messung jeder Diskrepanzart (z. B. zwischen tatsächlich/selbst und ideal/selbst) werden anschließend die beiden Merkmalslisten von Beurteilern verglichen. Merkmale, die in beiden Listen (in gleichen Worten oder als Synonyme) aufscheinen, sind Entsprechungen (matches). Gegensätzliche Merkmale (Antonyme) sind Widersprüche (mismatches).

Um das Ausmaß einer Diskrepanz festzustellen, wird die Anzahl der Entsprechungen von der Anzahl der Widersprüche subtrahiert. Merkmale, die in einer Liste vorkommen, aber in der anderen Liste weder eine Entsprechung noch einen Widerspruch haben (nonmatches), werden nicht berücksichtigt. Man kann zwei Arten von Widersprüchen unterscheiden: synonyme und antonyme Widersprüche. Ein synonymer Widerspruch ist der unterschiedliche Ausprägungsgrad eines Merkmals in zwei Selbstbildern (z. B. ideal/selbst: sehr schön, tatsächlich/selbst: durchschnittliches Aussehen). Synonyme Widersprüche liegen vor, wenn sich die Stärke eines Merkmals in zwei Selbstbildern um mindestens 2 Skalenpunkte unterscheidet. Ein antonymer Widerspruch ist ein Gegensatz (z. B. ideal/selbst: sehr schön, tatsächlich/selbst: sehr häßlich). Antonyme Widersprüche haben bei der Berechnung der Diskrepanzstärke doppeltes Gewicht (im Vergleich zu synonymen Widersprüchen): Diskrepanz = (synonyme Widersprüche + [2 × antonyme Widersprüche] − Entsprechungen).

Um Hypothesen der Theorie überprüfen zu können, werden außer den Selbstdiskrepanzen noch andere Variablen erhoben. Die Vpn müssen z. B. einen Depressionsfragebogen, einen Fragebogen zur Einschätzung verschiedener Gefühle, und einen Selbstwertfragebogen ausfüllen.

Die Theorie enthält zwei Arten von Hypothesen: Motivationshypothesen und Informationsverarbeitungshypothesen. Die Motivationshypothesen besagen, daß Selbstdiskrepanzen jeder Art unangenehm sind, und daß man bestrebt ist, solche Diskrepanzen zu reduzieren. Vor allem ist es wichtig, das tatsächliche Selbstbild mit den Selbststandards (ideal und gefordert) in Übereinstimmung zu bringen.

Verschiedene Diskrepanzarten haben – wie bereits erwähnt wurde – unterschiedliche Auswirkungen: Eine Diskrepanz zwischen dem tatsächlichen (eigenen) Selbstbild und einem (eigenen oder fremden) *idealen* Selbst bedeutet, daß wichtige positive Ergebnisse nicht vorhanden sind (und auch nicht erwartet werden), und bewirkt Gefühle wie Traurigkeit (Depression), Enttäuschung und Unzufriedenheit. Eine Diskrepanz zwischen dem tatsächlichen (eigenen) Selbstbild und einem (eigenen oder fremden) *geforderten* Selbst bedeutet, daß negative Ergebnisse (z. B. Bestrafung, Kritik) vorhanden sind, und bewirkt Gefühle wie Angst, Sorge, Rastlosigkeit und Schuld. Diese Hypothesen wurden u. a. von HIGGINS, KLEIN und STRAUMANN (1985) mit Hilfe der oben beschriebenen Methoden bestätigt.

Die informationsbezogenen Hypothesen lauten: Je größer das Ausmaß einer Selbstdiskrepanz ist, desto unangenehmer sind ihre Folgen. Und: Je größer die Zugänglichkeit einer Selbstdiskrepanz ist, desto mehr wird man darunter leiden. Die Zugänglichkeit einer Selbstdiskrepanz kann durch situative Hinweisreize (z. B. bloße Erwähnung eines diskrepanten Merkmals) erhöht werden. Beide Hypothesen wurden mehrfach bestätigt (s. HIGGINS, 1989).

VAN HOOK und HIGGINS (1988) untersuchten die Auswirkungen von Diskrepanzen zwischen Standards (z. B. zwischen ideal/selbst und gefordert/selbst, oder zwischen zwei verschiedenen gefordert/fremd). Personen mit solchen Diskrepanzen erleben häufig sogenannte Doppel-Appetenz-Aversions-Konflikte, weil sie sich zwischen zwei Anforderungen entscheiden müssen, die beide von einem Standard verlangt und vom anderen verboten werden. Daraus resultiert nach HIGGINS ein hysterischer Persönlichkeitsstil, der durch Verwirrung, Unsicherheit, Unentschlossenheit und Ablenkbarkeit (Zerstreutheit, Konzentrationsschwäche) charakterisiert ist. Diese Hypothese wurde durch VAN HOOK und HIGGINS (1988) bestätigt.

Eine Untersuchung von MORETTI und HIGGINS (1990) brachte sehr interessante Ergebnisse bezüglich des Selbstwerts (s. Tabelle 61). Die Tabelle enthält die Korrelationen zwischen (positivem) Selbstwert und der Zahl verschiedener Arten von Merkmalen. (Sowohl positive wie negative Merkmale des eigenen tatsächlichen Selbst wurden in drei Klassen unterteilt: (1) Entsprechungen zwischen tatsächlich/selbst und ideal/selbst, (2) Widersprüche zwischen tatsächlich/selbst und ideal/selbst, und (3) isolierte Merkmale (nonmatches), die im tatsächlichen Selbstbild enthalten sind, aber im idealen Selbst weder eine Entsprechung noch einen Widerspruch haben.)

Tabelle 61

	Selbstwert-skala von Rosenberg	Selbstwert-skala von Coopersmith
positive Merkmale		
Entsprechungen	0,46	0,46
Widersprüche	− 0,18	− 0,07
isolierte Merkmale	− 0,24	− 0,04
negative Merkmale		
Entsprechungen	0,12	0,13
Widersprüche	− 0,36	− 0,45
isolierte Merkmale	− 0,18	− 0,15

Das Hauptergebnis ist, daß nicht alle positiven Merkmale des tatsächlichen Selbst zu einem positiven Selbstwert beitragen, und nicht alle negativen Merkmale zu einem negativen Selbstbild. Nur für jene positiven Merkmale, die eine Entsprechung im idealen Selbst haben, gilt: Je mehr positive Merkmale man sich zuschreibt, desto positiver ist der Selbstwert. Positive Merkmale, die dem idealen Selbst widersprechen, und positive Merkmale, die nichts mit dem idealen Selbst zu tun haben, tragen nichts zum positiven Selbstwert bei.

Ähnlich verhält es sich bei negativen Merkmalen. Nur negative Eigenschaften, die dem Selbstideal widersprechen, bewirken ein negatives Selbstbild. Negative Merkmale, die dem Selbstideal entsprechen, korrelieren sogar positiv (allerdings nur ganz schwach und nicht überzufällig) mit dem Selbstwert. Negative Merkmale, die in keinerlei Beziehung zu ihm stehen, verursachen keinen negativen Selbstwert.

5.464 Die Selbstwerterhaltungstheorie von TESSER

TESSER (1986, 1988; TESSER und CAMPBELL, 1983) beschreibt in seiner Selbstwerterhaltungstheorie die Wirkungen sozialer Vergleichsprozesse auf den Selbstwert. Wenn man die eigenen Leistungen mit den Leistungen anderer Personen vergleicht, so kann das den Selbstwert erhöhen oder senken. Ob eine Selbstwertsteigerung oder -verringerung eintritt, hängt von drei Variablen ab: von der Leistungsqualität, von der psychologischen Nähe zur Vergleichsperson, und von der persönlichen Wichtigkeit der Dimension, auf der man sich vergleicht.

Wenn ein erfolgreicher Geschäftsmann A mit einem berühmten Pianisten B befreundet ist, so wird dadurch der Selbstwert von A erhöht. Wenn jedoch C – ein Geschäftsmann und guter Freund von A – noch erfolgreicher als A ist, dann wird der Selbstwert von A verringert. In beiden Fällen ist die Leistung der Vergleichsperson größer als die Leistung von A. B kann besser Klavier spielen und C verdient noch mehr Geld als A. Warum wird in einem Fall der Selbstwert erhöht und im anderen Fall vermindert? Der Unterschied liegt darin, daß B auf einer Dimension besser als A ist, die für das Selbstbild von A irrelevant und daher unwichtig ist, während A von C auf einer für die Selbstdefinition zentralen Dimension übertroffen wird.

In beiden Fällen ist die psychologische Nähe groß – B und C sind Freunde von A. Bei großer psychologischer Distanz treten die beschriebenen Phänomene nicht auf (genauer: sie werden mit zunehmender Distanz schwächer). Der Ruhm eines Pianisten, den man gar nicht persönlich kennt, färbt nicht auf den eigenen Selbstwert ab. Ähnlich verursacht die überlegene Leistung auf einer zentralen Dimension des Selbst keine Selbstwertbedrohung, wenn sie von einer psychologisch weit entfernten Person vollbracht wurde.

Der Selbstwert kann also nach TESSER durch zwei gegensätzlich wirkende Prozesse beeinflußt werden: durch einen selbstwertmindernden *Vergleichsprozeß* und durch einen selbstwertsteigernden *Reflexionsprozeß* (Reflexion ist hier im Sinne von Widerspiegelung gemeint). Bei einer überlegenen Leistung auf einer für das Selbstbild zentralen (relevanten) Dimension seitens eines psychologisch nahen (z. B. ähnlichen oder gut bekannten) Menschen setzt ein Vergleichsprozeß ein und verringert den Selbstwert. Bei einer überlegenen Leistung auf einer für das Selbstbild irrelevanten Dimension seitens eines psychologisch nahen Menschen setzt ein Reflexionsprozeß ein und erhöht den Selbstwert. In diesem Fall «sonnt man sich im Glanz» der anderen Person.

Die zentrale Annahme der SEM-Theorie (SEM = Self-evaluation maintainance = Selbstwerterhaltung) ist ein Motiv zur Erhaltung oder Vergrößerung des Selbstwerts. Man versucht, die in der SEM-Theorie genannten Variablen (Leistung, Nähe, Relevanz) immer auf solche Weise zu verändern, daß eine Selbstwertminderung verhindert wird.

Wenn eine Selbstwertminderung durch einen ungünstigen Vergleichsprozeß eingetreten ist, kann man auf verschiedene Arten den Selbstwertverlust rückgängig machen: Man kann versuchen, die eigene Leistung zu steigern und besser zu werden als die Vergleichsperson. Man kann die Leistung der Vergleichsperson durch Störungen und Behinderungen verschlechtern. Man kann die psychologische Nähe zu ihr verringern (z. B. objektiv durch Kontaktabbruch oder subjektiv durch Vergrößerung der wahrgenommenen Unterschiede). Schließlich kann man auch sein Selbstbild ändern und die Dimension, auf der man übertroffen wurde, aus der Selbstdefinition entfernen. In diesem Fall wird aus dem Vergleichsprozeß ein Reflexionsprozeß, und man wird jetzt sogar bestrebt sein, die psychologische Nähe zu vergrößern.

Die Variablen der SEM-Theorie und die Beziehungen zwischen ihnen sind in Abbildung 137 zusammengefaßt. TESSER bezeichnet seine Theorie als *systemische* Theorie, weil jede Variable sowohl Ursache als auch Wirkung sein

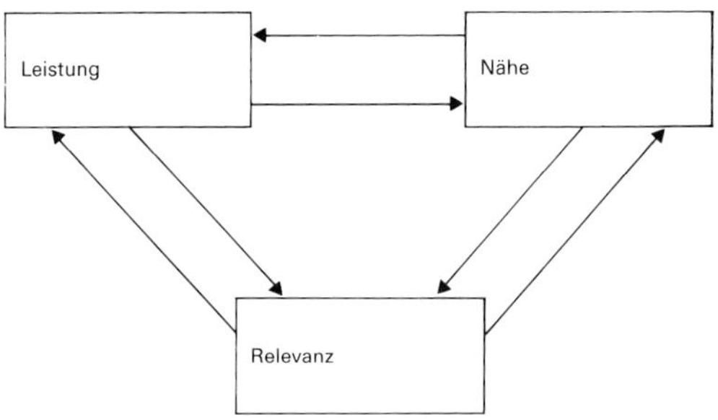

Abbildung 137

kann, und sich somit alle Variablen gegenseitig beeinflussen.

Die aus der Theorie abgeleiteten (oft sehr komplexen) Hypothesen wurden in einer Reihe von Untersuchungen bestätigt (s. TESSER, 1986, 1988). Man kann die Hypothesen und Ergebnisse in drei Gruppen zusammenfassen:

(1) *Wirkungen von Nähe und Relevanz auf die Leistung.* TESSER und SMITH (1980) untersuchten, in welchem Ausmaß Freunde und Fremde unterstützt wurden, nachdem die Vpn bei denselben Aufgaben schlecht abgeschnitten hatten. Während der «gesunde Menschenverstand» annimmt, daß man auf jeden Fall Freunden mehr hilft als Fremden, gelangt die SEM-Theorie zu einer differenzierteren Hypothese: Bei unwichtigen Aufgaben hilft man Freunden mehr als Fremden (man kann sich dann «im Glanz ihres Erfolgs sonnen»), bei selbstrelevanten Aufgaben dagegen versucht man eher zu verhindern, daß die eigene Leistung von Freunden übertroffen wird. Diese Hypothese wurde bestätigt. Bei hoher Selbstrelevanz (verbaler Intelligenztest) wurde in 10 von 13 Fällen der Fremde mehr unterstützt als der Freund. Bei geringer Relevanz (Spiel) wurde in 10 von 13 Fällen der Freund mehr unterstützt als der Fremde.

Auch die Wahrnehmung und Beurteilung von Leistungen werden von der SEM-Theorie korrekt vorhergesagt. Bei irrelevanten Aufgaben wurde die Leistung eines Freundes besser beurteilt als die (objektiv identische) Leistung eines Fremden. Bei relevanten Aufgaben war es umgekehrt (TESSER und CAMPBELL, 1982). Analoge Effekte wurden in einer anderen Untersuchung auch bei der Wahrnehmung und Beurteilung eigener Leistungen festgestellt.

(2) *Wirkungen von Relevanz und Leistung auf die Nähe.* Die Hypothesen, daß bei überlegener Leistung auf einer irrelevanten Dimension Nähe gesucht bzw. vergrößert wird, während bei überlegener Leistung auf einer relevanten Dimension die Nähe verringert wird, wurden von PLEBAN und TESSER (1981) bestätigt. Nähe wurde in diesem Experiment auf verschiedene Arten erhoben, u. a. als räumliche Distanz, als Wunsch nach weiterer Zusammenarbeit, und als Ähnlichkeitsurteil.

(3) *Wirkungen von Leistung und Nähe auf die Relevanz.* Je überlegener die Leistung einer anderen Person auf einer Dimension ist, desto mehr wird die Relevanz dieser Dimension für das Selbstbild verringert. Dieser Effekt ist um so stärker, je größer die Nähe der anderen Person ist. Auch diese Hypothesen wurden sowohl experimentell als auch in Feldstudien (z. B. in Beziehungen zwischen Geschwistern) bestätigt. TESSER betont nachdrücklich die Anwendbarkeit dieser Hypothesen des SEM-Modells auf Familien (Beziehungen zwischen Eltern und Kind, Beziehungen zwischen Geschwistern).

In neueren Untersuchungen zur SEM-Theorie wurden die emotionalen Auswirkungen von Vergleichs- und Reflexionsprozessen untersucht (z. B. TESSER, MILLAR und MOORE, 1988). Erwartungsgemäß traten in Reflexionssituationen (überlegene Leistung, Nähe, irrelevante Dimension) positive und in Vergleichssituationen (überlegene Leistung, Nähe, relevante Dimension) negative Gefühle auf. Ein typisches Reflexionsgefühl ist Stolz (auf die andere Person), typische Vergleichsgefühle sind Neid und Eifersucht.

Vermutlich werden die SEM-Effekte durch Gefühle vermittelt. Sie dienen der Herbeiführung positiver Gefühle und der Vermeidung oder Abschwächung negativer Gefühle. In Übereinstimmung mit diesen Hypothesen zeigten TESSER, PILKINGTON und MCINTOSH (1989), daß SEM-Effekte wesentlich kleiner sind, wenn Vpn durch eine Fehlattribution (angeblich aktivierende Pillen) ihre Gefühle nicht auf Vergleichs- und Reflexionsprozesse zurückführen.

5.465 Selbstbestätigung: Der Ansatz von STEELE

STEELE (1988) geht von einem Bedürfnis nach «Selbstintegrität» aus. Die meisten Menschen halten sich für «anpassungsfähig und moralisch einwandfrei» (adaptively and morally adequate), also für kompetent, gut, stabil, konsistent, fähig zur Entscheidungsfreiheit, und fähig zur Kontrolle wichtiger Ergebnisse. Wenn Teile dieses integren Selbstbilds bedroht oder beschädigt wurden, wird der Selbstwert wiederhergestellt, indem man sich selbst seinen Wert beweist. Diese Selbstbestätigung (oder Selbstwertwiederherstellung) kann durch Ausüben von selbstbestätigenden oder selbstwertsteigernden Tätigkeiten erfolgen.

Der originelle Aspekt des Ansatzes von STEELE ist der Hinweis auf die Plastizität der Selbstwertwiederherstellung. Wenn ein bestimmter Selbstaspekt bedroht wurde (z. B. Konsistenz), ist das primäre Ziel *nicht* die Wiederherstellung dieses speziellen Selbstaspekts. Vielmehr wird durch die Bedrohung jedes einzelnen Selbstaspekts die allgemeine Selbstintegrität bedroht, und diese muß wiederhergestellt werden. Zu diesem Zweck ist aber nicht unbedingt die Wiederherstellung des bedrohten Selbstaspekts notwendig. Die Wiederherstellung der allgemeinen Selbstintegrität ist auch durch Bestätigung eines anderen (nicht bedrohten) Selbstaspektes möglich. Allerdings muß dieser von vergleichbarer Wichtigkeit sein. Welcher Selbstaspekt zur Wiederherstellung der allgemeinen Selbstintegrität ausgewählt wird, ist eine Frage der Zugänglichkeit (in Wahrnehmung und Gedächtnis) und der Kosten.

Aufgrund dieser Hypothesen wird von STEELE eine neue Erklärung von Dissonanzeffekten vorgeschlagen. Demnach ist nicht die Inkonsistenz zwischen zwei Kognitionen entscheidend (z. B. «ich glaube X» und «ich befürworte nicht-X»), sondern die Bedrohung der Selbstintegrität («ein vernünftiger und anständiger Mensch tut so etwas nicht»). Daher ist auch die Einstellungsänderung (in Richtung nicht-X) nicht die einzige Möglichkeit zur Beseitigung des Unbehagens. Wenn andere Arten der Selbstbestätigung erfolgen, ist es nicht mehr nötig, die Einstellung zu ändern. Wenn man z. B. nach einer freiwilligen einstellungsdiskrepanten Handlung jemand hilft, oder eine überdurchschnittliche Leistung im Beruf erbringt, wird die Einstellung nicht geändert.

Nach STEELE sind nur deshalb so oft Einstellungsänderungen in Dissonanzexperimenten beobachtet worden, weil die Vpn keine andere Wahl hatten. Wenn man den Vpn andere Möglichkeiten der Selbstbestätigung bietet, sollten keine (oder zumindest nur geringe) Einstellungsänderungen auftreten.

Diese Hypothese wurde von STEELE und LIU (1981, 1983) bestätigt. In einem Experiment (STEELE und LIU, 1981) sollten die Vpn einen (einstellungsdiskrepanten) Aufsatz gegen die staatliche Finanzierung von Hilfsmaßnahmen für Behinderte schreiben. Einem Teil der Vpn wurde vorher mitgeteilt, daß sie blinden Studenten helfen könnten. Bei diesen Vpn trat keine dissonanzbedingte Einstellungsänderung auf (im Gegensatz zu den anderen Vpn, die nicht erwarteten, Blinden zu helfen, und die ihre Einstellungen nach dem Aufsatz änderten).

In einem anderen Experiment konnten die Vpn unmittelbar nach dem Schreiben eines einstellungsdiskrepanten Aufsatzes (für mehr Unterricht) die ökonomisch-politische Subskala eines Wertefragebogens ausfüllen. Zuvor war (mit Hilfe eines anderen Tests) festgestellt worden, für welche Vpn ökonomisch-politische Werte wichtig waren, und für welche nicht. Bei den ökonomisch-politisch orientierten Vpn genügte das Ausfüllen der Werteskala, um eine dissonanzbedingte Einstellungsänderung zu verhindern. Offenbar waren sie durch das bloße Ausfüllen des Fragebogens daran erinnert worden, daß sie vernünftige Menschen sind, die für wichtige Werte eintreten – damit war ihre Selbstintegrität wieder bestätigt. Bei den anderen Vpn (ohne ökonomisch-politische) Orientierung hatte der Wertefragebogen keine Wirkung. Bei ihnen trat die übliche dissonanzbedingte Einstellungsänderung auf.

Die kritischen Argumente von STEELE sind aber nicht nur für die Dissonanzforschung relevant. Sie gelten auch u. a. für Untersuchungen zur Reaktanztheorie, zur Attributionstheorie, zur Gerechtigkeitstheorie (die in Abschnitt 6.136 beschrieben wird), und zur Theorie der symbolischen Selbstergänzung, die im folgenden Abschnitt dargestellt wird. Zum Beispiel wird in Reaktanzexperimenten durch Freiheitsverlust die allgemeine Selbstintegrität bedroht. Reaktanzeffekte (z. B. Aufwertung und erhöhte Anstrengung) müßten sich verhindern lassen, indem man den Vpn unmittelbar nach dem Freiheitsverlust oder der Freiheitsbedrohung eine geeignete Möglichkeit der Selbstbestätigung bietet.

5.466 *Die Theorie der symbolischen Selbstergänzung von* WICKLUND *und* GOLLWITZER

Die Theorie von WICKLUND und GOLLWITZER (1982, 1983, 1985) geht von Überlegungen LEWINS (1926) aus. LEWIN postuliert, daß durch jede Zielsetzung (z. B. durch die Absicht, eine Aufgabe zu lösen) ein sogenanntes Quasi-Bedürfnis entsteht. Das ist ein zielgerichteter Spannungszustand, der erst aufhört, wenn das Ziel erreicht wurde, oder wenn man sich entschlossen hat, das Ziel nicht mehr zu verfolgen. Durch die Unterbrechung oder Behinderung der zielgerichteten Handlungen wird das Quasi-Bedürfnis jedoch nicht beseitigt. Eine Folge davon ist, daß man sich unvollendete Handlungen besonders gut merkt, während man sie nach Erreichen des Ziels häufig vergißt (ZEIGARNIK, 1927). Allerdings kann der Spannungszustand durch Erreichen von Ersatzzielen abgeschwächt werden.

Diese Ideen wurden von WICKLUND und GOLLWITZER auf das Selbst übertragen. Es gibt *selbstbezogene Ziele,* d. h. man möchte bestimmte Merkmale (z. B. Durchsetzungsvermögen) und Fähigkeiten (z. B. Klavier spielen) haben, oder bestimmten Personenkategorien (z. B. Sportler) angehören. Ein selbstbezogenes Ziel wirkt wie ein Quasi-Bedürfnis, wenn man sich daran gebunden fühlt. Bindung (commitment) ist gegeben, wenn das Ziel ein Teil der Selbstdefinition ist, und wenn man sich ernsthaft entschlossen hat, die entsprechenden Verhaltensweisen auszuführen.

Selbstbezogene Ziele sind in der Regel mit beobachtbaren Indikatoren verbunden. Ob bzw. in welchem Ausmaß jemand sein Ziel erreicht hat, ist an solchen Indikatoren zu sehen, die daher *Symbole einer Selbstdefinition* genannt werden. Einen erfolgreichen Geschäftsmann erkennt man z. B. daran, daß er offensichtlich viel Geld hat, ein teures Auto fährt, gute Anzüge trägt, häufig telephoniert, wenig Zeit hat, usw. Für die meisten Ziele gibt es eine Vielzahl von Symbolen. Welche Symbole zu welchen Zielen gehören, ergibt sich zum Teil aus der Natur des Ziels (z. B. muß ein Wissenschaftler viel lesen, und hat daher viele Bücher), und wird zum Teil durch soziale Normen festgelegt (z. B. daß Intellektuelle einen Bart tragen).

Wenn man sich an ein Ziel gebunden fühlt, dieses aber (noch) nicht erreicht hat, entsteht ein Spannungszustand. Dieser kann durch Erreichen des Ziels oder durch Erreichen von Ersatzzielen reduziert werden. Wenn ein selbstbezogenes Ziel (noch) nicht erreicht werden kann, kann man als *Ersatzziel* Symbole der Selbstdefinition zur Schau stellen. Jemand, der beispielsweise ein erstklassiger Musiker sein möchte, es aber (noch) nicht ist, wird sich vielleicht ein besonders wertvolles Instrument kaufen; er wird oft darüber sprechen, daß er von Fachleuten gelobt wurde; er wird bei einem berühmten Musiker Unterricht nehmen, usw. Ein wirklicher Könner, der sein Ziel bereits erreicht hat, hat solche Zurschaustellungen nicht nötig.

WICKLUND und GOLLWITZER nennen drei Arten von Symbolen: Objekte (z. B. ein teures Auto), Selbstbeschreibungen, und soziale Beeinflussung (man möchte möglichst viele Menschen von den eigenen Meinungen und Zielen überzeugen).

Dabei ist es wesentlich, daß die selbstdefinierenden Symbole von anderen Menschen zur Kenntnis genommen werden. Sie haben nur dann spannungsreduzierende Wirkung, wenn sie *soziale Realität* geworden sind. Ein wertvolles Instrument zu besitzen, würde dem Musiker im weiter oben angeführten Beispiel nichts nützen, wenn er es nicht anderen Menschen zeigen oder wenigstens darüber reden kann.

Die Theorie wird von WICKLUND und GOLLWITZER in drei Hypothesen zusammengefaßt, die hier wörtlich wiedergegeben werden (nach WICKLUND und GOLLWITZER, 1985, S. 36):

Postulat 1: Personen, die sich ein selbstbezogenes Ziel gesetzt haben, versuchen, den Mangel an relevanten Symbolen durch das Zurschaustellen alternativer Symbole auszugleichen. Derartige Anstrengungen einer Person nennen wir «selbstsymbolisierende Handlungen».

Postulat 2: Die Effektivität selbstsymbolisierender Handlungen im Sinne der Ausgestaltung einer Selbstdefinition ist an die soziale Kenntnisnahme erworbener Symbole gebunden.

Postulat 3: Eine Person, die selbstsymbolisierende Handlungen ausübt, vernachlässigt die psychische Befindlichkeit (Gedanken, Motive, Einstellungen, usw.) der sie umgebenden Personen.

Die letzte Hypothese setzt voraus, daß das Motiv zur Selbstergänzung (in manchen Situationen) stärker oder wichtiger ist als andere Motive,

z. B. das Motiv, den Wunsch einer anderen Person zu erfüllen. Alle drei Postulate wurden durch Untersuchungen bestätigt.
Das erste Postulat wird u. a. durch folgende Ergebnisse unterstützt (WICKLUND und GOLLWITZER, 1982): Studenten der Wirtschaftswissenschaften stellten umso mehr Symbole eines erfolgreichen Geschäftsmannes oder Managers zur Schau, je geringer ihr tatsächlicher Erfolg war. Der Erfolg wurde u. a. durch Prüfungsnoten und Dauer des Studiums definiert. Symbole waren eine teure Uhr, elegante Schuhe, andere Luxusgegenstände, ein passender Haarschnitt, usw. Ähnliches zeigte sich im religiösen Bereich, und bei Frauen mit der Selbstdefinition als Mutter. Frauen ohne Kinder (die aber Mütter sein wollten) hatten wesentlich mehr Interesse daran, ihre Nachbarn von den eigenen Ansichten über Kindererziehung zu überzeugen, als Frauen, die bereits Kinder hatten.
Das zweite Postulat wird durch Ergebnisse von GOLLWITZER (1981, zitiert nach WICKLUND und GOLLWITZER, 1985) bestätigt. In einem Experiment wurde nachgewiesen, daß selbstsymbolisierende Selbstbeschreibungen nur dann die wahrgenommene Vollständigkeit der Vpn erhöhten, wenn die Vpn entweder wußten oder zumindest erwarteten, daß ihre Selbstbeschreibungen von anderen Menschen zur Kenntnis genommen werden.
Ergebnisse von GOLLWITZER und WICKLUND (1985) bestätigen das dritte Postulat. Vpn waren männliche Studenten mit selbstbezogenen Zielen in den Bereichen Mathematik, Journalismus, Photographie, Schwimmen, Tennis und Wettlaufen. Jede Vp mußte einen Persönlichkeitsfragebogen ausfüllen, wonach eine Hälfte der Vpn die Rückmeldung erhielt, daß ihre Persönlichkeit von der eines Experten (auf ihrem Gebiet) sehr verschieden ist, während den anderen Vpn Übereinstimmung zwischen ihrer Persönlichkeit und der eines Experten mitgeteilt wurde. Ferner wurde den Vpn mitgeteilt, daß sie in Kürze eine sehr attraktive Frau kennenlernen werden. Die beiden Versuchsbedingungen (zum Selbstziel passende vs. unpassende Persönlichkeit) wurden nochmals unterteilt, indem jeweils eine Hälfte der Vpn erfuhr, daß diese Frau bescheidene Männer bevorzugt, während den anderen Vpn gesagt wurde, sie schätze selbstsichere und eher unbescheidene Männer. Die Vpn mußten dann eine Selbstbeschreibung verfassen, die der attraktiven Frau vorgelegt werden würde.
Die Selbstbeschreibungen der Vpn, deren Persönlichkeit zum Selbstziel paßte (bei denen also kein Motiv zur symbolischen Selbstergänzung angeregt wurde), wurden von den Wünschen der Frau beeinflußt. Die Vpn in diesen Bedingungen versuchten offenbar, sich vorteilhaft darzustellen – als bescheiden oder als selbstsicher, wie es eben gewünscht wurde. Die Vpn mit unpassenden Persönlichkeiten (die daher einen Wunsch nach Selbstergänzung hatten) verfaßten auf jeden Fall positive Selbstbeschreibungen – unabhängig davon, ob die attraktive Frau bescheidene oder selbstsichere Männer bevorzugte.

5.467 Selbstdarstellung

Es gibt bisher keine umfassende Theorie der Selbstdarstellung (s. JONES und PITTMAN, 1982), aber es gibt mehrere Ansätze, in denen die Idee der vorteilhaften Selbstdarstellung (self-presentation bzw. impression-management) eine wichtige Rolle spielt (SCHLENKER, 1980; SNYDER, 1979; TEDESCHI, 1981). In vielen Situationen entspricht unser Verhalten nicht unseren Dispositionen und Einstellungen, weil wir versuchen, auf den Interaktionspartner einen günstigen Eindruck zu machen. Mit Selbstdarstellung ist aber nicht nur das Hervorrufen eines günstigen Eindrucks beim Interaktionspartner gemeint, sondern ganz allgemein die absichtliche Steuerung des Eindrucks, den man auf jemand machen will, weil man von diesem Eindruck bestimmte Reaktionen des Interaktionspartners erwartet. In bestimmten Situationen wird absichtlich kein positiver, sondern ein negativer Eindruck erzeugt (s. weiter unten). Viele Psychologen nehmen an, daß in allen Situationen und bei allen Handlungen Selbstdarstellungsabsichten eine Rolle spielen.
Eine Selbstdarstellungstheorie, die Selbstüberwachungstheorie von SNYDER (1974, 1979), wird in einem späteren Abschnitt (6.114) besprochen. Diese Theorie geht davon aus, daß es beträchtliche interindividuelle Unterschiede in der Fähigkeit und in der Motivation zur vorteilhaften Selbstdarstellung gibt.
Bei flüchtiger Betrachtung könnte man auch die Theorie der symbolischen Selbstergänzung für eine Selbstdarstellungstheorie halten. Daß man Selbstdarstellungs- und Selbstergänzungspro-

zesse unterscheiden kann, zeigt das zuletzt referierte Experiment von GOLLWITZER und WICKLUND (1985). Selbstsymbolisierende Handlungen haben zweifellos etwas mit Selbstdarstellung zu tun. Sie unterscheiden sich aber durch ihr auslösendes Motiv von Selbstdarstellungen im engeren Sinn. Das Motiv selbstsymbolisierender Handlungen ist die Selbstergänzung (wobei als Nebeneffekt eine vorteilhafte Selbstdarstellung nach außen entstehen kann, aber nicht muß). Das Motiv bei selbstdarstellenden Handlungen ist der Wunsch, einen bestimmten Eindruck zu machen.

Diese Unterscheidung bricht allerdings zusammen, wenn man den Begriff der Selbstdarstellung etwas weiter faßt – wie es einige Autoren tun. Das Publikum der Selbstdarstellung sind dann nicht nur andere Personen, sondern man ist es auch selbst. In diesem Sinn können Selbstergänzungen als der Versuch aufgefaßt werden, sich selbst von seinen Vorzügen (Zielerreichung) zu überzeugen. Die Selbstergänzungstheorie und auch die Selbstbestätigungstheorie von STEELE (1988) sind aus dieser Sicht Theorien der Selbstdarstellung nach innen.

Wie das Experiment von GOLLWITZER und WICKLUND zeigt, können Selbstdarstellungs- und Selbstergänzungsmotive mitunter unverträgliche Handlungen implizieren. Welches Verhalten in einem solchen Fall ausgeführt wird, hängt davon ab, ob im Moment das Selbstdarstellungsmotiv oder das Selbstergänzungsmotiv stärker ist. Allerdings ist noch nicht hinlänglich bekannt, wovon die relative Stärke jedes Motivs abhängt.

Vorteilhafte Selbstdarstellungen können auch aus anderen Gründen unterbleiben. Mitunter scheint ein selbstbenachteiligendes Verhalten zweckmäßiger zu sein (self-handicapping nach BERGLAS und JONES, 1978, s. Abschnitt 5.236). Wenn man beispielsweise eine (eigene) schlechte Leistung erwartet oder nicht ausschließen kann, betont man negative Eigenschaften wie Ängstlichkeit oder Zerstreutheit, um eine Attribution des Mißerfolgs an Unfähigkeit zu verhindern, denn es wäre (in noch höherem Maß) selbstwertmindernd, für unfähig gehalten zu werden.

TEDESCHI, LINDSKOLD und ROSENFELD (1985) beschreiben eine große Zahl von Selbstdarstellungsarten, wobei kurzfristige bzw. situationsspezifische *Taktiken* von langfristigen bzw. in vielen Situationen wirksamen *Strategien* unterschieden werden. Außerdem unterscheiden die Autoren *assertive* Techniken (durch die ein positiver Eindruck hervorgerufen werden soll) von *defensiven* Techniken (die einen negativen Eindruck oder negative Konsequenzen verhindern sollen).

Zu den assertiven Taktiken zählen nach TEDESCHI et al. (1985) Schmeicheln (Komplimente machen), Einstellungsähnlichkeit zeigen, einen Gefallen erweisen, helfen, sich «im Glanz anderer sonnen», usw. Assertive Strategien bestehen darin, daß man seine (mitunter nur scheinbar vorhandenen) positiven Dispositionen hervorkehrt. Man erweist sich als kompetent, sympathisch, glaubwürdig, offen und vertrauenswürdig, und man betont seinen hohen sozialen Status.

Defensive Taktiken sind Rechtfertigungen und Entschuldigungen, sowie bestimmte Arten der Selbstbenachteiligung (vor allem situativ bedingte Selbstbenachteiligungen, etwa durch Lärm oder Ablenkung). Defensive Strategien sind Hinweise auf negative Dispositionen wie Ängstlichkeit, Hilflosigkeit und Alkoholismus, wodurch die Zuschreibung noch negativerer Dispositionen (z. B. Dummheit oder Bösartigkeit) oder das Eintreten aversiver Konsequenzen (Bestrafungen) verhindert wird. Sogar (physische oder psychische) Krankheiten können als Selbstdarstellungsstrategien eingesetzt werden, um Forderungen anderer Personen (z. B. im Leistungsbereich oder in Beziehungen) abzuwehren.

Verschiedene Menschen bevorzugen unterschiedliche Selbstdarstellungstechniken. Die Ergebnisse von ROTH, SNYDER und PACE (1986) lassen vermuten, daß assertive und defensive Techniken einigermaßen unabhängig voneinander sind. Die Korrelation zwischen zwei Fragebogensubtests, von denen einer die Tendenz zur Zuschreibung positiver Merkmale (assertiv), und der andere die Tendenz zur Leugnung negativer Merkmale (defensiv) erfassen sollte, betrug nur 0,19. Außerdem wurde ein Zusammenhang zwischen assertiven Tendenzen und einem positiven Selbstwert festgestellt, während defensive Tendenzen in keinem Zusammenhang mit dem Selbstwert standen, aber mit Selbstaufmerksamkeit negativ korrelierten (d. h. Personen mit hoher dispositioneller Selbstaufmerksamkeit neigen eher nicht zur unrealistischen Leugnung negativer Merkmale).

Eine beliebte Methode in der Selbstdarstellungsforschung ist die «bogus-pipeline» (falsche Leitung) von JONES und SIGALL (1971). Dabei wird den Vpn weisgemacht, daß man mit Hilfe eines komplizierten Apparates ihre wahren Einstellungen, Meinungen und Gefühle mit physiologischen Methoden feststellen kann. Die Vpn werden dann aufgefordert, die «Messungen» des Apparats vorherzusagen. Es wird angenommen, daß das Verhalten der Vpn in dieser Situation weitgehend von Täuschungsabsichten frei ist. In diesem Sinn konnte gezeigt werden, daß viele Vpn Angehörige von Minoritäten (Farbige, Gastarbeiter) schlechter bewerten als ihre eigene Gruppe, wenn das bogus-pipeline-Verfahren verwendet wird (z. B. MUMMENDEY, BOLTEN und ISERMANN-GERKE, 1982). Bei den üblichen Methoden der Einstellungsmessung treten solche Unterschiede seltener auf: Um einen guten Eindruck zu machen, beurteilt man Minoritäten genauso gut wie die eigene Gruppe.

Es wurde auch versucht, verschiedene Forschungsergebnisse mit Hilfe von Selbstdarstellungshypothesen neu zu erklären. Das bevorzugte Objekt (oder Opfer) dieser Alternativerklärungen war wieder einmal die Dissonanztheorie (TEDESCHI, SCHLENKER und BONOMA, 1971). Die Autoren gehen davon aus, daß Konsistenz sozial erwünscht ist. Daher tritt nach einstellungsdiskrepantem Verhalten gar keine echte Einstellungsänderung auf, sondern die Vpn geben nur eine mit ihrem Verhalten konsistente Einstellung an, um einen guten Eindruck auf den Vl zu mchen. Es sollte daher nach einstellungsdiskrepantem Verhalten keine Einstellungsänderung nachweisbar sein (bzw. vorgespiegelt werden), wenn sich die Vp unbeobachtet glaubt, oder wenn sie annimmt, daß man ihre wahre Einstellung feststellen kann (z. B. durch das bogus-pipeline-Verfahren).

Tatsächlich zeigte sich in einigen Experimenten, daß unter den genannten Bedingungen keine Einstellungsänderung auftrat. Allerdings wurden auch Ergebnisse ermittelt, die der Selbstdarstellungshypothese widersprechen (s. MUMMENDEY und BOLTEN, 1985). Außerdem bezog sich die alternative Selbstdarstellungserklärung vor allem auf Einstellungsänderungen durch einstellungsdiskrepantes Verhalten, während andere Dissonanzphänomene (z. B. selektive Informationssuche) kaum beachtet wurden. Man könnte allerdings gewisse Dissonanzphänomene – etwa die Aufwertung der gewählten Alternative nach einer Entscheidung – auch als Selbstdarstellung deuten: Wer eine gute Wahl trifft, ist ein vernünftiger Mensch.

Die Dissonanztheorie konnte also wieder einmal nicht durch eine andere Theorie ersetzt werden. Vielmehr ist anzunehmen, daß Dissonanzeffekte häufig durch zusätzliche Selbstdarstellungseffekte vergrößert werden. Das gilt auch u. a. für Reaktanz (Freiheitswiederherstellung), Gerechtigkeitsempfinden (Schuldgefühle), Hilfeverhalten und selbstgefällige Attributionen. In all diesen Fällen spielen Selbstdarstellungsabsichten sicher eine Rolle, sind aber für eine vollständige Erklärung des Verhaltens nicht ausreichend.

Einen ähnlichen Standpunkt vertreten TETLOCK und MANSTEAD (1985). Sie kommen aufgrund einer kritischen Analyse zahlreicher Untersuchungen zu dem Schluß, daß sich Erklärungen durch Selbstdarstellungsprozesse und Erklärungen durch intrapsychische Prozesse (Dissonanz, Reaktanz, Gerechtigkeit, usw.) überhaupt nicht klar unterscheiden lassen (diese beiden Ansätze haben wie natürliche Kategorien unscharfe Grenzen). Zum Beispiel bewirkt die Anwesenheit eines Publikums (wodurch die Tendenz zur Verwendung von Selbstdarstellungstechniken erhöht werden soll) zwangsläufig auch innerpsychische Veränderungen wie vermehrte Selbstaufmerksamkeit, verstärkte Bindung (commitment) an öffentliches Verhalten, soziale Leistungsaktivierung (s. Abschnitt 6.321), usw. Umgekehrt setzt Selbstdarstellung nicht unbedingt die physische Anwesenheit eines Publikums voraus (oft genügt es schon, an ein Publikum zu denken). Außerdem will man nicht nur vor anderen Menschen, sondern auch vor sich selbst in einem günstigen Licht erscheinen, weshalb Selbsttäuschungen auftreten, die ebenfalls eine Form der Selbstdarstellung (sich selbst gegenüber) sind.

Anstatt die beiden Ansätze (Selbstdarstellung vs. intrapsychische Prozesse) gegeneinander auszuspielen, wäre es sinnvoller, einen integrativen Ansatz zu schaffen. Dieser sollte davon ausgehen, daß in beiden Fällen das Verhalten von Standards gelenkt wird – allerdings von unterschiedlichen (inneren vs. sozialen) Standards. Der integrative Ansatz müßte genau angeben, in welchen Situationen und bei welchen Persönlichkeiten die eine oder die andere Art von Standards mehr Einfluß auf das Verhalten hat. Ansätze in dieser Richtung sind die im Abschnitt 5.462 erwähnte Version der Selbstaufmerksamkeitstheorie von CARVER und SCHEIER (1981), in der zwischen privater und öffentlicher Selbstaufmerksamkeit unterschieden wird, und die im nächsten Abschnitt referierte Selbsttheorie von GREENWALD.

5.468 Selbstziele: Der Ansatz von GREENWALD

Nach GREENWALD (GREENWALD und PRATKANIS, 1984; BRECKLER und GREENWALD, 1986) besteht das Selbst aus vier Subsystemen. Diese vier Selbstkomponenten (die in Tabelle 62, nach BRECKLER und GREENWALD, zusammenfassend beschrieben sind) haben unterschiedliche Ziele (ego-tasks), und enthalten daher auch unterschiedliche Grundlagen des Selbstwerts. Bei jeder Komponente verbessert das Erreichen ihres Zieles (oder das Erfüllen ihrer Aufgabe) den Selbstwert. Nicht erreichte Ziele vermindern den Selbstwert.

Das erste Subsystem ist das diffuse Selbst (s. Tabelle 62). Das diffuse Selbst ist die primitivste Selbstkomponente. Hier herrscht ein reines Lustprinzip: Sein einziges Ziel ist «hedonistische Befriedigung», das Herbeiführen positiver Gefühle. Diese Selbstkomponente wird durch Drogeneinfluß und im Zustand der Anonymität verhaltenswirksam, und führt häufig zur Verletzung von Normen.

Das zweite Subsystem ist das öffentliche Selbst. Sein Ziel ist es, Anerkennung zu gewinnen, weshalb es oft die Verwendung von Selbstdarstellungstechniken veranlaßt. Es tritt im Zustand erhöhter öffentlicher Selbstaufmerksamkeit in den Vordergrund.

Als drittes Subsystem wird das private Selbst angeführt. Sein Ziel sind individuelle Erfolge und Leistungen, d. h. das Erreichen der eigenen Standards. Vom privaten Selbst wird das Verhal-

Tabelle 62

	diffuses Selbst	öffentliches Selbst	privates Selbst	kollektives Selbst
Ziel, Aufgabe	hedonistische Befriedigung	soziale Anerkennung, Selbstdefinition	individuelle Leistungen	kollektive Leistungen
Grundlage der Selbstbewertung	Herbeiführen positiver Gefühle (Lust)	Zustimmung von anderen (äußeres Publikum)	innere Standards (inneres Publikum)	internalisierte Ziele von Bezugsgruppen
interindividuelle Unterschiede (Tests)		öffentliche Selbstaufmerksamkeit, Bedürfnis nach Zustimmung, hohe Selbstüberwachung	private Selbstaufmerksamkeit, Leistungsmotivation, niedrige Selbstüberwachung	
auslösende Situationsaspekte	Anonymität in Gruppen, Drogen	Minoritätsstatus in Gruppen, allein vor Publikum, Kamera, öffentlicher Mißerfolg	allein, Spiegel, privater Mißerfolg	kohäsive Gruppe, auffällige (in der Wahrnehmung) oder zugängliche (im Gedächtnis) Bezugsgruppe, übergeordnete Ziele
Strategien zum Erreichen des Ziels	Verletzung von Normen	Konformität, Gehorsam, Einstellungsänderung, «sich im Glanz anderer sonnen»	Unabhängigkeit, Trotz, Einstellungsstabilisierung	Kooperation bei Gruppenaktivitäten

ten gesteuert, wenn man allein ist, und wenn die private Selbstaufmerksamkeit groß ist.
Schließlich gibt es noch das kollektive Selbst, die «Wir-Komponente» des Selbst. Seine Aufgabe ist es, gemeinsame Ziele zu erreichen und die Rollen, die man in Bezugsgruppen (Familie, Berufskollegen, religiöse Organisationen, usw.) hat, zu erfüllen. Während das öffentliche Selbst häufig bloß eine äußerliche Anpassung an externe Standards bewirkt (um Anerkennung zu finden), handelt es sich beim kollektiven Selbst um internalisierte Standards von Bezugspersonen. Der Unterschied könnte auch so charakterisiert werden, daß die Anpassung des Verhaltens an soziale Standards für das öffentliche Selbst bloß Mittel zum Zweck (der Anerkennung) ist, während für das kollektive Selbst die Erfüllung sozialer Standards Selbstzweck ist.
Die Reihenfolge in der Aufzählung der vier Selbstsysteme entspricht der individuellen Entwicklung. Beim Neugeborenen überwiegt das hemmungslose Lustprinzip des diffusen Selbst. Später versucht das Kind, Anerkennung zu erhalten und Strafen zu vermeiden, und paßt daher sein Verhalten den sozialen Anforderungen an. Als nächstes entsteht das selbständige private Selbst mit seinen eigenen Zielen und Forderungen. Mit der Entwicklung der kollektiven Komponente ist dann das Selbst vollständig.
Wie GREENWALD zeigte, gewinnt man ein tieferes Verständnis vieler bekannter Hypothesen und Ergebnisse, wenn man sie vom Standpunkt der vier Selbstsysteme und ihrer verschiedenen Ziele betrachtet. KELMAN (1958, 1961) unterscheidet drei Arten von sozialem Einfluß (u. a. bei Einstellungs- und Meinungsänderungen): Äußerliche Zustimmung ohne echte Meinungsänderung (compliance), Internalisierung und Identifizierung.
Compliance tritt auf, wenn man einem Einfluß nachgibt, um Vorteile zu erhalten oder Nachteile zu vermeiden. Diese Wirkung wird von mächtigen Personen (z. B. von mächtigen Sendern bei Einstellungsänderungen durch Kommunikation) erzielt. Internalisierung liegt dann vor, wenn man den Einfluß akzeptiert, weil die verlangte Einstellung (oder das geforderte Verhalten) mit eigenen Werten (Standards) übereinstimmt. Glaubwürdige Sender und Experten erreichen internalisierte Einstellungsänderungen (weil man korrekte Meinungen und angemessene Einstellungen haben möchte). Identifizierung ist gegeben, wenn man sich beeinflussen läßt, weil man zum Sender eine Beziehung hat oder herstellen möchte, die Teil der Selbstdefinition ist. Das ist etwa bei einem Sender der Fall, der einer wichtigen Bezugsgruppe des Empfängers angehört, oder der dem Empfänger wegen seiner Ähnlichkeit in wichtigen Punkten sympathisch ist.
Nach GREENWALD entsprechen diese drei Arten der Einflußnahme verschiedenen Selbstzielen. Compliance ist eine Sache des öffentlichen Selbst. Hier geht es um das Ziel der Anerkennung, Belohnung, und Vermeidung von Strafreizen. Internalisierung betrifft das private Selbst – es werden innere Standards (z. B. Streben nach Wahrheit) erfüllt. Identifizierung ist eine Angelegenheit des kollektiven Selbst.
Die Selbstzielanalyse ist u. a. auch auf Konformität und Deindividuierung (s. Abschnitt 6.34) anwendbar. BRECKLER und GREENWALD (1986) betonen ferner, daß die bisher publizierten Verfahren zur Messung des Selbstwerts unsystematisch und unvollständig sind. Sie sind unsystematisch, weil sie nicht zwischen verschiedenen Selbstsystemen unterscheiden, sondern meistens nur einen einzigen globalen Meßwert ergeben. Sie sind unvollständig, weil sie nur das private und/oder das öffentliche Selbst berücksichtigen, aber kaum das kollektive und das diffuse.

5.469 Wirkungen positiver und negativer Selbstbewertung

Manchem Leser mag die Zahl der referierten Selbstwerttheorien groß vorgekommen sein. Es handelt sich dennoch nur um eine Auswahl. Ich habe jene Theorien dargestellt, die in den letzten Jahren besondere Beachtung fanden (häufig zitiert wurden) und/oder viele Untersuchungen angeregt haben. Das bedeutet aber keineswegs, daß andere Selbst- und Selbstwerttheorien weniger bedeutend oder schlechter sind, z. B. die interpersonelle Kongruenztheorie von SECORD und BACKMAN (1965; BACKMAN, 1988) oder die Selbsttheorie von ROSENBERG (1979; s. auch THOMAS, 1989).
Manchem Leser wird auch aufgefallen sein, daß zwar alle diese Theorien unter der Überschrift Selbstwert referiert wurden, daß aber in einigen von ihnen die Variable Selbstwert nicht explizit vorkommt. Dennoch kann mit Sicherheit davon

ausgegangen werden, daß in allen Theorien selbstwertrelevante Prozesse beschrieben werden. Unvollständige selbstbezogene Ziele – wovon die Theorie der symbolischen Selbstergänzung handelt – sind selbstwertmindernd. Die symbolische Selbstergänzung dient auch dem Selbstwert. Die Bedrohung der Selbstintegrität (im Ansatz von STEELE) ist ebenfalls eine Bedrohung des Selbstwerts, und eine günstige Selbstdarstellung (nach außen oder innen) ist auch günstig für den Selbstwert. Zu wissen, daß man von anderen Personen geschätzt wird, schmeichelt dem Selbstwert.

Es ist bemerkenswert, daß es sich bei diesen Theorien durchwegs um Konsistenztheorien handelt. Sie alle nehmen an, daß durch Inkonsistenzen zwischen Selbstaspekten eine Selbstwertminderung und negative Gefühle entstehen, während Selbstkonsistenz einen positiven Selbstwert und positive Gefühle bewirkt. Die Theorien unterscheiden sich vor allem dadurch voneinander, daß sie von verschiedenen Arten von Inkonsistenzen ausgehen, z. B. Inkonsistenz zwischen Standards und Verhalten (Selbstaufmerksamkeitstheorie), zwischen verschiedenen Selbstbildern (Selbstdiskrepanztheorie), zwischen Selbstzielen und deren Nichterfüllung (Selbstergänzungstheorie und der Ansatz von GREENWALD), usw.

In diesem abschließenden Abschnitt sollen noch einige Auswirkungen positiver und negativer Selbstbewertung beschrieben oder nochmals betont werden. Die wichtigste Wirkung des Selbstwerts ist wohl seine eigene Wiederherstellung nach einer Bedrohung oder Verletzung, *sofern* ein chronischer positiver Selbstwert vorhanden ist. Zu diesem Zweck wird eine Unzahl verschiedener Mittel eingesetzt wie selektive Informationssuche, selektive Wahrnehmung, selektives Gedächtnis, selbstgefällige Attributionen, vorteilhafte Selbstdarstellungen, Selbstbenachteiligungen, usw. (s. STAHLBERG, OSNABRÜGGE und FREY, 1985). Alle diese und noch weitere Prozesse dienen dem Selbstwertschutz und der Selbstwerterhöhung.

Hier ist jedoch die Unterscheidung zwischen chronischem und aktuellem (oder momentanem) Selbstwert wichtig. Die oben genannten Selbstwertschutzprozesse setzen einen chronischen positiven Selbstwert voraus, und können durch vorübergehende Verschlechterungen des momentanen Selbstwerts noch intensiviert werden. Bei Personen mit einem chronischen negativen Selbstwert ist keine *generelle* Tendenz zur Selbstwerterhöhung vorhanden. Zwar können vereinzelte Ergebnisse auch bei Personen mit niedrigem Selbstwert als Versuch zur Selbstwertsteigerung interpretiert werden, im großen und ganzen zeigen die Ergebnisse aber ein völlig anderes Bild. Diese Personen scheinen eher im Sinn eines Konsistenz- oder Balancemotivs ihr negatives Selbstbild häufig zu bestätigen. Selbstwerterhöhung ist bei ihnen keineswegs die Regel.

Zu den Ergebnissen, die als Tendenz zur Selbstwertsteigerung bei niedrigem Selbstwert interpretiert werden können, zählt der Befund, daß Personen mit niedrigem oder negativem Selbstwert im allgemeinen leichter zu beeinflussen sind als Personen mit positivem Selbstwert. Sie haben ein stärkeres Bedürfnis nach sozialen Verstärkern wie Zuwendung und Zustimmung. Andererseits empfinden sie soziale Strafreize wie Abwendung und Ablehnung als besonders unangenehm (DITTES, 1959). Daher ist sozialer Druck (Erwartung von sozialen Verstärkern oder Strafreizen) bei Personen mit niedrigem Selbstwert sehr wirksam und sie neigen zu konformem Verhalten.

Das kann bedeuten, daß sie versuchen, ihr öffentliches Selbst in positiver Richtung zu verändern. Andererseits kann dadurch gleichzeitig ihr negatives privates Selbst bestätigt werden – wenn man sich sehr konform verhält, dann fehlen positive Eigenschaften wie Selbstbestimmung und die Fähigkeit zur Entscheidungsfreiheit. Abgesehen von solchen – ohnehin mehrdeutigen – Ergebnissen überwiegen die Unterschiede zwischen Personen mit positivem und negativem Selbstwert.

Bereits früher wurde darauf hingewiesen, daß ein Zusammenhang zwischen Selbstwert und Inkonsistenzreduktion besteht (vgl. Abschnitt 4.47). So dürfte etwa ein positiver Selbstwert eine notwendige Voraussetzung für die Reduktion der Nachentscheidungsdissonanz sein. Die Tendenz, Sympathie bzw. Ablehnung zu erwidern, scheint ebenfalls von einem positiven Selbstwert abzuhängen (vgl. Abschnitt 5.312). Auch für andere Balanceprozesse ist ein positiver Selbstwert wichtig (INSKO, 1984).

Positiver und negativer Selbstwert sind mit typischen Attributionstendenzen verbunden. Wie bereits erwähnt wurde, zeigten ICKES und LAYDEN (1978), daß Vpn mit hohem Selbstwert positive Ereignisse mehr intern als extern attribuieren und negative Ereignisse mehr extern als intern. Vpn mit niedrigem Selbstwert dagegen attribuieren negative Ereignisse mehr intern als extern und führen positive Ereignisse weniger auf sich selbst zurück als Vpn mit hohem Selbstwert.

Ähnliche Ergebnisse erzielten HERKNER, PESTA, MARITSCH und MASSOTH (1980). Die Vpn waren Negativverbalisierer (Personen mit vorwiegend unangenehmen inneren Monologen, Leistungsstörungen, niedrigen Erfolgserwartungen und häufigen unangenehmen Gefühlen) und Positivverbalisierer (Personen ohne Leistungsstörungen, mit hohen Erfolgserwartungen und vorwiegend angenehmen Gefühlen). Alle Vpn mußten 4 Serien zu je 10 Aufgaben aus einem Intelligenztest bearbeiten. Nach jeder Serie erhielten sie eine falsche Rückmeldung über ihre Leistung. Bei zwei Serien hatten sie «Erfolg» (gute Leistung) und bei zwei Serien «Mißerfolg» (schlechte Leistung). Nach jeder Erfolgs- bzw. Mißerfolgsrückmeldung mußten die Vpn auf zehnstufigen Skalen angeben, in welchem Ausmaß sie ihr Ergebnis auf jede der vier potentiellen Ursachen Fähigkeit (bzw. mangelnde Fähigkeit), Anstrengung (bzw. mangelnde Anstrengung), Schwierigkeitsgrad der Aufgaben und Zufall zurückführten.

Die Ergebnisse bezüglich Fähigkeit und Zufall sind in Tabelle 63 wiedergegeben. Diese Ergebnisse können auf analoge Weise balancetheoretisch erklärt werden wie die Attributionen positiver und negativer Handlungen bei sympathischen und unsympathischen Personen. (Um diese Erklärung im Detail nachzuvollziehen, braucht der Leser nur in Abbildung 126 das Element B anders zu interpretieren, nämlich als Selbstbild.)

Tabelle 63

	Erfolg	Mißerfolg
Positivverbalisierer	7,24	4,41
Negativverbalisierer	5,35	8,17

Ausmaß der Attribution an *Fähigkeit* (bzw. mangelnde Fähigkeit). Größere Zahlen bedeuten stärkere Attributionen.

	Erfolg	Mißerfolg
Positivverbalisierer	3,29	6,73
Negativverbalisierer	6,77	3,47

Ausmaß der Attribution an *Zufall*. Größere Zahlen bedeuten stärkere Attributionen.

Es muß noch erwähnt werden, daß sich aufgrund der bisher vorliegenden Ergebnisse die Kausalbeziehungen zwischen Attributionen und Selbstwert nicht eindeutig bestimmen lassen. Man kann jedoch mit größter Wahrscheinlichkeit annehmen, daß eine wechselseitige Abhängigkeit vorhanden ist: Der Selbstwert beeinflußt die Attributionen und die Attributionen beeinflussen den Selbstwert.

Das gilt auch für einen großen Teil der von TAYLOR und BROWN (1988) referierten Untersuchungen. TAYLOR und BROWN kommen aufgrund zahlreicher Ergebnisse zu dem Schluß, daß psychische Gesundheit, Wohlbefinden und ein positiver Selbstwert mit zahlreichen für das Selbst schmeichelhaften Illusionen verbunden sind. Dagegen zeigen Depressive und Personen mit negativem Selbstwert realistische Wahrnehmungen und Urteile. Psychische Gesundheit scheint also keineswegs einen starken Realitätsbezug vorauszusetzen (wie von einer gängigen Lehrmeinung behauptet wird). Im Gegenteil: Den besseren Realitätskontakt haben depressive Personen, und solche, die nicht glücklich sind und sich nicht wohl fühlen, weil sie sich negativ beurteilen.

Als Illusionen der «normalen» Menschen mit positivem Selbstwert werden von TAYLOR und BROWN u. a. angeführt: Man sieht sich selbst generell positiver als andere. Positive Merkmale hat man selbst in höherem Maß als andere Menschen. Bei negativen Merkmalen verhält es sich umgekehrt. Jene negativen Merkmale, die zu besitzen man zugibt, sind sehr verbreitet. Die eigenen positiven Merkmale und Fähigkeiten sind selten. Enge Freunde und Verwandte sind zwar nicht ganz so positiv wie man selbst, aber jedenfalls viel besser als Fremde (bzw. der Durchschnitt). Selbsteinschätzungen sind außerdem generell positiver als Beurteilungen durch andere Personen. Ferner ist eine starke Neigung zur Überschätzung von Kontingenzen und zur Illusion von Kontrolle vorhanden (vgl. Abschnitte 2.546 und 2.549). Schließlich ist noch ein unrealistischer Optimismus festzustellen:

Die meisten Menschen glauben, daß die Wahrscheinlichkeit positiver Ereignisse für sie selbst größer ist als für andere. Bei negativen Ereignissen ist es umgekehrt. Zu den positiven Ereignissen (nach denen in Untersuchungen gefragt wurde) zählen ein gutes Einkommen, begabte Kinder und eine erfreuliche erste Stellung. Negative Ereignisse waren: Verkehrsunfall, Krankheiten, Opfer eines Verbrechens, usw.

Daß depressive Menschen mit einem negativen Selbstbild weitgehend von solchen Illusionen frei sind, zeigt sich u. a. in ihren realistischeren Kontingenz- und Kontrollurteilen. Sie neigen auch weniger zu Selbsttäuschungen und haben eine höhere private Selbstaufmerksamkeit als durchschnittliche Vpn (d. h. sie schätzen sich realistischer ein und kennen sich besser als «normale» Vpn mit positivem Selbstwert).

6. Kapitel
Interaktion in Gruppen

6.1 Interaktion in Dyaden

6.11 Interaktionssequenzen

6.111 Kleingruppen und Dyaden

Die anschließenden Kapitel beschäftigen sich mit Interaktionsprozessen in Kleingruppen. Unter Kleingruppen sind solche Gruppen zu verstehen, deren Mitgliederzahl niedrig genug ist, so daß alle Mitglieder einander persönlich kennen und die Möglichkeit direkter Interaktion haben. Eine exakte obere Grenze der Mitgliederzahl läßt sich nicht angeben, jedoch kann aufgrund der obigen Definition in jedem Fall entschieden werden, ob es sich um eine Kleingruppe handelt oder nicht. Eine Gruppe von Freunden, die einander regelmäßig treffen, die Mitglieder eines Streichquartetts, Schulklassen, Teilnehmer eines Seminars und Fußballmannschaften sind Kleingruppen. Die Zuschauer eines Fußballänderspiels oder die Mitglieder einer großen politischen Partei sind keine Kleingruppen, weil nicht für alle Personen in einer solchen Gruppe die gegenseitige Wahrnehmung und die Möglichkeit unmittelbarer Interaktion gegeben sind.

Man kann zwar keine genaue obere, wohl aber eine untere Grenze der Mitgliederzahl von Kleingruppen angeben. Die «kleinste Kleingruppe» ist die *Dyade;* sie besteht aus zwei Personen. Größere Gruppen kann man sich aus mehreren Dyaden zusammengesetzt vorstellen, wobei jede Person an mehreren Dyaden beteiligt ist. Die vier Personen, A, B, C und D bilden eine Gruppe, die man in die sechs Dyaden (A, B), (A, C), (A, D), (B, C), (B, D) und (C, D) zerlegen kann. Die genaueste Beschreibung der Prozesse in größeren Gruppen ist die Analyse aller dyadischen Interaktionen. Wenn beispielsweise drei Freunde A, B und C miteinander diskutieren, wird dieser Vorgang am präzisesten beschrieben, indem die Interaktionen zwischen A und B, zwischen A und C sowie zwischen B und C genau registriert und miteinander verglichen werden.

Außer der Mitgliederzahl führen die meisten Autoren noch andere Kriterien an, die erfüllt sein müssen, damit man von einer Gruppe sprechen kann. Bezüglich dieser Kriterien besteht jedoch nur teilweise Übereinstimmung zwischen den verschiedenen Autoren (vgl. die Gegenüberstellung verschiedener Kriterienkataloge bei SCHNEIDER, 1975). Von manchen – aber nicht von allen – Autoren wird beispielsweise die Existenz gemeinsamer Normen, gemeinsamer Ziele und/oder gemeinsamer Motive postuliert. Auch von einem «Gruppenbewußtsein» im Sinn eines Zusammengehörigkeitsgefühls wird manchmal gesprochen. Relativ verbreitet ist das Kriterium der *Dauer:* Mehrere Personen bilden nur dann eine Gruppe, wenn sie längere Zeit hindurch miteinander interagieren.

6.112 Typen von Interaktionssequenzen

Da die Dyade die untere Grenze einer Kleingruppe darstellt und weil die genaue Beschreibung komplexer Gruppenprozesse deren Analyse in dyadische Interaktionen verlangt, befaßt sich das vorliegende Kapitel mit dyadischen Interaktionen. Gegenüber früheren Kapiteln, die sich ebenfalls mit bestimmten Formen dyadischer Interaktion auseinandergesetzt haben (z. B. Sozialisierung, Einstellungsänderung, Personenwahrnehmung) tritt jetzt ein neuer Aspekt hinzu.

Die nächsten Abschnitte haben längere, zusammenhängende Interaktionssequenzen zum Gegenstand, d. h. längere Abfolgen von gegenseitig beeinflußten Verhaltensweisen. Beispiele für solche Interaktionssequenzen sind Gespräche, Diskussionen und Verhandlungen. Jede Verhaltensweise des einen Interaktionspartners beeinflußt die folgende Reaktion des anderen; seine Reaktion wieder beeinflußt die nächste Reaktion des ersten usw. Im Gegensatz zu dieser Betrachtungsweise wurden in den früheren Kapiteln vorwiegend Ausschnitte betrachtet: Ein Sender spricht über ein bestimmtes Einstellungsobjekt; der Empfänger der Mitteilung ändert daraufhin seine Einstellung. Eine Stimulusperson zeigt bestimmte Verhaltensweisen; der Beobachter zieht daraus Schlüsse und bildet Meinungen über die Stimulusperson.

Die einzelnen Verhaltensschritte in Interaktionen sind jedoch in der Regel nicht ausschließlich Reaktionen auf das Verhalten des anderen, sondern werden auch durch eigene Absichten bestimmt. In anderen Worten: Jeder Interaktionsschritt wird (meistens) durch innere und äußere Faktoren determiniert. Wenn B auf eine Frage von A antwortet, so ist die Antwort eine Reak-

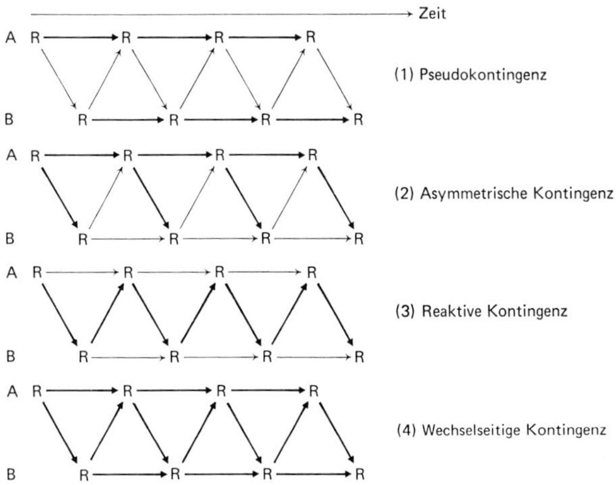

Die dicken Pfeile (⟶) bedeuten stärkere, die dünnen Pfeile (⟶) schwächere Verhaltensdeterminanten

Abbildung 138

tion auf die Frage. Darüber hinaus hängt die Antwort auch von inneren Faktoren ab (von der Meinung, die B zum Gegenstand der Frage hat; von der Absicht, A zu gefallen oder ihn zu verärgern usw.).

In Abhängigkeit von den relativen Anteilen innerer und äußerer Faktoren unterscheiden JONES und GERARD (1967) vier Grundtypen von Interaktionssequenzen (siehe Abbildung 138).

(1) *Pseudokontingenz* (innere Verhaltensdeterminanten für A und B). Die Verhaltensschritte beider Partner werden durch eigene Pläne (durch selbstproduzierte Stimuli) bestimmt. Bloß die zeitliche Gliederung des Verhaltens wird von sozialen Reizen gesteuert (wenn A zu sprechen aufhört, beginnt B zu sprechen).

Zwei Schauspieler, die ihre auswendig gelernten Rollen spielen, interagieren pseudokontingent. Bei vielen ritualisierten Handlungen (Trauungen, Promotionen, religiöse Rituale und Feiern) tritt ebenfalls Pseudokontingenz auf. Schließlich handeln auch Personen pseudokontingent, die nicht imstande oder nicht willens sind, auf den anderen «einzugehen» und die daher «aneinander vorbeireden».

(2) *Asymmetrische Kontingenz* (innere Determinanten für A und äußere für B). A richtet sich nach seinen eigenen Plänen und wird kaum durch die Reaktionen von B beeinflußt. B andererseits richtet sein Verhalten in erster Linie an A aus.

Solche Asymmetrien treten auf, wenn B entweder keine bestimmten Pläne und Absichten hat, oder wenn er nicht imstande ist, diese durchzusetzen. Der erste Fall (B hat keine Pläne) kann verschiedene Ursachen haben. B kann in der Stimmung sein, sich «ganz auf den anderen einstellen» zu wollen (auch das kann verschiedene Gründe haben: Passivität aus Übermüdung oder Faulheit, besondere «Verehrung» für A usw.).

B kann auch aus einem andern Grund «planlos» sein, nämlich dann, wenn die Situation neu, unbekannt und schwer vorhersagbar ist. Die Asymmetrie zwischen Interviewer und Befragtem sowie zwischen Vl und Vp kann wohl zum Teil auf Planlosigkeit der Vp infolge der unbekannten Situation zurückgeführt werden.

Der zweite Fall (B kann seine Pläne nicht durchsetzen) wird vor allem dann auftreten, wenn es Machtunterschiede zwischen A und B gibt (A verfügt über wirksamere Verstärker und Strafreize als B). Asymmetrische Interaktionen aufgrund von Machtdifferenzen gibt es beispielsweise in autoritär geführten Gruppen. Die in vielen Sozialisierungsprozessen auftretende Asymmetrie ist ebenfalls teilweise auf Machtdifferenzen zwischen Eltern und Kind zurückzuführen, zum

anderen Teil aber auf Unkenntnis und Planlosigkeit des Kindes.
Schließlich besteht noch die Möglichkeit, daß A rigid ist und daher unfähig, seine vorgefaßten Pläne zu ändern und dem Verhalten von B anzupassen. B bleibt dann nichts anderes übrig, als sich A anzupassen oder die Interaktion abzubrechen.

(3) *Reaktive Kontingenz* (äußere Determinanten für A und B). Reaktive Kontingenz liegt dann vor, wenn A und B aufeinander reagieren und keine eigenen Pläne verfolgen. Beide Interaktionspartner handeln «spontan». Sie haben keine Ziele, die sie während der Interaktion erreichen wollen, sondern reagieren bloß auf jedes Verhalten des anderen. Viele «nette» Unterhaltungen im «Plauderton», die oft als besonders angenehm empfunden werden und bei denen ständig von einem Thema zum anderen gesprungen wird, sind Beispiele für den vorwiegend reaktiven Interaktionstyp. Nach JONES und GERARD handelt es sich dabei um ein primitives, reflexartiges Verhaltensmuster, das man vor allem bei Kindern und Tieren findet.

(4) *Wechselseitige Kontingenz* (innere und äußere Determinanten für A und B). Wechselseitige Kontingenz ist der komplizierteste und wohl auch der häufigste Interaktionstyp. A und B handeln beide nach eigenen Plänen, gleichzeitig aber auch situationsangepaßt. Jeder hat die Absicht, bestimmte Ziele zu verwirklichen (z. B. den anderen von etwas zu überzeugen). Dennoch laufen die einzelnen Verhaltensschritte nicht «blind» und «vorprogrammiert» ab, sondern werden auf die Reaktionen des Interaktionspartners abgestimmt. Sachliche Gespräche und Diskussionen setzen wechselseitige Kontingenz voraus. Es gibt aber auch nichtkooperative Fälle wechselseitiger Kontingenz (z. B. Verhandlungen zwischen Gegnern).

6.113 Interaktion als soziale Fertigkeit

ARGYLE (1967, 1969; ARGYLE und KENDON, 1967) entwickelte ein Interaktionsmodell, das eine detaillierte Beschreibung wechselseitiger Kontingenz liefert und auch verschiedene Möglichkeiten ihrer Störung aufzeigt. Der zentrale Gedanke in ARGYLES Theorie ist die Betrachtung von Interaktionen als soziale Fertigkeiten, die analog zu motorischen Fertigkeiten (Autofahren, Klavierspielen usw.) analysiert und erklärt werden können.
Zum besseren Verständnis soll zunächst ein Beispiel motorischer Fertigkeiten analysiert werden. Ein Pianist will eine Passage aus einer Beethovensonate in ganz bestimmter Weise spielen. Zunächst ist ein Motiv vorhanden, nämlich der Plan (Absicht, Ziel) einer bestimmten Interpretation. Dieser Plan wird teils bewußt, teils unbewußt in konkrete motorische Reaktionen (Finger-, Hand- und Armbewegungen) übersetzt. Das Verhalten bewirkt eine Änderung der Reizsituation (der Anfang der Sonate erklingt). Die Wahrnehmung der Situation (gemeinsam mit dem ursprünglichen Plan) führt zu weiteren Übersetzungsprozessen: Die Fingerbewegungen für die nächsten Takte werden eingeleitet usw.
Ein wichtiger Aspekt der Wahrnehmung ist der Vergleich des tatsächlich erreichten mit dem gewünschten Ergebnis (Vergleich von Ist- und Sollwert). Zeigt dieser Vergleich Übereinstimmung von Ist- und Sollwert, dann wird der anfängliche Plan weiter in motorische Reaktionen übersetzt und ausgeführt. Oft werden jedoch Diskrepanzen zwischen erreichtem und gewünschtem Zustand festgestellt (die Hauptmelodie ist beispielsweise zu leise oder die Begleitstimme zu laut).
Die Diskrepanz führt zu neuen Übersetzungsprozessen (z. B. kräftigere Anschläge der rechten Hand oder leichtere der linken). Diskrepanzen können auch zu Veränderungen des ursprünglichen Plans führen (wenn etwa viele falsche Töne wahrgenommen werden, kann der Plan dahingehend geändert werden, langsamer zu spielen).

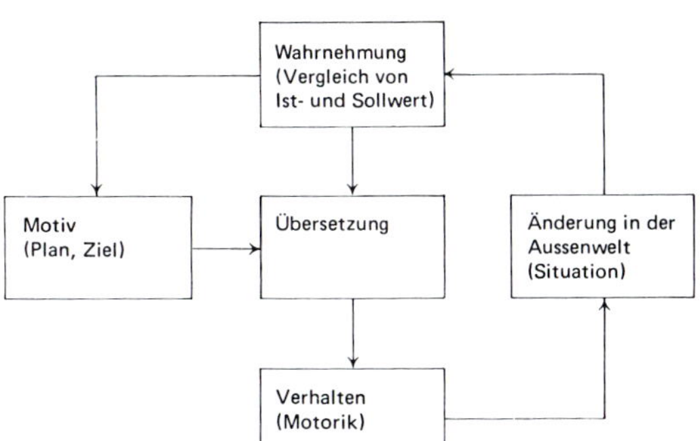

Abbildung 139

Die Rückmeldung der Wirkungen des Verhaltens ist von großer Bedeutung, denn sie führt zu adäquaten Änderungen (Korrekturen) der Übersetzungsprozesse und/oder der Pläne. Mangelhafte Fertigkeiten haben ihre Ursache oft in gestörten Rückmeldungsprozessen (wenn der Pianist nicht merkt, daß er zu leise spielt, wird er sein Verhalten nicht ändern; wenn er nicht merkt, daß er falsch spielt, wird er seine Pläne nicht ändern und seine Ansprüche nicht auf ein adäquates Niveau senken).
Mangelhafte Fertigkeiten können auch andere Gründe haben. Die Übersetzungsprozesse können inadäquat sein (man hat zwar Vorstellungen bestimmter Klangwirkungen, weiß aber nicht, durch welche Spieltechnik diese zu erzielen sind). Ferner kommt es nicht selten vor, daß die zur Realisierung eines Plans notwendigen Verhaltensweisen nicht verfügbar sind, etwa weil sie noch nicht gelernt wurden (der Pianist kann noch nicht so schnell und virtuos spielen, wie es die vorgenommene Passage verlangt).
Interaktionsprozesse lassen sich nach dem gleichen Schema als soziale Fertigkeiten begreifen. Es müssen nur in das Schema soziale Pläne (Überredung, Bestrafung usw.) und soziale Situationen (Verhalten bzw. Verhaltensänderungen des Interaktionspartners) eingesetzt werden.

(1) *Motivation* (Pläne). Die meisten sozialen Interaktionen entstehen aufgrund bestimmter Motive (mit Ausnahme reaktiver Kontingenz und der Handlungen des «planlosen» Interaktionspartners bei asymmetrischer Kontingenz, vgl. den vorigen Abschnitt). Es kann beispielsweise ein Anreiz sein, den anderen zu überzeugen, ihn zu erheitern oder von ihm möglichst positiv bewertet zu werden.
Solche Interaktionsziele können als Pläne im Sinn von MILLER, GALANTER und PRIBRAM (1960) aufgefaßt werden (vgl. Abschnitt 3.5). Es handelt sich meistens um Zielhierarchien. So kann als oberstes Ziel ein allgemeines Streben nach sozialer Anerkennung vorliegen. Diesem sind Motive untergeordnet, von bestimmten Personen positiv bewertet zu werden (z. B. vom momentanen Interaktionspartner). Der Plan, von B positiv bewertet zu werden, umfaßt die Teilziele, von B als intelligent und zuverlässig eingeschätzt zu werden usw. Nach der Verwirklichung eines Teilziels wird wieder zum nächsten übergeordneten Plan übergegangen.
(2) *Wahrnehmung*. Das Verhalten des Interaktionspartners wird wahrgenommen und interpretiert. Die meisten Menschen haben gelernt, bei der Wahrnehmung zu selektieren. Man muß wissen, welche Reize besondere Aufmerksamkeit verdienen, daß z. B. Blickrichtung und Blickdauer von großer Bedeutung sind, daß Handlungen, die nicht zu positiven Konsequenzen führen oder mit viel Aufwand verbunden sind, eher Schlüsse auf Einstellungen des Handelnden zulassen als belohnte Handlungen. (Die interpersonelle Wahrnehmung wurde detailliert in Abschnitt 5 beschrieben.)
(3) *Übersetzungsprozesse*. Die ursprünglichen Pläne und die Wahrnehmung des Interaktionspartners führen gemeinsam zu Übersetzungsprozessen. Der Plan, dem anderen gefallen zu wollen und die Wahrnehmung, daß dieser Intelligenz für eine wertvolle Eigenschaft hält, resultiert in der Absicht, den Eindruck eines besonders intelligenten Menschen zu erwecken. Diese Absicht wird in motorische Reaktionen übersetzt, z. B. in das Aussprechen von «geistreichen» Sätzen.
Die Übersetzungsprozesse können mehr oder weniger automatisiert ablaufen. Manchmal sind bewußte, detaillierte Überlegungen kaum notwendig. Man «weiß automatisch», was zur Verwirklichung eines Plans zu tun ist. In anderen Fällen müssen minutöse und mühsame Überlegungen angestellt werden, die viel Zeit kosten und den reibungslosen Interaktionsablauf beeinträchtigen können. Es kann wahrscheinlich als Zeichen gut entwickelter sozialer Fertigkeiten angesehen werden, wenn die Übersetzungsprozesse eher unbewußt ablaufen. (Das gleiche gilt auch für motorische Fertigkeiten. Ein guter Pianist mit klaren Vorstellungen über die gewünschte Interpretation denkt nicht über seine Bewegungen nach. Nur der Anfänger muß die Bewegungen jedes Fingers genau überlegen und planen.)
(4) *Motorik*. Die Ergebnisse der Übersetzungsprozesse werden durchgeführt. Voraussetzung dafür ist, daß die geplanten Verhaltens-

schritte verfügbar, d. h. gut gelernt und eingespielt sind.

Die von den Übersetzungsprozessen geplante Motorik kann genauso wie die Motivation als Planhierarchie aufgefaßt werden. Der übergeordnete Plan ist beispielsweise, eindrucksvoll zu sprechen. Auf der nächsten Stufe stehen Pläne hinsichtlich der Gesprächsthemen. Dem Plan, über das schwierige Thema X zu sprechen, sind Pläne über den Aufbau der einzelnen Sätze untergeordnet usw. bis hin zu Plänen hinsichtlich der Artikulation einzelner Laute. Bei gut funktionierenden Verhaltensweisen müssen nur die allgemeineren (in der Hierarchie höheren) Verhaltenspläne bewußt und aufmerksam überlegt werden. Die speziellen Pläne (z. B. das Aussprechen einzelner Wörter) laufen automatisch ab. Jeder Anfänger in einer Fremdsprache wird wissen, daß bei noch nicht gut gelernten Verhaltensweisen selbst die elementarsten Schritte (Artikulation einzelner Laute und Wörter) bewußt und sorgfältig geplant werden müssen.

(5) *Rückmeldung und Korrekturen*. Wie bei jeder Fertigkeit sind auch bei Interaktionen der Vergleich von Ist- und Sollwert sowie die daraus resultierenden Plan- und Verhaltenskorrekturen von größter Bedeutung. Stellt man etwa fest, daß das Gespräch bisher nicht zielführend war (statt der erwarteten Anzeichen einer positiven Bewertung wie Lob, verlängerter Blickkontakt und Lächeln zeigt der Gesprächspartner ein abgewandtes und gelangweiltes Gesicht), müssen Verhalten und/oder Teilziele geändert werden. Eine Verhaltensänderung wäre die Wiederholung der Argumente in gefälligerer und verständlicherer Form. Eine Zieländerung wäre gegeben, wenn man dem Partner nicht mehr durch Intelligenz, sondern durch Verläßlichkeit und Hilfsbereitschaft imponieren will.

Mängel der sozialen Fertigkeiten. Interaktionsprozesse können aus den gleichen Gründen gestört sein wie motorische Fertigkeiten. Die Wahrnehmung des Partners kann durch zu geringe Aufmerksamkeit, durch Beachten irrelevanter Reize (inadäquate Selektion) oder durch falsche Interpretationen seiner Handlungen beeinträchtigt sein. In jedem dieser Fälle kommt es zu einer vorwiegenden oder ausschließlichen Orientierung an den eigenen Plänen (an inneren Faktoren). Es besteht dann die Möglichkeit einer asymmetrischen Interaktion oder, wenn der Wahrnehmungsmangel bei beiden Partnern vorliegt, der Pseudokontingenz.

Ein Wahrnehmungsmangel liegt auch dann vor, wenn der Vergleich von Ist- und Sollwerten gestört ist, d. h. wenn Diskrepanzen nicht wahrgenommen werden. Das Übersehen von Diskrepanzen kann durch inadäquate Informationsverarbeitung (Interpretation) entstehen. Es könnte etwa fälschlicherweise angenommen werden, daß der Partner zwar den gebotenen Argumenten nicht zustimmt, in Wahrheit oder im «Innersten» aber doch überzeugt worden ist, es jedoch nicht zugeben will. Verhaltenskorrekturen und angepaßte Zielmodifikationen sind in diesem Fall unwahrscheinlich.

Auch die Übersetzungsprozesse können mangelhaft sein. Jemand kann durchaus adäquate und zielführende Pläne auf einem zu abstrakten Niveau haben. Er weiß dann zwar, was er tun müßte, aber er weiß nicht, wie er es tun soll. Er weiß beispielsweise, in welchen Momenten er Zuwendung zeigen müßte, aber nicht, durch welche Verhaltensweise. Es «fällt ihm nichts Passendes ein».

Schließlich kann die Störung an der Motorik liegen. Erregung und Überaktivierung sind häufige Ursachen. Man kann so «nervös» sein, daß glatte Verhaltensabläufe unmöglich sind. Es könnten auch die gerade notwendigen Verhaltensweisen nicht oder nur mangelhaft gelernt worden sein. Nicht alle Menschen haben gelernt, flüssig zu sprechen und dominant aufzutreten. Ferner kommt es bei bestimmten Formen des Appetenz-Aversions-Konflikts (vgl. Abschnitt 2.53) zu Hemmungen. Man hat den passenden Plan, auch das nötige Verhalten ist gut geübt, kann aber aus Angst im konkreten Fall nicht produziert werden.

6.114 Selbstdarstellung in sozialen Interaktionen

Viele Menschen bemühen sich, einen möglichst guten Eindruck auf den Interaktionspartner zu machen, um ihre Ziele besser zu erreichen. Sie achten sorgfältig auf alle Hinweisreize, die sie dem Verhalten des Partners entnehmen können, und steuern ihr eigenes Verhalten dergestalt, daß sie nur solche Handlungen ausführen, die sie in der gegebenen Situation für passend oder günstig halten. Ferner kontrollieren sie auch ihr nichtverbales Ausdrucksverhalten (Blickkontakt, Tonfall, Mimik, Körperhaltung usw.) im Sinn einer vorteilhaften Selbstdarstellung.

Andererseits gibt es Personen, die soziale und situative Hinweisreize weder sonderlich beachten, noch ihr Verhalten von solchen Hinweisreizen abhängig machen. Diese Menschen handeln ausschließlich oder vorwiegend aufgrund ihrer Einstellungen und Meinungen und machen sich wenig Gedanken darüber, ob sie in der gegebenen Situation einen positiven Eindruck auf ihren Partner machen oder nicht. In der Regel verfügen sie auch nicht über die sozialen Fähigkeiten, die nötig wären, um ihre Handlungen und ihr Ausdrucksverhalten im Sinn einer günstigen Selbstdarstellung zu steuern.

SNYDER (1974) entwickelte einen Fragebogentest, der individuelle Unterschiede in der Motivation und Fähigkeit zur vorteilhaften Selbstdarstellung erfaßt. Die «Selbstüberwachungsskala» (Self-Monitoring Scale) besteht aus 25 Aussagen, wie z. B. «... ich bemühe mich nicht, Dinge zu sagen, die den anderen angenehm sind», «ich kann jedem in die Augen schauen und dabei lügen (wenn es für einen bestimmten Zweck nötig ist)» oder «in verschiedenen Situationen und gegenüber verschiedenen Menschen verhalte ich mich wie ganz verschiedene Personen». Bei jeder Aussage gibt die Vp an, ob die Aussage auf sie zutrifft oder nicht.

Erwartungsgemäß zeigte sich, daß Personen, deren Motivation und Fähigkeit zur günstigen Selbstdarstellung aus beruflichen Gründen groß sein müßten (z. B. Schauspieler und Politiker), einen höheren Punktewert auf der Selbstüberwachungsskala erzielen als eine Vergleichsgruppe von Studenten (SNYDER, 1974). Ferner scheint die Selbstüberwachungsskala eine eigenständige psychologische Dimension zu messen, denn die Korrelationen zwischen dieser Skala und anderen Dimensionen (z. B. Introversion – Extraversion oder Ort der Kontrolle) sind äußerst gering (vgl. SNYDER, 1979). Die Selbstüberwachungsskala wurde später revidiert und auf 18 Fragen gekürzt (SNYDER und GANGESTAD, 1986).

SNYDER (1979) nimmt an, daß sich Personen mit starker Selbstüberwachungstendenz in jeder Situation fragen, *was diese Situation von ihnen verlangt,* d. h. welche Verhaltensweisen angemessen sind und einen günstigen Eindruck machen; daß sie sich dann eine Person *vorstellen,* die möglichst gut zur gegebenen Situation paßt; und schließlich diese Person imitieren. Personen mit geringer Selbstüberwachungstendenz orientieren sich nicht an «prototypischen» Personen, sondern an ihrem Selbstbild. Sie stellen sich in jeder Situation die Frage, welche ihrer Eigenschaften (Einstellungen, Persönlichkeitsmerkmale usw.) in der gegebenen Situation relevant ist und handeln in Übereinstimmung mit dieser Eigenschaft.

Aus diesen Annahmen folgen Hypothesen über die Situationsabhängigkeit von Verhalten und über die Beziehungen zwischen Verhalten und Einstellungen. Personen mit hoher Selbstüberwachungstendenz richten sich nach der jeweiligen Situation. Daher wird ihr Verhalten nicht konsistent sein und auch häufig den Einstellungen widersprechen (wenn es die Situation «verlangt»). Personen mit geringer Selbstüberwachungstendenz orientieren sich an ihrem (konstanten) Selbstbild. Daher wird ihr Verhalten relativ situationsunabhängig sein und meistens mit den Einstellungen übereinstimmen.

Mit diesen Hypothesen (und den einschlägigen Untersuchungen) hat SNYDER einen wichtigen Beitrag zu zwei besonders aktuellen und umstrittenen Problemen geleistet, nämlich zur Frage, ob konstante Persönlichkeitsmerkmale existieren (vgl. Abschnitt 2.62), und zur Frage nach der Übereinstimmung zwischen Verhalten und Einstellungen (vgl. Abschnitt 4.24). SNYDER erwähnt auch mögliche Ausnahmen von den genannten Hypothesen: Personen mit hoher Selbstüberwachungstendenz werden sich konsistent und situationsunabhängig verhalten (als ob sie konstante Dispositionen hätten), wenn sie das für zweckmäßig halten. So wird etwa ein Politiker (mit starker Selbstüberwachung) in allen Situationen tatkräftig und hilfreich erscheinen wollen – auch wenn er nach vielen Sitzungen und Diskussionen schon erschöpft ist und ihn das im Augenblick diskutierte Problem nicht interessiert.

Wichtig ist ferner SNYDERS Hypothese, daß es nicht nur individuell (d. h. durch die Stärke der Selbstüberwachungstendenz) bedingte Unterschiede in der Verhaltenskonsistenz und der Konsistenz zwischen Einstellungen und Verhalten gibt, sondern daß solche Unterschiede auch

situationsbedingt sein können. Manche Situationen bewirken ein selbstüberwachendes Verhalten. Das sind vor allem neue, unvertraute Situationen und Interaktionen mit wichtigen Personen (von denen man abhängig ist, vgl. BERSCHEID, GRAZIANO, MONSON und DERMER, 1976). In diesen Fällen ist man motiviert, sozialen Hinweisreizen erhöhte Aufmerksamkeit zu widmen und das eigene Verhalten bewußt und situationsangepaßt zu kontrollieren.
Andere Situationen, die die Aufmerksamkeit auf die eigenen Dispositionen und Einstellungen lenken, verringern die Tendenz zur Selbstüberwachung und (nach außen) vorteilhaften Selbstdarstellung und fördern daher konsistentes und einstellungskongruentes Verhalten. Hier sind u. a. Zustände «objektiver Selbstaufmerksamkeit» (vgl. Abschnitt 5.462) zu nennen sowie Situationen mit erhöhter und deutlicher persönlicher Verantwortlichkeit für die Folgen des eigenen Verhaltens.
Die in diesem Abschnitt referierten Hypothesen wurden in mehreren Untersuchungen überprüft und bestätigt. Die Vpn von SNYDER und MONSON (1975) wurden mit Hilfe der Selbstüberwachungsskala in zwei Gruppen eingeteilt: Vpn mit starker bzw. schwacher Selbstüberwachungstendenz. Allen Vpn wurden mehrere Situations- und Verhaltensbeschreibungen vorgelegt, wobei sie jeweils (auf einer Skala von 0 bis 10) angeben mußten, mit welcher Wahrscheinlichkeit sie in der beschriebenen Situation das betreffende Verhalten ausführen würden. (Die Beschreibungen bestanden aus konkreten Verhaltensbeispielen von Aggression, Hilfsbereitschaft und Ehrlichkeit, die jeweils mit neun verschiedenen Situationskontexten versehen waren.) Erwartungsgemäß zeigte sich bei den stark selbstüberwachenden Vpn eine größere situationsbedingte Verhaltensvariabilität als bei den Vpn mit geringer Selbstüberwachungstendenz, deren Antworten – im Sinn konstanter Persönlichkeitsmerkmale – wesentlich konsistenter waren. Außerdem wurde bei den Vpn mit starker Selbstüberwachungstendenz (in Übereinstimmung mit ihrem Verhalten) eine deutliche Neigung zu Situationsattributionen festgestellt, während die Vpn mit geringer Selbstüberwachung eher zu Dispositionsattributionen tendieren. SNYDER und TANKE (1976) konnten nachweisen, daß bei Vpn mit geringer Selbstüberwachungstendenz die Übereinstimmung zwischen Einstellungen und Verhalten größer ist als bei stark selbstüberwachenden Vpn.
Die Selbstüberwachungstheorie hat noch einen weiteren wichtigen Beitrag zur Einstellungsforschung geleistet. Es wurde das lange Zeit nicht mehr beachtete Thema der Einstellungsfunktionen wieder aufgegriffen. SNYDER und DEBONO (1987) postulierten, daß Einstellungen für Menschen mit starker und schwacher Selbstüberwachungstendenz unterschiedliche Funktionen erfüllen. Für starke Selbstüberwacher haben Einstellungen eine soziale Anpassungsfunktion (social adjustive function). Sie wollen zeigen, daß sie angemessene oder «richtige» Einstellungen haben, und dadurch Zustimmung oder Anerkennung erlangen. Für niedrige Selbstüberwacher haben Einstellungen eine Wertausdrucksfunktion (value expression function). Ihre Einstellungen sind Ausdruck ihrer allgemeinen Werthaltungen (d. h. sie stimmen mit inneren Standards überein). In der Terminologie der Selbstzieltheorie von GREENWALD (s. Abschnitt 5.468) ist die soziale Anpassungsfunktion eine Aufgabe (ego-task) des öffentlichen Selbst, und die Wertausdrucksfunktion eine Aufgabe des privaten Selbst.
Mit diesen Annahmen stimmen etliche Ergebnisse gut überein. DEBONO und HARNISH (1988) vermuteten, daß starke Selbstüberwacher vor allem an Mitteilungen interessiert sind, die von sympathischen und bekannten Sendern (die z. B. ein öffentliches Amt bekleiden) stammen. Schwache Selbstüberwacher sind dagegen eher an Mitteilungen von Experten (z. B. Wissenschaftlern) interessiert. Daher sollten starke Selbstüberwacher Mitteilungen von sympathischen Sendern auf dem zentralen Weg und Mitteilungen von Experten nur heuristisch verarbeiten, während es bei schwachen Selbstüberwachern umgekehrt sein sollte (zentrale und periphere bzw. heuristische Informationsverarbeitung wurde in Abschnitt 4.342 besprochen). Daraus folgt weiters, daß für starke Selbstüberwacher die Argumentqualität nur bei sympathischen Sendern eine Rolle spielt (das Ausmaß der Einstellungsänderung beeinflußt), während für schwache Selbstüberwacher die Argumentqualität nur bei Experten eine Rolle spielt. Diese Hypothese wurde bestätigt (s. Tabelle 64). Die Zahlen in der Tabelle sind die (mittleren) Ein-

Tabelle 64

Selbstüberwachung	Argumente stark	schwach
hoch		
Experte	4,07 (30)	3,61 (10)
sympathischer Sender	3,31 (50)	5,54 (7)
niedrig		
Experte	3,50 (38)	5,67 (8)
sympathischer Sender	3,64 (19)	3,69 (17)

stellungen nach der Mitteilung, die auf einer 7-Punkte-Skala erfaßt wurden. Niedrige Zahlen bedeuten Einstellungen im Sinn der Mitteilung. Die Zahlen in Klammern sind die Prozentsätze günstiger Gedanken über die Qualität der Mitteilung.

Es wurde auch gezeigt, daß bei starken und schwachen Selbstüberwachern unterschiedliche Arten von Mitteilungen wirksamer sind (DeBono, 1987). Starke Selbstüberwacher lassen sich eher von Argumenten beeinflussen, die die soziale Anpassungsfunktion der Einstellung betonen (z. B. «die meisten von Ihren Freunden sind nicht Ihrer Meinung»), während schwache Selbstüberwacher eher durch Mitteilungen zu überzeugen sind, die sich auf Werte und andere innere Standards der Empfänger beziehen. Sie sind eher durch sachliche und korrekte Argumente zu beeinflussen.

Dementsprechend sind bei den beiden Personengruppen auch verschiedene Werbestrategien wirksam (Snyder und DeBono, 1985). Starke Selbstüberwacher werden von Werbestrategien beeinflußt, die das Image eines Produktes betonen, und die darauf hinweisen, daß man durch Kauf und Verwendung des Produkts an Ansehen gewinnt. Schwache Selbstüberwacher sind eher zu überzeugen, wenn die Vorzüge eines Produkts betont werden.

Die Selbstüberwachungstheorie ist nach wie vor ein Ansatz, der sehr viele Untersuchungen anregt und viele interessante Ergebnisse bringt. Aus der großen Fülle seien hier nur noch einige wenige angedeutet: Starke Selbstüberwacher haben mehr und genaueres Wissen (Prototypen) über soziale Situationen und über Personen. Schwache Selbstüberwacher wissen mehr über sich selbst (Snyder und Cantor, 1980).

Sowohl starke wie schwache Selbstüberwacher suchen solche Situationen auf, die ihrer Persönlichkeit besser entsprechen (Snyder und Gangestad, 1982). Für starke Selbstüberwacher sind das möglichst klar definierte und vorhersagbare Situationen, in denen man weiß, was von einem erwartet wird. Schwache Selbstüberwacher bevorzugen weniger einschränkende Situationen, die es ermöglichen, sich nach inneren Standards zu verhalten.

Abschließend sei noch erwähnt, daß für starke Selbstüberwacher das Aussehen eines Menschen wichtiger ist als für schwache Selbstüberwacher. Das gilt sowohl in Beziehungen als auch im beruflichen Bereich, z. B. bei der Entscheidung, ob ein Bewerber eine offene Stelle erhalten soll oder nicht (Snyder, Berscheid und Matwychuk, 1988).

6.115 Von sozialer Wahrnehmung zu sozialer Realität

In Abschnitt 5 (Personenwahrnehmung) wurde detailliert beschrieben, wie Meinungen über Personen entstehen. Die experimentelle Forschung auf diesem Gebiet ist äußerst umfangreich. Relativ wenig wurden von der experimentellen Sozialpsychologie bisher die möglichen Auswirkungen solcher Meinungen beachtet. Interpersonelle Meinungen sind häufig (positive oder negative) Vorurteile im Sinn voreiliger, vereinfachter und verzerrter Urteile, die auf unzureichender Information beruhen. Aus solchen falschen Vorurteilen können jedoch wahre Urteile werden. Interpersonelle Meinungen können «selbsterfüllende Prophezeiungen» (Merton, 1957) sein. Der Beobachter, der einer Stimulusperson zunächst (und irrtümlich) eine bestimmte Disposition nur zuschreibt, verhält sich häufig (oder meistens?) gegenüber der Stimulusperson dergestalt, daß diese schließlich Verhaltensweisen zeigt, die die «wahrgenommene» Disposition bestätigen. Ein Beobachter, der eine bestimmte Stimulusperson für sehr aggressiv hält, wird (vielleicht aus Angst, und um Aggressionen von vornherein zu unterbinden) die Stimulusperson häufig unfreundlich, dominant und distanziert behandeln, bis diese so verärgert ist, daß sie sich wirklich aggressiv verhält. Ein Beobachter, der eine Stimulusperson für freundlich und hilfsbereit hält, wird sie häufig zuvorkommend behandeln und ihr zahlreiche soziale Verstärker bieten,

so daß er ihr schließlich sehr sympathisch wird, und sie sich ihm gegenüber wirklich freundlich und hilfsbereit verhält.
Selbsterfüllende Prophezeiungen aufgrund von Vorurteilen und Stereotypen wurden in jüngster Zeit mehrfach experimentell demonstriert. SNYDER, TANKE und BERSCHEID (1977) untersuchten die selbsterfüllenden Wirkungen des (zumindest im europäisch-amerikanischen Kulturkreis verbreiteten) Vorurteils, daß schöne Menschen auch andere sozial erwünschte Eigenschaften besitzen (vgl. das Sammelreferat von BERSCHEID und WALSTER, 1974, sowie Abschnitt 5.313).
Die Vpn nahmen paarweise an dem Versuch teil. Jede Dyade bestand aus einer männlichen und einer weiblichen Vp, die ein 10 Minuten langes Telefongespräch miteinander führten (es sollte angeblich untersucht werden, «durch welche Prozesse Menschen einander kennen lernen»). Dem männlichen Interaktionspartner wurde vor dem Telefongespräch ein «Foto seiner Partnerin» gezeigt. In Wahrheit handelte es sich um Bilder von anderen Personen, die in Vorversuchen ausgewählt worden waren. Auf diese Weise wurde einem Teil der männlichen Vpn der Eindruck vermittelt, daß die Gesprächspartnerin körperlich attraktiv sei, und den anderen Vpn, daß sie mit unattraktiven Partnerinnen sprechen.
Die Art des Gesprächs war den Vpn völlig freigestellt. Die Gespräche wurden auf Tonband aufgenommen. Zwölf Beurteiler sollten anschließend das Verhalten der weiblichen Vpn in bezug auf mehrere Eigenschaften einschätzen. Diese Beurteiler hörten nicht die vollständigen Gespräche, sondern nur die Beiträge der weiblichen Vpn, und wußten nichts über das tatsächliche oder angebliche Aussehen der Stimulusperson. Sie beurteilten die Stimuluspersonen der Versuchsbedingung «schön» wesentlich positiver (z. B. als ausgeglichener, geselliger und sexuell empfänglicher) als die «häßlichen» Stimuluspersonen. Es hatte also eine *Verhaltensbestätigung* des Schönheitsstereotyps stattgefunden. Aus sozialer Wahrnehmung war soziale Realität geworden.
Die Verhaltensbestätigung seitens der weiblichen Vpn wurde zweifellos durch das vorurteilsbedingte Verhalten der männlichen Vpn verursacht. Neun Beurteiler bewerteten die Gesprächsbeiträge der männlichen Vpn. Diejenigen Vpn, die glaubten, mit einer schönen Partnerin zu sprechen, wurden u. a. als geselliger, humorvoller, unabhängiger, interessanter und sexuell freizügiger wahrgenommen als die Vpn mit einer «häßlichen» Gesprächspartnerin. Das unterschiedliche Verhalten der weiblichen Interaktionspartner kann somit als Reaktion auf die unterschiedliche Behandlung durch die männlichen Gesprächspartner aufgefaßt werden.
Ähnlich zeigten WORD, ZANNA und COOPER (1974), daß Personen, die (als Bewerber um einen Posten) vom Interviewer distanziert und etwas herablassend behandelt wurden, sich ungeschickter verhielten und «nervöser» waren als Personen, die auf freundlichere Weise interviewt wurden.
Es konnte sogar gezeigt werden, daß Vpn, denen man weisgemacht hatte, daß sie von einer anderen Person positiv bewertet oder abgelehnt wurden, daraufhin ihr Verhalten gegenüber dieser Person solcherart änderten, daß sie von ihr tatsächlich positiv oder negativ eingeschätzt wurden (CURTIS und MILLER, 1986). Durch das «Wissen» über die Ablehnung oder Wertschätzung seitens der anderen Person änderte sich u. a. die Stimme, die Offenheit (Sprechen über private und intime Themen), und die Zahl der ähnlichen (zustimmenden) bzw. unähnlichen Aussagen.
Die Prozesse, die eine Verhaltensbestätigung von Vorurteilen bewirken, sind sehr vielfältiger Natur (s. SNYDER 1981, 1984). In diesem Zusammenhang gibt es (zumindest) drei notwendige Bedingungen. Erstens muß der Beobachter ein stabiles Vorurteil haben, das er mit großer Gewißheit für richtig hält (SWANN und ELY, 1984). Zweitens muß die Stimulusperson dazu gebracht werden, Handlungen auszuführen, die das Vorurteil bestätigen. Damit nicht nur eine vorübergehende, sondern eine echte (d. h. langfristige und in vielen Situationen auftretende) Änderung der Zielperson erreicht wird, muß drittens die Zielperson ihr (neues) Verhalten als Ausdruck einer Disposition auffassen, und diese Disposition als Teil des Selbstbilds betrachten. Diese drei Teilprozesse der Verhaltensbestätigung sollen nun etwas ausführlicher erläutert werden.
Vorurteile und Stereotype sind meistens sehr änderungsresistent. Das liegt teilweise an der

Selektivität von Wahrnehmung und Gedächtnis (s. SNYDER, 1984). Es wurde bereits gezeigt, daß Informationen, die den eigenen Einstellungen und Meinungen entsprechen, besonders bereitwillig wahrgenommen und gut erinnert werden (vgl. die Abschnitte 4.21 bis 4.23). Einstellungsdiskrepante bzw. vorurteilsdiskrepante Informationen und Verhaltensweisen werden jedoch gern «vergessen» (ROTHBART, EVANS und FULERO, 1979; SNYDER und URANOWITZ, 1978). Außerdem werden Meinungen durch selektive Informationssuche gefestigt.

Auch Attributionsverzerrungen tragen zur «Bestätigung» von Vorurteilen bei. Verhaltensweisen einer Stimulusperson, die die Meinung des Beobachters über diese zu bestätigen scheinen, werden auf Dispositionen der Stimulusperson zurückgeführt; Verhaltensweisen, die nicht zur Meinung des Beobachters passen, werden auf Situationsfaktoren attribuiert. Wenn beispielsweise eine vermeintlich aggressive Person sehr freundlich ist, nimmt der Beobachter an, daß sie sich nur verstellt, um nachteilige Folgen ihrer Aggressivität zu vermeiden (vgl. auch die in Abschnitt 5.33 referierten Ergebnisse über die Wirkungen von Sympathie und Ablehnung).

Außerdem besteht eine Tendenz zur Vermeidung von negativ bewerteten Personen, wodurch die Möglichkeiten zur Widerlegung der negativen Meinungen stark eingeschränkt werden. Die Hartnäckigkeit interpersoneller Meinungen und Vorurteile findet also ausreichende und vielfältige Erklärungen.

Bei der Entstehung von *Bestätigungen* der interpersonellen Meinungen *im Verhalten* der Stimulusperson, also beim Schritt von sozialer Wahrnehmung zur Herstellung sozialer Realität, spielen vermutlich Attributionen und lernpsychologische Faktoren eine wichtige Rolle.

Man kann annehmen, daß die Verhaltensbestätigung (zum Teil) durch selektive Verstärkung, Extinktion und Bestrafung verursacht wird. Positive Verhaltensweisen einer «freundlichen» Person werden durch Lob und Zuwendung verstärkt, während sozial unerwünschte Handlungen derselben Person durcch externe Attributionen entschuldigt und im übrigen ignoriert (und damit extingiert) werden. Umgekehrt werden häufig positive Handlungen einer mißliebigen «aggressiven» Person durch externe Attributionen abgewertet, weshalb sie nicht verstärkt und daher extingiert werden. Als Folge davon steigt der relative Anteil negativer Verhaltensweisen, die außerdem noch eventuell dadurch verstärkt werden, daß sie wenigstens die (wenn auch mißbilligende) Aufmerksamkeit anderer Menschen auf die negativ bewertete Stimulusperson lenken. Ähnlich könnte man z. B. die Verhaltensbestätigung von Geschlechtsstereotypen erklären.

Eine andere Erklärung der Verhaltensbestätigung (SNYDER und SWANN, 1978a, b) postuliert, daß der voreingenommene Beobachter oder Interaktionspartner bemüht ist, seine Meinungen zu «prüfen». Zu diesem Zweck führt er jedoch vorwiegend oder ausschließlich Handlungen durch, die geeignet sind, seine Meinungen zu bestätigen, aber nicht solche, die eine Widerlegung seiner Meinungen ermöglichen.

Wenn jemand beispielsweise seinen Interaktionspartner für aggressiv hält, wird er «vorsichtshalber» und um zu sehen, wie der andere reagiert, ebenfalls aggressiv auftreten. Dadurch löst er beim Partner analoge Prozesse aus, und dieser verhält sich dann aus ähnlichen Gründen tatsächlich aggressiv. Auf diese Weise wird der Verhaltensspielraum des Partners dermaßen eingeschränkt, daß er nur mehr Verhaltensbestätigungen des Vorurteils bieten kann.

Die Annahme SNYDERS, daß Personen ihre Hypothesen (Meinungen) vorwiegend auf *konfirmatorische* (bestätigende) Weise prüfen, wurde später kritisiert (z. B. HIGGINS und BARGH, 1987; KLAYMAN und HA, 1987; SEMIN und STRACK, 1980). Die Kritik weist darauf hin, daß in vielen Untersuchungen (z. B. SNYDER und SWANN, 1978b) problematische Methoden verwendet wurden, die keine eindeutigen Interpretationen der Ergebnisse zulassen. Die Vpn von SNYDER und SWANN erhielten zunächst fiktive Persönlichkeitsprofile einer Stimulusperson, die entweder als introvertiert oder als extravertiert dargestellt wurde. Später sollten die Vpn der Stimulusperson Fragen stellen, um herauszufinden, ob es sich wirklich um typische Extravertierte bzw. Introvertierte handelt. Zu diesem Zweck sollte jede Vp 12 Fragen aus einer Liste von 26 Fragen auswählen. Diese Liste enthielt extravertierte Fragen (Beispiel: «Was würden Sie tun, um mehr Leben in eine Party zu bringen?»), introvertierte Fragen (Beispiel: «Warum fällt es Ihnen schwer, zu anderen Menschen völlig offen zu sein?»), und neutrale Fragen

(Beispiel: «Welcher Hilfsorganisation möchten Sie etwas spenden?»). Diejenigen Vpn, die ein extravertiertes Profil erhalten hatten, wählten zum größten Teil extravertierte Fragen. Jene Vpn, die ein introvertiertes Profil gesehen hatten, wählten vorwiegend introvertierte Fragen.

Aus diesen und ähnlichen Ergebnissen wurde eine allgemeine konfirmatorische Tendenz bei der Hypothesenprüfung abgeleitet. Das ist jedoch nicht gerechtfertigt, denn Fragen der verwendeten Art erlauben überhaupt keine Hypothesenprüfung – sie sind nicht *diagnostisch*. Wenn man fragt, was jemand zur Belebung einer Party unternehmen würde, setzt man ja bereits voraus, daß der Befragte extravertiert ist – ein Introvertierter würde überhaupt nichts zur Belebung der Party unternehmen, er würde wahrscheinlich nicht einmal hingehen. Wenn auf diese Art gefragt wird, hat der Befragte überhaupt keine andere Wahl, als mit einer Verhaltensbestätigung zu antworten. Er muß erklären, auf welche Art er eine Party belebt, auch wenn er das in Wirklichkeit nie tun würde. Daher kann aus der Verwendung solcher nichtdiagnostischer, völlig uninformativer Fragen nicht auf eine konfirmatorische Tendenz bei der Hypothesenprüfung geschlossen werden.

Hypothesen können nur mit Hilfe diagnostischer Fragen überprüft werden (z. B. «Kommt es vor, daß Sie etwas zur Belebung einer Party unternehmen?» oder «Gehen Sie gern zu Parties?»), die mit ja oder nein beantwortet werden können. Wenn Vpn zwischen diagnostischen und nichtdiagnostischen Fragen wählen können (z. B. TROPE und BASSOK, 1983; BASSOK und TROPE, 1984), bevorzugen sie die diagnostischen Fragen (und damit die Möglichkeit einer echten Hypothesenprüfung ohne konfirmatorisch verzerrende Tendenzen).

Allerdings zeigte sich oft – wie auch bei SNYDER und SWANN (1978b) – eine Präferenz für Fragen, deren Inhalt der Hypothese entspricht. Wenn beispielsweise die Hypothese überprüft werden soll, daß eine Stimulusperson extravertiert ist, fragen viele Vpn lieber danach, ob extravertierte Verhaltensweisen aufgetreten sind oder nicht, als danach, ob introvertierte Handlungen durchgeführt wurden oder nicht. Das ist aber ganz etwas anderes als eine konfirmatorische Verzerrung. Die Bevorzugung von Fragen, deren Inhalt der Hypothese entspricht (hypothesis-matching questions), ist außerdem nicht problematisch, sofern es sich um diagnostische Fragen handelt (wenn nicht nur eine Bestätigung, sondern auch eine Widerlegung der eigenen Hypothese möglich ist).

Ferner ist diese Präferenz für hypothesenentsprechende Fragen nicht universell. Sie tritt vor allem unter bestimmten Bedingungen auf, z. B. bei Hypothesen über extreme im Gegensatz zu mittleren Merkmalsausprägungen (*extrem* introvertiert vs. introvertiert), und wenn den Vpn keine alternative Hypothese zur Verfügung steht. Wenn explizit eine Alternativhypothese genannt wird, werden nicht hypothesenentsprechende Fragen bevorzugt (TROPE und BASSOK, 1983; BASSOK und TROPE, 1984).

Die bisher beschriebenen Hypothesen und Untersuchungen lassen die Möglichkeit offen, daß die Verhaltensbestätigung nur bei jenem Interaktionspartner stattfindet, der sie durch sein Verhalten provoziert hat, und daß sich die Stimulusperson in neuen Situationen und gegenüber neuen Interaktionspartnern ganz anders verhält. Es ist daher eine praktisch und theoretisch wichtige Frage, ob eine Verhaltensbestätigung auf die auslösende Situation bzw. auf den auslösenden Interaktionspartner beschränkt bleibt, oder ob sie (unter bestimmten Umständen) auch auf andere Situationen und Personen übertragen wird.

Hier bietet die Untersuchung von SNYDER und SWANN (1978a) wichtige Einsichten. In der ersten Phase des Experiments interagierten jeweils zwei Vpn miteinander: ein «etikettierender Beobachter» und eine «Zielperson». Vor Beginn der Interaktion wurde den etikettierenden Beobachtern in einer Versuchsbedingung mitgeteilt, daß die Zielperson sehr aggressiv ist, während den anderen etikettierenden Beobachtern die Zielperson als kooperativ und nicht aggressiv beschrieben wurde. In der anschließenden Interaktion wurden die vom Vl induzierten Vorurteile der etikettierenden Beobachter durch das Verhalten der Zielperson bestätigt.

In der zweiten Phase des Experiments interagierten die Zielpersonen mit neuen und «naiven» (das heißt vorurteilslosen) Partnern. Für diese zweite Phase ist die weitere Aufteilung der Vpn auf insgesamt vier Bedingungen wichtig. In jeder Etikettierungsbedingung («aggressiv» und «nicht aggressiv») wurden einem Teil der Zielpersonen interne Attributionen für ihr Verhalten nahegelegt. Es wurde ihnen mitgeteilt, man wüßte aus früheren Untersuchungen, daß das Verhalten in Situationen dieser Art (Wettbewerbsspiel) von den Eigenschaften der Person abhängt. Den anderen Zielpersonen wurde eine Situationsattribution ihres Verhaltens nahegelegt (durch die Mitteilung, daß das Verhalten in solchen Situationen vom Verhalten und der Strategie des Gegners abhängt).

Nur jene Zielpersonen, denen eine interne Attribution ihres Verhaltens suggeriert worden war, zeigten die Verhaltensbestätigung auch in der Interaktion mit dem naiven Partner. In der Attributionsbedingung «intern» waren die «aggressiven» Zielpersonen auch in der zweiten Phase des Experiments sehr aggressiv, und die «nicht aggressiven» waren weiterhin sehr wenig aggressiv. In der Attributionsbedingung «extern» trat beim neuen Partner keine Verhaltensbestätigung auf. Die «aggressiven» und «nicht aggressiven» Zielpersonen unterschieden sich jetzt nicht mehr im Grad der Aggressivität ihres Verhaltens. Außerdem war ihr Verhalten jetzt weder aggressiv noch betont nichtaggressiv: Ihre Aggressionswerte lagen fast genau in der Mitte zwischen den Bedingungen intern/aggressiv und intern/nicht aggressiv.

Eine von einem voreingenommenen Beobachter provozierte Verhaltensbestätigung wird also nur dann von Dauer sein und auf neue Situationen übertragen werden, wenn die Zielperson glaubt, daß das betreffende Verhalten Ausdruck ihrer Dispositionen ist und nicht eine Reaktion auf Situationsfaktoren.

Das setzt bestimmte Selbstwahrnehmungsprozesse voraus. Aus einem Verhalten wird nur dann auf eine Disposition geschlossen, wenn es keine ausreichenden äußeren Ursachen für das Verhalten gibt (Zwang, Belohnung für die Durchführung, Bestrafung für die Nichtdurchführung). Aber auch unter diesen Bedingungen wird nicht immer auf eine Disposition geschlossen. Wenn das Selbstbild der Stimulusperson eine zum Verhalten entgegengesetzte Disposition enthält, die Teil der Selbstdefinition und daher gut zugänglich ist, setzen keine Selbstwahrnehmungsprozesse ein, die aus dem provozierten Verhalten auf eine entsprechende Disposition schließen.

Auch Verhaltensbestätigungen treten keineswegs immer auf, wenn ein Beobachter (mit seinem Vorurteil) und eine Stimulusperson interagieren. Hier treffen zwei gegensätzliche Tendenzen aufeinander. Einerseits ist der Beobachter bestrebt, eine Verhaltensbestätigung herbeizuführen (die eventuell zu einer Selbstbildänderung der Stimulusperson führen kann). Andererseits will die Stimulusperson ihr Selbstbild bestätigen (SWANN, 1983), und möchte außerdem, daß sie der Beobachter so wahrnimmt, wie sie sich selbst sieht. SWANN (1987) spricht in diesem Zusammenhang von Verhandlungen über die Identität (identity negotiations). Ob es zu einer Verhaltensbestätigung oder gar zu einer Selbstbildänderung kommt, hängt von der Stärke (Sicherheit) der Hypothesen des Beobachters und von der Stärke des Selbstbilds der Stimulusperson ab. In einer Untersuchung von SWANN und ELY (1984) gab es Beobachter mit sicheren und unsicheren Hypothesen und Stimuluspersonen mit sicheren und unsicheren Selbstbildern (bezüglich der untersuchten Merkmalsdimension). Verhaltensbestätigungen traten nur dann auf, wenn der Beobachter eine sichere Hypothese und gleichzeitig die Stimulusperson ein unsicheres Selbstbild hatte. Nur Beobachter mit starken Vorurteilen verwendeten konfirmatorische Strategien, und nur Stimuluspersonen mit einem unsicheren Selbstbild ließen sich davon beeinflussen.

6.12 Theorien sozialer Tauschprozesse

6.121 Grundbegriffe

Aus lerntheoretischer Sicht ist anzunehmen, daß Interaktionen in Dyaden und größeren Gruppen genauso wie jedes andere Verhalten in erster Linie durch die antizipierten und bereits erlebten Konsequenzen determiniert werden. Verhaltensweisen der Person A, die in Interaktionen mit Person B belohnt wurden, treten in späteren Interaktionen mit B häufig auf; bestrafte Verhaltensweisen werden seltener. Analog gilt für B: Jene Verhaltensweisen, die von A belohnt wurden, treten in dessen Gegenwart häufig auf. Von A bestrafte Verhaltensweisen werden seltener.

Jede Verhaltensweise von A ist ein positiver, negativer oder neutraler Reiz für B und umgekehrt. Wenn A eine anerkennende Bemerkung über B ausspricht, ist das für B (in den meisten Fällen) angenehm. B kann darauf in verschiedener Weise reagieren. Wenn er freundliche Zuwendung zeigt, bietet er A einen positiven Reiz und erhöht damit die Wahrscheinlichkeit, auch später von A Bestätigungen zu erhalten. Wendet er sich von A ab oder antwortet er aggressiv, dann bietet er A einen negativen Reiz und die Wahrscheinlichkeit weiterer Anerkennungen durch A sinkt.

Wie das Beispiel zeigt, lassen sich Interaktionsprozesse als Austausch von positiven und negativen Reizen auffassen. Dieser Ansatz wurde von mehreren Autoren ausgearbeitet (BLAU, 1964, 1968; HOMANS, 1961; KELLEY und THIBAUT, 1978; THIBAUT und KELLEY, 1959). Das vorliegende Kapitel folgt hauptsächlich der Formulierung von THIBAUT und KELLEY, die besonders präzise und klar expliziert ist.

Es wird davon ausgegangen, daß jedem Interaktionspartner eine (endliche) Anzahl von Verhaltensalternativen zur Verfügung steht. Jede Alternative hat einen bestimmten Wert. Sie ist mit «Lohn» oder «Kosten» verbunden, und zwar für beide Partner. Der Wert einer Alternative muß keineswegs für die Beteiligten identisch sein. Wenn A aggressiv ist, kann das für ihn durchaus angenehm sein; für B ist es unangenehm.

Für jeden konkreten Fall kann man die möglichen Verhaltensalternativen beider Partner und die Werte der Alternativen für jeden Partner[1] übersichtlich mittels einer Wertematrix darstellen. Solche Matrizen werden auch als Ergebnismatrizen, Auszahlungsmatrizen oder Payoffmatrizen bezeichnet.

Wie eine Wertematrix aufgebaut ist, zeigt Abbildung 140. A hat m Verhaltensalternativen, B hat n Alternativen. Die Verhaltensweisen von A bilden die Zeilen, diejenigen von B die Spalten der Matrix. Es gibt m · n Kombinationen von Verhaltensweisen der beiden Interaktionspartner. Den Kombinationen entsprechen die m · n Zellen (Kästchen) der Matrix. Jede Zelle R_{ij} ist der Schnittpunkt einer Zeile i und einer Spalte j, entspricht also der Kombination eines bestimm-

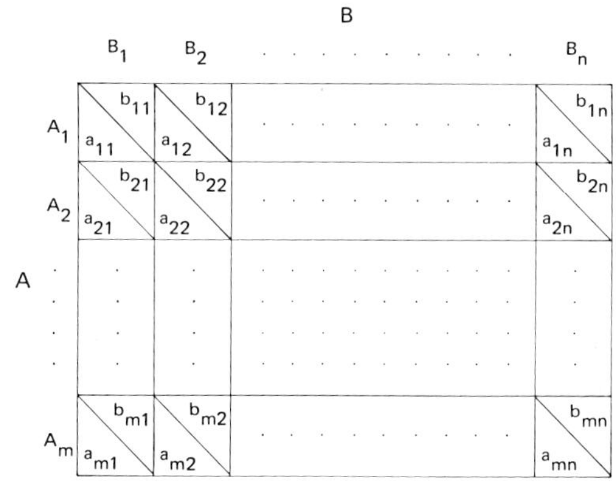

Abbildung 140

ten Verhaltens von A mit einem bestimmten Verhalten von B. In jeder Zelle sind zwei Zahlen eingetragen: a_{ij} und b_{ij}. Dabei bedeutet a_{ij} den Wert, der für A gegeben ist, wenn A das Verhalten i und B das Verhalten j wählt. Der Wert derselben Verhaltenskombination für B wird durch b_{ij} symbolisiert. Die konkreten Zahlen sind wie bisher in diesem Buch zu interpretieren. Eine negative Zahl bedeutet ein negatives Ergebnis, Null ein neutrales und eine positive Zahl ein positives Ergebnis.

Abbildung 141 zeigt eine einfache fiktive Wertematrix. A und B führen ein längeres Gespräch. Der Einfachheit halber sollen alle Verhaltensmöglichkeiten in drei Kategorien zusammenge faßt werden: freundliche, neutrale und aggressive Verhaltensweisen. Dementsprechend gibt es neun mögliche Kombinationen von Verhaltensalternativen.

Zeile 1 repräsentiert freundliches Verhalten von A. A kann freundlich sein, während sich B ebenfalls freundlich oder neutral bzw. aggressiv verhält. Wenn A und B beide freundlich sind, ist das für jeden von ihnen recht angenehm ($a_{11} = b_{11} = +2$). Wenn A freundlich ist, während sich

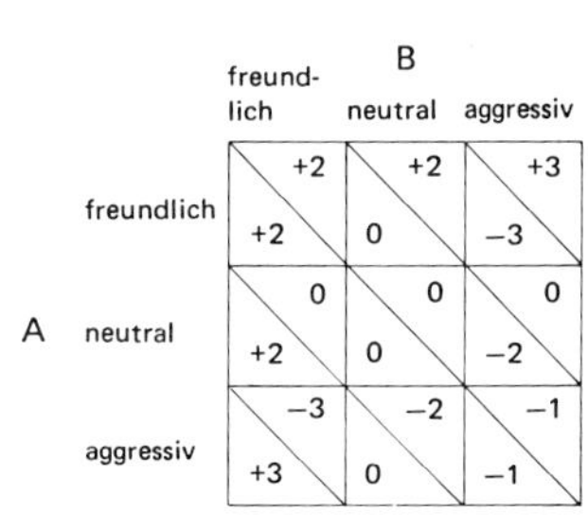

Abbildung 141

[1] Der Ausdruck «Partner» hat in der Alltagssprache eine positive Konnotation. In diesem Kapitel wird das Wort «Partner» in einem völlig neutralen Sinn verwendet. Es bezeichnet Personen, die miteinander (oder gegeneinander) interagieren. Da in diesem Kapitel hauptsächlich von zwischenmenschlichen Konflikten und deren Lösung die Rede ist, handelt es sich oft um Partner mit (wenigstens teilweise) gegensätzlichen Interessen, also um (potentielle) Gegner.

B neutral verhält, ändert dies nichts für B (b_{12} = + 2), wohl aber für A (a_{12} = 0). Das Verhalten selbst ist für A nach wie vor nicht unangenehm, bringt aber nichts. Wenn A freundlich ist, während sich B aggressiv verhält, wird die Lage für A unangenehm. Freundliches Verhalten gegenüber einem aggressiven Menschen verlangt «Selbstbeherrschung» und ist daher anstrengend. Außerdem produziert der andere aversive Reize. Daher ist $a_{13} = -3$. Für B andererseits ist die Freundlichkeit von A angesichts der eigenen Aggression besonders wertvoll («ich kann mir erlauben, was ich will, A ist trotzdem freundlich zu mir; außerdem ist es manchmal angenehm, sich gehen zu lassen»); b_{13} ist daher + 3.

Der mit Payoffmatrizen nicht vertraute Leser möge übungshalber alle Zeilen und Spalten der Matrix genau überdenken und umgangssprachlich beschreiben. Die Matrix der Abbildung 141 läßt noch keine Voraussagen darüber zu, welche Verhaltensmuster sich in der Dyade einspielen werden. (Später werden auch Wertematrizen gezeigt, deren Struktur – eventuell unter bestimmten Nebenbedingungen – bereits Aussagen über stabile Interaktionsmuster zulassen.)

Wären die Häufigkeiten der Verhaltenskombinationen bekannt, könnten auch aus Abbildung 141 Voraussagen abgeleitet werden. Wenn z. B. beide Partner «Besänftigungsstrategien» verfolgen, d. h. auf Aggression mit besonders freundlicher Zuwendung reagieren, um den anderen zu beruhigen (R_{13} und R_{31} sind dann sehr häufig), entsteht dadurch ein ständiger Streit, weil in diesem Fall Aggression massiv verstärkt wird (+ 3). Wenn andererseits «gleiches mit gleichem vergolten wird» (R_{11} und R_{33} sind sehr häufig), wird gegenseitige Freundlichkeit entstehen, denn R_{11} ist für beide Partner «ertragreicher» als R_{33}.

Der Wert jeder Alternative wird durch innere und äußere Faktoren bestimmt. Das Verhalten selbst hat einen bestimmten Wert (es kann angenehm oder unangehm sein; man hat eine Einstellung zu jedem Verhalten) und es führt zu bestimmten Konsequenzen. Der Gesamtwert desselben Verhaltens ist größer, wenn es positive als wenn es negative Folgen hat (in Abbildung 141 ist sein freundliches Verhalten für A verschieden viel wert, je nachdem, wie sich B gerade verhält).

Dasselbe Verhalten und dieselben Konsequenzen haben nicht immer denselben Wert für eine Person. THIBAUT und KELLEY führen hier den Begriff des Vergleichsniveaus ein (comparison level = CL). Aus den früher erlebten positiven und negativen Reizen wird eine Art Mittelwert gebildet, wobei die jüngste Vergangenheit besonders berücksichtigt wird. Dieser Mittelwert ist das Vergleichsniveau, ein Standard, an dem gemessen wird, wie gut oder schlecht momentane Ergebnisse sind. Je größer die relative Häufigkeit positiver Erlebnisse war, desto höher ist das Vergleichsniveau (der subjektive Wertnullpunkt) und desto anspruchsvoller wird man. Hat man viele negative Konsequenzen erlebt, so gewöhnt man sich daran, sie werden dann selbstverständlich, und bereits objektiv mäßig positive Reize werden als extrem wertvoll erlebt.

Wie angenehm oder unangenehm eine konkrete Interaktion ist, hängt also vom momentanen Vergleichsniveau ab. Ob es überhaupt dafür steht, eine Interaktion oder Beziehung fortzusetzen, hängt vom Vergleichsniveau für Alternativen ab (comparison level for alternatives = CL_{Alt}). Das CL_{Alt} ist eine Art Mittelwert der in anderen Interaktionen und Beziehungen erhaltenen Belohnungen und Strafreize, wobei die beste Alternative besonders berücksichtigt wird.

Je nach den Relationen zwischen CL, CL_{Alt} und dem durchschnittlichen Nutzen einer Beziehung ist diese attraktiv oder nicht und ist man in verschiedenem Ausmaß von ihr abhängig (siehe Abbildung 142).

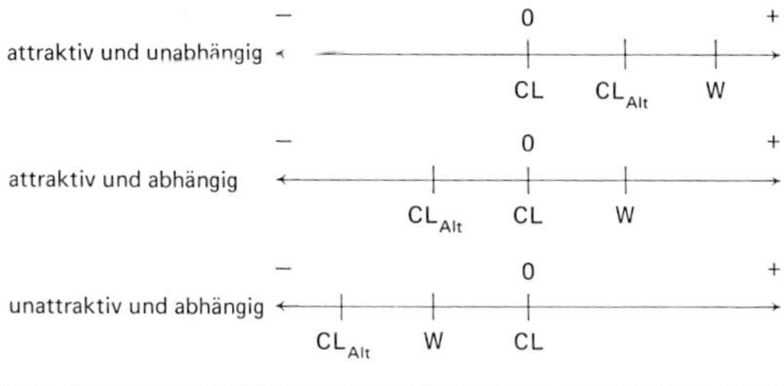

Abbildung 142

Wenn die durchschnittlichen Ergebnisse (W) einer Beziehung über dem CL_{Alt} liegen und dieses über dem allgemeinen CL, dann ist die Beziehung äußerst attraktiv. Man ist aber nicht sehr vom Partner abhängig (grob gesprochen, man kann mehr oder weniger tun, was man will), denn es gibt alternative Beziehungen (oder Möglichkeiten), die ebenfalls deutlich über dem CL liegen. Die Unabhängigkeit ist um so größer, je näher W und CL_{Alt} auf dem Bewertungskontinuum liegen.

Liegt W über dem CL und CL über CL_{Alt}, dann ist die Beziehung zwar noch immer attraktiv, aber man ist von ihr abhängig, denn die Alternativen liegen unter dem CL. Mit anderen Worten: Es sind nur indiskutable Alternativen verfügbar. Man muß alles unternehmen, um die Beziehung aufrechtzuerhalten.

Lautet die Reihenfolge (von negativ zu positiv) CL_{Alt}, W und CL, dann befindet man sich in einer unattraktiven Beziehung, von der man noch dazu abhängig ist, denn die Alternativen sind noch schlechter. THIBAUT und KELLEY sprechen in diesem Fall von einer unfreiwilligen Beziehung.

6.122 Einstellungsähnlichkeit, Interessenkonflikte und Normen

Es läßt sich austauschtheoretisch zeigen, daß bei Personen mit ähnlichen Einstellungen (mit ähnlichen Wertsystemen) im allgemeinen reibungslose und für beide Teile erfreuliche Interaktionsmuster zu erwarten sind. Diese Behauptung soll anhand eines einfachen Beispiels begründet werden. Ein Ehepaar hat einen freien Abend. Es besteht die Möglichkeit, ein Konzert zu besuchen (R_1) oder die Einladung zu einer Tanzparty anzunehmen (R_2). Beide hören sehr gern Musik (+ 3), finden aber kaum Gefallen am Tanzen (0).

Eine mögliche Wertematrix für diese Situation ist in Abbildung 143 dargestellt. Der gemeinsame Konzertbesuch bringt maximales Vergnügen für beide ($a_{11} = b_{11} = + 3$). Ein gemeinsamer Partybesuch ist zwar nicht unangenehm, aber auch nicht erstrebenswert ($a_{22} = b_{22} = 0$). Es wäre auch zu überlegen, ob einer ins Konzert und der andere auf die Party gehen sollte (da die Einladung zur Party von guten Bekannten ausgesprochen wurde, die man nicht verärgern möchte, wäre es ein Akt der Höflichkeit, daß wenigstens einer die Party besucht). In den Zellen R_{12} und R_{21} sind die Konsequenzen für diesen Fall eingetragen. Der einsame Konzertbesuch ist immer noch positiv (+ 1), aber weniger positiv als der gemeinsame. Allein tanzen zu gehen wird als aversiv empfunden (− 2). Daher wird wahr-

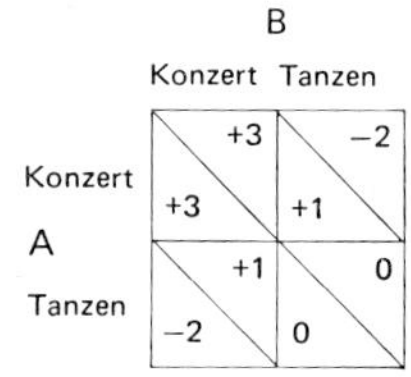

Abbildung 143

scheinlich in diesem Fall und bei ähnlichen Gelegenheiten der gemeinsame Konzertbesuch vorgezogen.

Im obigen Beispiel war eine gemeinsame Wert*hierarchie* gegeben (Verhalten 1 wurde von beiden positiver bewertet als Verhalten 2). Einstellungsähnlichkeit (bzw. -übereinstimmung) kann auch bei gleichwertigen Alternativen gegeben sein. Nehmen wir an, für das Ehepaar im vorigen Beispiel sind Tanzen und Musik gleichwertige und sehr positive Alternativen. Abbildung 144 zeigt die entsprechende Payoffmatrix.

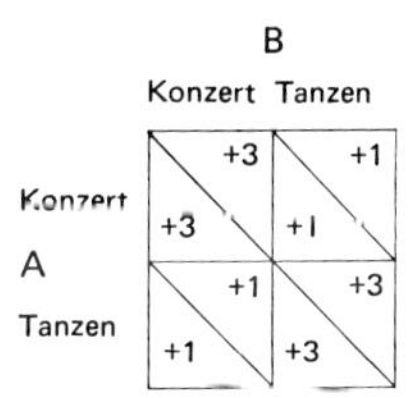

Abbildung144

In diesem Fall ist anzunehmen, daß jeder Partner gleich häufig Konzerte und Tanzveranstaltungen besuchen möchte. Wenn keine Absprache zwischen A und B besteht und jeder von ihnen an freien Abenden (in zufälliger Reihenfolge) eine der gleichwertigen Alternativen wählt, dann werden die vier möglichen Verhaltenskombinationen R_{11}, R_{12}, R_{21} und R_{22} gleich oft auftreten. Das bedeutet aber, daß nur in der Hälfte aller Fälle, nämlich bei den gemeinsamen Konzertbesuchen (R_{11}) und bei den gemeinsamen Partybesuchen (R_{22}) für beide Partner der größtmögliche Nutzen (+ 3) erzielt wird; bei getrennten Aktivitäten (R_{12} und R_{21}) ist das Vergnügen geringer (+ 1).

Um in allen Fällen optimale Ergebnisse zu erzielen, ist es notwendig, daß A und B Abmachungen treffen, etwa dergestalt, daß sie immer gemeinsam ausgehen und abwechselnd Konzerte und Partys besuchen. Die Aufstellung einer sozialen *Norm,* d. h. einer verbindlichen Verhaltensvorschrift für bestimmte Situationen, ist hier notwendig, um für beide Beteiligten die Verhaltenskonsequenzen zu optimieren.

Bei Interessenkonflikten (bei Vorliegen sehr verschiedenartiger oder sogar entgegengesetzter Einstellungen) ist die Nützlichkeit von Normen noch augenfälliger. Abbildung 145 stellt eine Payoffmatrix für die gleichen Verhaltensalternativen wie in den obigen Beispielen dar, aber mit gegensätzlichen Einstellungen von A und B. Für A ist ein Konzertbesuch sehr positiv (+ 3), Tanzen ist ihm gleichgültig (0); bei B ist es umgekehrt.

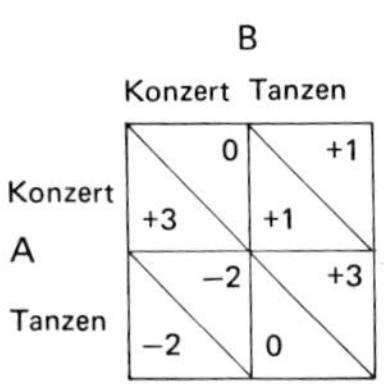

Abbildung 145

Damit jeder möglichst oft den Optimalwert + 3 erzielt, ist eine ähnliche Norm wie im vorigen Beispiel notwendig. Man wird sich darauf einigen müssen, gleich häufig gemeinsam ein Konzert und gemeinsam eine Tanzveranstaltung zu besuchen.

6.123 Macht und Einfluß

THIBAUT und KELLEY unterscheiden zwei Typen der Macht: Ergebniskontrolle und Verhaltenskontrolle. Die notwendigen Bedingungen der Ergebniskontrolle sind in Abbildung 146 dargestellt. Wenn A Verhalten A_1 wählt, dann ist das Ergebnis für B positiv, gleichgültig ob B B_1 oder B_2 wählt. Wenn A Verhalten A_2 wählt, ist das Ergebnis für B negativ, gleichgültig was B gerade tut. Die Ausdrücke positiv und negativ sind hier nicht absolut, sondern relativ zueinander zu verstehen. Es handelt sich immer um Ergebniskontrolle, wenn A_1 bessere Ergebnisse für B bringt als A_2, und zwar unabhängig von Bs Verhalten (Beispiel: $b_{11} = b_{12} = +3$, $b_{21} = b_{22} = +1$).

Daß A Ergebniskontrolle über B hat, bedeutet also, daß die Ergebnisse der Person B voll und ganz von A kontrolliert werden. Bs Verhalten ist dabei ohne jeden Einfluß. THIBAUT und KELLEY bezeichnen diesen Machttyp mit einem etwas pathetischen Ausdruck als Schicksalskontrolle (fate control).

Es ist zu beachten, daß mit Ergebniskontrolle noch kein Einfluß auf das Verhalten verbunden ist. Da jedes Verhalten der Person B willkürlich belohnt oder bestraft werden kann, besteht für B kein Grund, eine seiner Verhaltensalternativen zu bevorzugen oder sein Verhalten der Situation (dem Verhalten von A) anzupassen.

Abbildung 147 zeigt die notwendigen Bedingungen der Verhaltenskontrolle. B_1 bringt negative und B_2 positive Ergebnisse für B, wenn A Alternative A_1 wählt. Wenn jedoch A_2 von A gewählt wird, dann bringt B_1 positive und B_2 negative Konsequenzen für B. Um seine Ergebnisse zu optimieren, muß B immer B_2 wählen, wenn sich A für A_1 entschieden hat, und B_1, wenn A Verhalten A_2 gewählt hat. Mit anderen Worten: A kann das Verhalten von B kontrollieren.

Es wurde vorhin gesagt, daß Ergebniskontrolle nicht Verhaltenskontrolle impliziert. Dieser Satz muß dahingehend eingeschränkt werden, daß willkürlich (zufällig, unvorhersagbar) ausgeübte Ergebniskontrolle keinen Einfluß auf das Verhalten des Partners hat. Ergebniskontrolle *kann* jedoch in Verhaltenskontrolle umgewandelt werden, wenn das Verhalten von A systematisch auf B abgestimmt wird. Wenn A Ergebniskontrolle über B hat und möchte, daß Verhalten B_1 das häufigste Verhalten von B wird, dann muß er immer bei Auftreten von B_1 A_1 wählen und beim Auftreten von B_2 A_2. Er muß also dafür sorgen, daß nur die Kombinationen R_{11} und R_{22} vorkommen. A hat auch die Möglichkeit, die Häufigkeit von B_2 anzuheben. Für diesen Fall muß er sich so

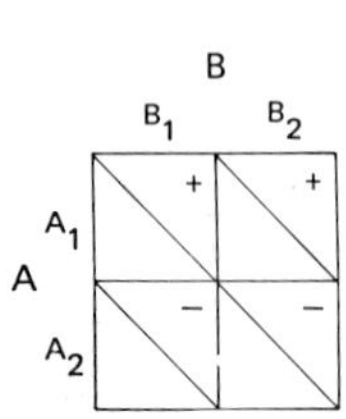

Abbildung 146

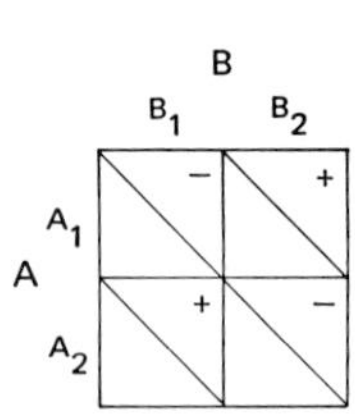

Abbildung 147

verhalten, daß nur die Kombinationen R_{12} und R_{21} auftreten.
Eine interessante Konfiguration ergibt sich bei gegenseitiger Ergebniskontrolle (Abbildung 148). Es ist wahrscheinlich (aber nicht notwendig), daß aus der gegenseitigen Ergebniskontrolle gegenseitige Verhaltenskontrolle entsteht. A_2 ist für B und B_2 für A unangenehm. A kann bestraft werden, wenn er A_2 wählt, indem sich B für Alternative B_2 entscheidet (und umgekehrt). Andererseits bringt die Kombination R_{11} positive Ergebnisse für beide Partner. Ob es tatsächlich zu einer Stabilisierung des Interaktionsmusters in dem Sinne kommt, daß beide Alternative 1 bevorzugen, hängt – wie im nächsten Abschnitt zu zeigen sein wird – weitgehend von zeitlichen Faktoren ab.

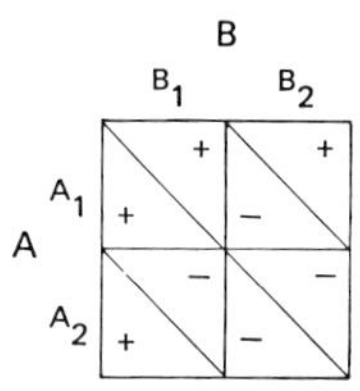

Abbildung 148

JONES und GERARD (1967) betonen, daß in vielen Lernsituationen gegenseitige Ergebniskontrolle vorliegt. A (der Lernende) kann das von B gewünschte Verhalten (A_1) ausführen oder nicht (A_2). A_1 ist für B positiv, A_2 nicht. B kann Verstärker darbieten (B_1) oder nicht (B_2). B_1 ist für A ein positives Ergebnis und B_2 nicht. Es ist zu erwarten, daß sich ein stabiles Interaktionsverhalten R_{11} einspielt, d. h. das verstärkte Verhalten wird immer häufiger.
THIBAUT und KELLEY haben verschiedene Arten von Macht exakt definiert. Es wird jedoch nicht erklärt, warum Macht für die meisten Menschen sehr erstrebenswert ist. Das Streben nach Macht ist eines der stärksten und wichtigsten sozialen Motive (vgl. die eindrucksvolle Monographie von MCCLELLAND, 1975).
Explizite Aussagen über den Ursprung des Machtstrebens sind selten, doch scheinen die meisten Psychologen (wie THIBAUT und KELLEY) Macht für ein abgeleitetes sekundäres Motiv zu halten: Der Mächtige hat viele Vorteile, es stehen ihm mehr Verstärker zur Verfügung als schwächeren Personen, und deshalb wird Macht – als Mittel zum Zweck – angestrebt.
Im Gegensatz zu dieser Auffassung steht MULDER (1959 und später), der das Ausüben von Macht für Selbstzweck hält. Auch aus heutiger Sicht ist dieser Standpunkt naheliegend, denn Macht ist ein Spezialfall von Kontrolle, und es ist aus zahlreichen Untersuchungen bekannt, daß sich der Verlust oder das Fehlen von Kontrolle für den Betroffenen sehr nachteilig auswirkt. Macht ist ein besonders interessanter und wichtiger Spezialfall von Kontrolle: In diesem Fall beeinflußt das eigene Verhalten nicht unbelebte Reize (z. B. Lärm), sondern das Verhalten anderer Personen, die auch ihrerseits Macht ausüben können. Hier besteht im allgemeinen eine inverse Beziehung: Je mehr Macht Person A über Person B hat, desto weniger Macht hat B über A. Unter diesem Gesichtspunkt hat Macht eine zweifache Funktion: Der Mächtige übt Kontrolle aus und verhindert dadurch gleichzeitig, daß er selbst kontrolliert wird. Manche Autoren vertreten die Ansicht, daß Aggression häufig den Zweck hat, die Macht des Aggressors zu vergrößern bzw. wiederherzustellen (WORCHEL, ARNOLD und HARRISON, 1978). Das komplexe Thema Macht wurde in diesem Abschnitt nur gestreift. Einen Überblick über verschiedene Machttheorien gibt WITTE (1985).

6.124 Synchrone und alternierende Interaktionssequenzen

SIDOWSKI, WYKOFF und TABORY (1956) führten ein Experiment mit gegenseitiger Ergebniskontrolle durch. Die Vpn nahmen paarweise an dem Experiment teil, wurden aber getrennt in zwei Kabinen gesetzt. Laut Instruktion konnte die Vp beliebig oft und in beliebiger Reihenfolge eine von zwei Tasten niederdrücken. Nach jedem Tastendruck erhielt die Vp entweder einen Gutpunkt (mit Hilfe eines Zählwerks angezeigt) oder einen elektrischen Schlag (mittels Elektroden an einer Hand). Aufgabe der Vp war es, möglichst viele Gutpunkte zu erzielen.
Wenn Vp A die linke Taste niederdrückte, erhielt Vp B einen Gutpunkt. Betätigte Vp A die rechte Taste, erhielt die andere Vp einen elektrischen Schlag. Umgekehrt wurden auch die Ergebnisse von A ausschließlich durch das Verhalten von B bestimmt (siehe Abbildung 149). Es wußte jedoch keine Vp, daß ihre Ergebnisse vom Verhalten einer anderen Vp abhingen (die Vpn

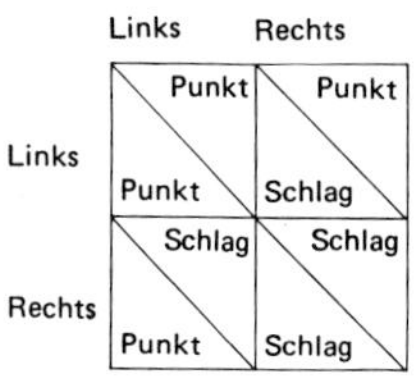

Abbildung 149

wußten nicht einmal, daß gleichzeitig andere Vpn an dem Versuch teilnahmen).

Obwohl die Vpn nichts voneinander wußten, entwickelte sich innerhalb kürzester Zeit ein kooperatives Interaktionsmuster. Die relative Häufigkeit von «Links»-Reaktionen betrug am Anfang 50% (was der Zufallserwartung entspricht) und stieg innerhalb weniger Minuten auf etwa 70% an. Diese Häufigkeit wurde dann während des 25 Minuten dauernden Experimentes in etwa beibehalten. SIDOWSKI (1957) konnte auch zeigen, daß man praktisch dieselben Resultate erhält, wenn die Vpn darüber informiert werden, daß ihre Ergebnisse vom Verhalten einer zweiten Vp abhängen.

Es ist aufschlußreich, die Lernprozesse in dieser «minimalen sozialen Situation» genauer zu analysieren. Man kann dabei wie KELLEY, THIBAUT, RADLOFF und MUNDY (1962) von der Regel «bei Gewinn gleiches Verhalten, bei Verlust Verhalten wechseln» ausgehen: Eine Reaktion, auf die ein positives Ergebnis folgt, wird wiederholt. Nach einer Reaktion, auf die ein negatives Ergebnis folgt, wechselt die Vp zu einer anderen Verhaltensalternative. Diese Gewinn-Verlust-Hypothese ist eine simplifizierte Version der zentralen lerntheoretischen Annahme, daß die Auftrittswahrscheinlichkeit einer Verhaltensweise durch jede Verstärkung steigt und durch jede Bestrafung sinkt.

Die Gewinn-Verlust-Hypothese führt zu verschiedenen Voraussagen für synchrone und alternierende Interaktionssequenzen. Betrachten wir zunächst synchrone Interaktionen (siehe Abbildung 150). Beide Vpn reagieren immer gleichzeitig. Es gibt vier mögliche Anfangszustände: R_{11}, R_{12}, R_{21} und R_{22} (1 = Links, 2 = Rechts). Wenn beide Vpn als erste Reaktion die linke Taste drücken (R_{11}), «gewinnen» beide und die Verhaltenskombination R_{11} müßte beibehalten werden.

Beginnt A mit Links und B mit Rechts (R_{12}), wird A bestraft und B belohnt. Daraufhin ändert A sein Verhalten, B aber nicht. Der nächste Schritt ist also R_{22} (beide Rechts). Nun sind die Konsequenzen für beide Interaktionspartner negativ,sie wechseln daher beide zu Links über (R_{11}). Es werden nun beide belohnt und bleiben bei diesem Verhalten. Für den Anfangszustand R_{21} (A Rechts und B Links) ergibt sich dieselbe anschließende Sequenz. Im vierten Fall (R_{22}, beide Rechts) werden A und B bestraft, wechseln daher beide zu Links (R_{11}) und behalten diese Reaktion bei.

Die Gewinn-Verlust-Hypothese sagt also in allen Fällen ein stabiles kooperatives Interaktionsverhalten voraus (unter der Voraussetzung synchroner Interaktionen und gegenseitiger Ergebniskontrolle). Daß dennoch bei SIDOWSKI und in späteren Experimenten nur etwa drei Viertel aller Interaktionsschritte kooperativ waren, kann darauf zurückgeführt werden, daß die Gewinn-Verlust-Hypothese eine zu einfache Annahme darstellt: Nicht jede Belohnung führt sofort zu einer Änderung des Verhaltens. Man muß auch bedenken, daß es für die Vpn unerhört langweilig wäre, 25 Minuten lang immer auf dieselbe Taste zu drücken. Auch wenn die Reaktion Links einen Gutpunkt bringt, wird man gelegentlich die rechte Taste betätigen, um die Monotonie zu reduzieren. Ferner tritt Sättigung ein. Der Gutpunkt wird um so weniger attraktiv, je mehr

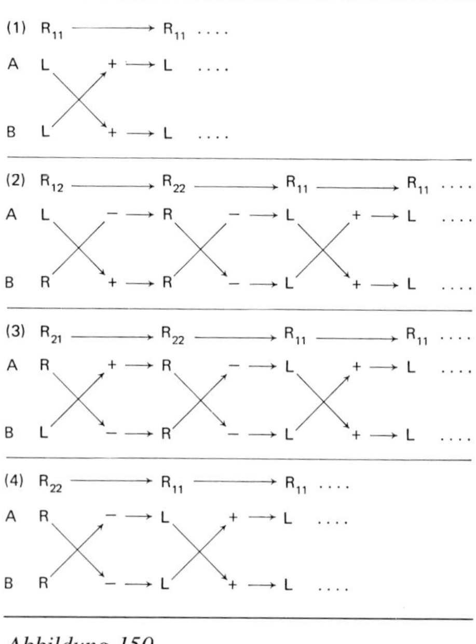

Abbildung 150

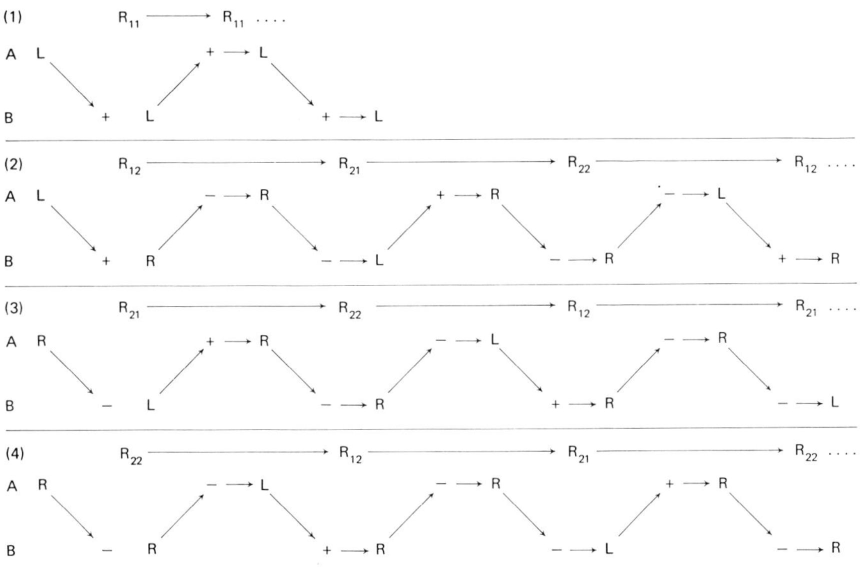

Abbildung 151

Gutpunkte man bereits erhalten hat. Der Anreizwert der Punkte nimmt ab.

Wenden wir uns jetzt alternierenden Interaktionssequenzen bei gegenseitiger Ergebniskontrolle zu (Abbildung 151). Zuerst reagiert A, dann B, dann wieder A usw. Wieder gibt es vier Anfangszustände. A wählt Links, B wird belohnt und wählt zufällig ebenfalls Links (R_{11}). Dadurch wird A belohnt, behält daher die Reaktion Links bei, wodurch B ebenfalls belohnt wird und daher auch weiterhin die linke Taste bevorzugt. Für den Anfangszustand R_{11} sagt die Gewinn-Verlust-Hypothese bei synchronen und alternierenden Interaktionen stabile Kooperation voraus.

Für alle anderen Anfangszustände jedoch lautet die Voraussage, daß bei alternierenden Interaktionen kein stabiles Verhaltensmuster erreicht wird, sondern ein wiederholter und endloser Zyklus der Verhaltensfolgen R_{12}, R_{21}, R_{22}, R_{12}, R_{21}, R_{22}, R_{12} ... abläuft. Der Leser möge anhand der Abbildung 151 diese Voraussagen selbst ableiten.

KELLEY, THIBAUT, RADLOFF und MUNDY (1962) zeigten in einem Experiment, das ähnlich wie das von SIDOWSKI angelegt war, daß die Voraussagen der Gewinn-Verlust-Hypothese prinzipiell stimmen. Den Vpn wurde durch ein Signal angezeigt, wann sie reagieren sollten. Dadurch war es möglich, zwei Versuchsbedingungen zu schaffen, simultane und alternierende Interaktionen. Wie Abbildung 152 zeigt, kam es bei abwechselnden Reaktionen zu einem wesentlich geringeren Ausmaß an kooperativem Verhalten als bei synchronen Reaktionen. Der Verhaltensunterschied zwischen den Versuchsbedingungen ist zwar geringer, als aufgrund der Hypothese zu erwarten wäre, dennoch ist der Trend der Resultate eindeutig. Während unter alternierenden Reaktionsbedingungen keinerlei Zunahme kooperativen Verhaltens zu verzeichnen ist, wächst die Häufigkeit der Kooperation (positiver Ergebnisse für jede Vp) stetig, wenn die Vpn gleichzeitig reagieren.

Im Gegensatz zu SIDOWSKI (1957) zeigte sich im eben zitierten Experiment, daß die Kenntnis der

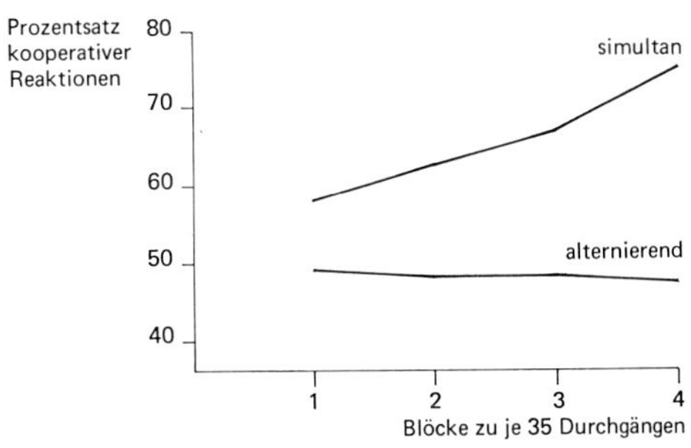

Abbildung 152

Situation in jedem Fall das Ausmaß an Kooperation erhöhte. In jeder Versuchsbedingung (simultan und alternierend) wurde eine Hälfte der Vpn darüber informiert, daß ihre Ergebnisse vom Verhalten einer anderen, gleichzeitig anwesenden Vp abhingen. Die informierten Vpn der Simultanbedingung erreichten am Ende des Versuchs fast hundertprozentige Kooperation. In der alternierenden Bedingung war bei den informierten Vpn (im Gegensatz zu den nicht informierten) ein ständiges Ansteigen der positiven Ergebnisse zu verzeichnen.

In einem späteren Experiment wurde das Verhalten bei kombinierter Ergebnis- und Verhaltenskontrolle untersucht (RABINOWITZ, KELLEY und ROSENBLATT, 1966). A hatte Ergebniskontrolle über B und B Verhaltenskontrolle über A. Die entsprechende Payoffmatrix ist in Abbildung 153 wiedergegeben.

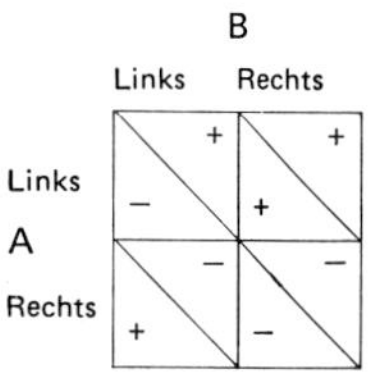

Abbildung 153

Anders als bei gegenseitiger Ergebniskontrolle sagt die Gewinn-Verlust-Hypothese für die vorliegende Machtkonstellation ein geringes Ausmaß an Kooperation für synchrone Interaktionen voraus (siehe Abbildung 154). Beginnt die Interaktion mit R_{11} (beide Links), so läuft ein endloser Zyklus von R_{11}, R_{21}, R_{22}, R_{11} usw.) ab. R_{12} ist für beide Partner befriedigend und wird daher beibehalten. Der dritte mögliche Ausgangszustand R_{21} führt zu R_{22}, dann zu R_{11} usw. Auch die vierte Beginnmöglichkeit R_{22} setzt nur an einem anderen Punkt in dem Endloszyklus ein. Der Leser möge wieder anhand von Abbildung 154 die Voraussagen schrittweise überlegen.

Der alternierende Interaktionsablauf führt bei der gemischten Machtstruktur zu einem großen Ausmaß an kooperativer Stabilität. Wie man aufgrund der Abbildung 155 leicht einsehen kann, müßte bei uneingeschränkter Gültigkeit der Gewinn-Verlust-Hypothese jede beliebige Ausgangsbedingung zu einem stabilen kooperativen Verhaltensmuster führen.

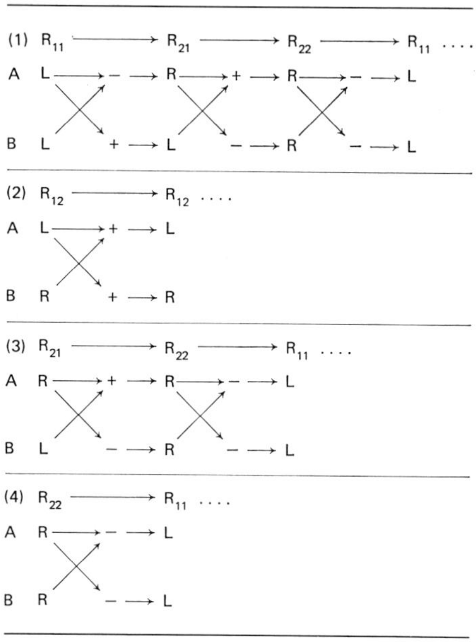

Abbildung 154

Die Resultate von RABINOWITZ, KELLEY und ROSENBLATT (1966) stimmten im wesentlichen mit den Voraussagen überein. Anders als bei gegenseitiger Ergebniskontrolle zeigte sich bei der Kombination von Verhaltens- und Ergebniskontrolle unter simultanen Reaktionsbedingungen nur ein geringes Maß an Kooperation. Das Ausmaß an Kooperation unter beliebigen (alternierenden) Reaktionsbedingungen war wesentlich höher.

6.125 Das Gefangenendilemma

Ein bestimmter Typ von Wertmatrizen wird Gefangenendilemma (prisoner's dilemma, abgekürzt PD) genannt. Der Name dieses Matrixtyps geht auf folgende Erzählung zurück. Zwei Personen, die des gleichen Deliktes verdächtigt wurden, befinden sich (getrennt) in Untersuchungshaft und haben keine Möglichkeit, miteinander zu sprechen. Beiden wurde vom Richter folgendes mitgeteilt: Wenn einer das Verbrechen gesteht und der andere nicht, geht der Geständige frei aus, der andere erhält eine besonders schwere Strafe. Gestehen beide, bekommen beide eine Strafe mittleren Ausmaßes. Wenn beide leugnen, kann über beide nur eine leichte Strafe verhängt werden.

Eine mögliche Auszahlungsmatrix des PD zeigt Abbildung 156 (die negativen Zahlen bedeuten

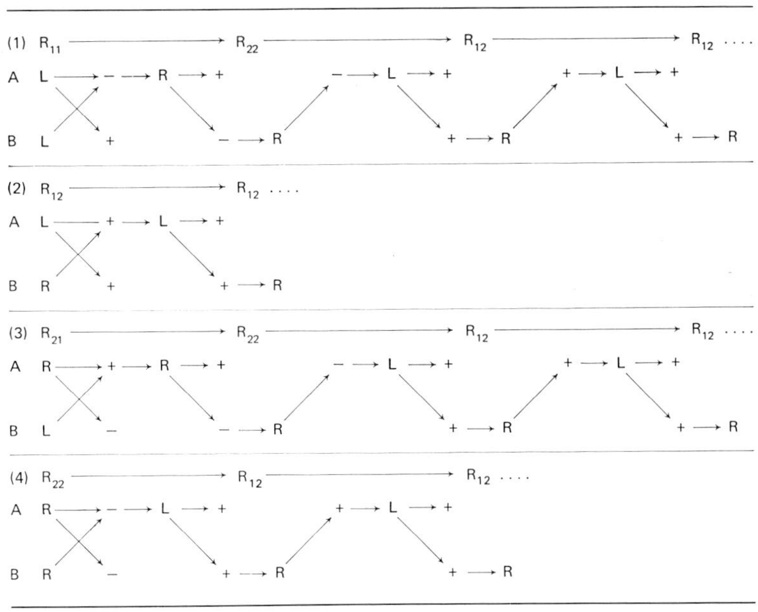

Abbildung 155

die in Aussicht gestellten Jahre der Gefangenschaft; da es sich dabei offensichtlich um negative Ergebnisse handelt, sind die Zahlen mit negativen Vorzeichen versehen).

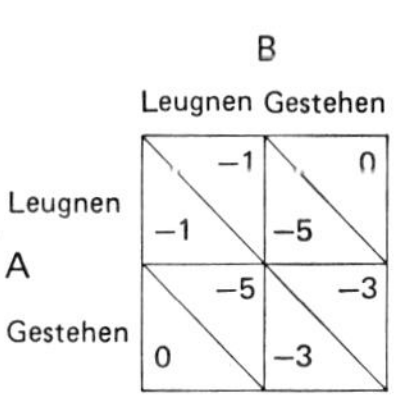

Abbildung 156

Allgemein kann ein Großteil der PD-Matrizen folgendermaßen charakterisiert werden. Jeder Spieler hat zwei Verhaltensalternativen, von denen eine deutlich besser erscheint als die andere. In unserem Beispiel sind mit Alternative 1 (Leugnen) die Auszahlungen –1 und –5 verbunden. Alternative 2 (Gestehen) bringt die günstigeren Auszahlungen 0 und –3.

Es scheint eher «rational» zu sein, Alternative 2 zu wählen. Wählt B B_1 (Leugnen), dann bringt A_2 ein besseres Ergebnis (0) für A als A_1 (–1). Wählt B B_2 (Gestehen), dann bringt A_2 ebenfalls ein besseres Ergebnis (–3) für A als A_1 (–5).

Von Bs Standpunkt gesehen, bringt die Wahl von A_1 auf jeden Fall günstigere Ergebnisse (–1, wenn B B_1 wählt, und 0, wenn er B_2 wählt) als A_2 (–5 bei B_1 und –3 bei B_2). Im Vergleich zu R_1 ist R_2 (die «rationale» Alternative) eine Bestrafung des Partners.

Wenn aber beide Partner egoistischen Motiven folgend (oder bloß kurzsichtig) jeweils die «bessere» Alternative wählen, dann ist das Ergebnis für die Dyade ungünstig. Wenn beide gestehen (R_{22}), erhält jeder drei Jahre Gefängnis ($a_{22} = b_{22} = -3$). Wenn beide die «schlechtere» Alternative wählen (R_{11}, beide leugnen), ist das Ergebnis für die Dyade relativ günstig ($a_{11} = b_{11} = -1$).

Daher wird im PD die Wahl der «schlechteren» Alternative als kooperatives Verhalten bezeichnet. Man verzichtet zwar dadurch auf den größtmöglichen Gewinn, ermöglicht aber ein gutes Ergebnis für beide Interaktionspartner. Kooperatives Verhalten im PD setzt *Vertrauen* voraus, nämlich Vertrauen darin, daß sich der andere ebenfalls kooperativ verhält. Wählt A das kooperative Verhalten, B jedoch die «bessere» Alternative, dann erzielt A das ungünstigste Ergebnis. (Leugnet A und gesteht B, dann erhält B die negativste Auszahlung der Matrix, nämlich –5.) In den folgenden Abschnitten wird mit R_1 (A_1 bzw. B_1) immer die «schlechtere», kooperative Alternative im PD bezeichnet. R_2 (A_2 bzw. B_2) bezieht sich auf die «rationale», egoistische Alternative.

Man bezeichnet das PD auch als eine Situation mit *gemischten Motiven*. Jeder Teilnehmer hat einerseits das egoistische oder individualistische Motiv, die beste verfügbare Alternative zu wählen, andererseits das soziale, kooperative Motiv, den Nutzen für alle Beteiligten zu optimieren. Die Kooperationstendenz ist allerdings, wie im vorigen Absatz erläutert wurde, mit einem Risiko verbunden.

Das Gefangenendilemma ist somit eine treffende Analogie zu vielen Verhandlungssituationen *(bargaining),* in denen es häufig darum geht, einen für beide Parteien günstigen Kompromiß zu finden. Ein befriedigender Kompromiß kann auch in vielen Realsituationen nur gefunden werden, wenn auf beiden Seiten Kooperation, Vertrauen (und damit Risikobereitschaft) sowie die Bereitschaft zum Verzicht auf den größtmöglichen Gewinn gegeben sind. Das PD stellt einen typischen *zwischenmenschlichen Konflikt* dar (einen interpersonellen Konflikt im Gegensatz zu intraindividuellen Konflikten, wie sie im Kapitel 2.5 dargestellt wurden), der nur durch Kooperation konstruktiv gelöst werden kann.

Für experimentelle Zwecke wird das PD in Spielform verwendet. Beiden Teilnehmern wird die Auszahlungsmatrix genau erklärt. Die Werte in der Matrix bedeuten Gut- oder Schlechtpunkte, manchmal auch Geldbeträge, die man gewinnen oder verlieren kann. Die Vpn werden instruiert, daß sie mehrmals gleichzeitig (oder abwechselnd) «ziehen», d. h. eine Alternative wählen können und daß der Gewinn oder Verlust nach jedem Zug entsprechend der Payoffmatrix von den gewählten Alternativen beider Spieler abhängt.

Eine PD-Matrix, die in einem der ersten einschlägigen Experimente verwendet wurde (Deutsch, 1960a), ist in Abbildung 157 wiedergegeben. In diesem und anderen frühen Experimenten zum PD zeigte sich bereits mit erschreckender Deutlichkeit, daß die Häufigkeit kooperativer Züge ziemlich gering ist (Minas, Scodel, Marlowe und Rawson, 1960). Im letztgenannten Experiment betrug die relative Häufigkeit nichtkooperativer Züge (A_2 oder B_2) 62 Prozent.

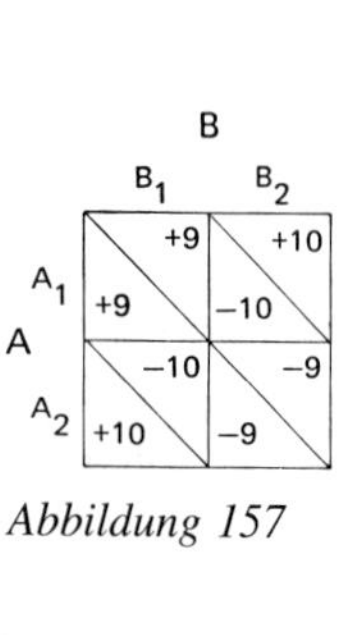

Abbildung 157

6.126 Ursachen der Kooperation I: Einstellungen und Partnerverhalten

In Anbetracht der in vielen Experimenten festgestellten niedrigen Kooperationsbereitschaft ist es ein wichtiges Anliegen der Forschung, die Ursachen aufzudecken, die zu einem geringen oder hohen Ausmaß an Kooperation führen. Ein bedeutender Faktor sind in diesem Zusammenhang die Einstellungen der Interaktionspartner zu Kooperation und Wettstreit. Wenn jemand allgemein kooperativ motiviert ist (wenn es für ihn einen positiven Anreiz darstellt, kooperativ zu handeln), dann wird er sich in den meisten Fällen entsprechend verhalten. Generell egoistisch oder wettbewerbsorientierte Personen handeln selten kooperativ.

Deutsch (1960a) induzierte in drei Versuchsbedingungen verschiedene Motivationen. (In diesem Experiment wurde die in Abbildung 157 dargestellte PD-Matrix verwendet.) Die Vpn der ersten Gruppe wurden instruiert, kooperativ zu handeln, d. h. einen möglichst hohen Gewinn für beide Partner anzustreben. In der zweiten Versuchsbedingung sollten sich die Vpn individualistisch verhalten. Sie sollten nur danach streben, den eigenen Gewinn zu maximieren und überhaupt nicht beachten, wieviel der andere Spieler gewinnt oder verliert. Die dritte Gruppe (Konkurrenzmotivation) sollte nicht nur den eigenen Gewinn maximieren, sondern darüber hinaus danach trachten, wesentlich bessere Ergebnisse zu erzielen als der zweite Spieler.

Die instruktionsbedingten unterschiedlichen Einstellungen bewirkten drastische Verhaltensunterschiede (Tabelle 65). Jede der drei Motivationsbedingungen wurde in weitere Versuchsbedingungen unterteilt. Ein Teil der Vpn hatte die Möglichkeit, vor dem Spiel mit dem Partner über die beabsichtigten Entscheidungen zu kommunizieren. Andere Vpn hatten diese Möglichkeit nicht, sondern mußten sofort nach der Instruktion ihre Entscheidung treffen.

Situationsunterschiede (Kommunikation vs. keine Kommunikation) wirken sich kaum auf kooperationsmotivierte Vpn aus, sehr stark aber auf individualistisch eingestellte und konkurrenzorientierte Personen. Bei den individualisti-

Tabelle 65

	Prozentsatz der Individuen, die kooperativ handelten	Prozentsatz der Paare, bei denen beide Partner kooperativ handelten	Prozentsatz der Paare, bei denen beide Partner nicht kooperativ handelten
Keine Kommunikation			
kooperativ motiviert	89,1	82,6	4,3
individualistisch motiviert	35,9	12,8	41,0
konkurrenzmotiviert	12,5	6,3	81,3
Kommunikation			
kooperativ motiviert	96,9	93,8	0,0
individualistisch motiviert	70,0	58,8	17,6
konkurrenzmotiviert	29,2	16,7	58,3

schen Vpn wurde das Ausmaß kooperativen Verhaltens durch die Kommunikationsmöglichkeit ungefähr verdoppelt. Aus diesem und ähnlichen Ergebnissen (Loomis, 1959) kann man folgern, daß Kommunikation vor der Entscheidung (sich mit dem Partner «aussprechen», bevor man etwas tut) günstige Folgen hat. Dies dürfte insbesondere für individualistisch orientierte Personen zutreffen.

Die Arbeit von Ajzen und Fishbein (1970) wurde bereits beschrieben (Abschnitt 4.24). Die Autoren wiesen nach, daß sich die Häufigkeit kooperativen Verhaltens aufgrund der Einstellung der Spieler zu Kooperation gut vorhersagen läßt. Ajzen (1971b) ging noch einen Schritt weiter. Er zeigte, daß eine Änderung der Einstellung zu Kooperation bzw. Wettbewerb eine entsprechende Änderung des Spielverhaltens zur Folge hat.

Es ist üblich, nur die drei erwähnten Einstellungen (Kooperation, Individualismus, Konkurrenz) zu unterscheiden. Deutsch (1973) beschreibt zehn mögliche Motive bei Interaktionen, deren Auswirkung auf das Verhalten noch weitgehend unerforscht ist.

Davon ausgehend, daß jeder Teilnehmer auf die eigenen Ergebnisse (a) oder auf diejenigen des Partners (b) oder auf beides achten kann, gelangt Deutsch (1973) zu folgender Aufstellung. Die Ausdrücke «max» und «min» bedeuten die Tendenz, zu maximieren bzw. zu minimieren.

(1) individualistisch = max (a); der eigene Nutzen soll maximiert werden,
(2) masochistisch = min (a); der eigene Nutzen soll minimiert werden,
(3) altruistisch = max (b); der Gewinn des Partners soll maximiert werden,
(4) aggressiv = min (b); der Gewinn des Partners soll minimiert werden,
(5) kooperativ (kollektivistisch) = max (a + b); der gemeinsame Gewinn soll maximiert werden,
(6) destruktiv (nihilistisch) = min (a + b); der Nutzen für beide soll möglichst gering sein,
(7) konkurrenzorientiert = max (a–b); man will einen größeren Gewinn erzielen als der Partner,
(8) egalitär = min (a–b); der andere soll nach Möglichkeit nicht schlechter abschneiden als man selbst,
(9) selbsterniedrigend = max (b–a); der Partner soll einen größeren Gewinn erzielen als man selbst; man ist bereit, zu verzichten,
(10) defensiv = min (b–a); man will nicht weniger gewinnen als der andere.

Ein anderer Motivkatalog (nach McClintock und Van Avermaet, 1982) ist in Abbildung 158 wiedergegeben. Diese Motivliste umfaßt zwar nur 8 Motive (verglichen mit den 10 Motiven von Deutsch), ist aber anschaulich darstellbar und daher schnell verständlich.

Es sei an dieser Stelle darauf hingewiesen, daß es nicht nur systematische Motivklassifikationen gibt, sondern auch systematische Klassifikationen möglicher Matrizen (d. h. möglicher sozialer Situationen). An erster Stelle ist hier die Theorie von Kelley und Thibaut (1978) zu nennen. Die Analyse der Autoren ist außerordentlich gründlich und vertieft sicher das Verständnis sozialer Situationen. Leider ist die

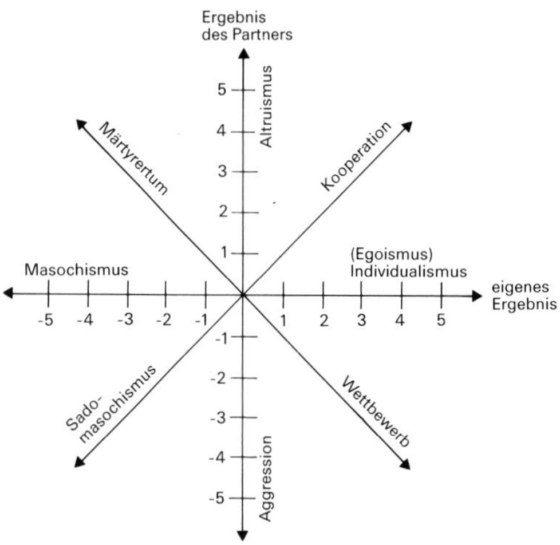

Abbildung 158

Theorie zu komplex und zu umfangreich, um hier dargestellt werden zu können. Jenen Lesern, die an dieser Thematik besonders interessiert sind, sei die Lektüre des Buchs von KELLEY und THIBAUT sehr empfohlen.

Nicht nur die Einstellung zum Interaktionsverhalten selbst, sondern auch andere soziale Einstellungen beeinflussen die Interaktion. DEUTSCH (1960b) untersuchte (wieder mit Hilfe eines PD-Spieles) Verhaltensunterschiede zwischen autoritären und liberalen Vpn. Aufgrund eines Einstellungsfragebogens (der F-Skala von ADORNO und Mitarbeitern, 1950) wurden die Vpn in drei Gruppen eingeteilt (schwach, mäßig und sehr autoritäre Vpn).

Jede Vp mußte an zwei Durchgängen teilnehmen. Entschied sie sich beim ersten Zug für die kooperative Alternative, wurde sie als «vertrauensvoll» kategorisiert; wählte sie die nichtkooperative Alternative, wurde sie als «mißtrauisch» bezeichnet. Daraufhin wurde der Vp (unabhängig von ihrem Verhalten) mitgeteilt, ihr Spielpartner habe sich für die kooperative Alternative entschieden. Wählte die Vp nun beim zweiten Zug das kooperative Verhalten, war sie «vertrauenswürdig»; bei Wahl der anderen Alternative war sie «nicht vertrauenswürdig».

Wie Tabelle 66 zeigt, waren die liberalen Vpn größtenteils vertrauensvoll und vertrauenswürdig (die Zahlen in der Tabelle bezeichnen jeweils die Anzahl der Vpn; von den 14 liberalen Vpn waren 12 vertrauensvoll und vertrauenswürdig). Die extrem autoritären Vpn waren überwiegend mißtrauisch und nicht vertrauenswürdig. In anderen Worten: Sie wählten von vornherein die «bessere» Alternative (die den größtmöglichen Gewinn zuläßt) und nützten dann ihren Partner aus, nachdem er ihnen bereits Vertrauen bewiesen hatte.

Die Kooperationshäufigkeit hängt nicht nur von den Einstellungen der Spieler, sondern auch vom Verhalten des jeweiligen Partners ab. Aus lerntheoretischer Sicht ist zu erwarten, daß ein hohes Maß an Kooperation dann auftritt, wenn kooperatives Verhalten selektiv verstärkt wird (wenn A_1-Reaktionen, nicht aber A_2-Reaktionen im PD verstärkt werden).

SOLOMON (1960) ließ jeweils eine naive Vp mit einem Partner spielen, dessen Verhalten vom Vl bereits vor dem Versuch festgelegt worden war. Während der ersten fünf Züge verhielt sich der Mitarbeiter des Vl einem Teil der Vpn gegenüber *bedingungslos kooperativ,* d. h. er wählte immer A_1, gleichgültig, wie sich die echte Vp verhielt. In einer zweiten Versuchsbedingung war er *bedingt kooperativ.* Er wählte nur dann A_1, wenn auch die Vp A_1 gewählt hatte. In der dritten Bedingung war er *bedingungslos nichtkooperativ;* er wählte immer A_2.

In der ersten Bedingung wählten die Vpn (bei fünf Zügen) im Durchschnitt 1,43 mal A_1. Bei bedingt kooperativem Verhalten des Partners (Bedingung zwei) kam es zu 3,47 A_1-Wahlen. Bei bedingungsloser Nichtkooperation wurde genau einmal A_1 gewählt.

Jedes undifferenzierte positive oder negative Verhalten des Partners führte zu einem überwiegend nichtkooperativen Verhalten der Vpn. Die lerntheoretische Erklärung ist einfach: Im einen Fall wurde jedes Verhalten belohnt, im anderen Fall jedes Verhalten bestraft. In beiden Fällen gab es für die Vpn keinen Anlaß, situationsabhängig zu reagieren. Es wurde dann meistens diejenige Alternative gewählt, die die höhere Belohnung (oder die geringere Bestrafung) einbrachte. Nur in der zweiten Versuchsbedingung führte die Wahl von A_1 zu positiveren Konsequenzen als die Wahl von A_2. Daher konnte nur in diesem Fall kooperatives Verhalten gelernt werden.

Man kann die relative Häufigkeit *unbedingter* (nicht vom Partnerverhalten abhängiger) Koope-

Tabelle 66

	nicht oder kaum autoritär	mäßig autoritär	sehr autoritär
vertrauensvoll und vertrauenswürdig	12	10	2
mißtrauisch und nicht vertrauenswürdig	0	13	9
mißtrauisch und vertrauenswürdig	0	4	0
vertrauensvoll und nicht vertrauenswürdig	2	3	0
	N = 14	N = 30	N = 11

ration variieren. Man kann beispielsweise bei 20, 50 oder 80 Prozent aller Züge R_1 wählen, und zwar in zufälliger Reihenfolge, also unabhängig davon, wie der Partner beim jeweils vorangehenden Zug gewählt hat. Genauso kann die Häufigkeit der *bedingten* Kooperation variieren. Nach kooperativen Zügen des Partners kann man etwa in 30, 50 oder 70 Prozent aller Fälle R_1 wählen.

Die Variation der unbedingten Kooperationshäufigkeit beeinflußt das Verhalten des Partners praktisch nicht (BIXENSTINE, POTASH und WILSON, 1963; BIXENSTINE und WILSON, 1963; SERMAT, 1964). Die Variation der bedingten Kooperationshäufigkeit ist aber durchaus wirkungsvoll. In einem Experiment von APFELBAUM (1969) führte dreißigprozentige bedingte Kooperation zu 57% R_1-Wahlen des Partners, fünfzigprozentige zu 70% R_1-Wahlen des Partners und siebzigprozentige bedingte Kooperation zu 100% R_1.

In der Terminologie von JONES und GERARD (1967) ist bedingungsloses Spielverhalten (wenn es von beiden Partnern gehandhabt wird) eine Form der pseudokontingenten Interaktion. Handelt ein Partner bedingungslos und der andere «reaktiv» (vom Partnerverhalten beeinflußt), liegt asymmetrische Kontingenz vor. Handeln beide ausschließlich nach der Gewinn-Verlust-Hypothese, dann wäre reaktive Kontingenz gegeben. Da die Gewinn-Verlust-Hypothese, wie bereits gezeigt wurde (und weiter unten nochmals gezeigt wird), keine genaue, sondern nur eine approximative Voraussage des Interaktionsverhaltens zuläßt, kann man wohl annehmen, daß nicht nur reaktiv gehandelt wird, sondern daß jeder Spieler auch eigene Pläne verfolgt (z. B. seinen Gewinn maximieren oder dem andern schaden möchte). In den meisten Fällen ist also wechselseitige Kontingenz gegeben.

Mit den zitierten Befunden stimmen die Resultate von RAPOPORT und CHAMMAH (1965b) überein. Je 70 männliche, weibliche und gemischte Paare spielten 300 Züge in einem PD-Spiel. Im Gegensatz zu SOLOMONS Experiment waren immer beide Partner unbeeinflußte Vpn, die beliebig ihre Züge wählen konnten.

Das äußerst umfangreiche Datenmaterial wurde sehr detailliert analysiert. Unter anderem wurden folgende bedingte Wahrscheinlichkeiten berechnet:

$\xi = p(A_1 \mid B'_1)$, die Auftrittswahrscheinlichkeit des kooperativen Verhaltens A_1, nachdem der Partner beim vorigen Zug B_1, also ebenfalls kooperativ, gewählt hat;

$\omega = p(A_1 \mid B'_2)$, die Wahrscheinlichkeit kooperativen Verhaltens, nachdem der Partner nichtkooperativ gehandelt hat;

$x = p(A_1 \mid A'_1, B'_1) = p(A_1 \mid R'_{11})$, die Wahrscheinlichkeit kooperativen Verhaltens, nachdem beide Partner kooperativ gehandelt haben – von RAPOPORT und CHAMMAH «Vertrauenswürdigkeit» genannt;

$y = p(A_1 \mid R'_{12})$, die Wahrscheinlichkeit kooperativen Verhaltens, nachdem man selbst kooperativ und der Partner nichtkooperativ gewählt hat – als «Märtyrerhaltung» oder Tendenz zur «Verzeihung» bezeichnet;

$z = p(A_1 \mid R'_{21})$, die Wahrscheinlichkeit von A_1, nachdem man selbst nichtkooperativ und der Partner kooperativ gewählt hat – «Reue»;

$w = p(A_1 \mid R'_{22})$, die Wahrscheinlichkeit von A_1, nachdem beide nichtkooperativ gewählt haben – als «Vertrauen» bezeichnet.[2]

Die empirischen Werte der bedingten Wahrscheinlichkeiten sind in Tabelle 67 wiedergegeben. Ein interessantes Nebenergebnis ist, daß homogen weibliche Dyaden (WW) weniger ko-

[2] RAPOPORT und CHAMMAH definieren Vertrauen und Vertrauenswürdigkeit anders als DEUTSCH (1960b).

Tabelle 67

	ξ	ω	x Vertrauens-würdigkeit	y Verzeihung	z Reue	w Vertrauen
MM	0,78	0,25	0,85	0,40	0,38	0,20
WW	0,60	0,19	0,75	0,37	0,26	0,15

operativ waren als homogen männliche (MM). Die gemischten Dyaden lagen etwa in der Mitte. Dieser geschlechtsspezifische Verhaltensunterschied hat sich jedoch in späteren Untersuchungen nicht immer gezeigt.

Diese Resultate kann man als teilweise Bestätigung und gleichzeitig als Korrektur der Gewinn-Verlust-Hypothese ansehen. Würde diese Hypothese uneingeschränkt gelten, dann müßte etwa der Wert von $x = 1$ sein und derjenige von $y = 0$. Eine Tendenz in dieser Richtung ist wohl vorhanden (Kooperation tritt am häufigsten auf, nachdem sie belohnt wurde, $x = 0{,}85$ für MM und 0,75 für WW), doch führt – wie gesagt – keineswegs jede Belohnung zur Beibehaltung und nicht jede Bestrafung zu einem Wechsel des Verhaltens.

Nicht nur das tatsächliche, sondern auch das *erwartete* Partnerverhalten beeinflußt die Kooperationsneigung. DEUTSCH (1960 a) ließ die Vpn angeben, welche Alternative der Partner ihrer Meinung nach beim folgenden Zug wählen wird. Es zeigte sich, daß kooperatives Verhalten sehr häufig ist, wenn auch vom Partner Kooperation erwartet wird. Erwartet die Vp negatives Partnerverhalten, reagiert sie auch selbst nichtkooperativ. Ferner halten kooperativ motivierte Vpn auch ihre Partner für kooperativ, während konkurrenzorientierte Vpn ihre Partner eher nichtkooperativ einschätzen. Schließlich zeigte sich auch hinsichtlich der Erwartungen, daß Situationsvariablen (Kommunikation vs. keine Kommunikation) individualistische und egoistische Personen stärker beeinflussen als kooperative, vgl. Tabelle 68.

Die Wechselwirkungen zwischen der eigenen Einstellung und der wahrgenommenen Einstellung des Partners wurden noch deutlicher von APFELBAUM (1967) aufgezeigt. Aufgrund eines Fragebogens, der vor dem Experiment vorgegeben wurde, wurden die Vpn zunächst in drei Gruppen eingeteilt: kooperative, konkurrenzorientierte und «reaktive» Vpn. Die erste Gruppe entspricht der bedingungslosen Kooperation des Versuchs von SOLOMON (1960), die zweite Gruppe der bedingungslosen Nichtkooperation und die dritte der bedingten Kooperation (die Vp verhält sich kooperativ, wenn der Partner kooperativ ist, nicht aber, wenn er nicht kooperativ reagiert).

Jede Gruppe wurde weiter dreigeteilt. Je einem Drittel jeder Gruppe wurde der Partner als kooperativ, konkurrenzorientiert oder reaktiv beschrieben und das von ihm zu erwartende Verhalten erklärt. Der Prozentsatz kooperativer Züge in allen neun Versuchsbedingungen, aufgegliedert nach den ersten und letzten 25 Durchgängen, ist aus Tabelle 69 zu ersehen.

Tabelle 68

	A_1 ǀ Erw(B_1)	A_1 ǀ Erw(B_2)	A_2 ǀ Erw(B_1)	A_2 ǀ Erw(B_2)
Keine Kommunikation				
kooperativ motiviert	84,8	4,3	6,5	4,3
individualistisch motiviert	33,3	5,1	25,6	35,9
konkurrenzmotiviert	3,1	9,4	12,5	75,0
Kommunikation				
kooperativ motiviert	90,6	6,2	3,1	0,0
individualistisch motiviert	61,8	8,8	2,9	26,5
konkurrenzmotiviert	20,8	8,3	18,8	52,1

Die Zahlen bezeichnen den Prozentsatz der Vpn, die bei bestimmten Erwartungen A_1 oder A_2 wählen. A_i ǀ Erw(B_j) ... Wahl von A_i, wenn erwartet wird, daß der Partner B_j wählt.

Tabelle 69

	Wahrnehmung der Einstellung des Partners					
	reaktiv		kooperativ		nicht kooperativ	
	Durchgänge		Durchgänge		Durchgänge	
	1–25	26–50	1–25	26–50	1–25	26–50
Einstellung der Vp						
reaktiv	63	63	73	68	35	52
kooperativ	76	71	47	66	47	36
nicht kooperativ	45	57	45	30	30	34

Kooperative und reaktive Vpn verhalten sich weniger kooperativ als sonst, wenn sie den Partner als egoistisch wahrnehmen. Das Verhalten egoistischer Vpn wird im Laufe der Interaktion kooperativer, wenn sie mit einem reaktiven Partner konfrontiert sind. Das höchste Ausmaß an Kooperation tritt auf, wenn eine kooperative Vp mit einer reaktiven interagiert. Am ungünstigsten ist die Kombination zweier egoistischer Partner.

Wie andere Verhaltensweisen kann auch Kooperation durch Beobachtung gelernt werden. BRAVER und BARNETT (1976) postulierten und bestätigten, daß durch stellvertretende Verstärkung von Kooperation und durch stellvertretende Bestrafung von Nichtkooperation die Häufigkeit von kooperativem Verhalten vergrößert wird. Vpn, die entweder ein Spiel beobachteten, bei dem beide Partner kooperativ spielten (Belohnung von Kooperation), oder ein Spiel, bei dem sich beide nichtkooperativ verhielten (Bestrafung von Nichtkooperation), waren, als sie anschließend selbst spielten, wesentlich kooperativer als Vpn, die beobachtet hatten, daß ein Spieler kooperative Züge und der andere nichtkooperative Züge bevorzugte (aufgrund der Struktur der Ergebnismatrix des PD bewirkt die Bevorzugung unterschiedlicher Strategien seitens der beiden Spielpartner Bestrafung von Kooperation bzw. Belohnung von Nichtkooperation).

6.127 Ursachen der Kooperation II: Möglicher Gewinn und Machtverhältnisse

Während sich der vorige Abschnitt auf Personenparameter konzentrierte (Einstellungen zu verschiedenen Arten des Sozialverhaltens, Verhalten des Partners, Wahrnehmung des Partners), beschäftigt sich dieser Abschnitt mit Situationsfaktoren, die das Ausmaß der Kooperation mitbestimmen. Es ist eine naheliegende Annahme, daß die Höhe des möglichen Gewinns und auch die Höhe des möglichen Verlustes die Kooperationstendenz beeinflussen. Genauer: Je größer der mögliche Gewinn bei Kooperation und/oder je größer der mögliche Verlust bei Nichtkooperation, desto höher wird die Kooperationsbereitschaft sein. Je mehr «auf dem Spiel steht», desto eher handelt man kooperativ.

RAPOPORT und CHAMMAH (1965a) und RAPOPORT, CHAMMAH und ORWANT (1964) bestätigten die Hypothese. Je größer der durch Kooperation erzielbare Gewinn (a_{11} und b_{11}) ist, desto häufiger tritt kooperatives Verhalten (A_1 und B_1) auf. Je größer die zu erwartende Strafe ist, wenn beide egoistisch handeln (a_{22} und b_{22}), desto häufiger ist kooperatives Verhalten. Die entsprechenden Daten von RAPOPORT und CHAMMAH (1965a) findet man in Tabelle 70.

Aber auch die restlichen Auszahlungswerte der PD-Matrix spielen eine Rolle. Je größer die «Versuchung» (a_{21} und b_{12}) ist, das heißt, je mehr man profitiert, wenn man selbst egoistisch und der Partner kooperativ handelt, desto seltener ist kooperatives Verhalten. Je größer die «Gefahr» (a_{12} und b_{21}) ist, der man sich aussetzt, wenn man selbst kooperativ und der Partner egoistisch handelt, desto geringer ist die Kooperation.

Zur Illustration dieser Gesetzmäßigkeiten zeigt Abbildung 159 fünf PD-Matrizen. Die Matrizen (2) bis (5) unterscheiden sich von Matrix (1) jeweils nur durch die Veränderung eines einzigen Auszahlungswertes für jeden Partner. Bei Matrix (2) ist der Gewinn (a_{11} und b_{11}) höher als bei Matrix (1), wenn beide Spieler kooperieren. Bei Matrix (3) ist eine schärfere Bestrafung (a_{22} und b_{22}) zu erwarten als bei Matrix (1), wenn beide Spieler die egoistische Alternative wählen. Daher führen die Matrizen (2) und (3) zu einem höheren Ausmaß an Kooperation als Matrix (1).

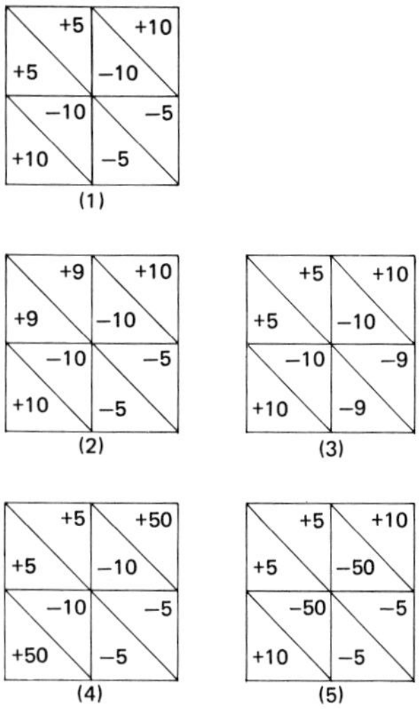

mehr Kooperation als bei Matrix 1, weil der Gewinn (Matrix 2) oder der Verlust (Matrix 3) grösser ist als bei Matrix 1.

weniger Kooperation als bei Matrix 1, weil die Versuchung (Matrix 4) oder die Gefahr (Matrix 5) grösser ist als bei Matrix 1.

Abbildung 159

Bei Matrix (4) ist die Versuchung (a_{21} und b_{12}) sehr groß, selbst egoistisch zu handeln und dabei zu hoffen, daß der Partner kooperativ reagiert. Bei Matrix (5) schließlich ist die Gefahr (a_{12} und b_{21}) einer hohen Strafe gegeben, wenn man selbst kooperativ und der Partner egoistisch reagiert. Deshalb ist bei den Matrizen (4) und (5) die Kooperationstendenz geringer als bei Matrix (1).

Bisher wurden nur symmetrische PD-Matrizen gezeigt. Die möglichen Ergebnisse waren für beide Spieler dieselben. Es gibt jedoch zahlreiche Situationen, denen asymmetrische Matrizen entsprechen. Asymmetrie im PD entsteht, wenn bei einer oder mehreren der möglichen Verhaltenskombinationen die Ergebnisse der Partner verschieden sind, wenn also die Auszahlungen für «Belohnung» (a_{11} und b_{11}), «Bestrafung» (a_{22} und b_{22}), «Versuchung» (a_{21} und b_{12}) oder «Gefahr» (a_{12} und b_{21}) nicht für beide Teilnehmer identisch sind.

Tabelle 70

	Belohnung ($a_{11} = b_{11}$)			Bestrafung ($a_{22} = b_{22}$)		
Werte	1	5	9	−1	−5	−9
Prozentsatz von R_1-Reaktionen (A_1 oder B_1)	46	63	73	46	59	77

Abbildung 160 zeigt einige asymmetrische Matrizen. Matrix (6) ist durch Vergrößerung von b_{11} aus Matrix (1) der Abbildung 159 entstanden. Aufgrund der oben referierten Gesetzmäßigkeiten ist zu erwarten, daß Spieler B kooperativer sein wird als Spieler A, denn der Gewinn bei R_{11} ist für ihn größer als für A ($b_{11} > a_{11}$). In Matrix (7) ist gegenüber Matrix (1) nicht nur b_{11}, sondern auch b_{22} verändert. In diesem Fall ist noch mehr Kooperation seitens des Spielers B zu erwarten.

Asymmetrische Matrizen implizieren *unterschiedliche Machtverhältnisse* für beide Spieler. In den Matrizen (6) und (7) ist die Variationsbreite (Streuung) der Ergebnisse von B größer als von A. Das Verhalten von A bewirkt größere Ergebnisunterschiede für B als umgekehrt. Da-

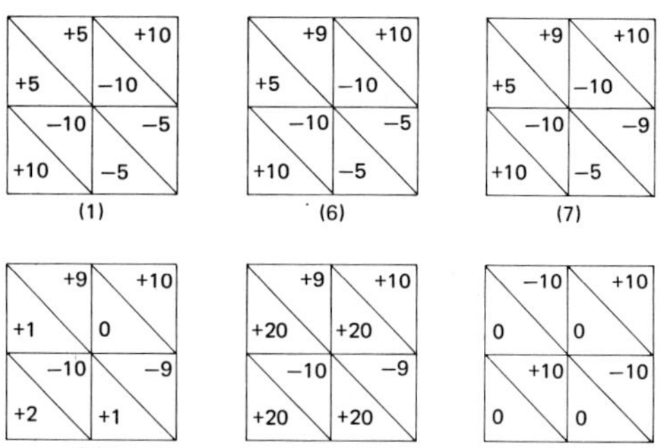

Abbildung 160

her ist A mächtiger (einflußreicher) als B. A kann eher durch «reaktives» Verhalten B zu Kooperation veranlassen als umgekehrt.
Noch stärker sind die Machtunterschiede in Matrix (8). Verkleinert man die Streuungsbreite der Ergebnisse von A auf Null, entstehen Matrizen wie (9) und (10). In diesen Fällen ist A absolut mächtig und B absolut machtlos, weil die Ergebnisse von A in keiner Weise durch das Verhalten von B beeinflußt werden. (9 und 10 sind keine PD-Matrizen. Natürlich können nicht nur PD-Matrizen, sondern beliebige Matrizen asymmetrisch sein.)
Wie ein Vergleich der Matrizen (9) und (10) deutlich macht, hängen die Machtverhältnisse in erster Linie von der Payoffkonfiguration ab und nicht von den Ergebnissen selbst. Auch ein völlig «mittelloser» Spieler, der nie etwas gewinnt (wie A bei Matrix 10), kann sehr mächtig sein, wenn sein Verhalten die Ergebnisse des anderen beeinflußt.
In zahlreichen Experimenten wurden asymmetrische Matrizen (und damit asymmetrische Machtverhältnisse) verwendet (z. B. BIXENSTINE, CHAMBERS und WILSON, 1964; SOLOMON, 1960; WILSON und BIXENSTINE, 1962). Es zeigte sich durchgehend, daß die Kooperationshäufigkeit bei asymmetrischen Matrizen niedriger ist als bei symmetrischen. Dabei zeigt in der Regel der starkere Partner weniger Kooperation als der schwächere.
Einen eindrucksvollen Vergleich symmetrischer und asymmetrischer Bedingungen bietet das Experiment von DEUTSCH und KRAUSS (1960). Die Autoren verwendeten nicht das PD, sondern folgende originelle Versuchsanordnung (vgl. Abbildung 161). Jede der paarweise agierenden Vpn sollte sich vorstellen, einen Lastwagen möglichst schnell von einem Ausgangspunkt zum Zielort bringen zu müssen. Für jede Vp gab es einen langen, zeitraubenden Weg (die Alternativstraße) und einen ziemlich direkten Weg. Der direkte Weg hatte jedoch den Nachteil, daß das Mittelstück der direkten Routen identisch und einspurig war. Da die Vpn aus entgegengesetzten Richtungen den einspurigen Weg erreichten, konnten sie ihn nicht gleichzeitig benutzen.
Wenn sie ihr Ziel erreicht hatte, erhielt jede Vp 0,60 Dollar minus 1 Cent für jede Sekunde, die sie zum Erreichen des Zieles gebraucht hatte. Brauchte sie dazu länger als 60 Sekunden, war

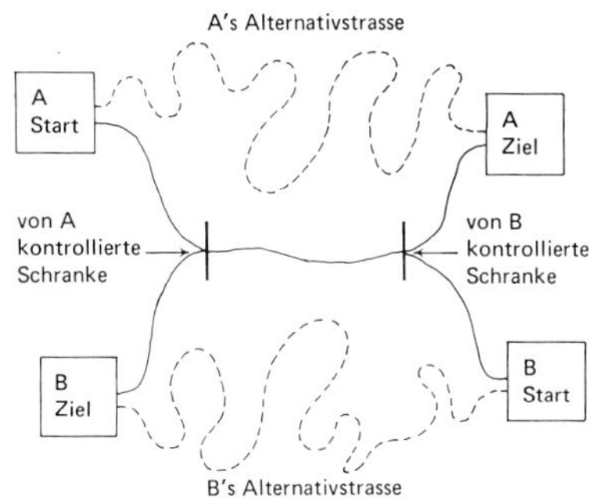

Abbildung 161

die Auszahlung negativ (die Vp mußte zahlen). Die Vpn saßen in getrennten Kabinen und konnten einander nicht sehen und nicht miteinander sprechen. Mit Hilfe von Schaltern steuerten sie ihren Wagen. Sie konnten ihn vorwärts oder rückwärts fahren lassen und auch die Route (Haupt- oder Alternativstraße) bestimmen.
Die Spieler waren zwar über die Positionen des eigenen Wagens informiert, nicht aber über die des Gegners. Nur wenn beide Wagen im einspurigen Mittelteil der Hauptstraße zusammentrafen, leuchtete eine Kontrollampe auf. In diesem Fall gab es einige Handlungsmöglichkeiten (zum Start zurückfahren und auf der langen Alternativstraße zum Ziel gelangen; oder warten, ob der Gegner zurückfährt und dann gegebenenfalls auf der Hauptstraße weiterfahren). Es sind auch Strategien möglich, die das Zusammentreffen auf der engen Straße vermeiden (solange warten, bis man glaubt, der Gegner habe das kritische Wegstück passiert und dann erst die Hauptstraße benützen oder von vornherein auf der Alternativstraße fahren). Jedes Paar spielte 20 Durchgänge.
In zwei von den drei Versuchsbedingungen war die Möglichkeit von «Drohungen» vorgesehen. An beiden Enden des einspurigen Wegstücks befanden sich Schranken. Die von A kontrollierte Schranke befand sich dort, wo As Hauptweg in den einspurigen Teil einmündete (für B daher am Ende des einspurigen Weges). Die Position von Bs Schranke war analog. Jede Vp durfte ihre Schranke nur senken, während sie selbst die Hauptstraße befuhr. Die Schranken konnten aber jederzeit, gleichgültig, wo und auf welchem Weg sich der Wagen des Spielers befand, gehoben werden. Statt von Drohungen

sollte man hier vielleicht besser von der Möglichkeit sprechen, dem Partner Schwierigkeiten zu machen, oder von der Möglichkeit, ihn zu bestrafen.

In einer Versuchsbedingung (zweiseitige Drohung) hatten beide Spieler Schranken zur Verfügung. In einer weiteren Bedingung (einseitige oder asymmetrische Drohung) konnte nur A ein Hindernis errichten. In der dritten Versuchsbedingung waren keine Schranken vorgesehen.

Nur in der Bedingung ohne Drohung waren die Spieler überhaupt imstande, einen Gewinn zu erzielen (Tabelle 71). Schon die einseitige Drohung führte zu Verlusten, wobei die Verluste des mächtigeren Spielers A (der allein ein Hindernis kontrollierte) geringer waren als die des schwächeren. Die zweiseitige Drohung bedingte beträchtliche Verluste für beide Vpn.

Abschließend sei noch auf die Bedeutung externer Alternativen hingewiesen (überwechseln in eine andere Dyade, d.h. Partnerwechsel). Im Experiment von THIBAUT und FAUCHEUX (1965) waren asymmetrische Machtverhältnisse gegeben und außerdem eine externe Alternative. Jeder Spieler hatte zwei Handlungsalternativen hinsichtlich des Partners (wie in den referierten PD-Situationen) und zusätzlich eine dritte Handlungsalternative, deren Ergebnis immer konstant war (also eine externe, vom Partner unabhängige Belohnungsquelle). Beide Spieler konnten beliebig zwischen den drei Verhaltensmöglichkeiten wählen.

In einer Versuchsbedingung war die dritte Alternative (R_3) mit einem geringen Ergebnis verbunden (niedriges CL_{Alt} in der Terminologie von THIBAUT und KELLEY, 1959), in einer zweiten Versuchsbedingung brachte die externe Alternative immer gute Ergebnisse. Wie erwartet, wurde im zweiten Fall (attraktive externe Möglichkeiten) wesentlich öfter R_3 gespielt als bei niedrigem CL_{Alt}. Bei niedrigem CL_{Alt} wurde R_3 nur vom schwächeren Partner gewählt. Aber auch bei attraktivem CL_{Alt} wählte der schwächere Partner öfter R_3 als der stärkere.

6.128 Soziale Fallen

Soziale Fallen (oder soziale Dilemmata) sind Situationen, in denen Verhaltensalternativen existieren, die den einzelnen Gruppenmitgliedern vorteilhaft erscheinen, die aber letztlich der Gruppe (und damit jedem einzelnen Mitglied) Nachteile bringen, wenn sie von den Individuen gewählt werden. Es gibt zahllose Beispiele sozialer Fallen, z.B. eine Paniksituation durch Feuer in einem Theater. In diesem Fall wollen alle möglichst schnell das Theater verlassen, wodurch ein Gedränge entsteht, das allen den Ausgang versperrt.

Viele soziale Fallen bestehen darin, daß ein gemeinsames Gut (im weitesten Sinn des Wortes) von den Einzelpersonen zu sehr ausgebeutet wird – worunter langfristig alle zu leiden haben, weil dann das Gut aufgebraucht oder zumindest zuwenig davon vorhanden ist. Dazu gibt es u.a. viele Beispiele aus dem Bereich des Umweltschutzes. Ein gemeinsames Gut ist die Luftqualität, die aber durch viele egoistische Verhaltensweisen ständig abnimmt. Zum Beispiel erscheint es vielen Personen vorteilhaft, ein Auto ohne Katalysator zu fahren – im Vergleich zu einem Auto mit Katalysator ist es billiger in der Anschaffung, sparsamer im Verbrauch, und außerdem stärker und schneller. Wenn aber zu viele Personen katalysatorlose Autos fahren, könnte die Umweltqualität dermaßen abnehmen, daß alle darunter leiden müssen. Andere Beispiele lassen sich in der Land- und Forstwirtschaft oder beim Fischfang zeigen. Wenn jeder Einzelne zuviel vom gemeinsamen Gut (z.B. Fische, Holz) verbraucht, wird es schließlich völlig vernichtet, weil es nicht schnell genug ergänzt werden kann (z.B. durch Aufforstung).

Man kann zwei Klassen von sozialen Fallen unterscheiden: (1) Es entsteht ein Schaden für die Gruppe, wenn zu viele Individuen ein (für den Einzelnen) belohnendes Verhalten durchführen. (2) Es entsteht ein Schaden für die Gruppe, wenn zu wenige Individuen ein (für den Einzelnen) aversives Verhalten durchführen.

Tabelle 71

	keine Drohung	einseitige Drohung	zweiseitige Drohung
Ergebnis für A	122,44	– 118,56	– 406,56
Ergebnis für B	80,88	– 287,31	– 468,56
gemeinsames Ergebnis	203,31	– 405,88	– 875,12

Das oben beschriebene Katalysatorbeispiel gehört zur ersten Kategorie sozialer Fallen. Ein Beispiel für die zweite Kategorie ist die Unwilligkeit einzelner Personen, gemeinnützige Organisationen zu unterstützen. Zum Beispiel können private Umweltschutzorganisationen nur dann effizient tätig sein (d. h. gemeinsame Güter erhalten), wenn sie durch ausreichende Spenden unterstützt werden. Viele Menschen sind zwar durchaus daran interessiert, daß das gemeinsame Gut erhalten wird, wollen aber keinen Beitrag leisten («auf meine Spende kommt es nicht an, ich kaufe mir lieber etwas»). Je größer die Zahl dieser «freerider» (Schwarzfahrer) ist, desto geringer ist die Wahrscheinlichkeit der Erhaltung des öffentlichen Guts.

Ein Spezialfall der zweiten Kategorie sozialer Fallen ist das Freiwilligendilemma (DIEKMANN, 1985, 1986). Dabei muß (mindestens) eine Person freiwillig ein aversives Verhalten durchführen, um ein schlechtes Ergebnis für die ganze Gruppe zu verhindern. Ein Beispiel dafür sind Notsituationen mit einem Opfer und mehreren Zuschauern (s. Abschnitt 6.133). Wenn beispielsweise in Anwesenheit mehrerer Personen jemand auf der Straße zusammenbricht, sind prinzipiell alle Beobachter daran interessiert, daß dem Opfer geholfen wird. Jeder einzelne zögert aber, etwas zu unternehmen («warum gerade ich?»). Wenn jedoch niemand etwas unternimmt, entsteht für alle Zuschauer die selbstwertbedrohende Tatsache, daß man einem notleidenden Menschen nicht geholfen hat.

Auch das in den vorangegangenen Abschnitten beschriebene Gefangenendilemma ist eine soziale Falle. Von sozialen Fallen im engeren Sinn spricht man aber nur dann, wenn größere Gruppen als Dyaden beteiligt sind. Man kann das Gefangenendilemma prinzipiell von beliebig vielen Personen (gleichzeitig) spielen lassen. Solche n-Personen-Gefangenendilemmaspiele sind brauchbare Abbilder sozialer Fallen im Experiment.

In der Forschung über soziale Fallen wurden außer dem n-Personen-Gefangenendilemma noch andere Methoden verwendet. Zum Beispiel sollten Vpn (in Gruppen) kleine Metallstücke, die an Fäden befestigt waren, aus einer Flasche mit einem schmalen Hals ziehen (MINTZ, 1951). Diese Methode simuliert Situationen wie den Theaterbrand. Wenn mehrere Vpn gleichzeitig ziehen, bringt überhaupt niemand sein Metallstück aus der Flasche.

Das gemeinsame Gut bei BRECHNER (1977) war eine Menge von Punkten, deren momentane Zahl immer als Säule aus Lichtpunkten zu sehen war. Jede Vp konnte durch Drücken eines Knopfs Punkte sammeln – so viel und so schnell sie wollte. Die Punktmenge wurde während des Experiments langsam wieder aufgefüllt, und zwar umso langsamer, je weniger Punkte noch übrig waren. Wenn sich die Punktesäule noch im oberen Viertel befand, wurde alle 6 Sekunden ein Punkt nachgefüllt. Wenn sie im nächsten Viertel war, wurde nur mehr alle 12 Sekunden ein Punkt ergänzt, im dritten Viertel nur alle 18 Sekunden, und im letzten Viertel nur alle 24 Sekunden. Wenn die Lichtsäule verschwunden war, wurde nichts mehr ergänzt und das Experiment war beendet. Vpn waren Studenten, die in Gruppen zu drei Personen an dem Experiment teilnahmen. Jede Vp sollte versuchen, mindestens 150 Punkte zu erzielen, die sie gegen bestimmte Studienanforderungen austauschen konnte. Dazu hatten die Vpn 15 Minuten Zeit (sofern die Punktesäule nicht schon früher leer war).

BRECHNER verwendete vier Versuchsbedingungen: Zwei unterschiedliche Punktmengen (24 oder 48 Punkte) kombiniert mit Kommunikation vs. keine Kommunikation zwischen den Vpn. Die wichtigste abhängige Variable war die Zahl der nachgefüllten Punkte (die Ergänzung des öffentlichen Gutes), die von beiden unabhängigen Variablen beeinflußt wurde. Die Ergebnisse waren günstiger (d. h. es sind mehr Punkte «nachgewachsen»), wenn die Vpn miteinander sprechen durften, und wenn das gemeinsame Gut von vornherein größer war.

Die kooperationsfördernde Wirkung von Kommunikation wurde bereits beim Gefangenendilemma nachgewiesen (s. Abschnitt 6.126), und zeigte sich auch in vielen Untersuchungen über soziale Fallen (s. DAWES, 1980). Es besteht kein Zweifel darüber, *daß* Kommunikation die Kooperation fördert. Es ist aber umstritten, *auf welche Weise* das geschieht (ob es einfach an der Möglichkeit liegt, gegenseitige Versprechen zu geben, oder ob dadurch die Gruppenidentität – bzw. das kollektive Selbst der Vpn im Sinn von GREENWALD – gesteigert wird, s. ORBELL, VAN DE KRAGT, und DAWES, 1988).

Auch Gefühle spielen hier eine Rolle. Verärgerte und traurige Vpn handelten weniger kooperativ als Vpn mit neutralen oder positiven Gefühlen (KNAPP, 1986). Weniger klar ist der Einfluß der Gruppengröße. Während sich die Mitglieder großer Gruppen oft weniger kooperativ verhielten als kleine (z. B. beim Freiwilligendilemma, DIEKMANN, 1986), gibt es auch Situationen, in denen die Gruppengröße keinen nachteiligen Einfluß hat (BREWER und KRAMER, 1986).

Wie beim Gefangenendilemma hängt auch bei sozialen Fallen das Verhalten von Belohnungs- und Bestrafungserwartungen ab. Ein nichtexperimentelles Beispiel dafür ist der erhöhte Anreiz zum Kauf von Katalysatorautos durch Steuerbegünstigungen (wodurch die hohen Kosten für das umweltfreundliche Verhalten teilweise kompensiert werden). Die Erwartungen (und damit die Ziele) der Vpn hängen maßgeblich vom sozialen und ökologischen Wissen der Vpn ab (SPADA und ERNST, 1990).

6.13 Aggression, Altruismus und Gerechtigkeit

6.131 Aggression

Interpersonelle Verhaltensweisen kann man grob in zwei Klassen einteilen: Verhaltensweisen, die dem Partner schaden und solche, die ihm nützen. Mit diesen beiden Verhaltensklassen sowie mit den jeweiligen fördernden bzw. hindernden Bedingungen setzen sich die folgenden Abschnitte auseinander. Dabei soll vorübergehend der bis jetzt in diesem Kapitel vorherrschende Gesichtspunkt der Interaktions*sequenzen* etwas außer Acht gelassen werden. Es soll auch nicht scharf zwischen dyadischen und Mehrpersoneninteraktionen unterschieden werden.

Im folgenden werden solche Verhaltensweisen als aggressiv bezeichnet, die hauptsächlich dadurch motiviert sind, dem Interaktionspartner schaden zu wollen. In dieser Definition wird die *absichtliche* Herbeiführung einer aversiven Stimulation betont. In einem weiteren Sinn kann auch die absichtliche Beschädigung von menschenähnlichen Objekten (z. B. von Fotos oder Puppen) und von Gegenständen als aggressiv bezeichnet werden. Damit wurde eine kognitive (im Gegensatz zu einer behavioristischen) Aggressionsdefinition gegeben. Eine behavioristische Definition würde nur die Handlungskonsequenzen (die Schädigung) betonen. Aufgrund einer solchen Begriffsbestimmung müßte man etwa absichtliche und ungewollte Kränkungen, die absichtliche und «zufällige» (z. B. durch bloße Unachtsamkeit herbeigeführte) Zufügung von Schmerzen in gleicher Weise als aggressive Verhaltensweisen bezeichnen.

In der (in Abschnitt 6.126 beschriebenen) Terminologie von DEUTSCH (1973) sind aggressive Handlungen durch die Motivation min (b) gekennzeichnet (die Auswirkung des eigenen Verhaltens soll für den Interaktionspartner möglichst negativ sein). Die destruktive Haltung (min [a + b]; die Auswirkungen sollen für beide Interaktionspartner möglichst negativ sein) und die konkurrenzorientierte Haltung (max [a – b]; die Ergebnisse des Partners sollen relativ zu den eigenen Ergebnissen möglichst schlecht sein) kann man als Spezialfälle der aggressiven Einstellung ansehen. Masochismus (min [a]; die Minimierung des eigenen Nutzens) ist Selbstaggression.

Es ist eine noch immer weitverbreitete (und kaum durch Daten belegbare) Fehlannahme, daß es einen «Aggressionstrieb» gibt und daß verschiedene «aggressive» Verhaltensweisen einer Person dieselbe Ursache haben, nämlich deren «Aggressionstrieb». Demgegenüber steht die durch zahlreiche experimentelle Daten gestützte lerntheoretische Auffassung, daß die einzelnen aggressiven Verhaltensweisen Operanten sind, die in vorhersagbarer Weise durch Verstärkung, Extinktion, Diskriminationslernen usw. beeinflußt werden können.

Die lernpsychologische Auffassung (ausführlich dargestellt bei BANDURA, 1973, und SELG, 1971) impliziert mindestens zweierlei. Erstens: Aggression ist keine «unausrottbare Geißel der Menschheit», sondern sie kann durchaus bekämpft werden. Zweitens: Das aggressive Verhalten eines Menschen ist nicht einheitlich durch die Stärke seines «Aggressionstriebs» determiniert. Derselbe Mensch kann in bestimmten Situationen sehr aggressiv und in anderen völlig «friedlich» sein; manche (z. B. verbale) aggressive Operanten können bei ihm häufig und andere (z. B. motorische) aggressive Operanten selten auftreten. Form und Häufigkeit des aggressiven Verhaltens hängen in erster Linie von den früher erlebten Verstärkerbedingungen ab.

In den Experimenten von COWAN und WALTERS

(1963) und WALTERS und BROWN (1963) wurden Kinder mit Hilfe von Glaskugeln verstärkt, wenn sie eine lebensgroße Clownfigur schlugen. Die Anzahl der Schläge nahm während der Verstärkerphase zu. Die Resultate der «bedingungslos kooperativen» Strategie von SOLOMON (1960) zeigten, daß die Verstärkung des Konkurrenzverhaltens dessen Häufigkeit anhebt (vgl. Abschnitt 6.126). Erwachsene Vpn, die dafür gelobt wurden, daß sie einer anderen Person starke elektrische Schläge verabreichten, wurden im Lauf des Experiments immer aggressiver, indem sie die Stärke der Schläge ständig erhöhten (GEEN und STONNER, 1971). Nichtverstärkte Vpn dagegen erhöhten die Intensität der Schläge nicht (s. Abbildung 162).

Aggressives Verhalten kann extingiert werden. Wutanfälle von Kindern können durch Nichtbeachtung völlig gelöscht werden (WILLIAMS, 1959; vgl. Abschnitt 1.333). Die Extinktionsresistenz aggressiver Verhaltensweisen hängt – wie bei allen Operanten – von den Verstärkerplänen in der Lernphase ab. Selten verstärkte aggressive Handlungen treten unter Extinktionsbedingungen häufiger auf als oft oder immer verstärkte Aggressionen (COWAN und WALTERS, 1963; WALTERS und BROWN, 1963).

Aggressive Verhaltensweisen werden auch durch Beobachtung gelernt (BANDURA, 1965b, vgl. Abschnitt 2.442). Die Beobachtung aggressiver Verhaltensweisen führt zunächst zu einer Speicherung der wahrgenommenen Operanten oder Operantenketten im Gedächtnis. Selbst nach Monaten können bloß kurzzeitig beobachtete Aggressionen noch erinnert werden (HICKS 1965).

Ob und wie häufig die wahrgenommenen Aggressionshandlungen spontan imitiert werden, hängt von den beobachteten Verhaltenskonsequenzen der aggressiven Stimulusperson ab. Beobachtete Belohnung (stellvertretende Verstärkung) bewirkt häufige Imitation; beobachtete (stellvertretende) Bestrafung führt zu einer niedrigen Imitationsfrequenz (BANDURA, ROSS und ROSS, 1963b). Jedoch werden auch beobachtete Handlungen mit neutralen oder negativen Konsequenzen für die Stimulusperson häufig nachgeahmt, wenn der Imitator erwartet, daß die Nachahmung der Aggression positive Konsequenzen für ihn erbringt (BANDURA, 1965b).

Wie bei anderen Operanten erfolgt die Generalisation aggressiver Verhaltensweisen nach Maßgabe der Ähnlichkeit. Die wahrgenommene Mißhandlung einer Stimulusperson führt zu erhöhter Aggressionsbereitschaft gegenüber Personen, die dieser irgendwie ähnlich sind. Dabei genügt, wie experimentell gezeigt wurde, bereits Namensgleichheit oder ein ähnlicher Beruf (BERKOWITZ, 1965b; BERKOWITZ und GEEN, 1966, 1967).

Einstellungen spielen ebenfalls eine Rolle. Dabei muß zwischen Einstellungen zur Stimulusperson und Einstellungen zu Verhaltensweisen unterschieden werden. Aggressives Verhalten

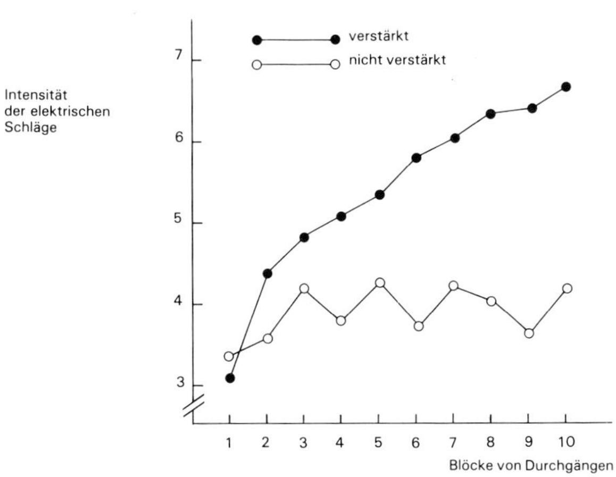

Abbildung 162

wird gegenüber einer negativ bewerteten (unsympathischen) Stimulusperson häufiger sein als gegenüber einer positiv bewerteten. Aggressives Verhalten tritt häufiger auf, wenn es positiv (etwa als «männlich» oder «gesund») eingeschätzt als wenn es abgelehnt wird. Es dürfte allerdings die Einstellung zum Verhalten eine größere Rolle spielen als die Bewertung der Stimulusperson (AJZEN und FISHBEIN, 1970; vgl. Abschnitt 4.24).

DOLLARD, DOOB, MILLER, MOWRER und SEARS (1939) formulierten die *Frustrations-Aggressions-Hypothese*. Die Hypothese besagt in ihrer schärfsten Form, daß Aggression immer und ausschließlich die Wirkung einer Frustration ist und daß auch umgekehrt jede Frustration zu Aggression führt. Die genannten Autoren bezeichnen jede Verhinderung, Unterbrechung oder Störung eines zielgerichteten Verhaltens als Frustration.

In der oben referierten Formulierung ist die Hypothese sicher unhaltbar. Es wurde in zahlreichen Experimenten nachgewiesen, daß aggressives Verhalten ohne jede «Zielbehinderung» oder «Wunschversagung» auftreten kann (wie in vielen Experimenten von BANDURA und seinen Mitarbeitern; in den weiter oben zitierten Experimenten BANDURAS wurde ohne jede erkennbare Frustration durch direkte oder stellvertretende Verstärkung die Aggressionshäufigkeit angehoben). Daher vertreten manche Psychologen eine modifizierte, abgeschwächte Form der Frustrations-Aggressionshypothese (BERKOWITZ 1962, 1965a, 1989). Es wird nicht mehr behauptet, daß Frustration immer Aggression bewirkt, und auch nicht, daß Aggression immer durch Frustration hervorgerufen wird, sondern bloß, daß durch Frustration die Bereitschaft zu aggressiven Handlungen erhöht wird. Ob es aber tatsächlich zu Aggressionen kommt, hängt hauptsächlich von situativen Faktoren ab (Anwesenheit einer geeigneten Stimulusperson usw.).

Auch die modifizierte Frustrations-Aggressions-Hypothese muß mit Skepsis betrachtet werden. Zum ersten wurden in vielen Experimenten «Frustrationen» vorgenommen, die nach der Definition von DOLLARD und Mitarbeitern (1939) keine Frustrationen sind. In Experimenten von BERKOWITZ wurden Vpn von einem Mitarbeiter des Vl beleidigt oder beschimpft und zeigten daraufhin eine erhöhte Aggressionstendenz. Es ist jedoch kaum möglich oder zumindest sehr schwierig (und bedarf gewagter Zusatzannahmen), eine Beleidigung als Behinderung einer zielgerichteten Tätigkeit zu interpretieren.

Hier könnte eine weitere Modifizierung der Hypothese helfen: Jedes Ereignis, das in der Vp einen Aktivierungszustand hervorruft, den diese als «Wut» oder «Ärger» bezeichnet, erhöht die Aggressionsbereitschaft. Eine notwendige (nicht unbedingt hinreichende) Bedingung für das Erleben von Wut dürfte darin bestehen, daß die erlittene Frustration oder Beleidigung als beabsichtigt wahrgenommen wird. Eine indirekte Bestätigung dieser Vermutung stellt das Experiment von JONES und DE CHARMS (1957) dar (vgl. Abschnitt 5.223). Jemand, der absichtlich ein Ziel blockiert, wird negativer beurteilt als eine Person, die bloß aus Unfähigkeit andere behindert.

Auch KULIK und BROWN (1979) betonen die aggressionsfördernde bzw. -hemmende Rolle von Attributionen. KULIK und BROWN unterscheiden gerechtfertigte und ungerechtfertigte Frustrationen und postulieren, daß ungerechtfertigte Frustrationen mehr Aggression auslösen als gerechtfertigte. Eine Frustration ist ungerechtfertigt, wenn ihre Ursache primär im Urheber der Frustration gesehen wird (z. B. in seinen bösen Absichten). Wenn dagegen vom Betroffenen keine Personen-, sondern eine Situationsattribution für die Frustration vorgenommen wird (der andere steht unter Zwang und hat keine andere Möglichkeit), handelt es sich um eine gerechtfertigte Frustration. Die Hypothese der aggressionssteigernden Wirkung von ungerechtfertigten Frustrationen wurde bestätigt. Nach WEINER (1986) ist in diesem Zusammenhang die Kontrollierbarkeit der Frustrationsursache entscheidend.

Nach der SCHACHTERschen Gefühlstheorie (vgl. Abschnitt 5.42) kann jeder Anstieg der allgemeinen oder vegetativen Aktivierung in Abhängigkeit von Situationsfaktoren und gelernten Sprachgewohnheiten in unterschiedlicher Weise empfunden bzw. benannt werden (dasselbe Aktivierungsmuster kann z. B. als Freude oder Ärger bezeichnet werden). Dieser Befund legt die Vermutung nahe, daß vielleicht jede (wie auch immer verursachte) Erhöhung des Aktivierungsniveaus zu gesteigerter Aggressivität führen kann.

Durch ein Experiment von GEEN und O'NEAL (1969) wurde diese Annahme bestätigt. Eine Hälfte der Vpn sah zunächst einen aggressiven Film (Boxkampf), die andere Hälfte einen nicht-aggressiven Sportfilm. Danach hatten alle Vpn Gelegenheit, unter einem passenden Vorwand einem Kollegen elektrische Schläge zu verabreichen (die Häufigkeit von Fehlern bei einer Lernaufgabe sollte durch Bestrafung verringert werden). Die Hälfte der Vpn jeder Bedingung (aggressiver und nicht-aggressiver Film) wurde dabei durch intensiven Lärm aktiviert, die andere Hälfte nicht. Das höchste Ausmaß an Aggression, gemessen durch Häufigkeit und Intensität der elektrischen Schläge, zeigte sich bei jenen Vpn, die den aggressiven Film gesehen hatten und außerdem durch Lärm überaktiviert waren.

Die Resultate von GEEN und O'NEAL (1969) dürfen aber keinesfalls als Unterstützung der Annahme aufgefaßt werden, daß eine Steigerung der allgemeinen Aktiviertheit *immer* die Aggressionswahrscheinlichkeit erhöht. An einer früheren Stelle (Abschnitt 2.332: Verhaltenshierarchien, Rigidität und Kreativität) wurde dargelegt, daß durch Anheben des Aktivierungsniveaus die Häufigkeit der dominanten Reaktionen vergrößert wird. In anderen Worten: Stehen in einer Situation mehrere Handlungsalternativen zur Verfügung und ist eine davon dominant (wahrscheinlicher als die anderen), dann tritt diese bei Spannungszuständen noch häufiger auf als sonst.

Im gleichen Zusammenhang wurde auf die Untersuchung von DAVITZ (1952) verwiesen. Durch gezielte Verstärkung wurde in Spielsituationen bei einer Gruppe von Vpn (Kindern) kooperatives Verhalten und bei der anderen aggressives Verhalten zur dominanten Reaktion gemacht. Dann wurden die Kinder frustriert (und zwar im Sinn der «klassischen» Definition; ein spannender Film wurde knapp vor seinem Höhepunkt abgebrochen). In der folgenden Spielsituation kam es in der ersten Gruppe zu gesteigertem Kooperationsverhalten und in der zweiten zu gesteigerter Aggression.

Der häufig (aber bei weitem nicht immer) beobachtete Zusammenhang zwischen Frustration bzw. Wut und Aggressivität muß daher nicht als Naturnotwendigkeit, sondern kann als Ergebnis eines Lernprozesses verstanden werden. Es ist denkbar, daß aggressive Handlungsweisen nach Frustrationen oft erfolgreich sind und somit verstärkt werden. Ein Tier, das ein anderes Tier angreift, das ihm sein Futter wegnimmt, gelangt dadurch häufig wieder in den Besitz der Nahrung. Aggressionen gegenüber einer Person, die sich in beleidigender Weise benommen hat, führen nicht selten dazu, daß sie sich entschuldigt. Auf diese Art könnte die als Wut empfundene Aktivierung zwei Funktionen ausüben. Sie wirkt als diskriminativer Reiz: Bei Wut war Aggression oft erfolgreich und wurde daher in «Wutsituationen» (relativ) dominant. Zweitens ist Ärger ein erhöhter Aktivierungszustand und steigert daher die Häufigkeit der gerade dominanten Reaktion.

Ein frustrationsähnlicher Zustand ist Reaktanz (s. Abschnitt 2.542) und eine reaktanztheoretische Hypothese lautet, daß Aggression eine der möglichen Reaktanzfolgen ist. Leider enthält die Reaktanztheorie keine genauen Aussagen darüber, unter welchen Bedingungen Reaktanz Aggression bewirkt und wann nicht.

Eine wichtige aggressionsfördernde oder -hemmende Rolle spielen vermutlich soziale Vergleiche: Wenn der Vergleich mit anderen Personen positiv ausfällt (wenn man feststellt, daß die eigenen Ergebnisse gleich oder besser sind als die Ergebnisse anderer Personen unter ähnlichen Bedingungen), dann wirkt der Vergleich aggressionshemmend. Wenn der Vergleich negativ ausfällt (die eigenen Ergebnisse sind schlechter als die Ergebnisse anderer Personen), wirkt der Vergleich aggressionsfördernd. Im negativen Fall kann der soziale Vergleich Neid oder Wut auslösen, ein positiver Vergleich wird eher positive Gefühle bewirken.

Die Wirkungen sozialer Vergleichsprozesse auf die Aggressivität wurden von HERKNER und SCHREMSER (unveröffentlichte Daten) untersucht. Im selben Experiment wurden auch wie bei WORCHEL (1974, vgl. Abschnitt 2.542) die aggressionsfördernden Wirkungen von Frustration und Reaktanz verglichen. Es handelte sich angeblich um eine Untersuchung über die Wirkung einer erwarteten Belohnung auf die Konzentrationsleistung. Die Konzentrationsaufgabe bestand darin, daß die Vpn 20 Minuten lang Druckfehler in einem philosophischen Text suchen mußten. Als Belohnung wurden Schallplatten angeboten. Zu Beginn des Experiments (also vor dem «Konzentrationstest») wurden die Vpn ersucht, im Rahmen einer kleinen Marktforschungsstudie 10 Schallplatten auf mehreren Skalen (wertvoll – wertlos, angenehm – unangenehm) zu beurteilen. Die Belohnungsplatte war eine der beurteilten Platten.

Einem Drittel der Vpn wurde vor der Konzentrationsaufgabe bloß mitgeteilt, daß sie als Belohnung eine der Platten erhalten werden (Bedingung «keine Erwartung»). In einer zweiten Versuchsbedingung wurde gesagt, daß jede Vp die von ihr am besten beurteilte Platte erhalten wird (Bedingung «Erwartung»). In der dritten Bedingung versprach der Vl, daß jede Vp eine aus den 10 beurteilten Platten auswählen kann (Bedingung «Wahlfreiheit»). Nach Abschluß des «Konzentrationstests» sagte der Vl in allen Bedingungen: «Ich habe mich . . . entschlossen, die Platten möglichst gleichmäßig zu verteilen. Sie erhalten daher diese.» Dadurch wurde in der Bedingung «Wahlfreiheit» Reaktanz erzeugt.

Die Hälfte der Vpn in jeder Bedingung erhielt die attraktivste Platte. Die anderen Vpn erhielten jene Platte, die am wenigsten positiv, aber noch nicht ausgesprochen negativ eingestuft worden war (meistens zwischen Rangplatz 4 und 7). Dadurch wurde in der Bedingung «Erwartung» Frustration hervorgerufen.

Jede der so entstandenen sechs Versuchsgruppen wurde nun dreigeteilt: Bei einem Drittel der Vpn wurde ein positiver sozialer Vergleich induziert («Sie haben Glück, es stimmt nämlich gar nicht, daß alle Vpn Platten erhalten.» Da nur wenige Platten zur Verfügung stehen, «. . . habe ich mich entschlossen, jeder zehnten Vp eine Platte zu geben . . . Sie sind zufällig meine 10. [20., 30. usw.] Vp . . .»). Ein weiteres Drittel erhielt keinerlei Information über die Belohnung der anderen Vpn und bei den restlichen Vpn wurde ein negativer sozialer Vergleich herbeigeführt. Diesen wurde mitgeteilt, daß alle anderen Vpn ihre Belohnung auswählen konnten bzw. noch zusätzlich eine «Bonus-Platte» erhalten hatten – «da Sie aber zu den letzten Vpn gehören und der Plattenvertrieb nicht mehr nachliefert, erhalten Sie diese hier». Die 180 Vpn wurden gleichmäßig auf die 18 Versuchsbedingungen aufgeteilt.

Anschließend mußten die Vpn auf mehreren 7-Punkte-Skalen den Versuch beurteilen (sinnvoll – sinnlos, nützlich – nutzlos usw.) und ebenso den Vl (sympathisch – unsympathisch, geeignet – ungeeignet usw.). Diese Urteile können als Aggressionsmaß interpretiert werden, weil den Vpn vorher mitgeteilt wurde, daß sich der Vl um einen bestimmten Posten bewirbt und seine Anstellung von den Urteilen der Vpn abhängt.

Erstaunlicherweise zeigten sich nur schwache Aggressionen in den Beurteilungen des Vl, jedoch traten sehr deutliche Aggressionen in den Beurteilungen des Versuchs auf. Wie bei WORCHEL (1974) trat nur ein schwacher Frustrationseffekt auf. Die Vpn, die eine wenig attraktive Belohnung erhielten, urteilten in allen Bedingungen etwas aggressiver als die Vpn mit der attraktivsten Belohnung. Der Reaktanzeffekt dagegen war sehr stark. In der Bedingung «Wahlfreiheit» waren die Vpn wesentlich aggressiver als in den Bedingungen «Erwartung» und «keine Erwartung» (s. Abbildung 163 a).

Die Hypothesen über die aggressionsfördernden bzw. -hemmenden Wirkungen sozialer Vergleichsprozesse wurden bestätigt (s. Abbildung 163). Insgesamt waren die Vpn mit negativen sozialen Vergleichen aggressiver als die Vpn ohne soziale Vergleiche, und diese waren wieder aggressiver als die Vpn mit positiven Vergleichen. Besonders eindrucksvoll ist die starke aggressionshemmende Wirkung des positiven Vergleichs in der Reaktanzbedingung (erwartete Wahlfreiheit).

Im Zusammenhang der Aggressionsproblematik wird immer noch häufig die aus dem antiquierten Triebmodell abgeleitete *Katharsishypothese* vertreten: Ein «Ausleben» der Aggression soll zu einer vorübergehenden, aber nicht allzu kurzfristigen Senkung des Aggressionstriebs führen. Dieser Annahme liegt eine Art Dampfkesselmodell des Menschen zugrunde: Wenn Dampf abgelassen wird, nehmen die inneren Spannungen ab. Mit der Zeit strömt wieder Dampf zu. Die Spannung steigt. Es muß wieder Dampf abgelassen werden usw.

Vom lerntheoretischen Standpunkt ist dazu folgendes zu sagen. Eine einheitliche Wirkung des «Auslebens» von Aggression ist unwahrscheinlich. Werden die «ausgelebten» Aggressionen verstärkt, dann steigt mit Sicherheit die spätere Aggressionstendenz. Bleiben die aggressiven Handlungen unbeachtet oder werden sie bestraft, dann nimmt ihre Häufigkeit ab – es sei denn, sie werden durch massive Selbstverstärkung (etwa durch Selbstlob) aufrechterhalten.

Möglicherweise bewirkt ein Ausleben der Ag-

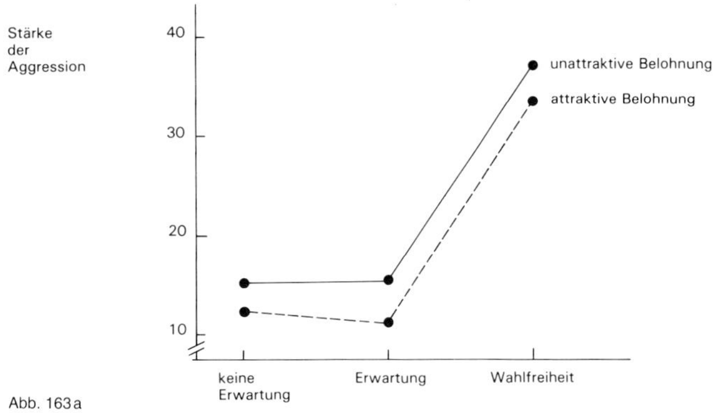

Abb. 163a

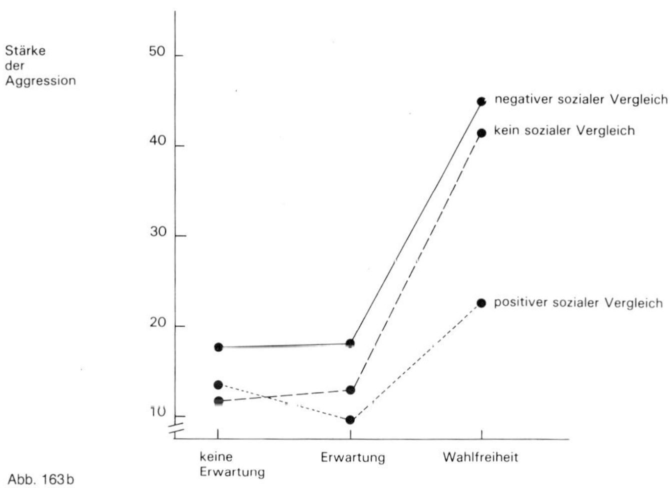

Abb. 163b

Abbildung 163

gression einen Katharsiseffekt im emotionalen Bereich, ein genereller Katharsiseffekt auf der Verhaltensebene ist jedoch äußerst unwahrscheinlich. GEEN, STONNER und SHOPE (1975) wiesen nach, daß die physiologische Aktivierung bei Vpn, die sich aggressiv gegen den Urheber ihres Ärgers verhielten, nach dieser Gegenaggression abnahm. Im Verhalten zeigten sie jedoch anschließend wesentlich mehr Aggressivität als die Vpn aus Kontrollgruppen, die keine Gelegenheit zum Ausleben ihres Ärgers gehabt hatten. (Allerdings wurde das Experiment von GEEN et al. aus methodischen Gründen kritisiert (KONEČNI und EBBESEN, 1976). In einer etwas modifizierten Wiederholung des Experiments konnten KONEČNI und EBBESEN die Verhaltensdaten von GEEN et al. nicht replizieren.)

Im Rahmen eines Überblicks wiesen GEEN und QUANTY (1977) darauf hin, daß auch die emotionale Katharsis (Abnahme der Aktivierung und daher Abnahme des Ärgers) nicht die Regel ist. Die Aktivierung nimmt nicht ab, wenn (1) die Zielperson mächtiger ist als der Aggressor, (2) wenn Aggression in der gegebenen Situation eindeutig eine unpassende Reaktion ist, und (3) wenn der Aggressor zu Schuldgefühlen neigt.

Eine Variante der Katharsishypothese ist die Annahme einer symbolischen Katharsis: Durch Betrachten aggressiver Handlungen wird die Aggression des Zuschauers «entladen». Die Hypothese setzt offensichtlich voraus, daß der «Aggressionstrieb» anderen Gesetzen gehorcht als andere Triebe. Niemand wird annehmen, daß die sexuellen Wünsche Halbwüchsiger durch Betrachten erotischer Filme schwächer werden oder daß ein Hungriger durch den Anblick verlockender Speisen weniger hungrig wird (BANDURA, 1965a). Warum sollte gerade Aggressivität etwa durch Ansehen brutaler Filme reduziert werden?

Aufgrund der zahlreichen Experimente über Lernen und Imitation aggressiver Verhaltensweisen durch Beobachtung ist das Gegenteil zu erwarten. Es gibt auch nur ganz wenige Experimente, die eine Abnahme der Aggressionshäufigkeit nach der Beobachtung aggressiver Handlungen zeigen (z. B. FESHBACH, 1961).

Dennoch ist die Möglichkeit nicht auszuschließen, daß unter gewissen Bedingungen die Beobachtung aggressiver Handlungen zu einer Aggressionsreduktion führt. Allerdings braucht man zur Spezifizierung dieser Bedingungen andere Erklärungsprinzipien als die Katharsishypothese.

Eine interessante Hypothese wurde von BERKOWITZ und RAWLINGS (1963) vorgeschlagen. Die Beobachtung extrem brutaler Szenen könnte die Aufmerksamkeit auf die aversiven Folgen für das Opfer lenken. Dadurch entstehen beim Auftreten aggressiver Absichten Schuldgefühle (unter der Voraussetzung, daß entsprechende Sozialisierungsprozesse stattgefunden haben). Man reagiert auf die eigenen Aggressionstendenzen mit Selbstbestrafung und unterdrückt (hemmt) dadurch das aggressive Verhalten.

Eine indirekte Bestätigung der Hypothese wurde von den Autoren durch folgendes Experiment erbracht. Zwei Gruppen von Vpn sahen denselben aggressiven Film (einen Boxkampf, bei dem einer der Boxer übel zugerichtet wurde). Im einleitenden Kommentar wurde der ersten Gruppe mitgeteilt, das Opfer sei ein brutaler und bösartiger Mensch (gerechtfertigte Aggression). Den anderen Vpn wurde das spätere Opfer als sympathischer Mensch dargestellt (ungerechtfertigte Aggression). Alle Vpn wurden «frustriert» und erhielten Gelegenheit zu aggressiven Handlungen. Vpn, die die gerechtfertigte Aggression gesehen hatten, waren aggressiver als die Vpn der zweiten Versuchsbedingung. Die Ergebnisse können so interpretiert werden, daß die Beobachtung ungerechter Aggression Schuldgefühle hinsichtlich der eigenen aggressiven Impulse aufkommen läßt und daß somit eine Aggressionshemmung entsteht.

Von der Berkowitz-Rawlings-Hypothese ausgehend gelangt man ferner zu der Annahme, daß ein brutaler Film, der hauptsächlich die Schmerzen des Opfers zeigt, zu einer Aggressionshemmung führt, während ein Film, der in erster Linie den Aggressor zeigt, aggressionsfördernd wirkt. Die Hypothese wurde experimentell bestätigt (BARON, 1971a, b; GEEN, 1970; GORANSON, 1970). Allerdings gilt hier die Einschränkung, daß bei *sehr* verärgerten und erregten Personen der gegenteilige Effekt eintritt. In diesem Fall führt die Wahrnehmung des leidenden Opfers zu einer gesteigerten Aggressivität (BARON, 1974; HARTMANN, 1969).

Die zur Zeit vieldiskutierte Frage, welche Wirkungen brutale Filme im Kino und Fernsehen auf die Zuschauer ausüben, muß im Licht der vorliegenden Daten folgendermaßen beantwortet werden:

(1) Es werden aggressive Verhaltensweisen gelernt (gedächtnismäßig gespeichert).
Die Wahrscheinlichkeit der nachahmenden Ausführung der gelernten Verhaltensweisen und deren Dauerhaftigkeit wird erhöht:
(2) wenn der Aggressor (stellvertretend) verstärkt wird (etwa durch Anerkennung oder Erfolg);
(3) wenn die stellvertretende Verstärkung intermittierend und unregelmäßig ist;
(4) wenn die aggressive Modellperson vom Beobachter positiv bewertet wird;
(5) wenn der Imitator erwartet, für sein aggressives Verhalten verstärkt zu werden;
(6) wenn Zielpersonen vorhanden sind, die dem gezeigten Opfer ähnlich sind;
(7) wenn der Film spannend (aktivierend) ist;
(8) wenn die dargestellte Aggression gerechtfertigt erscheint;
(9) wenn der Film in erster Linie die Handlungen des Aggressors und weniger die Leiden des Opfers zeigt;
(10) wenn der Zuschauer eine positive Einstellung zu aggressiven Verhaltensweisen hat (etwa weil seine Freunde ähnliche Einstellungen haben).

Diese Liste der aggressionsfördernden Bedingungen ist keineswegs vollständig. Der Leser möge selbst ein Urteil darüber bilden, wieweit die angeführten Bedingungen in Realsituationen erfüllt sind.

6.132 Negative Gefühle und Aggression

Es ist zweckmäßig, zwei Arten von Aggression zu unterscheiden: instrumentelle und feindselige Aggression. Beide Arten von Aggression sind dadurch motiviert, jemand zu schaden. Bei der instrumentellen Aggression ist dieses Motiv jedoch nicht das einzige. Man ist vielmehr (instrumentell) aggressiv, um Vorteile zu erlangen oder Nachteile zu vermeiden. Beispiel: Ein Krimineller schlägt jemand nieder, um dessen Geld zu stehlen. Die aggressive Handlung ist nicht Selbstzweck, sondern Mittel zum Zweck. Bei der feindseligen Aggression dagegen ist die aggressive Handlung und deren Ergebnis Selbstzweck. Sie ist ausschließlich dadurch motiviert, jemand zu schaden.

Eine ähnliche Unterscheidung ist die zwischen kalter und emotionaler Aggression. Bei der erstgenannten treten kaum Gefühle während der aggressiven Handlung auf. Bei der zweiten handelt der Aggressor im Zustand erhöhter Aktivierung, wobei vor allem die Gefühle Wut, Zorn und Ärger, aber auch Angst und andere negative Gefühle vorkommen. Die Unterscheidung zwischen kalter und emotionaler Aggression ähnelt insofern der Unterscheidung zwischen instrumenteller und feindseliger Aggression, als instrumentelle aggressive Handlungen häufig ohne nennenswerte Gefühle (zumindest ohne Zorn und Ärger) durchgeführt werden, während feindselige Aggressionen in der Regel von starken Gefühlen begleitet sind.

Natürlich gibt es außer diesen «reinen» Gegensätzen die verschiedensten Mischformen von Aggression. (Ein Bankräuber beispielsweise hat vielleicht Angst, aber er ist zunächst nicht wütend. Vielleicht ist er aber auch wegen seiner tristen finanziellen Lage verärgert. Wie weiter unten ausgeführt wird, besteht aber die Möglichkeit, daß durch das negative Gefühl der Angst zur instrumentellen Aggression feindselige Aggression hinzukommt. Er beginnt dann, Personen zu attackieren.)

Diese Unterscheidung zwischen instrumenteller/kalter und feindseliger/emotionaler Aggression wurde im vorigen Abschnitt nicht explizit getroffen. Sie ist jedoch implizit vorhanden, indem der erste Teil von Abschnitt 6.131 (operantes Konditionieren und Lernen durch Beobachtung) vorwiegend von instrumenteller Aggression handelt, während der zweite Teil (Frustration, Reaktanz, Katharsis) vorwiegend der feindseligen Aggression gewidmet ist.

Die meisten Psychologen stimmen darin überein, daß instrumentelle Aggression hinlänglich durch die Prinzipien des operanten Konditionierens und des Beobachtungslernens erklärt werden kann. Weniger Übereinstimmung besteht darüber, ob auch feindselige Aggression (ausschließlich) durch Operanten- und Beobachtungslernen erklärt werden kann, oder ob bzw. welche alternative Erklärungsprinzipien dafür notwendig sind.

In jüngster Zeit hat BERKOWITZ (1982, 1989; BERKOWITZ und HEIMER, 1989) eine Theorie der feindseligen Aggression entwickelt, die bisher der allgemeinste Ansatz auf diesem Gebiet ist, und wohl (fast) alle diesbezüglichen Ergebnisse erklären kann. Das Zentrum dieses Ansatzes ist die Hypothese, daß aversive Erlebnisse jeder Art (z. B. Schmerz, Hitze, negative Gefühle) die Bereitschaft zu Aggression und Flucht erhöhen. Aversive Situationen bewirken also (1) ein aversives Erlebnis (negatives Gefühl) und (2) eine erhöhte Tendenz zu bestimmten Verhaltensweisen – einerseits Flucht und andererseits Aggression. Welche der gegensätzlichen Verhaltenstendenzen sich durchsetzt, hängt von Situationsfaktoren und von der Lerngeschichte des betroffenen Individuums ab. Die aversive Situation wird häufig durch Flucht beendet, sofern das möglich ist. Wenn jedoch Flucht unmöglich ist und/oder aggressives Verhalten früher erfolgreich war und/oder ein geeignetes Aggressionsziel vorhanden ist und/oder Aggressionshemmungen schwach sind, wird Aggression vorherrschen.

Diese zentralen Annahmen stützen sich sowohl auf Tier- als auch auf Humanversuche, und auf Beobachtungen in Realsituationen (s. BERKOWITZ, 1982; FÜRNTRATT, 1974). Bei verschiedenen Arten (u. a. Vögel, Ratten, Katzen und Affen) wurde beobachtet, daß als Folge verschiedener aversiver Situationen (u. a. räumliche Enge, Hitze, Lärm, Schmerz durch elektrische Schläge) aggressives Verhalten auftrat

(z. B. ULRICH, 1966). Da diese aggressiven Verhaltensweisen offensichtlich ohne spezielle Lernprozesse auftraten und auch ohne gezielte Verstärkung beibehalten wurden, handelt es sich vermutlich um (unbedingte) Reflexe (ULRICH und AZRIN, 1962).

Im Humanbereich gibt es analoge Beobachtungen in Alltagssituationen. Es wurden Zusammenhänge zwischen großer Hitze und dem Auftreten von Unruhen, Streit und Gewalttätigkeit festgestellt. Experimentell wurden u. a. folgende aggressionsfördernde Bedingungen nachgewiesen: Kälte, Hitze, unangenehme (z. B. ekelhafte) Filme, lästiger Zigarettenrauch und schlechte Gerüche.

Zum Beispiel haben BERKOWITZ und seine Mitarbeiter (BERKOWITZ, COCHRAN und EMBREE, 1981; BERKOWITZ und HEIMER, 1989) in mehreren Experimenten die aggressionsfördernde Wirkung von Kältereizen nachgewiesen. Jede Vp hatte mehrmals Gelegenheit, eine (angebliche) zweite Vp für deren gute oder schlechte Ideen (Lösungsvorschläge für geschäftliche Probleme) zu belohnen oder zu bestrafen. Die Belohnungen waren kleine Geldbeträge, die Bestrafungen waren laute Lärmreize. Die Vpn konnten nach Belieben auf jede Idee mit mehreren Belohnungen oder Bestrafungen reagieren. Während dieser Aufgaben mußte ein Teil der Vpn eine Hand in sehr kaltes Wasser halten (6° C), während die anderen Vpn eine Hand in etwas wärmeres Wasser (18° C oder 23° C) stecken mußten. Die Vpn, die den intensiven Kältereizen ausgesetzt waren, verteilten weniger Belohnungen und mehr Strafreize als die übrigen Vpn.

Durch die zentrale Hypothese, daß aversive Erlebnisse jeder Art aggressionsfördernd sind, ist die Theorie von BERKOWITZ allgemeiner als andere Ansätze. Mit anderen Worten: Verschiedene andere Ansätze sind Spezialfälle der Theorie von BERKOWITZ. Dazu gehören die Frustrations-Aggressionstheorie (DOLLARD et al., 1939), sowie Ansätze, in deren Mittelpunkt Ärger steht. Durch Bedrohung, Behinderung oder Schmerz kann Ärger entstehen, wodurch in weiterer Folge gleichzeitig Aggressionstendenzen und aggressionshemmende Tendenzen (wegen der Erwartung negativer Folgen wie Bestrafung oder Schuldgefühle) auftreten (KORNADT, 1974, 1984).

Nach BERKOWITZ lösen Frustrationen und Ärgergefühle nur in dem Maß Aggressionstendenzen aus, in dem sie aversiv sind. (Frustrationen kann man als Behinderungen zielgerichteter Handlungen definieren, wobei außerdem vor der Frustration die Erwartung der Zielerreichung gegeben sein muß. Wenn man Frustrationen so definiert und wenn man annimmt, daß Personen mit einem chronischen positiven Selbstwert das Ziel der Selbstwerterhaltung oder -erhöhung haben, kann man auch die in mehreren Experimenten eingesetzten Beleidigungen der Vpn als Frustrationen auffassen.) Frustrationen und Ärgergefühle lösen zwar Aggressionstendenzen aus, müssen aber nicht zu offener Aggression führen. Ob es dazu kommt oder nicht, hängt von der Stärke situativ bedingter und dispositioneller Aggressionshemmungen ab.

Ein weiterer Unterschied zu manchen anderen Ansätzen besteht darin, daß BERKOWITZ kognitive Prozesse (vor allem Attributionen) bei der Entstehung von Gefühlen nicht für notwendig hält. Aversive Situationen lösen sehr schnell und unmittelbar (ohne bewußte Überlegungen) negative Gefühle aus. Diese *können* dann durch kognitive Prozesse differenziert, intensiviert oder abgeschwächt werden. Bei diesen Überlegungen geht BERKOWITZ nicht von attributionstheoretischen, sondern von Netzwerkansätzen aus (BOWER, 1981; LEVENTHAL, 1984; s. Abschnitte 3.324 und 5.427). So kann die Intensität des Ärgergefühls durch Primingreize erhöht werden – etwa indem man die Vpn zu Beginn des Experiments über die Wirkung von Strafen oder ein unangenehmes Erlebnis nachdenken, sprechen oder schreiben läßt (BERKOWITZ und HEIMER, 1989).

Befürworter attributionstheoretischer Ansätze verweisen zur Unterstützung ihres Standpunkts auf mehrfach bestätigte Befunde folgender Art: Durch ungerechtfertigte Frustrationen wird mehr und intensivere Aggression ausgelöst als durch gerechtfertigte Frustrationen. (Man spricht von ungerechtfertigten Frustrationen, wenn die Ursache der Frustration von ihrem Urheber kontrollierbar ist – z. B. Unachtsamkeit im Gegensatz zu Unfähigkeit). Die unterschiedlichen Wirkungen gerechtfertigter und ungerechtfertigter Behinderungen werden von BERKOWITZ dadurch erklärt, daß ungerechtfertigte Frustrationen stärkere negative Gefühle hervorrufen als gerechtfertigte (was auch mit WEINERS (1986) Gefühlstheorie übereinstimmt). Man handelt also nicht wegen einer unfairen Behandlung als solcher besonders aggressiv, sondern weil durch die unfaire Behandlung besonders negative Gefühle hervorgerufen werden.

Abschließend sei nochmals betont, daß das Motiv feindseliger Aggression darin besteht, jemand Schaden zuzufügen. Mit anderen Worten: Durch das Wissen um das Leiden des Opfers wird feindselige Aggression verstärkt. Während instrumentelle Aggression durch die Wahrnehmung des leidenden Opfers eher gehemmt wird, ist bei feindseliger Aggression das Gegenteil der Fall: Intensität und Häufigkeit emotionaler aggressiver Handlungen nehmen zu.

Auch die Hypothese über die verstärkende Wirkung schädigender aggressiver Handlungen stützt sich sowohl auf Tier- als auch auf Humanexperimente. Ratten, die nach einem Schmerzreiz (elektrischer Schlag) eine andere Ratte angriffen, hörten nicht auf zu kämpfen, obwohl der Schmerzreiz bei nichtaggressiven Reaktionen abgeschaltet wurde und während des Kämpfens bestehen blieb (ULRICH und CRAINE, 1964). Verärgerte Vpn empfanden umsomehr Freude, je mehr ihr Opfer (von dem sie vorher beleidigt worden waren) litt, und verhielten sich umso aggressiver gegenüber einer unbeteiligten dritten Person (SEBASTIAN, 1978). Wie bereits im vorigen Abschnitt erwähnt wurde, führte die Wahrnehmung des leidenden Opfers bei sehr verärgerten Vpn zu einer gesteigerten Aggressivität (während bei nicht verärgerten Vpn die Wahrnehmung des Leidens eine Aggressionshemmung bewirkt).

Der Ansatz von BERKOWITZ erlaubt nicht ganz so optimistische Aussagen wie die lernpsychologische Erklärung der Aggression, ist aber auch nicht so pessimistisch wie das vorwissenschaftliche Dampfkesselmodell. Die (lernpsychologisch erklärbare) instrumentelle Aggression ist sicher weitgehend beeinflußbar und könnte durch Herstellung zielführender Bedingungen prinzipiell ganz abgebaut werden. Für die feindselige Aggression trifft das leider nicht zu, denn sie wird reflexartig durch aversive Erlebnisse ausgelöst. Allerdings können durch Lernprozesse Aggressionshemmungen bewirkt werden. Außerdem kann man versuchen, die Häufigkeit aversiver Erlebnisse zu reduzieren.

Aus dem Ansatz von BERKOWITZ läßt sich eine Hypothese kumulativer Effekte von aversiven Erlebnissen ableiten: Je mehr aversive Situationen jemand erlebt, desto mehr aversive Erlebnisse hat er im Langzeitgedächtnis gespeichert, desto wahrscheinlicher ist es, daß aversive Erinnerungen aktiviert werden, und desto wahrscheinlicher ist feindselig aggressives Verhalten – es sei denn, der Betreffende hätte starke Aggressionshemmungen. In diesem Zusammenhang ist eine ältere Untersuchung von CASON (1930) nicht uninteressant. CASON befragte mehr als 1000 Personen (männliche und weibliche Vpn im Alter von 10 bis 90 Jahren), wie sehr sie sich über verschiedene aversive Situationen im Alltag ärgern. Die Vpn beurteilten nicht weniger als 507 (!) alltägliche Ärgernisse, darunter viele Verhaltensweisen und das Aussehen von Personen, sowie Aspekte der (sozialen und nichtsozialen) Umgebung. Viele davon wurden (auf Skalen von 0 bis 30) als *sehr* ärgerlich (nahe bei 30) eingestuft. Wenn man annimmt, daß sich der Alltag seither nicht grundlegend verändert hat (vielleicht aber durch Verkehr, Lärm, Umweltbelastung und gestiegene Konsumansprüche noch verschlechtert wurde), kann man ermessen, wie groß das Aggressionspotential ist.

Hier müssen aber auch die großen interindividuellen Unterschiede in der Aggressionstendenz und in der Aggressionshemmung beachtet werden. Differenzierte Methoden zur Messung des individuellen Aggressions- und Aggressionshemmungsmotivs wurden von KORNADT (1974, 1984) entwickelt.

6.133 Altruismus

Als altruistisch werden jene Verhaltensweisen bezeichnet, die hauptsächlich dadurch motiviert sind, dem Interaktionspartner nützen zu wollen. Diejenigen Verhaltensweisen, die darauf abzielen, eine andere Person aus einer aversiven Situation zu befreien (aversive Reize zu beseitigen), werden umgangssprachlich als «Hilfeleistungen» bezeichnet.

In der Terminologie von DEUTSCH (1973) sind altruistische Handlungen durch die Motivation max (b) gekennzeichnet (die Auswirkungen des eigenen Verhaltens sollen für den Interaktionspartner möglichst positiv sein). Als Spezialfälle des Altruismus sind folgende Intentionen zu betrachten: Kooperation (max [a + b]; die Auswirkungen sollen für beide Teile möglichst positiv sein); Verzicht (max [b − a]; der Partner soll bessere Ergebnisse erzielen, als man selbst – der eigene Nutzen wird zugunsten des Partners gering gehalten); egalitäre Einstellung (min [a–b]; der andere soll zumindest nicht viel schlechter abschneiden als man selbst).

Auch für altruistische und kooperative Verhaltensweisen gilt, daß deren Häufigkeit durch gezielte Verstärkung angehoben werden kann. Einige früher referierte Experimente (APFELBAUM, 1967; SOLOMON, 1960; siehe Abschnitt 6.126) zeigten deutlich, daß die Häufigkeit von kooperativen Entscheidungen zunimmt, wenn sie belohnt werden. Allerdings dürfte hier nur *gezielte* Belohnung die beabsichtigte Wirkung haben. Werden kooperative und aggressive Verhaltensweisen eines Menschen gleichermaßen belohnt, kommt es eher zu einer Zunahme der Aggressivität als der Kooperationsbereitschaft. Ferner wurde nachgewiesen, daß kooperatives Verhalten häufig auftritt, wenn ein großer Anreiz dafür vorhanden ist (Erwartung einer hohen Belohnung) oder wenn massive Bestrafung für Nichtkooperation zu erwarten ist (RAPOPORT und CHAMMAH, 1965a; siehe Abschnitt 6.127).

Oft genügen schon ganz subtile, nichtmaterielle Verstärker, um kooperatives Verhalten aufzubauen. Vpn beobachteten eine Stimulusperson bei einer Aufgabe (WEISS, BUCHANAN, ALTSTATT und LOMBARDO, 1971). Jedesmal, wenn die Leistung der Stimulusperson mangelhaft war, erhielt sie (scheinbar) einen schmerzhaften elektrischen Schlag. Die Vpn hatten die Möglichkeit, den aversiven Reiz durch Knopfdruck zu unterbrechen. In einer Versuchsbedingung reagierte die Stimulusperson auf diese Hilfeleistung mit einem Seufzer der Erleichterung; in einer anderen Versuchsbedingung (Kontrollgruppe) war das nicht der Fall. Die Anzahl der Hilfeleistungen nahm in der ersten Versuchsbedingung zu (im Gegensatz zur Kontrollgruppe). Offenbar wirkte die sichtliche Erleichterung des «Opfers» verstärkend. Verstärker dieser Art sind sekundäre, gelernte Verstärker, deren Wirksamkeit bestimmte Sozialisierungsprozesse voraussetzt.

Sicher spielt auch die Einstellung zu altruistischem bzw. kooperativem Verhalten eine Rolle. Dies wurde insbesondere in Experimenten nachgewiesen, bei denen das Gefangenendilemma verwendet wurde (AJZEN und FISHBEIN, 1970; DEUTSCH, 1960a; siehe Abschnitte 4.242 und 6.126). Je positiver man kooperatives Verhalten bewertet, desto häufiger handelt man entsprechend. Eine positive Einstellung zu altruistischen Verhaltensweisen bietet die Möglichkeit wirksamer Selbstverstärkung. Jede altruistische Handlung kann bei Vorliegen einer entsprechenden Einstellung durch Selbstlob oder Stolz belohnt werden.

Die äußerst wichtige Rolle der Einstellungen zu altruistischem Verhalten wurde in mehreren neueren Untersuchungen bestätigt (vgl. z. B. das in Abschnitt 4.246 referierte Experiment von SCHWARTZ, 1978). POMAZAL und JACCARD (1976) sowie ZUCKERMAN und REIS (1978) konnten nachweisen, daß die Entscheidung, Blut zu spenden oder nicht, in hohem Maß von der Einstellung zum Blutspenden abhängt.

Wie bei der Aggression ist auch beim Altruismus das Lernen durch Beobachtung ein wichtiger Faktor. GRUSEC (1972) und GRUSEC und SKUBISKI (1970) wiesen nach, daß Kinder eher bereit sind, die Hälfte der in einem Spiel gewonnenen Glaskugeln an arme Kinder zu verschenken, nachdem eine Modellperson ebenso gehandelt hat. Dabei ist es auch von Bedeutung, ob die Modellperson bloß eine Handlungsintention ausspricht oder tatsächlich das Verhalten ausführt. Im zweiten Fall kommt es häufiger zu (nachahmenden) altruistischen Verhaltensweisen seitens der Vpn. Ferner wird eine beliebte Modellperson eher imitiert als eine neutrale.

Auch das altruistische Verhalten erwachsener Vpn wird durch die Beobachtung von Modellpersonen beeinflußt. Die Wahrnehmung von Hilfeleistungen verursacht insbesondere dann kooperatives Verhalten, wenn das Verhalten der Stimulusperson belohnt wurde (ADERMAN und BERKOWITZ, 1970), d. h. wenn stellvertretende Verstärkung beobachtet wurde.

Altruistisches Verhalten ist situationsabhängig. Es kommt häufiger zu altruistischem Verhalten, wenn es bedeutsame Konsequenzen für den Partner hat. Vpn waren um so mehr bereit, viel zu arbeiten (und zwar ohne Belohnung), je größer der Einfluß ihrer Leistung auf die Bewertung eines «Aufsehers» war (BERKOWITZ und DANIELS, 1963; BERKOWITZ und CONNOR, 1966). Man ist auch eher geneigt, einem Menschen zu helfen, von dem man bereits Hilfe erhalten hat, als einem Menschen, der früher eine Hilfeleistung verweigerte (GORANSON und BERKOWITZ, 1966).

Die eben referierten Ergebnisse (größere Hilfsbereitschaft bei einem «abhängigen» Partner und Reziprozität des altruistischen Verhaltens) können durch mindestens zwei Erklärungsprinzipien begründet werden. Es ist denkbar, daß abhängige und hilfsbereite Interaktionspartner diskriminative Reize für altruistisches Verhalten sind (weil altruistisches Verhalten gegenüber solchen Personen oft verstärkt wurde, während altruistisches Verhalten gegenüber mächtigen, unabhängigen und egoistischen Personen nicht oder selten verstärkt wurde).

Ein zweiter Erklärungsvorschlag nimmt an, daß soziale Normen in bezug auf Hilfsbereitschaft angesichts abhängiger und hilfsbereiter Stimuluspersonen bewußt werden, und daß dann den Normen entsprechend gehandelt wird. Der Versuch einer experimentellen Prüfung dieser Hypothese brachte ein negatives Ergebnis (BERKOWITZ, 1972). Vpn, deren Aufmerksamkeit durch ein Interview auf Hilfsbereitschaft gelenkt wurde, reagierten nicht anders als die Vpn einer Kontrollgruppe (Marktforschungsinterview), als sie anschließend von einem Studenten um einen geringen Geldbetrag gebeten wurden. Der Student (ein Mitarbeiter des Vl) sagte, seine Brieftasche wäre «verschwunden» und bat um 40 Cents, um mit dem Bus nach Hause fahren zu können. Der Prozentsatz der Spender war in beiden Gruppen gleich.

Ein Hindernis für altruistisches Verhalten sind aversive Konsequenzen oder Begleitumstände. Nach einem unangenehmen Erlebnis (Mißerfolg) ist die Hilfsbereitschaft geringer als nach einem Erfolgserlebnis (BERKOWITZ und CONNOR, 1966).

In einer von STAUB (1971) durchgeführten Serie von Experimenten wurde die Behinderung altruistischen Verhaltens auf andere Weise erzielt. Die Vpn hatten einen Fragebogen auszufüllen. Nach einiger Zeit hörten sie aus dem angrenzenden Raum Hilferufe. Einigen Vpn war zu Beginn des Experiments mitgeteilt worden, sie könnten den fertig ausgefüllten Fragebogen im angrenzenden Raum ablegen. Sie könnten sich auch in diesen Raum begeben, wenn sie ihre Arbeit unterbrechen wollten. Einer zweiten Gruppe von Vpn wurde einleitend verboten, das benachbarte Zimmer zu betreten. Die dritte Gruppe erhielt keinerlei diesbezügliche Information.

Tabelle 72

	Hilfe	keine Hilfeleistung
Erlaubnis	10	1
keine Information	4	7
Verbot	3	8

In der Verbotsbedingung leisteten dem Hilferuf weniger Vpn Folge als in der Erlaubnisbedingung. Versuche mit Kindern und erwachsenen Vpn erbrachten völlig analoge Resultate. Die Daten aus dem Experiment mit Kindern sind in Tabelle 72 wiedergegeben.

In diesen Zusammenhang seien noch die Untersuchungen von LATANÉ und DARLEY über «nichtreagierende Zuschauer» erwähnt (DARLEY und LATANÉ, 1968, 1970). In einer Reihe von Experimenten wurde gezeigt, daß die Wahrscheinlichkeit von Hilfeleistungen mit der Zahl anwesender Personen (Zuschauer) abnimmt. Als Erklärungsvorschlag bieten die Autoren die Hypothese der «Aufteilung der Verantwortung» (diffusion of responsibility) an. Im vorliegenden Kontext besagt diese Hypothese, daß jeder die Verantwortung auf andere abschiebt und von den anderen erwartet, daß sie helfend eingreifen. Eine andere Erklärungsmöglichkeit ist die Annahme, daß die Passivität der anderen Beobachter zu dem Schluß verleitet, man hätte die Situation falsch wahrgenommen (z. B. «dramatisiert») und in Wahrheit wird gar keine Hilfe benötigt. Solche Situationen kann man als einen bestimmten Spezialfall sozialer Fallen, nämlich als Freiwilligendilemma (DIEKMANN, 1985, 1986) betrachten (s. Abschnitt 6.128).

Die Bereitwilligkeit zur Aufteilung von Verantwortlichkeit wird verständlich, wenn man bedenkt, daß altruistisches Verhalten häufig mit hohen Kosten (in Form von Anstrengung, Zeitaufwand usw.) verbunden ist. Eine weitere Besonderheit der Verhaltensklasse Altruismus besteht darin, daß hier Empathie (Einfühlung, Mitleid) eine wesentliche vermittelnde Rolle spielt. Es sei in diesem Zusammenhang daran erinnert, daß bereits der Philosoph ARTHUR SCHOPENHAUER ausführlich und eindrucksvoll argumentierte, daß Mitleid die Grundlage moralischen Verhaltens sei (vor allem im vierten Band der «Welt als Wille und Vorstellung» und in seiner

«Preisschrift über die Grundlage der Moral»). In der gegenwärtigen sozialwissenschaftlichen Literatur wird u. a. von WISPÉ (1978) und BATSON die Bedeutung von Einfühlung und Mitleid betont.

COKE, BATSON und MCDAVIS (1978) bestätigten in zwei Experimenten die Hypothese, daß altruistisches Verhalten durch Empathie gefördert wird. Die Autoren betrachten Empathie als einen Prozeß, der aus zwei Komponenten besteht. Der Beobachter muß sich zunächst in seiner Vorstellung in die Situation der Stimulusperson versetzen (kognitive Komponente); dadurch entsteht emotionale Anteilnahme (emotionale Komponente); und dadurch wird die Motivation zur Hilfeleistung erhöht.

Im ersten Experiment hörten die Vpn eine Tonbandaufnahme eines Interviews mit einer Studentin (angeblich aus einer Nachrichtensendung), deren Eltern bei einem Verkehrsunfall getötet wurden. Sie erklärte mit tränenerstickter Stimme, daß sie in größten Schwierigkeiten sei, weil sie ihr Studium beenden wolle und außerdem allein für ihre jüngere Schwester und ihren jüngeren Bruder sorgen müsse. Sie hätte aber weder genug Zeit noch genug Geld, um beide Aufgaben erfüllen zu können. Ohne einen geeigneten Beruf werde sie wahrscheinlich gezwungen sein, die beiden Kinder adoptieren zu lassen.

Eine Hälfte der Vpn wurde instruiert, sich die Situation der Stimulusperson vorzustellen; die anderen Vpn wurden aufgefordert, auf die Techniken zu achten, die die Sendung ansprechend und interessant machen (Manipulation der kognitiven Empathiekomponente). Vor der Darbietung des Interviews erhielten alle Vpn eine Placebokapsel (für ein anschließendes Gedächtnisexperiment). Einer Hälfte der Vpn in jeder Gruppe wurde gesagt, daß die Kapsel entspannende Nebenwirkungen hätte, und den anderen Vpn, daß das Medikament aktivierend sei. Dadurch wurde (im zweiten Fall) die Möglichkeit einer Fehlattribution von Gefühlen gegeben (Manipulation der emotionalen Empathiekomponente).

Nach dem Interview wurden die Vpn gefragt, ob sie bereit wären, der verzweifelten Studentin zu helfen, und wenn ja, wieviel Zeit sie dafür aufwenden wollten (zur Beaufsichtigung der Kinder usw.). Erwartungsgemäß zeigte sich die weitaus größte Hilfsbereitschaft in jener Versuchsbedingung, in der beide Empathiekomponenten realisiert waren (Vorstellung der Lage der Stimulusperson und keine Möglichkeit der Fehlattribution von Gefühlen), s. Tabelle 73. Ferner waren in dieser Bedingung etwa zwei Drittel der Vpn bereit, zu helfen, während in den anderen Bedingungen nur etwa ein Drittel der Vpn überhaupt zu Hilfeleistungen bereit war. Durch die Fehlattribution des Mitleids auf das aktivierende Medikament wurde altruistisches Verhalten weitgehend verhindert. Im zweiten Experiment zeigten COKE et al. die Wirkungen falscher Aktivierungsrückmeldungen auf Empathie und Hilfeverhalten.

Tabelle 73

Aufmerksamkeitsrichtung	Nebenwirkungen des Medikaments entspannend	aktivierend
Situation der Stimulusperson	2,60	0,68
Techniken der Sendung	1,27	0,68

Die Antworten wurden mittels einer 5-Punkte-Skala kodiert: keine Hilfe = 0; bis zu 1 Stunde = 1; 2 oder 3 Stunden = 2; 4 oder 5 Stunden = 3; mehr als 5 Stunden = 4.

6.134 Theorien altruistischen Verhaltens

Die Theorie von PILIAVIN, RODIN und PILIAVIN (1969; revidiert von PILIAVIN, DOVIDIO, GAERTNER und CLARK, 1981) erklärt Hilfeverhalten durch zwei grundlegende Prozesse: Erstens bewirkt die Wahrnehmung einer Notsituation eine unangenehme Erhöhung der Aktivierung, die man wieder reduzieren will. Zweitens werden Kosten-Nutzen-Überlegungen angestellt, um die günstigste Möglichkeit der Aktivierungsreduktion festzustellen, die dann auch durchgeführt wird.

Der erste Faktor ist ein Motivationsfaktor – ähnlich wie etwa in der Dissonanz- und Reaktanztheorie wird angenommen, daß durch bestimmte Ursachen (in diesem Fall durch die Wahrnehmung einer Notsituation) eine unangenehme, starke Aktivierung entsteht, die man möglichst schnell abbauen möchte. Der zweite Faktor ist ein kognitiver Faktor. Man überlegt, welche Belohnungen und vor allem welche Kosten durch die verschiedenen Handlungsmöglichkeiten entstehen.

Die zwei grundlegenden Möglichkeiten sind Helfen und Nichthelfen. Wenn man nicht hilft, erspart man sich zwar unangenehme und/oder anstrengende Tätigkeiten, man muß aber damit rechnen, von anderen Menschen (durch Tadel oder Verachtung) und von sich selbst (durch Schuldgefühle) bestraft zu werden. Wenn man hilft, nimmt man zwar den Nachteil der meist unangenehmen Hilfeleistung auf sich, wird aber belohnt (Anerkennung, Lob, Selbstwerterhöhung). Ein brauchbarer Kompromiß ist in manchen Fällen die indirekte Hilfe: Man hilft nicht selbst, sondern holt Hilfe herbei bzw. veranlaßt andere Menschen, zu helfen.

Die beiden Grundannahmen des Aktivierungs-Kosten-Nutzenmodells und etliche Nebenhypothesen (z. B. über die Ursachen des Aktivierungsgrades) können viele Ergebnisse erklären und werden durch viele Untersuchungen bestätigt (s. Dovidio, 1984; Piliavin, Dovidio, Gaertner und Clark, 1982). In mehreren Untersuchungen wurden Korrelationen zwischen dem Ausmaß der Aktivierung (anhand der Pulsfrequenz oder durch Selbsteinschätzung gemessen) und der Latenzzeit der Hilfeleistung festgestellt. Je größer die Erregung ist, desto schneller wird geholfen. Daß hier nicht bloß ein korrelativer, sondern ein ursächlicher Zusammenhang vorliegt, geht aus Untersuchungen hervor, die die Methoden der Fehlattribution und der Erregungsübertragung (s. Abschnitt 5.425) einsetzten. Durch Fehlattribution der Aktivierung (etwa auf ein Medikament) sinkt die Häufigkeit von Hilfeleistungen (z. B. Coke, Batson und McDavis, 1978). Wenn aus einer früheren Situation noch eine Resterregung vorhanden ist (z. B. aufgrund körperlicher Anstrengung oder weil man einen aufregenden Film gesehen hat), so steigt dadurch die Hilfebereitschaft. Das ist sogar dann der Fall, wenn die Resterregung vom Ansehen eines aggressiven Films stammt (Mueller, Donnerstein und Hallam, 1983).

Das Ausmaß der durch eine Notsituation hervorgerufenen Erregung hängt von folgenden Faktoren ab: Die Aktivierung ist umso stärker, je ernsthafter der Notfall ist, je eindeutiger die Notsituation ist, je größer die Ähnlichkeit zwischen Beobachter und Opfer ist, je wichtiger das Opfer für den Beobachter ist, und je länger die Notsituation beobachtet wird. Die Aktivierung ist umso geringer, je größer die physische Distanz zwischen Opfer und Beobachter ist.

Alle diese Faktoren beeinflussen die Aktivierung und damit die Tendenz, etwas gegen die hohe Aktivierung zu tun. Was man unternimmt (ob man hilft, Hilfe holt, die Situation verläßt, usw.) hängt von Kosten-Nutzen-Erwägungen ab. Zu den möglichen Kosten des Helfens gehören u. a. Anstrengung, Zeit, Geld, Gefahren, Ekel und Gefühle der Unfähigkeit und Hilflosigkeit, falls die Hilfeleistung nicht erfolgreich ist. Zu den möglichen Kosten des Nichthelfens gehören Bestrafungen durch andere Personen und Selbstbestrafungen (Schuldgefühle), sowie das durch Empathie bedingte Mitleiden mit dem Opfer. Die Kosten des Helfens sind gering, wenn die Hilfeleistung nur wenig Zeit, Geld, usw. in Anspruch nimmt. Die Kosten des Nichthelfens sind gering, wenn die Situation nicht eindeutig ist, wenn es sich um keinen schweren Notfall handelt, wenn viele andere Zuschauer anwesend sind (Verantwortungsaufteilung), und wenn das Opfer seine Notlage selbst verschuldet hat und/oder negativ bewertet wird.

Aus vielen Untersuchungen ist bekannt, daß die Wahrscheinlichkeit direkter Hilfe steigt, wenn ihre Kosten gering sind (und wenn eine Belohnung erwartet wird). Es kommt aber nicht nur auf die Kosten der Hilfe an, sondern auch auf die Kosten für Nichthelfen. Die entsprechenden Hypothesen bzw. Ergebnisse sind in Abbildung 164 (nach Piliavin et al., 1982) zusammengefaßt.

Direkte Hilfe ist die wahrscheinlichste Reaktion, wenn die Kosten für Helfen gering und die Kosten für Nichthelfen hoch sind. Wenn beide

Kosten für Nichthelfen	Kosten für direkte Hilfe: niedrig	Kosten für direkte Hilfe: hoch
hoch	direkte Hilfe (1)	(2) indirekte Hilfe oder Neudefinition der Situation, Abwertung des Opfers usw., wodurch die Kosten für Nichthelfen sinken
niedrig	(4) unterschiedlich, hängt von den in der Situation wahrgenommenen Normen ab	(3) Verlassen der Situation, Ignorieren, Leugnen

Abbildung 164

Kosten hoch sind, ist nach Piliavin et al. (1982) die wahrscheinlichste Lösung eine Neuinterpretation der Situation (Verharmlosung), wodurch die Kosten für Nichthelfen sinken. Die Kosten für Nichthelfen sinken auch durch Verantwortungsaufteilung und durch Abwertung des Opfers. Durch alle diese Prozesse wird die Zelle (2) der Abbildung 164 in Zelle (3) umgewandelt, wodurch Verlassen oder Leugnen der Situation erleichtert wird.

Oft ist aber eine Neuinterpretation nicht möglich (z. B. bei eindeutigen Notfällen, wenn man der einzige Beobachter und/oder sehr aufgeregt ist). In solchen Fällen ist indirekte Hilfe wahrscheinlicher. Auch sie setzt aber voraus, daß indirekte Hilfsmöglichkeiten in der Wahrnehmung auffällig (z. B. eine Telephonzelle neben einem brennenden Haus) oder im Gedächtnis zugänglich sind.

Genauso wie bei der Aggression sollte man auch beim Altruismus verschiedene Arten altruistischen Verhaltens unterscheiden. Und genauso wie bei der Aggression sind auch hier unterschiedliche Motive die Grundlage der Unterscheidung. Nach Batson (1987) gibt es drei «Wege» (paths) und vier Motive für altruistisches Verhalten (s. Abbildung 165). Diese Motive, die unterschiedliche Arten von altruistischem Verhalten verursachen, sind: (1 a) Erlangen einer Belohnung, (1 b) Vermeiden einer Bestrafung, (2) Reduktion von Aktivierung, und (3) der Wunsch, dem Opfer zu helfen. Batson betont, daß nur das zuletzt genannte Motiv den Namen altruistisch verdient. Die anderen Motive sind egoistisch, weil sie in erster Linie auf das eigene Wohlbefinden abzielen (auch wenn sie als Nebeneffekt Hilfeverhalten bewirken können). In Analogie zur Aggressionsterminologie könnte man (1 a), (1 b) und (2) als drei Arten von instrumentellem Altruismus bezeichnen. Nur (3) ist echter Altruismus, der nur möglich ist, wenn eine bestimmte Gefühlslage (Empathie, Mitleid) vorhanden ist. Dementsprechend hat sich – nach Batson – ein Großteil der Altruismusforschung und viele Altruismustheorien (auch die vorhin referierte Theorie von Piliavin und Mitarbeitern) überhaupt nicht mit Altruismus (sondern nur mit Hilfeverhalten) beschäftigt. Da die Begriffe Altruismus und Hilfe bisher weitgehend synonym verwendet wurden, scheint mir aber eine so scharfe begriffliche Trennung nicht zweckmäßig zu sein. Vielmehr sollte man – wie bei der Aggression – einfach verschiedene Arten von Altruismus unterscheiden.

Die Abbildung 165 bedarf wohl keiner weiteren Kommentare. Man kann sie (und damit den Ansatz von Batson) auch als Verallgemeinerung des Modells von Piliavin ansehen. Mit dem Aktivierungs-Kosten-Nutzenmodell hat die Theorie von Batson die Hypothese gemeinsam, daß zuerst eine Motivation vorhanden sein muß, die eine Tendenz zu helfendem Verhalten auslöst. Ob dann tatsächlich direkt geholfen wird (oder indirekt oder überhaupt nicht), entscheiden kognitive Prozesse, und zwar genauso wie bei Piliavin Kosten-Nutzen-Überlegungen bezüglich der möglichen Handlungsalternativen. Die Theorie von Batson geht aber in zwei Punkten über das Piliavin-Modell hinaus. Erstens wird die Möglichkeit von Hilfeverhalten ohne Aktivierung aufgezeigt – sozusagen kalter Altruismus (1 a und 1 b). Zweitens wird der nichtegoistische Altruismus (3) von anderen Altruismusformen unterschieden. Der Weg (3) wird auch Empathie-Altruismus-Hypothese genannt. Bei dieser Art des Altruismus ist die altruistische Handlung Selbstzweck, während sie bei den anderen Altruismusformen nur Mittel zu einem anderen Zweck ist. Die Variante (3) ist also «reiner» Altruismus im gleichen Sinn wie feindselige Aggression «reine» Aggression ist.

Batson und seine Mitarbeiter haben sich auf die Erforschung des bisher weitgehend vernachlässigten echten Altruismus (3) konzentriert. Es ging dabei vor allem um den Nachweis, daß es neben den egoistisch motivierten altruistischen Handlungen auch echten Altruismus gibt. Dieser Nachweis stützt sich vor allem auf zwei Gruppen von Ergebnissen: Erstens wurde gezeigt, daß die Wahrnehmung eines leidenden Opfers bei mitfühlenden Beobachtern andere Gefühle auslöst als bei Beobachtern ohne Empathie. Zweitens wurde nachgewiesen, daß man empathiebedingte altruistische Handlungen von egoistisch motivierten ziemlich klar unterscheiden kann.

In mehreren Untersuchungen (z. B. Coke, Batson und McDavis, 1978; Toi und Batson, 1982) mußten die Vpn die Stärke verschiedener Gefühle während der Wahrnehmung einer Notsituation auf siebenstufigen Skalen einschätzen. Anschließend wurde mit Hilfe von Faktorenanalysen gezeigt, daß die beurteilten Gefühle auf

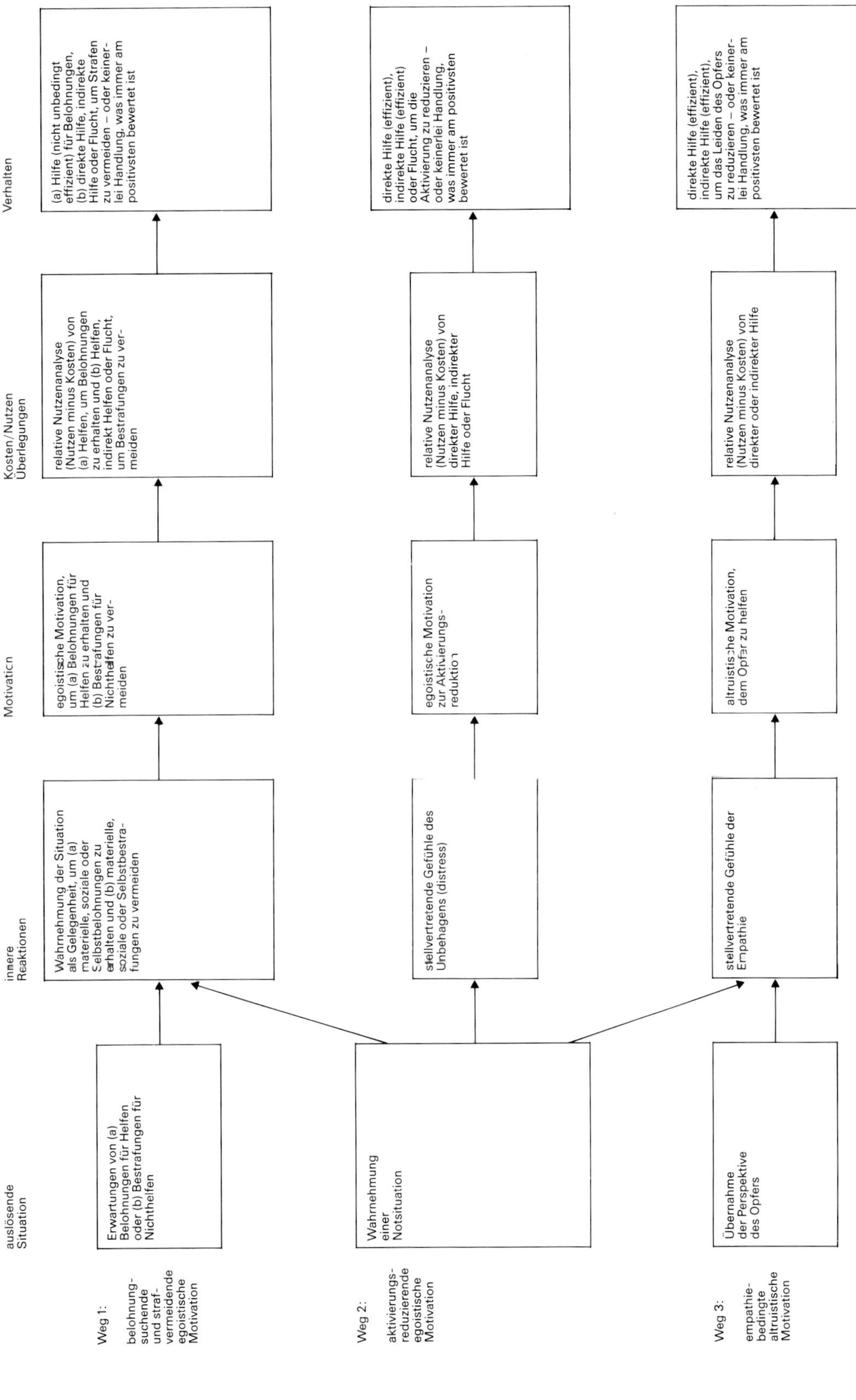

Abbildung 165

zwei Dimensionen zurückgeführt werden können. Anders formuliert: Es wurden zwei voneinander unabhängige Gruppen von Gefühlen festgestellt. Die erste Gruppe besteht aus Gefühlen, die persönliches Unbehagen (distress) ausdrükken, wie aufgeregt, alarmiert, verwirrt und verstört. Die zweite Gruppe besteht aus Gefühlen wie bewegt, besorgt, mitfühlend und mitleidvoll. Die Gefühle der ersten Gruppe entsprechen der unangenehmen Aktivierung (Weg 2), die der zweiten Gruppe sind Empathiegefühle (Weg 3).

Es gibt deutliche interindividuelle Unterschiede in der Stärke der beiden Gefühlsklassen. Bei manchen Personen sind die Gefühle der zweiten Gruppe stärker (diese Personen haben eine starke Disposition zur Empathie), bei anderen Personen die der ersten Gruppe (diese Personen konzentrieren sich offenbar mehr auf das eigene Wohlergehen). Ferner lassen sich die beiden Gefühlsklassen unabhängig voneinander beeinflussen.

Somit kann der Anfang von Weg 3 identifiziert und von anderen Gefühlszuständen unterschieden werden. Aber wie kann man den Rest des Weges beobachten? Wie kann man feststellen, ob ein beobachtetes Hilfeverfahren wirklich altruistisch motiviert war? Ein wesentlicher Unterschied zwischen den Wegen 2 und 3 besteht darin, daß beim zweiten Weg Flucht eine perfekte Lösung ist, während sie beim dritten Weg nichts nützt. (Abbildung 165 zeigt noch andere Unterschiede zwischen den drei Wegen).

Wenn es in erster Linie darum geht, die unangenehme Aufregung loszuwerden (Weg 2), dann ist die einfachste Lösung, die Situation zu verlassen (wenn es möglich ist) und zu vergessen. Wenn man jedoch motiviert ist, dem Opfer zu helfen (Weg 3), dann ist dieses Motiv nur durch Hilfeleistung (und zwar durch wirksame Hilfeleistung) zu befriedigen. Flucht würde die Lage des Beobachters nur verschlimmern, weil dann zur mitgefühlten Not des Opfers noch Schuldgefühle hinzukommen.

Wenn die Theorie von BATSON (1987) richtig ist, dann müßte bei Personen im Zustand der Empathie die Häufigkeit von Hilfeleistungen auf jeden Fall hoch sein – unabhängig davon, ob eine Fluchtmöglichkeit besteht oder nicht. Wenn dagegen die Hilfeleistungen durch den Wunsch nach Erregungsreduktion motiviert sind, müßte ihre Häufigkeit umso geringer sein, je leichter es ist, der Notsituation zu entfliehen.

Um diese Hypothesen zu überprüfen, wurden in mehreren Untersuchungen vier Versuchsbedingungen verwendet: hohe und geringe Empathie kombiniert mit leichter oder schwieriger Flucht (z. B. BATSON, O'QUIN, FULTZ, VANDERPLAS und ISEN, 1983). Empathie wurde in diesen Untersuchungen u. a. durch die Ähnlichkeit zwischen Vp und Opfer und durch Instruktionen variiert (durch die Aufforderung, sich in die Lage des Opfers zu versetzen und sich möglichst genau dessen Gefühle vorzustellen, wird die Empathie erhöht). Ferner wurden Vpn auch nach der Selbsteinschätzung ihrer Gefühle den Bedingungen hohe vs. geringe Empathie zugeordnet.

Die Schwierigkeit der Flucht wurde auf zwei Arten manipuliert. Den Vpn wurde mitgeteilt, daß sie das Opfer in einer Woche wieder treffen (oder nicht mehr sehen) werden; oder die Vpn mußten annehmen, daß sie das Opfer weiterhin (oder nicht mehr) beobachten werden. Es wurden auch verschiedene Notsituationen verwendet, u. a. schmerzhafte elektrische Schläge, die Notwendigkeit, die Berufskarriere aufzugeben, und körperliche Verunstaltungen.

Trotz der unterschiedlichen Methoden und Notsituationen waren die Ergebnisse völlig übereinstimmend. BATSON (1987) berichtet über fünf Untersuchungen dieser Art, die durchwegs zeigten, daß die Schwierigkeit oder Leichtigkeit der Flucht praktisch keinen Einfluß auf empathiebedingtes Hilfeverhalten hat, während die Häufigkeit des Helfens ohne Empathie (Weg 2) stark abnimmt, wenn es leicht ist, der Situation zu entfliehen. Tabelle 74 (nach BATSON, 1987) enthält die Prozente der Vpn, die in den verschiedenen Versuchsbedingungen dieser Untersuchungen halfen.

Obwohl diese Ergebnisse sehr klar und eindeutig sind, wurde dennoch versucht, sie durch verschiedene egoistische Motive zu erklären. Eine Hypothese besagt, daß man bei mitfühlender Beobachtung eines Opfers negative Gefühle wie Trauer und Sorge empfindet, und daß man hilft, um diese negativen Gefühle zu beenden (CIALDINI et al., 1987). Empathie weckt also nicht nur den Wunsch, dem Opfer zu helfen, sondern auch – und vor allem – den Wunsch, die eigenen negativen Gefühle zu reduzieren.

CIALDINI et al. (1987) überprüften ihre Hypo-

Tabelle 74

	BATSON et al. 1981, Exp. 1	BATSON et al. 1981, Exp. 2	TOI und BATSON, 1982	BATSON et al. 1983, Exp. 1	BATSON et al. 1983, Exp. 2
geringe Empathie					
leichte Flucht	18	33	39	40	25
schwierige Flucht	64	75	81	89	89
hohe Empathie					
leichte Flucht	91	83	71	70	86
schwierige Flucht	82	58	75	63	63

these u. a. dadurch, daß sie einem Teil der Vpn ein angeblich «stimmungsfixierendes» Medikament (in Wahrheit ein Placebo) gaben, während die anderen Vpn kein solches Medikament erhielten. Wenn es stimmt, daß auch bei großer Empathie ein egoistisches Motiv vorherrscht (Reduktion negativer Gefühle), dann sollten Vpn nicht oder weniger helfen, wenn sie glauben, daß ihre Stimmung ohnehin nicht geändert werden kann. Tatsächlich war das Ausmaß der Hilfe bei hoher Empathie und fixierter Stimmung genauso gering wie bei niedriger Empathie. Nur wenn die Stimmung nicht fixiert war, führte hohe Empathie zu vermehrter Hilfeleistung.

BATSON et al. (1989) kritisierten die Untersuchung von CIALDINI et al. (1987) aus methodischen Gründen. Wie auch von CIALDINI selbst bemerkt wurde (SCHALLER und CIALDINI, 1988) sind die Ergebnisse von CIALDINI et al. (1987) mehrdeutig. Sie können auch durch Ablenkung interpretiert werden. Durch das stimmungsfixierende Medikament kann die Aufmerksamkeit vom Opfer weg- und auf die eigene Stimmung der Vpn hingelenkt worden sein, wodurch die Empathie geringer wird. Um diesen Einwand zu vermeiden, sind SCHALLER und CIALDINI (1988) sowie BATSON et al. (1989) anders vorgegangen. Den Vpn wurde mitgeteilt, daß sie (nach der Beobachtung des Opfers) entweder einen fröhlichen oder einen traurigen Kurzfilm sehen werden. Wenn die Egoismushypothese von CIALDINI et al. (1987) zutrifft, dann sollte durch die Erwartung eines fröhlichen Films auch die Erwartung entstehen, daß sich die momentane traurige Stimmung bessert, und es sollte daher nicht mehr nötig sein, zu helfen.

Die Ergebnisse von SCHALLER und CIALDINI (1988) sprechen eher für die Egoismushypothese. Die Ergebnisse von BATSON et al. (1989) sprechen eindeutig für die Altruismushypothese: Die Häufigkeit der Hilfeleistungen wurde ausschließlich vom Ausmaß der Empathie, und nicht von der Erwartung einer Stimmungsverbesserung durch einen Film beeinflußt (s. Tabelle 75; die Tabelle enthält wieder die Prozentsätze der Vpn, die in den verschiedenen Versuchsbedingungen halfen).

BATSON et al. (1988) referieren fünf Untersuchungen, die alle das Ziel hatten, verschiedene egoistische Alternativhypothesen (z. B. Hilfe als günstige Selbstdarstellung, ARCHER et al., 1981) zu überprüfen. In allen fünf Untersuchungen wurde jedoch die Empathie-Altruismus-Hypothese bestätigt.

Tabelle 75

		Exp. 2	Exp. 3
geringe Empathie			
Erwartung einer Stimmungsverbesserung:	nein	33	40
	ja	45	33
hohe Empathie			
Erwartung einer Stimmungsverbesserung:	nein	70	80
	ja	70	73

Zusammenfassend kann man also annehmen, daß es altruistisch motiviertes Verhalten gibt. Echter Altruismus (Hilfe als Selbstzweck) ist aber offensichtlich viel schwieriger nachzuweisen als echte Aggressivität (Schaden als Selbstzweck).

6.135 Reaktionen von Hilfeempfängern

Der Großteil der Altruismusforschung hat sich mit den fördernden und hindernden Bedingungen altruistischen Verhaltens beschäftigt. Nur relativ wenige Untersuchungen wurden den Reaktionen des Hilfeempfängers gewidmet. Das wichtigste Ergebnis dieser Untersuchungen ist, daß der Empfang einer Hilfeleistung keineswegs immer nur positiv ist. Natürlich wird es prinzipiell positiv erlebt, wenn man Hilfe erhält. In vielen Fällen wird man aber gerade durch die Hilfeleistung an negative Selbstaspekte wie Unfähigkeit, Hilflosigkeit, usw. erinnert, wodurch negative Gefühle entstehen.

FISHER, NADLER und WHITCHER-ALAGNA (1982; NADLER und FISHER, 1986) haben ein Modell zur Erklärung und Voraussage der Reaktionen von Hilfeempfängern entwickelt. Merkmale des Helfers, des Hilfeverhaltens und des Hilfeempfängers bestimmen, welche Reaktionen beim Empfänger auftreten. Diese Reaktionen kann man in Fremdwahrnehmungen (z. B. Grad der Sympathie für den Helfer), Selbstwahrnehmungen (z. B. Selbstwert, Gefühle) und Verhaltensweisen (z. B. Reziprozität, d. h. Erwiderung der Hilfe, Ablehnung von Hilfe, Selbsthilfe) unterteilen.

Ob vorwiegend positive oder negative Reaktionen auftreten, hängt davon ab, ob und in welchem Ausmaß die Hilfesituation den Selbstwert des Empfängers bedroht. Zum Beispiel werden durch einschränkende Vorschriften über die Verwendung eines gespendeten Geldbetrags negative Gefühle und relativ wenig Sympathie für den Helfer ausgelöst, weil der Empfänger durch die Vorschriften Kontrolle verliert. Hilfe, durch die man vom Helfer abhängig wird, oder die mit Bedingungen und Forderungen verknüpft ist, löst ebenfalls Unbehagen aus.

Ganz allgemein wird jede Hilfe positiv wahrgenommen, wenn sie den Selbstwert des Empfängers unterstützt und nicht bedroht, z. B. indem Hinweise auf die Anteilnahme (echte altruistische Motivation) des Helfers vorhanden sind. In dem Maß, in dem eine Hilfeleistung den Selbstwert des Empfängers bedroht, wird sie negativ wahrgenommen und hat negative Folgen in Fremdwahrnehmung, Selbstwahrnehmung und Verhalten. So ist etwa ein größerer Geldbetrag als Belohnung für eine hervorragende Leistung selbstwertfördernd (weil auf die Fähigkeit des Empfängers hingewiesen wird), während ein größeres Geldgeschenk gemischte Gefühle hervorrufen kann (weil man sich dadurch verpflichtet fühlt, und weil es auf die Unfähigkeit des Empfängers hinweist, selbst größere Beträge zu verdienen).

Selbstwertbedrohende Hilfe hat jedoch auch einen Vorteil: Sie motiviert den Empfänger, wieder Kontrolle zu erlangen, d. h. sie motiviert zur Selbsthilfe. Das ist jedoch nur dann der Fall, wenn der Empfänger hinlänglich hohe Effizienz- und Erfolgserwartungen hat.

Ein großer Teil der Untersuchungsergebnisse über Reaktionen von Hilfeempfängern kann auch durch eine andere Theorie erklärt werden, die der Leser bereits kennt, nämlich durch die Selbstwerterhaltungstheorie (SEM-Theorie) von TESSER (1986, 1988; s. Abschnitt 5.464).

In mehreren Untersuchungen zeigte sich das scheinbar paradoxe Ergebnis, daß Hilfe von einem Freund oder einem Helfer mit ähnlichen Einstellungen unangenehmer war als Hilfe von einem Fremden oder einem Helfer mit gegensätzlichen Einstellungen. Bei einem ähnlichen potentiellen Helfer war keine Hilfe sogar angenehmer als Hilfe (FISHER und NADLER, 1974).

Psychologische Nähe (Freundschaft oder Einstellungsähnlichkeit) kann Hilfe offenbar bedrohlich erscheinen lassen. Genauere Untersuchungen zeigten, daß dieser Effekt vor allem dann auftritt, wenn die Hilfeleistung auf einem zentralen (selbstrelevanten) Gebiet erfolgt (NADLER, FISHER und BEN-ITZHAK, 1983). In diesem Fall impliziert die Hilfe, daß der Freund bezüglich einer selbstrelevanten Dimension leistungsfähiger ist als der Empfänger, was einen selbstwertmindernden und unangenehmen Vergleichsprozeß bewirkt. Tabelle 76 zeigt die Ergebnisse, die ganz genau mit der SEM-Theorie übereinstimmen (größere Zahlen bedeuten positivere Gefühle, einen höheren Selbstwert, mehr Sympathie für den Helfer und die Erwartung einer guten zukünftigen Beziehung).

Tabelle 76

	Gefühle		Selbstwert		Sympathie		erwartete Beziehungen	
Helfer	zentral	nicht zentral	zentral	nicht zentral	zentral	nicht zentral	zentral	nicht zentral
Freund	3,98	5,63	5,08	6,33	3,83	5,88	4,14	6,25
Fremder	5,07	4,89	5,75	6,15	5,25	4,50	5,36	5,36

Hilfeleistungen werden vor allem von Personen mit einem positiven chronischen Selbstwert als bedrohlich empfunden. Das ist verständlich, denn Selbstwertbedrohungen und anschließende Selbstwertschutzprozesse, können natürlich nur dann auftreten, wenn es etwas zu bedrohen und zu schützen gibt. Daher suchen Personen mit hohem Selbstwert seltener Hilfe und lehnen sie auch öfter ab als Personen mit niedrigem Selbstwert. Für Menschen mit niedrigem Selbstwert ist Hilfe jedoch meistens angenehm (NADLER, FISHER und STREUFERT, 1976).

Daß auch Geschenke den Selbstwert bedrohen können (weil man sich dadurch verpflichtet fühlt), zeigten GERGEN et al. (1975). Die Vpn hatten (experimentell herbeigeführte) Spielschulden. Ein Teil der Vpn erhielt von einer anderen Vp (in Wahrheit ein Mitarbeiter des Vl) ein Geldgeschenk, damit sie weiterspielen konnten. Den anderen Vpn wurde das Geld nur geborgt. Die Vpn der zweiten Gruppe bewerteten den Helfer positiver als die Vpn, die nichts zurückzahlen mußten. Das Ergebnis trat bei amerikanischen, schwedischen und japanischen Vpn auf (bei den letztgenannten war der Effekt am stärksten).

6.136 Gerechtigkeit

Aggression und Altruismus sind Verhaltensklassen, die darauf abzielen, den Zustand des Interaktionspartners zu ändern, das heißt, ihm zu schaden oder ihm zu nützen. Gerechtigkeit dagegen bezieht sich immer auf beide (oder alle) Interaktionspartner. Gerechtigkeit liegt vor, wenn kein Interaktionspartner unbegründete Vor- oder Nachteile (im Vergleich zum anderen oder auf Kosten des anderen) hat.

Die neuere Gerechtigkeitsforschung (ADAMS, 1965; HOMANS, 1961; WALSTER, BERSCHEID und WALSTER, 1973, 1976) verwendet einen präziseren (und engeren) Gerechtigkeitsbegriff (häufig wird in diesem Zusammenhang der Ausdruck «distributive Gerechtigkeit» verwendet). Es wird davon ausgegangen, daß jeder Interaktionspartner Beiträge leistet (in Form von Zeitaufwand, Anstrengung, Fähigkeiten, Leistungen, Aussehen, Belohnungen usw.) und Ergebnisse erzielt (Belohnungen und Bestrafungen im weitesten Sinn). Sowohl Ergebnisse als auch Beiträge können positiv oder negativ sein (ein negativer Beitrag ist z. B. die Störung einer gemeinsamen Aktivität, sei es durch Unfähigkeit oder aus aggressiven Absichten).

Von zentraler Bedeutung sind die Verhältnisse zwischen den Ergebnissen und Beiträgen der einzelnen Interaktionspartner, wobei es nicht um die objektiven Verhältnisse geht (sofern diese überhaupt feststellbar sind), sondern um die Wahrnehmung dieser Verhältnisse. Nach ADAMS (1965) ist für Person A eine Situation gerecht oder ausgeglichen, wenn sie wahrnimmt, daß das Verhältnis zwischen ihren Ergebnissen (outcomes O_A) und ihren Beiträgen (inputs I_A) gleich dem Verhältnis zwischen den Ergebnissen und Beiträgen des Partners B ist:

$$\frac{O_A}{I_A} = \frac{O_B}{I_B}$$

Es ist möglich, daß B (oder eine dritte Person) die gleiche Situation anders wahrnimmt.

WALSTER, BERSCHEID und WALSTER (1973 bzw. 1976) definieren Gerechtigkeit als die Wahrnehmung gleicher Verhältnisse zwischen Gewinn und Beitrag, wobei Gewinn die Differenz zwischen Ergebnis und Beitrag ist:

$$\frac{O_A - I_A}{I_A} = \frac{O_B - I_B}{I_B}$$

(Da die obigen Formeln in bestimmten Fällen unpassende Resultate liefern, verwenden WALSTER et al. eine kompliziertere Formel, die jedoch ebenfalls nicht immer zufriedenstellend ist, vgl. HARRIS, 1976.)

Die Gerechtigkeitstheorie (equity-theory) von Walster et al. besteht aus vier zentralen Annahmen und einigen abgeleiteten Hypothesen. Die vier Hauptannahmen sind:

(1) Individuen versuchen, ihre Ergebnisse zu maximieren.

(2) Da das unbeschränkte Gewinnstreben der einzelnen Personen vielen (vor allem den schwächeren) Menschen schaden würde, werden von Gruppen Normen für die gerechte Verteilung von Belohnungen und Kosten festgelegt. Eine solche Norm ist die Gleichheit der Verhältnisse zwischen Gewinn und Beitrag für alle Mitglieder. Gruppen achten auf die Einhaltung dieser Norm, indem sie jene Mitglieder belohnen, die sich gerecht verhalten, und diejenigen Personen bestrafen, die ungerecht sind.

(3) Wenn sich jemand in einer ungerechten Beziehung befindet, ist das für ihn unangenehm. Das Unbehagen ist um so größer, je größer die Abweichung von der Gerechtigkeitsnorm ist.

(4) Personen, die sich in einer ungerechten Beziehung befinden, versuchen, ihr Unbehagen zu beseitigen, indem sie wieder Gerechtigkeit herstellen. Je größer die Ungerechtigkeit ist, desto größer ist der aversive Spannungszustand und desto stärker ist die Motivation zur Wiederherstellung von Gerechtigkeit.

Die Annahmen (3) und (4) bedürfen noch einiger klärender Kommentare. Zu (3): Es gibt zwei Typen von Ungerechtigkeit. Das Mißverhältnis von Gewinn und Beitrag kann für A günstig

$$\frac{O_A - I_A}{I_A} > \frac{O_B - I_B}{I_B}$$

oder ungünstig

$$\frac{O_A - I_A}{I_A} < \frac{O_B - I_B}{I_B}$$

sein. Im ersten Fall ist A ein «Ausbeuter», im zweiten Fall ein Opfer. Die aversiven Zustände werden in den beiden Fällen vom Betroffenen unterschiedlich interpretiert. Im ersten Fall kann er z. B. Schuld oder Angst (vor Vergeltung) empfinden, im zweiten Fall Ärger. Allerdings sollte im ersten Fall im allgemeinen weniger Unbehagen entstehen als im zweiten, denn die für A vorteilhafte Ungerechtigkeit kommt dem angenommenen Streben nach Gewinnmaximierung entgegen.

Zu Annahme (4): Gerechtigkeit kann auf zwei Arten wiederhergestellt werden – real oder psychologisch, d. h. objektiv oder subjektiv. In jedem Fall kann die Wiederherstellung durch eine entsprechende Veränderung an einer der vier Komponenten der Formel (O_A, I_A, O_B, I_B) erfolgen, oder durch eine beliebige Kombination solcher Veränderungen. So kann etwa ein Arbeiter, der sich im Verhältnis zu seiner Leistung und im Vergleich zu seinem Arbeitgeber unterbezahlt fühlt, Gerechtigkeit wiederherstellen, indem er O_A ändert (eine Gehaltserhöhung fordert), I_A ändert (häufig wegen Krankheit von der Arbeit fernbleibt), O_B ändert (langsamer arbeitet und daher weniger produziert), und/oder I_B ändert (etwa durch Zerstörung von Betriebseigentum, das dann erneuert werden muß). Häufig sind die verschiedenen Möglichkeiten der Gerechtigkeitsherstellung nicht unabhängig voneinander. Im obigen Beispiel bewirkt eine Änderung von O_A auch eine Änderung von I_B, die Änderung von I_A bewirkt eine Änderung von O_B usw.

Auch die subjektive Gerechtigkeitsherstellung kann an jeder Komponente der Formel ansetzen. Ein Ausbeuter könnte subjektiv O_A ändern (seinen Gewinn bagatellisieren), I_A ändern (seine Beiträge überschätzen), O_B ändern (die Ergebnisse von B überschätzen), und/oder I_B ändern (die Beiträge von B bagatellisieren oder B generell abwerten). Die Rechtfertigung der Aggression durch Abwertung des Opfers wurde mehrfach experimentell nachgewiesen (z. B. Davis und Jones, 1960; Glass, 1964; s. Abschnitt 5.314).

Adams (1965) erwähnt noch andere Möglichkeiten, u. a. das Verlassen der Beziehung. Ein beträchtlicher Mangel der Gerechtigkeitstheorie (wie auch anderer homöostatischer Theorien, vgl. Abschnitt 4.4 über Konsistenztheorien) besteht darin, daß bis jetzt keine genauen Hypothesen darüber vorliegen, auf welche Art nach einer Störung des Gleichgewichts der Optimalzustand wiederhergestellt wird. Vermutlich wird reale Gerechtigkeitswiederherstellung bevorzugt, sofern sie nicht mit allzu hohen Kosten verbunden ist.

Die Gerechtigkeitstheorie wird durch zahlreiche Untersuchungen in verschiedenen Bereichen unterstützt (s. Walster, Walster und Ber-

SCHEID, 1978). Viele der in den obigen Beispielen angeführten Techniken der Gerechtigkeitswiederherstellung konnten in Experimenten und/oder Feldstudien nachgewiesen werden.

Ein Vorteil der Gerechtigkeitstheorie besteht darin, daß sie es erlaubt, verschiedene Forschungsgebiete unter einem einheitlichen Gesichtspunkt zu betrachten, wobei mitunter neue Einsichten gewonnen werden oder zumindest auf bisher unbeachtete Aspekte hingewiesen wird. Beispiele dafür sind Aggression und Altruismus.

Ein Aggressor erzeugt Ungerechtigkeit, wenn er für das Opfer ungerechtfertigte negative Ergebnisse (z. B. Beleidigungen oder Schmerzen) bewirkt. Als Folge der Ungerechtigkeit sollte er Schuldgefühle empfinden und versuchen, wieder einen ausgewogenen Zustand herzustellen, sei es objektiv durch Entschädigung des Opfers, oder subjektiv durch Abwertung des Opfers, oder auf andere Weise. Auch das Opfer wird bestrebt sein, einen Ausgleich herzustellen, z. B. durch Vergeltungsmaßnahmen. Falls das Opfer das tut, nimmt die Wahrscheinlichkeit einer Entschädigung durch den Täter ab.

Ähnlich sollte der Empfänger einer «spontanen» Hilfeleistung nicht nur angenehme Gefühle der Erleichterung haben. Er ist in seinen Ergebnissen gegenüber dem Helfenden im Vorteil und müßte einen Ausgleich – etwa in Form einer Gegenleistung – anstreben, oder er könnte (subjektiv) sein Leiden übertreiben und damit die Hilfeleistung rechtfertigen. Ein zusammenfassendes Referat der einschlägigen Untersuchungen über Aggression und Altruismus ist aus Raumgründen nicht möglich. Der interessierte Leser sei auf WALSTER et al. (1976) verwiesen.

Ein weiteres Anwendungsgebiet der Gerechtigkeitstheorie ist die Analyse von Beziehungen zwischen Sexualpartnern. Die Vpn von WALSTER, WALSTER und TRAUPMAN (1978) – insgesamt über 500 männliche und weibliche Studenten – mußten zunächst auf 8-Punkte-Skalen das Ausmaß und die Qualität (positiv oder negativ) ihrer Beiträge und Ergebnisse in der Beziehung sowie die Beiträge und Ergebnisse ihrer Partner beurteilen. Außerdem wurden sie u. a. gefragt, wie zufrieden, glücklich, verärgert und schuldig sie sich fühlen und wie stabil die Beziehung ist.

Aufgrund ihrer Antworten wurden die Vpn in mehrere Gruppen aufgeteilt: Vpn in einer ausbeutenden, gerechten oder benachteiligten Position. In Übereinstimmung mit der Theorie stellte sich heraus, daß die Vpn in gerechten Beziehungen besonders glücklich und zufrieden waren und sich kaum verärgert oder schuldig fühlten (s. Tabelle 77). Außerdem waren gerechte Beziehungen stabiler als unausgeglichene.

Trotz vieler Erfolge der Gerechtigkeitstheorie gibt es auch zahlreiche kritische Einwände. Ein weiteres Anwendungsgebiet der Theorie – die Belohnungsaufteilung in Dyaden und Gruppen – bestätigte mehrfach formulierte Zweifel an der universellen Gültigkeit der Gerechtigkeitsdefinition von ADAMS bzw. WALSTER et al. (Gleichheit der Verhältnisse zwischen Gewinn und Beitrag für alle Partner).

In diesen Untersuchungen führten zwei (oder mehr) Vpn gleichzeitig eine Arbeit durch. Anschließend erhalten sie (häufig fingierte) Rückmeldungen über ihre Leistungen (z. B. daß die Leistungen von A und B im Verhältnis 1 zu 1,5 stehen). Am Schluß des Experiments soll jede Vp vorschlagen, wie das gemeinsam verdiente Geld aufgeteilt werden soll.

In Experimenten dieser Art zeigte sich wiederholt, daß Vpn nicht immer für eine leistungsproportionale Aufteilung stimmen, sondern oft für eine Gleichverteilung des Gewinns (z. B. MIKULA, 1974; MIKULA und SCHWINGER, 1973).

Tabelle 77

Art der Beziehung	Zahl der Vpn	zufrieden	glücklich	verärgert	schuldig
sehr benachteiligt	64	2,70	2,98	1,98	1,39
etwas benachteiligt	84	3,26	3,42	1,75	1,44
gerecht	220	3,51	3,61	1,36	1,31
etwas ausbeutend	89	3,51	3,69	1,36	1,51
sehr ausbeutend	80	2,91	3,06	1,54	1,83

Anmerkung: Die Antworten wurden auf 4-Punkte-Skalen gegeben, 1 = überhaupt nicht, 4 = in sehr hohem Ausmaß.

In diesem Zusammenhang spielt *Sympathie* eine wichtige Rolle. Wenn die Vpn eine positive Einstellung zueinander haben, einigen sie sich oft auf Gleichaufteilungen. Ferner beanspruchen Vpn mit einem sympathischen Partner einen geringeren Anteil für sich als bei einem unsympathischen Partner, und zwar unabhängig vom Ausmaß ihres Beitrags. Daher nehmen mehrere Autoren an (z. B. LEVENTHAL, 1976; MIKULA, 1980a), daß es unterschiedliche situations- und persönlichkeitsabhängige Gerechtigkeitsnormen gibt. Neben dem Prinzip der *Beitragsproportionalität* werden vor allem das *Gleichheitsprinzip* und das *Bedürfnisprinzip* (jeder Partner soll entsprechend seinen Bedürfnissen belohnt werden) erwähnt.

Wichtig ist auch die Ergänzung der Gerechtigkeitstheorie durch den Begriff der allgemeinen oder ausgleichenden Gerechtigkeit (AUSTIN und WALSTER 1974, «equity with the world»). Die Autoren betonen, daß Person A ihr Verhältnis zwischen Gewinn und Beitrag nicht nur mit dem momentanen Partner B vergleicht, sondern auch mit anderen Personen, und – vor allem – daß sie unter bestimmten Bedingungen versuchen wird, Ungerechtigkeiten in der Beziehung mit B bei dritten Personen auszugleichen.

Wenn sie von B überbelohnt wurde, wird sie ihrerseits eine dritte Person C mehr als beitragsproportional belohnen, und wenn sie von B ausgebeutet wurde, wird sie versuchen, ihren Mangel auf Kosten von C zu beseitigen. Allgemeiner formuliert: Wenn jemand in bestimmten Beziehungen besser oder schlechter behandelt wurde, als er es nach seiner Meinung verdient, versucht er, das in anderen Beziehungen auszugleichen. Diese Hypothese wurde in mehreren Untersuchungen bestätigt (AUSTIN und WALSTER, 1975; MOSCHETTI und KUES, 1978). Ob A in der Interaktion mit C beziehungsspezifische (das heißt beitragsproportionale) oder ausgleichende Gerechtigkeit anstrebt, hängt u. a. davon ab, ob A weitere Interaktionen mit C erwartet oder nicht. Wenn er weitere Interaktionen erwartet, wird er sich beziehungsspezifisch verhalten und beitragsproportionale Gewinne anstreben. Wenn er keine weiteren Interaktionen erwartet (und daher annimmt, daß er später nicht zur Verantwortung gezogen werden kann), wird er eher ausgleichende Gerechtigkeit bevorzugen oder einen Kompromiß zwischen ausgleichender und beziehungsspezifischer Gerechtigkeit anstreben.

AUSTIN und WALSTER (1974) konnten auch zeigen, daß Vpn durchaus Verständnis für das Streben nach ausgleichender Gerechtigkeit haben: In einem Gewinnaufteilungsexperiment waren Vpn in der Rolle von C auch dann relativ zufrieden, wenn sie von A unter- oder überbelohnt wurden, sofern sie das Verhalten von A als Ausgleichswunsch interpretieren konnten (wenn sie erfuhren, daß A in einer ähnlichen Situation von B unter- bzw. überbelohnt worden war).

Schließlich muß noch die Rolle von Attributionen berücksichtigt werden. UTNE und KIDD (1980) lehnen die Hypothese ab, daß Ungerechtigkeit *immer* Unbehagen (und dessen Folgen) auslöst. Das Unbehagen wird wesentlich stärker sein, wenn die Ungerechtigkeit vom Betroffenen auf interne Faktoren zurückgeführt wird (z. B. mangelnde Anstrengung), als bei Attribution an externe Faktoren (z. B. Zufall oder durch Befehl erzwungenes Verhalten). Neben dem Ort der Kontrolle sind hier auch andere Attributionsdimensionen wichtig, wie etwa Kontrollierbarkeit: Eine Ungerechtigkeit ist unangenehmer, wenn sie auf kontrollierbare Faktoren zurückgeführt wird (z. B. mangelnde Anstrengung), als bei Attribution an unkontrollierbare Ursachen (z. B. Unfähigkeit).

Die wichtige Rolle der Attributionen wurde in einem Experiment von URAY (1976) gezeigt. Die Vpn (Präsenzdiener des österreichischen Bundesheeres) nahmen paarweise an der Untersuchung teil. Die beiden Vpn jeder Dyade sollten mittels Funkverkehr eine Nachricht übertragen, wobei eine Vp einen Text zu verschlüsseln hatte, der von der anderen Vp wieder entschlüsselt werden mußte. Anschließend erhielten beide Vpn fingierte Rückmeldungen über ihre Leistungen. Der Vl bewertete die Leistungen durch Punkte. Das angebliche Leistungsverhältnis innerhalb jeder Dyade war 2:1. Am Ende des Versuchs mußte jede Vp angeben, welchen Gewinnanteil sie für sich beansprucht.

Die Vpn waren auf drei Versuchsbedingungen aufgeteilt. In einer Bedingung erfuhren die Vpn, daß die Leistung ausschließlich von Anstrengung und Konzentration abhängt (interne Attribution). In der zweiten Bedingung gab der Vl (wie in den meisten Experimenten zur Gewinnaufteilung) keine Auskunft über die Leistungsverursachung. Den restlichen Vpn wurde mitgeteilt, daß die Leistung primär vom Schwierigkeitsgrad des Aufgabentyps abhängt – «das Verschlüsseln ist offensichtlich leichter als das Entschlüsseln» (externe Attribution). Wie die Ergebnisse in Tabelle 78 zeigen, bevorzugten die Vpn in der Bedingung «intern» eine (fast genau) leistungsproportionale Gewinnaufteilung, während sich die beanspruchten Anteile in der Bedingung «extern» einer Gleichverteilung näherten.

Tabelle 78

Leistungsposition	Attribution intern	unbestimmt	extern
leistungsstärker	61,50	56,02	53,81
leistungsschwächer	33,59	35,00	39,03

Die Zahlen sind mittlere beanspruchte Gewinnanteile in %.

Ungerechtigkeiten werden vom Opfer anders erlebt als von unbeteiligten Beobachtern (MIKULA und SCHLAMBERGER, 1985). Die vorherrschenden Reaktionen der Beobachter waren Gedanken über das ungerechte Ereignis und Bewertungen des Täters. Im Vergleich zu Beobachtern gab es bei betroffenen Opfern mehr Attributionen (Gedanken über Ursachen des ungerechten Ereignisses), mehr handlungsorientierte Gedanken (z. B. über Möglichkeiten der Gerechtigkeitswiederherstellung oder Bestrafung des Täters), und mehr emotionale Reaktionen (vor allem Ärger und ähnliche Gefühle, s. MIKULA, 1986).

Ein origineller Ansatz, der die Gerechtigkeitstheorie ergänzt, stammt von LERNER (1970, 1980). In seiner Hypothese der gerechten Welt nimmt LERNER an, daß jeder Mensch motiviert ist, an eine gerechte Welt zu glauben (wobei es allerdings interindividuelle Unterschiede in der Stärke dieses Motivs gibt, die mit einem Test – der Just World Scale von RUBIN und PEPLAU, 1975 – festgestellt werden können). Wenn man nicht an eine gerechte Welt glaubt, muß man befürchten, verdiente Belohnungen nicht zu erhalten bzw. unverdiente Strafen zu bekommen. Man wäre dann auch kaum imstande, sich an den in der Kindheit gelernten «persönlichen Kontrakt» zu halten, der vorschreibt, Wünsche nicht immer und sofort zu befriedigen, sondern auf aufgeschobene Belohnungen zu warten.

Wie in vielen Experimenten gezeigt wurde (z. B. LERNER und MATHEWS, 1967; LERNER und SIMMONS, 1966), verursacht gerade dieses Motiv viele Ungerechtigkeiten. Wenn Vpn einem unschuldigen Opfer nicht helfen konnten, werteten sie das Opfer ab, und zwar umso mehr, je größer die Ungerechtigkeit war – das Opfer hat es eben nicht anders verdient. Ähnlich wird im Alltag nicht selten argumentiert, daß die Opfer von Verbrechen (z. B. Vergewaltigung und Diebstahl) selbst schuld seien. Umgekehrt sind viele Menschen bereit, Personen, die unbegründete Vorteile haben (z. B. Spitzeneinkommen vieler Politiker und Manager), hervorragende Eigenschaften zuzuschreiben. Das früher beschriebene Schönheitsstereotyp (wer schön ist, ist auch gut, s. Abschnitt 5.313) ist vor allem bei jenen Personen besonders ausgeprägt, die sehr stark an eine gerechte Welt glauben (DION und DION, 1987).

Die umfangreiche Forschungsarbeit und die theoretische Diskussion über Gerechtigkeit wurden in mehreren Publikationen aufgearbeitet. Der interessierte Leser sei insbesondere auf BERKOWITZ und WALSTER (1976), MIKULA (1980b), und WALSTER, WALSTER und BERSCHEID (1978) verwiesen.

6.137 Beziehungen

Wie schon im vorigen Abschnitt erwähnt wurde, kann die Gerechtigkeitstheorie zur Analyse langfristiger Beziehungen (Ehe, Freundschaft) verwendet werden. Inzwischen liegen mehrere Untersuchungen dieser Art vor. Die Ergebnisse unterstützen nur teilweise die Gerechtigkeitstheorie. Die Qualität einer Beziehung (Stabilität, Bewertung, positive Gefühle, usw.) hängt nach einigen Untersuchungen von der Ausgewogenheit der Beziehung im Sinn der Gerechtigkeitstheorie ab (z. B. HATFIELD et al., 1985; WALSTER, WALSTER und TRAUPMANN, 1978). Andere Untersuchungen haben ergeben, daß Gerechtigkeit entweder keine oder zumindest eine viel geringere Rolle als andere Variablen spielt (z. B. BERG, 1984; LUJANSKY und MIKULA, 1983; MICHAELS, EDWARDS und ACOCK, 1984).

Vor allem die Ergebnisse – und zwar die Ergebnisse als solche, und nicht die Verhältnisse von Ergebnis und Beitrag oder von Gewinn und

Beitrag – dürften für die Qualität einer Beziehung verantwortlich sein. MICHAELS, EDWARDS und ACOCK (1984) untersuchten die Zusammenhänge zwischen Zufriedenheit mit der Beziehung und vier anderen Variablen, nämlich Gerechtigkeit, Gleichheit (der Ergebnisse), Höhe der Ergebnisse, und Differenz zwischen Ergebnishöhe und Vergleichsniveau (CL nach THIBAUT und KELLEY, 1959, s. Abschnitt 6.121). Sowohl Gerechtigkeit als auch Gleichheit standen nur in einem relativ schwachen Zusammenhang mit Zufriedenheit (die entsprechenden Korrelationen betrugen 0,42 bzw. 0,40). Für die Differenz zwischen Ergebnishöhe und Vergleichsniveau war der Zusammenhang bereits wesentlich größer (r = 0,61). Der deutlichste Zusammenhang wurde jedoch für die einfache Ergebnishöhe nachgewiesen (r = 0,65).

MICHAELS et al. (1984) interpretieren ihre Daten als Unterstützung einer Verstärkerhypothese: Wie zufrieden man in einer Beziehung ist, hängt nicht so sehr vom Ausmaß der Gerechtigkeit oder Gleichheit ab, sondern ganz einfach davon, wie viele und wie gute Belohnungen man bekommt. Die Verstärkerhypothese ist aber vermutlich zu einfach, denn aufgrund lernpsychologischer Überlegungen müßte eine negative Korrelation zwischen Kosten (oder Strafreizen) und Zufriedenheit bestehen. Daher müßte auch die Variable Belohnungen minus Kosten die Zufriedenheit besser voraussagen als die Variable Belohnungen plus Kosten. Genau das war aber bei HAYS (1985) nicht der Fall, sondern es war – im Gegenteil – die Variable Belohnungen plus Kosten der bessere Prädiktor der Beziehungsqualität.

Dieses auf den ersten Blick merkwürdige Resultat wird verständlich, wenn man bedenkt, daß es – zumindest in manchen Beziehungen – altruistische Motive gibt: Man will dem Partner nützen, und ihm helfen, seine Bedürfnisse zu befriedigen. Je stärker das altruistische Motiv ist, desto mehr Kosten wird man für den Partner auf sich nehmen, aber desto zufriedener wird man dadurch auch sein. Im Licht dieser Überlegung kann man zwei Typen von Beziehungen unterscheiden: Einerseits gibt es eher rational fundierte, «geschäftsmäßige» Beziehungen, die nach den Regeln der Gerechtigkeitstheorie funktionieren (wenn ein Partner etwas «investiert», muß das vom anderen möglichst schnell «bezahlt» werden, wodurch Gerechtigkeit erhalten bleibt), und andererseits eher emotional fundierte Beziehungen, in denen die Partner Empathie und Verantwortung füreinander fühlen, wodurch sowohl hohe Belohnungen als auch hohe Kosten entstehen. Diese beiden Beziehungstypen sollte sich der Leser als Endpunkte eines Kontinuums vorstellen. Die meisten realen Beziehungen sind eine Mischform, wobei der eine oder der andere Beziehungstyp überwiegen kann.

Ähnliche Unterscheidungen wurden von MILLS und CLARK (1982) sowie von MIKULA und SCHWINGER (1978) getroffen. MILLS und CLARK unterscheiden zwischen Austauschbeziehungen (exchange relationships) und Gemeinschaftsbeziehungen (communal relationships). In Austauschbeziehungen werden Belohnungen als Reaktion auf erhaltene oder erwartete Belohnungen gegeben. In Gemeinschaftsbeziehungen fühlt sich jeder Partner für das Wohlbefinden des anderen verantwortlich und belohnt als Reaktion auf Partnerbedürfnisse und um sein Wohlwollen zu zeigen. Nach MIKULA und SCHWINGER hängt das Belohnungsverhalten vom Ausmaß der Sympathie und der positiven Gefühle ab. In einer neutralen Beziehung wird nach dem Gerechtigkeitsprinzip belohnt. Mit steigender Sympathie wird zunächst zum Gleichheitsprinzip und schließlich – bei sehr positiven Gefühlen – zum Bedürfnisprinzip übergegangen. Diese Annahmen stimmen mit Ergebnissen von LAMM und SCHWINGER (1980, 1983) überein.

Die weiter oben genannten Ergebnisse über den Zusammenhang zwischen Gerechtigkeitswahrnehmung und Beziehungsqualität stehen somit nicht unbedingt im Widerspruch zur Gerechtigkeitstheorie, sondern schränken ihren Geltungsbereich ein. Nur bei bestimmten Arten von Beziehungen ist das Gerechtigkeitsprinzip (Beitragsproportionalität) die vorherrschende Belohnungsnorm. In einer Reihe von Untersuchungen haben CLARK und MILLS (1979; MILLS und CLARK, 1982) gezeigt, daß Personen, die eine Gemeinschaftsbeziehung erwarten, völlig anders reagieren als Personen, die eine Austauschbeziehung erwarten. Zum Beispiel reagierten Vpn, die eine (distanzierte) Austauschbeziehung erwarteten, positiv auf die sofortige «Rückzahlung» einer Gefälligkeit und auch auf die Forderung nach Ausgleich bereits erhaltener Gefällig-

keiten. Wenn dagegen eine Gemeinschaftsbeziehung (Freundschaft) erwartet wurde, reagierten Vpn negativ auf sofortige «Rückzahlungen».
Langfristige Beziehungen sind durch ein beträchtliches Ausmaß an Ähnlichkeit bzw. Übereinstimmung zwischen den Partnern gekennzeichnet (BUSS, 1984). Ehepartner zeigen Ähnlichkeiten in physischen (Alter, Größe, Gewicht) und psychischen Variablen (Persönlichkeitsmerkmale, Einstellungen, Verhalten). Man kann annehmen, daß diese Ähnlichkeiten in vielfacher Hinsicht belohnend wirken. Sie erleichtern die Planung und Koordination von Handlungen (gemeinsame Wünsche), und ermöglichen gegenseitige Selbstbildbestätigungen. (Nach ROSENBAUM, 1986, wirkt allerdings Einstellungsähnlichkeit nur unter bestimmten Umständen belohnend und anziehend, während Einstellungsgegensätze auf jeden Fall abstoßend wirken.)
Auch Attributionen spielen in Beziehungen eine Rolle. Es gibt bestimmte Attributionstendenzen, die für gute bzw. schlechte Beziehungen charakteristisch sind (z. B. KYLE und FALBO, 1985; FINCHAM, BEACH und BAUCOM, 1987). In schlechten Beziehungen gibt es Attributionsmuster, die den Partner abwerten: Seine negativen Handlungen werden in höherem Maß auf interne, stabile und globale Ursachen (Dispositionen) zurückgeführt als in guten Beziehungen, während seine positiven Handlungen stärker auf externe, variable und spezifische Ursachen (Situationsfaktoren) zurückgeführt werden. In guten Beziehungen dagegen gibt es ausgesprochen wohlwollende Attributionstendenzen: Das Verhalten des Partners wird häufig in vorteilhafterer Weise erklärt als das eigene Verhalten.
Ein weiterer wichtiger Aspekt von Beziehungen ist die Selbstöffnung (self-disclosure). Selbstöffnung bedeutet, daß man sich dem Partner nicht verschließt, sondern daß man ihm vielmehr Einblick auch in sehr private und intime Gedanken, Gefühle und Wünsche ermöglicht. Langfristige und/oder emotional fundierte Beziehungen weisen ein höheres Maß an Selbstöffnung auf als kurzfristige und/oder gefühlsmäßig neutrale Beziehungen.
Die Theorie der sozialen Durchdringung (social penetration theory) von ALTMAN und TAYLOR (1973) behauptet, daß sich Beziehungen von anfangs oberflächlichen zu immer tieferen (die Oberfläche des Partners durchdringenden) Formen entwickeln. Umgekehrt nimmt die Selbstöffnung ab, wenn die Intimität einer Beziehung (d. h. psychologische Nähe zum Partner und Intensität der Zuneigung) kleiner wird. TOLSTEDT und STOKES (1984) zeigten, daß mit abnehmender Intimität einer Beziehung die Breite der Selbstöffnung zurückgeht (man spricht über weniger Themen miteinander), wobei außerdem negative Inhalte immer häufiger werden.
Während die *Breite* der Selbstöffnung mit abnehmender Intimität geringer wurde, nahm die *Tiefe* (Privatheit) der Selbstöffnung weiterhin zu. Die Partner zeigten ihre negativen Gefühle und ihre Gedanken über die Verschlechterung der Beziehung. Dieses Ergebnis zeigt – im Widerspruch zur Theorie der sozialen Durchdringung – daß ein hohes Ausmaß an Selbstöffnung nicht immer auf eine positive Beziehungsentwicklung hindeutet. Ein (allzu) hohes Maß an Selbstöffnung kann auch negative Folgen haben. Offenlegung der eigenen Sorgen und Probleme kann den Partner belasten und ihn ängstlich machen. Es dürfte sich auch nicht sehr günstig auswirken, wenn man dem Partner detailreich berichtet, wie attraktiv man andere potentielle Sexualpartner findet.
Bezüglich der bevorzugten Arten von Beziehungen und der bevorzugten Partner gibt es große interindividuelle Unterschiede. Von besonderer Bedeutung ist in diesem Zusammenhang die Selbstüberwachungstendenz. Für starke Selbstüberwacher scheint bei der Partnerwahl das Aussehen des Partners wichtiger zu sein als dessen Persönlichkeit. Bei schwachen Selbstüberwachern verhält es sich umgekehrt (SNYDER, BERSCHEID und GLICK, 1985). Wenn sich männliche Vpn zwischen einer körperlich attraktiven Rendezvouspartnerin mit unerwünschten Persönlichkeitsmerkmalen und einer körperlich unattraktiven Partnerin mit erwünschten Eigenschaften entscheiden mußten, so wählten 69% der starken Selbstüberwacher die attraktive Partnerin. Dagegen bevorzugten 81% der schwachen Selbstüberwacher die Partnerin mit erwünschten Persönlichkeitsmerkmalen, obwohl diese nicht sehr schön war.
Schwache Selbstüberwacher scheinen außerdem dauerhafte und enge Beziehungen zu bevorzugen, während starke Selbstüberwacher zu zahlreichen und kurzen Beziehungen neigen. In der

Untersuchung von SNYDER und SIMPSON (1984) berichteten starke Selbstüberwacher – im Vergleich zu schwachen Selbstüberwachern – eine erhöhte Bereitschaft zum Partnerwechsel und eine größere Zahl von Partnern im letzten Jahr.
HAZAN und SHAVER (1987) unterscheiden im Anschluß an BOWLBY (1969, 1973, 1980) drei Arten von Liebe und Beziehungen. (1) *Sichere* Personen glauben an dauerhafte Liebe, halten andere Menschen für vertrauenswürdig, und sich selbst für liebenswert. (2) *Vermeidende* Personen bezweifeln die Existenz dauerhafter Liebe, und glauben, daß sie keinen Partner brauchen, um glücklich zu sein. (3) *Ängstlich-ambivalente* Personen verlieben sich leicht, aber es ist schwer für sie, eine tiefe und dauerhafte Beziehung zu finden. Weil sie ihre Gefühle der Unsicherheit nicht unterdrücken oder verdrängen, haben sie mehr Selbstzweifel als Angehörige der anderen beiden Personenkategorien.
In der Untersuchung von HAZAN und SHAVER waren mehr als die Hälfte der Vpn vom ersten (sicheren) Typ. Etwa ein Viertel der Vpn waren vermeidende Personen, und ca. 20% waren ängstlich-ambivalent.
Der Theorie von BOWLBY entsprechend konnten diese interindividuellen Unterschiede mit unterschiedlichen Elternbeziehungen in der Kindheit der Vpn in Zusammenhang gebracht werden. Sichere Vpn berichteten positivere Beziehungen zu beiden Eltern und auch zwischen den Eltern als die beiden anderen Gruppen. Vermeidende Vpn beschrieben ihre Mütter als kalt und abweisend. Viele ängstlich-ambivalente Vpn hatten zwar sympathische und humorvolle Mütter, aber ungerechte Väter.

6.2 Gruppenstruktur

[illegible]

6.211 Soziometrie

Als älteste Methode zur systematischen Erfassung und Beschreibung von Gruppenstrukturen gilt die von MORENO (1934) entwickelte Soziometrie. Dabei geht es in erster Linie um die Erfassung von Sympathie und Ablehnung zwischen den einzelnen Gruppenmitgliedern. Zu diesem Zweck werden allen Gruppenmitgliedern mehr oder weniger direkte Fragen vorgelegt (z. B. «wer ist Ihnen besonders sympathisch?» bzw. «wen schätzen Sie am wenigsten?» oder, weniger direkt, «mit wem würden Sie am liebsten eine Reise unternehmen?» bzw. «mit wem möchten Sie auf keinen Fall Ihre Freizeit verbringen?»). In manchen Untersuchungen ist es den Vpn freigestellt, so viele Personen zu nennen, wie sie wollen. Es kann jedoch auch eine feste Zahl von Nennungen vorgegeben werden (z. B. «geben Sie drei Personen an, mit denen Sie am liebsten Ihre Freizeit verbringen möchten»). Bei kleineren Gruppen ist es auch möglich, jede Vp alle anderen Gruppenmitglieder hinsichtlich Sympathie und Abneigung beurteilen zu lassen. Die Sympathiebeziehungen zwischen den einzelnen Vpn können ferner nicht nur durch Befragung erfaßt werden, sondern auch durch Beobachtung der Interaktionen.
Nach der Feststellung der interpersonellen Beziehungen in einer Gruppe kann die Gruppenstruktur mit Hilfe eines Soziogramms graphisch veranschaulicht werden. Abbildung 166 zeigt ein Beispiel. Die einzelnen Mitglieder werden durch Buchstaben bzw. durch mit Buchstaben versehene Punkte oder Kreise symbolisiert. Sympathiebeziehungen (sogenannte soziometrische Wahlen) werden durch einfache Pfeile, Ablehnungen durch strichlierte oder punktierte Pfeile dargestellt.

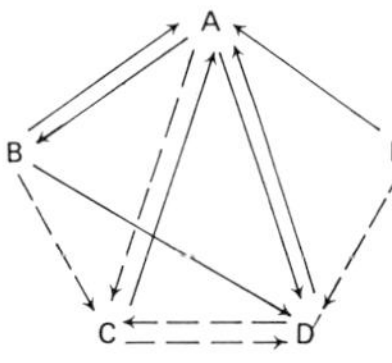

Abbildung 166

Zur Charakterisierung einer gegebenen Gruppenstruktur werden aus dem Soziogramm bestimmte Kennwerte (Indizes) berechnet. Einige einfache Kennwerte sind die folgenden:

$$\text{Wahlstatus der Person A} = \frac{\text{Anzahl der Personen, die A wählen}}{N - 1}$$

N ist die Anzahl der Gruppenmitglieder. Es wird durch N – 1 und nicht durch N dividiert, weil der Fall, daß jemand sich selbst wählt, in der Regel durch die Instruktion ausgeschlossen wird. Die Divison durch N – 1 bezieht die Anzahl der Wahlen auf die Gruppengröße und macht damit Daten aus verschiedenen Gruppen vergleichbar. (Von 7 Personen gewählt zu werden, bedeutet in einer 8-Personengruppe die größtmögliche Sympathie, in einer 50-Personengruppe aber nur mäßige Attraktivität. Die entsprechenden Indizes für den Wahlstatus sind $\frac{7}{8-1} = 1$ bzw. $\frac{7}{50-1} = \frac{1}{7}$.) In Abbildung 112 hat A den optimalen Wahlstatus (er wird von allen anderen Mitgliedern gewählt). E dagegen ist eine «isolierte Person», die von niemand gewählt wird.

$$\text{Ablehnungsstatus der Person A} = \frac{\text{Anzahl der Personen, die A ablehnen}}{N - 1}$$

$$\text{Gruppenkohäsion} = \frac{\text{Anzahl der gegenseitigen Wahlen von Mitgliedern}}{\frac{N\,(N-1)}{2}}$$

$\frac{N\,(N-1)}{2}$ ist die größtmögliche Anzahl gegenseitiger Wahlen in einer Gruppe mit N Mitgliedern. Der Kohäsionsindex bezieht also die tatsächliche Anzahl reziproker (gegenseitiger) Wahlen auf die mögliche Anzahl reziproker Wahlen. Dadurch bewegt er sich wie die beiden Statusindizes zwischen den Grenzen 0 und 1. Wenn der Gruppenkohäsionswert groß ist, wird dies vielfach als Hinweis auf ein gutes «Gruppenklima» aufgefaßt. Es ist in diesem Fall anzunehmen, daß die Zufriedenheit der Mitglieder im Durchschnitt groß ist und daß die Interaktionen zu einem Großteil reibungslos ablaufen.

Auch das Balanceprinzip kann zur Charakterisierung soziometrischer Strukturen herangezogen werden (CARTWRIGHT und HARARY, 1956; FLAMENT, 1963). Jedes Soziogramm ist ein Graph, dessen Balanciertheitsgrad nach dem Verfahren von CARTWRIGHT und HARARY festgestellt werden kann (dieses Verfahren wurde in Abschnitt 4.43 genau beschrieben). Aus der HEIDERschen Hypothese, daß balancierte Strukturen stabiler sind und als angenehmer erlebt werden als unbalancierte Strukturen, folgt für den Spezialfall der Gruppenstrukturen: Eine Gruppe ist um so dauerhafter (stabiler) und um so befriedigender für die Mitglieder, je höher der Balanciertheitsgrad ihrer soziometrischen Struktur ist. Bei hochgradig unbalancierten Gruppen sind beträchtliche interpersonelle Spannungen sowie Umstrukturierungen oder gar der Zerfall der Gruppe zu erwarten.

Abbildung 167 zeigt drei einfache Soziogramme, von denen die ersten beiden vollständig balanciert sind. In Gruppe (1) gibt es nur positive Relationen, keine Ablehnungen. Gruppe (2) zerfällt in zwei Subgruppen (Cliquen), die einander gegenseitig ablehnen, aber in sich vollkommen harmonieren. In Gruppe (3) gibt es einige unbalancierte Semizyklen. Zum Beispiel wählt A C, während C A ablehnt. Die «Freunde» B und C (bei denen gegenseitige Wahlen vorliegen) haben divergente Einstellungen zu D.

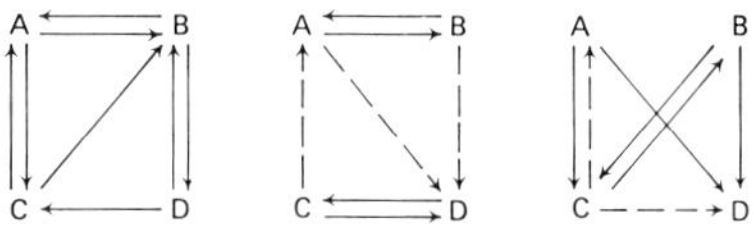

Abbildung 167

Der Balanceindex erfaßt zweifellos einen wesentlichen Aspekt der Gruppenstrukturen. Andererseits bleiben auch wichtige Variablen unberücksichtigt, wie ein Vergleich der Strukturen (1) und (2) zeigt. Diese Strukturen sind beide vollkommen balanciert. Es kann aber kaum angenommen werden, daß sie auch in gleicher Weise spannungsfrei sind. Struktur (1) weist mehr gegenseitige Wahlen auf als Struktur (2). Außerdem gibt es in Gruppe (1) keinerlei Ablehnungen. Aufgrund des Kohäsionswertes und des Positivitätsprinzips (vgl. Abschnitt 4.44) ist zu erwarten, daß Gruppe (1) angenehmer ist als Gruppe (2).

6.212 Weitere Methoden und Ergebnisse

Eine Gruppenstruktur kann dadurch vollständig beschrieben werden, daß für jede Dyade angegeben wird, ob eine bestimmte Relation vorhanden ist oder nicht. Dabei ist es notwendig, auch die Richtung der Relation zu beachten (z. B. muß zwischen A wählt B und B wählt A unterschieden werden). Zur vollständigen Beschreibung von Gruppenstrukturen wird immer häufiger die Darstellung in Matrixform anstelle des Soziogramms verwendet (Matrizen wurden bereits im Kapitel über soziale Tauschprozesse – Abschnitt 6.12 – verwendet und erklärt).

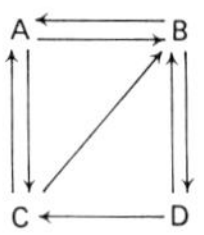

	A	B	C	D
A	0	1	1	0
B	1	0	0	1
C	1	1	0	0
D	0	1	1	0

Abbildung 168

Jedem Gruppenmitglied entspricht eine Zeile und eine Spalte der Matrix. Jedes Element a_{ij} (Schnittpunkt von Zeile i und Spalte j) repräsentiert die Relation von Person i zu Person j. Ist die Relation gegeben (z. B. i wählt j), erhält a_{ij} den Wert 1. Ist die Relation nicht gegeben (z. B. i wählt j nicht), erhält a_{ij} den Wert 0. Jeder graphisch dargestellten Struktur entspricht eindeutig eine Matrix und umgekehrt. In Abbildung 168 ist jene Matrix dargestellt, die der Struktur (1) aus Abbildung 167 entspricht.

Ein Vorteil der Matrixdarstellung besteht darin, daß der aktive und passive Wahlstatus jeder Person leicht abzulesen ist[3]. Summiert man alle Elemente der Spalte j, dann gibt die Summe an, von wie vielen Gruppenmitgliedern Person j gewählt wurde. Die Summe aller Elemente der Zeile i gibt an, wieviele Gruppenmitglieder Person i gewählt hat.

Auf diese Weise erhält man schnell einen Überblick über die relativen Positionen der Mitglieder. Personen, denen große Spaltensummen entsprechen, haben eine *zentrale* Position (werden von vielen anderen gewählt); eine geringe Spaltensumme andererseits bedeutet eine *periphere* Position.

Der Vergleich der relativen Positionen der Mitglieder zueinander läßt auch sofort einen anderen Aspekt der Gruppenstruktur deutlich werden, nämlich den Grad ihrer *Zentralisierung*. Liegen recht unterschiedliche Randsummen (Spalten- bzw. Zeilensummen) vor, dann ist die Gruppe stark zentralisiert. Es gibt dann ein deutliches Gefälle zwischen den Mitgliederpositionen. Wenn die Differenzen zwischen den Randsummen gering sind (im Extremfall: wenn diese Differenzen alle Null sind, d. h. bei Vorliegen gleicher Randsummen), ist die Gruppe schwach oder nicht zentralisiert. Gruppenstrukturen dieser Art werden auch als dezentralisiert oder egalitär bezeichnet.

Abbildung 169 zeigt die Soziogramme und die entsprechenden Matrizen zweier Gruppen, die sich erheblich hinsichtlich ihrer Zentralisierung unterscheiden. Bei sehr kleinen Gruppen (wie in Abbildung 169) ist die Überlegenheit der Matrizendarstellung noch nicht sehr deutlich. Bei größeren Gruppen jedoch werden Soziogramme sehr unübersichtlich, während die entsprechende Matrix immer noch gestattet, anhand der Randsummen die relativen Positionen und den Zentralisierungsgrad sehr rasch zu erkennen.

Der Zentralisierungsgrad einer Gruppenstruktur ist eine wichtige Variable, von der zahlreiche andere Faktoren mitdeterminiert werden, wie zum Beispiel Kommunikationsprozesse. Auch die durchschittliche Zufriedenheit der Mitglieder hängt mit der Zentralisierung zusammen. Das mehr oder weniger erfolgreiche Problemlösungsverhalten einer Gruppe ist ebenfalls vom Zentralisierungsgrad abhängig. Die Variable Zentralisierungsgrad ist insbesondere bei Machtstrukturen von Bedeutung.

Es sei an dieser Stelle nachdrücklich darauf hingewiesen, daß es nicht sinnvoll ist, von *der* Struktur einer Gruppe zu sprechen. Es gibt verschiedene interpersonelle Relationen und jeder Relation entspricht *eine* Gruppenstruktur. Im allgemeinen ist es zweckmäßig, mindestens zwischen soziometrischer Struktur, Kommunikationsstruktur (wer spricht zu wem? bzw. wer spricht wie oft zu wem?) und Machtstruktur (wer beeinflußt wen?) einer Gruppe zu unterscheiden. Das Soziogramm ist, genau genommen, ein Konglomerat aus zwei Strukturen, nämlich der Sympathiestruktur und der Ablehnungsstruktur.

Obwohl eine Gruppe mehrere Strukturen hat (die auf unterschiedlichen dyadischen Relationen wie Macht- und Sympathiebeziehungen basieren), sind diese nicht völlig unabhängig voneinander. Bereits in Abschnitt 5.33 wurde darauf hingewiesen, daß positiv bewertete Personen in vielfacher Weise einflußreicher sind als neutral oder negativ eingeschätzte Personen. Dieser Befund läßt einen gewissen Zusammenhang zwischen soziometrischer Struktur und Machtstruktur einer Gruppe erwarten. Anderseits ist keines-

[3] Der Hauptvorteil der Verwendung von Matrizen liegt jedoch in der Anwendbarkeit bestimmter mathematischer Methoden. Darauf kann in diesem Rahmen nicht eingegangen werden. Der interessierte Leser sei auf ABELSON (1967) verwiesen.

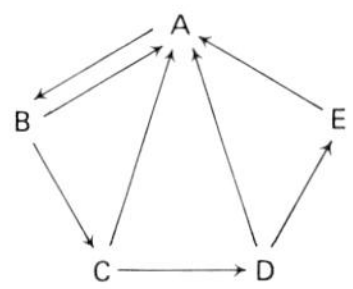

	A	B	C	D	E	Zeilensummen
A	0	1	0	0	0	1
B	1	0	1	0	0	2
C	1	0	0	1	0	2
D	1	0	0	0	1	2
E	1	0	0	0	0	1
Spaltensummen	4	1	1	1	1	

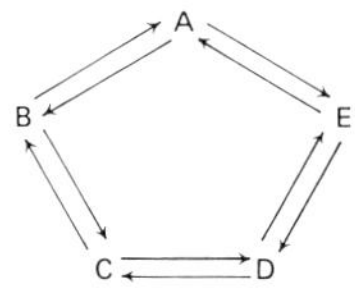

	A	B	C	D	E	Zeilensummen
A	0	1	0	0	1	2
B	1	0	1	0	0	2
C	0	1	0	1	0	2
D	0	0	1	0	1	2
E	1	0	0	1	0	2
Spaltensummen	2	2	2	2	2	

Abbildung 169

wegs mit einer völligen Übereinstimmung dieser Strukturen zu rechnen, denn Macht hängt nicht nur vom Sympathiegrad ab. Wie im Abschnitt 6.127 dargelegt wurde, werden Machtverhältnisse weitgehend dadurch determiniert, in welchem Ausmaß jemand einer anderen Person Verstärker (positive Reize) und Strafreize darbieten bzw. vorenthalten kann.

Die Verflechtungen von Sympathie und Einfluß wurden sehr deutlich in einer Untersuchungsreihe von Brandstätter und dessen Mitarbeitern gezeigt (Brandstätter, 1976; Schuler, 1975). Bei Gruppenentscheidungen sind sympathische Personen im Vorteil. Es gelingt ihnen oft, die Meinungen anderer Personen in ihrem Sinn zu beeinflussen.

Es wurde auch bereits darauf hingewiesen, daß mehr kommunikative Akte an sympathische Personen als an neutrale oder unsympathische gerichtet werden (Abschnitt 5.33). Dennoch kann keine vollständige Übereinstimmung zwischen soziometrischer Statusstruktur und Kommunikationshäufigkeit erwartet werden. Gleichzeitig mit der Tendenz, mit besonders attraktiven Personen mehr zu sprechen als mit anderen, ist noch die Tendenz zur Reziprozität wirksam: Die Tendenz zu Bevorzugung (subjektiv) gleichwertiger Interaktionspartner.

Das Zusammenwirken dieser beiden Tendenzen zeigt sich sehr deutlich in den Ergebnissen von Riley et al. (1954), siehe Tabelle 79. Die Vpn wurden gefragt, mit wem sie am liebsten über bestimmte Themen sprechen möchten. Die Daten wurden nach den soziometrischen Positionen von Sender und Empfänger aufgeschlüsselt. Die Zahlen in Tabelle 79 sind Indizes für die intendierte Kommunikationshäufigkeit. Innerhalb jeder Zeile zeigt sich eine steigende Tendenz der Zahlen von links nach rechts. Das bedeutet, daß Empfänger mit höherem Status bevorzugt werden. Innerhalb jeder Spalte (mit Ausnahme der ersten) ist das Element a_{ii} das größte (Schnittpunkt von Zeile und Spalte, die demselben Status entsprechen). Man wird am häufigsten von Personen angesprochen, deren Status dem eigenen gleich ist.

Tabelle 79

Position des Senders		Position des Empfängers niedrig 1	2	3	4	5	hoch 6
niedrig	1	0,07	0,26	0,22	0,26	0,41	0,49
	2	0,11	0,26	0,26	0,26	0,47	0,60
	3	0,07	0,20	0,38	0,42	0,54	0,69
	4	0,07	0,18	0,36	0,62	0,76	0,81
	5	0,05	0,19	0,33	0,52	0,81	0,88
hoch	6	0,04	0,16	0,25	0,39	0,66	1,36

Wie Tabelle 79 zeigt, kann in einer Strukturmatrix nicht nur Vorliegen bzw. Fehlen einer Relation für jede Dyade festgehalten werden, sondern auch die Intensität der Relation. Dazu ist es bloß notwendig, nicht nur die Zahlen 0 und 1 zu verwenden, sondern auch andere Zahlen. Zum Beispiel könnten die Zahlen von 0 bis 3 zur Kennzeichnung unterschiedlicher Grade der Sympathie verwendet werden.

Ein wesentlicher Unterschied zwischen Dyaden und größeren Gruppen besteht darin, daß die unterschiedlichen Machtpositionen in Gruppen (von mindestens 3 Mitgliedern) zur Bildung von *Koalitionen* führen können. Zwei oder mehr Mitglieder schließen sich zu einer Untergruppe zusammen, um «mit vereinten Kräften» Ergebnisse zu erzielen, die sie allein nicht erreichen könnten. Obwohl zahlreiche Untersuchungen und auch mehrere Theorien zur Koalitionsbildung vorliegen, besteht noch keine Einigkeit darüber, nach welchen Kriterien Koalitionspartner ausgewählt werden. Viele Untersuchungen zeigen eine Bevorzugung kleiner Koalitionen (KOMORITA, 1974).

[illegible] Objektive und subjektive Gruppenstruktur

Im allgemeinen stimmen objektive Gruppenstrukturen (wie sie etwa mit Hilfe der Soziometrie erhoben werden) und subjektive Gruppenstrukturen (wie sie von den einzelnen Mitgliedern wahrgenommen werden) nur teilweise überein. Dafür gibt es mehrere Gründe.

Erstens: Einseitige Information. Da jedes Mitglied in der Gruppe interagiert und nicht als Außenstehender beobachtet, ist seine Wahrnehmung einseitig. Jedes Mitglied hat mehr Gelegenheit, Interaktionen wahrzunehmen, an denen es selbst teilnimmt, als Interaktionen zwischen anderen Personen.

Zweitens: Informationsüberschuß. Zur vollständigen Beschreibung einer Gruppenstruktur müssen alle dyadischen Relationen bekannt sein. Für jeden Relationstyp (z. B. Sympathie) gibt es in einer Gruppe mit N Mitgliedern (N^2-N) dyadische Relationen[4]. Das sind bei 4 Personen bereits 12 Relationen, bei 5 Personen 20, bei 6 Personen 30 und bei 10 Personen 90 Relationen. Selbst unter der unrealistischen Annahme, daß ein Gruppenmitglied alle dyadischen Relationen richtig einschätzt, wird es mit wachsender Gruppengröße zu schwierig, die große Zahl von Relationen gedächtnismäßig zu bewältigen.

Drittens: Systematische Wahrnehmungs- und Gedächtnisfehler. Da in der Regel jedes Gruppenmitglied nur über einseitige und unvollständige Informationen hinsichtlich der Gruppenstruktur verfügt und außerdem (bei größeren Gruppen) die Informationsmenge zu groß ist, um fehlerfrei gespeichert und reproduziert werden zu können, werden die Informationslücken aufgefüllt. Das geschieht nicht zufällig, sondern nach bestimmten kognitiven Gesetzmäßigkeiten.

In diesem Zusammenhang sei nochmals auf die Experimente von ZAJONC und BURNSTEIN (1965a, b) verwiesen. Die Autoren boten ihren Vpn fiktive Gruppenstrukturen dar, und zwar als Liste sämtlicher dyadischer Relationen. Die Vpn sollten anschließend (in gleicher Weise) die Strukturen reproduzieren. Dabei zeigten sich zahlreiche systematische Gedächtnisfehler. Sowohl das Positivitätsprinzip wie das Balanceprinzip waren wirksam. Es wurden sehr oft negative Relationen fälschlicherweise als positiv erinnert und nicht balancierte Strukturen (bzw. unbalancierte Semizyklen) wurden häufig balanciert wiedergegeben.

DESOTO und KUETHE (1959) ließen von ihren Vpn die Wahrscheinlichkeiten verschiedener interpersoneller Relationen schätzen. Es wurde beispielsweise gefragt, wie wahrscheinlich es ist, daß zwei Personen A und B einander mögen, einander hassen usw. (dabei wurden keinerlei Informationen über A und B vorgegeben; die Vpn sollten angeben, wie wahrscheinlich es im allgemeinen ist, daß bestimmte Relationen zwischen Personen vorhanden sind). Eine weitere Reihe von Fragen bezog sich auf die subjektive Wahrscheinlichkeit der Symmetrie (Reziprozi-

[4] Wie man leicht aufgrund kombinatorischer Formeln überlegen kann, gibt es bei N Personen $\frac{N(N-1)}{2} = \frac{(N^2-N)}{2}$ Dyaden. Da es notwendig ist, auch die Richtung einer Relation (innerhalb jeder Dyade) zu berücksichtigen, gibt es für jede Dyade zwei Relationen, also insgesamt N^2-N Relationen. Dieser Ausdruck kann auch aus den Strukturmatrizen hergeleitet werden. Jede Strukturmatrix enthält N^2 Elemente. Davon sind diejenigen der Hauptdiagonale (die N Elemente a_{ii}) uninteressant. Diese N Elemente beziehen sich auf die Relationen jeder Person zu sich selbst und werden meistens Null gesetzt. Somit verbleiben N^2-N Relationen.

tät) von interpersonellen Beziehungen (z. B. «wie wahrscheinlich ist es, daß A B haßt, wenn A von B gehaßt wird?»). Ferner wurde die (subjektive) Transitivität von sozialen Relationen untersucht («wenn A B liebt, und B C liebt, wie wahrscheinlich ist es dann, daß A C liebt?»).

Einige Ergebnisse von DeSoto und Kuethe sind in Tabelle 80 wiedergegeben. Die erste Zeile kann als weitere Bestätigung des Positivitätsprinzips angesehen werden. Positive Relationen (Sympathie und Vertrauen) werden für wahrscheinlicher gehalten als negative. In Zeile zwei manifestiert sich die Tendenz zur Annahme der Reziprozität zwischenmenschlicher Beziehungen. Die Vpn waren der Meinung, daß positive und negative Relationen in etwa 70 Prozent aller Fälle symmetrisch sind.

Zeile drei zeigt, daß positive soziale Relationen als transitiv angesehen werden. Negative soziale Relationen andererseits gelten eher als nicht transitiv. Die subjektiven Wahrscheinlichkeiten sind in diesem Fall 0,45 bzw. 0,42; daher sind die entsprechenden Wahrscheinlichkeiten der Nichttransitivität größer, nämlich 1–0,45 = 0,55 bzw. 1–0,42 = 0,58.

Die Ergebnisse in bezug auf Transitivität können als Bestätigung des Balanceprinzips interpretiert werden. Wenn in einer dreielementigen Sozialstruktur (Personen A, B, C) bereits zwei positive Relationen vorliegen (R[A, B] und R [B, C]), dann wird angenommen, daß auch die dritte Relation R(A, C) positiv ist. Sind aber in einer dreielementigen Gruppenstruktur zwei negative Relationen vorhanden, ist eine dritte negative Relation eher unwahrscheinlich.

Transitivität bei positiven Relationen und Intransitivität bei negativen Relationen führen zu dreielementigen Strukturen mit keiner bzw. zwei negativen Relationen und somit (entsprechend der Heiderschen Definition, vgl. Abschnitt 4.42) zu balancierten Zuständen. Auch die Symmetrietendenz (die sich in der zweiten Zeile von Tabelle 80 manifestiert) ist ein Spezialfall der Balancetendenz: Zweielementige Strukturen sind balanciert, wenn die beteiligten Relationen gleiche Vorzeichen haben. Somit wird auch durch die Ergebnisse von DeSoto und Kuethe bestätigt, daß die Wahrnehmung sozialer Strukturen durch Positivitätsprinzip und Balancetendenz (und durch einen Spezialfall des Balancestrebens, die Reziprozitätstendenz) systematisch verzerrt wird.

6.23 Gruppenführung

6.231 Der Begriff «Führer»

In jeder Gruppe gibt es Personen, die im Interaktionsgeschehen eine dominante Rolle innehaben. Solche Personen werden als Führer bezeichnet. In Gruppen, die Teil einer festen Organisation sind (Betrieb, Militär usw.), wird von vornherein festgelegt, wer der Inhaber der Führerposition ist. In informellen Gruppen (z. B. Freunde, die bestimmte Tätigkeiten gemeinsam unternehmen) kristallisieren sich allmählich Führer heraus.

Der Begriff «Führer» ist keineswegs klar definiert. Man findet in der Literatur zahlreiche voneinander abweichende Definitionen (vgl. Gibb, 1969). Die meisten Definitionen heben hervor, daß ein Führer besonders einflußreich (mächtig) ist und/oder einen hohen soziometrischen Wahlstatus hat. Diese beiden Aspekte sind nicht unabhängig voneinander, denn beliebte

Tabelle 80

	Sympathie	Vertrauen	Abneigung	Haß
p (R(A,B))	0,59	0,59	0,42	0,35
p (R(A,B) ǀ R (B,A))	0,74	0,73	0,68	0,67
p (R(A,C) ǀ R (A,B) & R (B,C))	0,66	0,66	0,45	0,42

p (R(A,B))	die subjektive Wahrscheinlichkeit, daß A in Relation R zu B steht (z. B. A findet B sympathisch)
p (R(A,B) ǀ R (B,A))	die subjektive Wahrscheinlichkeit, daß A in Relation R zu B steht, unter der Voraussetzung, daß B zu A in Relation R steht
p (R(A,C) ǀ R (A,B) & R (B,C))	die subjektive Wahrscheinlichkeit, daß A in Relation R zu C steht, vorausgesetzt, daß die Relation R von A zu B und von B zu C gegeben ist.

Personen sind meistens auch einflußreich (vgl. Abschnitt 5.33).

BALES und SLATER (1955) sind der Ansicht, daß mit dem Begriff Führer in diffuser und undifferenzierter Weise Personen mit hohem Status innerhalb einer Gruppe bezeichnet werden. In diesem Sinne kann – etwas präziser – das Konzept Führer folgendermaßen definiert werden: Führer sind solche Personen, die eine bevorzugte Position innerhalb einer Gruppenstruktur innehaben.

Diese Definition impliziert zweierlei. Erstens wird dadurch klargestellt, daß kein prinzipieller Unterschied zwischen Führern und anderen Gruppenmitgliedern besteht, sondern daß es graduelle Abstufungen gibt. In einer wenig zentralisierten Gruppenstruktur unterscheidet sich der soziometrische Wahlstatus des Führers nur geringfügig vom Wahlstatus der anderen Personen. Zweitens folgt aus dieser Definition, daß eine Gruppe mehrere Führer haben kann. Die bevorzugten Positionen innerhalb der Machtstruktur, der soziometrischen Struktur (Sympathiestruktur) und der Kommunikationsstruktur können verschiedene Personen zukommen.

Damit stimmen vielzitierte Ergebnisse von BALES und SLATER überein (BALES, 1958; BALES und SLATER, 1955; SLATER, 1955). Zahlreiche Kleingruppen mußten in einer Reihe von Sitzungen ein Problem diskutieren und sich für eine Lösungsmöglichkeit entscheiden. Die verbalen Interaktionen wurden genau protokolliert und analysiert. Ferner wurden Daten über die Gruppenstrukturen erhoben (vor allem soziometrische Daten und Meinungen zur Frage, wer die besten Ideen beigetragen und damit die Problemlösung am stärksten beeinflußt habe).

Im Lauf der Sitzungen hoben sich immer deutlicher zwei Führerpersonen in jeder Gruppe ab: das beliebteste Gruppenmitglied und das ideenreichste. Diese Rollendifferenzierung braucht relativ lange. In den ersten Sitzungen ist die (subjektiv) produktivste Person auch die beliebteste. Erst später wird der sachliche, aufgabenorientierte Führer nur mehr respektiert, aber nicht mehr geliebt (mit einer Ausnahme: die Beziehungen zwischen den beiden Führern sind im allgemeinen sehr positiv).

Genauere Interaktionsanalysen zeigten deutliche Unterschiede im Verhalten der zwei Führer. Die beliebteste Person (höchster soziometrischer Wahlstatus) ist sozial-emotional orientiert. In ihrem Verhaltensmuster ist der Anteil von Belohnungen, entspannenden Bemerkungen, Hilfeleistungen und Hilfesuchen usw. größer als bei der ideen- und einflußreichsten Person. Der andere Führer ist aufgabenorientiert. Er äußert oft Meinungen, gibt Hinweise und Anweisungen, kurz, er orientiert und lenkt.

6.232 Führertheorien

Die ältere Forschung über Gruppenführung war vor allem an der Beantwortung der Frage interessiert, welche Eigenschaften jemand haben muß, um Führer zu werden. Anders formuliert: Welche Merkmale weist eine «Führerpersönlichkeit» auf? Die recht umfangreiche Forschung auf diesem Gebiet war nicht sonderlich erfolgreich (wie etwa den Zusammenfassungen von MANN [1959] und STOGDILL [1948] zu entnehmen ist). Die Ergebnisse sind nicht sehr deutlich und zum Teil widersprüchlich. Dennoch wurden gewisse, im allgemeinen aber recht schwache Zusammenhänge festgestellt. So scheinen Führer u. a. eher intelligent, angepaßt, kooperativ und extravertiert zu sein. Als eindeutig falsch und irreführend erwies sich die Annahme, daß es «Führerpersönlichkeiten» gibt, d. h. daß Personen mit bestimmten Merkmalen in den verschiedensten Gruppen und Situationen Führungspositionen erhalten werden und ihre Rolle effizient ausführen können.

Wenn man bedenkt, wie kompliziert die Interaktionssequenzen sind, die in Gruppen stattfinden (vgl. Abschnitt 6.1), ist es nicht verwunderlich, daß so globale Konzepte wie Persönlichkeitsmerkmale hier keinen großen Erklärungswert haben. Außerdem wurde bereits früher gezeigt, daß der Begriff des Persönlichkeitsmerkmals als solcher aus theoretischen und methodischen Gründen problematisch ist (vgl. Abschnitt 2.621). Daher ist die neuere Forschung von diesem persönlichkeits-zentrierten Ansatz abgegangen und geht von einem *interaktionistischen* Ansatz aus. Entstehung, Art und Effizienz von Führerverhalten werden aufgrund der Interaktionen zwischen Führern und Geführten erklärt. Dieser Ansatz berücksichtigt, daß ein potentieller Führer imstande sein muß, zur Realisierung von Zielen der Gruppenmitglieder beizutragen. Lernpsychologisch (und damit präziser) formuliert: Er muß solche Aktivitäten setzen, die von den anderen Personen der Gruppe als positive Reize wahrgenommen werden.

Dieser Ansatz ist auch mit den früher referierten konsistenztheoretischen und lerntheoretischen Erklärungen der Sympathieursachen verträglich (vgl. Abschnitt 5.31). Beliebt sind Personen, die zahlreiche positive Reize bieten und die vom Interaktionspartner als ihm selbst ähnlich wahrgenommen werden (z. B. ähnliche Einstellungen haben). Wie die Untersuchungen von BALES und SLATER zeigen, bieten die sozial-emotionalen Führer (die beliebtesten Gruppenmitglieder) zahlreiche positive Reize (Belohnungen, Hilfeleistungen usw.). Daß der aufgabenorientierte Führer weit weniger beliebt ist, dürfte damit zusammenhängen, daß dieser seltener positive Reize bietet (nämlich nur aufgabenbezogene) und außerdem von den übrigen Mitgliedern als unähnlich («zu fähig» oder «zu gescheit») wahrgenommen wird.

Interaktionistische Führungstheorien betrachten die Beziehungen zwischen Führern und Geführten als soziale Tauschprozesse (HOLLANDER und JULIAN, 1970). Der (potentielle oder aktuelle) Führer bietet zahlreiche positive Reize. Er hilft, Schwierigkeiten persönlicher, sozialer oder sachlicher Natur zu beseitigen und erleichtert oder ermöglicht überhaupt erst Problemlösungen. Als Gegenleistung erhält er eine bevorzugte Statusposition, die ihrerseits mit vielen positiven Reizen verbunden ist (hohes Ausmaß an Zuwendung, Zustimmung, Einfluß usw.)

Ein Führer muß also viele positive und darf nicht allzuviele negative Reize bieten. Daraus folgt, daß ein Führer ein hohes Maß an Konformität mit den Gruppennormen zeigen muß, denn abweichendes Verhalten würde von den anderen Gruppenmitgliedern als aversiv erlebt werden. Die Hypothese, daß – zumindest in den frühen Stadien der Interaktion – normkonformes Verhalten eine notwendige Voraussetzung für die Erlangung von Einfluß und einer bevorzugten Statusposition ist, wurde experimentell bestätigt (z. B. HOLLANDER, 1960). Später allerdings, nachdem bereits ein hoher Status erreicht wurde, wird abweichendes Verhalten eher toleriert als bei Personen mit niedrigem Status (ALVAREZ, 1968).

Von einem Führer wird erwartet, daß er häufig in positiver Weise in das Interaktionsgeschehen der Gruppe eingreift. Daher muß der Anteil eines Führers an der gesamten Kommunikation groß sein. Dementsprechend werden solche Personen von den Gruppenmitgliedern als Führer bezeichnet, die besonders viel sprechen (BALES, 1953).

Von diesem Befund ausgehend, gelang BAVELAS, HASTORF, GROSS und KITE (1965) durch Anwendung lernpsychologischer Prinzipien die gezielte Veränderung von Gruppenstrukturen. Die Vpn diskutierten in kleinen Gruppen (4 Vpn pro Gruppe) vom Vl vorgegebene Probleme. In der ersten Phase des Experiments wurden die Vpn in keiner Weise beeinflußt. In diesem Teil des Versuchs wurde die Basisrate des Sprechens für jede Vp ermittelt.

Im zweiten Teil erhielten die Vpn laufend Informationen vom Vl, wieweit ihre einzelnen Diskussionsbeiträge zielführend oder hinderlich für die Erarbeitung eines adäquaten Lösungsvorschlags waren. Zu diesem Zweck stand vor jeder Vp ein kleiner Apparat mit einem roten und einem grünen Lämpchen. Aufleuchten des roten Lichts bedeutete, daß die vorangegangene Äußerung nicht zielführend war. Das grüne Licht signalisierte, daß der vorangegangene Beitrag für die Diskussion förderlich war. Mit anderen Worten: Das rote Licht war ein Strafreiz und das grüne ein Verstärker. Jede Vp konnte nur ihre eigenen Lämpchen sehen, nicht aber die der anderen Teilnehmer, d. h. sie wußte nicht, wann die anderen Gruppenmitglieder gelobt oder getadelt wurden, sondern erhielt nur Informationen über die Qualität der eigenen Beiträge.

Da die diskutierten Probleme keine eindeutige Optimallösung hatten und die Kriterien des Vl bezüglich der Qualität von Beiträgen nur vage formuliert wurden, konnten Verstärker und Strafreize ziemlich willkürlich vergeben werden. Dieser Umstand wurde dazu benützt, jeweils ein Gruppenmitglied mit niedriger verbaler Basisrate (mit niedrigem Status in der Kommunikationsstruktur) als Zielperson des Versuchs auszuwählen und häufig zu verstärken (besonders für Meinungsäußerungen), während die anderen Vpn häufig bestraft und meistens nur dann verstärkt wurden, wenn sie der bisher schweigsamen Vp zustimmten.

Das Kommunikationsverhalten der Vpn mit geringer Basisrate änderte sich drastisch. Im Durchschnitt wurde etwa eine Verdoppelung der Sprechzeit erzielt. Im Zusammenhang damit änderte sich auch, wie erwartet, der soziometrische Status. Während die Zielpersonen des Experiments nach der ersten Diskussion (ohne Verstärker) den schlechtesten oder zweitschlechtesten Wahlstatus aufwiesen, waren sie nach der zweiten Diskussion (mit Verstärker) auf den ersten oder zweiten Rangplatz vorgerückt.

Eine abschließende dritte Diskussion, bei der, wie am Anfang, keinerlei Strafreize und Verstärker vom Vl eingesetzt wurden, brachte ähnliche Ergebnisse wie die zweite Sitzung. Offenbar war jetzt die Anwendung gruppenexterner Verstärker nicht mehr notwendig. Nachdem die Zielpersonen einmal eine soziometrische «Spitzenposition» erreicht hatten, wurden sie von den übrigen Gruppenmitgliedern oft genug durch Zustimmung u. ä. verstärkt, um ihre hohe Sprechfrequenz und damit ihre Position innerhalb der Gruppe beizubehalten.

Neuere Untersuchungen, in denen sowohl die Quantität als auch die Qualität der Diskussionsbeiträge einzelner Mitglieder variiert wurden, kamen zu dem nachdenklich stimmenden Ergebnis, daß die Menge der Diskussionsbeiträge weitaus wichtiger ist als deren Qualität (Regula und Julian, 1973; Sorrentino und Boutillier, 1975). Wer viel redet, gilt als kompetent und wird für fähig gehalten, eine Führungsposition zu erfüllen – *was* er redet, ist dabei ziemlich gleichgültig.

Intelligente Beiträge zu liefern, kann in Gruppensituationen anscheinend sogar Nachteile bringen. Sorrentino und Boutillier stellten fest, daß Personen, die zwar wenig sprachen, aber meistens zielführende Beiträge leisteten, hinsichtlich ihrer Führereignung am schlechtesten beurteilt wurden. Die besten Beurteilungen erhielten Personen, bei denen Quantität und Qualität der Beiträge hoch waren. Allerdings wurden Personen mit hoher Quantität aber geringer Qualität nur unwesentlich schlechter beurteilt.

Sorrentino und Boutillier schlagen eine attributionspsychologische Erklärung ihrer Daten vor: Aus der Quantität der verbalen Beiträge ziehen die Mitglieder Schlüsse auf die Motivation des Sprechers. Wer viel redet, bemüht sich und hat starkes Interesse an der Gruppe und ihren Zielen. Aus der Qualität der verbalen Beiträge schließt man auf die Fähigkeit des Sprechers. Für die Mitglieder der Gruppe scheint die Motivation eines (potentiellen) Führers wichtiger zu sein als dessen Fähigkeit. Die stärkste Ablehnung erfährt jemand, der zwar fähig, aber an der Gruppe nicht interessiert ist (hohe Qualität bei geringer Quantität).

Die enorme Bedeutung der Sprechhäufigkeit für die Erlangung einer Führungsposition wurde wiederholt nachgewiesen. In einer Metaanalyse, die auf den Daten von 25 Untersuchungen mit insgesamt 3611 Vpn in 830 Gruppen basiert, stellten Mullen, Salas und Driskell (1989) einen starken Zusammenhang zwischen Sprechhäufigkeit und Führungsposition fest. Die Ergebnisse können im Sinn der oben erwähnten Motivationshypothese von Sorrentino und Boutillier (1975) interpretiert werden. Nach Mullen, Salas und Driskell stimmen die Daten noch besser mit der Auffälligkeitshypothese überein (s. Abschnitt 5.235). Wer viel spricht, ist auffällig und zieht die Aufmerksamkeit der anderen Gruppenmitglieder auf sich. Deshalb wird ihm besonders viel Einfluß auf das Gruppengeschehen zugeschrieben.

6.233 Die Wirksamkeit verschiedener Führungsstile

Es ist üblich, verschiedene *Führungsstile* zu unterscheiden. Seit Lewin und Lippitt (1938) werden drei Arten des Führungsverhaltens unterschieden: autoritäre, demokratische und laissez-faire-Führung. Ein autoritärer Führer trifft alle wichtigen Entscheidungen selbst und allein, er bestimmt, wer welche Tätigkeiten durchführt, verteilt Lob und Tadel nach eigenem Gutdünken usw. Bei demokratischer Führung werden alle wichtigen Fragen in der ganzen Gruppe diskutiert und die Gruppe trifft die Entscheidungen. Lob und Tadel werden nach möglichst sachlichen und objektiven Kriterien angewendet. Die laissez-faire-Führung kann kaum als Führung bezeichnet werden, denn sie besteht im wesentlichen darin, daß der Führer nie eingreift, es sei denn, er wird dazu aufgefordert oder um seine Meinung gefragt.

Frühe und umfangreiche Untersuchungen von Lewin und seinen Mitarbeitern Lippitt und White (z. B. Lippitt, 1940; Lippitt und White, 1943) hatten sich zum Ziel gesetzt, die Wirkungen verschiedener Führungsstile zu untersuchen. Diese und spätere Untersuchungen erbrachten keine einheitlichen Ergebnisse. Zwar zeigte sich meistens, daß das «Gruppenklima» bei demokratischer Führung besser ist als bei autoritärer (d. h., die durchschnittliche Zufriedenheit der Mitglieder ist größer), aber das ist keineswegs immer der Fall. Hinsichtlich der Gruppenleistung sind die Ergebnisse völlig inkonsistent. Viele Untersuchungen zeigten, daß demokratisch geführte Gruppen produktiver sind (z. B. BOVARD, 1952; MAIER, 1953; RYANS, 1961). In zahlreichen anderen Experimenten zeigte sich jedoch kein Leistungsunterschied oder sogar eine Überlegenheit der autoritären Führung (z. B. MAIER und MAIER, 1957; STOGDILL, 1965).

Generelle Aussagen über die Qualität eines Führungsstils sind also nicht möglich. Auch in diesem Zusammenhang ist ein interaktionistischer Denkansatz vorzuziehen. Ob ein Führungsstil effizient ist, Zufriedenheit oder Unzufriedenheit verursacht usw., hängt von zahlreichen situativen Faktoren wie Gruppenstruktur, Zielsetzung und anderen ab.

Das *Kontingenzmodell* von FIEDLER (1964, 1965, 1978) ist eine Theorie der Effizienz von Führungsstilen, die Situationsvariablen berücksichtigt. FIEDLER unterscheidet zunächst Bedingungen, die für den Führer günstig oder ungünstig sind. Hier sind vor allem drei Variablen maßgebend: Die Sympathiebeziehungen zwischen Führer und Gruppenmitgliedern (meßbar z. B. als soziometrischer Wahlstatus des Führers), das Ausmaß der Macht des Führers und der Strukturiertheitsgrad der Aufgabe. Dabei betrachtet FIEDLER die erste Variable (Beliebtheit des Führers) als die bei weitem wichtigste, gefolgt von Strukturiertheit der Aufgabe und Macht des Führers.

Die optimale Situation für den Führer liegt dann vor, wenn er beliebt und mächtig ist, und außerdem eine klar strukturierte Aufgabe vorliegt. Der ungünstigste Fall besteht darin, daß der Führer unbeliebt und schwach ist, und daß die Gruppe ein undifferenziertes, unklares Problem bearbeitet. Im günstigen Fall hat der Führer *Kontrolle* über die Situation, im ungünstigen Fall kann er die Situation nicht oder kaum kontrollieren. Unterscheidet man an jeder der drei Situationsvariablen nur zwei Ausprägungen (z. B. beliebt – nicht beliebt) und keine feineren Abstufungen, so erhält man durch Kombination 8 mögliche Gruppensituationen. Ihre hypothetische Rangreihe hinsichtlich ihrer Vorteilhaftigkeit für den Führer (nach FIEDLER) ist in Tabelle 81 dargestellt.

Die zentrale Hypothese in FIEDLERS Modell besagt, daß unter extrem günstigen bzw. extrem ungünstigen Bedingungen ein autoritärer Führungsstil effizient ist, während unter mittleren Bedingungen ein demokratischer Führungsstil eine höhere Gruppenleistung erbringt. Diese Hypothese wird u. a. folgendermaßen begründet: Unter sehr günstigen Umständen sind die Gruppenmitglieder noch am ehesten bereit, einen autoritären Führer zu akzeptieren. Unter sehr ungünstigen Umständen erreicht ein autoritärer Führer mehr als ein demokratischer, weil er die Gruppe «zusammenhält». Unter mittelmäßigen Bedingungen hat ein demokratischer Führer die Möglichkeit, auftretende Spannungen zu reduzieren; ein autoritärer Führer würde eher Spannungen, Ängste und Unzufriedenheit vermehren, was der Gruppenleistung abträglich ist. Anders formuliert: Unter günstigen Umständen darf der Führer autoritär sein, unter ungünstigen Umständen muß er autoritär sein. Bei mittelmäßigen Bedingungen wird eher ein demokratischer Führer sein Ziel erreichen.

Tabelle 81

	günstig I	II	III	IV	V	VI	VII	ungünstig VIII
Sympathiebeziehungen	beliebt	beliebt	beliebt	beliebt	nicht beliebt	nicht beliebt	nicht beliebt	nicht beliebt
Strukturiertheitsgrad der Aufgabe	st.	st.	nicht st.	nicht st.	st.	st.	nicht st.	nicht st.
Macht des Führers	stark	schwach	stark	schwach	stark	schwach	stark	schwach

FIEDLER verwendet nicht die Begriffe autoritär und demokratisch. Er klassifiziert Führer nach deren LPC-Werten. Dieser Kennwert wird gewonnen, indem der Führer jene Person auf mehreren wertenden Skalen (angenehm – unangenehm, freundlich – unfreundlich usw.) einstufen muß, mit der die Zusammenarbeit am schwierigsten war (least preferred coworker = LPC).

Manche Vpn urteilen sehr negativ über den am wenigsten geschätzten Mitarbeiter (niedriger LPC-Wert). Solche Personen sind (wie sich in mehreren Untersuchungen gezeigt hat) aufgaben- und leistungsorientiert. Wer die Vollendung einer Aufgabe behindert, wird von ihnen negativ beurteilt – seine persönlichen Qualitäten beeinflussen das Urteil nicht. Personen mit niedrigem LPC-Wert neigen zu einem direktiven und aufgabenorientierten Führungsverhalten. Für persönliche Beziehungen und Probleme zeigen sie wenig Interesse.

Andere Vpn beurteilen auch den am wenigsten geschätzten Mitarbeiter relativ positiv (hoher LPC-Wert). Diese sind sozial-emotional orientiert. Persönliche Qualitäten und das «Gruppenklima» sind ihnen oft wichtiger als die Leistung: Auch wenn jemand kein guter Mitarbeiter ist, kann er ein wertvoller Mensch sein. Der LPC-Wert ist nach FIEDLER in erster Linie Ausdruck der Motivations- oder Einstellungshierarchie einer Person. Bei hohem LPC ist der Führer mehr beziehungs- als aufgabenorientiert, bei niedrigem LPC ist es umgekehrt. Der LPC-Wert ist Ausdruck der mehr oder weniger aufgabenorientierten Einstellungen des Führers, erlaubt aber nicht unbedingt Voraussagen des Führungsverhaltens.

Die zentrale Hypothese, daß unter extrem günstigen und extrem ungünstigen Bedingungen ein aufgabenorientierter Führer (mit niedrigem LPC-Wert) effizient ist, während unter mittleren Bedingungen ein beziehungsorientierter Führer (mit hohem LPC-Wert) bessere Gruppenleistungen erzielt, wurde durch die Analyse eines außerordentlich umfangreichen Datenmaterials (von mehr als 800 Gruppen) bestätigt (FIEDLER, 1964). In Situationen vom Typ IV und V erbrachten die Gruppen mit demokratischer Führung höhere Leistungen.

Allerdings konnte die von FIEDLER postulierte Relation zwischen der Effizienz von Führungsstilen und der Vorteilhaftigkeit der Gruppensituation für den Führer nicht immer nachgewiesen werden. So stellten SHAW und BLUM (1966) nur unter extrem günstigen, nicht aber unter ungünstigen Gruppenbedingungen eine größere Effizienz des autoritären Führungsstils fest. Die Ergebnisse einer neueren Untersuchung von CHEMERS und SKRZYPEK (1972) stimmen allerdings vollständig mit FIEDLERS Theorie überein.

Später hat FIEDLER (1986) sein Kontingenzmodell durch Annahmen über die Wirkung von Intelligenz und Wissen des Führers ergänzt. FIEDLER nimmt an, daß sich Intelligenz, sowie aufgabenrelevante Fähigkeiten und aufgabenrelevantes Wissen positiv auf den Erfolg des Führers auswirken können. Das ist aber nur dann der Fall, wenn (1) sich der Führer direktiv verhält, (2) das Wissen und die Fähigkeiten des Führers für die Aufgabe der Gruppe relevant sind, und (3) der Führer von der Gruppe unterstützt wird. In anderen Fällen (z. B. bei nichtdirektiven Führern) wurde kein Zusammenhang und mitunter sogar eine negative Korrelation zwischen Führerintelligenz und Gruppenleistung festgestellt.

Wie in der alten, persönlichkeitszentrierten Führungsforschung wird hier wieder ein Persönlichkeitsmerkmal mit der Qualität eines Führers in Zusammenhang gebracht. Im Gegensatz zur älteren Führungsforschung behauptet FIEDLER aber nicht, daß Intelligenz generell mit Führungsqualitäten korreliert, sondern nur, daß Intelligenz für den Führer unter bestimmten Bedingungen nützlich ist. Auch andere neuere Untersuchungen zur Gruppenführung machen wieder von Persönlichkeitsmerkmalen Gebrauch. So zeigten SORRENTINO und FIELD (1986), daß Personen mit hoher Leistungsmotivation und einem hohen Geselligkeitsbedürfnis besonders viel sprechen, und bevorzugt Führungspositionen erhalten.

Das Kontingenzmodell von FIEDLER ist nach wie vor die bekannteste und einflußreichste Führungstheorie. Viel Beachtung fanden aber auch Weg-Ziel-Theorien der Führung (EVANS, 1970; HOUSE, 1971). Diese Modelle gehen davon aus, daß der Führer sowohl das (Arbeits)ziel als auch das zielführende Verhalten (den Weg zum Ziel) der Untergebenen beeinflußt. Im Gegensatz zum Kontingenzmodell von FIEDLER steht bei den Weg-Ziel-Modellen nicht die Führungseffizienz

im Mittelpunkt des Interesses, sondern die Arbeitsmotivation und die Zufriedenheit der Untergebenen.
Die Arbeitsmotivation hängt von folgenden Faktoren ab: Vom intrinischen Wert des Weges (des zielführenden Verhaltens), vom extrinischen Wert des Weges (also von Belohnungen des Verhaltens), vom intrinsischen Wert des Ziels, und vom extrinsischen Wert des Ziels. Extrinsischer und intrinsischer Zielwert haben dabei um so mehr Gewicht, je größer die subjektive Wahrscheinlichkeit ist, mit dem gewählten Weg das Ziel zu erreichen.
Das Weg-Ziel-Modell ist also ein Spezialfall kognitiver Lern- und Motivationstheorien (genauer: ein Spezialfall der Erwartung-mal-Wert-Theorien, vgl. etwa die Theorie von ROTTER, 1954, in Abschnitt 2.42). Der Führer kann prinzipiell jede einzelne der genannten fünf Komponenten positiv oder negativ beeinflussen. Er kann z. B. durch bessere Bezahlung den extrinsischen Wert des Weges erhöhen. Durch geeignete Arten von Lob (vgl. Abschnitt 5.434) kann er auch den intrinsischen Wert des Weges vergrößern. Durch sachkundige Informationen kann er die subjektive Wahrscheinlichkeit der Zielerreichung erhöhen, usw.
Welcher Führungsstil die stärkste Motivation und die größte Zufriedenheit bewirkt, hängt von Situationsfaktoren (z. B. Aufgabentyp, Gruppenklima) und von Persönlichkeitsmerkmalen der Untergebenen ab (HOUSE und DESSLER, 1974). Es werden direktive, partizipative, unterstützende und leistungsorientierte Führungsstile unterschieden. Extern kontrollierte Personen bevorzugen einen direktiven, intern kontrollierte einen partizipativen Führungsstil. Bei unstrukturierten Aufgaben ist ein direktiver Führungsstil günstiger, bei gut strukturierten Aufgaben ein partizipativer. Personen mit (subjektiv) hohen aufgabenrelevanten Fähigkeiten schätzen direktive Führung weniger als Personen mit geringeren Fähigkeiten.
Ein verwandtes Modell von VROOM und YETTON (1973) beschreibt verschiedene Entscheidungsstile, und die jeweiligen günstigen bzw. ungünstigen Bedingungen. Das Modell der vertikalen Dyadenbeziehungen (vertical dyad linkage model) berücksichtigt, daß sich Führer nicht zu allen Gruppenmitgliedern in gleicher Weise verhalten, sondern bei verschiedenen Mitgliedern unterschiedliche Führungsstile verwenden (GRAEN und SCHIEMANN, 1978).

6.3 Gruppenprozesse

6.31 Konformität und soziale Vergleichsprozesse

6.311 FESTINGERS *Theorie der sozialen Vergleichsprozesse*

In jeder Gruppe besteht ein gewisses Ausmaß an Konformität, d. h. die Verhaltensweisen, Einstellungen und Meinungen der Mitglieder stimmen weitgehend oder teilweise überein. Ein gewisses Maß an Konformität ist für das Funktionieren zielgerichteter Gruppenaktivitäten und für das Weiterbestehen der Gruppe notwendig. Wäre keinerlei Konformität vorhanden – hätten beispielsweise alle Mitglieder voneinander abweichende Einstellungen und Meinungen –, dann würde diese deutliche Unähnlichkeit der Personen keine starken gegenseitigen Sympathien aufkommen lassen (vgl. Abschnitt 5.312) und damit zum Zerfall der Gruppe beitragen. Ferner würden ständige Meinungsverschiedenheiten zielgerichtete Interaktionssequenzen stark beeinträchtigen.
Konformität kann durch verschiedene Ursachen entstehen. Wie im Abschnitt 6.1 (besonders in Abschnitt 6.12 über soziale Tauschprozesse) detailliert gezeigt wurde, sind insbesondere Prozesse der wechselseitigen Verstärkung und Bestrafung dafür maßgebend, welche Interaktionsmuster entstehen, ob es überhaupt zu stabilen, «eingespielten» interpersonellen Verhaltensweisen kommt usw. Da konformes Verhalten als imitatives Verhalten angesehen werden kann, sind hier auch alle Faktoren relevant, die in Abschnitt 2.4 behandelt wurden (direkte und/ oder stellvertretende Verstärkung imitativer bzw. konformer Verhaltensweisen, Bestrafung oder Extinktion abweichenden Verhaltens, Eigenschaften der Modellperson, insbesondere Macht und Beliebtheit, usw.).
Es gibt jedoch viele Fälle, in denen Konformität ohne erkennbare äußere Verstärker oder Strafreize entsteht. Ferner gibt es häufig Situationen, Probleme und Fragestellungen, die für alle Mitglieder einer Gruppe neuartig und unbekannt sind. In solchen Fällen kann Konformität nicht

durch Verstärkung imitativen Verhaltens entstehen, sondern die Gruppe muß erst eine einheitliche Meinung «erarbeiten» bzw. Verhaltensnormen festlegen. Prozesse dieser Art sind Gegenstand von FESTINGERS Theorie der sozialen Vergleichsprozesse (FESTINGER, 1950, 1954). Die Theorie postuliert ein Bedürfnis des Menschen, seine Meinungen zu überprüfen. Die Annahme eines solchen Bedürfnisses kann lernpsychologisch begründet werden. Solange eine Meinung nicht (wenigstens subjektiv) bewiesen oder widerlegt ist, besteht Ungewißheit. Aus dieser Meinungsunsicherheit entsteht aber auch Verhaltensunsicherheit – man weiß nicht, «wonach man sich richten soll». Wenn hinsichtlich eines Objekts keine klare Meinung vorhanden ist, sind diesem Objekt gegenüber verschiedene Verhaltensalternativen möglich (man weiß ja nicht, welches Verhalten optimal oder adäquat wäre). Damit ist ein aversiver Zustand, nämlich ein intraindividueller Konflikt, gegeben. Andererseits kann aufgrund einer klaren Meinung schnell und ohne Unsicherheit gehandelt werden.

Alle möglichen Meinungen lassen sich nach FESTINGER auf einem hypothetischen Kontinuum ordnen. Am einen Ende des Kontinuums stehen Meinungen über die «physische Realität». Solche Meinungen (z. B. daß Zitronen sauer schmecken oder daß Blei schwerer als Eisen ist) kann man – wenigstens prinzipiell – selbst überprüfen. Am anderen Ende des Kontinuums stehen Meinungen aus dem Bereich der «sozialen Realität». Darunter sind solche Meinungen zu verstehen, die prinzipiell nicht auf rational-empirischem Weg verifizierbar oder falsifizierbar sind: moralische, religiöse, metaphysische Fragen, größtenteils auch Meinungen und Einstellungen hinsichtlich sozialer Normen, sowie Meinungen über die eigenen Fähigkeiten (letztere sind zwar empirisch prüfbar, aber nur durch Vergleich mit anderen Personen).

Gerade der Bereich der sozialen Realität ist aber von großer persönlicher Bedeutung. Um hier zu klaren, «bewiesenen» Ansichten zu gelangen, setzen *soziale Vergleichsprozesse* ein. Man vergleicht sich hinsichtlich der fraglichen Punkte mit anderen Personen. Zu diesen Vergleichen werden nicht beliebige Personen herangezogen, sondern nur geeignete *Bezugspersonen* oder *Bezugsgruppen*. Das sind Personen, die einem selbst hinsichtlich wichtiger Merkmale ähnlich sind (soziale Herkunft, Einstellungen, Fähigkeiten, evtl. auch Alter). – Allerdings wird durch neuere Arbeiten (etwa von GOETHALS und NELSON, 1973) in Frage gestellt, daß die Vergleichspersonen *immer* ähnliche Personen sein müssen. Auf diesen Punkt wird im nächsten Abschnitt eingegangen.

Das Ergebnis eines sozialen Vergleichsprozesses entspricht einer der drei folgenden Möglichkeiten. Erstens: Im günstigsten Fall besteht Einigkeit innerhalb der Bezugsgruppe (bzw. zwischen den Bezugspersonen) und zwischen der Bezugsgruppe und der Person, die sich mit anderen vergleicht. In diesem Fall wird die fragliche Meinung von ihr als gesichert akzeptiert.

Zweitens: Es herrscht Übereinstimmung innerhalb der Bezugsgruppe, aber Diskrepanz zwischen dieser und der vergleichenden Person. Hier kommt es zu einer Angleichung der eigenen Meinung an die der Bezugsgruppe oder wenigstens zu einer teilweisen Änderung der eigenen Meinung, so daß sie dem von der Bezugsgruppe vertretenen Standpunkt näher kommt. Diese Hypothese läßt sich u. a. konsistenztheoretisch begründen. Eine Meinungsdivergenz zwischen ähnlichen und/oder wechselseitig positiv bewerteten Personen bedeutet einen unbalancierten Zustand. Balance kann durch Meinungsangleichung hergestellt werden.

Drittens: Es besteht Uneinigkeit innerhalb der Bezugsgruppe. Betrifft die Meinungsdivergenz ein für die Gruppe wichtiges Problem, so werden Prozesse einsetzen, die zur Bildung einer einheitlichen, von der ganzen Gruppe akzeptierten Meinung führen sollen. In vielen Fällen wird die Kommunikationshäufigkeit ansteigen – es wird diskutiert. Die Implikationen von FESTINGERS Theorie für das Kommunikationsverhalten in Gruppen werden später referiert (Abschnitt 6.316).

Ein besonders klares und eindrucksvolles Beispiel für das Zustandekommen von Konformität durch soziale Vergleichsprozesse ist das Experiment von SHERIF (1935). Das von SHERIF in seinem Experiment verwendete autokinetische Phänomen besteht darin, daß ein in einem völlig dunklen Raum kurzzeitig dargebotener Lichtpunkt sich zu bewegen scheint, obwohl er sich in Wahrheit nicht bewegt. Diese Täuschung kommt dadurch zustande, daß die Augen ständig

schnell aufeinanderfolgende, ruckartige Bewegungen vollziehen, wodurch der Lichtpunkt wechselnde Netzhautstellen reizt.
Die Vpn sollten schätzen, wie weit sich der Punkt bewegt. Für die Vpn handelte es sich dabei um Meinungen, die in den Bereich der sogenannten sozialen Realität fallen. Da die Vpn im völlig abgedunkelten Versuchsraum keinerlei Bezugspunkte hatten, war es unmöglich, die Richtigkeit der eigenen Schätzung zu überprüfen.
Im Einzelversuch gaben die Vpn sehr divergente Urteile über das Bewegungsausmaß beim autokinetischen Phänomen ab. Die Schätzungen reichten von wenigen Zentimetern bis zu einem Viertelmeter. Anschließend mußten die Vpn in Gruppen zu zwei oder drei Personen ihre Urteile laut abgeben, so daß jede Vp über die Schätzungen der anderen Gruppenmitglieder Bescheid wußte. Die Gruppensitzungen wurden mehrmals wiederholt und dabei zeigte sich eine deutliche Konvergenz der Urteile. Die Vpn jeder Gruppe «einigten sich» auf eine von allen Mitgliedern akzeptierte Schätzung der Bewegung. Eine konforme Meinung hatte sich gebildet. Wurden die Vpn nachher wieder im Einzelversuch über das vermeintliche Bewegungsausmaß gefragt, so behielten sie das in der Gruppe gebildete Urteil bei. Abbildung 170 zeigt einen typischen Reaktionsverlauf fur eine Dreipersonengruppe. Spätere Untersuchungen zeigten, daß die in der Gruppe gebildete Meinung vom Einzelnen lange Zeit beibehalten wird (bei BOVARD [1948] mindestens 28 Tage; bei ROHRER, BARON, HOFFMAN und SWANDER [1954] ein Jahr).
Das Verhalten der Vpn im SHERIF-Experiment entspricht genau der Theorie von FESTINGER. Zunächst sind die Vpn mit einer Situation konfrontiert, in der zwar eine Meinungsbildung notwendig ist, die es aber nicht erlaubt, die eigene Meinung zu überprüfen. Dann setzen soziale Vergleichsprozesse ein, die (in den meisten Gruppen) ergeben, daß weitgehend divergierende Meinungen bestehen. Das wird offensichtlich als aversiv erlebt und die Meinungen der Vpn beginnen zu konvergieren, bis schließlich Konformität erreicht ist. Die solchermaßen gebildete Meinung wird als «richtig» angesehen und – auch außerhalb der Gruppensituation – beibehalten. Zeigen die sozialen Vergleichsprozesse (wie in manchen Gruppen des SHERIF-

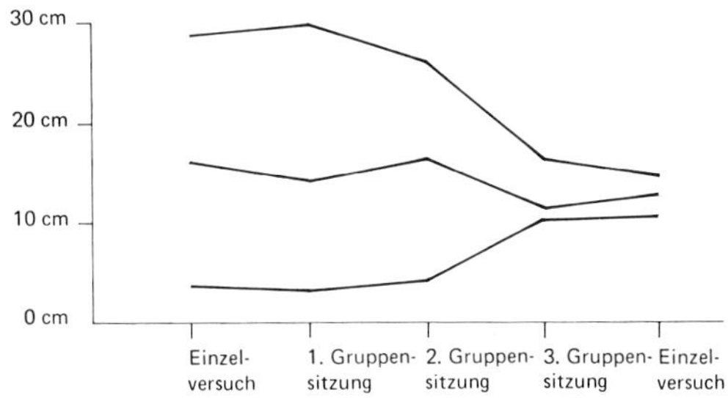

Abbildung 170

Experiments), daß die Schätzungen der Vpn übereinstimmen, dann betrachtet jede Vp ihre Meinung als «validiert» und ändert sie im Lauf des Experiments nicht.
FESTINGER beschränkte den Geltungsbereich seiner Theorie auf Meinungen und Fähigkeiten (später wurde er durch SCHACHTER, 1959, auch auf Gefühle ausgedehnt, s. Abschnitt 6.315). Man überprüft die Gültigkeit seiner Meinungen und das Ausmaß seiner Fähigkeiten durch soziale Vergleiche. Zwischen Meinungs- und Fähigkeitsvergleichen bestehen sowohl Parallelen als auch Unterschiede. Die Vergleichsprozesse sind in beiden Fällen ähnlich, aber ihre Folgen sind unterschiedlich. Bei Meinungen können Vergleichsprozesse eine stabile Gruppennorm bewirken (wie etwa im SHERIF-Experiment).
Bei Fähigkeiten ist das nicht unbedingt der Fall, denn es gibt zwar keine besseren oder schlechteren Meinungen, aber es gibt größere und geringere Fähigkeiten. Da die meisten Personen (zumindest ein wenig) besser als der Durchschnitt sein wollen, würden die sozialen Vergleiche der Fähigkeiten einen ständigen Wettbewerb bewirken, wenn das nicht durch andere Faktoren verhindert oder eingeschränkt wird.
Der entscheidende Faktor ist hier das Motiv nach Selbstwerterhaltung. Vergleiche mit Personen, die über höhere Fähigkeiten verfügen, bedrohen den Selbstwert, und werden daher häufig vermieden. Bei Fähigkeiten gibt es eine gewisse Vorliebe für Vergleiche «nach unten» (downward comparison, s. HAKMILLER, 1966; WILLS, 1981). Diese Tendenz zum Vergleich nach unten gibt es aber nicht nur bei Fähigkeiten, sondern bei allen Selbstaspekten, die den Selbstwert und das Wohlbefinden beeinflussen können (z. B. Geld, Gesundheit). Man kann passive und aktive

Vergleiche nach unten unterscheiden. Ein passiver Vergleich nach unten liegt vor, wenn man sich mit Personen vergleicht bzw. an Personen erinnert, die eine schlechtere Position haben als man selbst. Bei aktiven Vergleichen nach unten werden andere Personen abgewertet oder sogar behindert, so daß bei ihnen eine objektive Verschlechterung eintritt.

Ähnliche, aber differenziertere Aussagen macht die Selbstwerterhaltungstheorie (SEM-Theorie) von TESSER (1986, 1988, s. Abschnitte 5.464 und 6.135). Nach TESSER ist der Vergleich mit einer überlegenen Person nur dann selbstwertbedrohend, wenn die andere Person auf einer zentralen Selbstdimension überlegen ist, und wenn gleichzeitig große psychologische Nähe zur Vergleichsperson vorhanden ist. In solchen Fällen kann der soziale Vergleichsprozeß verschiedene Wirkungen haben: Man kann die eigene Position objektiv verbessern (Wettbewerb), man kann die Vergleichsperson behindern, man kann die psychologische Distanz zu ihr vergrößern (und damit Vergleichsprozesse vermeiden), man kann das Selbstbild neu definieren (und der bisher zentralen Vergleichsdimension eine periphere Stelle zuweisen), usw.

6.312 Weitere Erklärungsprinzipien

Aus lerntheoretischer Sicht ist zu erwarten, daß jemand um so eher eine Meinung ändern wird (um so eher zu Konformität bereit ist), je seltener er für die Äußerung dieser Meinung verstärkt und/oder je öfter er dafür bestraft wurde. Andererseits kann man annehmen, daß jemand, der häufig für die Kundgabe seiner Meinung verstärkt wurde, diese kaum ändern wird.

MAUSNER (1954) zeigte experimentell die Richtigkeit dieser Hypothesen. In einer modifizierten Form des SHERIF-Experiments mußten die Vpn zunächst im Einzelversuch das vermeintliche Bewegungsausmaß des Lichtpunktes schätzen (und zwar 200mal). Eine Hälfte der Vpn wurde in 82 Prozent der Durchgänge verstärkt (indem der Vl «richtig» sagte), die anderen Vpn wurden in 82 Prozent der Durchgänge bestraft (indem der Vl «falsch» sagte).

Anschließend folgten 200 weitere Durchgänge in Zweiergruppen ohne Verstärkung bzw. Bestrafung durch den Vl. Es wurden immer solche Vpn zu einer Dyade zusammengefaßt, deren durchschnittliche Urteile im Einzelversuch sehr unterschiedlich waren. Drei Arten von Dyaden wurden gebildet: Beide Vpn waren im Einzelversuch verstärkt worden; eine Vp war verstärkt und die andere bestraft worden; beide waren bestraft worden.

Typische Ergebnisse zeigt Abbildung 171. Konformität wurde nur dann erzielt, wenn wenigstens eine Vp der Dyade nicht verstärkt worden war. Waren beide Vpn nicht verstärkt worden, dann einigten sie sich auf eine Meinung, die in der Mitte zwischen ihren ursprünglichen Meinungen lag. Nur in diesem Fall entsprachen die Ergebnisse denen von SHERIF. War nur eine Vp verstärkt worden und die andere nicht, kam es zwar ebenfalls zu Konformität, aber auf andere Weise. Die verstärkte Vp beharrte auf ihrem Urteil und die nicht verstärkte Vp «gab nach» und paßte ihr Urteil vollständig oder weitgehend dem der zweiten Vp an. Dyaden, deren Mitglieder beide im Einzelversuch verstärkt wurden, erreichten keine konforme Meinung.

Die Wirksamkeit des Balanceprinzips in Konformitätssituationen wurde von SAMPSON und INSKO (1964) nachgewiesen. Nach konsistenztheoretischer Ansicht ist Meinungsdivergenz bzw. Einstellungsdivergenz zwischen zwei Personen A und B nur dann unangenehm (unbalanciert), wenn Sympathie zwischen A und B besteht (vgl. Abschnitt 5.312). Bei Abneigung zwischen A und B wird eine Urteilsdifferenz keineswegs als inkonsistent und unangenehm erlebt. In diesem Fall würde Übereinstimmung zwischen A und B eine inkonsistente Situation darstellen und könnte – um die Balance wiederherzustellen – zur Herstellung einer Urteilsdifferenz führen.

SAMPSON und INSKO verwendeten ebenfalls das autokinetische Phänomen. Die Vpn mußten in Dyaden die Bewegungsweite beurteilen. Jede Dyade bestand aber nur aus einer «echten» Vp. Die andere «Vp» war ein Mitarbeiter des Vl. Bei einer Hälfte der Vpn benahm sich der Mitarbeiter (vor dem Hauptteil des Versuchs) außerordentlich freundlich und zustimmend, bei den anderen Vpn verhielt er sich abweisend und beleidigend. Eine Einstellungsmessung zeigte, daß diese Vorgangsweise wirksam war, so daß der Mitarbeiter im ersten Fall von den Vpn positiv bewertet wurde und den anderen Vpn unsympathisch war. Jede dieser Versuchsbedingungen (sympathischer bzw. unsympathischer Mitarbeiter) wurde

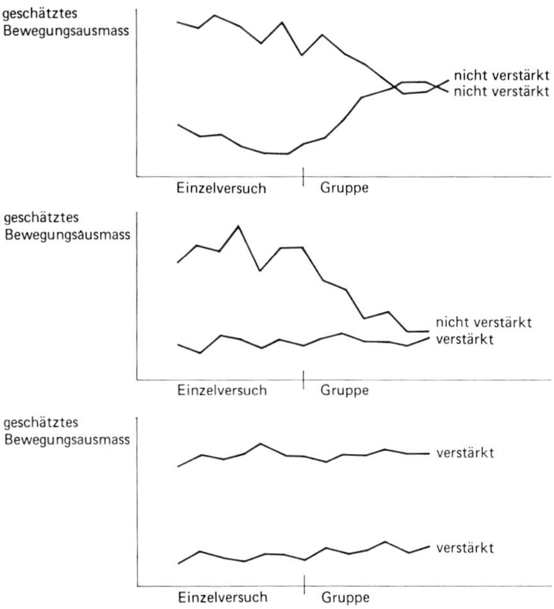

Abbildung 171

weiterhin unterteilt: Der Mitarbeiter urteilte entweder sehr ähnlich wie die echte Vp oder sehr verschiedenartig. Insgesamt wurden also vier Versuchsbedingungen verwendet:

(1) sympathischer Mitarbeiter, ähnliche Urteile (balanciert),
(2) sympathischer Mitarbeiter, abweichende Urteile (unbalanciert),
(3) unsympathischer Mitarbeiter, ähnliche Urteile (unbalanciert),
(4) unsympathischer Mitarbeiter, abweichende Urteile (balanciert).

Der Mitarbeiter beharrte immer auf seinen Urteilen, so daß eventuelle Meinungsänderungen nur seitens der echten Vp möglich waren. Die Voraussage der HEIDERschen Theorie lautet, daß balancierte Situationen stabil und unbalancierte instabil sind. Auf das Experiment von SAMPSON und INSKO bezogen lautet die Voraussage: In den Versuchsbedingungen (1) und (4) sind keine Urteilsänderungen zu erwarten. In den unbalancierten Bedingungen (2) und (3) dagegen ist mit Urteilsänderungen zu rechnen, und zwar in Bedingung (2) – sympathischer Mitarbeiter – mit einer Angleichung der zunächst divergierenden Urteile und in Bedingung (3) – unsympathischer Mitarbeiter – mit einer Vergrößerung der Urteilsdifferenzen. Anders formuliert behauptet die Balancetheorie, daß nur solche Personen, die einander positiv bewerten, Konformität erreichen bzw. bereits vorhandene Konformität beibehalten; Personen, die einander negativ bewerten, erzielen keine Konformität bzw. tendieren dazu, bereits vorhandene Konformität zu verringern. Die Ergebnisse von SAMPSON und INSKO bestätigen diese Hypothesen[5].

Abschließend sei noch auf die Untersuchung von GOETHALS und NELSON (1973) verwiesen, die Zweifel an dem Postulat FESTINGERS aufkommen läßt, daß *ausschließlich* ähnliche Personen für soziale Vergleichsprozesse in Frage kommen und daß die Gewißheit hinsichtlich der eigenen Meinung nur durch Übereinstimmung mit *ähnlichen* Personen bestärkt wird. Die Ergebnisse von GOETHALS und NELSON zeigten folgendes: Bei Einstellungen (Bewertungen) vergrößert Übereinstimmung mit ähnlichen Personen eher das Vertrauen in die «Richtigkeit» der Einstellung

[5] Die genannten Hypothesen sind aus HEIDERS Balancetheorie abgeleitet. NEWCOMBS modifizierte Version der Balancetheorie (siehe Abschnitt 5.312) gestattet nicht die Ableitung der Hypothesen über einander unsympathische Personen. Nach NEWCOMB ist es völlig belanglos, ob zwischen solchen Übereinstimmung besteht oder nicht. Die Daten des SAMPSON und INSKO-Experiments sprechen für HEIDERS und gegen NEWCOMBS Version der Balancetheorie.

als Übereinstimmung mit unähnlichen Personen. Bei nicht wertbezogenen Meinungen dagegen ist es umgekehrt. Eine Erklärung dieses Ergebnisses könnte darin gesehen werden, daß die Meinungen unähnlicher Personen als objektiver angesehen werden als diejenigen ähnlicher Menschen. Daher sind sie glaubwürdiger und (subjektiv) beweiskräftiger.

Die Hypothesen von GOETHALS und NELSON beruhen auf attributionstheoretischen Überlegungen. Eine Person, die soziale Vergleichsprozesse anstrebt, will wissen, ob ihr Urteil richtig ist oder nicht. Hier spielen zwei Variablen eine wesentliche Rolle: der Grad der Übereinstimmung mit den Vergleichspersonen, und in welchem Ausmaß die vergleichende Person (in wichtigen Merkmalen) den Vergleichspersonen ähnlich ist. Wenn man mit ähnlichen Personen übereinstimmt, muß das keine Bestätigung für die Richtigkeit des eigenen Urteils sein. Ähnliche Personen können die gleichen urteilsverzerrenden Tendenzen haben wie man selbst. Es ist also trotz Übereinstimmung eine Personenattribution des Urteils möglich. Ferner ist Meinungsverschiedenheit mit unähnlichen Personen keine eindeutige Widerlegung des eigenen Urteils. Unterschiedliche urteilsverzerrende Tendenzen können die Ursache der Meinungsdivergenz sein.

Informativer ist Meinungsverschiedenheit mit ähnlichen Personen bzw. Übereinstimmung mit unähnlichen Vergleichspersonen (vgl. GOETHALS und DARLEY, 1977). Nichtübereinstimmung mit ähnlichen Personen kann man kaum auf gemeinsame Fehlertendenzen zurückführen. Daher müßten in diesem Fall Zweifel an der Richtigkeit des eigenen Urteils entstehen. Wenn man dagegen mit unähnlichen Personen übereinstimmt, ist die Übereinstimmung wahrscheinlich nicht durch gemeinsame Fehlertendenzen entstanden. In diesem Fall ist eine Stimulusattribution des Urteils gerechtfertigt: Das übereinstimmende Urteil unähnlicher Personen wurde durch Eigenschaften des beurteilten Objekts verursacht. Daher sollte Übereinstimmung mit unähnlichen Vergleichspersonen eine besonders überzeugende Bestätigung der eigenen Meinung sein. Diese attributionstheoretischen Überlegungen stimmen mit Ergebnissen von FAZIO (1979) überein.

6.313 Konflikt zwischen physischer und sozialer Realität

Die in den letzten Abschnitten referierten Experimente bezogen sich auf das Entstehen von Konformität in äußerst unklaren Situationen bzw. hinsichtlich objektiv nicht prüfbarer Fragen. In solchen Fällen ist Übereinstimmung mit ähnlichen und positiv bewerteten Personen angenehm. Der einhelligen Meinung einer positiv eingeschätzten Gruppe paßt man sich dann gerne an.

Sehr unangenehm ist es jedoch, wenn die eigene Meinung über einen *prüfbaren* Sachverhalt nicht mit dem Standpunkt anderer Personen übereinstimmt. Das ist besonders dann der Fall, wenn *mehrere positiv bewertete* Personen *übereinstimmend* eine Meinung vertreten, die von der eigenen verschieden ist. Solche Situationen kann man als einen Konflikt zwischen physischer und sozialer Realität bezeichnen. Auf der einen Seite steht die eigene, mehr oder weniger wohlbegründete Meinung über ein objektiv entscheidbares Problem (physische Realität); dem steht auf der anderen Seite die abweichende, aber einhellige Meinung einer Gruppe gegenüber (soziale Realität).

Hier liegt ein äußerst unangenehmer Konflikt vor. Soll man seinen Sinnen und seiner Vernunft trauen und auf der eigenen Meinung beharren oder soll man nachgeben und sich der Majorität anschließen (da es doch unwahrscheinlich erscheinen mag, daß sich zahlreiche Personen in gleicher Weise irren)?

Den eben skizzierten Problemkreis hat erstmals ASCH (1951, 1956) experimentell untersucht. Die Vpn nahmen scheinbar an einem Wahrnehmungsexperiment teil. In 18 Versuchsdurchgängen mußte die Vp jeweils eine Linie («Standardreiz») mit drei anderen Linien («Vergleichsreize») vergleichen und feststellen, welche der drei Vergleichslinien dieselbe Länge hat wie die einzelne Linie (siehe Abbildung 172). Die Längen der Vergleichslinien waren so ausgewählt worden, daß jede normalsichtige Vp praktisch immer richtig urteilen konnte.

Die Vpn nahmen in Gruppen von acht Personen an den Versuchen teil. Eine Vp nach der anderen gab ihr Urteil laut ab. Unter den anwesenden Personen war jedoch nur eine «echte» Vp; die anderen waren Mitarbeiter des Vl. Aufgrund der Sitzanordnung urteilte die echte Vp immer als

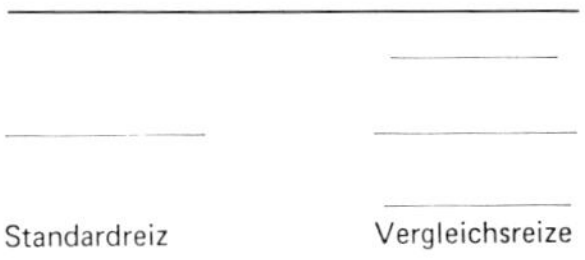

Abbildung 172

Tabelle 82

Anzahl der Vpn, die die nebenstehende Zahl von Fehlurteilen abgaben

Zahl der Fehler pro Vp	Versuchsgruppe (N = 50)	Kontrollgruppe (N = 37)
0	13	35
1	4	1
2	5	1
3	6	0
4	3	0
5	4	0
6	1	0
7	2	0
8	5	0
9	3	0
10	3	0
11	1	0
12	0	0
	Mittelwert: 3,84 Fehlurteile pro Vp	Mittelwert: 0,08 Fehlurteile pro Vp

letzte. Die Mitarbeiter des Vl äußerten in 12 der 18 Durchgänge falsche Urteile, aber immer in völliger Übereinstimmung miteinander.

Für den Großteil der Vpn war dieses Experiment außerordentlich unangenehm. Nicht selten kam es zu heftigen Reaktionen der Vpn, und viele waren sehr erleichtert, nachdem sie am Ende des Experiments über dessen tatsächlichen Zweck aufgeklärt worden waren. Daraus geht hervor, daß selbst in einer so trivialen und persönlich bedeutungslosen Situation wie hier beim Vergleich von Linien die Konfrontation mit einer einhellig, aber abweichend urteilenden Gruppe äußerst unangenehm ist.

Das Hauptergebnis dieses Experiments war, daß in den kritischen Durchgängen (d. h. in den 12 Versuchsdurchgängen mit falschen Urteilen der Majorität) etwa ein Drittel aller Urteile der naiven Vpn falsch waren, und zwar entweder mit den Urteilen der Mitarbeiter des Vl übereinstimmten oder zumindest in der gleichen Richtung lagen. Wie Tabelle 82 zeigt, gab es bei diesem Experiment große interindividuelle Unterschiede. Während manche Vpn fast immer dem Majoritätsdruck nachgaben, taten dies immerhin 13 der insgesamt 50 Vpn nie. Bei den Vpn einer Kontrollbedingung, die die gleichen Aufgaben ohne soziale Beeinflussung ausführten, kam es insgesamt nur zu drei Fehlurteilen.

Die unterschiedlichen Reaktionstendenzen verschiedener Vpn im Asch-Experiment sind wohl größtenteils auf unterschiedliche Lernerfahrungen zurückzuführen. Jeder Mensch wird sowohl für richtiges Urteilen verstärkt (weil richtige Urteile erfolgreiches Handeln ermöglichen und – z. B. in der Schule – soziale Verstärker wie Zustimmung und Anerkennung bringen) als auch für das Akzeptieren der Meinungen anderer Personen (weil die Urteile anderer Menschen manchmal richtig sind und weil abweichende Standpunkte oft zu einer Bestrafung führen). In Abhängigkeit davon, ob in der Vergangenheit die korrekten eigenen Meinungen oder das Akzeptieren fremder (richtiger oder falscher) Meinungen häufiger und massiver verstärkt wurde, wird man sich im Asch-Experiment (und in ähnlichen Situationen) eher unbeeinflußbar oder nachgiebig verhalten. Ferner spielen Selbstbestrafung und Selbstverstärkung in diesem Zusammenhang eine Rolle. Wenn jemand eine positive Einstellung dazu hat, möglichst aufrichtig zu sein und die eigene Überzeugung unter allen Umständen zu vertreten, dann würde er wahrscheinlich mit Selbstbestrafung («Gewissensbissen») reagieren, wenn er einer Mehrheitsmeinung nachgibt.

Das Ausmaß des Nachgebens (d. h. wie viele Vpn sich der Mehrheit anschließen und wie oft sie das tun) hängt aber nicht nur von der Lerngeschichte der Vpn, sondern auch von Situationsvariablen ab. Es scheint plausibel, daß eine dieser Variablen die Gruppengröße ist. Bereits Asch variierte in einer Modifikation seines ursprünglichen Versuchs die Gruppengröße. Wie die Ergebnisse zeigen, spielte die Gruppengröße wider Erwarten nur bis zu einem bestimmten Ausmaß eine Rolle (siehe Tabelle 83).

Wichtig ist vor allem, daß eine einige *Majorität* der naiven Vp gegenübersteht. Ist nur ein Mitarbeiter des Vl vorhanden, der anders als die echte Vp urteilt, so werden dadurch die Meinungen der Vp kaum beeinflußt. Sie urteilt in diesem Fall

Tabelle 83

Anzahl der falsch urteilenden Mitarbeiter des Vl	Kontroll-bedingung	1	2	3	4	8	10–15
durchschnittliche Fehlerzahl pro Vp (max. 12 Fehler möglich)	0,08	0,33	1,53	4,00	4,20	3,84	3,75

nicht viel anders als die Vpn der Kontrollgruppe (die ihre Urteile schriftlich und ohne Kenntnis der Urteile anderer Personen abgaben). Ist die Vp aber mit zwei von ihr selbst abweichend, aber einstimmig urteilenden Personen konfrontiert, wird der Einfluß des sozialen Drucks bereits sehr deutlich. Bei einer Majorität von drei Personen ist der Effekt noch stärker, nimmt aber mit weiter steigender Gruppengröße nicht mehr zu.

Der soziale Einfluß in solchen und ähnlichen Situationen ist offenbar vor allem darauf zurückzuführen, daß *mehrere Personen* völlig *übereinstimmende Meinungen* äußern. Aus der Übereinstimmung der Meinungen mehrerer Personen ziehen viele Vpn den Schluß, daß die Urteile der anderen doch nicht ganz falsch sein können (es wäre, wie gesagt, unwahrscheinlich, daß sich *einige* Personen in völlig *gleicher Weise* irren). Diese Hypothese wurde von ASCH (1951) indirekt bestätigt. In einer weiteren Abwandlung des ursprünglichen Versuchsplans befand sich in jeder Gruppe ein Mitarbeiter des Vl, der immer richtig urteilte. In diesem Fall kam es nur mehr zu 5,5 Prozent Fehlurteilen der naiven Vpn (gegenüber 32 Prozent bei einer völlig konsistent urteilenden Majorität). Auch neuere Ergebnisse (MOSCOVICI und FAUCHEUX, 1972) unterstützen die Annahme, daß Konsistenz der Meinungen ein bedeutender Einflußfaktor ist. ALLEN (1975) referiert eine Reihe von Untersuchungen, die zeigten, daß der Konformitätsdruck der Majorität an Wirksamkeit verlor, wenn die naive (richtig urteilende) Vp wenigstens von einer Person in der Gruppe in ihren Urteilen unterstützt wurde.

Dem Druck der Mehrheitsmeinung wird aber nicht nur aus Unsicherheit nachgegeben (weil eine übereinstimmend geäußerte Meinung vielleicht doch richtig ist), sondern auch, um antizipierte Strafreize wie Gelächter und Kopfschütteln zu vermeiden. In einigen Experimenten (z. B. DEUTSCH und GERARD, 1955) stellte sich heraus, daß Vpn, die zwar über die Urteile anderer Personen informiert wurden, aber anonym urteilen konnten, dem Majoritätsdruck weniger nachgaben als unter «öffentlichen» Versuchsbedingungen.

Ein wichtiger Faktor ist ferner die Klarheit bzw. Eindeutigkeit der Urteilssituation. Die Linien im ASCH-Experiment waren so beschaffen, daß eine eindeutige und korrekte Urteilsbildung möglich war. Es handelte sich um ein Problem aus dem Bereich der physischen Realität. Wenn es sich um eine Aufgabe handelt, die wegen ihrer Unklarheit eher dem Bereich der sozialen Realität angehört, dann wird der Einfluß anderer Personen auf die Urteilsbildung noch stärker sein. Eine solche Verschiebung der Situation in Richtung der sozialen Realität wäre beispielsweise dann gegeben, wenn die Längenunterschiede der Linien im ASCH-Experiment so gering sind, daß die Unterschiede für das menschliche Auge kaum noch wahrnehmbar sind.

In Übereinstimmung mit diesen Überlegungen konnte experimentell nachgewiesen werden (BLAKE, HELSON und MOUTON, 1957; CRUTCHFIELD, 1955; LONDON und LIM, 1964), daß die Beeinflußbarkeit bei schwierigen und/oder unklaren Aufgaben größer ist als bei leichten. Als Beispiel sei erwähnt, daß im Versuch von CRUTCHFIELD der soziale Einfluß bei der Beurteilung des Flächeninhalts geometrischer Figuren größer war als beim Linienvergleich. Ebenso unterliegen Urteile nach Entfernung des Reizmaterials («aus dem Gedächtnis») mehr dem Druck fremder Meinungen als Urteile, die während der Wahrnehmung des Reizmaterials abgegeben werden (DEUTSCH und GERARD, 1955).

Es wurde oft die Frage aufgeworfen, wieweit die in diesem Abschnitt dargestellten Phänomene eine echte Meinungs- bzw. Einstellungsänderung widerspiegeln oder ob es sich dabei bloß um ein äußeres, verbales Nachgeben handelt, um eine Scheinanpassung nach außen unter Beibehaltung der ursprünglichen eigenen Meinung.

Die Beantwortung dieser Frage stößt zunächst auf methodische Schwierigkeiten. Es ist nicht gut möglich, eine Vp, die gerade einem Gruppenurteil zugestimmt hat, in Anwesenheit der ganzen Gruppe zu fragen, ob sie jetzt ehrlich und ihrer echten Überzeugung gemäß geantwortet habe. Unter solchen Umständen könnte kaum mit einer aufrichtigen Antwort gerechnet werden.

Eine bessere Möglichkeit, die mehrfach angewendet wurde, besteht darin, die Vp allein nach der Gruppensitzung nochmals aufzufordern, ihre Meinung zu äußern (z. B. LUCHINS und LUCHINS, 1955; vgl. auch das im Abschnitt 6.311 beschriebene Experiment von SHERIF, 1935). Eine andere Methode sieht vor, nach der Gruppensitzung die Majoritätsmeinung anzugreifen und danach die Meinungen der Vpn zu ermitteln (GERARD, 1954). Bleibt diese «Gegenpropaganda» wirkungslos, dann muß die Vp vom Gruppenurteil sehr überzeugt gewesen sein. Allerdings sind auch diese Methoden nicht völlig einwandfrei. Es ist unter gewissen Bedingungen möglich, daß die Vp zwar in der Gruppensituation «lügt», also sich gegen ihre Überzeugung dem Gruppenurteil anschließt, aber nach diesem einstellungsdiskrepanten Verhalten ihre Meinung ändert (die genauen Bedingungen für einen Prozeß dieser Art wurden im Abschnitt 4.46 dargestellt).

Experimente dieser Art zeigten, daß es bei sehr klaren Aufgaben (wie beim Linienvergleich) nur ganz selten zu einer echten Meinungsänderung kommt (LUCHINS und LUCHINS, 1955). In unklaren Situationen dagegen (etwa beim autokinetischen Phänomen) wird das in der Gruppe gebildete Urteil meistens akzeptiert (SHERIF, 1935; siehe Abschnitt 6.311).

Mit Hilfe der Signalentdeckungstheorie und entsprechenden Methoden (vgl. Abschnitt 4.21) konnte UPMEYER (1971) bei Helligkeitsurteilen nachweisen, daß die meisten Vpn unter dem Druck einer anders urteilenden Majorität nicht nur ihre öffentlichen Urteile der Mehrheit annäherten, sondern *gleichzeitig ihre Wahrnehmungsleistung verbesserten*. Dieses wichtige Ergebnis läßt den Schluß zu, daß der Majoritätsdruck zwar die Antworttendenzen der Vpn beeinflußt, aber wohl kaum deren Wahrnehmungen und Meinungen.

Die eben genannten Beispiele stellen Extremfälle dar. Der Linienvergleich gehört eindeutig dem Bereich der physischen Realität an, während eine Beurteilung des autokinetischen Phänomens dem Bereich der sozialen Realität zuzuordnen ist. Die meisten realen Meinungsobjekte (z. B. soziale Probleme) liegen zwischen den Extremen; d. h. es gibt wenigstens teilweise objektive Kriterien (bzw. man glaubt, objektive Kriterien zu kennen), mit deren Hilfe man beurteilt, ob eine Meinung «richtig» ist oder nicht. In diesen Fällen, die für den Einzelnen nicht völlig eindeutig und rational entscheidbar sind, werden Gruppenmeinungen in einem gewissen Ausmaß die private Meinung beeinflussen.

Daher ist die Frage sinnvoll, welche Faktoren dazu beitragen, daß Gruppenmeinungen zu echten Meinungs- und Einstellungsänderungen führen. Es handelt sich hier um einen Spezialfall der Einstellungsänderung durch Kommunikation, wobei der Sender von meinungsändernden Mitteilungen nicht eine Einzelperson, sondern die Gruppe ist.

Im Abschnitt 4.32 wurde gezeigt, daß die Bewertung des Senders durch den Empfänger eine wichtige Variable bei Einstellungsänderungen ist. Je positiver der Sender vom Empfänger bewertet wird, desto einflußreicher ist er. Daher ist zu erwarten, daß eine Gruppenmeinung um so eher zu einer echten Meinungsänderung führt, je attraktiver die Gruppe für den Empfänger ist.

Wie bei Einzelpersonen, ist auch die Attraktivität einer Gruppe groß, wenn sie positive Reize bietet (z. B. Anerkennung), wenn ihre Mitglieder als einem selbst ähnlich wahrgenommen werden oder wenn die Gruppe bzw. die Mitglieder über positiv bewertete Eigenschaften verfügen. Es konnte in mehreren Experimenten nachgewiesen werden, daß attraktive Gruppen einflußreicher sind als negativ bewertete und daß ihr Einfluß auch bestehen bleibt, wenn die beeinflußten Vpn ihre Meinungen einzeln und anonym äußern (BERKOWITZ, 1954; GERARD, 1954).

KIESLER und CORBIN (1965) betonen jedoch, daß der geringe Einfluß unattraktiver und negativ bewerteter Gruppen nur dann auftritt, wenn es sich um kurzlebige Laborgruppen handelt, die nur für eine einzige Sitzung zusammengestellt werden. Bei dauerhaften Gruppen (und daher auch in den meisten Realgruppen) ist zu erwarten, daß auch unattraktive Gruppen einen starken

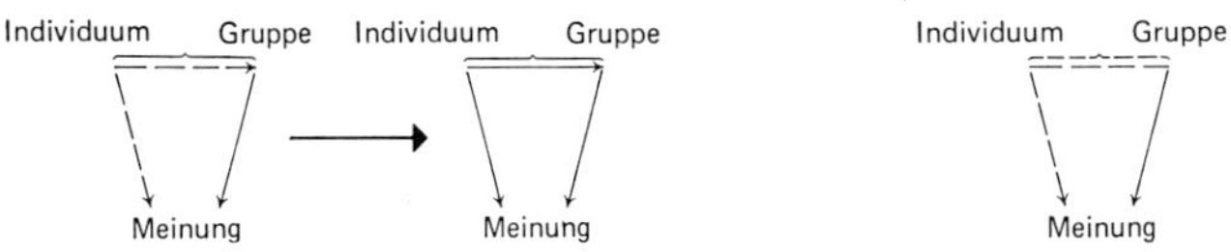

Abbildung 173

Einfluß auf Meinungen und Einstellungen haben.

Diese Hypothese läßt sich konsistenztheoretisch begründen (KIESLER und CORBIN bevorzugen allerdings eine andere Begründung). Es ist schwierig, eine Gruppe negativ zu bewerten, mit der man über längere Zeit interagieren muß. In diesem Fall entsteht eine unbalancierte kognitive Struktur (positive Einheitsrelation und negative Wertrelation), siehe Abbildung 173a. Die Inkonsistenz kann hier nur durch Aufwertung der Gruppe und Akzeptieren der Gruppenmeinung aufgelöst werden[6].

Bei einer Gruppe dagegen, die man nach kurzer Zeit wieder verlassen kann (z. B. sofort nach dem Experiment), bietet die Abwertung der Gruppe keine Schwierigkeiten, siehe Abbildung 173b. Nichtübereinstimmung mit negativ bewerteten Personen verursacht keine Inkonsistenz. Daher wird keine Meinungsänderung stattfinden. Die unattraktive Gruppe, die man jederzeit verlassen kann, bleibt erfolglos.

Um diese Hypothese zu prüfen, variierten KIESLER und CORBIN einerseits die Attraktivität der Gruppe und andererseits die Bindung (commitment) der Vpn an die Gruppe. Einer Hälfte der Vpn wurde gesagt, daß der Versuch nach einer Gruppensitzung beendet wäre. Den anderen Vpn teilte der Vl mit, daß die Gruppe mehrmals zusammentreffen werde.

Bei kurzlebigen Gruppen war die Einstellungsänderung um so größer, je attraktiver die Gruppe war (es wurden echte Einstellungsänderungen im Einzelversuch nach der Gruppensitzung gemessen). Wurden dagegen weitere Interaktionen erwartet, bewirkten auch unattraktive Gruppen beträchtliche Einstellungsänderungen.

Im Zusammenhang mit der Unterscheidung zwischen echter Einstellungsänderung und bloßem Nachsprechen der Mehrheitsmeinung sind auch dissonanztheoretische Überlegungen aufschlußreich. Es ist bekannt, daß einstellungsdiskrepantes Verhalten unter ganz bestimmten Bedingungen zu Einstellungsänderungen führt, um Übereinstimmung zwischen Verhalten und Einstellung herzustellen (vgl. Abschnitt 4.46). Zu diesen Bedingungen zählen «freiwilliges» Ausführen des Verhaltens (ohne äußeren Zwang) und unzureichende Verhaltenskonsequenzen (geringe oder keine Verstärker bzw. Vermeidung nur schwacher Strafreize). Diese Bedingungen sind in den meisten Experimenten, die in diesem Abschnitt erwähnt wurden, nicht gegeben. Zweifellos werden aber häufig ohne Zwang und ohne hinreichende Rechtfertigung durch die Verhaltenskonsequenzen Gruppenmeinungen nachgesprochen. In diesen Fällen ist dann mit einer entsprechenden Meinungsänderung zu rechnen.

Aber selbst unter diesen Umständen muß es in einer Gruppensituation zu keiner Meinungsänderung kommen. Eine Besonderheit der Gruppensituation liegt darin, daß sie eine weitere Möglichkeit der Dissonanzreduktion bietet: Aufteilung oder Abschieben der Verantwortung (SANDE und ZANNA, 1987). Ob eher eine Einstellungsänderung oder Verantwortungsaufteilung auftritt, hängt u. a. vom Grad der Bindung an die Einstellung und an die Gruppe ab. Bei einer starken und zentralen Einstellung wird man eher die Verantwortung für das unerwünschte Verhalten auf die Gruppe schieben und die Einstellung beibehalten. Wenn aber die Bindung an die Gruppe stärker ist als die Einstellung, wird man die Einstellung ändern. Hier spielen aber auch noch andere Faktoren eine Rolle. Zum Beispiel gelingt Verantwortungsaufteilung in größeren Gruppen leichter als in sehr kleinen.

Nach BRECKLER und GREENWALD (1986) wer-

[6] Dieser Weg ist allerdings nur gangbar, wenn dadurch nicht weitere Inkonsistenzen erzeugt werden. Ist man zu einer langzeitigen Interaktion mit einer Gruppe gezwungen, die durch Zielsetzung oder Eigenschaften ihrer Mitglieder zu wichtigen Einstellungen des Individuums im Widerspruch steht, so ist ihre Aufwertung nicht möglich, denn dadurch würden neue Inkonsistenzen entstehen. Beispiel: Einem Pazifisten, der zum Militärdienst eingezogen wird, wird es kaum möglich sein, diese Gruppe aufzuwerten.

den bei Konflikten zwischen sozialer und physischer Realität gleichzeitig zwei unverträgliche Selbstziele (ego-tasks, vgl. Abschnitt 5.468) aktiviert, wodurch die Situation besonders unangenehm und belastend ist. Einerseits hat das öffentliche Selbst das Ziel der Anerkennung seitens der anderen Gruppenmitglieder und tendiert daher zur Konformität. Andererseits hat das private Selbst das Ziel, den eigenen Leistungsansprüchen zu entsprechen und korrekte Meinungen zu vertreten. Ob und wie oft konformes Verhalten auftritt, hängt von der relativen Stärke der beiden Selbstmotive ab. Die relative Stärke ist sowohl dispositions- als auch situationsbedingt (s. Abschnitt 5.468).

6.314 *Einfluß von Minoritäten*

MOSCOVICI (1976; MOSCOVICI und FAUCHEUX, 1972) kritisierte die an FESTINGER und ASCH orientierte Konformitätsforschung, weil sie in einseitiger Weise immer nur den Einfluß einer (mächtigen) Majorität auf eine Minorität zeigte. Es gibt aber auch den umgekehrten Fall, daß die Mehrheit von einer Minderheit beeinflußt wird. Erneuerungen und Fortschritte in Wissenschaft, Kunst und Politik kommen dadurch zustande, daß Anschauungen, die zunächst nur von wenigen Personen vertreten werden, schließlich auch von der Mehrheit akzeptiert werden.

Ob im konkreten Fall eine Minderheit imstande ist, die Mehrheit zu überzeugen, hängt nach MOSCOVICI in erster Linie vom *Verhaltensstil* der Minderheit ab. Von entscheidender Bedeutung ist, daß die Minderheit ihren Standpunkt völlig konsequent vertritt. Wenn die Mitglieder der Minorität ihren abweichenden Standpunkt *konsistent* und ausnahmslos vertreten, wird die Mehrheit in ihrem Urteil unsicher und ist dann bereit, der Minorität nachzugeben.

MOSCOVICI postuliert ferner, daß der Minderheitseinfluß – im Gegensatz zum Einfluß durch eine Majorität – nicht auf oberflächliche Verhaltensanpassungen beschränkt bleibt, sondern zu echten Meinungs- und Urteilsänderungen führt.

MOSCOVICI, LAGE und NAFFRECHOUX (1969) bestätigten diese Hypothesen. Den Vpn wurden Farbreize dargeboten, und ihre Aufgabe bestand darin, jeden Reiz mit einem einfachen Farbnamen (wie «blau» oder «grün») zu benennen und seine Helligkeit zu beurteilen (von 0 bis 6). Es sind jedoch nur die Farburteile von Interesse, denn nur auf diese bezog sich der Minoritätseinfluß. Die in den 36 Durchgängen dargebotenen Reize hatten alle die gleiche Farbe, waren aber von unterschiedlicher Helligkeit. Die Farbe der Reize lag in jenem Bereich des Spektrums, der normalerweise blau genannt wird.

Die Durchführung des Versuchs war ähnlich wie bei ASCH. Die Vpn nahmen in Gruppen zu 6 Personen teil und mußten nach jeder Reizdarbietung ihre Urteile öffentlich aussprechen. Im Gegensatz zu ASCH waren jedoch in diesem Experiment die echten Vpn in der Mehrzahl. Jede Gruppe bestand aus 4 echten Vpn und 2 Mitarbeitern des Vl. Diese bildeten die Minorität und versuchten, die Mehrheit zu beeinflussen, indem sie die Reize als grün bezeichneten.

In einer Versuchsbedingung urteilten die Mitarbeiter konsistent: Sie nannten alle 36 Reize grün. In einer zweiten Bedingung waren die Minoritätsurteile inkonsistent. Jeder Mitarbeiter antwortete in zufälliger Reihenfolge 24mal «grün» und 12mal «blau». Als Kontrollgruppe fungierten unbeeinflußte Vpn.

Es zeigte sich, daß eine Minorität Einfluß ausüben kann. Während nur 0,25 Prozent der unbeeinflußten Urteile «grün» lauteten (Kontrollgruppe), waren 8,42 Prozent der Urteile Grün-Antworten, wenn die Vpn unter dem Einfluß einer konsistenten Minorität standen. Bei einer inkonsistenten Minorität traten dagegen nur 1,25 Prozent Grün-Antworten auf. Der Verhaltensstil der Minorität ist also ein wichtiger Einflußfaktor.

Um die Hypothese zu prüfen, daß sich der Minoritätseinfluß nicht nur auf das öffentliche Verhalten, sondern auch auf «latente» Urteilsprozesse erstreckt, wurden anschließend die Unterschiedsschwellen für Grün- und Blauantworten ermittelt. An dieser Phase des Experiments nahmen nur die Vpn der Kontrollgruppe und ein Teil der Vpn aus der Bedingung «konsistente Minorität» teil.

Den Vpn wurden 16 Reize unterschiedlicher Farbe aus den Bereichen grün und blau geboten. Diese Reizserie wurde 10mal in zufälliger Reihenfolge vorgegeben. Bei jedem Reiz mußten die Vpn schriftlich und unbeeinflußt den Farbnamen angeben. Wie Abbildung 174 zeigt, bewirkte der Minoritätseinfluß tatsächlich eine Änderung der Farbkategorisierung. Im Vergleich

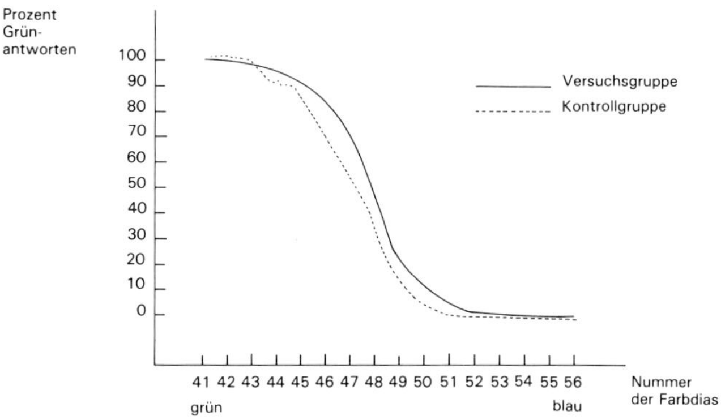

Abbildung 174

zur Kontrollgruppe hatten die Vpn aus der Bedingung «konsistente Minorität» die Grenze der Kategorie «grün» in den blauen Bereich hinein verschoben.

Aufgrund detaillierter Datenanalysen behaupten die Autoren, daß dieser Effekt auch bei solchen Vpn auftrat, die sich bei der öffentlichen Farbbeurteilung nicht von der Minorität beeinflussen ließen. Daraus schließen MOSCOVICI et al., daß der Minoritätseinfluß auf der «latenten» Ebene stärker ist als im Verhalten: Auch jene Vpn änderten ihre Meinung, die das nicht öffentlich zugeben wollten.

MOSCOVICI und LAGE (1976) replizierten das Experiment von MOSCOVICI et al. (1969), fügten jedoch einige Bedingungen hinzu, so daß ein direkter Vergleich von Mehrheits- und Minderheitseinfluß ermöglicht wurde. Die Bedingungen konsistente Minorität, inkonsistente Minorität und Kontrollgruppe waren identisch mit den entsprechenden Bedingungen im älteren Experiment. Außerdem gab es drei weitere Versuchsbedingungen: konsistentes Individuum (die Gruppen bestanden jeweils aus 3 echten Vpn und 1 Mitarbeiter des Vl, der konsistent «grün» sagte); einstimmige Majorität (die Gruppen bestanden aus 1 Vp und 3 Mitarbeitern des Vl, die immer «grün» urteilten); nicht einstimmige Majorität (2 echte Vpn und 4 Mitarbeiter des Vl pro Gruppe).

Die Ergebnisse des ersten Versuchsabschnitts sind in Tabelle 84 wiedergegeben. Man sieht, daß eine konsistente Minorität (von mindestens zwei Personen) nötig ist, um das Mehrheitsverhalten beeinflussen zu können. Ein konsistent von der Mehrheit abweichendes Individuum hat genau so wenig Einfluß auf die Majorität wie eine inkonsistente Minorität. Man sieht ferner, daß die weitaus wirksamste Einflußquelle eine einstimmige Majorität ist. Eine konsistente Minorität übt jedoch genau so viel Einfluß aus wie eine nicht einstimmige Majorität.

Völlig anders sind die Ergebnisse bezüglich der «latenten» Änderungen. Im Anschluß an die öffentlichen Urteile mußten alle Vpn zur Bestimmung der Grün-Blau-Schwelle verschiedene

Tabelle 84

		Prozentsatz der Grünantworten	Prozentsatz der beeinflußten Vpn
Kontrollgruppe		1,22	6
Minorität	konsistent	10,07	42,5
	inkonsistent	0,75	11
	konsistentes Individuum	1,22	15
Majorität	einstimmig	40,16	50
	nicht einstimmig	12,07	35

Reize aus dem Grün- und Blaubereich benennen (wie im vorangegangenen Experiment). Eine Verschiebung der Kategoriegrenze für grün in den blauen Bereich wurde *ausschließlich* in der Bedingung «konsistente Minorität» festgestellt.

Nach dem Experiment wurde den Vpn ein Fragebogen vorgelegt, in dem sie u. a. die anderen Gruppenmitglieder beurteilen mußten. Die Angehörigen einer konsistenten Minorität wurden als urteilssicherer, aber nicht als kompetenter wahrgenommen als die echten Vpn. Im soziometrischen Wahlstatus unterschieden sie sich nicht von den echten Vpn. Die abweichende Minorität wurde also keineswegs abgelehnt.

Die Ergebnisse von MOSCOVICI sind zweifellos eindrucksvoll und wichtig. Leider ist bisher keine befriedigende theoretische Erklärung gegeben worden. MOSCOVICI begründet die große Überzeugungskraft einer konsistenten Minorität u. a. mit attributionstheoretischen Argumenten. Nach MOSCOVICI bewirkt die hohe Verhaltenskonsistenz und der geringe Konsensus in der Gesamtgruppe eine Personenattribution für den Minoritätsstandpunkt, und zwar eine Attribution an Sicherheit und Überzeugung. Warum gerade diese Personenattribution auftritt, und nicht eine andere – etwa an Dogmatismus oder Dummheit – wird nicht begründet.

Meines Erachtens wäre eine andere attributionstheoretische Erklärung plausibler. Wenn die Vpn nicht die Gesamtgruppe betrachten, sondern sich auf die Minorität konzentrieren (was sie vermutlich tun, denn die Minorität ist wegen ihrer absonderlichen Urteile auffällig), dann stellen sie nicht geringen Konsensus (in der Gesamtgruppe), sondern hohen Konsensus (innerhalb der Minorität) fest. Eine konsistent urteilende Minorität ist eine Gruppe, die hohen Konsensus und hohe Konsistenz aufweist. Hoher Konsensus und hohe Konsistenz bewirken nach KELLEY (1967) eine Stimulusattribution. Ein Beobachter sollte daher das Verhalten einer solchen Minorität nicht auf persönliche Dispositionen, sondern auf Reizaspekte zurückführen. Das Verhalten der konsistenten Minorität sollte demnach vom Beobachter nicht als Ausdruck individueller Absonderlichkeiten, sondern als reizadäquat aufgefaßt werden und daher den Beobachter verunsichern.

Dieser Ansatz kann zwar erklären, warum eine konsistente Minorität überzeugender wirkt als eine inkonsistente Minorität oder ein konsistent abweichendes Individuum (denn im zweiten Fall fehlt der Konsensus und im ersten die Konsistenz, weshalb Attributionen des Verhaltens an Persönlichkeitsmerkmale oder Umstände plausibel sind), er kann jedoch nicht erklären, warum eine konsistente Majorität so wenig überzeugend wirkt, obwohl auch in diesem Fall hohe Konsistenz und hoher Konsensus vorliegen.

Eine andere Erklärungsmöglichkeit bietet die Dissonanztheorie. Unter dem Druck der Minorität oder Majorität äußern die echten Vpn meinungs- oder wahrnehmungsdiskrepante Urteile. Der *Majoritäts*druck wird sicher als massiv empfunden und ist daher eine hinreichende Rechtfertigung für das Verhalten. Es entsteht daher keine Dissonanz und es ist auch keine Meinungsänderung nötig. Wenn man sich jedoch von einer *Minorität* beeinflussen läßt, entsteht vermutlich Dissonanz, denn die Minorität ist relativ machtlos und es gibt keinen hinreichenden Grund, sich von ihr beeinflussen zu lassen. Die Dissonanz kann nur verringert werden, indem man seine Meinung ändert und sich der Minorität anschließt. Auch diese Erklärung gerät jedoch in Schwierigkeiten, denn es gab in den referierten Experimenten Personen, die öffentlich kein meinungsdiskrepantes Urteil abgaben und dennoch ihre Blau-Grün-Schwelle änderten und der Minoritätsposition annäherten.

Es ist auch noch nicht völlig geklärt, welche Aspekte des Verhaltensstils einer Minorität einflußfördernd sind. Konsistenz kann unter Umständen den Eindruck der Rigidität erwecken und abstoßend wirken. NEMETH, SWEDLUNG und KANKI (1974) führten ein ähnliches Experiment wie MOSCOVICI et al. durch. Die Vpn wurden aufgefordert, bei jedem Reiz die Farbe oder die Farben zu nennen, die sie sehen. Neben einer unbeeinflußten Kontrollgruppe gab es folgende Versuchsbedingungen: konsistent grün (die Mitarbeiter des Vl antworteten immer «grün»); konsistent grün-blau (die Mitarbeiter sagten immer «grün-blau»); zufällig (in zufälliger Reihenfolge sagten die Mitarbeiter mit gleicher Häufigkeit «grün» und «grün-blau»); systematisch (die Mitarbeiter sagten bei den 14 helleren Dias «grün» und bei den 14 dunkleren «grünblau», oder umgekehrt).

Tabelle 85

Versuchsbedingung	konsistent grün	konsistent grün-blau	zufällig	systematisch	Kontrollgruppe
mittlere Zahl der Durchgänge (von insgesamt 28), in denen «grün» geantwortet wurde	0,69	4,00	0,06	5,84	0,00

An den Ergebnissen in Tabelle 85 fällt auf, daß die «kompromißbereite» Minorität (Bedingung konsistent grün-blau) wesentlich einflußreicher war als die «sture» Minorität (Bedingung konsistent grün). Am überzeugendsten wirkte jedoch das systematische Antwortmuster, bei dem die Vpn einen klaren Zusammenhang zwischen Reizeigenschaften und Antwort erkennen konnten.

Aus attributionstheoretischer Sicht unterscheidet sich das systematische Minoritätsverhalten vom konsistenten dadurch, daß nicht nur hoher Konsensus und hohe Konsistenz vorhanden sind, sondern auch hohe Distinktheit. Es ist die *vollständige* Information für eine Stimulusattribution des Minoritätsverhaltens gegeben.

WOLF (1979) zeigte, daß es von der Gruppenkohäsion abhängt, in welchem Ausmaß abweichend urteilende Personen (Minoritäten) die Majorität beeinflussen. Bei hoher Gruppenkohäsion (die Mitglieder beurteilen sich gegenseitig positiv) haben Minoritätsangehörige mehr Einfluß als bei niedriger Kohäsion (gegenseitige Ablehnung der Mitglieder).

Die neuere Minoritätsforschung ist gegenüber den früheren Jahren durch eine größere Vielfalt der experimentellen Methoden und der theoretischen Standpunkte gekennzeichnet. Dadurch ist das Gebiet aber auch etwas kontrovers geworden.

Zu den wichtigen methodischen Änderungen zählt eine größere Vielfalt (und ein größerer Realismus) des verwendeten Reizmaterials. Anstelle einfacher physikalischer Reize wurden immer öfter Meinungen und Einstellungsobjekte (z. B. Abtreibung, Umweltverschmutzung) verwendet.

Außerdem wurden mehrere differenzierende Unterscheidungen getroffen. Zum Beispiel unterscheidet MUGNY (1982) zwischen Verhaltensstil und Verhandlungsstil. Der Verhaltensstil kann konsistent oder inkonsistent sein, d. h. man vertritt eine Position mit logischer Konsistenz oder man vertritt wechselnde Positionen. Der Verhandlungsstil ist flexibel oder rigid. Ein rigider Verhandlungsstil besteht darin, daß eine extreme Position ohne Zugeständnisse verteidigt wird. Ein flexibler Verhandlungsstil ist gemäßigter und kompromißbereiter. Häufig – aber nicht immer – war eine konsistent-flexible Minorität einflußreicher als eine konsistent-rigide (z. B. in dem oben referierten Experiment von NEMETH et al., 1974). Ein rigider Verhandlungsstil kann jedoch einen *indirekten* Einfluß bewirken: Es zeigen sich zwar keine Änderungen der direkt angesprochenen Meinung oder Einstellung, aber es ändern sich verwandte Einstellungen.

Eine weitere Unterscheidung ist die zwischen numerischen und sozialen Minoritäten. Numerische Minoritäten vertreten einen anderen Standpunkt als die Majorität, gehören aber zur selben sozialen Kategorie. Soziale Minoritäten (auch Doppelminoritäten genannt) vertreten nicht nur einen von der Mehrheit abweichenden Standpunkt, sondern gehören auch einer anderen sozialen Kategorie an (z. B. Homosexuelle, religiöse Minderheiten). In mehreren Untersuchungen hatten soziale Minoritäten weniger Einfluß als numerische (z. B. MAASS, CLARK und HABERKORN, 1982).

MOSCOVICI (1980) ergänzte seinen ursprünglichen Ansatz durch seine *Konversionstheorie,* in der detaillierter begründet wurde, warum eine Majorität bloß eine oberflächliche Verhaltensanpassung bewirkt, während Minoritäten echte Einstellungsänderungen verursachen. Nach dieser Theorie lösen sowohl abweichende Minoritäts- wie auch abweichende Majoritätsstandpunkte einen Konflikt aus. Es handelt sich aber um zwei verschiedene Konfliktarten mit unterschiedlichen Folgen.

Die Majorität bewirkt einen *interpersonellen* Konflikt, der zu sozialen Vergleichsprozessen (ohne tieferes Nachdenken über das sachliche Problem) und in weiterer Folge zu oberflächlicher Verhaltensanpassung führt. Die Minorität bewirkt einen *kognitiven* Konflikt, der zu vertiefter Auseinandersetzung mit dem Problem und damit zu einer Einstellungsänderung führt. Der kognitive Konflikt löst keine Vergleichsprozesse, sondern *Validierungsprozesse* aus. Man will wissen, welcher Standpunkt korrekt ist, und entwickelt dabei Argumente und Gegenargumente bezüglich der Minoritätsposition. Eine Einstellungsänderung durch die Minorität ist um so wahrscheinlicher, je stärker der Konflikt ist.

Einen ähnlichen theoretischen Standpunkt vertritt NEMETH (1986). Aufgrund mehrerer Experimente kommt NEMETH zu dem Schluß, daß Minoritäten «divergente», d. h. originelle und kreative Überlegungen veranlassen, während Majoritäten «konvergentes», d. h. konventionelles Denken und Anpassung begünstigen.

Obwohl zahlreiche Ergebnisse unterschiedliche Wirkungen von Minoritäten und Majoritäten nachwiesen (z. B. MAASS und CLARK, 1983), gibt es auch Ergebnisse, die identische Wirkungen zeigen (z. B. WOLF, 1985). Dementsprechend vertreten auch einige Psychologen die theoretische Position, daß sich Minoritäts- und Majoritätseinflüsse nur quantitativ, aber nicht qualitativ unterscheiden (WOLF, 1985, sowie die sozialen Einflußtheorien von LATANÉ, 1981, und TANFORD und PENROD, 1984).

Diese theoretischen Divergenzen sind zum Teil darauf zurückzuführen, daß sich die Minoritätsforschung – im Gegensatz zur neueren Einstellungsforschung und zu den Untersuchungen zur sozialen Kognition – fast ausschließlich auf die Untersuchung der *Wirkungen* von Minoritäten konzentriert hat, während *vermittelnde Prozesse* (Attributionen, Konfliktstärke, Argumente) nur wenig beachtet wurden.

Die Ähnlichkeit der Theorien von MOSCOVICI (1980) und NEMETH (1986) mit modernen Theorien der Einstellungsänderung (ELM von PETTY und CACIOPPO, 1981, heuristisches Modell von CHAIKEN, 1980) ist unverkennbar. Alle diese Theorien unterscheiden oberflächliche und gründliche Arten der Informationsverarbeitung. Die Minoritätstheorien behaupten, daß Minoritäten generell gründliche Verarbeitungsprozesse auslösen, und daß sie deshalb echte und dauerhafte Einstellungsänderungen bewirken. Die Einstellungstheorien behaupten (aufgrund überzeugender Überlegungen und zahlreicher Daten), daß gründliche Verarbeitungsprozesse stattfinden, wenn gleichzeitig Motivation und Fähigkeit dazu vorhanden sind.

Die Einstellungstheorien legen den Schluß nahe, daß sowohl Minoritäten als auch Majoritäten Einstellungsänderungen bewirken können (vgl. CHAIKEN und STANGOR, 1987). Ob eine Einstellungsänderung auftritt, hängt nicht von Minorität vs. Majorität ab, sondern davon, ob im konkreten Fall Motivation und Fähigkeit der Zielperson (Empfänger) hoch genug sind, und ob die Argumente der Sender (gleichgültig ob Minorität oder Majorität) überzeugend sind. Minoritäten haben dabei einen gewissen Vorteil, wenn sie sich konsistent verhalten, weil das geschlossene und sichere Auftreten einer Minorität zum gründlichen Nachdenken motiviert. Aber auch Majoritäten können unter bestimmten Bedingungen gründliche Informationsverarbeitung und echte Einstellungsänderungen bewirken, z. B. dann, wenn es um persönlich wichtige Einstellungsobjekte geht, oder wenn es sich um eine Gruppe handelt, der man sich sehr verbunden fühlt.

Eine wertvolle und notwendige Ergänzung der Theorien und Untersuchungen zum Einfluß von Minoritäten ist die Theorie von MULLEN (1987). Das Thema der Theorie sind Unterschiede im Verhalten und Erleben von Minoritäts- und Majoritatsangehörigen. Die Theorie ist eine Erweiterung der Selbstaufmerksamkeitstheorie. Die zentrale Hypothese lautet: Je kleiner die Minorität (im Verhältnis zur Gesamtgruppe) ist, der man angehört, desto größer ist die Selbstaufmerksamkeit, und desto mehr wird das eigene Verhalten bewußt kontrolliert (den eigenen Standards angepaßt). Je größer die Majorität (im Verhältnis zur Gesamtgruppe) ist, der man angehört, desto geringer sind Selbstaufmerksamkeit und Verhaltenskontrolle. Der entscheidende Faktor ist das Verhältnis zwischen Größe der anderen Teilgruppe (der man nicht angehört) und Größe der Gesamtgruppe. Je größer dieses Verhältnis (Other-Total-Ratio) ist, desto größer sind Selbstaufmerksamkeit und Verhaltenskontrolle.

In einer Reihe von Metaanalysen zahlreicher Untersuchungen konnte MULLEN (1983) seine Theorie bestätigen. Es wurde nicht nur eine außerordentlich hohe Korrelation zwischen Other-Total-Ratio und Selbstaufmerksamkeit festgestellt (0,98), sondern auch sehr starke Zusammenhänge zwischen Other-Total-Ratio und verschiedenen Verhaltensweisen. Es wurden sehr starke *positive* Zusammenhänge zwischen Other-Total-Ratio und sozial *erwünschtem* Verhalten nachgewiesen (0,88 für Konformität, und 0,99 für prosoziales Verhalten), und sehr starke *negative* Beziehungen zwischen Other-Total-Ratio und *unerwünschtem* Verhalten (−0,97 für «social loafing», d. h. schlechte Leistungen durch verminderte Anstrengungsbereitschaft in Gruppen, und −0,95 für verschiedene antisoziale Verhaltensweisen). Etwas verallgemeinert besagen diese Ergebnisse: Je kleiner die Minorität ist, der man angehört, desto größer ist die Bereitschaft zu Konformität und Altruismus; je größer die Majorität ist, der man angehört, desto größer ist die Neigung zu Faulheit und Aggressivität. Diese Ergebnisse sind von großer Bedeutung für das Thema Deindividuierung (s. Abschnitt 6.34).

[illegible]

[illegible] Anwesenheit anderer Menschen wünscht, hat häufig offensichtliche Ursachen. Manche Interaktionen werden angestrebt, weil man positive Reize bzw. Erlebnisse antizipiert. Diese können primärer Natur (z. B. Körperkontakt) oder sekundärer Natur sein (Anerkennung, Geld, usw.). In vielen Fällen ist es aber weniger klar, warum man lieber in Gesellschaft als allein ist, bzw. warum der Kontakt mit bestimmten Menschen dem Kontakt mit anderen Menschen vorgezogen wird.

In einer Reihe von Experimenten hat SCHACHTER erfolgreich versucht, diese «verborgenen» Ursachen des Geselligkeitsbedürfnisses (need for *affiliation*) aufzuzeigen (SCHACHTER, 1959). Zunächst ging er von der Alltagsbeobachtung aus, daß Menschen in Spannungszuständen häufig die Gesellschaft anderer dem Alleinsein vorziehen. Wenn diese Beobachtung richtig und als Hypothese brauchbar ist, dann müßte beispielsweise ein Mensch, der gerade ein intensives Angsterlebnis hat, eher Kontakt mit anderen Personen wünschen als ein entspannter Mensch. Um diese Hypothese zu prüfen, wurde folgendes Experiment durchgeführt, bei dem es angeblich darum ging, verschiedene physiologische Reaktionen auf elektrische Schläge festzustellen. Bei einer Versuchsgruppe wurde durch die Ankündigung außerordentlich schmerzhafter elektrischer Schläge starke Angst erzeugt. Der zweiten Gruppe wurden die zu erwartenden elektrischen Schläge als völlig harmlos und kaum spürbar beschrieben. Dementsprechend waren die Vpn der zweiten Versuchsgruppe nur wenig ängstlich. Nach dieser Ankündigung und Charakterisierung des Experiments wurde mitgeteilt, daß der Versuch nicht sofort beginnen könnte, weil noch nicht alle nötigen Vorbereitungen abgeschlossen wären. Die Vpn erhielten nun einen Fragebogen vorgelegt, auf dem sie unter anderem angeben sollten, ob sie diese Wartezeit lieber allein verbringen wollten oder gemeinsam mit anderen Vpn. Mit diesem Fragebogen wurde auch die Stärke der Angst erhoben, um sicherzugehen, daß die unterschiedlichen Instruktionen (Ankündigung schmerzhafter bzw. schwacher elektrischer Schläge) auch tatsächlich unterschiedliche Angststärken bewirkten. Damit war der Versuch beendet; es wurden keinerlei elektrische Schläge verabreicht.

Die Ergebnisse bestätigten die Hypothese. Etwa zwei Drittel der Vpn in der ersten Versuchsbedingung (starke Angst) wollten gemeinsam mit anderen Vpn warten, und nur ein Drittel der Vpn der zweiten Versuchsgruppe (schwache Angst) wollte nicht allein sein.

Dieses Ergebnis zeigt zwar, daß Spannungszustände zu einem erhöhten Geselligkeitsbedürfnis führen können; es zeigt aber nicht, warum dies so ist. Um diese Frage zu klären, untersuchte SCHACHTER in einem zweiten Versuch, ob das durch Angst verursachte Geselligkeitsbedürfnis unspezifisch ist oder ob es sich nur auf bestimmte Personen richtet.

Nach der Ankündigung schmerzhafter elektrischer Schläge wurde in einer Versuchsbedingung zur Wahl gestellt, ob die Vpn lieber allein oder gemeinsam mit anderen Vpn (aus demselben Versuch) warten wollten. Die Vpn der zweiten Gruppe hatten nach der Ankündigung der elektrischen Schläge die Wahl, entweder allein zu warten oder gemeinsam mit Studentinnen, die auf ihren Prüfer warteten (die Vpn waren ebenfalls Studentinnen).

Das Ergebnis war bei diesem Experiment sehr klar. Während es ungefähr 60 Prozent der Vpn der ersten Versuchsgruppe (warten mit anderen Vpn) vorzogen, gemeinsam zu warten, tat dies keine einzige Vp der zweiten Versuchsgruppe. Das Geselligkeitsbedürfnis scheint also in höchstem Maß spezifisch zu sein. Man sucht in schwierigen Situationen nicht beliebige Gesellschaft, sondern bevorzugt die Gesellschaft von Personen mit demselben «Schicksal». Man bevorzugt Personen, die sich in einer vergleichbaren Situation befinden – aber warum?

SCHACHTER zählt fünf mögliche Ursachen auf:

(1) *Flucht*. Man könnte mit «Leidensgefährten» Pläne schmieden, um der unangenehmen Situation zu entkommen (um die erwarteten aversiven Reize zu vermeiden).

(2) *Information*. Es besteht vielleicht der Wunsch, mehr Information über die ebenso unangenehme wie ungewohnte Situation zu erhalten.

(3) *Direkte Angstreduktion*. Manche Vpn erwarten möglicherweise Erleichterung durch die teilnahmsvolle Zuwendung anderer Vpn («geteiltes Leid ist halbes Leid»).

(4) *Indirekte Angstreduktion*. Es wird versucht, die Angst durch Ablenkung zu «vergessen».

(5) *Soziale Vergleichsprozesse*. Man möchte wissen, ob auch andere Vpn Angst haben bzw. ob sie mehr oder weniger Angst haben als man selbst. Mit anderen Worten: Man möchte zu einem «richtigen» Urteil darüber kommen, welche Reaktion (z. B. wieviel Angst) in der gegebenen Situation angemessen ist.

In einem dritten Experiment wurden die Kommunikationsbedingungen in der Warteperiode variiert, um Aufschluß darüber zu erhalten, auf welche der fünf genannten Möglichkeiten das Geselligkeitsbedürfnis zurückzuführen ist. Die Vpn einer Versuchsgruppe konnten entweder allein oder zusammen mit anderen Vpn warten; beim gemeinsamen Warten durfte jedoch nicht über das Experiment gesprochen werden. Für eine zweite Versuchsgruppe war ebenfalls die Wahlmöglichkeit gegeben, allein oder gemeinsam mit anderen Vpn zu warten; während der Wartezeit durfte in dieser Bedingung überhaupt nicht gesprochen werden.

Wenn eines der ersten beiden Motive (Fluchtabsichten bzw. Informationssuche) ausschlaggebend für die Entscheidung ist, gemeinsam mit anderen Vpn zu warten, dann wäre in beiden Versuchsbedingungen kein Grund dafür vorhanden, das gemeinsame Warten dem Alleinsein vorzuziehen. Will man Fluchtpläne entwerfen oder Informationen erhalten, dann muß es nicht nur möglich sein, mit den anderen Vpn zu sprechen, sondern es ist dann auch notwendig, über das Experiment zu sprechen.

Ist die dritte oder vierte mögliche Ursache (direkte bzw. indirekte Angstreduktion) ausschlaggebend, dann wäre das gemeinsame Warten nicht attraktiv, wenn man in dieser Zeit schweigen muß. In der zweiten Versuchsbedingung jedoch (es darf über alles gesprochen werden, nur nicht über den Versuch) ist Angstreduktion möglich.

Soziale Vergleichsprozesse – die fünfte mögliche Ursache der Affiliationstendenz – sind auch in der Schweigebedingung möglich. Aufgrund zahlreicher Verhaltensweisen (Zittern, Seufzen, «nervöses» Auf- und Abgehen usw.) ist eine effiziente nichtverbale Kommunikation möglich, so daß man erfährt, ob auch andere Vpn ängstlich sind, bzw. wie groß ihre Angst ist.

Demnach sind folgende Ergebnisse und Interpretationen möglich: Wenn keine Präferenz für gemeinsames Warten aufscheint, dann können die ersten beiden Motive (Fluchtabsichten bzw. Informationssuche) die maßgeblichen Ursachen des Geselligkeitsbedürfnisses sein. Wenn gemeinsames Warten in der ersten Versuchsbedingung, nicht aber in der zweiten (Schweigebedingung) vorgezogen wird, dann ist vermutlich der Wunsch nach direkter oder indirekter Angstreduktion ausschlaggebend. Wenn sich aber auch in der zweiten Versuchsbedingung (Schweigen) eine Präferenz für Warten in Gesellschaft zeigt, dann ist wahrscheinlich das Bedürfnis nach sozialen Vergleichsprozessen die Ursache der Affiliationstendenz.

Es stellte sich heraus, daß verängstigte Vpn in allen Versuchsbedingungen das gemeinsame Warten vorzogen. Damit ist die Hypothese gestützt, daß der Wunsch nach sozialen Vergleichsprozessen eine wichtige Ursache des Geselligkeitsbedürfnisses ist (zumindest in angespannten und unklaren Situationen).

Gegen SCHACHTERS drittes Experiment und seine Interpretation der Ergebnisse läßt sich einwenden, daß die Daten zwar die Erklärungsmöglichkeiten eins bis vier ausschließen, aber nicht andere Erklärungsvorschläge. Es ist ja bloß gezeigt worden, daß ängstliche Personen unter allen Umständen lieber in Gesellschaft als allein sind. Dafür könnten auch andere Faktoren als das Bedürfnis nach sozialen Vergleichsprozessen verantwortlich sein.

Für SCHACHTERS These sprechen allerdings auch Ergebnisse von WRIGHTSMAN (1960), der nachwies, daß während der gemeinsamen Wartezeit tatsächlich wirksame soziale Vergleichsprozesse stattfinden. Mit Hilfe eines Fragebogens ermittelte WRIGHTSMAN die individuellen Angststärken zu Beginn und am Ende der Warteperiode. Dabei zeigte sich, daß die interindividuellen Unterschiede zwischen den Selbstbeurteilungen der Angst nach der gemeinsamen Warteperiode geringer waren als am Anfang. Eine solche Meinungs- bzw. Urteilskonvergenz ist ein typisches Resultat sozialer Vergleichsprozesse (vgl. Abschnitt 6.311). Bei den isoliert wartenden Vpn kam es dagegen zu keiner Verminderung der Unterschiede zwischen den individuellen Selbsteinstufungen.

Ein direkter Nachweis der Hypothese, daß der Wunsch nach sozialen Vergleichsprozessen das Geselligkeitsbedürfnis erhöht (bzw. verursacht), wurde von GERARD und RABBIE erbracht. Wenn das Geselligkeitsbedürfnis (in unklaren Situationen) tatsächlich durch den Wunsch nach sozialen Vergleichen verursacht ist, dann müßte die Affiliationstendenz um so schwächer sein, je mehr Informationen über die Meinungen und Gefühle anderer Menschen in vergleichbaren Situationen zur Verfügung stehen.

GERARD und RABBIE (1961) verteilten die Vpn auf sechs Versuchsbedingungen. Wie im ersten Experiment von SCHACHTER (1959) wurde durch die Ankündigung schwacher bzw. schmerzhafter elektrischer Schläge geringe bzw. starke Angst hervorgerufen. Im Gegensatz zum SCHACHTER-Experiment saßen die Vpn während der angsterzeugenden Instruktion voneinander isoliert in kleinen Kabinen. An einem Arm jeder Vp waren Elektroden befestigt, um Veränderungen des elektrischen Hautwiderstandes zu messen. Das Ausmaß dieser Veränderungen, der sogenannte psychogalvanische Reflex (PGR), gilt, wie die Vpn wußten, als objektives Maß für die Stärke von Gefühlen. Nach der Instruktion sollte jede Vp angeben, ob sie lieber allein oder gemeinsam mit anderen Vpn die Wartezeit verbringen möchte und wie stark ihr Bedürfnis nach Gesellschaft ist.

Jede der beiden Versuchsbedingungen (geringe bzw. starke Angst) wurde in drei weitere Versuchsgruppen aufgespalten. In einer Bedingung wurden die Vpn während der Instruktion über ihren eigenen PGR und über die Hautwiderstandsänderungen der gleichzeitig anwesenden Vpn informiert. (In Wahrheit waren nur Scheinelektroden an den Vpn befestigt worden und die «Meßgeräte» in jeder Kabine zeigten Werte, die vom Vl eingegeben wurden.) In der zweiten Bedingung konnte jede Vp nur ihren eigenen PGR ablesen. In der dritten Bedingung erhielten die Vpn keinerlei Informationen.

Der wesentliche Unterschied zwischen den drei Informationsbedingungen ist, daß in der ersten Bedingung (Information über sich selbst und die anderen Vpn) bereits während der Instruktion soziale Vergleichsprozesse vorgenommen werden können, was in den beiden anderen Bedingungen nicht möglich ist. Der Hypothese entsprechend war in der ersten Informationsbedingung das Affiliationsbedürfnis wesentlich geringer als in den zwei anderen Informationsbedingungen (und zwar sowohl bei starker wie bei schwacher Angst).

RABBIE (1964) variierte die Ungewißheit hinsichtlich der bevorstehenden Schmerzerlebnisse. Der Hälfte der Vpn wurde gesagt, daß die elektrischen Schläge für alle Vpn schmerzhaft sein werden. Den anderen Vpn teilte der Vl mit, daß nur etwa ein Viertel aller Vpn elektrische Schläge dieser Art als schmerzhaft empfindet. Es wurde erwartet, daß in einer eindeutigen Situation (erste Bedingung, die Schläge sind für alle Vpn schmerzhaft) das Affiliationsbedürfnis schwächer ist als in einer ungewissen Situation. Die Ergebnisse entsprachen der Hypothese.

SCHACHTER hat mit seiner Arbeit nicht nur einen wesentlichen Beitrag zu einem fundamentalen Problem der Sozialpsychologie geleistet, nämlich zu der Frage, warum es überhaupt zu sozialen Interaktionen kommt, sondern auch den Gültigkeitsbereich von FESTINGERS Theorie der sozialen Vergleichsprozesse erweitert. Während FESTINGER nur von der Notwendigkeit sozialer Vergleichsprozesse in bezug auf Meinungen spricht (insbesondere in bezug auf nicht prüfbare Meinungen und Urteile über die eigenen Fähigkeiten), hält SCHACHTER soziale Vergleiche auch bei Gefühlen für notwendig und zeigte dies experimentell am Beispiel der Angst. Für die «richtige» Einschätzung der eigenen emotionalen Reaktionen sind soziale Vergleiche nötig (dieser Gedanke führte später zur Entwicklung von SCHACHTERS Gefühlstheorie, siehe Abschnitt 5.4).

Durch neuere Untersuchungen wurde auch der Ansatz von SCHACHTER verallgemeinert. Es scheinen ganz allgemein Zustände hoher Aktiviertheit (und nicht nur emotionale Erregungszustände) in unklaren Situationen ein gesteigertes Geselligkeitsbedürfnis zu verursachen (MILLS und MINTZ, 1972). Wenn die Vpn jedoch über eine adäquate Erklärung ihrer Aktiviertheit verfügen (wenn sie wissen, daß ihre Erregung medikamentös verursacht ist), kommt es nicht zu einem erhöhten Affiliationsbedürfnis. In diesem Fall ist die Situation offenbar klar und eindeutig genug; soziale Vergleichsprozesse sind daher nicht notwendig.

Die Betonung von Gefühls- und Aktivierungsvariablen in diesem Abschnitt soll jedoch keineswegs den Eindruck erwecken, daß nur durch gefühlsbedingte soziale Vergleiche ein erhöhtes Affiliationsbedürfnis entsteht. Der Wunsch nach sozialen Vergleichen jeder Art macht die Anwesenheit passender Vergleichspersonen notwendig und führt damit zu einem Anstieg der Affiliationstendenz. Dieser Satz soll durch das folgende Experiment von SINGER und SHOCKLEY (1965) illustriert werden.

Vpn unterzogen sich einem Leistungstest. Anschließend wurde jeder Vp ihr Punktwert bekanntgegeben. In einer Versuchsbedingung erfuhren die Vpn nur ihren eigenen Punktwert (aus dem nicht hervorging, wie gut oder schlecht die Leistung war). Den Vpn der zweiten Versuchsbedingung wurde außerdem mitgeteilt, wie andere Vpn im selben Test abgeschnitten hatten. Dadurch war es den Vpn der zweiten Bedingung bereits möglich, die Qualität der eigenen Leistung durch soziale Vergleiche einzuschätzen. Während der anschließenden Warteperiode (bis zur Fortsetzung des Experiments) hatten alle Vpn die Wahl, gemeinsam mit anderen Vpn oder allein zu warten. Erwartungsgemäß war in der ersten Versuchsbedingung (nur Information über den eigenen Punktwert) die Affiliationstendenz stärker als in der zweiten.

Die Theorie von SCHACHTER muß u. a. durch Selbstwerthypothesen ergänzt (und damit in ihrem Geltungsbereich eingeschränkt) werden. Es ist nämlich nicht der Fall, daß große Angst oder andere starke Gefühle *immer* ein Bedürfnis nach Gesellschaft auslösen. Zumindest kann dieses Bedürfnis von Selbstdarstellungsmotiven überlagert werden, die unter Umständen das Alleinsein günstiger erscheinen lassen. In mehreren Untersuchungen (z. B. SARNOFF und ZIMBARDO, 1961) zeigte sich, daß Vpn, die intensive negative Gefühle erlebten, weil sie in eine peinliche oder beschämende Situation gebracht wurden, lieber allein waren. Angst vor physischer Bedrohung scheint generell die Affiliationstendenz zu erhöhen. Angst vor einer Selbstwertbedrohung oder einer ungünstigen Selbstdarstellung bewirkt dagegen eine Vorliebe für Alleinsein, weil man die Ablehnung durch andere Personen vermeiden will (vgl. TEICHMAN, 1978).

Eine weitere Einschränkung erfährt die Theorie dadurch, daß ängstliche Personen nicht immer die Gesellschaft von Menschen bevorzugen, die sich in einer ähnlichen Situation befinden. Oft werden Menschen mit ähnlicher Persönlichkeit oder hilfsbereite Personen vorgezogen (s. dazu GÖTZ-MARCHAND, 1985). Das Bedürfnis nach sozialem Vergleich ist also nicht die einzige Wurzel des Geselligkeitsmotivs. Häufig wird die Gesellschaft jener Menschen aufgesucht, von denen man sich den größten Nutzen (Erleichterung, Verständnis) erwartet.

Um Kon[illegible] zu erzielen, muß kommuniziert werden. Wenn eine Vielfalt von Meinungen zum selben Thema vorliegt, ist Konformität um so schwieriger zu erreichen, je größer die Streuung der Meinungen ist. Besonders durch die Vertreter extremer Standpunkte ist das Zustandekommen einer einheitlichen Gruppenmeinung (die Herstellung einer sozialen Realität) gefährdet. Daher ist es in diesem Zusammenhang besonders wichtig, die (relativ zur Gruppe) extremen Meinungen und Einstellungen zu beeinflussen.

Aus Überlegungen dieser Art folgt, daß auf Vertreter extremer Positionen mehr «eingeredet» wird als auf Vertreter mittlerer Positionen (FESTINGER, 1950). FESTINGER und THIBAUT (1951) zeigten in einem Experiment, daß der passive Kommuniktionsstatus eines Gruppenmitglieds um so höher ist, je mehr sein Standpunkt vom Gruppenmittelwert abweicht (schematisch in Abbildung 175 dargestellt). Außer-

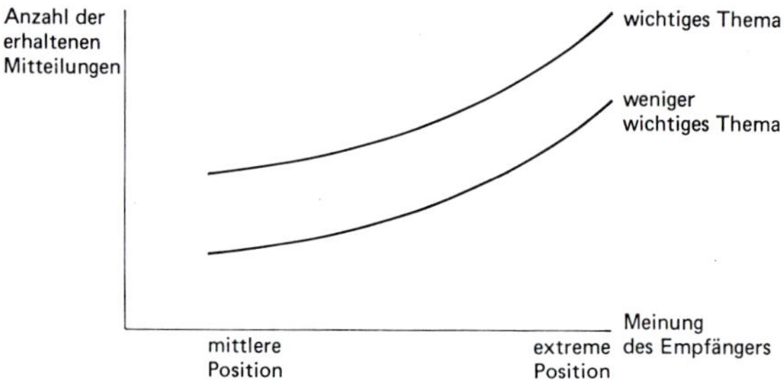

Abbildung 175

dem ist die gesamte Kommunikationsfrequenz der Gruppe um so größer, je wichtiger das diskutierte Meinungsobjekt für die Gruppe ist und je attraktiver die Gruppe für die einzelnen Mitglieder ist.

Allerdings ist die beschriebene Kommunikationsstruktur nur von begrenzter Dauer. Ändern die Vertreter extremer Standpunkte trotz zahlreicher Beeinflussungsversuche ihre Meinung nicht, dann sinkt die Frequenz der an sie gerichteten Kommunikationen drastisch. Auch ihr soziometrischer Wahlstatus ist dann sehr niedrig (SCHACHTER, 1951). Auf diese Art werden «unnachgiebige» Extrempersonen aus der Gruppe ausgeschlossen.

Ob eine Extremperson dem auf sie ausgeübten Druck zur Meinungsänderung nachgibt oder nicht, hängt vor allem davon ab, wie attraktiv die Gruppe für sie ist. Wenn die Extremperson großes Interesse daran hat, in der Gruppe zu bleiben (weil die Gruppe sehr attraktiv ist oder weil keine Alternativen zur Verfügung stehen), dann wird sie zu einer Meinungsänderung bereit sein.

[illegible]

LATANÉ (1981, LATANÉ und NIDA, 1980) entwickelte eine allgemeine Einflußtheorie, die auf viele verschiedene Einflußsituationen anwendbar ist. Die Theorie wurde nach dem Vorbild physikalischer Theorien entworfen. Ähnlich wie etwa in der Mechanik die Anziehung, die ein Körper auf einen zweiten ausübt, mit der Masse des ersten Körpers zu- und mit der Entfernung zwischen den Körpern abnimmt, wird auch in der sozialen Einflußtheorie (social impact theory) von zwei grundlegenden Faktoren ausgegangen: Stärke der Einflußquelle (analog zur Masse) und Nähe der Einflußquelle zur Zielperson. Außerdem spielt die Anzahl der Einflußquellen eine Rolle (mit steigender Anzahl nimmt sozusagen die Masse zu). Die Stärke hängt nach LATANÉ u. a. von Macht, Status und Fähigkeit ab. Mit Nähe ist räumliche oder zeitliche Distanz gemeint. (Die in anderen Theorien, z. B. im SEM-Modell von TESSER enthaltene Variable der *psychologischen* Nähe – etwa in Form von Freundschaft, Einstellungsähnlichkeit oder Sympathie – ist in der sozialen Einflußtheorie ein Aspekt der Stärke).

Die Einflußstärke I (impact) hängt also von drei Variablen ab: Stärke (S = strength), Nähe (I = immediacy), und Anzahl (N = number) der Einflußquellen. LATANÉ nimmt an, daß zwischen S, I und N eine multiplikative Beziehung besteht, so daß die Einflußstärke eine Funktion des Produkts von S, I und N ist:

$$I = f(S \cdot I \cdot N)$$

Die Annahme der multiplikativen Beziehung impliziert u. a., daß keinerlei Einfluß vorhanden ist, wenn eine der Variablen null ist.

Der zusätzliche (marginale) Einfluß einer Einflußquelle ist um so geringer, je mehr Einflußquellen bereits vorhanden sind. Zum Beispiel ist der psychologische Unterschied zwischen 11 und 12 Personen geringer als der zwischen 1 und 2 Personen. Ähnlich verhält es sich in der Psychophysik. Zum Beispiel ist der subjektive Lautstärkeunterschied zwischen 11 und 12 Geigen kleiner als der zwischen 1 und 2 Geigen. Dieser Sachverhalt wird in der Psychophysik seit STEVENS (1957) mit Hilfe von Potenzfunktionen beschrieben. Auch LATANÉ verwendet zur Beschreibung des Einflusses mehrerer Quellen eine Potenzfunktion. Wenn man (vorläufig) die Nähe unberücksichtigt läßt oder gleich eins setzt, erhält man folgende Funktion:

$$I = S \cdot N^c$$

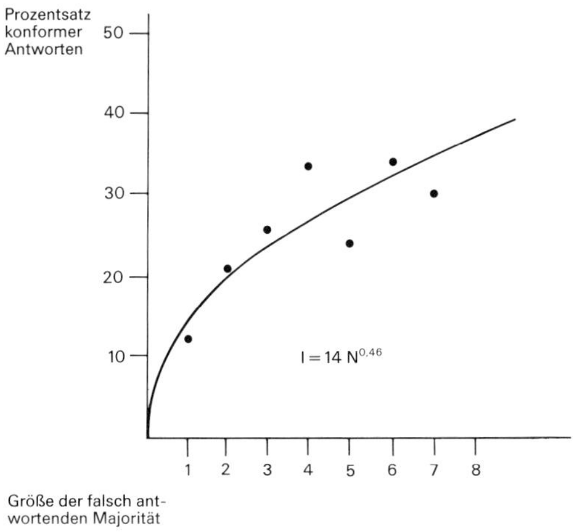

Abbildung 176

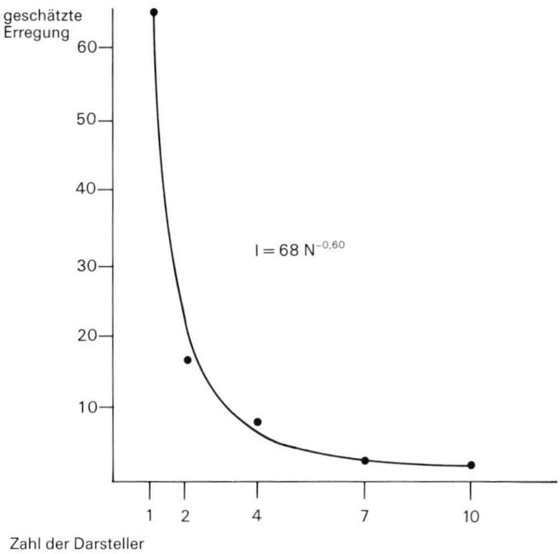

Abbildung 177

In dieser Formel ist c eine Konstante, die kleiner als eins ist. Ihre exakte Größe muß in jedem konkreten Fall empirisch ermittelt werden. S kann als Stärke der Quelle oder als gemeinsame Stärke von Quelle und Situationsfaktoren aufgefaßt werden. Wenn die Theorie richtig ist, liegen die Daten immer entlang einer Kurve, die ähnlich aussieht wie in Abbildung 176 (aus LATANÉ, 1981). Die Abbildung zeigt, wie der Majoritätseinfluß (Prozentsatz falscher Antworten) mit der Größe einer falsch antwortenden Majorität zunimmt.

Die beiden Formeln beschreiben die Vergrößerung oder Multiplikation von Einfluß bei mehreren Einflußquellen. Die Theorie ist auch auf den umgekehrten Fall anwendbar. Einfluß wird verkleinert oder dividiert, wenn eine Einflußquelle auf mehrere Zielpersonen gerichtet ist. In diesem Fall lautet die Formel:

$$I = S/N^c = S \cdot N^{-c}$$

In solchen Fällen liegen die Daten entlang einer Kurve, die aussieht wie in Abbildung 177 (JACKSON und LATANÉ, 1981). Die Kurve in Abbildung 177 zeigt, wie bei konstanter Einflußquelle (Publikum) das Lampenfieber mit der Zahl der Zielpersonen (Darsteller) abnimmt.

Ein etwas komplizierterer Fall liegt vor, wenn mehrere Einflußquellen und mehrere Zielpersonen vorhanden sind. Jetzt lautet die Formel:

$$I = (S_1 \cdot N^c) / (S_2 \cdot N^f)$$

S_1 ist die (durchschnittliche) Stärke der Quellen, S_2 die Stärke (Widerstand) der Einflußempfänger. Die Konstanten c und f müssen empirisch ermittelt werden. In ihrer allgemeinsten Form lautet die soziale Einflußtheorie:

$$I = k\ [(S^a I^b N^c) / (S^d I^e N^f)]$$

k ist eine Skalierungskonstante, a bis c sind die Exponenten der Quellen, d bis f die Exponenten der Empfänger. Es wird vorausgesetzt, daß alle Exponenten kleiner als eins sind.

Die Theorie wurde mit Erfolg auf die unterschiedlichsten Situationen und Fragestellungen angewendet. Beispiele für die multiplikative Wirkung von Einflußquellen sind Majoritäts- und Minoritätseinflüsse (LATANÉ, 1981; WOLF, 1987), sowie die mit der Publikumsgröße zunehmende Nervosität von Darstellern und Vortragenden (LATANÉ und HARKINS, 1976). Auch die Größe der Einstellungsänderung nimmt mit der Zahl der Sender zu (HARKINS und PETTY, 1983).

Das bekannteste Beispiel für Einflußdivision bei mehreren Zielpersonen sind die nichtreagierenden Zuschauer in Notsituationen (LATANÉ und DARLEY, 1970). Je mehr Zuschauer vorhanden sind, desto geringer ist die Wahrscheinlichkeit, daß der Einzelne hilft (vgl. Abschnitt 6.133). Wie bereits erwähnt wurde, ist das Lampenfieber um so geringer, je mehr Darsteller gleichzeitig auftreten (JACKSON und LATANÉ, 1981). Es wurde sogar gezeigt, daß (pro Person) um so weniger Trinkgeld (gemessen als Prozentsatz des Gesamtbetrags der Kosten) gegeben wird, je größer die gemeinsam essende Gruppe ist (FREEMAN et al., 1975). Einstellungsänderungen sind um so kleiner, je größer die Zahl der Empfänger ist (HARKINS und PETTY, 1983).

Außer Einflußmultiplikation und -division wurden auch die Hypothesen über Stärke und Nähe bestätigt. Zum Beispiel zeigten LATANÉ und HARKINS (1976) nicht nur, daß ein älteres Publikum von relativ hohem Status mehr Aufregung hervorruft als ein jüngeres Publikum von geringerem Status, sondern auch, daß zwischen Stärke und Größe des Publikums eine multiplikative Beziehung (Wechselwirkung) besteht – wie es von der Theorie verlangt wird.

Es ist erstaunlich, wie gut die relativ einfachen Formeln der sozialen Einflußtheorie in vielen Fällen mit den Ergebnissen übereinstimmen. TANFORD und PENROD (1984) haben eine ähnliche, aber etwas kompliziertere Theorie vorgeschlagen, deren Übereinstimmung mit den Daten aber nur unwesentlich besser ist als die der Theorie von LATANÉ.

6.32 Gruppenleistungen

6.321 Leistungsveränderungen durch Anwesenheit anderer Personen

Einer der ältesten Forschungsgegenstände der Sozialpsychologie ist die Frage, ob die Leistungsfähigkeit des Einzelnen durch die Anwesenheit anderer Personen gefördert oder beeinträchtigt wird. Wie bei vielen anderen Problemen stellte sich auch hier heraus, daß die Frage in dieser einfachen Form nicht beantwortet werden kann.

Das «klassische» Experiment wurde von ALLPORT (1920) durchgeführt. Dieselbe Reihe von Aufgaben wurde in einer Versuchsbedingung von isoliert arbeitenden Vpn durchgeführt und in einer zweiten Versuchsbedingung von mehreren Vpn gleichzeitig im selben Raum. In der zweiten Bedingung sollte jede Vp still für sich arbeiten und – um keine Konkurrenzeinstellung aufkommen zu lassen – nicht vesuchen, ihre Leistungen mit den Fortschritten anderer Vpn zu vergleichen.

ALLPORT verwendete sechs Arten von Aufgaben:

(1) Kettenassoziationen. Zu einem vorgegebenen Wort sollte sich die Vp möglichst schnell ein anderes Wort einfallen lassen, zu diesem wieder ein neues Wort usw.

(2) Vokale durchstreichen. In Zeitungsartikeln waren alle Vokale auszustreichen.

(3) Mehrdeutige Figur. Die Zeichnung eines Würfels wurde gezeigt (Abbildung 178). Diesen Würfel kann man entweder von oben sehen (dann ist die Fläche ABCD vorne) oder von unten (dann ist die Fläche EFGH vorne). Die Vpn wurden aufgefordert, so rasch wie möglich zwischen den beiden Wahrnehmungen des Würfels abzuwechseln.

(4) Multiplikationen.

(5) Logisches Denken. Eine Reihe von Syllogismen wurde vorgegeben; die Vpn sollten falsche Syllogismen erkennen.

(6) Urteile. Gewichte mußten geschätzt und Gerüche nach dem Grad ihrer Annehmlichkeit beurteilt werden.

Bei allen Aufgaben außer (5) und (6) – logisches Denken und Urteile – arbeiteten die Vpn der zweiten Versuchsbedingung schneller als die isolierten Vpn. Bei Aufgabe (6) – Urteile – kam es in der Gruppensituation zu weniger Extremurteilen (unangenehme Gerüche wurden als weniger unangenehm und angenehme als weniger angenehm eingestuft).

Das Hauptergebnis ALLPORTS war, daß bei den meisten Aufgabentypen in Anwesenheit anderer Personen schneller gearbeitet wird als allein. Diesen in vielen späteren Untersuchungen immer wieder aufscheinenden Effekt bezeichnete man als soziale Erleichterung (social facilitation). Im Deutschen ist auch der Ausdruck *soziale Leistungsaktivierung* gebräuchlich.

Es muß jedoch betont werden, daß sich die Anwesenheit anderer Personen oft, aber keineswegs immer, günstig auf die Leistungs*menge* auswirkt. Betrachtet man nun die Leistungs*qualität,* so vermitteln die Ergebnisse verschiedener Untersuchungen ein recht heterogenes Bild. Die Fehlerzahl ist in der Gruppensituation manchmal größer und manchmal kleiner als bei isolierten Vpn.

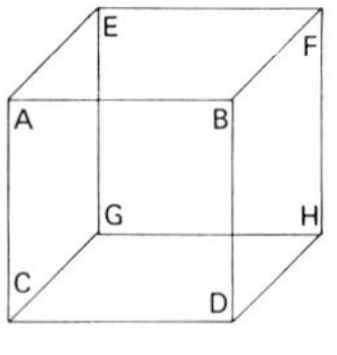

Abbildung 178

Zur Illustration sei das Experiment von PESSIN (1933) referiert. Die Vpn mußten Listen von sinnlosen Silben (wie xaf, tek, usw.) auswendig lernen. Das Lernen der sinnlosen Silben gelang den Vpn besser und schneller allein als in Anwesenheit von Zuschauern. Später wurde geprüft, in welchem Ausmaß die Silben behalten bzw. wieder vergessen worden waren. Jetzt zeigte sich, daß die Wiedergabeleistung in der Auditoriumsbedingung besser war als ohne Zuschauer.

Die zahlreichen Widersprüche dieser Art, die man in der einschlägigen Literatur vorfindet, konnten von ZAJONC (1965) aufgeklärt werden. In den meisten Situationen stehen einer Person mehrere Verhaltensweisen zur Verfügung (eine Verhaltenshierarchie ist vorhanden, vgl. Abschnitt 2.332). Die einzelnen Verhaltensweisen einer Reaktionshierarchie haben unterschiedliche Auftrittswahrscheinlichkeiten (Häufigkeiten). Die häufigste Reaktion einer Hierarchie bezeichnet man als dominante Reaktion.

Zu Beginn eines Lernvorgangs ist in der Regel eine falsche Reaktion dominant (z. B. eine falsche Antwort). Nach erfolgreichem Abschluß des Lernvorgangs ist dann die richtige Reaktion dominant geworden (am häufigsten, vielleicht sogar immer, wird die richtige Antwort gegeben).

Ein wichtiger Befund der Lernpsychologie besagt, daß in Zuständen erhöhter Aktivierung (d. h. bei «inneren Spannungen» jeder Art, etwa bei starken Gefühlen) die dominante Verhaltensweise noch häufiger und schneller auftritt als in entspannten Zuständen (vgl. Abschnitt 2.332 über Verhaltenshierarchien, Rigidität und Kreativität). LEIDERMANN und SHAPIRO (1964) zeigten experimentell, daß bereits die bloße Anwesenheit anderer Personen zu einem Ansteigen der Aktiviertheit führen kann.

Daraus leitet ZAJONC folgende Hypothesen ab:

(1) Lernprozesse werden durch die Anwesenheit anderer Personen gestört. Mit der Erhöhung der Aktiviertheit steigt auch die Häufigkeit der noch dominanten falschen Reaktionen. Dadurch kommt es zu einem langsamen Lernprozeß und einer großen Fehlerzahl.

(2) Gut gelernte Tätigkeiten werden durch die Anwesenheit anderer Personen gefördert. Bei einer gut eingeübten Tätigkeit sind die richtigen Verhaltensweisen dominant. Die gesteigerte Aktiviertheit hebt jetzt die Häufigkeit und Geschwindigkeit der richtigen Reaktionen an. die Folge davon sind hohes Leistungstempo und geringe Fehlerzahl.

Die Hypothesen von ZAJONC stimmen gut mit den zahlreichen diesbezüglichen Versuchsergebnissen überein. Als Illustration sei nochmals auf die in diesem Abschnitt referierten Experimente von ALLPORT und PESSIN verwiesen. Das Lernen der sinnlosen Silben wurde bei PESSIN durch die Anwesenheit von Zuschauern gestört. Die Wiedergabe der bereits gut gelernten Silben wurde durch Zuschauer verbessert. Bei ALLPORT trat bei den meisten Aufgaben (z. B. Wortassoziationen, Multiplizieren, Ausstreichen von Vokalen) durch die Anwesenheit anderer Personen eine Steigerung des Arbeitstempos auf. Man kann wohl annehmen, daß es sich bei diesen Aufgaben um sehr gut gelernte, reibungslos ablaufende Tätigkeiten handelt. Bei einer ungewohnten und schwierigen Aufgabe (Erkennen falscher Syllogismen) waren jedoch die isoliert arbeitenden Vpn im Vorteil. Daß bei der Beurteilung von Gerüchen und Gewichten in der Gruppensituation weniger extreme und mehr mittlere Urteile auftraten, könnte dadurch erklärt werden, daß Extremurteile seltener (weniger dominant) sind als mittlere Urteile. Die geringere Urteilsdivergenz in der Gruppe könnte allerdings auch ein Konformitätsphänomen aufgrund sozialer Vergleichsprozesse sein.

Obwohl die Hypothesen von ZAJONC eine Fülle bisher widersprüchlich scheinender Daten befriedigend und einfach erklären, sind dennoch einschränkende Bemerkungen notwendig. Nicht in allen Fällen werden Lernprozesse durch die Anwesenheit anderer Personen beeinträchtigt. COTTRELL, WACK, SEKERAK und RITTLE (1968) zeigten in Übereinstimmung mit den Hypothesen von ZAJONC und den Ergebnissen von ZAJONC und SALES (1966), daß Verhaltensweisen, deren Reaktionsstärke groß ist, in Anwesenheit von Zuschauern häufiger auftreten als bei isolierten Vpn, während die Häufigkeit von Verhaltensweisen mit geringer Reaktionsstärke (wenig geübte Verhaltensweisen) durch die Anwesenheit von Zuschauern sinkt. In einer dritten Versuchsbedingung (außer «allein» und «Zuschauer») befanden sich außer der Vp zwei Personen mit verbundenen Augen im Versuchszimmer (die sich angeblich vor der Teilnahme an

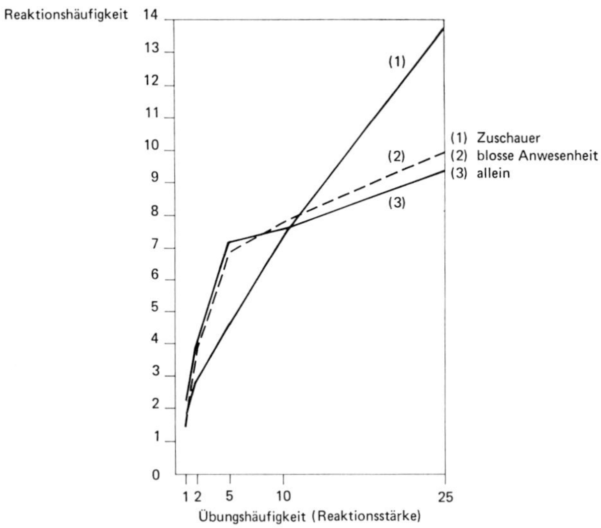

Abbildung 179

einem anderen Experiment an völlige Dunkelheit gewöhnen mußten). Die Vpn dieser Versuchsbedingung verhielten sich genauso wie isolierte Vpn (siehe Abbildung 179).

Dieses Ergebnis ist jedoch mit den Hypothesen von ZAJONC verträglich, wenn man annimmt, daß die bloße Anwesenheit anderer Personen nicht aktivierend wirken *muß*. Die Anwesenheit sichtlich teilnahmsloser Personen ist wahrscheinlich in keiner Weise «aufregend». Nur wenn man beobachtet wird, ist man «nervös». Aber auch hier muß weiter differenziert werden. Nicht jeder Beobachter wirkt auf den Beobachteten aktivierend. Bei inkompetenten Beobachtern (von denen die Vp annimmt, daß sie nicht die Qualität der Leistung beurteilen können) treten die beschriebenen Zuschauereffekte nicht auf (HENCHY und GLASS, 1968; LÜCK, 1969; MARTENS und LANDERS, 1972; SASFY und OKUN, 1974).

Bisher hat der Leser zwei Erklärungsansätze für soziale Leistungsaktivierung kennengelernt: die Ansätze von ZAJONC und COTTRELL. (1) Die Theorie von ZAJONC (1965) – eine Übertragung zentraler Annahmen der Lern- und Triebtheorie von HULL auf soziale Leistungssituationen. ZAJONC (1980b) hat seine Theorie durch die Hypothese präzisiert, daß die bloße Anwesenheit anderer Personen deshalb aktivierend wirkt, weil sie Ungewißheit erzeugt. Im Gegensatz zu physikalischen Reizen, die im allgemeinen vorhersagbar sind, ist das Verhalten von Personen oft nicht vorhersagbar, wodurch erhöhte Ungewißheit, Aufmerksamkeit und Aktivierung entsteht.

(2) COTTRELL et al. (1968) haben die grundlegenden Annahmen der ZAJONC-HULL-Theorie übernommen, aber dahingehend eingeschränkt, daß nur solche Personen aktivierend wirken, von denen man sich beobachtet fühlt. Dieser Ansatz wurde von COTTRELL (1972) durch die Annahme präzisiert, daß mit der Anwesenheit anderer Personen die Erwartung einer Leistungsbewertung verbunden ist. Sowohl die Erwartung einer positiven Bewertung (Hoffnung, Vorfreude) als auch die Erwartung einer negativen Bewertung (Angst) erhöhen die Aktivierung.

(3) Ein neuerer Ansatz ist die Ablenkungs-Konflikttheorie von SANDERS und BARON (1975; BARON, 1986). Ihre zentrale Hypothese besagt, daß man durch die Anwesenheit anderer Personen abgelenkt wird (in gleicher Weise wie durch interessante physikalische Reize). Dadurch entsteht ein Aufmerksamkeitskonflikt: Die Aufmerksamkeit wird sowohl von der Aufgabe als auch von den Personen auf sich gezogen (u. a. deshalb, weil man soziale Vergleiche anstrebt, sofern die anderen Personen nicht bloße Zuschauer sind, sondern an derselben Aufgabe arbeiten).

Der Aufmerksamkeitskonflikt hat eine von drei möglichen Folgen: (3a) Er erhöht wie jeder

Konflikt die Aktivierung. (3b) Man hat nicht genug Aufmerksamkeit zur Bewältigung der Aufgabe zur Verfügung, weshalb die Informationsverarbeitung überlastet ist. Das führt in weiterer Folge zu oberflächlicher, heuristischer Informationsverarbeitung. (3c) Sowohl erhöhte Aktivierung als auch Überlastung treten ein. Die wahrscheinlichste Möglichkeit ist (3c).

Bei neuen und/oder komplexen Aufgaben sagt die Ablenkungs-Konflikttheorie genauso wie die Ansätze von ZAJONC und COTTRELL eine Leistungsverschlechterung durch Anwesenheit anderer voraus. Sowohl die erhöhte Aktivierung als auch die Aufmerksamkeitsüberlastung sind in diesem Fall ungünstig für die Leistung. Bei gut gelernten und/oder einfachen Aufgaben ist die Voraussage der Ablenkungs-Konflikttheorie differenzierter, denn in diesem Fall treten gleichzeitig leistungsfördernde und leistungshemmende Wirkungen auf. Die erhöhte Aktivierung ist günstig für die Bearbeitung einer leichten Aufgabe, die Überlastung ist aber auch bei leichten Aufgaben ungünstig. Daher kann – je nach der relativen Stärke von Aktivierung und Überlastung – bei leichten Aufgaben durch Anwesenheit anderer eine Leistungssteigerung, kein Effekt, oder eine Leistungsverschlechterung eintreten. Bei sehr starker Ablenkung ist daher auch bei leichten Aufgaben mit einer Leistungsverschlechterung zu rechnen.

Die Theorie wird durch etliche Untersuchungen unterstützt. Zunächst zeigten SANDERS und BARON (1975), daß durch Ablenkung (optische Reize) analoge Effekte wie durch Anwesenheit von Personen erzielt werden. Durch Ablenkung wurde die Leistung bei leichten Aufgaben (Ziffern abschreiben) verbessert, bei schwierigen Aufgaben (Buchstaben verkehrt und in umgekehrter Reihenfolge schreiben) verschlechtert. Die leistungssteigernde Wirkung bei leichten Aufgaben zeigte sich jedoch nur bei leichten bis mittleren Graden der Ablenkung. Durch starke Ablenkung (viele ablenkende Reize) wurde die Leistung auch bei leichten Aufgaben keineswegs verbessert.

SANDERS, BARON und MOORE (1978) zeigten, daß die Anwesenheit anderer nur dann einen Einfluß auf die Leistung hat, wenn sie ablenkend wirkt. In sechs Versuchsbedingungen bearbeiteten die Vpn einfache oder komplexe Aufgaben, wobei sie entweder allein oder in Anwesenheit anderer Vpn arbeiteten. Die anderen Vpn bearbeiteten entweder dieselben oder andere Aufgaben (s. Tabelle 86). Wie die Ergebnisse in Tabelle 86 zeigen, wurden die Voraussagen der Theorie bestätigt. Personen, die an anderen Aufgaben arbeiten, sind relativ uninteressant. Daher lenken sie nicht ab, und beeinflussen die Leistung nicht. Personen, die an denselben Aufgaben arbeiten, veranlassen soziale Vergleichsprozesse. Daher lenken sie ab und bewirken eine Leistungsverbesserung bei leichten und eine Verschlechterung (mehr Fehler) bei schwierigen Aufgaben.

Tabelle 86

Aufgaben-schwierigkeit	allein	gemeinsam/ andere Aufgaben	gemeinsam/ gleiche Aufgaben
	richtig abgeschriebene Ziffern		
leicht	151,65	158,60	179,60
schwer	78,70	81,90	78,00
	falsch abgeschriebene Ziffern		
leicht	0,25	0,60	0,60
schwer	0,60	0,50	3,90

Die Ablenkungs-Konflikttheorie ist in Version (3a) eine Aktivierungstheorie wie die Modelle von ZAJONC und COTTRELL. Sie nennt allerdings eine andere Ursache der Aktivierung. In der Version (3b) ist sie eine kognitive Theorie, und in der Version (3c) sowohl eine kognitive Theorie wie eine Aktivierungstheorie. Bevor abschließend auf andere kognitive Erklärungen der Leistungsaktivierung eingegangen wird, soll noch ergänzend ein Aspekt der Aktivierungstheorien erwähnt werden, auf den GEEN und BUSHMAN (1987) hingewiesen haben.

Es ist unrealistisch, anzunehmen, daß die multiplikative Beziehung zwischen Trieb (Aktivierung) D und Lernerfahrung H unbeschränkt gilt. Es gibt zweifellos eine obere Grenze der Reaktionsstärke E (z. B. ist die Häufigkeit eines Verhaltens durch dessen mögliche Ausführungsgeschwindigkeit begrenzt). Aufgrund solcher Überlegungen haben BROEN und STORMS (1961) die HULLsche Formel $E = H \cdot D$ durch Einführung einer oberen Grenze von E modifiziert (s. Abbildung 180).

Aus dieser Annahme folgt, daß die Vergrößerung der Differenz zwischen den Reaktionsstärken von dominanten und nichtdominanten Reak-

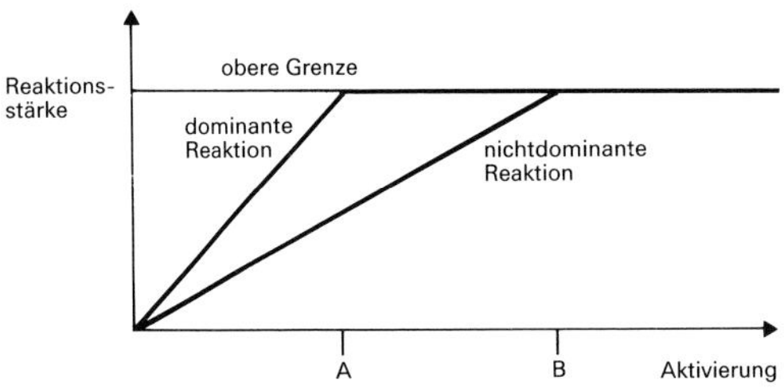

Abbildung 180

tionen nur bis zu einem bestimmten Erregungsausmaß (Punkt A in Abbildung 180) stattfindet. Bei weiter steigender Aktivierung nimmt die Differenz zwischen den Reaktionsstärken wieder ab, bis schließlich bei extrem hoher Aktivierung (Punkt B) die Reaktionsstärken gleich sind. Dadurch kann erklärt werden, daß durch extrem hohe Erregung sogar leichte und gut gelernte Tätigkeiten beeinträchtigt werden. Ein bekanntes Alltagsbeispiel dafür ist, daß viele Menschen im Zustand äußerster Erregung (etwa durch Angst oder Wut) stottern und andere Sprechfehler machen, obwohl (korrektes) Sprechen ein gut gelerntes Verhalten ist.

(4) Kognitive Erklärungen der sozialen Leistungsaktivierung sind verschiedene Versionen der Selbstaufmerksamkeitstheorie. Sie nehmen an, daß durch die Anwesenheit von Zuschauern oder von gleichzeitig arbeitenden Personen die objektive Selbstaufmerksamkeit zunimmt. Die eigenen Leistungsstandards werden bewußt und man handelt danach, wodurch die Leistung steigt. Die leistungsmindernde Wirkung anderer Personen ist für diese Theorie schwerer zu erklären. Ein Erklärungsvorschlag lautet, daß es bei vielen neuartigen Aufgaben (noch) keine klaren Leistungsstandards gibt, bzw. daß bei manchen schwierigen Aufgaben widersprüchliche Standards aktiviert werden. (Wenn z. B. ein Rechtshänder mit der linken Hand schreiben soll, wird durch die Instruktion der Standard geschaffen, mit der linken Hand zu schreiben. Gleichzeitig ist aber auch der gewohnheitsmäßige Standard, mit der rechten Hand zu schreiben, bewußt).

Als Gegenteil der sozialen Leistungsaktivierung kann man die soziale Faulheit (social loafing) betrachten (LATANÉ, WILLIAMS und HARKINS, 1979). In mehreren Untersuchungen wurde nachgewiesen, daß die durchschnittliche Einzelleistung nachläßt, wenn Personen in Gruppen arbeiten. Der Effekt wurde vor allem bei motorischen Aufgaben (Klatschen, Schreien, Seilziehen), aber auch bei kognitiven Aufgaben, z. B. «brainstorming» (möglichst viele Ideen erfinden) gezeigt. Diese Ergebnisse widersprechen den verschiedenen Varianten der Aktivierungstheorie, weil soziale Faulheit durchwegs bei einfachen Tätigkeiten festgestellt wurde, die durch sozial bedingte Aktivierung eine Verbesserung zeigen müßten.

Soziale Faulheit wurde zunächst mit Hilfe der sozialen Einflußtheorie von LATANÉ (1981) erklärt (s. Abschnitt 6.317). Der Einfluß des Vl, der die Vpn zur Arbeit auffordert, wird auf mehrere Vpn verteilt, und daher dividiert und abgeschwächt. Eine andere Erklärung bietet die Selbstaufmerksamkeitstheorie von MULLEN (1987, s. Abschnitt 6.314). Nach MULLEN kommt es auf den Wert der Variablen Other-Total-Ratio an. Je niedriger dieser Wert ist, desto geringer ist die Selbstaufmerksamkeit und desto weniger strengt man sich daher an. Beide Theorien machen ähnliche Voraussagen: Je mehr Vpn einem Vl gegenüberstehen, desto größer ist die soziale Faulheit.

Soziale Faulheit wurde in Situationen festgestellt, in denen die Vp selbst ihre individuelle Leistung nicht klar beurteilen konnte, und in denen die individuelle Leistung auch nicht von einem Außenstehenden eindeutig festgestellt werden konnte (z. B. Seilziehen). Auch wenn z. B. eine Gruppe als ganze ihre Ideen abgibt, ist es für den Außenstehenden überhaupt nicht, und für die Mitglieder nur teilweise klar, wie viele Ideen von wem stammen. In einem Experiment von SZYMANSKI und HARKINS (1987, Experiment 2) sollten Vpn in Dyaden möglichst viele Verwendungsarten eines neuartigen Objekts erfinden. Laut Instruktion waren die individuellen Beiträge für den Vl entweder identifizierbar oder nicht. Einem Teil der Vpn wurde mitgeteilt, daß man ihnen nachher die Zahl der Ideen, die eine durchschnittliche Vp erfindet, mitteilen wird (Erwartung eines sozialen Vergleichs). Die Ergebnisse zeigten, daß soziale Faulheit sowohl durch Anonymität als auch durch Fehlen sozialer Vergleichsprozesse begünstigt wird. Mit anderen Worten: Soziale Faulheit wird verhindert, wenn Selbstdarstellungsmotive nach außen oder nach innen vorhanden sind. Die soziale Faulheit

verschwindet auch, wenn zwar keine Bewertung der Einzelleistungen, aber eine Bewertung der Gruppenleistung möglich ist (sozialer Vergleich von Gruppenleistungen, HARKINS und SZYMANSKI, 1989).
Aber auch durch andere Faktoren – ohne explizite Bewertung von außen oder innen – kann soziale Faulheit verhindert und eventuell eine Leistungssteigerung über das durchschnittliche individuelle Maß hinaus erreicht werden. Dazu zählen nach SZYMANSKI und HARKINS (1987) die persönliche Wichtigkeit der Aufgabe (Selbstzentralität), Interesse an der Aufgabe (intrinsische Motivation), und persönliche Wichtigkeit der Gruppe (Kohäsion). Alle diese Effekte lassen sich im Rahmen des Modells von GREENWALD (s. Abschnitt 5.468) selbstwerttheoretisch erklären: Wenn durch mangelnde Anstrengung ein Selbstsystem (privat, öffentlich oder kollektiv) bedroht wird, dann wird die Anstrengungsbereitschaft erhöht. Außer diesen Motivationsvariablen spielen sicher auch kognitive Variablen wie Ablenkung und mangelhafte Koordination der individuellen Handlungen eine Rolle.

[illegible]

Beim Lösen von Problemen sind Gruppen prinzipiell dem Einzelnen überlegen. Das läßt sich leicht anhand eines einfachen mathematischen Modells zeigen, das etwa gleichzeitig von EKMAN (1955), HOFSTÄTTER (1956b), LORGE und SOLOMON (1955) und TAYLOR (1954) vorgeschlagen wurde.
Betrachten wir zunächst den einfachen Fall einer Zweipersonengruppe, die ein bestimmtes Denkproblem zu lösen hat. Nehmen wir an, jede der beiden Personen A und B hat eine gewisse Chance, die Lösung zu finden. In unserem Beispiel sei die Lösungswahrscheinlichkeit für A (p_a) gleich der für B (p_b), nämlich 0,30. Bei 30 Prozent aller vergleichbaren und gleich schwierigen Probleme würde sowohl A als auch B allein die Lösung finden.
Wenn beide Personen zur gleichen Zeit die Lösung der Aufgabe versuchen, sind folgende vier Fälle möglich (vgl. Tabelle 87):

(1) A und B finden beide die Lösung. Die Wahrscheinlichkeit dafür ist $p_a \cdot p_b = 0{,}30 \cdot 0{,}30 = 0{,}09$.
(2) A findet die Lösung und B nicht. Die Wahrscheinlichkeit dafür, daß B die Lösung nicht findet, ist $1 - p_b = 0{,}70$. Daher ist die Wahrscheinlichkeit, daß nur A die Lösung findet $p_a \cdot (1 - p_b) = 0{,}30 \cdot 0{,}70 = 0{,}21$.
(3) B findet die Lösung und A nicht. Die Wahrscheinlichkeit dieses Falles ist $(1 - p_a) \cdot p_b = 0{,}70 \cdot 0{,}30 = 0{,}21$.
(4) Niemand findet die Lösung. Für diesen Fall beträgt die Wahrscheinlichkeit $(1 - p_a) \cdot (1 - p_b) = 0{,}70 \cdot 0{,}70 = 0{,}49$.

Tabelle 87

(1) beide finden die Lösung	$p = p_a \cdot p_b =$	0,09
(2) nur A findet die Lösung	$p = p_a \cdot (1 - p_b) =$	0,21
(3) nur B findet die Lösung	$p = (1 - p_a) \cdot p_b =$	0,21
(4) niemand findet die Lösung	$p = (1 - p_a) \cdot (1 - p_b) =$	0,49

Die Summe der vier Wahrscheinlichkeiten in Tabelle 87 ergibt 1, denn es ist sicher, daß einer der vier Fälle eintreten muß. Für die Gruppe ist jeder der ersten drei Fälle gleich günstig, denn es ist nur wesentlich, daß mindestens eines der Mitglieder die Lösung findet. Daher ist die Wahrscheinlichkeit dafür, daß die Gruppe das Problem löst $p(1) + p(2) + p(3) = 0{,}09 + 0{,}21 + 0{,}21 = 0{,}51$ (die Gruppe hat die Aufgabe gelöst, wenn beide oder A oder B die Lösung gefunden haben). Die Gruppe hat also wesentlich größere Chancen, das Problem zu lösen, als jedes ihrer Mitglieder allein ($0{,}51 > 0{,}30$).
Es gibt nur einen einzigen ungünstigen Fall für die Gruppe, nämlich den, daß niemand die Aufgabe bewältigt. Daher kann man die Lösungswahrscheinlichkeit p_g für die Gruppe auch folgendermaßen berechnen:

$$p_g = 1 - (1 - p_a)(1 - p_b) = 1 - 0{,}49 = 0{,}51.$$

Diese Formel läßt sich wie folgt für beliebig große Gruppen verallgemeinern; p_1, p_2 usw. bedeuten die Lösungswahrscheinlichkeiten für Mitglied 1, für Mitglied 2 usw. Für eine Zweipersonengruppe ist dann $p_g = 1 - (1 - p_1)(1 - p_2)$, oder, unter Verwendung des Produktzeichens Π:

$$p_g = 1 - \prod_{i=1}^{2} (1 - p_i).$$

Auch eine Dreipersonengruppe löst eine Aufgabe nur dann nicht, wenn keines der Mitglieder die Lösung findet; daher gilt in diesem Fall

$$p_g = 1 - (1 - p_1)(1 - p_2)(1 - p_3) = 1 - \prod_{i=1}^{3}(1 - p_i).$$

Für eine Gruppe von n Personen gilt ganz allgemein

$$p_g = 1 - (1 - p_1)(1 - p_2)\ldots(1 - p_n) = 1 - \prod_{i=1}^{n}(1 - p_i).$$

Tabelle 88 zeigt die Lösungswahrscheinlichkeiten für Gruppen unterschiedlicher Größe und mit verschieden «fähigen» Mitgliedern. Wie man anhand jeder Zeile sieht, steigt bei konstanten Fähigkeiten der Mitglieder die Lösungschance für die Gruppe mit wachsender Mitgliederzahl. Je «intelligenter» die Mitglieder sind (großes p_i), desto weniger bringt jedoch eine Zunahme der Mitgliederzahl einen Gewinn für die Gruppe. Außerdem bringt ein zusätzliches Mitglied um so weniger Gewinn, je größer die Gruppe bereits ist.

Die Ergebnisse zahlreicher Experimente ermöglichen es, zu überprüfen, wieweit das Modell die Lösungswahrscheinlichkeiten bzw. -häufigkeiten für Gruppen richtig voraussagt (z. B. ANDERSON, 1961; HOPPE, 1962). Dabei kann man so vorgehen, daß zunächst einzelne Vpn eine Reihe (gleichartiger) Aufgaben lösen sollen. Dadurch können die Lösungswahrscheinlichkeiten der Individuen berechnet werden. Anschließend werden Gruppen gebildet, denen analoge Aufgaben vorgegeben werden.

Die Ergebnisse solcher Experimente zeigten in manchen Fällen, daß die Voraussagen des Modells richtig sind. Nicht selten kam es jedoch vor, daß die tatsächlichen Gruppenleistungen schlechter waren als es aufgrund des Modells zu erwarten war. Das Modell gibt die obere Leistungsgrenze, aber nicht immer das tatsächliche Gruppenverhalten an.

Tabelle 88

n p_i	2	3	4	5
0,10	0,19	0,27	0,34	0,41
0,20	0,36	0,49	0,59	0,67
0,30	0,51	0,66	0,76	0,83
0,40	0,64	0,78	0,87	0,92
0,50	0,75	0,87	0,94	0,97
0,60	0,84	0,94	0,97	0,99
0,70	0,91	0,97	0,99	1,00
0,80	0,96	0,99	1,00	1,00
0,90	0,99	1,00	1,00	1,00

Die Zahlenwerte für p_g sind jeweils auf zwei Dezimalstellen gerundet.

Diese Diskrepanzen erklären sich aus den impliziten Voraussetzungen des Modells, die in Realgruppen nicht immer erfüllt sind. Zu diesen Voraussetzungen zählt u. a.

(1) daß die Lösungswahrscheinlichkeiten der Individuen konstant und unabhängig voneinander sind, und
(2) daß eine gefundene Lösung von der ganzen Gruppe akzeptiert wird.

Beide Voraussetzungen sind häufig verletzt. Wie aus den Ausführungen des vorigen Abschnitts hervorgeht, kann durch die Anwesenheit anderer (beobachtender) Gruppenmitglieder die individuelle Lösungswahrscheinlichkeit verändert werden. Guteingespielte Lösungsstrategien werden häufiger, bisher wenig erprobte Lösungsstrategien noch seltener auftreten. (Daraus folgt auch, daß ungeübte und unbegabte Personen durch eine Gruppensituation oft beeinträchtigt werden.)

Ferner ist nicht immer garantiert, daß die Lösungssuche der einzelnen Mitglieder unabhängig voneinander erfolgt. Die Lösungswege besonders beliebter und angesehener Gruppenmitglieder werden oft imitiert.

Schließlich kann es vorkommen, daß eine gefundene Lösung von der Gruppe nicht akzeptiert wird, sei es, weil sie wegen ihrer Komplexität nicht als solche erkannt wird, oder weil sie von einem Mitglied mit niedrigem Status stammt. Ferner ist die Möglichkeit zu bedenken, daß unter Umständen eher die falsche Lösung eines beliebten Gruppenmitglieds akzeptiert wird als die richtige eines wenig geschätzten.

Das Modell setzt auch ungestörte Kommunikationsbedingungen voraus. Es nützt nichts, eine Lösung zu finden, wenn man sie der Gruppe nicht mitteilen kann.

Von zentraler Bedeutung ist ferner die Art der Aufgabe. Das Modell gilt nur für *disjunktive* Aufgaben, das sind solche, zu deren Lösung es ausreicht, wenn wenigstens ein Mitglied die Lösung findet. In zahlreichen Fällen gilt das Modell nicht, nämlich bei *komplementären* oder *konjunktiven* Aufgaben. Bei diesem Aufgabentyp ist eine erfolgreiche Bewältigung nur dann möglich, wenn mehrere oder alle Mitglieder der Gruppe Beiträge leisten. Bei einem Filmteam genügt es nicht, wenn der Kameramann oder der Regisseur oder der Hauptdarsteller oder ... seine Arbeit korrekt erledigt, sondern der produzierte Film (die Problemlösung) wird um so besser sein, je mehr Personen des Teams gute Beiträge liefern.

Die Begriffe disjunktiv und konjunktiv bezeichnen die beiden Endpunkte eines Kontinuums, auf dem man verschiedene Aufgabentypen einordnen kann, die sich im Grad der notwendigen Komplementarität der Einzelleistungen unterscheiden. Überhaupt nicht komplementär sind strikt disjunktive Aufgaben. Maximal komplementär sind strikt konjunktive Aufgaben, wie etwa die Aufführung eines Streichquartetts. In diesem Fall müssen alle Mitglieder ihre Aufgabe bewältigen. Wenn nur ein Mitglied eine schlechte Leistung bietet (z. B. häufig falsch spielt), ist es für die Gruppe unmöglich, ihre Aufgabe adäquat auszuführen.

Bei komplementären Aufgaben traten häufig andere Ergebnisse auf, als man sie bei disjunktiven Aufgaben erwarten würde. Während das Modell für disjunktive Aufgaben postuliert, daß der Gruppenvorteil um so größer ist, je unfähiger die einzelnen Mitglieder im Durchschnitt sind, zeigte sich unter komplementären Bedingungen (Gruppen sollten in einer bestimmten Zeit möglichst viele Denkaufgaben lösen) das Gegenteil (z. B. EGERBLADH, 1976; LAUGHLIN und BRANCH, 1972; LAUGHLIN, BRANCH und JOHNSON, 1969; LAUGHLIN und JOHNSON, 1966; LAUGHLIN, KERR, DAVIS, HALFF und MARCINIAK, 1975). Bei komplementären Aufgaben werden die Leistungsunterschiede zwischen Gruppen und Individuen mit zunehmender Fähigkeit größer. Der Gruppenvorteil kommt hier vor allem fähigen Personen zugute. Zur Illustration dieser Behauptung sind in Tabelle 89 die entsprechenden Ergebnisse von LAUGHLIN et al. (1975) wiedergegeben.

Es genügt jedoch nicht, zwischen komplementären und disjunktiven Aufgaben zu unterscheiden. Die disjunktiven Aufgaben können unterteilt werden in Aufgaben mit evidenten Lösungen (die von allen Mitgliedern sofort akzeptiert werden), und Aufgaben mit nicht evidenten Lösungen. Diese Unterscheidung ist grundlegend für die Theorie der sozialen Entscheidungsschemata (DAVIS, 1973). Wenn die Gruppenmitglieder bei Problemen mit nicht evidenten Lösungen (zum Beispiel, wenn eine Gruppe von Geschworenen über Schuld oder Unschuld des Angeklagten befinden muß) unterschiedliche Lösungsvorschläge machen, ist es nötig, daß sich die Gruppe mit Hilfe einer Entscheidungsregel auf eine bestimmte Lösung einigt. Es gibt zahlreiche Entscheidungsregeln (z. B. absolute oder relative Mehrheit, «Diktatur» durch eine bestimmte Person usw.). Bei disjunktiven Aufgaben mit evidenten Lösungen lautet die Entscheidungsregel im allgemeinen «die Wahrheit siegt». Welche Lösung schließlich akzeptiert wird, hängt von den Häufigkeiten der verschiedenen Lösungsvorschläge und von der verwendeten Entscheidungsregel ab.

Die außerordentlich komplizierte Thematik des Leistungsverhaltens von Gruppen konnte im gegebenen Rahmen eines einführenden Textes nur gestreift werden. Der interessierte Leser sei auf die gründliche Darstellung des Themas durch KELLEY und THIBAUT (1969) verwiesen.

…ELAS (1950), BAVELAS und BARRETT (1951) und LEAVITT (1951) untersuchten erstmals den Einfluß der Gruppenstruktur (genauer, der Kommunikationsstruktur) auf die Gruppenleistung. Es sollte die Frage geklärt werden, welche Eigenschaften von Gruppenstrukturen leistungsfördernd bzw. leistungshemmend sind.

Tabelle 89

Fähigkeit	Gruppengröße Individuen	2	3	4	5
hoch	51,47	59,94	67,12	71,41	74,00
gering	23,94	26,29	25,76	31,18	30,82

Die Zahlen sind Mittelwerte der Leistungsskores (Anzahl der korrekt gelösten Aufgaben minus Anzahl der falschen Lösungen).

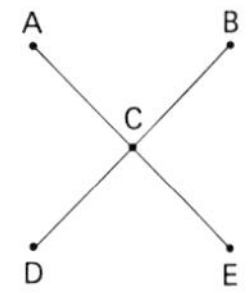

(1) Rad

	A	B	C	D	E	
A	0	0	1	0	0	1
B	0	0	1	0	0	1
C	1	1	0	1	1	4
D	0	0	1	0	0	1
E	0	0	1	0	0	1
	1	1	4	1	1	

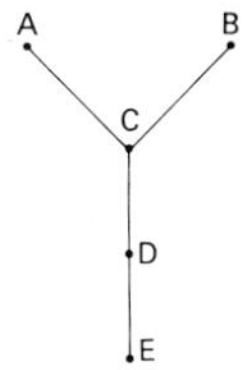

(2) Gabel

	A	B	C	D	E	
A	0	0	1	0	0	1
B	0	0	1	0	0	1
C	1	1	0	1	0	3
D	0	0	1	0	1	2
E	0	0	0	1	0	1
	1	1	3	2	1	

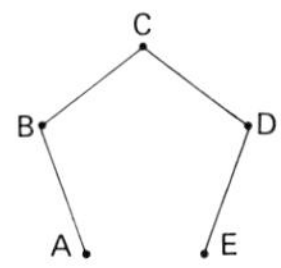

(3) Kette

	A	B	C	D	E	
A	0	1	0	0	0	1
B	1	0	1	0	0	2
C	0	1	0	1	0	2
D	0	0	1	0	1	2
E	0	0	0	1	0	1
	1	2	2	2	1	

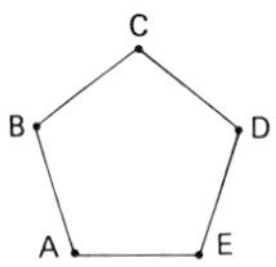

(4) Kreis

	A	B	C	D	E	
A	0	1	0	0	1	2
B	1	0	1	0	0	2
C	0	1	0	1	0	2
D	0	0	1	0	1	2
E	1	0	0	1	0	2
	2	2	2	2	2	

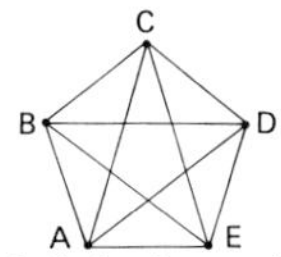

(5) vollständige Kommunikation

	A	B	C	D	E	
A	0	1	1	1	1	4
B	1	0	1	1	1	4
C	1	1	0	1	1	4
D	1	1	1	0	1	4
E	1	1	1	1	0	4
	4	4	4	4	4	

Abbildung 181

Die Vpn, die durch Trennwände voneinander separiert waren, konnten nur schriftliche, keine mündlichen Mitteilungen austauschen. Die jeweilige Gruppenstruktur wurde vom Vl festgelegt, indem er für jedes einzelne Gruppenmitglied bestimmte, mit wem es kommunizieren konnte und mit wem nicht.

Die verwendeten Gruppenstrukturen unterschieden sich hinsichtlich ihres Zentralisierungsgrades (der Begriff «Zentralisierung» wurde in Abschnitt 6.21 erläutert). Abbildung 181 zeigt einige Beispiele, deren Zentralisierungsgrad von (1) bis (4) abnimmt (die Kommunikationsmöglichkeiten werden von (1) bis (4) immer gleichmäßiger auf die Mitglieder der Gruppe verteilt). Die Strukturen (4) und (5) sind beide völlig dezentralisiert.

Jede Vp erhielt eine Karte mit fünf einfachen geometrischen Figuren. Die Karten der Vpn einer Gruppe waren alle voneinander verschieden. Nur eine Figur war auf sämtlichen Karten abgebildet. Aufgabe der Gruppe war es, herauszufinden, welches die gemeinsame Figur war.

Zentralisierte Gruppen lösten die Aufgabe schneller und machten weniger Fehler. Es mußten auch weniger Mitteilungen ausgetauscht werden als in dezentralisierten Gruppen. Andererseits war die Zufriedenheit der Vpn mit ihrer Tätigkeit im Durchschnitt in dezentralisierten Gruppen größer. Am zufriedensten waren jedoch die Inhaber zentraler Positionen in zentralisierten Gruppen.

Der Schluß, daß zentralisierte Gruppen zwar weniger angenehm für ihre Mitglieder, aber leistungsmäßig effizienter sind, wäre jedoch voreilig. Bavelas und Leavitt verwendeten einen sehr einfachen Aufgabentyp (Identifizieren der einzigen Figur, die allen Karten gemeinsam ist). Spätere Untersuchungen mit komplizierten Aufgaben (Rechenaufgaben, Denkprobleme usw.). kamem häufig zu dem Ergebnis, daß dezentralisierte Gruppen leistungsmäßig überlegen sind (z. B. Shaw, 1954; Shaw und Rothschild, 1956; Shaw, Rothschild und Strickland, 1957).

Shaw (1964) kommt nach der Sichtung zahlreicher einschlägiger Experimente zu dem Schluß, daß die durchschnittliche Zufriedenheit der Mitglieder generell in dezentralisierten Gruppen größer ist, daß aber weder zentralisierte noch dezentralisierte Gruppen leistungsfähiger sind, sondern daß die Effizienz von Struktur *und* Problemtyp abhängt. Bei komplexen Problemen sind dezentralisierte Gruppen überlegen (gemessen an Zeit und Fehlerzahl), bei einfachen Problemen sind zentralisierte Gruppen überlegen (siehe Tabelle 90, nach SHAW, 1964).

SHAW (1964) versucht, diese Ergebnisse mit Hilfe zweier hypothetischer Variablen zu erklären, die er «Unabhängigkeit» und «Sättigung» nennt. «Unabhängigkeit» bezieht sich auf die Handlungsfreiheit einer Person innerhalb der Gruppe. In einer dezentralisierten Gruppe hat der Einzelne durchschnittlich mehr Möglichkeiten der aktiven und passiven Kommunikation als in einer zentralisierten Gruppe. Daher ist die durchschnittliche Zufriedenheit in dezentralisierten Gruppen größer.

Statt «Sättigung» sollte man vielleicht besser «Überlastung» sagen (nicht zuletzt deshalb, um einer Verwechslung mit dem lernpsychologischen Sättigungsbegriff vorzubeugen). In zentralisierten Gruppen sind die Inhaber zentraler Positionen sehr viel mit Aufnahme, Koordination und Weitergabe von Information beschäftigt. Bei einem einfachen Problem kann der Inhaber einer zentralen Position seine Aufgabe zufriedenstellend bewältigen und seine Koordinationstätigkeit bringt der Gruppe Vorteile. Bei komplexen Problemen dagegen ist er überlastet, er kann Informationsmenge und -koordination nicht mehr bewältigen. Andererseits sind die anderen Gruppenmitglieder durch ihre periphere Position im Nachteil (wegen Unzufriedenheit und Informationsmangel).

6.33 Die Risikobereitschaft von Gruppen

Seit den aufsehenerregenden Arbeiten von STONER (1961) und WALLACH, KOGAN und BEM (1962) ist die Frage, warum Gruppenentscheidungen so häufig risikofreudiger sind als Entscheidungen von Einzelpersonen, eines der meistbeachteten Themen der Sozialpsychologie.

Der Vergleich der Risikobereitschaft von Individuen und Gruppen erfolgt folgendermaßen. Zunächst müssen die Vpn einzeln eine Reihe von (hypothetischen) Entscheidungen treffen, wobei jeweils eine Alternative mäßig attraktiv, aber sicher, und die andere Alternative sehr attraktiv, aber mit einem beträchtlichen Risiko verbunden ist.

Zur Verdeutlichung sei ein Beispiel (nach KOGAN und WALLACH, 1964) angeführt. Die Vp soll jemand beraten, der vor einer Berufswahl steht. Zur Auswahl stehen ein durchschnittlich bezahlter Posten bei einer alten und angesehenen Firma oder eine außerordentlich gut bezahlte Stellung bei einer neugegründeten Firma, deren

Tabelle 90
Zahl der Untersuchungen, die einen Unterschied zugunsten zentralisierter Strukturen (Rad, Gabel, Kette) bzw. dezentalisierter Strukturen (Kreis, vollständige Kommunikation) zeigen:

	einfache Probleme	komplexe Probleme
Zeit		
zentralisierte Gruppen schneller	14	0
dezentralisierte Gruppen schneller	4	18
Zahl der Mitteilungen		
mehr in zentralisierten Gruppen	0	1
mehr in dezentralisierten Gruppen	18	17
Fehlerzahl		
mehr in zentralisierten Gruppen	0	6
mehr in dezentralisierten Gruppen	9	1
kein Unterschied	1	3
Zufriedenheit		
größer in zentralisierten Gruppen	1	1
größer in dezentralisierten Gruppen	7	10

Zukunft jedoch völlig ungewiß ist. Die Vp muß angeben, wie groß die Erfolgschancen der neugegründeten Firma mindestens sein müßten, damit sie zur Annahme des riskanten Postens rät. Dazu werden bestimmte Antwortmöglichkeiten vorgegeben: Der gutbezahlte Posten soll angenommen werden, wenn die Chancen, daß sich die neue Firma bewährt, wenigstens 1 zu 9, 3 zu 7, 5 zu 5, 7 zu 3 oder 9 zu 1 sind. Natürlich kann die Vp auch ganz vorsichtig entscheiden und zur Annahme der sicheren Stellung raten.
Aus den Antworten einer Vp bei einer Reihe von Entscheidungsproblemen der eben dargestellten Art (wie oft sie die sichere oder die riskante Alternative wählt, bzw. unter welchen Bedingungen [bei welchen Erfolgswahrscheinlichkeiten] sie die riskante Alternative wählt) kann man ihre Risikobereitschaft schätzen.
Nach dem Einzelversuch werden die Vpn zu Gruppen zusammengefaßt. Den Gruppen werden dieselben Entscheidungsprobleme vorgelegt wie vorher den einzelnen Vpn. Jedes Problem wird in der Gruppe diskutiert und die Gruppe muß eine Entscheidung treffen. In vielen Experimenten werden nach der Gruppensitzung die Probleme den Vpn ein drittes Mal vorgegeben, diesmal wieder im Einzelversuch.
STONER (1961) sowie WALLACH, KOGAN und BEM (1962) kamen zu dem erstaunlichen Ergebnis, daß die Gruppenentscheidungen riskanter sind als die Einzelentscheidungen *vor* den Gruppensitzungen. Auch die privaten Entscheidungen *nach* den Gruppensitzungen sind riskanter als die anfänglichen Einzelentscheidungen. Offenbar kommt es hier durch Gruppenprozesse zu echten Meinungs- und Einstellungsänderungen.
Analoge Ergebnisse wurden in zahlreichen späteren Experimenten erzielt. Das als «risky shift» bezeichnete Phänomen zeigte sich bei Vpn verschiedener Nationalitäten (KOGAN und DOISE, 1969; LAMM und KOGAN, 1970; RIM, 1963), verschiedener Altersstufen (KOGAN und CARLSON, 1969) und bei verschiedenen Berufen (MARQUIS, 1962; RIM, 1965; STONER, 1961). Auch wenn die Vpn durch ihre Entscheidungen Geld verlieren können, entscheiden sie in der Gruppe riskanter als allein (WALLACH, KOGAN und BEM, 1964). Nur in wenigen Untersuchungen trat das risky-shift-Phänomen nicht auf (z. B. ZAJONC, WOLOSIN, WOLOSIN und SHERMAN, 1968), wahrscheinlich aufgrund von Besonderheiten der dargebotenen Entscheidungsprobleme.
Wie ist die erhöhte Risikobereitschaft von Gruppen zu erklären? Es gibt zahlreiche Erklärungsvorschläge, die jedoch alle nicht völlig befriedigend, zumindest nicht allgemeingültig sind. Einige dieser Erklärungsvorschläge sollen kurz besprochen werden.
Verteilung der Verantwortung. Bei einer Gruppenentscheidung ist der Einzelne «weniger verantwortlich» für die Folgen der Entscheidung (WALLACH, KOGAN und BEM, 1964). Er hat bei einer eventuellen Fehlentscheidung weniger aversive Konsequenzen für sich zu befürchten. Für Bestrafung durch andere oder Selbstbestrafung (Selbstvorwürfe) liegt kein Grund vor, denn es war nicht «seine Entscheidung», sondern die mehr oder weniger anonyme Entscheidung einer Gruppe. Daher ist man in der Gruppe risikobereiter als allein.
WALLACH, KOGAN und BEM (1964) konnten auch zeigen, daß die Gruppenentscheidung um so weniger riskant ausfällt, je mehr einzelne Mitglieder vom Vl für die Gruppenentscheidung verantwortlich gemacht werden. Gegen die Hypothese der Verantwortungsaufteilung sprechen u. a. die Ergebnisse von PRUITT und TEGER (1963). Den Vpn wurde mitgeteilt, daß der Mittelwert der individuellen Entscheidungen als Gruppenentscheidung betrachtet wird. Dadurch war die Verantwortung gleichmäßig auf alle Mitglieder verteilt worden. Dennoch kam es zu keinem «risky shift».
Risikofreudige Personen sind einflußreicher. Individuen, die von Anfang an zu riskanten Entscheidungen neigen, treten überzeugender auf und sind in der Gruppendiskussion einflußreicher (COLLINS und GUETZKOW, 1964). In mehreren Untersuchungen wurden die risikofreudigsten Personen nach der Gruppensitzung von den Gruppenmitgliedern als besonders einflußreich eingeschätzt (FLANDERS und THISTLETHWAITE, 1967; WALLACH, KOGAN und BURT, 1965).
Es ist jedoch möglich, daß die risikobereiten Personen *nach* der Gruppensitzung nur deshalb als einflußreich betrachtet wurden, weil die Gruppe (aus ganz anderen Gründen) riskant entschieden hat. Aus dem tatsächlichen Gruppenverhalten schließen die Mitglieder auf den größeren Einfluß der risikobereiten Personen.

HOYT und STONER (1968) bildeten homogene Gruppen aus Personen, deren anfängliche Risikobereitschaft gleich war. Wenn es stimmt, daß ein risky-shift (ausschließlich) durch den größeren Einfluß risikofreudiger Personen zustandekommt, dann dürfte in diesen homogenen Gruppen kein risky-shift auftreten. Es kam jedoch zu einer Erhöhung der Risikobereitschaft im üblichen Ausmaß.

Soziale Vergleiche. BROWN (1965) vertritt die Hypothese, daß Gruppen deshalb riskanter entscheiden, weil Risikobereitschaft von den meisten Menschen positiv bewertet wird. Genauer: In vielen (nicht in allen) Situationen bestehen positive Einstellungen in bezug auf riskantes Handeln. Wie risikobereit die eigene Entscheidung ist, kann man erst in der Gruppensituation (durch soziale Vergleichsprozesse) beurteilen. Nachdem man die Risikobereitschaft der Gruppenmitglieder erfahren hat, will man wenigstens um einen kleinen Betrag risikofreudiger sein als die anderen, um von der Gruppe positiv beurteilt zu werden und um sein positives Selbstbild zu bewahren oder zu verbessern.

Diese Theorie ist mit den vorliegenden Daten besser verträglich als die zwei anderen referierten Erklärungsversuche. Sie wird auch durch Untersuchungen gestützt, die nachweisen, daß ein Risikoniveau, das über dem eigenen liegt, besonders positiv bewertet wird (LEVINGER und SCHNEIDER, 1969).

Die Theorie von BROWN kann außerdem erklären, warum in manchen Fällen Gruppen vorsichtiger entscheiden als Individuen. Risikobereitschaft wird nicht in allen Situationen positiv bewertet. In manchen Fällen wird der «verantwortungsbewußte» Vorsichtige höher eingeschätzt als der «Draufgänger».

Entscheidungsprobleme, bei denen eher vorsichtiges als riskantes Verhalten normgerecht ist, müßten nach der BROWNschen Theorie zum Gegenteil des risky-shift führen. Jeder einzelne will in solchen Fällen noch vorsichtiger und «vernünftiger» entscheiden als die anderen. Daher fällt die Gruppenentscheidung weniger riskant aus als die entsprechenden Einzelentscheidungen.

NORDHØY (1962) konstruierte eine Serie von Entscheidungsproblemen, bei denen eher vorsichtige und risikolose Entscheidungen positiv bewertet werden. Ein Beispiel: Ein Zahnarzt (45 Jahre, verheiratet, zwei Kinder) hat heftige Schmerzen im rechten Arm, die ihn jedoch nicht an der Ausübung seines Berufs hindern. Eine Operation könnte die Schmerzen beseitigen. Es besteht aber die Gefahr, daß die Operation mißlingt und der Arm bewegungsunfähig wird, so daß der Zahnarzt seinen Beruf nicht mehr ausüben kann. Wie groß muß die Erfolgswahrscheinlichkeit der Operation mindestens sein, um sie befürworten zu können? Erwartungsgemäß zeigten die Daten von NORDHØY bei Problemen dieser Art eine geringere Risikobereitschaft der Gruppe («cautious shift») gegenüber den individuellen Entscheidungen.

Die Vorzüge von BROWNS Theorie sind deutlich. Dennoch scheint auch sie nicht uneingeschränkte Gültigkeit zu besitzen. Eine neuere Untersuchung von BARON, ROPER und BARON (1974) – die allerdings nichts mit Risikoverhalten zu tun hat – zeigte, daß Gruppenentscheidungen mitunter weniger dem sozial erwünschten Verhalten entsprechen als individuelle Entscheidungen. Vpn hatten zunächst einzeln und dann in einer Gruppe zu entscheiden, wieviel Geld sie für einen wohltätigen Zweck spenden wollten. Die Vpn waren allein großzügiger als in der Gruppe.

Überzeugende Argumente. Nach BURNSTEIN und VINOKUR (1975, 1977) werden die Gruppenmitglieder in durchaus rationaler Weise von der Qualität der Argumente beeinflußt. Die Entscheidung der einzelnen Gruppenmitglieder hängt von der Zahl und der Qualität der Argumente für die verschiedenen Standpunkte ab. Ein Argument ist gut, wenn es stichhaltig (valid) und neu ist.

Dieser Ansatz hat zumindest zwei Vorzüge. Erstens kann er sowohl vergrößerte als auch verminderte Risikobereitschaft erklären. Es hängt vom Prozentsatz (überzeugender) riskanter bzw. vorsichtiger Argumente ab, ob die Gruppe riskant oder vorsichtig entscheidet (EBBESEN und BOWERS, 1974). Zweitens besteht durch die Betonung der Argumentqualität eine Parallele zu aktuellen Theorien der individuellen Einstellungsänderung (ELM, heuristisches Modell, s. Abschnitt 4.342), wodurch sich die Möglichkeit ergibt, individuelle und kollektive Einstellungsänderungen in einheitlicher Weise zu erklären. Allerdings ist schwer einzusehen, warum in den meisten Gruppensituationen die Vertreter extremer Positionen mehr und bessere Argumente haben sollen als andere Mitglieder – was ja der Fall sein müßte, wenn die Hypothese der überzeugenden Argumente stimmt.

Ein großer Teil der neueren Untersuchungen unterstützt den Ansatz von BURNSTEIN und VINOKUR (s. ISENBERG, 1986; LAMM, 1988). ISENBERG und LAMM kommen zu dem Schluß, daß ein Großteil der Ergebnisse mit diesem Ansatz übereinstimmt, daß aber auch die Hypothese der sozialen Vergleichsprozesse vertretbar ist. Vermutlich spielen beim Risikoschub (oder allgemeiner: bei der Polarisierung von Standpunkten in Gruppen, s. weiter unten) sowohl Informationsverarbeitungsprozesse (Argumentqualität) als auch Motivationsprozesse (soziale Vergleiche und Selbstdarstellung) eine Rolle. Ob Vergleichsprozesse oder Argumente mehr Einfluß haben, hängt vom Aufgabentyp und von der Entscheidungsregel (Mehrheit vs. Einstimmigkeit) ab (KAPLAN und MILLER, 1987).

Seit MOSCOVICI und ZAVALLONI (1969) ist es üblich, den «Risikoschub» als Spezialfall eines allgemeineren Phänomens zu betrachten, nämlich als *Polarisierung* oder Extremisierung von Einstellungen durch die Gruppeninteraktion. Da Gruppen im Vergleich zu Individuen nicht immer riskanter, sondern unter bestimmten Bedingungen auch vorsichtiger entscheiden, und da eine Extremisierung des Gruppenurteils nicht nur im Zusammenhang mit Risiko auftritt, sondern auch in zahlreichen anderen Fällen nachgewiesen wurde – z. B. von MOSCOVICI und ZAVALLONI bei politischen Einstellungen, und von SCHROEDER (1973) bei Altruismus – ist es gerechtfertigt, ganz allgemein von Einstellungs- und Verhaltenspolarisierung in Gruppen zu sprechen.

Obwohl nach wie vor sehr viele Untersuchungen über Polarisierung veröffentlicht werden (vgl. das Übersichtsreferat von LAMM und MYERS, 1978), ist das Verständnis des Phänomens kaum fortgeschritten. Es ist nach wie vor unklar, wodurch und *unter welchen Bedingungen* das Phänomen zustande kommt (denn es konnte keineswegs in allen Untersuchungen eine Polarisierung – in welche Richtung auch immer – nachgewiesen werden). CARTWRIGHT (1971) zweifelt daran, daß der Risikoschub ein sehr häufiges Phänomen ist. CROTT (1980) betont, daß der Aufbau vieler Experimente keine eindeutige Interpretation der Ergebnisse zuläßt. Bei vielen Untersuchungen kann man nicht ausschließen, daß der Risikoschub einfach durch die verwendete Entscheidungsregel (Mehrheitsprinzip) zustande kam, und nicht (oder nur zum Teil) Ausdruck einer Einstellungspolarisierung ist. Kaum beachtet wurde bisher die Möglichkeit, daß die Einstellungspolarisierung kein spezifisches Gruppenphänomen ist, sondern daß die individuellen Einstellungen durch die bloße Beschäftigung mit dem Gegenstand konsistenter und extremer werden (TESSER, 1978; vgl. Abschnitt 4.44).

6.34 Deindividuierung

Der von der alten Massenpsychologie (LE BON, 1895) postulierte Gegensatz zwischen Masse und Individuum wurde in den letzten Jahren von der experimentellen Sozialpsychologie wieder aufgegriffen (ZIMBARDO, 1969). LE BON behauptete, daß die Masse (im Gegensatz zum Einzelnen) verantwortungslos, unkontrolliert, gedankenlos, triebhaft und aggressiv wäre. Diese, von LE BON durch keinerlei Daten belegte, sondern bloß aufgrund anekdotenhafter, unsystematischer Beobachtungen aufgestellte Behauptung ist zumindest übertrieben.

Dennoch ist der Gegensatz zwischen «rationalem», kontrolliertem Verhalten einerseits und «irrationalem», trieb- und gefühlsgebundenem «Spontanverhalten» andererseits interessant und wichtig genug, um einer genaueren Analyse gewürdigt zu werden. Die gegenwärtige Forschung behauptet jedoch keineswegs, daß Massen immer unkontrolliert und unvernünftig sind, sondern versucht, die Ursachen und Erscheinungsformen kontrollierten bzw. unkontrollierten Verhaltens aufzuzeigen.

Unkontrolliertes Verhalten wird auch als *deindividuiertes* Verhalten bezeichnet. Der Ausdruck Deindividuierung soll andeuten, daß man in solchen Zuständen weniger bewußt handelt, die persönlichen Erfahrungen, Meinungen und Einstellungen (Werte) vorübergehend «vergißt» und solchermaßen quasi seine Individualität oder «Identität» verliert. Obwohl bereits früher zwei Experimente über Deindividuierung publiziert wurden (FESTINGER, PEPITONE und NEWCOMB, 1952; SINGER, BRUSH und LUBLIN, 1965), ist dennoch ZIMBARDO (1969) als Pionier auf die-

sem Gebiet zu betrachten. Er hat den ersten Versuch einer präzisen theoretischen Analyse deindividuierten Verhaltens unternommen (hauptsächlich auf lerntheoretischer Grundlage) und außerdem einige empirische Untersuchungen durchgeführt bzw. angeregt.
Kontrolliertes Verhalten bedeutet hier zweierlei, nämlich äußere Kontrolle (Abhängigkeit des Verhaltens von diskriminativen Reizen, von Verstärkern, Strafreizen, usw.) und innere Kontrolle (Abhängigkeit des Verhaltens von Selbstbestrafung, Selbstverstärkung und kognitiven Prozessen). Unter situativen Bedingungen, welche Selbstkontrolle und kognitive Prozesse (wie Antizipation von Strafreizen) minimieren, steigt die Häufigkeit von Verhaltensweisen, die zwar für den Ausführenden angenehm sind, aber normalerweise von ihm «unterdrückt» werden. Das sind jedoch nicht nur negative Verhaltensweisen (extrem egoistische, aggressive oder destruktive Handlungen), sondern auch positive (z. B. der offene Ausdruck von Zuneigung).
ZIMBARDO (1969) nennt u. a. folgende Bedingungen, die zur Deindividuierung führen:
Anonymität. Wenn man nicht identifiziert werden kann, kann man auch nicht von anderen bestraft werden. Antizipation von Strafreizen fällt damit als Kontrollmechanismus aus. Die Anwesenheit einer *Gruppe* kann zur Deindividuierung beitragen, insbesondere dann, wenn sie Anonymität ermöglicht oder wenigstens die Identifizierung des Einzelnen erschwert. Das ist der Fall bei sehr großen Gruppen und bei Vereinheitlichung des Aussehens der Mitglieder (Uniformen, Maskierung). Eine Gruppe kann ferner durch *Aufteilung der Verantwortlichkeit* Deindividuierung fördern. In diesem Fall wird der Kontrollmechanismus der Selbstbestrafung (Gewissen) reduziert.
Es gibt auch nichtsoziale Ursachen der Deindividuierung, z. B. ein *Übermaß an sensorischer Stimulierung* (extrem laute Geräusche oder Musik, sehr helle und abwechslungsreiche optische Eindrücke). Durch eine solche «Überladung» der Wahrnehmung wird die äußere Reizkontrolle weitgehend ausgeschaltet (diskriminative Reize, Strafreize usw. werden wenig beachtet). Außerdem entsteht dadurch ein *extrem hohes Aktivierungsniveau.* Extreme Erregungszustände beeinträchtigen die kognitiven Prozesse, daher trägt auch starke Aktivierung zur Deindividuierung bei. Schließlich führen auch *neue* und *unstrukturierte Situationen* zu einer Deindividuierung, weil die Verhaltenskontrolle durch diskriminative Reize und Erwartung von Verhaltenskonsequenzen weitgehend wegfällt.
Aus all diesen Gründen können im Zustand der Deindividuierung Verhaltensweisen «irrationaler» und/oder destruktiver Natur auftreten, die normalerweise von den meisten Menschen (und auch vom Ausführenden selbst) negativ bewertet und daher abgelehnt und unterdrückt werden. Wegen der erhöhten Aktivierung im unkontrollierten Zustand ist damit zu rechnen, daß diese Verhaltensweisen besonders heftig, schnell und häufig auftreten. Aus den Annahmen, daß solche Verhaltensweisen für den Ausführenden angenehm (selbstverstärkend) sind und daß die äußere Stimuluskontrolle herabgesetzt ist, folgt, daß es schwierig ist, das deindividuierte Verhal-

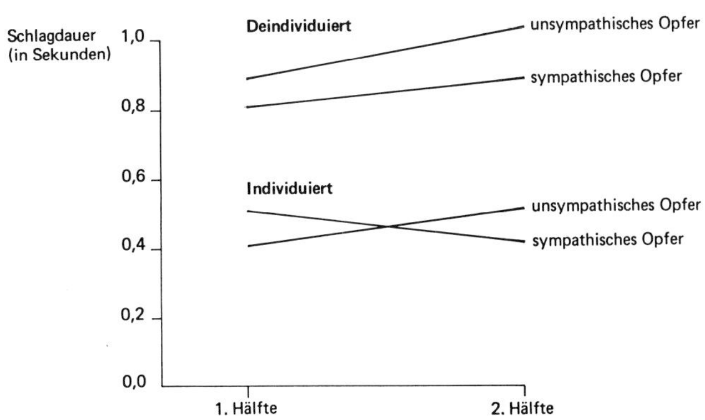

Abbildung 182

ten zu bremsen oder zu beenden. Wenn deindividuiertes Verhalten in Anwesenheit einer Gruppe durchgeführt wird, kommt es zu einer stärkeren Bindung an die Gruppe (die Gruppe wird attraktiver), da sie während des Erlebens positiver Reize wahrgenommen wird.

Zu der hier etwas vereinfacht wiedergegebenen Theorie ZIMBARDOS, die einen großen Anwendungsbereich (z. B. in der Massenpsychologie) hat, gibt es zur Zeit erst wenige Untersuchungen, darunter folgendes Experiment (aus ZIMBARDO, 1969). Die Vpn sollten zwei Stimuluspersonen mittels Knopfdruck schmerzhafte elektrische Schläge verabreichen. Eine Stimulusperson wurde in einem Interview mit dem Vl als sympathische und freundliche Person vorgestellt, das andere «Opfer» als egoistisch und bösartig. Eine Hälfte der Vpn (Deindividuierungsbedingung) nahm in Gruppen an dem Experiment teil. Alle Vpn dieser Bedingung mußten einheitliche, lange Arbeitsmäntel und Masken tragen. Die anderen Vpn trugen ihre normale Kleidung und außerdem große Namenschilder.

Abbildung 182 zeigt die Ergebnisse. Die deindividuierten Vpn verhielten sich aggressiver als die individuierten. Die durchschnittliche Dauer der elektrischen Schläge war bei den deindividuierten Vpn etwa doppelt so groß wie bei den individuierten (0,90 Sekunden gegenüber 0,47 Sekunden). Ferner nahm die Schlagdauer der deindividuierten Vpn für beide Opfer von der ersten zur zweiten Hälfte des Versuchs zu, während bei den anderen Vpn das sympathische Opfer im Lauf der Zeit kürzere, das unsympathische aber länger Schläge erhielt. Bei den individuierten Vpn war außerdem eine starke Korrelation (+ 0,67) zwischen den individuellen Sympathiebeurteilungen des Opfers und der Schlagdauer vorhanden. In der deindividuierten Versuchsgruppe lag die entsprechende Korrelation nahe bei null (+ 0,10).

In den letzten Jahren wurden (vor allem von DIENER und seinen Mitarbeitern) mehrere aufwendige und phantasievolle Experimente zur Deindividuierung durchgeführt (z. B. DIENER, 1976; DIENER, DINEEN und ENDERSEN, 1975). Die Ergebnisse dieser Untersuchungen sind nicht völlig konsistent und stimmen nur teilweise mit ZIMBARDOS Theorie überein (z. B. bewirkte Anonymität nicht immer eine Steigerung der Aggressivität).

Später schlug DIENER vor, die Theorie der objektiven Selbstaufmerksamkeit (DUVAL und WICKLUND, 1972, vgl. Abschnitt 5.462) zur Erklärung der Deindividuierung heranzuziehen (DIENER, 1979; DIENER und WALLBOM, 1976; vgl. auch DIPBOYE, 1977). Durch bestimmte Umgebungsfaktoren wie anonyme Gruppensituationen wird objektive Selbstaufmerksamkeit verhindert oder vermindert, und deshalb sinkt die Häufigkeit der Selbstkontrolle des Verhaltens aufgrund persönlicher oder sozialer Normen sowie der langfristigen Planung des Verhaltens. Im Zustand verminderter Selbstaufmerksamkeit reagiert man spontan und enthemmt auf die momentanen Reize und Emotionen.

GREENWALD (1982; BRECKLER und GREENWALD, 1986) weist darauf hin, daß oft sehr unterschiedliche bzw. gegensätzliche Phänomene als Deindividuierung bezeichnet werden: «Deindividuierung ist manchmal mit dem Verlust der Identität verbunden, aber zu anderen Zeitpunkten mit dem Erwerb einer Identität durch eine bestimmte Gruppe (in der man ein ununterscheidbares Mitglied ist); sie wird manchmal gesucht und zu anderen Zeitpunkten vermieden; und sie ist manchmal mit normverletzendem, chaotischem Verhalten verbunden, aber zu anderen Zeitpunkten mit konformem, uniformem Verhalten.» (GREENWALD, 1982, S. 172).

Daher ist es nötig, zwei Arten von Deindividuierung zu unterscheiden, die unterschiedliche Bedingungen und unterschiedliche Folgen haben. Die erste Form äußert sich in Normverletzungen (z. B. Aggressivität, Vandalismus, hemmungslose Genußsucht) und führt zu sozialem Chaos. Sie wird durch starke unstrukturierte Reize, Anonymität, Abwesenheit von Reizen, die Selbstkontrolle bewirken, und Drogen ausgelöst. Die zweite Form – die man als kollektive Deindividuierung bezeichnen kann (GREENWALD verwendet den Ausdruck «sociation») – äußert sich in extremer Konformität (Normerfüllung), erhöhter Reaktionsbereitschaft auf soziale Reize und kollektiver Organisation. Sie wird durch starke strukturierte (z. B. rhythmische) Reize, Uniformität in Gruppen, und Anwesenheit sozialer Kontrollen oder Anwesenheit von Autoritäten ausgelöst.

Was diese beiden Formen der Deindividuierung gemeinsam haben, ist die Ausschaltung des privaten und des öffentlichen Selbstsystems. Bei der ersten Form (die man diffuse Deindividuierung nennen könnte) ist außerdem das kollektive Selbst wirkungslos, so daß nur mehr das hemmungslose Luststreben des diffusen Selbst das Verhalten lenkt. Bei der kollektiven Deindividuierung ist (fast) ausschließlich das kollektive Selbst verhaltenswirksam.

Einen neuen Beitrag zum Verständnis von Deindividuierungsphänomenen liefert auch die in Abschnitt 6.314 beschriebene Theorie von MULLEN (1987). Bloße Zahlenverhältnisse (Other-Total-Ratio) bestimmen den Grad der Selbstaufmerksamkeit und damit des kontrollierten oder unkontrollierten Verhaltens. Je größer die Majorität (als Prozentsatz der Gesamtgruppe) ist, der man angehört, desto stärker ist die Tendenz zu deindividuierten Verhaltensklassen wie Faulheit und Aggressivität. Vermutlich spielt dabei nicht nur die relative, sondern auch die absolute Größe der eigenen (Teil)gruppe eine Rolle.

Während ZIMBARDO vor allem den Aspekt der Unkontrolliertheit als Merkmal der Deindividuierung beachtet, betont MASLACH (1974) Auffälligkeit und Besonderheit als Merkmale der Individuierung. Man ist in dem Maß individuiert, in dem das Verhalten einen persönlichen Standpunkt widerspiegelt. Nicht nur äußere Erkennbarkeit und Identifizierbarkeit tragen zur Individuierung bei, sondern auch persönliche, nichtkonforme und auffällige Meinungen und Reaktionen.

In dem Experiment von MASLACH (1974) sollte in erster Linie die Hypothese ZILLERS (1964) geprüft werden, daß in einer «positiven Umgebung» (d. h. bei Erwartung positiver Reize) Individuierung (Auffälligkeit) angestrebt wird, während man in einer «negativen Umgebung» nach Deindividuierung («Untergehen in der Masse») strebt. Ferner sollte MASLACHS Hypothese überprüft werden, daß (unfreiwillig) deindividuierte Personen eher danach streben, aufzufallen, als individuierte.

Die Vpn nahmen in Gruppen zu vier Personen an dem Versuch teil. Zwei Vpn jeder Gruppe waren individuiert, indem sie der Vl mit ihrem Namen anredete und häufig auf persönliche Interessen anspielte (die durch ein Interview bekannt waren). Die beiden anderen Gruppenmitglieder waren relativ deindividuiert. Sie wurden nie mit ihrem Namen angesprochen und auch sonst recht unpersönlich behandelt.

Für eine Hälfte der Gruppen wurde folgendermaßen die Erwartung einer positiven Umgebung geschaffen. Der Vl kündigte an, daß im letzten Teil des Versuchs ein Spiel (Städteplanung) gespielt werden sollte,in dem eine Vp, die der Vl später auswählen werde, die Rolle des «Planers» übernehmen müßte. Für jede richtige und zielführende Reaktion wird der Planer mit Geld belohnt. Den anderen Gruppen wurde eine negative Umgebung angekündigt. Die Instruktion unterschied sich nur in einem Punkt von der oben beschriebenen. Der Planer hatte für jede falsche Reaktion eine Bestrafung in Form schmerzhafter elektrischer Schläge zu erwarten.

Vor dem Spiel mußten sich die Vpn einer Reihe von «Tests» unterziehen (u. a. Wortassoziationen), um festzustellen, ob in den einzelnen Bedingungen eher verbreitete oder ungewöhnliche Reaktionen auftreten. Ferner fand eine Gruppendiskussion statt, mit deren Hilfe ebenfalls festgestellt werden sollte, unter welchen Bedingungen die Vpn durch ungewöhnliche oder häufige Äußerungen und nichtverbale Verhaltensweisen auffallen bzw. wann sie sich unauffällig und möglichst anonym verhalten.

Die Haupthypothese wurde bestätigt. Die Vpn in der positiven Bedingung benahmen sich auffälliger (mehr individuiert) als die der negativen Bedingung. Unter anderem gaben sie ungewöhnlichere Antworten und gestikulierten mehr. Auch für die zweite Hypothese fanden sich unterstützende Daten. Zum Beispiel blickten die deindividuierten Vpn öfter auf den Vl als die individuierten.

Der Wunsch nach deutlich erkennbarer Individualität ist bei verschiedenen Menschen in unterschiedlicher Stärke ausgeprägt. Nach SNYDER und FROMKIN (1980) wird generell ein mittleres Ausmaß an Ähnlichkeit und Unterscheidbarkeit bevorzugt. Man fühlt sich nicht wohl, wenn man anderen Menschen völlig gleicht, und man fühlt sich auch nicht wohl, wenn man zu sehr von anderen Menschen abweicht. Das exakte Ausmaß der bevorzugten mittleren Ähnlichkeit ist aber interindividuell sehr verschieden.

MASLACH, STAPP und SANTEE (1985) haben einen Fragebogen entwickelt, der die persönliche Individuierungstendenz erfaßt. Er soll zwei Klassen von Verhaltensintentionen erfassen: Selbstöffnung und absichtliche Auffälligkeit

(die Aufmerksamkeit anderer Menschen auf sich ziehen).
Obwohl dieser Fragebogen sehr kurz ist (er besteht aus 12 Aussagen) wurden zahlreiche Korrelationen mit anderen Tests und mit verschiedenen Verhaltensweisen festgestellt. Personen mit einer starken Individuierungstendenz haben einen positiven Selbstwert (die Korrelation zwischen der Individuierungsskala und einem Selbstwertmaß beträgt 0,62), und sind eher starke Selbstüberwacher (die Korrelationen mit drei verschiedenen Selbstüberwachungsaspekten liegen zwischen 0,42 und 0,50). Sie sind nicht schüchtern (die Korrelationen mit zwei Schüchternheitstests betragen –0,38 bzw. –0,58), und haben geringe soziale Ängste (r = – 0,63). In folgenden Verhaltensweisen unterscheiden sich Personen mit starker und schwacher Individuierungstendenz: Personen mit starker Individuierungsabsicht besitzen mehr charakteristische Objekte (z. B. ein seltenes Auto oder auffällige Kleidung), äußern öfter seltene Meinungen, kritisieren andere in der Öffentlichkeit, machen kontroverse Aussagen, und suchen Blickkontakt.

6.35 Beziehungen zwischen Gruppen

6.351 Die Theorie der sozialen Identität

Mit den Beziehungen zwischen Gruppen hat sich zunächst SHERIF (1951, 1966) intensiv beschäftigt. Die Ergebnisse seiner Feldexperimente (mit Kindern in Ferienlagern) lassen sich folgendermaßen zusammenfassen: Zunächst muß zwischen positiver und negativer Abhängigkeit zwischen Gruppen unterschieden werden. Gruppen sind negativ abhängig, wenn das Ziel einer Gruppe nur auf Kosten der anderen Gruppe(n) erreicht werden kann (Wettbewerb- und Kampfsituationen). Gruppen sind positiv abhängig, wenn sie ihr Ziel nur gemeinsam erreichen können (z. B. Beseitigung einer gemeinsamen physischen oder sozialen Bedrohung). Positive Abhängigkeit bewirkt freundliches und kooperatives Verhalten zwischen den Gruppen. Negative Abhängigkeit bewirkt negative (abwertende) Einstellungen gegenüber der anderen Gruppe(n) und eine Aufwertung sowie größere Kohäsion der eigenen Gruppe.
Etwas später wurde von TAJFEL und TURNER eine Theorie zur Beziehung zwischen Gruppen entwickelt, die Theorie der sozialen Identität (social identity theory = SIT, TAJFEL 1970, 1982; TAJFEL und TURNER 1979, 1986). Diese Theorie ist sehr einflußreich und hat zahlreiche Untersuchungen angeregt. Im Gegensatz zur Theorie von SHERIF konzentriert sie sich völlig auf negative Beziehungen zwischen Gruppen. Die zentrale Hypothese der Theorie ist die Annahme eines Motivs nach «positiver sozialer Identität». Um dieses Ziel zu erreichen, werden Vergleiche der eigenen Gruppe mit anderen Gruppen vorgenommen, die für die eigene Gruppe positiv ausfallen sollen.
Nach MUMMENDEY (1985) besteht die SIT aus vier Elementen: soziale Kategorisierung, soziale Identität, sozialer Vergleich und soziale Distinktheit. Kategorisieren bedeutet Zusammenfassen von Objekten zu Klassen und hat bestimmte, sehr weitreichende Folgen. Einige dieser Folgen wurden zunächst in optischen Wahrnehmungsexperimenten festgestellt (z. B. TAJFEL und WILKES, 1963). Die Vpn sollten die Längen von 8 unterschiedlich großen Linien beurteilen. Die 4 kleineren waren mit A und die 4 größeren mit B bezeichnet. Im Unterschied zu zwei Kontrollgruppen (mit zufälliger bzw. ohne Buchstabenzuordnung) wurde aufgrund der Kategorisierung der Unterschied zwischen den beiden Liniengruppen überschätzt. (Genauer: Der Unterschied zwischen der größten A-Linie und der kleinsten B-Linie wurde überschätzt). In anderen Untersuchungen zeigte sich außerdem eine Tendenz zur Unterschätzung der Unterschiede innerhalb der Kategorien. Diese beiden Urteilstendenzen (Überschätzung der Unterschiede zwischen Kategorien und Überschätzung der Ähnlichkeiten innerhalb von Kategorien) sind in Abbildung 183 dargestellt.
Später wurden in zahlreichen Experimenten ana-

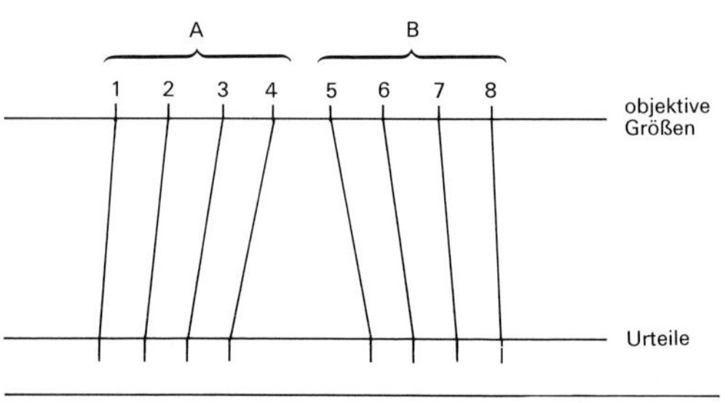

Abbildung 183

loge Urteilstendenzen im sozialen Bereich nachgewiesen (s. WILDER, 1986). Es wird generell eine gewisse Ähnlichkeit (in Meinungen, Einstellungen, Merkmalen und Verhalten) von Mitgliedern einer Gruppe angenommen. Hier ist die Unterscheidung zwischen Eigengruppe (ingroup) und Fremdgruppen (outgroups) wichtig. Der genannte Effekt ist weitgehend auf Außengruppen beschränkt. Die eigene Gruppe wird wesentlich differenzierter wahrgenommen. Außerdem werden relativ große Unterschiede zwischen Eigengruppe und Außengruppen wahrgenommen.

Die Wirkungen der Kategorisierung von Personen in Gruppen reichen aber noch weiter: Es werden nicht nur beträchtliche Unterschiede zwischen Eigengruppe und Fremdgruppen «wahrgenommen» (bzw. angenommen), sondern immer Unterschiede in einer bestimmten Richtung: Die Eigengruppe ist besser. Zum Beispiel werden den Mitgliedern der eigenen Gruppe positivere Merkmale zugeschrieben als den Mitgliedern von anderen Gruppen.

Diese Begünstigung der eigenen Gruppe wurde besonders eindrucksvoll in einigen Experimenten von TAJFEL und seinen Mitarbeitern gezeigt (TAJFEL et al. 1971). Die Vpn erhielten die Möglichkeit, Belohnungen zwischen der eigenen Gruppe und einer Außergruppe aufzuteilen. Dabei wurde fast immer die eigene Gruppe besser belohnt als die andere. Diese Ergebnisse sind aus zwei Gründen besonders bemerkenswert. Erstens tritt der Effekt bereits unter minimalen Bedingungen auf (minimal group paradigm): Die Vpn wurden entweder nach Zufall oder nach trivialen Kriterien in zwei Gruppen unterteilt (Präferenz für Bilder von Klee oder Kandinsky; Überschätzen oder Unterschätzen der Anzahl von Punkten). Die bloße Kategorisierung nach Zufall oder trivialen Kriterien genügte bereits, um die beschriebenen Effekte hervorzurufen. Zweitens waren Vpn sogar bereit, auf größere Belohnungen zu verzichten, wenn sie durch eine andere Belohnungsaufteilung den Unterschied zwischen den Belohnungen vergrößern konnten. (Wenn Vpn beispielsweise zwischen 12 Punkten für die eigene und 11 Punkten für die andere Gruppe bzw. 7 Punkten für die eigene und 1 Punkt für die andere Gruppe wählen konnten, wurde das zweite Aufteilungsmuster bevorzugt.)

Vor allem der zuerst genannte Umstand verdient Beachtung. Begünstigung der eigenen und Benachteiligung der anderen Gruppe treten unter minimalen Bedingungen auf. Bloße Kategorisierung genügt. Es ist nicht notwendig – wie SHERIF angenommen hatte – daß ein Konflikt zwischen den Gruppen (negative Abhängigkeit) vorhanden ist.

Um Ergebnisse dieser Art zu erklären, wurden die drei weiteren Elemente der SIT entwickelt: soziale Identität, sozialer Vergleich, und soziale Distinktheit. Soziale Identität ist ein Teil des Selbstbildes, und zwar das Wissen über die Zugehörigkeit zu einer (oder mehreren) Gruppe(n), und die damit verbundenen Gefühle und Bewertungen. Demnach besteht das Selbstbild aus zwei Komponenten: aus der persönlichen Identität (Fähigkeiten, Merkmale, Einstellungen, sofern sie nicht gruppenbezogen sind) und der sozialen Identität (Gruppenzugehörigkeit).

Wie jeder Teil des Selbstbilds hat auch die soziale Identität einen Einfluß auf den Selbstwert. Daher strebt man eine positive soziale Identität an. Die eigene Gruppe soll möglichst positiv und besser bewertet werden als andere Gruppen. Daher werden soziale Vergleiche durchgeführt, die mit der Erwartung verbunden sind, daß sie für die eigene Gruppe günstig ausfallen, wodurch eine positive soziale Distinktheit entsteht. Aus dem gleichen Grund wird bereits in der minimalen Gruppensituation (bloße Kategorisierung) die eigene Gruppe begünstigt und die Außengruppe abgewertet.

Falls der soziale Vergleich zwischen den Gruppen kein günstiges Ergebnis für die eigene Gruppe bringt, kann das durch mehrere Möglichkeiten korrigiert werden: objektive Verbesserung der eigenen Position (Wettbewerb), Abwertung der Außergruppe durch verzerrte Wahrnehmung, Wahl einer anderen Vergleichsdimension, Wahl einer anderen Vergleichsgruppe, Neuinterpretation der Vergleichsdimension durch Umkehrung der Bewertung (der bisher negativ bewertete Pol gilt jetzt als positiv), oder Verlassen der Gruppe bzw. Mitgliedschaft in einer neuen.

Aus der SIT läßt sich die Hypothese ableiten, daß durch Diskriminierung (z. B. Begünstigung der eigenen und Benachteiligung der anderen Gruppe durch eine entsprechende Belohnungsaufteilung) der Selbstwert zunimmt. Diese Hy-

pothese wurde von LEMYRE und SMITH (1985), OAKES und TURNER (1980), sowie WAGNER, LAMPEN und SYLLWASSCHY (1986) bestätigt.
In jüngster Zeit wurde die SIT mehrfach kritisiert. Die Kritik betont einerseits, daß die Ergebnisse mehrerer Untersuchungen nicht mit der SIT übereinstimmen (s. MESSICK und MACKIE, 1989; SCHIFFMANN und WICKLUND, 1988), und andererseits theoretische Schwächen und Probleme bei der Interpretation von Ergebnissen (SCHIFFMANN und WICKLUND, 1988, 1989). SCHIFFMANN und WICKLUND (1989) zeigen, daß man die Ergebnisse der Minimalgruppenexperimente auf verschiedene Weise – u. a. balancetheoretisch – interpretieren kann. Durch die Zugehörigkeit zu einer Gruppe entsteht eine positive Einheitsrelation, und dadurch eine positive Wertrelation zur Gruppe. Die Begünstigung der eigenen Gruppe wäre demnach nicht durch die Kategorisierung als solche, sondern durch kategorisierungsbedingte Sympathie zustande gekommen. Analog (durch eine negative Einheitsrelation und daraus folgender Ablehnung) läßt sich die Diskriminierung der Außengruppe erklären.
SCHIFFMANN und WICKLUND (1988) zeigen verschiedene Schwächen der SIT, vor allem begriffliche Unklarheiten (bezüglich der Inhalte des Selbstbildes) und Einseitigkeiten. Als Einseitigkeiten werden zusammenfassend genannt, (1) daß die soziale Identität ausschließlich aus der Zugehörigkeit zu Gruppen besteht, und (2) daß die einzige Art von Beziehungen zwischen Gruppen und die einzigen Quellen eines positiven Selbstwerts Wettbewerb und Diskriminierung sind.
Im Gegensatz dazu wird von aktuellen Selbsttheorien (vgl. die Abschnitte 5.45 und 5.46) der Inhalt des Selbstbilds differenzierter beschrieben (selbstbezogene Ziele, innere Standards, zentrale Merkmale, usw.). Als Alternative zur SIT wird vor allem die Selbstwerterhaltungstheorie von TESSER (1986) vorgeschlagen (s. Abschnitt 5.464), die nicht nur von einem differenzierteren Selbstbild ausgeht, sondern auch die zweite Einseitigkeit vermeidet. TESSER gibt nicht nur die Bedingungen für die Distanzierung (Diskriminierung) anderer Personen an, sondern auch die Bedingungen für wahrgenommene und aufgesuchte Nähe.
Meines Erachtens könnte man auch die Theorien von GREENWALD (s. Abschnitt 5.468) und STEELE (Abschnitt 5.465) als Ergänzung der SIT heranziehen. GREENWALD unterscheidet vier Teilsysteme des Selbst: das diffuse, öffentliche, private und kollektive Selbst. Die soziale Identität entspricht dem kollektiven Selbst (Identifizierung mit Gruppen), die persönliche Identität ist eine Zusammenfassung der drei anderen Teilsysteme. Wenn man GREENWALDS Ansatz durch die Plastizitätsannahme von STEELE ergänzt, gelangt man zu folgender Hypothese: Eine bedrohte oder mangelhafte positive soziale Identität muß nicht unbedingt durch Aktivitäten des kollektiven Selbst (Wettbewerb, Diskriminierung) ausgeglichen werden, sondern kann auch durch selbstwerterhöhende Aktivitäten anderer Teilsysteme kompensiert werden. Daraus folgt weiters, daß ein Mensch, der wegen guter Leistungen (privates Selbst), Anerkennung durch andere (öffentliches Selbst), oder Lustgewinn verschiedener Art (diffuses Selbst) mit sich zufrieden ist, weniger zur Diskriminierung von Außengruppen neigt als ein unzufriedener Mensch mit negativem Selbstwert (dem die genannten Selbstwertquellen fehlen).
Ferner ist zu bedenken, daß unser Verhalten u. a. von Gefühlen abhängt. Da einerseits ein positiver Selbstwert mit angenehmen und ein negativer Selbstwert mit unangenehmen Gefühlen verbunden ist, und andererseits gezeigt wurde, daß angenehme Gefuhle prosoziales Verhalten begünstigen (Abschnitt 5.428), während unangenehme Gefühle Aggression auslösen (Abschnitt 6.132), ist auch aufgrund gefühlspsychologischer Überlegungen anzunehmen, daß Menschen mit einem positiven Selbstwert weniger zu Diskriminierungen neigen als Menschen mit einem negativen Selbstwert (bzw. als Menschen die – aus welchen Gründen auch immer – häufig negative Gefühle erleben).
Aus der Theorie von GREENWALD lassen sich vier Klassen von Selbstwertursachen ableiten: Lustgewinn (diffuses Selbst), Anerkennung (öffentliches Selbst), Leistung und Kontrolle (privates Selbst), sowie Wettbewerb zwischen Gruppen und Diskriminierung (kollektives Selbst). Zwischen den Möglichkeiten des kollektiven Selbst und jenen der anderen Teilsysteme besteht eine bemerkenswerte Asymmetrie. Die Ziele der drei anderen Selbstsysteme sind nicht beliebig kontrollierbar, sondern benö-

tigen zu ihrer Erfüllung Gelegenheiten, Mittel, Fähigkeiten, oder die Mitwirkung anderer Menschen. Das kollektive Selbst hat eine Möglichkeit der Selbstwertsteigerung, die immer verfügbar ist: Diskriminierung von anderen Gruppen. Daher ist Diskriminierung bei Personen, die ihren Selbstwert nur in unzureichendem Maß durch Lustgewinn, Anerkennenung oder Leistung steigern können – also bei sehr unzufriedenen Menschen – eine Reaktion von besonders hoher Wahrscheinlichkeit.

Im Experiment von LEMYRE und SMITH (1985) zeigte sich, daß durch die (zufällige) Kategorisierung der Selbstwert der Vpn abnahm. Vermutlich wirken zumindest bestimmte Arten der Kategorisierung (z. B. willkürliche, unbegründete Einteilung) selbstwertmindernd. Vielleicht reagieren Vpn auf solche Kategorisierungen (in Minimalgruppenexperimenten) nur deshalb mit Diskriminierungen von Außengruppen, weil sie (im Moment) keine andere Möglichkeit der Selbstwerterhöhung haben – deshalb greifen sie zur bequemsten und immer verfügbaren Möglichkeiten des Selbstwertschutzes: Diskriminierung.

Für die Auffassung, daß eine Diskriminierung vor allem dann erfolgt, wenn keine andere Möglichkeit der Selbstwertbestätigung zur Verfügung steht, sprechen auch die Ergebnisse von MUMMENDEY und SCHREIBER (1983). Wenn die Vpn ihre eigene und die andere Gruppe auf verschiedenen Dimensionen beurteilen konnten, wurden beide Gruppen positiv bewertet. In solchen Fällen wäre vermutlich eine Diskriminierung sogar selbstwertschädigend, weil sie nicht notwendig ist und sozialen Normen widerspricht (und daher das öffentliche Selbst bedroht).

6.352 Vorurteile und Stereotype (Einstellungen zu Außengruppen)

Obwohl die Begriffe Vorurteil und Stereotyp von verschiedenen Autoren in etwas unterschiedlicher Weise (und mit unterschiedlichem theoretischen Hintergrund) verwendet werden, besteht in den folgenden Punkten weitgehend Übereinstimmung: Vorurteile sind Einstellungen, deren Objekte Außengruppen oder – als Spezialfall von Außengruppen – Minoritäten sind. Dabei handelt es sich in der Regel um *negative,* abwertende Einstellungen. Die kognitive Komponente der Vorurteile – das subjektive Wissen bzw. die Meinungen über die Außengruppe – wird Stereotyp genannt. Stereotype sind meistens Übergeneralisationen, d. h. allen Angehörigen der Außengruppe werden aufgrund der Kategoriezugehörigkeit mehr oder weniger dieselben Merkmale zugeschrieben. Außerdem werden Unterschiede zwischen der eigenen Gruppe und Außengruppen überbetont. Vorurteile und Stereotype sind sehr stabil und schwer zu ändern.

Wie im vorigen Kapitel gezeigt wurde, entstehen Vorurteile (d. h. negative Einstellungen zu Außengruppen) durch Motivationsprozesse (Selbstwerterhöhung), während Stereotype (d. h. Überschätzung der Ähnlichkeit zwischen den Mitgliedern einer Kategorie) primär kognitive Ursachen haben. Sie treten bei der Beurteilung von Linien genauso auf wie bei der Beurteilung von Personen, und haben vermutlich die Funktion, eine außerordentlich komplexe Welt durch Vereinfachung überschaubarer zu machen und die Orientierung in ihr zu erleichtern. Kognitiv bedingt ist allerdings nur die Struktur von Stereotypen (Übergeneralisation). Der Inhalt hängt sowohl von kognitiven Prozessen (z. B. illusorische Korrelationen, s. weiter unten) als auch von Motivationsprozessen ab (z. B. Selbstwert, Einstellungen).

Das heißt aber keineswegs, daß Stereotype unvermeidlich sind, oder daß Außengruppen immer als (deindividuierte) Kategorie wahrgenommen werden, ohne auf die individuellen Eigenheiten der Mitglieder zu achten. Unser Wissen über eine Gruppe besteht häufig nicht nur aus einem Prototyp (dem Kategoriestereotyp), sondern enthält auch konkrete Beispiele (exemplars), also Wissen über einzelne Gruppenmitglieder (s. MESSICK und MACKIE, 1989). Ob Urteile über die Gruppe eher vom Prototyp oder von Individuen ausgehen, dürfte von der Lerngeschichte abhängen. Wenn man zuerst ein Stereotyp lernt, bevor man Wissen über Individuen erwirbt, wird das Stereotyp die Urteile dominieren. Lernt man zuerst Individuen kennen, wird die Gruppenwahrnehmung eher vom Wissen über die Einzelpersonen gesteuert. Daß Außengruppen oft in stereotyper Weise wahrgenommen werden, hängt auch damit zusammen, daß man meistens mehr Angehörige der eigenen Gruppe kennt und weniger Wissen über einzelne Mitglieder von Außengruppen hat.

In diesem Zusammenhang ist auch das in den Abschnitten 5.251 und 5.324 beschriebene Modell von FISKE und ihren Mitarbeitern zu erwähnen (FISKE und PAVELCHAK, 1986; FISKE und NEUBERG, 1989). Dieses Modell beschreibt, unter welchen Bedingungen Personen in stereotyper Weise (aufgrund ihrer Kategoriezugehörigkeit) oder in individuierter Weise (aufgrund des Wissens über ihre persönlichen Merkmale) beurteilt werden. Der bequeme Weg stereotyper Informationsverarbeitung wird u. a. dann vermieden, wenn man zu genauer Verarbeitung motiviert ist (z. B. wegen Ergebnisabhängigkeit) oder wenn eine stereotype Beurteilung nicht möglich ist, weil die individuellen Merkmale zu keiner verfügbaren Kategorie passen.

Ein interessanter Ansatz, der die Entstehung von Stereotypen über Minoritäten (aber auch in bestimmten anderen Fällen) erklären kann, stammt von HAMILTON (1979; HAMILTON und SHERMAN, 1989). Die Vpn von HAMILTON und GIFFORD (1976) erhielten eine Liste von 39 Verhaltensbeschreibungen. Jede Verhaltensbeschreibung bestand aus einem Vornamen, einer Gruppenzugehörigkeit, und einer Handlung (z. B. «Joe, ein Mitglied der Gruppe A, beunruhigte die andere Person durch seine sarkastische Bemerkung»). Jede beschriebene Person war Mitglied einer von zwei Gruppen (A oder B) und jedes Verhalten gehörte in eine von zwei Kategorien (erwünscht oder unerwünscht). In einem Großteil der Sätze wurde ein Mitglied der Gruppe A (26 Sätze) und ein erwünschtes Verhalten (27 Sätze) genannt.

Anschließend wurden den Vpn die Verhaltensbeschreibungen ohne Angabe des Namens und der Gruppe geboten, und die Vpn sollten bei jeder Handlung angeben, ob die Handlung von einem Mitglied der Gruppe A oder der Gruppe B ausgeführt wurde. Wie die Häufigkeiten in Tabelle 91 zeigen, bestand keinerlei Zusammenhang zwischen Gruppen und Verhalten (die Verhältnisse zwischen den beiden Verhaltensklassen sind in beiden Gruppen gleich, daher ist die Korrelation zwischen Gruppen und Verhalten null). In den Antworten der Vpn zeigte sich jedoch eine illusorische Korrelation: Bei den häufigen Verhaltensweisen stimmten die Antworten der Vpn ziemlich genau mit den objektiven Häufigkeiten überein. Die Häufigkeit der seltenen Verhaltensweisen wurde jedoch bei der großen Gruppe unter- und bei der kleinen ziemlich stark (um mehr als 50%) überschätzt. Dadurch wurde ein Zusammenhang zwischen der Minorität und dem seltenen Verhalten hergestellt.

Da dieser Effekt sowohl bei unerwünschtem (Experiment 1) als auch bei erwünschtem Verhalten (Experiment 2) auftrat, wurde er nicht als motivationsbedingt, sondern als kognitiver Effekt interpretiert, und zwar als Auffälligkeitseffekt. Kleine Gruppen und seltene Verhaltensweisen sind vor dem Hintergrund des Gewöhnlichen oder «Normalen» auffällig. Zwischen Personen und Verhaltensweisen, die beide die Aufmerksamkeit auf sich ziehen, wird eine Verbindung hergestellt. Dadurch entsteht eine Tendenz, Minoritaten seltene (und damit vorwiegend unerwünschte und ungewöhnliche) Verhaltensweisen, Merkmale und Einstellungen zuzuschreiben. Da Sterotype (zum Teil) durch Auffälligkeit entstehen, sind nach MCARTHUR (1982) wahrnehmungsmäßig auffällige Gruppen (Auffälligkeit durch Hautfarbe, Alter, Behinde-

Tabelle 91

	Experiment 1		Experiment 2	
	Gruppe A	Gruppe B	Gruppe A	Gruppe B
Beschreibungen				
Verhalten				
erwünscht	18	9	8	4
unerwünscht	8	4	16	8
Wiedergabe				
Verhalten				
erwünscht	17,52	9,48	5,87	6,13
unerwünscht	5,79	6,21	15,71	8,29

rungen, Gewicht, Kleidung, Verhalten, Sprache usw.) bevorzugte Objekte von Vorurteilen und Stereotypen.

Illusorische Korrelationen aufgrund von Seltenheit oder Auffälligkeit wurden mehrmals nachgewiesen. Dieser sehr robuste Effekt wird jedoch von Motivationsprozessen überlagert und modifiziert (SCHALLER und MAASS, 1989; SPEARS, VAN DER PLIGT und EISER, 1985, 1986). Wenn die (mögliche) illusorische Korrelation den Wünschen oder Erwartungen der Vpn entspricht, kann sie vergrößert werden. Wenn sie den Wünschen oder Erwartungen widerspricht, wird sie verkleinert oder verschwindet ganz. Das stimmt mit den Hypothesen von ALLOY und TABACHNIK (1984) über Kontingenzwahrnehmung überein (s. Abschnitt 2.546).

Wie alle Schemata sind auch Stereotype sehr änderungsresistent. Ihre Stabilität entsteht durch selektive Wahrnehmung, selektive Informationssuche, selektives Gedächtnis und stereotypkonsistente Interpretationen (nicht zuletzt durch geeignete Attributionen). Außerdem können Bestätigungen des Stereotyps im Verhalten auftreten (sich selbst erfüllende Prophezeiungen, s. Abschnitt 6.115). Dazu kommt noch, daß Stereotype motivationsbezogene Funktionen haben (vor allem Selbstwerterhöhung, aber auch Wertausdrucksfunktion u. a.).

Ganz allgemein werden Schemata nur dann geändert, wenn sehr viele schemainkonsistente Informationen auftreten. Aber auch in diesem Fall dürfte die häufigste Reaktion die Aufsplitterung des Schemas in Teilkategorien sein (subtyping), wodurch letzten Endes das Schema erhalten bleibt. (Beispiel: Es gibt zwar eine bestimmte Gruppe von X, deren Mitglieder positive Eigenschaften haben, aber im großen und ganzen sind X negativ.) Diese Art der Schemaänderung tritt vor allem dann auf, wenn viele schema-inkonsistente Informationen konzentriert auftreten. Eine schrittweise Schemaänderung mit jeder neuen inkonsistenten Information (bookkeeping model) tritt eher bei verteilten Informationen auf (WEBER und CROCKER, 1983). Über die Bedingungen einer plötzlichen und vollständigen Schemaänderung (conversion model) ist noch wenig bekannt. Sie wird aber sicher durch das Vorhandensein eines neuen und alternativen Schemas begünstigt.

Angesichts der in diesem Abschnitt referierten Befunde drängt sich die Frage auf, was man gegen Vorurteile, Stereotype und Diskriminierung machen kann. Darauf gibt es aus verschiedenen theoretischen Perspektiven (mindestens) vier einander ergänzende Antworten: (1) Der Ansatz von SHERIF legt nahe, positive Abhängigkeiten zwischen den Gruppen – d. h. gemeinsame Ziele – zu schaffen. (2) Aus der SIT folgt der Rat, die starre Kategorisierung abzuschwächen (etwa durch Hinweise auf Gemeinsamkeiten und damit auf die Zugehörigkeit zu einer gemeinsamen Kategorie), bzw. die Kategorisierungseffekte abzuschwächen (z. B. die Übergeneralisation zu beseitigen, indem man individuierende Informationen über einzelne Mitglieder der anderen Gruppe bietet, s. WILDER, 1986). (3) Aus selbstwerttheoretischer Sicht ist es zielführend, ganz allgemein den Selbstwert zu erhöhen bzw. alternative Möglichkeiten der Selbstwerterhöhung (außer Diskriminierung) zu finden. (4) Aufgrund der neueren Gefühls- und Aggressionsforschung ist es ratsam, die allgemeine Zufriedenheit (und damit Vorherrschen positiver Gefühle) zu erhöhen, und Situationen, die negative Gefühle (und damit eine erhöhte Aggressionsbereitschaft) auslösen, nach Möglichkeit zu vermeiden. Bedingungen von Zufriedenheit und Folgen von Unzufriedenheit wurden in eindringlicher Weise von HOFSTÄTTER (1986) analysiert.

Literaturverzeichnis

ABELSON, R. P.: Modes of resolution of belief dilemmas. J. Conflict Resol. 1959, 3, 343–352.

ABELSON, R. P.: Mathematical models in social psychology. In: BERKOWITZ, L. (Hrsg.): Advances in experimental social psychology, Bd. 3. Academic Press, New York–London 1967.

ABELSON, R. P.: A script theory of understanding, attitude, and behavior. In: CARROLL, J. und PAYNE, T. (Hrsg.): Cognition and social behavior. Lawrence Erlbaum, Hillsdale/N. J. 1976.

ABELSON, R. P., ARONSON, E., MCGUIRE, W. J., NEWCOMB, T. M., ROSENBERG, M. J. und TANNENBAUM, P. H. (Hrsg.): Theories of cognitive consistency: A sourcebook. Rand McNally, Chicago 1968.

ABELSON, R. P. und KANOUSE, D. E.: Subjective acceptance of verbal generalization. In: FELDMAN, S. (Hrsg.): Cognitive consistency. Academic Press, New York–London 1966.

ABELSON, R. P. und ROSENBERG, M. J.: Symbolic psycho-logic: A model of attitudinal cognition. Behavioral Science 1959, 4, 1–10.

ABRAMOWITZ, S. I.: Locus of control and self-reported depression among college students. Psychol. Reports 1969, 25, 149–150.

ABRAMSON, L. Y., METALSKY, G. I. und ALLOY, L. B.: Hopelessness depression: A theory-based subtype of depression. Psychol. Rev. 1989, 96, 358–372.

ABRAMSON, L. Y., SELIGMAN, M. E. P. und TEASDALE, J. D.: Learned helplessness in humans: Critique and reformulation: J. Abnorm. Psychol. 1978, 87, 49–74.

ADAMS, J. S.: Inequity in social exchange. In: BERKOWITZ, L. (Hrsg.): Advances in experimental social psychology, Bd. 2. Academic Press, New York 1965.

ADELMANN, P. K. und ZAJONC, R. B.: Facial efference and the experience of emotion. Ann. Rev. Psychol. 1989, 40, 249–280.

ADERMAN, D. und BERKOWITZ, L.: Observational set, empathy, and helping. J. Pers. Soc. Psychol. 1970, 14, 141–148.

ADORNO, T. W., FRENKEL-BRUNSWIK, E., LEVINSON, D. J. und SANFORRD, R. N.: The authoritarian personality. Harper, New York 1950.

AJZEN, I.: Attributions of dispositions to an actor: Effects of perceived decision freedom and behavioral utilities. J. Pers. Soc. Psychol. 1971, 18, 144–156. (a)

AJZEN, I.: Attitudinal versus normative messages: An investigation of the differential effects of persuasive communication on behavior. Sociometry 1971, 34, 263–280. (b)

AJZEN, I.: From intentions to actions: A theory of planned behavior. In: KUHL, J. und BECKMANN, J. (Hrsg.): Action-control: From cognition to behavior. Springer, Heidelberg 1985.

AJZEN, I.: Attitudes, traits and actions: Dispositional predictions of behavior in personality and social psychology. In: BERKOWITZ, L. (Hrsg.): Advances in experimental social psychology, Bd. 20, Academic Press, San Diego 1987.

AJZEN, I. und FISHBEIN, M.: The prediction of behavioral intentions in a choice situation. J. Exp. Soc. Psychol. 1969, 5, 400–416.

AJZEN, I. und FISHBEIN, M.: The prediction of behavior from attitudinal and normative variables. J. Exp. Soc. Psychol. 1970, 6, 466–487.

AJZEN, I. und FISHBEIN, M.: Attitude-behavior relations: A theoretical analysis and review of empirical research. Psychol. Bull. 1977, 84, 888–918.

AJZEN, I. und FISHBEIN, M.: Understanding attitudes and predicting behavior. Prentice Hall, Englewood Cliffs/N. J. 1980.

AJZEN, I. und MADDEN, T. J.: Prediction of goal-directed behavior: Attitudes, intentions, and perceived behavioral control. J. Exp. Soc. Psychol. 1986, 22, 453–474.

AJZEN, I., TIMKO, C. und WHITE, J. B.: Self-monitoring and the attitude-behavior relation. J. Pers. Soc. Psychol. 1982, 42, 426–435.

ALBERT, H.: Traktat über kritische Vernunft. Mohr, Tübingen 1969.

ALEXANDER, N. C. und KNIGHT, G. W.: Situated identities and social psychological experimentation. Sociometry 1971, 34, 65–82.

ALLEN, V. L.: Social support for nonconformity. In: BERKOWITZ, L. (Hrsg.): Advances in experimental social psychology, Bd. 8. Academic Press, New York–London 1975.

ALLOY, L. B. und ABRAMSON, L. Y.: Judgement of contingency in depressed and nondepressed students. J. Exp. Psychol.: General 1979, 108, 441–485.

ALLOY, L. B., PETERSON, C., ABRAMSON, L. Y. und SELIGMAN, M. E. P.: Attributional style and the generality of learned helplessness. J. Pers. Soc. Psychol. 1984, 46, 681–687.

ALLPORT, F. H.: The influence of the group upon association and thought. J. Exp. Psychol. 1920, 3, 159–182.

ALLPORT, G. W.: Attitudes. In: MURCHISON, C. (Hrsg.): A handbook of social psychology. Clark University Press. Worcester, Mass. 1935.

ALPER, T. M. und KORCHIN, S. S.: Memory for socially relevant material. J. Abnorm. Soc. Psychol. 1952, 47, 25–38.

ALTMAN, I. und TAYLOR, D. A.: Social penetration: The development of interpersonal relations. Holt, New York 1973.

ALVAREZ, R.: Informal reactions to deviance in simulated work organizations: A laboratory experiment. American Soc. Review 1968, 33, 895–912.

AMSEL, A.: The role of frustrative nonreward in noncontinuous reward situations. Psychol. Bull. 1958, 55, 102–119.

ANDERSON, J. R.: Verbatim and propositional representation of sentences in immediate and long-term memory. J. Verb. Learn. Verb. Behav. 1974, 13, 149–162.

ANDERSON, J. R.: The architecture of cognition. Harvard Univ. Press, Cambridge/Mass. 1983.

ANDERSON, J. R.: Cognitive psychology and its implications. Freeman, New York 1985. (Deutsch: Kognitive Psychologie. Spektrum der Wissenschaft, 1988.)

ANDERSON, L. und MCGUIRE, W. J.: Prior reassurance of group consensus as a factor in producing resistence to persuasion. Sociometry 1965, 28, 44–56.

ANDERSON, N. H.: Group performance in an anagram task. J. Soc. Psychol. 1961, 55, 67–75.

ANDERSON, N. H.: Application of an additive model to impression formation. Science 1962, 138, 817–818.

ANDERSON, N. H.: Averaging versus adding as a stimulus combination rule in impression formation. J. Exp. Psychol. 1965, 70, 394–400. (a)

ANDERSON, N. H.: Primacy effects in personality impression formations. J. Pers. Soc. Psychol. 1965, 2, 1–9. (b)

ANDERSON, N. H.: A simple model for information integration. In: ABELSON, R. P., ARONSON, E., MCGUIRE, W. J., NEWCOMB, T. M., ROSENBERG, M. J. und TANNENBAUM, P. H. (Hrsg.): Theories of cognitive consistency: A sourcebook. Rand McNally, Chicago 1968.

ANDERSON, N. H.: Information integration theory applied to attitudes about U. S. Presidents. J. Educ. Psychol. 1973, 64, 1–8.

ANDERSON, N. H.: Cognitive algebra: Integration theory applied to social attribution. In: BERKOWITZ, L. (Hrsg.): Advances in experimental social psychology, Bd. 7. Academic Press, New York–London 1974.

ANDERSON, N. H. und BARRIOS, A. A.: Primacy effects in personality impression formation. J. Abnorm. Soc. Psychol. 1961, 63, 346–350.

ANDERSON, N. H. und HUBERT, S.: Effects of concomitant verbal recall on order effects in personality impression formation. J. Verb. Learn. Verb. Behav. 1963, 2, 379–391.

ANDERSON, S. M. und ROSS, L.: Self-knowledge and social inference: I. The impact of cognitive/affective and behavioral data. J. Pers. Soc. Psychol. 1984, 46, 280–293.

APFELBAUM, E.: Représentations du partenaire et interactions à propos d'un dilemme du prisonnier. Psychologie française, 1967, 12, 287–295.

APFELBAUM, E.: On conflicts and bargaining. In: BERKOWITZ, L. (Hrsg.): Advances in experimental social psychology, Bd. 7. Academic Press, New York–London 1974.

ARCHER, R. L., DIAZ-LOVING, R., GOLLWITZER, P. M., DAVIS, M. H. und FOUSHEE, H. C.: The role of dispositional empathy and social evaluation in the empathic mediation of helping. J. Pers. Soc. Psychol. 1981, 40, 786–796.

ARGYLE, M.: The psychology of interpersonal behaviour. Penguin, Harmondsworth 1967.

ARGYLE, M.: Social interaction. Methuen, London 1969. (Deutsch: Soziale Interaktion. Kiepenheuer, Köln 1972.)

ARGYLE, M. und KENDON, A.: The experimental analysis of social performance. In: BERKOWITZ, L. (Hrsg.): Advances in experimental social psychology, Bd. 3. Academic Press, New York–London 1967.

ARKIN, R. und BAUMGARDNER, A. H.: Self-handicapping. In: HARVEY, J. H. und WEARY, G. (Hrsg.): Attribution. Academic Press, Orlando 1985.

ARKIN, R. und DUVAL, S.: Focus of attention and causal attribution of actors and observers. J. Exp. Soc. Psychol. 1975,11, 427–438.

ARONFREED, J.: The origin of self-criticism. Psychol. Rev. 1964, 71, 193 – 218.

ARONFREED, J.: The concept of internalization. In: GOSLIN, D. A. (Hrsg.): Handbook of socialization theory and research. Rand McNally, Chicago 1969.

ARONFREED, J. und REBER, A.: Internalized behavioral suppression and the timing of social punishment. J. Pers. Soc. Psychol. 1965, 1, 3–16.

ARONSON, E.: Some antecedents of interpersonal attraction. In: ARNOLD, W. J. und LEVINE, D. (Hrsg.): Nebraska symposium on motivation, Bd. 17. University of Nebraska Press, Lincoln 1969.

ARONSON, E. und CARLSMITH, J. M.: Effect of severity of threat on the valuation of forbidden behavior. J. Abnorm. Soc. Psychol. 1963, 66, 584–588.

ARONSON, E. und LINDER, D.: Gain and loss of esteem as determinants of interpersonal attractiveness. J. Exp. Soc. Psychol. 1965, 1, 156–171.

ARONSON, E. und MILLS, J.: The effect of severity of initiation on liking for a group. J. Abnorm. Soc. Psychol. 1959, 59, 177–181.

ARONSON, E., TURNER, J. und CARLSMITH, J.: Communicator credibility and communication discrepancy as determinants of opinion change. J. Abnorm. Soc. Psychol. 1963, 67, 31–36.

ASCH, S.: Forming impressions of personality. J. Abnorm. Soc. Psychol. 1946, 41, 258–290.

ASCH, S.: Effects of group pressure on the modification and distortion of judgements. In: GUETZKOW, H. (Hrsg.): Groups, leadership, and men. Carnegie, Pittsburgh 1951.

ASCH, S.: Studies of independence and conformity: a minority of one against an unanimous majority. Psychol. Monogr. 1956, 70, Nr. 9.

ASHOUR, A. S.: The contingency model of leadership effectiveness: An evaluation. Organ. Behav. Hum. Perf. 1973, 9, 339–355. (a)

ASHOUR, A. S.: Further discussion of Fiedler's contingency model of leadership effectiveness. Organ. Behav. Hum. Perf. 1973, 9, 369–376. (b)

ATKINSON, J. W.: An introduction to motivation. Van

Nostrand, New York–Cincinnati–Toronto–London–Melbourne 1964.
AUSTIN, J. L.: How to do things with words. Harv. Univ. Press, Cambridge Mass. 1962.
AUSTIN, W. und WALSTER, E.: Participant's reactions to «equity with the world». J. Exp. Soc. Psychol. 1974, 10, 528–548.
AUSTIN, W. und WALSTER, E.: Equity with the world: The transrelational effects of equity and inequity. Sociometry 1975, 38, 475–496.
AYEROFF, F. und ABELSON, R. P.: ESP and ESB: Belief in personal success at mental telepathy. J. Pers. Soc. Psychol. 1976, 34, 240–247.
AZRIN, N. H. und HOLZ, W. C.: Punishment. In: HONIG, W. W. (Hrsg.): Operant behavior: Areas of research and application. Appleton, New York 1966.
AZRIN, N. H., HOLZ, W. C. und HAKE, D. F.: Fixed-ratio punishment. J. Exp. Anal. Behav. 1963, 6, 141–148.

BACKMAN, C. W.: The self: A dialectical approach. In: BERKOWITZ, L. (Hrsg.): Advances in experimental social psychology, Bd. 21. Academic Press, San Diego 1988.
BACKMAN, C. W. und SECORD, P. F.: The effect of perceived liking on interpersonal attraction. Human Relations 1959, 12, 379–384.
BAGOZZI, R. P. und BURNKRAUT, R. E.: Attitude organization and the attitude-behavior relationship. J. Pers. Soc. Psychol. 1979, 37, 913–929.
BAGOZZI, R. P. und BURNKRAUT, R. E.: Attitude organization and the attitude-behavior relation: A reply to Dillon and Kumar. J. Pers. Soc. Psychol. 1985, 49, 47–57.
BAGOZZI, R. P. und SCHNEDLITZ, P.: Social contingencies in the attitude model: A test of certain interaction hypotheses. Soc. Psychol. Quart. 1985, 48, 366–373.
BALES, R. F.: The equilibrium problem in small groups. In: PARSONS, T., BALES, R. F. und SHILS, A. (Hrsg.): Working papers in the theory of action. Free Press, Glencoe/Illinois 1953.
BALES, R. F.: Task roles and social roles in problem solving groups. In: MACCOBY, E., NEWCOMB, T. M. und HARTLEY, E. L. (Hrsg.): Readings in social psychology, 3. Aufl. Holt, New York 1958.
BALES, R. F. und SLATER, P.: Role differentiation in small decision-making groups. In: PARSONS, T. und BALES, R. F. (Hrsg.): Family, socialization, and interaction process. Free Press, Glencoe/Illinois 1955.
BANDLER, R. J., MADARAS, G. R. und BEM, D. J.: Self-observation as a source of pain perception. J. Pers. Soc. Psychol. 1968, 9, 205–209.
BANDURA, A.: Vicarious processes: A case of no-trial learning. In: BERKOWITZ, L. (Hrsg.): Advances in experimental social psychology, Bd. 2. Academic Press, New York–London 1965. (a)
BANDURA, A.: Influence of model's reinforcement contingencies on the acquisition of imitative responses. J. Pers. Soc. Psychol. 1965, 1, 589–595. (b)
BANDURA, A.: Principles of behavior modification. Holt, London–New York–Sydney–Toronto 1969. (a)
BANDURA, A.: Social learning theory of identificatory processes. In: GOSLIN, D. A. (Hrsg.): Handbook of socialization theory and research. Rand McNally, Chicago 1969. (b)
BANDURA, A.: Social learning theory. General learning Press, Morristown/N. J. 1971. (a)
BANDURA, A.: Vicarious and self-reinforcement processes. In: GLASER, R. (Hrsg.): The nature of reinforcement. Academic Press, New York–London 1971. (b)
BANDURA, A.: Aggression: A social learning analysis. Prentice Hall, Englewood Cliffs/N. J. 1973.
BANDURA, A.: Social learning theory. Prentice Hall, Englewood Cliffs/N. J. 1977. (a)
BANDURA, A.: Self-efficacy: Toward a unifying theory of behavioral change. Psychol. Review 1977, 84, 191–215. (b)
BANDURA, A.: Social foundations of thought and action. Prentice Hall, Englewood Cliffs/N. J. 1986.
BANDURA, A., ADAMS, N. E. und BEYER, J.: Cognitive processes mediating behavioral change. J. Pers. Soc. Psychol. 1977, 35, 125–139.
BANDURA, A., BLANCHARD, E. B. und RITTER, B.: The relative efficacy of desensitization and modeling approaches for inducing behavioral, affective, and attitudinal changes. J. Pers. Soc. Psychol. 1969, 13, 173–199.
BANDURA, A., GRUSEC, J. E. und MENLOVE, F. L.: Observational learning as a function of symbolization and incentive set. Child Development 1966, 37, 499–506.
BANDURA, A., GRUSEC, J. E. und MENLOVE, F. L.: Vicarious extinction of avoidance behavior. J. Pers. Soc. Psychol. 1967, 5, 16–23. (a)
BANDURA, A., GRUSEC, J. E. und MENLOVE, F. L.: Some social determinants of selfmonitoring reinforcement systems. J. Pers. Soc. Psychol. 1967, 5, 449–455. (b)
BANDURA, A. und HUSTON, A. C.: Identification as a process of incidental learning. J. Abnorm. Soc. Psychol. 1961, 63, 311–318.
BANDURA, A. und JEFFERY, R. W.: Role of symbolic coding and rehearsal processes in observational learning. J. Pers. Soc. Psychol. 1973, 26, 122–130.
BANDURA, A., JEFFERY, R. W. und BACHICHA, D. L.: Analysis of memory codes and cumulative rehearsal in observational learning. J. Res. Pers. 1974, 7, 295–305.
BANDURA, A. und KUPERS, C. J.: The transmission of patterns of self-reinforcement through modeling. J. Abnorm. Soc. Psychol. 1964, 69, 1–9.
BANDURA, A. und MAHONEY, M. J.: Maintenance and transfer of self-reinforcement functions. Behav. Res. Ther. 1974, 12, 89–97.
BANDURA, A. und MCDONALD, F. J.: The influence of social reinforcement and the behavior of models in shaping children's moral judgements. J. Abnorm. Soc. Psychol. 1963, 67, 274–281.
BANDURA, A. und MISCHEL, W.: Modification of self-imposed delay of reward through exposure to live and symbolic models. J. Pres. Soc. Psychol. 1965, 2, 698–705.
BANDURA, A., ROSS, D. und ROSS, S. A.: A comparative test of the status envy, social power and secondary

reinforcement theories of identificatory learning. J. Abnorm. Soc. Psychol. 1963, 67, 527–534. (a)
BANDURA, A., ROSS, D. und ROSS, S. A.: Vicarious reinforcement and imitative learning. J. Abnorm. Soc. Psychol. 1963, 67, 601–607. (b)
BANDURA, A. und WALTERS, R. H.: Social learning and personality development. Holt, New York 1963.
BAREFOOT, J. C. und STRAUB, R. B.: Opportunity for information search and the effect of false heart rate feedback. J. Pers. Soc. Psychol. 1971, 17, 154–157.
BARGH, J. A., BOND, R. N., LOMBARDI, W. J. und TOTA, M. E.: The additive nature of chronic and temporary sources of construct accessibility. J. Pers. Soc. Psychol. 1986, 50, 869–878.
BARGH, J. A. und PRATTO, F.: Individual construct accessibility and perceptual selection. J. Exp. Soc. Psychol. 1986, 22, 293–311.
BARON, R. A.: Aggression as a function of magnitude of victim's pain cues, level of prior anger arousal, and aggressor-victim similarity. J. Pers. Soc. Psychol. 1971, 18, 48–54. (a)
BARON, R. A.: Magnitude of victim's pain cues and level of prior anger arousal as determinants of adult aggressive behavior. J. Pers. Soc. Psychol. 1971, 17, 236–243. (b)
BARON, R. A.: Aggression as a function of victim's pain cues, level of prior anger arousal, and exposure to an aggressive model. J. Pers. Soc. Psychol. 1974, 29, 117–124.
BARON, R. A. und BALL, R. L.: The aggression-inhibiting influence of non-hostile humor. J. Exp. Soc. Psychol. 1974, 10, 23–33.
BARON, R. S.: Distraction-conflict theory: Progress and problems. In: BERKOWITZ, L. (Hrsg.): Advances in experimental social psychology, Bd. 19. Academic Press, Orlando 1986.
BARON, R. S., ROPER, G. und BARON, P. H.: Group discussion and the stingy shift. J. Pers. Soc. Psychol. 1974, 30, 538–545.
BARTLETT, F. C.: Remembering. A study: experimental and social psychology. Univ. Press, Cambridge 1932.
BASSILI, J. N. und SMITH, M. C.: On the spontaneity of trait attribution: Converging evidence for the role of cognitive strategy. J. Pers. Soc. Psychol. 1986, 50, 239–245.
BASSOK, M. und TROPE, Y.: People's strategies for testing hypotheses about another's personality: Confirmatory or diagnostic? Soc. Cognit. 1984, 2, 199–216.
BATSON, C. D.: Prosocial motivation: Is it ever truly altruistic? In: BERKOWITZ, L. (Hrsg.): Advances in experimental social psychology, Bd. 20. Academic Press, San Diego 1987.
BATSON, C. D., BATSON, J. G., GRIFFITT, C. A., BARRIENTOS, S., BRANDT, J. R., SPRENGELMEYER, P. und BAYLY, M. J.: Negative state relief and the empathy-altruism hypothesis. J. Pers. Soc. Psychol. 1989, 56, 922–933.
BATSON, C. D., DUNCAN, B., ACKERMAN, P., BUCKLEY, T. und BIRCH, K.: Is empathic emotion a source of altruistic motivation? J. Pers. Soc. Psychol. 1981, 40, 290–302.
BATSON, C. D., DYCK, J. N., BRANDT, J. R., BATSON, J. G., POWELL, A. L., MCMASTER, M. R. und GRIFFITT, C.: Five studies testing two new egoistic alternatives to the empathy-altruism hypothesis. J. Pers. Soc. Psychol. 1988, 55, 52–77.
BATSON, C. D., O'QUIN, K., FULTZ, J., VANDERPLAS, M. und ISEN, A.: Self-reported distress and empathy and egoistic versus altruistic motivation for helping. J. Pers. Soc. Psychol. 1983, 45, 706–718.
BAUM, W. M.: The correlation-based law of effect. J. Exp. Anal. Behav. 1973, 20, 137–153.
BAVELAS, A.: Communication patterns in task-oriented groups. J. Acoust. Soc. America 1950, 22, 725–730.
BAVELAS, A. und BARRETT, D.: An experimental approach to organizational communication. Personell 1951, 27, 367–371.
BAVELAS, A., HASTORF, A. H., GROSS, A. E. und KITE, W. R.: Experiments on the alteration of group structure. J. Exp. Soc. Psychol. 1965, 1, 55–71.
BECK, A. T.: Depression: Clinical, experimental and theoretical aspects. Hoeber, New York 1967.
BECKMANN, J.: Kognitive Dissonanz. Springer, Berlin 1984.
BECKMANN, J. und IRLE, M.: Dissonance and action control. In: KUHL, J. und BECKMANN, J. (Hrsg.): Action control. Springer, Berlin 1985.
BEM, D. J.: Self-perception: An alternative interpretation of cognitive dissonance phenomena. Psychol. Rev. 1967, 74, 183–200.
BEM, D. J.: Self-perception theory. In: BERKOWITZ, L. (Hrsg.): Advances in experimental social psychology, Bd. 6. Academic Press, New York–London 1972.
BEM, D. J. und ALLEN, A.: On predicting some of the people some of the time: The search for cross-situational consistencies in behavior. Psychol. Review 1974, 81, 506–520.
BENTLER, P. M. und SPECKART, G.: Models of attitude-behavior relations. Psychol. Rev. 1979, 47, 265–276.
BENTON, A. A.: Effects of the timing of negative-response consequences on the observational learning of resistance to temptation in children. Diss. Abstracts 1967, 27, 2153–2154.
BERG, J. H.: The development of friendship between roommates. J. Pers. Soc. Psychol. 1984, 46, 346–356.
BERGER, S. M.: Conditioning through vicarious instigation. Psychol. Rev. 1962, 69, 450–466.
BERGER, S. M., LINDE, L. C., HAMMERSLA, K. S., KARSHMER, J. F. und SANCHEZ, M. E.: Motoric and symbolic mediation in observational learning. J. Pers. Soc. Psychol. 1979, 37, 735–746.
BERGIN, A. E.: The effect of dissonant persuasive communication upon changes in self-referring attitudes. J. Pers. 1962, 30, 423–438.
BERGLAS, S. und JONES, E. E.: Drug choice as self-handicapping strategy in response to noncontingent success. J. Pers. Soc. Psychol. 1978, 36, 405–417.
BERKOWITZ, H. und ZIGLER, E.: Effects of preliminary positive and negative interactions and delay conditions on children's responsiveness to social reinforcement. J. Pers. Soc. Psychol. 1965, 2, 500–505.

BERKOWITZ, L.: Group standard, cohesiveness, and productivity. Hum. Relat. 1954, 7, 509–519.

BERKOWITZ, L.: Aggression: A social psychological analysis. McGraw Hill, New York 1962.

BERKOWITZ, L.: The concept of aggressive drive: Some additional considerations. In: BERKOWITZ, L. (Hrsg.): Advances in experimental social psychology, Bd. 2. Academic Press, New York–London 1965. (a)

BERKOWITZ, L.: Some aspects of observed aggression. J. Pers. Soc. Psychol. 1965, 2, 359–369. (b)

BERKOWITZ, L.: Social motivation. In: LINDZEY, G. und ARONSON, E. (Hrsg.): The handbook of social psychology, Bd. 3. Addison-Wesley, Reading/Mass. 1969.

BERKOWITZ, L.: Social norms, feelings, and other factors affecting helping and altruism. In: BERKOWITZ, L. (Hrsg.): Advances in experimental social psychology, Bd. 6. Academic Press, New York–London 1972.

BERKOWITZ, L.: Aversive conditions as stimuli to aggression. In: BERKOWITZ, L. (Hrsg.): Advances in experimental social psychology, Bd. 15. Academic Press, New York 1982.

BERKOWITZ, L.: Frustration-aggression hypothesis: Examination and reformulation. Psychol. Bull. 1989, 106, 59–73.

BERKOWITZ, L., COCHRAN, S. und EMBREE, M.: Physical pain and the goal of aversively stimulated aggression. J. Pers. Soc. Psychol. 1981, 40, 687–700.

BERKOWITZ, L. und CONNOR, W. H.: Success, failure and social responsibility. J. Pers. Soc. Psychol. 1966, 4, 664–669.

BERKOWITZ, L. und DANIELS, L.R.: Responsibility and dependency. J. Abnorm. Soc. Psychol. 1963, 66, 429–437.

BERKOWITZ, L. und GEEN, R.: Film violence and the cue properties of available targets. J. Pers. Soc. Psychol. 1966, 3, 525–530.

BERKOWITZ, L. und GEEN, R.: The stimulus qualities of the target of aggression. J. Pers. Soc. Psychol. 1967, 5, 364–368.

BERKOWITZ, L. und HEIMER, K.: On the construction of the anger experience: Aversive events and negative priming in the formation of feelings. In: BERKOWITZ, L. (Hrsg.): Advances in experimental social psychology, Bd. 22. Academic Press, San Diego 1989.

BERKOWITZ, L. und LUNDY, R. M.: Personality characteristics related to susceptibility to influence by peers and authority figures. J. Pers. 1957, 25, 306–316.

BERKOWITZ, L. und RAWLINGS, E.: Effects of film violence on inhibitions against subsequent aggression. J. Abnorm. Soc. Psychol. 1963, 66, 405–412.

BERKOWITZ, L. und WALSTER, E. (Hrsg.): Advances in experimental social psychology, Bd. 9: Equity theory: Toward a general theory of social interaction. Academic Press, New York–London 1976.

BERLYNE, D. E.: Uncertainty and conflict: A point of contact between information theory and behavior theory. Psychol. Rev. 1957, 64, 329–339.

BERLYNE, D. E.: Conflict, arousal and curiosity. McGraw Hill, New York 1960.

BERLYNE, D. E.: The influence of complexity and novelty in visual figures on orienting responses. J. Exp. Psychol. 1958, 55, 289–296.

BERLYNE, D. E.: Arousal and reinforcement. In: LEVINE, D. (Hrsg.): Nebraska symposium on motivation, Bd. 15. University of Nebraska Press, Lincoln 1967.

BERLYNE, D. E.: The motivational significance of collative variables and conflict. In: ABELSON, R. P., ARONSON, E., MCGUIRE, W. J., NEWCOMB, T. M., ROSENBERG, M. J. und TANNENBAUM, P. H. (Hrsg.): Theories of cognitive consistency: A sourcebook. Rand McNally, Chicago 1968.

BERLYNE, D. E.: Aesthetics and psychobiology. Appleton, New York 1971.

BERNBERG, R. E.: Socio-psychological factors in industrial morale: 1. The prediction of specific indicators. J. Soc. Psychol. 1952, 36, 73–82.

BERSCHEID, E.: Emotion. In: KELLEY, H. H., BERSCHEID, E., CHRISTENSEN, A., HARVEY, J. H., HUSTON, T. L., LEVINGER, G., MCCLINTOCK, E., PEPLAU, L. A. und PETERSON, D. R. (Hrsg.): Close relationships. Freeman, New York 1983.

BERSCHEID, E., BROTHEN, T. und GRAZIANO, W.: Gain-loss-theory and the «law of infidelity»: Mr. Doting versus the admiring stranger. J. Pers. Soc. Psychol. 1976, 33, 709–718.

BERSCHEID, E., GRAZIANO, W., MONSON, T. und DERMER, M.: Outcome dependency: Attention, attribution, and attraction. J. Pers. Soc. Psychol. 1976, 34, 978–989.

BERSCHEID, E. und WALSTER, E.: Physical attractiveness. In: BERKOWITZ, L. (Hrsg.): Advances in experimental social psychology, Bd. 7. Academic Press, New York–London 1974.

BIERWISCH, M.: Certain problems of semantic representations. Foundations of Language 1969, 5, 153–183.

BINDRA, D.: The interrelated mechanisms of reinforcement and motivation, and the nature of their influences on response. In: ARNOLD, W. J. und LEVINE, D. (Hrsg.): Nebraska symposium on motivation, Bd. 17. University of Nebraska Press 1969.

BIXENSTINE, V. E., CHAMBERS, N. und WILSON, K. V.: Effect of asymmetry in payoff on behavior in a two person non-zero-sum game. J. Confl. Resol., 1964, 8, 151–159.

BIXENSTINE, V. E., POTASH, H. M. und WILSON, K. V.: Effects of level of cooperative choice by the other player on choices in a prisoner's dilemma game, Part I. J. Abnorm. Soc. Psychol. 1963, 66, 308–313.

BLAKE, R. R., HELSON, H. und MOUTOUN, J. S.: The generality of conformity behavior as a function of actual anchorage, difficulty of task, and amount of social pressure. J. Pers. 1957, 25, 294–305.

BLALOCK, H. M.: Causal inference in nonexperimental research. University of North Carolina Press, 1964.

BLALOCK, H. M.: Causal models in the social sciences. Macmillan, New York 1972.

BLAU, P. M.: Exchange and power in social life. Wiley, New York 1964.

BLAU, P. M.: Social exchange. In: SILLS, D. L. (Hrsg.):

International encyclopedia of the social sciences, Bd. 7. Macmillan, New York 1968.

BLUMENTHAL, A. L.: Prompted recall of sentences. J. Verb. Learn. Verb. Behav. 1967, 6, 203–206.

BLUMENTHAL, A. L. und BOAKES, R.: Prompted recall of sentences. J. Verb. Learn. Verb. Behav. 1967, 6, 674–676.

BOCHNER, S. und INSKO, O.: Communicator discrepancy, source credibility, and influence. J. Pers. Soc. Psychol. 1966, 4, 614–621.

BORGIDA, E.: Scientific deduction – evidence is not necessarily informative: A reply to WELLS and HARVEY. J. Pers. Soc. Psychol. 1978, 36, 477–482.

BOUDON, R.: The logic of sociological explanation. Penguin, Harmondsworth 1974.

BOUSFIELD, W. A. und COHEN, B. H.: The occurence of clustering in the recall of randomly arranged words of different frequencies of usage. J. General Psychol. 1955, 52, 83–95.

BOVARD, E. W. Jr.: Social norms and the individual. J. Abnorm. Soc. Psychol. 1948, 43, 62–69.

BOVARD, E. W. Jr.: Clinical insight as a function of group process. J. Abnorm. Soc. Psychol. 1952, 47, 534–539.

BOWER, G. H.: Mood and memory. Amer. Psychologist 1981, 36, 129–148.

BOWER, G. H., CLARK, M. C., LESGOLD, A. M. und WINZENZ, D.: Hierarchical retrieval schemes in recall of categorized word lists. J. Verb. Learn. Verb. Behav. 1969, 8, 323–343.

BOWLBY, J.: Attachment and loss. Bd. 1–3. Basic Books, New York 1969, 1973, 1980.

BRANDSTÄTTER, H.: Das Augsburger Forschungsprojekt «Gruppenentscheidung» – eine Zwischenbilanz. In: BRANDSTÄTTER, H. (Hrsg.): Problem und Entscheidung, 1976, Heft 18, 1–22.

BRANSFORD, J. D. und JOHNSON, M. K.: Considerations of some problems of comprehension. In: CHASE, W. G. (Hrsg.): Visual information processing. Academic Press, New York 1973.

BRAUN, S. H.: Effects of schedules of direct and vicarious reinforcement and modeling cues on behavior. J. Pers. Soc. Psychol. 1972, 22, 356–365.

BRAVER, S. L. und BARNETT, B.: Effects of modeling on cooperation in a prisoner's dilemma game. J. Pers. Soc. Psychol. 1976, 33, 161–169.

BRECHNER, K. C.: An experimental analysis of social traps. J. Exp. Soc. Psychol. 1977, 13, 552–564.

BRECKLER, S. J. und GREENWALD, A. G.: Motivational facets of the self. In: SORRENTINO, R. M. und HIGGINS, E. T. (Hrsg.): Handbook of motivation and cognition. Wiley, Chichester 1986.

BREHM, J. W.: Post-decision changes in the desirability of alternatives. J. Abnorm. Soc. Psychol. 1956, 52, 384–389.

BREHM, J. W.: A theory of psychological reactance. Academic Press, New York–London 1966.

BREHM, J. W.: Responses to loss of freedom: A theory of psychological reactance. General Learning Press, Morristown, N. J. 1972.

BREHM, J. W. und COHEN, A. R.: Explorations in cognitive dissonance. Wiley, New York 1962.

BREHM, J. W. und SELF, E. A.: The intensity of motivation. Annual Rev. Psychol. 1989, 40, 109–131.

BREHM, J. W., STIRES, L. K., SENSENIG, J. und SHABAN, J.: The attractiveness of an eliminated choice alternative. J. Exp. Soc. Psychol. 1966, 2, 301–313.

BREHM, M. L., BACK, K. W. und BOGDANOFF, M. D.: A physiological effect of cognitive dissonance under stress and deprivation. J. Abnorm. Soc. Psychol. 1964, 69, 303–310.

BREHM, S.: The application of social psychology to clinical practice. Wiley, New York 1976.

BREHM, S. S. und BREHM, J. W.: Psychological Reactance. Academic Press, New York 1981.

BREWER, M. B. und KRAMER, R. M.: Choice behavior in social dilemmas: Effects of social identity, group size, and decision framing. J. Pers. Soc. Psychol. 1986, 50, 543–549.

BREWIN, C. R.: Depression and causal attributions: What is their relation? Psychol. Bull. 1985, 98, 297–309.

BROCK, T. C.: Communication discrepancy and intent to persuade as determinants of counterargument production. J. Exp. Soc. Psychol. 1967, 3, 269–309.

BROCKNER, J., GARDNER, M., BIERMAN, J., MAHAN, T. und THOMAS, B.: The roles of self-esteem and self-consciousness in the Wortman-Brehm model of reactance and helplessness. J. Pers. Soc. Psychol. 1983, 45, 199–209.

BROEN, W. E. und STORMS, L. H.: A reaction potential ceiling and response decrements in complex situations. Psychol. Rev. 1961, 68, 405–415.

BRONFENBRENNER, U.: Freudian theories of identification and their derivatives. Child Development 1960, 31, 15–40.

BROWN, I. Jr. und INOUYE, D. K.: Learned helplessness through modeling: The role of perceived similarity in competence. J. Pers. Soc. Psychol. 1978, 36, 900–908.

BROWN, J. S.: The motivation of behavior. McGraw Hill, New York 1961.

BROWN, R.: Social psychology. Free Press, New York 1965.

BROWN, R. und LENNEBERG, E. H.: A study in language and cognition. J. Abnorm. Soc. Psychol. 1954, 49, 454–462.

BRUNER, J. S.: Going beyond the information given. In: BRUNER, J. S. et al. (Hrsg.): Contemporary approaches to cognition. Harvard University Press, Cambridge/Mass. 1957.

BRUNER, J. S., SHAPIRO, D. und TAGIURI, R.: The meaning of traits in isolation and in combination. In: TAGIURI, R. und PETRULLO, L. (Hrsg.): Person perception and interpersonal behavior. Stanford University Press, Stanford 1958.

BRUNING, J. L.: Direct and vicarious effects in a shift in magnitude of reward on performance. J. Pers. Soc. Psychol. 1965, 2, 278–282.

BÜHLER, K.: Sprachtheorie. Jena 1934.

BUNGARD, W. (Hrsg.): Die «gute» Versuchsperson denkt nicht. Urban und Schwarzenberg, München 1980.

BURGER, J. M.: Desire for control and achievement-related behaviors. J. Pers. Soc. Psychol. 1985, 48, 1520–1533.

Burger, J. M.: Desire for control and conformity to a perceived norm. J. Pers. Soc. Psychol. 1987, 53, 355–360.

Burger, J. M.: Negative reactions to increases in perceived personal control. J. Pers. Soc. Psychol. 1989, 246–256.

Burger, J. M. und Cooper, H. M.: The desirability of control. Motivation and emotion 1979, 3, 381–393.

Burnstein, E.: Sources of cognitive bias in the representation of simple social structures: Balance, minimal change, positivity, reciprocity, and the respondent's own attitude. J. Pers. Soc. Psychol. 1967, 7, 36–48.

Burnstein, E., Stotland, E. und Zander, A.: Similarity to a model and selfevaluation. J. Abnorm. Soc. Psychol. 1961, 62, 257–264.

Burnstein, E. und Vinokur, A.: Testing two classes of theories about group-induced shifts in individual choice. J. Exp. Soc. Psychol. 1973, 9, 123–137.

Burnstein, E. und Vinokur, A.: Persuasive argumentation and social comparison as determinants of attitude polarization. J. Exp. Soc. Psychol. 1977, 13, 315–332.

Buss, A. R.: Causes and reasons in attribution theory: A conceptual critique. J. Pers. Soc. Psychol. 1978, 36, 1311–1321.

Buss, D. M.: Toward a psychology of person-environment (PE) correlation: The role of sponse selection. J. Pers. Soc. Psychol. 1984, 47, 361–377.

Byrne, D.: Interpersonal attraction and attitude similarity. J. Abnorm. Soc. Psychol. 1961, 62, 713–715.

Byrne, D.: Attitudes and attraction. In: Berkowitz, L. (Hrsg.): Advances in experimental social psychology, Bd. 4. Academic Press, New York–London 1969.

Byrne, D.: The attraction paradigm. Academic Press, New York–London 1971.

Byrne, D., London, O. und Griffitt, W.: The effect of topic importance and attitude similarity-dissimilarity on attraction in an intrastranger design. Psychonomic Science 1968, 11, 303–304.

Byrne, D. und Nelson, D.: Attraction as a funcion of attitude similarity-dissimilarity: the effect of topic importance. Psychonomic Science 1964, 1, 93–94.

Byrne, D. und Nelson, D.: Attraction as a linear function of proportion of positive reinforcements. J. Pers. Soc. Psychol. 1965, 1, 659–663. (a)

Byrne, D. und Nelson, D.: The effect of topic importance and attitude similarity-dissimilarity on attraction in a multistranger desing. Psychonomic Science 1965, 3, 449–450. (b)

Cacioppo, J. T. und Petty, R. E.: The need for cognition. J. Pers. Soc. Psychol. 1982, 42, 116–131.

Cacioppo, J. T. und Petty, R. E.: Central and peripheral routes to persuasion: The role of message repetition. In: Mitchell, A. und Alwitt, L. (Hrsg.): Psychological processes and advertising effects. Lawrence Erlbaum, Hillsdale/N. J. 1985.

Calder, B. J. und Staw, B. M.: Self-perception of intrinsic and extrinsic motivation. J. Pers. Soc. Psychol. 1975, 31, 599–605.

Cannon, W. B.: The James-Lange theory of emotions: A critical examination and an alternative theory. Amer. J. Psychol. 1927, 39, 106–124.

Canon, L. K.: Self-confidence and selective exposure to information. In: Festinger, L. (Hrsg.): Conflict, decision and dissonance. Stanford University Press, Stanford/Calif. 1964.

Cantor, J. R., Bryant, J. und Zillmann, D.: Enhancement of humor appreciation by transferred excitation. J. Pers. Soc. Psychol. 1974, 30, 812–821.

Cantor, J. R. und Zillmann, D.: The effect of affective state and emotional arousal on music appreciation. J. General Psychol. 1973, 89, 97–108.

Cantor, J. R., Zillmann, D. und Bryant, J.: Enhancement of experienced sexual arousal in response to erotic stimuli through misattribution of unrelated residual excitation. J. Pers. Soc. Psychol. 1975, 32, 69–75.

Cantor, N. und Mischel, W.: Prototypes in person perception. In: Berkowitz, L. (Hrsg.): Advances in experimental social psychology, Bd. 12. Academic Press, New York 1979. (a)

Cantor, N. und Mischel, W.: Prototypicality and personality: Effects on free recall and personality impressions. J. Research Pers. 1979, 13, 187–205. (b)

Cantor, N., Mischel, W. und Schwartz, J.: Social knowledge: Structure, content, use, and abuse. In: Hastorf, A. H. und Isen, A. M. (Hrsg.): Cognitive social psychology. Elsevier, New York 1982.

Carlsmith, J. M., Collins, B. E. und Helmreich, R. L.: Studies in forced compliance: I. The effect of pressure for compliance on attitude change produced by face-to-face role playing and anonymous essay writing. J. Pers. Soc. Psychol. 1966, 4, 1–13.

Carlsmith, J. M., Ebbesen, E. B., Lepper, M. R., Zanna, M. P., Joncas, A. J. und Abelson, R. P.: Dissonance reduction following forced attention to the dissonance. Proceed. Amer. Psychol. Assoc. 1969, 321–322.

Carlston, D. E.: The recall and use of traits and events in social inference processes. J. Exp. Soc. Psychol. 1980, 16, 303–328.

Cartwright, D.: Some principles of mass persuasion. Hum. Rel. 1949, 2, 253–267.

Cartwright, D.: Risk taking by individuals and groups: An assessment of research employing choice dilemmas. J. Pers. Soc. Psychol. 1971, 20, 361–378.

Cartwright, D. und Harary, F.: Structural balance: A generalization of Heider's theory. Psychol. Rev. 1956, 63, 277–293.

Carver, C. S. und Scheier, M. F.: Attention and self-regulation: A control-theory approach to human behavior. Springer, New York 1981.

Carver, C. S. und Scheier, M. F.: Two sides of the self: One for you and one for me. In: Suls, J. und Greenwald, A. G. (Hrsg.): Psychological perspectives on the self, Bd. 2. Lawrence Erlbaum, Hillsdale/N. J. 1983.

Cason, H.: Common annoyances: A psychological study of every-day aversions and irritations. Psychol. Monogr. 1930, 40, 1–218.

Catania, A. C.: Concurrent performances: Reinforcement interaction and response independence. J. Exp. Anal. Behav. 1963, 6, 253–263.

Cautela, J. R.: Covert reinforcement. Beh. Therapy 1970, 1, 33–50.

Chafe, W. L.: Meaning and the structure of language. Univ. of Chicago, Chicago 1970.

Chaiken, S.: Heuristic versus systematic information processing and the use of source versus message cues in persuasion. J. Pers. Soc. Psychol. 1980, 39, 752–766.

Chaiken, S.: The heuristic model of persuasion. In: Zanna, M. P., Olson, J. M. und Herman, C. P.: Social influence: The Ontario Symposium, Bd. 5. Lawrence Erlbaum, Hillsdale/N. J. 1987.

Chaiken, S. und Baldwin, M. W.: Affecitve-cognitive consistency and the effect of salient behavioral information on the self-perception of attitudes. J. Pers. Soc. Psychol. 1981, 41, 1–12.

Chaiken, S. und Eagly, A. H.: Communication modality as a determinant of persuasion: The role of communicator salience. J. Pers. Soc. Psychol. 1983, 45, 241–256.

Chaiken, S. und Stangor, C.: Attitudes and attitude change. Ann. Rev. Psychol. 1987, 38, 575–630.

Chaiken, S. und Yates, S.: Affective-cognitive consistency and thought-induced polarization. J. Pers. Soc. Psychol. 1985, 49, 1470–1481.

Chapman, L. J. und Chapman, J. P.: Atmosphere effect re-examined. J. Exp. Psychol. 1959, 58, 220–226.

Chapman, L. J. und Chapman, J. P.: Genesis of popular but erroneous psychodiagnostic observations. J. Abnorm. Psychol. 1967, 72, 193–204.

Chapman, L. J. und Chapman, J. P.: Illusory correlation as an obstacle to the use of valid psychodiagnostic signs. J. Abnorm. Psychol. 1969, 74, 271–280.

Chemers, M. M. und Skrzypek, G. J.: Experimental test of the contingency model of leadership effectiveness. J. Pers. Soc. Psychol. 1972, 24, 172–177.

Cheyne, J. A., Goyeche, J. R. M. und Walters, R. H.: Anxiety, attention and rules in resistance to deviation in children. J. Exp. Child Psychol. 1969, 8, 127–139.

Cheyne, J. A. und Walters, R. H.: Intensity of punishment, timing of punishment and cognitive structure as determinants of response inhibition. J.Exp.Child Psychol. 1969, 7, 231–244.

Chomsky, N.: Syntactic structures. Mouton, The Hague 1957.

Chomsky, N.: Formal properties of grammars. In: Luce, R. D., Bush, R. und Galanter, E. (Hrsg.): Handbook of mathematical psychology, Bd. 2. Wiley, New York 1963.

Chomsky, N.: Aspects of the theory of syntax. MIT Press, Cambridge/Mass. 1965. (Deutsch: Aspekte der Syntax-Theorie. Suhrkamp, Frankfurt a. M. 1970.)

Church, R. M.: The role of fear in punishment. Paper read at the Amer. Psychol. Assoc. symposium «The effects of punishment on behavior» 1966. (Veröffentlicht in: Walters, R. H., Cheyne, J. A. und Banks, R. K. [Hrsg.]: Punishment. Penguin, Harmondsworth 1972.)

Cialdini, R. B., Schaller, M., Houlihan, D., Arps, K., Fultz, J. und Beaman, A. L.: Empathy-based helping: Is it selflessly or selfishly motivated? J. Pers. Soc. Psychol. 1987, 52, 749–758.

Clark, H. H.: Word associations and linguistic theory. In: Lyons, J. (Hrsg.): New horizons in linguistics. Penguin, Harmondsworth 1970.

Clark, H. H. und Haviland, S. E.: Psychological processes as linguistic explanation. In: Cohen, D. (Hrsg.): Explaining linguistic phenomena. Hemisphere Publishing, Washington, D. C. 1974.

Clark, H. H. und Haviland, S. E.: Comprehension and the given-new contract. In: Freedle, R. O. (Hrsg.): Discourse production and comprehension. Ablex Publishing, Norwood, N. J. 1977.

Clark, M. S. und Isen, A. M.: Toward understanding the relationship between feeling states and social behavior. In: Hastorf, A. H. und Isen, A. M. (Hrsg.): Cognitive social psychology. Elsevier, New York 1982.

Clark, M. S. und Mills, J.: Interpersonal attraction in exchange and communal relationships. J. Pers. Soc. Psychol. 1979, 37, 12–24.

Cline, V. B. und Richards, J. M. Jr.: Accuracy of interpersonal perception – a general trait? J. Abnorm. Soc. Psychol. 1960, 60, 1–7.

Clore, G. L. und Byrne, D.: A reinforcement-affect model of attraction. In: Huston, T. L. (Hrsg.): Foundations of interpersonal attraction. Academic Press, New York–London 1974.

Clore, G. L. und Itkin, S. M.: Verstärkungsmodelle der zwischenmenschlichen Anziehung. In: Mikula, G. und Stroebe, W. (Hrsg.): Sympathie, Freundschaft und Ehe. Huber, Bern 1977.

Cofer, C. N. und Appley, M. H.: Motivation: Theory and research. Wiley, New York 1964.

Cohen, A. R.: An experiment on small rewards for discrepant compliance and attitude change. In: Brehm, J. W. und Cohen, A. R.: Explorations in cognitive dissonance. Wiley, New York 1962.

Cohen, C. E. und Ebbesen, E. B.: Observational goals and schema activation: A theoretical framework for behavior perception. J. Exp. Soc. Psychol. 1979, 15, 305–329.

Coke, J. S., Batson, C. D. und McDavis, K.: Empathic mediation of helping: A two-stage model. J. Pers. Soc. Psychol. 1978, 36, 752–766.

Collins, A. und Quillian, M. R.: Retrieval time from semantic memory. J. Verb. Learn. Verb. Behav. 1969, 8, 240–247.

Collins, B. E. und Guetzkow, H.: A social psychology of group processes for decision-making. Wiley, New York 1964.

Condon, J. W. und Crano, W. D.: Inferred evaluation and the relation between attitude similarity and interpersonal attraction. J. Pers. Soc. Psychol. 1988, 54, 789–797.

Condry, J.: Enemies of exploration: Self-initiated versus other-initiated learning. J. Pers. Soc. Psychol. 1977, 35, 459–477.

Cook, R. E.: Relation of achievement motivation and attribution to self-reinforcement. Unpublished doctoral dissertation. Univ. of Calif., Los Angeles 1970.

COOPER, J. und FAZIO, R. H.: A new look at dissonance theory. In: BERKOWITZ, L. (Hrsg.): Advances in experimental social psychology, Bd. 17. Academic Press, Orlando 1984.

COOPER, J. und WORCHEL, S.: Role of undesired consequences in arousing cognitive dissonance. J. Pers. Soc. Psychol. 1970, 16, 199–206.

COOPER, J., ZANNA, M. P. und TAVES, P. A.: Arousal as a necessary condition for attitude change following induced compliance. J. Pers. Soc. Psychol. 1978, 36, 1101–1106.

COTTON, J. L.: A review of research on Schachter's theory of emotion and the misattribution of arousal. Europ. J. Soc. Psychol. 1981, 11, 365–397.

COTTRELL, N. B.: Social facilitation. In: MCCLINTOCK, C. G. (Hrsg.): Experimental social psychology. Holt, New York 1972.

COTTRELL, N. B., SEKERAK, G. J., WACK, D. L. und RITTLE, R. H.: Social facilitation of dominant responses by the presence of an audience and the mere presence of others. J. Pers. Soc. Psychol. 1968, 9, 245–250.

COWAN, P. A. und WALTERS, R. H.: Studies of reinforcement of aggression. I. Effects of scheduling. Child Developm. 1963, 34, 543–552.

CRANO, W. D., GORENFLO, D. W. und SHACKLEFORD, S. L.: Overjustification, assumed consensus, and attitude change: Further investigation of the incentive-aroused ambivalence hypothesis. J. Pers. Soc. Psychol. 1988, 55, 12–22.

CRANO, W. D. und SIVACEK, J.: The influence of incentive-aroused ambivalence on overjustification effects in attitude change. J. Exp. Soc. Psychol. 1984, 20, 137–158.

CRESPI, I.: What kinds of attitude measures are predictive of behavior? Publ. Opin. Quart. 1971, 35, 327–334.

CRESPI, L. P.: Quantitative variation of incentive and performance in the white rat. Amer. J. Psychol. 1942, 55, 467–517.

CROMWELL, H.: The relative effect on audience attitude of the first versus the second argumentative speech of a series. Speech Monogr. 1950, 17, 105–122.

CRONBACH, L. J.: Processes affecting scores on «understanding of others» and «assumed similarity». Psychol. Bull. 1955, 52, 177–193.

CROTT, H.: Soziale Interaktion und Gruppenprozesse. Kohlhammer, Stuttgart 1979.

CROW, W. J. und HAMMOND, K. R.: The generality of accuracy and response sets in interpersonal perceptions. J. Abnorm. Soc. Psychol. 1957, 54, 384–390.

CRUTCHFIELD, R. S.: Conformity and character. Amer. Psychologist 1955, 10, 191–198.

CUNNINGHAM, M. R.: Measuring the physical in physical attractiveness: Quasi-experiments on the sociobiology of female face beauty. J. Pers. Soc. Psychol. 1986, 50, 925–935.

CURTIS, R. C. und MILLER, K.: Believing another likes or dislikes you: Behaviors making the beliefs come true. J. Pers. Soc. Psychol. 1986, 51, 284–290.

DABBS, J. und JANIS, I.: Why does eating while reading facilitate opinion change? An experimental inquiry. J. Exp. Soc. Psychol. 1965, 1, 133–144.

DARLEY, J. M. und BERSCHEID, E.: Increased liking as a result of the anticipation of personal contact. Hum. Rel. 1967, 20, 29–40.

DARLEY, J. M. und LATANÉ, B.: Bystander intervention in emergencies: Diffusion of responsibility. J. Pers. Soc. Psychol. 1968, 8, 377–383.

DAVIS, J. H.: Group decision and social interaction: A theory of social decision schemes. Psychol. Rev. 1973, 80, 97–125.

DAVIS, K. E. und JONES, E. E.: Changes in interpersonal perception as a means of reducing cognitive dissonance. J. Abnorm. Soc. Psychol. 1960, 61, 402–410.

DAVITZ, J. R.: The effects of previous training on postfrustration behavior. J. Abnorm. Soc. Psychol. 1952, 47, 309–315.

DAWES, R. M.: Fundamentals of attitude measurement. Wiley, New York 1972.

DAWES, R. M.: Social dilemmas. Ann. Rev. Psychol. 1980, 31, 169–193.

DAY, H. I.: Exploratory behavior as a function of individual differences and level of arousal. Unpublished Ph. D. thesis, Univ. of Toronto 1965.

DAY, H. I.: Looking time as a function of stimulus variables and individual differences. Percept. Motor Skills 1966, 22, 423–428.

DEBONO, K. G.: Investigating the social-adjustive and value-expressive functions of attitudes: Implications for persuasion processes. J. Pers. Soc. Psychol. 1987, 52, 279–287.

DEBONO, K. G. und HARNISH, R. J.: Source expertise, souce attractiveness, and the processing of persuasive information: A functional approach. J. Pers. Soc. Psychol. 1988, 55, 541–546.

DECI, E. L.: Effects of externally mediated rewards on intrinsic motivation. J. Pers. Soc. Psychol. 1971, 18, 105–115.

DECI, E. L.: Intrinsic motivation, extrinsic reinforcement, and inequity. J. Pers. Soc. Psychol. 1972, 22, 113–120.

DECI, E. L.: Intrinsic motivation. Plenum Press, New York–London 1975.

DECI, E. L. und RYAN, R. M.: Intrinsic motivation and self-determination in human behavior. Plenum Press, New York 1985.

DEESE, J.: Frequency of usage and number of words in free recall: The role of association. Psychol. Reports 1960, 7, 337–344.

DEESE, J.: On the structure of associative meaning. Psychol. Rev. 1962, 69, 161–175.

DERMER, M. und THIEL, D. L.: When beauty may fail. J. Pers. Soc. Psychol. 1975, 31, 1168–1176.

DESOTO, C. B. und ALBRECHT, F.: Conceptual good figures. In: ABELSON, R. P. et al. (Hrsg.): Theories of cognitive consistency: A sourcebook. Rand McNally, Chicago 1968.

DESOTO, C. B. und ALBRECHT, F.: Cognition and social orderings. In: ABELSON, R. P. et al. (Hrsg.): Theories of cognitive consistency: A sourcebook. Rand McNally, Chicago 1968.

DeSoto, C. B. und Kuethe, J. L.: Subjective probabilities of interpersonal relations. J. Abnorm. Soc. Psychol. 1959, 59, 290–294.

DeSoto, C. B., London, M. und Handel, S.: Social resoning and spatial paralogic. J. Pers. Soc. Psychol. 1965, 2, 513–521.

Deutsch, M.: The effect of motivational orientation upon trust and suspicion. Hum. Rel. 1960, 13, 122–139. (a)

Deutsch, M.: Trust, trustworthiness, and the F-scale. J. Abnorm. Soc. Psychol. 1960, 61, 138–140. (b)

Deutsch, M.: The resolution of conflict. Constructive and destructive processes. Yale Univ. Press, New Haven–London 1973.

Deutsch, M. und Gerard, H. B.: A study of normative and informational social influences upon individual judgement. J. Abnorm. Soc. Psychol. 1955, 51, 629–636.

Deutsch, M. und Krauss, R. M.: The effect of threat on interpersonal bargaining. J. Abnorm. Soc. Psychol. 1960, 61, 181–189.

Deutsch, M. und Solomon, L.: Reactions to evaluations by others as influenced by self-evaluations. Sociometry 1959, 22, 93–112.

DeVellis, R., DeVellis, B. und McCauley, C.: Vicarious acquisition of learned helplessness. J. Pers. Soc. Psychol. 1978, 36, 894–899.

DeVilliers, P. A. und Herrnstein, R. J.: Toward a law of response strength. Psychol. Bull. 1976, 83, 1131–1153.

Diekmann, A.: Volunteer's dilemma. J. Conflict Resolution 1985, 29, 605–610.

Diekmann, A.: Volunteer's dilemma. A social trap without a dominant strategy and some empirical results. In: Diekmann, A. und Mitter, P. (Hrsg.): Paradoxical effects of social behavior. Essays in honor of Anatol Rapoport. Physica-Verlag, Heidelberg 1986.

Diener, C. I. und Dweck, C. S.: An analysis of learned helplessness: Continuous change in performance, strategy and achievement cognitions following failure. J. Pers. Soc. Psychol. 1978, 36, 451–462.

Diener, E.: Effects of prior destructive behavior, anonymity, and group presence on deindividuation and aggression. J. Pers. Soc. Psychol. 1976, 33, 497–507.

Diener, E.: Deindividuation, self-awareness, and disinhibition. J. Pers. Soc. Psychol. 1979, 37, 1160–1171.

Diener, E., Dineen, J. und Endresen, K.: Effects of altered responsibility, cognitive set, and modeling on physical aggression and deindividuation. J. Pers. Soc. Psychol. 1975, 31, 328–337.

Diener, E. und Iran-Nejad, A.: The relationship in experience between various types of effect. J. Pers. Soc. Psychol. 1986, 50, 1031–1038.

Diener, E. und Wallbom, M.: Effects of self-awareness on antinormative behavior. J. Res. Pers. 1976, 10, 107–111.

Dienstbier, R.: The role of anxiety and arousal attribution in cheating. J. Exp. Soc. Psychol. 1972, 8, 168–179.

Dienstbier, R. und Munter, P.: Cheating as a function of the labeling of natural arousal. J. Pers. Soc. Psychol. 1971, 17, 208–213.

Dion, K., Berscheid, E. und Walster, E.: What is beautiful is good. J. Pers. Soc. Psychol. 1972, 24, 285–290.

Dion, K. L. und Dion, K. K.: Belief in a just world and physical attractiveness stereotyping. J. Pers. Soc. Psychol. 1987, 52, 775–780.

Dipboye, R L.: Alternative approaches to deindividuation. Psychol. Bull. 1977, 84, 1057–1075.

Dittes, J. E.: Attractiveness of group as a function of self-esteem and acceptance by group. J. Abn. Soc. Psychol. 1959, 59, 77–82.

Dohmen, P.: Zur Bedeutung bilinearer Einstellungsmodelle. Ztschr. f. Sozialpsychol. 1985, 16, 240–252.

Dohmen, P., Doll, J. und Orth, B.: Modifizierte Produktsummenmodelle und ihre empirische Prüfung in der Einstellungsforschung. Ztschr. f. Sozialpsychol. 1986, 17, 109–118.

Dollard, J., Doob, L. W., Miller, N. E., Mowrer, O. H. und Sears, R. R.: Frustration and aggression. Yale University Press, New Haven 1939.

Dollard, J. und Miller, N. E.: Personality and psychotherapy. McGraw Hill, New York 1950.

Doob, L. W.: The behavior of attitudes. Psychol. Rev. 1947, 54, 135–156.

Dovidio, J. F.: Helping behavior and altruism: An empirical and conceptual overview. In: Berkowitz, L. (Hrsg.): Advances in experimental social psychology, Bd. 17. Academic Press, Orlando 1984.

Dovidio, J. F. und Ellyson, S. L.: Decoding visual dominance: Attributions of power based on relative percentage of looking while speaking and looking while listening. Soc. Psychol. Quart. 1982, 45, 106–113.

Drachman, D. und Worchel, S.: Misattribution of arousal as a means of dissonance reduction. Sociometry 1976, 39, 53–59.

Dulany, D. E. Jr.: Hypotheses and habits in verbal «operant conditioning». J. Abnorm. Soc. Psychol. 1961, 63, 251–263.

Dulany, D. E. Jr.: The place of hypotheses and intentions. In: Eriksen, C. W. (Hrsg.): Behavior and awareness – a symposium of research and interpretation. Duke Univ. Press, Durham/N. C. 1962.

Dulany, D. E. Jr.: Awareness, rules and propositional control: A confrontation with S-R behavior theory. In: Dixon, T. R. und Horton, D. L. (Hrsg.): Verbal behavior and general behavior theory. Prentice Hall, Englewood Cliffs/N. J. 1968.

Dutton, D. G.: Effect of feedback parameters on congruency versus positivity effects in reactions to personal evaluations. J. Pers. Soc. Psychol. 1972, 24, 366–371.

Dutton, D. G. und Aron, A. P.: Some evidence for heightened sexual attraction under conditions of high anxiety. J. Pers. Soc. Psychol. 1974, 30, 510–517.

Duval, S. und Hensley, V.: Extensions of objective self-awareness theory: The focus of attention-causal attribution hypothesis. In: Harvey, J. H., Ickes, W. J. und Kidd, R. F. (Hrsg.): New directions in attribution research, Bd. 1. Lawrence Erlbaum, Hillsdale/N. J. 1976.

DUVAL, S. und WICKLUND, R. A.: A theory of objective self-awareness. Academic Press, New York 1972.

DWECK, C. S: The role of expectations and attributions in the alleviation of learned helplessness. J. Pers. Soc. Psychol. 1975, 31, 674–685.

DWECK, C. S. und REPUCCI, N. D.: Learned helplessness and reinforcement responsibility in children. J. Pers. Soc. Psychol. 1973, 25, 109–116.

DYSINGER, W. S. und RUCKMICK, C. A.: The emotional responses of children to the motion picture situation. Macmillan, New York 1933.

EAGLY, A.H.: Comprehensibility of persuasive arguments as a determinant of opinion change. J. Pers. Soc. Psychol. 1974, 29, 758–773.

EBBESEN, E. B. und BOWERS, R. J.: Proportion of risky to conservative arguments in a group discussion and choice shifts. J. Pers. Soc. Psychol. 1974, 29, 316–327.

EDWARDS, A. L.: Political frames of reference as a factor influencing recognition. J. Abnorm. Soc. Psychol. 1941, 36, 34–50.

EDWARDS, A.L: Techniques of attitude scale construction. Appleton, New York 1957.

EGERBLADH, T.: The function of group size and ability level on solving a multidimensional complementary task. J. Pers. Soc. Psychol. 1976, 34, 805–808.

EGGER, M. D. und MILLER, N. E.: Secondary reinforcements in rats as a function of information value and reliability of the stimulus. J. Exp. Psychol. 1962, 64, 97–104.

EGGER, M. D. und MILLER, N. E.: When is a reward reinforcing? An experimental study of the information hypothesis. J. Comp. Physiol. Psychol. 1963, 56, 132–137.

EINHORN, H. J. und HOGARTH R. M.: Judging probable cause. Psychol. Bull. 1986, 99, 3–19.

EISENBERGER, R. und ADORNETTO, M.: Generalized self-control of delay and effort. J. Pers. Soc. Psychol. 1986, 51, 1020–1031.

EISENBERGER, R., MITCHELL, M. und MASTERSON, F. A.: Effort training increases generalized self-control. J. Pers. Soc. Psychol. 1985, 49, 1294–1301.

EISENBERGER, R., MITCHELL, M., MCDERMITT, M. und MASTERSON, F. A.: Accuracy versus speed in the generalized effort of learning-disabled children. J. Exp. Analysis of Behavior 1984, 42, 19–36.

EKMAN, G.: The four effects of cooperation. J. Soc. Psychol. 1955, 41.

EKMAN, P.: A comparison of verbal and nonverbal behavior as reinforcing stimuli of opinion responses. Unpublished doctoral dissertation. Adelphi College 1958.

EKMAN, P.: Universals and cultural differences in facial expression. In: COLE, J. K. (Hrsg.): Nebraska symposium on motivation, Bd. 19. Univ. of Nebraska Press, Lincoln 1971.

EKMAN, P., FRIESEN, W. V. und O'SULLIVAN, M.: Smiles when lying. J. Pers. Soc. Psychol. 1988, 54, 414–420.

ENDLER, N. S. und MAGNUSSON, D.: Interactional psychology and personality. Wiley, New York 1976.

ENGELKAMP, J.: Semantische Struktur und die Verarbeitung von Sätzen. Huber, Bern 1973.

ENGELKAMP, J.: Satz und Bedeutung. Kohlhammer, Stuttgart 1976.

ENGELKAMP, J.: Zur Beziehung von Sprachpsychologie und Sozialpsychologie. Z. f. Sozialpsychol. 1978, 9, 288–298.

ENTWISTLE, D.: Word association of young children. John Hopkins Univ. Press, Baltimore 1966.

EPSTEIN, S.: The stability of behavior: I. On predicting most of the people much of the time. J. Pers. Soc. Psychol. 1979, 37, 1097–1126.

ERBER, R. und FISKE, S. T.: Outcome dependency and attention to inconsistent information. J. Pers. Soc. Psychol. 1984, 47, 709–726.

ERDELYI, M. H.: A new look at the new look: Perceptual defense and vigilance. Psychol. Rev. 1974, 81,1–25.

ERDELYI, M. H. und APPELBAUM, G. A.: Cognitive masking: The disruptive effect of an emotional stimulus upon the perception of contiguos neutral items. Bull. of the Psychonomic Society 1973, 1, 59–61.

ERDMANN, G. und JANKE, W.: Interaction between physiological and cognitive determinants of emotion: Experimental studies on Schachter's theory of emotion. Biol. Psychol. 1978, 6, 61–74.

ERTEL, S.: Allgemeinqualität und Relation. Arch. Psychol. 1967, 119, 26–56.

ERTEL, S.: Selbstbeurteilung, Semantik und Persönlichkeit. Psychol. Forschung 1970, 33, 254–276.

ESTES, W. K.: An experimental study of punishment. Psychol. Monogr. 1944, 57 (Whole No. 263).

EVANS, M. G.: The effects of supervisory behavior on the path-goal relationship. Organiz. Beh. Hum. Perform. 1970, 5, 277–298.

EXLINE, R.: Visual interaction: The glances of power and preference. In: COLE, J. K. (Hrsg.): Nebraska symposium on motivation, Bd. 19. Univ. of Nebraska Press, Lincoln 1971.

EXLINE, R. und WINTERS, L. C.: Affective relations and mutual glances in dyads. In: TOMKINS, S. S. und IZZARO, C. (Hrsg.): Affect, cognition and personality. Springer, New York 1965.

FAZIO, R. H.: Motives for social comparison: The construction-validation distinction. J. Pers. Soc. Psychol. 1979, 37,1683–1698.

FAZIO, R. H.: How do attitudes guide behavior? In: SORRENTINO, R. M. und HIGGINS, E. T. (Hrsg.): Handbook of motivation and cognition. John Wiley, Chichester 1986.

FAZIO, R. H.: Self-perception theory: A current perspective. In: ZANNA, M. P., OLSON, J. M. und HERMAN, C. P. (Hrsg.): Social influence: The Ontario Symposium, Bd. 5. Erlbaum, Hillsdale/N. J. 1987.

FAZIO, R. H., CHEN, J., MCDONEL, E. und SHERMAN, S. J.: Attitude accessibility, attitude-behavior consistency, and the strength of the object-evaluation association. J. Exp. Soc. Psychol. 1982, 18, 339–357.

FAZIO, R. H., LENN, T. M. und EFFREIN, E. A.: Spontaneous attitude formation. Soc. Cognition 1984, 2, 217–234.

FAZIO, R. H., SANBONMATSU, D. M., POWELL, M. C.

und KARDES, F. R.: On the automatic activation of attitudes. J. Pers. Soc. Psychol. 1986, 50, 229–238.

FAZIO, R. H. und WILLIAMS, C. J.: Attitude accessibility as a moderator of the attitude-perception and attitude-behavior relations: An investigation of the 1984 presidential election. J. Pers. Soc. Psychol. 1986, 51, 505–514.

FAZIO, R. H. and ZANNA, M. P.: Attitudinal qualities relating to the strenght of the attitude-behavior relationship. J. Exp. Soc. Psychol. 1978, 14, 398–408.

FAZIO, R.H., ZANNA, M.P. und COOPER, J.: Dissonance and self-perception: An integrative view of each theory's proper domain of application. J. Exp. Soc. Psychol. 1977, 13, 464–479.

FEATHER, N. T.: Valence of outcome and expectation of success in relation to task difficulty and perceived locus of control. J. Pers. Soc. Psychol. 1967, 7, 372–386.

FEGER, H.: Konflikterleben und Konfliktverhalten. Huber, Bern 1978.

FEHR, B.: Prototype analysis of the concepts of love and commitment. J. Pers. Soc. Psychol. 1988, 55, 557–579.

FELDMAN, S. (Hrsg.): Cognitive consistency. Academic Press, New York–London 1966.

FELDMAN, S.: Motivational aspects of attitudinal elements and their place in cognitive interaction. In: FELDMAN, S. (Hrsg.): Cognitive consistency. Academic Press, New York–London 1966.

FELEKY, A. M.: The expression of emotions. Psychol. Rev. 1914, 21, 33–41.

FENDRICH, J. M.: A study of the association among verbal attitudes, commitment, and overt behavior in different experimental situations. Soc. Forces 1967, 45, 347–355.

FENIGSTEIN, A., SCHEIER, M. F. und BUSS, A. H.: Public and private self-consciousness: Assessment and theory. J. Consult. Clin. Psychol. 1975, 43, 522–527.

FERSTER, C. B. und SKINNER, B. F.: Schedules of reinforcement. Appleton, New York 1957.

FESHBACH, S.: The stimulating versus carthartic effects of a vicarious aggressive activity. J. Abnorm. Soc. Psychol. 1961, 63, 381–385.

FESTINGER, L.: Informal social communication. Psychol. Rev. 1950, 57, 271–282.

FESTINGER, L.: A theory of social comparison processes. Hum. Rel. 1954, 7, 117–140

FESTINGER, L.: A theory of cognitive dissonance. Row, Peterson; Evanston/III. 1957.

FESTINGER, L.: Conflict, decision and dissonance. Stanford Univ. Press, Stanford 1964.

FESTINGER, L. und CARLSMITH, J. M.: Cognitive consequences of forced compliance. J. Abnorm. Soc. Psychol. 1959, 58, 203–211.

FESTINGER, L. und MACCOBY, N.: On resistance to persuasive communications. J. Abnorm. Soc. Psychol. 1964, 68, 359–366.

FESTINGER, L., PEPITONE, A. und NEWCOMB, T. M.: Some consequences of deindividuation in a group. J. Abnorm. Soc. Psychol. 1952, 47, 382–389.

FESTINGER, L. und THIBAUT, J.: Interpersonal communication in small groups. J. Abnorm. Soc. Psychol. 1951, 46, 92–99.

FIEDLER, F. E.: A contingency model of leadership effectiveness. In: BERKOWITZ, L. (Hrsg.): Advances in experimental social psychology, Bd. 1. Academic Press, New York–London 1964.

FIEDLER, F. E.: The contingency model: a theory of leadership effectiveness. In: PROSHANSKY, H. und SEIDENBERG, B. (Hrsg.): Basic studies in social psychology. Holt, New York 1965.

FIEDLER, F. E.: The contingency model and the dynamics of the leadership process. In: BERKOWITZ, L. (Hrsg.): Advances in experimental social psychology, Bd. 11. Academic Press, New York–London 1978.

FIEDLER, F. E.: The contribution of cognitive resources and behavior to leadership performance. In: GRAUMANN, C. F. und MOSCOVICI, S. (Hrsg.): Changing conceptions of leadership. Springer, New York 1986.

FILIPP, S.-H.: Fragebogen zur Erfassung dispositionaler Selbstaufmerksamkeit (SAM). Hogrefe, Göttingen 1989.

FILLMORE, C. J.: The case for case. In: BACH, E. und HARMS, R. T. (Hrsg.): Universals in linguistic theory. Holt, New York 1968.

FILLMORE, C. J.: Types of lexical information. In: KIEFER, F. (Hrsg.): Studies in syntax and semantics. Reidel, Dodrecht/Holland 1969.

FINCHAM, F. F., BEACH, S. R. und BAUCOM, D. H.: Attribution processes in distressed and nondistressed couples: 4. Self-partner attribution differences. J. Pers. Soc. Psychol. 1987, 52, 739–748.

FISCHHOFF, B., SLOVIC, P. und LICHTENSTEIN, S.: Improving intuitive judgment by subjective sensitivity analysis. Organiz. Beh. Hum. Perform. 1979, 23, 339–359.

FISHBEIN, M.: An investigation of the relationship between beliefs about an object and the attitude toward that object. Hum. Rel. 1963, 16, 233–240.

FISHBEIN, M.: A consideration of beliefs, attitudes, and their relationships. In: STEINER, I. D. und FISHBEIN, M. (Hrsg.): Current studies in social psychology. Holt, New York 1965.

FISHBEIN, M.: Attitude and the prediction of behavior. In: FISHBEIN, M. (Hrsg.): Readings in attitude theory and measurement. Wiley, New York–London–Sidney 1967.

FISHBEIN, M.: The prediction of behaviors from attitudinal variables. In: MARTENSEN, C. D. und SERENO, K. K. (Hrsg.): Advances in communication research. Harper, New York 1973.

FISHBEIN, M. und AJZEN, I.: Attitudes towards objects as predictors of single and multiple behavioral criteria. Psychol. Rev. 1974, 81, 59–74.

FISHBEIN, M. und AJZEN I.: Belief, attitude, intention and behavior. Addison Wesley, Reading, Mass. 1975.

FISHER, J. D. und NADLER, A.: The effect of similarity between donor and recipient on reactions to aid. J. Appl. Soc. Psychol. 1974, 4, 230–243.

FISHER, J. D., NADLER, A. und WHITCHER-ALAGNA, S.: Recipient reactions to aid. Psychol. Bull. 1982, 91, 27–54.

FISKE, S. T. und NEUBERG, S. L.: Category based and

individuating processes as a function of information and motivation: Evidence from our laboratory. In: Bas-Tal, D., Graumann, C. F., Kruglanski, A. W. und Stroebe, W. (Hrsg.): Stereotyping and prejudice. Springer, New York 1989.
Fiske, S. T., Neuberg, S. L., Beattie, A. E. und Milberg, S. J.: Category-based and attribute-based reactions to others: Some informational conditions of stereotyping and individuating processes. J. Exp. Soc. Psychol. 1987, 23, 399–427.
Fiske, S. T. und Pavelchak, M. A.: Category-based versus piecemeal-based affective responses. In: Sorrentino, R. M. und Higgins, E. T. (Hrsg.): Handbook of motivation and cognition. Wiley, Chichester 1986.
Flament, C.: Applications of graph theory to group structure. Prentice Hall, Englewood Cliffs/N. J. 1963.
Flanders, J. P. und Thistlethwaite, D. L.: Effects of familiarization and group discussion upon risk-taking. J. Pers. Soc. Psychol. 1967, 5, 91–97.
Flores d'Arcais, G. B.: Is there memory for sentences? Acta psychol. 1974, 38, 33–58.
Fodor, J. A.: Could meaning be an r_m? J. Verb. Learn. Verb. Behav. 1965, 4, 73–81.
Fodor, J. A. und Bever, T.: The psychological reality of linguistic segments. J. Verb. Learn. Verb. Behav. 1965, 4, 414–420.
Fodor, J. A. und Garrett, M.: Some syntactic determinants of sentential complexity. Perc. Psychophys. 1967, 2, 289–296.
Folger, R., Rosenfield, D. und Hays, R. P.: Equity and intrinsic motivation: The role of choice. J. Pers. Soc. Psychol. 1978, 36, 557–564.
Foppa, K.: Lernen, Gedächtnis, Verhalten. Kiepenheuer, Köln 1965.
Forgas, J. P.: Social episodes and social structure in an academic setting: The social environment of an intact group. J. Exp. Soc. Psychol. 1978, 14, 434–448.
Forgas, J. P.: Episode cognition: Internal representations of interaction routines. In: Berkowitz, L. (Hrsg.): Advances in experimental social psychology Bd. 15. Academic Press, New York 1982.
Forgas, J. P.: Language and social situations: An introductory review. In: Forgas, J. P. (Hrsg.): Language and social situations. Springer, New York 1988.
Forgas, J. P. und Bower, G. H.: Mood effects on person-perception judgments. J. Pers. Soc. Psychol. 1987, 53, 53–60.
Forgas, J. P., Bower, G. H. und Krantz, S. E.: The influence of mood on perceptions of social interactions. J. Exp. Soc. Psychol. 1984, 20, 497–513.
Foulkes, D. und Foulkes, S. H.: Self-concept, dogmatism, and tolerance of trait inconsistency. J. Pers. Soc. Psychol. 1965, 2, 104–111.
Franks, D. D. und Marolla, J.: Efficacious action and social approval as interacting dimensions of self-esteem: A tentative formulation through construct validation. Sociometry 1976, 39, 324–341.
Freedman, J. L.: Confidence, utility and selective exposure: a partial replication. J. Pers. Soc. Psychol. 1965, 2, 778–780. (a)
Freedman, J. L.: Long-term behavioral effects of cognitive dissonance. J. Exp. Soc. Psychol. 1965, 1, 145–155. (b)
Freedman, J. L. und Sears, D. O.: Selective exposure. In: Berkowitz, L. (Hrsg.): Advances in experimental social psychology, Bd. 2. Academic Press, New York–London 1965.
Freeman, S., Walker, M., Borden, R. und Latané, B.: Diffusion of responsibility and restaurant tipping: Cheaper by the bunch. Pers. Soc. Psychol. Bull. 1975, 1, 584–587.
Frey, D.: Der augenblickliche Stand der «forced-compliance» – Forschung. Z. f. Sozialpsychol. 1971, 2, 323–342.
Frey, D.: Zum Problem der Reduktion kognitiver Dissonanz in Öffentlichkeitssituationen. Z. f. exp. angew. Psychol. 1975, 22, 561–572.
Frey, D.: Die Theorie der kognitiven Dissonanz. In: Frey, D. (Hrsg.): Kognitive Theorien der Sozialpsychologie. Huber, Bern 1978.
Frey, D.: Informationssuche und Informationsbewertung bei Entscheidungen. Huber, Bern 1981.
Frey, D.: Recent research on selective exposure to information. In: Berkowitz, L. (Hrsg.): Advances in experimental social psychology, Bd. 19. Academic Press, Orlando 1986.
Frey, D., Hoyos, C., Graf und Stahlberg, D. (Hrsg.): Angewandte Psychologie. Psychologie Verlags Union, München–Weilheim 1988.
Frey, D., Irle, M. und Hochgürtel, G.: Performance of an unpleasant task: Effects of over- vs. underpayment on perception of adequacy of rewards and task attractiveness. J. Exp. Soc. Psychol. 1979, 15, 275–284.
Frey, D. und Wicklund, R. A.: A clarification of selective exposure. J. Exp. Soc. Psychol. 1978, 14, 132–139.
Frey, D., Wicklund, R. A. und Scheier, M. F.: Die Theorie der objektiven Selbstaufmerksamkeit. In: Frey, D. (Hrsg.): Kognitive Theorien der Sozialpsychologie. Huber, Bern 1978.
Frieze, I. und Weiner, B.: Cue utilization and attributional judgements for success and failure. J. Pers. 1971, 39, 591–606.
Frijda, N. H.: Facial expression and situational cues. J. Abnorm. Soc. Psychol. 1958, 57, 149–154.
Frijda, N. H.: Facial expression and situational cues: a control. Acta psychol. 1961, 18, 239–244.
Fürntratt, E.: Angst und instrumentelle Aggression. Beltz, Weinheim 1974.

Garrett, M., Bever, T. A. und Fodor, J.: The active use of grammar in speech perception. Perc. Psychophys. 1966, 1, 30–32.
Garrod, S. und Trabasso, T.: A dual-memory information processing interpretation of sentence comprehension. J. Verb. Learn. Verb. Behav. 1973, 12, 155–167.
Geen, R. G.: Perceived suffering of the victim as an inhibitor of attack-induced aggression. J. Soc. Psychol. 1970, 81, 209–215.
Geen, R. G. und Bushman, B. J.: Drive theory: The

effects of socially engendered arousal. In: MULLEN, B. und GOETHALS, G. R. (Hrsg.): Theories of group behavior. Springer, New York 1987.

GEEN, R. G. und O'NEAL, E.: Activation of cue-elicited aggression by general arousal. J. Pers. Soc. Psychol. 1969, 11, 289–292.

GEEN, R. G. und QUANTY, M. B.: The catharsis of aggression: An evaluation of a hypothesis. In: BERKOWITZ, L. (Hrsg.): Advances in experimental social psychology, Bd. 10. Academic Press, New York–London 1977.

GEEN, R. G., STONNER, D. und SHOPE, G. L.: The facilitation of aggression by aggression: Evidence against the catharsis hypothesis. J. Pers. Soc. Psychol. 1975, 31, 721–726.

GERARD, H. B.: The anchorage of opinion in face-to-face groups. Hum. Rel. 1954, 7, 313–325.

GERARD, H. B.: Compliance, expectation of reward, and opinion change. J. Pers. Soc. Psychol. 1967, 6, 360–364.

GERARD, H. B., BLEVANS, S. A. und MALCOLM, T.: Selfevaluation and the evaluation of choice alternatives. J. Pers. 1964, 32, 395–410.

GERARD, H. B., CONOLLEY, E. S. und WILHELMY, R. A.: Compliance, justification, and cognitive change. In: BERKOWITZ, L. (Hrsg.): Advances in experimental social psychology, Bd. 7. Academic Press, New York–London 1974.

GERARD, H. B. und MATHEWSON, G. C.: The effects of severity of initiation on liking for a group: a replication. J. Exp. Soc. Psychol. 1966, 2, 278–287.

GERARD, H. B. und RABBIE, J. M.: Fear and social comparison. J. Abnorm. Soc. Psychol. 1961, 62, 586–592.

GERGEN, K. J., ELLSWORTH, P., MASLACH, C. und SEIPEL, M.: Obligation, donor resources, and reactions to aid in three nations. J. Pers. Soc. Psychol. 1975, 3, 390–400.

GERST, M. S.: Symbolic coding processes in observational learning. J. Pers. Soc. Psychol. 1971, 19, 7–17.

GEWIRTZ, J. L. und BAER, D. M.: The effect of brief social deprivation on behavior for a social reinforcer. J. Abnorm. Soc. Psychol. 1958, 56, 49 56. (a)

GEWIRTZ, J. L. und BAER, D.M.: Deprivation and satiation of social reinforcers as drive conditions. J. Abnorm. Soc. Psychol. 1958, 57, 165–172. (b)

GIBB, C. A.: Leadership. In: LINDZEY, G. und ARONSON, E. (Hrsg.): The handbook of social psychology, Bd. 4. Addison-Wesley, Reading/Mass. 1969.

GILBERT, G. M.: Stereotype persistence and change among college students. J. Abnorm. Soc. Psychol. 1951, 46, 245–254.

GILLIG, P. M. und GREENWALD, A. G.: Is it time to lay the sleeper-effect rest? J. Pers. Soc. Psychol. 1974, 29, 132–139.

GILSON, C. und ABELSON, R. P.: The subjective use of inductive evidence. J. Pers. Soc. Psychol. 1965, 2, 301–310.

GITIN, S. R.: A dimensional analysis of manual expression. J. Pers. Soc. Psychol. 1970, 15, 271–277.

GLASS, D. C.: Changes in liking as a means of reducing cognitive discrepancies between self-esteem and aggression. J. Pers. 1964, 32, 531–549.

GLASS, D. C. und SINGER, J. E.: Urban stress. Academic Press, New York–London 1972.

GNIECH, G. und GRABITZ, H.-J.: Freiheitseinengung und psychologische Reaktanz. In: FREY, D. (Hrsg.): Kognitive Theorien der Sozialpsychologie. Huber, Bern 1978.

GOETHALS, G. R., COOPER, J. und NAFICY, A.: Role of foreseen, foreseeable, and unforeseeable behavioral consequences in the arousal of cognitive dissonance. J. Pers. Soc. Psychol. 1979, 37, 1179–1185.

GOETHALS, G. R. und DARLEY, J. M.: Social comparison theory: An attributional approach. In: SULS, J. M. und MILLER, R. L. (Hrsg.): Social comparison processes: Theoretical and empirical perspectives. Hemisphere, Washington 1977.

GOETHALS, G. R. und NELSON, R. E.: Similarity in the influence process: The belief-value distinction. J. Pers. Soc. Psychol. 1973, 25, 117–122.

GOLDSTEIN, D., FINK, D. und METTEE, D. R.: Cognition of arousal and actual arousal as determinants of emotion. J. Pers. Soc. Psychol. 1972, 21, 41–51.

GOLDSTEIN, I. und MCGINNIES, E.: Compliance and attitude change under conditions of differential social reinforcement. J. Abnorm. Soc. Psychol. 1964, 68, 567–569.

GOLLWITZER, P. M.: The social reality of self-symbolizing: Winning completeness through others. Doctoral dissertation. Univ. of Texas at Austin, 1981.

GOLLWITZER, P. M. und WICKLUND, R. A.: Self-symbolizing and the neglect of others' perspectives. J. Pers. Soc. Psychol. 1985, 48, 702–715.

GOODENAUGH, D. R.: The role of individual differences in field dependence as a factor in learning and memory. Psychol. Bull. 1976, 83, 675–694.

GOODKIN, F.: Rats learn the relationship between responding and environmental events: An expansion of the learned helplessness hypothesis. Learning and Motivation, 1976, 7, 382–393.

GORANSON, R. E.: Media violence and aggressive behavior: A review of experimental research. In: BERKOWITZ, L. (Hrsg.): Advances in experimental social psychology, Bd. 5. Academic Press, New York–London 1970.

GORANSON, R. E. und BERKOWITZ, L.: Reciprocity and responsibility reactions to prior help. J. Pers. Soc. Psychol. 1966, 3, 227–232.

GÖTZ-MARCHAND, B.: Die Affiliationstheorie von Schachter. In: FREY, D. und IRLE, M. (Hrsg.): Theorien der Sozialpsychologie, Bd. 3. Huber, Bern 1985.

GÖTZ-MARCHAND, B., GÖTZ, J. und IRLE, M.: Preference of dissonance reduction modes as a function of their order, familiarity and reversibility. Europ. J. Soc. Psychol. 1974, 4, 201–228.

GRAEN, G. B. und SCHIEMANN, W.: Leader-member agreement: A vertical dyad linkage approach. J. Appl. Psychol. 1978, 63, 206–212.

GRAY, J. A.: Elements of a two-process theory of learning. Academic Press, New York–London 1975.

GRAY, L. N. und STAFFORD, M. C.: On choice behavior

in individual and social situations. Soc. Psychol. Quarterly 1988, 51, 58–65.
Gray, L. N. und Tallman, I.: A satisfaction balance model of decision making and choice behavior. Soc. Psychol. Quarterly 1984, 47, 146–159.
Green, D. M. und Swets, J. A.: Signal detection theory and psychophysics. Wiley, N. J. 1966.
Greene, J.: Psycholinguistics. Penguin, Harmondsworth, 1972.
Greenspoon, J.: The reinforcing effect of two spoken sounds on the frequency of two responses. Amer. J. Psychol. 1955, 68, 409–416.
Greenwald, A. G.: Cognitive learning, cognitive response to persuasion, and attitude change. In: Greenwald, A. G., Brock, T. und Ostrom, T. (Hrsg.): Psychological foundations of attitudes. Academic Press, New York 1968.
Greenwald, A. G.: Is anyone in charge? Personalysis versus the principle of personal unity. In: Suls, J. (Hrsg.): Psychological perspectives on the self, Bd. 1. Erlbaum, Hillsdale/N. J. 1982.
Greenwald, A. G. und Pratkanis, A. R.: The self. In: Wyer, R. S. und Srull, T. K. (Hrsg.): Handbook of social cognition, Bd. 3. Erlbaum, Hillsdale/N. J. 1984.
Grice, G. R.: The relation of secondary reinforcement to delayed reward in visual discrimination learning. J. Exp. Psychol. 1948, 38, 1–16.
Grice, H. P.: Logic and conversation. In: Cole, P. und Morgan, J. L. (Hrsg.): Syntax and semantics 3: Speed acts. Academic Press, New York 1975.
Grice, H. P.: Some further notes on logic and conversation. In: Cole, P. (Hrsg.): Syntax and semantics 9: Pragmatics. Academic Press, New York 1978.
Groeben, N. und Westmeyer, H.: Kriterien psychologischer Forschung. Juventa, München 1975.
Gruder, C. L., Cook, I. D., Hennigan, K. M., Flay, B. R., Alessis, C. und Halamaj, J.: Empirical tests of the absolute sleeper effect predicted from the discounting cue hypothesis. J. Pers. Soc. Psychol. 1978, 36, 1061–1074.
Grümayer, F. N.: Die Wirkung körperlicher Attraktivität auf die Wahrnehmung der sozialen Erwünschtheit einer Person und der Kausalität ihres Verhaltens. Diss., Univ. Wien 1978.
Grusec, J.: Some antecedents of self-criticism. J. Pers. Soc. Psychol. 1966, 4, 244–252.
Grusec, J.: Demand characteristics of the modeling experiment. J. Pers. Soc. Psychol. 1972, 22, 139–148.
Grusec, J. und Skubiski, F. L.: Model nurturance, demanded characteristics of the modeling experiment, and altruism. J. Pers. Soc. Psychol. 1970, 14, 352–359.
Guttman, L.: A basis for scaling qualitative data. Amer. Soc. Rev. 1944, 9, 139–150.
Guttman, L.: The Cornell technique for scale and intensity analysis. Educ. Psychol. Measmt. 1947, 7, 247–280.
Guttman, L.: The basis of scalogram analysis. In: Stouffer, S. A. u. a. (Hrsg.): Measurement and prediction. Princeton Univ. Press, Princeton/N. J. 1950.
Guttman, N. und Kalish, H.I.: Discriminability and stimulus generalization. J. Exp. Psychol. 1956, 51, 79–88.

Haisch, J. (Hrsg.): Angewandte Sozialpsychologie. Huber, Bern 1983.
Haisch, J.: Selbstattribution und Verhalten. Deutscher Studien Verlag, Weinheim 1987.
Hakmiller, K. L.: Threat as a determinant of downward comparison. J. Exp. Soc. Psychol. 1966, Suppl. 1, 32–39.
Hamilton, D. L.: A cognitive-attributional analysis of stereotyping. In: Berkowitz, L. (Hrsg.): Advances in experimental social psychology, Bd. 12. Academic Press, New York 1979.
Hamilton, D. L. und Gifford, R. K.: Illusory correlation in interpersonal perception: A cognitive basis of stereotypic judgments. J. Exp. Soc. Psychol. 1976, 12, 392–407.
Hamilton, D. L. und Sherman, S. J.: Illusory correlations: Implications for stereotype theory and research. In: Bar-Tal, D., Graumann, C. F., Kruglanski, A. W. und Stroebe, W. (Hrsg.): Stereotyping and predjudice. Springer, New York 1989.
Hanusa, B. H. und Schulz, R.: Attributional mediators of learned helplessness. J. Pers. Soc. Psychol. 1977, 35, 602–611.
Harkins, S. G. und Petty, R. E.: Social context effects in persuasion: The effects of multiple sources and multiple targets. In: Paulus, P. B. (Hrsg.): Basic group processes. Springer, New York 1983.
Harkins, S. G. und Szymanski, K.: Social loafing and group evaluation. J. Pers. Soc. Psychol. 1989, 56, 934–941.
Harkness, A. R., DeBono, K. G. und Bosgida, E.: Personal involvement and strategies for making contingency judgments: A stake in the dating game makes a difference. J. Pers. Soc. Psychol. 1985, 49, 22–32.
Harlow, H. F.: Learning and satiation of response in intrinsically motivated complex puzzle performance by monkeys. J. Comp. Physiol. Psychol. 1950, 43, 289–294.
Harlow, H. F. und Zimmermann, R. R.: Affectional responses in the infant monkey. Science 1959, 130, 421–432.
Harris, R. J.: Handling negative inputs: On the plausible equity formulae. J. Exp. Soc. Psychol. 1976, 12, 194–209.
Harrison, A. A.: Mere exposure. In: Berkowitz, L. (Hrsg.): Advances in experimental social psychology, Bd. 10. Academic Press, New York 1977.
Hartmann, D. P.: Influence of symbolically modeled instrumental aggression and pain cues on aggressive behavior. J. Pers. Soc. Psychol. 1969, 11, 280–288.
Hartshorne, H. und May, M. A.: Studies in deceit. Macmillan, New York 1928.
Harvey, J. H.: Attribution of freedom. In: Harvey, J. H., Ickes, W. J. und Kidd, R. F. (Hrsg.): New directions in attribution research, Bd. 1. Lawrence Erlbaum, Hillsdale/N. J. 1976.
Harvey, J. H., Barnes, R. D., Sperry, D. L. und Harris, B.: Perceived choice as a function of inter-

nal-external locus of control. J. Pers. 1974, 42, 437–452.

Harvey, J. H. und Harris, B.: Determinants of perceived choice and the relationship between perceived choice and expectancy about feelings of internal control. J. Pers. Soc. Psychol. 1975, 31, 101–106.

Harvey, J. H., Ickes, W. J. und Kidd, R. F. (Hrsg.): New directions in attribution research, Bd. 1. Erlbaum, Hillsdale/N. J. 1976.

Harvey, J. H., Ickes, W. J. und Kidd, R. F. (Hrsg.): New directions in attribution research, Bd. 2. Erlbaum, Hillsdale/N. J. 1978.

Harvey, J. H., Ickes, W. J. und Kidd, R. F. (Hrsg.): New directions in attribution research, Bd. 3. Erlbaum, Hillsdale/N. J. 1981.

Harvey, J. H. und Jellison, J. M.: Determinants of perceived choice, number of options, and perceived time in making a selection. Memory & Cognition 1974, 2, 539–544.

Harvey, J. H. und Johnston, S.: Determinants of the perception of choice. J. Exp. Soc. Psychol. 1973, 9, 164–179.

Harvey, J. H. und Weary, G. (Hrsg.): Attribution. Academic Press, Orlando 1985.

Hastie, R.: Schematic principles in human memory. In: Higgins, E. T., Herman, C. P. und Zanna, M. P. (Hrsg.): Social cognition. The Ontario Symposium, Bd. 1. Erlbaum, Hillsdale/N. J. 1981.

Hastie, R.: Causes and effects of causal attributions. J. Pers. Soc. Psychol. 1984, 46, 44–56.

Hatfield, E., Traupman, J., Sprecher, S., Utne, M. und Hay, J.: Equity and intimate relations: recent research. In: Ickes, W. (Hrsg.): Compatible and incompatible relationships. Springer, New York 1985.

Hays, R. B.: A longitudinal study of friendship development. J. Pers. Soc. Psychol. 1985, 48, 909–924.

Hazan, C. und Shaver, P.: Romantic love conceptualized as an attachment process. J. Pers. Soc. Psychol. 1987, 52, 511–524.

Heberlein, T. A. und Black, J. S.: Attitudinal specificity and the prediction of behavior in a field setting. J. Pers. Soc. Psychol. 1976, 33, 474–479.

Heckhausen, H.: Perspektiven einer Psychologie des Wollens. In: Heckhausen, H., Gollwitzer, P. M. und Weinert, F. E. (Hrsg.): Jenseits des Rubikon: Der Wille in den Humanwissenschaften. Springer, Berlin 1987.

Heckhausen, H.: Motivation und Handeln. Springer, Berlin 1989, 2. Aufl.

Heckhausen, H. und Gollwitzer, P. M.: Thought contents and cognitive functioning in motivational vs. volitional states of mind. Motiv. and Emotion 1987, 11, 101–120.

Heider, F.: Attitudes and cognitive organizations. J. Psychol. 1946, 21, 107–112.

Heider, F.: The psychology of interpersonal relations. Wiley, New York 1958.

Heider, F.: Über Balance und Attribution. In: Görlitz, D., Meyer, W.-U. und Weiner, B. (Hrsg.): Bielefelder Symposium über Attribution. Klett, Stuttgart 1978.

Hekmat, H. und Vanian, D.: Behavior modification through covert semantic desensitation. J. Consult. Clin. Psychol. 1971, 36, 248–251.

Helmreich, R.: Stress, self-esteem and attitudes. In: King, B. T. und McGinnies, E. (Hrsg.): Attitudes, conflict and social change. Academic Press, New York–London 1972.

Helson, H.: Adaptation-level theory. Harper, New York 1964.

Hempel, C. G. und Oppenheim, P.: Studies in the logic of explanation. Philos. Science 1948, 15, 135–175.

Henchy, T. und Glass, D. C.: Evaluation apprehension and the social facilitation of dominant and subordinate responses. J. Pers. Soc. Psychol. 1968, 10, 446–454.

Hendrick, C. und Constantini, A. F.: Effects of varying trait inconsistency and response requirements on the primacy effect in impression formation. J. Pers. Soc. Psychol. 1970, 15, 158–164.

Henninger, M. und Wyer, R. S. Jr.: The recognition and elimination of inconsistencies among syllogistically related beliefs: Some new light on the «socratic effect». J. Pers. Soc. Psychol. 1976, 34, 680–693.

Herkner, W. H.: Ein erweitertes Modell des Appetenz-Aversions-Konflikts. Z. Klin. Psychol. 1975, 4, 50–60.

Herkner, W. H.: Kontakt, Sympathie und Einstellungsähnlichkeit. Untersuchungen zur Balancetheorie. Huber, Bern 1978.

Herkner, W. H.: Attribution – Psychologie der Kausalität. In: Herkner, W. H. (Hrsg.): Attribution – Psychologie der Kausalität. Huber, Bern 1980.

Herkner, W.: Psychologie. Springer, Wien 1986.

Herkner, W. H. und Dalheimer, V.: Unveröffentl. Daten, Wien 1980.

Herkner, W. H., Pesta, T., Maritsch, F. und Massoth, P.: Attribution und Selbstverbalisation bei Leistungsstörungen und deren Modifikation durch ein Attributionstraining. In: Herkner, W. H. (Hrsg.): Attribution – Psychologie der Kausalität. Huber, Bern 1980.

Herkner, W. H. und Schremser, G.: Soziale Vergleichsprozesse, Reaktanz und Aggression (unveröffentlichte Daten).

Herman, R. L. und Azrin, N. H.: Punishment by noise in an alternative response situation. J. Exp. Anal. Behav. 1964, 7, 185–188.

Herrmann, T.: Syntaktische Untersuchungen zum unmittelbaren Behalten von Wortketten. Z. exp. angew. Psychol. 1962, 9, 397–416.

Herrmann, T.: Sprache (Einführung in die Psychologie, Bd. 5). Akad. Verlagsgesellschaft, Frankfurt a. M. und Huber, Bern–Stuttgart 1972.

Herrmann, T.: Allgemeine Sprachpsychologie. Urban und Schwarzenberg, München 1985.

Herrnstein, R. J.: Method and theory in the study of avoidance. Psychol. Rev. 1969, 76, 49–69.

Herrnstein, R. J.: On the law of effect. J. Exp. Anal. Behav. 1970, 13, 243 – 266.

Hess, E. H., Seltzer, A. L. und Shlein, J. M.: Pupil response of hetero- und homosexual males to pictures of men and women: A pilot study. J. Abnorm. Psychol. 1965, 70, 165–168.

Hewstone, M. und Jaspars, J.: Covariation and causal

attribution: A logical model of the intuitive analysis of variance. J. Pers. Soc. Psychol. 1987, 53, 663–672.

HICK, W. E.: On the rate of gain of information. Quart. J. Exp. Psychol. 1952, 4, 11–26.

HICKS, D.: Imitation and retention of film-mediated aggressive peer and adult models. J. Pers. Soc. Psychol. 1965, 2, 97–100.

HIGGINS, E. T.: Self-discrepancy: A theory relating self and affect. Psychol. Rev. 1987, 94, 319–340.

HIGGINS, E. T.: Self-discrepancy theory: What patterns of self-beliefs cause people to suffer? In: BERKOWITZ, L. (Hrsg.): Advances in experimental social psychology, Bd. 22. Academic Press, San Diego 1989.

HIGGINS, E. T. und BARGH, J. A.: Social cognition and social perception. Ann. Rev. Psychol. 1987, 38, 369–425.

HIGGINS, E. T., KLEIN, R. und STRAUMANN, T.: Self-concept discrepancy theory: A psychological model for distinguishing among different aspects of depression and anxiety. Soc. Cognition 1985, 3, 51–76.

HIGGINS, E. T., RHODEWALT, F. und ZANNA, M. P.: Dissonance motivation: Its nature, persistence and reinforcement. J. Exp. Soc. Psychol. 1979, 15, 16–34.

HIGGINS, E. T., RHOLES, C. R. und JONES, C. R.: Category accessibility and impression formation. J. Exp. Soc. Psychol. 1977, 13, 141–154.

HILDUM, D. C. und BROWN, R. W.: Verbal reinforcement and interview bias. J. Abnorm. Soc. Psychol. 1956, 53, 108–111.

HILGARD, E. R.: Theories of learning, 2. Aufl. Appleton, New York 1956.

HILTON, D. J. und SLUGOSKI, B. R.: Knowledge-based causal attribution: The abnormal conditions focus model. Psychol. Rev. 1986, 93, 75–88.

HIROTO, D. S.: Locus of control and learned helplessness. J. Exp. Psychol. 1974, 102, 187–193.

HIROTO, D. S. und SELIGMAN, M. E. P.: Generality of learned helplessness in man. J. Pers. Soc. Psychol. 1975, 31, 311–327.

HIRSCH, J.: Learning without awareness and extinction following awareness as a function of reinforcement. J. Exp. Psychol. 1957, 54, 218–224.

HOCHGÜRTEL, G., FREY, D. und GÖTZ, J.: Die Attraktivität von Aufgaben in Abhängigkeit von der Belohnungshöhe und dem Zeitpunkt der Bekanntgabe der Belohnung. Z. f. Sozialpsychol. 1973, 4, 231–241.

HOCKETT, C. F.: The problem of universals of language. In: GREENBERG, F. J. (Hrsg.): Universals of language. M. I. T. Press, Cambridge/Mass. 1963.

HODGES, B. H.: Effect of valence on relative weighting in impression formation. J. Pers. Soc. Psychol. 1974, 30, 378–389.

HOFSTÄTTER, P. R.: Farbsymbolik und Ambivalenz. Psychol. Beitr. 1956, 2. (a)

HOFSTÄTTER, P. R.: Zur Dialektik der Gruppenleistung. Kölner Z. Soz. Sozialpsychol. 1956, 2. (b)

HOFSTÄTTER, P. R.: Gruppendynamik. Rowohlt/Hamburg 1957.

HOFSTÄTTER, P. R.: Einführung in die Sozialpsychologie, 2. Aufl. Kroner, Stuttgart 1959.

HOFSTÄTTER, P. R.: Bedingungen der Zufriedenheit. Edition Interfrom, Zürich 1986.

HOLLANDER, E. P.: Competence and conformity in the acceptance of influence. J. Abnorm. Soc. Psychol. 1960, 61, 365–369.

HOLLANDER, E. P. und JULIAN, J. W.: Studies in leader legitimacy, influence and innovation. In: BERKOWITZ, L. (Hrsg.): Advances in experimental social psychology, Bd. 5. Academic Press, New York–London 1970.

HOLMES, J. G. und STRICKLAND, L. H.: Choice freedom and confirmation of incentive expectancy as determinants of attitude change. J. Pers. Soc. Psychol. 1970, 14, 39–45.

HOMANS, G. C.: Social behavior: Its elementary forms, Harcourt, New York 1961.

HOMME, L. E.: Perspectives in psychology, XXIV: Control of coverants: The operants of the mind. Psychol. Record 1965, 15, 501–511.

HOPPE, R. A.: Memorizing by individuals and groups: a test of the pooling-of-ability model. J. Abnorm. Soc. Psychol. 1962, 65, 64–67.

HOPPE-GRAFF, S., HERRMANN, T., WINTERHOFF-SPURK, P. und MANGOLD, R.: Speech and situation: A general model for the process of speech production. In: FORGAS, J. P.: Language and social situations. Springer, New York 1988.

HÖRMANN, H.: Meinen und Verstehen. Suhrkamp, Frankfurt a. M. 1976.

HÖRMANN, H., LAZARUS, G. und LAZARUS, H.: The role of the predicate in sentence perception. Unveröff. Manuskript 1975 (zitiert nach HÖRMANN, 1976).

HOUSE, R. J.: A path-goal theory of leadership. Admin. Science Quart. 1971, 16, 321–328.

HOUSE, R. J. und DESSLER, G.: The path-goal theory of leadership: Some post hoc and a priori tests. In: HUNT, J. G. und LARSEN, L. L. (Hrsg.): Contingency approaches to leadership. Southern Illinois Univ. Press, Carbondale/Ill. 1974.

HOVLAND, C. I., HARVEY, O. J. und SHERIF, M.: Assimilation and contrast effects in communication and attitude change. J. Abnorm. Soc. Psychol. 1957, 55, 242 to 252.

HOVLAND, C. I. und JANIS, I. L. (Hrsg.): Personality and persuasibility. Yale Univ. Press, New Haven 1959.

HOVLAND, C. I., LUMSDAINE, A. A. und SHEFFIELD, F. D.: Experiments on mass communication. Princeton Univ. Press, Princeton 1949.

HOVLAND, C. I. und WEISS, W.: The influence of source credibility on communication effectiveness. Publ. Opin. Quart. 1951, 15, 635–650.

HOWES, D. H. und SOLOMON, R. L.: Visual duration threshold as a function of word probability. J. Exp. Psychol. 1951, 41, 401–410.

HOYT, G. C. und STONER, J. A. F.: Leadership and group decisions involving risk. J. Exp. Soc. Psychol. 1968, 4, 275–285.

HULL, C. L.: Principles of behavior. Appleton, New York 1943.

HULL, C. L.: Essentials of behavior. Yale Univ. Press, New Haven 1951.

HULL, C. L.: A behavior system: An introduction to

behavior theory concerning the individual organism. Yale Univ. Press, New Haven 1952.

HUMPHREYS, L. G.: The effect of random alternation of conditioned eyelid reactions. J. Exp. Psychol. 1939, 25, 141–158. (a)

HUMPHREYS, L. G.: Acquisition and extinction of verbal expectation in a situation analogous to conditioning. J. Exp. Psychol. 1939, 25, 294–301. (b)

HUMPHREYS, L. G.: Generalization as a function of method of reinforcement. J. Exp. Psychol. 1939, 25, 361–372. (c)

HUTTER, M.: Balancetheoretische Untersuchungen für kognitive Strukturen mit quantifizierten Relationen. Diss. Wien, 1987.

HYLAND, M. E.: Motivational control theory: An integrative framework. J. Pers. Soc. Psychol. 1988, 55, 642–651.

HYMAN, R.: Stimulus information as a determinant of reaction time. J. Exp. Psychol. 1953, 45, 188–196.

ICKES, W. und LAYDEN, M. A.: Attributional styles. In: HARVEY, J. H., ICKES, W. und KIDD, R. F. (Hrsg.): New directions in attribution research, Bd. 2. Lawrence Erlbaum, Hillsdale, N. J. 1978.

ICKES, W. J., WICKLUND, R. A. und FERRIS, C. B.: Objective self-awareness and self-esteem. J. Exp. Soc. Psychol. 1973, 9, 202–219.

INSKO, C. A.: Primacy and recency in persuasion as a function of the timing of arguments and measures. J. Abnorm. Soc. Psychol. 1964, 69, 381–391.

INSKO, C. A.: Verbal reinforcement of attitude. J. Pers. Soc. Psychol. 1965, 2, 621–623.

INSKO, C. A.: Theories of attitude change. Appleton, New York 1967.

INSKO, C. A.: Balance theory, the Jordan paradigm, and the Wiest tetrahedron. In: BERKOWITZ, L. (Hrsg.): Advances in experimental social psychology, Bd. 18. Academic Press, Orlando 1984.

INSKO, C. A. und ADEWOLE, A.: The role of assumed reciprocation of sentiment and assumed similarity in the production of attraction and agreement effects in p-o-x triads. J. Pers. Soc. Psychol. 1979, 37, 790–809.

INSKO, C. A. und OAKES, W. F.: Awareness and the «conditioning» of attitudes. J. Pers. Soc. Psychol. 1966, 4, 487–496.

INSKO, C. A. und SCHOPLER, J.: Triadic consistency: A statement of affective-cognitive-conative consistency. Psychol. Rev. 1967, 74, 361–376.

INSKO, C. A., SONGER, G. und MCGARVEY, W.: Balance, positivity, and agreement in the Jordan paradigm: A defense of balance theory. J. Exp. Soc. Psychol. 1974, 10, 53–83.

INSKO, C. A. und WILSON, M.: Interpersonal attraction as a function of social interaction. J. Pers. Soc. Psychol. 1977, 35, 903–911.

IRLE, M.: Lehrbuch der Sozialpsychologie. Hogrefe, Göttingen 1975.

ISEN, A. M.: Positive affect, cognitive processes, and social behavior. In: BERKOWITZ, L. (Hrsg.): Advances in experimental social psychology, Bd. 20. Academic Press, San Diego 1987.

ISEN, A. M., CLARK, M. S. und SCHWARTZ, M. F.: Duration of the effect of good mood on helping: «Footprints in the sands of time». J. Pers. Soc. Psychol. 1976, 34, 385–393.

ISEN, A. M. und DAUBMAN, K. A.: The influence of affect on cateforization. J. Pers. Soc. Psychol. 1984, 47, 1206–1217.

ISEN, A. M., DAUBMAN, K. A. und NOWICKI, G. P.: Positive affect facilitates creative problem solving. J. Pers. Soc. Psychol. 1987, 52, 1122–1131.

ISEN, A. M. und MEANS, B.: The influence of positive affect on decision-making strategy. Soc. Cognition 1983, 2, 18–31.

ISEN, A. M., SHALKER, T., CLARK, M. und KARP, L.: Affect, accessibility of material in memory and behavior: A cognitive loop? J. Pers. Soc. Psychol. 1978, 36, 1–12.

ISENBERG, D. J.: Group polarization: A critical review and meta-analysis. J. Pers. Soc. Psychol. 1986, 50, 1141–1151.

JACCARD, J. J.: Predicting social behavior from personality traits. J. Res. Pers. 1974, 7, 358–367.

JACKSON, D. N., AHMED, S. A. und HEAPY, N. A.: Is achievement a unitary construct? J. Res. Pers. 1976, 10, 1–21.

JACKSON, J. M. und LATANÉ, B.: All alone in front of all those people: Stage-fright as a function of number and type of coperformers and audience. J. Pers. Soc. Psychol. 1981, 40, 73–85.

JAMES, W.: What is an emotion? Mind. 1884, 9, 188–205.

JAMES, W.: Principles of psychology. Holt, New York 1890.

JAMES, W. H. und ROTTER, J. B.: Partial and 100% reinforcement under chance and skill conditions. J. Exp. Psychol. 1958, 55, 397–403.

JANIS, I. L. und FESHBACH, S.: Effects of fear-arousing communications. J. Abnorm. Soc. Psychol. 1953, 48, 78–92.

JANIS, I. L. und FESHBACH, S.: Personality differences associated with responsiveness to fear-arousing communications. J. Pers. 1954, 23, 154–166.

JANIS, I. L. und FIELD, P. B.: A behavioral assessment of persuasibility: consistency of individual differences. Sociometry 1956, 19, 241–259.

JANIS, I. L. und FIELD, P. B.: Sex differences and personality factors related to persuasibility. In: HOVLAND, C. I. und JANIS, I. L. (Hrsg.): Personality and persuasibility. Yale Univ. Press, New Haven 1959.

JANIS, I. L., KAYE, D. und KIRSCHNER, P.: Facilitating effects of «eating-while-reading» on responsiveness to persuasive communications. J. Pers. Soc. Psychol. 1965, 1, 181–186.

JANIS, I. L. und RIFE, D.: Persuasibility and emotional disorder. In: HOVLAND, C. I. und JANIS, I. L. (Hrsg.): Personality and persuasibility. Yale Univ. Press, New Haven 1959.

JECKER, J. und LANDY, D.: Liking a person as a function of doing him a favor. Hum. Rel. 1969, 22, 371–378.

JEFFERY, R. W.: The influence of symbolic and motor

rehearsal on observational learning. J. Res. Pers. 1976, 10, 116–127.
JELLISON, J. M. und HARVEY, J. H.: Determinants of perceived choice and the relationship between perceived choice and perceived competence. J. Pers. Soc. Psychol. 1973, 28, 376–382.
JENKINS, H. M. und WARD, W. C.: Judgment of contingency between responses and outcomes. Psychol. monographs 1965, 79 (whole no. 594).
JOFFE, J. M., RAWSON, R. A. und MULICK, J. A.: Control of their environment reduces emotionality in rats. Science 1973, 180, 1383–1384.
JOHNSON, N. F.: Linguistic models and functional units of language behavior. In: ROSENBERG, S. (Hrsg.): Directions in psycholinguistics. Macmillan, New York 1965.
JOHNSON-LAIRD, P. N.: The perception and memory of sentences. In: LYONS, S. (Hrsg.): New horizons in linguistics. Penguin, Harmondsworth 1970.
JOHNSON-LAIRD, P. N.: Mental models. Toward a cognitive science of language, influence and consciousness. Cambridge Univ. Press, Cambridge 1983.
JONES, E. E. und ANESHANSEL, J.: The learning and utilization of contravalent material. J. Abnorm. Soc. Psychol. 1956, 53, 27–34.
JONES, E. E. und DAVIS, K. E.: From acts to dispositions: The attribution process in person perception. In: BERKOWITZ, L. (Hrsg.): Advances in experimental social psychology, Bd. 2. Academic Press, New York–London 1965.
JONES, E. E., DAVIS, K. E. und GERGEN, K. J.: Role playing variations and their informational value for person perception. J. Abnorm. Soc. Psychol. 1961, 63, 302–310.
JONES, E. E. und DECHARMS, R.: Changes in social perception as a function of the personal relevance of behavior. Sociometry 1957, 20, 75–85.
JONES, E. E. und GERARD, H. B.: Foundations of social psychology. Wiley, New York 1967.
JONES, E. E. und GOETHALS, G. R.: Order effects in impression formation: Attribution context and the nature of the entity. In: JONES, E. E., KANOUSE, D. E., KELLEY, H. H., NISBETT, R. E., VALINS, S. und WEINER, B.: Attribution: Perceiving the causes of behavior. General Learning Press, Morristown/N. J. 1971/1972.
JONES, E. E. und HARRIS, V. A.: The attribution of attitudes. J. Exp. Soc. Psychol. 1967, 3, 1–24.
JONES, E. E. und MCGILLIS, D.: Correspondent inferences and the attribution cube: A comparative reappraisal. In: HARVEY, J. H. et al. (Hrsg.): New directions in attribution research, Bd. 1. Lawrence Erlbaum, Hillsdale, N. J. 1976.
JONES, E. E. und NISBETT, R. E.: The actor and the observer. Divergent perceptions of the causes of behavior. In: JONES, E. E. et al. (Hrsg.): Attribution: Perceiving the causes of behavior. General Learning Press, Morristown/N. J. 1971/1972.
JONES, E. E. und PITTMAN, T. S.: Toward a general theory of strategic self-presentation. In: SULS, J. (Hrsg.): Psychological perspectives on the self, Bd. 1. Erlbaum, Hillsdale/N. J. 1982.
JONES, E. E., RIGGS, J. M. und QUATTRONE, G.: Observer bias in the attitude attribution paradigm: Effect of time and information order. J. Pers. Soc. Psychol. 1979, 37, 1230–1238.
JONES, E. E., ROCK, L., SHAVER, K. G., GOETHALS, G. R. und WARD, L. M.: Pattern performance and ability attribution: An unexpected primacy effect. J. Pers. Soc. Psychol. 1968, 10, 317–341.
JONES, E. E. und SIGALL, H.: The bogus pipeline: a new paradigm for measuring affect and attitude. Psychol. Bull. 1971, 76, 349–364.
JORDAN, N.: Behavioral forces that are a function of attitudes and of cognitive organization. Hum. Rel. 1953, 6, 273–288.

KAHNEMAN, D., SLOVIC, P. und TVERSKY, A. (Hrsg.): Judgment under uncertainty: Heuristics and biases. Cambridge Univ. Press, New York 1982.
KAHNEMAN, D. und TVERSKY, A.: Subjective probability: A judgment of representativeness. Cognitive Psychol. 1972, 3, 430–454.
KAHNEMAN, D. und TVERSKY, A.: On the psychology of prediction. Psychol. Rev. 1973, 80, 237–251.
KAMENETSKY, J., BURGESS, Q. Q. und ROWAN, T.: The relative effectiveness of four attitude assessment techniques in predicting a criterion. Educ. Psychol. Measurement 1956, 16, 187–194.
KANFER, F. H.: Vicarious human reinforcement: A glimpse into the black box. In: KRASNER, L. und ULLMANN, L. P. (Hrsg.): Research in behavior modification. Holt, New York 1965.
KANFER, F. H.: Verbal conditioning: A review of its current status. In: DIXON, T. R. und HORTON, D. L. (Hrsg.): Verbal behavior and general behavior theory. Prentice Hall, Englewood Cliffs/N. J. 1968.
KANFER, F. H. und MARSTON, A. R.: Human reinforcement: vicarious and direct. J. Exp. Psychol. 1963, 65, 292–296.
KANITSCHAR, H.: Attribution als Konsistenzherstellung. Diss., Univ. Wien 1979.
KANOUSE, D. E. und HANSON, L. R. Jr.: Negativity in evaluations. In: JONES, E. E. et al. (Hrsg.): Attribution: Perceiving the causes of behavior. General Learning Press, Morristown/N. J. 1971/1972.
KAPLAN, M. F. und MILLER, C. E.: Group decision making and normative versus informational influence: Effects of type of issue and assigned decision rule. J. Pers. Soc. Psychol. 1987, 53, 306–313.
KARABENICK, S. A.: Valence of success and failure as a function of achievement motivation and locus of control. J. Pers. Soc. Psychol. 1972, 21, 101–110.
KARLINS, M., COFFMAN, T. L. und WALTERS, G.: On the fading of social stereotypes: Studies in three generations of college students. J. Pers. Soc. Psychol. 1969, 13, 1–16.
KARWOSKI, T. F. und SCHACHTER, J.: Psychological studies in semantics: III. Reaction times for similarity and difference. J. Soc. Psychol. 1948, 28, 103–120.
KASTNER, M.: Einige Erlebens- und Verhaltensvariablen als Determinanten der Berufsentscheidung. In: FEGER, H. (Hrsg.): Studien zur intraindividuellen Konfliktforschung. Huber, Bern 1977.

KATZ, D. und BRALY, K. W.: Racial stereotypes of one hundred college students. J. Abnorm. Soc. Psychol. 1933, 28, 280–290.

KATZ, E.: On reopening the question of selectivity in exposure to mass communications. In: ABELSON, R. P. et al. (Hrsg.): Theories of cognitive consistency: A sourcebook. Rand McNally, Chicago 1968.

KATZ, J. J.: The philosophy of language. Harper, New York–London 1966. (Deutsch: Philosophie der Sprache. Suhrkamp, Frankfurt a. M. 1969.)

KATZ, J. J. und FODOR, J. A.: The structure of a semantic theory. Language 1963, 39, 170–210.

KATZ, J. J. und POSTAL, P.: An integrated theory of linguistic descriptions. M. I. T. Press, Cambridge/Mass. 1964.

KELLEY, H. H.: Attribution theory in social psychology. In: LEVINE, D. (Hrsg.): Nebraska symposium on motivation, Bd. 15. Univ. of Nebraska Press, Lincoln 1967.

KELLEY, H. H.: Attribution in social interaction. In: JONES, E. E. et al. (Hrsg.): Attribution: Perceiving the causes of behavior. General Learning Press, Morristown/N. J. 1972. (a)

KELLEY, H. H.: Causal schemata and the attribution process. In: JONES, E. E. et al. (Hrsg.): Attribution: Perceiving the causes of behavior. General Learning Press, Morristown/N. J. 1972. (b)

KELLEY, H. H.: Love and commitment. In: KELLEY, H. H. et al. (Hrsg.): Close relationships. Freeman, New York 1983.

KELLEY, H. H. und THIBAUT, J. W.: Group problem solving. In: LINDZEY, G. und ARONSON, E. (Hrsg.): The handbook of social psychology, Bd. 4. Addison-Wesley, Reading/Mass. 1969.

KELLEY, H. H. und THIBAUT, J. W.: Interpersonal relationships. A theory of interdependence. Wiley, New York 1978.

KELLEY, H. H., THIBAUT, J. W., RADLOFF, R. und MUNDY, D.: The development of cooperation in the «minimal social situation». Psychol. Monographs 1962, 76, Nr. 19.

KELMAN, H. C.: Compliance, identification, and internalization: three processes of opinion change. J. Confl. Resol. 1958, 2, 51–60.

KELMAN, H. C.: Processes of opinion change. Publ. Opin. Quart. 1961, 25, 57–78.

KELMAN, H. C. und HOVLAND, C. I.: «Reinstatement» of the communicator in delayed measurement of opinion change. J. Abnorm. Soc. Psychol. 1953, 48, 327–335.

KENDON, A. und COOK, M.: The consistency of gaze patterns in social interaction. Brit. J. Psychol. 1969, 60, 481–494.

KENDON, A. (Hrsg.): Nonverbal communication, interaction and gesture. Selections from Semiotica. Mouton Publishers, The Hague 1981.

KERPELMAN, J. P. und HIMMELFARB, S.: Partial reinforcement effects in attitude acquisition and counterconditioning. J. Pers. Soc. Psychol. 1973, 19, 301–305.

KIESLER, C. A. und CORBIN, L H.: Commitment, attraction and conformity. J. Pers. Soc. Psychol. 1965, 2, 890–895.

KIESLER, C. A. und GOLDBERG, G. N.: Multidimensional approach to the experimental study of interpersonal attraction: Effect of a blunder on the attractiveness of a competent other. Psychol. Reports 1968, 22, 693–705.

KIESLER, C. A. und SAKUMURA, J.: A test of a model of commitment. J. Pers. Soc. Psychol. 1966, 3, 349–353.

KIHLSTROM, J. F. und CANTOR, N.: Mental representations of the self. In: BERKOWITZ, L. (Hrsg.): Advances in experimental social psychology, Bd. 17. Academic Press, Orlando 1984.

KIMBLE, G. A.: HILGARD und MARQUIS' conditioning and learning. Appleton, New York 1961.

KINDEL, B.: Unveröffentl. Diss., Wien 1980.

KINTSCH, W.: Notes on the structure of semantic memory. In: TULVING, E. und DONALDSON, W. (Hrsg.): Organization of memory. Academic Press, New York–London 1972.

KINTSCH, W.: The representation of meaning in memory. Wiley, New York 1974.

KINTSCH, W.: The role of knowledge in discourse comprehension: A construction-integration model. Psychol. Rev. 1988, 95, 163–182.

KINTSCH, W. und KEENAN, J.: Reading rate and retention as a function of the number of propositions in the base structure of sentences. Cognit. Psychol. 1973, 5, 257–274.

KINTSCH, W. und VAN DIJK, T. A.: Towards a model of text comprehension and production. Psychol. Rev. 1978, 85, 363–394.

KLAYMAN, J. und HA, Y.-W.: Confirmation, disconfirmation, and information in hypothesis testing. Psychol. Rev. 1987, 94, 211–228.

KLECK, R. E. und WHEATON, J.: Dogmatism and responses to opinion consistent and opinion inconsistent information. J. Pers. Soc. Psychol. 1967, 5, 249–253.

KLEIN, D. C., FENCIL-MORSE, E. und SELIGMAN, M. E. P.: Learned helplessness, depression and the attribution of failure. J. Pers. Soc. Psychol. 1976, 33, 508–516.

KLEINHESSELINK, R. R. und EDWARDS, R. E.: Seeking and avoiding belief-discrepant information as a function of its perceived refutability. J. Pers. Soc. Psychol. 1975, 31, 787–790.

KLINGER, E.: Consequences of commitment to and disengagement from incentives. Psychol. Rev. 1975, 82, 1–25.

KLINGER, E., KEMBLE, E. D. und BARTA, S. G.: Cyclic activity changes during extinction in rats: A potential model of depression. Animal learning and behavior 1974, 2, 313–316.

KNAPP, A.: Die Auswirkungen emotionaler Zustände auf das Lösen eines sozialen Dilemmas. Ztschr. f. Sozialpsychol. 1986, 17, 160–172.

KNOWER, R. H.: Experimental studies of changes in attitude: II. A study of the effect of printed argument on changes in attitude. J. Abnorm. Soc. Psychol. 1936, 30, 522–532.

KOGAN, N. und CARLSON, J.: Group risk taking under competitive conditions in adults and children. J. Educ. Psychol. 1969, 60, 158–167.

KOGAN, N. und DOISE, W.: Effects of anticipated delegate status on level of risk-taking in small decision-making groups. Acta psychologica 1969, 29, 228–243.

KOGAN, N. und WALLACH, M. A.: Risk-taking: A study in cognition and personality. Holt, New York 1964.

KOMORITA, S. S.: A weighted probability model of coalition formation. Psychol. Rev. 1974, 81, 242–256.

KONEČNI, V. J. und EBBESEN, E. B.: Disinhibition versus the cathartic effect: Artifact and substance. J. Pers. Soc. Psychol. 1976, 34, 352–365.

KOPP, J. und LANE, H. L.: Hue discrimination related to linguistic habits. Psychonomic Science 1968, 11, 61–62.

KORNADT, H.-J.: Toward a motivational theory of aggression and aggression-inhibition: Some considerations about an aggression motive and their application to TA. In: DEWIT, J. und HARTUP, W. W. (Hrsg.): Determinants and origins of aggressive behavior. Mouton, Den Haag 1974.

KORNADT, H.-J.: Motivation theory of aggression and its relation to social psychological approaches. In: MUMMENDEY, A. (Hrsg.): Social psychology of aggression. Springer, New York 1984.

KRAMER, R. M. und BREWER, M. B.: Effects of group identity on resource use in a simulated commons dilemma. J. Pers. Soc. Psychol. 1984, 46, 1044–1057.

KRAMPEN, G.: Differentialpsychologie der Kontrollüberzeugungen. Hogrefe, Göttingen 1982.

KRAMPEN, G. (Hrsg.): Diagnostik von Attributionen und Kontrollüberzeugungen. Hogrefe, Göttingen 1989.

KRASNER, L., KNOWLES, J. und ULLMANN, L.: Effects of verbal conditioning of attitudes on subsequent motor performance. J. Pers. Soc. Psychol. 1965, 1, 407–412.

KRECH, D., CRUTCHFIELD, R. S. und BALLACHEY, E. L.: Individual in society. McGraw Hill, New York 1962.

KRUGLANSKI, A. W.: The endogenous-exogenous partition in attribution theory. Psychol. Rev. 1975, 82, 387–406.

KRUGLANSKI, A. W.: Causal explanation, teleological explanation: On radical particulatism in attribution theory. J. Pers. Soc. Psychol. 1979, 37, 1447–1457.

KRUGLANSKI, A. W. und AJZEN, I.: Bias and error in human judgment. Europ. J. Soc. Psychol. 1983, 13, 1–44.

KRUGLANSKI, A. W., FRIEDLAND, N. und FARKASH, E.: Lay person's sensitivity to statistical information: The case of high perceived applicability. J. Pers. Soc. Psychol. 1984, 46, 503–518.

KRUGLANSKI, A. W., FRIEDMAN, I. und ZEEVI, G.: The effects of extrinsic incentive on some qualitative aspects of task performance. J. Pers. 1971, 31, 606–617.

KRUGLANSKI, A. W., HAMEL, I. Z., MAIDES, S. A. und SCHWARTZ, J. M.: Attribution theory as a special case of lay epistemology. In: HARVEY, J. H. et al. (Hrsg.): New directions in attribution research, Bd. 2. Lawrence Erlbaum, Hillsdale, N. J. 1978.

KUHL, J.: Motivational and functional helplessness: The moderating effect of state versus action orientation. J. Pers. Soc. Psychol. 1981, 40, 155–170.

KUHL, J.: Motivation, Konflikt und Handlungskontrolle. Springer, Berlin 1983.

KUIPER, N. A.: Depression and causal attributions for success and failure. J. Pers. Soc. Psychol. 1978, 36, 236–246.

KULIK, J. A. und BROWN, R.: Frustration, attribution of blame, and aggression. J. Exp. Soc. Psychol. 1979, 15, 183–194.

KYLE, S. O. und FALBO, T.: Relationships between marital stress and attributional preferences for own and spouse behavior. J. Soc. Clin. Psychol. 1985, 3, 339–351.

LABOV, W.: The boundaries of words and their meanings. In: BAILLY, C.-J. N., SHUY, R. W. (Hrsg.): New ways of analyzing variation in English. Georgetown Univ. Press, Washington 1973.

LAMM, H.: A review of our research on group polarization: Eleven experiments on the effects of group discussion on risk acceptance, probability estimation, and negotiation positions. Psychol. Reports 1988, 62, 807–813.

LAMM, H. und KOGAN, N.: Risk-taking in the context of intergroup negotiation. J. Exp. Psychol. 1970, 6, 351–363.

LAMM, H. und MYERS, D. G.: Group-induced polarization of attitudes and behavior. In: BERKOWITZ, L. (Hrsg.): Advances in experimental social psychology Bd. 11. Academic Press, New York–London 1978.

LAMM, H. und SCHWINGER, T.: Norms concerning distributive justice: Are needs taken into consideration in allocation decisions? Soc. Psychol. Quart. 1980, 43, 425–429.

LAMM, H. und SCHWINGER, T.: Need consideration in allocation decisions: Is it just? J. Soc. Psychol. 1983, 119, 205–209.

LAMPEL, A. K. und ANDERSON, N. H.: Combining visual and verbal information in an impression-formation task. J. Pers. Soc. Psychol. 1968, 9, 1–6.

LANA, R. E.: Familiarity and the order of presentation of persuasive communications. J. Abnorm. Soc. Psychol. 1961, 63, 656–659.

LANGE, C. G.: Om sindsbevaegelser. Et psyko. fysiol. studie. Krønar, Copenhagen 1985

LANGE, C. G.: Über Gemütsbewegungen. Leipzig 1887.

LANGER, E. J.: The illusion of control. J. Pers. Soc. Psychol. 1975, 32, 311 – 328.

LANGER, E. J.: Rethinking the role of thought in social interaction. In: HARVEY J. H. et al. (Hrsg.): New directions in attribution research, Bd. 2. Lawrence Erlbaum, Hillsdale, New Jersey 1978.

LANGER, E.: Minding matters: The consequences of mindlessness-mindfulness. In: BERKOWITZ, L. (Hrsg.): Advances in experimental social psychology, Bd. 22. Academic Press, San Diego 1989.

LANGER, E. J. und ABELSON, R. P.: The semantics of asking a favor: How to succeed in getting help without really dying. J. Pers. Soc. Psychol. 1972, 24, 26–32.

LANGER, E. J. und BENEVENTO, A.: Self-induced dependence. J. Pers. Soc. Psychol. 1978, 36, 886–893.

LANGER, E. J. und ROTH, J.: Heads I win, tails it's chance: The illusion of control as a function of the sequence of outcomes in a purely chance task. J. Pers. Soc. Psychol. 1975, 32, 951–955.

LAPIERE, R. T.: Attitudes vs. actions. Soc. Forces 1934, 13, 230–237.

LATANÉ, B.: The psychology of social impact. Amer. Psychol. 1981, 36, 343–356.

LATANÉ, B. und DARLEY, J. M.: Group inhibition of bystander intervention in emergencies. J. Pers. Soc. Psychol. 1968, 10, 215–221.

LATANÉ, B. und DARLEY, J. M.: Bystander intervention in emergencies. In: MACAULAY, J. und BERKOWITZ, L. (Hrsg.): Altruism and helping behavior. Academic Press, New York–London 1970.

LATANÉ, B. und HARKINS, S.: Cross-modality matches suggest anticipated stage fright a multiplicative power function of audience size and status. Perc. Psychophys. 1976, 20, 482–488.

LATANÉ, B. und NIDA, S.: Social impact theory and group influence: A social engineering perspective. In: PAULUS, P. B. (Hrsg.): Psychology of group influence. Erlbaum, Hillsdale/N. J. 1980.

LATANÉ, B., WILLIAMS, K. und HARKINS, S.: Many hands make light the work: The causes and consequences of social loafing. J. Pers. Soc. Psychol. 1979, 37, 822–832.

LAUGHLIN, P. R. und BRANCH, L. G.: Individual versus tetradic performance on a complementary task as a function of initial ability level. Organiz. Behav. & Hum. Perform. 1972, 8, 201–216.

LAUGHLIN, P. R., BRANCH, L. G. und JOHNSON, H. H.: Individual versus triadic performance on a unidimensional complementary task as a function of initial ability level. J. Pers. Soc. Psychol. 1969, 12, 144–150.

LAUGHLIN, P. R. und JOHNSON, H. H.: Group and individual performance on a complementary task as a function of initial ability level. J. Exp. Soc. Psychol. 1966, 2, 407–414.

LAUGHLIN, P. R., KERR, N. L., DAVIS, J. H., HALFF, H. M. und MARCINIAK, K. A.: Group size, member ability, and social decision schemes on an intellective task. J. Pers. Soc. Psychol. 1975, 31, 522–535.

LAWRENCE, D. H. und FESTINGER, L.: Deterrents and reinforcements. Stanford Univ. Press, Stanford 1962.

LAZARUS, R. S. und ALFERT, E.: The short-circuiting of threat by experimentally altering cognitive appraisal. J. Abnorm. Soc. Psychol. 1964, 69, 195–205.

LAZARUS, R. S. und OPTON, E. M. Jr.: The study of psychological stress: A summary of theoretical formulations and experimental findings. In: SPIELBERGER, C. D. (Hrsg.): Anxiety and behavior. Academic Press, New York–London 1966.

LAZARUS, R. S., OPTON, E. M. Jr., NOMIKOS, M. S. und RANKIN, N. D.: The principle of short-circuiting of threat: Further evidence. J. Pers. 1965, 33, 622–635.

LEAVITT, H. J.: Some effects of certain patterns on group performance. J. Abnorm. Soc. Psychol. 1951, 46, 38–50.

LEBON, G.: Psychologie des foules. Paris 1895. (deutsch: Psychologie der Massen. Kröner, Stuttgart 1953.)

LEFCOURT, H. M.: Internal versus external control of reinforcement: A review. Psychol. Bull. 1966, 65, 206–220.

LEFCOURT, H. M.: Locus of control – current trends in theory and research. Lawrence Erlbaum, Hillsdale, N. J. 1976.

LEFCOURT, H. M. (Hrsg.): Research within the locus of control construct. Vol. 1: Assessment methods. Academic Press, New York 1981.

LEFCOURT, H. M., von BAEYER, C. L., WARE, E. E. und COX, D. J.: The multidimensional-multiattributional causality scale: The development of a goal specific locus of control scale. Canad. J. Behav. Science 1979, 11, 286–304.

LEFKOWITZ, M. M., BLAKE, R. R. und MOUTON, J. S.: Status factors in pedestrian violation of traffic signals. J. Abnorm. Soc. Psychol. 1955, 51, 704–706.

LEIDERMANN, P. H. und SHAPIRO, D. (Hrsg.): Psychobiological approaches to social behavior. Stanford Univ. Press, Stanford 1964.

LEINFELLNER, W.: Einführung in die Wissenschaftstheorie, 2. Aufl. Bibliographisches Institut, Mannheim–Wien–Zürich 1967.

LEMYRE, L. und SMITH, P. M.: Intergroup discrimination and self-esteem in the minimal group paradigm. J. Pers. Soc. Psychol. 1985, 49, 660–670.

LEPPER, M. R. und GREENE, D. T.: Turning play into work: Effects of adult surveillance and extrinsic rewards on children's intrinsic motivation. J. Pers. Soc. Psychol. 1975, 31, 479–486.

LEPPER, M. R., GREENE, D. T. und NISBETT, R. E.: Undermining children's intrinsic interest with extrinsic reward: A test of the «overjustification» hypothesis. J. Pers. Soc. Psychol. 1973, 28, 129–137.

LEPPER, M. R., ZANNA, M. P. und ABELSON, R. P.: Cognitive irreversibilty in a dissonance reduction situation. J. Pers. Soc. Psychol. 1970, 16, 191–198.

LERNER, M. J.: The desire for justice and reactions to victims. In: MACAULAY, J. und BERKOWITZ, L. (Hrsg.): Altruism and helping behavior. Academic Press, New York 1970.

LERNER, M. J.: The belief in a just world: The fundamental delusion. Plenum, New York 1980.

LERNER, M. J. und MATTHEWS, G.: Reactions to the suffering of others under conditions of indirect responsibility. J. Pers. Soc. Psychol. 1967, 5, 319–325.

LERNER, M. J. und SIMMONS, C. H.: Observers reaction to the «innocent victim»: Compassion or rejection? J. Pers. Soc. Psychol. 1966, 4, 203–210.

LESSER, G. S. und ABELSON, R. P.: Personality correlates of persuasibility in children. In: HOVLAND, C. L. und JANIS, I. L. (Hrsg.): Personality and persuasibility. Yale Univ. Press, New Haven 1959.

LEVENTHAL, G. S.: The distribution of rewards and resources in groups and organizations. In: BERKOWITZ, L. und WALSTER, E. (Hrsg.): Advances in experimental social psychology, Bd. 9. Academic Press, New York–London 1976.

LEVENTHAL, H.: Findings and theory in the study of fear communication. In: BERKOWITZ, L. (Hrsg.): Advan-

ces in experimental social psychology, Bd. 5. Academic Press, New York–London 1970.
LEVENTHAL, H.: A perceptual-motor theory of emotion. In: BERKOWITZ, L. (Hrsg.): Advances in experimental social psychology, Bd. 17. Academic Press, Orlando 1984.
LEVENTHAL, H. und PERLOE, S. I.: A relationship between self-esteem and persuasibility. J. Abnorm. Soc. Psychol. 1962, 64, 385–388.
LEVINE, J. M. und MURPHY, G.: The learning and forgetting of controversial material. J. Abnorm. Soc. Psychol. 1943, 31, 507–517.
LEVINGER, G. und SCHNEIDER, D. J.: Test of the «risk is a value» hypothesis. J. Pers Soc. Psychol. 1969, 11, 165–170.
LEWIN, K.: Vorsatz, Wille und Bedürfnis. Psychol. Forschung 1926, 7, 330–385.
LEWIN, K.: A dynamic theory of personality. McGraw Hill. New York 1935.
LEWIN, K.: Principles of topological psychology. McGraw Hill, New York 1936.
LEWIN, K. und LIPPITT, R. A.: An experimental approach to the study of autocracy and democracy: A preliminary note. Sociometry 1938, 1, 192–300.
LEWIS, D. J. und DUNCAN, C. P.: Vicarious experience and partial reinforcement. J. Abnorm. Soc. Psychol. 1958, 57, 321–326.
LIEBHART, E. H.: Wahrgenommene autonome Veränderungen als Determinanten emotionalen Verhaltens. In: GÖRLITZ, D., MEYER, W.-U. und WEINER, B. (Hrsg.): Bielefelder Symposium über Attribution. Klett, Stuttgart 1978.
LIEBHART, E. H.: Information search and attribution: Cognitive processes mediating the effects of false autonomic feedback. Europ. J. Soc. Psychol. 1979, 9, 19–38.
LIKERT, R.: A technique for the measurement of attitudes. Arch, Psychol. 1932, Nr. 140.
LILLI, W.: Soziale Akzentuierung. Kohlhammer, Stuttgart 1975.
LINDER, D. E.: Social trap analogs: The tragedy of the commons in the laboratory. In: DERLEGA, V. J. und GRZELAK, J. (Hrsg.): Cooperation and helping behavior. Academic Press, New York 1982.
LINDER, D. E., COOPER, J. und JONES, E. E.: Decision freedom as a determinant of the role of incentive magnitude in attitude change. J. Pers. Soc. Psychol. 1967, 6, 245–254.
LINDER, D. E., COOPER, J. und WICKLUND, R. A.: Preexposure persuasion as a result of commitment to preexposure effort. J. Pers. Soc. Psychol. 1968, 4, 470–482.
LINDER, D. E. und CRANE, K. A: Reactance theory analysis of predecisional cognitive processes. J. Pers. Soc. Psychol. 1970, 15, 258–264.
LINDER, D. E., WORTMAN, C. B. und BREHM, J. W.: Temporal changes in predecision preferences among choice alternatives. J. Pers. Soc. Psychol. 1971, 19, 282–284.
LINDSAY, P. H. und NORMAN, D. A.: Human information processing. Academic Press, New York 1972.
LINDSLEY, D. B.: Emotion. In: STEVENS, S. S. (Hrsg.): Handbook of experimental psychology. Wiley, New York 1951 .
LISKA, A. E.: A critical examination of the causal structure of the Fishbein/Ajzen attitude-behavior model. Soc. Psychol. Quart. 1984, 47, 61–74.
LITWIN, G. H.: Motives and expectancies as determinants of preference for degrees of risk. In: ATKINSON, J. W. und FEATHER, N. T. (Hrsg.): A theory of achievement motivation. Wiley, New York 1966.
LOFTIS, J. und ROSS, L.: Effects of misattribution of arousal upon the acquisition and extinction of a conditioned emotional response. J. Pers. Psychol. 1974, 30, 673–682. (a)
LOFTIS, J. und ROSS, L.: Retrospective misattribution of a conditioned emotional response. J. Pers. Soc. Psychol. 1974, 30, 683–687. (b)
LONDON, P. und LIM, H.: Yielding reason to social pressure: Task complexity and expectation in conformity. J. Pers. 1964, 32, 75–89.
LOOMIS, J. L.: Communication, the development of trust, and cooperative behavior. Hum. Rel. 1959, 12, 305–315.
LORD, C. G., LEPPER, M. R. und MACKIE, D.: Attitude prototypes as determinants of attitude-behavior consistency. J. Pers. Soc. Psychol. 1984, 46, 1254–1266.
LORGE, I. und SOLOMON, H.: Two models of group behavior in the solution of eureka-type problems. Psychometrika 1955, 20, 139–148.
LOSCO, J. und EPSTEIN, S.: Relative steepness of approach and avoidance gradients as a function of magnitude and valence of incentive. J. Abnorm. Psychol. 1977, 86, 360–368.
LOTT, A. J. und LOTT, B. E.: The formation of positive attitudes towards group members. J. Abnorm. Soc. Psychol. 1960, 61, 297–300.
LOTT, A. J. und LOTT, B. E: Group cohesiveness, communication level, and conformity. J. Abnorm. Soc. Psychol. 1961, 62, 408–412.
LOTT, A. J. und LOTT, B. E.: The role of reward in the formation of positive interpersonal attitudes. In: HUSTON, T. L. (Hrsg.): Foundations of interpersonal attraction. Academic Press, New York–London 1974.
LUCHINS, A. S.: Primacy-recency in impression formation. In: HOVLAND, C. I. (Hrsg.): The order of presentation in persuasion. Yale Univ. Press, New Haven 1957. (a)
LUCHINS, A. S.: Experimental attempts to minimize the impact of first impressions. In: HOVLAND, C. I. (Hrsg.): The order of presentation in persuasion. Yale Univ. Press, New Haven 1957. (b)
LUCHINS, A. S. und LUCHINS, E. H.: On conforming with true and false communications. J. Soc. Psychol. 1955, 42, 283–303.
LÜCK, H. E.: Soziale Aktivierung. Untersuchungen zur modifizierten Social-Facilitation Hypothese von ROBERT B. ZAJONC. Wison-Verlag, Köln 1969.
LUJANSKY, H. und MIKULA, G.: Can equity theory explain the quality and the stability of romantic relationships? Brit. J. Soc. Psychol. 1983, 22, 101–112.
LUMSDAINE, A. A. und JANIS, I. L.: Resistance to «counter-propaganda» produced by one-sided and

two-sided «propaganda» presentations. Publ. Opin. Quart. 1953, 17, 311–318.

LUND, F. H.: The psychology of belief: IV. The law of primacy in persuasion. J. Abnorm. Soc. Psychol. 1925, 20, 183–191.

LYONS, J.: Introduction to theoretical linguistics. Cambridge Univ. Press, London und New York 1968. (Deutsch: Einführung in die moderne Linguistic. Beck, München 1971.)

LYONS, J.: Noam Chomsky. Collins, London 1970. (Deutsch: Noam Chomsky. Deutscher Taschenbuch Verlag, München 1971.)

MAASS, A. und CLARK, R. D. III: Internalization versus compliance: Differential processes underlying minority influence and conformity. Europ. J. Soc. Psychol. 1983, 13, 197–215.

MAASS, A., CLARK, R. D. III. und HABERKORN, G.: The effects of differential ascribed category membership and norms on minority influence. Europ. J. Soc. Psychol. 1982, 12, 89–104.

MACAULAY, J. R.: A study of independent and additive modes of producing resistance to persuasion derived from congruity and inoculation models. Unpublished doctoral dissertation. Univ. of Wisconsin 1965.

MADDI, S. R.: The pursuit of consistency and variety. In: ABELSON, R. P. et al. (Hrsg.): Theories of cognitive consistency: A sourcebook. Rand McNally, Chicago 1968.

MADDUX, J. E., NORTON, L. W., STOLTENBERG, C. D.: Self-efficacy expectancy, outcome expectancy, and outcome value: Relative effects on behavioral intentions. J. Pers. Soc. Psychol. 1986, 51, 783–789.

MAGNUSSON, D. und ENDLER, N. S. (Hrsg.): Personality at the crossroads: Current issues in interactional psychology. Lawrence Erlbaum, Hillsdale N. J. 1977.

MAHER, B. A.: The application of the approach-avoidance conflict model to social behavior. J. Conflict Res. 1964, 8, 287–291.

MAHER, B. A.: Principles of psychopathology: An experimental approach. McGraw Hill, New York 1966.

MAIER, N. R. F.: An experimental test of the effect of training in discussion leadership. Hum. Rel. 1953, 6, 161–173.

MAIER, N. R. F. und MAIER, R. A.: An experimental test of the effects of «developmental», vs. «free» discussions on the quality of group decisions. J. Appl. Psychol. 1957, 41, 320–323.

MAIER, S. F. und SELIGMAN, M. E. P.: Learned helplessness: Theory and evidence. J. Exp. Psychol. 1976, 105, 3–46.

MAHL, G. F.: Exploring emotional states by content analysis. In: POOL, I., DESOLA (Hrsg.): Trends in content analysis. Univ. of Illinois Pres, Urbana 1959.

MALEWSKI, A.: The influence of positive and negative self-evaluation on postdecisional dissonance. Polish. Sociol. Bull. 1962, 3–4, 39–49.

MALOF, M. und LOTT, A. J.: Ethnocentrism and the acceptance of negro support in a group pressure situation. J. Abnorm. Soc. Psychol. 1962, 65, 254–258.

MANDLER, G.: Mind and emotion. Wiley, New York 1975.

MANN, R. D.: A review of the relationships between personality and performance in small groups. Psychol. Bull. 1959, 56, 241–270.

MARKS, L. E. und MILLER, G. A.: The role of semantic and syntactic constraints in the memorization of English sentences. J. Verb. Learn. Verb. Behav. 1964, 3, 1–5.

MARKUS, H.: Self-schemata and processing information about the self. J. Pers. Soc. Psychol. 1977, 35, 63–78.

MARKUS, H. und KUNDA, Z.: Stability and malleability of the self-concept. J. Pers. Soc. Psychol. 1986, 4, 858–866.

MARKUS, H. und SENTIS, K.: The self in social information processing. In: SULS, J. (Hrsg.): Psychological perspectives on the self, Bd. 1. Erlbaum, Hillsdale/N. J. 1982.

MARKUS, H. und WURF, E.: The dynamic self-concept: A social psychological perspective. Ann. Rev. Psychol. 1987, 38, 299–337.

MARKUS, H. und ZAJONC, R. B.: The cognitive perspective in social psychology. In: LINDZEY, G. und ARONSON, E. (Hrsg.): The Handbook of social psychology, Bd. 1. Random House, New York 1985, 3. Aufl.

MARQUIS, D. G.: Individual responsibility and group decisions involving risk. Industrial Management Review 1962, 3, 8–23.

MARSHALL, G. D. und ZIMBARDO, P. G.: Affective consequences of inadequately explained physiological arousal. J. Pers. Soc. Psychol. 1979, 37, 970–988.

MARTENS, R. und LANDERS, D. M.: Evaluation potential as a determinant of coaction effects. J. Exp. Soc. Psychol. 1972, 8, 347–359.

MASCARO. G. und GRAVES, W.: Contrast effect of background factors on the similarity-attraction relationship. J. Pers. Soc. Psychol. 1973, 25, 346–350.

MASLACH, C.: Social and personal bases of individuation. J. Pers. Soc. Psychol. 1974, 29, 411–425.

MASLACH, C.: Negative emotional biasing of unexplained arousal. J. Pers. Soc. Psychol. 1979, 37, 953–969.

MASLACH, C., STAPP, J. und SANTEE, R. T.: Individuation: Conceptual analysis and assessment. J. Pers. Soc. Psychol. 1985, 49, 729–738.

MAUSNER, B.: Studies in social interaction: III. Effects of variation in one partner's prestige on the interaction of observer pairs. J. Applied Psychol. 1953, 37, 391–393.

MAUSNER, B.: The effect of prior reinforcement on the interaction of observer pairs. J. Abnorm. Soc. Psychol. 1954, 49, 65–68.

MCARTHUR, L. Z.: The how and what of why: Some determinants and consequences of causal attribution. J. Pers. Soc. Psychol. 1972, 22, 171–193.

MCARTHUR, L. Z.: The lesser influence of consensus than distinctiveness information on causal attributions: A test of the person-thing hypothesis. J. Pers. Soc. Psychol. 1976, 33, 733–742.

MCARTHUR, L. Z.: Judging a book by its cover: A cognitive analysis of the relationship between physical appearance and stereotyping. In: HASTORF, A. H. und ISEN, A. M. (Hrsg.): Cognitive social psychology. Elsevier, New York 1982.

McArthur, L. Z. und Post, D. L.: Figural emphasis and person perception. J. Exp. Soc. Psychol. 1977, 13, 520–535.
McCawley, J. D.: The role of semantics in a grammar. In: Bach, E. und Harms, R. T. (Hrsg.): Universals in language. Holt, New York 1968. (a)
McCawley, J. D.: Concerning the base component of a transformational grammar. Foundations of Language 1968, 4, 243–269. (b)
McClelland, D. C.: Personality. Holt, New York 1951.
McClelland, D. C.: Some social consequences of achievement motivation. In: Jones, M. R. (Hrsg.): Nebraska symposium on motivation, Bd. 3. Univ. of Nebraska Press, Lincoln 1955.
McClelland, D. C.: Power. The inner experience. Irvington, New York 1975. (Gekürzte deutsche Übersetzung: Macht als Motiv. Klett, Stuttgart 1978.)
McClintock, C. G. und Van Avermaet, E.: Social values and rules of fairness: A theoretical perspective. In: Derlega, V. J. und Grzelak, J. (Hrsg.): Cooperation and helping behavior. Academic Press, New York 1982.
McDougall, W.: An introduction to social psychology. Methuen, London 1908.
McGee, M. G. und Snyder, M.: Attribution and behavior: Two field studies. J. Pers. Soc. Psychol. 1975, 32, 185–190.
McGuire, W. J.: Persistence of the resistance to persuasion induced by various types of prior belief defenses. J. Abnorm. Soc. Psychol. 1962, 64, 241–248.
McGuire, W. J.: Inducing resistance to persuasion In: Berkowitz, L. (Hrsg.): Advances in experimental social psychology, Bd. 1. Academic Press, New York–London 1964.
McGuire, W. J.: Personality and susceptibility to social influence. In: Borgatta, E. F. und Lambert, W. W. (Hrsg.): Handbook of personality theory and research. Rand McNally, Chicago 1968.
McGuire, W. J.: The nature of attitudes and attitude change. In: Lindzey, G. und Aronson, E. (Hrsg.): The handbook of social psychology, Bd. 3, Addison-Wesley, Reading/Mass. 1969.
McGuire, W. J.: Attitudes and attitude change. In: Lindzey, G. und Aronson, E. (Hrsg.): The Hand book of Social Psychology, Bd. 2. Random House, New York 1985, 3. Aufl.
McGuire, W. J. und McGuire, C. V.: Content and process in the experience of self. In: Berkowitz, L. (Hrsg.): Advances in experimental social psychology, Bd. 21. Academic Press, San Diego 1988.
McGuire, W. J. und Papageorgis, D.: The relative efficacy of various types of prior belief-defense in producing immunity against persuasion. J. Abnorm. Soc. Psychol. 1961, 62, 327–337.
McGuire, W. J. und Papageorgis, D.: Effectiveness of forewarning in developing resistance to persuasion. Publ. Opin. Quart. 1962, 26, 24–34.
McNicol, D.: A primer of signal detection theory. George Allen & Unvin, London 1972.
Mehler, J.: Some effects of grammatical transformations on the recall of English sentences. J. Verb. Learn. Verb. Behav. 1963, 2, 346–351.
Mehrabian, A.: Communication without words. Psychology Today 1968, 2, 52 – 55.
Mehrabian, A.: Relationship of attitude to seated posture, orientation, and distance. J. Pers. Soc. Psychol. 1968, 10, 26–30.
Mehrabian, A.: Significance of posture and position in the communication of attitude and status relationships. Psychol. Bull. 1969, 71, 359–372.
Mehrabian, A.: Nonverbal communication. Aldine, Chicago 1972.
Mehrabian, A. und Ferris, S. R.: Inference of attitudes from nonverbal communication in two channels. J. Consult. Psychol. 1967, 31, 248–252.
Mehrabian, A. und Wiener, M: Decoding of inconsistent communications. J. Pers. Soc. Psychol. 1967, 6, 109–114.
Merkel, J.: Die zeitlichen Verhältnisse der Willenstätigkeit. Philos. St. 1885, 2.
Merton, R. K.: Social theory and social structure. The Free Press, Glencoe, Illinois 1957.
Mervis, C. B. und Rosch, E.: Categorization of natural objects. In: Ann. Rev. Psychol. 1981, 32, 89–115.
Messick, D. M. und Mackie, D. M.: Intergroup relations. Ann. Rev. Psychol. 1989, 40, 45–81.
Mettee, D. R. und Aronson, E.: Affective reactions to appraisal from others. In: Huston, T. L. (Hrsg.): Foundations of interpersonal attraction. Academic Press, New York–London 1974.
Mettee, D. R., Taylor, S. E. und Friedman, H.: Effect conversion and the gainloss liking effect. Sociometry 1973, 36, 494–513.
Meyer, W. U.: Selbstverantwortlichkeit und Leistungsmotivation. Dissertation. Ruhr Univ., Bochum 1970.
Meyer, W.-U.: Leistungsmotiv und Ursachenerklärung von Erfolg und Mißerfolg. Klett, Stuttgart 1973.
Michaels, J. W., Edwards, J. N. und Acock, A. C.: Satisfaction in intimate relationships as a function of inequality, inequity and outcomes. Soc. Psychol. Quart. 1984, 47, 347–357.
Mielke, R. (Hrsg.): Interne/externe Kontrollüberzeugung. Huber, Bern 1982.
Mielke, R.: Lernen und Erwartung. Huber, Bern 1984.
Mikula, G.: Individuelle Entscheidungen und Gruppenentscheidungen über die Aufteilung gemeinsam erzielter Gewinne. Psychol. Beiträge 1974, 56, 338–364.
Mikula, G.: Zur Rolle der Gerechtigkeit in Aufteilungsentscheidungen. In: Mikula, G. (Hrsg.): Gerechtigkeit und soziale Interaktion. Huber, Bern 1980. (a)
Mikula, G. (Hrsg.): Gerechtigkeit und soziale Interaktion. Huber, Bern 1980. (b)
Mikula, G.: The experience of injustice. In: Bierhoff, H. H., Cohen, R. L. und Greenberg, J. (Hrsg.): Justice in social relations. Plenum, New York 1986.
Mikula, G. und Schlamberger, K.: What people think about an unjust event: Toward a better understanding of the phenomenology of experiences of injustice. Europ. J. Soc. Psychol. 1985, 15, 37–49.
Mikula, G. und Schwinger, T.: Sympathie zum Partner und Bedürfnis nach sozialer Anerkennung als Determinanten der Aufteilung gemeinsam erzielter Gewinne. Psychol. Beitr. 1973, 15, 396–407.

MIKULA, G. und SCHWINGER, T.: Affective inter-member relations and reward allocation in groups: Some theoretical considerations. In: BRANDSTÄTTER, H., DAVIS, H. J. und SCHULER, H. (Hrsg.): Dynamics of group decisions. Sage, Beverly Hills 1978.

MIKULINCER, M.: Attributional processes in the learned helplessness paradigm: Behavioral effects of global attributions. J. Pers. Soc. Psychol. 1986, 51, 1248–1256.

MILLAR, M. G. und TESSER, A.: Effects of affective and cognitive focus on the attitude-behavior relation. J. Pers. Soc. Psychol. 1986, 51, 270–276.

MILLAR, M. G. und TESSER, A.: The effects of affective-cognitive consistency and thought on the attitude-behavior relation. J. Exp. Soc. Psychol. 1989, 25, 189–202.

MILLENSON, J. R.: An isomorphism between stimulus response notation and information processing flow diagrams. Psychol. Record 1967, 17, 305–319.

MILLER, D. T., NORMAN, S. und WRIGHT, E.: Distortion in person perception as a consequence of the need for effective control. J. Pers. Soc. Psychol. 1978, 36, 598–607.

MILLER, D. T. und KARNIOL, R.: The role of rewards in externally and self-imposed delay of gratification. J. Pers. Soc. Psychol. 1976, 33, 594–600.

MILLER, G. A.: The magical number seven, plus or minus two: Some limits on our capacity for processing information. Psychol. Review 1956, 63, 81–97.

MILLER, G. A. und CHOMSKY, N.: Finitary models of language users. In: LUCE, R. D., BUSH, R. R. und GALANTER, E. (Hrsg.): Handbook of mathematical psychology, Bd. 2, Wiley, New York 1963.

MILLER, G. A., GALANTER, E. und PRIBRAM, K. H.: Plans and the structure of behavior. Holt, New York 1960.

MILLER, G. A. und ISARD, S.: Some perceptual consequences of linguistic rules. J. Verb. Learn. Verb. Behav. 1963, 2, 217–228.

MILLER, G. A. und MCKEAN, K. O.: A chronometric study of some relations between sentences. Quart. J. Exp. Psychol. 1964, 16, 297–308.

MILLER, G. A. und SELFRIDGE, J. A.: Verbal context and the recall of meaningful material. Amer. J. Psychol. 1950, 63, 176–185.

MILLER, G. R. und ROKEACH, M.: Individual differences and tolerance for inconsistency. In: ABELSON, R. P. et al. (Hrsg.): Theories of cognitive consistency: A sourcebook. Rand McNally, Chicago 1968.

MILLER, J. und ROWE, P.: Influence of favorable and unfavorable information upon assessment decisions. J. Appl. Psychol. 1967, 51, 432–435.

MILLER, N. und CAMPBELL, D. T.: Recency and primacy in persuasion as a function of the timing of speeches and measurements. J. Abnorm. Soc. Psychol. 1959, 59, 1–9.

MILLER, N. E.: Experimental studies of conflict. In: HUNT, J. McV. (Hrsg.): Personality and the behavioral disorders, Bd. 1. Ronald, New York 1944.

MILLER, N. E.: Liberalization of basic S-R concepts: Extensions to conflict behavior, motivation, and social learning. In: KOCH, S. (Hrsg.): Psychology: A study of a science, Bd. 2. McGraw Hill, New York 1959.

MILLER, N. E.: Learning of visceral and glandular responses. Science 1969, 163, 434–445.

MILLER, N. E. und DOLLARD, J.: Social learning and imitation. Yale Univ. Press, New Haven 1941.

MILLER, S. M.: Controllability and human stress: Method, evidence and theory. Behav. Res. Ther. 1979, 17, 287–304.

MILLER, S. M.: Why having control reduces stress: If I can stop the roller coaster, I don't want to get off. In: GARBER, J. und SELIGMAN, M. E. P. (Hrsg.): Human helplessness: Theory and applications. Academic Press, New York 1980.

MILLER, W. R. und SELIGMAN, M. E. P.: Learned helplessness, depression and the perception of reinforcement. Behav. Res. Therapy 1976, 14, 7–17.

MILLS, J.: Interest in supporting and discrepant information. In: ABELSON, R. P. et al. (Hrsg.): Theories of cognitive consistency: A sourcebook. Rand McNally, Chicago 1968.

MILLS, J., ARONSON, E. und ROBINSON, H.: Selectivity in exposure to information. J. Abnorm. Soc. Psychol. 1959, 59, 250–253.

MILLS, J. und CLARK, M. S.: Exchange and communal relationships. In: WHEELER, L. (Hrsg.): Review of personality and social psychology. Sage, Beverly Hills 1982.

MILLS, J. und MINTZ, P. M.: Effect of unexplained arousal on affiliation. J. Pers. Soc. Psychol. 1972, 24, 11–13.

MINAS, J. S., SCODEL, A., MARLOWE, D. und RAWSON, H.: Some descriptive aspects of two-person non-zero-sum games. J. Confl. Resol. 1960, 4, 193–197.

MINEKA, S. und HENDERSEN, R. W.: Controllability and predictability in acquired motivation. Ann. Rev. of Psychol. 1985, 36, 495–529.

MINTZ, A.: Nonadaptive group behavior. J. Abnorm. Soc. Psychol. 1951, 46, 150–159.

MISCHEL, W.: Personality and assessment. Wiley, New York 1968.

MISCHEL, W.: Introduction to personality. Holt, New York 1971.

MISCHEL, W.: Towards a cognitive social learning reconceptualization of personality. Psychol. Rev. 1973, 80, 252–283.

MISCHEL, W.: Processes in delay of gratification. In: BERKOWITZ, L. (Hrsg.): Advances in experimental social psychology, Bd. 7. Academic Press, New York–London 1974.

MISCHEL, W. und BAKER, N.: Cognitive appraisals and transformations in delay behavior. J. Pers. Soc. Psychol. 1975, 31, 254–261.

MISCHEL, W. und EBBESEN, E. B.: Attention in delay of gratification. J. Pers. Soc. Psychol. 1970, 16, 329–337.

MISCHEL, W., EBBESEN, E. B. und ZEISS, A.: Cognitive and attentional mechanisms in delay of gratification. J. Pers. Soc. Psychol. 1972, 21, 204–218.

MISCHEL, W. und GRUSEC, J.: Determinants of the rehearsal and transmission of neutral and aversive behaviors. J. Pers. Soc. Psychol. 1966, 3, 197–205.

Mischel, W. und Liebert, R. M.: Effects of discrepancies between observed and imposed reward criteria on their acquisition and transmission. J. Pers. Soc. Psychol. 1966, 3, 45–53.
Mischel, W. und Masters, J. C.: Effects of probability of reward attainment on responses to frustration. J. Pers. Soc. Psychol. 1966, 3, 390–396.
Mischel, W. und Moore, B.: Effects of attention to symbolically presented rewards on self-control. J. Pers. Soc. Psychol. 1973, 28, 172–179. (a)
Mischel, W. und Patterson, C.: Substantive and structural elements of effective plans for self-control. J. Pers. Soc. Psychol. 1976, 34, 942–950.
Mischel, W., Shodo, Y. und Peake, P. K.: The nature of adolescent competencies predicted ba preschool delay of gratification. J. Pers. Soc. Psychol. 1988, 54, 687–696.
Mochar, I.: Gradient und Verschiebung in Approach-Avoidance-Konfliktsituationen. Phil. Diss., Univ. Wien 1973.
Mohazab, F. und Feger, H.: An extension of Heiderian balance theory for quantified data. Europ. J. Soc. Psychol. 1985, 15, 147–165.
Moore, B., Mischel, W. und Zeiss, A. R.: Comparative effects of the reward stimulus and its cognitive representation in voluntary delay. J. Pers. Soc. Psychol. 1976, 34, 419–424.
Morgan, C. L.: Habit and instinct. Arnold, London 1896.
Moreno, J. L.: Who shall survive? Washington 1934.
Moretti, M. M. und Higgins, E. T.: Relating self-discrepancy to self-esteem: The contribution of discrepancy beyond actual self-ratings J. Exp. Soc. Psychol. 1990, 26, 108–123.
Morris, C.: Signs, language and behavior. Prentice-Hall, New York 1946.
Morris, C.: Signification and significance. M. I. T. Press, Cambridge/Mass. 1964.
Morrissette, J. O.: An experimental study of the theory of structural balance. Hum. Rel. 1958, 11, 239–254.
Moruzzi, G. und Magoun, H. W.: Brain stem reticular formation and activation of the EEG. Clin. Neurophysiol. 1949, 1, 455–473.
Moschetti, G. J. und Kues, J. R.: Transrelational equity comparisons: Extensions to the third partner relationship and a decision-making model. J. Pers. Soc. Psychol. 1978, 36, 1107–1117.
Moscovici, S.: Communication processes and the properties of language. In: Berkowitz, L. (Hrsg.): Advances in experimental social psychology, Bd. 3. Academic Press, New York–London 1967.
Moscovici, S.: Social influence and social change. Academic Press, London 1976. (Deutsch: Sozialer Wandel durch Minoritäten. Urban & Schwarzenberg, München, Wien 1979.)
Moscovici, S.: Toward a theory of conversion behavior. In: Berkowitz, L. (Hrsg.): Advances in experimental social psychology, Bd. 13. Academic Press, New York 1980.
Moscovici, S. und Faucheux, C.: Social influence, conformity bias, and the study of active minorities. In: Berkowitz, L. (Hrsg.): Advances in experimental social psychology, Bd. 6. Academic Press, New York–London 1972.
Moscovici, S. und Lage, E.: Studies in social influence III: Majority versus minority influence in a group. Europ. J. Soc. Psychol. 1976, 6, 149–174.
Moscovici, S., Lage, E. und Naffrechoux, M.: Influence of a consistent minority on the responses of a majority in a color perception task. Sociometry 1969, 32, 365–379.
Moscovici, S. und Zavalloni, M.: The group as polarizer of attitudes. J. Pers. Soc. Psychol. 1969, 12, 125–135.
Mowrer, O. H.: On the dual nature of learning – A reinterpretation of «conditioning» and «problem-solving». Harvard Educ. Rev. 1947, 17, 102–148.
Mowrer, O. H.: Learning theory and personality dynamics. Ronald, New York 1950.
Mowrer, O. H.: Learning theory and the symbolic processes. Wiley, New York 1960.
Mueller, C. W., Donnerstein, E. und Hallam, J.: Violent films and prosocial behavior. Pers. Soc. Psychol. Bull. 1983, 9, 83–89.
Mugny, G.: The power of minorities. Academic Press, London 1982.
Mulder, M.: Power and satisfaction in task-oriented groups. Acta psychologica 1959, 16, 178–225.
Mulder, M.: The power variable in communication experiments. Hum. Rel. 1960 13, 241–256.
Mullen, B.: Operationalizing the effect of the group on the individual: A self-attention perspective. J. Exp. Soc. Psychol. 1983, 19, 295–322.
Mullen, B.: Self-attention theory: The effects of group composition on the individual. In: Mullen, B. und Goethals, G. R. (Hrsg.): Theories of group behavior. Springer, New York 1987.
Mullen, B., Salas, E. und Driskell, J. E.. Salience, motivation, and artifact as contributions to the relation between participation rate and leadership. J. Exp. Soc. Psychol. 1989, 25, 545–559.
Mummendey, A.: Verhalten zwischen sozialen Gruppen: Die Theorie der sozialen Identität. In: Frey, D. und Irle, M. (Hrsg.): Theorien der Sozialpsychologie, Bd. 2. Huber, Bern 1985.
Mummendey, A. und Schreiber, H.-J.: Better or just different? Positive social identity by discrimination against, or by differentiation from outgroups. Europ. J. Soc. Psychol. 1983, 13, 389–397.
Mummendey, H. D. und Bolten, H.-G.: Die Impression-Management-Theorie. In: Frey, D. und Irle, M. (Hrsg.): Theorien der Sozialpsychologie, Bd. 3. Huber, Bern 1985.
Mummendey, H. D., Bolten, H.-G. und Isermann-Gerke, M.: Experimentelle Überprüfung des Bogus-Pipeline-Paradigmas: Einstellungen gegenüber Türken, Deutschen und Holländern. Ztschr. f. Sozialpsychol. 1982, 13, 300–311.
Murray, E. J.: A content-analysis method for studying psychotherapy. Psychol. Monographs 1956, 70, Nr. 13.

Nadler, A. und Fisher, J. D.: The role of threat to self-esteem and perceived control in recipient reaction to help: Theory development and empirical validation. In: BERKOWITZ, L. (Hrsg.): Advances in experimental social psychology, Bd. 19. Academic Press, Orlando 1986.

NADLER, A., FISHER, J. D. und BEN-ITZHAK, S.: With a little help from my friend: Effect of single or multiple act aid as a function of donor and task characteristics. J. Pers. Soc. Psychol. 1983, 44, 310–321.

NADLER, A., FISCHER, J. D. und STREUFERT, S.: When helping hurts: The effects of donor-recipient similarity and recipient self-esteem on reactions to aid. J. Pers. 1976, 44, 392–409.

NASBY, W.: Private and public self-consciousness and articulation of the self-schema. J. Pers. Soc. Psychol. 1989, 56, 117–123.

NEISSER, U.: Cognition and reality: Principles and implications of cognitive psychology. Freeman, San Francisco 1976.

NEL, E., HELMREICH, R. und ARONSON, E.: Opinion change in the advocate as a function of the persuasibility of his audience: A clarification of the meaning of dissonance. J. Pers. Soc. Psychol. 1969, 12, 117–124.

NEMETH, C. J.: Differential contributions of majority and minority influence. Psychol. Rev. 1986, 93, 23–32.

NEMETH, C., SWEDLUND, M. und KANKI, B.: Patterning of the minority's responses and their influence on the majority. Europ. J. Soc. Psychol. 1974, 4, 53–64.

NEUBERG, S. L.: The goal of forming accurate impressions during social interactions: Attenuating the impact of negative expectancies. J. Pers. Soc. Psychol. 1989, 56, 374–386.

NEUBERG, S. L. und FISKE, S. T.: Motivational influences on impression formation: Outcome dependency, accuracy-driven attention, and individuating processes. J. Pers. Soc. Psychol. 1987, 53, 431–444.

NEUMEYER, F.: Unterstützung und Inokulation von Einstellungen zu unterschiedlich umstrittenen Sachverhalten. Phil. Diss., Univ. Wien 1973.

NEWCOMB, T. M.: An approach to the study of communicative acts. Psychol. Rev. 1953, 60, 393–404.

NEWCOMB, T. M.: The prediction of interpersonal attraction. Amer. Psychologist 1956, 11, 575–586.

NEWCOMB, T. M.: Individual systems of orientation. In: KOCH, S. (Hrsg.): Psychology: A study of a science, Bd. 3. McGraw Hill, New York 1959.

NEWCOMB, T. M.: The acquaintance process. Holt, New York 1961.

NEWCOMB, T. M.: Interpersonal balance. In: ABELSON, R. P. u. a. (Hrsg.): Theories of cognitive consistency: A sourcebook. Rand McNally, Chicago 1968.

NISAN, M.: Evaluation of temporally distant reinforcements. J. Pers. Soc. Psychol. 1973, 26, 295–300.

NISBETT, R. E.: Taste, deprivation, and weight determinants of eating behavior. J. Pers. Soc. Psychol. 1968, 10, 107–116. (a)

NISBETT, R. E.: Determinants of food intake in obesity. Science 1968, 159, 1254–1255. (b)

NISBETT, R. E. und BORGIDA, E.: Attribution and the psychology of prediction. J. Pers. Soc. Psychol. 1975, 32, 932–943.

NISBETT, R. E., BORGIDA, E., CRANDALL, R. und REED, H.: Popular induction: Information is not always informative. In: CARROLL, J. S. und PAYNE, J. W. (Hrsg.): Cognition and social behavior. Lawrence Erlbaum, Hillsdale, N. J. 1976.

NISBETT, R. E., CAPUTO, C., LEGANT, P. und MARECEK, J.: Behavior as seen by the actor and as seen by the observer. J. Pers. Soc. Psychol. 1973, 27, 154–164.

NISBETT, R. E. und GORDON, A.: Self-esteem and susceptibility to social influence. J. Pers. Soc. Psychol. 1967, 5, 268–276.

NISBETT, R. E. und KUNDA, Z.: Perception of social distributions. J. Pers. Soc. Psychol. 1985, 48, 297–311.

NISBETT, R. E. und ROSS, L.: Human inference: Strategies and shortcomings of social judgment. Prentice Hall, Englewood Cliffs/N. J. 1980.

NISBETT, R. E. und SCHACHTER, S.: The cognitive manipulation of pain. J. Exp. Soc. Psychol. 1966, 2, 227–236.

NOBLE, C. E.: An analysis of meaning. Psychol. Rev. 1952, 59, 421–430. (a)

NOBLE, C. E.: The role of stimulus meaning (m) in serial verbal learning. J. Exp. Psychol. 1952, 43, 437–446; 1952, 44, 465. (b)

NOBLE, C. E.: Meaningfulness (m) and transfer phenomena in serial verbal learning. J. Psychol. 1961, 52, 201–210.

NOBLE, C. E. und MCNEELY, D. A.: The role of meaningfulness (m) in paired-associate verbal learning. J. Exp. Psychol. 1957, 53, 16–22.

NORDHØY, F.: Group interaction in decision-making under risk. Unpublished master's thesis, School of Industrial Management, M. I. T. 1962.

NORMAN, D. A.: Memory and attention. Wiley, New York 1969. (Deutsch: Aufmerksamkeit und Gedächtnis. Beltz, Weinheim–Basel 1973.)

NORMAN, D. A. und RUMELHART, D. E.: Explorations in cognition. Freeman, San Francisco 1975. (Deutsch: Strukturen des Wissens. Klett, Stuttgart 1978.)

NORMAN, R.: Affective-cognitive consistency, attitudes, conformity and behavior. J. Pers. Soc. Psychol. 1975, 32, 83–91.

NORRIS, E. L.: Attitude change as a function of open or closed mindedness. Journ. Quart. 1965, 42, 571–575.

NUTTIN, J. M. Jr.: Narcissm beyond Gestalt and awareness: The name letter effect. Europ. J. Soc. Psychol. 1985, 15, 353–361.

NUTTIN, J. M. Jr.: Affective consequences of mere ownership: The name letter effect in twelve european languages. Europ. J. Soc. Psychol. 1987, 17, 381–402.

OAKES, P. J. und TURNER, J. C.: Social categorization and intergroup behavior: Does minimal intergroup discrimination make social identity more positive? Europ. J. Soc. Psychol. 1980, 10, 295–301.

OLSON, D. R.: Language and thought. Psychol. Rev. 1970, 77, 257–273.

ORBELL, J. M., van de KRAGT, A. J. C. und DAWES,

R. M.: Explaining discussion-induced cooperation. J. Pers. Soc. Psychol. 1988, 54, 811–819.
ORNE, M.: On the social psychology of the psychological experiment. Amer. Psychologist, 1962, 17, 776–783.
ORTH, B.: Bedeutsamkeitsanalysen bilinearer Einstellungsmodelle. Ztschr. f. Sozialpsychol. 1985, 16, 101–115.
ORTH, B.: Formale Untersuchungen des Modells von Fishbein und Ajzen zur Einstellungs-Verhaltensbeziehung: I. Bedeutsamkeit und erforderliches Skalenniveau. Ztschr. f. Sozialpsychol. 1987, 18, 152–159.
ORTH, B.: Formale Untersuchungen des Modells von Fishbein und Ajzen zur Einstellungs-Verhaltensbeziehung: II. Modellmodifikationen für intervallskalierte Variablen. Ztschr. f. Sozialpsychol. 1988, 19, 31–40.
ORVIS, B. R., CUNNINGHAM, J. D. und KELLEY, H. H.: A closer examination of causal inference: The role of consensus, distinctiveness, and consistency information. J. Pers. Soc. Psychol. 1975, 32, 605–616.
OSGOOD, C. E.: The nature and measurement of meaning. Psychol. Bull. 1952, 49, 197–237.
OSGOOD, C. E.: Method and theory in experimental psychology. Oxford Univ. Press, New York 1953.
OSGOOD, C. E.: Fidelity and reliability. In: QUASTLER, H. (Hrsg.): Information theory in psychology. Free Press, Glencoe 1955.
OSGOOD, C. E.: Studies in the generality of affective meaning systems. Amer. Psychologist 1962, 17, 10–28.
OSGOOD, C. E.: Dimensionality of the semantic space for communication via facial expressions. Scand. J. Psychol. 1966, 7, 1–30.
OSGOOD, C. E.: Explorations in semantic space: A personal diary. J. Soc. Issues 1971, 27, 5–64.
OSGOOD, C. E., SAPORTA, S. und NUNNALLY, J. C.: Evaluative assertion analysis. Litera 1956, 3, 47–102.
OSGOOD, C. E., SUCI, G. J. und TANNENBAUM, P. H.: The measurement of meaning. Univ. of Illinois Press, Urbana 1957.
OSGOOD, C. E. und TANNENBAUM, P. H.: The principle of congruity in the prediction of attitude change. Psychol. Rev. 1955, 62, 42–55.
OSNABRÜGGE, G., STAHLBERG, D. und FREY, D.: Theorie der kognizierten Kontrolle. In: FREY, D. und IRLE, M. (Hrsg.): Theorien der Sozialpsychologie, Bd. 3.: Motivations- und Informationsverarbeitungstheorien. Huber, Bern 1985.
OSTFIELD, B. und KATZ, P. A.: The effect of threat severity in children of varying socio-eonomic levels. Devel. Psychol. 1969, 1, 205–210.
OVERMIER, J. B.: Interference with avoidance behavior: Failure to avoid traumatic shock. J. Exp. Psychol. 1968, 78, 340–343.
OVERMIER, J. B. und SELIGMAN, M. E. P.: Effects of inescapable shock upon subsequent escape and avoidance learning. J. Comp. Physiol. Psychol. 1967, 63, 28–33.

PAIVIO, A.: Abstractness, imagery, and meaningfulness in paired-associate learning. J. Verb. Learn. Verb. Behav. 1965, 4, 32–38.
PAIVIO, A.: Imagery and deep structure in the recall of English nominalizations. J. Verb. Learn. Verb. Behav. 1971, 10, 1–12. (a)
PAIVIO, A.: Imagery and verbal processes. Holt, New York 1971. (b)
PAIVIO, A. und MADIGAN, S. A.: Noun imagery and frequency in paired-associate and free recall learning. Canad. J. Psychol. 1970, 24, 353–361.
PAIVIO, A., YUILLE, J. C. und ROGERS, T. B.: Noun imagery and meaningfulness in free and serial recall. J. Exp. Psychol. 1969, 79, 509–514.
PALERMO, D. S. und JENKINS, J. J.: Frequency of superordinate responses to a word. J. Verb. Learn. Verb. Behav. 1963, 2, 378–383.
PALERMO, D. S. und JENKINS, J. J.: Word association norms: Grade school through college. Univ. Minnesota Press, Minneapolis 1964.
PALERMO, D. S. und JENKINS, J. J.: Changes in the word associations of fourth and fifth grade children from 1916 to 1961. J. Verb. Learn. Verb. Behav. 1965, 4, 180–187.
PALLAK, M. S. und HELLER, J. F.: Interactive effects of commitment to future interaction and threat to attitudinal freedom. J. Pers. Soc. Psychol. 1971, 17, 325–331.
PALLAK, S. R.: Salience of a communicator's physical attractiveness and persuasion: A heuristic versus systematic processing interpretation. Social Cognition 1983, 2, 158–170.
PAPAGEORGIS, D. und MCGUIRE, W. J.: The generality of immunity to persuasion produced by pre-exposure to weakened counter-arguments. J. Abnorm. Soc. Psychol. 1961, 62, 475–481.
PARKE, R. D. und WALTERS, R. H.: Some factors influencing the efficacy of punishment training for inducing response inhibition. Monographs of the Society for Research in Child Development 1967, 32, Nr. 1.
PARSONS, T.: Family structure and the socialization of the child. In: PARSONS, T. und BALES, R. E. (Hrsg.): Family, socialization, and interaction process. Free Press, Glencoe/III. 1955.
PATTERSON, C. und MISCHEL, W.: Effects of temptation-inhibiting and task-facilitating plans on self-control. J. Pers. Soc. Psychol. 1976, 33, 209–217.
PAVELCHAK, M. A.: Piecemeal and cateogory-based evaluation: An idiographic analysis. J. Pers. Soc. Psychol. 1989, 56, 354–363.
PAWLOW, I. P.: Sämtliche Werke. Akademie, Berlin 1953.
PENNEBAKER, J. W., BURNAM, M. A., SCHAEFFER, M. A. und HARPER, D. C.: Lack of control as determinant of perceived physical symptoms. J. Pers. Soc. Psychol. 1977, 35, 167–174.
PERIN, C. T.: Behavior potentiality as a joint function of the amount of training and the degree of hunger at the time of extinction. J. Exp. Psychol. 1942, 30, 93–113.
PERIN, C. T.: A quantitative investigation of the delay-of-reinforcement gradient. J. Exp. Psychol. 1943, 32, 37–51.
PERLOFF, J. M. und PERSONS, J. B.: Biases resulting from the use of indexes: An application to attributional

style and depression. Psychol. Bull. 1988, 103, 95–104.

PESSIN, J.: The comparative effects of social and mechanical stimulation on memorizing. Amer. J. Psychol. 1933, 45, 263–270.

PESTA, T., HERKNER, W. und HILWEG, W.: Die Einsicht in Kontingenzen und deren Wirkung auf die Änderung verbalen Verhaltens. Archiv f. Psychol. 1980, 132, 103–119.

PETERSON, C. und SELIGMAN, M. E. P.: Causal explanations as a risk factor for depression: theory and evidence. Psychol. Rev. 1984, 91, 347–374.

PETERSON, C., SELIGMAN, M. E. P. und VAILLANT, G. E.: Pessimistic explanatory style is a risk-factor for physical illness: A thirty-five-year longitudinal study. J. Pers. Soc. Psychol. 1988, 55, 23–27.

PETERSON, C., SEMMEL, A., von BAEYER, C., ABRAMSON, L. Y., METALSKY, G. I. und SELIGMAN, M. E. P.: The Attributional Style Questionnaire. Cognitive Therapy and Research 1982, 6, 287–299.

PETERSEN, R. C. und THURSTONE, L. L.: The effect of motion pictures on the social attitudes of high school children. Univ. Chicago Press, Chicago 1933.

PETTY, R. E. und CACIOPPO, J. T.: Forewarning, cognitive responding, and resistance to persuasion. J. Pers. Soc. Psychol. 1977, 35, 645–655.

PETTY, R. E. und CACIOPPO, J. T.: Attitudes and persuasion: Classic and contemporary approaches. Wm. C. Brown, Dubuque IA 1981.

PETTY, R. E. und CACIOPPO, J. T.: Communication and persuasion: Central and peripheral routes to attitude change. Springer, New York 1986.

PETTY, R. E. und CACIOPPO, J. T.: The elaboration likelihood model of persuasion. In: BERKOWITZ, L. (Hrsg.): Advances in experimental social psychology, Bd. 19. Academic Press, Orlando 1986.

PETTY, R. E., CACIOPPO, J. T. und SCHUMANN, D.: Central and peripheral routes to advertising effectiveness: The moderating role of involvement. J. of Consumer Research 1983, 10, 134–148.

PETTY, R. E., WELLS, G. L. und BROCK, T. C.: Distraction can enhance or reduce yielding to propaganda: Thought disruption versus effort justification. J. Pers. Soc. Psychol. 1976, 34, 874–884.

PFRANG, H. und SCHENK, J.: Generalisierte Kontrollüberzeugungen als verdeckte politische Einstellungen. Ztschr. f. Sozialpsychol. 1988, 19, 193–201.

PHARES, E. J.: Internal-external control as a determinant of amount of social influence exerted. J. Pers. Soc. Psychol. 1965, 2, 642–647.

PHARES, E. J.: Locus of control in personality. General Learning Press, Morristown, N. J. 1976.

PHILBRICK, D. B. und POSTMAN, L.: A further analysis of «learning without awareness». Amer. J. Psychol. 1955, 68, 417–424.

PILIAVIN, J. A., DOVIDIO, J. F., GAERTNER, S. L. und CLARK, R. D. III.: Emergency intervention. Academic Press, New York 1981.

PILIAVIN, J. A., DOVIDIO, J. F., GAERTNER, S. L. und CLARK, R. D. III.: Responsive bystanders: The process of intervention. In: DERLEGA, V. J. und GRZELAK, J. (Hrsg.): Cooperation and helping behavior. Academic Press, New York 1982.

PILIAVIN, I. M., RODIN, J. und PILIAVIN, J. A.: Good samaritanism: An underground phenomenon? J. Pers. Soc. Psychol. 1969, 13, 289–299.

PITTMAN, T. S. und D'AGOSTINO, P. R.: Motivation and attribution: The effects of control deprivation on subsequent information processing. In: HARVEY, J. H. und WEARY, G. (Hrsg.): Attribution. Academic Press, Orlando 1985.

PITTMAN, T. S. und PITTMAN, N. L.: Deprivation of control and the attribution process. J. Pers. Soc. Psychol. 1980, 39, 377–389.

PLEBAN, R. und TESSER, A.: The effects of relevance and quality of another's performance on interpersonal closeness. Soc. Psychol. Quarterly 1981, 44, 278–285.

PLUTCHIK, R.: Emotion: A psychoevolutionary synthesis. Harper and Row, New York 1980.

POMAZAL, R. J. und JACCARD, J. J.: An informational approach to altruistic behavior. J. Pers. Soc. Psychol. 1976, 33, 317–326.

POPPER, K.: Logik der Forschung. 5. Aufl. Mohr, Tübingen 1973.

POSTMAN, L., BRUNER, J. S. und MCGINNIES, E.: Personal values as selective factors in perception. J. Abnorm. Soc. Psychol. 1948, 43, 142–154.

POSTMAN, L. und SCHNEIDER, B.: Personal values, visual recognition, and recall. Psychol. Rev. 1951, 58, 271–284.

POWELL, M. C. und FAZIO, R. H.: Attitude accessibility as a function of repeated attitudinal expression. Pers. Soc. Psychol. Bull. 1984, 10, 139–148.

PRATKANIS, A. R., GREENWALD, A. G., LEIPPE, M. R. und BAUMGARDNER, M. H.: In search of reliable persuasion effects: III. The sleeper effect in dead. Long live the sleeper effect. J. Pers. Soc. Psychol. 1988, 54, 203–218.

PREMACK, D.: Reinforcement theory. In: LEVINE, D. (Hrsg.): Nebraska symposium on motivation, Bd. 13. University of Nebraska Press, Lincoln 1965.

PRICE, K. O., HARBURG, E. und NEWCOMB, T. M.: Psychological balance in situations of negative interpersonal attitudes. J. Pers. Psychol. 1966, 3, 265–270.

PRISCHL, A.: Reaktion auf kognitive Konsistenz und nachfolgende Inkonsistenz. Phil. Diss., Univ. Wien 1973.

PRUITT, D. G. und TEGER, A. I.: The risky shift in group betting. J. Exp. Soc. Psychol. 1969, 5, 115–126.

PUBOLS, B. H. Jr.: Incentive magnitude, learning, and performance in animals. Psychol. Bull. 1960, 57, 89–115.

PUSTELL, T. E.: The experimental induction of perceptual vigilance and defense. J. Pers. 1957, 25, 425–438.

PYSZCZINSKI, T. und GREENBERG, J.: Self-regulatory perseveration and the depressive self-focusing style: A self-awareness theory of reactive depression. Psychol. Bull. 1987, 102, 122–138.

QUAY, M.: The effect of verbal reinforcement on the recall of early memories. J. Abnorm. Soc. Psychol. 1959, 59, 254–257.

QUINE, W. V.: Methods of logic. Holt, New York 1964. (Deutsch: Grundzüge der Logik. Suhrkamp, Frankfurt a. M. 1969.)

RABBIE, J. M.: Differential preference for companionship under threat. J. Abnorm. Soc. Psychol. 1964, 67, 643–648.

RABINOWITZ, L., KELLEY, H. H. und ROSENBLATT, R. M.: Effects of different types of interdependence and response conditions in the minimal social situation. J. Exp. Soc. Psychol. 1966, 2, 169–197.

RACHLIN, H. C.: On the tautology of the matching law. J. Exp. Anal. Behav. 1971, 15, 249–251.

RACHLIN, H. C.: Behavior and learning. Freeman, San Francisco 1976.

RACHLIN, H.: Judgment, decision and choice. Freeman, New York 1989.

RACHLIN, H. C. und BAUM, W. M.: Effects of alternative reinforcement: Does the source matter? J. Exp. Anal. Behav. 1972, 18, 231–241.

RADEN, D.: Strength-related attitude dimensions. Soc. Psychol. Quart. 1985, 48, 312–330.

RAPOPORT, A. und CHAMMAH, M. A.: Prisoner's dilemma. A study in conflict and cooperation. Univ. of Michigan Press, Ann Arbor 1965. (a)

RAPOPORT, A. und CHAMMAH, M. A.: Sex differences in factors contributing to the level of cooperation in the prisoner's dilemma game. J. Pers. Soc. Psychol. 1965, 2, 831–838. (b)

RAUE, B. und ENGELKAMP, J.: Gedächtnispsychologische Aspekte der Verbvalenz. Fachrichtung Psychologie der Universität des Saarlandes, Saarbrücken 1976 (unveröffentlichtes Manuskript), zitiert nach ENGELKAMP, J., 1976.

RAVEN, J. C.: Standard progressive matrices. Lewis, London 1960.

RAZRAN, G. H. S.: Conditioning away social bias by the luncheon technique. Psychol. Bull. 1938, 35, 693.

RAZRAN, G. H. S.: Semantic, syntactic and phonetographic generalization of verbal conditioning. Psychol. Bull. 1939, 36, 578. (a)

RAZRAN, G. H. S.: A quantitative study of meaning by a conditioned salivary technique (semantic conditioning). Science 1939, 90, 89–90. (b)

RAZRAN, G. H. S.: Conditioned response changes in rating and appraising sociopolitical slogans. Psychol. Bull. 1940, 37, 481.

RAZRAN, G. H. S.: Semantic and phonetographic generalizations of salivary conditioning to verbal stimuli. J. Exp. Psychol. 1949, 39, 642–652.

REECE, M. M.: The effect of shock on recognition thresholds. J. Abnorm. Soc. Psychol. 1954, 49, 165–172.

REEDER, G. D. und BREWER, M. B.: A schematic model of dispositional attribution in interpersonal perception. Psychol. Rev. 1979, 86, 61–79.

REGAN, D. T. und FAZIO, R. L.: On the consistency between attitudes and behavior: Look to the method of attitude formation. J. Exp. Soc. Psychol. 1977, 13, 28–45.

REGAN, D. T., STRAUS, E. und FAZIO, R. L.: Liking and the attribution process. J. Exp. Soc. Psychol. 1974, 10, 385–397.

REGAN, D. T. und TOTTEN, J.: Empathy and attribution: Turning observers into actors. J. Pers. Soc. Psychol. 1975, 32, 850–856.

REGULA, R. und JULIAN, J. W.: The impact of quality and frequency of task contributions on perceived ability. J. of Soc. Psychol. 1973, 89, 115–122.

REISENZEIN, R.: The Schachter theory of emotion: Two decades later. Psychol. Bull. 1983, 94, 239–264.

RESCORLA, R. A.: Predictability and number of pairings in Pavlovian fear conditioning. Psychonomic Science 1966, 4, 383–384.

RESCORLA, R. A.: Probability of shock in the presence and absence of CS in fear conditioning. J. Comp. Physiol. Psychol. 1968, 66, 1–5.

RESCORLA, R. A.: Informational variables in Pavlovian conditioning. In: BOWER, G. H. (Hrsg.): The psychology of learning and motivation, Bd. 6. Academic Press, New York–London 1972.

REYNOLDS, A. und PAIVIO, A.: Cognitive and emotional determinants of speech. Canad. J. Psychol. 1968, 22, 164–175.

RIESS, B. F.: Semantic conditioning involving the galvanic skin reflex. J. Exp. Psychol. 1940, 26.

RIESS, B. F.: Genetic changes in semantic conditioning. J. Exp. Psychol. 1946, 36, 143–152.

RILEY, M. W., COHEN, R., TOBY, J. und RILEY, J. W. Jr.: Interpersonal orientations in small groups: A consideration of the questionnaire approach. Amer. Soc. Rev. 1954, 19, 715–724.

RIM, Y.: Risk-taking and need for achievement. Acta Psychologica 1963, 21, 108–115.

RIM, Y.: Leadership attitudes and decisions involving risk. Personnel Psychol. 1965, 18, 423–430.

RIZLEY, R.. Depression and distortion in the attribution of causality. J. Abnorm. Psychol. 1978, 87, 32–48.

ROBINS, C. J.: Attributions and depression: Why is the literature so inconsistent? J. Pers. Soc. Psychol. 1988, 54, 880–889.

RODIN, J. und SLOCHOWER, J.: Fat chance for a favor: obese-normal differences in compliance and incidental learning. J. Pers. Soc. Psychol. 1974, 29, 557–565.

RODRIGUES, A.: Effects of balance, positivity, and agreement in triadic social relations. J. Pers. Soc. Psychol. 1967, 5, 472–476.

ROHRACHER, H.: Kleine Charakterkunde. 8. Aufl. Urban und Schwarzenberg, Wien–Innsbruck 1959.

ROHRER, J. H., BARON, S. H., HOFFMAN, E. L. und SWANDER, D. V.: The stability of autokinetic judgments. J. Anborm. Soc. Psychol. 1954, 49, 595–597.

ROKEACH, M. und MEZEI, L.: Race and shared belief as factors in social choice. Science 1966, 151, 167–172.

ROMMETVEIT, R.: Words, meanings and messages: Theory and experiments in psycholinguistics. Academic Press, New York–London; Universitetsforlaget, Oslo 1968.

ROSCH, E.: On the internal structure of perceptual and

semantic categories. In: MOORE, T. E. (Hrsg.): Cognitive development and the acquisition of language. Academic Press, New York 1973.

ROSCH, E.: Cognitive representations of semantic categories. J. Exp. Psychol.: General 1975, 104, 192–233.

ROSCH E.: Human Categorization. In: WARREN, N. (Hrsg.): Advances in cross-cultural psychology, Bd. 1. Academic Press, London 1977.

ROSCH, E., MERVIS, C. B., GRAY, W., JOHNSON, D. und BOYES-BRAEM, P.: Basic objects in natural categories. Cognit. Psychol. 1976, 8, 382–439.

ROSEN, S.: Postdecision affinity for incompatible information. J. Abnorm. Soc. Psychol. 1961, 63, 188–190.

ROSENBAUM, M. E.: The repulsion hypothesis: On the nondevelopment of relationships. J. Pers. Soc. Psychol. 1986, 51, 1156–1166.

ROSENBERG, L. A.: Group size, prior experience, and conformity. J. Abnorm. Soc. Psychol. 1961, 63, 436–437.

ROSENBERG, M.: Conceiving the self. Basic Books, New York 1979.

ROSENBERG, M. J.: Cognitive structure and attitudinal affect. J. Abnorm. Soc. Psychol. 1956, 53, 367–372.

ROSENBERG, M. J.: A structural theory of attitude dynamics. Publ. Opin. Quart. 1960, 24, 319–340. (a)

ROSENBERG, M. J.: An analysis of affective-cognitive consistency. In: ROSENBERG, M. J., HOVLAND, C. I., MCGUIRE, W. J., ABELSON, R. P. und BREHM, J. W.: Attitude organization and change. Yale Univ. Press, New Haven 1960. (b)

ROSENBERG, M. J.: Cognitive reorganization in response to the hypnotic reversal of attitudinal effect. J. Pers. 1960, 28, 39–63. (c)

ROSENBERG, M. J.: When dissonance fails: On eliminating evaluation apprehension from attitude measurement. J. Pers. Soc. Psychol. 1965, 1, 28–43.

ROSENBERG, M. J.: Hedonism, inauthenticity, and other goads toward expansion of a consistency theory. In: ABELSON, R. P. et al. (Hrsg.): Theories of cognitive consistency: A sourcebook. Rand McNally, Chicago 1968.

ROSENBERG, M. J. und ABELSON, R. P.: An analysis of cognitive balancing. In: ROSENBERG, M. J., HOVLAND, C. I., MCGUIRE, W. J., ABELSON, R. B. und BREHM, J. W.: Attitude organization and change. Yale Univ. Press, New Haven 1960.

ROSENBERG, S. und JONES, R.: A method for investigating and representing a person's implicit theory of personality: Theodore Dreiser's view of people. J. Pers. Soc. Psychol. 1972, 22, 372–386.

ROSENBERG, S., NELSON, C. und VIVEKANANTHAN, P. S.: A multidimensional approach to the structure of personality impressions. J. Pers. Soc. Psychol. 1968, 9, 283–294.

ROSENBERG, S. und SEDLAK, A.: Structural representations of perceived personality trait relationships. In: ROWNEY, A. K., SHEPARD, R. N. und NERLOVE, S. (Hrsg.): Multidimensional scaling: Theory and applications in the behavioral sciences, Bd. 2. Seminar Press, New York 1972. (a)

ROSENBERG, S. und SEDLAK, A.: Structural representations of implicit personality theory: In BERKOWITZ, L. (Hrsg.): Advances in experimental social psychology, Bd. 6. Academic Press, New York–London 1972. (b)

ROSENTHAL, R.: On the social psychology of the psychological experiment: The experimenter's hypothesis as unintended determinant of the experimental results. Amer. Scientist 1963, 51, 268–283.

ROSENTHAL, R.: Experimenter effects in behavioral research. Appleton, New York 1966.

ROSS, L.: The intuitive psychologist and his shortcomings: Distortions in the attribution process. In: BERKOWITZ, L. (Hrsg.): Advances in experimental social psychology, Bd. 10. Academic Press, New York–London 1977.

ROSS, L., GREENE, D. und HOUSE, P.: The «false consensus effect»: An egocentric bias in social perception and attribution processes. J. Exp. Soc. Psychol. 1977, 13, 279–301.

ROSS, L., RODIN, J. und ZIMBARDO, P. G.: Toward an attribution therapy: The reduction of fear through induced cognitive-emotional misattribution. J. Pers. Soc. Psychol. 1969, 12, 279–288.

ROSS, M.: Salience of reward and intrinsic motivation. J. Pers. Soc. Psychol. 1975, 32, 245–254.

ROSS, M.: The self-perception of intrinsic motivation. In: HARVEY, J. H. et al. (Hrsg.): New directions in attribution research, Bd. 1. Lawrence Erlbaum, Hillsdale, N. J. 1976.

ROSSOMANDO, N. P. und WEISS, W.: Attitude change effects of timing and amount of payment for counterattitudinal behavior. J. Pers. Soc. Psychol. 1970, 14, 32–38.

ROTH, D. L., SNYDER, C. R. und PACE, L. M.: Dimensions of favorable self-presentation. J. Pers. Soc. Psychol. 1986, 51, 867–874.

ROTH, S. und BOOTZIN, R. R.: Effects of experimentally induced expectancies of external control: An investigation of learned helplessness. J. Pers. Soc. Psychol. 1974, 29, 253–264.

ROTH, S. und KUBAL, L.: Effects of noncontingent reinforcement on tasks of differing importance: Facilitation and learned helplessness. J. Pers. Soc. Psychol. 1975, 32, 680–691.

ROTHBART, M., EVANS, M. und FULERO, S.: Recall for confirming events: Memory processes and the maintenance of social stereotypes. J. Exp. Soc. Psychol. 1979, 15, 343–355.

ROTTER, J. B.: Social learning and clinical psychology. Prentice Hall, Englewood Cliffs/N. J. 1954.

ROTTER, J. B.: Generalized expectancies for internal versus external control of reinforcement. Psychol. Monogr. 1966, 80, 1.

ROTTER, J. B.: Beliefs, attitudes and behavior: A social learning analysis. In: JESSOR, R. und FESHBACH, S. (Hrsg.): Cognitive, personality, and clinical psychology. Jossey-Bass, San Francisco 1967.

ROTTER, J. B., LIVERANT, S. und CROWNE, D. P.: The growth and extinction of expectancies in chance controlled and skilled tasks. J. Psychol. 1961, 52, 161–177.

RUBIN, Z.: Measurement of romantic love. J. Pers. Soc. Psychol. 1970, 16, 265–273.

RUBIN, Z. und PEPLAU, L. A.: Who believes in a just world? J. Soc. Issues 1975, 31, 65–89.
RUMELHART, D. E.: SCHEMATA: The building blocks of cognition. In: SPIRO, R., BRUCE, B. und BREWER, W. (Hrsg.): Theoretical issues in reading comprehension. Erlbaum, Hillsdale/N. J. 1980.
RUMELHART, P. E., LINDSAY, P. H. und NORMAN, D. A.: A process model for longterm memory. In: TULVING, E. und DONALDSON, W. (Hrsg.): Organization of memory. Academic Press, New York 1972.
RYANS, D.: Some relationships between pupil behavior and certain teacher characteristics. J. Educ. Psychol. 1961, 52, 82–90.

SACHS, J. D. S.: Recognition memory for syntactic and semantic aspects of connected discourse. Perc. Psychophys. 1967, 2, 437–442.
SAMPSON, E. E. und INSKO, C. A.: Cognitive consistency and conformity in the autokinetic situation. J. Abnorm. Soc. Psychol. 1964, 68, 184–192.
SANDE, G. N. und ZANNA, M. P.: Cognitive dissonance theory: Collective actions and individual reactions. In: MULLEN, B. und GOETHALS, G. R. (Hrsg.): Theories of group behavior. Springer, New York 1987.
SANDERS, G. S. und BARON, R. S.: The motivating effects of distraction on task performance. J. Pers. Soc. Psychol. 1975, 32, 956–963.
SANDERS, G. S., BARON, R. S. und MOORE, D. L.: Distraction and social comparison as mediators of social facilitation effects. J. Exp. Soc. Psychol. 1978, 14, 291–303.
SARNOFF, I. und ZIMBARDO, P. G.: Anxiety, fear, and social affiliation. J. Abnorm. Soc. Psychol. 1961, 62, 356–363.
SASFY, J. und OKUN, M.: Form of evaluation and audience expertness as joint determinants of audience effects. J. Exp. Soc. Psychol. 1974, 10, 461–467.
SASSENRATH, J. M.: Transfer of learning without awareness. Psychol. Reports 1962, 10, 411–420.
SAVIN, H. B. und PERCHONOCK, E.: Grammatical structure and the immediate recall of English sentences. J. Verb. Learn. Verb. Behav. 1965, 4, 348–353.
SCHACHTER, S.: Deviation, rejection, and communication. J. Abnorm. Soc. Psychol. 1951, 46, 190–207.
SCHACHTER, S.: The psychology of affiliation. Stanford Univ. Press, Stanford 1959.
SCHACHTER, S.: The interaction of cognitive and physiological determinants of emotional state. In: BERKOWITZ, L. (Hrsg.): Advances in experimental social psychology, Bd. 1. Academic Press, New York–London 1964.
SCHACHTER, S.: Emotion, obesity, and crime. Academic Press, New York–London 1971.
SCHACHTER, S., GOLDMAN, R. und GORDON, A.: The effects of fear, food deprivation, and obesity on eating. J. Pers. Soc. Psychol. 1968, 10, 91–97.
SCHACHTER, S. und GROSS, L.: Manipulated time and eating behavior. J. Pers. Psychol. 1968, 10, 98–106.
SCHACHTER, S. und LATANÉ, B.: Crime, cognition and the autonomic nervous system. In: LEVINE, D. (Hrsg.): Nebraska symposium on motivation, Bd. 12. Univ. of Nebraska Press, Lincoln 1964.
SCHACHTER, S. und RODIN, J. (Hrsg.): Obese humans and rats. Erlbaum, Washington/D. C. 1974.
SCHACHTER, S. und SINGER, J. E.: Cognitive, social and physiological determinants of emotional state. Psychol. Rev. 1962, 69, 379–399.
SCHACHTER, S. und WHEELER, L: Epinephrine, chlorpromazine, and amusement. J. Abnorm. Soc. Psychol. 1962, 65, 121–128.
SCHÄFER, B. und SIX, B.: Sozialpsychologie des Vorurteils. Kohlhammer, Stuttgart 1978.
SCHALLER, M. und CIALDINI, R. B.: The economics of empathic helping: Support for a mood management motive. J. Exp. Soc. Psychol. 1988, 24, 163–181.
SCHALLER, M. und MAASS, A.: Illusory correlation and social categorization: Toward an integration of motivational and cognitive factors in stereotype formation. J. Pers. Soc. Psychol. 1989, 56, 709–721.
SCHANK, R. und ABELSON, R. P.: Scripts, plans, goals and understanding: An inquiry into human knowledge structures. Lawrence Erlbaum, Hillsdale, N. J. 1977.
SCHANK, R. C. und ABELSON, R. P.: Scripts, plans, goals and understanding: An inquiry into human knowledge structures. Erlbaum, Hillsdale/N. J. 1977.
SCHEIER, M. F. und CARVER, C. S.: A model of behavioral self-regulation: Translating intention into action. In: BERKOWITZ, L. (Hrsg.): Advances in experimental social psychology, Bd. 21. Academic Press, San Diego 1988.
SCHER, S. J. und COOPER, J.: Motivational basis of dissonance: The singular role of behavioral consequences. J. Pers. Soc. Psychol. 1989, 56, 899–906.
SCHIEFELE, U.: Einstellung, Selbstkonsistenz und Verhalten. Hogrefe, Göttingen 1990.
SCHIFFMANN, R. und WICKLUND, R. A.: Eine Kritik der Social Identity Theory von Tajfel und Turner. Ztschr. f. Sozialpsychol. 1988, 19, 159–174.
SCHIFFMANN, R. und WICKLUND, R. A.: Minimale Gruppen und Psychologie – eine Replik auf Zick, Wiesmann und Wagner. Ztschr. f. Sozialpsychol. 1989, 20, 177–180.
SCHIFTER, D. B. und AJZEN, I.: Intention, perceived control and weight loss: An application of the theory of planned behavior. J. Pers. Soc. Psychol. 1985, 49, 843–851.
SCHJELDERUP-EBBE, T.: Social behavior of birds. In: MURCHISON, C. (Hrsg.): A handbook of social psychology. Clark Univ. Press, Worcester 1935.
SCHLENKER, B. R.: Impression management: the self-concept, social identity and interpersonal relations. Brooks/Cole, Belmont, Calif. 1980.
SCHLOSBERG, H.: The description of facial expression in terms of two dimensions. J. Exp. Psychol. 1952, 44, 229–237.
SCHLOSBERG, H.: Three dimensions of emotion. Psychol. Rev. 1954, 61, 81–88.
SCHNEIDER, H.-D.: Kleingruppenforschung. Teubner, Stuttgart 1975.
SCHNEIDER, W. und SHIFFRIN, R. M.: Controlled and automatic human information processing: I. Detection, search and attention. Psychol. Rev. 1977, 84, 1–66.
SCHNOTZ, W.: Textverstehen als Aufbau mentaler Mo-

delle. In: MANDL, H. und SPADA, H. (Hrsg.): Wissenspsychologie. Psychologie Verlags Union, München–Weinheim 1988.

SCHOPLER, J. und BATESON, N.: A dependence interpretation of the effects of severe initiation. J. Pers. 1962, 30, 633–649.

SCHROEDER, H. E.: The risky shift as a general choice shift. J. Pers. Soc. Psychol. 1973, 27, 297–300.

SCHROEDER, S. R. und HOLLAND, J. G.: Reinforcement of eye movement with concurrent schedules. J. Exp. Anal. Behav. 1969, 12, 897–903.

SCHULER, H.: Sympathie und Einfluß in Entscheidungsgruppen. (Zs. f. Sozialpsychol., Beiheft 1) Huber, Bern 1975.

SCHULTZ-GAMBARD, J. (Hrsg.): Angewandte Sozialpsychologie. Psychologie Verlags Union, München–Weinheim 1987.

SCHUSTER, R. H.: A functional analysis of conditioned reinforcement. In: HENDRY, D. P. (Hrsg.): Conditioned reinforcement. Dorsey Press, Homewood, Ill. 1969.

SCHWARTZ, S. H.: Temporal instability as a moderator of the attitude-behavior relationship. J. Pers. Soc. Psychol. 1978, 36, 715–724.

SEARLE, J. R.: Speech acts. London 1969. (Deutsch: Sprechakte. Suhrkamp, Frankfurt 1971.)

SEARS, D. O.: The paradox of de facto selective exposure without preferences for supportive information. In: ABELSON, R. P. et al. (Hrsg.): Theories of cognitive consistency: A sourcebook. Rand McNally, Chicago 1968.

SEBASTIAN, R. J.: Immediate and delayed effects of victim suffering on the attacker's aggression. J. Res. Pers. 1978, 12, 312–328.

SECORD, P. F. und BACKMAN, C. W.: Interpersonal approach to personality. In: MAHER, B. H. (Hrsg.): Progress in experimental personality research, Bd. 2. Academic Press, New York 1965.

SEEMAN, M.: Alienation and social learning in a reformatory. Amer. J. Soc. 1963, 69, 270–284.

SEEMAN, M. und EVANS, J.: Alienation and learning in a hospital setting. Amer. Soc. Rev. 1962, 27, 772–782.

SELG, H. (Hrsg.): Zur Aggression verdammt? Kohlhammer, Stuttgart 1971.

SELIGMAN, C., FAZIO, R. H. und ZANNA, M. P.: Effects of salience of extrinsic rewards on liking and loving. J. Pers. Soc. Psychol. 1980, 38, 453–460.

SELIGMAN, M. E. P.: Helplessness. Freeman, San Francisco 1975.

SELIGMAN, M. E. P. und MAIER, S. F.: Failure to escape traumatic shock. J. Exp. Psychol. 1967, 74, 1–9.

SELIGMAN, M. E. P., MAIER, S. F. und GEER, J.: The alleviation of learned helplessness in the dog. J. Abnorm. Soc. Psychol. 1968, 73, 256–262.

SELIGMAN, M. E. P. und SCHULMAN, P.: Explanatory style as a predictor of productivity and quitting among life insurance sales agents. J. Pers. Soc. Psychol. 1986, 50, 832–838.

SELLS, S. B.: The atmosphere effect: An experimental study of reasoning. Arch. Psychol. 1936, 29, 3–72.

SEMIN, G. R. und STRACK, F.: The plausibility of the implausible: a critique of Snyder and Swann (1978). Europ. J. Soc. Psychol. 1980, 10, 379–388.

SERMAT, V.: Cooperative behavior in a mixed motive game. J. Soc. Psychol. 1964, 62, 217–239.

SHANNON, C. E. und WEAVER, W.: Mathematical theory of communication. Univ. of Illinois Press, Urbana 1949.

SHARP, H. und MCCLUNG, T.: Effect of organization on the speakers ethos. Speech Monogr. 1966, 33, 182–183.

SHAW, M. E.: Some effects of problem complexity upon problem solution efficiency in different communication nets. J. Exp. Psychol. 1954, 48, 211–217.

SHAW, M. E.: Communication networks. In: BERKOWITZ, L. (Hrsg.): Advances in experimental social psychology, Bd. 1. Academic Press, New York–London 1964.

SHAW, M. E. und BLUM, M. J.: Effects of leadership style upon group performance as a function of task structure. J. Pers. Soc. Psychol. 1966, 3, 238–242.

SHAW, M. E. und ROTHSCHILD, G. H.: Some effects of prolonged experience in communication nets. J. Appl. Psychol. 1956, 40, 281–286.

SHAW, M. E., ROTHSCHILD, G. H. und STRICKLAND, J. F.: Decision processes in communication nets. J. Abnorm. Soc. Psychol. 1957, 54, 323–330.

SHERIF, M.: A study of some social factors in perception. Arch. Psychol. 1935, 27, Nr. 187.

SHERIF, M.: A preliminary experimental study of intergroup relations. In: POHRER, J. H. und SHERIF, M. (Hrsg.): Social psychology at the crossroads. Harper, New York 1951.

SHERIF, M.: Group conflict and cooperation: Their social psychology. Routledge, London 1966.

SHERIF, M. und HOVLAND, C. I.: Social judgment: Assimilation and contrast effects in communication and attitude change. Yale Univ. Press, New Haven 1961.

SHERMAN, S. J.: Cognitive processes in the formation, change, and expression of attitudes. In: ZANNA, M. P., OLSON, J. M. und HERMAN, C. P. (Hrsg.): Social influence: The Ontario Symposium, Bd. 5. Erlbaum, Hillsdale/N. J. 1987.

SHERROD, D. R., HAGE, J. N., HALPERN, P. L. und MOORE, B. S.: Effects of personal causation and perceived control on responses to an aversive environment: The more control, the better. J. Exp. Soc. Psychol. 1977, 13, 14–27.

SHIFFRIN, R. M. und ATKINSON, R. C.: Storage and retrieval in long-term memory. Psychol. Rev. 1969, 76, 179–193.

SHIFFRIN, R. M. und SCHNEIDER, W.: Controlled and automatic human information processing: II. Perceptual learning, automatic attending and a general theory. Psychol. Rev. 1977, 84, 127–190.

SIDOWSKI, J. B., WYCKOFF, L. B. und TABORY, L.: The influence of reinforcement and punishment in a minimal social situation. J. Abnorm. Soc. Psychol. 1956, 52, 115–119.

SINGER, J. E., BRUSH, C. A. und LUBLIN, S. C.: Some aspects of deindividuation: Identification and conformity. J. Exp. Soc. Psychol. 1965, 1, 356–378.

SINGER, J. E. und SHOCKLEY, V. L.: Ability and affilation. J. Pers. Soc. Psychol. 1965, 1, 95–99.

SINGER, R. D.: Verbal conditioning and generalization of pro-democratic responses. J. Abnorm. Soc. Psychol. 1961, 63, 43–46.

SIX, B., KRAHÉ, B. und ECKES, T.: Predicting behavior in natural settings: Four field studies. In: UPMEYER, A. (Hrsg.): Attitudes and behavioral decisions. Springer, New York 1989.

SKINNER, B. F.: The behavior of organisms. Appleton, New York 1938.

SKINNER, B. F.: Science and human behavior. Macmillan, New York 1953.

SKOLNICK, P.: Reactions to personal evaluations: A failure to replicate. J. Pers. Soc. Psychol. 1971, 18, 62–67.

SKOWRONSKI, J. J. und CARLSTON, D. E.: Social judgment and social memory: The role of cue diagnosticity in negativity, positivity and extremity biases. J. Pers. Soc. Psychol. 1987, 52, 689–699.

SKOWRONSKI, J. J. und CARLSTON, D. E.: Negativity and extremity biases in impression formation: A review of explanations. Psychol. Bull. 1989, 105, 131–142.

SLATER, P. E.: Role differentiation in small groups. Amer. Soc. Rev. 1955, 20, 300–310.

SLOBIN, D.: Grammatical transformations and sentence comprehension in childhood and adulthood. J. Verb. Learn. Verb. Behav. 1966, 5, 219–227.

SNYDER, C. R. und FROMKIN, H. L.: Uniqueness: The human pursuit of difference. Plenum, New York 1980.

SNYDER, MARK: The self-monitoring of expressive behavior. J. Pers. Soc. Psychol. 1974, 30, 526–537.

SNYDER, MARK: Attribution and behavior: Social perception and social causation. In: HARVEY, J. H. et al. (Hrsg.): New directions in attribution research, Bd. 1. Lawrence Erlbaum, Hillsdale, N. J. 1976.

SNYDER, MARK: Self-monitoring processes. In: BERKOWITZ, L. (Hrsg.): Advances in experimental social psychology, Bd. 12. Academic Press, New York–London 1979.

SNYDER, MARK: On the self-perpetuating nature of social stereotypes. In: HAMILTON, D. L. (Hrsg.): Cognitive processes in stereotyping and intergroup behavior. Lawrence Erlbaum, Hillsdale, N. J., 1981.

SNYDER, M.: When believing means doing: Creating links between attitudes and behavior. In: ZANNA, M. P., HIGGINS, E. T. und HERMAN, C. P. (Hrsg.): Consistency in social behavior. The Ontario Symposium, Bd. 2. Erlbaum, Hillsdale/N. J. 1982.

SNYDER, M.: When belief creates reality. In: BERKOWITZ, L. (Hrsg.): Advances in experimental social psychology, Bd. 18. Academic Press, Orlando 1984.

SNYDER, M., BERSCHEID, E. und GLICK, P.: Focusing on the exterior and the interior: Two investigations of the initiation of personal relationships. J. Pers. Soc. Psychol. 1985, 48, 1427–1439.

SNYDER, M., BERSCHEID, E. und MATWYCHUK, A.: Orientations toward personnel selection: Differential relicence on appearance and personality. J. Pers. Soc. Psychol. 1988, 54, 972–979.

SNYDER, M. und CANTOR, N.: Thinking about ourselves and others: Self-Monitoring and social knowledge. J. Pers. Soc. Psychol. 1980, 39, 222–234.

SNYDER, M. und DEBONO, K. G.: Appeals to image and claims about quality: Understanding the psychology of advertising. J. Pers. Soc. Psychol. 1985, 49, 586–597.

SNYDER, M. und DEBONO, K. G.: A functional approach to attitudes and persuasion. In: ZANNA, M. P., OLSON, J. M. und HERMAN, C. P. (Hrsg.): Social influence: The Ontario Symposium, Bd. 5. Erlbaum, Hillsdale/N. J. 1987.

SNYDER, M. und GANGESTAD, S.: Choosing social situations: Two investigations of self-monitoring processes. J. Pers. Soc. Psychol. 1982, 43, 123–135.

SNYDER, M. und GANGESTAD, S.: On the nature of self-monitoring: Matters of assessment, matters of validity. J. Pers. Soc. Psychol. 1986, 51, 125–139.

SNYDER, MARK und MONSON, T. C.: Persons, situations, and the control of social behavior. J. Pers. Soc. Psychol. 1975, 32, 637–644.

SNYDER, M. und SIMPSON, J. A.: Self-monitoring and dating relationships. J. Pers. Soc. Psychol. 1984, 47, 1281–1291.

SNYDER, MARK und SWANN, W. B. Jr.: Behavioral confirmation in social interaction: From social perception to social reality. J. Exp. Soc. Psychol. 1978, 14, 148–162. (a)

SNYDER, MARK und SWANN, W. B. Jr.: Hypothesis-testing processes in social interaction. J. Pers. Soc. Psychol. 1978, 36, 1202–1212. (b)

SNYDER, MARK und TANKE, E. D.: Behavior and attitude: Some people are more consistent than others. J. Pers. 1976, 44, 510–517.

SNYDER, MARK, TANKE, E. D und BERSCHEID, E.: Social perception and interpersonal behavior: On the self-fulfilling nature of social stereotypes. J. Pers. Soc. Psychol. 1977, 35, 656–666.

SNYDER, MARK und URANOWITZ, S. W.: Reconstructing the past: Some cognitive consequences of person perception. J. Pers. Soc. Psychol. 1978, 36, 941–950.

SNYDER, MELVIN L., STEPHAN, W. G. und ROSENFIELD, D.: Attributional egotism. In: HARVEY, J. H. et al. (Hrsg.): New directions in attribution research, Bd. 2. Lawrence Erlbaum, Hillsdale, N. J. 1978.

SNYDER, MELVIN L., STEPHAN, W. G. und ROSENFIELD, D.: Egotism and attribution. J. Pers. Soc. Psychol. 1976, 33, 431–441.

SNYDER, MELVIN L. und WICKLUND, R. A.: Prior exercise of freedom and reactance. J. Exp. Soc. Psychol. 1976, 12, 120–130.

SOLOMON, L.: The influence of some types of power relationships and game strategies upon the development of interpersonal trust. J. Abnorm. Soc. Psychol. 1960, 61, 223–230.

SOLOMON, R. L.: Punishment. Amer. Psychol. 1964, 19, 239–252.

SOLOMON, R. L.: The opponent process theory of acquired motivation. Amer. Psychologist 1980, 35, 691–712.

SOREMBE, V.: Informationsverarbeitung und subjektive Wahrscheinlichkeit im Entscheidungsprozess. In: FE-

GER, H. (Hrsg.): Studien zur intraindividuellen Konfliktforschung. Huber, Bern 1977.

SORRENTINO, R. M. und BOUTILLIER, R. G.: The effect of quantity and quality of verbal interaction on ratings of leadership ability. J. Exp. Soc. Psychol. 1975, 11, 403–411.

SORRENTINO, R. M. und FIELD, N.: Emergent leadership over time: The functional value of positive motivation. J. Pers. Soc. Psychol. 1986, 50, 1091–1099.

SPADA, H. und ERNST, A. M.: Wissen, Ziele und Verhalten in einem ökologisch-sozialen Dilemma. Forschungsberichte des psychol. Instituts der Albert-Ludwigs-Univ. Freiburg i. Br., Nr. 63, 1990.

SPEARS, R., van der PLIGT, J. und EISER, J. R.: Illusory correlation in the perception of group attitudes. J. Pers. Soc. Psychol. 1985, 48, 863–875.

SPEARS, R., van der PLIGT, J. und EISER, J. R.: Generalizing the illusory correlation effect. J. Pers. Soc. Psychol. 1986, 51, 1127–1134.

SPENCE, K. W.: Behavior theory and conditioning. Yale Univ. Press, New Haven 1956.

SPERBER, B. M., FISHBEIN, M. und AJZEN, I.: Predicting and understanding women's occupational orientations: Factors underlying choice intentions. In: AJZEN, I. und FISHBEIN, M.: Understanding attitudes and predicting behavior. Prentice Hall, Englewood Cliffs/N. J. 1980.

SPIELBERGER, C. D. und DENIKE, L. D.: Descriptive behaviorism versus cognitive theory in verbal operant conditioning. Psychol. Rev. 1966, 73, 306–326.

SPOONER, A. und KELLOGG, W. N.: The backward conditioning curve. Amer. J. Psychol. 1947, 60, 321–334.

SPRANGER, E.: Lebensformen. 7. Aufl. Leipzig 1930.

SRULL, T. K. und WYER, R. S. Jr.: The role of category accessibility in the interpretation of information about persons: Some determinants and implications. J. Pers. Soc. Psychol. 1979, 37, 1660–1672.

SRULL, T. K. und WYER, R. S. Jr.: Person memory and judgment. Psychol. Rev. 1989, 96, 58–83.

STACHOWIAK, J. G. und MOSS, C. S.: Hypnotic alteration of social attitudes. J. Pers. Soc. Psychol. 1965, 2, 77–83.

STAHLBERG, D., OSNABRÜGGE, G. und FREY, D.: Die Theorie des Selbstwertschutzes und der Selbstwerterhöhung. In: FREY, D. und IRLE, M. (Hrsg.): Theorien der Sozialpsychologie, Bd. 3. Huber, Bern 1985.

STÄCKER, K. H.: Frustration. Kohlhammer, Stuttgart 1977.

STAUB, E.: Helping a person in distress: The influence of implicit «rules» of conduct on children and adults. J. Pers. Soc. Psychol. 1971, 17, 137–144.

STEELE, C. M.: The psychology of self-affirmation: Sustaining the integrity of the self. In: BERKOWITZ, L. (Hrsg.): Advances in experimental social psychology, Bd. 21. Academic Press, San Diego 1988.

STEELE, C. M. und LIU, T. J.: Making the dissonance act unreflective of the self: Dissonance avoidance and the expectancy of a value-affirming response. Pers. Soc. Psychol. Bull. 1981, 7, 393–397.

STEELE, C. M. und LIU, T. J.: Dissonance processes as self-affirmation. J. Pers. Soc. Psychol. 1983, 45, 5–19.

STEINER, I. D.: Ethnocentrism and tolerance of trait «inconsistency». J. Abnorm. Soc. Psychol. 1954, 49, 349–354.

STEINER, I. D.: Perceived freedom. In: BERKOWITZ, L. (Hrsg.): Advances in experimental social psychology, Bd. 5. Academic Press, New York–London 1970.

STERNBERG, R. J.: Liking versus loving: A comparative evaluation of theories. Psychol. Bull. 1987, 102, 331–345.

STERNBERG, R. J.: A triangular theory of love. Psychol. Rev. 1986, 93, 119–135.

STEVENS, S. S.: On the psychophysical law. Psychol. Rev. 1957, 64, 153–181.

STEWARD, R. H.: Effect of continuos responding on the order effect in personality impression formation. J. Pers. Soc. Psychol. 1965, 1, 161–165.

STIENSMEIER-PELSTER, J.: Erlernte Hilflosigkeit, Handlungskontrolle und Leistung. Springer, Berlin 1988.

STOGDILL, R. M.: Personal factors associated with leadership: A survey of the literature. J. Psychol. 1948, 25, 35–71.

STOGDILL, R. M.: Managers, employees, organizations. Bureau Business Res. Monogr. 1965, Nr. 125.

STONER, J. A. F.: A comparison of individual and group decisions involving risk. Unpublished M. A. thesis. School of Industrial Management, M. I. T. 1961.

STORMS, M. D.: Videotape and the attribution process: Reversing actors' and observers' points of view. J. Pers. Soc. Psychol. 1973, 27, 165–175.

STOTLAND, E., ZANDER, A. und NATSOULAS, T.: Generalization of interpersonal similarity. J. Abnorm. Soc. Psychol. 1961, 62, 250–256.

STRACK, F., MARTIN, L. L. und STEPPER, S.: Inhibiting and facilitating conditions of the human smile: A nonobtrusive test of the facial feedback hypothesis. J. Pers. Soc. Psychol. 1988, 54, 768–777.

STRINGER, P. (Hrsg.): Confronting social issues, Bd. 1 und 2. Academic Press, London 1982.

STROEBE, W.: Ähnlichkeit und Komplementarität der Bedürfnisse als Kriterien der Partnerwahl: Zwei spezielle Hypothesen. In: MIKULA, G. und STROEBE, W. (Hrsg.) Sympathie, Freundschaft und Ehe. Huber, Bern 1977.

STUNKARD, A. J.: Obesity and the denial of hunger. Psychosom. Med. 1959, 21, 281–289.

STUNKARD, A. J. und KOCH, C.: The interpretation of gastric motility: I. Apparent bias in the reports of hunger by obese persons. Arch. Gen. Psychiatry 1964, 11, 74–82.

SUPPES, P.: Stimulus-response theory of finite automata. J. Math. Psychol. 1969, 6, 327–355.

SWANN, W. B. Jr.: Self-verification: Bringing social reality into harmony with the self. In: SULS, J. und GREENWALD, A. G. (Hrsg.): Psychological perspectives on the self, Bd. 2. Erlbaum, Hillsdale/N. J. 1983.

SWANN, W. B. Jr.: Identity negotiation: Where two roads meet. J. Pers. Soc. Psychol. 1987, 53, 1038–1051.

SWANN, W. B. Jr. und ELY, R. J.: A battle of wills: Self-verification versus behavioral confirmation. J. Pers. Soc. Psychol. 1984, 46, 1287–1302.

Sweeney, P. D., Anderson, K. und Bailey, S.: Attributional Style in depression: A meta-analytic review. J. Pers. Soc. Psychol. 1986, 50, 974–991.

Szymanski, K. und Harkins, S. G.: Social loafing and self-evaluation with social standards. J. Pers. Soc. Psychol. 1987, 53, 891–897.

Taffel, C.: Anxiety and the conditioning of verbal behavior. J. Abnorm. Soc. Psychol. 1955, 51, 496–501.

Tajfel, H.: Cognitive aspects of prejudice. J. Soc. Issues 1969, 25, 79–97.

Tajfel, H.: Experiments in intergroup discrimination. Scientif. Amer. 1970, 223, 96–102.

Tajfel, H.: Gruppenkonflikt und Vorurteil. Entstehung und Funktion sozialer Stereotypen. Huber, Bern 1982.

Tajfel, H., Billig, M., Bundy, R. und Flament, C.: Social categorization and intergroup behavior. Europ. J. Soc. Psychol. 1971, 1, 149–178.

Tajfel, H. und Turner, J. C.: An integrative theory of intergroup conflict. In: Austin, W. G. und Worchel, S. (Hrsg.): The social psychology of intergroup relations. Brooks/Cole, Monterey, Calif. 1979.

Tajfel, H. und Turner, J. C.: The social identity theory of intergroup behavior. In: Worchel, S. und Austin, W. G. (Hrsg.): Psychology of intergroup relations. Nelson Hall, Chicago 1986.

Tajfel, H. und Wilkes, A. L.: Classification and quantitative judgement. Brit. J. Psychol. 1963, 54, 101–114.

Tanford, S. und Penrod, S.: Social influence model: A formal integration of research on majority and minority influence processes. Psychol. Bull. 1984, 95, 189–225.

Tannenbaum, P. H.: Attitudes toward source and concept as factors in attitude change through communications. Unpublished doctoral dissertation, Univ. of Illinois 1953.

Tannenbaum, P. H.: Initial attitudes toward source and concept as factors in attitude change through communication. Publ. Opin. Quart. 1956, 20, 413–425.

Tannenbaum, P. H.: The congruity principle revisited: Studies in the reduction, induction and generalization of persuasion. In: Berkowitz, L. (Hrsg.): Advances in experimental social psychology, Bd. 3. Academic Press, New York–London 1967.

Tannenbaum, P. H.: The congruity principle: Retrospective reflections and recent research. In: Abelson, R. P. et al. (Hrsg.): Theories of cognitive consistency: A sourcebook. Rand McNally, Chicago 1968.

Tannenbaum, P. H. und Gengel, R. W.: Generalization of attitude change through congruity. J. Pers. Soc. Psychol. 1966, 3, 229–304.

Tannenbaum, P. H., Macaulay, J. R. und Norris, E. L.: The principle of congruity and reduction of persuasion. J. Pers. Soc. Psychol. 1966, 3, 233–238.

Tannenbaum, P. H. und Norris, E. L.: Effects of combining congruity principle strategies for the reduction of persuasion. Sociometry 1965, 28, 145–157.

Taylor, D. W.: Problem solving by groups. Proceedings of the Fourteenth International Congress of Psychol. Montreal 1954.

Taylor, S. E. und Brown, J. D.: Illusion and well-being: A social psychological perspective on mental health. Psychol. Bull. 1988, 103, 193–210.

Taylor, S. E. und Fiske, S. T.: Salience, attention, and attribution: Top of the head phenomena. In: Berkowitz, L. (Hrsg.): Advances in experimental social psychology, Bd. 11. Academic Press, New York–London 1978.

Tedeschi, J. T. (Hrsg.): Impression management theory and social psychological research. Academic Press, New York 1981.

Tedeschi, J. T., Lindskold, S. und Rosenfeld, P.: Introduction to social psychology. West, St. Paul 1985.

Tedeschi, J. T., Schlenker, B. R. und Bonoma, T. V.: Cognitive dissonance: Private ratiocination or public spectacle. Amer. Psychologist 1971, 26, 685–695.

Tennen, H. und Eller, S. J.: Attributional components of learned helplessness and facilitation. J. Pers. Soc. Psychol. 1977, 35, 265–271.

Tesser, A.: Self-generated attitude change. In: Berkowitz, L. (Hrsg.): Advances in experimental social psychology, Bd. 11. Academic Press, New York–London 1978.

Tesser, A.: Some effects of self-evaluation maintenance on cognition and action. In: Sorrentino, R. M. und Higgins, E. T. (Hrsg.): Handbook of motivation and cognition. Wiley, Chichester 1986.

Tesser, A.: Toward a self-evaluation maintenance model of social behavior. In: Berkowitz, L. (Hrsg.): Advances in experimental social psychology, Bd. 21. Academic Press, San Diego 1988.

Tesser, A. und Campbell, J.: Self-evaluation maintenance and the perception of friends and strangers. J. Pers. 1982, 59, 261–279.

Tesser, A. und Campbell, J.: Self-definition and self-evaluation maintenance. In: Suls, J. und Greenwald, A. G. (Hrsg.): Psychological perspectives on the self, Bd. 2. Erlbaum, Hillsdale/N. J. 1983.

Tesser, A. und Conlee, M. C.: Some effects of time and thought on attitude polarization. J. Pers. Soc. Psychol. 1975, 31, 262–270.

Tesser, A., Millar, M. und Moore, J.: Some affective consequences of social comparison and reflection processes: The pain and pleasure of being close. J. Pers. Soc. Psychol. 1988, 54, 49–61.

Tesser, A., Pilkington, C. J. und McIntosh, W. D.: Self-evaluation maintenance and the mediational role of emotion: The perception of friends and strangers. J. Pers. Soc. Psychol. 1989, 57, 442–456.

Tesser, A. und Smith, J.: Some effects of friendship and task relevance on helping: You don't always help the one you like. J. Exp. Soc. Psychol. 1980, 16, 582–590.

Tetlock, P. E. und Manstead, A. S. R.: Impression management vs. intrapsychic explanations in social psychology: A useful dichotomy? Psychol. Rev. 1985, 92, 59–77.

THIBAUT, J. W. und FAUCHEUX, C.: The development of conceptual norms in a bargaining situation under two types of stress. J. Exp. Soc. Psychol. 1965, 1, 89 to 102.

THIBAUT, J. W. und KELLEY, H. H.: The social psychology of groups. Wiley, New York 1959.

THOMAS, E. J., WEBB, S. und TWEEDIE, J.: Effects of familiarity with a controversial issue on acceptance of successive persuasive communications. J. Abnorm. Soc. Psychol. 1961, 63, 656–659.

THOMAS, M.: Zentralität und Selbstkonzept. Huber, Bern 1989.

THOMPSON, S. C.: Will it hurt less if I can control it? A complex answer to a simple question. Psychol. Bull. 1981, 90, 89–101.

THORNDIKE, E. L.: A constant error in psychological rating. J. Appl. Psychol. 1920, 4, 25–29.

THURSTONE, L. L.: A law of comparative judgment. Psychol. Rev. 1927, 34, 273 to 286.

THURSTONE, L. L.: The method of paired comparisons for social values. J. Abnorm. Soc. Psychol. 1927, 21, 384–400.

THURSTONE, L. L.: The measurement of opinion. J. Abnorm. Soc. Psychol. 1928, 22, 415–430.

THURSTONE, L. L.: Theory of attitude measurement. Psychol. Rev. 1929, 36, 222–241.

THURSTONE, L. L.: The measurement of social attitudes. J. Abnorm. Soc. Psychol. 1931, 26, 249–269.

THURSTONE, L. L. und CHAVE, E. J.: The measurement of attitude. Univ. of Chicago Press, Chicago 1929.

TITCHENER, E. B.: Lectures on the experimental psychology of thought processes. Macmillan, New York 1909.

TITTLE, C. R. und HILL, R. J.: Attitude measurement and the prediction of behavior: An evaluation of conditions and measurement techniques. Sociometry 1967, 30, 199–213.

TOI, M. und BATSON, C. D.: More evidence that empathy is a source of altruistic motivation. J. Pers. Soc. Psychol. 1982, 43, 281–292.

TOLSTEDT, B. E. und STOKES, J. P.: Self-disclosure, intimacy and the depenetration process. J. Pers. Soc. Psychol. 1984, 46, 84–90.

TOMKINS, S. S.: Affect theory. In: SCHERER, K. R. und EKMAN, P. (Hrsg.): Approaches to emotion. Erlbaum, Hillsdale/N. J. 1984.

TRIANDIS, H. C. und FISHBEIN, M.: Cognitive interaction in person perception. J. Abnorm. Soc. Psychol. 1963, 67, 446–453.

TROPE, Y.: Identification and inferential processes in dispositinal attribution. Psychol. Rev. 1986, 93, 239–257.

TROPE, Y. und BASSOK, M.: Information gathering strategies in hypothesis testing. J. Exp. Soc. Psychol. 1983, 19, 560–576.

TROPE, Y., COHEN, O. und MAOZ, Y.: The perceptual and inferential effects of situational inducements on dispositional attributions. J. Pers. Soc. Psychol. 1988, 55, 165–177.

TRUAX, C. B.: Reinforcement and nonreinforcement in Rogerian psychotherapy. J. Abnorm. Psychol. 1966, 71, 1–9.

TULVING, E. und PEARLSTONE, Z.: Availability versus accessibility of information in memory for words. J. Verb. Learn. Verb. Behav. 1966, 5, 381–391.

TVERSKY, A. und KAHNEMAN, D.: Availability: A heuristic for judging frequency and probability. Cognitive Psychol. 1973, 5, 207–232.

TVERSKY, A. und KAHNEMAN, D.: Judgment under uncertainty: Heuristics and biases. Science 1974, 185, 1124–1131.

TYLER, T. R. und SEARS, D. O.: Coming to like obnoxious people when we must live with them. J. Pers. Soc. Psychol. 1977, 35, 200–211.

ULRICH, R. E.: Pain as cause of aggression. Amer. Zoologist 1966, 6, 643–662.

ULRICH, R. E. und AZRIN, N. H.: Reflexive fighting in response to aversive stimulation. J. Exp. Anal. Beh. 1962, 5, 511–520.

ULRICH, R. E. und CRAINE, W. H.: Persistence of shock-induced aggression. Science 1964, 143, 971–973.

UMBERSON, D. und HUGHES, M.: The impact of physical attractiveness on achievement and psychological well-being. Soc. Psychol. Quart. 1987, 50, 227–236.

UPMEYER, A.: Social perception and signal detectability theory: Group influence on discrimination and usage of scale. Psychol. Forschung 1971, 34, 283–294.

URAY, H.: Leistungsverursachung, Verantwortungszuschreibung und Gewinnaufteilung. Z. f. Sozialpsychol. 1976, 7, 69–80.

UTNE, M. K. und KIDD, R. F.: Equity und Attribution. In: MIKULA, G. (Hrsg.): Gerechtigkeit und soziale Interaktion. Huber, Bern 1980.

VALINS, S.: Cognitive effects of false heart-rate feedback. J. Pers. Soc. Psychol. 1966, 4, 400–408.

VALINS, S.: Persistent effects of information about internal reactions: Ineffectiveness of debriefing. In: LONDON, H. und NISBETT, R. E. (Hrsg.): Thought and feeling. Aldine, Chicago 1974.

VALINS, S. und RAY, A. A.: Effects of cognitive desensitization on avoidance behavior. J. Pers. Soc. Psychol. 1967, 7, 345–350.

VALLE, V. und FRIEZE, I.: Stability of causal attributions as a mediator in changing expectations for success. J. Pers. Soc. Psychol. 1976, 33, 579–587.

VAN DE GEER, J. P.: Codability in perception. In: MOSCOVICI, S. (Hrsg.): The psychosociology of language. Markham, Chicago 1972.

VAN DIJK, T. A.: Semantic macro-structures and knowledge frames in discourse comprehension. Erlbaum, Hillsdale/N. J. 1977.

VAN DIJK, T. A.: Macrostructures. Erlbaum, Hillsdale/N. J. 1980.

VAN DIJK, T. A.: Cognitive situation models in discourse production: The expression of ethnic situations in prejudiced discourse. In: FORGAS, J. P. (Hrsg.): Language and social situations. Springer, New York 1988.

VAN DIJK, T. A. und KINTSCH, W.: Strategies of discourse comprehension. Academic Press, New York 1983.

VAN HOOK, E. und HIGGINS, E. T.: Self-related problems

beyond the self-concept: Motivational consequences of discrepant self-guides. J. Pers. Soc. Psychol. 1988, 55, 625–633.

Verplanck, W. S.: The control of the content of conversation: Reinforcement of statements of opinion. J. Abnorm. Soc. Psychol. 1955, 51, 668–676.

Vroom, V. H.: Ego-involvement, job-satisfaction, and job performance. Personnel Psychol. 1962, 15, 159–177.

Vroom, V. H.: Work and motivation. Wiley, New York 1964.

Vroom, V. H. und Yetton, P. W.: Leadership and decision-making. Univ. of Pittsburgh Press, Pittsburgh 1973.

Wagner, U., Lampen, L. und Syllwasschy, J.: Ingroup inferiority, social identity and out-group devaluation in a modified minimal group study. Brit. J. Soc. Psychol. 1986, 25, 151–176.

Wallach, M. A., Kogan, N. und Bem, D. J.: Group influence on individual risk taking. J. Abnorm. Soc. Psychol. 1962, 65, 75–86.

Wallach, M. A., Kogan, N. und Bem, D. J.: Diffusion of responsibility and level of risk taking in groups. J. Abnorm. Soc. Psychol. 1964, 68, 263–274.

Wallach, M. A., Kogan, N. und Burt, R.: Can group members recognize the effects of group discussion upon risk taking? J. Exp. Soc. Psychol. 1965, 1, 379–395.

Walster, E.: The temporal sequence of post-decision processes. In: Festinger, L.: Conflict, decision and dissonance. Stanford Univ. Press, Stanford 1964.

Walster, E.: Assignment of responsibility for an accident. J. Pers. Soc. Psychol. 1966, 3, 73–79.

Walster, E., Aronson, V., Abrahams, D. und Rottmann, L.: Importance of physical attractiveness in dating behavior. J. Pers. Soc. Psychol. 1966, 4, 508–516.

Walster, E. und Berscheid, E.: The effects of time on cognitive consistency. In: Abelson, R. P. (Hrsg.): Theories of cognitive consistency: A sourcebook. Rand McNally, Chicago 1968.

Walster, E. und Berscheid, E.: A little bit about love: A minor essay on a major topic. In: Huston, T. L. (Hrsg.): Foundations of interpersonal attraction. Academic Press, New York 1974.

Walster, E., Berscheid, E. und Barclay, A. M.: A determinant of preference among modes of dissonance reduction. J. Pers. Soc. Psychol. 1967, 7, 211–216.

Walster, E., Berscheid, E. und Walster, G. W.: New directions in equity research. J. Pers. Soc. Psychol. 1973, 25, 151–176. (Auch in Berkowitz, L. und Walster, E. (Hrsg.): Advances in experimental social psychology, Bd. 9. Academic Press, New York–London 1976.)

Walster, E., Walster, G. W. und Berscheid, E.: Equity: Theory and research. Allyn & Bacon, Boston 1978.

Walster, E., Walster, G. W. und Traupman, J.: Equity and premarital sex. J. Pers. Soc. Psychol. 1978, 36, 82–92.

Walters, R. H. und Brown, M.: Studies of reinforcement of aggression. III. Transfer of response to an interpersonal situation. Child Developm. 1963, 34, 563–572.

Walters, R. H., Leat, M. und Mezei, L.: Inhibition and disinhibition of responses through empathetic learning. Canad. J. Psychol. 1963, 17, 235–242.

Walters, R. H., Parke, R. D. und Cane, V. A.: Timing of punishment and the observation of consequences to others as determinants of response inhibition. J. Exp. Child Psychol. 1965, 2, 10–30.

Warehime, R. G. und Woodson, M.: Locus of control and immediate affect states. J. Clin. Psychol. 1971, 27, 443–444.

Warr, P.: Inference magnitude, range, and evaluative direction as factors affecting relative importance of cues in impression formation. J. Pers. Soc. Psychol. 1974, 30, 191–197.

Warr, P. und Knapper, C.: The perception of people and events. Wiley, New York 1968.

Wason, P. C.: The effect of self-contradiction on fallacious reasoning. Quart. J. Exp. Psychol. 1964, 16, 30–34.

Watson, J. B. und Raynor, R.: Conditioned emotional reactions. J. Exp. Psychol. 1920, 3, 1–14.

Watson, N. S. und Hartmann, G. W.: The rigidity of a basic attitudinal frame. J. Abnorm. Soc. Psychol. 1939, 34, 314–335.

Watts, W. A. und Holt, L. E.: Persistence of opinion change induced under conditions of forewarning and distraction. J. Pers. Soc. Psychol. 1979, 37, 778–789.

Watts, W. A. und McGuire, W. J.: Persistence of induced opinion change and retention of inducing message content. J. Abnorm. Soc. Psychol. 1964, 68, 233–241.

Weary, G.: Examination of affect and egotism as mediators of bias in causal attributions. J. Pers. Soc. Psychol. 1980, 38, 348–357.

Weary, G., Stanley, M. A. und Harvey, J. H.: Attribution. Springer, New York 1989.

Webb, W. B. und Hollander, E. P.: Comparison of three morale measures: A survey, pooled group judgements, and self-evaluations. J. Appl. Psychol. 1956, 40, 17–20.

Weber, R. und Crocker, J.: Cognitive processes in the revision of stereotypic beliefs. J. Pers. Soc. Psychol. 1983, 45, 961–967.

Weigel, R. H. und Newman, L. S.: Increasing attitude-behavior correspondence by broadening the scope of the behavioral measure. J. Pers. Soc. Psychol. 1976, 33, 793–802.

Weigel, R. H., Vernon, D. T. A. und Tognacci, L. N.: Specificity of the attitudes as a determinant of attitude-behavior congruence. J. Pers. Soc. Psychol. 1974, 30, 724–728.

Weiner, B.: Theories of motivation. From mechanism to cognition. Markham/Chicago 1972.

Weiner, B.: Achievement motivation as conceptualized by an attribution theorist. In: Weiner, B. (Hrsg.): Achievement motivation and attribution theory. General Learning Press, Morristown, N. J. 1974.

WEINER, B.: «Spontanous» causal thinking. Psychol. Bull. 1985, 97, 74–84. (a)

WEINER, B.: An attributional theory of achievement motivation and emotion. Psychol. Rev. 1985, 92, 548–573. (b)

WEINER, B.: An attributional theory of motivation and emotion. Springer, New York 1986.

WEINER, B., FRIEZE, I., KUKLA, A., REED, L., REST, S. und ROSENBAUM, R. M.: Perceiving the causes of success and failure. In: JONES, E. E. et al. (Hrsg.): Attribution: Perceiving the causes of behavior. General Learning Press, Morristown/N. J. 1971/1972.

WEINER, B., GRAHAM, S. und CHANDLER, C. C.: Pity, anger and guilt: An attributional analysis. Pers. & Soc. Psychol. Bull. 1982, 8, 226–232.

WEINER, B., HECKHAUSEN, H., MEYER, W. U. und COOK, R. E.: Causal ascriptions and achievement motivation: A conceptual analysis of effort and reanalysis of locus of control. J. Pers. Soc. Psychol. 1972, 21, 239–248.

WEINER, B. und KUKLA, A.: An attributional analysis of achievement motivation. J. Pers. Soc. Psychol. 1970, 15, 1–20.

WEINER, B., RUSSELL, D. und LERMAN, D.: Affective consequences of causal ascriptions. In: HARVEY, J. H., ICKES, W. J. und KIDD, R. F. (Hrsg.): New directions in attribution research, Bd. 2. Erlbaum, Hillsdale/N. J. 1978.

WEINER, B., RUSSELL, D. und LERMAN, D.: The cognition-emotion process in achievement-related contexts. J. Pers. Soc. Psychol. 1979, 37, 1211–1220.

WEININGER, O.: Geschlecht und Charakter. Wien 1909.

WEINREICH, U.: Explorations in semantic theory. In: SEBEOK, T. A. (Hrsg.): Current trends in linguistics, Bd. 3. Mouton, The Hague 1966. (Deutsch: Erkundungen zur Theorie der Semantik. Niemeyer, Tübingen 1970.)

WEISS, J. M.: Effects of coping behavior in different warning signal conditions on stress pathology in rats. J. Comp. Physiol. Psychol. 1971, 77, 1–13.

WEISS, R. F., BUCHANAN, W., ALTSTATT, L. und LOMBARDO, J. P.: Altruism in rewarding. Science 1971, 171, 1262–1263.

WEITZ, J. und NUCKOLS, R. C.: The validity of direct and indirect questions in measuring job satisfaction. Personnel Psychol. 1953, 6, 487–494.

WELKER, R. L.: Acquisition of a free-operant-appetitive response in pigeons as a function of prior experience with response-independent food. Learning and Motivation 1976, 7, 394–405.

WELLS, G. L. und HARVEY, J. H.: Do people use consensus information in making causal attributions? J. Pers. Soc. Psychol. 1977, 35, 279–293.

WELLS, G. L. und HARVEY, J. H.: Naive attributors' attributions and predictions: What is informative and when is an effect an effect? J. Pers. Soc. Psychol. 1978, 36, 483–490.

WESTHOFF, K.: Beziehungen zwischen Neurotizismus und Merkmalen intraindividueller Konflikte. In: FEGER, H. (Hrsg.): Studien zur intraindividuellen Konfliktforschung. Huber, Bern 1977.

WESTMEYER, H.: Kritik der psychologischen Unvernunft. Probleme der Psychologie als Wissenschaft. Kohlhammer, Stuttgart 1973.

WHEATLEY, K. L., WELKER, R. L. und MILES, R. C.: Acquisition of barpressing in rats following experience with response-independent food. Animal Learn. Behav. 1977, 5, 236–242.

WHITE, C. T. und SCHLOSBERG, H.: Degree of conditioning as a function of the period of delay. J. Exp. Psychol. 1952, 43, 357–362.

WHITE, G. L., FISHBEIN, S. und RUTSTEIN, J.: Passionate love and misattribution of arousal. J. Pers. Soc. Psychol. 1981, 41, 56–62.

WHITE, G. L. und GERARD, H. B.: Postdecision evaluation of choice alternatives as a function of valence of alternatives, choice, and expected delay of choice consequences. J. Res. Pers. 1981, 15, 371–382.

WHITING, J. W. M.: Sorcery, sin, and the superego: A crosscultural study of some mechanisms of social control. In: JONES, M. R. (Hrsg.): Nebraska symposium on motivation, Bd. 7. Univ. of Nebraska Press, Lincoln 1959.

WHITING, J. W. M.: Resource mediation and learning by identification. In: ISCOE, I. und STEVENSON, H. W. (Hrsg.): Personality development in children. Univ. of Texas Press, Austin 1960.

WHORF, B. L.: Language, thought, and reality. M. I. T. Press, Cambridge/Mass. 1956. (Deutsch: Sprache, Denken, Wirklichkeit. Rowohlt, Hamburg 1963.)

WICKER, A. W.: Attitudes versus actions: The relationship of verbal and overt behavioral responses to attitude objects. J. Soc. Issues 1969, 25, 41–78.

WICKLUND, R.: Freedom and reactance. Lawrence Erlbaum, Potomac, Maryland 1974.

WICKLUND, R.: Objective self-awareness. In: BERKOWITZ, L. (Hrsg.): Advances in experimental social psychology, Bd. 8. Academic Press, New York–London 1975.

WICKLUND, R. A.: Self-focused attention and the validity of self-reports. In: ZANNA, M. P., HIGGINS, E. T. und HERMAN, C. P. (Hrsg.): Consistency in social behavior. The Ontario Symposium, Bd. 2. Erlbaum, Hillsdale/N. J. 1982.

WICKLUND, R. A. und BREHM, J. W.: Attitude change as a function of felt competence and threat to attitudinal freedom. J. Exp. Soc. Psychol. 1968, 4, 64–75.

WICKLUND, R. A. und BREHM, J. W.: Perspectives on cognitive dissonance. Lawrence Erlbaum, Hillsdale/N. J. 1976.

WICKLUND, R. A. und GOLLWITZER, P. M.: Symbolic self-completion. Erlbaum, Hillsdale/N. J. 1982.

WICKLUND, R. A. und GOLLWITZER, P. M.: A motivational factor in self-report validity. In: SULS, J. und GREENWALD, A. G. (Hrsg.): Psychological perspectives on the self, Bd. 2. Erlbaum, Hillsdale/N. J. 1983.

WICKLUND, R. A. und GOLLWITZER, P. M.: Symbolische Selbstergänzung. In: FREY, D. und IRLE, M. (Hrsg.): Theorien der Sozialpsychologie, Bd. 3. Huber, Bern 1985.

WICKLUND, R. A. und GOLLWITZER, P. M.: The fallacy of the private-public self-focus distinction. J. Pers. 1987, 55, 491–523.

WILDER, D. A.: Social categorization: Implications for

creation and reduction of intergroup bias. In: BERKOWITZ, L. (Hrsg.): Advances in experimental social psychology, Bd. 19. Academic Press, Orlando 1986.

WILLIAMS, B. A.: Reinforcement, choice and response strength. In: ATKINSON, R. A., HERRNSTEIN, R. J., LINDZEY, G. und LUCE, R. D. (Hrsg.): Stevens' Handbook of experimental psychology, Bd. 2. Wiley, New York 1988, 2. Aufl.

WILLIAMS, C. D.: The elimination of tantrum behavior by extinction procedures. J. Abnorm. Soc. Psychol. 1959, 59, 269–270.

WILLIAMS, R. I. und BLANTON, R. L.: Verbal conditioning in a psychotherapeutic situation. Behav. Res. Ther. 1968, 6, 97–103.

WILLS, T. A.: Downward comparison principles in social psychology. Psychol. Bull. 1981, 90, 245–271.

WILSON, K. V. und BIXENSTINE, V. E.: Forms of social control in two-person, two-choice games. Behav. Science 1962, 7, 92–102.

WILSON, T. D. und DUNN, D.: Effects of introspection on attitude-behavior consistency: Analyzing reasons versus focusing on feelings. J. Exp. Soc. Psychol. 1986, 22, 249–263.

WILSON, T. D., DUNN, D., BYBEE, J. A., HYMAN, D. B. und ROTONDO, J. A.: Effects of analyzing reasons on attitude-behavior consistency. J. Pers. Soc. Psychol. 1984, 47, 5–16.

WILSON, T. D., DUNN, D. S., KRAFT, D. und LISLE, D. L.: Introspection, attitude change, and attitude behavior consistency: The disruptive effects of explaining why we feel the way we do. In: BERKOWITZ, L. (Hrsg.): Advances in experimental social psychology, Bd. 22. Academic Press, San Diego 1989.

WILSON, T. D., KRAFT, D. und DUNN, D. S.: The disruptive effects of explaining attitudes: The moderating effect of knowledge about the attitude object. J. Exp. Soc. Psychol. 1989, 25, 379–400.

WINCH, R. F.: Mate selection: A study of complementary needs. Harper, New York 1958.

WINTER, L. und ULEMAN, J. S.: When are social judgments made? Evidence for the spontaneousness of trait inferences. J. Pers. Soc. Psychol. 1984, 47, 237–252.

WINTER, L., ULEMAN, J. S. und CUNNIFF, C.: How automatic are social judgments? J. Pers. Soc. Psychol. 1985, 49, 904–917.

WISHNER, J.: Reanalysis of «impression of personality». Psychol. Rev. 1960, 67, 96–112.

WISPÉ, L.: Toward an integration. In: WISPÉ, L. (Hrsg.): Altruism, sympathy, and helping. Academic Press 1978.

WITKIN, H. A.: Psychological differentiation and forms of pathology. J. Abnorm. Psychol. 1965, 70, 317–336.

WITKIN, H. A., DYK, R. B., FATERSON, H. F., GOODENOUGH, D. R. und KARP, S. A.: Psychological differentiation. Wiley, New York 1962.

WITKIN, H. A., GOODENOUGH, D. R. und OLTMAN, P. K.: Psychological differentiation: Current status. J. Pers. Soc. Psychol. 1979, 37, 1127–1145.

WITTE, E. H.: Theorien zur sozialen Macht. In: FREY, D. und IRLE, M. (Hrsg.): Theorien der Sozialpsychologie, Bd. 2. Huber, Bern 1985.

WITTGENSTEIN, L.: Philosophical investigations. Macmillan, New York 1953.

WOLF, S.: Behavioral style and group cohesiveness as sources of minority influence. Europ. J. Soc. Psychol. 1979, 9, 381–395.

WOLF, S.: Manifest and latent influence of majorities and minorities. J. Pers. Soc. Psychol. 1985, 48, 899–908.

WOLF, S.: Majority and minority influence: A social impact analysis. In: ZANNA, M. P., OLSON, J. M. und HERMAN, C. P. (Hrsg.): Social influence: The Ontario Symposium, Bd. 5. Erlbaum, Hillsdale/N. J. 1987.

WOLFE, J. B.: The effectiveness of token rewards for chimpanzees. Comp. Psychol. Monogr. 1936, 12, No. 60.

WOOD, W.: Retrieval of attitude-relevant information from memory: Effects on susceptibility of persuasion and on intrinsic motivation. J. Pers. Soc. Psychol. 1982, 42, 798–810.

WOODRUFF, A. D. und DIVESTA, F. J.: The relationship between values, concepts and attitudes. Educ. Psychol. Measurement 1948, 8, 615–660.

WOODWORTH, R. S.: Experimental psychology. Holt, New York 1938.

WOODWORTH, R. S. und SELLS, S. B.: An atmosphere effect in formal syllogistic reasoning. J. Exp. Psychol. 1935, 18, 451–460.

WORCHEL, S.: The effect of three types of arbitrary thwarting on the instigation to aggression. J. Pers. 1974, 42, 300–318.

WORCHEL, S., ARNOLD, S. E. und HARRISON, W.: Aggression and power restoration: The effects of identifiability and timing on aggressive behavior. J. Exp. Soc. Psychol. 1978, 14, 43–52.

WORCHEL, S. und BREHM, J. W.: Effect of threats to attitudinal freedom as a function of agreement with the communicator. J. Pers. Soc. Psychol. 1970, 14, 18–22.

WORCHEL, S. und BREHM, J. W.: Direct and implied restoration of freedom. J. Pers. Soc. Psychol. 1971, 18, 294–304.

WORD, C. O., ZANNA, M. P. und COOPER, J.: The nonverbal mediation of self-fulfilling prophecies in interracial interaction. J. Exp. Soc. Psychol. 1974, 10, 109–120.

WORTMAN, C.: Some determinants of perceived control. J. Pers. Soc. Psychol. 1975, 31, 282–294.

WORTMAN, C.: Causal attributions and personal control. In: HARVEY, J. H. et al. (Hrsg.): New directions in attribution research, Bd. 1. Lawrence Erlbaum, Hillsdale/N. J. 1976.

WORTMAN, C. und BREHM, J. W.: Responses to uncontrollable outcomes: An integration of reactance theory and the learned helplessness model. In: BERKOWITZ, L. (Hrsg.): Advances in experimental social psychology, Bd. 8. Academic Press, New York 1975.

WRIGHT, J. C. und MISCHEL, W.: A conditional approach to dispositional constructs: The local predictability of social behavior. J. Pers. Soc. Psychol. 1987, 53, 1159–1177.

WRIGHTSMAN, L. S. Jr.: Effects of waiting with others on

changes in level of felt anxiety. J. Abnorm. Soc. Psychol. 1960, 61, 216–222.

Wu, C. und Shaffer, D. R.: Susceptibility to persuasive appeals as a function of source credibility and prior experience with the attitude object. J. Pers. Soc. Psychol. 1987, 52, 677–688.

Wyer, R. S.: Quantitative prediction of belief and opinion change: A further test of a subjective probability model. J. Pers. Soc. Psychol. 1970, 16, 559–570.

Wyer, R. S.: Cognitive organization and change: An information-processing approach. Lawrence Erlbaum, Potomac/Maryland 1974.

Wyer, R. S.: The role of probabilistic and syllogistic reasoning in cognitive organization and social inference. In: Kaplan, M. F. und Schwartz, S. (Hrsg.): Human judgement and decision processes. Academic Press, New York 1975.

Wyer, R. S. und Goldberg, L.: A probabilistic analysis of the relationship between beliefs and attitude. Psychol. Rev. 1970, 77, 100–120.

Wyer, R. S. Jr. und Gordon, S. E.: The recall of information about persons and groups. J. Exp. Soc. Psychol. 1982, 18, 128–164.

Wyer, R. S. Jr. und Gordon, S. E.: The cognitive representation of social information. In: Wyer, R. S. Jr. und Srull, T. K. (Hrsg.): Handbook of social cognition, Bd. 2. Erlbaum, Hillsdale/N. J. 1984.

Wyer, R. S. Jr. und Srull, T. K.: The processing of social stimulus information: A conceptual integration. In: Hastie, R., Ostrom, T. M., Ebbesen, E. B., Wyer, R. S., Hamilton, D. L. und Carlston, D. E. (Hrsg.): Person memory: The cognitive basis of social perception. Erlbaum, Hillsdale/N. J. 1980.

Wyer, R. S. Jr. und Srull, T. K. (Hrsg.): Handbook of social cognition. 3 Bände. Erlbaum, Hillsdale/N. J. 1984.

Wyer, R. S. Jr. und Srull, T. K.: Human cognition in its social context. Psychol. Rev. 1986, 93, 322–359.

Zajonc, R. B.: Social facilitation. Science 1965, 149, 269–274.

Zajonc, R. B. Attitudinal effects of mere exposure. J. Pers. Soc. Psychol. 1968, 9, Monogr. Suppl. Nr. 2. (a)

Zajonc, R. B.: Cognitive theories in social psychology. In: Lindzey, G. und Aronson, E. (Hrsg.): The handbook of social psychology, Bd. 1. Addison-Wesley, Reading/Mass. 1968. (b)

Zajonc, R. B.: Feeling and thinking: Preferences need no inferences. Amer. Psychologist 1980, 36, 151–175. (a)

Zajonc, R. B.: Compresence. In: Paulus, P. B. (Hrsg.): Psychology of group influence. Erlbaum, Hillsdale/N. J. 1980. (b)

Zajonc, R. B.: On the primacy of affect. Amer. Psychologist 1984, 39, 117–123.

Zajonc, R. B. und Burnstein, E.: The learning of balanced and unbalanced social structures. J. Pers. 1965, 33, 153–163. (a)

Zajonc, R. B. und Burnstein, E.: Structural balance, reciprocity, and positivity as sources of cognitive bias. J. Pers. 1965, 33, 570–583. (b)

Zajonc, R. B. und Sales, S. M.: Social facilitation of dominant and subordinate responses. J. Exp. Soc. Psychol. 1966, 2, 160–168.

Zajonc, R. B., Wolosin, R. J., Wolosin, M. A. und Sherman, S. J.: Individual and group risk taking in a two-choice situation. J. Exp. Soc. Psychol. 1968, 4, 89–107.

Zanna, M. P. und Cooper, J.: Dissonance and the attribution process. In: Harvey, J. H. et al. (Hrsg.): New directions in attribution research, Bd. 1. Lawrence Erlbaum, Hillsdale/N. J. 1976.

Zanna, M. P., Kiesler, C. A. und Pilkonis, P. A.: Positive and negative attitudinal affect established by classical conditioning. J. Pers. Soc. Psychol. 1970, 14, 321–328.

Zanna, M. P. und Olson, J. M.: Individual differences in attitudinal relations. In: Zanna, M. P., Higgins, E. T. und Herman, C. P. (Hrsg.): Consistency in social behavior. The Ontario Symposium, Bd. 2. Erlbaum, Hillsdale/N. J. 1982.

Zeigarnik, B.: Das Behalten von erledigten und unerledigten Handlungen. Psychol. Forschung 1927, 9, 1–85.

Ziller, R. C.: Individuation and socialization. Hum. Rel. 1964, 17, 341–360.

Zillmann, D.: Excitation transfer in communication-mediated aggressive behavior. J. Exp. Soc. Psychol. 1971, 7, 419–434.

Zillmann, D.: Attribution and misattribution of excitatory reactions. In: Harvey, J. H. et al. (Hrsg.): New directions in attribution research, Bd. 2. Lawrence Erlbaum, Hillsdale/N. J. 1978.

Zillmann, D. und Bryant, J.: The effect of residual excitation on the emotional response to provocation and delayed aggressive behavior. J. Pers. Soc. Psychol. 1974, 30, 782–791.

Zimbardo, P. G.: The human choice: Individuation, reason, and order versus deindividuation, impulse, and chaos. In: Arnold, W. J. und Levine, D. (Hrsg.): Nebraska symposium on motivation, Bd. 17. Univ. of Nebraska Press, Lincoln 1969.

Zimbardo, P. G., Cohen, A. R., Weisenbbrg, M., Dworkin, L. und Firestone, I.: Control of pain motivation by cognitive dissonance. Science 1966, 151, 217–219.

Zuckerman, M.: Actions and occurrences in Kelley's Cube. J. Pers. Soc. Psychol. 1978, 36, 647–656.

Zuckerman, M., DePaulo, B. und Rosenthal, R.: Verbal and nonverbal communication of deception. In: Berkowitz, L. (Hrsg.): Advances in experimental social psychology, Bd. 14. Academic Press, New York 1981.

Zuckerman, M. und Feldman, L. S.: Actions and occurences in attribution theory. J. Pers. Soc. Psychol. 1984, 46, 541–550.

Zuckerman, M. und Reis, H. T.: Comparison of three models for predicting altruistic behavior. J. Pers. Soc. Psychol. 1978, 36, 498–510.

Personenregister

Abelson, R. P. 122, 168, 170, 195, 197–200, 249, 252, 258f., 268, 293, 322, 444
Abramowitz, S. I. 127
Abramson, L. Y. 109ff., 114f., 117, 120
Acock, A. C. 439f.
Adams, J. S. 435ff.
Adams, N. E. 78
Adelmann, P. K. 348
Aderman, D. 426
Adewole, A. 255
Adorno, T. W. 192
Adornetto, M. 81
Ahmed, S. A. 54
Ajzen, I. 65, 202, 210, 213–221, 222ff., 226, 248, 271, 282, 407, 418, 426
Albert, H. 21f.
Albrecht, F. 197
Alexander, N. 354
Alfert, E. 52f., 124
Allen, A. 126
Allen, V. L. 460
Alloy, L. B. 111, 114f., 120, 122f., 495
Allport, F. H. 474f.
Allport, G. W. 184, 205
Alper, T. M. 210
Altman, I. 441
Altstatt, L. 426
Alvarez, R. 449
Anderson, J. R. 70, 140, 165f., 184, 361
Anderson, K. 117
Anderson, L. 250
Anderson, N. H. 184, 306, 319–322, 324, 480
Anderson, S. M. 361
Aneshansel, J. 210
Apfelbaum, E. 410, 426
Apfelbaum, G. A. 208
Appley, M. H. 54
Archer, R. L. 433
Argyle, M. 387
Arkin, R. 295ff.
Arnold, S. E. 401
Aron, A. P. 332
Aronfreed, J. 58, 84
Aronson, E. 36, 208, 236, 263, 268f., 316, 319, 324ff., 332
Asch, S. 298f., 304, 324, 458ff., 463
Atkinson, J. W. 60f.
Atkinson, R. C. 71
Austin, J. L. 172
Austin, W. 438
Ayeroff, F. 122
Azrin, N. H. 58, 424

Bachicha, D. L. 73
Back, K. W. 337
Backman, C. W. 316, 378
Baer, D. M. 59
Bagozzi, R. P. 219f., 248
Bailey, S. 117
Baker, N. 83
Baldwin, M. W. 359
Bales, R. F. 448f.
Ball, R. L. 350
Ballachey, E. L. 184, 190, 239
Bandler, R. J. 351
Bandura, A. 66, 72–81, 85, 108, 120, 124f., 193, 221, 271, 329, 416ff., 422
Barclay, A. M. 90
Barefoot, J. C. 342
Bargh, J. A. 311, 394
Barnes, R. D. 97
Barnett, B. 411
Baron, P. H. 485
Baron, R. A. 350, 422
Baron, R. S. 476f., 485
Baron, S. H. 455
Barrett, D. 481
Barrios, A. A. 324
Barta, S. G. 107
Bartlett, F. C. 168
Bassili, J. N. 308
Bassok, M. 395
Bateson, N. 319
Batson, C. D. 428ff., 432f.
Batson, J. G. 433
Baucom, D. H. 441
Baum, W. M. 31ff., 68
Baumgardner, A. H. 297
Baumgardner, M. H. 234
Bavelas, A. 449, 481f.
Beach, S. R. 441
Beattie, A. E. 303, 327
Beck, A. T. 110
Beckmann, J. 271
Bem, D. J. 126, 268, 285, 351–354, 357, 360, 483f.
Benevento, A. 123, 293
Ben-Itzhak, S. 434
Bentler, P. M. 219
Benton, A. A. 58
Berg, J. H. 439
Berger, S. M. 73, 79
Bergin, A. E. 236, 263, 329
Berglas, S. 297
Berkowitz, H. 59, 329
Berkowitz, L. 54, 248, 417f., 422–427, 439, 461
Berlyne, D. E. 36, 55, 62, 86f., 272
Bernberg, R. E. 223
Berscheid, E. 90, 293, 295f., 300, 392ff., 314, 317, 326f., 332f., 391ff., 435f., 439, 441
Bever, T. A. 136, 139

Beyer, J. 78
Bierman, J. 106
Bierwisch, M. 144
Bindra, D. 54
Bixenstine, V. E. 409
Black, J. S. 222
Blake, R. R. 85, 460
Blalock, H. M. 20
Blanchard, E. B. 79
Blanton, R. L. 26
Blau, P. M. 397
Blevans, S. A. 273
Blum, M. J. 452
Blumenthal, A. L. 139
Boakes, R. 139
Bochner, S. 237
Bogdanoff, M. D. 337
Bolten, H. G. 376
Bond, R. N. 311
Bonoma, T. V. 376
Bootzin, R. R. 106
Borgida, E. 290f., 304
Boudon, R. 20
Bousfield, W. A. 143
Boutillier, R. G. 450
Bovard, E. W. 451, 455
Bower, G. H. 72, 167, 311, 348f., 362, 424
Bowers, R. J. 485
Bowlby, J. 442
Boyes-Braem, P. 148
Braly, K. W. 278
Branch, L. G. 481
Brandstätter, H. 445
Bransford, J. D. 169
Braun, S. H. 76
Braver, S. L. 411
Brechner, K. C. 415
Breckler, S. J. 377f., 462, 488
Brehm, J. W. 35, 60, 89ff., 97–101, 104ff., 109, 119f., 124, 237f., 270ff., 337, 362
Brehm, S. 97f.
Brewer, M. B. 322, 416
Brewin, C. R. 117
Brock, T. C. 240, 242
Brockner, J. 106
Broen, W. E. 477
Bronfenbrenner, U. 84
Brothen, T. 326
Brown, I. Jr. 104, 108
Brown, J. D. 380
Brown, J. S. 62
Brown, M. 417
Brown, R. 27, 141f., 418, 485
Bruner, J. S. 205f., 277, 299
Bruning, J. L. 76
Brush, C. A. 486
Bryant, J. 344
Buchanan, W. 426
Bühler, K. 171f., 229
Bungard, W. 20
Burger, J. M. 123, 249
Burgess, Q. Q. 211
Burnam, M. A. 120
Burnkraut, R. E. 248
Burnstein, E. 231, 257, 259, 446, 485f.
Burt, R. 484
Bushman, B. J. 477
Buss, A. H. 226, 366
Buss, A. R. 292
Buss, D. M. 441
Bybee, J. A. 246
Byrne, D. 19, 313f., 320

Cacioppo, J. T. 233, 240–243, 249, 302, 304, 467
Calder, B. J. 357f.
Campbell, D. T. 235
Cane, V. A. 58
Cannon, W. B. 337
Canon, L. K. 209
Cantor, J. R. 344
Cantor, N. 305, 361, 392
Caputo, C. 360
Carlsmith, J. M. 37, 236, 263, 266ff., 353f.
Carlson, J. 484
Carlston, D. E. 309, 322f.
Cartwright, D. 184, 255–257, 443, 486
Carver, C. S. 63, 361, 366ff., 377
Cason, H. 425
Catania, A. C. 31
Cautela, J. R. 48
Chafe, W. L. 160
Chaiken, S. 210, 244, 260, 302, 359, 467
Chammah, M. A. 409, 411, 426
Chandler, C. C. 346
Chapman, J. P. 114f., 195
Chapman, L. J. 114f., 195
Chave, E. J. 186
Chemers, M. M. 452
Chen, J. 228
Cheyne, J. A. 68
Chomsky, N. 133, 135, 137, 139f., 155f., 174ff.
Church, R. M. 58
Cialdini, R. B. 432f.
Clark, H. H. 145f., 172
Clark, M. C. 72
Clark, M. S. 349f., 440
Clark, R. D. III. 428f., 466f.
Cline, V. B. 313
Clore, G. L. 313
Cochran, S. 424
Cofer, C. N. 54
Coffman, T. L. 278
Cohen, A. R. 90, 266, 337
Cohen, B. 192
Cohen, B. H. 143
Cohen, C. E. 308
Cohen, O. 283f.
Coke, J. S. 428ff.
Collins, A. 163, 170
Collins, B. E. 267, 484
Condon, J. W. 316
Condry, J. 357
Conlee, M. C. 259
Connor, W. H. 426f.

Conolly, E. S. 267f.
Constantini, A. F. 324
Cook, M. 280
Cook, R. E. 46, 60
Cooper, H. M. 123
Cooper, J. 36, 266–270, 354ff., 393
Corbin, L. H. 461f.
Cotton, J. L. 347
Cottrell, N. B. 475ff.
Cowan, P. A. 416f.
Cox, D. J. 128
Craine, W. H. 425
Crandall, R. 290
Crane, K. A. 99
Crano, W. D. 316, 359
Crespi, I. 221
Crespi, L. P. 59
Crocker, J. 495
Cromwell, H. 235
Cronbach, L. J. 298, 311f.
Crott, H. 486
Crow, W. J. 313
Crown, D. P. 45
Crutchfield, R. S. 184, 190, 239, 460
Cunniff, C. 308
Cunningham, J. D. 287
Cunningham, M. R. 317
Curtis, R. C. 393

Dabbs, J. 191
D'Agostino, P. R. 297, 302
Dalheimer, V. 43
Daniels, L. R. 426
Darley, J. M. 290f., 314, 427, 458, 473
Daubman, K. A. 349
Davis, J. H. 481
Davis, K. E. 269f., 281ff., 285, 290, 294f., 303, 310, 319, 351, 436
Davitz, J. R. 63, 419
Dawes, R. M. 186, 415
Day, H. I. 55
DeBono, K. G. 304, 391f.
DeCharms, R. 284, 418
Deci, E. L. 289f., 357ff., 362
Deese, J. 143
DeNike, L. D. 67
DePaulo, B. 280
Dermer, M. 293, 295, 317, 391
DeSoto, C. B. 195, 197, 446f.
Dessler, G. 453
Deutsch, M. 316, 406–410, 413, 416, 425f., 460
DeVellis, B. 104
DeVellis, R. 104
DeVilliers, P. A. 29
Diekmann, A. 415f., 427
Diener, C. I. 108, 116
Diener, E. 350, 366, 488
Dienstbier, R. 340
Dineen, J. 488
Dion, K. K. 300, 317, 439
Dion, K. L. 439
Dipboye, R. L. 488
Dittes, J. E. 379
DiVesta, F. J. 184
Dohman, P. 188
Doise, W. 484
Doll, J. 188
Dollard, J. 54f., 65f., 75, 418, 424
Donnerstein, E. 429
Doob, L. W. 212, 223, 418
Dovidio, J. F. 280, 428f.
Drachman, D. 355
Driskell, J. E. 450
Dulany, D. E. Jr. 67, 181, 183, 215
Duncan, C. P. 66
Dunn, D. S. 244ff.
Dutton, D. G. 316, 332
Duval, S. 295, 365f., 488
Dweck, C. S. 108, 116
Dworkin, L. 337
Dyk, R. B. 128
Dysinger, W. S. 79

Eagly, A. H. 239, 244
Ebbesen, E. B. 82, 268, 308, 421, 485
Eckes, T. 219
Edwards, A. L. 186, 210
Edwards, J. N. 439f.
Edwards, R. E. 209
Effrein, E. A. 352
Egerbladh, T. 481
Egger, M. D. 55
Einhorn, H. J. 290
Eisenberger, R. 81f.
Eiser, J. R. 495
Ekman, G. 479
Ekman, P. 192, 279f.
Eller, S. J. 106ff.
Ellyson, S. L. 280
Ely, R. J. 393, 396
Embree, M. 424
Endler, N. S. 126
Endresen, K. 488
Engelkamp, J. 139, 159, 161, 164, 184
Entwistle, D. 146
Epstein, S. 95, 126
Erber, R. 296, 303f.
Erdelyi, M. H. 208
Erdmann, G. 347
Ernst, A. M. 416
Ertel, S. 152
Estes, W. K. 57f.
Evans, J. 127
Evans, M. 394
Evans, M. G. 452
Exline, R. 279f., 329

Falbo, T. 441
Farkash, E. 202
Faterson, H. F. 128
Faucheux, C. 414, 460
Fazio, R. H. 36, 224–228, 244f., 267f., 302, 309, 329, 352f., 356, 359, 458
Feather, N. T. 60, 69, 127

Feger, H. 87f., 263f.
Fehr, B. 335
Feldman, L. S. 292
Feldman, S. 252, 322
Feleky, A. M. 278
Fendrich, J. M. 211
Fenigstein, A. 226, 366f.
Ferris, C. B. 366
Ferris, S. R. 280
Ferster, C. B. 28
Feshbach, S. 238f., 422
Festinger, L. 23, 33ff., 37, 42ff., 165, 209, 212, 234, 252, 265f., 268, 270, 353f., 453ff., 463, 470f., 486
Fiedler, F. E. 451f.
Field, N. 452
Field, P. B. 248f.
Filipp, S. H. 367
Fillmore, C. J. 139, 160f., 163f., 174
Fincham, F. F. 441
Fink, D. 341
Firestone, I. 337
Fischhoff, R. 202
Fishbein, M. 181, 183f., 186, 210, 213–220, 222ff., 226, 248, 271, 319, 407, 418, 426
Fishbein, S. 333
Fiske, S. T. 295f., 302ff., 306, 327ff., 494
Flament, C. 256, 443
Flanders, J. P. 484
Flores, D'Arcais, G. B. 140
Fodor, J. A. 136, 139, 144, 155
Folger, R. 358
Forgas, J. P. 174, 311, 349, 362
Foulkes, D. 36
Foulkes, S. H. 36
Franks, D. D. 127, 365
Freedman, 208f., 268
Freeman, S. 474
Frenkel-Brunswik, E. 192
Frey, D. 35f., 91, 124, 209, 267f., 270, 367, 379
Friedman, H. 326
Friedman, I. 357
Friedland, N. 202
Friesen, W. V. 280
Frieze, I. 45, 47
Frijda, N. H. 278
Fromkin, H. L. 489
Fulero, S. 394
Fultz, J. 432
Fürntratt, E. 423

Gaertner, S. L. 428f.
Galanter, E. 83, 175, 388
Gangestad, S. 390, 392
Gardner, M. 106
Garrett, M. 136, 139
Garrod, S. 140
Geen, R. G. 417, 419, 421f., 477
Geer, J. 103
Gengel, R. W. 263
Gerard, H. B. 34, 267f., 271, 273, 319, 352, 386f., 409, 460f., 470
Gergen, K. J. 281, 435
Gerst, M. S. 74
Gerwirtz, J. L. 59
Gibb, C. A. 447
Gifford, R. K. 494
Gilbert, G. M. 278
Gillig, P. M. 233
Gilson, C. 197f.
Gitin, S. R. 279
Glass, D. C. 103, 319, 436, 476
Glick, P. 441
Gniech, G. 98
Goethals, G. R. 270, 285, 454, 457f.
Goldberg, G. N. 203, 205, 329
Goldman, R. 343
Goldstein, D. 341
Goldstein, I. 192
Gollwitzer, P. M. 271, 367, 373ff.
Goodenaugh, D. R. 128
Goodkin, F. 104
Goranson, R. E. 422, 427
Gordon, A. 249, 343
Gordon, S. E. 307f.
Gorenflo, D. W. 359
Götz-Marchand, B. 91, 471
Goyeche, J. R. M. 68
Grabitz, H. J. 98
Graen, G. B. 453
Graham, S. 346
Graves, W. 327
Gray, J. A. 100
Gray, L. N. 32
Gray, W. 148
Graziano, W. 293, 295, 326, 391
Green, D. M. 207
Greenberg, J. 120
Greene, D. 293f., 357f.
Greene, J. 135, 137
Greenspoon, J. 26
Greenwald, A. G. 233f., 240, 377ff., 415, 462, 479, 488, 492
Grice, G. R. 25
Grice, H. P. 173
Griffitt, W. 314
Groeben, N. 21
Gross, A. E. 449
Gross, L. 343
Gruder, C. L. 233f., 238
Grümaier, F. N. 330
Grusec, J. 73, 79f., 84, 329, 426
Guetzkow, H. 484
Guttman, L. 186
Guttman, N. 27

Ha, Y. W. 394
Haberkorn, G. 466
Hage, J. N. 120
Haisch, J. 20, 290
Hake, D. F. 58
Hakmiller, K. L. 455
Halff, H. M. 481
Hallam, J. 429

Halpern, P. L. 120
Hamel, I. Z. 292
Hamilton, D. L. 494
Hammond, K. R. 313
Handel, S. 197
Hanson, L. R. Jr. 321f.
Hanusa, B. H. 108
Harary, F. 255ff., 443
Harburg, E. 315
Harkins, S. 473f., 478f.
Harkness, A. R. 304
Harlow, H. F. 55f.
Harnish, R. J. 391
Harper, D. C. 120
Harris, B. 96f.
Harris, R. J. 435
Harris, V. A. 281, 294
Harrison, A. A. 348
Harrison, W. 401
Hartmann, D. P. 422
Hartmann, G. W. 210
Hartshorne, H. 126
Harvey, J. H. 95ff., 291, 298
Harvey, O. J. 239
Hastie, R. 305, 311, 345
Hastorf, A. H. 449
Hatfield, E. 439
Haviland, S. F. 172
Hays, R. B. 440
Hays, R. P. 358
Hazan, C. 442
Heapy, N. A. 54
Heberlein, T. A. 222
Heckhausen, H. 46, 271
Heider, F. 165, 199, 252–258, 260f., 273, 284f., 293, 295, 313ff., 330f., 364, 457
Heimer, K. 423f.
Hekmat, H. 194
Heller, J. F. 238
Helmreich, R. 267, 269, 364
Helson, H. 59, 460
Hempel, C. G. 21
Henchy, T. 476
Hendersen, R. W. 124
Hendrick, C. 324
Henninger, M. 205
Hensley, V. 295
Herkner, W. H. 43, 64, 67, 70, 93f., 101, 255, 297f., 380, 419
Herman, R. L. 74
Herrmann, T. 133f., 139, 173
Herrnstein, R. J. 29, 32, 52
Hess, E. H. 329
Hewstone, M. 290
Hick, W. E. 86
Higgins, E. T. 310, 355, 367ff., 394
Hildum, D. C. 27
Hilgard, E. R. 63
Hill, R. J. 211
Hilweg, W. 67
Hilton, D. J. 290
Himmelfarb, S. 192
Hiroto, D. S. 103, 111
Hirsch, J. 67
Hochgürtel, G. 268
Hockett, C. F. 132
Hodges, B. H. 321
Hoffman, E. L. 455
Hofstätter, P. R. 152f., 479, 495
Hogarth, R. M. 290
Holland, J. G. 30
Hollander, E. P. 211, 449
Holmes, J. G. 267
Holt, L. E. 233f.
Holz, W. C. 58
Homans, G. C. 397, 435
Homme, L. E. 190
Hoppe, R. A. 480
Hoppe-Graff, S. 173
Hörmann, H. 152, 159, 161
House, P. 293f.
House, R. J. 452f.
Hovland, C. I. 230–234, 239f., 248, 329, 356
Howes, D. H. 205
Hoyos, C. 20
Hoyt, G. C. 485
Hubert, S. 306, 324
Hughes, M. 318
Hull, C. L. 54, 61ff., 72, 166, 476f.
Humphreys, L. G. 42, 50
Huston, A. C. 85, 329
Hutter, M. 264
Hyland, M. E. 63f.
Hyman, D. B. 246
Hyman, R. 86f.

Ickes, W. J. 297f., 365f., 380
Inouye, D. K. 104, 108
Insko, C. A. 27, 192, 224, 235, 237, 251, 255, 314, 324, 379, 456f.
Iran-Nejad, A. 350
Irle, M. 35, 88, 91, 268, 272
Isard, S. 155
Isen, A. M. 349f., 432
Isenberg, D. J. 486
Isermann-Gerke, M. 376
Itkin, S. M. 313

Jaccard, J. J. 126, 426
Jackson, D. N. 54
Jackson, J. M. 473
James, W. 49, 143, 337
James, W. H. 44
Janis, I. L. 191, 234, 238f., 248f., 250
Janke, W. 347
Jaspars, J. 290
Jecker, J. 319
Jeffery, R. W. 73f.
Jellison, J. M. 97
Jenkins, H. M. 114
Jenkins, J. J. 146
Joffe, J. M. 101, 104
Johnson, D. 148
Johnson, H. H. 481

Johnson, M. K. 169
Johnson, N. F. 136f.
Johnson-Laird, P. N. 139, 170
Johnston, S. 97
Joncas, A. J. 268
Jones, C. R. 310
Jones, E. E. 34, 210, 266, 269ff., 281–285, 290, 294f., 297, 303, 310, 319, 351, 360f., 374, 376, 386f., 409, 418, 436
Jones, R. 299
Jordan, N. 255, 272
Julian, J. W. 449f.

Kahneman, D. 200–203
Kalish, H. I. 27
Kamenetsky, J. 211
Kanfer, F. H. 26, 76, 193
Kanitschar, H. 330
Kanki, B. 465
Kanouse, D. E. 197, 199f., 321f.
Kaplan, M. F. 486
Karabenick, S. A. 60, 69
Kardes, F. R. 227
Karlins, M. 278
Karniol, R. 83
Karp, L. 349
Karp, S. A. 128
Karwoski, T. F. 146
Kastner, M. 87
Katz, D. 278
Katz, E. 208
Katz, J. J. 144, 155
Katz, P. A. 268
Kaye, D. 191
Keenan, J. 158
Kelley, H. H. 33, 48, 59, 110, 114, 285–293, 295, 303, 335, 358, 397–404, 407f., 414, 440, 465, 481
Kellog, W. N. 50
Kelman, H. C. 230, 233, 329, 378
Kemble, E. D. 107
Kendon, A. 278, 280, 387
Kerpelman, J. P. 192
Kerr, N. L. 481
Kidd, R. F. 298, 438
Kiesler, C. A. 192, 329, 357, 461f.
Kihlstrom, J. F. 361
Kindel, B. 330
Kintsch, W. 139, 154, 158ff., 165, 170, 184
Kirschner, P. 191
Kite, W. R. 449
Klayman, J. 394
Kleck, R. E. 36
Klein, R. 369
Kleinhesselink, R. R. 209
Klinger, E. 107
Knapp, A. 416
Knapper, C. 299
Knight, G. W. 354
Knower, R. H. 235
Knowles, J. 192
Kogan, N. 483f.
Komorita, S. S. 446
Konečni, V. J. 421
Kopp, J. 141
Korchin, S. S. 210
Kornadt, H. J. 424f.
Kraft, D. 244, 246
Krahé, B. 219
Kramer, R. M. 416
Krampen, G. 127
Krantz, S. E. 311, 349, 362
Krasner, L. 192
Krauss, R. M. 413
Krech, D. 184, 190, 239
Kruglanski, A. W. 202, 291f., 357
Kubal, L. 106ff.
Kues, J. R. 438
Kuethe, J. L. 446f.
Kuhl, J. 65, 117f., 221, 271
Kuiper, N. A. 108
Kukla, A. 45, 284
Kulik, J. A. 418
Kunda, Z. 203, 362
Kupers, C. J. 80
Kyle, S. O. 441

Labov, W. 147
Lage, E. 463f.
Lamm, H. 440, 484, 486
Lampel, A. K. 322
Lampen, L. 492
Lana, R. E. 235
Landers, D. M. 476
Landy, D. 319
Lane, H. L. 141
Lange, C. G. 49, 337
Langer, E. J. 122f., 293, 302
LaPiere, R. T. 211
Larkin, K. M. 170
Latané, B. 290f., 339, 427, 467, 472ff., 478
Laughlin, P. R. 481
Lawrence, D. H. 42ff.
Layden, M. A. 297, 365, 380
Lazarus, G. 161
Lazarus, H. 161
Lazarus, R. S. 52f., 124
Leat, M. 76
Leavitt, H. G. 481f.
LeBon, G. 486
Lefcourt, H. M. 127f.
Lefkowitz, M. M. 85
Legant, P. 360
Leidermann, P. H. 475
Leinfellner, W. 21
Leippe, M. R. 234
Lemyre, L. 492f.
Lenn, T. M. 352
Lenneberg, E. H. 141f.
Lepper, M. R. 229, 268, 357f.
Lerman, D. 346
Lerner, M. J. 439
Lesgold, A. M. 72
Lesser, G. S. 249

Leventhal, G. S. 438
Leventhal, H. 239, 249, 348, 424
Levine, J. M. 209
Levinger, G. 485
Levinson, D. J. 192
Lewin, K. 86, 373, 450
Lewis, D. J. 66
Lichtenstein, S. 202
Liebert, R. M. 80
Liebhart, E. H. 342
Likert, R. 186
Lilli, W. 278
Lim, H. 460
Linder, D. E. 99, 266, 269f., 324ff.
Lindsay, P. H. 160ff., 165
Lindskold, S. 375
Lindsley, D. B. 337
Lindzey, G. 205
Lippitt, R. A. 450
Liska, A. E. 220f.
Lisle, D. J. 244
Litwin, G. H. 60
Liu, T. J. 372
Liverant, S. 45
Loftis, J. 340
Lombardi, W. J. 311
Lombardo, J. P. 426
London, M. 197
London, O. 314
London, P. 160
Loomis, J. L. 407
Lord, C. G. 229
Lorge, I. 479
Losco, J. 95
Lott, A. J. 211, 313, 329
Lott, B. E. 313, 329
Lublin, S. C. 486
Luchins, A. S. 300f., 324, 461
Luchins, E. H. 461
Lück, H. E. 476
Lujansky, H. 439
Lumsdaine, A. A. 231, 234, 250
Lund, F. H. 235
Lundy, R. M. 248
Lyons, J. 132, 135

Maass, A. 466f., 495
Macauley, J. R. 264f.
Maccoby, N. 234
Mackie, D. 229
Mackie, D. M. 492f.
Madaras, G. R. 351
Madden, T. J. 221
Maddi, S. R. 272
Maddux, J. E. 79
Madigan, S. A. 143
Magnusson, D. 126
Magoun, H. W. 62
Mahan, T. 106
Maher, B. A. 95
Mahl, G. F. 173
Mahoney, M. J. 80
Maides, S. A. 292
Maier, N. R. F. 451
Maier, R. A. 451
Maier, S. F. 103
Malcolm, T. 273
Malewski, A. 273
Maloff, M. 211
Mandler, G. 333
Mangold, R. 173
Mann, R. D. 448
Manstead, A. S. R. 376
Maoz, Y. 283f.
Marciniak, K. A. 481
Marecek, J. 360
Maritsch, F. 297, 380
Marks, L. E. 155
Markus, H. 171, 362f.
Marlowe, D. 406
Marolla, J. 127, 365
Marquis, D. G. 484
Marshall, G. D. 347
Marston, A. R. 76, 193
Martens, R. 476
Martin, L. L. 348
Mascaro, G. 327
Maslach, C. 347, 489
Massoth, P. 70, 297, 380
Masters, J. C. 61, 98f.
Masterson, F. A. 81f.
Mathews, G. 439
Mathewson, G. C. 319
Matwychuk, A. 392
Mausner, B. 85, 456
May, M. A. 126
McArthur, L. Z. 287f., 290ff., 294f., 360, 494
McCauley, C. 104
McCawley, J. D. 139, 174
McClelland, D. C. 53f., 401
McClintock, C. G. 407
McClung, T. 239
McDavis, K. 428ff.
McDermitt, M. 82
McDonald, F. J. 75, 125
McDonel, E. 228
McDougall, W. 65
McGarvey, W. 255
McGee, M. G. 127
McGillis, D. 281
McGinnies, E. 192, 205f.
McGuire, C. V. 362
McGuire, W. J. 204f., 212, 233, 239, 249ff., 264
McIntosh, W. D. 371
McKean, K. O. 139
McNeely, D. A. 143
McNicol, D. 207
Means, B. 349
Mehler, J. 139
Mehrabian, A. 278ff., 329
Menlove, F. L. 73, 79f.
Merkel, J. 86
Merton, R. K. 392
Mervis, C. B. 148f.

Messick, D. M. 492f.
Metalsky, G. I. 110f., 117, 120
Mettee, D. R. 316, 326, 341
Meyer, W. U. 46, 108
Merzei, L. 76, 211
Michaels, J. W. 439f.
Mielke, R. 79, 127
Mikula, G. 437–440
Mikulincer, M. 111
Milberg, S. J. 303, 327
Miles, R. C. 104
Millar, M. G. 246ff., 371
Millenson, J. R. 176
Miller, C. E. 486
Miller, D. T. 83, 296
Miller, G. A. 70f., 83, 134, 139, 155, 175f., 388
Miller, G. R. 36, 273
Miller, J. 321
Miller, K. 393
Miller, N. 235
Miller, N. E. 49, 54f., 65f., 75, 91–95, 418
Miller, S. M. 123
Mills, J. 36, 208, 319, 440, 471
Minas, J. S. 406
Mineka, S. 124
Mintz, A. 415
Mintz, P. M. 471
Mischel, W. 61, 80–84, 98f., 125f., 149f., 271, 305, 329
Mitchel, M. C. 81f.
Mochar, I. 93
Mohazab, F. 263f.
Monson, T. C. 127, 293, 295, 391
Moore, B. 83, 120
Moore, D. L. 477
Moore, J. 371
Moreno, J. L. 442
Moretti, M. M. 369
Morgan, C. L. 65
Morris, C. 131, 171
Morrissette, J. O. 257, 272
Moruzzi, G. 62
Moschetti, G. J. 438
Moscovici, S. 174, 460, 463–467, 486
Mouton, J. S. 85, 460
Mowrer, O. H. 52, 66, 85, 154f., 418
Mugny, G. 466
Mulder, M. 401
Mueller, C. W. 429
Mulick, J. A. 101, 104
Mullen, B. 450, 478, 489
Mummendey, A. 490, 493
Mummendey, H. D. 376
Mundy, D. 402f.
Munter, P. 340
Murphy, G. 209
Murray, E. J. 26
Myers, D. G. 486

Nadler, A. 434f.
Naffrechoux, M. 463
Naficy, A. 270
Natsoulas, T. 231
Neisser, U. 168
Nel, E. 269
Nelson, C. 299
Nelson, D. 19, 314, 320
Nelson, R. E. 454, 457
Nemeth, C. 465–467
Neuberg, S. L. 296, 302ff., 327ff., 494
Neumeyer, F. 251
Newcomb, T. M. 18, 255, 314ff., 364, 475f., 486
Newman, L. S. 223
Nida, S. 472
Nisan, M. 61
Nisbett, R. E. 114, 201, 203, 249, 290f., 339, 343, 357f., 360f.
Noble, C. E. 143
Nomikos, M. S. 53
Nordhoy, F. 485
Norman, D. A. 70, 160ff., 165
Norman, R. 225
Norman, S. 296
Norris, E. L. 263ff.
Nowicki, G. P. 349
Nuckols, R. C. 211
Nunnaly, J. C. 181
Nuttin, J. M. Jr. 363

Oakes, P. J. 492
Oakes, W. F. 192
Okun, M. 476
Olson, D. R. 174
Olson, J. M. 210
Oltman, P. K. 128
O'Neal, E. 419
Oppenheim, P. 21
Opton, E. M. Jr. 53
O'Quin, K. 432
Orbell, J. M. 415
Orne, M. 20
Orth, B. 187f., 220
Orvis, B. R. 287f., 291f.
Orwant, C. 411
Osgood, C. E. 124, 151ff., 174f., 181, 183, 251f., 260f., 278f.
Osnabrügge, G. 124, 379
Ostfeld, B. 268
O'Sullivan, M. 280
Overmier, J. B. 103

Pace, L. M. 375
Paivio, A. 139, 143f., 175
Pallak, M. S. 238
Pallak, S. R. 244
Papageorgis, D. 233, 250
Parke, R. D. 58, 329
Parsons, T. 85
Patterson, C. 83f.
Pavelchak, M. A. 303, 306, 327, 494
Pawlow, I. P. 22, 49
Peake, P. K. 82
Pearlstone, Z. 71, 202

Pennebaker, J. W. 120
Penrod, S. 467, 474
Pepitone, A. 486
Peplau, L. A. 439
Perchonock, E. 138, 140
Perin, C. T. 25, 62
Perloe, S. I. 249
Perloff, J. M. 117
Persons, J. B. 117
Pessin, J. 475
Pesta, T. 67, 70, 297, 380
Peterson, C. 110f., 117
Petersen, R. C. 239
Petty, R. E. 233, 240–243, 249, 302, 304, 467, 473f.
Pfrang, H. 127
Phares, E. J. 127
Philbrick, D. B. 67
Piaget, J. 125
Piliavin, I. M. 428
Piliavin, J. A. 428ff.
Pilkington, C. J. 371
Pilkonis, P. A. 192
Pittman, N. L. 296
Pittman, T. S. 296f., 302, 374
Pleban, R. 371
Plutchick, R. 349
Pomazal, R. J. 426
Popper, K. 21f.
Post, D. L. 295
Postal, P. 155
Postman, L. 67, 205f.
Potash, H. M. 409
Powell, M. C. 227
Pratkanis, A. R. 234, 377
Pratto, F. 311
Premack, D. 56
Pribram, K. H. 83, 175, 388
Price, K. O. 315
Prischl, A. 272
Pruitt, D. G. 484
Pubols, B. H. Jr. 25
Pustell, T. E. 206
Pyszczinski, T. 120

Quanty, M. B. 421
Quattrone, G. 294
Quay, M. 26
Quillian, M. R. 163
Quine, W. V. 195

Rabbie, J. M. 470
Rabinowitz, L. 404
Rachlin, H. C. 29, 31ff.
Raden, D. 229
Radloff, R. 402f.
Rankin, N. D. 53
Rapoport, A. 409, 411, 426
Raven, J. C. 111
Rawings, E. 422
Rawson, H. 101, 104, 406
Ray, A. A. 341
Rayner, R. 51
Razran, G. H. 191, 194, 240, 313
Reber, A. 58
Reece, M. M. 206
Reed, H. 290
Reed, L. 45
Reeder, G. D. 322
Regan, D. T. 224f., 329, 360
Regula, R. 450
Reis, H. T. 426
Reisenzein, R. 347
Repucci, N. D. 108
Rescorla, R. A. 50
Rest, S. 45
Reynolds, A. 144
Rhodewalt, F. 355
Rholes, C. R. 310
Richards, J. M. Jr. 313
Riess, B. F. 194
Rife, D. 248
Riggs, J. M. 294
Riley, M. W. 445
Rim, Y. 484
Ritter, B. 79
Rittle, R. H. 475
Rizley, R. 108
Robins, C. J. 117
Robinson, H. 208
Rock, L. 285
Rodin, J. 340, 343, 428
Rodrigues, A. 315
Rogers, T. B. 143
Rohracher, H. 278
Rohrer, J. H. 455
Rokeach, M. 36, 211, 273
Rommetveit, R. 154, 172
Roper, G. 485
Rosch, E. 146–149
Rosen, S. 208
Rosenbaum, M. E. 441
Rosenbaum, R. M. 45
Rosenberg, M. J. 181, 183f., 195, 252, 258, 266
Rosenberg, S. 299, 304
Rosenblatt, R. M. 404
Rosenfeld, P. 375
Rosenfield, D. 297, 358, 360ff.
Rosenthal, R. 20, 280
Ross, D. 85, 417
Ross, L. 114, 201, 293f., 340, 361
Ross, M. 357
Ross, S. A. 85, 417
Rossomondo, N. P. 267
Roth, D. L. 375
Roth, J. 122
Roth, S. 106ff.
Rothbart, M. 394
Rothschild, G. H. 482
Rotondo, J. A. 246
Rotter, J. B. 44ff., 68f., 72f., 76, 101, 121, 127, 187, 249, 271, 362, 453
Rowan, T. 211
Rowe, P. 321

Rubin, Z. 333, 439
Ruckmick, C. A. 79
Rumelhart, P. E. 160ff., 165, 168f.
Russell, D. 346
Rutstein, J. 333
Ryan, R. M. 359
Ryans, D. 451

Sachs, J. D. 140, 174
Sakumura, J. 357
Salas, E. 450
Sales, M. 475
Sampson, E. E. 456f.
Sanbonmatsu, D. M. 227
Sande, G. N. 462
Sanders, G. S. 476f.
Sanford, R. N. 192
Santee, R. T. 489
Saporta, S. 181
Sarnoff, I. 471
Sasfy, J. 476
Sassenrath, J. M. 67
Savin, H. B. 138, 140
Schachter, J. 146
Schachter, S. 49, 53, 69, 166, 290, 332, 337ff., 341–345, 347f., 418, 455, 468–472
Schaeffer, M. A. 120
Schäfer, B. 278
Schaller, M. 433, 495
Schank, R. 168, 170, 293
Scheier, M. F. 63, 226, 361, 377
Schenk, J. 127
Scher, S. J. 269
Schiefele, U. 367
Schiemann, W. 453
Schiffmann, R. 492
Schifter, D. B. 221
Schjelderup-Ebbe, T. 197
Schlamberger, K. 439
Schlenker, B. R. 374, 376
Schlosberg, H. 50, 278f.
Schnedlitz, P. 219f.
Schneider, B. 205
Schneider, D. J. 485
Schneider, H. D. 385
Schneider, W. 301
Schnotz, W. 170
Schopler, J. 224, 319
Schreiber, H. J. 493
Schremser, G. 101, 419
Schroeder, H. E. 486
Schroeder, S. R. 30
Schuler, H. 445
Schulman, P. 113
Schultz-Gambard, J. 20
Schulz, R. 108
Schumann, D. 242
Schuster, R. H. 55
Schwartz, J. C. 305
Schwartz, J. M. 292
Schwartz, M. F. 349
Schwartz, S. H. 225, 426
Schwinger, T. 437, 440
Scodel, A. 406
Searle, J. R. 172
Sears, D. O. 208, 314
Sears, R. R. 126, 418
Sebastian, R. J. 425
Secord, P. F. 316, 378
Sedlak, A. 299
Seeman, M. 127
Sekerak, G. J. 475
Self, E. A. 105, 271
Selfridge, J. A. 134
Selg, H. 416
Seligman, C. 245
Seligman, M. E. P., 101ff., 109ff., 113, 117f., 362
Sells, S. B. 195
Seltzer, A. L. 329
Semin, G. R. 394
Semmel, A. 110f., 117
Sensenig, J. 99
Sentis, K. 363
Sermat, V. 409
Shaban, J. 99
Shackleford, S. L. 359
Shaffer, D. R. 243
Shalker, T. E. 349
Shannon, C. E. 281
Shapiro, D. 299, 475
Sharp, H. 239
Sharrod, D. R. 120
Shaver, K. G. 285
Shaver, P. J. 442
Shaw, M. E. 452, 482f.
Sheffield, F. D. 231, 234
Sherif, M. 239, 356, 454f., 461, 490, 495
Sherman, S. J. 228, 302, 484, 494
Shiffrin, R. M. 71, 301
Shlein, J. M. 329
Shockley, V. L. 471
Shoda, Y. 82
Shope, G. L. 421
Sidowski, J. B. 401ff.
Sigall, H. 376
Simmons, C. H. 439
Simpson, J. A. 442
Singer, J. E. 103, 338f., 341, 347, 471, 486
Singer, R. D. 192
Sivacek, J. 359
Six, B. 219, 278
Skinner, B. F. 23ff., 28, 41, 49, 57, 61, 75, 175
Skolnick, P. 316
Skowronski, J. J. 322f.
Skrzypek, G. J. 452
Skubiske, F. L. 426
Slater, P. E. 448f.
Slobin, D. 139
Slochower, J. 343
Slovic, P. 201f.
Slugoski, B. R. 290
Smith, M. C. 308
Smith, P. M. 492f.
Smith, S. 71, 134

Snyder, C. R. 375, 489
Snyder, Mark 126f., 226, 374, 390–395, 441f.
Snyder, Melvin L. 238, 297, 360ff.
Solomon, H. 479
Solomon, L. 316, 408ff., 417, 426
Solomon, R. L. 58, 205, 334
Songer, G. 255
Sorembe, V. 87
Sorrentino, R. M. 450, 452
Spada, H. 416
Spears, R. 495
Speckart, G. 219
Spence, K. W. 61f., 93
Sperber, B. M. 219
Sperry, D. L. 97
Spielberger, C. D. 67
Spooner, A. 50
Spranger, E. 205
Srull, T. K. 171, 306f., 310, 322
Staats, A. W. 191f., 194
Staats, C. K. 191f., 194
Stachowiak, J. G. 263
Stäcker, K. H. 100
Stafford, M. C. 32
Stahlberg, D. 20, 124, 379
Stangor, C. 210, 467
Stanley, M. A. 298
Stapp, J. 489
Staub, E. 427
Staw, B. M. 357f.
Steele, C. M. 36, 371f., 375, 379, 492
Steiner, I. D. 36, 95f.
Stephan, W. G. 297, 360ff.
Stepper, S. 348
Sternberg, R. J. 331, 333ff.
Stevens, S. S. 472
Stewart, R. H. 324
Stiensmeier-Pelster, J. 119f.
Stires, L. K. 99
Stogdill, R. M. 448, 451
Stokes, J. P. 441
Stoltenberg, C. D. 79
Stoner, J. A. F. 483ff.
Stonner, D. 417, 421
Storms, L. H. 477
Storms, M. D. 360
Stotland, E. 231
Strack, F. 348, 394
Straub, R. B. 342
Straumann, T. 369
Straus, E. 329
Streufert, S. 435
Stringer, P. 20
Stroebe, W. 316
Stunkard, A. J. 342
Suci, G. J. 124, 152
Suppes, P. 176
Swander, D. V. 455
Swann, W. B. Jr. 127, 362, 393–396
Swedlund, M. 465
Sweeney, P. D. 117
Swets, J. A. 207
Syllwasschy, J. 492
Szymanski, K. 478f.

Tabachnik, N. 115, 122f., 495
Tabory, L. 401
Taffel, C. 26
Tagiuri, R. 299
Tajfel, H. 490f.
Tallman, I. 32
Tanford, S. 467, 474
Tanke, E. D. 391, 393
Tannenbaum, P. H. 124, 152, 251f., 259–265
Taves, P. A. 355
Taylor, D. A. 441
Taylor, D. W. 479
Taylor, S. E. 295, 326, 380
Teasdale, J. D. 109
Tedeschi, J. T. 374ff.
Teger, A. I. 484
Teichmann, Y. 471
Tennen, H. 106–108
Tesser, A. 246ff., 259f., 370f., 434, 456, 486, 492
Tetlock, P. E. 376
Thibaut, J. W. 59, 397–403, 407f., 414, 440, 471, 481
Thiel, D. L. 317
Thistlethwaite, D. L. 484
Thomas, B. 106
Thomas, E. J. 235
Thomas, M. 378
Thorndike, E. L. 22, 300
Thurstone, L. L. 69, 184, 186, 239
Timko, C. 219
Titchener, E. B. 143
Tittle, C. R. 211
Tognacci, L. N. 222
Toi, M. 430
Tolstedt, B. E. 441
Tomkins, S. S. 348
Tota, M. E. 311
Totten, J. 360
Trabasso, T. 140
Traupmann, J. 437, 439
Triandis, H. C. 319
Trope, Y. 282ff., 395
Truax, C. B. 26
Tulving, E. 71, 202
Turner, J. A. 236, 263
Turner, J. C. 490, 492
Tversky, A. 200–203
Tweedy, J. 235
Tyler, T. R. 314

Ulemann, J. S. 308
Ullmann, L. P. 192
Ulrich, R. E. 424
Umberson, D. 318
Upmeyer, A. 461
Uranowitz, S. W. 394
Uray, H. 438
Utne, M. K. 438

Vaillant, G. E. 113
Valins, S. 341f.
Valle, V. 47
van Avermaet, E. 407
van de Geer, J. P. 141
van de Kragt, A. J. C. 415
Vanderplas, M. 432
van der Pligt, J. 495
van Dijk, T. A. 159f., 170, 173
van Hook, E. 369
Vanian, D. 194
Vernon, D. T. A. 222
Verplanck, W. S. 26
Vinokur, A. 485f.
Vivekananthan, P. S. 299
von Baeyer, C. 110, 128
Vroom, V. H. 211, 223, 453

Wack, D. L. 475
Wagner, U. 492
Wallach, M. A. 483f.
Wallbom, M. 366, 488
Walster, E. 90f., 282, 300, 317, 332, 393, 435–439
Walster, G. W. 435–437, 439
Walters, G. 278
Walters, R. H. 58, 66, 68, 76, 329, 416f.
Ward, L. M. 285
Ward, W. C. 114
Ware, E. E. 128
Warehime, R. G. 127
Warr, P. 299, 321
Wason, P. C. 197
Watson, J. B. 22, 51
Watson, N. S. 210
Watts, W. A. 233f.
Weary, G. 298, 361
Weaver, W. 281
Weber, R. 495
Webb, S. 235
Webb, W. B. 211
Weigel, R. H. 222f.
Weiner, B. 45–48, 53, 70, 93, 108, 114, 116f., 284, 286, 345–348, 418, 424
Weininger, O. 128
Weinreich, U. 144
Weisenberg, M. 337
Weiss, J. M. 120
Weiss, R. F. 426
Weiss, W. 230, 267, 329
Weitz, J. 211
Welker, R. L. 104
Wells, G. L. 242, 291
Westhoff, K. 87
Westmeyer, H. 21
Wheatley, K. L. 104
Wheaton, J. 36
Wheeler, L. 339
Whitcher-Alagna, S. 434
White, C. T. 50
White, G. L. 333, 352
White, J. B. 219
Whiting, J. W. 85
Whorf, B. L. 141
Wicker, A. W. 211
Wicklund, R. A. 35, 98, 124, 226, 237f., 269f., 365–367, 373ff., 488, 492
Wiener, M. 280
Wilder, D. A. 491, 495
Wilhelmy, R. A. 267f.
Wilkes, A. L. 490
Williams, B. A. 32
Williams, C. D. 26, 417
Williams, C. J. 228
Williams, K. 478
Williams, R. I. 26
Wills, T. A. 455
Wilson, K. V. 409
Wilson, M. 314
Wilson, T. D. 189, 244ff., 248
Winch, R. F. 316
Winter, L. 308
Winterhoff-Spurk, P. 173
Winters, L. C. 280, 329
Winzenz, D. 72
Wishner, J. 299
Wispé, L. 428
Witkins, H. A. 128
Witte, E. H. 401
Wittgenstein, L. 147
Wolf, S. 467, 473
Wolfe, J. B. 55
Wolosin, M. A. 484
Wolosin, R. J. 484
Wood, W. 359
Woodruff, A. D. 184
Woodson, M. 127
Woodworth, R. S. 195, 278
Worchel, S. 98, 100f., 237f., 269, 355, 401, 419f.
Word, C. O. 393
Wortman, C. 97, 99f., 104ff., 109, 119f., 121f., 124, 272
Wright, E. 296
Wright, J. C. 149f.
Wrightsman, L. S. Jr. 470
Wu, C. 243
Wurf, E. 362
Wyer, R. S. Jr. 171, 203ff., 306–308, 310, 322
Wykoff, L. B. 401

Yates, S. 260
Yetton, P. W. 453
Yuille, J. C. 143

Zajonc, R. B. 53, 171, 254f., 257, 316, 347ff., 446, 475–477, 484
Zander, A. 231
Zanna, M. P. 192, 210, 225, 245, 268, 354ff., 393, 462
Zavalloni, M. 486
Zeevi, G. 357
Zeigarnik, B. 373
Zeiss, A. 82f.
Zigler, E. 59, 329
Ziller, R. 489

Zillmann, D. 344f.
Zimbardo, P. G. 337, 340, 347, 471, 486–489
Zimmermann, R. R. 56
Zuckermann, M. 280, 292, 426

Sachregister

Abhängigkeit
s. Ergebnisabhängigkeit
Ablehnung 297, 313ff., 442f., 446f., 456f.
Ablehnungsbereich 356
Ablenkung 82f., 234, 242, 366
Ablenkungs-Konflikttheorie 476ff.
Abrufbarkeit
s. Zugänglichkeit
Abschwächungsprinzip (discounting) 283f., 310f., 322, 358
ABX-Modell von Newcomb 314ff., 364
Additionsregel
s. Vergrößerungsprinzip
Affiliation 468ff.
Aggression 76, 98ff., 150f., 350, 394ff., 416ff., 436f., 487ff., 492
instrumentelle vs. feindselige 423ff.
Aggressionshemmung 418ff., 423ff.
Aggressionstheorie von Berkowitz 423ff.
Aktivierung$_1$ (physiologische Aktivierung) 61ff., 77, 86f., 151ff., 168, 174, 272, 279, 332f., 337ff., 423, 428ff., 475ff., 487
Aktivierung$_2$ (Aktivierung von Gedächtnisinhalten) 166ff., 227f., 309, 347, 354ff., 418f.
Aktivierungsausbreitung 166f.
Aktivierungs-Kosten Nutzenmodell 428ff.
Akzentuierung 278
Alternativen 86ff., 96ff., 220, 224, 271, 397ff.
externe 414
Altruismus 425ff., 437, 440
Altruismustheorie von Batson 430ff.
Anerkennung 374, 377f., 492
Anfangseffekt (primacy effect) 235f., 301, 324
Angst 51f., 78, 238f., 339ff., 342f., 436, 468ff.
Anonymität 487f.
Anreiz (incentive) 54ff., 62f.
Anstrengung 81f., 105, 301f., 344, 366
Antrieb 61ff.
Appetenz 329
Appetenz-Aversions-Konflikt 91ff., 369
Arbeitsgedächtnis 165f., 362f.
Ärger 98, 106f., 344ff., 418f., 423ff., 436f.
Argumente, überzeugende
s. Mitteilungsqualität
Assimilation 239
Assoziationen 142f., 145f., 165ff., 227, 305ff., 349
Attributionen 44ff., 69f., 107ff., 126f., 164, 285ff., 311, 391
Abneigung 330f.
Aggression 418, 424f.
Angst 339ff.
Beziehungen 441
Extinktion 44f., 340f.
für Handlungen vs. Ereignisse 291f.
Gerechtigkeit 438f.
Grund vs. Ursache 292
Hilflosigkeit 107ff., 118ff.
Minoritätseinfluß 465f.
Motivationseinflüsse 295ff.
Persönlichkeitsmerkmale 126f.
selbstgefällige 360f.
Selbstwert 380
spontane 116f.
Sympathie 329ff.
Attributionsdimensionen
endogen/exogen 292
global/spezifisch 109ff.
intern/extern 45ff., 69f., 109ff., 127f.
kontrollierbar/unkontrollierbar 345ff.
stabil/variabel 45ff., 70, 107ff.
Attributionsdivergenzen zwischen Beobachter und Handelndem 360f.
Attributionsfehler, fundamentaler 294f.
Attributionsstil 110f., 365
Attributionstheorien 44ff., 281ff., 285ff.
Extinktionsresistenz 44ff.
Gefühle 339ff.
Hilflosigkeitstheorie 108ff.
Theorie von Jones und Davis 281ff., 310f., 351
Theorie von Kelley 285ff.
Theorie von Weiner 45ff., 345ff.
Attributionsverzerrungen 295ff., 394
Auffälligkeit 244, 360, 489f., 494f.
Auffälligkeitshypothese 295, 358, 450
Aufforderungscharakter 20
Aufgaben, konjunktive vs. disjunktive 480f.
Aufmerksamkeit 73, 82ff., 169f., 247, 301f., 360, 365ff.
Aussehen
s. Schönheit
Außengruppen 491ff.
Auszahlungsmatrix (payoff matrix)
s. Wertematrix

Balanceindex 256
Balancetheorie 252ff., 260f., 272f., 313ff., 461f., 492
Abneigung 313ff.
Attributionen 330f.
Einstellungsänderung 260f.
Gruppenstruktur 443, 446f.
Konformität 456f.
Selbstwert 363ff.
Sympathie 313ff.
Basisrate 24
Basisrateninformation 201ff.
s. Konsensusinformation
Bedauern einer Entscheidung (postdecisional regret) 91
Bedeutung
Bedeutungskern 149, 154

denotative 151, 191
konnotative 151ff., 191
s. Satzbedeutung
s. Textbedeutung
s. Wortbedeutung
Bedeutungskomponenten 144ff.
Bedürfnis nach Wissen (need for cognition) 248
Bedürfnisprinzip 438ff.
Bedürfnisse, komplementäre 316
Beeinflußbarkeit 248f.
Begriffe 144f., 146ff., 162, 181
Beitrag 435ff.
Beitragsproportionalität 437ff.
Belohnung 266ff., 357ff., 408, 430f., 440
überreichliche (oversufficient) 267f.
unzureichende 267f.
Belohnungsaufschub 81ff., 271
Belohnungsaufteilung 437ff., 491
Beobachtung, Lernen durch 72ff., 104, 193, 411, 417, 426
Bestrafung 57f., 84, 394, 408, 430f.
Bewertung 151ff., 174, 181ff., 279, 299f., 305ff., 309f., 313ff., 349
s. Wert
Bewertungsdivergenz 89ff., 272
Beziehungen 398f., 436f., 439ff.
Beziehungstypen 440f.
zwischen Gruppen 490ff.
Beziehungsqualität 439ff.
Bezugspersonen
s. Vergleichspersonen
Bindung 35, 209, 269, 271, 333ff., 373, 462
Blickkontakt 279f., 489f.
bogus-pipeline 376
Bumerangeffekt 236ff., 241

Commitment
s. Bindung
Crespi-Effekt 59

Darbietung, bloße (mere exposure) 347f.
Deindividuierung 486ff.
Deixis 172
Denken
deduktives 194ff.
induktives 197ff.
Depression 102, 106, 110ff., 114, 117, 297, 369, 380f.
Deprivation 59f., 190f.
Diagnostizität
s. Information
Diagnostizitätshypothese 322ff.
Differential, semantisches 152f., 186
Diskrimination 27f., 50, 140, 176
Dispositionsattribution 281ff., 290, 296, 308, 360f., 391, 393ff.
s. Personenattributionen
Dissonanztheorie 33ff., 42ff., 88ff., 124, 265ff., 318f., 353ff., 367, 372, 376, 462
Abneigung 318f.
einstellungsdiskrepantes Verhalten 265ff.
Entscheidungen 88ff.
Extinktionsresistenz 42ff.
Gruppenprozesse 462
Informationsaufnahme 208f.
Minoritätseinfluß 465
notendige Bedingungen für Dissonanz 268ff.
Selbstwahrnehmungstheorie 353ff.
Sympathie 318f.
Trieb 336f.
Dissoziationshypothese 232ff.
Distinktheitsinformation 286ff.
Dreieckstheorie der Liebe 333ff.
Drohungen 413f.
Durchschnittsmodell 183, 319ff., 364
Dyaden 385ff.

Effekt, sokratischer 204f.
Effizienzerwartungen 77ff., 120, 124, 221, 271
Ehe
s. Beziehungen
Eigengruppe 491f.
Einbettung 156f., 168
Einfluß 329
Einflußtheorie von Latané 472ff.
Einheitsrelationen 199f., 252ff.
Einstellungen 181ff., 352ff., 407, 417f., 426
affektive fundierte 189, 245f.
ambivalente (s. inkonsistente)
differentielle 219f.
Entstehung 189
Gedächtnis 209ff.
homogene (s. konsistente)
Informationsaufnahme 208f.
inkonsistente 191, 225f., 246f., 260
kognitiv fundierte 189, 245f.
komplexe 190f.
Komponenten 184, 188, 246ff.
konsistente 191, 225f., 228, 246f., 260
stabile 225f.
Verhalten 211ff., 241, 243ff., 353ff., 390
Wahrnehmung 205ff.
zu Alternativen 220, 224
zu Verhaltensweisen 181, 213ff., 217ff., 417f.
s. Pseudoeinstellungen
s. Stabilisierung
Einstellungsähnlichkeit 18f., 314ff., 320f., 399, 441
Einstellungsänderung 189ff., 229ff., 257ff., 460ff., 473f.
indirekte 263
Einstellungsfunktionen 352f., 391f.
Einstellungsmessung 185ff., 227, 248, 353, 366
Einstellungsobjekte 181, 212ff., 223f.
allgemeine vs. spezifische 221f.
Einstellungsschwankungen 189ff.
Einstellungsstärke 229
Einstellungstypen 245ff.
ELM (elaboration likelihood model) 240ff., 391f., 467
Emotionen
s. Gefühle
Empathie 79, 193, 360, 427f., 430ff.
Empathie-Altruismus-Hypothese 430ff.
Endeffekt (recency effect) 235f., 301, 324ff.
Entscheidung 85ff., 209, 270, 349

Entscheidungsfreiheit 96ff., 266ff., 270, 319, 351, 355, 357ff.
Entwicklung 124f.
Episoden 164
equity-theory
s. Gerechtigkeit
Ereignisse 291f.
Erfahrung, persönliche 224f., 228, 243f.
Erfolgsattributionen 44ff.
Erfolgserwartungen 45ff., 60
Ergänzungsschemata 288f.
Ergebnisabhängigkeit 295f., 302, 304, 327ff., 490
Ergebnisfreiheit 96
Ergebniskontrolle 400f.
Ergebnismatrix 397ff., 411ff.
Ergebnisse 215f., 396ff.
Erregungsübertragung 344
Ersatzziele 373f.
Erwartungen 115f., 169, 366, 410
von Verhaltenskonsequenzen 66ff., 345ff.
s. Effizienzerwartungen
s. Kontrollerwartungen
Erzeugungsregeln 135ff., 157f., 176
Experiment 18ff.
Extinktion 23f., 65, 107, 340f., 394
Extinktionsresistenz 41ff., 357

Fallen, soziale 414ff.
Familienähnlichkeit 147
Faulheit, soziale 468, 478f.
Fehlattribution 339ff., 354ff., 429
Feldabhängigkeit 128
Fertigkeiten, soziale 387ff.
Mängel 389
Fettleibigkeit 342f.
Fishbein-Modell 183, 186ff.
Fluchtverhalten 102f., 423
Freiheit, subjektive 95ff.
s. Reaktanz
Freiheitseinschränkung 97ff., 237f.
Freiheitserwartung 98ff.
Freiwilligendilemma 415f., 427
Fremd- und Selbstwahrnehmung, Unterschiede 360f.
Freude 345f.
Freundschaft
s. Beziehungen
Frustration 83, 99ff.
ungerechtfertigte 418, 424
Frustrations-Aggressions-Hypothese 418f., 424
Führer 447ff.
Definition 447f.
Sprechhäufigkeit 449f.
Führungsstile 450ff.
Effizienz 450ff.
Führungstheorien 448ff.
interaktionistische 448f.
Kontingenzmodell 451f.
Weg-Ziel-Theorien 452f.

Gedächtnis 73ff., 158ff., 219ff., 235, 308f.
konstruktives 169
Gedankenaufzeichnung (thought listing) 240
Gedankenlosigkeit 292ff.
Gefangenendilemma 404ff.
Gefühle 48ff., 79, 102, 106f., 151f., 167f., 311, 332ff., 365f., 368f., 371, 377, 416, 419ff., 423ff., 430ff., 468ff.
Auswirkungen 349f.
negative 350, 423ff., 432f., 492
Gefühlstheorie von Schachter 337ff.
Gegenprozeßtheorie 334f.
Gegenseitigkeit
s. Reziprozität
Generalisation 27f., 50, 65, 68f., 92, 102, 140, 194, 395f.
Gerechtigkeit (equity) 435ff.
ausgleichende 438
Gerechtigkeitsnormen 437ff.
Geschenke 435
Geselligkeitsbedürfnis
s. Affiliation
Gesetz der ehelichen Untreue 325ff.
Gesetz des relativen Effekts 28ff., 327
Gesichtsausdruck
s. Mimik
Gesundheit, psychische 101ff., 120ff., 380f.
Gewinn 411ff., 435ff.
Gewinn-Verlust-Hypothese (Personenwahrnehmung) 325ff.
Gewinn-Verlust-Hypothese (soziale Tauschprozesse) 402ff.
Gewissen 79ff., 95
Gleichheitsprinzip 438ff.
Grammatik, generative 135ff., 175ff.
Gründe
s. Attributionen
Gruppe 385ff.
Definition 385
Leistungsfähigkeit 479ff.
s. Risikobereitschaft
Gruppenführung 447ff.
Gruppengröße 416, 446, 459f., 462, 464f., 467f., 472ff., 487
Grupenleistungen 474ff.
Gruppenstruktur 442ff., 481ff.
objektive vs. subjektive 446f.

Halo-Effekt 300
Handlungen 64f., 281ff., 291f.
Handlungskontrolle 65, 117ff., 270ff., 439
Helfen 349f., 371, 425ff., 437
direkte vs. indirekte Hilfe 429ff.
Heuristiken
s. Urteilsheuristiken
Hilfeempfänger 434f., 437
Hilflosigkeit, gelernte 101ff.
Hinweisreize
s. Reize, diskriminative
Hitze 423f.
Hoffnung 347
Hunger 336f., 342f.
Hypothesen (der Vpn) 67, 394ff.
Hypothesenprüfung, konfirmatorische 394f.

Identifizierung 84f.
Illusion der Kontrolle 122f., 380
Illusionen 380f.
Imitation 65ff., 72ff.
Immunisierung (von Einstellungen) 264f.
Implikation 197
Individuierung 489f.
Inferenz 169, 203f., 277f., 281ff.
Information
  diagnostische vs. nichtdiagnostische 303f., 322f., 395
  konsistente vs. inkonsistente 303ff., 328f.
  neue vs. gegebene 172f.
Informationsaufnahme, selektive 208f., 239, 271
Informationsverarbeitung 70ff., 113ff., 117f., 200ff., 226ff., 240ff., 295ff., 301ff., 361ff., 369
  absteigende vs. aufsteigende 303f., 327ff.
  automatische vs. kontrollierte 228, 301ff., 308, 350, 388
  oberflächliche vs. gründliche 240ff., 295f., 391f.
Inokulationstheorie 249ff.
Intentionen 213ff., 243, 269
Interaktion
  einseitige (asymmetrische) 17
  zweiseitige (symmetrische) 17
Interaktionssequenzen 385ff.
  alternierende 402ff.
  asymmetrische 386
  pseudokontingente 386f.
  reaktive 387
  synchrone 402ff.
  Typen 386f.
  wechselseitige 387
Internalisierung 41ff., 192f.
Intervallpläne 28ff.
Intimität 333f.
Istwert 64f.

Kasusgrammatik 160ff.
Kategorien 140f., 305f.
  fundamentale 148f.
  natürliche 146ff.
  Personenkategorien 305f.
Kategorisierung 303, 327ff., 490ff.
Katharsishypothese 420f.
Kausalbeziehungen 18f., 117, 219f.
Kodierung 70f., 74
Kognitionen, primäre vs. sekundäre 163f., 232f.
Kohäsion 443, 466, 479
Kommunikation 142, 171ff., 193f., 229ff., 260f., 406f., 415, 444f., 471f., 481ff.
  inkonsistente 280
  nichtverbale 278ff.
Kompetenz, sprachliche 133
Kompetenzwahrnehmung 358f.
Konditionieren
  klassisches 49ff., 79, 121, 191f., 240, 340f.
  operantes 23ff., 65f., 121, 192f., 240
  verbales 26f., 192f.
Konflikt, interindividueller 399f., 406ff.
Konflikt, intraindividueller 85ff., 224
Konflikt, kognitiver vs. interpersoneller 466f.
Konflikt zwischen physischer und sozialer Realität 458ff., 463ff.
Konfliktstärke 86ff., 97
Konformität 367, 379, 453ff., 471f.
Kongruitätstheorie 260ff.
Können 284f.
Konsensus, falscher 293f.
Konsensusinformation 286ff.
  Vernachlässigung von 290f.
Konsequenzen
  aversive (s. negative)
  für den Beobachter 282, 284f.
  für die Stimulusperson 281ff.
  negative 268ff.
  reversible vs. irreversible 269f.
  spezifische (noncommon) 282
Konsistenzinformation 286ff.
Konsistenztheorien 251ff., 379
  s. Balancetheorie
  s. Dissonanztheorie
  s. Kongruitätstheorie
Konstituenten 135ff.
Kontakt 314
Kontext 327
Kontingenz 33, 50f., 55, 101
Kontingenzmodell der Gruppenführung 451f.
Kontingenzwahrnehmung 113ff., 304, 318, 380, 494
Kontrasteffekte 239, 325ff.
Kontrolle 85, 101, 104ff., 120ff., 151ff., 174, 279, 295f., 306, 365, 400f.
  externe vs. interne 44f., 101, 121, 127f.
Kontrollerwartungen 102ff., 112f., 118f., 220f., 293
Kontrollierbarkeit des Verhaltens 220f.
Kontrollmotivation 105, 123, 296f.
Konversationsmaximen 173
Konversionstheorie 466f.
Kooperation 402ff., 426
  bedingte vs. unbedingte 408ff.
Kooperationsprinzip 173
Körperhaltung 279
Körperkontakt 56
Korrelation 33, 116, 188, 211
  illusorische 115, 493f.
Kosten 96, 428ff., 440
Kovariation 33
Kovariationsprinzip 285ff., 358
Kreativität 63, 349
Kriminalität 339
Kurzzeitgedächtnis
  s. Arbeitsgedächtnis

Lächeln 280
Lageorientierung 117ff., 272, 302, 349
Langzeitgedächtnis 165ff., 307
Lärm 103, 423
Leidenschaft 333ff.
Leistung 44ff., 106f., 112f., 370f., 377f., 474ff.
  Attributionen 44ff.
  Modellpersonen 79f.
  s. Gruppe
Leistungsaktivierung, soziale 474ff.
Lernstörungen 102ff.

Lerntheorien 175f., 266, 359, 396ff.
Abneigung 313
Aggression 416f.
behavioristische 23ff.
Beziehungen 440
Einstellungsschwankungen 189ff.
Gruppenstruktur 449f.
kognitive 66ff.
Konformität 456
Kooperation 408
Leistungsänderung durch Zuschauer 475ff.
Liebe 332
Sympathie 313, 332
Theorie von Bandura 72ff.
Theorie von Hull 61ff.
Theorie von Rotter 68f.
Theorie von Skinner 23ff.
Leugnung 264f.
Liebe 331ff., 442
kameradschaftliche vs. leidenschaftliche 332ff.
Komponenten 333ff.
s. Dreieckstheorie
s. Intimität
s. Leidenschaft
s. Verliebtheit
Lob 358
Lügen 280

Macht 85, 230, 400ff., 412f., 444f.
s. Einfluß
Machtverhältnisse 411ff.
Majorität 458ff., 473
Makrooperatoren 159f.
Makrostruktur 159f.
Massenpsychologie
s. Deindividuierung
matching-law
s. Gesetz des relativen Effekts
Meinungen 182f., 189ff., 218ff.
Meinungsänderung 189, 204f.
Meinungsstärke 183, 187f.
Methoden 18ff.
Mikrostruktur 159f.
Mimik 168, 278ff., 348f.
Minimax-Hypothese 123
Minoritäten 376, 463ff., 494
Einfluß von 463ff., 473
numerische vs. soziale 466
Mißerfolgsattributionen 44ff.
Mitleid 345f., 427f.
s. Empathie
Mitteilungen 234ff.
angstauslösend 238f.
einseitige vs. zweiseitige 234ff.
Mitteilungsqualität 242ff., 391f., 485
Mittelwert
s. Durchschnittsmodell
Modell, heuristisches 244
Modell, integratives 104ff., 119f.
Modell, mentales
s. Situationsmodell
Moderatorvariablen 219f., 226ff.
Morphem 132
Motivation 53ff., 73, 102, 105f., 369
aktuelle vs. potentielle 105f., 271
altruistische vs. egoistische 430ff.
egoistische (individualistische) 406ff.
intrinsische 357ff., 453
kooperative 406ff.
Wettbewerbsmotivation 406ff.
Motive 53ff., 63ff., 387ff., 416, 423ff., 430ff.
s. Pläne
s. Ziele
Motivkatalog nach Deutsch 407, 416, 425f.

Nachentscheidungsphase 88ff.
Nähe 314, 370f., 434f.
Namensbuchstabeneffekt 363
Negativitätstendenz 311, 321ff.
Neid 85, 371
Netzwerke, semantische 160ff., 181ff., 306ff.
Neugier 55
Normen 213ff., 217ff., 385, 399f., 427
n-Personen-Gefangenendilemma 415

Oberflächenstruktur 137, 160
Ökonomieprinzip 258f.
Operanten 23ff., 48f., 151f.
Opfer 429ff., 436f., 439
Optimismus 380f.
Ordnungsrelationen 197
Organisation (Strukturierung) 71f., 168, 362
other-total-ratio 467f., 489

Performanz 133
Personenattribution 286ff.
Personenwahrnehmung 277f.
Genauigkeit 311ff., 328f.
Persönlichkeitsmerkmale 125ff., 149ff., 224, 366f., 390, 448, 452
Wahrnehmung von 149ff., 281ff.
zentrale vs. periphere 298f., 304f.
Persönlichkeitstheorien, implizite 298ff., 304f.
Phonem 132
Pläne 83f., 175ff., 385ff.
Polarisationsprinzip 259
Polarisierung 229, 261ff.
in Gruppen 486
Polaritätsprofil
s. Differential, semantisches
Positionseffekte
s. Anfangseffekt
s. Endeffekt
Positivitätsprinzip 257f., 446f.
Positivitätstendenz 323f.
Potenz (Macht)
s. Kontrolle
Pragmatik 131, 171ff.
Premack-Prinzip 56f.
Primärgefühle 349
Priming 167, 227f., 309f., 363
Produktionsregeln 166, 361
Produktsummenmodelle 187f.
Prophezeiung, selbsterfüllende 317f., 392ff.

Propositionen 156ff.
Prototypen 146ff., 228f., 305, 335f., 349, 390, 493
Prozesse, innere 361
s. Reize, innere
Pseudoeinstellungen 227, 245, 248
Pseudomerkmale 363
Publikum 375f., 474ff.

Raum, semantischer 153
Reaktanztheorie 60f., 91, 97ff., 104ff., 119f., 237f., 272, 367, 372, 419f.
Reaktionsstärke 25, 61f., 76
Realisierungsmotivation 271f.
Realität, soziale 373, 392f., 454, 458ff., 463ff.
Rechtfertigung 266ff.
Rechtfertigung des Aufwands 36f., 42, 319
Reflexe 48ff., 151f.
Reflexionsprozeß 370
Regelkreis 63ff., 387ff.
Reize
aversive 103f., 423ff.
diskriminative 27f., 122, 125, 190, 232, 234, 240, 389f., 427, 487
innere 342f., 351
negative 57f., 364
positive 57f., 230, 364
unbedingte 50
Relationen, kognitive 33ff., 161ff., 165, 181ff., 252ff.
Relevanz, hedonistische 282, 284f.
Repräsentativitätsheuristik 201
Resterregung 344, 429
Reziprozität 316f., 443, 445ff.
Rigidität 63
Risikobereitschaft von Gruppen 483ff.
Rubikon-Modell 271

Sättigung 59f., 190f., 272f., 325, 402
Satzbedeutung 154ff.
Satzkonstituenten 135f.
Scham 347
Schemata 168ff., 210, 260, 303ff., 495
Kategorieschema 306
kausale 288ff.
Schematiker 363
Schlußfolgerungen
s. Inferenz
Schmerz 423ff.
Schönheit 317f., 322, 392f., 439, 441
Schuldgefühle 347, 369, 422, 429, 436f.
Schwellen 207, 464
Selbst
diffuses 377f., 489, 492
gefordertes 367ff.
ideales 365f., 367ff.
kollektives 377f., 489, 492f.
öffentliches 377ff., 391, 488f., 492
privates 377ff., 391, 488f., 492
reales 367ff.
Selbstaufmerksamkeit 226, 228, 365ff., 375f., 467f., 478, 488
private vs. öffentliche 367, 377f.
Selbstbenachteiligung (self-handicapping) 297f., 375
Selbstbestimmung 359
Selbstbestrafung 79, 213, 487
Selbstbild 361ff., 367ff., 370ff., 396, 491
Arbeitsselbstbild (working self-concept) 362f.
Bestätigung 362
Konsistenz 363, 367
Stabilität vs. Variabilität 362f.
Selbstdarstellung 374ff., 389ff., 471, 478
Selbstdefinition 370f., 396
Selbstdiskrepanztheorie 367ff.
Selbstergänzung, symbolische 373ff.
Selbsthilfe 434
Selbstintegrität 371f.
Selbstkonsistenz 367, 379
Selbstkontrolle 80ff., 467f., 486ff.
s. Selbstaufmerksamkeit
Selbstkonzept
s. Selbstbild
Selbstöffnung (self disclosure) 441, 489f.
Selbstsymbole 373ff.
Selbsttäuschung 375f., 380f.
Selbstüberredungshypothese 341f.
Selbstüberwachung 226, 228, 390ff., 441f., 490
Selbstverstärkung 48, 79f., 213, 487
Selbstwahrnehmungstheorie 350ff.
Selbstwert 109, 113, 174, 211, 248f., 273, 297, 316f., 345f., 361ff., 369ff., 378ff., 434f., 471, 491ff.
chronischer vs. aktueller 365, 379
innerer vs. äußerer 365, 379ff.
positiver vs. negativer 379ff.
Selbstwerterhaltungstheorie 370f., 434, 456, 492
Selbstwertschutz 379f., 435, 471, 493
Selbstziele 377f.
Selektion 277f.
s. Informationsaufnahme, selektive
Selektionsmotivation 271
Semantik 131, 140ff., 154ff., 174f.
generative 139f., 156ff.
Semizyklen 256
Sender 229ff.
Bewertung 229ff., 236f., 243f., 260ff., 391f., 461
Glaubwürdigkeit 230f., 236
Macht 230
Senderabwertung 262ff.
Signalentdeckungstheorie 207f., 461
Simulationsexperimente 354
Situationen 149ff., 174, 283f., 305, 362, 390ff., 451ff., 487
Situationsmodelle 170f.
Skript 170, 293
Sleeper-Effekt 231ff., 238
absoluter vs. relativer 231
social facilitation
s. Leistungsaktivierung, soziale
social loafing
s. Faulheit, soziale
Sollwert 64f., 175, 365f., 387ff.
s. Standards
Sozialpsychologie, angewandte 20
Soziometrie 442ff.
Sprachapproximationen 134f.

Sprache 131 ff.
Sprachfunktionen 171 f.
Sprechakte 172
Stabilisierung von Einstellungen 249 ff., 264 ff.
Standards 367 ff., 467
innere vs. äußere 367, 376 ff., 392
s. Selbst, gefordertes
s. Selbst, ideales
Stereotype 277 f., 303, 393 ff., 493 ff.
Schönheitsstereotyp 317 f., 439
Stile, kognitive 127 f.
Stimme 280
Stimmungen 167 f., 311, 362, 433
Stimulusattribution 286 ff., 360 f.
Stolz 345 f., 371
Strafreize 23 ff., 57 f., 313
stellvertretende 76 f.
Strategien
assertive vs. defensive 375
Subtraktionsregel
s. Abschwächungsprinzip
Sucht 334 f.
Summenmodell 183, 319 ff.
Syllogismen 195 f.
Symbole
s. Selbstsymbole
Sympathie 18 f., 85, 296 f., 313 ff., 331 ff., 393, 434 f., 438, 440, 442 ff., 446 ff., 456 f.
Syntax 131, 134 ff., 154 f., 174 f.

Taktiken
assertive vs. defensive
Tauschprozesse, soziale 396 ff., 449
Textbedeutung 159 f.
Theorie der objektiven Selbstaufmerksamkeit
s. Selbstaufmerksamkeit
Theorie der sozialen Identität 490 ff.
Theorie der sozialen Vergleichsprozesse 453 ff.
Theorie der symbolischen Selbstergänzung
s. Selbstergänzung, symbolische
Theorie des geplanten Verhaltens 220 f., 271
Theorie des vernünftigen Handelns 215 ff.
Theorien 21 ff.
behavioristische 22 ff.
kognitive 22 ff.
systemische 370 f.
Theorien der sozialen Leistungsaktivierung 475 ff.
Tiefenstruktur 137 ff., 160
Tonfall 280
Transformationsregeln 137 ff., 176
Trieb 61 ff., 336 f.
Truismen 249 ff.

Übereinstimmungshypothese 222, 224
Überrechtfertigung (over-Justification) 357
Umständeattribution 286 ff.
Umwertung 89 ff., 98 f.
Unkontrollierbarkeit 101 ff., 296 f.
s. Kontrollierbarkeit
Unsicherheit 359
Untergrabungseffekt 357 ff.
Unterstützung
s. Stabilisierung
Untreue
s. Gesetz der ehelichen Untreue
Unzufriedenheit 345 f.
Ursachen
s. Attributionen
Urteilsheuristiken 200 ff., 240, 244, 302

Validität 125, 366
Valins-Effekt 341 f.
Verantwortung 440
Verantwortungsaufteilung 427, 429, 462, 484, 487
Verfügbarkeitsheuristik 202
Vergleichsgruppen 491
Vergleichsniveau 398 f., 440
Vergleichspersonen 454 f., 457 f.
Vergleichsprozesse, soziale 370 f., 419 f., 453 ff., 468 ff., 479, 485, 490 ff.
nach unten (downward comparison) 455 f.
Vergrößerungsprinzip (augmentation) 283 f., 290, 311
Verhalten
einstellungsdiskrepantes 37, 265 ff., 353 ff.
instrumentelles vs. konsumatorisches 246 f.
mehrdeutiges 282 ff.
s. Einstellungen
s. Handlung
s. Operanten
s. Reflexe
Verhaltensbestätigung von Vorurteilen 393 ff.
Verhaltenshierarchie 63 f., 85 f., 419, 475 ff.
Verhaltenskonsequenzen 23 ff., 47, 268 ff., 351, 416 f.
Verhaltenskontrolle 400 f.
Verhaltenskriterien, multiple vs. singuläre 223 f.
Verhaltensstil 463 ff.
Verhältnispläne 28 f.
Verhandlung 406
Verhandlungsstil 466
Verliebtheit 334 f.
Vermeidung 51 f., 78, 394
Verpflichtung 434 f.
Verschiebung 92
Verstärker 23 ff., 55 ff., 76 f., 211 ff., 313, 394, 416 f.
freie 31
negative 57
positive 57
primäre 55 f.
sekundäre 55 f., 267
soziale 55
stellvertretende 76 f.
verbale 358
verdeckte 48
s. Belohnung
s. Kovariation
s. Premackprinzip
Verstärkerpläne 28 ff., 41 ff.
Verstehen 169, 239
Versuchsleitereffekt 20
Versuchung 94 f., 411 f.
Vertrauen 405, 408 ff., 447
Volition 271
Vorhersagbarkeit 121 ff., 270, 295 f., 306
Vorstellungen, bildhafte 143 f., 165

Vorurteile 278, 303, 392ff., 493ff.
Vorwarnung 233f., 242

Wahlfreiheit
s. Entscheidungsfreiheit
Wahlstatus 442ff.
Wahrnehmung des Aktivierungsgrades 341f.
Wahrnehmungsabwehr 205ff.
Wahrnehmungserleichterung 205ff.
Wahrscheinlichkeit, subjektive 68f., 203ff.
Weg, zentraler vs. peripherer 391f.
s. ELM
Weg-Ziel-Theorien der Führung 452f.
Welt, gerechte 439
Werbung 392
Wert 68ff., 86ff., 96ff., 181ff.
Wertematrix 397ff.
Wertrelationen (sentiment relations) 199f., 252ff.
Wettbewerb 370, 455f., 491f.
Wichtigkeit, persönliche 87, 98, 105, 109, 228, 241ff., 295f., 302, 304, 345, 370ff.
s. Ergebnisabhängigkeit
Widerlegung 264f.
Willensakte 271
Wissen 160ff., 304ff., 361ff., 392, 416, 452, 493
deklaratives 165, 361
prozedurales 165f., 361
Wollen 284f.
Wortbedeutung 124, 140ff.
Wut
s. Ärger

Zeichen 131ff.
Zentralisierung 444f., 482f.
Zentralität 146ff.
Ziele 63ff., 166, 361f., 373f., 377f., 385, 387f., 418f., 452f., 495
s. Motive
s. Pläne
Zufriedenheit 440, 453, 482f., 495
Zugänglichkeit (accessibility) 71f., 166f., 202, 226ff., 302, 309ff., 352f., 362f.
chronische vs. momentane 309, 311, 350
Zuschauer 473ff.
nichtreagierende 427
Zustimmungsbereich 356
Zuwendung 379